KRÖNERS TASCHENAUSGABE BAND 468

ERIC M. MOORMANN
WILFRIED UITTERHOEVE

LEXIKON DER
ANTIKEN GESTALTEN

Mit ihrem Fortleben in
Kunst, Dichtung und Musik

Übersetzt von
MARINUS PÜTZ

ALFRED KRÖNER VERLAG STUTTGART

Eric M. Moormann/Wilfried Uitterhoeve

Lexikon der antiken Gestalten
Mit ihrem Fortleben in Kunst, Dichtung und Musik
Stuttgart: Kröner 1995
(Kröners Taschenausgabe; Band 468)
ISBN 3-520-46801-8

Aus dem Niederländischen übertragen von Marinus Pütz.
Titel der Originalausgaben:
Van Achilleus tot Zeus. Thema's uit de klassieke mythologie in literatuur, muziek, beeldende kunst en theater. (SUN, Nijmegen 1987; Derde, gecorrigeerde druk 1990)
Van Alexandros tot Zenobia. Thema's uit de klassieke geschiedenis in literatuur, muziek, beeldende kunst en theater. (SUN, Nijmegen 1989)

Inhalt

Vorwort

Dieses neue Lexikon stellt die mythologischen und historischen Gestalten der griechisch-römischen Antike vor, die als Sujet von bildender Kunst, Dichtung und Musik die europäische Kultur über die Jahrhunderte hinweg geprägt haben und bis heute lebendig geblieben sind. Für Auswahl und Darstellung der antiken Gestalten in diesem Lexikon sind Intensität und Art ihres Fortlebens als Sujet antiker und nachantiker Kunst und Kultur der leitende Gesichtspunkt. Unser Interesse richtet sich auf die tradierten Vorstellungen von diesen Gestalten, auf die Geschichten, die über sie in Umlauf waren, an denen ständig fortgesponnen wurde und die den Fundus für das stoffgeschichtliche Fortleben bilden. Dies gilt für die fiktiven Gestalten der antiken Mythologie ebenso wie für die Gestalten der antiken Historiographie, die hier erstmals eine umfassende stoffgeschichtliche Erschließung erfahren. Der Unterschied zwischen fiktiven und historisch bezeugten Gestalten spielt dabei nur eine Nebenrolle. Schon in der antiken Historiographie sind die Grenzen fließend. Für die künstlerische und literarische Wirkungsgeschichte, auf die dieses Lexikon den Schwerpunkt legt, zählen gute Geschichten und interessante Charaktere allemal mehr als historische Wahrheit im buchstäblichen Sinn.

Die Artikel dieses Lexikons bieten im Kopf eine Kurzcharakterisierung der jeweiligen Gestalt und die Angabe der wichtigsten antiken Quellen. Es folgt im ersten Teil eine Zusammenfassung der Hauptzüge der Gestalt und ihrer Geschichte, wie sie in der antiken Literatur überliefert sind, sowie ein kurzer Überblick über literarische Varianten und kunstgeschichtliche Zeugnisse in der Antike. Der zweite Teil der Artikel zeichnet das nachantike Fortleben in bildender Kunst, Literatur und Musik in seinen wichtigsten Stationen und Beispielen bis zur Gegenwart nach. Den Abschluß bilden Kurzhinweise auf Forschungsliteratur zu den einzelnen Artikeln, die in der umfangreichen Gesamtbibliographie zu dem Lexikon (S. 713–752) vollständig aufgeführt ist. Zur Erleichterung des Zugangs zu den in den Artikeln gebotenen Informationen wurden zahlreiche Verweisstichwörter eingefügt. Gelegentlich wurden auch Gestalten ohne bedeutenderes Fortleben aufgenommen, wenn dies zur Verdeutlichung der Bezüge in einem größeren Zusammenhang von Geschichten sinnvoll erschien.

Die Götter und Göttinnen, halbgöttlichen und sterblichen Gestalten der antiken Mythologie hatten viele Funktionen. Sie erklärten das Entstehen der Welt und der Menschheit, das Wirken von Naturerscheinungen, den Ursprung von Städten und Völkern und standen am Anfang der Genealogie wichtiger Familien. Sie waren Ausdruck religiösen Denkens und der Grundvorstellungen über das menschliche Dasein. Für Poesie, Epik und Dramatik boten sie unerschöpfliche Stoffe, daneben konnten sie auch für profane politische Zwecke wie z. B. die römische Staatspropaganda in Anspruch genommen werden. Diese Vielseitigkeit erklärt die Allgegenwärtigkeit der Mythen in der antiken Kultur und machte sie zum Forschungsgegenstand von Religionswissenschaft, Anthropologie und Psychologie, Kunst-, Literatur und Musikwissenschaft.

Die Abgrenzung der griechisch-römischen Mythologie von anderen Kulturen wirft gelegentlich Probleme auf. In Anlehnung an die Standardwerke wurden Gestalten wie Isis oder Mithras, die nicht griechisch-römischen Ursprungs sind, weggelassen, ebenso Gestalten, die in der nachantiken Tradition hinzuerfunden wurden, wie z. B. Cressida als Geliebte des Troilos. Keine Aufnahme fanden ferner bloße Personifikationen von Abstrakta oder Naturelementen, die keine eigene Geschichte in der Mythologie haben, wie z. B. Zephyros (Wind) oder Eirene (Frieden).

Bei der Wiedergabe der Mythen konnten nicht alle Varianten, Nebenpfade und Interpretationen berücksichtigt werden. Neben der ›story‹ in ihren wichtigsten und in der Antike verbreitetsten Zügen teilen wir Varianten mit, wenn sie im Nachleben eine Rolle gespielt haben. Den Zugang zu den Hauptquellen sollen die zahlreichen Stellennachweise in den Artikelköpfen und auch im Text erleichtern. Für eine um Vollständigkeit und wissenschaftliche Quellenkritik bemühte Darstellung verweisen wir auf umfangreiche Nachschlagewerke wie Roscher und die *Realencyclopädie der classischen Altertumswissenschaft*.

In der nachantiken westlichen Kultur blieben die antiken Mythen als Stoffe gegenwärtig, die der jeweiligen Zeit und dem besonderen Kontext entsprechend nach- und umgemodelt wurden. Sie bildeten die Grundlage für scharfsinnige Allegorien und Emblemata, dienten als Exempla für moralische Ermahnungen, als Legitimation für erotische Darstellungen oder zur Feier von Fürsten und Herrschern. Man griff auf sie zurück zur Gewinnung neuer Bilder- und Formsprachen sowie zur Artikulation des kulturellen Selbstverständnisses, zumal in Auseinandersetzung mit christlichen Deutungen. Die Vielschichtigkeit der antiken Mythen ließ zahlreiche ganz unterschiedliche und doch angemessene Deutungen zu, so konnte z. B. Odysseus als vorbildlicher Rationalist oder hinterlistiger Schurke, als christlich-schicksalsergebener Held und mustergültig treuer Ehemann oder als unverbesserlicher Herumtreiber gesehen werden. Das mehr als hundertmal ins Bild gesetzte Urteil des Paris konnte als moralische Allegorie und als Anlaß zur Aktdarstellung dreier Frauen dienen.

Die Gestalten aus der antiken Historiographie erfassen wir von den frühesten Ereignissen, die in Griechenland etwa durch die Gesetzgebung des Lykurgos, in Rom durch die Gründungssage von Romulus und Remus markiert sind, bis zum Ausgang des heidnischen Römischen Reiches Ende des 3. Jahrhunderts n. Chr. Wie schon betont, ist für die Auswahl das stoffgeschichtliche Fortleben in der westlichen Kultur entscheidend. Der Leser findet also z. B. einen Artikel über die wahrscheinlich nur in der Legende existierende tapfere Römerin Cloelia, aber keinen über römische Kaiser wie Domitian oder Galba; aus demselben Grund sind unter den griechischen Philosophen z. B. Sokrates und Diogenes mit einem eigenen Artikel aufgenommen, nicht aber Platon oder Aristoteles.

Bei der Darstellung der ›historischen‹ Gestalten folgen wir strikt den antiken Geschichtsschreibern und verzichten auf ein systematisches Zerlegen in Wahrheit und Fiktion. Die antiken Historiographen hatten feste Vorstellungen von historischen Verläufen, denen die realen Ereignisse anverwandelt wurden. Dominierendes Muster sind Aufstieg und Verfall von Städten oder Staaten durch die Tugenden oder Untugenden der Machthaber, des ersten Standes oder des Volkes: Athen, Sparta, Rom – großgeworden durch Eintracht, Mäßigkeit, Strenge und Prinzipientreue, niedergegangen durch Macht- und Geldgier, Verweichlichung und Vernachlässigung des Gemeinschaftswohls zugunsten egoistischer Interessen. Die Gestalten der Geschichte werden zu positiven oder negativen Beispielen, die künftigen Generationen zur Belehrung für ihr eigenes Verhalten dienen sollen. Darüber hinaus geben sie Topoi, feste Themen für rhetorische Argumentationsübungen ab, wie auch umgekehrt die Geschichtsschreibung ein Anwendungsfeld rhetorischer Beredsamkeit darstellt. So räumen nahezu alle Geschichtsschreiber seit den vorbildlichen Ausgestaltungen bei Thukydides der ›wörtlichen‹ Wiedergabe von kunstmäßig entwickelten Reden und Diskussionen großen Platz ein.

Neben dem allgemeinen Darstellungsmuster der antiken Historiographie hatten die spezifischen Intentionen der einzelnen Autoren prägende Bedeutung. So wollte etwa Herodot die Kriege zwischen Griechen und Persern aus den Unterschieden in Ursprung und Mentalität der beiden Völker erklären. Polybios wollte seine griechischen Landsleute auf die unausweichliche römische Weltherrschaft vorbereiten, während Plutarch mit seinen Doppelbiographien die Gleichwertigkeit von Griechen und Römern zum Ausdruck brachte. Bei Tacitus, der sich eine Geschichtsschreibung ›sine ira et studio‹ (ohne Zorn und ohne Vorliebe) vorgenommen hat, läßt die republikanische Einstellung des Autors die römischen Kaiser in allzu schlechtem Licht erscheinen.

Im Mittelalter wurde die antike Geschichtsschreibung Gegenstand der ›interpretatio christiana‹. Im Rahmen eines allumfassenden Heilsplans bewiesen verwerfliche Gestalten und Ereignisse, daß der Mensch ohne die Hilfe des einen und wahren Gottes heillos verloren ist. Angesehene Personen wie z. B. Sokrates wurden als Vorausdeutungen christlicher Gestalten interpretiert. Seit Karl dem Großen unterstrichen Kaiser und Fürsten ihre Herrscherwürde, indem sie sich zu antiken Herrschergestalten wie Alexander dem Großen oder Augustus in Beziehung setzten. Umgekehrt fanden republikanische Bestrebungen von der Renaissance bis zur französischen Revolution ihre Leitbilder in verfassungstreuen Spartanern oder prinzipienfesten römischen Republikanern. Mit dem 19. Jahrhundert schwand die Vorstellung, daß die antike Geschichte allgemeingültige politische Normen gesetzt habe. Man besann sich auf nationale Helden, wie z. B. Arminius (übrigens ebenfalls durch die antike Geschichtsschreibung bekannt). Die Gestalten der antiken Geschichte blieben als Stoffe von Kunst und Kultur präsent, wobei das 19. Jahrhundert ein spezifisches Interesse an tabuüberschreitenden Charakteren wie Sardanapallos, Elagabal oder Semiramis entwickelte.

Bei der Erfassung des überwältigend reichen kulturellen Nachlebens sowohl der mythologischen wie der historischen Gestalten streben wir nicht nach einer vollständigen Auflistung des Vorhandenen bzw. Bekannten. Wir haben uns vielmehr bemüht, Schwerpunkte zu setzen: auf frühe oder besonders aussagekräftige Beispiele bestimmter Motive oder Deutungstraditionen und

auf Werke, denen ein besonderer Rang in ihrer Kunstgattung
zukommt. Die Forschungslage ließ, besonders bei den Gestalten
aus der antiken Historiographie, nicht immer eine sichere Auswahl zu. Zumindest das Spektrum der Bedeutungen und Funktionen, die die einzelnen Gestalten im Nachleben angenommen
haben, hoffen wir jedoch aufgezeigt zu haben.

Ungleichgewichtigkeiten ließen sich nicht gänzlich vermeiden;
beim Nachleben in der Musik mußten wir uns für die historischen Gestalten im wesentlichen auf Opernliteratur beschränken. Bei der Dichtung haben wir uns auf die wichtigsten Beispiele der Weltliteratur beschränkt; für genauere Details, insbesondere auch zur deutschen Literatur, verweisen wir auf die Bände von Elisabeth Frenzel, *Stoffe der Weltliteratur,* und *Motive der
Weltliteratur* (Kröners Taschenausgabe, Band 300 und 301).

Werke der bildenden Kunst werden mit Entstehungsjahr und –
in der Regel heutigem – Aufbewahrungsort angeführt. Bei den
Werken der Dichtung und der Musik kann der Titel entfallen,
wenn der Bezug auf die im Artikel behandelte Figur ohne weiteres ersichtlich ist. Bei literarischen Werken beziehen sich die
Jahreszahlen auf die Erstveröffentlichung bzw. die Erstauffüh-
rung, bei Werken vor dem Buchdruck auf die Entstehungszeit.
Bei musikalischen Werken wird jeweils Jahr und Ort der Uraufführung angegeben.

Um dem Leser die Orientierung in den Abschnitten über das
nachantike Nachleben zu erleichtern, wurden Marginalien angebracht: ND für das Nachleben in der Dichtung bzw. Literatur,
NK für das Nachleben in der bildenden Kunst und NM für das
Nachleben in der Musik. Ein N findet sich bei Artikeln mit sehr
knappen Nachlebenteilen oder bei Aspekten des Nachlebens, die
sich keiner der drei Kunstgattungen zuordnen lassen. Gelegent-
liche Hinweise auf Verfilmungen wurden den Abschnitten ND
angehängt.

Die Gesamtbibliographie verzeichnet neben der Forschungsliteratur zu den einzelnen Artikeln, die dort mit Kurzhinweisen
aufgeführt ist, wichtige Nachschlagewerke und allgemeine Werke, die wir bei der Erarbeitung des Lexikons benutzt haben.

Bei der Zitierweise der antiken Qellen folgen wir dem *Kleinen
Pauly.*

Das vorliegende Lexikon geht auf die beiden in niederländischer
Sprache verfaßten Lexika *Van Achilleus tot Zeus. Thema's uit de
klassieke mythologie in literatuur, muziek, beeldende kunst en theater*
(1987) und *Van Alexandros tot Zenobia. Thema's uit de klassieke*

geschiedenis in literatuur, muziek, beeldende kunst en theater (1989) zurück. Sie wurden für die deutsche Ausgabe grundlegend überarbeitet und erheblich erweitert. Für die stilistische und redaktionelle Bearbeitung der Artikel zu den mythologischen Gestalten war Christine Recknagel zuständig; die Abschnitte über das Nachleben in der Musik wurden von Sigrid Nieberle neugestaltet. Prof. Dr. Peter Dinzelbacher hat die wissenschaftliche Überprüfung des Gesamtmanuskripts der Übersetzung, ausschließlich der Musikteile, übernommen. Ihnen sowie dem Übersetzer Marinus Pütz und der Redaktion des Alfred Kröner Verlages möchten wir herzlich danken.

Rom/Nimwegen   Eric M. Moormann
August 1995   Wilfried Uitterhoeve

Abkürzungen

Antike Autoren und Werke

Ach.	Achilleus Tatios
Ail. var.	Ailianos, varia historia
Aisch.	Aischines, orationes
Aischyl. Ag.	Aischylos, Agamemnon
Choeph.	Choephoroi
Eum.	Eumenides
Hept.	Hepta epi Thebas
Hik.	Hiketides
Ix.	Ixion (Fragmente)
Pers.	Persai
Prom. Des.	Prometheus Desmotes
Aith.	Aithiopis (Arktinos v. Milet zugeschrieben)
Alkiphr.	Alkiphron, Briefe
Amm.	Ammianus Marcellinus, res gestae
Anakr.	Anakreon, carmina
Anth. Pal.	Anthologia Palatina
Apollod.	Apollodoros, bibliotheke
epit.	epitome
Apoll. Rhod. Arg.	Apollonios Rhodios, Argonautika
Apoph.	Apophthegmata
App. civ.	Appianos, bella civilia
Hann.	Hannibalica
Ib.	Iberica
Ill.	Illyrica
It.	Italica
Lib.	Libyca
Mithr.	Mithridatius
Samn.	Samnitica
Syr.	Syriaca
Apul. met.	Apuleius, metamorphoses
Arat.	Aratos v. Soloi, phainomena
Aristoph. ran.	Aristophanes, ranae
Aristot. Ath. pol.	Aristoteles, Athenaion politeia
eth. Nic.	ethica Nicomachea
pol.	politica

Arkt.	Arktinos v. Milet
Arr. an.	Arrianos, anabasis
Athen.	Athenaios, deipnosophistai
pol.	politeia
Aug. civ.	Augustinus, de civitate dei
conf.	confessiones
Aur. Vict.	Aurelius Victor, historiae abbreviatae
epit.	epitome de Caesaribus (libellus de vita et moribus imperatorum)
Aus. ep.	Ausonius, Epigramme
Bakchyl.	Bakchylides, Fragmente
ep.	Epinikion
Bell. Alex.	de bello Alexandrino
Bion	Bion v. Smyrna
Caes.	de Caesaribus
Caes. civ.	Caesar, de bello civili
Gall.	de bello Gallico
Cato agr.	Cato, de agricultura
or.	orationes
orig.	Origines
Catull.	Catullus, carmina
Cic. Att.	Cicero, epistulae ad Atticum
ad Brut.	epistulae ad Brutum
Cael.	pro M. Caelio
Catil.	in L. Catilinam
Cato	Cato maior de senectute
Clod.	pro Clodio
de or.	de oratore
div.	de divinatione
dom.	de domo sua ad pontifices
epist.	Briefe
fin.	de finibus
har.	de haruspicum responsis
inv.	de inventione
leg.	de legibus
nat.	de natura deorum
off.	de officiis
Phil.	Philippica in M. Antonium
Tusc.	Tusculanae disputationes
Verr.	in Verrem actio
Claud. carm. min.	Claudius Claudianus, carmina minora
rapt. Pros.	de raptu Proserpinae

Clem. Al.	Clemens Alexandrinus, Protrepticus
Curt.	Q. Curtius Rufus, historia Alexandri Magni
Dares	Dares, de excidio Troiae historia
Demosth. orat.	Demosthenes, orationes
epist.	epistulae
Dikt.	Diktys
Dio Cass.	Dio Cassius
Dio exc.	Dio, Exzerpte des Konstantinos
Diod.	Diodorus Siculus, bibliotheke
Diog. Laert.	Diogenes Laertios, de clarorum philoso-phorum vitis
Dion Chr.	Dion Chrysostomos, orationes
Dion. Hal.	Dionysios Halicarnassensis, antiquitates Romanae
Don.	Aelius Donatus, Komm. zu Vergil und Te-renz
Emp.	Empedokles v. Akragas, Fragmente
Enn. ann.	Ennius, annalium fragmenta
Eratosth. kat.	Eratosthenes v. Kyrene, katasterismoi
Eug. Teleg.	Eugamon, Telegonia
Eur. Alc.	Euripides, Alcestis
Andr.	Andromache
Bacch.	Bacchae
Cycl.	Cyclops
El.	Electra
Hec.	Hecuba
Hel.	Helena
Heraclid.	Heraclidae
Herc.	Hercules
Hipp.	Hippolytus
Ion	Ion
Iph. A.	Iphigenia Aulidensis
Iph. T.	Iphigenia Taurica
Ix.	Ixion (Fragmente)
Med.	Medea
Or.	Orestes
Phoen.	Phoenissae
Rhes.	Rhesus
Tro.	Troades
Eus. chron.	Eusebius, chronikoi kanones
praep. ev.	praeparatio evangelica
Eutr.	Eutropius, breviarium ab urbe condita

Fast. Cap	Fasti Capitolini
Fest.	Sex. Pompeius Festus, epitoma de verborum significatu
Flor.	Florus, epitoma de Tito Livio
Frontin.	Frontinus, strategemata
Fulg. myth.	Fulgentius Afer, mythologiae
Gal.	Galenos
Gell.	Gellius, noctes Atticae
Gorg.	Gorgias, orationes
Hel.	Helena
H. A.	Historia Augusta
Hdt.	Herodotos, historiae
Hellanik.	Hellanikos
Herakl.	Herkleitos, Fragmente
Herodian.	Herodianos
Hes. asp.	Hesiodos, aspis
eh.	ehoiai (Fragmente)
erg.	erga
theog.	theogonia
Hier. chron.	Hieronymus, chronicon
adv. Iovin.	adversus Iovinianum
Hom. Il.	Homeros, Ilias
Od.	Odyssee
Hom. h.	Hymni Homerici
Hor. ars	Horatius, ars poetica
c.	carmina
epist.	epistulae
epod.	epodi
s.	sermones
Hyg. astr.	Hyginus, astronomica
fab.	fabulae
Iambl. v. P.	Iamblichos, de vita Pythagorica
Ibyk.	Ibykos v. Rhegion, carmina
Il. parv.	Ilias parva
Il. pers.	Iliu persis
Ios. ant. Iud.	Iosephos, antiquitates Iudaicea
bell. Iud.	bellum Iudaicum
Isokr.	Isokrates, orationes
Iust.	Iustinus, epitoma historiarum Philippicarum Pompei Trogi
Iuv.	Iuvenalis, saturae
Kall. ait.	Kallimachos, aitia
Galat.	Galateia

h.	hymni
h. Dem.	Demeterhymnus
Koll. Hel.	Kolluthos, harpage Helenes
Konon narr.	Konon, narrationes
Kypr.	Kypria
Lact. inst.	Lactantius, divinae institutiones
Lib.	Libanios
Liv.	T. Livius, ab urbe condita
perioch.	ab urbe condita librorum periochae
Long. Daph.	Longos, Daphnis und Chloë
Lucan. Phars.	Lucanus, Pharsalia (= bellum civile)
Lukian. Char.	Lukianos, Charidemos
dial. deor.	dialogi Deorum
dial. deor. mar.	dialogi Deorum maritimorum
dial. mort.	dialogi mortuorum
Herc.	Hercules
im.	imagines
Phal.	Phalaris
salt.	de saltatione
Syr. dea	de dea Syria
Tim.	Timon
Lykophr. Alex.	Lykophron, Alexandra
Macr. Sat.	Macrobius, Saturnalia
Martial.	Martialis, epigrammata
Max. Tyr.	Maximus von Tyros, dialexeis
Nep. Alc.	Cornelius Nepos, Alcibiades
Cato	Cato
Epam.	Epaminondas
Hann.	Hannibal
Milt.	Miltiades
Phoc.	Phocion
Them.	Themistokles
Timol.	Timoleon
Nonn. Dion.	Nonnos, Dionysiaka
Oct. pr.	Octavia praetexta
Oros.	Orosius, Spartacus
ad. pag.	adversos paganos
Ov. am.	Ovidius, amores
ars	ars amatoria
fast.	fasti
her.	heroides
Ib.	Ibis
met.	metamorphoses

Paus.	Pausanias, descriptio Graeciae
Petr.	Petronius, satyricon
Phan.	Phanokles, erotes
Philarg. Verg. ecl.	Philargyrii explanatio in eclogas Vergilii
Philo, leg.	Philo, de legatione ad Gaium
Av. Fl.	in A. Avillium Flaccum
Philostr. Apollon	Philostratos, Apollonius v. Tyana
her.	Heroikos
im.	Imagines
Phot.	Photios, lexicon s. v.
bibl.	bibliotheca
Pind. N.	Pindar, Nemeen
O.	Olympien
P.	Pythien
pai.	paianes
Myth. Od.	Mythische Oden
Plat. Alk.	Platon, Alkibiades
Euthyd.	Euthydemos
Gorg.	Gorgias
Krat.	Kratylos
leg.	leges
Min.	Minos
Phaid.	Phaidon
Phaidr.	Phaidros
rep.	de re publica (Politeia)
symp.	symposion
Plaut. Amph.	Plautus, Amphitruo
Men.	Menaechmi
Plin. nat.	Plinius maior, Naturalis historia
Plin. paneg.	Plinius minor, Panegyricus in Traianum
epist.	epistulae
Plut. Ag.	Plutarchus, Agis und Kleomenes
Alex.	Alexander
Alk.	Alkibiades
Ant.	Marc Anton
Brut.	Brutus
C. Gracch.	C. Gracchus
Caes.	Caesar
Cam.	Camillus
Cato mai.	Cato maior
Cato min.	Cato minor
Cic.	Cicero
Cor.	Coriolanus

Crass.	Crassus
de educ.	de educatione
de garrul.	de garrulitate
de gen Socr.	de genio Socratis
Dem.	Demosthenes
Erot.	Eroticus
Fab.	Fabius Maximus
Flam.	Flaminius
Galba	Galba
Kim.	Kimon
Luc.	Lucullus
Lyk.	Lykurgos
Mar.	Marius
Marc.	Marcellus
mor.	Moralia
Nik.	Nikias
Num.	Numa
Per.	Perikles
Phok.	Phokion
Pomp.	Pompeius
Publ.	Publicola
Pyrrh.	Pyrrhus
quaest. Graec.	quaestiones Graecae
r. publ.	praecepta rei publicae gerendae
Rom.	Romulus
Sol.	Solon
Sull.	Sulla
Them.	Themistokles
Thes.	Theseus
Tib. Gracch.	Tiberius Gracchus
Timol.	Timoleon
virt. mul.	Virtutes mulierum
vita X or.	vita decem oratorum
Polyain.	Polyainos, strategmata
Pol.	Polybios
Poll.	Pollux, onomastikon
Pomp. Mel.	Pomponius Mela
Prob. Verg. ecl.	Probi in Vergilium commentarius
Prokl. chr.	Proklos, chrestomathia
Prop.	Propertius
Ps.-Plut. fort. Alex.	Pseudo-Plutarchos, de fortitudine Alexandri

Quint.   Quintilian, institutio oratoria
Smyrn.   Quintus Smyrnaeus
Sall. Cat.   Sallustius, Coniuratio Catilinae
  Iug.   bellum Iugurthinum
  in Tull.   (Pseudo-)Sallustius, in M. Tullium invec-
                    tiva
Sch. (vor dem Autornamen) Scholia zu dem betr. Autor
Sen. Ag.   Seneca, Agamemno
  apocol.   apocolocyntosis
  benef.   de beneficiis
  dial.   dialogi
  Helv.   consolatio ad Helviam
  Herc. f.   Hercules furens
  Herc. Oet.   Hercules Oetaeus
  Marc.   consolatio ad Marciam
  matr.   de matrimonio
  Oed.   Oedipus
  Phaedr.   Phaedra
  Thy.   Thyestes
  Tro.   Troades
Serv. Aen.   Servius, commentarius in Vergilii Aeneida
Sidon. carm.   Sidonius Appollinaris, carmina
  epist.   epistulae
Sil.   Silius Italicus, Punica
Sim. Fragm.   Simonides, Fragmente
Sol.   Solon, elegiae
Soph. Ai.   Sophokles, Aias
  Ant.   Antigone
  El.   Elektra
  Ichn.   Ichneutai
  Oid. K.   Oidipus auf Kolonos
  Oid. T.   Oidipus Tyrannos
  Phil.   Philoktetes
  Trach.   Trachiniai
Stat. Ach.   Statius, Achilleis
  silv.   silvae
  Theb.   Thebais
Stes. Fragm.   Stesichoros, Fragmente
Stob.   Stobaios, florilegium
Strab.   Strabon, Geographika
Suda   Suda = Suidas
Suet. Ant.   C. Suetonius, Marc Anton
  Aug.   Augustus

Caes.	Caesar
Cal.	Caligula
Claud.	divus Claudius
Nero	Nero
Otho	Otho
Tib.	Tiberius
Vesp.	Vespasian
vita Verg.	vita Vergilii
Tac. Agr.	Tacitus, Agricola
ann.	annales
hist.	historiae
Germ.	Germania
Tert. spect.	Tertullianus, De spectaculis
Theop. Fragm.	Theopompos, Fragmente
Thgn.	Theognis
Theokr. eid.	Theokritos, eidyllia
epigr.	epigrammata
Thuk.	Thukydides
Val. Fl.	Valerius Flaccus, argonautica
Val. Max.	Valerius Maximus, facta et dicta memorabilia absol(uti), amb(usti), damn(ati), ext(erni)
Varro	Varro, de lingua latina
Vell.	Velleius Paterculus, historia Romana
Verg. Aen.	Vergilius, Aeneis
ecl.	eclogae
georg.	georgica
vir. ill.	de viris illustribus
Vitr.	Vitruvius
Xen. Ag.	Xenophon, Agesilaos
apol.	apologia
Hell.	Hellenika
Kyr.	Kyrupaedia
mem.	memorabilia
rep. Lac.	republica Lacedaemoniorum
symp.	symposion
Zon.	Zonaras
Zos.	Zosimos

Museen

1. Abkürzungen

C.	Collection(e)
G. (g.)	Gallerie, Gallery, Galleria
I.	Institut(e,o)
M. (m.)	Museum, Musée, Museo, Museu
Nat./Naz.	National, Nazionale
P.	Pinacoteca
Pal.	Palazzo, Palais, Palast

2. Museen

Aarau, Kunsth.	Kunsthaus
Ajaccio, M.	Musée Fesch
Algier, M. Nat.	Musée Nationale des Beaux Arts d'Alger
Amiens, M.	Musée de Picardie
Amsterdam, M.	Rijksmuseum
Angers, M.	Musée des Beaux-Arts
Antwerpen, Kon. M.	Konigliches Museum voor Schone Kunsten
Antwerpen, M. Mayer	Museum Mayer van den Bergh
Anvers, M.	Museé des Beaux-Arts
Arras, M.	Musée d'Arras
Athen, M.	Nationalmuseum
Atlanta, M.	High Museum of Art
Avignon, M.	Musée Calvet
Baltimore, M.	Museum of Art
Bayonne, M.	Musée Bonnat
Bergamo, G.	Galleria dell' Accademia Carrara
Berlin, Staatl. M.	Staatliche Museen Preußischer Kulturbesitz
Besançon, M.	Musée des Beaux-Arts
Birkenhead, Art G.	Williamson Art Gallery and Museum
Birmingham, Barber I.	Barber Institute of Fine Arts
Birmingham, G.	City (Museum and) Art Gallery
Birmingham/Alab., M.	Museum of Art
Blaye, M.	Musée d'Histoire et d'Art
Bochum, G.	Städtische Kunstgalerie

Bordeaux, M.	Musée des Beaux-Arts
Boston, Gardner-M.	Isabella Gardner Museum
Boston, M.	Museum of Fine Arts
Bourg-en-Bresse, M.	Musée de l'Ain
Bourges, M.	Musée du Berry
Braunschweig, M.	Herzog Anton Ulrich Museum
Bregenz, M.	Landesmuseum
Bremen, Kunsth.	Kunsthalle
Brescia, P.	Pinacoteca Tosio Martinengo
Brest, M.	Musée Municipal
Brisbane, Art G.	Queensland Art Gallery
Bristol, G.	City Art Gallery
Brüssel, Kon. M.	Konigliches Museum voor Schone Kunsten
Budapest, M.	Szépmüvészeti Muzeum (Museum der Schönen Künste)
Caen, M.	Musée des Beaux-Arts
Calais, M.	Musée des Beaux-Arts
Cambridge/Mass., M.	Fogg Art Museum
Cardiff, Nat. M.	National Museum of Wales
Cento, P.	Pinacoteca Civica
Châlons-sur-Marne, M.	Musée Municipal
Chambéry, M.	Musée des Beaux-Arts
Chantilly, M.	Musée Condé
Chartres, M.	Musée des Beaux-Arts
Cincinnati, M.	Art Museum
Cleveland, M.	Museum of Art
Cognac, M.	Musée des Beaux-Arts
Coral Gables/Fa., Art G.	Lowe Art Gallery
Darmstadt, Landesm.	Hessisches Landesmuseum
Den Haag, Mauritsh.	Mauritshuis
Dijon, M.	Musée des Beaux-Arts
Dôle, M.	Musée des Beaux-Arts
Dôle, M. Mun.	Musée Municipal
Dresden, Gemäldeg.	Gemäldegalerie Alter Meister
Dublin, Nat. G.	National Gallery of Ireland
Dünkirchen, M.	Musée des Beaux-Arts
Düsseldorf, Akad.	Kunstakademie
Düsseldorf, Kunstm.	Kunstsammlung Nordrhein-Westfalen
Edinburgh, Nat. G.	National Gallery of Scotland
Eindhoven, M.	Stedelijk Van Abbe Museum

Essen, M.	Museum Folkwang
Florenz, M. Arch.	Museo Archeologico
Florenz, M. Naz.	Museo Nazionale (Bargello)
Florenz, M. Opificio	Museo dell Opificio delle Pietre Dure
Florenz, Pal. Pitti	Galleria Palatina di Palazzo Pitti
Florenz, Uffizien	Galleria degli Uffizi
Frankfurt, M.	Museum für moderne Kunst
Frankfurt, Städel	Städelsches Kunstinstitut
Genf, M.	Musée d'Art et d'Histoire
Gent, Kon. M.	Konigliches Museum
Glasgow, Art G.	Art Gallery and Museum
Graz, Alte G.	Alte Galerie am Landesmuseum Johanneum
Grenoble, M.	Musée de Peinture et de Sculpture
Haarlem, Hals-M.	Frans Hals Museum
Halle, Staatl. G.	Staatliche Galerie Moritzburg
Hamburg, Kunsth.	Kunsthalle
Hannover, Landesm.	Niedersächsisches Landesmuseum
Hartford, Wadsw. Ath.	Wadsworth Atheneum
Heidelberg, M.	Kurpfälzisches Museum
Helsinki, Ath.	Athenäum
Innsbruck, Landesm.	Tiroler Landesmuseum
Istanbul, Arch. M.	Archäologisches Museum
Kaiserslautern, G.	Pfalzgalerie
Kansas, M.	William Rockhill Nelson Gallery and Atkin Museum of Fine Arts
Kapstadt, G.	Michaelis Gallery
Karlsruhe, Kunsth.	Staatliche Kunsthalle
Karlsruhe, Landesm.	Badisches Landesmuseum
Kassel, Gemäldeg.	Gemäldegalerie Alter Meister
Kiel, Kunsth.	Kunsthalle
Köln, Röm.-Germ. M.	Römisch-Germanisches Museum
Köln, Wallr.-Rich.-M.	Wallraff-Richartz-Museum im Museum Ludwig
Kopenhagen, M.	Statens Museum for Kunst
Kremsier, M.	Kunsthistorisches Museum
La Rochelle, M.	Musée des Beaux-Arts
Leeds, G.	City Art Gallery
Leeuwarden, M.	Fries Museum
Le Havre, M.	Musée de l'ancien Le Havre
Leicester, M.	Museum and Art Gallery

Leipzig, M.	Museum der Bildenden Künste
Les Andelys, M.	Musée Municipal
Lille, M.	Musée des Beaux-Arts
Liverpool, G.	Walker Art Gallery
Löwen, M.	Stedelijk Museum
London, Buck. Pal.	Queen's Gallery Buckingham Palace
London, Dulwich Coll.	Dulwich College
London, Leighton H.	Leighton House Art Gallery and Museum
London, M.	British Museum
London, Med. I.	Wellcome Institute for History of Medicine
London, Nat. P. G.	National Portrait Gallery
London, Royal Acad.	Royal Academy of Arts
London, Vict. and Alb. M.	Victoria and Albert Museum
Los Angeles, M.	County Museum of Art
Lyon, M.	Musée des Beaux-Arts
Madrid, M. Arqu. Nac.	Museo Arqueologico Nacional
Madrid, Prado	Museo del Prado
Mailand, Brera	Palazzo e Pinacoteca Brera
Malibu, Getty M.	Paul Getty Museum
Manchester, G.	City Art Gallery
Mannheim, Kunsth.	Städtische Kunsthalle
Marseille, M.	Musée des Beaux-Arts
Melbourne, Nat. G.	National Gallery of Victoria
Minneapolis, Walker Art C.	Walker Art Center
Montpellier, M.	Musée Fabre
Montreal, M.	Musée of Fine Arts
München, AP	Alte Pinakothek
München, Lenbachhaus	Städtische Galerie im Lenbachhaus
München, NP	Neue Pinakothek
München, Staatsgemälde-slg.	Bayerische Staatsgemäldesammlungen
Münster, Landesm.	Landesmuseum für Kunst und Kulturgeschichte
Nancy, M.	Musée des Beaux-Arts
Nantes, M.	Musée des Beaux-Arts
Neapel, G.	Museo et Galleria di Capodimonte
Neapel, M. Arch. Naz.	Museo Archeologico Nazionale
Neapel, M. Martino	Museo San Martino
New Haven, Art G.	Yale University, Art Gallery

New Haven, Yale Center	Yale Center for British Art
New York, Metrop. M.	Metropolitan Museum
New York, MoMA	Museum of Modern Art
New York, Rothko-Found.	Mark Rothko Foundation
Nîmes, M.	Musée des Beaux-Arts
Nottingham, M.	Castle Museum and Art Gallery
Nürnberg, Nationalm.	Germanisches Nationalmuseum
Oberlin/Ohio, Art M.	Allen Memorial Art Museum
Oldenburg, Landesm.	Landesmuseum für Kunst und Kulturgeschichte
Omaha, Joslyn Art M.	Joslyn Art Museum
Orléans, M.	Musée des Beaux-Arts
Ostia, M.	Museo Ostiense
Ottawa, Nat. G.	National Gallery of Canada
Otterlo, M.	Rijksmuseum Kröller-Müller
Padua, M.	Museo Civico
Paestum, M. Arch.	Museo Archeologico
Palermo, M. Arch.	Museo Archeologico Regionale
Palestrina, M.	Museo Archeologico Nazionale Prenestino
Paris, Louvre	Musée du Louvre
Paris, M. Moreau	Musée Gustave Moreau
Paris, M. Nat. Mod.	Musée National d'Art Moderne
Perth, M.	Art Gallery and Museum
Pesaro, M.	Musei Civici
Philadelphia, M.	Museum of Art (mit Johnson Collection)
Poitiers, M.	Musée des Beaux-Arts
Pommersfelden, G.	Schloß und Galerie
Ponce, M.	Museo de Arte
Possagno, G.	Gipsoteca Canoviana
Potsdam, Sanssouci	Schloß und Bildergalerie
Raleigh, M.	North Carolina Museum of Art
Reims, M.	Musée des Beaux-Arts
Rennes, M.	Musée des Beaux-Arts
Richmond, M.	Virginia Museum of Art
Rom, Accad.	Accademia di San Luca
Rom, G. Borghese	Museo et Galleria Borghese
Rom, G. Doria	Galleria Doria-Pamphili
Rom, G. Naz.	Galleria Nazionale d'Arte Antica
Rom, G. Naz. Mod.	Galleria Nazionale d'Arte Moderna

Rom, Kapitol. M.	Kapitolinische Museen
Rom, M. Laterano	Museo del Laterano
Rom, M. Naz.	Museo Nazionale Romano
Rom, Vat. M.	Vatikanische Museen
Rotterdam, M. Boymans	Museum Boymans van Beuningen
Rouen, M.	Musée des Beaux-Arts
San Diego, G.	Fine Arts Gallery
Sao Paulo, M.	Museu de Arte
Sarasota, M.	John and Mable Ringling Museum of Art
Schweinfurt, M.	Stadtmuseum
Schwerin, M.	Staatliches Museum
Seattle, M.	Art Museum
Sens, M. Mun.	Musée Municipal
Sheffield, G.	City Art Galleries
Sibiu, M.	Museum Brukenthal
St. Etienne, M.	Musée d'art et d'industrie
St. Louis, M.	City Art Museum
Stockholm, M.	Statens Konstmuseer
Straßburg, M.	Musée des Beaux Arts
Syrakus, M. Arch.	Museo Archeologico Regionale
Toledo/Ohio, M.	Museum of Art
Toronto, Art G.	Art Gallery of Ontario
Toulouse, M.	Musée des Augustins
Tours, M.	Musée des Beaux-Arts
Treviso, M.	Museo Civico
Troyes, M.	Musée des Beaux-Arts
Turin, G.	Galleria dell'Accademia Albertina und Galleria Sabaudia
Utrecht, M.	Centraal Museum
Vaduz, Fürstl. G.	Fürstlich Liechtensteinsche Gemäldegalerie
Valenciennes, M.	Musée des Beaux-Arts
Venedig, Acc.	Galleria dell' Accademia
Verona, M.	Museo del Castelvecchio
Vesoul, M.	Musée Garret
Vicenza, M.	Museo Civico
Vincennes, M.	Musée des Beaux-Arts
Warschau, M.	Muzeum Narodowe
Washington, Hirshhorn M.	Hirshhorn Museum and Sculpture Garden
Washington, Nat. G.	National Gallery of Art

Washington, Phil. G.	Phillips Gallery
Weimar, M.	Schloßmuseum
Wien, Akad.	Gemäldegalerie der Akademie der Bildenden Künste
Wien, Barockm.	Österreichisches Barockmuseum
Wien, Kunsth. M.	Kunsthistorisches Museum
Wiesbaden, M.	Hessisches Landesmuseum Wiesbaden
Williamstown/Mass., Art I.	Clark Art Institute
Worcester/Mass., M.	Art Museum
Worms, Heylshof	Kunsthaus Heylshof
Zürich, Kunsth.	Kunsthaus

Abdalonymos → Alexander III.

Abradatas, Feind des → Kyros II.

Acca Larentia, Pflegemutter von → Romulus und Remus

Acheloos → Herakles

Achilleus, herausragender Kämpfer und Heerführer der Griechen im Trojanischen Krieg, Sohn der Meergöttin Thetis und des → Peleus, König von Phthia ⟨Hom. Il.; Apollod.; Stat. Ach.⟩.
Thetis wollte ihrem Sohn Unsterblichkeit verleihen, indem sie ihn tags mit Ambrosia salbte und nachts mit glühender Asche bedeckte. Peleus verbot ihr gefährliches Handeln, woraufhin sich Thetis erzürnt in ihr Element, das Meer, zurückzog, um ihrem Sohn nur noch gelegentlich beizustehen. Es wird auch erzählt (Stat. Ach. 1,269; Hyg. fab. 107), daß Thetis das Kind in die Fluten des Styx tauchte, um es unverwundbar zu machen; die einzige verletzbare Stelle blieb die ›Achilleus-Ferse‹, an der sie das Kind festgehalten hatte.
Achilleus wuchs in der Obhut des Kentauren Chiron auf, der ihn in vielen Fertigkeiten und Künsten unterwies und ihm die Innereien von Löwen, Bären und Wildschweinen zu essen gab, um die Kraft und den Kampfesmut dieser Tiere auf ihn zu übertragen. Von Chiron angeleitet, wurde Achilleus zum schnellsten Läufer unter den Sterblichen – bei Homer trägt er den Beinamen ›der Schnellfüßige‹. Als Jüngling kehrte Achilleus nach Phthia zurück, wo Phoinix seine Erziehung fortsetzte. In Phthia schloß er eine unzertrennliche Freundschaft mit dem um einige Jahre älteren Patroklos, der sein ständiger Gefolgsmann und Geliebter wurde. Homer erzählt in der *Ilias* (1,118; 2,685; 16,168), Achilleus sei auf Aufforderung von Nestor und → Odysseus (11,765) an der Spitze seiner Soldaten, den Myrmidonen, mit fünfzig Schiffen zum Zug gegen Troja aufgebrochen. Dabei schlug er die Warnung seiner Mutter in den Wind, daß er die Wahl habe

zwischen einem ruhmreichen, aber kurzen oder einem langen, ruhmlosen Leben.

Andere Autoren (Hyg. fab. 96) erzählen, Thetis und Peleus hätten ihren Sohn am Hof des Lykomedes auf Skyros untergebracht, um seine Teilnahme am Trojanischen Krieg zu verhindern. Als Mädchen verkleidet, lebte er dort unter den Töchtern des Lykomedes, von denen er eine – Deidameia – verführte; sie gebar ihm den Sohn → Neoptolemos (auch Pyrrhos genannt). Odysseus entlarvte den verkleideten Achilleus mit einer List: Er brachte den Mädchen Geschenke, darunter auch Waffen, und ließ Alarm blasen. Seiner männlichen Natur folgend, ergriff Achilleus sofort die Waffen, um sich dem Kampf zu stellen. Auf diese Weise entdeckt, schloß er sich freiwillig mit Phoinix und Patroklos dem Zug gegen Troja an.

Zunächst wurde die griechische Flotte an ihrer Sammelstelle Aulis durch eine Flaute festgehalten, die ihnen Artemis aus Zorn über → Agamemnon, den Anführer der griechischen Truppen, geschickt hatte. Die Göttin forderte von ihm die Opferung seiner Tochter → Iphigenie. Unter dem Vorwand, das Mädchen solle mit Achilleus verlobt werden, wurde Iphigenie mit Zustimmung ihrer Mutter Klytaimnestra nach Aulis gebracht. Achilleus, der diese List zu spät durchschaute, versuchte vergeblich, Iphigenie zu retten (Eur. Iph. A.).

Apollodoros (3,13,8) und Hyginus (fab. 96) berichten von einem ersten mißglückten Versuch, Troja zu erreichen. Die Griechen gerieten nach Mysien, vermeintlich trojanisches Gebiet, und begannen zu plündern. Sie wurden jedoch von König → Telephos, einem Sohn des Herakles, auf ihre Schiffe zurückgedrängt. Dabei fügte Achilleus dem König mit seinem Speer eine Wunde zu, die laut eines Orakelspruchs nur mit Spänen dieses Speers geheilt werden konnte. Achilleus war bereit, Telephos zu helfen, worauf dieser ihm aus Dankbarkeit den richtigen Weg nach Troja wies. Auf der nahe bei Troja gelegenen Insel Tenedos zog Achilleus den Zorn Apollons auf sich: Er tötete trotz Thetis' Warnung dessen Sohn, den König Tenes, als dieser die Landung der Griechen verhindern wollte.

In Troja angekommen, konnten die Griechen gegen die gut ummauerte Stadt wenig ausrichten und unternahmen neun Jahre lang Raubzüge in der Umgebung, wobei sich Achilleus als treibende Kraft erwies (Prokl. chr. 25–34). Die Griechen überfielen Theben am Plakos (südliche Troas), wo Achilleus den Vater und sieben Brüder von → Hektors Frau Andromache tötete. Er vertrieb Aeneas vom Berg Ida und nahm auch die Stadt Lyrnessos ein, wohin sich Aeneas geflüchtet hatte. Hier erbeutete Achilleus das Mädchen Briseis.

Nach neun Jahren der Belagerung Trojas entflammte ein Streit zwischen Agamemnon und Achilleus. An diesem Punkt setzt Homers *Ilias* ein. Apollon hatte den Griechen eine Epidemie geschickt, um die Rückgabe der Chryseïs, der Tochter seines Priesters Chryses, zu erzwingen, die sich als Kriegsbeute in den Händen von Agamemnon befand. Achilleus ergriff auf einer Versammlung der griechischen Anführer für Apollon Partei. Als Agamemnon daraufhin forderte, Achilleus solle ihm seine Geliebte Briseis überlassen, konnte Athena Achilleus gerade noch daran hindern, sein Schwert zu ziehen. Er ging voller Groll in sein Zelt zurück, überließ Agamemnon Briseis und beklagte sich bei seiner Mutter Thetis. Diese riet ihm, sich vorläufig von den Kriegshandlungen fernzuhalten, bis den Griechen seine Unersetzlichkeit klargeworden sei. Auf ihre Bitte hin ließ Zeus die Trojaner die Oberhand gewinnen, bis die Griechen am Rand einer endgültigen Niederlage standen. Zeus verhinderte ein Eingreifen der auf griechischer Seite stehenden Götter – Hera, Poseidon, Ares und Athena –, so daß die Griechen Schlag um Schlag hinnehmen mußten.

Es kam soweit, daß die Trojaner in das Lager der Griechen einfallen konnten und nun versuchten, die griechischen Schiffe in Brand zu stecken. Patroklos wollte dem Treiben nicht länger zusehen und bekam von Achilleus die Zustimmung, mit dessen Rüstung an der Spitze der Myrmidonen an dem Kampf teilzunehmen. Er konnte die Trojaner zurücktreiben, wurde aber von Hektor getötet. Voll Wut und Reue drohte Achilleus den verschreckten Trojanern seine Rache an.

Am nächsten Tag versöhnte sich Achilleus mit Agamemnon, der ihm Briseis wieder abtrat und ihn mit Geschenken überhäufte. Thetis bat den Gott und Schmied Hephaistos um eine neue Rüstung für ihren Sohn. Als nun Achilleus wieder am Kampf teilnahm, wendete sich für die Griechen das Schicksal. Achilleus wütete auf dem Schlachtfeld. Er nahm zwanzig junge Trojaner als Gefangene und opferte sie am Grab des Patroklos. Der Gott des Flusses Skamandros war über die Zahl der Schlachtopfer, die in den Fluß gestürzt wurden, entsetzt und trat über die Ufer, doch Hephaistos trocknete ihn durch sein Feuer aus. Aeneas konnte sich eine Zeitlang in einem Duell gegen Achilleus halten, dann aber wurde der Kampf durch Poseidon abgebrochen.

Die Trojaner flohen in die Stadt, einzig Hektor blieb vor den Toren und stellte sich dem Zweikampf mit Achilleus. Dieser trieb ihn dreimal um die Stadt, bis schließlich Zeus eingriff und den Kampf zugunsten des Achilleus entschied. Sterbend sagte Hektor dem Griechen voraus, er werde durch die Hand Apollons und Paris' sein Ende finden. Die Leiche Hektors band Achilleus hinter seinen Wagen und schleifte sie zwölf Tage lang um die Stadtmauern, bis den Göttern dieses unheilige Treiben zuviel wurde und sie Thetis befahlen, ihm ein Ende zu machen. Hektors Vater Priamos begab sich heimlich in das Lager der Griechen, wurde von Achilleus wohlwollend empfangen und erhielt gegen ein Lösegeld die Leiche Hektors. Damit endet Homers *Ilias*.

Über Achilleus' Taten nach dem von Homer erzählten Geschehen erfahren wir, daß nach dem Tod Hektors die Amazonen und ihre Königin → Penthesilea den Trojanern zu Hilfe eilten (Aith.; Il. parv.; Prokl. chr. 51–85). Anfänglich hatten sie Erfolg, bis sie auf Achilleus trafen, der Penthesilea tödlich verwundete und sich dann in die Sterbende verliebte. Als der unverschämte Grieche Thersites ihn wegen dieser Liebe verspottete, die ihm vom Gesicht abzulesen sei, tötete ihn Achilleus mit einem Hieb (Lykophr. Alex. 999–1000) oder einer Ohrfeige.

Es wird auch erzählt (Pind. O. 2,91; Smyrn. 3,60; Hyg. fab. 110), daß der äthiopische König Memnon, ein Sohn der Eos und des Tithonos, eines Bruders des Priamos, diesem im Kampf beistand. Memnon konnte noch Antilochos töten, der seinen alten Vater Nestor beschützte, fiel aber durch die Hand des Achilleus, nachdem die göttlichen Mütter Thetis und Eos für ihre Söhne bei Zeus gefleht hatten und dieser für Achilleus entschieden hatte.

Von Achilleus' Tod – der ihn vor dem Fall Trojas ereilte – gibt es mehrere Versionen. Homer erzählt in der *Odyssee* (11,465–540) nur, daß der tote Achilleus in der Unterwelt seine Freunde wiedertraf, unter denen sich an erster Stelle Patroklos befand. In den meisten Überlieferungen heißt es, daß Achilleus zum trojanischen Tor vorrückte und dort starb, nachdem er von einem Pfeil getroffen worden war – möglicherweise an seiner Ferse –, der von den Mauern Trojas kam: Entweder war es Apollon selber (alle Tragiker; Weissagung Thetis'; Hom. Il. 21,277; Prokl. chr. 62) oder Paris, dessen Pfeil Apollon lenkte. Hyginus (fab. 110) und andere Autoren (Prokl. chr. 63–67) berichten (Hellanik. Fragm. 139), daß sich Achilleus in → Polyxena, die Tochter des Priamos, verliebte und sogar bereit war, mit den Trojanern einen Friedensvertrag zu schließen, wenn er die Hand Polyxenas erhalten würde. Priamos schlug ihm vor, den Frieden beim Tempel des Apollon zu schließen, wo Achilleus dann von Paris' Pfeil tödlich getroffen wurde. Nach einer anderen Überlieferung (Il. parv.; Soph. Ai.; Hom. Od. 11,495) gelang es → Aias und Odysseus, den Leichnam des Achilleus in Sicherheit zu bringen. Zwischen beiden entstand ein heftiger Streit um die Rüstung des gefallenen Kriegers, aus dem Odysseus als Sieger hervorging. Aias beging daraufhin Selbstmord (Ov. met. 12,620–628; 13,1–398).

Achilleus, einer der berühmtesten Helden der Antike, war die zentrale Figur vieler Texte, die nicht erhalten sind. So existierte ein Epos *Aithiopis*, das dem Dichter Arktinos (7. Jh. v. Chr.) zugeschrieben wird und in dem Achilleus' Schicksal von den Taten in der *Ilias* bis zu seinem Tod (Memnon, Penthesilea) behandelt wurde. Ferner sind Titel von Tragödien bekannt, u. a. Aischylos' *Psychostasia* über den Zweikampf zwischen Achilleus und Memnon. Ein großes episches Gedicht von P. P. Statius (1. Jh. n. Chr.), die *Achilleis*, blieb unvollendet: Ausgeführt sind nur die Szenen von den Geschehnissen auf Skyros bis zum Krieg vor den Mauern Trojas.

In der *Ilias* und anderen überlieferten Texten ist Achilleus ein besessener Krieger, der einem Freund wie Patroklos oder der Konkubine Briseis innig verbunden sein kann, für seine Feinde aber keinerlei Nachsicht aufbringt und in seiner Trauer und Rachsucht maßlos ist. In den Augen der Stoiker ist er zu sehr der Sklave seines Herzens, im Gegensatz zum vernünftigen und umsichtigen Odysseus. Die einzige überlieferte Tragödie, in der Achilleus eine wichtige Rolle spielt, ist Euripides' *Iphigeneia in Aulis*: Achilleus ist sehr verärgert darüber, daß man ohne sein Wissen seinen Namen mißbrauchte, um Iphigenie nach Aulis zu locken. In der literarischen Tradition, die auf der Seite Trojas steht – wobei Vergils *Aeneis* (1,456–487; 6,56–58) von großer Bedeutung ist – und die sich bis in die Neuzeit fortsetzt, trägt Achilleus die Züge eines äußerst brutalen Griechen.

Der Ruhm des Achilleus in der Antike spiegelt sich in zahlreichen Darstellungen seines Schicksals in der griechischen, hellenistischen und römischen Kunst wieder. Die griechische Kunst bezieht sich dabei meist auf Szenen des Trojanischen Krieges, die teils über die von Homer geschilderten hinausgehen: der Streit zwischen Agamemnon und Achilleus; Achilleus und Patroklos; Achilleus im Zweikampf mit Hektor und die Schändung der Leiche; Achilleus und Priamos; Achilleus und Memnon; Achilleus und Polyxena; Aias, der die Leiche des Achilleus in Sicherheit bringt; und sehr häufig der Kampf zwischen Achilleus und Penthesilea. Außerdem werden Szenen dargestellt, die in den überlieferten Schriftquellen nicht erwähnt werden: z. B. Achilleus und Aias an einem Spielbrett. Äußerlich wandelt sich Achilleus im Laufe der Zeit von einem bärtigen, schwerbewaffneten Mann zu einem nackten, kurzhaarigen und bartlosen Jüngling mit feurigem Blick und impulsiver Gestik.

Die hellenistische und römische Kunst nimmt noch weitere Szenen auf: Achilleus mit seinem Lehrer Chiron oder Achilleus unter den Töchtern des Lykomedes; dieses Thema wird häufig in der Malerei, auf Mosaiken und Sarkophagen aufgegriffen und geht zurück auf ein von Plinius (nat. 35,134; vgl. Philostr. im.) beschriebenes, doch nicht erhaltenes Werk des Athenion aus dem 4. Jahrhundert v. Chr. Selten wird Priamos gezeigt, wie er, als Nicht-Grieche gekleidet, Achilleus um die Leiche seines Sohnes Hektor bittet, z. B. auf silbernen Skyphoi (Trinkbechern) aus dem 1. Jahrhundert n. Chr. (aus Hoby, heute Kopenhagen, Staatl. Kunstm.). Auf Sarkophagreliefs werden Todesszenen abgebildet, z. B. Achilleus' Kampf mit den Amazonen oder mit Hektor. Im späten Altertum (3.–6. Jh.) findet man am häufigsten die Szenen der Kindheit bis zur Entdeckung auf Skyros. Die Paideia (Ausbildung), die zu großen Erfolgen und Heldentaten führt, ist beispielhaft für den Auftraggeber: Silberteller in Augst (M.), die Tensa Capitolina (sog. Streitwagen vom Kapitol, Rom, Konservatorenpal.) und Mosaiken in Antalya (M.), Antakya (M.) und Tunis (Bardo-M.).

NK   Mit der ganzen Lebensgeschichte des Achilleus beschäftigten sich in der bildenden Kunst der Neuzeit u. a. Rubens (um 1630–35, Entwürfe und Ölskizzen, Rotterdam, M. Boymans und Detroit, I. of Art) und M. Slevogt in einer Serie von 15 Lithographien (1908, New York, Metrop. M.). Die Kindheit und Erziehung von Achilleus werden hauptsächlich in der Renaissance und im Barock thematisiert, wobei die Darstellung des Kentauren Chiron mit Achilleus als Sinnbild einer guten Erziehung zu verstehen ist, u. a. auf Fresken von R. Fiorentino (1535–40, Schloß Fontainebleau) und von Annibale Carracci (1597–1600) im Palazzo Farnese in Rom, auf Gemälden von G. M. Crespi (um 1700, Wien, Kunsth. M.), S. Ricci (vor 1710, Padua, M.), P. Batoni (1746, Florenz, Uffizien; 1760/61, Parma, G. Naz. und 1770, St. Petersburg, Eremitage), J.-B. Regnault (1782, Paris, Louvre) und E. Delacroix (1844, Paris, Pal. Bourbon) sowie auf Gipsreliefs von B. Thorvaldsen (1837, Kopenhagen, Thorvaldsen M.). Auf einem Gemälde von S. Conca (1727, Madrid, Prado), das als Studie für die Dekoration der spanischen Botschaft in Rom entstand, dient das Thema der Erziehung zur Verherrlichung der Geburt des Infanten Luis Antonio Jaime. V. a. in der niederländischen Malerei des 17. Jahrhunderts sowie in Italien und Frankreich findet sich häufig auch die Geschichte des Achilleus auf Skyros mit den Töchtern des Lykomedes und der Entdeckung durch Odysseus, z. B. auf Fresken von B. Peruzzi (1521–23) für die Villa Madama in Rom, auf Gemälden von Rubens (um 1616, Madrid, Prado), A. van Dyck (1618, Madrid, Prado und 1628/29, Pommersfelden, G.), P. Paolini (um 1620–30, Malibu, Getty M.), F. Francken II (um 1630/40, Prag, Nationalg.), J. Boeckhorst (um 1635, Münster, Westfälisches Landesm.), E. Quellinus (1643, Vaduz, Fürstl. G.), C. Lorrain (um 1647–49, St. Petersburg, Eremitage), N. Poussin (um 1650, Boston, M. und um 1656, Richmond, M.), J. de Bray (1664, Warschau, M.), J. Steen (1671, Amsterdam, M.), G. B. Tiepolo (um 1725/26, Vicenza, Castelgomberto), P. Batoni (1746, Florenz, Uffizien) und A. Kauffmann (um 1769, Plymouth, Saltram Park).

Beziehen sich die Künstler auf Szenen aus der *Ilias*, bevorzugen sie bis ins 18. Jahrhundert die Liebesgeschichte um Briseis: z. B. C. d'Arpino (1594/95, Fresko, Rom, Pal. del Sodalizio dei Piceni), G. B. Tiepolo (1757, Fresko, Vicenza, Villa Valmarana), J. H. Tischbein d. Ä. (1773, Gemälde, Hamburg, Kunsth.), A. Canova (1787–90, Gipsrelief, Possagno, G.) und B. Thorvaldsen (1803, Gipsrelief, Kopenhagen, Thorvaldsen M.). In der zweiten Hälfte des 18. Jahrhunderts wenden sich die Künstler mehr den schmerzlichen und heroischen Szenen aus der *Ilias* zu, wie z. B. dem Streit zwischen Achilleus und Agamemnon, Achilleus' Trauer um Patroklos, seinem Kampf mit Hektor und der Schändung der Leiche Hektors, u. a. auf Gemälden von G. Hamilton (1765, Edinburgh, Nat. G.), J.-B. Suvée (1769, Paris, Louvre), J.-J. Taillasson (1769, Paris, Académie), H. Füssli (um 1770/71, London, British M. und um 1803, Zürich, Kunsth.), H. de Superville (1773, Den Haag, Gemeentem.), J. H. Tischbein d. Ä. (1776, Hamburg, Kunsth.), J.-L. David (1778, Dublin, Nat. G.), N. Abildgaard (1794–98, Grisaille mit der Taufe im Styx als Pendant, Kopenhagen, M.) und J. Ingres (1801, Paris, École des Beaux-Arts). Den Zorn des Achilleus stellten u. a. C.-A. Coypel (1737, Gemälde, St. Petersburg, Eremitage) und P. Cornelius auf Fresken in der Münchener Glyptothek (1826–30) im Rahmen eines *Ilias*-Zyklus mit der Hochzeit von Peleus und Thetis bis zum Untergang Trojas dar. Dieser Zyklus wurde im 2. Weltkrieg größtenteils zerstört. Angeregt durch ein von Sir William Hamilton herausgegebenes Werk über griechische Vasenbilder veröffentlichte J. Flaxman 1793 seine Illustrationen zur *Ilias*, die großen Einfluß auf seine Zeitgenossen ausübten und z. B. Motive für Porzellan von J. Wedgwood lieferten.

In der Gestalt des Kriegers und Feldherren Achilleus porträtierte R. Westmacott im Auftrag der Ladies of England den Herzog von Wellington (1814–22, Standbild im Londoner Hyde Park). Eine weitere Achilleus-Statue schuf J. G. Schadow (1786/87, Berlin, Nationalg.).

ND Die Reihe dichterischer Behandlungen des Trojastoffs im Mittelalter beginnt mit Benoîts de Sainte-Maure *Le roman de Troie* (1165); Achilleus und Polyxena bilden darin eins von vier höfisch stilisierten Liebespaaren, auf die hin sich die Fülle der Kriegshandlungen ordnet. Dante plaziert Achill unter den Wollüstigen in der Hölle (Div. Com., Inf. 5.65 f.). Achills Tod ist das Thema von Dramen von A. Hardy (1610), T. Corneille (1673) und J. L. Uhland (1862). Ein episches Gedicht J. W. von Goethes, *Achilleis* (1799), blieb unvollendet. In der französischen klassizistischen Tradition steht das Trauerspiel *Achilles* (1719) von B. Huydecoper: Trotz der Wut und der Raserei wegen des ›Diebstahls‹ seiner Briseis läßt sich Achilleus durch Gründe überzeugen. Der Gegensatz von Gefühl und Verstand und die dabei angewandte Rhetorik blieben bis ins 19. Jahrhundert beliebt.

Die Beliebtheit der Episode Achilleus auf Skyros in der bildenden Kunst des Barock korrespondiert mit der häufigen Bearbeitung dieses Stoffes für das Theater. Das Thema diente für Komödien (Tirso de Molina, *El Aquilo*, 1612) und ernste Stücke (ein Schicksalsdrama von P. Calderón, *El monstruo de los jardines*, ca. 1650–53), für Travestien und die Erinnerung an das angenehme Leben unter Frauen und die harten Männeraufgaben.

Im übrigen ist Achilleus, obwohl er das Sinnbild eines getriebenen Kriegers ist, nur selten die Hauptperson in literarischen Werken (→ Polyxena, → Amazonen). Von seinem Groll handeln Tragödien von J. de La Fontaine (unvollendet, begonnen 1683) und W. Schmidtbonn (1909), sein Wüten auf dem Schlachtfeld nach dem Tod des Patroklos setzen Tragödien von V. Borée (1627) und A. Suarès in Szene.

Antike Überlieferungen (Pind. N. 4,49, O. 2,68 ff.; Paus. 3,19,11–13; Phil. her. 20,32–40) vom Fortleben des Achilleus an

der Seite Helenas auf Leuka, einer Insel der Seligen im Schwarzen Meer, wohin ihn seine Mutter Thetis gebracht hat, wirken
im Zusammenhang des Fauststoffs in der englischen und deutschen Literatur nach. In Goethes *Faust* (2. Teil, 1827) begegnet
Faust in Gestalt des Achilleus der schönsten aller Frauen, Helena. Das Motiv der Insel Leuka mit Helena und Achilleus oder
Faust wurde aufgegriffen z. B. von H. Heine (1851), R. Bridges
(1899), A. Symons (1911), R. Pannwitz (1920), I. Kurz (1926),
H. Doolittle (1952–56) und R. Duncan (1969).

Auch in der Operngeschichte entstanden zahlreiche Werke zum NM
Sujet des Achilleus auf Skyros, z. B. im 17. Jahrhundert von F.
Sacrati (nach dem Libretto von G. Strozzi, 1641, Venedig), P. F.
Cavalli (nach S. Herrico, 1644, Venedig) und von A. Draghi zwei
Opern (nach Teofilo, 1668, Wien, und Ximenes, 1669, Wien). A.
Scarlatti vertonte das Libretto von F. M. Paglia (1698, vermutl.
Neapel), D. Scarlatti komponierte nach einem Text von C. S.
Capece (1712, Rom). Die ›ballad opera‹ von J. Gay kam postum
1733 in London auf die Bühne. Ebenfalls in London wurde die
Oper von G. F. Händel nach einem Libretto von P. A. Rolli
uraufgeführt (1741).
Das im 18. Jahrhundert weit verbreitete Libretto von P. Metastasio wurde zuerst von A. Caldara vertont (1736, Wien), bis
1785 nahmen sich ca. 20 Komponisten dieser Dichtung an, darunter z. B. L. Leo (1740, Turin), G. Verocai (1746, Braunschweig), N. Jommelli (zweimal: 1749, Wien, und 1771, Rom),
J. A. Hasse (1759, Neapel), J. F. Agricola (1765, Potsdam); weniger bekannt sind die Werke von F. L. Gassmann (1766, Venedig) oder von J. G. Naumann (1767, Palermo). L. van Beethoven komponierte nach Metastasio Szene, Rezitativ und Arie
›Ah! Perfido‹ für Sopran und Orchester (op. 65, 1795–96), die
1808 in Wien zur Uraufführung gelangten.
Die Oper von G. Donizetti (1817) nach Homers *Ilias* war ein
einaktiges Jugendwerk und wurde vermutlich nicht aufgeführt.
Unvollendet blieben das Dramenfragment von R. Wagner (aus
den Jahren 1849–50) und das Großprojekt in der Tradition Wagners, die gesamte *Ilias* zu vertonen, das A. Bungert vor Augen
hatte; bei seinem Tod 1915 hinterließ er *Achilleus* als dessen
ersten Teil. Für das Genre der Operette seien zwei Beispiele genannt: von L. de Rillé nach einem Libretto von A. Alley/Del-
mara (1857, Paris) und von E. Marti nach B. de Rieux (1913,
Paris). – Wichtige Chorwerke sind M. Bruchs Komposition
nach dem Text von H. Bulthaupt (1885, Berlin) sowie die Kanta-

te von L. Boulanger, für die sie 1913 den Prix de Rome erhielt (nach der Dichtung von E. Adenis mit Faust als Achilleus-Figur).
Die lange Tradition des Achilleus-Stoffes als Ballett-Sujet gründet sich auf zahlreiche Werke, die von C. Cannabich (1774, vermutl. Mannheim) über P. von Winter (1804, London) und L. Cherubini (1804, Paris) bis zu E. Wellesz (nach einem Szenarium von H. von Hofmannsthal, 1926, Stuttgart) und W. Egk (*Abraxas*, 1948, München) reichen.

Frenzel 1992a; Kemp-Lindemann 1975; King 1986; Müller 1994 und 1994a; Nijstad 1977; Raeck 1992; Schefold/Jung 1989; Scherer 1963; Wiebenson 1964

Admetos → Alkestis und Admetos

Admetos, König von Molossos → Themistokles

Adonis, schöner Geliebter der → Aphrodite, die ihn für einen Teil jeden Jahres → Persephone überlassen muß, Gott des Wachstums und der Natur, Sohn der Myrrha und ihres Vaters Theias, des Königs von Kleinasien (oder des Kinyras, des Königs von Kypros).
Theias (bzw. Kinyras) hatte damit geprahlt, seine Tochter Myrrha (oder auch Smyrna) sei schöner als Aphrodite, worauf die Göttin Rache nahm und Myrrha ein unstillbares Verlangen nach ihrem Vater eingab. Im Schutz der Dunkelheit schlief Myrrha zwölf Nächte hintereinander mit ihrem Vater. Als dieser den Betrug schließlich entdeckte, verfolgte er seine Tochter, um sie zu töten. Mit Hilfe der Götter verwandelte Myrrha sich in einen Myrrhenstrauch. Nach neun Monaten brach die Rinde auf, und Adonis wurde geboren.
Aphrodite war von der Schönheit des Jungen so beeindruckt, daß sie sich seiner annahm. Sie vertraute ihn zeitweilig der Göttin der Unterwelt, Persephone, an. Auch diese fand Gefallen an dem Jungen und weigerte sich später, ihn Aphrodite zurückzugeben. Zeus oder Kalliope und Orpheus beschlossen, daß Adonis mit jeder der Göttinnen ein Drittel des Jahres verbringen und das letzte Drittel für sich allein haben solle. Aphrodite aber konnte Adonis dazu verführen, zwei Drittel des Jahres bei ihr zu bleiben, was Persephone sehr verärgerte.
Obwohl Aphrodite ihren Geliebten immer davor gewarnt hatte, ging Adonis oft zur Jagd und wurde eines Tages von einem

wilden Eber getötet. Als Zeichen ihrer Trauer ließ Aphrodite rote Blumen aus dem Blut seiner Wunden wachsen.

Dieser Mythos erlebte in der Literatur – Hesiodos (in der Überlieferung von Apollodoros), Sappho, Theokrit (eid. 1,109; 3,96), Hyginus (fab. 58; 248; 251; astr. 2,7), Apollodoros (3,14,3–4) und Ovid (met. 10,519–552; 10,708–739) greifen ihn auf – viele Variationen und Ausführungen, v.a. im Hinblick auf den Tod des Adonis. Er wurde Persephone zugeschrieben, aber auch Ares (Nonn. Dion. 41,209), dem eifersüchtigen Liebhaber der Aphrodite, der Adonis in der Gestalt des wilden Ebers getötet haben soll. Über das Schicksal des Adonis nach seinem Tod wird erzählt, daß er Persephone dazu überreden konnte, jeweils ein halbes Jahr bei ihr in der Unterwelt, das andere halbe Jahr bei Aphrodite verbringen zu dürfen. Adonis galt in der antiken Kultur als Symbol des Frühlings, der die Pflanzen zu einer schnellen Blüte treibt, um sie dann in der Sommerhitze absterben zu lassen.

Die Geschichte des Adonis wird am ausführlichsten bei Ovid erzählt. Er fügte das Motiv hinzu, daß Aphrodites Leidenschaft für den Jüngling von einem Pfeil herrührte, den ihr Sohn → Eros abgeschossen hatte. Bereits im *Epitaphios Adonidos* des griechischen Dichters Bion von Smyrna (ca. 100 v. Chr.) beklagt Aphrodite in Anwesenheit von Eroten den Tod des Geliebten; die zur Deklamation bestimmte Totenklage, die orientalische Einflüsse zeigt, wie das gleichzeitig mit dem Tod des Adonis eintretende Sterben der Natur, fand Nachfolger in der römischen Literatur (u.a. Ovid) und in der Renaissance.

Seit dem 5. Jahrhundert v. Chr. wird Adonis mit Aphrodite auf griechischen Vasen abgebildet. Seit dem 4. Jahrhundert v. Chr. tritt das Motiv mit dem Urteil des Zeus hinzu, z.B. auf süditalischen Vasen und etruskischen Spiegeln. In der römischen Kunst finden sich die Szenen mit der tödlichen Verletzung Adonis' durch den Eber und Aphrodites Trauer u.a. auf Wandgemälden in Pompeii und auf Sarkophagen.

Die Geburt des Adonis aus dem Myrrhenstrauch wird schon seit NK dem 15. Jahrhundert in der Malerei thematisiert: beispielsweise auf italienischen Geburtsschüsseln, auf einem Fresko von B. Luini (1520–23, Mailand, Brera) sowie auf Zeichnungen von H. Goltzius (1603, Amsterdam, Rijksprentenkabinet) und N. Poussin (um 1620–23, Windsor Castle, Royal Library).

Als Liebespaar werden Adonis und Aphrodite einige Male dargestellt, wobei der Tod des Adonis manchmal im Hintergrund

angedeutet wird, z. B. in Italien auf Gemälden von J. Tintoretto
(1543/44, Florenz, Pal. Pitti), L. Cambiaso (1565–68, Rom, G.
Borghese), P. Veronese (um 1580–82, Madrid, Prado und um
1582–84, Wien, Kunsth. M.), G. Flinck (1640–50, Vaduz, Fürstl.
G.) und L. Giordano (um 1663–65, Budapest, M.), in den Niederlanden auf Gemälden von G. van Coninxloo (1588–98, Cleveland, M.), B. Spranger (um 1595, Wien, Kunsth. M.), C. C.
van Haarlem (1603, Stockholm, Nationalm.; 1610, Caen, M. und
1619, Baltimore, M.), J. Heintz d. Ä. (nach 1603, Wien, Kunsth.
M.), A. Janssens/J. Wildens (um 1620, Wien, Kunsth. M.), P.
Moreelse/R. Savery (1622, Stuttgart, Staatsg.), A. Bloemaert
(1632, Kopenhagen, Staatl. Kunstm.), F. Bol (1656–58, Graz,
Alte G. und um 1658, Orléans, M.) und K. Dujardin (um 1670,
Den Haag, Buitenhof) sowie in Frankreich auf Gemälden von F.
Lemoyne (1729, Stockholm, Nationalm.) und F. Boucher
(1732/33, Nancy, M. und 1741, Los Angeles, M.). Auf einem
Fresko nach einem Entwurf von G. Romano (1528) im Palazzo
del Tè in Mantua treibt Ares das Paar auseinander. Aphrodites
Verletzung durch den Liebespfeil: → Eros.
Tizian hielt auf einem Gemälde (1553/54, Madrid, Prado) fest,
wie Adonis zur Jagd ausziehen möchte und Aphrodite versucht,
ihn davon abzuhalten. Diese Szene ist wohl eine freie Interpretation einer Textstelle aus Ovids *Metamorphosen*. Tizians Werk
folgten einige Gemälde, z. B. von Annibale Carracci (um 1590,
Madrid, Prado), S. Vouet (vor 1638, St. Petersburg, Eremitage),
A. F. Callet (1774, Paris, Louvre) und P.-P. Prud'hon (1812,
London, Wallace C.). In den Niederlanden, wo die Geschichte
als warnendes Beispiel vor der Verwegenheit der Jugend diente,
deren Opfer Adonis wurde, entstanden Gemälde von B. Spranger (um 1607–11, Amsterdam, M.), Rubens/P. Bril (um 1610,
Düsseldorf, Akademie und um 1635–38, New York, Metrop.
M.), H. Goltzius (1614, München, AP), A. Bloemaert (1632,
Kopenhagen, Staatl. Kunstm.) und F. Bol (um 1658, Amster-
dam, M.).
Mit dem Tod des Adonis und Aphrodites Beweinung beschäf-
tigten sich nach Bion einige Künstler, u. a. auf einem Fresko im
Schloß Fontainebleau R. Fiorentino (1535–40), auf Gemälden S.
del Piombo (um 1512, Florenz, Uffizien), J. Tintoretto (1543/44,
Padua, M.), F. Floris (um 1550, Den Haag, Mauritsh.), L. Cam-
biaso (1570–75, Rom, Pal. Barberini), P. Veronese (um 1580–82,
Stockholm, Nationalm.), H. Goltzius (1603, Amsterdam, M.),
Domenichino (1603/04, Fresko, Rom, Pal. Farnese), N. Poussin
(um 1625, Caen, M.), J. de Ribera (1637, Rom, G. Corsini), C.

Holsteyn (um 1640–50, Haarlem, Hals-M.), L. Giordano (1682, Fresko, Florenz, Pal. Medici), J. Barry (um 1775, Dublin, Nat. G.) und J. M. W. Turner (um 1805, London, Tate G.). A. Canova schuf Skulpturen mit dem Liebespaar, dem Tod von Adonis und der trauernden Aphrodite (u. a. 1787, Terrakottabozzetti, Possagno, G.; 1789, Gips, Possagno, G. und Marmor, Genf, Villa La Grange); ebenso B. Thorvaldsen (u. a. 1808, Gipsstatue, Kopenhagen, Thorvaldsen M. und 1830, Marmorstatue, München, NP; Adonis) und A. Rodin (u. a. 1891, Marmor, Baltimore, Walters Art G.; Tod des Adonis).

Die Geschichte bei Ovid ist in Mittelalter und Neuzeit nicht nur   ND
der Ausgangspunkt für die bildende Kunst, sondern auch für die Literatur. Im *Roman de la Rose* (ca. 1275) von Guillaume de Lorris und Jean de Meung kommen die vergebliche Warnung und der Tod des Adonis vor. Adonis ist in der Dichtkunst der Renaissance und des Barock sehr beliebt: Es entstanden u. a. Gedichte von P. de Ronsard (1563), J. de la Cueva de Garoza (1582), P. Soto de Rojas (1652), J. de la Fontaine (1658), die Verserzählung *Venus und Adonis* von W. Shakespeare (1593; Adonis als keuscher und für die Liebe noch unreifer Junge, dessen Gunst vergeblich von einer Frau erstrebt wird), das Hirtenepos *Adone* von J. B. Marino (1623) sowie Tragödien von G. Le Breton (1797), Lope de Vega (1621), I. Gundulić (1628) und J. Donneau de Visé (1670). Von der inzestuösen Liebe Mirras handelt eine Tragödie von V. Alfieri (1786; ein Seelendrama, das mit dem Selbstmord der Titelheldin endet). Die lyrischen Bearbeitungen des Adonisstoffs von P. B. Shelley (1816, Bion-Übersetzung; 1821 *Adonais*, eine Elegie auf den Tod von J. Keats) und Keats (in *Endymion*, 1817) stehen am Anfang einer Vielzahl weiterer Adonis-Gedichte des 19. und der ersten Hälfte des 20. Jahrhunderts: z. B. E. Mörike mit Übersetzungen u. a. von Theokrit (1840, 1855, 1864), W. Wordsworth (1842), E. B. Browning (1845, Bion-Übersetzung), C. M. R. Leconte de Lisle (1852, 1884), M. Arnold (1864), G. D'Annunzio (1894), L. v. Sacher-Masoch (1895, Märchen), R. W. Buchanan (1901), H. Doolittle (1917), P. Louÿjs (1927), W. B. Yeats (1933) und K. Rexroth (1966).

In der Operngeschichte nahmen einige Komponisten Bezug auf   NM
das Epos von Marino, z. B. D. Mazzocchi (Libr. von O. Tronsarelli, 1626, Rom) und F. Manelli (Libr. von P. Vendramin, 1639/40, Venedig; häufig C. Monteverdi zugeschrieben). Schon früher schuf J. Peri nach der Dichtung von J. Cignonini eine Festmusik für den Hof in Mantua (1620), die aber vermutlich nicht zur Aufführung gekommen war.

Deutschsprachige Opern entstanden nach einem Libretto von
C. H. Postel von R. Keiser (1697, Hamburg) und N. A. Strungk
(zwischen 1694 und 1699, Leipzig).
In Frankreich vertonten M.-A. Charpentier den Text von D. de
Visé (1685, Paris) und J. Desmarets denjenigen von J.-B. Rous-
seau (1697, Paris). J.-P. Rameau widmete einen Satz in *Les sur-
prises de l'amour* der Figur des Adonis (nach dem Text von P.-J.
Bernard, 1758, Paris).
In dem für England typischen Genre der Masque finden sich
Werke z. B. von H. Lawes (nach J. Milton, 1634, Ludlow Castle),
J. Blow (ca. 1685, Hampton Court) und J. C. Pepusch (1715,
London). Eine Zarzuela stammt von J. Hidalgo nach dem Text
von P. Calderón de la Barca (1659, Madrid), für den später auch
T. de Torrejón y Velasco in Peru die Musik schrieb (1701, Lima).
Das Sujet des verliebten Adonis kommt auch in der um 1700
verbreiteten Serenata häufig vor, z. B. von A. Scarlatti in zwei
Versionen (zuerst *Venus, Adone e Amore dal giardin del piacere,*
1696, Neapel, später nur Venus und Adonis: *Il giardino d'amore,*
entstanden ca. 1700–05). Der Tod des Adonis ist Gegenstand der
Serenata von B. Marcello (1729, Rom).
Kantaten entstanden von G. F. Händel nach der Dichtung von
L. J. Hughes (1711), von J. Weigel d. J. nach G. B. Casti (1791,
Schloß Esterházy), von D.-A. Batton (Prix de Rome, 1817), L.
Fourestier (Prix de Rome, 1925) und V. Giannini (1940).
Das höfische Ballett bevorzugte den Adonis-Stoff und geht vor
allem auf die Aufführungen am Hof von Versailles zurück, z. B.
mit Musik von M.-R. Lalande (1696 oder 1698). Noch König
Ludwig II. in Bayern ließ sich von M. Zenger ein Auftragswerk
für seine Privataufführungen in Schloß Neuschwanstein kom-
ponieren (1881). Weitere Ballette schufen u. a. R. Debrosses
(1759, Paris), S. Storace d. J. (1793, London) oder F. C. Lefebvre
(1808, Paris).
Als Gegenstand symphonischer Dichtung erscheint Adonis bei
G. W. Chadwick (1900, Boston), T. Dubois (1907, Paris) oder P.
Paray (1922, Paris, Uraufführung als Ballettmusik).
Moderne Adaption erfuhr der Stoff in I. Stravinskys Oper *The
Rake's Progress* (nach dem Text von W. H. Auden/C. Kallman,
1951, Venedig). Neueste Bearbeitungen finden sich bei A. Hov-
hannes (Kammermusik, 1971), K. L. Saint John (Multimedia
Composition, 1979) oder H. Weisgall (Oper, 1980).

Atallah 1966; Bremmer 1987; Chenault 1971; Sluijter 1986

Adrastos, Führer der Sieben gegen Theben → Polyneikes und
Eteokles

Aegisthus, auch Aigisthos → Agamemnon

Aeneas (gr. Aineias), nach Hektor der berühmteste trojanische
Held, legendärer Stammvater Roms, des neuen Troja, von bei-
spielhafter ›pietas‹, Sohn der Aphrodite und des Anchises ⟨Verg.
Aen.; Ov. met. 13,623–726; 14,72–157; 14,441–622; Hom. Il.⟩.
Anchises, König von Dardanos, mußte die Geburt des Jungen
verheimlichen, da er den Zorn des Zeus über die Verbindung
eines Sterblichen mit einer Göttin zu fürchten hatte. Später wurde er tatsächlich vom Blitz des Zeus gelähmt oder geblendet, in
manchen Überlieferungen sogar getötet. Aeneas wurde in den
Bergen von Nymphen aufgezogen, bis Anchises seinen Sohn mit
fünf Jahren nach Troja brachte, wo er zu einem der besten Krieger ausgebildet wurde.
Beim Ausbruch des Trojanischen Kriegs führte Aeneas den
Oberbefehl über die zu Troja gehörende Stadt Dardanos. Er
unterlag den Angriffen des → Achilleus und wich nach Lyrnessos aus, das kurze Zeit später ebenfalls eingenommen wurde.
Daraufhin zog er mit seiner Frau, der Priamostochter Creusa (gr.
Kreusa), und seinem Sohn Ascanius (gr. Askanios) nach Troja
und unterstellte sich dem Oberbefehl → Hektors. Nach seiner
Verwundung durch Diomedes wurde er von Aphrodite und
Apollon beschützt. Vor dem sicheren Tod im Kampf mit Achilleus rettete ihn Poseidon, indem er ihn in Nebel hüllte und vom
Schlachtfeld wegführte. Poseidon prophezeite ihm auch, er, Aeneas, sei dazu vorbestimmt, das Geschlecht des Dardanos vor
der Ausrottung zu bewahren und König der Trojaner zu werden.
Nach dem Fall Trojas flüchtete Aeneas mit seinen Begleitern aus
der brennenden Stadt, um in einem nahegelegenen Gebirge eine
Kolonie zu gründen. In der *Ilias* (20,215–240), in der Aeneas als
tapferster Held auf trojanischer Seite nach Hektor beschrieben
wird, erzählt Homer, wie Aeneas gefangengenommen und als
Sklave zu Neoptolemos gebracht wurde. Die wohl bekannteste
Version vom Schicksal des Aeneas am Ende des Trojanischen
Krieges und die Schilderung der anschließenden Abenteuer auf
der Fahrt nach Italien stammt von Vergil: Hektor hatte Aeneas
im Traum ermahnt, sich in Sicherheit zu bringen, nachdem die
Trojaner trotz der Warnungen der → Kassandra und des

→ Laokoon das hölzerne Pferd in ihre Stadt geholt hatten. Als die Griechen noch in derselben Nacht ein Gemetzel unter den Trojanern anfingen, floh Aeneas. Obwohl sich Anchises anfangs weigerte, die Stadt zu verlassen, nahm Aeneas seinen alten Vater, der noch die Penaten mitnahm, auf seinen Rücken und seinen kleinen Sohn Ascanius an die Hand. Seine Frau Creusa verlor er. Er fand Zuflucht am Fuße des Berges Ida, baute dort Schiffe und stach dann mit seinen Leuten in See, um den Ort seiner Bestimmung zu suchen.

Während dieser Reise war Aeneas dem unversöhnlichen Haß Heras auf die Trojaner ebenso ausgesetzt, wie er unter der schützenden Hand Poseidons und v. a. Aphrodites stand. Zuerst gingen die Trojaner in Thrakien an Land, segelten aber bald weiter, als sie merkten, daß auf diesem Ort ein Fluch lastete: Der König Polymestor hatte dort einen Sohn des Priamos, Polydoros (→ Hekabe), ermordet. Auf Delos befragten sie das Orakel des Apollon, erhielten aber nur den Rat, die ›Urmutter‹ ihres Geschlechts zu suchen, worauf Aeneas Kreta, die Heimat seiner Vorfahren, ansteuerte. Dort ging ihnen jedoch die ganze Ernte zugrunde, so daß Zweifel entstanden, ob Kreta wirklich ihr endgültiges Ziel sei.

Im Traum erfuhr Aeneas, ihre eigentliche Bestimmung liege in Italien. Sie gingen zunächst bei Buthrotum im Nordwesten Griechenlands an Land, wo → Andromache, die Witwe Hektors, mit Helenos, einem Sohn des Priamos, herrschte. Helenos verfügte über prophetische Gaben; er bestätigte Aeneas' Bestimmung und gab ihm Hinweise, wie er Italien erreichen könne. Als sie kurze Zeit später auf Sizilien landeten, starb der alte Anchises.

Sie führten ihre Fahrt fort und mußten nun die Stürme überstehen, die ihnen die feindliche Hera sandte. Poseidon konnte noch rechtzeitig eingreifen, so daß sie mit geringen Verlusten an die Küste Afrikas gelangten, wo → Dido die Stadt Carthago hatte erbauen lassen. Zwischen der Königin und Aeneas entspann sich ein von Aphrodite und auch von Hera begünstigtes Liebesverhältnis, das jedoch mit dem Freitod Didos endete, da Aeneas, von Hermes streng wegen seiner Pflichtvergessenheit ermahnt, weiter nach Italien zog.

An der Westküste Italiens gingen sie an Land, um bei der prophetischen Sibylle von Cumae Zugang zum Totenreich zu erbitten, da Aeneas den Geist seines Vaters um Rat fragen wollte. Anchises bestätigte Aeneas, daß er in Italien den Grundstein für eine Dynastie legen solle und für ein Reich, das eine große Zukunft haben werde. Durch die Weissagung der → Harpyie Kelaino fand Aeneas schließlich an der Mündung des Tiber den für ihn bestimmten Ort.

Das Gebiet gehörte zum Königreich der Latiner unter Latinus. Lavinia, die einzige Tochter des Königs, wurde von vielen Männern umworben; einer von ihnen war Turnus, der König der Rutuler. Latinus aber hatte durch das Orakel erfahren, daß Lavinia einem Fremdling von hoher Abkunft vorbestimmt sei, den er in Aeneas erkannte. Als Turnus, von Hera aufgehetzt, Aeneas den Krieg erklärte, fuhr dieser den Tiber weiter hinauf, um Euandros, einen befreundeten Griechen, um Hilfe zu bitten. Dieser war König über das Gebiet, auf dem das spätere Rom entstehen sollte.

Aphrodite ließ ihren Gatten Hephaistos Waffen für den Kampf ihres Sohnes gegen Turnus schmieden. Vergils *Aeneis* schließt mit den Kriegshandlungen zwischen den Trojanern und den Rutulern. Aeneas tötete Turnus in einem Zweikampf.

Vergil, der Aeneas als den Vorfahren der Gründer Roms und des Geschlechts des Augustus, seines Auftraggebers, besingt, beschreibt den Helden als edlen, tugendhaften und entschlossenen Mann, der sich seiner großen Verantwortung bewußt ist. Kein anderer kommt ihm in seiner Gottesfurcht und seinem Verantwortungsbewußtsein (›pietas‹) gleich.

Andere klassische Autoren (Liv. 1,1,10; Dion. Hal. 1,70,1–3; Plut. Rom. 2) berichten außerdem von einer Hochzeit mit Lavinia, von der Gründung Alba Longas durch Ascanius (auch Iulus genannt) und Roms durch dessen Nachfahren Romulus und Remus. Ovid erzählt am Ende seiner *Metamorphosen* (14, 441–622), die wie die *Aeneis* im Auftrag Kaiser Augustus' entstanden, wie Aeneas auf Wunsch seiner Mutter Aphrodite in den Kreis der Götter aufgenommen wird.

Vergils *Aeneis* zog als römisches Nationalepos eine direkte Linie von den alten Trojanern zu den Römern und untermauerte zugleich die Stellung des herrschenden Geschlechts der Iulier, das über Ascanius/Iulius, Aeneas und Aphrodite bis hin zu Zeus auf göttlichen Ursprung zurückgeführt wurde. Die *Aeneis* bestimmte fortan das Bild der Vorgeschichte Roms. Dieser deutlich politische Akzent fehlte noch bei den Vorgängern aus dem 3. Jahrhundert v. Chr., Livius Andronicus in seinen Bearbeitungen der *Odyssee* und Ennius in seinen *Annales* (52). Auch Lucretius setzt in *De rerum natura* (1,1) den politischen Akzent.

In der attischen Vasenkunst (Ende 6./5. Jh. v. Chr.) kommt Aeneas in verschiedenen Episoden des Trojanischen Krieges vor.

Bereits hier taucht das später häufig verwendete Motiv auf, wie
Anchises von Aeneas aus dem brennenden Troja getragen wird.
In der römischen Zeit werden vorwiegend die italischen Erlebnisse behandelt. Ein Relief auf der im Auftrag von Kaiser Augustus erbauten Ara Pacis in Rom (12–9 v. Chr.) zeigt Aeneas,
der den Penaten, den ›Hausgöttern‹ der Römer, ein Opfer
bringt; hier erscheint er als Vorbild römischer Tugenden. Auf
dem Forum des Augustus wurde eine Statue des Helden mit
seinem Sohn aufgestellt, was dem Volk auf anschauliche Weise
die göttliche Abstammung des Augustus und seiner Familie
deutlich machen sollte. Bei dieser und bei weiteren Aeneas-
Statuen in anderen Städten handelt es sich vermutlich um ikonographische Selbstdarstellungen des Kaisers, wie z. B. auf den
Foren von Pompeii und Mérida (Spanien).

NK   Die Geschichte des Aeneas hielten in der bildenden Kunst der
Neuzeit in Gemäldezyklen fest u. a. D. Dossi (1523–30, Birming-
ham, Barber I. und Ottawa, Nat. G.), N. dell'Abbate (vor 1546,
Fresken für Schloß Scandiano bei Modena, heute Modena, G.
Estense), die Brüder Carracci (um 1586, Fresken, Bologna, Pal.
Fava), P. da Cortona (1651–54, Fresken, Rom, G. Doria), Coy-
pel (1716/17, Paris, Pal. Royal und Louvre; Montpellier, M. und
Arras, M.), C. Giaquinto (um 1731–33, Rom, Pal. Quirinale)
und G. B. Tiepolo (1757, Fresken, Vicenza, Villa Valmarana)
sowie auf Zeichnungen A.-L. Girodet (1811–24, u. a. Montargis,
M. und Paris, Louvre).
Das Motiv von Aeneas mit seinem Vater auf den Schultern, Symbol der Elternliebe, wird seit der Renaissance aufgegriffen; nicht
zuletzt durch Raffaels Darstellung dieser Szene auf seinem
Wandgemälde vom Brand des Borgo (1514–17) in der Stanza
dell'Incendio im Vatikan. In Italien befassen sich mit diesem
Thema und der Flucht aus Troja u. a. auf Fresken G. Genga
(1509/10) für den Palazzo Petrucci in Siena (heute Siena, P.), D.
Beccafumi (um 1530) im Palazzo Bindi Sergardi in Siena, Guercino (1615–17) für die Casa Pannini in Cento (heute Cento, P.)
und G. da San Giovanni (1623/24) im Palazzo Pallavicini Rospigliosi in Rom, auf Gemälden F. Barocci (1598, Rom, G. Borghese), L. Spada (1622, Paris, Louvre), S. Ricci (1691–94, Ponce,
M.), L. Giordano (um 1699/1700, Madrid, Prado) und P. Batoni
(um 1751–53, Turin, G.) sowie in der Bildhauerei G. L. Bernini
(um 1618/19, Marmorskulpturengruppe, Rom, G. Borghese). In
den Niederlanden, Frankreich und Deutschland entstehen u. a.
Gemälde aus dem Umkreis von J. van Scorel (1523, Utrecht,

M.), von J. Brueghel d. Ä. (um 1595, München, AP), A. Els-
heimer (um 1600/01, München, AP), H. van Steenwijk d. J.
(nach 1620, Chicago, Art I.), G. de Lairesse (1684, Den Haag,
Buitenhof), C. van Loo (1729, Paris, Louvre), J. G. Trautmann
(1769, Frankfurt, Goethe-M.) und J.-B. Suvée (1784/85, Paris,
Louvre) sowie in der Bildhauerei eine Marmorgruppe von F.
Girardon (um 1670, Troyes, M.).
Den Kampf gegen die Harpyien während der siebenjährigen
Reise des Aeneas zeigt F. Perrier auf einem Gemälde (um
1646/47, Paris, Louvre), und C. Lorrain schildert eine Küsten-
ansicht von Delos mit Aeneas, Anchises, Ascanius und Anius
(um 1669–72, London, Nat. G.). P. Lepautre schuf eine Mar-
morskulptur mit Aeneas und Anchises (1697, für die Tuilerien,
heute Paris, Louvre). Den Schiffbruch, den Aeneas mit seinen
Gefährten vor der Küste Libyens erleidet, zeigen auf Gemälden
D. Dossi (um 1525, Washington, Nat. G.), Rubens (1604/05,
Berlin, Gemäldeg.) und C. Lorrain (1672, Brüssel, Kon. M.). Die
Liebesgeschichte von Aeneas und Dido stellten auf Gemälden
dar beispielsweise A. Schiavone (um 1553–60, Wien, Kunsth.
M.), Rubens (um 1628, Frankfurt, Städel) und J. M. W. Turner
(1814, London, Tate G.) (→ Dido). Auf einem Gemälde für die
Admiralität in Amsterdam griff F. Bol die Szene auf, wie Aeneas
nach einer ›Regatta‹ Preise verteilt (um 1661–63, Amsterdam,
M.). C. Lorrain integriert (1675, Cambridgeshire, Anglesey Ab-
bey) die Landung in Latium in ein Landschaftsgemälde. Die
Übergabe der von Hephaistos geschmiedeten Waffen von
Aphrodite an Aeneas ist u. a. auf Gemälden von A. van Dyck
(um 1630–32, Wien, Kunsth. M.), N. Poussin (1635, Toronto,
Art. G.) und G. de Lairesse (1668, Antwerpen, M. Mayer) zu
sehen. Die Vergöttlichung des Aeneas, symbolisch als Belohnung seiner Tugendhaftigkeit, findet sich z. B. auf Gemälden
von J. Jordaens (um 1617, Kopenhagen, Staatl. Kunstm.) und C.
Le Brun (um 1641–43, Montreal, M.) sowie auf einem Fresko
von G. B. Tiepolo (1762–66, Madrid, Pal. Reale).

Vergil bleibt bis ins Mittelalter bestimmend für das Bild des edlen ND
Aeneas. Die *Aeneis* wird nicht nur als eine authentische historische Schrift angesehen, sondern auch als Allegorie eines muster-
gültigen Lebenswandels des tugendhaften Menschen hin zu
Gott: eine Tradition, die schon im 5. Jahrhundert n. Chr. in den
Kommentaren des Fulgentius beginnt, im 15. Jahrhundert in
den neoplatonischen Interpretationen von C. Landino wieder
auftaucht und sich bis ins 18. Jahrhundert fortsetzt. Im Hoch-

mittelalter wird Aeneas auch als der vollkommene, höfische Ritter gezeichnet: so in dem anonymen *Roman d'Enéas* aus dem 12. Jahrhundert und in der darauf basierenden *Eneide* (vor 1190) Heinrichs von Veldeke.

Eine andere, ungünstige Beurteilung findet Aeneas in Guido delle Colonnes (*Historia destructionis Troiae*, 1287) und in J. Lydgates *Troy Book* (1412–20). Diese Autoren folgen den Griechen Dares und Diktys, die durch lateinische Übersetzungen bekannt sind und die in sog. Augenzeugenberichten vom Fall Trojas Aeneas als Verräter an Troja zeigen. Den Verrat an Dido, der auch durch den göttlichen Auftrag des Aeneas nicht zu entschuldigen sei, kritisieren G. Boccaccio (*De claris mulieribus*, 1356–64), G. Chaucer (*House of Frame*, 1381 und *The Legend of Good Women*, 1385/86), C. de Pizan (*Epistre au Dieu d'Amours*, 1399), J. Lydgate (*Fall of Princes*, 1430) und C. Marlowe mit T. Nashe (1587/88).

Seit dem 16. Jahrhundert ist Aeneas überwiegend ein Held ohne Schattenseiten, v. a. in der Elisabethanischen Literatur: z. B. in W. Shakespeares *Troilus and Cressida* (ca. 1602). In der Theatergeschichte spielt er, abgesehen von Dramatisierungen der Dido-Episode, nur in wenigen Stücken die Hauptrolle: in einem Theaterstück von J. Neuye (1667) und C. Goldoni (1760). Zur literarischen Rezeption siehe auch → Dido.

NM   In der Musikgeschichte bot der Aeneas-Stoff ein reiches Reservoir, v. a. die Geschichte um → Dido wurde zahlreich vertont.

Im 19. Jahrhundert ragt v. a. das große Opernunternehmen von H. Berlioz heraus: Die beiden ersten Akte der *Trojaner* gelten der Eroberung Trojas, der dritte bis fünfte Akt handelt von den Trojanern in Karthago (Libr. vom Komponisten, Uraufführung der letzten drei Akte 1863, Paris; alle fünf Akte 1890, Karlsruhe). Neben dem Dido-Stoff erreichte auch die Geschichte um Aeneas in Italien einige Popularität, z. B. mit einem Libretto von G. F. Bussani in verschiedenen Vertonungen (P. F. Cavalli, 1673, Venedig; A. Sartorio, 1673, Venedig; C. Pallavicino, 1675, Venedig; C. F. Pollarolo, 1686, Mailand), aber auch mit Opern von C. Monteverdi (Libr. von G. Badoaro, 1641, Venedig), J. Melani (Libr. von G. A. Moniglia, 1670, Pisa), A. Draghi (Libr. von N. Minato, 1678, Wiener Neustadt), G. A. Bernabei (Libr. von V. Terzago, 1679, München), J. W. Franck (Libr. von J. P. Förtsch, 1680, Hamburg) und A. Steffani (Libr. von O. Mauro, 1695, Hannover). Ein weiterer Schwerpunkt in der Rezeption sind die Opern um die Figur des Ascanio in Alba, z. B. bei J. J. Fux (Libr.

von P. A. Bernardoni, 1708, Wien) und W. A. Mozart (Libr. von G. Parini (1771, Mailand). Daneben gibt es einige Werke um die Beziehung von Aeneas zu Lavinia, darunter von A. Dauvergne (Libr. von V. de Fontenelle, 1758, Paris), T. Traetta (Libr. von V. A. Cigna-Santi, 1760, Turin) oder A. Sacchini (Libr. von G. G. Botarelli, 1779, London).

Chorwerke um die Figur des Aeneas schufen u. a. A. Campra (*Cantates françoises*, 1708 und 1714, Paris), G. Rossini (1818, Venedig) und in neuerer Zeit L. Nono (nach G. Ungaretti, 1960, Köln) sowie J. Novàk (1967, Prag). Symphonische Werke stammen von D. de Severac (entst. 1903) und G. F. Malipiero (1946, Turin; 1958, Venedig); ein Ballett komponierte u. a. A. Roussel (1935, Brüssel; 1936, Neapel).

Bardon 1950; Boschloo 1982; de Jong 1987; Koch 1990; Meyboom 1982; Moret 1975; Perret 1942; Scherer 1963; Sluijter 1982; Vossen 1961; Zanker 1968

Aërope, Gattin des Atreus → Atreus und Thyestes

Aesculapius → Asklepios

Agamemnon, König von Mykene oder Argos und Anführer des griechischen Heeres im Trojanischen Krieg, Sohn von → Atreus (daher auch die Bezeichnung ›Atride‹) und Airope, aus dem von einem Familienfluch heimgesuchten Geschlecht der Tantaliden oder Pelopiden (nach dem Ahnen Tantalus bzw. Pelops) ⟨Aischyl. Ag.; Sen. Ag.; Hom. Il.; Hom. Od. 4; 11⟩.

Als Agamemnons Vetter Aigisthos Atreus ermordet und seinen eigenen Vater Thyestes, den Bruder von Atreus, zum König von Mykene erhoben hatte, flohen die Atriden Agamemnon und sein jüngerer Bruder → Menelaos an den Hof des spartanischen Königs Tyndareos, der ihnen später bei der Vertreibung von Atreus' Mörder half. Agamemnon übernahm den Thron von Mykene (oder Argos). Um Klytaimnestra, die Tochter des Tyndareos, heiraten zu können, tötete er deren Mann Tantalos und das gerade erst geborene Kind der beiden. Klytaimnestra schenkte Agamemnon drei Töchter, Chrysothemis, → Elektra und → Iphigenie (Homer gibt ihnen andere Namen) sowie einen Sohn, → Orestes.

Viele Griechen fürstlicher Herkunft warben um → Helena, die andere Tochter des Tyndareos. Agamemnon setzte sich dafür ein, daß sie sein Bruder Menelaos zur Frau bekam. Als sie später von dem trojanischen Königssohn Paris entführt wurde, machten sich die griechischen Anführer für den Kampf mit Troja bereit, da sie den Eid abgelegt hatten, die Rechte des auserwählten Ehemannes der Helena zu verteidigen. Als älterer Bruder des Menelaos, als Befürworter der Heirat zwischen Helena und seinem Bruder und schließlich als König des mächtigen Mykene – er stellte mit rund hundert Schiffen die größte Flotte – war Agamemnon der unumstrittene Anführer und die treibende Kraft in diesem Krieg.

In der *Ilias* nicht erwähnt ist die Geschichte, daß die griechische Flotte bei Aulis von einer länger andauernden Flaute festgehalten wurde, die ihnen Artemis aus Ärger über Agamemnon geschickt hatte. In dieser Situation ging Agamemnon auf Artemis' Forderung ein und opferte ihr – ohne Wissen der Mutter Klytaimnestra – seine Tochter Iphigenie (Eur. Iph. A.).

Ein zentrales Motiv der *Ilias* ist der Streit zwischen Agamemnon und → Achilleus (7–9) um das Mädchen Briseis. Durch eine Epidemie im griechischen Lager hatte Apollon Agamemnon unter Druck gesetzt: er sollte Chryseis, die Tochter eines seiner Priester, aus der Gefangenschaft freigeben. Agamemnon gehorchte, nahm sich aber dafür Achilleus' Konkubine Briseis, worauf dieser sich voll Zorn aus den Kämpfen zurückzog. Agamemnon wollte nun den entscheidenden Schlag gegen die Trojaner ohne Achilleus durchführen. Er gab sein Bestes, konnte aber große Verluste und Niederlagen auf der Seite der Griechen nicht verhindern. Schließlich versöhnten sich die beiden Männer, und mit Hilfe des Achilleus überwanden die Griechen die Trojaner.

Nach den meisten Überlieferungen kam Agamemnon nach dem Fall Trojas unversehrt nach Mykene zurück und brachte als Teil seiner Kriegsbeute die Seherin und trojanische Königstochter → Kassandra mit. In Homers *Odyssee* (Buch 3) trennen sich die Wege der beiden Atriden nach der Eroberung Trojas. Menelaos zieht mit einem Teil des Heeres unverzüglich ab, während Agamemnon die Göttin Athena mit Opfern günstig zu stimmen sucht.

In allen Quellen wird Agamemnon nach seiner Rückkehr nach Argos von seiner Frau Klytaimnestra und ihrem Geliebten Aigisthos ermordet. Aigisthos befürchtete, von Agamemnon vertrieben zu werden, Klytaimnestra wollte sich für den Verlust ihres Kindes und auch für den Iphigenien-Tod rächen (Hom. Od. 3,262 ff., 305 ff., 4,519 ff.; Aischyl. Ag.; Pind. P. 11; 30). Gelegentlich kommt die Wut über Kassandra hinzu, mit der Agamemnon inzwischen ein Verhältnis hatte (Athen.

13,3; Hyg. fab. 116–117). Die meisten Autoren berichten, daß auch Kassandra von den beiden getötet wurde. Die Ermordung Agamemnons sollte später von Orestes gerächt werden.

Agamemnon wird in der *Ilias* als eine beeindruckende Figur mit einem starken Charakter geschildert, zugleich aber auch als ein selbstherrlicher und habsüchtiger Anführer, der sich zu unbedachten Handlungen hinreißen läßt. Noch stärker tritt sein Hochmut in Sophokles' *Aias* (→ Aias) hervor. In anderen Tragödien richtet er sich als Anführer nach einigem Zögern und Zweifeln auf den Krieg gegen Troja ein und fügt sich dem Willen der Götter und dem Druck der griechischen Mannschaften: das zentrale Motiv in Euripides' *Iphigeneia in Aulis*. In Euripides' *Hekabe* glaubt er, nichts gegen das vom Geist des Achilleus geforderte Opfer der trojanischen Königstochter → Polyxena unternehmen zu können, ebensowenig vermag er → Hekabe, die ihm als Kriegsbeute zugewiesene Frau des Königs Priamos, in ihrer Rache gegen Polymestor, den Mörder ihres Sohnes Polydoros, zu unterstützen. Im ersten Teil von Aischylos' *Oresteia*-Trilogie, *Agamemnon*, vollzieht sich in einer Sphäre des Unheils, das nur Kassandra spürt, das Schicksal des Agamemnon: Er wird von Klytaimnestra getötet. Diese Sphäre tritt ebenso in Senecas *Agamemnon* hervor.

In der bildenden Kunst der Antike wird Agamemnon selten dargestellt. Als bärtiger König, manchmal mit einem Zepter, erscheint er in Szenen, die im Zusammenhang mit dem Kriegszug gegen Troja stehen, wie die Opferung der Iphigenie, der Streit mit Achilleus und die Rückgabe der Briseis. Auf etruskischen Urnen ist sein gewaltsamer Tod zu sehen.

Schon G. Boccaccio beschrieb in *De casibus virorum illustrium* ND (1355–73) und in *De claris mulieribus* (1356–64) die Geschichte von Agamemnon und Klytämnestra, der auch die Tragödie *Die mörderisch Königin Clitimestra* von H. Sachs (1554) gilt sowie zahlreiche Barockdramen und -gedichte, z. B. von P. Matthieu (1589), T. Heywood (1609), C. Boyer (1680) und Dramen des Neoklassizismus von V. Alfieri (1776–78) und L. J. N. Lemercier (1797). Das Bild von Agamemnon als hochmütigem Fürsten und moralischem Schwächling findet sich in Bearbeitungen der Euripides-Tragödie *Iphigeneia in Aulis* wie auch in J. van den Vondels *Palamedes* (1625). Auch A. v. Platen (1810), G. Meredith (1850–51), A. Dumas père (1865), V. Hugo (1877), P. Claudel (1892–94), G. Seferis (1935), M. Yourcenar (1935), G. Haupt-

mann (1942) und Y. Ritsos (1959) verarbeiteten die Heimkehr
und die Ermordung des Helden in Drama und Poesie.

NM Die Figur des Agamemnon avancierte v. a. im 20. Jahrhundert
zum Opernhelden, so bei D. Milhaud (nach P. Claudel, 1927,
Paris), H. Brian (Libr. nach J. S. Blackies Übersetzung des Ais-
chylos, 1971, London) und I. Hamilton (Libr. vom Komponi-
sten, entstanden 1967–69). Daneben schufen P. Angerer eine
Kantate (1955, Wien) und I. Loudova eine Suite (1973).
In den frühen Opernwerken, z. B. von P. F. Cavalli (Libr. von
G. Faustini, 1643, Wien) und B. Ferrari (Libr. vermutl. auch von
G. Faustini, 1651, Piacenza), findet sich dagegen Aigisthos als
Titelheld. In anderen musikalischen Bearbeitungen steht Kas-
sandra im Zentrum des Geschehens, z. B. in den Opern von T.
Bertin de La Doué/F. Bouvard (nach der Tragödie von F.-J. de
Lagrange-Chancel, 1706, Paris) und A. Coquard (Libr. von H.
de Bornier, 1881, Paris), in einem Monolog der Kassandra von
N. Mamangakis (1963) oder in einer Kantate von N. Cecconi-
Botella (1965). Der Tradition um die Gattenmörderin Klytämnestra folgen Werke wie die Opern von N. Piccinni (Libr.
vermutl. von L. F. Pitra, 1787, Paris) und N. Zingarelli (Libr.
von F. Salfi, 1800, Mailand), eine Solokantate von L. Cherubini
(1794), eine Kantate von A. Wormser (Grand Prix de Rome,
1875), der zweite Teil des von A. Bungert geplanten Opern-
projektes einer *Ilias*-Vertonung (im Nachlaß 1915) sowie eine
moderne Adaption von T. Antoniou (›sound-action‹, Libr. von
T. Roussos, 1968, Kassel).
Die gesamte Orestie zu vertonen, haben verschiedene Komponisten unternommem, darunter A. Boito (1892 begonnen, Fragment), S. I. Taneyev (Libr. von A. Wenkstern, 1895, St. Petersburg) und N. Demuth (Libr. von D. Clarke, 1950).
Zahlreiche Bühnenmusiken zu Aischylos' *Agamemnon* komponierten u. a. C. H. Parry (1900, Cambridge University), H. Rosenberg (1928, Stockholm), I. Pizzetti (1930, Syrakus), M.
Varvoglis (1932), J. Christou (1965, Epidaurus), D. Argeno
(1967, Minneapolis) und E. Swados (1976).

NK In der bildenden Kunst der Neuzeit tritt Agamemnon erst wieder mit dem zunehmendem Interesse an der *Ilias* im 18. Jahrhundert auf, z. B. in Darstellungen des Streites mit → Achilleus,
daneben auch bei der Opferung der → Iphigenie. Beide Szenen
sind z. B. auf einem Fresko von G. B. Tiepolo in der Villa Valmarana bei Vicenza (1757) zu finden. Später entstanden Gemälde, die seine Ermordung durch Klytämnestra schildern, u. a. von

P.-N. Guérin (1817, Paris, Louvre), T. Stothard (1834, London, Vict. and Alb. M.), F. Leighton (1874, London, Leighton H.), M. Rothko (1942, New York, Rothko-Found.) und A. Masson (1965, Paris, l'Odéon).

Brower 1947; Burian 1950; Busch 1951; Frenzel 1992a; Friedrich 1967; Fuhrmann 1950; Hamburger 1957; Scholtze 1949; Seidlin 1957; Stackmann 1949/50

Agaue, auch Agave → Dionysos

Agis IV. (um 265–241), König von Sparta, legendärer Reformer, Sohn des Eudamidas ⟨Plut. Ag.⟩.
Als Agis 244 v. Chr. die Herrschaft über den hochverschuldeten Stadtstaat Sparta antrat, stand der nur noch 700 Personen umfassenden, wohlhabenden Elite der Spartiaten ein verarmtes Volk gegenüber. Nach dem Vorbild der Verfassung des → Lykurgos wollte Agis durch eine Bodenreform den Großgrundbesitz aufteilen und die Zahl der Spartiaten auf 4500 erhöhen. Die anfängliche Zustimmung in der Bevölkerung schlug in heftigen Widerstand um, geschürt von einflußreichen Familien, die von Anfang an gegen die Pläne des Agis waren. Dank der Unterstützung des Ephoren Lysandros konnte sich Agis zunächst gegen seinen Hauptgegner, den Mitkönig Leonidas, behaupten; dieser mußte Sparta verlassen. Dann aber gewannen die Gegner die Oberhand und holten Leonidas zurück. Agis wurde daraufhin als erster der spartanischen Könige hingerichtet.
Auf Bitten seiner Tochter Chilonis ließ Leonidas deren Gemahl Kleombrotos, einen Mitstreiter des Agis, am Leben und verbannte ihn, konnte aber nicht verhindern, daß Chilonis ihrem Mann freiwillig folgte. Die Reformbestrebungen sollten später von → Kleomenes, einem Sohn des Leonidas, wieder aufgenommen werden.

Von der Auseinandersetzung zwischen Agis und Leonidas berichtet v. a. Plutarch in seiner Doppelbiographie von Agis und Kleomenes, dem Pendant zur Biographie der römischen Sozialreformer, der → Gracchi. Dem edlen Agis, der zu dem System des Lykurgos zurückkehren will, steht ein brutaler Leonidas gegenüber, der die Belange der Reichen verteidigt und sich nur dem Schwiegersohn Kleombrotos gnädig erweist.

In neuzeitlichen Dramen erscheint Agis als guter Fürst, wie in den Stücken von G. de Bouscal (1642) und J. Home (1758), N

ferner in einem Jugendwerk von J. H. Pestalozzi (1765), das als
Satire auf die Aristokratie gedeutet werden kann. Ausgespro-
chen sozialrevolutionäre Intentionen haben die Tragödien von
V. Alfieri (1786) und J.-F. Laignelot (1782).

Aus dem 18. Jahrhundert sind drei Opern um die Figur des Agis
bekannt: nach dem Libretto von L. Bergalli von G. Porta (1725,
Venedig) und nach einer späteren Bearbeitung des römischen
Librettisten F. Ballani von G. Andreozzi (Carneval 1777/78, Venedig) und G. D. Perotti (1789, Rom).

Das Gnadengesuch Chilonis' für ihren Mann taucht in der
neoklassizistischen Malerei auf, z. B. auf einem Deckengemälde
der Eremitage in Bayreuth von S. Torelli (um 1740), auf Gemälden von B. West (1768, London, Tate G.), von P. Perrin für
den Pariser Salon 1787 und A. F. Fortin für den des Jahres 1789,
für den auch N. A. Monsiau ein Gemälde mit dem Tod des Agis
ausstellte.

Rawson 1969

Aglaia, eine der → Chariten

Aglauros, Tochter des → Kekrops

Agrippa, Jugendfreund und engster Berater des → Augustus

Aias oder Ajax, Anführer der Salaminier im Krieg um Troja,
Sohn des Königs Telamon von Salamis und der Periboia ⟨Hom.
Il.; Soph. Ai.; Ov. met. 12,624–13,398; Apollod. 3,10,8; 3,12,7;
Apollod. epit. 5,4; 5,6–7⟩.

In Homers *Ilias* erlangt Aias als der nach Achilleus stärkste und
mutigste Krieger auf griechischer Seite trotz seiner bescheidenen
Flotte von nur zwölf Schiffen große Bedeutung. Er war wort-
karg und verschlossen, größer als alle anderen Krieger und mit
seinem riesigen Schild kaum zu besiegen. Meistens kämpfte er
Seite an Seite mit seinem Halbbruder, dem begabten Bogenschützen Teukros, und mit seinem Namensvetter, dem kleinen
und flinkfüßigen Aias, Sohn des Oileus. Sein Zweikampf mit
dem gefürchteten Hektor mußte wegen des Einbruchs der Dunkelheit unentschieden abgebrochen werden. Als Achilleus sich
aus dem Kampf zurückgezogen hatte und die Trojaner diese
Gelegenheit nutzten, um bis zu den griechischen Schiffen vorzudringen, hielt Aias so lange die Stellung, bis Patroklos endlich

zu Hilfe kam. Als dieser fiel, schützte er Menelaos, der die Leiche
des Patroklos in Sicherheit brachte.
Nach Achilleus' Tod entbrannte um dessen Rüstung ein heftiger
Streit zwischen Aias und Odysseus (Hom. Od. 11,543–567; Ov.
met. 12,624–13,398). Als die griechischen Anführer die Rüstung
Odysseus zusprachen, plante Aias in seiner Wut einen Angriff
auf die Verbündeten. Doch die Göttin Athena schlug ihn mit
Wahnsinn, so daß er im Glauben, die Griechen vor sich zu haben,
eine Schafherde tötete. Als er wieder zu sich kam, stürzte er sich
vor Verbitterung und Scham trotz des Flehens seiner Konkubine
Tekmessa in sein Schwert. So schildert es die Tragödie *Aias* von
Sophokles, in der im weiteren ein Streit darum entsteht, ob Aias
nach seiner unwürdigen Tat und dem Selbstmord ein Begräbnis
bekommen soll. Die selbstherrlichen Atriden Agamemnon und
Menelaos sprechen sich gegen eine Bestattung aus, doch Odysseus setzt sich mit seiner Mahnung, man solle dem tapferen
Kämpfer Respekt erweisen, durch. Es gibt allerdings noch weitere Versionen von Aias' Ende: Er soll von einem Pfeil des Paris
(Dares 35) tödlich getroffen oder von Odysseus (oder Agamemnon und Menelaos) ermordet worden sein (Tzetz., Scholien bei
Lykophr. Al. 464 und Dikt. 5,15). In einigen Überlieferungen
wird Aias von Herakles unverwundbar gemacht und lebendig
begraben (Soph. Ai.; Paus. 1,28,2).

Einige Vasen aus dem 6. und 5. Jahrhundert v. Chr. zeigen Aias
mit Achilleus bei einem Brettspiel. Die Darstellung soll auf eine
nicht erhaltene Statuengruppe zurückgehen. Römische Kopien
einer hellenistischen Skulptur schildern die Szene, wie Aias die
Leiche des Achilleus vom Schlachtfeld trägt (u. a. ›Pasqui-
nogruppe‹, Rom; Loggia dei Lanzi, Florenz). Nur wenige Vasen
aus dem 6. und 5. Jahrhundert v. Chr. sowie römische Gemmen
stellen seinen Selbstmord dar.

In der bildenden Kunst der Neuzeit wird Aias nur als Nebenfi-   NK
gur im Zusammenhang mit dem Trojanischen Krieg abgebildet,
z. B. auf einem Fresko von G. Romano (1538/39) im Palazzo
Ducale in Mantua, von H. Füssli auf Zeichnungen (1768 und
1770–72, Zürich, Kunsth. und 1772, London, British. M. und
Vict. and Alb. M.) und auf Gemälden (1800 und 1810, Upper-
ville, Mellon C.), sowie in der Bildhauerei von A. Canova (um
1811/12, Marmorstatue, Venedig, Pal. Treves) und B. Thorvaldsen (um 1832/33, Marmorrelief, Kopenhagen, Thorvaldsen
M.). L. Bramer (um 1625–30, Delft, Prinsenhof) stellte als einziger den Streit zwischen Aias und Odysseus dar. J. H. W. Tisch-

bein malte den Helden mit Tekmessa und ihrem Kind Eurysakes
nach Sophokles (um 1791, Aquarell, Weimar, Kunstslg.).

ND Die Theatergeschichte weist v. a. Bearbeitungen des Sophokles-
Stückes auf: J. de Cueva (1582), P. C. Hooft (1614), I. de Benserade (1635), J. de La Chapelle (1684), L. Theobald (1714), A.
Gide (1907, Fragment) und H. Lange (1971). F. Hölderlins
Übersetzung *Aus dem Ajax des Sophokles* (ca. 1803) blieb Fragment. I. Aichinger widmete dem Helden eine Erzählung (1968),
die 1978 in dem Erzählband *Meine Sprache und ich* erschienen ist.

NM Gegen Ende des 17. Jahrhunderts wurde ein Libretto von P.
d'Averara mehrmals vertont, zuerst von F. Ballarotti/C. A. Lo-
nati/P. Magni (1694, Mailand), später von B. Sabadini (1697,
Rom) und A. Scarlatti (1697). Zur Tragödie des Sophokles entstanden Bühnenmusiken von W. Sterndale Bennett (1872 und
1875, London), B. van Lier (1933), R. Zandonai (1939, Syrakus),
H. Rosenberg (1950, Stockholm) und B. Jolas (1960).

Davies 1971

Aias, Sohn des Oileus → Kassandra

Aietes, König von Kolchis → Argonauten, → Iason

Aigeus, Vater des → Theseus

Aigialeus → Alkmaion

Aigisthos → Agamemnon

Aineas → Aeneas

Aiolos → Odysseus

Ajax → Aias

Akastos → Peleus

Akrisios → Proitos und Akrisios

Aktaion, hervorragender Jäger, Sohn des Aristaios und der Autonoe, einer Tochter des → Kadmos ⟨Hes. theog. 977; Apollod. 3,4,4; Kall. h. 5,107–118; Diod. 4,83; Hyg. fab. 180–181⟩. Aktaion, der sein Können dem Kentauren Chiron verdankte, zog sich den unerbittlichen Zorn der Jagdgöttin → Artemis zu, wofür mehrere Versionen überliefert sind: Aktaion hatte sich einen besseren Jäger als Artemis genannt (Eur. Bacch. 337) oder um seine Tante Semele geworben, die auch von Zeus begehrt wurde, worauf dieser sich bei Artemis beschwerte (Hes. eh. Fragm. 158a; Stes. Frgt. 236). In der bekanntesten Version, wie sie auch Ovid in den *Metamorphosen* (3,138–252) erzählt, wird der Zorn der Göttin darauf zurückgeführt, daß Aktaion Artemis und ihren Nymphen auf dem Berg Kithairon beim Baden zugeschaut hatte. Zur Strafe bespritzte sie ihn mit Wasser und verwandelte ihn dadurch in einen Hirsch, der von seinen eigenen Jagdhunden zerrissen wurde. Daraufhin begannen die Hunde, verzweifelt ihren Herrn zu suchen und ließen sich erst wieder beruhigen, als Chiron eine Statue errichtete, die Aktaion glich. Nonnos schrieb im 5. Jahrhundert n. Chr. (Dion. 5,287–290), daß Aktaion der badenden Artemis aufgelauert habe.

Der Mythos, der das Bild der Artemis als eine keusche und schöne, aber auch mitleidslose Göttin prägt, wurde in der Antike häufig dargestellt. Die frühen Abbildungen zeigen die Zerfleischung des Aktaion, z. B. auf einer Metope des Hera-Tempels in Selinus (um 470–460 v. Chr.; jetzt Palermo, M. Arch.) und auf rotfigurigen Vasen. Seit dem 5. Jahrhundert v. Chr. wurde in der Vasenmalerei auch die Verwandlung in einen Hirsch thematisiert. Aus römischer Zeit sind Schilderungen auf Wandgemälden in Pompeii und auf Mosaiken sowie die Kopie einer hellenistischen Figurengruppe bekannt.

In der Malerei der Neuzeit ist, vielleicht in Anlehnung an Nonnos, Aktaion zu sehen, wie er mit Wohlgefallen seinen Blick auf Artemis ruhen läßt, z. B. auf Gemälden von P. Veronese (um 1561–63, Boston, M.), F. Albani (um 1620–22, Paris, Louvre) und auf einem Deckenfresko von Domenichino (1609, Bassano di Sutri, Pal. Giustiniani-Odescalchi). Meistens wird jedoch ein erschrockener Aktaion beim Anblick der Artemis gezeigt. Im Kontext der Bestrafung werden auch die ersten Anzeichen von Aktaions Verwandlung geschildert: Seinem Kopf entsprießt das Geweih, und die Hunde nähern sich dem vermeintlichen Hirsch. Diese Szenen sowie die Geschichte von Aktaion und Artemis wurden in der Kunst häufig thematisiert: in Italien u. a. auf ei-

NK

nem Fresko von B. Peruzzi (1511/12) in der Villa Farnesina in Rom und von Parmigianino (um 1523) im Schloß Fontanellato in Parma sowie auf Gemälden von Tizian (1556–59, u. a. Edinburgh, Nat. G.), A. Schiavone (um 1559, u. a. Wien, Kunsth. M.; nach Tizian), C. d'Arpino (um 1601, Paris, Louvre), S. Ricci (1707/08, Florenz, Pal. Pitti) und G. B. Tiepolo (um 1720–22, Venedig, Acc.); in den Niederlanden auf Gemälden von L. Sustris (um 1550, Oxford, Christ Church), J. de Beer (1573, Wien, Kunsth. M.), J. Heintz d. Ä. (um 1590–1600, Wien, Kunsth. M.), H. van Balen (um 1605–08 und 1616, Kassel, Gemäldeg.), J. Brueghel d. Ä./H. de Clerck (1606–09, Prag, Nationalg.), J. Wtewael (u. a. 1607, Wien, Kunsth. M. und 1612, Boston, M.), C. de Vos (1623, Graz, Alte G.), Rembrandt (1634, Anhalt, Slg. Fürst von Salm-Salm; mit der Entdeckung von Kallistos Schwangerschaft) und J. Jordaens (um 1640, Dresden, Gemäldeg.); weitere Gemälde stammen von H. Rottenhammer (1602, München, AP), A. C. Lens (um 1765, Antwerpen, Kon. M.), T. Gainsborough (um 1784/85, London, Buck. Pal.), P. Cornelius (1820–26, Deckengemälde, München, Glyptothek) und C. Corot (1836, New York, Metrop. M.).

Den Tod des Aktaion hielten auf Gemälden z. B. Tizian (um 1570–75, London, Nat. G.) und A. Masson (1945, Mannheim, Kunsth.) fest. A. de Vries schuf eine Bronzestatuette (um 1600, London, Vict. and Alb. M.) und E. Delacroix ein Gemälde mit Aktaions Kopf (1817/18, Melun, M.).

ND Der moralische Aspekt von Schuld und Strafe tritt in der Emblematik und der Literatur auf. C. van Mander und J. Cats stellen nach der *Iconologia* von C. Ripa eine Verbindung her zwischen dem Schicksal des Aktaion und dem Beschauen einer Nackten, der Begierde nach weiblicher Schönheit und der Jagdlust.

In die Dichtung fand das Thema seit der Renaissance Eingang: z. B. bei G. Boccaccio (*La caccia di Diana*, 1334–38), M. Scève (*Délie*, 1544), J. Swift (1691/92), F. von Schiller (1782), E. Pound (1915), J. Ritsos (1969) und P. Porter (1983).

S. Vestdijk veröffentlichte 1941 den niederländischen Roman *Aktaion onder de sterren*, in dem er das Verhältnis von Aktaion zu Chiron beleuchtet und eine Charakteristik der Artemis entwickelt. Die Begegnung zwischen Aktaion und Artemis – zwischen unwiderstehlichem Verlangen und einer begehrenswerten, doch mörderischen Jungfrau – wurde von P. Klossowski in Wort und Bild gefaßt: in dem Text *Le Bain de Diane* (1956) und in Zeichnungen aus der Zeit von 1954 bis 1973.

Ein frühes Werk der Aktaion-Rezeption in der Musikgeschichte NM
ist das Madrigal von L. Marenzio (nach Petrarca, Venedig,
1584). Später entstanden einige Kantaten, z. B. von P.-C. Abeille
(ca. 1700), L. Néron (1720), J. A. Fisher (ca. 1780) und J. B. de
Boismortier (Druck in Rameaus Werken, Paris, 1895–1924, Bd.
3). Von F. Schubert stammt ein Lied in zwei Fassungen (Text
von J. Mayrhofer, 1820). Neben den Opern von B. Riccio (Libr.
von I. Romani, 1708, vermutl. Neapel) und D.-F.-E. Auber
(Libr. von E. Scribe, 1836, Paris) sind einige Ballettmusiken zu
nennen: J. Byrne (1800, London), F. Poulenc (*Aubade*, 1929) und
K. Waring (1982). In neuerer Zeit folgte eine Ouvertüre von A.
Cruft (op. 9, 1951).

Leach 1981; Sluijter 1986; Willemsen 1956

Alekto → eine der Erinyen

Alexander Severus → Elagabal

Alexander III. von Makedonien (356–323), Alexander der Große genannt, bedeutender Feldherr und Eroberer, Sohn des Königs Philipp II. von Makedonien und der Olympias ⟨Arr. an.;
Plut. Alex.; Curt.⟩.
Schon zu Lebzeiten seines Vaters war Alexander militärisch erfolgreich; nach dessen Ermordung im Jahre 336 sicherte er sich
die Alleinherrschaft. Er unterwarf die Griechen, angeblich um
gemeinsam mit ihnen das Perserreich leichter erobern zu können, tatsächlich richteten sich seine expansiven Bestrebungen
jedoch auch auf die griechischen Stadtstaaten: Das aufständische
Theben wurde 335 vernichtet (Arr. an. 1,7–9; Diod. 17,8–9; Iust.
11,3,6–11 u. 11,4,7–8).
Im Jahre 334 überquerte Alexander den Hellespont und gewann
seine erste Schlacht gegen die Truppen des Perserkönigs Dareios III. am Fluß Granikos. Ein Jahr später konnte er Dareios
bei Issos erneut besiegen. Auf dieser Kriegsexpedition, die ihn
durch Kleinasien und entlang der syrischen Küste führte, eroberte er die phrygische Hauptstadt Gordion, nach siebenmo-
natiger Belagerung Tyros und schließlich Ägypten, wo er Alexandria gründete. Dabei stieß er kaum auf persischen Widerstand. 331 fand bei Gaugamela in der Nähe von Mossul die letzte
Konfrontation statt, wobei Alexander die Perser vernichtend
schlug.

Der König konzentrierte sich nun auf die Befestigung der Grenzen seines neuen Imperiums. Er versuchte, Griechen und Perser gleichzustellen und zu einem Volk zu verschmelzen, indem er Perser in hohe Ämter einsetzte und Ehen zwischen ihnen und Makedoniern förderte. Der 327 begonnene Feldzug nach Indien wurde durch Unruhen und Unzufriedenheit unter seinen Leuten beeinträchtigt. Auf dem Rückweg, während eines Feldzugs gegen arabische Völker, starb Alexander im Jahre 323 in Babylon (Arr. an. 7,24 ff.; Plut. Alex. 75 ff.).

Dieser hier sehr kurz zusammengefaßte, historisch belegte Lebenslauf wurde bereits in hellenistischer Zeit von Historikern, Romanciers und Dichtern durch phantastische Begebenheiten erweitert. Von Arrianos stammt die im 2. Jahrhundert n. Chr. entstandene *Anabasis Alexandru* (Feldzug des Alexander), ein um Authentizität bemühter Bericht v. a. der militärischen Taten, der auf ältere Quellen zurückgeht. Plutarch zeichnet in seiner Alexander-Biographie mit manchen Anekdoten das Bild eines furchtlosen, manchmal aber auch unbeherrschten Machthabers. Quintus Curtius Rufus stellt in seiner umfangreichen Biographie um 50 n. Chr. die charakterlichen Veränderungen Alexanders während seines Zuges durch Persien und entlang der Grenzen der damals bekannten Welt in den Vordergrund. Detailliert beschreibt er die sagenhaften Begebenheiten in der Ferne und die wundersamen Abenteuer, die Alexander dort erlebte. Von dem Werk des Pompeius Trogus (Ende 1. Jh. v. Chr.) ist leider nur ein Auszug bei Iustinus bekannt. Bei Trogus' Zeitgenossen Diodoros Sikulos (Buch 17) wird ebenfalls auf diese verlorene Quelle verwiesen. Nahezu völlig fiktiv ist der späthellenistische *Alexanderroman*. Wir folgen bei der Darstellung von Alexanders Leben der Biographie des Plutarch und fügen einige Zusätze und Abweichungen, wie sie in anderen Quellen zu finden sind, hinzu.

Schon vor Alexanders Geburt zeichnete sich ab, daß aus der Ehe Philipps mit Olympias ein besonderes Kind hervorgehen werde: Olympias träumte, daß ihr ein Blitz in den Schoß fahre. Philipp seinerseits sah in einem Traum, wie er den Schoß seiner Frau mit einem Siegel verschloß, auf dem ein Löwe abgebildet war: ein Zeichen dafür, daß dieser Schoß ein Kind mit dem Mut eines Löwen gebären werde. Daß an Olympias' Seite eine Schlange geschlafen haben soll, wird vom Orakel des Apollon in Delphi mit Zeus Ammon in Verbindung gebracht; so soll nicht Philipp, sondern Zeus der Vater Alexanders gewesen sein, eine Auffassung, die auch Alexander selbst später teilte. Der Verfasser des

Alexanderromans versetzt das Geschehen ins Reich der Magie: Hier ist Alexander der Sohn des aus Ägypten vertriebenen, mit Zauberkräften ausgestatteten Königs Nektanebo, der in der Maske des Zeus Ammon Zugang zu Olympias' Bett erhielt. Bereits in jungen Jahren zeigte der Königssohn großen Ehrgeiz, der sich zu der Sorge steigerte, sein erfolgreicher Vater lasse ihm zu wenig Raum für Eroberungen übrig. Um sich zu beweisen, bezwang er das Pferd Bukephalos, das als unbezähmbar galt. Er gewann das Vertrauen des Tieres, indem er es so gegen die Sonne wandte, daß es kein Schatten mehr erschrecken konnte. Bukephalos begleitete ihn fortan durch alle Länder. Alexanders Erzieher waren die Künstler → Apelles (Plin. nat. 35,79–80; Val. Max. 8,2 ext. 3; Plut. de educ. 9; Ail. var. 2,3) und Lysippos (Plin. nat. 34, 51); Aristoteles führte den Prinzen in die Philosophie und Literatur ein (Diog. Laert. 5,10). Alexanders Lieblingsbuch, das er auf allen Zügen in einer Kiste mitführte oder unter seinem Kopfkissen bewahrte, war Homers *Ilias* (Plut. Alex. 5,8).

Konflikte zwischen Philipp und seinem Sohn blieben nicht aus und wurden durch Olympias noch verschärft, da sie Alexander gegen ihren Mann aufhetzte. Der Streit zwischen Vater und Sohn eskalierte, als Philipp eine junge Frau namens Kleopatra heiraten und Olympias verstoßen wollte. Bei einem Bankett kam es allein deshalb nicht zum Totschlag, weil beide zu betrunken waren. Nach der Ermordung Philipps durch einen mißhandelten Höfling wurden Alexander und Olympias verdächtigt, daran beteiligt gewesen zu sein.

Als Alexander den Thron von Makedonien übernahm, wurde das Reich nicht nur durch gegnerische Truppen bedroht, sondern auch durch die aufständische Bevölkerung einiger Städte, die Philipp erst kurz zuvor in sein Reich integriert hatte (Ps.-Plut. fort. Alex. 1,3; Diod. 17,2,3–4; Plut. Alex. 2; Aisch. 3,60). Alexander rechnete nun in kurzer Zeit mit einigen Gegnern ab und machte dann Theben dem Erdboden gleich, um den Unruhen ein Ende zu bereiten und die Bevölkerung Athens einzuschüchtern. Später soll Alexander die radikale Verwüstung Thebens bereut und Athen verschont haben, obwohl die Athener Theben unterstützt hatten. Nach der → Phokion-Biographie des Plutarch spielte hierbei der Respekt dem athenischen Führer gegenüber eine große Rolle (Phok. 17; vgl. Plut. Dem. 23; Diod. 17,15; Arr. an. 1,10,2 ff.).

Als unangefochtener Herrscher konnte sich Alexander nun der Anerkennung aller Griechen sicher sein. Nur noch wenige, wie der Philosoph → Diogenes von Sinope, verweigerten ihm den schuldigen Respekt. Seine Unbeherrschtheit blieb ihm jedoch erhalten. Um die Weissagung des Orakels von Delphi zu erfahren, zwang er die Priesterin mit Gewalt zum Orakelplatz. Als diese daraufhin empört ausrief, er sei unüberwindbar, verzichtete er auf den Orakelspruch und sagte, nur das habe er hören wollen.

Bevor Alexander zu seinem Feldzug gegen den Perserkönig Dareios aufbrach, setzte er Antipatros als Regenten in Makedonien ein. Dann überquerte er den Hellespont. In Troja besuchte er das Grab seines großen Vorbilds → Achilleus (Plin. nat. 5,125; Philostr. her. 210 K). Nach Arrianos bedauerte Alexander, nicht wie Achilleus von einem Homer besungen zu werden (Plut. Alex. 5; Arr. an. 1,12,1–2).

Die erste Schlacht gegen Dareios fand am Granikos statt. Trotz der Warnungen seiner Feldherren ritt Alexander mit seiner Kavallerie durch den tiefen Fluß am steilen Ufer entlang, worauf die persischen Truppen nicht gefaßt waren. Die Makedonier gewannen nach kurzer Zeit die Überhand über die Perser und ihre Söldner. In einem der Zweikämpfe soll Alexanders Helm gespalten, er selbst aber nicht verwundet worden sein.

Nach und nach eroberte Alexander Kleinasien. In Gordion war nach einer Legende das Joch am Streitwagen der Vorfahren des Königs Midas seit Menschengedenken mit einem äußerst kunstvollen Knoten befestigt; wer ihn lösen könne, sollte zum Weltherrscher berufen sein. Alexander durchschlug den Gordischen Knoten mit dem Schwert und wurde daraufhin mit den Göttern gleichgesetzt, die bis dahin die Lösung des Knotens verhindert hatten (Arr. an. 2,3,1 ff.; Plut. Alex. 18; Curt. 3,1,14 ff.; Iust. 11,7,15–16).

Die Makedonier blieben dann für eine Weile in Kilikien, wo sich Alexander von einer Erkrankung nach einem Bad in einem eiskalten Fluß bei Kydnos erholte. Er erhielt einen Brief mit der Warnung, sein Leibarzt Philipp sei von Dareios bestochen und plane die Ermordung seines Patienten. Als Zeichen seines unbeirrbaren Vertrauens zu seinem Arzt nahm Alexander die von Philipp verabreichte Medizin zu sich, während dieser den Brief mit der Beschuldigung las. Das Medikament rettete Alexander das Leben.

Die Makedonier nutzten die Unterbrechung, um ihre Position in Südanatolien zu festigen. Dareios faßte den langen Aufenthalt jedoch als Zeichen der Schwäche auf und rückte mit einem großen Heer aus Susa aus. Bei Issos kam es zu einer Schlacht. Plutarch berichtet von einem Zweikampf zwischen Alexander und

Dareios, bei dem Alexander verwundet wurde. Sicher ist nur, daß die Makedonier siegten. Nach Curtius mußte Dareios von seinem Streitwagen steigen und mit dem Pferd fliehen. Seine aufwendige Feldausrüstung und der Großteil seines Gefolges fielen in die Hände von Alexander, darunter auch Dareios' Familie: seine Mutter, seine Frau und eine Tochter (nach Curtius noch ein Sohn). Alexander begegnete ihnen mit großem Respekt. Arrianos und Curtius beschreiben diese erste Begegnung: Die Frauen hielten Alexanders Freund Hephaistion wegen seiner hochgewachsenen Gestalt für den König. Alexander vergab ihnen, sagte, daß auch Hephaistion ein Alexander sei und hieß sie aus ihrer unterwürfigen Haltung aufstehen (Arr. an. 2,8–11).

Nach Plutarch nahm Alexander die verführerischen Reize der Frauen wohl zur Kenntnis, war aber bei allen sinnlichen Genüssen zurückhaltend. Die Jungen, die ihm als Bettgenossen angeboten wurden, wies er unwillig zurück. Soldaten, die fremde Frauen bedrängten, bestrafte er streng. Besonders gute Köche wurden weggeschickt. Plutarch nimmt Alexander auch vor den zahlreichen Gerüchten über seine große Trinkleidenschaft in Schutz.

Alexander konnte ohne bedeutendere Schwierigkeiten südwärts nach Phönizien ziehen. Curtius und Diodoros berichten von der Eroberung der Stadt Sidon, wo Alexander König Straton vertrieb und Abdalonymos, den verarmten Abkömmling des sidonischen Königshauses und rechtmäßigen Thronfolger, als König einsetzte (Curt. 4,1,79 ff.; Iust. 11,10,8–9).

Die Belagerung der phönizischen Hafenstadt Tyros dauerte sieben Monate, da die Stadt auf einer schwer einnehmbaren Halbinsel lag. Curtius beschreibt, wie es den Bewohnern von Tyros im Verlauf des Kampfes gelang, den von Alexander errichteten Verbindungsdamm zum Festland zu vernichten, so daß Alexander die Stadt erst nach wiederholten Angriffen mit seiner inzwischen aus Zypern nachgerückten Flotte einnehmen konnte. Aus Wut über den hartnäckigen Widerstand ließ er den Kampf in einem grausamen Gemetzel enden (Arr. an. 2,18 ff.; Diod. 17,40 ff.; Curt. 4,2 ff.). In der talmudischen Literatur und bei dem jüdischen Geschichtsschreiber Flavius Josephus (Ios. ant. Iud. 11,313 ff.) bittet Alexander die Bevölkerung von Jerusalem um Hilfe bei der Belagerung von Tyros. Sein Gesuch wird jedoch von dem Hohepriester Jaddus abgelehnt. In einem Traum überzeugt Gott den Priester, Alexander sei der im Buch *Daniel* angekündigte Eroberer Persiens.

Auch für die Einnahme von Gaza benötigten die Makedonier Monate. Nach Curtius wurde Betis, der Statthalter von Gaza, an einen Streitwagen gebunden und zu Tode geschleift; auf ähnliche Weise hatte → Achilleus → Hektor mißhandelt (Arr. an. 2,26–27; Diod. 17,48,8; Curt. 4,7,7 ff.).

An der Nilmündung gründete der Fürst Alexandria; aus Mangel an Kreide ließ er die Grenzen der Stadt mit Mehl markieren. Daß Vögel das Mehl auffraßen, wurde als schlechtes Vorzeichen gedeutet; die Seher konnten Alexander jedoch beruhigen.

Danach zog er quer durch die Wüste in die Oase von Siwah, wo sich das Orakel des Zeus Ammon befand. Die immer wiederkehrenden Fragen, ob sich Alexander wirklich für einen Sohn dieses Gottes hielt und wie sich das Orakel des Ammon dazu äußerte, werden unterschiedlich beantwortet: Nach Plutarch bestätigte das Orakel seine göttliche Herkunft und seine Bestimmung zum Weltherrscher. Berichte vom Umgang Alexanders mit Freunden zeigen jedoch, daß er sich für einen sterblichen Menschen hielt. Curtius hingegen berichtet, daß Alexander als Sohn des Zeus betrachtet werden wollte (Plut. Alex. 26–27; Curt. 4,7; vgl. Iust. 11,11 u. Arr. an. 3,3–4; Diod. 16,49 ff.).

Aus Ägypten zurückgekehrt, bereitete sich Alexander auf einen weiteren Kampf mit Dareios vor. Das wiederholte Angebot des Perserkönigs, Alexander einen Teil seines Reiches zu überlassen und ihm eine seiner Töchter zur Frau zu geben, wies er zurück: Er wollte Dareios unterwerfen. Der *Alexanderroman* beleuchtet das Verhältnis zwischen den beiden Herrschern in einem ausführlichen (fingierten) Briefwechsel. Als Dareios' Frau starb, zeigte sich Alexander jedoch großmütig und ließ sie ehrenvoll begraben. Dareios wollte die Nachricht von der respektvollen Behandlung seiner Frau zunächst nicht glauben, empfand dann aber Dankbarkeit und sah von nun an in Alexander seinen würdigen Nachfolger, dem er auch im Falle einer Niederlage in der darauffolgenden Schlacht das Perserreich überlassen wollte.

Die Schlacht bei Gaugamela brachte Alexander jedoch den entscheidenden Sieg. Trotz des enttäuschenden Einsatzes von Parmenion, Alexanders wichtigstem Heerführer, kamen die unzähligen Scharen des Dareios in Bedrängnis. Er selbst konnte im Kampfgetümmel mit knapper Not über das leichenübersäte Schlachtfeld entkommen.

Alexander war nun Herrscher über das Persische Reich. Babylon unterwarf sich ihm kampflos. V. a. in Susa fand er unermeßliche Schätze. Während er seinem Heer in Persepolis einige Monate Ruhe gönnte, ließ er sich von einer Frau namens Thais zu einer unüberlegten Handlung verleiten: Er steckte den prächtigen, von Xerxes erbauten Palast in Brand. Seine Kameraden spornten ihn dabei noch an, weil sie den brennenden Palast als Zeichen deuteten, daß Alexander nicht im Osten bleiben, sondern bald nach Hause zurückkehren werde. Doch bereute der König rasch seine Tat und ließ die Flammen wieder ersticken.

Von den charakterlichen Veränderungen Alexanders wird unterschiedlich berichtet. Plutarch schildert Alexander als einen teilweise unbeherrschten Krieger, der von Machtstreben besessen ist, Kriegsbeute und Luxus jedoch geringschätzt, der seine Gefährten wegen ihres Hangs zu sinnlichen Freuden tadelt und einfachen Soldaten bei der Wasserausgabe den Vorrang läßt. Ähnlich wird der Herrscher von Curtius dargestellt, der erzählt, wie Alexander einem frierenden Soldaten den besten Platz am Feuer gibt. Curtius betont aber auch deutliche Veränderungen seines Verhaltens nach dem endgültigen Sieg über Dareios. So gab sich Alexander den Delikatessen des Orients hin, umgab sich mit Konkubinen und wandelte sich in Kleidung und Verhalten zum östlichen Potentaten, der nun auch von Mitmenschen, die ihm nahestanden, unterwürfig behandelt werden wollte.

Dareios wurde auf der Flucht bei einem Mordanschlag seines Satrapen Bessos tödlich verwundet. Einer von Alexanders Soldaten reichte dem Sterbenden noch etwas Wasser, Alexander selbst aber kam zu spät und konnte nicht mehr Abschied von ihm nehmen. Voll Respekt bedeckte er die Leiche des Persers mit seinem Mantel. Nur im *Alexanderroman* wechseln Dareios und Alexander noch einige Worte. Bessos wurde von Alexanders Leuten grausam getötet.

Im Jahre 327 brach Alexander zu seinem Zug zu den Grenzen der damals bekannten Welt auf. Nach Curtius wurde er am nördlichen Ufer des Kaspischen Meeres von der Amazonenkönigin Thalestris aufgehalten, weil diese ein Kind von einem so bedeutenden Mann haben wollte (Diod. 17,78,1–3; Curt. 6,5,2 ff.; Iust. 12,3,5–7). Auch Ada, die Schwester von → Artemisia und Maussolos, soll ihn aus diesem Grund in Alinda festgehalten haben (Strab. 14, 656–657; Diod. 16,74,2; Arr. an. 1,23,7).

Schließlich gelangte Alexander in unbekannte Gebiete, bis ins ferne Sogdiana (nördlich des heutigen Pakistan und Afghanistan), wo er gegen Oxyartes Krieg führte. Die Gegner versöhnten sich jedoch, als sich Alexander in Oxyartes' Tochter Roxane verliebte und sie heiratete.

Nach weiteren Erkundungszügen nahmen die Spannungen zwischen Alexander und seinen Truppen zu, da diese endlich nach

Hause wollten. Weitere Gründe für die Verstimmungen dürften Alexanders prunkvolles Auftreten als östlicher Fürst oder – nach Curtius – sein Anspruch gewesen sein, von Zeus abzustammen. Die Bestrebungen des Herrschers, Griechen und Perser zu einem Volk zu verschmelzen, waren Anlaß einer Auseinandersetzung zwischen Hephaistion und Krateros, den wichtigsten Beratern Alexanders; Krateros verurteilte das Verkommen der makedonischen Sitten. Alexander konnte den Streit nur mit Mühe beenden.

Als Maßlosigkeit interpretieren die meisten Autoren Alexanders Auftreten gegenüber Philotas, dem Sohn von Parmenion. Dieser hatte durch sein arrogantes Verhalten das Mißfallen des Königs erregt. Kurz darauf plante der Makedonier Limnos einen Anschlag auf Alexander, der jedoch rechtzeitig davon erfuhr und sich in Sicherheit bringen konnte. Als sich herausstellte, daß Philotas von dem Plan gewußt und Alexander nicht gewarnt hatte, wurde er der Beihilfe beschuldigt, unter schweren Folterungen zu einem Schuldbekenntnis gezwungen und mit dem Tode bestraft. Dann töteten Alexanders Soldaten auch den Vater Parmenion (Arr. an. 3,26,3; Diod. 17,80,1 ff.; Curt. 7,2,11 ff.; Plut. Alex. 49; Iust. 13,5,3).

Noch deutlicher zeigte sich Alexanders Mangel an Selbstbeherrschung, als sich sein Freund Kleitos bei einem Festbankett über einen Sänger entrüstete, der sich in seinen Liedern über einige Makedonier lustig machte. Wütend verspottete Kleitos nun Alexanders göttliche Herkunft, worauf dieser ihn mit einem Speer tötete. Daß Alexander danach vollkommen verstört war und sogar versuchte, sich selbst umzubringen, spricht ihn in Curtius' Augen nicht frei: Er war sowohl in seiner Wut als auch in seinem Gram maßlos.

Ein weiteres Opfer von Alexanders Unausgeglichenheit war der Historiograph Kallisthenes, ein Großneffe des Aristoteles. Er machte sich durch seine Reden bei den Makedoniern unbeliebt, worauf diese den König gegen ihn aufhetzten. Laut Curtius äußerte sich Kallisthenes über das Geschwätz des Schmeichlers Kleon, der den König als Sohn des Zeus anhimmelte, mit bissigen Kommentaren. Schließlich schob man ihm ein Komplott in die Schuhe, worauf er exekutiert wurde oder, wie auch vermutet wird, in Gefangenschaft starb (Plut. Alex. 55; Curt. 8,6,24 u. 8,21; Arr. an. 4,14,1–3; Plut. Sull. 36; Diog. Laert. 5,4).

Nach weiteren Siegen traf Alexander am Fluß Hydaspes auf den indischen König Poros, dessen Kavallerie er nach der Überquerung des reißenden Stromes schlagen konnte. Nach Arrianos und Plutarch durfte Poros – wie viele der von Alexander Besiegten – unter dessen Obergewalt weiterregieren. Curtius hingegen läßt Poros sterben und berichtet von einem Gespräch zwischen Alexander und dem tödlich Verwundeten (Arr. An. 5,9–19; Plut. Alex. 60; Diod. 17,87 ff.; Curt. 8,13–14). In dieser Zeit starb auch das treue Pferd Bukephalos, dem zu Ehren Alexander am Hydaspes die Stadt Bukephala gründete.

Von den Philosophen dieser Gegend, den Gymnosophisten oder Brahmanen, lernte Alexander die östliche Weisheit kennen. Im *Alexanderroman* wird berichtet, daß er bei einem Gespräch mit Brahmanen ermordet werden sollte (3,5–6). Nach Arrianos machten sie ihn darauf aufmerksam, daß auch ihm, dem Welteroberer, letztlich nur eine Fläche von der Größe seines Grabes gehören werde (Plut. Alex. 64; Arr. an. 7,1,6).

Unruhen unter seinen Soldaten hielten Alexander davon ab, noch tiefer nach Indien vorzudringen und den Ganges zu überqueren. Um den Ozean zu suchen, der nach damaliger Vorstellung die Welt umschloß, fuhr er auf einem Floß den Indus hinab. Nearchos wurde beauftragt, den noch wenig bekannten Seeweg vom Indus zum Euphrat zu erkunden.

Nach der Rückkehr nach Susa versuchte Alexander, die Beziehungen zwischen Griechen und Persern zu festigen, indem er auf einer Massenhochzeit viele seiner Gefährten mit adligen persischen Frauen vermählte. Er selbst heiratete Stateira, eine Tochter des Dareios. Außerdem nahm er 30.000 junge Perser, denen er während seiner Feldzüge eine Ausbildung in hellenistischer Kriegsführung hatte zukommen lassen, in sein Heer auf. Viele Makedonier empfanden diese Einberufung jedoch eher als Demütigung (Arr. an. 7,6,3 ff. u. 7,8 ff.; Plut. Alex. 71; Curt. 10,2,8 ff.; Iust. 12,11–12).

Alexander hatte noch immer große Pläne: So soll er erwogen haben, Arabien und Afrika zu umsegeln, an den Säulen des Herakles vorbei durch die Straße von Gibraltar ins Mittelmeer zu gelangen und ins Land der Karthager einzufallen (Arr. an. 7,7,7 ff.; Diod. 18,4,4). Zur Ausführung kam es jedoch nicht: Stattdessen wurde Alexander immer mehr in Intrigen und Widerstände aus den eigenen Reihen verwickelt.

Den Tod seines geliebten Freundes Hephaistion überwand Alexander nie. Dieser hatte ihn stets tatkräftig unterstützt und war in alle Geheimnisse eingeweiht. In seinem Schmerz begann Alexander einen neuen Krieg und ermordete zahllose Menschen auf grausamste Weise.

Curtius berichtet von einer weiteren heftigen Überreaktion Alexanders, als der beleidigte Eunuch Bagoas aus Rache behauptete, der Satrap Orsinoe habe das Grab des Kyros ausgeraubt. Allein die Beschuldigung genügte, um Alexander zum Mord an Orsinoe zu verleiten (Curt. 6,5,23 u. 10,1,22–38).

Von Intrigen und bösen Vorzeichen zermürbt, mißtraute der König seiner Umgebung immer mehr, v. a. wenn er Spott oder Widerwillen gegen den inzwischen verpflichtenden Kult um seine übermenschliche Person zu vernehmen meinte. So fürchtete sich Alexander besonders vor dem aufmüpfigen Kassandros, dem Sohn des Antipatros.

Vom Tod Alexanders im Jahre 323 berichten die meisten Autoren, daß er nach einem Trinkgelage erkrankte und schließlich an anhaltendem Fieber starb. Erst später, im Streit um seine Nachfolge, entstand das Gerücht von einem Giftmord, der von Kassandros oder auf dessen Veranlassung hin von Iolaos, dem Mundschenk des Fürsten, verübt wurde, wie Iustinus und der Verfasser des *Alexanderromans* vermuten. Curtius beschreibt, wie die Umgebung Alexanders in tiefe Trauer fiel und eine der Frauen des Dareios vor Kummer starb. Nach Plutarch fürchtete die schwangere Roxane um ihre Stellung, die sie als Witwe Alexanders einnahm, und ermordete Stateira, Alexanders zweite, persische Frau.

Alle Autoren der Antike schildern Alexander als ehrgeizigen Feldherrn mit genialem strategischen Vermögen und großem persönlichen Mut, auch als einen Anführer, der von seinen Truppen auf Händen getragen wurde. Im menschlichen Umgang wird sein einnehmendes Wesen gerühmt, zum Beispiel sein Verhalten gegenüber besiegten Gegnern oder Dareios' Frauen. Über seine äußere Erscheinung finden wir bei Plutarch am meisten: Er hatte eine kräftige, gutgebaute Gestalt, einen prachtvollen Haarwuchs und über der Stirn einen Wirbel im Haaransatz (die sogenannte Anastole); in Antlitz und Blick glich er Apollon oder Zeus.

Die Erscheinungen der Natur und Kultur in den fremden Ländern nahm er wißbegierig auf: am liebsten hätte er die Grenzen der Welt ausgemacht. Mehr und mehr, so die Biographen, richtete sich sein Streben auf das Unerreichbare. Ein Teil der Alexanderliteratur knüpft hier an. Seine Unternehmungen laden zu phantasiereichen Beschreibungen der unbekannten Gebiete und Völker ein, so unter anderem bei Curtius und – in ungezügelter Weise – im *Alexanderroman*, der früher dem Kallisthenes (dem Historiker in Alexanders Gefolge) zugeschrieben wurde, jedoch zur Volksliteratur des 3. Jahrhunderts n. Chr. zu rechnen ist, die in Alexandria entstand. Dieses im Mittelalter vielgelesene Buch besteht zum großen Teil aus Briefen, so auch Alexanders Bericht über die Entdeckungen im fernen Osten. Der Roman lebte in verschiedenen Versionen in der westlichen Welt weiter und war ein ausgesprochen populäres Werk. Es finden sich hier reichlich Ausmalungen und Erweiterungen, wie das letzte Gespräch zwischen Alexander und dem sterbenden Dareios. Weitere Beispiele sind zwei Abenteuer, die im Mittelalter das Bild des großen Weltherrschers, der hochmütig wird (superbia), bestimmen: Alexander, der die Tiefsee erforschen will, sinkt in einer gläsernen Taucherglocke auf den Meeresgrund und kann nur mit knapper Not einem Monster entkommen, das dort lebt. Er unternimmt auch eine Luftfahrt: Er läßt sich von zwei großen Vögeln bzw. Greifen emportragen, um sich eine Vorstellung machen zu können, wie an der Grenze der Welt Himmel und Erde aufeinandertreffen; von seinen Begleitern ermahnt, muß er diese Expedition abbrechen.

Kehren wir zur historischen Literatur zurück, in der Alexander als Inbegriff von Güte (zum Beispiel durch sein Verhalten Dareios und Poros gegenüber) und von Zurückhaltung (Dareios' Frauen) auftritt. Zugleich aber werden die Verehrung, die Alexander von seiner Umgebung erzwingt, und seine unkontrollierten Reaktionen auf vermeintliche Intrigen kritisch betrachtet. Bei Plutarch ist diese Sichtweise noch zurückhaltend; Iustinus, der sich über die Arroganz und Unbeherrschtheit scharf ausläßt, und Curtius, mit seiner aufmerksamen Beobachtung der psychologischen Prozesse, schildern Alexander umso kritischer. Auch Arrianos unterbricht seinen sachlichen Bericht über die militärischen Angelegenheiten, um hin und wieder seine Mißbilligung zu äußern. Der Hochmut und die Entgleisungen Alexanders bilden den Kernpunkt der Kritik an dem ansonsten vielgepriesenen Feldherrn. So führt Valerius Maximus (7, ext.1–2) den Anspruch auf die göttliche Herkunft als ein Zeichen von Hybris an, die harte Abrechnung mit vermeintlichen Verschwörern als ein Beispiel der Kaltherzigkeit.

Die antiken Quellen betonen, daß sich Alexander als einer der ersten porträtieren ließ. Wir wissen, daß einzig Apelles, Pyrgoteles und Lysippos solche Aufträge ausführen durften. Nur das Werk des Lysippos (330/320 v. Chr.) ist durch Kopien aus hellenistischer und römischer Zeit (z. B. Bronzestatuette in Paris, Louvre) erhalten geblieben. Auffällig sind stets die Anastole und der aufwärts gerichtete Blick. Oft ist der Kopf etwas abgewendet, um den ›himmlischen‹ Effekt zu verstärken. Der sogenannte Azára-Herme im Louvre, der in der Villa Hadriana bei Tivoli gefunden wurde und den Namen eines spanischen Sammlers trägt, der das Stück Napoleon schenkte, konnte im 18. Jahrhundert aufgrund einer Inschrift als eine Alexander-Darstellung gedeutet werden. Wahrscheinlich handelt es sich dabei um die Kopie einer Statue von Leochares (um 320 v. Chr.). Andere Köpfe hingegen mit ähnlichen oder gleichen Merkmalen wurden zu Unrecht für Alexander-Darstellungen gehalten. Berühmtes Beispiel ist das Bild eines sich bewaffnenden Achilleus in der Münchner Glyptothek, der ›Alexander Rondanini‹, den Winckelmann für eines der wichtigsten Porträts des Königs hielt. Apelles' Gemälde ›Alexander mit der Lanze‹ ist nur durch Wandmalereien überliefert, z. B. in einem Grab von Vergina (Makedonien, 3. Jh. v. Chr.) und im Haus der Vettii in Pompeii (1. Jh. n. Chr.). Auf einem Kieselmosaik aus Pella (heute Pella, M.) wird die Szene geschildert, wie Krateros während einer Jagd den jungen Prinzen vor den angreifenden Löwen rettet. Diese Darstellung lehnt sich an eine verloren gegangene bronzene Kampfgruppe von Leochares und Lysippos in Delphi an, die Krateros um 320–318 v. Chr. Apollon weihte. Eine andere Bronzegruppe des Lysippos, die Krateros in Delphi aufstellte, erinnert an die Schlacht am Granikos (in Lavinium sind noch die Basis und Fragmente einer Marmorkopie aus dem 1. Jahrhundert v. Chr. erhalten; jetzt zum Teil Leeds, G.). Eine Bronzestatuette aus Herculaneum, die nach ihrer Entdeckung im 18. Jahrhundert häufig kopiert wurde, soll ebenfalls zu einer solchen Gruppe gehören (Neapel, M. Arch. Naz.). Auf dem sogenannten ›Alexander-Sarkophag‹ aus Sidon (Ende 4. Jh. v. Chr.; heute Istanbul, Arch. M.) ist ein Reitergefecht zwischen Griechen und Persern mit Alexander im Mittelpunkt dargestellt; auch hier gab eine historische Feldschlacht die Anregung. Dieser Sarkophag war wahrscheinlich für Abdalonymos bestimmt, den Alexander in Sidon als Regenten eingesetzt hatte. Auf einige Jahrzehnte später werden Vasendarstellungen Alexanders aus Süditalien datiert, die zu den äußerst seltenen historischen Darstellungen auf Keramik des 4. Jahrhunderts gehören (Neapel, M. Arch. Naz.). Das berühmte Mosaik aus der Casa del Fauno in Pompeii aus dem 2. Jahrhundert v. Chr. (Neapel, M. Naz.) wurde nach seiner Entdeckung 1831 von Goethe als eine der Schlachten gegen Dareios interpretiert: Alexander und der persische König sind deutlich zu erkennen. Es ist jedoch nicht sicher, ob das Original,

wahrscheinlich von dem Maler Philoxenos von Eretria (um 300
v. Chr.), auf eine konkrete Auseinandersetzung anspielt. Kopien
des Gemäldes sind aus dem 1. Jahrhundert v. Chr. in Form von
Reliefs wie einem Steinrelief eines unbekannten Bildhauers in
Isernia erhalten geblieben. In Pompeii wurde vor einigen Jahren
ein Wandgemälde entdeckt, das Lukian in *Herodotus sive Aetion*
21,4–6 (vgl. im. 7) als Gemälde von Aetion beschreibt und auf
dem die Hochzeit Alexanders mit Roxane oder Stateira zu sehen
ist.

In den späteren fiktiven Porträts Alexanders wird stets das
Ethos, seine edlen Eigenschaften, betont, z. B. bei dem sogenannten ›schönen Kopf‹ aus Pergamon (Berlin, Pergamonm.,
2. Jh. v. Chr.). Fürsten und Feldherren lassen sich auf Münzen
und Marmorporträts in Gestalt des legendären Herrschers darstellen, eine Erscheinung, die bis in die fernen Osten der antiken
Welt reicht und beispielsweise in Baktrien oder bei → Mithridates von Pontos auftritt.

Auch in Rom verehren Politiker und Kaiser Alexander.
→ Pompeius wurde häufig mit ihm wegen seines nicht nachlas-
senden Eifers verglichen, den er etwa im Kampf gegen die Parther oder auf seinen weiten Reisen an die östlichen Grenzen
bewies. Caracalla und Alexander Severus (Anfang 3. Jh. n. Chr.)
ließen sogar Goldmünzen prägen mit ihren Familien und Ahnen,
die durch ihre Herkunft aus Syrien mit Alexander in Verbindung
gebracht wurden. Sidonius Apollinaris verglich 467 Kaiser An-
themius in einer Lobrede mit Alexander.

Im Osten wird die Erinnerung an Alexander lange in Ehren
gehalten. Auf zahlreichen Plätzen in Indien und Afghanistan
geben Inschriften seine Taten und die seiner Nachfolger wieder.
Das Neupersische Reich verewigt ihn auf Silberschalen als Fürsten auf der Jagd, sitzend auf Bukephalos und in Apotheose. In
Persien lebt er unter dem Namen Iskander oder Skander fort.
Auf Miniaturen empfängt er hier als weiser Fürst Dichter und
Philosophen. Der Name erscheint auch in der Stadt Iskenderun
(im Südosten der Türkei), eines der zahlreichen Alexandrien, das
den Kreuzfahrern noch als Alexandrette bekannt war, zur Unterscheidung von der ägyptischen Schwesterstadt. Selbst einige
Buddha-Bilder aus Gandara (Indien) scheinen vom vergöttlich-
ten Alexander inspiriert zu sein.

In der Literatur des Mittelalters ist das Bild Alexanders vom ND₁
Alexanderroman bestimmt, der in einer ganzen Reihe von Übersetzungen über Indien hinaus gelangte und im Westen in den

lateinischen Versionen des Römers Iulius Valerius (um 320 n.
Chr.), des neopolitanischen Archipresbyters Leo (um 960) und
der Bearbeitung von Quilictinus von Spoleto (ca. 1236) bekannt
wurde. Die Übersetzung Leos liegt der *Historia de Pr(o)eliis* zugrunde. Auf den Roman gehen viele Sagen zurück, in denen in
phantasievollen Variationen das abenteuerliche Alexanderleben
ausgemalt wird. Bearbeitungen gibt es seit dem 11. Jahrhundert,
zuerst im Altfranzösischen (Albéric von Besançon zw. 1100 und
1130, Lambert li Tors und Alexandre de Bernay um 1180), dann
im Mittelhochdeutschen (Pfaffe Lamprecht 1140–50, Seifrit
1352, J. Hartlieb 1444), im Katalanischen, im Spanischen (anonym ca. 1250), im Englischen (T. von Kent 2. Hälfte 12. Jh.)
und im Italienischen (D. Scolari 1355).

Besonderes Motiv der fiktionalen Literatur ist die Demütigung
des Aristoteles. Als dieser seinen Schüler Alexander einmal zu
hart rügte, soll dessen Freundin Phyllis ihn becirct und zur Strafe
als Reittier benutzt haben. Diese meist negativ interpretierte
Überordnung der Frau finden wir unter anderem auf einem
Wandteppich des 14. Jahrhunderts im Kloster Adelhausen, wo
Alexander als Gefangener der Kandake zu sehen ist, und auf dem
Teppich mit ›Weiberlisten‹ in Freiburg (1320–30). Im England
des 11. Jahrhunderts war der erfundene Briefwechsel zwischen
dem König und seinem philosophischen Lehrer Übungsstoff
zum Briefeschreiben. Eine andere Tradition geht auf Curtius zurück, der, wie schon erwähnt, seine Phantasie im Vergleich zum
Alexanderroman etwas zügelt. Das Epos *Alexandreis* des Walther
von Châtillon (1178–82) inspirierte J. van Maerlant zu einem
höfischen Roman (1257–60). Aus den Elementen dieser Tradition entsteht eine ritterliche Alexanderepik. So entspricht Alexander bei Rudolf von Ems (ca. 1230–35) und Ulrich von Eschenbach (auch Etzenbach; um 1271–86) dem Bild des vollkommenen, von Gott beschützten Ritters. Rudolfs Biographie steht in
der Tradition der berühmten *Gesta Friderici*, der Friedrich Bar-
barossa-Biographie Ottos von Freising (1157–58).

In der Tradition der ritterlichen und höfischen Epik steht auch
das Weiterleben Alexanders in der Reihe der ›Neuf Preux‹ (Die
neun kühnen Ritter, Nine Worthies; → Hektor): Neben Alexander treten → Caesar und Hektor auf, die biblischen Helden Josua, David und Judas Maccabeus und die Ritterfürsten Artus,
Gottfried von Bouillon und Karl der Große.

Dadurch ist Alexander im Mittelalter der weitaus bekannteste
Held der Antike, dessen Abenteuer bis ins 16. Jahrhundert fortleben, sowohl in Volksbüchern, wie in *Die Historie van Coninc*

Alexander (gedruckt in Gouda 1477), als auch in der höfischen Literatur, wie die französische Schrift des Portugiesen Vaco da Luccena (1470) für den Burgundischen Hof zeigt. Hier – wobei Curtius' Text die wichtigste Vorlage ist – wird Abstand von den Wundererzählungen genommen, die bis dahin dominierten. Ferner macht sich am Ende des Mittelalters der Einfluß des schlichten Berichts von Plutarch bemerkbar, der seit dem Beginn des 15. Jahrhunderts in lateinischer Übersetzung zugänglich war.

In der Literatur des Mittelalters ist das Bild Alexanders meist positiv: er ist der perfekte, von Gott auserkorene Ritter, ein Märchenfürst, dessen Reisen ans Ende der bewohnten Welt Anlaß bieten, Gottes wunderbare Schöpfung zu beschreiben. Doch gibt es auch unter dem Verweis auf Alexanders Hybris negative Anmerkungen, so von F. P. Fulgentius (um 500) und ab dem 12. Jahrhundert (u. a. Berthold von Regensburg). Der König wird schließlich auf die Menschen gesetzten Grenzen verwiesen. Die Erkundung der Tiefsee und die Luftfahrt sind Beispiele für die Unmöglichkeit, diese Grenzen zu überschreiten. Das Himmelfahrtmotiv war schon vom jüdischen Rabbi Jona aus Tiberias um 350 bekannt, doch genoß es am meisten Popularität im Osten, wo die Himmelfahrt die Vergöttlichung der persischen Könige bedeutete. Auch die ursprünglich wohl hebräische Legende *Iter ad Paradisum* (nach 1100), die durch Pfaffe Lamprecht Eingang in den *Straßburger Alexander* (ca. 1187) fand und damit in der westlichen Literatur bekannt wurde, ist in diesem Geist geschrieben. Alexander, auf der Suche nach dem Paradies, empfängt einen Stein, der schwerer als Gold und leichter als Staub ist; Symbole der Vergänglichkeit und Nichtigkeit irdischer Dinge. Was den Hochmut betrifft, kommt es zu einer Gleichstellung mit Luzifer oder Hosroe, wie in dem *Roman van Cassanus* aus dem 14. Jahrhundert. In der Handschrift des 15. Jahrhunderts der *Chronique dite la Bouquechardière* von Jean de Conrey wird der König zur Strafe für seinen Übermut auf ein Rad gebunden.

In der mittelalterlichen Kunst zeugen mindestens 90 Darstellungen mit Alexanders Himmelfahrt von der weiten Verbreitung des Themas. Es wird sowohl in positivem als auch negativem Sinn verwendet: als Streben nach der himmlischen Seligkeit oder als Hybris. Außerdem wird das Motiv zu Christi Himmelfahrt in Beziehung gesetzt. Schon auf koptischen Geweben des 6. und 7. Jahrhunderts ist Alexander in einem von Greifen gezogenen Sonnenwagen zu sehen, der auch die Himmelfahrt Christi symbolisieren kann (z. B. im M. de Cinquantenaire in Brüssel). NK₁

Manchmal wird Alexander von Fabeltieren emporgehoben, z. B. auf Reliefs in der Kirche San Marco in Venedig (um 1200) und in der Hagia Sophia in Istanbul (12. Jh.). In der byzantinischen Tradition erscheint der Christus-Vergleich in einem Kloster bei Mistra (Sparta, 14. Jh.). Im Westen findet sich das Motiv häufig in der romanischen Kunst: in Kirchen auf Reliefs, Kapitellen oder Miserikordien, z. B. auf den Kapitellen des Baseler Doms und in Remagen. Auf einem Kapitell am Portal des Freiburger Münsters (um 1200) wird Alexander von zwei Greifvögeln emporgetragen: ein Emblem der Hybris. Das Pendant zeigt eine Sirene, die ihrem Kind die Brust gib; wahrscheinlich ein Symbol für Sinnlichkeit. Die häufige Verwendung des Themas in Apulien geht auf den Vergleich Friedrich Barbarossas mit Alexander zurück: bekannt sind die Mosaiken Pantaleons im Dom von Otranto (1163–65), aus der gleichen Zeit in Trani und Tarent (verloren) und ein Kapitell in Bitonto (der Fürst wird einmal mit und einmal ohne Krone zwischen den Fabeltieren abgebildet). In der profanen Kunst wird die Himmelfahrt selten abgebildet (z. B. im Pal. Chiaramonte in Palermo, 14. Jh.). Die letzte bekannte Darstellung stammt von H. L. Schäufelein aus der Zeit um 1500, eine Miniatur in einer Handschrift der *Histoire universelle* in Wien (Albertina). – Das Eintauchen ins Meer ist u. a. auf einer Miniatur in einer Handschrift des *Alexanderromans* in Rouen aus dem 14. Jahrhundert dargestellt: Alexander sitzt in einer grünen Glasflasche zwischen Fischen und Wasserpflanzen. Außer in Handschriftenillustrationen findet sich das Motiv aber nur selten. Die Neuf Preux kommen bereits um 1330 im Hansesaal des Kölner Rathauses vor (heute Köln, Wallr.-Rich. M.), werden aber v. a. seit dem 15. Jahrhundert abgebildet: z. B. auf Fresken im Schloß La Manta bei Saluzzo (1420–30, Piemont) und im Schloß La Valère in Sion (Schweiz), auf Gobelins im Schloß La Palisse (1498–1527, Allier) aus dem Besitz des Jean Duc de Berry, 1485 von N. Bataille ausgeführt. Holzschnitte zu diesem Thema schufen seit 1500 z. B. C. van Oostzanen (1. Hälfte 16. Jh., Amsterdam, M.), H. Burgkmair (1516) und V. Solis (um 1540). Auf Kartenspielen und in den Fastnachtspielen von Hans Sachs sind die Neuf Preux ebenfalls zu sehen (→ Caesar). Alexander erscheint weiterhin in einer Reihe von Bildern vorbildlicher Fürsten. Die spätmittelalterliche Reihe im Giebel des Kampener Rathauses, die 1933–38 durch Statuen von J. Polet ersetzt wurde, zeigt Alexander neben Karl dem Großen. In den Tuilerien in Paris befindet sich ein Standbild von C.-F. Leboeuf-Nanteuil (1836) und im Louvre eines von J. Pradier (1836).

In Literatur und Schauspiel des Barocks stehen die Liebesver- ND₂
wicklungen Alexanders im Vordergrund, Intrigen, die das Verhältnis mit den besiegten Gegnern, ihren Familien oder Geliebten (Dareios und seine Familie, Poros) komplizieren und Alexander Gelegenheit dazu geben, seine Großmut und seine Selbstbeherrschung als edler und galanter Fürst zu zeigen. Von solcher
Art sind in der spanischen Literatur des 17. Jahrhunderts Stücke
von L. F. de Vega (*Las grandezas de Alejandro*) und P. Calderón
(*Certámen de amor y celos*) in der englischen von W. Alexander
(*Darius*, 1603) und N. Lee (*The Rival Queens*, 1677). V. a. die
französische Literatur hat zahlreiche Werke mit höfischen Intrigen und Liebeskonflikten hervorgebracht. G. de La Calprenède
schrieb einen zehnbändigen Roman *Cassandre* (1642–45) über
Alexanders Liebesleben. Von dem Verhältnis zu Dareios und
seiner Familie handeln Stücke von J. de La Taille (1562) und A.
Hardy (*Mort d'Alexandre*, 1621 und *Mort de Darie*, 1628), von
Alexanders Begegnung mit Poros Stücke von Abbé Boyer (*Porus
ou la Générosité d'Alexandre*, 1647) und J. B. Racine (*Alexandre le
Grand*, 1665). In J. Desmarets *Roxane* (1639) ist Alexander in der
Kleitosepisode zuerst unbeherrscht, doch dann bereut er aufrichtig. Die unter → Apelles zu behandelnde Literatur um Alexander und Kampaspe schließt sich diesem Bild an. Im 18. Jahrhundert ist die Darstellung häufig negativer. Der Schicksalsum-
schlag für Abdalonymos wird von B. de Fontenelle lächerlich
gemacht (1752). Bei A. Piron (1732) tritt Alexander gegenüber
Kallisthenes herrschsüchtig auf. J.-B. Isoard hatte 1788 mit
gleich drei Stücken Premiere, eines über Apelles (mit einem allzu
aufdringlichen Alexander), eines über Poros am Hydaspes und
eines über Bagoas.
Das Verhältnis zwischen Alexander und Dareios behandelt das
historische Drama von F. von Uechtritz (Berlin, 1823), das von
H. Marschner mit einer Schauspielmusik ergänzt wurde (1828
oder 1829/30).

In der Literatur des 19. Jahrhunderts ist Alexander im übrigen
kaum vertreten. In Griechenland lebte er als Symbol des Kampf-
fes gegen die Türken weiter. So verwendete der Freiheitskämp-
fer Rhigas Pheraios die Figur des Alexander für eine Proklama-
tion (1797); und bis in unsere Zeit tritt er in Gedichten von K.
Kavafis, I. Rhitsos und G. Seferis auf. Im 20. Jahrhundert finden
wir ihn in verschiedenen Werken wie dem psychologischen Roman von J. Wassermann (*Alexander in Babylon*, 1905), in dem
Roman *Alexander* (1929) von K. Mann über die Unerfüllbarkeit

seines Strebens, in einer Tragödie von F. Forster (*Die Gesteinigten*, 1946) und in dem Stück von F. T. Csokor (1969), der einen geläuterten und des Kriegführens müde gewordenen Alexander zeigt. A. Schmidt (1953) und M. Brod (1954) schreiben unter anderem über Gordion. M. Renaults *Fire from Heaven* (1970) ist eine Nacherzählung der Quellen. R. de Peyrefitte versetzt Alexander in drei Bilderromanen (*La jeunesse d'Alexandre*, 1977; *Les conquêtes d'Alexandre*, 1979; *Alexandre de Grand*, 1981) in eine leicht pornographische, homoerotisch gefärbte Atmosphäre im Stil von A. Beardsley. In dem Roman *Iskander* (1920) von L. Couperus, der sich an Plutarch und v. a. Curtius hält, übernimmt der Eunuch Bagoas eine bedeutende Rolle, indem er den Niedergang der Makedonier durch östliche Praktiken und Genüsse herbeiführt.

In Robert Rossens Film ›Alexander the Great‹ (1956) über den Aufstieg und Untergang des Fürsten nach der Vorlage von Plutarch spielte Richard Burton die Titelrolle.

NK₂ Auch wenn die Taten des mythologischen Herakles in der bildenden Kunst der Neuzeit in der Popularität die Alexanders noch übertreffen, tauchen Alexander-Darstellungen in zahlreichen fürstlichen und adligen Residenzen auf. Zu den ältesten erhaltenen Alexanderteppichen gehören zwei aus einer im Atelier von P. Grenier in Tournai entstandenen Reihe für Philipp den Guten (1459, heute Rom, G. Doria), auf denen Bukephalos und die Erkundung des Meeresgrundes zu sehen sind. Nach Angaben Vasaris befanden sich Darstellungen auf den Giebeln von Residenzen, z. B. von P. da Caravaggio und von T. Zuccari in Rom (1. Hälfte 16. Jh.). Erhalten geblieben sind Freskenzyklen von Primaticcio (1541–44) im Schloß Fontainebleau, von S. da Sermoneta (um 1550) im Palazzo Capodiferro-Spada in Rom, von T. Zuccari (um 1560) im Palazzo Caetani in Rom, von den Brüdern Zuccari (1560/61) im Castello degli Orsini in Bracciano, von N. dell'Abate (um 1570) im Auftrag von König Franz I. für die Kammer der Duchesse d'Etampes im Schloß Fontainebleau (mit Alexander und Roxane), von L. Tavarone im Palazzo Spinola in Genua (2. Hälfte 16. Jh.), von J. Rottmayr/M. Altomonte in der Salzburger Residenz (1710–14) und von F. De Mura im Palazzo Reale in Turin (3 Supraporte, um 1750). F. Fischetti schuf einige Darstellungen (um 1757–59, in Neapel, u. a. im Pal. Capodimonte), und mehrere Künstler (Tito Angelino und Gennaro Carli) brachten um 1787 im Alexander-Saal des Palastes in Caserta Stuckreliefs an. Eine große Freskenreihe, die unter der

Leitung von P. del Vaga (1545–47) in der Sala Paolina der Engelsburg in Rom im Auftrag von Paulus III. entstand, verweist auf dessen weltlichen Namen Alessandro Farnese, während die Paulus-Szene in demselben Saal auf den päpstlichen Namen anspielt. Dieser Kirchenfürst hatte sich gerade vierundzwanzigjährig als der ›römische Alexander‹ durchgesetzt. Zu dieser Reihe gehört auch eine Abbildung, auf der Alexander einen Wagen mit Kostbarkeiten verbrennt, um so ungehindert schneller weiterreisen zu können: ein Verweis auf das Streben des Papstes, auf dem Konzil von Trient (1545–63) klare Verhältnisse zu schaffen. Der Besuch Alexanders beim jüdischen Hohenpriester Jaddus zeigt die Unterwerfung der weltlichen Macht unter die geistliche. Die Ankunft Napoleons erwartend, brachte B. Thorvaldsen im Quirinal in Rom, beauftragt von Eugène Beauharnais, 1812 einen Alexander-Fries in Form eines ca. 35 m langen Reliefs an (Marmor- und Gipskopien in Kopenhagen, Thorvaldsen M.; München, Glyptothek und in der Villa Carlotta am Comer See). Unter Ludwig XIII. und Ludwig XIV. genoß Alexander in der Literatur und bildenden Kunst große Aufmerksamkeit. Von Duchat stammt eine Hymne, in der Ludwig XIII. mit Alexander verglichen wird. Nachdem C. Le Brun 1661 mit der Schilderung der Großmut und der Selbstbeherrschung Alexanders gegenüber der Familie von Dareios Erfolg gehabt hatte, malte er zwischen 1665 und 1671 vier große Gemälde für Ludwig XIV.: die Schlachten am Granikos, bei Arbela, gegen Poros und der Einzug in Babylon (Paris, Louvre und Versailles). Im Zuge der königlichen Propaganda wurden Kopien dieser fünf Werke auf Teppichen und Gravuren in ganz Europa verbreitet. Daß sich der König gern mit Alexander vergleichen ließ, zeigt auch die Dekoration des Salon de Mercure in Versailles: Zur Verherrlichung der kulturpolitischen Taten Ludwigs malte P. de Champaigne zwischen 1670 und 1680 Alexander, wie er sich lernbegierig mit den indischen Brahmanen unterhält und Aristoteles den Auftrag erteilt, die fremden Tiere zu beschreiben. Herzog Eberhard Ludwig von Württemberg ließ um 1710 im Ludwigsburger Schloß Alexander-Gemälde anbringen: C. Carlone hielt auf einem Deckengemälde fest, wie Lysippos ein Reiterstandbild Alexanders in dessen Beisein anfertigt. Der spanische König Philipp V. beauftragte um 1737 die besten Historienmaler Europas (F. Solimena, G. B. Pittoni, S. Conca, C. van Loo, F. Trevisani u. a.) mit einer Reihe von Gemälden für den Escorial, um sich darin verherrlichen zu lassen. Diesem Beispiel folgte man an anderen Höfen. J. Restout malte 1746 zwei Alexander-Gemälde für den Thronsaal des Palastes in Stockholm (das Durchschlagen des Gordischen Knotens und das Bedecken der Leiche des Dareios). 1758 vollendete F. da Mura für den königlichen Palast in Turin Alexander-Darstellungen neben einer Gemäldereihe mit Caesar. – Der Streit zwischen Philipp und Alexander wird u. a. auf einem Fresko von D. Creti (um 1705, Novellara, Pal. des Grafen von Novellara) gemalt, der in dem Motiv den Streit mit seinem Vater und seinen Weggang vom elterlichen Haus verarbeitet haben könnte.

Nicht immer wird bei den Abbildungen der Feldschlachten deutlich, um welche Auseinandersetzung es sich handelt. A. Altdorfer folgt in seiner Alexanderschlacht (1529, Gemälde, München AP) Curtius' Beschreibung vom Schlachtfeld bei Issos. Im oben genannten Freskenzyklus von P. del Vaga in der Engelsburg weisen die Elefanten auf die Schlacht gegen Poros am Hydaspes hin. Bei einem großen Gemälde von P. da Cortona (um 1635) für den Konservatorenpalast in Rom befindet sich ein Adler über Alexanders Haupt: ein Hinweis auf die Schlacht bei Gaugamela. C. Troost schildert auf einem Gemälde (1737, Amsterdam, M.) die Kämpfe am Granikos.

Zahlreiche Darstellungen von Alexander mit den Frauen des Dareios, denen er sich trotz der Verwechslung mit Hephaistion galant und zuvorkommend zeigt, spielen auf die Großmut der jeweiligen Auftraggeber an, z. B. in Italien auf Gemälden von G. Coppi für Francesco I. im Palazzo Vecchio in Florenz (1570–72), P. Veronese (um 1565, London, Nat. G.), F. Trevisani für Philipp V. (1737, El Escorial), G. B. Tiepolo (1743, Fresko, in der Villa Cordellina in Montecchio Maggiore und G. B. Pittoni (um 1750, Parma, G. Naz.), in den Niederlanden u. a. auf Gemälden von J. Jordaens (um 1650, Narbonne, M.), G. J. van den Eeckhout (um 1660–70, München, AP und St. Petersburg, Eremitage) und P. J. Verhaghen (um 1788, Gent, Kon. M.).

Ein anderer Aspekt der Szene, nämlich die Selbstbeherrschung Alexanders, der von der Schönheit der Frauen überwältigt wird und dennoch mit keiner von ihnen ein Verhältnis eingeht, steht z. B. bei einem Fresko von Il Sodoma in der Villa Farnesina in Rom im Vordergrund (1516–18; mit Alexander und Roxane – Liebe zum Ehepartner, Zurückhaltung gegenüber anderen Frauen). Das Motiv der Enthaltsamkeit wird in einer Aufschrift eines Freskos von P. da Cortona (1640–47) im Palazzo Pitti in Florenz betont. S. Ricci thematisierte auf Pendant-Gemälden (um 1708, Parma, G. Naz.) die Selbstbeherrschung und die Großmut von Alexander und von → Scipio Maior. Das bereits erwähnte Gemälde von C. Le Brun aus dem Jahre 1661 ist als weise Belehrung für den jugendlichen Ludwig XIV. zu verstehen, woran Gemälde J. Jouvenet III. (1680, Paris, Lycée Lois le Grand) und P. Mignard (1689, Louvre) anknüpften.

Bukephalos taucht bei G. B. Tiepolo (um 1760, Paris, Petit Palais) und in den erwähnten Alexander-Darstellungen von Rottmayr und Altomonte in der Salzburger Residenz auf. Das Durchschlagen des Gordischen Knotens verweist auf die politische oder militärische Durchsetzungskraft des Auftraggebers und findet sich in Zyklen von T. Zuccari im Palazzo Caetani in Rom, in der Residenz in Salzburg und auf einem der beiden Gemälde von J. Restout für den Thronsaal in Stockholm. Ein großes Relief von S. Bussi (um 1725) für das Obere Belvedere in Wien, Residenz des Heerführers Eugen von Savoyen, ging verloren; andere Reliefs, mit Alexander und dem sterbenden Dareios, blieben dort erhalten. J.-S. Berthélemy gewann 1764 den Prix de Rome mit dieser Szene als vorgeschriebenem Thema. Ein Gemälde von A. Balestra befindet sich in der Bremer Kunsthalle. Die Erbauung Alexandrias von F. Trevisani für Philipp V. verdeutlicht dessen Liebe zur Pracht. Die Ernennung des Abdalonymos zum König findet sich u. a. auf einem Gemälde von N. Knupfer (um 1645, Amsterdam, M.) und in der Salzburger Residenz. Zwei weitere Gemälde von J. Restout (1737 und 1738, Orléans, M.; Abdalonymos arbeitend und in vollem Ornat vor Alexander) zeigen die Wechselhaftigkeit des Schicksals. Sie halten sich an die Interpretation der kurz zuvor erschienenen *Histoire ancienne* Rollins.

Der Einzug in Babylon verweist bei einigen der genannten Zyklen (C. Le Brun für Ludwig XIV., G. B. Pittoni für Philipp V.) sowie auf einem Gemälde von G. de Lairesse (um 1700, Orléans, M.) auf die Obergewalt des Auftraggebers.

Seit der Renaissance wird auch das Thema ›Roxane empfängt die Hochzeitskrone von Alexander‹ öfter behandelt. Die Abbildungen bemühen sich um ein ›Nachmalen‹ eines Kunstwerks anhand einer antiken Beschreibung (Ekphrasis), in diesem Fall Lukians Beschreibung des Bildes von Aetion (im. 7). Raffael schuf um 1510 eine Zeichnung (eine Vorstudie befindet sich in Haarlem, Teylers M.), an der sich Il Sodoma beim Ausmalen der Schlafgemächer von Alessandro Chigi in der Villa Farnesina in Rom orientierte. Es ist möglich, wie auch Curtius meint, daß Alexander Roxane, die Tochter eines politisch unwichtigen Königs, aus Liebe heiratete, eine Anspielung also auf die Ehe des Chigi, der aus Liebe unter seinem Stand geheiratet hatte. Dieser

Aspekt wird im 16. Jahrhundert bei Abbildungen des Liebespaares auf Tonwaren mit dem Motto ›Omnia vincit amor‹ hervorgehoben (z. B. Schalen von X. Avelli). Das Paar nimmt einen
zentralen Platz im genannten Zyklus von F. Zuccari im Palazzo
Caetani in Rom ein, ebenso bei Primaticcio und N. dell'Abate im
Schloß Fontainebleau, später in der Deckenmalerei von M. Rossi
(1787) im Alexander-Salon des königlichen Palastes in Caserta,
weiterhin nach Lukian und Raffael auf Gemälden von L. de La
Hyre (1635, Paris, Bibliothèque Nationale), G. de Lairesse
(1687, Bamberg, Staatsg.), G. B. Tiepolo (1750, Kopenhagen,
M.) und G. Hoet (Anfang 18. Jh., Amsterdam, M.; mit dem
Pendant des selten geschilderten Treffens von Alexander und
Kleophis, die dem Eroberer ihres Reiches Wein anbietet; Quellen: Arr. an. 4,27,4; Curt. 8,10,22; Iust. 12,7,9).
Alexander mit Homers Werken neben einem studierenden Cäsar
und einem die *Aeneis* lesenden Augustus ist z. B. auf Fresken von
Raffael (1508–12) in der Stanza della Segnatura im Vatikan, in
der Saletta di Cesare des Palazzo Tè in Mantua (um 1530, anonym), von P. da Cortona (1647) im Palazzo Pitti in Florenz und
von E. Delacroix (1844–47) in der Bibliothek des Palais Bourbon
in Paris sowie auf einem Gemälde von C. Ferri (1659–65, Florenz, Uffizien) zu sehen.
Den Vertrauensbeweis gegenüber dem beschuldigten Arzt Philipp thematisierten auf Gemälden u. a. H. Wertinger (1517, Prag,
Rudolfinum), G. Lanfranco (um 1607, bekannt von einer Zeichnung von G. Gimignani, ohne Jahr, Düsseldorf, Kunstm.), J.
Restout (1747, Amiens, M.) und in der 2. Hälfte des 18. Jahrhunderts L. J. F. Lagrenée (Paris, Louvre), H. F. Füger (Wien,
Stadtm.) und B. West (London, Med. I.). Das Siegel auf den
lippen des Hephaistion als Warnung vor Verleumdung taucht in
der Emblematik sowie auf Gemälden von J. H. Tischbein d. Ä.
(1781, Kassel, Gemäldeg.) und L. Gauffier (Florenz, Uffizien;
für den Pariser Salon von 1791) auf.
Die Darstellung von Alexander und Jaddus in Jerusalem soll auf
die Achtung des Auftraggebers vor der Religion hinweisen, wie
z. B. in dem genannten Zyklus für Papst Paulus III. in der Engelsburg und dem für die fürsterzbischöfliche Residenz in Salzburg sowie auf einem Gemälde von S. Conca (um 1735, Madrid,
Prado). Unklar ist, weshalb T. Zuccari, der sich im Palazzo Caetani hauptsächlich an Plutarchs Erzählung hielt, dieser Geschichte, die bei Plutarch nicht vorkommt, eine so zentrale Bedeutung beimißt. Der Tod des Fürsten wurde um 1806 von
Eckersberg festgehalten (Gemälde, Kopenhagen, M.).

Seit der Renaissance entstehen auch Alexander-Porträts ohne erzählenden Kontext: Der Fürst gilt als inspirierendes Vorbild oder gar als antikes Motiv, z. B. auf einem Marmorrelief von A. Verrocchio (um 1480, Washington, Nat. G.) mit Scipio Maior als Pendant und einem Relief auf dem Giebel der Kirche des Kartäuserklosters bei Padua aus dem Atelier von Amadeo (Ende 15. Jh.). Durch Kopien (u. a. H. Robert, Paris, Louvre) wurde ein Rom-Capriccio von G. P. Panini (1749, Rom, Accad.) beliebt, in dem Alexander am Grabe von Achilleus steht (Kopien Baltimore, M.; Rom, Sammlung Montefiori).

Für die Musik sind v. a. Opern des 17. und 18. Jahrhunderts zu NM nennen. In der barocken Oper geht es erneut häufig um die Heroisierung des Fürsten, so in der frühen Oper von P. Cesti/M. Bigongiari nach dem Libretto von F. Sbarra (1654, Lucca) und in der Vielzahl von Opern zu einem Libretto von Metastasio, das die Großzügigkeit gegenüber Poros thematisiert. Alleine zwischen 1729 (L. Vinci, 1730, Rom) und 1824 (G. Pacini, Neapel) wurde diese Stoffbearbeitung von ca. 70 verschiedenen Komponisten in ganz Europa und am Hofe Rußlands unter dem Titel *Alessandro nell'Indie* vertont. Einige der populärsten Werke schufen: B. Galuppi (1738, Mantua), C. H. Graun (1744, Berlin), G. C. Wagenseil (1748, Wien), N. Piccinni (1758, Rom; Neufassg. 1774), V. Manfredini (1758, Moskau), J. C. Bach (1762, Neapel), D. Cimarosa (1781, Rom), L. Cherubini (1784, Mantua) u. v. a. Hinzu kommen die Opern nach dem selben Libretto unter dem Titel *Poro* (z. B. G. F. Händel, 1731, London; C. W. Gluck, 1744, Turin) oder auch *Cleofide* (z. B. J. A. Hasse, 1731, Dresden; J. F. Agricola, 1754, Berlin). Weitere Werke des Musiktheaters handeln von der Liebe Alexanders zu Roxane, so ein frühes Libretto von G. Cicognini, das in mehreren Fassungen kursierte (Venedig, 1651/63/67 u. ö.), mehrfach für die Venezianischen Opernhäuser vertont und auch zum Prosadrama umgearbeitet wurde (1661), oder auch ein Ballett von C. W. Gluck (1765, Wien). Unter den zahlreichen Opern, die sich mit den verschiedenen Lebensstationen Alexanders befassen (Alexander bei den Amazonen, Alexander in Babylon, Alexander in Sidon etc.) ragt durch seine Popularität erneut ein Metastasio-Libretto hervor. *Il re pastore* ist die Paraphrase der Geschichte um Abdalonymos: Alexander sucht in Sidon nach dem Erben des vertriebenen Königs. Es stellt sich heraus, daß es Amyntas ist, ein einfacher Hirte. Von der ersten bis zur letzten der ingesamt ca. 30 Vertonungen hiervon sind etwa zu nennen: J. Bonno (1751,

Wien), J. F. Agricola (1753, Berlin), J. A. Hasse (1755, Dresden), C. W. Gluck (1756, Wien), M. T. Agnesi (Mailand, 1756), N. Piccinni (1760, Florenz), N. Jommelli (1764, Ludwigsburg), W. A. Mozart (1775, Salzburg) und L. X. dos Santos (1797, Lissabon). J. Drydens Ode *Alexander's Feast* wird erstmals noch im Entstehungsjahr von J. Clark vertont (1697, London), später von T. Clayton (1711, London) und G. F. Händel (1736, London).

Alexander 1976 und 1978; Böcker-Dursch 1973; Cary 1956; Cast 1981; Crick-Kuntzinger 1938; Deonna 1918; Duverger 1959–60; Faedo 1984–86; Förster 1894 und 1922; Frenzel 1992a; Frerichs 1969; Giuliani 1977; Goukowsky 1978 und 1981; Gould 1978; Grabar 1968; Grell/Michel 1988; Harprath 1985; Hildebrandt 1952; Hoelscher 1971; Kazis 1962; Marillier 1937; Michel 1967; Millet 1923; Noble 1982; Pfister 1976; Poeschel 1988; Posner 1959; Richter 1933; Rizzo 1925–26; Ross 1963, 1971 und 1985; Schmidt 1955; Schroeder 1971; Schwarzenberg 1975; Search 1980; Settis Frugoni 1970 und 1973; Storost 1935; Versyp 1974; Warburg 1932; Wyss 1957b

Alexandra → Kassandra

Alexandros → Paris

Alkestis und Admetos. Alkestis war die Tochter des Königs Pelias von Iolkos und der Anaxibia; Gemahlin des Argonauten Admetos, des Königs von Pherai, des Sohnes von Pheres und Periklymene ⟨Eur. Alc.; Diod. 4,53,2; Apollod. 1,105–106; Hyg. fab. 50–51; Paus. 5,17,11 (Beschreibung der sog. Kypseslade)⟩.
Als → Apollon von Zeus dazu verurteilt wurde, ein Jahr lang einem Menschen zu dienen, ging er zu Admetos und hütete dessen Herden. Da Admetos sich dem Gott gegenüber als ein gerechter Mann zeigte, ließ dieser das Vieh gut gedeihen und half ihm auch, Alkestis zu erobern. Es gelang ihm, die schwierige Aufgabe des Vaters der Alkestis zu lösen und zwei wilde Tiere, einen Löwen und einen Eber, vor den Wagen zu spannen. Bei der Hochzeit aber vergaß Admetos, der Artemis zu opfern, worauf ihm diese als Vorzeichen seines nahen Todes Schlangen in seine Schlafstätte schickte (u. a. Hom. Il. 2,714; Plat. symp. 179b und 208d). Als die letzte Stunde für den noch jungen Admetos gekommen war, brachte Apollon die Schicksalsgöttinnen, die Moiren, dazu, seinen Günstling Admetos weiterleben zu lassen, falls ein anderer bereit wäre, für ihn zu sterben. Nach langer vergeb-

licher Suche erklärte sich schließlich Alkestis dazu bereit und
ging für ihren Mann in den Tod. Herakles, der gerade als Gast im
Palast weilte, konnte sie Thanatos, dem Tod, in einem Kampf
wieder entreißen und aus dem Totenreich zurückholen, um sie
dann zu Admetos zurückzuführen. In einer anderen Version läßt
Persephone, die Göttin der Unterwelt, Alkestis aus Achtung vor
ihrer Opferbereitschaft ins Reich der Lebenden zurückkehren
(Plat. symp. 179c; Apollod. 1,9,15; Hyg. fab. 50–51).

Die Selbstaufopferung der Alkestis, die Annahme ihres Opfers
durch Admetos und der Kampf des Herakles mit Thanatos bilden den Stoff von Euripides' *Alkestis*. Euripides führt nicht den
entscheidenden Dialog zwischen dem Ehepaar aus, doch wird
deutlich, daß Admetos, bevor sich Alkestis bereiterklärt, vergeblich unter seinen Angehörigen gesucht hat. Er wirft seinem
alten Vater Pheres vor, daß er den kurzen Rest seines Lebens
nicht für seinen Sohn opfern wolle. Pheres macht Admetos hingegen auf die Fragwürdigkeit seiner Klage um Alkestis aufmerksam, da dieser doch der Aufopferung seiner liebenden Frau
selbst zugestimmt hatte. In der römischen Zeit war das Thema
als Pantomime beliebt (Iuv. 6,652; Lukian. salt. 52).

In der Antike kommt die Geschichte des Euripides, v. a. die
Rückführung der verschleierten Alkestis durch Herakles, hauptsächlich in der hellenistischen Kunst vor, später in der römischen
Grabkunst auf Gemälden des 2. und 3. Jahrhunderts n. Chr. und
auf Sarkophagreliefs.

G. Boccaccio verwendet den Stoff unter dem Eindruck seiner ND
eigenen Liebe zu Fiammetta in seinem *Ameto* (1341) als Metapher für die Verjüngung der Seele durch die Liebe. In der Neuzeit wurde das besondere Verhältnis des Paares v. a. im Drama
thematisiert, von H. Sachs (1551) bis M. Yourcenar (1963). Bei
vielen Autoren des 17. und 18. Jahrhunderts kann von einer
gewissen Veredelung von Admetos' Charakter gesprochen werden, der sich dem Wunsch der Alkestis, sich für sein Leben zu
opfern, unterwirft: so z. B. J. B. Racine im Vorwort zu seiner
Iphigénie (1674) und V. Alfieri (1798).
In der Theaterliteratur des 19. und 20. Jahrhunderts treffen wir
auf das Thema bei J. G. Herder (1803), H. von Hofmannsthal
(1893 und 1911) und T. Wilder (1956), in der Lyrik bei R.
Browning mit *Balaustion's Adventure* (1871), wo Admetos die
Annahme des Opfers bereut wie bei Euripides. In W. Morris'
The Love of Alkestis, einem Teil von *The Earthly Paradise*

(1868–70), zeigt Admetos weder Reue noch Verzweiflung. R. M. Rilkes *Neue Gedichte* (1907) lassen Alkestis den Liebestod sterben, um erst dann wirklich Admetos' Frau sein zu können.

NM Ähnliche Tendenz ist zu beobachten in den Opern von J.-B. Lully (Libr. von P. Quinault, 1674, Saint-German und Paris), N. A. Strungk (Libr. von J. P. Förtsch nach Quinault, 1680, Hamburg) oder G. F. Händel (Libr. von N. Haym, 1727, London). Vorbildcharakter für neue Überlegungen zur Oper hatte der Stoff um *Alceste* sowohl für C. W. Gluck (mit F.-J. Gossec, Libr. von R. Calzabigi nach Euripides, 1767, Wien) als auch für A. Schweitzer (Libr. von C. M. Wieland, 1773, Weimar). In deren Gefolge entstanden zahlreiche parodistische Werke, z. B. von C. d'Ordoñez (Libr. von J. K. von Pauersbach nach Gluck, 1767, Esterhàza) oder W. Müller (Libr. von J. Perinet nach Pauersbach, 1806, Wien).
Für das Tanztheater komponierten u. a. G. A. Capuzzi (1807, Bergamo), F. Antonolini (1821, St. Petersburg) und E. Wellesz (nach Hofmannsthal, 1924, Mannheim). Desweiteren entstanden im 20. Jahrhundert Chorwerke von G. Holst (1920), F. Salviucci (1937) und C. Koechlin (1938), aber auch neue Werke für die Opernbühne von E. Respighi (Libr. von C. Guastalla, 1941) und L. Talma (Libr. von T. Wilder, 1962, Frankfurt/M.).

NK Seit dem Neoklassizismus thematisierten einige Künstler den Tod der Alkestis, ihre Rückkehr oder den Streit des Herakles mit Thanatos, z. B. auf Gemälden L. Galloche (1711, Paris, École des Beaux-Arts), J.-F. Peyron (1785, Paris, Louvre) und E. Delacroix (1862, Washington, Phillips G.) sowie in der Bildhauerei A. Rodin (1899, Marmorskulptur, Lugano-Castagnola, Slg. Thyssen-Bornemisza).
Butler 1983; Frenzel 1992a; Schauenburg 1957

Alkibiades (ca. 450–404), Feldherr und Politiker Athens ⟨Plut. Alk.; Plat. Alk.; Plat. symp.; Nep. Alc.; Thuk. passim; Iust. 5; Xen. symp.⟩.
Nach dem Tod seines Vaters Kleinias wuchs Alkibiades im Hause seines Onkels → Perikles auf. Schon in jugendlichem Alter neigte er zu Waghalsigkeit: Plutarch berichtet, wie er sich auf die Straße legte, um den Fahrer eines Gespanns zum Anhalten zu zwingen, so daß er seine verstreuten Spielsteine aufsammeln konnte. Seine Schönheit und Ausstrahlung ließen viele Männer um seine Gunst werben. Nach einiger Zeit entschied er sich

jedoch für → Sokrates, der zu seinem geliebten und liebenden Lehrmeister wurde. Mit ihm kämpfte er Seite an Seite in den Schlachten bei Poteidaia (429) und Delion (424). Aber auch der Unterricht und die Freundschaft mit dem Philosophen, der für seine strengen sittlichen Prinzipien bekannt war, konnten nicht verhindern, daß der hochbegabte und außergewöhnlich reiche Edelmann ein prahlsüchtiges, provokantes und ungebundenes Leben führte, das viele Athener anzog, andere dagegen abstieß. Sokrates mußte ihn sowohl auf dem Schlachtfeld als auch bei Festen zurechtweisen, weil er unmäßig und unbeherrscht auftrat. Seinen Sieg in einem Athletenwettkampf bei den Nemeischen Spielen nahm er zum Anlaß, sich von Aristophon oder Aglaophon malen zu lassen, was für einen Privatmann sehr ungewöhnlich war; auf diesem allegorischen Bild sah man ihn auf den Knien der Personifikation der Nemea sitzen (Athen. 12, 534d; Paus. 1,22,6). Den führenden Athenern gegenüber zeigte er sich unverschämt. Als sich seine Frau Hipparete, seines unbändigen Lebens und der Peinlichkeiten müde, an einen Anwalt wandte, um die Scheidung einzureichen, zog er sie an den Haaren wieder in sein Haus zurück. Er schlug einem Hund den Schwanz ab mit der Begründung, solange sich die Athener über diese Verstümmelung aufregen würden, käme er wenigstens nicht wegen Schlimmerem ins Gerede.

In der Politik stieg Alkibiades nach Perikles' Tod (429) zum Wortführer der Demokraten auf und zeigte sich als erfolgreicher Redner, der sein Publikum gut zu lenken wußte. Aus Neid auf das hohe Ansehen, das der Athener Nikias aufgrund seiner erfolgreichen Friedensbemühungen genoß, stellte er sich an die Spitze der kriegstreibenden Fraktion, versuchte, das Volk gegen Nikias zu beeinflussen und brachte damit fast den gesamten Peloponnes in Aufruhr.

415 setzte sich Alkibiades mit seinem Plan durch, die Westpolitik des Perikles durch einen Expeditionszug nach Sizilien fortzuführen, um die Westgriechen unter attische Vorherrschaft zu bringen (Thuk. 6,6–26; Diod. 12,83–84; Plut. Nik. 12,15; Plut. Alk. 17,18,21). Nikias und Lamachos sahen die Schwierigkeiten eines solchen Vorhabens und übernahmen nur widerwillig zusammen mit Alkibiades die Führung des großen Heeres, hofften aber, dadurch seinen Wagemut besser kontrollieren zu können. Noch bevor sie aufbrachen, wurde der Verdacht laut, Alkibiades und seine Freunde seien an der Beschädigung einiger von den Athenern hochverehrter Hermen beteiligt gewesen. Aus dem Bewußtsein heraus, wie wichtig Alkibiades für die Interventionen

auf Sizilien war, ließ man ihn zunächst losziehen. Bald aber nahm die Volkswut gegen ihn so zu, daß eine Gesandtschaft nach Sizilien geschickt wurde, um die Verdächtigen zur Verhandlung im sogenannten Hermokopidenprozeß vorzuführen. Alkibiades flüchtete in Thurioi vom Schiff und wurde in seiner Abwesenheit zum Tode verurteilt. Er begab sich nach Sparta, wo er sich wie ein Chamäleon (so Plutarch, Alk. 23,24) den strengen Sitten der Spartaner anpaßte und wichtige militärische Aufgaben im Kampf gegen das vom mißlungenen Sizilienunternehmen geschwächte Athen übernahm. Dann aber wurde ihm sein Verhältnis mit der Ehefrau des Königs Agis zum Verhängnis. Um den Mordplänen des Königs zu entgehen, flüchtete er zu dem persischen Satrapen Tissaphernes. Dort wurde er in den folgenden Jahren in zahlreiche Intrigen verwickelt, da er versuchte, mit Hilfe des Satrapen sowohl Athen als auch Sparta zu schwächen. Ein oligarchischer Staatsstreich ermöglichte ihm nicht die erhoffte Rückkehr nach Athen (Thuk. 8,58; Nep. Alc. 5,3). Dann aber wurde er von einigen Anhängern zum Befehlshaber eines Teils der athenischen Marine gewählt, schlug die spartanische Flotte und hielt einen triumphalen Einzug in seiner Heimat. Seine Position blieb jedoch unsicher; als sich herausstellte, daß sich die Spartaner unter dem Flottenführer Lysandros mit den Persern verbunden hatten und daher wesentlich besser verpflegt werden konnten als die Athener, kam es zu Alkibiades' politischem Fall, er mußte Athen erneut verlassen.

Da die Spartaner befürchteten, noch immer nicht vor Alkibiades sicher zu sein, ließen sie ihn durch Männer des Satrapen Pharnabazos im thrakischen Melissa ermorden (404). Dazu steckten sie sein Haus in Brand, und als er zu fliehen versuchte, erschossen sie ihn mit Pfeilen. Seine Lebensgefährtin Timandra bedeckte den Leichnam mit ihren Kleidern und ließ ihn prunkvoll bestatten. Möglicherweise hatte sein gewaltsamer Tod noch einen anderen Grund: So soll Alkibiades ein Mädchen aus gutem Hause verführt haben und von deren Brüdern ermordet worden sein. Nach Iustinus wurde er bei lebendigem Leib von den Handlangern der Dreißig verbrannt, die in Athen inzwischen eine Tyrannei errichtet hatten (Plut. Alk. 37–39; Nep. Alc. 9,10; Iust. 5,8; Diod. 14,11; Isokr. 16,14; Athen. 13,574e-f).

Das besondere Verhältnis zwischen Sokrates und Alkibiades kommt in einigen platonischen Dialogen zum Tragen. Der frivole Lebenswandel einerseits, die Hingabe und der Respekt vor seinem Lehrer andererseits werden im *Symposion* (›Gastmahl‹)

anschaulich dargestellt: Der betrunkene Alkibiades kommt in das Haus des Agathon, in dem Sokrates an einem Gastmahl teilnimmt und die Tischgenossen sich über die Liebe unterhalten. Aufgefordert, nun seinerseits über die Liebe zu sprechen, zeigt er sich zwar unwillig, bezeugt aber seine Freundschaft und Bewunderung für den Philosophen. Alkibiades berichtet hier auch, daß Sokrates auf dem Schlachtfeld seinem Freund das Leben gerettet habe; und die von ihm erwartete Darlegung müsse eigentlich von dem Philosophen gemacht werden. In zwei platonischen Alkibiades-Dialogen zeigt er sich ungestüm, eitel und ehrgeizig, doch stets ansprechbar für die Weisungen seines Freundes. Auch Xenophon betont in seinem *Symposion* – vermutlich als Reaktion auf die Anschuldigungen, Sokrates habe Alkibiades und andere junge Athener korrumpiert –, daß Sokrates einzig das Ziel verfolgte, den Jüngling, unbeherrscht und ehrsüchtig wie er war, auf den rechten Weg zu führen. Andokides' *Rede über die Mysterien* erhellt den Hermokopidenprozeß. Eine Anzahl anderer zeitgenössischer und auch späterer Schriften bezeugen eine Mischung von Ablehnung und Bewunderung des Charakters und der politischen Tätigkeit des Alkibiades: einige Bemerkungen in den Komödien des Aristophanes, Texte von Lysias und Isokrates (16) und die für die späteren Jahrhunderte das Bild bestimmende Biographie von Plutarch. Bei Aristophanes (*Vögel*) spielt die sehr stark betonte Homoerotik des Alkibiades eine Rolle; es wird freilich weniger die Homosexualität als die Verweichlichung gerügt. In der vierten Satire des Persius (Zeitgenosse Neros) wird Alkibiades von Sokrates in der römischen Moral unterrichtet.

Aus der bildenden Kunst der Antike sind kaum Darstellungen des Alkibiades überliefert; auch das genannte Gemälde in seinem Haus ist nicht erhalten. Hadrianus soll auf seiner Reise durch Griechenland auf Alkibiades' Grab ein Standbild errichtet haben (Athen. 13,574–575). Einige griechische und römische Porträts (Köpfe, Mosaike, Reliefs) werden mit Alkibiades in Verbindung gebracht. Charakteristisch für ihn sind sein langes Haar und das Fehlen des für Feldherren üblichen Bartes.

Im Mittelalter gilt Alkibiades manchmal als der ›weibliche‹ Partner des Sokrates. Der A. Rocco zugeschriebene, leicht pornographische Text *Alcibiade fanciullo a scuola* (ca. 1600) verteidigt in der Form eines platonischen Dialogs die Homosexualität; es erschienen verschiedene Neudrucke sowie deutsche und französische Übersetzungen. T. Otway schrieb 1675 die Tragödie *Al-*

ND

cibiades über die Freundschaft von Alkibiades und Sokrates ohne diese Tendenz. Im übrigen gilt Alkibiades als Beispiel für Eitelkeit, Ehrsucht und Zynismus. So wird er auch in den *Dialogues des morts* (1700–18) dargestellt, von F. de S. Fénelon für den ihm anvertrauten französischen Kronprinzen geschrieben, die in vielen Ausgaben und Übersetzungen Lesestoff mehrerer Generationen wurden. Sympathischer tritt er in W. Shakespeares *Timon of Athens* (1605–08) auf, wo er, um eine ihm widerfahrene Ungerechtigkeit zu rächen, von → Timon ermutigt gegen Athen zieht, doch in seiner Vaterstadt Milde walten läßt. G. E. Lessings *Alkibiades* (um 1760) blieb Fragment und J. C. F. Hölderlin schrieb während der Arbeiten an seinem Roman *Hyperion* die Ode *Sokrates und Alcibiades* (1797). Um die Freundschaft zwischen Alkibiades und Sokrates geht es in G. Kaisers zwischen Ernst und Satire wechselndem Stück *Der gerettete Alkibiades* (1920).

NM In der Barockoper entstanden Werke von A. Steffani (Libr. von O. Mauro, 1693, Hannover) und G. Carcani (Libr. von A. Aureli, 1746, Venedig). Daneben wurde eine A. Ziani zugeschriebene Oper aufgeführt (Libr. von A. Aureli, 1680, Venedig). Aus späterer Zeit gibt es Kompositionen von G. Cordella (Libr. von L. Privaldi, 1825, Venedig), C. L. J. Hanssens (Libr. von E. Scribe, 1829, Brüssel) und M. Agostini (Libr. von F. Vatielli nach F. Cavallotti, 1902). In der dodekaphonischen Oper *Pallas Athene weint* von E. Křenek wird Alkibiades als unlauterer Soldat gezeigt; auch der Hermokopidenprozeß ist Thema der Oper (Libr. vom Komponisten, 1955, Hamburg).

NK In der bildenden Kunst der Neuzeit wird Alkibiades seit der Renaissance häufig zusammen mit Sokrates abgebildet, z. B. auf Raffaels Fresko ›Schule von Athen‹ in der Stanza della Segnatura im Vatikan (1508–1512). Später entstehen Gemälde, auf denen Alkibiades, der sich den Umarmungen von Hetären hingibt, von Sokrates ermahnt wird: u. a. von F.-A. Vincent (1776, Montpellier, M.), J.-F. Peyron (um 1782, Chapel Hill, Art Center), M. J. Kremser Schmidt (1786, Graz, Alte G.), J.-B. Regnault (1791, Paris, Louvre) und C. Dusi (um 1835, Triest, Museo Revoltella). Alkibiades' Tod wurde von J. Réattu (Ende 18. Jh., Arles, M. Réattu) dargestellt. A. Feuerbach malte den Eintritt des Alkibiades während des Gastmahls bei Agathon (1869, Gemälde, Karlsruhe, Kunsth.). Den aus Athen verbannten Alkibiades, der zu Timander flüchtet, hielt auf einem Gemälde P. Chéry (1791 im Pariser Salon ausgestellt) fest.

Frenzel 1992a; McGrath 1983; Muthmann 1951; Neumann 1986; Peters 1976

Alkide, Beiname des → Herakles

Alkinoos → Odysseus

Alkmaion (oder Alkmeon), Anführer des Zuges der Epigonen
gegen Theben, Sohn des Sehers Amphiaraos aus Argos und der
Eriphyle, Bruder des Amphilochos ⟨Apollod. 3,6,2; Hyg. fab.
73; Diod. 4,65⟩.
Als Polyneikes den thebanischen Thron erobern wollte, bestach
er Alkmaions Mutter Eriphyle mit dem magischen Halsband der
Harmonia, worauf diese ihren Mann Amphiaraos dazu brachte,
an dem Feldzug der ›Sieben gegen Theben‹ (→ Polyneikes und
Eteokles) teilzunehmen. Bis auf Adrastos, den König von Argos, kamen alle Anführer um. Amphiaraos hatte seinen Tod vor-
hergesehen und seinen Söhnen aufgetragen, Eriphyle zu ermorden, aber Alkmaion und Amphilochos scheuten vor einer solchen Tat zurück.
Zehn Jahre später bereiteten die Söhne der gefallenen Helden,
die sog. Epigonen, einen zweiten Feldzug gegen Theben als
Racheakt vor. Alkmaion wollte sich zunächst nicht daran betei-
ligen. Aber auch er ließ sich von Eriphyle, die dieses Mal von
Polyneikes' Sohn Thersandros mit dem magischen Gewand der
Harmonia bestochen wurde, überreden, die Führung der Epigonen zu übernehmen. Seine Teilnahme galt nach einem Orakelspruch als Voraussetzung für einen Sieg über Theben. Auf
dem Schlachtfeld kam Aigialeus, der Sohn des Adrastos, ums
Leben. Der Seher Teiresias erklärte den Thebanern die fatale
Wirkung dieses Vorfalls: der Tod des einzigen Überlebenden aus
dem ersten Feldzug, Adrastos, bedeute den Fall von Theben,
und Adrastos werde aus Trauer über den Tod seines Sohnes
sterben – wie es dann auch geschah. Damit war das Schicksal
Thebens besiegelt, die Epigonen konnten die Stadt einnehmen
und ausplündern.
Als Alkmaion auch vom Orakel von Delphi den Hinweis bekam,
seine Mutter habe den Tod verdient, erfüllte er den Auftrag seines Vaters und tötete Eriphyle. Auf seiner langen Flucht vor den
→ Erinyen, die ihn nach diesem Mord ohne Mitleid in den
Wahnsinn trieben, suchte er Schutz am Hofe des Königs Phegeus von Psophis. Er heiratete dessen Tochter Arsinoe und

schenkte ihr das magische Halsband und das magische Gewand der Harmonia. Um vom Wahnsinn befreit zu werden, ging Alkmaion zu dem Flußgott Acheloos. Dieser gab ihm seine Tochter Kallirhoe zur Frau. Als Kallirhoe ihn um das Halsband und das Gewand der Harmonia bat, versuchte Alkmaion, die Geschenke unter dem Vorwand von Arsinoe zurückzubekommen, er wolle sie dem Heiligtum des Apollon in Delphi weihen. Doch ein Diener verriet Phegeus die wirklichen Beweggründe Alkmaions. Gegen den Willen Arsinoes beauftragte Phegeus seine Söhne, Alkmaion zu töten. Kurz darauf rächten die Söhne der Kallirhoe und des Alkmaion, die durch die Bitte ihrer Mutter an Zeus sehr schnell erwachsen geworden waren, den Mord an ihrem Vater und töteten Phegeus und seine Söhne.

Der Feldzug der Epigonen und das Schicksal Alkmaions bilden den Abschluß einer Reihe von mythischen Erzählungen über das Ende des thebanischen Königshauses (→ Kadmos, → Ödipus, → Polyneikes und Eteokles, → Antigone). Viele griechische Texte, die diesen Mythos behandelten, sind verloren: die epischen Gedichte *Epigonoi* und *Alkmaionis*, *Epigonoi* Tragödien von Aischylos und Sophokles, eine *Eriphyle*-Tragödie von Sophokles und *Alkmaion*-Tragödien von Sophokles und Euripides. Erhalten sind lediglich die Erzählungen von Homer (Od. 15, 244–55) und Pindaros (P. 8) sowie späte Nacherzählungen v. a. von Apollodoros (s. o.).

Bei den wenigen Bearbeitungen des Themas in der antiken Kunst handelt es sich ausschließlich um Darstellungen des Muttermords Alkmaions auf griechischen und etruskischen Vasen.

N Dante erwähnt den Mord Alkmaions an Eryphyle als Beispiel für zu Fall gebrachte Hoffart (Div. Com., Purgatorio 12). In der Neuzeit wurde das Schicksal Alkmaions und häufiger noch das seiner Mutter mehrfach für die Bühne bearbeitet, im Drama z. B. von A. Hardy (1615–25), Voltaire (1732), T. L. Beddoes (1851) und G. B. Marsuzi (1831), in der Oper von A. Ariosti (Libr. von G. B. Neri, 1697, Venedig) sowie in den Opern nach dem Libretto von G. de Gamerra von A. Sacchini (1778, London), F. Bianchi (1779, Florenz) und C. Monza (1785, Turin). F. Schubert vertonte 1815 das Gedicht T. Körners über Amphiaraos.
In der neuzeitlichen Kunst findet sich auf einem Gemälde von H. Füssli (1821, Zürich, Kunsth.) die Verfolgung Alkmaions durch die Erinyen.

Krauskopf 1974

Alkmene → Amphitryon und Alkmene

Alkmeon → Alkmaion

Alkyone → Keyx und Alkyone

Alkyoneus → Herakles

Aloaden, die Brüder Otos und Ephialtes → Ares

Althaia, Mutter des → Meleagros

Amaltheia → Zeus

Amasis → Kambyses

Amasis, Gastfreund des → Polykrates

Amazonen, mythisches Volk kriegerischer Frauen, Nachkommen des Kriegsgottes → Ares.
Das Reich der Amazonen dachte man sich am Rande des griechischen Kulturraumes: in Thrakien oder Skythien, in Asien südlich oder südöstlich des Schwarzen Meers oder im Kaukasus. Neben Ares verehrten sie besonders Artemis, die Göttin der Jungfräulichkeit und der weiblichen Kraft. Ihr zu Ehren sollen sie das berühmte Heiligtum in Ephesos gegründet haben. Um den Fortbestand ihres Geschlechts zu sichern, taten sie sich ab und zu mit Männern der Nachbarstämme zusammen. Auf Söhne legten sie keinen Wert; sie wurden entweder getötet oder als Sklaven verkauft, auch wird überliefert, man hätte sie geblendet oder auf andere Weise verstümmelt. Den Töchtern wurde die rechte Brust abgenommen, damit sie unbehindert mit Pfeil und Bogen umgehen konnten, daher auch der Name: das griechische Wort ›a-mazos‹ bedeutet ›ohne Brust‹ (Diod. 2,45; Apollod. 2,5,9; Arr. an. 7,3,2).
Die Amazonen lieferten sich Schlachten mit einigen griechischen Helden: mit → Herakles, der es auf den Gürtel ihrer Königin Hippolyte abgesehen hatte, und mit → Theseus, der die Amazone Antiope entführt hatte (Plut. Thes. 26–27). In der letzten Phase des Trojanischen Krieges eilten die Amazonen unter ihrer Königin Penthesilea dem König Priamos von Troja zu Hilfe (Hom. Il. 3,184–190; Strab. 12,552). Der heftige Kampf verlief

günstig für die Amazonen, bis sich ⁓› Achilleus und ⁓› Aias ein-
mischten. Penthesilea wurde tödlich von Achilleus verletzt, der
sich in die Sterbende verliebte (Smyrn. 1,655; Dikt. 4,2; Prop.
3,11,13; Lib. 4,967; 8,1026).

Der Kampf zwischen Achilleus und Penthesilea muß schon in
dem verlorengegangenen epischen Gedicht *Aithiopis* aus dem 7.
Jahrhundert v. Chr. beschrieben worden sein, das Arktinos von
Milet zugeschrieben wird.

Die Waffengemeinschaft der Amazonen und der Kampf mit den
Griechen kommen in der griechischen Kunst häufig vor. Seit
dem 7. Jahrhundert v. Chr. werden die Amazonen zu Fuß oder
zu Pferd, mit Beilen und ovalen Schilden bewaffnet auf Vasen
dargestellt. Im 5. und 4. Jahrhundert v. Chr. entstehen zahlreiche
Metopen an Tempeln, z. B. dem Zeustempel in Olympia (470–
460 v. Chr.), dem Hephaistion (um 450 v. Chr.) und dem Parthenon (447–438 v. Chr.; jetzt British M.) in Athen, dem Heraion
in Argos (420–410 v. Chr.; Athen, M.) und dem Apollo-Tempel
in Bassai (um 420 v. Chr.; British M.). Ferner sind die Amazonen
auf Grabmonumenten zu sehen, beispielsweise auf dem Mau-
soleion in Halikarnassos (um 350 v. Chr.; jetzt British M.). Die
Amazonenkämpfe stellen den Sieg der Griechen über die Barbaren dar, v. a. über die Perser (490–480 v. Chr.), und symbolisieren die Vorherrschaft der griechischen Kultur. Bei diesen Darstellungen wird entweder Theseus oder Herakles gezeigt.
Manchmal treten beide Helden auch zusammen auf, was, wie
u. a. Plutarch sagt, auf eine Bundesgenossenschaft aller griechischen Stadtstaaten hinweist. Penthesilea ist immer daran zu erkennen, daß sie mit Achilleus ficht. Es gibt zahlreiche Kopien
oder Nachahmungen der ›verwundeten Amazonen‹, die um 440
bis 430 v. Chr. in einem Wettstreit zwischen Phradmon, Pheidias,
Polykleitos und Kresilas für den Artemis-Tempel in Ephesos
geschaffen wurden (Marmorkopien z. B. in Tivoli, Villa Hadriana, Kopenhagen, Ny Carlsberg Glyptothek, Berlin, Pergamon-M. und Rom, Kapitol. M.). Diese Amazonen stehen nicht
für die ungestüme Grausamkeit der Barbaren, sondern verkörpern eher Leid und Schmerz.

In römischer Zeit sind die kriegerischen Amazonen fast ausschließlich auf Sarkophagreliefs zu finden. Augustus ließ am
Giebeldreieck des Tempels für Apollo Medicus neben dem Mar-
cellus-Theater in Rom die Darstellung eines Amazonenkampfes
mit Herakles und Theseus anbringen; das um 460–440 v. Chr. in
Eretria auf Euboia entstandene Werk (heute in Rom, Konser-

vatorenpal.) sollte die Einheit des Römischen Reiches versinnbildlichen.

In der Malerei der Neuzeit werden neben Amazonendarstellun- NK
gen v. a. die Amazonenkämpfe wieder aufgegriffen, u. a. auf
Fresken nach einem Entwurf von G. Romano (1527/28) im Pa-
lazzo del Tè in Mantua und von L. Cambiaso (1544) im Palazzo
Doria-Spinelli in Genua sowie auf Gemälden von P.
Schoubroeck (1603, Dresden, Gemäldeg.), Rubens (um 1615,
München, AP), A. Feuerbach (1856/57, Oldenburg, Landesm.),
M. Beckmann (1911, St. Louis, May C.) und C. Rohlfs (1912,
Essen, M.; Amazone). In der Bildhauerei beschäftigten sich da-
mit u. a. E. Wolff (1847, Marmorskulptur, St. Petersburg, Ere-
mitage), A. von Hildebrand (1887/88, Relief, Florenz, San Fran-
cesco) und G. Marcks (1948, Bronzestatue, u. a. New York,
MoMA und Oldenburg, Landesm.). Die Präraffaeliten W. Mor-
ris und E. Burden entwarfen einen Bildteppich (um 1880), der
Hippolyte als mittelalterliche Kriegerin unter anderen berühmten Frauen zeigt.

Die bekannteste literarische Wiederaufnahme des Themas in der ND
Neuzeit ist H. von Kleists Tragödie *Penthesilea* (1808), die in
demselben Jahr noch ein Gemälde von Füssli anregte: ein Kampf
auf Leben und Tod zwischen den in Liebe entbrannten Streitenden, der in dieser Version Achilleus das Leben kostet und Penthesilea in Verzweiflung stürzt. In dem Roman *Amazone* (1880)
von C. Vosmaer ist die wegen ihrer Willenskraft anziehende mythologische Figur das alter ego der Schauspielerin und Feminis-
tin Mina Kruseman. K. van de Woestijne widmete ein episches
Gedicht der Liebe zwischen Achilleus und Penthesilea (1912–
14).

Amazonen-Opern gelangten im 17. Jahrhundert zu einiger Po- NM
pularität, z. B. mit den Werken von P. F. Cavalli (Libr. von F.
Strozzi, 1652, Neapel), C. Pallavicino (Libr. von F. M. Piccioli,
1679, Poazzola sul Brenta/Padua) und A. Scarlatti (Libr. von G.
C. Corradi, 1689, Neapel). W. A. Mozart brach die Vertonung
des komischen Librettos von F. Petrosellini ab, das vorher schon
A. Accorimboni als Textgrundlage zur Verfügung gestanden
hatte (1783, Parma). É. Mehul komponierte nach dem Libretto
von V. J. É. de Jouy (1811, Paris).

Im 19. Jahrhundert entstanden Ballette von F. Benoist (1848,
London) und C. Pugni (1852, St. Petersburg). A. Sullivan
schrieb eine Operette nach dem Libretto von W. S. Gilbert

(1884, London), und C. Chaminade schuf eine Choralsymphonie
(Paris, 1890). In jüngster Zeit entstanden von D. Quita Buchanan eine Oper (1975) und von J. Tower eine Amazonen-Folge
für Quintett und Kammerorchester (I und II, 1977–79).
Auf das Kleistsche Drama hatten zuerst H. Wolf für eine symphonische Dichtung (entst. 1883–1885; Wien/Leipzig, 1931),
später auch O. Schoeck für eine Oper zurückgegriffen (Libr. von
Komponisten, 1927, Dresden).

Blok 1994; van Bothmer 1957; Frenzel 1992b; La Rocca 1985; Salmonson 1986;
Tyrell 1984

Ambiorix, Anführer der Eburonen gegen → Caesar

Amor → Eros

Amphiaraos → Alkmaion, → Polyneikes und Eteokles

Amphion und Zethos, zeitweise gemeinsame Herrscher über
Theben, Zwillingssöhne des Zeus und der Antiope ⟨Apollod.
3,5,5–6; Hyg. fab. 7–9; 11; Paus. 9,5,6–9; Ov. met. 6,146–312⟩.
In der Gestalt eines Satyrs verführte Zeus Antiope, die Tochter
des thebanischen Königs Nykteus. Als Antiope schwanger wurde, floh sie aus Angst vor der Wut ihres Vaters nach Sikyon an
den Hof des Königs Epopeus. Nykteus gab seinem Bruder Lykos den Auftrag, Antiope zu bestrafen, und nahm sich aus Gram
das Leben. Lykos tötete daraufhin Epopeus und brachte Antiope nach Theben zurück. Auf der Reise gebar sie die Zwillinge,
mußte sie aber auf Befehl von Lykos im Gebirge aussetzen, wo
sie später von einem Hirten gefunden und großgezogen wurden.
Antiope lebte viele Jahre als Sklavin bei Lykos und seiner Frau
Dirke, bis sie eines Tages fliehen konnte. Sie traf Amphion und
Zethos wieder und erkannte sie als ihre Söhne. Als Rache für das,
was ihrer Mutter angetan worden war, töteten oder vertrieben
die Brüder Lykos, der inzwischen den thebanischen Thron eingenommen hatte, und banden Dirke an die Hörner eines Stieres,
der sie zu Tode schleifte.
In der Folgezeit regierten die Brüder gemeinsam in Theben.
Zethos folgte seiner Vorliebe für die Jagd, den Wettkampf und
die körperliche Betätigung, während Amphion sich den Musen
und Künsten widmete und sich als begabter Leierspieler erwies.
Den Brüdern wird die gewaltige Ummauerung Thebens zuge-

schrieben: der kräftige Zethos trug die Steine heran, die sich dem magischen Klang von Amphions Leier folgend wie von selbst aufeinanderfügten.

Amphion heiratete später → Niobe, die Tochter des Tantalos, und verübte Selbstmord oder verfiel dem Wahnsinn, als Artemis und Apollon die Kinder aus dieser Ehe aus Zorn über den Hochmut Niobes töteten. Auch Zethos starb aus Kummer über den Tod seines Bruders, an dem seine Frau Thebe die Schuld trug.

Eine *Antiope*-Tragödie von Euripides, in der die unterschiedlichen Charaktere von Amphion und Zethos zum Vorschein kommen, ist bis auf einige Fragmente verloren. Seit der Antike – etwa bei Horaz (epist. 1,18,41,44; ars 394) – gilt Amphion als Personifikation der Macht der Poesie und der Musik – eine Symbolik, die sich mit der von → Orpheus vergleichen läßt.

Der Gegensatz der beiden Brüder ist in der bildenden Kunst der Antike gelegentlich thematisiert worden, indem Amphion mit einer Leier und Zethos mit einem Jagdhund erscheint. Die Bestrafung Dirkes wird häufiger dargestellt: auf Wandgemälden (Pompeii) und v. a. in der Bildhauerei. Die größte aus der Antike erhaltene Statuengruppe, der sog. ›Farnese-Stier‹ (1. Jh. n. Chr., Neapel, M. Arch. Naz.), zeigt die beiden Brüder, wie sie Dirke an dem Stier festbinden (das Original wird Plinius (nat. 36,34) zufolge meistens Apollonios und Tauriskos von Rhodos zugeschrieben und ins 3. Viertel des 2. Jhs. v. Chr. datiert). Diese 1545 aufgefundene und noch im 16. Jahrhundert restaurierte Statue war in den Bädern des Kaisers Caracalla in Rom aufgestellt. Die Bestrafung ist schon Thema auf drei etruskischen Urnen 150–130 v. Chr. und später auf geschnittenen Ringsteinen.

In der Neuzeit repräsentiert Amphion, auf seiner Leier spielend, NK die Künste: u. a. auf einem Relief von A. Quellinus im Bürgersaal des Palastes auf dem Damm in Amsterdam (1650–64), wobei der Künstler die Errichtung Amsterdams mit der Thebens vergleicht, und auf einem Deckenfresko von G. B. Tiepolo (um 1725) im Palazzo Sandi in Venedig als Teil einer Allegorie der Beredsamkeit. In einer Reihe mythologischer Themen (→ Perseus und Andromeda, → Bellerophon, Pegasos und → Adonis) sind Amphion und Zethos auf einem Marmorrelief von J. Troschel (1. Hälfte 19. Jh., München, NP) zu finden. Zu Zeus, der sich Antiope nähert: → Satyrn.

Bis ins 20. Jahrhundert blieb Amphion als Verkörperung der ND Macht von Musik und Poesie gegenwärtig, etwa bei J. Lydgate

(1420–22), P. Sidney (1591), R. Herrick (1648), A. Pope (ca. 1711), J. G. Herder (1805–20), A. Lord Tennyson (ca. 1837/38), E. Penzoldt (1924), E. Pound (1955) und T. Merton (1977).

NM In der Musikgeschichte findet sich von den beiden Brüdern v. a. Amphion, der in den verschiedensten Genres der Komposition anzutreffen ist, z. B. in der Kammermusik von C. Grossi (op. 7, 1675, Venedig), in der Kantate nach dem Text von L. da Ponte von B. Galuppi (1780, Venedig), einem Chorwerk nach der Dichtung von W. Wordsworth von A. Somervell (entst. 1895), einem Lied von C. Ives nach dem Gedicht von A. Lord Tennyson (Nr. 27b, entst. 1896) und schließlich einem Violinkonzert von I. Hamilton (Nr. 2, entst. 1971). Auch in der Oper finden sich einige Werke: J.-C. Gillier (1696, Paris), P. Magni (1698, Mailand), É. Mehul (Libr. von V. J. É. de Jouy, 1811, Paris) und A. Honegger (Melodram, nach P. Valéry, 1931, Paris). Ballette stammen von F. L. Grenet (1737, Paris), J.-B. de La Borde (1767, Paris), J. F. Naumann (1778, Stockholm), J. Dauberval (1791, London), F. Weis (1806, vermutl. Göttingen) und C. Debussy (Szenarium nach P. Valéry, ca. 1894, Fragment).

Toro 1991

Amphitrite, Gattin des → Poseidon

Amphitryon und Alkmene. Amphitryon war der Sohn des Alkaios und der Astydameia oder der Lysidike; mit seiner Gattin Alkmene, Tochter des Elektryon und der Anaxo, zeugte Zeus Herakles. Beide stammten aus dem Geschlecht des → Perseus ⟨Plaut. Amph.; Eur. Heraclid.; Apollod. 2,4,5–11⟩.
Alkmene erklärte, sie werde sich ihrem Gatten so lange verweigern, bis er die Ermordung ihrer Brüder durch die Taphier gerächt habe. Amphitryon, der mit Alkmene bei dem thebanischen König Kreon freundliche Aufnahme gefunden hatte, brach zu den Taphischen Inseln auf und erfüllte als Anführer eines erfolgreichen Feldzugs die Bedingung Alkmenes. Inzwischen hatte Zeus, der einen tapferen Helden zum Sohn haben wollte, ein Auge auf die tugendhafte Alkmene geworfen. Kurz vor der Rückkehr Amphitryons nahm Zeus dessen Gestalt an, überzeugte Alkmene, daß ihre Brüder gerächt seien, und verbrachte eine Nacht mit ihr, die der Länge von drei aufeinanderfolgenden Nächten entsprach, da der Sonnengott Helios auf Befehl des

Zeus dreimal seine Fahrt mit dem Sonnenwagen unterließ (Scholien zu Hom. Il. 14,323; Lykophr. Al. 33). Als Amphitryon zurückkehrte und merkte, daß seine Frau mit einem anderen geschlafen haben mußte, sich aber keiner Schuld bewußt war, ging er in seiner Verzweiflung zu dem Seher Teiresias. Dieser erzählte ihm, was während seiner Abwesenheit geschehen war, worauf sich Amphitryon mit Alkmene versöhnte. Alkmene bekam Zwillinge; Herakles wurde als Sohn des Zeus und Iphikles als Sohn des Amphitryon geboren.

Bei der Geburt sorgte Hera für Komplikationen. Zeus hatte gefordert, der als nächster geborene Nachkomme aus dem Geschlecht des Perseus solle über Argos herrschen. Die eifersüchtige Hera ahnte, daß Zeus der Vater von Alkmenes Kind war, und ließ die Wehen durch die Geburtsgöttin Eileithyia verzögern. Dadurch kam Eurystheus, der ebenfalls von Perseus abstammte, etwas früher zur Welt und hatte das Anrecht auf den Thron; dies war einer der Gründe, weshalb Herakles dem Eurystheus untergeben war. Ovid (am. I,13) überliefert noch weitere Einzelheiten. Eileithyia stand mit gekreuzten Armen und Beinen vor der Tür der Wochenstube, um die Niederkunft zu verhindern. Ein Dienstmädchen Alkmenes ersann eine List und rief, Alkmene habe soeben ein gesundes Kind zur Welt gebracht. Überrascht sprang Eileithyia auf, so daß der Bann gebrochen war und Alkmene ihre Söhne gebären konnte.

Das Spiel mit der Verwechslung und den Mißverständnissen zwischen Amphitryon und Alkmene eignete sich für eine Komödie von Plautus (ca. 200 v. Chr.), die wahrscheinlich auf eine verlorengegangene Komödie von Philemon aus dem 4. Jahrhundert v. Chr. zurückgeht.

In der bildenden Kunst der Antike wird Amphitryon in drohender Gebärde gegen Alkmene dargestellt. Das Ehepaar ist ferner im Zusammenhang mit → Herakles zu sehen.

Das Thema kehrt in Theaterstücken der frühen Renaissance wieder, z. B. von L. Dolce (*Il marito*, 1545) und L. V. de Camões (1544–49), später dann in Stücken von T. Heywood (*The Silver Age*, 1612), J. de Rotrou (1636), J.-B. Molière (1668) und J. Dryden (1691). Der bei Molière in seiner Ehre gekränkte Höfling Amphitryon wird in der Bearbeitung von H. von Kleist (1807) zu einem Amphitryon, dessen menschliche Würde von Zeus verletzt wird. In Giraudoux' *Amphitryon 38* (es ist die 38. Bearbeitung, 1929) erscheinen Amphitryon und Alkmene als ein

Paar, das sich gegen den Gott zur Wehr setzt. P. Hacks bezog
sich mit seiner Komödie (1968) auf die Vorbilder Plautus, Molière, Dryden und Kleist.

NM Die musikalischen Bearbeitungen des Stoffes greifen meist auf
populäre literarische Vorlagen zurück: zu Dryden komponierten
H. Purcell (1690, London) und C. Dibdin (1781, London), zu
Molière A. Grétry (1786, Versailles), J. M. Kraus (1787, Drottningholm), B. Papandopulo (1940, Zagreb), F. Poulenc (1947,
Paris) und R. Oboussier (1951, Berlin), zu Giraudoux S. Barlow
(1937) und C. Porter (1950, New York). Neben zahlreichen Vau-
devilles gehören auch einige ›opere buffe‹ in die Tradition des
Plautus, z. B. von A. Draghi (Libr. von N. Minato, 1685, Wien).
Neuere Adaptionen dieser Tradition sind die musikalische Ko-
mödie von J. Edwards (Libr. von H. B. Smith, 1892, New
York), die ›opera-bouffe‹ von M. Emmanuel (nach einer Plau-
tus-Übersetzung von A. Ernout, 1937, Paris) und die komische
Oper von E. Wolf-Ferrari (Libr. von L. Andersen/M. Ghisal-
berti, 1943, Hannover).

Frenzel 1992a; Jacobi 1952

Amulius, Großonkel von → Romulus und Remus

Amykos → Dioskuren

Anacharsis, skythischer Fürst → Solon

Anchises, Vater des → Aeneas

Ancus Martius → Tarquinius

Andromache, Tochter von Eetion (oder Aetion), dem König
des kilikischen Theben, Gattin des größten trojanischen Helden,
→ Hektor ⟨Eur. Tro.; Eur. Andr.; Hom. Il. 6,390–502; 24,723–
745; Verg. Aen. 3,294–348⟩.
Im Trojanischen Krieg verlor Andromache ihren Vater, ihre sieben Brüder und schließlich auch Hektor, alle durch die Hand des
Achilleus. Nach dem Tod Hektors und dem Fall Trojas wurde sie
als Kriegsbeute dem Sohn des Achilleus, → Neoptolemos (auch
Pyrrhos genannt), zugewiesen. Bevor sie Troja verlassen mußte,
stürzten die Griechen ihren kleinen Sohn Astyanax von den

Stadtmauern, um das Geschlecht des Priamos auszurotten. Die Königstochter wurde Sklavin und Geliebte des Neoptolemos und gebar ihm drei Söhne, Molossos, Pielos und Pergamos. Als Neoptolemos von → Orestes ermordet wurde, erlaubte man ihr, Helenos zu heiraten, einen anderen Sohn des Priamos. Zusammen mit ihm herrschte sie in Epiros.

Andromache, in der *Ilias* eine edle Frau, die in der Angst und dann der Trauer um Hektor ihr Schicksal erleidet, spielt auch in Euripides' Tragödie *Troades* (Troerinnen) eine Rolle, in der das Unglück der trojanischen Frauen nach dem Fall der Stadt in Szene gesetzt wird. Ist in diesem Drama Priamos' Witwe → Hekabe die tragende Figur, so ist es in Senecas Bearbeitung des Stückes, *Troades*, Andromache in ihrem vergeblichen Versuch, ihren Sohn Astyanax zu retten. In Euripides' *Andromache* ist sie Neoptolemos' Konkubine wider Willen und das Opfer der eifersüchtigen Ehefrau Hermione, die glaubt, Andromache stünde ihr im Wege, und sie mit Molossos während einer Abwesenheit des Neoptolemos umbringen will. Der Mord kann jedoch durch dessen alten Großvater Peleus vereitelt werden.

Auf griechischen und hellenistischen Vasen wird Andromache meistens bei ihrem Abschied von Hektor dargestellt. In der Domus Aurea in Rom (1. Jh. n. Chr.) befindet sich ein Deckengemälde, das seit der Entdeckung dieses Nero-Palastes um 1500 großen Einfluß auf die Künstler ausübte und v. a. durch eine Zeichnung von Annibale Carracci (um 1600, jetzt Windsor Castle) weite Verbreitung fand. Die trauernde Andromache bei Hektors Leiche findet sich mehrfach auf griechischen Vasen und römischen Sarkophagen.

In der bildenden Kunst der Neuzeit ist Andromache u. a. auf NK einem Fresko von G. Romano im Palazzo Ducale in Mantua (um 1536–39; ›Traum der Andromache‹), auf einem Gemälde von G. A. Pellegrini (um 1709, Leeds, G.) und später hauptsächlich in Werken des Neoklassizismus zu sehen; Hektors Abschied von Andromache z. B. auf Gemälden von A. Kauffmann (1769, Devon, Saltram Park und um 1772, London, Tate G.) und J.-M. Vien (1786, Paris, Louvre) sowie auf einem Marmorrelief von B. Thorvaldsen (1836/37, Kopenhagen, Thorvaldsen M.); Andromache an der Leiche Hektors auf einem Gemälde von J.-L. David (1783, Paris, Louvre); Andromache und Pyrrhus auf einem Gemälde von P.-N. Guérin (1810, Paris, Louvre). Im 20. Jahrhundert fertigte G. de Chirico zum Thema Andromache und

Hektor zahlreiche Skulpturen, Zeichnungen und Gemälde an (z. B. 1917, Mailand, Privatbesitz und 1954, Turin, Privatbesitz). F. Leighton zeigt Andromache als Gefangene (um 1888, Gemälde, Manchester, G.). L. Baskin schuf u. a. ein Bronzerelief (1969, Richmond, M.).

ND Die *Troades* des Seneca wurden als neostoisches ›Märtyrerdrama‹ im Barock sehr beliebt; in den Niederlanden dichteten es H. Grotius, D. Heinsius und J. van den Vondel nach. Dessen Stück *De Amsteldamsche Hecuba* (1625) wurde die Königin der Tragödien genannt, ›regina tragoediarum‹. Die bekannteste Bearbeitung von Euripides' *Andromache* stammt von J. B. Racine (1667), der sich deutlich von der Vorlage entfernt und Astyanax die Verwüstung Trojas überleben läßt.

NM In der Operngeschichte des 18. Jahrhunderts waren zu diesem Thema das Libretto von A. Zeno, zu dem u. a. A. Caldara (1724, Wien) und wenigstens vier weitere Komponisten die Musik schrieben, und ein von Racine inspiriertes Libretto von A. Salvi maßgeblich. Letzteres wurde zwischen 1723–1794 etwa neunmal vertont, darunter von L. Leo (1742, Neapel), G. Sarti (1759/60, Kopenhagen) und G. Paisiello (1797, Neapel). In *Le Cinesi* von C. W. Gluck spielt eine der drei Chinesinnen die Andromache, die Pyrrhos um Gnade für sich und den Sohn bittet (Libr. von P. Metastasio, 1754, Wien). Später komponierten für die Oper G. Rossini nach einem Libretto von A. L. Tottola (nach Racine, 1819, Neapel) und M. Bruch nach Shakespeares *Wintermärchen* (1872, Berlin). C. Saint-Saëns schuf eine Bühnenmusik zu Racines Drama (1903, Paris); M. Graham kreierte die Choreographie zu einem Ballett von S. Barber (1982, New York).

Frenzel 1992a; Spotorno 1930

Andromeda → Perseus

Antaios → Herakles

Antigone, Tochter des Königs → Ödipus von Theben und seiner Mutter Iokaste (oder Epikaste), Schwester des Polyneikes und Eteokles ⟨Aischyl. Hept.; Soph. Ant.; Soph. Oid. K.; Eur. Phoen.⟩.
Antigone begleitete ihren Vater, der sich aus Entsetzen über seinen Inzest mit Iokaste die Augen ausgestochen hatte, in die

Verbannung nach Kolonos, wo er starb; danach kehrte sie mit ihrer Schwester Ismene nach Theben zurück. In dieser Zeit fand der Feldzug der ›Sieben gegen Theben‹ statt (→ Polyneikes und Eteokles), bei dem Polyneikes seinen Bruder Eteokles von dem ihnen beiden zustehenden thebanischen Thron vertreiben wollte. Die Brüder fielen im Zweikampf gegeneinander. Ihr Onkel Kreon, der nach der Blendung des Ödipus zunächst die Herrschaft über Theben übernommen hatte, ließ Eteokles feierlich begraben, verbot aber unter Androhung der Todesstrafe eine Bestattung des Polyneikes. Der Gedanke an das unwürdige Ende ihres Bruders ließ Antigone keine Ruhe. Sie gab ihm mit ein wenig Erde ein symbolisches Begräbnis, wurde dabei aber von Kreons Soldaten beobachtet. Kreon verurteilte Antigone zum Tode und ließ sie in ein Grabhaus bringen, das mit einer Mauer verschlossen wurde. Als ihm aber der alte Prophet Teiresias verkündete, er habe sich damit einen Fluch aufgeladen, ließ er Polyneikes begraben und die Grabkammer öffnen, doch Antigone hatte sich bereits das Leben genommen. Haimon, der Sohn Kreons, der mit Antigone verlobt war, erstach sich aus Kummer, gefolgt von seiner Mutter Eurydike.

Die obenstehende Geschichte um Antigone und die Leiche des Polyneikes hält sich an die Überlieferung in Sophokles' *Antigone*-Tragödie. Antigone spielt auch in anderen Dramen eine Rolle. In Sophokles' *Oidipus auf Kolonos* begleitet sie ihren Vater in die Verbannung nach Kolonos. In Euripides' *Phoinissai* (Die Phoinikerinnen) erlebt sie den fatalen Kampf ihrer Brüder. In dem wahrscheinlich später hinzugefügten Schluß von Aischylos' *Hepta epi Thebas* (Sieben gegen Theben) zeichnet sich nach diesem tödlichen Kampf schon der Streit um die Leiche des Polyneikes ab. Antigone kommt außerdem in dem epischen Gedicht *Thebais* von P. P. Statius (1. Jh. n. Chr.) und in Senecas *Phoenissae*, das auf Sophokles' *Oidipus in Kolonos* und Euripides' *Phoinissai* basiert, vor.

Hauptperson ist Antigone einzig in der genannten *Antigone*-Tragödie von Sophokles. Sie entfaltet den Konflikt zwischen Antigone, die von ihren Gefühlen, dem religiösen Pflichtbewußtsein und der Liebe zu ihrem Bruder getrieben wird, und Kreon, der die Belange des Staates vertritt, auf die Einhaltung der Gesetze drängen muß und dafür später durch den Tod seiner Frau und seines Sohnes hart getroffen wird.

Darstellungen Antigones in der Antike sind äußerst selten. Seit dem 4. Jahrhundert v. Chr. ist sie auf süditalischen Vasenmalereien, später dann in der hellenistischen Kunst zu sehen.

ND Sophokles' *Antigone* ist als feste Überlieferung in die europäische
Literatur der Neuzeit und Moderne eingegangen, seit um 1800
G. F. W. Hegel, F. Hölderlin und F. W. J. Schelling ihre Bedeutung entdeckten. Das Stück war für Hegel der Ausgangspunkt
zu seinen Betrachtungen über den Staat, die Ethik und das Individuum. Hölderlin führte in seiner Übersetzung, die als Neu-
dichtung gelten kann (1804), Antigone als die Repräsentantin
des ›Anarchischen‹ vor. S. Kierkegaard nahm den Mythos der
Antigone in seinem *Enten-Eller* (Entweder-Oder; 1843) auf, um
eine Antigone zu zeigen, die angesichts des inzestuösen Verhältnisses ihrer Eltern, von dem einzig sie weiß, auf ihren Untergang
zusteuert.

Eine berühmte Aufführung der Sophokleischen *Antigone* in
Potsdam im Jahre 1841 unter Leitung von L. Tieck mit der Musik von F. Mendelssohn steht am Anfang einer Wiederbelebung
von Aufführungen der griechischen Tragiker in Westeuropa.
Die Interpretationen des Themas in Dramen und der Essayistik
zeigen ein breites Spektrum. J. Anouilh führte 1942 einen ge-
wissenhaften und humanen Kreon vor, der den Zwiespalt zwischen staatlicher Pflicht und persönlichem Anliegen zugunsten
seiner Aufgabe als Herrscher zu überwinden versucht, während
Antigone sich dem Kompromiß eines solchen Lebens nicht unterwerfen will und – fast ohne noch die Gründe zu wissen – in
ihrer Haltung verharrt. B.-H. Lévy schrieb in seinem *Le Testament de Dieu* (1979) eine Apologie des Kreon. B. Brechts Bearbeitung nach Sophokles (1948) ist eine Aktualisierung, die die
Geschehnisse in der Zeit des Faschismus und des Zweiten Weltkriegs situiert. Auch H. Böll verweist in seinem Filmskript zu
Deutschland im Herbst (1977) auf den Antigone-Stoff.

Auch vor dem 19. Jahrhundert kam Antigone bereits in literarischen Texten vor – z. B. in G. Boccaccios *De claris mulieribus*
(1356–64), in J. B. Racines *La Thebaïde* (1664) und in den Anti-
gone-Dramen von u. a. R. Garnier (1580), J. de Rotrou (1638)
und V. Alfieri (1783) –, in denen sich Antigone als Heldin dem
gewissenlosen Tyrannen Kreon widersetzt. Viele dieser Texte
gehen nicht direkt auf Sophokles, sondern auf andere Quellen
zurück oder kombinieren Elemente daraus: das epische Gedicht
Thebais des Statius (1. Jh. n. Chr.) oder Senecas *Phoenissae*. J. de
Rotrou kombinierte letztgenanntes Stück mit Sophokles' *Antigone*. Racine hielt sich in den Hauptlinien an Euripides.

NM Die Figur der Antigone gehörte im 18. Jahrhundert zum Kanon
der ›opera seria‹, z. B. mit den Werken von F. M. Orlandini

(Libr. von B. Pasquaglio, 1718, Venedig) oder F. Bianchi (Libr. von L. da Ponte, 1796, London). Einige Verbreitung fanden die Libretti von G. Roccaforte, vertont u. a. von B. Galuppi (1751, Rom), G. Latilla (1753, Modena), F. Bertoni (1756, Genua, und 1776, Modena) und G. Scarlatti (1756, Mailand) sowie von M. Coltellini, vertont u. a. von T. Traetta (1772, St. Petersburg) und P. von Winter (1791, Neapel).
A. Honegger komponierte die Musik für das Prosastück von J. Cocteau (1923) nach der Sophokleischen *Antigone* (1927, Brüssel). C. Orffs Musikalisierung der Tragödie hielt sich an den Hölderlinschen Text (1949, Salzburg). Eine Radio-Oper von J. Joubert folgt wiederum dem Sophokles in der Bearbeitung von R. Trickett (1954, BBC London). Zu Choreographie und Szenarium von J. Cranko schrieb M. Theodorakis die Ballettmusik (1959, London).
Die Tradition der Bühnenmusiken, wie sie von Mendelssohn begründet worden war, führten v. a. C. Saint-Saëns fort (1894, Paris), später auch M. F. Gnesin (1912/13), E. Caudella (1920, vermutl. Bukarest), C. Chávez (1932, Paris), H. Rosenberg (1934, Stockholm), W. Vogel (1956, Zürich) u. v. a.

In der bildenden Kunst der Neuzeit wird Antigone nur gelegent- NK lich thematisiert, z. B. auf einer Zeichnung von H. Füssli (1770, Dresden, Staatl. Kunstslg.) und in der Bildhauerei von A. Canova (um 1798/99, Terrakottaskulpturengruppe, Venedig, M. Correr) und W. H. Rinehart (1867–70, Marmorstatue, New York, Metrop. M.). J. Cocteau schuf zu seinem Prosawerk eine Zeichnung (um 1922) mit Antigone und Kreon.

Frenzel 1992a; Heinemann 1920; Rubin 1973; Schefold/Jung 1989; Steiner 1984

Antigone, Tochter des Ptolemaios I. → Pyrrhos

Antinoos → Hadrianus

Antiochos I. Soter (324–261), König von Syrien, Sohn des Seleukos ⟨Plut. Dem. 38; Lukian. Syr. dea 17,18; App. Syr. 59–61⟩. Plutarch berichtet in seiner Demetrios-Biographie, daß Stratonike, die Tochter des Demetrios, als junges Mädchen mit Seleukos, dem König von Syrien und Vater des Antiochos, verheiratet wurde. 293 v. Chr. verliebte sich Antiochos in seine Stiefmutter, versuchte aber, seine hoffnungslose Liebe zu verbergen, und fiel

in tiefe Trauer. Als er kurz darauf erkrankte, ahnte der Hofarzt
Erasistratos, daß dafür Liebeskummer die Ursache war. Er beobachtete den Jüngling im Umgang mit verschiedenen Besu-
chern und Besucherinnen und stellte fest, daß sich unmißver-
ständliche Anzeichen von Verliebtheit bei ihm zeigten, sobald
Stratonike nur sein Zimmer betrat: Veränderungen des Pulses,
des Benehmens, der Stimme und der Körpertemperatur.
Dem König erzählte der Arzt nun zunächst, Antiochos sei aus
Leidenschaft für seine eigene, des Erasistratos Frau, erkrankt.
Daraufhin forderte ihn Seleukos auf, als guter Freund des Hauses auf seine Frau zu verzichten, ebenso wie er selbst Stratonike
seinem Sohn überlassen würde, um dessen Leben zu retten. Als
der Arzt nun die wahren Umstände verriet, gab Seleukos Stratonike als liebender Vater seinem Sohn zur Frau und überließ
ihm einen Teil seines Königreiches. Aus dieser Ehe gingen zwei
Söhne hervor.

Neben Plutarch berichten auch Appian und der jahrhundertelang Lukian zugeschriebene Text *De dea Syria* von dieser Episode. Valerius Maximus führt den Vorfall als Beispiel für Vater-
liebe an.

ND   Nachdem Petrarca diese Geschichte in einer Variante seines
Trionfo d'Amore-Gedichts eingeführt hatte, stellt sie das Thema
einer Novelle von L. Bruni (1438) dar, weiterhin eines Stückes
von L. V. de Camões (ca. 1543) und einer Novelle von M. Bandello (1554), der die Zerrissenheit des Sohnes und die List des
Erasistratos beschreibt. Seiner Version, auch Stratonike habe es
gefallen, dem Sohn überlassen zu werden, folgt W. Painter in
seiner Novelle *Palace of Pleasure* (1566–67). Großen Erfolg hat
ein Roman von L. Assarino (1635), der auch ins Französische
übersetzt wird. Brosse gibt in seinem Theaterstück (*La Stratonice
ou le malade d'amour*, 1645) der Geschichte eine Wendung, die von
A. Moreto y Cavana (1654) und T. Corneille (1666) übernommen wird: Das Mädchen, die Verlobte des Königs, ist selbst in
den Königssohn verliebt, doch erinnert sie ihn an seine Pflichten
seinem Vater gegenüber. Auch in einem Stück von P. Quinault
(1660) ist diese Wendung zu finden, doch wird der dramatische
Verzicht des Vaters durch seine Liebe zu einer anderen Frau
abgeschwächt.

NM   Für die Opernbühne wurde der Stoff bis Ende des 19. Jahrhunderts vielfach bearbeitet. Antiochos selbst steht im Mittelpunkt
der Libretti von N. Minato (F. Cavalli, Venedig, 1658, und F. L.

Carpani, Bologna, 1673), G. Frisari (G. Legrenzi, Vendig, 1681),
L. T. Androvandini (C. A. Lonati, 1690, Genua), F. Moretti (A.
Tarchi, 1787) und von B. Feind, der für die deutschen Bühnen
den Roman von L. Assarini und das Drama von Corneille übersetzte (vertont von C. Graupner, 1708, Hamburg). Ein Libretto
von A. Zeno und P. Pariati wurde sowohl unter dem Titel *An-
tioco* (F. Gasparini, 1705, Venedig, und J. A. Hasse, 1721,
Braunschweig) als auch unter *Il Seleuco* (G. Zuccari, 1725, Venedig, und F. Araia, Petersburg, 1744) aufgeführt, um die Gerechtigkeit des Vaters Seleukos in den Mittelpunkt zu rücken.
Auch das Libretto von Minato wurde mit *Zaleuco/Seleuco* betitelt
(A. Sartorio, Venedig, 1666; A. Draghi, 1675, Wien). Eine
Übersetzung dieses Librettos ins Deutsche vertonte J. Löhner
(*Der gerechte Zaleucos*, 1687, Nürnberg). In der französischen Tra-
dition dreht sich das Geschehen um Stratonike, so in den Opern
von É. N. Méhul (Libretto von F. B. Hoffmann, 1792, Paris; mit
neuen Rezitativen von L. J. Daussoigne-Méhul, 1821, Paris), E.
Diet (Libretto von E. Chardou, 1887, Paris) und A. É. Fournier
(Libretto von L. Gallet, 1892, Paris). Für Italien finden sich zwei
Werke um Stratonike, ein Libretto von A. Salvi (unbek. Kom-
ponist, 1707, Florenz) und eine Oper von L. Vinci (Libretto von
C. de Palma, 1727, Neapel).

Im Altertum ist die Episode nicht dargestellt worden. In der NK
bildenden Kunst der Neuzeit figuriert die Geschichte im 15.
Jahrhundert auf Cassoni aus dem Kreis oder der Schule von B.
Gozzoli (Paris, M. Cluny) und dem Stratonikemeister (San Ma-
rino/Calif., Art G.). P. da Cortona zeigt auf einem Fresko
(1641/42) in der Sala di Venere im Palazzo Pitti in Florenz die
Krankenbettszene mit dem leidenden Sohn, der auf Stratonike
blickt, dem Arzt und dem Vater. In der Überschrift des Freskos
faßt der Künstler die Situation in wenige Worte: ›Der Sohn ist
verliebt und schweigt, der Arzt ist scharfsinnig, der Vater nachsichtig.‹ Der Maler verdichtet in dieser Szene die verschiedenen
Elemente der Geschichte: der totkranke Junge, die Untersuchung des Pulses und die Gebärde, mit der der Vater Stratonike
dem Sohn überläßt. Dieser Tradition folgen später zahlreiche
Maler: u. a. auf Gemälden T. von Thulden (um 1640, Halle,
Staatl. G.), J. Steen (um 1670, Amsterdam, M.; Antiochos
springt beim Vernehmen der guten Nachricht erfreut auf), G. de
Lairesse (u. a. um 1673, Amsterdam, M.; Schwerin, M. und
Karlsruhe, Kunsth.), S. Ricci (um 1680–90, Parma, G. Naz.; um
1705, London, Buck. Pal. und um 1706, Chicago, Art I.), A.

Celesti (um 1700, Fresko, Asolo, Villa Rinaldi Barbini; Strato-
nike zeigt sich hier äußerst erfreut), G. B. Pittoni (um 1732,
Springfield/Mass., M.), P. Batoni (1746, Ponce, M.), B. West
(1772, London, Privatbesitz), J.-L. David (1774, Paris, École des
Beaux-Arts), J. Barry (1774, Kopie in Worcester/Mass., M.), J.
Zick (um 1795, Wiesbaden, M.) und J. Ingres (1840, Chantilly,
M. und 1866, Montpellier, M.).

Connolly 1974; Pressly 1980–81; Stechow 1945; Vertova 1972

Antiochos III. → Scipio Maior

Antiope, Amazone → Theseus

Antiope, Tochter des Königs Nykteus von Theben → Amphion
und Zethos

Antonia, Großmutter des → Caligula

Apelles (geb. 380/370 v. Chr.), einer der bedeutendsten Maler
der Antike ⟨Plin. nat. 35,79–97⟩.
Der aus Kolophon stammende Apelles reiste nach Ephesos, Kos
und Sikyon, um sich als Maler ausbilden zu lassen. Seit 343 gehörte er zu den wenigen Künstlern, die Alexander der Große
und seinen Vater porträtieren durften (Val. Max. 8,12; Plut. de
educ. 9; Ail. 2,3). Später ließ er sich in Ephesos nieder. Die
Legenden beziehen sich meistens auf leider nicht erhaltene
Kunstwerke. Er soll sehr fleißig gewesen sein, weshalb Plinius
Maior ihm in seiner Übersicht über die Malerei den Satz ›nulla
dies sine linea‹ (kein Tag ohne einen Strich) zuschreibt (nat.
35,84).
Sein berühmtestes Werk ist die Aphrodite Anadyomene
(›Aphrodite, die aus dem Meer aufsteigt‹; u. a. Strab. XIV 658):
Sie wird, so wissen wir aus zahlreichen Kopien in der Malerei, in
Mosaiken und Skulpturen, als nackte Frau dargestellt, die mit
beiden Händen ihr nasses Haar auswringt (Strab. 14,657; Athen
13,590 f.). Für diese Darstellung soll der Überlieferung nach die
Hetäre → Phryne Modell gestanden haben, die vor den Augen
der scharenweise herbeigelaufenen Athener im Meer badete
(Athen. 13,590); anderen Berichten zufolge soll es die Geliebte
Alexanders gewesen sein, in die sich Apelles verliebte, als er sie
zusammen mit Alexander malte, worauf dieser sie ihm zum Ge-

schenk machte (Plin. nat. 35,86). Für das Gemälde ›Artemis inmitten opfernder Mädchen‹ soll er von fünf Mädchen die schönsten Körperteile zum Vorbild genommen haben, um eine vollkommene Frau zusammenzustellen (Plin. nat. 35,95). Eine ähnliche Geschichte wird auch über Zeuxis, einen anderen Maler der
Antike, erzählt, der einmal fünf Mädchen posieren ließ, um ein
Bild von Helena, der schönsten Frau der Welt, zu komponieren
(Plin. nat. 35,66).

Apelles gestaltete seine Porträts so wahrheitsgetreu, daß ein
Wahrsager anhand dieser Bilder die Zukunft der abgebildeten
Personen prophezeien konnte. ›Alexander mit den Blitzen‹ (eine
deutliche Anspielung auf Zeus) ist eines der bekanntesten Por-
träts des Apelles. Einige Gemälde in Pompeii, u. a. im Haus der
Dioskuren, sollen Kopien davon sein (Plin. nat. 35,85). Der
Maler war sich seines Talents bewußt. Als er sich bei der Dar-
stellung eines Schuhs von einem Schuhmacher beraten ließ und
dieser ihm außerdem erklären wollte, was er beim Malen des
Beins beachten müsse, antwortete Apelles ihm laut Plinius:
›Schuster, bleib' bei deinen Leisten‹ (Plin. nat. 35,85). Originale
von Apelles sind nicht erhalten; es gibt lediglich Kopien einiger
Werke.

In der antiken Literatur gilt Apelles' Œuvre als Vorbild natur-
getreuer Darstellungen, und seine berühmten Werke sind häufig
Gesprächsthema. Das Streben des Künstlers nach möglichst
wirklichkeitsgetreuer Wiedergabe der Natur – mit der Freiheit,
die Realität ›besser‹ zu machen – spiegelt sich in den Geschichten
über Apelles wider. Er partizipiert an der wissenschaftlichen
Tendenz, die sich seit dem 4. Jahrhundert v. Chr. entwickelt und
in der die exakte Kenntnis der Natur zu einem zentralen Thema
wird. Auch ist er einer der ersten Künstler, denen ein individuel-
ler Stil zuerkannt wurde, was in der klassischen Zeit selbst für
Pheidias nicht zutraf.

In der bildenden Kunst der Neuzeit kann Apelles' Bild von NK
Kampaspe und Alexander als Lob für den Fürsten, der seine
Leidenschaften beherrscht, oder auch als Respekt des Fürsten
vor dem Künstler angesehen werden: z. B. auf einem Fresko aus
dem Alexander-Zyklus von Primaticcio im Zimmer der Duchesse d'Etampes (1541–44) in Fontainebleau und auf einem
Fresko von C. Carlone (um 1730) im Ludwigsburger Schloß
sowie auf Gemälden von Toto (1539, London, Hampton Court;
für Heinrich VIII.) und von F. Morandini (1570–72) im Studiolo von Francesco I. im Palazzo Vecchio in Florenz. Das Motiv

kann auch ein Lob auf die Malkunst selbst sein und den hohen
Status des Malers und seines Berufs hervorheben, wie z. B. auf
einem Fresko von G. Vasari (1548) in seinem Haus in Arezzo (in
dem sich außerdem das Fresko mit den fünf für Artemis posie-
renden Mädchen befindet), auf Teppichen nach einem Entwurf
von J. Restout (1739, Lyon, M.) und in einer Reihe von vier
Gemälden von L. J. F. Lagrenée (1773, Caen, M.). Das Thema
›Apelles malt Kampaspe in Alexanders Gegenwart‹ wird manchmal in die Darstellungen von Gemäldesammlungen einbezogen,
beispielsweise auf einem Gemälde von W. van Haecht II. (1628,
Den Haag, Mauritsh.) vor dem Hintergrund einer fiktiven Kol-
lektion bekannter Bilder aus dem 16. und 17. Jahrhundert. Die
Gruppe Alexander, Apelles und Kampaspe kommt mit der Betonung eines Aspektes – der Maler bei seiner Arbeit, seine Liebe
für das Mädchen und die Schenkung der Hetäre – im Werk zahlreicher Künstler vor, u. a. bei J. van Winghe (Ende 16. Jh., Wien,
Kunsth. M.; für Rudolf II.), F. Francken II. (1617, Dresden,
Gemäldeg.), S. Ricci (um 1708, Parma, G. Naz.), N. Vleughels
(1716, Paris, Louvre), F. Trevisani (um 1720, Pasadena/Kalif.,
M.), G. B. Tiepolo (u. a. um 1736, Paris, Louvre), L. J. F. Lagrenée (1772, Caen, M.), A. Kauffmann (1783, Bregenz, M.), J.-L.
David (1813–16, Lille, M.), J.-M. Langlois (1817, Toulouse, M.)
und C. Meynier (1822, Rennes, M.). H. Daumier ironisiert das
Thema in einer Lithographie (in *Le Charivari*, 1842).
In seinem Haus in Florenz gestaltete Vasari auf einem Fresko
(um 1570) die Ermahnung des Schusters, um die Bildung des
Künstlers zu betonen; später folgt u. a. ein Gemälde von F.
Francken II. (um 1610–15, Kassel, Gemäldeg.). Seltener wird
die Szene abgebildet, in der Apelles Alexander ermahnt zu
schweigen, z. B. auf einer Zeichnung von S. Rosa (um 1662–64,
Rom, Gabinetto Naz. dei divegni e delle stampe).
Über die ›Verleumdung des Apelles‹ erzählte Lukianos in der
kurzen Schrift *Calumniae non temere credendum*. Apelles, der an
einem Hof diffamiert wird, malt daraufhin den betreffenden König mit den Eselsohren des Midas. Der König leiht auf der Darstellung sein Ohr einer Personifikation der Verleumdung, die
zusammen mit Personifikationen des Neides, der Unwissenheit
u. a. auftritt. Dieses Gemälde des Apelles wurde in der Renaissance, z. B. von L. B. Alberti in seinem Traktat *De pictura* (1435),
den Malern zur Nachahmung gemäß der Beschreibung (›ekphrasis‹) des Lukianos empfohlen. Auf Illustrationen zu diesem
Lukianos-Text (um 1472) folgen ein Gemälde von S. Botticelli
(um 1490–95, Florenz, Uffizien), eine Zeichnung von A. Man-

tegna (um 1504–06, London, British M.), die durch einen Stich von G. Mocetto weit verbreitet war und später u. a. von Rembrandt (um 1656, Zeichnung, London, British M.) und E. Burne-Jones (um 1875, Zeichnung, London, Vict. and Alb. M.) kopiert wurde, und ein Gemälde von Franciabigio (um 1513, Florenz, Pal. Pitti) und F. Zuccari (um 1570, Rom, Pal. Zuccari). Außerdem dient das Motiv im Zusammenhang mit anderen Themen als Lob oder als Mahnung an die Adresse des Fürsten, der sein Ohr nicht der Verleumdung geliehen hat bzw. nicht leihen soll. G. Genga und R. da Colle verbinden in ihren Fresken in der Villa Imperiale in Pesaro (um 1530) die Verleumdung des Apelles mit einer Darstellung der Selbstbeherrschung von → Scipio Maior und mit einer Apotheose von Francesco della Rovere, dem Herzog von Urbino. Verleumdung und Selbstbeherrschung tauchen zusammen auch auf Wandgemälden öffentlicher Gebäude auf, z. B. von Dürer (oder nach seinem Entwurf) am Rathaus in Nürnberg (nach 1521), von A. Möller d. Ä. am Artushof in Danzig (1588) und von H. Bock d. Ä. am Rathaus in Basel (1608–11).

Apelles, Alexander und Kampaspe sind das Thema eines ND Theaterstückes von J. Lyly (*Alexander and Campaspe*, 1584): Der Fürst bevorzugt den Umgang mit seinen Heereskameraden und dem einfachen Philosophen Diogenes vor dem mit Kampaspe, die er dann auch dem Maler überläßt. Im antimonarchischen Klima der Jahre vor 1789 entsteht das Stück von J.-B. C. Isoard (1788), in dem ein tyrannischer Alexander sich nicht großmütig zeigt, sondern sich an das Mädchen, die Geliebte des Malers, heranmacht.

Auch in der Operngeschichte waren die komplizierten Bezie- NM hungen zwischen Apelles, Kampaspe und Alexander von Interesse, so in Italien für den Librettisten A. S. Sografi, vertont von N. A. Zingarelli (1793, Vendig) und G. Tritto (1795, Mailand), und in Frankreich für die Komponisten P. C. Gibert (Libr. von A. Poinset, 1768, Paris) und A. Eler (Libr. von C. A. Demoustier, 1798, Paris). Ballette zu diesem Stoff schufen J. J. Rodolphe (nach einer Bearbeitung des Poinset-Librettos von J. G. Noverre, 1776, Paris) und S. Mayr (nach einem Szenarium von G. B. Checchi, 1796, Venedig).

Cast 1976 und 1981; Faedo 1984–86; Förster 1922; Hildebrandt 1952; Peinture 1982

Aphrodite, Göttin der Liebe, Schönheit und Fruchtbarkeit, eine der zwölf großen olympischen Gottheiten, bei Homer Tochter des Zeus und der Dione (Il. 20,107), von den Römern Venus genannt ⟨Hom. h. 5; 6; 10; Hom. Il.⟩.

Der Aphroditekult soll seinen Ursprung im Osten gehabt haben und über Zypern nach Griechenland gelangt sein. Im Gegensatz zu Homer knüpft Hesiodos (theog. 188–206) an die Überlieferung an, Aphrodite sei aus dem Schaum des Meeres geboren. Uranos wollte sich mit der Erde, Gaia, vereinigen, als ihn sein Sohn → Kronos überfiel, ihn mit einer Sichel entmannte und die Geschlechtsteile ins Meer warf. Dort bildete sich Schaum, aus dem Aphrodite aufstieg. Andere Autoren fügen noch weitere Motive hinzu. So wurde die Göttin nach dem homerischen *Hymnus an Aphrodite* (6) auf einer Muschelschale von dem Windgott Zephyros über ein ruhiges Meer nach Zypern getrieben, möglicherweise entlang der Insel Kythera. Überall, wo sie das Land betrat, blühten mit einem Male Blumen.

Aphrodite symbolisiert die Schönheit, das Aufblühen der Natur im Frühling, im Leben der Götter und Menschen verkörpert sie Attraktivität und den Genuß der körperlichen Liebe. Begleitet von Eros und den Chariten verleiht sie den Frauen ›charis‹, Anmut und unwiderstehlichen Liebreiz, indem sie ihnen ihren Zaubergürtel zur Verfügung stellt. Im Osten lebte sie unter verschiedenen Namen und Gestalten in ihrer ursprünglichen Funktion als Fruchtbarkeitsgöttin fort.

Nach Homer (Od. 8,266–366) war sie die untreue Gattin des Feuergottes → Hephaistos, der durch den Sonnengott Helios von dem ehebrecherischen Verhältnis seiner Frau mit → Ares wußte. Kallimachos, Apollonius und Vergil nennen Eros als Sohn von Aphrodite und Ares (daneben sind andere Abstammungen überliefert: → Eros); auf Veranlassung seiner Mutter schießt er Pfeile ab, die ein unwiderstehliches Liebesverlangen wecken. Aphrodite hatte noch weitere Kinder von ihren zahlreichen Liebhabern: Harmonia, Deimos (Grauen) und Phobos (Furcht) gingen aus ihrer Beziehung mit dem Kriegsgott Ares hervor, ihr Sohn Priapos, der Fruchtbarkeitsgott, hatte Dionysos zum Vater (Hes. theog. 934), und Hermaphroditos stammte aus einer Liebschaft mit Hermes (Ov. met. 4,255). Auch mit Sterblichen ging Aphrodite Verhältnisse ein. Ein homerischer *Hymnos* (4) beschreibt ihre Liebe zu dem Trojaner Anchises, dem sie → Aeneas gebar. Als Aeneas nach Italien fuhr, um den Grundstein für das spätere Rom zu legen, stand ihm seine Mutter stets bei und ließ Hephaistos Waffen für ihn schmieden. Ein anderer Geliebter war der jugendliche → Adonis.

Mit ihrem gefährlichen und häufig zur Befriedigung ihrer Rachsucht angewendeten Vermögen, Götter und Menschen in Liebe
entbrennen zu lassen, geriet sie oft mit Hera, der Göttin ehelicher Treue, in Streit. Sie vermochte ihre männlichen Günstlinge
in die Lage zu versetzen, bestimmte Frauen zu erobern und an
sich zu binden. So geriet → Medeia in den Bann Iasons und
→ Dido verliebte sich in Aphrodites Sohn Aeneas. Als Eris, die
Göttin der Zwietracht, bei der Hochzeit des Peleus und der Thetis den goldenen Apfel mit der Aufschrift ›der Schönsten‹ unter
die Gäste warf, entstand ein Streit zwischen Hera, Athene und
Aphrodite, wer die Auszeichnung für sich in Anspruch nehmen
dürfe. Der Trojaner → Paris sollte entscheiden und wählte
Aphrodite. Als Gegenleistung unterstützte sie ihn bei der Eroberung und Entführung der schönsten Sterblichen, Helena.
Auch im darauffolgenden Trojanischen Krieg stellte sie sich auf
die Seite der Trojaner.
Den Frauen, die sich durch Aphrodites Einfluß verliebten, war
kein glückliches Schicksal beschieden. Helena führte in Troja ein
trauriges Leben, Medeia mußte viele Schicksalsschläge hinnehmen, und Dido fand schließlich ihr Ende auf dem Scheiterhaufen. Schlecht erging es auch den Männern und Frauen, die sich
gegen sie zur Wehr setzten oder sie nicht in Ehren hielten. Als die
Frauen von Lemnos ihren Kult vernachlässigten, bestrafte
Aphrodite sie mit einem fürchterlichen Körpergeruch, so daß
die Männer vor ihnen wegliefen (Apoll. Rhod. Arg. 1,1–608;
Apollod. 1,9,16–17). Hippolytos (→ Phaidra und Hippolytos)
hatte unter der Liebesgöttin zu leiden, weil er sein Leben in
Keuschheit führen wollte und Artemis über Aphrodite stellte.
Aus ähnlichen Gründen schadete sie → Narkissos.

Seit dem 7. Jahrhundert v. Chr. wird Aphrodite häufig in der
Bildhauerkunst dargestellt: in den frühesten religiösen Werken
als Spiegelträgerin, reich gekleidet und groß, mit Sphingen auf
den Schultern und mit einer Taube oder Sphinx in der rechten
Hand (z. B. Bronzeskulpturen aus Hermione um 540–530 v.
Chr., München, Staatl. Antikenslg. und aus Korinth um 510 v.
Chr., Athen, M.). Ab dem 4. Jahrhundert v. Chr. tritt ein neues
Motiv auf: eine nackte oder halbnackte Aphrodite als Sinnbild
für weibliche Schönheit, vergleichbar mit Apollon als jugend-
lich-männliche Schönheit. Eine besonders einflußreiche Dar-
stellung der ›Nackten‹ in der griechischen Bildhauerei, die
Aphrodite von Knidos, schuf Praxiteles um 340 v. Chr. (viele
Kopien, u. a. Rom, Vatikan, M. Capitolino). Beide Motive der

Aphrodite beinhalten einen bestimmten Kanon von Posen:
Aphrodite steht oder lehnt, ohne eine Handlung zu vollführen;
sie macht ihre Toilette und hält dabei einen Spiegel; sie wringt ihr
Haar aus, nachdem sie ein Bad genommen hat oder dem Meer
entstiegen ist (›Anadyomene‹); sie verbirgt – in der Originalfas-
sung des Praxiteles wies sie darauf als das Kostbarste ihres Körpers – ihre Scham (›Pudica‹); sie zieht Sandalen an bzw. aus; sie
kniet oder sitzt am Boden (z. B. eine Figur von Doidalsas aus
dem 2. Jh. v. Chr.).
Szenische Darstellungen mit Aphrodite finden sich auf Vasen,
Mosaiken und Wandgemälden, z. B. das Urteil des Paris; der
Trojanische Krieg (Hilfe für Paris und Aeneas); im Schlafgemach mit Ares; in der Schmiede des Hephaistos, der eine Rüstung für Aeneas fertigt; zusammen mit Iason.
Als Stammutter der ersten kaiserlichen Dynastie, der Iulier
(→ Aeneas), wurde sie in Rom sehr verehrt. Die Venus-
Ikonographie hält sich an die klassisch-griechischen und die hellenistischen Vorbilder. In der Kunst und Literatur galt sie auch
als Symbol der sinnlichen Liebe. Beispielsweise ließen sich
Frauen (Kaiserin Faustina, Gattin von Antoninus Pius, mit ihrem Mann als Mars, Rom, M. Naz.) als Venus porträtieren; bei
privaten Porträts handelt es sich wahrscheinlich nur um Bildnisse Verstorbener, die sich als Lebende nicht in der Gestalt eines
Gottes darstellen lassen durften (u. a. Rom, Vat. M.).

ND₁ Aphrodite stand im Mittelalter meist in einem ungünstigen
Licht. So verkörpert sie in Prudentius' *Psychomachia* aus dem 5.
Jahrhundert n. Chr., einem Traktat über den Widerstreit von
Lastern und Tugenden, die Sünde. Ebenso steht sie für die Wollust (Luxuria, Voluptas, Libido). Im hochmittelalterlichen An-
tikenroman und der Vagantendichtung taucht sie häufig als Personifikation der Liebe auf. In der spätmittelalterlichen Minne-
dichtung, z. B. *The King's Quair* von König James I. von Schott-
land (1424), wird sie angebetet und erscheint dem Liebenden
persönlich. In der deutschen und niederländischen Dichtung
entspricht ihr teilweise ›Frau Minne‹, sowohl im profanen (z. B.
Minneallegorien) als auch religiösen Bereich (z. B. mystische
Visionen).

NK   Nachdem die Göttin in der Kunst des Mittelalters u. a. bei Pla-
netendarstellungen vorkam (z. B. Florenz, Dom, Campanile, Pi-
sano-Schule um 1340), wird in der Renaissance die Symbolik der
Sünde und Wollust wieder aufgegriffen, z. B. auf Gemälden von
Perugino (um 1503, Paris, Louvre) und A. Mantegna/L. Costa

(um 1506/07, Paris, Louvre): Aphrodite bildet dabei den Gegensatz zu Athena (Weisheit) und Artemis (Keuschheit). Im Zusammenhang mit dem Motiv ›Herakles am Scheideweg‹ steht Aphrodite für den Weg der irdischen und sündhaften Genüsse als eine der Möglichkeiten, die der Held – bzw. der Mensch überhaupt – wählen kann.

In der Renaissance wird die nackte Aphrodite-Gestalt jedoch nicht ausschließlich mit Wollust und Untugend gleichgesetzt: Neoplatonische Autoren, wie z. B. Ficino, greifen auf den schon von Plato vorgenommenen Unterschied zwischen ›Aphrodite Urania‹ (Venus Coelestis, die der immateriellen Sphäre angehört) und ›Aphrodite Pandemos‹ (Venus Vulgaris, die die sinnliche Liebe, die höchste Schönheit in der stofflichen Welt meint) zurück. Ein Gemälde Tizians (um 1515) in der Villa Borghese in Rom wird meistens als Darstellung dieses Gedankens interpretiert: Venus Vulgaris ist eine reich gekleidete Gestalt, Venus Coelestis ein Akt.

Außerdem entstehen in dieser Zeit Aphrodite-Darstellungen als Studien des nackten Körpers oder der weiblichen Schönheit. Meist wird sie dabei als liegende und/oder schlafende Venus gezeigt, z. B. auf Gemälden aus dem Atelier von S. Botticelli (um 1480–90, u. a. Berlin, Gemäldeg. und Turin, G.; ›Venus Pudica‹), Giorgione (um 1508–11, vollendet von Tizian, Dresden, Gemäldeg.), G. Savoldo (um 1510, Rom, G. Borghese), P. Vecchio (u. a. um 1513, Cambridge, Fitzwilliam M. und 1520–25, Dresden, Gemäldeg.), Tizian (1538, Florenz, Uffizien; ›Venus von Urbino‹), L. Sustris (um 1540, Amsterdam, M.), M. van Heemskerck (1545, Köln, Wallr.-Rich. M.), J. Massys (1561, Stockholm, Nationalm.), und später J. Heintz d. Ä. (um 1600, Wien, Kunsth. M.), F. Boucher (um 1735/36, Moskau, Puschkin M.; 1746, Stockholm, Nationalm.; 1749, Paris, Louvre), J. Ingres (1822, Baltimore, Walters Art G.), F. Goya (1824/25, Boston, M.), J. M. W. Turner (1828, London, Tate G.) und E. Manet (1863, Paris, M. d'Orsay; nach Tizian). Die berühmte ›Venus von Milo‹ (Melos) stellte S. Dali 1934 (Rotterdam, M. Boymans) als surreale Schönheit mit Schubladen dar.

Das sinnliche Moment und die Liebe wird in zahlreichen Darstellungen Aphrodites mit Eros betont, u. a. auf Gemälden von Giorgione (um 1505, Washington, Nat. G.), J. Gossaert (1521, Brüssel, Kon. M.), H. Baldung Grien (um 1524, Otterlo, M.), G. Pencz (um 1528/29, Berlin, Gemäldeg.), L. Sustris (um 1539, Dresden, Gemäldeg.), A. Bronzino (um 1540–45, London, Nat. G.; Allegorie, für Franz I. von Frankreich), M. van Heemskerck

(1545, Köln, Wallr.-Rich. M.), Annibale Carracci (um 1592, Modena, G. Estense), J. Heintz d. Ä. (nach 1603, Nürnberg, Nationalm.), C. d'Arpino (um 1607, Rom, G. Borghese), C. C. van Haarlem (1610, Braunschweig, M.), G. Reni (1639, Dresden, Gemäldeg.), F. Bol (um 1661, Berlin, Staatl. M.), A. Terwesten (2. Hälfte 17. Jh., Braunschweig, M.), G. Schalcken (um 1690, Prag, Nationalg. und Kassel, Gemäldeg.), A. van der Werff (1699, Dresden, Gemäldeg.), F. Boucher (um 1742, Berlin, Gemäldeg.) und A. Böcklin (1861, Münster, Landesm.) sowie in der Bildhauerei von B. Thorvaldsen (um 1800, Gipsstatue, Kopenhagen, Thorvaldsen M.) und A. Rodin (um 1873, Paris, M. Rodin). Aphrodite, die ihre Toilette macht, meist mit einem Spiegel in der Hand, ist auf Gemälden von Giovanni Bellini (1515, Wien, Kunsth. M.), G. Vasari (um 1532, Stuttgart, Staatsg.), Tizian (um 1552–55, Washington, Nat. G.), P. Veronese (um 1580, Omaha, Joslyn Art M.), Annibale Carracci (um 1594/95, Washington, Nat. G. und um 1605, Bologna, P. Naz.), Rubens (um 1613/14, Vaduz, Fürstl. G. und um 1615, Lugano-Castagnola, Slg. Thyssen-Bornemisza; nach Tizian), J. Liss (1624–26, Florenz, Uffizien und Pommersfelden, G.), Velázquez (um 1648–51, London, Nat. G.) und F. Boucher (u. a. 1749, Paris, Louvre und 1751, New York, Metrop. M.) zu sehen. Im Werk von L. Cranach d. Ä. nimmt Aphrodite verschiedene Haltungen ein (zahlreiche Darstellungen seit 1509, z. B. 1509, St. Petersburg, Eremitage; um 1518, Ottawa, Nat. G.; 1529, Paris, Louvre; um 1530, Braunschweig, M.; 1532, Frankfurt, Städel). Die Geburt der Venus thematisieren u. a. auf Gemälden S. Botticelli (um 1486, Florenz, Uffizien), G. Vasari/C. Gherardi (1555/56, Fresko, Florenz, Pal. Vecchio), L. Cambiaso (um 1561, Rom, G. Borghese), Rubens (um 1630–33, London, Nat. G. und 1636–38, Madrid, Prado), N.-N. Coypel (1732, St. Petersburg, Eremitage), F. Boucher (u. a. 1765, Detroit, I. of Art), A. Cabanel (um 1863, Paris, M. d'Orsay), A. Böcklin (1868/69, Darmstadt, Landesm.), W. Bouguereau (1879, Paris, M. d'Orsay) und M. Klinger (1884/85, Berlin, Nationalg.), in der Bildhauerei Giambologna (1570–75, Marmor-Brunnenfigur im Boboli-Garten in Florenz) und B. Thorvaldsen (1809, Gipsrelief, Kopenhagen, Thorvaldsen M.) sowie auf Zeichnungen N. Poussin (um 1630–40, Rom, G. Corsini) und A. Watteau (um 1708/09, St. Petersburg, Eremitage). Das Thema Aphrodite und ihre Insel Kythera behandeln z. B. G. Romano (1528, Fresko, Mantua, Pal. del Tè), A. Schiavone (um 1548–54, Gemälde, Mailand, Castello Sforzesco; auf einem Delphin gelangt Aphrodite nach Kythera),

C. van Mander (1602, Gemälde, St. Petersburg, Eremitage), N. Poussin (1645–47, Zeichnungen, Bayonne, M.; Landung Aphrodites auf Kythera), A. Watteau (u. a. um 1709/10, Frankfurt, Städel) und H. Matisse (1930, Bronzestatue, St. Petersburg, Eremitage und 1932, Bronzestatue, Washington, Hirshhorn M.). Das Motiv der ›Aphrodite Anadyomene‹ wird u. a. in der Bildhauerei von A. Lombardo (um 1500–10, Marmorrelief, London, Vict. and Alb. M.), J. Sansovino (um 1527, Bronzestatue, Washington, Nat. G.), V. Danti (1570–73, Bronzestatue, Florenz, Pal. Vecchio) und B. Permoser (1724, Sandsteinstatue, Dresden, Zwinger) sowie auf Gemälden von Tizian (um 1525, Edinburgh, Nat. G.), P. del Vega (um 1540, Rom, G. Doria), S. Ricci (1713, Malibu, Getty M.), J. Barry (um 1772, Dublin, Nat. G.), T. Chassériau (1838, Paris, Louvre), J. Ingres (1848, Chantilly, M.) und A. Böcklin (1872, Ölskizze, Worms, Heylshof und 1891, Wiesbaden, M.) aufgegriffen. Als Siegesgöttin (›Venus Victrix‹) ist sie z. B. in der Bildhauerei bei A. Renoir (um 1910, Bronzefigur, Antwerpen, Park Middelheim und 1913/14, Bronzestatue, u. a. Baltimore, M. und Hamburg, Kunsth.) sowie auf Gemälden von A. Böcklin (1895, Zürich, Kunsth.) und P. Delvaux (1944, London, Tate G.) zu finden. Die Verehrung der Aphrodite hielten auf Gemälden z. B. Tizian (1518/19, Madrid, Prado), B. Peruzzi (1521–23, Fresko, Rom, Villa Madama), C. Gherardi (1555/56, Fresko, Florenz, Pal. Vecchio), Rubens (um 1635, Wien, Kunsth. M. und 1636–38, Stockholm, Nationalm.; nach Tizian), J. Jordaens (1640–50, Dresden, Gemäldeg. und Braunschweig, M.) und C. Netscher (um 1665–68, Florenz, Uffizien) fest. Auf einem Fresko von Annibale Carracci (1597–1600, Rom, Pal. Farnese) und einer Terrakottastatue von J. T. Sergel (1769/70, Stockholm, Nationalm.) wird Aphrodite mit einem ihrer Geliebten, dem trojanischen Prinz Anchises, gezeigt. Porträts zeitgenössischer Frauen in Gestalt von Aphrodite schufen z. B. H. Holbein d. J. (vor 1526, Basel, Kunstm.; Dorothea Offenburg als Aphrodite mit Eros), Rubens (um 1630–40, Wien, Kunsth. M.; Helene Fourment als Aphrodite), P. Moreelse (1630, St. Petersburg, Eremitage; die Gräfin von Chevreuse, Maria de Rohan, als Aphrodite zusammen mit einem Kind als Eros), J.-H. Fragonard (1773–76, Los Angeles, M.; Marie-Catherine Colombe als ›Venus Victrix‹) und A. Canova (1804–08, Marmorstatue, Rom, G. Borghese; Paolina Borghese Bonaparte als ›Venus Victrix‹),. Im Zusammenhang mit Ares können Aphrodite verschiedene Bedeutungen zugeordnet werden (→ Ares). Zu den narrativen Szenen, in denen Aphrodite vorkommt, gehören: das Urteil des Paris; der Besuch der Schmiede des Hephaistos; die Übergabe der von Hephaistos für den Kampf gegen Turnus gefertigten Waffen an Aeneas; das Verhältnis mit Adonis.

Werden hier häufig die mythischen Motive weiterentwickelt, so tauchen in der Renaissance und im Barock neue Themen auf. In der Malerei der Niederlande entstehen zahlreiche Werke, die auf einen Spruch von Terentius (*Eunuchus* 732) Bezug nehmen: ›Sine Cerere et Libero friget Venus‹ (Ohne Ceres [Brot] und Bacchus [Wein] friert Venus – die Liebe), z. B. auf Gemälden von B. Spranger (1590, Wien, Kunsth. M.), H. von Aachen (nach 1597, Nürnberg, Nationalm. und um 1600, Wien, Kunsth. M.), C. C. van Haarlem (1614, Dresden, Gemäldeg. und 1624, Lille, M.), J. Jordaens (um 1616, Gent, Kon. M.), G. van Honthorst (um 1623, Pommersfelden, G.) und S. de Vos (1635, Prag, Nationalg.) sowie Stiche, Zeichnungen und Gemälde von H. Goltzius (1590–1604, u. a. Berlin, Staatl. M.; London, British M. und St. Petersburg, Eremitage). Zu diesen Darstellungen, auf denen Ceres/Demeter und Liber/Bacchus/Dionysos der Aphrodite Brot und Wein reichen oder als deren Personifikationen neben ihr stehen, schuf Rubens eine Variante (um 1614, Antwerpen, Kon. M.) mit dem Titel ›Venus Frigida‹: ein Satyr, der der zitternden Aphrodite und ihrem Sohn Eros mit Speisen und Getränken zu Hilfe kommt.

In der Emblematik (z. B. bei Alciati, Ripa, van Mander) bleibt die alte Identifikation Aphrodites mit Wollust und Sünde bestehen. Daneben gilt sie aber auch als eine Frau, die tugendhaft ist: Aphrodite steht mit einem Fuß auf einer Schildkröte oder mit gefesselten Füßen und Augenbinde vor der tugendhaften Hausfrau, die sich ganz ihren häuslichen Aufgaben widmet.

ND$_2$ Auch in der Literatur finden sich die verschiedenen Konnotationen, so daß der Name Aphrodite/Venus im Zusammenhang mit Liebe und Leidenschaft in hoher und niederer Bedeutung vorkommt. Sie wird unzählige Male in der Liebeslyrik des 16. und 17. Jahrhunderts angerufen und fand auch dramatische Bearbeitungen, z. B. bei H. Sachs (1517), P. N. Frischlin (1596) und J. Smith (1677). Auch die Autoren des 18. Jahrhunderts wie z. B. G. A. Bürger (1773) oder J. G. Herder (*Huld und Liebe,* 1897) erwiesen der Liebesgöttin Reverenz. Mit dem Tannhäuserstoff und dem Motiv der Venusstatue griff die Romantik auf mittelalterliche Stofftraditionen zurück, in denen die Göttin eine dämonisch-verhängnisvolle Macht verkörpert.

Um 1400 verband sich mit dem mittelhochdeutschen Minnelyriker Tannhäuser die Legende vom Venusberg: der Ritter ist der Liebesgöttin in ihrer Höhle verfallen und verfehlt die Gelegenheit, Vergebung für seine Sünden zu erlangen. Auftakt für die Beschäftigung der deutschen Romantiker mit dem Tannhäuser-Stoff war L. Tiecks Erzählung *Der getreue Eckart und der Tannenhäuser* (1799). Mit der Aufnahme der auf der spätmittelalterlichen Fassung basierenden Tannhäuser-Ballade in die Liedersammlung *Des Knaben Wunderhorn* (1806) wurde der Stoff für die Literatur des 19. und 20. Jahrhunderts erschlossen. Der Oper R. Wagners (s. u.) ging ein Gedicht H. Heines (1837) voraus, A. C. Swinburne thematisierte im Zeichen der Legende vom Venusberg heidnische Schönheit, Leidenschaft und Grausamkeit (*Laus Veneris*, Ged. 1966). Zahlreiche weitere deutsche und englische literarische Bearbeitungen und Anspielungen, die sich teils auch mit dem Stoff um das Bergwerk von Falun verbanden, folgten. Das Motiv der Liebesverwirrung eines jungen Mannes durch eine Venusstatue stammt aus der Spätantike (Pseudo-Lukianos, *Erotes* 15). In der Verschronik des William von Malmesbury (1125) taucht die Geschichte vom Venusring auf: bei der Hochzeitsfeier streift der Bräutigam seinen Ring über den Finger einer Venusstatue, die Göttin sucht ihn auf dem Hochzeitslager auf und erstickt ihn mit ihren Umarmungen. Von der Verzauberung eines jungen Dichters durch ein marmornes Venusbild handelt J. von Eichendorffs Novelle *Das Marmorbild* (1819), das auch Elemente des Tannhäuserstoffs aufgreift. Den mittelalterlichen Stoff vom Venusring mit dem tödlichen Besuch der Statue gestaltete P. Mérimée in seiner Novelle *La Vénus d'Ille* (1837). Weitere Bearbeitungen und Anspielungen auf das Venusringmotiv folgten, z. B. in Gedichten von W. Morris (1870) und O. Wilde (*Charmides*, 1881).

In der modernen Literatur blieb Aphrodite/Venus in allen Genres vertreten. Der Bezug auf die antike Göttin kann dabei zum bloßen Topos für die Schönheit, Leidenschaftlichkeit, Liebesbeflissenheit etc. einer modernen Frauenfigur werden, z. B. in dem Roman *Venus im Pelz* (1870) von L. von Sacher-Masoch, in H. Manns *Die Göttinnen oder Die drei Romane der Herzogin von Assy* (1903), von denen der dritte ›Venus‹ überschrieben ist, oder in dem Roman *Aphrodite von Fuur* (1925) von T. Jensen.

Die Rezeption der Aphrodite/Venus setzt in der Musikgeschichte – nach vereinzelten Vokalwerken des 16. Jahrhunderts – mit der englischen Masque ein, worin die Figur der Venus des öfte- NM ren als allegorischer ›Glückwunsch‹ auftritt, so bei bei T. Campion (1607, London) und in den Werken von B. Jonson (1608, 1616 und 1623, London). Etwa zur gleichen Zeit erscheinen in Deutschland Werksammlungen mit weltlichen Chorliedern und Instrumentalsätzen wie *Das Venus-Kräntzlein oder Newe Weltliche Lieder* von J. H. Schein (Wittenberg, 1609; Leipzig, 1622 und 1626) und J. Staden (Nürnberg, 1610). Kantaten entstehen ab dem 18. Jahrhundert in Frankreich z. B. von F. Collin de Blamont (*Cantates françoises I*, Paris, 1723), H. Desmarets (postum Paris, 1806) und P. de La Garde (Paris, vermutl. 1787) sowie in Spanien von A. Tozzi (1802, Barcelona). Reine Männerchöre, die die Göttin der Liebe anrufen, komponierten P. Cornelius (entst. 1872) und E. d'Albert (entst. 1904).

Die Figur der Aphrodite auf der Opernbühne hat eine lange Tradition, die von F. Manelli (Libr. von G. Strozzi, 1639, Venedig) über G. Bronner (1694, Hamburg) und C. H. Graun (Libr. von G. G. Botarelli, 1742, Potsdam) sowie mit Werken von G. F. Malipiero (Libr. vom Komponisten nach E. Gonzales, 1957, Florenz) und U. Kay (Libr. vom Komponisten nach M. Twain, 1971, Urbana) bis ins 20. Jahrhundert reicht. In das Genre der leichten Muse gehören die Operetten von P. Lincke (Libr. von H. Bolten-Baeckers, 1897, Berlin) und L. Testore (Libr. von A. Franci, 1915, Mailand), aber auch das Musical von H. Février/A. Goetzel (Libr. von G. C. Hazelton/F. Frondaie nach der Erzählung von P. Louÿjs, 1919, New York). Ein Ballett von C. Debussy, dem ebenfalls der Text von Louÿjs zugrunde lag, blieb Fragment (1896/97).

Nicht nur in der Malerei, sondern auch in der Musikgeschichte stellt die Geburt der Venus ein zahlreich bearbeitetes Thema dar, z. B. mit dem Ballett von J.-B. Lully (Szenerie von I. de Bensérade, 1665, Paris; schon im *Ballet de la nuit* von Lully/Bensérade, 1653, Paris, erschien die Figur der Venus). V. a. Vokalwerke von G. F. Händel (Lied, London, 1734), G. Fauré (Kantate, Text von R. Collin, 1886, Paris) und D. Milhaud (Kantate, Libr. von J. Supervielle, Paris, 1949) zentrieren sich um diesen Topos.

Die Venus-Insel Kythera, an deren Ufer die Göttin dem Schaum entstiegen sein soll, wird in einem Ballett-Scenario von C.-S. Favart beschrieben (1748, Paris), das u. a. von C. W. Gluck zweimal vertont wurde (Opéra comique, 1759, Wien; Opéra-ballet, 1775, Paris). Instrumentalkompositionen folgen für Klavier von C. Debussy (von Watteau inspiriert, entst. 1904) und für Orchester von J. Françaix (1946).

Die Beziehung von Venus zu Adonis kommt v. a. in der um 1700 verbreiteten Serenata häufig vor, z. B. von A. Scarlatti in zwei Versionen (zuerst *Venus, Adone e Amore dal giardin del piacere*, 1696, Neapel, später nur Venus und Adonis: *Il giardino d'amore*, entstanden ca. 1700–05).

Die Geschichte um den Gürtel der Aphrodite, der die Geheimnisse der Liebe bergen soll und von ihr während des Urteils des Paris getragen wurde, ist meist in heiterem Genres vertont worden, so in einem Duett von E.-C. Jacquet de la Guerre (1713) und in den komischen Opern von J.-C. Gillier (Libr. von A. R. Lesage, 1715, Paris) und F.-H. Barthélemon (Libr. von J.-B. Rousseau, 1769, Bordeaux).

Die Darstellung der Venus als Statue regte im 20. Jahrhundert einige Opern an, die sich auf die Erzählung von P. Merimée beziehen: O. Schoeck (Libr. von A. Rüeger, 1922, Zürich), H. H. Wetzler (Libr. von L. Wetzler, 1928, Leipzig) und H. Büsser (Libr. vom Komponisten, 1964, Lille). K. Weill griff den Stoff in seinem amerikanischen Exil auf und komponierte ein ›Musical‹ nach dem Text von P. Anstey in der Bearbeitung von S. J. Perelman/O. Nash (1943, New York).

Die spezifisch deutsche Version der Venus in der Tannhäuser-Legende wurde für die Musik vorrangig von R. Wagner geprägt (4 Fassungen; zuerst 1845, Dresden). Daneben entstand ein Ballett von F. Ashton (1938, London).

Den *Trionfo di Afrodite* setzte C. Orff in ein ›Concerto scenico‹, das er später zusammen mit den *Catulli Carmina* und den *Carmina Burana* zum Triptychon *Trionfi* zusammengefaßt hat (1953, Mailand).

Clark 1956; Elderkin 1941; Fehl 1974; Friedrich 1978; Gombrich 1972; Hemelrijk 1985; Schilling 1982; Simon 1957

Apollon (lat. Apollo), olympischer Gott der Weissagungen, der Künste und der Wissenschaften (v. a. der Musik und der Medizin), Gott der Sühne, Beschützer der Vegetation, der Viehzucht, der Häuser und ihrer Bewohner, auch Sonnengott (seit dem 5. Jh. v. Chr.); schöner Jüngling, Sohn des Zeus und der Leto, Zwillingsbruder der Artemis.

Hera, die spätere Gattin des Zeus, hatte die Geburt der Zwillinge aus Eifersucht verhindern wollen (vgl. ausführlicher bei → Leto). Einigen Überlieferungen zufolge wurde Apollon nach seiner Geburt auf Delos in den Norden zu den Hyperboreern

gebracht (Strab. 295; Diod. 2,47; Plin. nat. 4,89), wo er innerhalb
weniger Tage zu einem jungen Mann heranwuchs. Dort lebte er
auch weiterhin in den Wintermonaten, den Rest des Jahres verbrachte er in Delphi (Hes. erg. 526). Diese Stadt galt als Nabel
(Omphalos) der Erde und hat eine besondere Bedeutung in der
griechischen Mythologie, denn hier war von alters her das Orakel der Göttin der Erde, Gaia, das später von deren Töchtern,
den Titaninnen Themis und Phoibe, übernommen wurde. Als
Gott der Weissagung erhob Apollon Anspruch auf das Orakel,
mußte aber zunächst Python töten (Hom. h. 2), eine furchtein-
flößende Schlange mit prophetischen Fähigkeiten, die das Orakel bewachte (Eur. Iph. T. 1245). Nachdem Apollon das Ungeheuer mit seinen Pfeilen erschossen hatte, ging er nach Thessalien, um seine Schuld zu sühnen. Eine seiner Priesterinnen,
Pythia, wurde nach der Schlange benannt (Poll. I 14). Delphi
wurde zum wichtigsten Heiligtum des Apollon und zum ein-
flußreichsten Orakel der antiken Welt.

Später mußte Apollon seinen heiligen Ort gegen Herakles verteidigen. Dieser hatte in einem Anfall von Wahnsinn den messenischen Prinzen Iphitos getötet, begann nun einen Kampf mit
Apollon und drohte, das Orakel mit dem heiligen Dreifuß zu
zerstören, weil es ihm die Hilfe bei der Befreiung von seiner
Schuld verweigerte. Zeus trieb die beiden durch einen Blitz auseinander.

Neben Delphi gehörten auch Delos oder Klaros und Didyma an
der Küste Kleinasiens zu den Orakeln Apollons. Von seiner Fähigkeit, prophetische Begabungen an andere weiterzugeben,
machte er bei → Kassandra Gebrauch. Als Gegenleistung erhoffte er sich die Zuneigung der Priamostochter, wurde aber
enttäuscht und bestrafte sie mit dem Schicksal, eine ungehörte
Seherin zu sein.

Apollon weist häufig sehr grausame Züge auf. Das hängt mit der
Aufgabe zusammen, die Zeus seinem Sohn gestellt hatte: Apollon sollte die unrechtmäßigen Taten der Menschen bestrafen und
für Gerechtigkeit sorgen. So kämpfte Apollon gemeinsam mit
Artemis gegen den Riesen Tityos, der sich an ihrer Mutter Leto
hatte vergreifen wollen. Die Kinder der → Niobe schossen die
beiden erbarmungslos nieder, weil Niobe mit ihrer zahlreichen
Nachkommenschaft geprahlt und Leto verspottet hatte, die nur
zwei Kinder besaß. → Orestes rächte auf Veranlassung Apollons
seinen Vater Agamemnon, indem er seine Mutter Klytaimnestra
und deren Geliebten Aigisthos ermordete. Als Orestes daraufhin
vom Wahnsinn erfaßt wurde, sorgte Apollon für seine Heilung.

Python, Tityos und die Kinder der Niobe tötete Apollon mit seiner sicheren und schnellen Lieblingswaffe, Pfeil und Bogen (→ Artemis).

Auch durch Krankheiten nahm Apollon Einfluß auf das Schicksal vieler Sterblicher. Zusammen mit Poseidon baute er die enormen Stadtmauern Trojas (Il. 7,452–3; Ov. met. 11,202; Apollod. 2,103). Als aber der König Laomedon ihm nicht den versprochenen Dank abstattete, sandte er eine vernichtende Pest über die Stadt. Im Trojanischen Krieg ließ er unter den Griechen eine Epidemie ausbrechen, um Agamemnon zu zwingen, das Mädchen Chryseïs, die Tochter des Apollon-Priesters Chryses, freizulassen. Apollon stand häufiger auf der Seite der Trojaner. Homer schreibt, wie er Paris und Aeneas beschützte, und Vergil schließt sich der Tradition an, Paris habe Achilleus mit einem von Apollon gelenkten Pfeil tödlich getroffen.

Die strafende Vollstreckung der Gerechtigkeit war aber nur eine Aufgabe Apollons. Auch als Gott der Heilkunde wurde er verehrt. Allmählich ging diese Funktion auf seinen Sohn → Asklepios über. Als dieser sich jedoch nicht darauf beschränkte, Kranke zu heilen, sondern ohne Erlaubnis des Zeus Hippolytos (→ Phaidra) wieder zum Leben erweckte, tötete Zeus den Ungehorsamen mit seinem Donnerkeil. Apollon erschlug aus Rache die Kyklopen, die Söhne des Zeus, welche die Blitze geschmiedet hatten, und wurde zur Strafe von Zeus dazu verdammt, den Sterblichen zu dienen – wie zuvor schon beim Bau der trojanischen Mauer. Ein Jahr lang hütete der Gott daraufhin die Herden des Admetos (→ Alkestis und Admetos).

Apollon hatte auch eine eigene Herde, die eines Tages von → Hermes gestohlen wurde. Als Apollon diesen Streich entdeckte, schenkte Hermes dem Apollon zum Zeichen der Versöhnung die von ihm erfundene Lyra. Sie wurde zum Lieblingsinstrument Apollons. In einem Musikwettstreit führte seine Überlegenheit auf diesem Instrument später zum grausamen Ende des → Marsyas und zu → Midas' Eselsohren.

Die Geschichten von Apollons Vorliebe für die Lyra verdeutlichen seine Eigenschaft als Gott der schönen Künste, besonders der Musik und Poesie. Auf dem Parnassos oder auf dem Helikon bei Delphi unterrichtete er die → Musen in der Musik und Dichtkunst.

Es sind auffallend viele unglückliche Liebesverhältnisse Apollons überliefert: Kassandra hatte sich ihm verweigert. Die Sibylle von Cumae wies den verliebten Apollon zurück, obwohl er ihr ein tausendjähriges Leben verliehen hatte (→ Sibyllen). Aus

Rache ließ er sie altern, so daß ihr langes Leben zur Qual wurde. Zwischen Apollon und dem Sterblichen Idas vor die Wahl gestellt, entschied sich das Mädchen Marpessa für Idas, da sie befürchtete, im Alter von dem immer jugendlichen Apollon verlassen zu werden (Hom. Il. 9,555 ff.; Bakchyl. 19, Apollod. 1,60–61,69; 3,117, 135–7). Unglücklich war auch die Liebe zu der Nymphe → Daphne, die sich in einen Lorbeerbaum verwandeln ließ, nur um Apollon zu entkommen. Seither trug der Gott immer einen Lorbeerzweig bei sich. Auch sein Verhältnis mit Koronis (→ Asklepios) nahm ein tragische Ende. Und doch sind von ihm einige Söhne und Töchter bekannt: Koronis gebar ihm Asklepios, aus einem Verhältnis mit Priamos' Frau Hekabe stammte Troilos. Aristaios war ein Kind der Nymphe Kyrene, in die sich Apollon verliebte, als er sah, wie sie einen Löwen bezwang (Pind. P. 9,26–70). Außerdem gilt er als der Vater von Ten(n)es, den Achilleus tötete (Apollod. epit. 3,23; Diod. 5,83; Cic. nat. 3,39).

Nicht mehr Glück war seinen Liebesbeziehungen zu Jünglingen beschieden. So liebte er den spartanischen Königssohn Hyakinthos, tötete ihn aber beim Diskuswerfen, ohne es zu wollen, als Zephyros, der Gott des Westwindes, aus Eifersucht einen Diskus aus der Bahn blies, der Hyakinthos am Kopf traf (Apollod. 3,116; Hyg. fab. 271; Ov. met. 10,162 ff.). Seinen Geliebten Kyparissos verlor er, als dieser seinen treuen Begleiter, einen zahmen Hirsch, auf der Jagd versehentlich tötete und sich aus Trauer von Apollon in eine Zypresse verwandeln ließ (Ov. met. 10,102–161).

So wie Artemis im Laufe der Jahrhunderte mit der Mondgöttin Selene gleichgestellt wurde, wurde Phoibos Apollon in der antiken Kultur häufig mit dem Sonnengott Helios verglichen, der mit seinem Sonnenwagen täglich die Himmelsbahn beschreibt. In dieser Tradition, die die Literatur und bildende Kunst bis in die Neuzeit beeinflußte, ist Apollon der Lenker des Sonnenwagens und Vater von → Phaëton.

Die Bedeutung seines festen Beinamens ›phoibos‹ (strahlend) ist nicht vollständig geklärt, hängt aber – neben seiner Eigenschaft als Sonnengott – wahrscheinlich damit zusammen, daß Apollon im griechischen Mythos auch als der edelste und charakterlich vorbildlichste der olympischen Götter gilt: er verkörpert die Schönheit, Beherrschung, Mäßigkeit und Harmonie und steht damit dem Übel und dem Unrecht gegenüber.

Im Osten erscheint er häufig mit einem Löwen, der die Sonne symbolisiert. Außer auf Delos, wo eine Reihe von Löwenstatuen erhalten ist, existiert diese Verbindung im Westen nicht. Im ganzen antiken Bereich sind der Rabe (Vogel des Wahrsagens) und der Greif (Sonnenvogel) die festen Begleiter des Gottes.

Zu den wenigen literarischen Werken der Antike über Apollon gehören ein homerischer *Hymnos* (7. Jh. v. Chr.) und eine Hymne von Kallimachos (3. Jh. v. Chr.).

Die frühesten Apollon-Figuren, stehende Bronzestatuen (Kuroi) vom Anfang des 7. Jahrhunderts v. Chr., stammen aus Theben und Delphi (z. B. nach 700 v. Chr., Mantoklos aus Theben, heute Boston, M.). Es muß unzählige dieser Skulpturen neben größeren Statuen und Reliefs in den Apollon-Heiligtümern gegeben haben, z. B. die hölzerne Kultstatue in Amyklai (13 m hoch), die nur durch Abbildungen auf Münzen bekannt ist.
Bei der ältesten Darstellung der Trias Apollon, Artemis und Leto handelt es sich um eine Bronzegruppe mit einem hölzernen Kern (›Sphyrelaton‹) aus Dreros (ca. 650 v. Chr., Kreta, M., nun in Heraklion), Apollon überragt die beiden Göttinnen. Auf einer Metope aus Selinus auf Sizilien (um 550 v. Chr., jetzt Palermo, M. Naz.) hält Apollon die Lyra und Artemis den Bogen; Leto in der Mitte hat keine Attribute.
Die Lyra kommt seit etwa 650 v. Chr. vor. Auf einem tönernen Mischkrug aus Melos lenkt Apollon, die Lyra spielend, ein Vierergespann. Meist trägt er Waffen und Instrument zugleich, was nach dem Philosophen → Heraklit (um 500 v. Chr.) die Einheit der Gegensätze versinnbildlichen soll. Die Musik von Apollons Lyra galt den Olympiern als anregend.
Mythologische Szenen, in denen der streitende Apollon zu sehen ist – was die Bedeutung dieses mächtigen und Ordnung schaffenden Gottes unterstreicht –, tauchen seit dem 7. Jahrhundert v. Chr. zusammen mit Herakles' Raub des Dreifußes, dem Kampf mit Python und Tityos und dem Tod der Niobiden auf Vasen auf. Seit dem 6. Jahrhundert v. Chr. erscheint Apollon auf Reliefskulpturen im Zusammenhang mit der Gigantomachie. Die Niobiden finden sich auch auf dem nur aus Beschreibungen bekannten Thron der Kultstatue des Zeus in Olympia von Pheidias (nach 430 v. Chr.). Im westlichen Giebelfeld des Zeustempels in Olympia wacht Apollon über den Kampf zwischen den Lapithen und Kentauren. Er erscheint hier als Lieblingssohn des Zeus, der sich selbst im östlichen Giebel befindet und dessen Befehle Apollon vorbildlich ausführt.
Er wurde auch häufig als ›Apollon Parnopias‹, der die Menschen vor Heuschrecken schützen sollte, dargestellt, z. B. von Pheidias

im 5. Jahrhundert v. Chr. (rekonstruierte Fassung in der Anti-kenslg. in Kassel).

In der Bildhauerei verkörpert Apollon seit dem 4. Jahrhundert v. Chr. den Inbegriff jugendlich-männlicher Schönheit (neben → Dionysos und → Hermes; weibliches Pendant: → Aphrodite). Seine Attribute sind die Lyra, Pfeil und Bogen, manchmal auch der Dreifuß, der Omphalos (ein bienenkorbartiger Gegenstand mit einem Netz aus grobgesponnenem Wolldraht) und der Greif (ein heiliger Vogel). Sein Körper ist schlank und männlich, manchmal wirkt er auch etwas weichlich. Praxiteles zeigt den Gott mit menschlichen Zügen in den verschiedenen Aspekten seines Wesens: als Lehrer der Musen (Musagetes), als Richter der Niobiden (Gruppe Florenz, Uffizien; Rom, Vat. M.), ruhend nach getaner Arbeit (der sog. Lykeios wegen des Standortes im Lykeion in Athen und der Verbindung zu Lykos, dem Wolf) und unschuldig und gewaltsam zugleich bei der Tötung einer Ei-dechse (Sauroktonos). Die genannten Modelle bleiben für die hellenistische und römische Zeit maßgeblich. Seit dem Hellenis-mus widmet man sich ferner auch den Liebesabenteuern (Daph-ne, Kyparissos) auf Mosaiken, Gemälden und Reliefs.

Der ›Apollo von Belvedere‹ (2. Jh. v. Chr., Rom, Vat. M.), ver-mutlich eine Kopie des Werkes von Leochares (um 330 v. Chr., vgl. Plin. nat. 34,79), hat seit seiner Entdeckung Ende des 15. Jahrhunderts großen Einfluß auf die Gestaltung nackter, männ-licher Figuren ausgeübt, z. B. im Werk von Michelangelo und Dürer, und wird in den Schriften J. J. Winckelmanns als die höchste Vergegenwärtigung der griechischen Kunst gepriesen. Die drohende Haltung Apollons sieht Winckelmann im Zusam-menhang mit dem Kampf gegen Python, ist aber wohl als Aus-druck aller obengenannten Funktionen zu verstehen.

Der römische Apollon besitzt sämtliche angeführten Eigen-schaften. Im ältesten Kultus (Cumae 6.–5. Jh., Rom 431 v. Chr.) werden seine heilkundigen Fähigkeiten hervorgehoben. Augu-stus widmete dem Gott auf dem Palatin einen an sein Haus an-grenzenden Tempel, da er ihm persönlich in der Schlacht bei Actium 31 v. Chr. geholfen haben soll.

ND₁ Im Mittelalter behält Apollon seine positiven Eigenschaften und wird nicht – wie z. B. Aphrodite und Artemis – in allegorischen Darstellungen negativ interpretiert. Im *Ovide Moralisé* (ca. 1316–28) wird der Sieg über Python mit Christi Vertreibung des Teu-fels verglichen. Apollons heiliger Vogel Phoenix ist eine Alle-gorie der Himmelfahrt Christi. In Traktaten kommt Apollon als die Personifikation der Wahrheit vor. Einige Abbildungen und Beschreibungen erinnern an den heilkundigen ›Apollo Medicus‹. In der Astrologie der Zeit spielt er eine wichtige Rolle. Auch seine Verbindung mit den Musen und Künsten bleibt gegenwärtig.

Raffael verarbeitete diese Traditionen auf Fresken in der vatikanischen Stanza della Segnatura (1509/10); Apollon wird hier unterschiedlich gezeigt: inmitten der Musen auf dem Parnassos; als Standbild, das hinter den Philosophen, unter denen sich Platon und Aristoteles befinden, hervorragt; bei der Häutung des Marsyas, einer Szene, die für den Sieg des Geistes über das Irdische steht. Im Laufe der Jahrhunderte greifen einige Künstler auf das Thema Apollon und die Musen zurück, u. a. auf Gemälden L. Lotto (1530, Budapest, M.), M. van Heemskerck (1565, Norfolk/Va., Chrysler M.), M. de Vos (um 1590–95, Brüssel, Kon. M.), N. Poussin (um 1625, Madrid, Prado), C. de la Fosse (1647–49, Orléans, M.), G. de Lairesse (um 1675, Grisaille, Amsterdam, M.) und auf Fresken J. Amigoni (1722/23, München, Schloß Schleißheim) und A. R. Mengs (1761, Rom, Villa Albani). Im Park der Bayreuther Eremitage legte E. Räntz um 1718 eine Parnaß-Anlage mit Statuen von Apollon, den Musen und Pegasos an.

Apollon auf dem Sonnenwagen, häufig in der Gesellschaft der Göttin der Morgenröte Eos, manchmal auch die Mondgöttin Artemis vor sich hertreibend, ist das Thema zahlreicher Wand- und Deckengemälde in Palästen und Schlössern: u. a. in der Villa Farnesina in Rom (1510/11 von B. Peruzzi), im Castello del Buonconsiglio in Trient (1531/32 von G. Romanino), im Palazzo Vecchio in Florenz (1555/56 von G. Vasari/C. Gherardi), im Palazzo Verospi in Rom (1609 von F. Albani), im Oranjesaal des Huis ten Bosch in Den Haag (um 1647–51 von J. van Campen), im Schloß Nymphenburg in München (1716/17 von J. Amigoni), im Gartensaal des Oberen Belvedere in Wien (1721–23 von C. Carlone), im Palazzo Clerici in Mailand (1740 von G. B. Tiepolo), im Schloß Fontainebleau (1753 von F. Boucher) und in der Ca' Rezzonico in Venedig (1753 von G. B. Crosato). Außerdem findet sich das Thema auf Gemälden von L. Giordano (um 1682/83, Boston, M.) und O. Redon (1905–10, u. a. New York, Metrop. M. und Bordeaux, M.).

Die besondere Beziehung Ludwigs XIV. zum Sonnengott bewirkte, daß Apollon den ersten Platz in der Ausstattung des Schlosses und der Parkanlagen in Versailles einnahm. Apollon

steigt mit seinem Gespann aus einem zentral gelegenen Bassin
auf (um 1668–71 von J.-B. Tuby) und wird nach der Beschreibung seiner Bahn im Park, im Bosquet des Bains d'Apollon, von
der Göttin Thetis und deren Gefolge umsorgt (1666–72 von F.
Girardon und T. Regnaudin).
Mit dem verhängnisvollen Ausgang seiner Liebe zu Hyakinthos
beschäftigten sich u. a. B. Cellini (begonnen 1546, unvollendet,
Marmorskulpturengruppe, Florenz, M. Naz.), Annibale Carracci (um 1597–1600, Fresko, Rom, Pal. Farnese), Domenichino
(um 1603, Fresko, Rom, Pal. Farnese), Rubens (1636–38, Gemälde, Madrid, Pal. Reale), G. B. Tiepolo (um 1752/53, Gemälde, Lugano-Castagnola, Slg. Thyssen-Bornemisza), A. Appiani
d. Ä. (1811, Fresko, Mailand, Villa Reale; letzte Umarmung der
beiden), F.-J. Bosio (um 1825, Gemälde, Dünkirchen, M.; der
verwundete Jüngling) und J. Broc (1. Hälfte 19. Jh., Poitiers, M.;
letzte Umarmung der beiden).
In Anlehnung an Kallimachos zeigen Gemälde von J. von
Sandrart (um 1650–60, Florenz, Uffizien), J. M. W. Turner
(1811, London, Tate G.) und G. Moreau (um 1885, Ottawa, Nat.
G.), ein Fresko von L. Cambiaso (1544, Genua, Pal. della Prefettura), ein Deckengemälde von E. Delacroix (1853, Paris,
Louvre, G. d'Apollon) sowie eine Steinfigur eines Monuments
(1894–96, Buenos Aires, Park des 3. Februar) für den argenti-
nischen Staatspräsidenten D. F. Sarmiento (1868–74) den
Kampf mit dem Python.
Als Hirte wurde Apollon u. a. auf Gemälden von F. Albani
(1625–30, Schloß Fontainebleau), G. C. Schick (1808, Stuttgart,
Staatsg.) und J. A. Koch (1834/35, Kopenhagen, Thorvaldsen
M.) dargestellt. Apollon mit der Leier zwischen Hirten zeigt ein
Relief von B. Thorvaldsen am Giebel der Villa Carolina in Ca-
stelgandolfo (1838–40). Als Beschützer der Künste figuriert
Apollon auf Deckengemälden von R. Bayeu im Pardopalast bei
Madrid (um 1785) und von A. Besnard in der Comédie française
in Paris (1911).
In einem der päpstlichen Gemächer in der Engelsburg in Rom
befindet sich ein Apollon-Zyklus von P. del Vaga und D. Zaga
(1547/48, Fresken), ein weiterer Zyklus mit zehn Fresken von
Domenichino stammt aus der Villa Aldobrandini in Frascati
(1616–18, heute größtenteils in London, Nat. G.).
Im übrigen beziehen sich die Darstellungen in der Kunst der
Neuzeit hauptsächlich auf die Sibyllen, Apollons musikalischen
Wettstreit mit Pan (→ Midas) und → Marsyas sowie seine Liebesgeschichten mit → Daphne und Koronis (→ Asklepios).

Als Gott der Künste und v. a. der Dichtkunst ist Apollon durch ND₂
die Jahrhunderte immer wieder angerufen worden, doch ist er
nur selten die Hauptperson eines umfangreichen literarischen
Werkes. J. Sachs schrieb ein Fastnachtspiel *Gott Apollo mit Fabius*
(1551), P. C. de C. de Marivaux das Stück *Le triomphe de Plutus*
(1728), in dem Plutus Apollon die Liebe stiehlt, und J. Giraudoux die Komödie *L'Apollon de Bellac* (1942), die auf Apollon als
männliches Schönheitsideal Bezug nimmt. J. Swift (1709), J.
Keats (1815), P. B. Shelley (1824), E. Mörike (1840), H. Heine
(1851) und R. M. Rilke verfaßten Gedichte über ihn. J. F. Helmers (1801) besingt den Gott der Künstler angesichts des Apollo
Belvedere. F. Nietzsche griff die Gegensätzlichkeit von Apollon
und Dionysos in seinem Werk *Die Geburt der Tragödie aus dem
Geiste der Musik* (1872) auf, um der formstrengen, rational ge-
prägten, ›apollinischen‹ Kultur der griechischen Klassik die Ab-
kehr vom ›dionysischen‹ Urgrund der Kunst vorzuwerfen.
Apollon und Dionysos werden auch in einem Gedicht von J. G.
Fletcher (1913) kontrastiert. Auf das Apollinische im Sinne
Nietzsches spielt der Roman *De verminkte Apollo* (1952) von S.
Vestdijk an.

Musikalische Bearbeitungen des Apollon-Stoffes finden sich NM
schon in der englischen Masque, z. B. von T. Campion (1607,
London) und B. Jonson (1622, London), aber auch noch von W.
Yates nach dem Text von J. Potter (1765, London).
In der italienischen Oper gibt es einige Werke wie von A. Cec-
chini (Libr. von O. Castelli, 1638, Rom), Leopold I./G. F. Sances (Libr. von A. Draghi, 1669, Wien), G. A. Bernabei (entst.
1690, München) und C. W. Gluck (Scenario für das Festspiel
von C. I. Frugoni/R. Calzabigi, 1769, Parma). Verbreitung fand
v. a. das Libretto für eine Pastorale von F. de Lemene, das zahlreich vertont wurde, u. a. von C. A. Badia (1692, Rom und Mailand), A. Lotti/F. Gasparini (1709, Venedig), B. Galuppi (1734,
Venedig) und A. Bernasconi (1723, Venedig). W. A. Mozart
komponierte nach dem Libretto von R. Widl ein lateinisches
Intermedium um *Apollo et Hyacinthus* (1767, Salzburg).
Später erscheint Apollon auch in Kantaten und Hymnen, z. B.
von L. Cherubini (1796, Fragment), H.-J. Rigel (1826, Paris)
und G. Fauré (entst. 1894, 2. Fassung 1914), oder in symphonischen Dichtungen, z. B. bei A. Holmès (entst. 1872). Eine komische Oper schuf A. Sullivan (Libr. von W. S. Gilbert, 1871,
London).
Im 20. Jahrhundert entstanden das Ballett von I. Strawinsky
(1928, Washington und Paris) und das Stück für Klavier und

Streicher von B. Britten (nach J. Keats *Hyperion*, 1939, Toronto).
Neuere Adaptionen des Stoffes sind die beiden Opern von H.
Holewa (Libr. vom Komponisten, Pesaro, 1967) und A. Ková ch
(Libr. vom Komponisten nach Giraudoux, 1972) sowie die
Komposition für Flöte, Streicher und Schlagwerk von R. Zech-
lin (1976).
Phoebus Apollon als Sonnengott findet sich in Vokalsätzen von
W. Byrd (vor 1623), in einer frühen Oper von F. Manelli (Libr.
von G. Strozzi, 1639, Venedig), in einem deutschen Singspiel
von J. P. Krieger (1692, vermutl. Weissenfels), einem ›compo-
nimento da camera‹ von A. Caldara (Libr. von P. Pariati, 1720,
Wien), einer Konzertouvertüre von C. Nielsen (entst. 1903) und
in Kantaten von A. Mackenzie (Text von J. Bennett, 1910, Cardiff Festival) und U. Kay (entst. 1958).
Apollon unter den Hirten wurde, neben einigen Komponisten
des italienischen Barock, auch von A. Schweitzer dargestellt
(Text von J. F. Jacobi, 1770, Halberstadt) sowie von C. D. Stegmann (1776, Königsberg).
Die zahlreichen Liebesverhältnisse des Apollon gingen hauptsächlich in Opern ein von G. B. Volpe (Libr. von A. Aureli,
1663, Venedig), J. W. Franck (1678, Ansbach), A. Cardinal Destouches (Libr. von A. Houdar de la Motte, 1697, Fontainebleau;
deutsche Fassung auch vertont von F. C. Schürmann, 1710,
Wolfenbüttel), G. A. Perti (Libr. von P. J. Martelli, 1698, Bologna), A. Bioni (Libr. von V. Cassani, 1721, Chioggia), J.-J.
Mouret (Libr. von L. Fuzelier, 1727, Paris), G. Pugnani (Libr.
von V. A. Cigna Santi, 1771, Turin; 1773, London), I. von
Seyfried (Libr. von M. Stegmayr, 1807, Wien; deren Parodie von
V. Tucek, 1807, Wien) und schließlich von V. Trento (1811,
London).

Clark 1956; D'Andria/Ritti 1985; Gagé 1955; Mellink 1943; Néraudau 1986;
Pfeiff 1943; Schröter 1977

Apollonios von Tyana (1. Jh. n. Chr.), kleinasiatischer Wundertäter und Philosoph ⟨Philostr. Apollon.; Eus. praep. ev.
4,12,13; Lact. inst. 3⟩.
Bekannt wurde Apollonios als asketisch lebender Wundertäter
und Seher, der durch Kleinasien wanderte. Zu den ihm zugeschriebenen Taten zählen Wunderheilungen und die Erweckung
von Toten. Als Philosoph trat er in die Nachfolge des Pythagoras
(griechischer Philosoph des 6. Jh. v. Chr.) und predigte eine
monotheistische Lehre, in deren Zentrum der Sonnengott He-

lios/Sol stand. Seinem Biographen Philostratos zufolge wurde er
deshalb unter Domitian im Jahre 93 verfolgt und mit dem Tode
bedroht, wofür allerdings auch die Beschuldigung, rituelle Kin-
dermorde begangen zu haben, als Begründung in Betracht
kommt. Er sei unter der Regentschaft Nervas eines natürlichen
Todes gestorben.

Apollonios selbst ist der Autor einer Vita des Pythagoras; außerdem sind einige Briefe und Fragmente überliefert. Philostratos schrieb um 217 n. Chr. im Auftrag der Kaiserin Julia
Domna eine Biographie des Apollonios in Form eines Romans
mit Reiseerzählungen. Hierbei stützte er sich auf heute nicht
mehr erhaltene Schriften aus dessen Schülerkreis. Während der
Christenverfolgung unter Diocletian (302–305) verfaßte der
Statthalter Hierokles von Nikomedien eine antichristliche
Schrift über Apollonios, in der er diesen aufgrund seiner Lebensweise und seiner Wundertaten mit Christus vergleicht und ihm
den höheren Rang zumißt. Dieser Vergleich, der hier zum er-
stenmal auftritt, wird in der weiteren Beschäftigung mit Apollonios bis in die Neuzeit immer wieder aufgegriffen. Die Schrift
des Hierokles weckte ein neues Interesse an Apollonios, welches
auf christlicher Seite scharfe Kritik auslöste und u. a. Eusebius zu
einer Gegenschrift veranlaßte, mit der Forderung, Apollonios'
Lehre offiziell zurückzuweisen. Wie ernst die Kirchenväter den
heidnischen Konkurrenten nahmen, bezeugen die eindringli-
chen Warnungen eines Augustinus und Hieronymus vor der lateinischen Übersetzung der Biographie von Philostratos. Zugleich aber fand die Lehre des Thaumaturgen eine Fortsetzung
in der magischen und hermetischen Literatur. Als Zauberer, der
Krankheiten und andere Übel zu bannen verstand, ist Apollonios in zahlreiche Volkserzählungen aus dem Osten des Römischen Reiches eingegangen: In Ecbatana soll er den Schnee abgewehrt haben, in Ktesiphon Skorpione. Solche Erzählungen
prägten das Bild des Apollonios in der arabischen und persischen
Welt.

Es scheint, daß einige Züge des Philosophen in die im Mittelalter
weitverbreitete *Historia Apolloni Regis Tyri* eingegangen sind.
1501–04 druckt Manutius eine Edition von Philostratos' Biographie, Übersetzungen ins Italienische und Französische folgen. Die Geschichte einer gewissen Lamia, eines Vampirs, der
den schönen Jungen Mennipos bezaubert haben soll und von
Apollonios durch eine Beschwörung gebändigt wird, ist durch
das Gedicht *Lamia* von J. Keats (1819) bekannt geblieben. Im

19. und 20. Jahrhundert wurde Apollonios als Gegenfigur zum Christentum, als einer der letzten Verfechter antiker Werte gesehen. In dieser Eigenschaft erscheint er in drei Gedichten von K. Kavafis (1896; 1897, über den mysteriösen Tod; 1925, über die Ablehnung von Luxus) und in verschiedenen Werken von H. Mulisch.

K. B. Jirák komponierte die Oper *Apollonius aus Thyana* , die später unter dem Titel *Frau und Gott* gespielt wurde (Libr. von J. Karásek, 1927, Brünn).

Dzielska 1986

Apsyrtos, Bruder der → Medeia

Aquilia Severa Augusta, Gemahlin des → Elagabal

Arachne, berühmte lydische Weberin, Tochter des Purpurwebers Idmon von Kolophon in Kleinasien ⟨Verg. georg. 4,246; Ov. met. 6,5–145⟩.

Arachne besaß die Vermessenheit, Athena, die Schutzgöttin der Webkunst, zu einem Wettkampf herauszufordern. Athena ermahnte sie in der Gestalt einer alten Frau zur Bescheidenheit, doch als Arachne nicht auf sie hören wollte, nahm sie wieder ihre eigene Gestalt an und stellte sich der Herausforderung. Athena fertigte einen Teppich, auf dem neben ihrem Sieg über Poseidon auch Szenen der Bestrafung Sterblicher wegen ihres Hochmuts, der Hybris, zu sehen waren. Arachne wob die Götter und v. a. Zeus in ehebrecherischen Szenen. Athena geriet über den ebenbürtigen Teppich in Wut, zerriß ihn und warf mit einem Weberschiffchen nach Arachne. Diese wollte sich daraufhin erhängen, wurde aber von Athena in eine Spinne verwandelt und dazu verdammt, an einem Faden hängend ihre Kunst weiter auszuüben.

Aus der Antike ist keine gesicherte Darstellung bekannt. Ein Marmorfries am Nervaforum in Rom (96–98) mit Frauen an einem Webstuhl könnte auf Arachne bezogen sein.

N In der bildenden Kunst des 16. und 17. Jahrhunderts wird der Wettkampf zwischen Arachne und Athena u. a. auf Gemälden von J. Tintoretto (um 1575–80, Florenz, Uffizien), Rubens (1636–38, Ölskizze, Richmond, M.), Velázquez (um 1644–57, Madrid, Prado) und L. Giordano (um 1695/96, El Escorial, Monasterium) gezeigt. Abbildungen Arachnes in Fürstenresidenzen können als eine Mahnung an die Untertanen vor Übermut gegenüber den Herrschern gemeint sein, z. B. bei Fresken von T. Zuccari im Palazzo Farnese in Caprarola (um 1560) und aus dem Kreis um F. Sustris in der Burg Trausnitz bei Landshut (um 1574–1578). Dieser Gedanke bildet nachweislich den Hintergrund des größten bewahrten Arachne-Zyklus von H. Bocksberger d. Ä. und L. Refinger (oder Umkreis) für die Landshuter Stadtresidenz Ludwigs X. von Bayern (1540–43): Die Geschichte der Arachne ist in 23 Bildern um das zentrale Deckengemälde mit der Verehrung Athenas angeordnet. Die angrenzenden Säle zeigen die Rachegöttin → Nemesis und die Bestrafung der → Niobe.

Die Legende wurde in der Literatur der Neuzeit ausführlich in G. Boccaccios *De claris mulieribus* (1356–64) erzählt und vielfach in illustrierten Ausgaben und frühen Drucken dieses Werkes wie solchen von Ovids *Metamorphosen* abgebildet.

Für die tänzerische Darstellung dieses Sujets komponierten A. Roussel (1944, London) und A. Koerppen (1968) die Ballettmusik.

D'Ambra 1993; Verheyen 1966; Welles 1986

Araspas, Vertrauter des → Kyros II.

Arbakes, Leibwächter und Verschwörer gegen → Sardanapal(l)os

Archimedes (287–212), bedeutender Mathematiker, Naturforscher und Erfinder aus Syrakus, Sohn des Astronomen Phidias ⟨Plut. Marc. 14,17,19; Cic. Verr. 4,131; Cic. fin. 5,50; Cic. Tusc. 5,64–65; Liv. 25,31,9–10; Val. Max. 8,7,7; Pol. 8,5–9⟩.

Archimedes verbrachte einige Zeit in Alexandria, um sich seinen Studien zu widmen und sich mit anderen Wissenschaftlern auszutauschen. Dann kehrte er nach Syrakus zurück.

Die wenigen bekannten Geschichten über den Gelehrten hängen hauptsächlich mit der Entdeckung des Archimedischen Prinzips zusammen, das besagt, daß der Gewichtsverlust eines Körpers in einer Flüssigkeit dem Gewicht der verdrängten Flüssigkeitsmenge entspricht.

Für König Hieron von Syrakus mußte Archimedes die Legierung von dessen Krone auf die genauen Anteile von Gold und

Silber prüfen. Während eines Bades soll er durch Zufall die Lösung dieses Problems gefunden und ›heureka‹ (ich habe es gefunden) gerufen haben (Plut. mor. 73). Dieser von Vitruv in seinem Werk *De architectura* (9, praef. 9–10) und von Plutarch in einem Traktat über Epikur in den *Moralia* (1094 BC) zitierte Ausspruch ist zu einem geflügelten Wort geworden. In der Marcellus-Biographie von Plutarch ist noch ein weiterer Ausspruch des Archimedes überliefert: ›Gib mir einen Punkt, an dem ich stehen kann, und ich werde die Erde bewegen‹. Damit bringt er die Hebelwirkung zum Ausdruck, vermittels deren beliebig schwere Objekte zu bewegen sind.

Polybios, Livius und v. a. Plutarch beschreiben, wie Archimedes bei der Belagerung seiner Vaterstadt durch römische Truppen unter der Führung von Marcellus sein ganzes Wissen für die Verteidigung einsetzte. Er entwarf Geräte, mit deren Hilfe Projektile über weite Entfernungen auf die Römer geschossen werden konnten. Als deren Schiffe bis zu den Stadtmauern vordrangen, wurden sie durch geniale Krankonstruktionen aus dem Wasser gehoben und anschließend wieder losgelassen (Pol. 8,5–9; Liv. 24,33–34; Plut. Marc. 14–18). Derartige Schwierigkeiten zwangen Marcellus zu einer langen Belagerung. Nach Diokles, dem Autor eines Werks über Brennspiegel (*Peri pureiou*) aus dem 1. Jahrhundert v. Chr., soll es Archimedes sogar gelungen sein, mit Hilfe eines Brennglases einen Teil der römischen Flotte in Flammen aufgehen zu lassen.

Dann aber konnten die Römer Syrakus einnehmen. Zahllose Bürger fielen dem Gemetzel zum Opfer. Ein römischer Soldat traf Archimedes an, als dieser gerade völlig in Gedanken versunken in den Sand gezeichnete mathematische Figuren studierte. Nach Livius und Plutarch bat Archimedes lediglich, man solle seine Zeichnungen nicht zerstören, bevor er von den Römern niedergestochen wurde (Cic. Verr. 4,131; Cic. fin. 5,50; Liv. 25,31,9; Plut. Marc. 19; Val. Max. 8,7,7). Seine Worte ›noli turbare circulos meos‹ (störe meine Kreise nicht) erlangten sprichwörtlichen Charakter und lehnen sich an den Ausruf ›noli, obsecro, istum [circulum] disturbare‹ (störe bitte diesen [Kreis] nicht) an, der ihm von Valerius Maximus in den Mund gelegt wird. Marcellus hatte Archimedes sehr verehrt und bedauerte dessen Ermordung. Er ließ ihn ehrenvoll bestatten. Später wurde sein Grab von → Cicero entdeckt, als er Praetor von Sizilien war (Cic. Tusc. 5,64 ff.).

N Plutarch skizziert einen Archimedes, dem die abstrakte und intellektuelle Schönheit der Wissenschaft über alles geht; sein Lebensende illustriert dies. Archimedes bleibt bis in die moderne Zeit einer der großen Gelehrten auf dem Gebiet der exakten Wissenschaften und seine Werke (bzw. die ihm zugeschriebenen) hatten Jahrhunderte hindurch enormen Einfluß. So wurde ein mittelalterliches Puzzlespiel mit mathematischen Figuren, die in immer neuer Reihenfolge gelegt werden können, loculus archimedius genannt.

Aus der Antike sind weder Porträts von Archimedes noch Darstellungen seines Todes bekannt. Erst in der bildenden Kunst der Neuzeit greifen Künstler dieses Motiv auf, z. B. P. del Vaga (1511; neben der Verwüstung der römischen Schiffe) auf einem Fresko in der Stanza della Segnatura im Vatikan im Zusammenhang mit der Verherrlichung von Theologie und antiker Wissenschaft und B. Carducho (1592) auf einem Fresko in der Bibliothek des Escorial, weiterhin auf Gemälden von Künstlern aus dem Kreis um L. Giordano in einer großen Reihe von Philosophen-Porträts (um 1650, Düsseldorf, Akad. und Berlin, Staatl. M.), von J. von Sandrart d. Ä. (1646 und 1651, Wien, Kunsth. M.), von P. F. Mola (um 1652–56, Rom, Busiri-Vici C.) und von S. Ricci (um 1695, Venedig, Privatbesitz). B. West zeigt auf einem Gemälde (1804, New Haven, Art G.) Cicero am Grab des Archimedes. NK

Auf einem Freskenzyklus von E. Delacroix in der Bibliothek des Palais Bourbon in Paris (1844–47), der im Zeichen der Wahl zwischen Künsten (→ Orpheus) und Barbarei (Attila) steht, bildet der Tod des Archimedes eines von zwanzig Beispielen für Weisheit und Gelehrsamkeit (darunter Plinius Maior als Beobachter des Vesuv-Ausbruchs im Jahre 79 n. Chr., bei dem er ums Leben kam; Herodotos, der sich in Ägypten Aufzeichnungen macht; Aristoteles, der von den Tieren, die ihm Alexander geschickt hat, eine Beschreibung anfertigt; → Demosthenes, der sich darin übt, seine Stimme mit den tosenden Wellen des Meeres zu messen). Vier dieser außergewöhnlichen Männer werden als Opfer des Unverstandes und der Dummheit ihrer Mitmenschen gezeigt: → Seneca muß sich selbst des Lebens berauben, Johannes der Täufer wird enthauptet, Ovid verbannt und Archimedes erstochen.

Eine Bearbeitung des Plutarchischen Archimedes mit modernsten musikalischen Mitteln unternahm J. Dashow, den v. a. die ursprüngliche Einheit von Naturwissenschaft und Dichtung und die Stellung von Syrakus zwischen den beiden Großmächten Rom und Karthago als Hauptthemen seines *theatre-piece* (1988) interessierte. NM

Ares, olympischer Gott des Krieges, Sohn von Zeus und Hera, von den Römern später mit Mars gleichgesetzt; Personifikation der Kampfeslust ⟨Hom. h. 8⟩.

Wegen seiner Blutrünstigkeit und der Vorliebe für den Krieg nur um des Krieges willen wurde Ares wenig geschätzt. In Begleitung seiner Söhne Deimos und Phobos (Furcht und Schrecken), seiner Schwester Eris (Zwietracht) und Enyo, der Personifikation des Krieges, schürte er auf den Schlachtfeldern die Kampfbereitschaft der Krieger. Als Vater der Penthesilea, der Königin der in Thrakien lebenden → Amazonen, wurde er von diesen kriegerischen Frauen als ihr Ahne verehrt. Zu Thrakien hatte er besonders enge Beziehungen (u. a. Hom. Il. 13,301; Hom. Od. 8,361; Hdt. 5,7; Verg. Aen. 3,35; 12,331; Stat. 7,35).

Homer betont in der *Ilias* die Gegensätzlichkeit von Ares und Athena: Auch sie ist eine Göttin des Krieges, doch geht es ihr um einen mit strategischem Verstand und taktischem Geschick geführten Kampf und nicht um das zweifelhafte Vergnügen am barbarischen Kriegsgeschehen. Im Trojanischen Krieg stand Ares auf der Seite der Trojaner, Athena auf der der Griechen. Mit Athenas Hilfe konnte der Grieche Diomedes Ares ernstlich verletzen. Als sich Athena und Ares im Kampf gegenüberstanden, konnte die Göttin ihren Halbbruder mit einem Stein außer Gefecht setzen (20,32 ff.). Auch in den Kampf des Herakles gegen Ares und dessen Sohn Kyknos griff Athena ein und verletzte den Kriegsgott. Den Thrakern Diomedes und Lykaon, den Söhnen des Ares, gelang es allerdings, Herakles zu besiegen. Außer am Trojanischen Krieg nahm Ares noch am Kampf der olympischen Götter gegen die Giganten teil.

Sein bekanntestes Liebesverhältnis hatte Ares mit → Aphrodite (Hom. Od. 8,266–366; Smyrn. 14,47 ff.), der Gattin des Hephaistos, die ihm Harmonia gebar. Harmonia heiratete später → Kadmos, den Gründer von Theben. Auch Aphrodites Söhne Anteros, die ›Gegenliebe‹, und dessen Bruder und Gegenpol Eros, werden in einigen Quellen Ares zugeschrieben (Sim. Fragm. 575; Cic. nat. 3,23,60). Homer erzählt in der *Odyssee* (8,266–366), wie der Sonnengott Helios auf seiner Fahrt mit dem Sonnenwagen über das Himmelsgewölbe das ehebrecherische Verhältnis zwischen Ares und Aphrodite entdeckte und Hephaistos warnte. Dieser knüpfte ein großes Netz, befestigte es über dem ehelichen Bett und fesselte damit die Liebenden bei ihrem nächsten Treffen. Um die beiden zu demütigen, lud er die anderen Götter zu dem Schauspiel ein. Die Göttinnen zogen sich geniert zurück, während die Götter in ein lautes, homerisches Gelächter ausbrachen. Poseidon setzte sich dafür ein, daß Hephaistos die beiden wieder befreite.

Auch von den Söhnen des Poseidon, den Aloaden Otos und Ephialtes, mußte sich Ares demütigen lassen. Die beiden wuchsen zu so riesigen Männern heran, daß sie meinten, den Olymp erstürmen zu können. Um dabei nicht gestört zu werden, schlossen sie Ares in einen Bronzekrug ein, aus dem er erst nach dreizehn Monaten von Hermes befreit werden konnte (u. a. Hom. Il. 5,385 ff.; Hom. Od. 11,305 ff.; Apollod. 1,7,4; Hyg. fab. 28).

Im Gegensatz zu dem geringen Ansehen und der bescheidenen Bedeutung des Ares in Mythologie und Kult der Griechen war der alte italische Mars für die Römer eine zentrale Gottheit. Der Monat März, nach alter Zählung der erste Monat des Jahres, verdankt ihm seinen Namen. Mars war ursprünglich der Beschützer der Äcker, die er in Kriegszeiten zu verteidigen half. Die langsame Verschiebung zu einem Kriegsgott ist auf die abnehmende Bedeutung der Landwirtschaft gegenüber der Kriegsführung bei den Römern und die Assimilation mit dem griechischen Ares zurückzuführen. Da er als Vater von Romulus und Remus galt, war er für Kaiser Augustus einer der Stammväter seiner Dynastie. Der Kaiser weihte Mars einen Tempel auf dem Forum Augustum.

Ares, als Krieger unter Kriegern nicht leicht zu identifizieren, kommt in der griechischen bildenden Kunst selten vor. Ihm wird unter den olympischen Göttern keine zentrale Position eingeräumt. Sein äußerliches Erscheinungsbild verändert sich in den Darstellungen der archaischen Kunst von einem gekleideten, bärtigen Mann zu einem bartlosen, nackten Jüngling in der klassischen und hellenistischen Kunst. Zu seinen Attributen zählen ein großer Helm und eine Lanze mit Schild.

Zwei griechische Statuen sind für die Ikonographie von Bedeutung: der stehende Ares Borghese von Alkamenes (um 420 v. Chr.; römische Marmorkopie aus der Villa Hadriana in Tivoli, heute Paris, Louvre) und der sitzende Ares Ludovisi (um 330 v. Chr.; Marmorkopie in Rom, M. Naz.).

In der hellenistischen und der römischen Kunst wird er zusammen mit Aphrodite gezeigt, meist ohne Bezug auf eine konkrete Szene. Diese Genredarstellungen sind u. a. auf Wandgemälden in Pompeii und auf Sarkophagen zu sehen. Seine Waffen liegen auf dem Boden oder dienen als Spielzeug der Eroten. Ferner sind Porträts aus der Kaiserzeit bekannt von Personen, die sich in ihrer militärischen Funktion als Kriegsgott abbilden ließen, manchmal zusammen mit ihrer Gattin als Venus (z. B. Vatikan).

NK In der bildenden Kunst des späten Mittelalters und der frühen Renaissance zieht Ares/Mars häufig mit einer Peitsche auf einem Streitwagen durch eine Landschaft, begleitet von einem Wolfshund. Diese Szene geht zurück auf eine Beschreibung von Albericus von Porta Ravennate aus dem 12. Jahrhundert und findet sich z. B. auf einem Fresko von T. di Bartolo (um 1417) im Palazzo Pubblico in Siena und auf einem Relief von A. di Duccio im Tempio Malatestiano in Rimini (um 1447–1454).

Seit der zweiten Hälfte des 15. Jahrhunderts bis ins 18. Jahrhundert entstehen v. a. Darstellungen von Ares und Aphrodite. Das Thema wurde inspiriert durch eine Passage in *De rerum natura* des Lucretius (2. Hälfte 1. Jh. v. Chr.): Ares schläft oder ruht unter dem wachenden Auge der Aphrodite oder in ihren Armen als Sinnbild der Zügelung der ungestümen, aggressiven und zerstörerischen männlichen Natur. Zu frühen Beispielen zählen Gemälde von S. Botticelli (um 1483, London, Nat. G.) und P. di Cosimo (um 1490–1505, Berlin, Gemäldeg.). Häufig wird mit der Figur des → Eros die Liebe betont, z. B. auf Gemälden von P. Veronese (um 1575–78, Turin, G. und 1578–80, New York, Metrop. M.), von B. Spranger innerhalb einer Reihe mythologischer Liebespaar-Darstellungen im Auftrag Rudolfs II. in Prag (um 1595, Graz, Alte G.), F. Bol (um 1661–63, Braunschweig, M.) und im 20. Jahrhundert von M. Beckmann (1908, Neu-Ulm, Slg. Bilger). A. Mantegna läßt die beiden in seinem Parnassos-Gemälde (1497, Paris, Louvre) über den Musen thronen; im Hintergrund ist der tobende Hephaistos zu sehen. Auf Gemälden von D. Tintoretto (um 1590–1600, Chicago, Art. I.) und J.-L. David (1824, Brüssel, Kon. M.) befinden sich Aphrodite und Ares in Gesellschaft der Chariten, wobei auf Davids Darstellung Ares entwaffnet wird. A. Canova schuf ein Gipsrelief mit Aphrodite und tanzenden Chariten vor Ares (1797, Possagno, G.).

Zudem gibt es in der bildenden Kunst seit der Renaissance eine große Anzahl erotischer Darstellungen von Ares und Aphrodite. In Italien entstanden Gemälde von P. Vecchio (um 1510, New York, Brooklyn M.), Palma il Giovane (um 1590, London, Nat. G. und um 1605–09, Malibu, Getty M.), C. Saraceni (um 1605–10, Sao Paulo, M.) und L. Giordano (um 1670, Neapel, G.)

sowie Fresken von G. Romano (um 1528) im Palazzo del Tè in Mantua und von Agostino Carracci (um 1600–02) im Palazzo del Giardino in Parma. Ein Gemälde von B. Spranger (um 1580–90, Wien, Kunsth. M.) und ein Stich von H. Goltzius nach Spranger (1588) bildeten zu diesem Motiv den Ausgangspunkt für einige nachfolgende Gemälde in der holländischen Kunst, z. B. von C. C. van Haarlem (1609, Warschau, M. und 1623, Amsterdam, M.), J. Lievens (1653, Berlin, Staatl. M.), G. de Lairesse (1672, Amsterdam, M.) und A. van der Werff (1699, Dresden, Gemäldeg.). In Frankreich und Deutschland beschäftigten sich mit dem Thema auf Gemälden z. B. H. Rottenhammer (1604, Amsterdam, M.), N. Poussin (um 1630, Boston, M.) und J.-M. Vien (1768, St. Petersburg, Eremitage).

Oft stellen die Künstler – dabei auf eine Überlieferung Homers zurückgreifend – das ehebrecherische Verhältnis und die Entdeckung des Liebespaares dar: u. a. auf Gemälden M. van Heemskerck (um 1536, Wien, Kunsth. M.), F. Floris (1547, Berlin, Staatl. M.), P. Bordone (um 1548–50, Berlin, Gemäldeg.), J. Tintoretto (um 1551/52, München, AP), J. Wtewael (1601, Den Haag, Mauritsh. und 1603, Malibu, Getty M.), F. Boucher (1754, London, Wallace C.), L. J. F. Lagrenée (1768, Paris, Louvre) und L. Corinth (1909, München, NP) sowie auf einer flämischen Teppichreihe (Mitte 16. Jh., Baltimore, Walters Art G.).

Ein ruhender, nachdenklicher Ares, wie auf einem Gemälde von Velázquez (um 1639–42, Madrid, Prado) sowie in der Bildhauerei bei J. G. Schadow (1793, Sandsteinstatue, Berlin, Brandenburger Tor), kann als Hinweis auf den Liebesakt gedeutet werden; oder es handelt sich, v. a. wenn Ares schlafend dargestellt wird, um eine Allegorie des Friedens, z. B. auf einem Gemälde von H. Terbrugghen (1629, Utrecht, M.). A. Canova porträtierte Napoleon Bonaparte als Ares, der den Frieden bringt (1803–06, London, Wellington, M.). Möglicherweise wurden einige dieser Werke vom Ares Ludovisi inspiriert. Im Gegensatz dazu personifiziert der kriegerische oder gewalttätige Ares militärische Macht. Manchmal wird er dabei von Athena – z. B. auf einem Fresko von J. Tintoretto (1577/78) im Palazzo Ducale in Venedig und auf einem Gemälde von Rubens (1629/30, London, Nat. G.) – oder von Aphrodite zurückgehalten, u. a. auf Gemälden von Rubens (um 1638, Florenz, Pal. Pitti) und J.-L. David (1771, Paris, Louvre; Ares im Kampf mit Athena).

Auch in der Literatur findet sich dieses Motiv. J. van den Vondel ND dichtete im Jahre 1648 anläßlich des Friedens von Münster *De getemde Mars.* Ares hat in der Literatur der Neuzeit keinen bedeutenden Stellenwert. L. V. de Camões schrieb ein Epos, J. Paul eine scherzhafte Flugschrift *Mars und Phöbus Thronwechsel* (1814), E. Langgässer eine Erzählung (1932) und R. Ackland zusammen mit R. G. Newton das Stück *Cupid and Mars* (1947). Das Liebesverhältnis Ares'/Mars' mit Aphrodite/Venus wird besonders in der Lyrik betont, u. a. von G. Chaucer (ca. 1385), Lorenzo de' Medici (1492), J. Du Bellay (1571) und P. Freneau (1768–94), aber auch in dem Stück *La púrpura de la rosa* (1659) von P. Calderón de la Barca.

NM Ares/Mars und Cupido/Amor waren v. a. in der höfischen Musik des 17. Jahrhunderts beliebt, wie u. a. die Festmusik von J. Peri (Libr. von F. Saracinelli, 1614, Florenz) oder das Intermedium von C. Monteverdi (Text von C. Achillini, 1628, Parma) nahelegen. J.-B. Lully komponierte ein Ballett nach dem Szenarium von I. de Bensérade/P. Quinault, das den Sieg der Liebe über Mars thematisiert (1681, Paris). Zu einer ›masque‹ von J. Dryden schrieb D. Purcell die Musik (1700, London). Krieg und Frieden wurden in Gestalt von *Mars und Irene* in einer Tafelmusik von J. P. Krieger (1692) und in dem Singspiel von A. Ariosti (Libr. von C. Reuter, 1703, Berlin) dargestellt. K. Ditters von Dittersdorf griff dieses Genre in dem Stück *Gott Mars und der Hauptmann von Bärenzahn* wieder auf (1795, Oels). In der Tradition Lullys entstanden zahlreiche Ballette, die Mars und besonders seine Beziehung zu Aphrodite/Venus behandeln, u. a. von A. Campra (1712, Paris), E.-J. Floquet (1775, Mailand) und P. I. Kürzinger (1783, Regensburg).

Beck 1984; de Jong 1980

Arethusa, eine der → Nymphen

Arges, einer der → Kyklopen

Argonauten, etwa fünfzig Helden, die auf dem Schiff Argo mit → Iason ausfuhren, um das Goldene Vlies zu holen ⟨Apoll. Rhod. Arg.; Val. Fl.; Pind P. 4⟩.
Da Pelias, der König von Iolkos, befürchtete, Iason werde seinen rechtmäßigen Anspruch auf den Thron erheben, schickte er diesen nach Kolchis am Schwarzen Meer mit dem Auftrag, das Goldene Vlies zu holen, das goldene Fell eines Widders, auf dem

Phrixos vor seiner Stiefmutter Ino nach Kolchis geflohen war.
Pelias hoffte, Iason werde dabei umkommen.
Zu den wichtigsten Begleitern Iasons gehörten Argos, der das
einzigartige Schiff nach den Anweisungen Athenas gebaut hatte
(von ihr stammte auch der sprechende Ast von der Eiche des
Zeus-Heiligtums bei Dodona am Bug des Schiffes), Tiphys, der
von Athena die Steuermannskunst gelernt hatte, → Orpheus,
der mit seinem Gesang die Ruderer im Rhythmus hielt, und die
beiden Söhne des Windgottes Boreas, Zetes und Kalais. Außerdem waren die → Dioskuren Kastor und Polydeukes an Bord,
ihre beiden Vettern Idas und Lynkeus, Admetos (→ Alkestis),
Pelias' Sohn Akastos, der sich gegen den Willen seines Vaters
dem Unternehmen anschloß, → Peleus und sein Bruder Telamon, → Herakles mit seinem jungen Freund Hylas und der Jäger
→ Meleagros. In manchen Quellen werden noch andere Helden
genannt wie → Theseus, Peirithoos, → Atalante und Laertes, der
Vater von Odysseus.
Schon auf der Hinfahrt mußten die Argonauten eine Reihe von
Abenteuern bestehen. Sie landeten auf der Insel Lemnos und
begegneten ausschließlich weiblichen Bewohnerinnen. Diese
hatten den Opferdienst für → Aphrodite vernachlässigt und waren mit einem so unerträglichen Körpergeruch bestraft worden,
daß ihre Männer geflohen waren. In ihrer Wut hatten die Frauen
alle Männer und Söhne umgebracht. Die Argonauten wurden
von den Frauen freundlich empfangen und ließen es sich auf der
Insel eine Zeitlang gutgehen – Iason verliebte sich in die Königin Hypsipyle –, bis sie Herakles an ihre Pflicht erinnerte.
In der Nähe des Hellespont ankerten sie vor der Küste der Dolionen und wurden von deren König Kyzikos gastlich aufgenommen. Einen Angriff von sechsarmigen Erdungeheuern
konnten sie dank Herakles abwehren. Auf der Weiterfahrt wurden sie durch einen starken Gegenwind unwissentlich an das
Ufer zurückgetrieben. Im Dunkeln kam es zu Gefechten zwischen den ahnungslosen Argonauten und Dolionen, wobei König Kyzikos den Tod fand. Als es dämmerte, beklagten beide
Seiten dieses tragische Mißverständnis und hielten große Be-
gräbnisfeierlichkeiten für die Gefallenen ab.
Die nächste Station ihrer Fahrt war Kios an der Küste Mysiens.
Unter dem kraftvollen Schlag des Herakles war sein Ruder zerbrochen; nun suchte er ein Stück Holz, um ein neues zu schnit-
zen. Sein Freund Hylas machte sich inzwischen auf, frisches
Wasser zu holen; an einer Quelle wurde der schöne junge Mann
von den darin wohnenden Nymphen in die Tiefe gezogen. He-

rakles blieb verzweifelt zurück und suchte Hylas, während die Argo weitersegelte.

Im Land der Bebryker wurden die Argonauten wie alle Fremdlinge von dem dortigen König Amykos, einem Sohn des Poseidon, zu einem Faustkampf herausgefordert, einem Duell, das für den Gegner bisher immer einen tödlichen Ausgang genommen hatte. Aber Polydeukes, ein berühmter Kämpfer, konnte Amykos mühelos besiegen.

Auf der weiteren Reise trafen sie auf den thrakischen König Phineus. Dieser blinde Seher hatte göttliche Geheimnisse leichtsinnig verraten, worauf ihn die → Harpyien, vogelähnliche Wesen mit Frauenköpfen, an den Rand des Hungertodes brachten, indem sie seine Speisen raubten oder mit ihrem Kot beschmutzten. Er erklärte sich nun bereit, den Argonauten den weiteren Verlauf ihrer Reise zu verraten, wenn diese ihn von den Harpyien befreien würden. Zetes und Kalais, die als Söhne des Nordwindes Boreas selbst geflügelt waren, konnten die Unwesen vertreiben.

Wie Phineus vorhergesagt hatte, gelangte die Argo an die Meerenge bei den berüchtigten ›blauen Felsen‹, den Symplegaden, die ständig gegeneinanderschlugen und alles zertrümmerten, was sich zwischen ihnen befand. Die Argonauten ließen erst probeweise eine Taube hindurchfliegen, die unter Verlust einiger Federn am Leben blieb, und ruderten dann, als die Felsen gerade auseinanderwichen, mit großer Geschwindigkeit und der Hilfe Athenas zwischen ihnen hindurch. Von da an blieb die Meerenge für immer geöffnet.

Endlich erreichten sie den Südosten des Schwarzen Meeres und gingen in Kolchis an Land, wo König Aietes das Goldene Vlies streng bewachen ließ. Seine Tochter → Medeia, die über zauberische Kräfte verfügte, verliebte sich in Iason. Nachdem er ihr versprochen hatte, sie nach Griechenland zu bringen und dort zur Frau zu nehmen, verhalf Medeia ihm zum Vlies und trat mit den Argonauten die Heimfahrt an.

Medeias Bruder Apsyrtos verfolgte sie mit seiner Flotte und kam ihnen bedenklich nahe. Unter dem Vorwand, von den Argonauten entführt worden zu sein, lockte Medeia ihren Bruder ohne den Schutz seiner Begleiter an einen Treffpunkt, wo Iason ihn tötete.

Nun begann für die Argonauten eine lange, mühselige Reise, die sie von der Donau zum Adriatischen Meer führte und über den Eridanos (Po) ins Land der Kelten, bis sie schließlich über die Rhone das Ligurische Meer erreichten. Auf ihrer weiteren Reise mußten sie noch einige Gefahren bestehen. Dem Lockruf der Sirenen widerstanden sie durch den gewaltigen Gesang des Orpheus. Sie kamen in das Land der Phaiaken unter dem König Alkinoos. Von den Verfolgern der Argonauten unter Druck gesetzt, versprach dieser, ihnen Medeia auszuliefern, falls sie noch nicht mit Iason verheiratet sei. Arete, die Frau des Alkinoos, berichtete Iason und Medeia davon, worauf die beiden schleunigst heirateten. Später trieb sie ein starker Sturm an die Küste Afrikas, wo sie durch eine Flutwelle in die Wüste geschleudert wurden. Neun Tage lang mußten die Argonauten ihr Schiff auf den Schultern tragen, bis sie Wasser fanden: den See des Gottes Triton, mit dessen Hilfe sie die Zufahrt zum Meer erreichten. Auf Kreta kämpften sie gegen den Steine werfenden Bronzekoloß Talos. Durch Medeia fand er den Tod. Endlich kehrten die Argonauten nach Iolkos zurück. Zu dem weiteren Schicksal von Iason: → Medeia.

Die Argonauten-Sage hat viele Elemente der Irrfahrt des Odysseus und anderer griechischer Helden nach dem Trojanischen Krieg, wie es die größtenteils verlorengegangenen epischen Gedichte *Nostoi* (Rückkehr) beschrieben. Kirke und die Sirenen kommen auch in der *Odyssee* (10,135 ff.) vor. In Anbetracht der Darstellungen in der bildenden Kunst seit dem 6. Jahrhundert v. Chr. und einiger Passagen in alten Schriften wie die vierte *Pythische Ode* von Pindaros (1. Hälfte 5. Jh. v. Chr.) muß die Sage schon vor Apollonios von Rhodos bekannt gewesen sein, der im 3. Jahrhundert v. Chr. sein Epos *Argonautika* schrieb, dem die obenstehende Zusammenfassung größtenteils entstammt. Aischylos verfaßte auf der Basis der Argonauten-Sage eine Dramentrilogie, Sophokles die beiden Tragödien *Lemniai* und *Kolchides* und das Satyrspiel *Amykos*. Euripides schrieb eine *Hypsipyle*-Tragödie. Diese Stücke sind ganz oder nahezu ganz verlorengegangen.

Seither wurden Teile der Sage von den Mythenerzählern Apollodoros (1,9,16–26) und Hyginus (fab. 14–23) überliefert. Im 1. Jahrhundert v. Chr. dichtete Terentius Varro ein Epos nach Apollonios, und im 1. Jahrhundert n. Chr. schrieb Valerius Flaccus, ebenfalls nach Apollonios, sein Epos *Argonautica*, das unvollendet blieb und die Rückkehr der Argonauten nicht enthält. Aus der Spätantike kennen wir eine ›orphische‹ *Argonautica*, in der Orpheus unter dem Einfluß seiner Mysterien eine große Rolle zugedacht ist.

Seit dem 6. Jahrhundert v. Chr. werden die Argonauten in der antiken Kunst dargestellt. Selten sind sie in einem erzählenden Kontext zu finden, häufiger auf Friesen in einzelnen Szenen: Phineus, die Bebryken, die Harpyien, der Bau der Argo oder Hylas. Am sog. Monopteros von Sikyon im Apollon-Heiligtum in Delphi (um 560 v. Chr.) – ein Geschenk dieser Stadt an das Orakel – ist auf einer Metope Argo mit den Dioskuren und Orpheus zu sehen.

N Durch die Überlieferung von Valerius Flaccus war die Sage auch im Mittelalter bekannt: die Argonauten als Kriegerbund, Träger ritterlicher Ideale, der Zug der Argonauten als eine ritterliche Suche. Ein Hinweis auf diese Tradition ist, daß der burgundische Herzog Philipp der Gute dem von ihm 1430 gegründeten Ritterorden, der der Hausorden der Habsburger werden sollte, den Namen des Goldenen Vlieses gab.

ND In der Literatur und dem Theater der Neuzeit spielt die Argonauten-Sage keine bedeutende Rolle. P. Corneille schrieb 1660 eine ›pièce à machines‹, *La conquête de la toison d'or*, die v. a. die Hypsipyle-Episode zum Thema hat, und F. Grillparzer eine Dramentrilogie *Das Goldene Vlies* (1820), deren zweiter Teil, *Die Argonauten*, die Geschehnisse in Kolchis aufgreift. Einige Autoren aus dem Kreis der englischen Präraffaeliten bedienten sich des Themas, wie W. Morris in seinem epischen Gedicht *The Life and Death of Jason* (1867). Erwähnt werden müssen auch die Romane *The Golden Fleece* von R. Graves (1944) und *Argonauci* der polnischen Schriftstellerin E. Orzeszkowa (1899), in dem die großindustrielle Jagd nach dem Gewinn mit der Jagd Iasons und der Argonauten nach dem Goldenen Vlies verglichen wird.

NM Von der Reise der Argonauten handeln ein Ballett von P. Guédron (1614, Paris) sowie eine ›musica da camera‹ von A. Draghi (Text von N. Minato, 1682, Laxenburg). Aus dem 19. Jahrhundert sind eine in Vergessenheit geratene Oper von O. Bach (ca. 1870) und die Orchesterstücke von A. M. Smith (1879) und A. Holmès (1881, Paris) zu verzeichnen.
Besondere Furore machte die Episode auf Lemnos mit der Liebesbeziehung von Iason und Hypsipyle, z. B. mit der Oper von M. Marazzoli (Libr. von O. Persiani, 1642, Venedig) und dem zahlreich vertonten Libretto von P. Metastasio (1732), das schon im Jahr seines Entstehens vier Komponisten fand (A. Bioni; F. B. Conti, Wien; J. A. Hasse, Neapel; G. Porta, Venedig) und bis 1810 wenigstens von 21 weiteren Komponisten vertont wur-

de, darunter z. B. von F. Feo (1733, Turin), N. Porpora (1733, Rom), B. Galuppi (1737, Turin), J. C. Smith (1743, London), C. W. Gluck (1752, Prag), I. Holzbauer (1754, Mannheim), J. C. Bach (1763, Neapel) und P. Anfossi (1784, London).
Eine weitreichende Wirkungsgeschichte ist dem Goldenen Vlies zuzuschreiben, wie zahlreiche Opern verdeutlichen: A. Draghi (Libr. von N. Minato, 1678, Wiener Neustadt), P. Collasse (Libr. von J.-B. Rousseau nach Corneille, 1696, Paris), G. Scolari (Libr. von G. Palazzi, 1748/49, Venedig), J. C. Vogel (Libr. von P. Desriaux, 1786, Paris), J. G. Naumann (Libr. von A. Filistri, 1788, Berlin). Die Vertonung des Grillparzer-Dramas von G. Mahler blieb Fragment (ca. 1880). Daneben enstanden Orchesterwerke von C. Lavallée (Boston, 1885–88) und C. Polin (1979).

Argonauten-Szenen tauchen in der bildenden Kunst des späten   NK
Mittelalters und der Renaissance selten auf, z. B. auf einer Teppichreihe (um 1400) für den burgundischen Hof (erhaltene Teile in Bern, Hist. M.). Annibale Carracci nahm sich des Themas in einem Freskenzyklus (1583/84) für den Palazzo Fava in Bologna an. Später entstanden Gemälde von A. Bloemaert (1645, Vaduz, Fürstl. G.; mit Hermes und Io), A. van de Velde (1663, Vaduz, Fürstl. G.; mit Hermes und Io), eine Reihe von Kupferstichen von A. Carstens (1797/98, Kopenhagen, Staatl. Kunstm.) und ein Triptychon von M. Beckmann (1949/50, New York, Privatbesitz). Das Konzept der Suche findet sich auch auf einem Gemälde von A. Kiefer (1987/88, Frankfurt, M.), der diesen und den Alexander-Zug durch Asien gleichsam als die Lebenssuche des modernen Menschen interpretiert. Hypsipyle ist von J. C. Reinhart dargestellt worden (1816, Karlsruhe, Staatsgal.).
In der Emblematik des 16. und 17. Jahrhunderts spielen die Argonauten eine überwiegend positive Rolle: Fortuna hilft den Argonauten und führt sie zum Goldenen Vlies, das als heidnisches Pendant zum Lamm Gottes verstanden wird.

Frenzel 1992a; Schefold/Jung 1989; Vojatzi 1982

Argos → Io

Ariadne, Geliebte des → Theseus und später des Dionysos, Tochter des kretischen Königs Minos und der Pasiphaë ⟨Plut. Thes. 19–20; Apoll. Rhod. 3,997 ff.; Diod. 4,61; Catull. 64; Hyg. fab. 42⟩.

Ariadne verliebte sich in den athenischen Königssohn Theseus, der nach Kreta gekommen war, um den Minotauros in seinem Labyrinth zu bezwingen. Auf den Rat des Daidalos hin verschaffte sie Theseus eine Rolle Garn, so daß er nach der Tötung des Ungeheuers ohne Mühe den Ausgang des Labyrinths wiederfand. Anschließend flüchtete Ariadne mit Theseus auf dessen Schiff in Richtung Athen. Auf der Insel Dia (später Naxos) trennten sich ihre Wege allerdings (Hom. Od. 11,321–325), entweder weil Ariadne von Dionysos entführt wurde (u. a. Paus. 1,20,3; 10,29,4; Hyg. astr. 2,5) oder weil Theseus in seiner Treulosigkeit – in manchen Überlieferungen zieht er mit Aigle, einer Tochter des Panopeus, weiter – Ariadne schlafend am Strand zurückließ, wo Dionysos sie dann fand (Catull. 64,50; Ov. her. 10); andere berichten, Theseus habe damit einen Befehl der Götter ausgeführt. Ovid erzählt in den *Fasti* (3,510) und der *Ars amatoria* (1,527) wie Dionysos Ariadne zur Frau nahm und nach ihrem Tod als Unsterbliche auf den Olympos führte.

In der antiken Kunst ist Ariadne überwiegend auf Mosaiken und Gemälden der hellenistischen und römischen Zeit im Zusammenhang mit der Abreise des Theseus oder ihrer Begegnung mit Dionysos auf Naxos zu sehen. Mit Theseus wird sie vor dem Labyrinth abgebildet, wie z. B. auf einem Goldbeschlag aus Korinth (um 660 v. Chr., Berlin, Staatl. M.) oder einigen Vasen aus dem 5. Jahrhundert v. Chr. und in römischer Zeit auf einem Wandgemälde im Haus des Marcus Lucretius Fronto in Pompeii. In Einzeldarstellungen schläft Ariadne, manchmal in einen Mantel gehüllt, sitzend oder liegend. Berühmt ist eine Statue der sitzenden Ariadne aus der Zeit um 150 v. Chr. (Marmorkopie u. a. in Rom, Vat. M.).

NK In der bildenden Kunst der Neuzeit bevorzugen die Künstler die Begegnung zwischen Ariadne und Dionysos bzw. deren Hochzeit, z. B. auf Fresken B. Peruzzi (1510/11, Rom, Villa Farnesina), G. Romano (1527/28, Mantua, Pal. del Tè) und Annibale Carracci (um 1597–1600, Rom, Pal. Farnese) sowie auf Gemälden C. da Conegliano (um 1505–10, Mailand, M. Poldi-Pezzoli), Tizian (1520–23, London, Nat. G.), J. Tintoretto (1577/78, Venedig, Pal. Ducale), C. Saraceni (1606/07, Neapel, G.), G. Reni (1619/20, Los Angeles, M.), N. Poussin (um 1625, Madrid, Prado), P. Bor (um 1620–30, Poznaň, M. Narodowe), E. Quellinus (um 1636/37, Madrid, Prado), Rubens (1636–38, Madrid, Prado), J. Jordaens (um 1645–50, Boston, M.), T. de Keyser (1657, Amsterdam, Rathaus), F. Bol (1664, St. Petersburg, Eremitage),

L. Giordano (1682/83, Dresden, Gemäldeg.), W. van Mieris (1704, Dresden, Gemäldeg.), A. Kauffmann (1764, Bregenz, Amt der Landeshauptstadt), A. van der Werff (1712, Cambridge, Fitzwilliam M.), A. C. Lens (um 1765, Brüssel, Kon. M.), J. M. W. Turner (1840, London, Tate G.) und M. Denis (1907, St. Petersburg, Eremitage). Ariadne kommt auch im Gefolge des Dionysos vor (beim Bacchanal, als Liebespaar); zu diesem Motiv als Verherrlichung der Jugend und Liebe: → Dionysos. Porträts von Ariadne, die auf einem Panther sitzt, einem Dionysos zugehörenden Tier, schufen in der Bildhauerei z. B. Donatello (2. Hälfte 15. Jh., Relief, Florenz, Pal. Medici), B. Thorvaldsen (1798, Gipsskulptur, Kopenhagen, Thorvaldsen M.) und J. H. Dannecker (1803, Terrakottaskulptur, Stuttgart, Staatsg. und 1813/14, Marmorskulptur, Fragmente in Frankfurt, Liebighaus).

Die Szene, in der Ariadne dem davonsegelnden Schiff des Theseus nachschaut, wurde u. a. auf Gemälden von J. Araldi (um 1520, Amsterdam, M.) und A. Kauffmann (1782, Dresden, Gemäldeg.) festgehalten.

Wahrscheinlich haben ein bitterer Brief der Königstochter in ND Ovids *Heroides* (10) und ihre Klage in einem Gedicht von Catullus (64) zur Beliebtheit des Themas der verlassenen Ariadne in der Literatur und auf dem Theater seit dem 16. Jahrhundert geführt: ein Gedicht von T. Underdowne (1566), Dramen von P. C. Hooft (1601 und 1614), A. Hardy (1606), F. Lope de Vega (1621), J. van den Vondel *(Rei der Bacchanten,* 1644) und T. Corneille (1672). Gegen Ende des 18. Jahrhunderts entwickelt sich Ariadne von der verlassenen Geliebten zu einer edlen, Menschen rettenden Gestalt, so in einem Gedicht von A. W. von Schlegel (1790) und in einem dramatischen Gedicht von J. G. Herder (1802).

Aus der Oper von C. Monteverdi (Libr. von O. Rinuccini, 1608, NM Mantua) blieb nur das *Lamento d'Arianna* erhalten, das ihren Schmerz über den Verrat des Theseus und ihre Todessehnsucht zum Ausdruck bringt. In der Folge entstanden zahlreiche Bearbeitungen (Madrigale, Instrumentalsätze, Konzertarien etc.) dieses musikalischen Topos sowohl in der Zeit Monteverdis als auch seit seiner Wiederentdeckung und ›Renaissance‹ um die Jahrhundertwende, u. a. von C. Pari (Palermo, 1619), A. Il Verso (vermutl. Palermo, 1619), C. Monteverdi selbst (im VI. Madrigalbuch, 1614), O. Respighi (Leipzig, 1910) und C. Orff (1924/25; als 1. Teil der *Lamenti*: 1958, Schwetzingen).

Zahlreiche Opern des 17. Jahrhunderts variieren das Schicksal
der Ariadne: F. Fleckno (Libr. vom Komponisten, London,
1654), P. A. Ziani (Libr. von F. Piccioli, 1658, Venedig), F. Rossi
(Libr. von C. Torre, 1660, Pavia), A. Draghi (Libr. von N. Minato, 1686, Wien), J. G. Conradi (Libr. von C. H. Postel, 1691,
Hamburg; später von R. Keiser erneut vertont, 1722, Hamburg)
und J. S. Küsser (Libr. von F. C. Bressand, 1692,
Braunschweig). Im 18. Jahrhundert bestimmte die Rezeption
maßgeblich ein Libretto von P. Pariati, das von wenigstens 17
Komponisten als Textgrundlage verwendet wurde, u. a. von N.
Porpora (1714, Wien), L. Leo (1721, Neapel), G. F. Händel (in
der Übersetzung von F. Colman, 1734, London), G. Sarti (1756,
Kopenhagen) und P. von Winter (1792, Venedig). Von J. Haydn
ist ferner eine Kantate *Teseo mio ben* aus dem Jahr 1789 überliefert.
Im deutschsprachigen Raum wurde nicht die verlassene, sondern vielmehr die edle, Menschen rettende Gestalt der Ariadne
v. a. durch eine Tragödie von H. W. von Gerstenberg populär
(Kopenhagen, 1767), die einige Male ihren Weg als Melodram
oder Oper auf die Bühne fand, z. B. in der Vertonung von J. A.
Scheibe (Kopenhagen und Leipzig, 1765), F. Benda (1775, Go-
tha) und J. F. Reichardt (Leipzig, 1780). Das Oratorium von P.
Kuczynski nach dem Text von Herder folgt einer ähnlichen Ten-
denz (1880). In der Oper von J. Massenet (Libr. von C. Mendès,
1906, Paris) sucht Ariadne den Freitod im Meer.
Wichtige Bearbeitungen des Stoffes im 20. Jahrhundert sind die
Oper von R. Strauss (Libr. von H. von Hofmannsthal, 1912,
Stuttgart; 2. Fassung 1916, Wien), die satirische ›opéra minute‹
von D. Milhaud (Libr. von H. Hoppenot, 1928, Wiesbaden), die
Ballettmusik *Labyrinth* von H. W. Henze (1951), die Oper von
B. Martinů (Libr. vom Komponisten nach F. Neveux, 1961,
Gelsenkirchen), die Orchestersuite von A. Jolivet (1963; als Bal-
lettmusik 1965, Paris) sowie die Kammeropern von T. Mus-
grave (Libr. von A. Elguera nach H. James, 1974, Maltings) und
E. Sikora (1977).

Frenzel 1992a; Meerdink 1939; Nicolai 1919; Webster 1966

Ariobarzanes → Mithridates VI.

Arion (um 600 v. Chr.), berühmter griechischer Sänger und
Dichter ⟨Hdt. 1,23–24; Ov. fast. 2,83–118; Lukian. dial. deor.
mar. 8; Hyg. fab. 194; Strab. 13,618; Plin. nat. 9,28; Gell. 16,19;
Philostr. im. 1,18,4⟩.

Der aus Methymna auf Lesbos stammende Sänger lebte am Hof des zu den sieben Weisen zählenden korinthischen Tyrannen Periandros (625–585). Nach Herodotos erwarb Arion auf einer Reise durch Sizilien und Italien großen Reichtum und nahm sich für die Rückreise an den Hof des Periandros ein von Korinthern geführtes Schiff. Auf hoher See wollte ihn die räuberische Mannschaft über Bord werfen, gewährte ihm aber zuvor seine letzte Bitte, noch einmal in vollem Sängerschmuck singen zu dürfen. Er stieg auf die Ruderbank und stürzte sich singend mit seinem Ornat ins Meer. Ein Delphin, der seinem Gesang gelauscht hatte, rettete ihn und brachte ihn auf seinem Rücken in die Nähe von Tainaron ans Land. Periandros glaubte die Geschichte Arions zunächst nicht und befragte die inzwischen zurückgekehrte Schiffsbesatzung, die erzählte, daß Arion gesund und wohlbehalten in Italien zurückgeblieben sei; nach einer Gegenüberstellung mit Arion wurde die Mannschaft bestraft.

Herodotos erzählt diese Geschichte anläßlich seiner Beschreibung eines Poseidontempels in Tainaron, wo eine Bronzestatue des Sängers auf dem Delphin aufgestellt war. Die Episode kehrt bei zahlreichen Autoren wieder, so in Ovids *Fasti*. In Lukianos' *Meeresgöttergesprächen* lobt Poseidon die Menschenfreundlichkeit der Delphine, in den *Astronomica* des Hyginus wird der Delphin als Stern an den Himmel versetzt. Die wundersame Rettung des Arion schrieb man seinem den Göttern wohlgefälligen Gesang zu. Der Delphin wird v. a. mit Apollo, dem Gott der Dichtung, in Zusammenhang gebracht, was auf eine besondere Beziehung zu diesem hinweisen könnte. Arion soll die Metrik der dionysischen Dithyramben, ein wichtiges Element der späteren Tragödie, vollendet beherrscht haben, doch sind keine Werke von ihm überliefert.

In der antiken Kunst wurde der berühmte Sänger selten dargestellt. Bekannt sind spätantike Münzen und ein Mosaik in Piazza Armerina (330–350, Sizilien). Eine von Pausanias beschriebene Figurengruppe von Myron, Kephisodotos oder Lysippos ist nicht mehr erhalten.

F. von Retz führt Arions Geschichte in seinem *Defensorium* ND (→ Claudia Quinta) aus dem 15. Jahrhundert als Beispiel dafür an, welch wunderbare Dinge geschehen können. Also sei es ebensowenig unwahrscheinlich, daß Maria einzig durch den Heiligen Geist einem Sohn das Leben schenken konnte. Als Vorbild der Dichtkunst tritt Arion u. a. in einer Ballade von A. W. Schlegel auf (1797), die wenig später von G. Bachmann in Musik gesetzt wurde (Bonn, um 1800).

NM A. Campra widmete die fünfte seiner *Cantates françoises I* dem antiken Sänger (Paris, 1708). Eine Komposition für gemischten Chor und Piano stammt von R. J. Schachner (München, 1863). Als Sammeltitel wurde Arion z. B. von dem kroatischen Komponisten V. Jelich für seine geistlichen Werke (Straßburg, 1628) benutzt, im 19. Jahrhundert avancierte der Name als Titel für zahlreiche Sammlungen von ›auserlesenen Gesangsstücken‹ (z. B. Braunschweig, 1826, Leipzig, 1830 ff., 1840).
Für das Italien des 17. Jahrhunderts sind drei musikdramatische Werke überliefert, die allerdings nicht eindeutig ihren Komponisten zugeschrieben werden können, so ein ›componimento drammatico‹ (1619, Bologna), eine Serenata (1683, Palermo) und ein für die Zeit sehr typisches Pasticcio, dessen Arien von ingesamt 26 Komponisten zusammengestellt wurden (Rezitative von D. Erba und C. Valtellina, 1694, Mailand). In Frankreich vertonte J. B. Matho ein Libretto von L. Fuzelier (1714, Paris), in Leipzig wurden 1827 nur Fragmente einer Oper von K. Claudius uraufgeführt.

NK Seit der Renaissance wird Arion in der bildenden Kunst meistens mit einer Zither und auf dem Rücken des Delphins abgebildet, als Sinnbild der poetischen Inspiration. In dieser Bedeutung findet man ihn auf Münzen, in Buchillustrationen, auf Stichen aus dem Beginn des 16. Jahrhunderts u. a. von J. Breu d. Ä. und A. Altdorfer, später in Rom auf Fresken von Annibale Carracci im Palazzo Farnese (1597–1600) und von G. F. Romanelli (1. Hälfte 17. Jh.) im Palazzo Costaguti. A. Mantegna hielt die Geschichte des Arion 1474 auf Gemälden in der Camera degli Sposi des Palazzo Ducale in Mantua fest. In der Bildhauerkunst entstand u. a. eine Skulptur von E. E. Hiolle (1866, Paris, M. d'Orsay).

Schamp 1976

Ariovist → Caesar

Aristeides → Themistokles

Aristodemos → Leonidas

Aristogeiton, Freund des → Harmodios

Arminius (19 v. Chr.–19 n. Chr.), Cheruskerfürst und Heerführer, Sohn des Segimer ⟨Tac. ann. 1,55–68 u. 2,9–17, 2,44–46, 2,118; Vell. 2,117–120; Dio Cass. 56,18–23⟩.

Arminius sollte eine militärische Laufbahn einschlagen und wurde mit seinem Bruder Flavus schon im Jahre 8 v. Chr. nach Rom gebracht (Tac. ann. 2,10; Vell. 2,118,2). Aufgrund seiner Verdienste als Anführer der germanischen Truppen unter römischem Oberbefehl erhielt er das römische Bürgerrecht und wurde in den Adelsstand erhoben. Als aber der Legat Varus bei den Germanen das römische Rechts- und Steuersystem einführen wollte, erwachte in Arminius Widerstand, und er wiegelte einen Großteil der germanischen Stammesfürsten gegen die Römer auf. Wie Arminius' Bruder Flavus blieb auch der Cheruskerfürst Segestes der Gegenseite treu. Vergeblich warnte er Varus vor einer Auseinandersetzung mit Arminius.

Im Jahre 9 n. Chr. erlitten die drei Legionen des Varus im Teutoburger Wald eine vernichtende Niederlage; Varus beging Selbstmord. Nach diesem Sieg entstand ein Streit zwischen den einzelnen Germanenstämmen, da ein großer Teil von ihnen, darunter auch der Markomannenführer Marbod, eine Koexistenz mit den Römern anstrebte. Es kam zu einer Schlacht, bei der sich Arminius gegen Marbod durchsetzen konnte (Tac. ann. 2,44–46). Wenig später nahm → Germanicus den Kampf mit acht Legionen wieder auf, aber auch er scheiterte; allerdings konnte er den von Arminius gefangengehaltenen Segestes befreien und dessen Tochter Thusnelda entführen, die Arminius gegen den Willen ihrer Familie geheiratet hatte (Tac. 1,55–58). Das Verhältnis der beiden streitenden Parteien wurde außerdem durch den Verkauf von Thusneldas Kind Thumelic in die Sklaverei nach Ravenna verschlechtert (Strab. 7,292).

Den Römern gelang es nicht, sich für die Schmach der Niederlage in der Varusschlacht zu rächen. Als von germanischer Seite der Vorschlag kam, Arminius zu vergiften, brachte Kaiser Tiberius seine edle Gesinnung mit der Entgegnung zum Ausdruck, die Römer müßten sich einzig mit militärischen Mitteln zu helfen wissen (Tac. ann. 2,88). Als die Stellung des Arminius endlich nicht mehr durch die Konflikte mit anderen germanischen Fürsten geschwächt wurde, fiel er einem Mordanschlag seiner Verwandten zum Opfer.

V. a. Tacitus berichtet in seinen *Annalen* vom Schicksal des Arminius und verhehlt dabei seine Bewunderung für diesen Feind und großen Krieger nicht. Der ›liberator Germaniae‹, bei den

›barbari‹ ein berühmter Held, verdient seiner Ansicht nach eine größere Bekanntheit in der römischen Geschichtsschreibung (ann. 2,88).

N Im Mittelalter hat Arminius kaum ein Nachleben: Sein Name ist allenfalls noch wegen einer Erwähnung bei dem christlichen Schriftsteller Orosius im 5. Jahrhundert bekannt. In der mittelalterlichen Vorstellung von einem Deutschen Kaiserreich als Fortsetzung des Römischen Reichs kann dieser unerschrockene Widersacher der Römer auch kaum einen wichtigen Platz einnehmen. Erst der Druck der ersten Bücher von Tacitus' *Annalen* im Jahre 1515 und kurz darauf die der Beschreibung der Varusschlacht von Velleius Paterculus (der Arminius persönlich gekannt haben soll) bringen Ansätze für die Bekanntheit des Heerführers in der deutschen Kultur. Er bekommt dann den Namen Hermann, der keinerlei historische oder sprachliche Verwandtschaft mit Arminius hat. In der Diskussion über die Loslösung Deutschlands von der römischen Kirche stellt Ulrich von Hutten in seinem lateinischen Arminius-Dialog von 1523 den Germanen neben die großen Feldherren der Antike. In einem anonymen ›Totengespräch‹ zu Anfang des 16. Jahrhunderts, in dem die Feldherren Alexander, Scipio Maior und Hannibal miteinander wetteifern, wird auf Fürsprache des Tacitus dem Patrioten Arminius ein Platz neben diesen drei Großen zuerkannt.

ND Die ersten Theateradaptionen gibt es in Frankreich: G. de Scudéry stellt die Feindschaft der verschiedenen Lagern angehörenden Brüder dar (1644), Campistron die Liebestragödie von Arminius und Thusnelda (1684). Dieses Verhältnis ist erneut Hauptthema in Lohensteins Roman *Großmütiger Feldherr Arminius* ... (1689–90), den man übrigens auch als Warnung vor einer Vorherrschaft Ludwigs XIV. in Europa lesen kann, und in einem Stück von Pindemonte (1804), in dem Arminius wegen seines Versuchs, die Macht an sich zu reißen, aus republikanischer Sicht verurteilt wird.
In der klassizistischen Hermann-Tragödie von J. E. Schlegel (1737) wird Arminius zu einem aufgeklärten und tugendhaften Jüngling stilisiert, im weiteren wird er unter dem Einfluß des aufkommenden historischen und frühromantischen Interesses für die eigene nationale Vergangenheit zum Inbegriff germanischer, d. h. altdeutscher Werte und Tugenden, wie es sich ganz deutlich zeigt in den Hermann-Szenen von F. G. Klopstock (1769–87).

H. von Kleists Drama *Die Hermannsschlacht* (1808; Uraufführung
Breslau 18.10.1860) blieb seinerzeit nahezu unbekannt. Da die
Theateraufführungen kein großer Erfolg waren, ging von diesem nationalen Aufruf – mit deutlichen Parallelen zwischen den
Römern und Franzosen unter Napoleon, den Cheruskern und
Preußen, den abseitigen Sweben und Österreich – wenig Einfluß
auf die spätere Literatur aus. Es mag dazu beigetragen haben,
daß Kleist seinen Arminius nicht als vollkommenen Helden darstellen wollte und ihn mit einer gewissen Hinterhältigkeit aus-
stattete, indem er sogar Thusnelda als Machtinstrument gebraucht. Noch arglistiger und ausschließlich durch persönliche
Rachegefühle getrieben ist Arminius im gleichnamigen Stück
von C. D. Grabbe aus dem Jahre 1838.
Während der Entstehung der deutschen Einheit unter preußischer Führung wird Arminius/Hermann zu einer nationalen
Symbolfigur. Im Jahre 1875 wird bei Detmold an der Porta
Westfalica ein großes Denkmal von Bandel in Anwesenheit des
Kaisers enthüllt. Im selben Jahr erscheint auch das ›vaterländi-
sche Trauerspiel‹ *Armin* von P. Höfer. Weitere bedeutende literarischen Werke zeitigte diese Entwicklung nicht, ebenso wenig wie die Verknüpfung des Arminius-Stoffes mit den Nibelun-
gen- und Siegfried-Sagen.

Ein Gemälde nach Klopstock von A. Kauffmann (1786, Inns- NK
bruck, Landesm.) mit Arminius und Thusnelda, das im Auftrag
Kaiser Josephs II. entstand, gilt in der Malerei der Neuzeit als
frühes Zeugnis der Hinwendung zur eigenen Geschichte, dem
später u. a. K. T. von Piloty mehrfach folgt (z. B. 1873, München, NP; eine Darstellung der Thusnelda, die als Gefangene
nach Rom geführt wird).

Den Effekt des Fremden und Exotischen versprach für das ba- NM
rocke Musiktheater Italiens das Libretto von A. Salvi, das zahlreiche Vertonungen erlebte: zwei Fassungen von A. Scarlatti
(1703, Pratolino; 1714, Neapel), später von C. F. Pollarolo
(1722, Venedig), J. A. Hasse (1730, Mailand), G. F. Händel
(1737, London), B. Galuppi (1747, Venedig) und G. Cocchi
(1749, Rom). Das Libretto von F. Moretti löste gegen Ende des
18. Jahrhunderts den Salvi-Text ab, vertont wurde es von A.
Tarchi (1786, Mantua), G. Andreozzi (1788, Venedig), F. Bianchi (1790, Florenz) und in zwei Fassungen von G. Marinelli
(1792, Neapel; 1797, Venedig). Auch J. A. Hasse schrieb wie
Scarlatti und Marinelli eine zweite Arminius-Oper, und zwar
nach dem Libretto von G. C. Pasquini (1745, Dresden). Im 19.

Jahrhundert wurde *L'eroe cherusco* zweimal in Italien für die Büh-
ne bearbeitet, zuerst von S. Pavesi nach dem Libretto von P. A.
Tindario Dalmiro (1821, Vendig) und später von A. de Stefani
nach dem Libretto von C. d'Ormeville (1886, Mailand). Das
Werk des Pariser Komponisten É. N. Méhul (1795) gehört zu
den neun seiner nicht aufgeführten Opern.
Die deutsche Rezeption des Stoffes setzte schon früh ein, z. B.
mit den Singspiel von C. A. Negelein (*A., der deutsche Erzheld*,
Nürnberg, 1697, vermutl. von J. Löhner vertont). Nationale
Tendenzen sind auch spürbar in einem Schauspiel mit Chören
von Lommer (Augsburg, um 1816) und v. a. in der ›ultra-
teutonischen‹ (H. von Bülow) Oper *Armin* von H. K. J. Hofmann nach dem Libretto von F. Dahn (1872, Dresden).
Chorwerke des 19. Jahrhunderts stammen von M. Bruch (Oratorium nach dem Text von J. Cüppers, 1875, Barmen), M. Leyt-
häuser (Nürnberg, 1911) und A. E. Marschner (Leipzig, o. J.).
Um die Figur der Thusnelda ging es J. A. Scheibe in seinem
Singspiel, dessen vorangestellter Traktat zugleich die Möglichkeiten der deutschen Oper im 18. Jahrhundert diskutierte (Leip-
zig/Kopenhagen, 1749).

Frenzel 1992a; Jacobi 1920; von Stackelberg 1960; Wiegel/Woesler 1995

Arria (1. Jh. n. Chr.), Gemahlin des Generals Caecina Paetus
⟨Dio Cass. 60,16,5–6; Martial. 1,13; Plin. epist. 3,16⟩.
Nachdem die Verschwörung des Camillus Scribonianus gegen
Kaiser Claudius im Jahre 42 fehlgeschlagen war, wurde Caecina
Paetus wegen seiner Beteiligung daran aufgefordert, Selbstmord
zu begehen. Als er zögerte, ergriff Arria einen Dolch und erstach
sich. Sterbend reichte sie ihrem Gatten die Waffe mit den Wor-
ten: ›Paete, non dolet‹ (Paetus, es schmerzt nicht), worauf auch
Paetus Hand an sich legte.

Plinius erzählt ferner, daß Arria ihrem Mann, als er krank war,
den Tod eines Sohnes verschwieg, um ihn nicht noch mehr leiden zu lassen. Macht sie dies in seinen Augen schon zur Heldin,
so wird sie auch als mutige Widersacherin von Claudius und als
Gegenbeispiel zur verdorbenen → Messalina gelobt. Zu der Bekanntheit des Selbstmordes als Beispiel weiblichen Mutes hat ein
Epigramm von M. V. Martialis beigetragen, in dem der Dichter
Arria sagen läßt, daß nicht ihre Wunde sie schmerze, sondern die
Wunde, die ihr Mann sich zufügen müsse.

M. E. de Montaigne erwähnt Arria in seinem Essay (1580) über ND
drei Frauen, die wahrhafte Verbundenheit mit ihrem Gemahl bis
in den Tod zeigen. Die anderen beiden sind Pompeia Paulina, die
→ Seneca nach seinem Selbstmord in den Tod folgen wollte, und
eine namentlich nicht genannte Frau, die, wie es Plinius Minor
berichtet, zusammen mit ihrem an Krebs leidenden Mann den
Tod fand. Der Dramatiker A. von Wilbrandt stellt die selbstbeherrschte Arria Claudius' zügelloser Messalina gegenüber
(1874).

Ähnlich ist auch die Oper *Messaline* von I. de Lara nach einem NM
Libretto von P. Armand/É. Morand angelegt (1899, Monte Carlo), wohingegen in der deutschen heroischen Oper von H. Stähle
nach dem Libretto von J. Hoffmeister Arria im Zentrum des
Geschehens gestanden war (1847, Kassel).

In der bildenden Kunst der Antike kommt das Motiv nicht vor. NK
In der Neuzeit entstehen zu diesem Thema in der Bildhauerkunst
u. a. Werke von P. Lepautre in den Tuilerien (1691–95, Mar-
morskulpturengruppe, heute Paris, Louvre) und im Park von
Marly (1696, Marmorskulpturengruppe, heute Paris, Louvre).
Im Neoklassizismus beschäftigen sich mit Arria und Paetus auf
Gemälden u. a. B. West (1766, New Haven, Yale Center), F.-A.
Vincent (1785, Amiens, M.) und L. A. G. Bouchet (1802,
Amiens, M.). Ein häufig Tizian zugeschriebenes und gewöhn-
lich als Lucretia interpretiertes Gemälde (um 1515, Wien,
Kunsth. M.), auf dem sich eine Frau ersticht, während ihr ein
Mann dabei über die Schulter schaut, bezieht sich möglicher-
weise auf das Motiv.

Landais 1958

Arruns Tarquinius, Gemahl der → Tullia

Arsinoe, erste Gattin des → Alkmaion

Artaxerxes, Sohn des Xerxes → Themistokles

Artemis, Tochter von Zeus und → Leto, Zwillingsschwester
des → Apollon, jungfräuliche Göttin der Jagd und des Bogen-
schießens, der Natur und der Fruchtbarkeit, Beschützerin der
Tiere und der Jugend, gehört zu den olympischen Gottheiten,
von den Römern mit Diana gleichgesetzt ⟨Hom. h. 9; 27; Kall.⟩.

Die jugendliche Göttin der Jagd lebte in Gesellschaft ihrer Nymphen in der freien Natur. Als Schutzgöttin der in der Wildnis lebenden Tiere hatte Artemis eine besondere Beziehung zu Bären und Hirschen. Manchmal wurde sie von ihrem Zwillingsbruder Apollon auf der Jagd begleitet, sonst aber mied sie den Kontakt zu Männern und bestrafte jeden, der sich ihr gewollt oder ungewollt näherte. → Aktaion verwandelte sie in einen Hirsch, weil er sie beim Baden beobachtet hatte. Sie hielt nicht nur sich selbst und einige sterbliche Frauen von Männern fern, sondern verlangte dies auch von ihren Nymphen. → Kallisto verwandelte sie in eine Bärin, weil diese gegen ihren eigenen Willen von Zeus geschwängert worden war. Euripides kontrastiert in seinem *Hippolytos* Artemis mit Aphrodite: Hippolytos nimmt sich die keusche Artemis zum Vorbild, worauf Aphrodite ihm wegen seiner Verachtung der körperlichen Liebe ein tragisches Ende bereitet (→ Phaidra). Auch → Atalante stellte ihr Leben in den Dienst der Artemis.

Sie war eine mutige Kämpferin und wurde wie Ares von den Amazonen verehrt. Wie ihr Bruder Apollon benutzte sie Pfeil und Bogen als Waffe. Zusammen mit ihm erschoß sie den Riesen Tityos, der ihrer Mutter Leto nachgestellt hatte, und die Kinder der → Niobe, die sich wegen ihrer zahlreichen Nachkommen gerühmt hatte und verächtlich auf Leto niedersah, die nur zwei Kinder besaß. Dabei schoß Apollon die Söhne nieder, Artemis die Töchter. Sie gebrauchte ihre Waffen jedoch nie aus purer Rachsucht und war darum bemüht, ihren Opfern einen schnellen Tod zu verschaffen.

Aus diesen Aspekten setzt sich das Bild der Artemis zusammen, wie es in der klassischen Zeit der griechischen Kultur bestand. Im Kult wurde sie aber auch mit manchen anderen Göttinnen gleichgesetzt: Fruchtbarkeit verleihend und Neugeborene schützend, steht sie der Geburtsgöttin Eileithyia nahe. Außerdem wird sie häufig mit → Hekate und der Mondgöttin Selene (lat. Luna; → Endymion) in Verbindung gebracht.

In der griechischen Literatur gab Kallimachos (3. Jh. v. Chr.) in seiner von einem kurzen *Homerischen Hymnos* aus dem 7. Jahrhundert inspirierten Artemis-Hymne ein ausführliches Bild der Göttin. Catullus (34) tat dies zwei Jahrhunderte später in lateinischer Sprache. Von den Tragikern ist es v. a. Euripides, der Artemis in ihren Eigenschaften zeigt, so im *Hippolytos* und in seinen beiden Iphigenie-Tragödien. Artemis war es, die wegen ihres Zorns auf → Agamemnon der griechischen Flotte auf ihrem Weg nach Troja eine Windstille schickte und die Opferung seiner Tochter Iphigenie forderte. Das Mädchen wurde, während es schon auf dem Altar lag, durch einen Hirsch ersetzt und von Artemis ins Land der Taurer gebracht, wo sie ihr als Priesterin diente und Menschenopfer darbrachte.

Schon in der ältesten bildenden Kunst Griechenlands galt Artemis als Beschützerin der Tiere (potnia theron). Sie steht in priesterlicher Haltung und wird flankiert von Hunden, Hirschen oder Löwen. Seit dem 7. Jahrhundert v. Chr. erscheint sie als Fackelträgerin, häufiger als Jägerin mit Pfeil und Bogen, mit einem Chiton bekleidet, der bis zu den Knien reicht. Seit dem 5. Jahrhundert v. Chr. tritt sie öfters in Gesellschaft anderer Götter auf, v. a. mit Apollon und Leto. Ihr Leben wird in der römischen Zeit auf Mosaiken und in der Malerei dargestellt. Einzigartig ist ein Relief-Fries im Theater von Hierapolis (Türkei) aus den Jahren 205/206 n. Chr., der ihre Taten neben denen ihres Bruders Apollon aufzeichnet.

Die ›Artemis von Ephesos‹ hat eine eigene Gestalt und Ikonographie. Der Kult soll durch die → Amazonen gegründet worden sein (Hyg. fab. 223; 225; Pomp. Mel. 1,88) und war bis in die römische Zeit weit verbreitet. Die lange als Brüste interpretierten Ausformungen, die die Skulptur überziehen, welche seit dem 6. Jahrhundert v. Chr. häufig kopiert wurde, sind wahrscheinlich die Hoden geopferter Stiere, die während des Kultaktes an der hölzernen Statue festgenagelt wurden.

Bei der ›Artemis von Versailles‹ (Paris, Louvre) handelt es sich wahrscheinlich um eine Kopie einer Statue von Leochares aus dem 4. Jahrhundert v. Chr. (möglicherweise auch um 100 v. Chr.), die auf die bildende Kunst der Renaissance großen Einfluß ausübte.

In der bildenden Kunst des Spätmittelalters und der frühen Renaissance stehen sich Artemis (Keuschheit) und Aphrodite (Wollust) gegenüber. Die ›Brüste‹ der ›Artemis von Ephesos‹ symbolisieren ihre Fruchtbarkeit und werden als Motiv bei Brunnenfiguren verwendet, z. B. in der Villa d'Este in Tivoli aus dem 16. Jahrhundert, oder tauchen in der Malerei auf, etwa bei Rubens (um 1615, Glasgow, Art G.) und B. West (um 1780, London, Royal Acad.). In der Malerei der Schule von Fontainebleau (z. B. Mitte 16. Jh., Paris, Louvre) und in der Bildhauerkunst der französischen Renaissance (z. B. bei J. Goujon, Mitte 16. Jh., Bronzefigur, Paris, Louvre) wird sie meist als eine kühle Schönheit, als jugendlich-männliche Jägerin mit Pfeil und Bo-

NK

gen, mit einem Speer, mit Hirschen und Hunden gezeigt. In dieser Gestalt ist sie noch häufiger zu finden: in Italien auf Fresken von B. Peruzzi (1510/11, Rom, Villa Farnesina), G. Romanino (1531/32, Trient, Castello del Buonconsiglio) und P. da Cortona (1642–44, Florenz, Pal. Pitti) sowie auf Gemälden von T. Zuccari (um 1555, Florenz, Uffizien), P. Veronese (um 1565–70, St. Petersburg, Eremitage), J. Tintoretto (um 1570–80, Florenz, Uffizien), P. Fiammingo (1592–96, Nancy, M.), C. d'Arpino (um 1600/01, Rom, Kapitol. M.), Domenichino (1617–18, Rom, G. Borghese), A. Camassei (um 1630–44, Rom, G. Naz.; als Pendant die Tötung der Niobiden), O. Gentileschi (um 1635, Nantes, M.), und G. B. Pittoni (um 1723, Vicenza, M.); in den Niederlanden auf Gemälden von D. Vinckboons (um 1600, Brüssel, Kon. M.), Rubens (u. a. um 1617, Cleveland, M. und Darmstadt, Landesm.), J. Brueghel d. Ä./Rubens/F. Snyders (um 1620/21, München, AP), A. van Nieulandt (1641, Braunschweig, M.), B. Breenbergh (1647, Grenoble, M.), J. van Loo (um 1650, Braunschweig, M.), F. Bol (um 1656–58, Utrecht, M.) und G. van Honthorst (1672) für das Jagdschloß Honselaersdijk. Sämtliche Mythen und Machtbereiche der Artemis finden sich in der Dekoration des Gartenpalais Lustheim im Schleißheimer Schloßpark bei München (1685–87), das als Jagdschloß für Maria Antonia von Habsburg u. a. von F. Rosa konzipiert wurde.

In der Renaissance und im Barock werden häufig die Geschichten um → Aktaion und → Kallisto thematisiert. In diesem Zusammenhang entstehen Darstellungen der Artemis (meist mit einer Mondsichel auf dem Kopf), die ein Bad nimmt oder nach dem Bad von den Nymphen umsorgt wird, z. B. auf einer großen Gemäldereihe von P. Vecchio (um 1525, Wien, Kunsth. M.) sowie auf Gemälden von F. Clouet (um 1550–60, Rouen, M.), J. Brueghel d. J./H. van Balen (um 1621/22, Dresden, Gemäldeg.), A. van Cuylenburgh (1646, Rom, G. Borghese), J. Vermeer (um 1655, Den Haag, Mauritsh.; das einzige mythologische Gemälde Vermeers), G. de Lairesse für das Jagdschloß Soestdijk (1686, heute Amsterdam, M.), A. Watteau (um 1715, Paris, Louvre), N.-N. Coypel (1728, St. Petersburg, Eremitage), F. Boucher (1742, Paris, Louvre) und J.-M. Vien (1770, Vincennes, M.). Manchmal ist sie als Badende auch nur Staffage in Landschaften – z. B. auf einem Gemälde von A. van Cuylenburgh (1645, Den Haag, Mauritsh.) – oder wird als Vorlage für Aktdarstellungen, wie bei J. van Loo (1654, Kopenhagen, Staatl. Kunstm.), gebraucht. Als Statue an Teichen oder in Wasserspielen ist sie z. B. im Park von Caserta mit Aktaion zu sehen (um 1776 von C.

Vanvitelli und P. Persico). Besonders im 18. Jahrhundert porträtierten Künstler Frauen aus der vornehmen Gesellschaft als Artemis, z. B. P. Batoni Lady Leeson aus der Milltown Familie (1751, Dublin, Nat. G.).
Im 19. Jahrhundert entstehen Werke von G. Grazzini (um 1820–30, Marmorskulptur, Florenz, Uffizien), A. Böcklin (um 1855, Gemälde, Mannheim, Kunsth.; 1862, Basel, Kunstm. und 1895/96, Paris, Louvre) und A. Renoir (1867, Gemälde, Washington, Nat. G.) mit Artemis als Jägerin; A. Feuerbach (1854/55, München, Staatsgemäldeslg.), C. Corot (1855, Bordeaux, M.) und H. von Marées (1863, München, NP) zeigen Artemis im oder nach dem Bad.
Artemis-Skulpturen schufen u. a. A. Saint-Gaudens (1892–94, Bronzestatue, ursprünglich für den Madison Square Garden in New York, heute Philadelphia, M.) und O. Zadkine (1934, Bronzeplastik, Manchester, G. und 1939, Holzskulptur, u. a. Brüssel, Kon. M.).

In der Literatur des Mittelalters lebt Artemis auf verschiedene ND Weisen fort: im Volksglauben als dämonische Anführerin der Hexen, bei Dante und in der humanistischen Literatur der Renaissance als Personifikation der Keuschheit, der Castitas. G. Boccaccios *La caccia di Diana* (1334–38), eines seiner frühen Gedichte in höfischem Stil, handelt von den Damen am Hof von Neapel, die auf die Jagd gehen. Artemis war auch im 16. Jahrhundert in der Hofkultur von Fontainebleau beliebt, die über lange Jahre von Diane de Poitiers bestimmt wurde, der Mätresse von François I. und Henri II. Ronsard. J. Du Bellay und M. Scève entwickelten in ihren Gedichten eine aufwendige Symbolik um Artemis, häufig in Zusammenhang mit der Aktaion-Geschichte, worin als Hauptelemente Liebe, Verlangen und Keuschheit vorkommen: die Unerreichbarkeit der Geliebten und ihre Rache.
Als Verkörperung von Jungfräulichkeit, aber auch von Freiheitsstreben (z. B. in H. Manns Romantrilogie *Die Göttinnen*, 1903, mit *Diana* als 1. Teil) und weiblicher Emanzipation (z. B. in dem Roman *Diana of the Crossways* von G. Meredith, 1885) bleibt Diana als Topos literarischer Anspielungen und Bearbeitungen bis in die Gegenwart (z. B. in dem Gedicht von R. Price *Pure Boys and Girls*, 1982) präsent.

Ein frühes Zeugnis für die musikalische Artemis/Diana- NM Rezeption ist ein Madrigal um die blutrünstige Jägerin Diana von F. Landini (vor 1397). Aus den Anfängen des Musiktheaters stammen das ›dramma per musica‹ von F. Cornacchioli (Rom, 1629) sowie Werke der englischen Masque, z. B. von J. Milton mit Musik von J. Lawes (1634, Ludlow Castle) und J. Dryden mit Musik von D. Purcell (1700, London). Weitere Opern über die Figur komponierten G. A. Bernabei mit Ballettmusik von M. d'Ardespin (1690, München), J. J. Fux (1717, Wien), G. A. Ristori (Libr. von G. C. Pasquini, 1746, Dresden), V. Martín y Soler (Libr. von L. da Ponte, 1787, Wien) und J.-F. Edelmann (Libr. von P. J. Moline, 1802, Paris). Daneben entstanden einige Ballette, z. B. von F. Collin de Blamont (Libr. von L. Fuzelier, 1734, Paris) oder von J.-P. Rameau (1740–51, Fragment). Für die Prima Ballerina M. Taglioni komponierte D.-F.-E. Auber den *Tanz der Diana* (1837). Ein Ballett von J. Barbier/Baron de Reinach nach Tassos *Aminta* kam mit der Musik von L. Delibes zur Aufführung (1876, Paris).

An konzertanten Vokalwerken sind v. a. G. F. Händels *Alla caccia* für Sopran, Trompete und Basso continuo (1707) und die Hymne von B. Britten zu nennen (nach einem Text von B. Jonson, 1943, London). Liedkompositionen stammen von C. H. Parry (1875) und G. Puccini (1887).

Bardon 1963; Bruns 1929; D'Andria/Ritti 1985; Fleischer 1978; Hadzisteliou Price 1978; Hoenn 1946; Seiterle 1973

Artemisia I. (5. Jh. v. Chr.), karische Herrscherin, Tochter des Lygdamis von Halikarnassos ⟨Hdt. 7,99; 8,68, 8,87 f. u. 8,93⟩. Artemisia war die Witwe eines karischen Königs, dessen Name unbekannt ist. Sie wird häufig mit der gleichnamigen Witwe eines späteren Königs von Karien namens Maussolos verwechselt (→ Artemisia II.). Als Vormund ihres Sohnes hatte Artemisia die Herrschaft über Karien inne. Herodotos erzählt bewundernd, aber auch leicht befremdet, sie habe mit großem Eifer an Xerxes' Zug gegen die Griechen teilgenommen und den Einsatz ihrer fünf Schiffe persönlich geleitet, obwohl ihr Sohn zu diesem Zeitpunkt bereits erwachsen war. Als einzige der Befehlshaber wagte sie es, sich gegen eine Auseinandersetzung mit den Athenern bei Salamis auszusprechen (→ Themistokles). Als es dann doch zu einer Schlacht kam, entlockte ihr tapferes Verhalten Xerxes den Ausspruch, seine Männer seien Frauen und die Frauen Männer geworden. Empört, daß eine Frau am Kampf teilnahm, setzten die Griechen auf ihren Kopf einen hohen Preis aus, wenn auch vergeblich, da Artemisia sich rechtzeitig aus der Schlacht zurückziehen konnte.

Die schon in der Antike, etwa bei Suidas, beginnende Verschmelzung der beiden Frauen namens Artemisia tritt auch in der Neuzeit wieder auf, so in der Schrift von N. Houel und der davon inspirierten Teppichreihe (→ Artemisia II.). Einige Male handelt es sich um die von Herodotos erwähnte Artemisia, z. B. in dem Zyklus tapferer Frauen in den Gemächern der Königin im Versailler Schloß (→ Rhodogune).

In der Operngeschichte entstanden zahlreiche Werke zur Gestalt N
der Artemisia (→ Artemisia II.). Ein frühes Libretto von N.
Minato vertonten P. F. Cavalli (1656, Venedig), F. Provenzale
(1657, Neapel) und F. Rossi (1663, Mailand). Aus dem 18. Jahrhundert sind Werke bekannt von G. H. Stölzel (Libr. vom Komponisten, 1713, Naumburg), R. Keiser (mehrere Autoren, 1715,
Hamburg), K. K. Schweitzelsperger (Libr. von J. F. Braun nach
Minato, 1716, Durlach), D. Sarri (1731, Neapel), J. A. Hasse
(Libr. von A. Migliavacca, 1754, Dresden), J. F. Reichardt (nach
Hasses Oper, 1778, Berlin) und A. L. Moreira (Libr. von G.
Martinelli, 1787, Ajuda). Von D. Cimarosa stammen zwei *Artemisia*-Opern (Libr. von M. Marchesini, 1797, Neapel; Libr. von
C. Jameio, 1801, Venedig).

Artemisia II. (gest. 351 v. Chr.), karische Herrscherin, Schwester und Gattin des Maus(s)ol(l)os, Tochter des Hekatomnos
von Mylasa ⟨Val. Max. 4,6 ext. 1; Cic. Tusc. 3,75; Diod. 16,32,2;
Gell. 10,18,3⟩.
Maussolos wurde 377 Satrap und machte Karien in den folgenden Jahren zu einem unabhängigen Land, die von ihm gegründete Residenz Halikarnassos (nun Bodrum) zu einer blühenden
Stadt. Als er 353 starb, übernahm Artemisia den Thron. Der Tod
ihres Mannes stürzte sie in tiefe Trauer: Sie mischte seine Asche
in ein Getränk und nahm so seine sterblichen Überreste zu sich.
Aus allen Himmelsrichtungen ließ sie Künstler kommen und
beauftragte sie, für ihren Gemahl ein grandioses Grabmonument
zu errichten und auszuschmücken: das Mausoleum, eines der
Sieben Weltwunder. Gebrochen von ihrem Kummer, überlebte
Artemisia ihren Mann nur um zwei Jahre.

Vermutlich hatte schon Maussolos einige Jahre vor seinem Tod
den Bau des Monuments begonnen und war in die Stadtplanung
miteinbezogen worden. Laut Plinius Maior (nat. 36,30; vgl. Vitr.
2,8,12–13; Strab. 14,656; Lukian. dial. mort. 24,2) handelt es sich

bei den Architekten um Pytheos und Satyros, und bei den
Künstlern um Leochares, Bryaxis, Skopas und Timotheos. Das
rund 46 m hohe Monument ist eines der ersten Gräber mit realistischen Porträts der Verstorbenen. Der Reliefschmuck und andere Teile des Gebäudes befinden sich seit der Expedition von
Charles T. Newton (1846–58) im British Museum in London.
An Ort und Stelle sind bei Ausgrabungen im letzten Jahrzehnt
noch Reste des Fundaments und der Ausschmückung gefunden
worden. Das Monument diente in den Jahren 1503–09 den Jo-
hannitern als Steinbruch für den Bau ihrer Verteidigungsanlagen
gegen die Türken.

Artemisia blieb v. a. durch Valerius Maximus in Erinnerung, der
sie als Vorbild echter Witwentrauer anführt, und durch Cicero,
der sie in seinen *Tusculanae Disputationes* im Zusammenhang mit
Trost und Untröstlichkeit erwähnt. Sie wird auch bei Diodoros
Sikulos, Strabo und Gellius genannt. Bereits in der Antike, so
bei Suidas, wird die ältere Artemisia (→ Artemisia I.) mit ihr
verwechselt.

NK Seit dem 16. Jahrhundert wurde in der Malerei hauptsächlich die
Szene dargestellt, wie die Frau die Asche des Toten zu sich
nimmt, u. a. auf Gemälden von J. Tintoretto (um 1555, Paris,
Privatsammlung), D. Feti (um 1610–20, Wien, Kunsth. M.),
Guercino (1642, Boston, M.), P. Subleyras (um 1730, Bologna,
P. Naz.), J. Anwander (um 1755) und M. J. Kremser Schmidt
(1782). J.-B. Deshays stellte auf der Pariser Salonausstellung im
Jahre 1765 ein Gemälde mit Artemisia am Grab des Maussolos
aus. In den Niederlanden entstanden Gemälde von Rubens (um
1615/16, Potsdam, Neues Palais), G. van Honthorst (1630–35,
Den Haag, Slg. Nystad) und E. Quellinus (1652, Glasgow, Art
G.). Die Bilder von Rubens und Honthorst befanden sich wahrscheinlich in der Sammlung der Amalia von Solms, der Witwe
des Statthalters Frederik Hendrik.

Eine Ehrenbezeugung gegenüber einer anderen vornehmen
Witwe war die Schrift über Artemisia, die der Hofmann N.
Houel (1562) für Katharina von Medici, die Witwe Heinrichs II.
von Frankreich, verfaßte. A. Caron griff bei seinen Entwürfen
für eine Reihe von Wandteppichen (1562–75, Paris, Bibliothèque
Nationale) auf diesen Text zurück. Caron schildert um 1575 das
Leben Katharinas von Medici und Heinrichs II., die allegorisch
als Artemisia und Maussolos dargestellt sind. ›La remise du livre
et de l'épée‹ ist eine Allegorie auf die Erziehung zu einer guten
Herrschaft des von 1560–1574 regierenden Sohnes König

Karls IX. Carons Teppichentwürfe wurden erst im 17. Jahrhundert in flämischen Ateliers und in der königlichen Manufacture des Gobelins verwirklicht, nun für die Fürstenwitwen Maria de Medici und Anna von Österreich. Die Statue der Artemisia von A. Lefèvre und M. Desjardins (1687–94, Kalkstein) ist eine der wenigen historischen neben den überwiegend mythologisch inspirierten Figuren im Versailler Park.

Die Kantate *Artemisia al Mausoleo* stammt von F. Strepponi (vor NM 1832, Monza oder Triest).

Ehrmann 1964 und 1986; van Gelder 1950/51

Ascanius, Sohn des Aeneas und Großvater von → Romulus und Remus

Asklepios (lat. Aesculapius), Gott der Heilkunst, Sohn von Apollon und Koronis, der Tochter des thessalischen Stammvaters Phlegyas ⟨Hom. h. 16; Hyg. fab. 202⟩.
Bei Homer ist Asklepios noch ein kundiger Arzt, seit Beginn des 5. Jahrhunderts v. Chr. wird er als Gott der Heilkunst verehrt. Diese Funktion ging von seinem Vater Apollon auf ihn über.
Pindaros (P. 3,8–46) erzählt, wie sich die schwangere Koronis in den Sterblichen Ischys verliebte. Artemis tötete die treulose Geliebte ihres Bruders, oder es war Apollon selbst, der außerdem den weißen Raben, der die Nachricht überbracht hatte, in einen schwarzen verwandelte (Ov. met. 2,542–547, 2,599–632). Das Kind entnahm Apollon dem Leib der toten Mutter; es kam in Epidauros zur Welt (Paus. 2,26,3–5).
Auf Wunsch Apollons wurde Asklepios von dem Kentauren Chiron in der Medizin unterrichtet (Pind.; Hom. Il. 4,219). Bald war er sogar in der Lage, Tote wieder zum Leben zu erwecken, eine Fähigkeit, die er bei Theseus' Sohn Hippolytos anwandte (→ Phaidra). Möglicherweise gebrauchte er dabei das ihm von Athena zur Verfügung gestellte wundersame Blut der Medusa (→ Gorgonen). Zeus konnte Totenerweckungen nicht dulden – sie tasteten die göttliche Ordnung an – und tötete Asklepios mit seinem Blitz (Apollod. 3,10,4). Apollon rächte sich an Zeus, indem er die Söhne des Zeus und Hersteller seiner Blitze, die Kyklopen, umbrachte. Zeus verurteilte nun Apollon dazu, ein Jahr lang dem Sterblichen Admetos zu dienen (→ Alkestis und Admetos), schenkte jedoch Asklepios das Leben wieder.

Die Göttin der Gesundheit, Hygieia, die eigentlich die Tochter des Asklepios war, wird häufig als seine Gattin dargestellt. Seit der Mitte des 5. Jahrhunderts v. Chr. wird sie erwähnt. Fester Begleiter war der Dämon Thelesphoros.

V. a. in den Asklepios geweihten Tempeln in den wichtigen Heilorten (Epidauros, Kos und Pergamon) stellte man Reliefs und Standbilder für den Gott auf. Er ist auf ihnen häufig in der Gesellschaft der Hygieia als Wunderarzt dargestellt. Mythologische Szenen sind selten ausgeformt; nur der Tod der Koronis ist einige Male zu sehen. Der Gott ist immer ein Mann im reifen Alter mit Bart und edlen Gesichtszügen, die an Zeus erinnern. Festes Attribut ist die sich um einen Stab windende Schlange, die das Symbol der lebensweckenden Kräfte und das heilige Tier des Vaters Apollon ist.

N Seit der Antike steht Asklepios für den Arztberuf. Diese Symbolfunktion taucht auch in der Emblematik und Graphik der Renaissance auf: der Stab mit der Schlange bleibt das Zeichen des Mediziners wie auch die Schlange auf dem Mörser das des Apothekers.

In der Literatur der Neuzeit kommt er lediglich in einigen Gedichten vor, z. B. von M. Moore (1954) und R. Bagg (1956; 4. Teil von *Epidauros*) sowie in der Tragödie *Daughters of Atreus* (1936) von R. Turney.

Der Tod der Koronis wurde dagegen einige Male in der Kunst thematisiert, z. B. auf Gemälden von A. Elsheimer (um 1607/08, Corsham Court, Lord Methuen C.) und P. Lastman (um 1615, New York, Armonk) sowie auf einem Fresko von Domenichino (um 1616–18) in der Villa Aldobrandini in Frascati. Asklepios, meist mit Hygieia, zeigen auf Gemälden z. B. Rubens (um 1614, Prag, Nationalg. und Detroit, I. of Art), L. Giordano (um 1652–55, Braunschweig, M.) und P.-N. Guérin (1802, Paris, Louvre) sowie in der Bildhauerei B. Thorvaldsen (1808, Gipsrelief, Kopenhagen, Thorvaldsen M.) und A. Rodin (um 1902, Paris, M. Rodin).

In der Musikgeschichte spielt der Gott der Heilkunst nur eine marginale Rolle, z. B. ist ihm im *Ballet des arts* von P. Beauchamps ein Auftritt gewidmet (1685, Paris).

Schouten 1967; de Waele 1927

Aspasia, Frau des → Perikles

Astyages, Großvater des → Kyros II.

Astyanax, Sohn der → Andromache

Astydameia → Peleus

Atalante, berühmte jungfräuliche Jägerin, Tochter von Schoineus, dem König von Orchomenos in Böotien, und der Klymene ⟨Apollod. 1,8,2–3; 3,9,2; Theokr. epigr. 3,40–42; Ov. met.
8,316–444; 10,560–704; Hyg. fab. 99; 174; 185⟩.
Da Schoineus nur Söhne haben wollte, setzte er Atalante gleich
nach der Geburt als Findelkind auf dem Berg Parthenion aus.
Dort wurde sie von einer Bärin gesäugt, bis Jäger sie fanden und
großzogen. Nach dem Vorbild ihrer Führerin Artemis wurde sie
eine leidenschaftliche Jägerin und war so geschickt im Umgang
mit Pfeil und Bogen, daß sie die Kentauren Rhoikos und Hylaios
beim Versuch, sie zu vergewaltigen, erschießen konnte.
Einigen Quellen zufolge (Apollod.; Diod. 4,41) nahm sie an dem
Zug der → Argonauten teil und besiegte Peleus in einem Ringkampf während der Leichenfeier zu Ehren von Pelias. Wenig
später verliebte sich → Meleagros in Atalante, und als er mit
einigen mutigen Helfern loszog, um den kalydonischen Eber zu
jagen, nahm er sie mit. Atalante konnte dem Eber die erste Wunde zufügen. Meleagros erlegte ihn schließlich und schenkte seiner Geliebten das Fell des Tieres. Dadurch entbrannte ein Streit
mit den anderen Jägern um das Fell; ein Streit, der Meleagros das
Leben kostete.
Atalante wollte sich nicht an einen Mann binden (Thgn. 1287–
1294; Eur. Phoen. 151–152) und entledigte sich ihrer Freier in
einem Wettlauf: Wer sie, die schnelle Läuferin, dabei schlagen
könne, dem würde sie sich hingeben. Unzählige Herausforderer
holte sie spielend ein und schlug ihnen dann den Kopf ab. Hippomenes (oder Melanion) aber versuchte es mit einer List: Er
ließ beim Laufen drei goldene Äpfel fallen, die er von Aphrodite
erhalten hatte und die aus dem Garten der Hesperiden stammten.
Atalante unterbrach ihren Lauf, um die Äpfel aufzuheben, und
Hippomenes gewann. Vielleicht ließ sich Atalante auch aus Liebe besiegen. Als Atalante und Hippomenes sich in einem Tempel
des Zeus liebten, bestrafte der Gott diese Schändung, indem er
die beiden in Löwen verwandelte, denn nach antikem Glauben
paarten sich die Löwen nicht mit ihresgleichen, sondern nur mit
Leoparden.

Das Schicksal der Atalante ist u. a. von Apollodoros und Ovid
beschrieben worden. V. a. in der archaischen Keramikdekora-

tion, z. B. auf der François-Vase (um 570 v. Chr., Florenz, M. Arch.), findet sich öfters das Motiv der Wildschweinjagd, wobei Atalante als einzige weibliche Teilnehmerin hervorgehoben wird. Auf Reliefs taucht das Jagdmotiv u. a. am Giebel des Athena-Tempels in Tegea von Skopas aus der Mitte des 4. Jahrhunderts v. Chr. (jetzt Athen, M.) auf. In der Kaiserzeit kommt das Thema auf Sarkophagen und einige Male auch auf Gemälden und Mosaiken vor. Darstellungen des Ringkampfes sind aus dem 6. Jahrhundert v. Chr. bekannt.

NK Der Wettlauf mit Hippomenes wird erst in der Kunst der Neuzeit aufgegriffen, z. B. auf Gemälden von J. Tengnagel (1610, Amsterdam, Hist. M.), G. Reni (1618/19, Madrid, Prado und Neapel, G.) und Rubens (1636–38, Madrid, Prado). Bevorzugt wird allerdings die Szene, in der Meleagros Atalante den Kopf des kalydonischen Ebers anbietet, z. B. auf Gemälden von P. Veronese (um 1561–63, Boston, M.), H. Bol (1580, Dresden, Gemäldeg.), Rubens (1614/15, New York, Metrop. M. und um 1635, München, AP), J. Jordaens (um 1620–50, Madrid, Prado), G. van Honthorst (1632, Berlin, Gemäldeg.), S. Ricci (um 1720–23, Rom, Pal. Taverna) und N. Hallé (1765, St. Etienne, M.). J. Jordaens hielt auf einem Gemälde (um 1617/18, Antwerpen, Kon. M.) fest, wie sich Meleagros und Atalante gegen die anderen Jäger zur Wehr setzen müssen. In der niederländischen Kunst wird die Überreichung der Siegestrophäe wiederholt für mythologisch gestaltete Porträts verwendet, z. B. auf Gemälden von G. J. van den Eeckhout (u. a. 1671, Bamberg, Staatsg.).

ND J. C. Gottsched verfaßte ein Schäferspiel (1741) unter dem Motto ›Die bezwungene Sprödigkeit‹. In der philhellenistischen Literatur der viktorianischen Zeit geben A. C. Swinburne in *Atalanta in Calydon* (1865) und W. Morris (1868–70) Atalante die Züge einer gefährlichen Jungfrau und schicksalhaften Frau, während Atalante und Hippomenes bei A. von Platen (1811) ihr Leben als Diener der Artemis führen. Im 20. Jahrhundert verfaßten G. Wied und J. Petersen eine Komödie (1901) und R. Vercel einen Roman (1951).

NM Von Atalante handeln auch einige Opern des 17. und 18. Jahrhunderts, u. a. von A. Draghi (Libr. von N. Minato, 1669, vermutl. Wien), C. Monari (Libr. von A. Zeno, 1710, Modena), G. F. Händel (Libr. nach B. Valeriani, 1736, London), J. A. Hasse (Libr. von S. Pallavicino, 1737, Dresden), N. Zingarelli (Libr. von C. Olivieri, 1792, Turin), sowie ein Singspiel von F. C. Bres-

sand (1698, vermutl. Braunschweig) und die Serenata von D.
Perez (1739, Palermo).

Daltrop 1966

Athamas → Dionysos

Athena, Göttin der klugen Kriegsführung, der Weisheit, der
Künste und des Handwerks, Stadtgottheit Athens, aber auch in
vielen anderen Städten verehrt, eine der zwölf großen olympischen Götter, Tochter von Zeus und Metis, der Tochter von
Okeanos und Tethys; von den Römern mit Minerva gleichgesetzt.
Die Titanin Metis wollte Zeus entfliehen und veränderte ihre
Gestalt, Zeus setzte jedoch seinen Willen durch und schwängerte sie. Bei Hesiodos (theog. 886–900) erhält Zeus die Warnung,
sein zweites Kind von Metis werde ein Sohn von weitaus grö-
ßerer Macht als er selbst sein. Aus Angst vor diesem Konkurrenten verschlang er die schwangere Metis, was ihm furchtbare
Kopfschmerzen einbrachte. Da bereute er seine voreilige Tat
und bat Hephaistos um Hilfe. Dieser spaltete ihm den Schädel,
und Athena stieg erwachsen und bewaffnet daraus hervor. Später wurde Athena zur Lieblingstochter des Zeus.
Die Bedeutung ihres festen Beinamens, Pallas, ist nicht vollständig geklärt. Ein Zusammenhang mit einer Freundin Athenas
namens Pallas oder mit dem Riesen Pallas, den Athena im Kampf
der Götter gegen die Giganten erschlug, wäre denkbar. Wahrscheinlich leitet sich der Name aber von dem griechischen Verb
›pallein‹ (die Lanze schwingen) ab und bezieht sich auf Athena
als Kriegsgöttin, wie sie schon in Minoischer Zeit bekannt war.
Athena ging nie ein Liebesverhältnis ein, sondern blieb Jungfrau. Gegen einen Vergewaltigungsversuch des Hephaistos setzte sie sich erfolgreich zur Wehr, konnte aber nicht verhindern,
daß sein Samen auf den Boden tropfte. Aus der befruchteten
Erde wurde Erichthonios geboren. Athena vertraute ihn den
Töchtern des athenischen Königs → Kekrops an.
In ihrer Aufgabe als Kriegsgöttin steht Athena im Gegensatz zu
→ Ares für den mit Beherrschung, Verstand und Strategie geführten Kampf. V. a. bei Homer wird der Unterschied zwischen
den beiden Göttern deutlich. Dabei ist die kluge Athena Ares
meist überlegen. Sie stand im Trojanischen Krieg auf der Seite
der griechischen Verbündeten; ein Grund dafür war, daß der

Trojaner → Paris in dem Schönheitswettbewerb zwischen Hera, Aphrodite und ihr den Sieg der Liebesgöttin zugesprochen hatte.

Trotzdem wurde Athena auch von den Trojanern verehrt, die auf wundersame Weise ihr hölzernes Standbild, das Palladion, erhalten hatten. Es zeigte die Kriegsgöttin mit Helm, Schild und Lanze. Die Trojaner glaubten, unbesiegbar zu sein, solange sich dieses Kultbild in ihrer Stadt befand. Odysseus und Diomedes schafften es, in Troja einzudringen und das Palladion zu erbeuten. Eine andere Athena-Statue war Schauplatz eines grausamen Ereignisses nach der Eroberung Trojas: Als Kassandra sich in der brennenden Stadt um Hilfe flehend an die Statue klammerte, zerrte der kleinwüchsige Aias (der Kampfgefährte des gleichnamigen → Aias) sie fort, stürzte die Statue um und vergewaltigte Kassandra. Diese Schändung sollte einem Großteil des griechischen Heers auf der Rückreise den Untergang bringen. Nur der kluge → Odysseus erhielt auf seiner von Poseidon bedrohten Irrfahrt die Unterstützung Athenas.

Athena half auch anderen griechischen Helden, die Klugheit und Durchsetzungsvermögen bewiesen, wie → Bellerophon, → Iason und → Herakles. Auch → Perseus stand sie zur Seite, als er Medusa (→ Gorgonen) enthauptete. Athena befestigte das Haupt der Medusa, bei deren Anblick jeder zu Stein erstarrte, an ihrem Schild.

Als Athena Polias, Beschützerin der Stadtstaaten, ist die Göttin besonders mit Athen verbunden, wo auch ihr wichtigster Tempel, der Parthenon, steht. Um Stadtgöttin von Athen zu werden, mußte sie sich gegen Poseidon durchsetzen (Apollod. 3,14,1; Hyg. fab. 164). Dieser versuchte, die Entscheidung der olympischen Götter zu seinen Gunsten zu beeinflussen, indem er den Athenern eine Quelle schenkte. Da aber aus der Quelle nur Brackwasser hervorsprudelte und Athenas Geschenk, ein Olivenbaum, viel nützlicher für die Bevölkerung war, mußte sich Poseidon geschlagen geben. Aus Zorn überschwemmte er das gesamte Gebiet, bereute dies aber bald und wurde seither von den Athenern verehrt.

Seit Athena den wegen seines Muttermordes von Furien gejagten → Orestes bei sich aufgenommen hatte, stand die Göttin auch für Gastfreundschaft und die Verpflichtung, Flüchtlingen Schutz zu gewähren (Aischyl. Eum.; Eur. Or.). Als Vorsteherin des Areopag setzte sie sich für die Freisprechung des Orestes von seiner Schuld ein.

Obwohl Athena die Funktion der Kriegsgöttin innehatte, wurde sie gleichzeitig auch als Göttin des Friedens im Sinne einer Beschützerin der politischen Stadtgemeinschaften verehrt. Philosophen und Dichtern stand sie in ihrer Eigenschaft als Göttin der Weisheit und Bildung bei. Als Göttin der handwerklichen Arbeit (Athena Ergane) war sie auch Schutzheilige der Webkunst, weshalb sie, wie es Ovid überliefert, die vermessene → Arachne bestrafte, die sich hier mit ihr gleichstellen wollte.

In der ältesten griechischen Malerei und Bildhauerkunst ist Athena als ›Athena Polias‹ sitzend oder auch stehend in ihrer Rüstung zu sehen, häufig als hölzernes Kultbild (Palladion) zum Schutze der Stadt. Seit dem 6. Jahrhundert v. Chr. erscheint sie in Kampfhaltung als ›Athena Promachos‹, meist in voller Waffenrüstung mit Ziegenfell (→ Zeus), Helm, Schild, Schwert bzw. Speer, z. B. eine Bronzestatuette von der Akropolis in Athen (um 480 v. Chr., Athen, M.). Auf ihrem Ziegenfell, Brustharnisch oder dem Schild führt sie das Haupt der Medusa (→ Gorgonen). Ihre weiteren Attribute sind eine Schlange, eine Eule oder ein Hahn (z. B. mit Eule: Bronzestatuette um 465–460 v. Chr., New York, Metrop. M.). Zu den ältesten, oft dargestellten mythologischen Szenen gehört die Geburt, die schon seit dem 7. Jahrhundert v. Chr. geschildert wird. Die → Arachne-Geschichte kommt in der antiken Kunst selten vor. In mythologischem Zusammenhang ist Athena neben zahlreichen Helden und in der Gigantomachie zu finden. V. a. aus römischer Zeit gibt es Darstellungen der Göttin als ›Athena Ergane‹ aufgrund der großen Verehrung, die sie bei den Handwerkern genoß. Unter den Parthenon-Skulpturen nimmt sie die erste Stelle ein: auf dem Ostgiebel ist die Geburt und auf dem Westgiebel der Streit mit Poseidon abgebildet, und auf dem Fries sieht man die Panathenaia, die großen Feste zu ihren Ehren. Die in der Antike berühmte Kultstatue aus Gold und Elfenbein von Pheidias, die ›Athena Parthenos‹ (um 447–438 v. Chr.), ist nur durch Marmorkopien (z. B. die sog. ›Varvakion-Athena‹, 2. Jh. n. Chr., Athen, M.) und Abbildungen auf Münzen überliefert. Auch andere Standbilder des Pheidias, die ›Athena Promachos‹ und die ›Athena Lemnia‹, die beide auf der Akropolis standen, sind nur durch Kopien bekannt (z. B. in Dresden, Staatl. Kunstslg.). Die ›Athena von Velletri‹ soll auf ein Bronzeoriginal von Kresilas (um 400 v. Chr., Marmorkopie in Paris, Louvre) zurückgehen. Die sog. ›Athena Farnese‹, eine Marmorkopie nach einem Bronzeoriginal aus dem Umkreis von Pheidias, stammt aus der Zeit um 430–420 v. Chr. (Neapel, M. Arch. Naz.).

NK In der bildenden Kunst und Literatur des Mittelalters und der Renaissance tritt Athena fast ausschließlich mit positiven Symbolfunktionen auf. Sie personifiziert die Vita Contemplativa – z. B. in Allegorien des Paris-Urteils, in denen sie Hera als Personifikation der Vita Activa gegenübersteht – oder die Prudentia. Manchmal bildet sie das heidnische Pendant zur Jungfrau Maria. Außerdem versinnbildlicht sie die Weisheit und/oder Keuschheit, die die Sünden und Untugenden, die in Aphrodite personifiziert sind, vertreibt, z. B. auf Gemälden von A. Mantegna (1501/02, Paris, Louvre), Perugino (1506, Paris, Louvre), S. Ricci (1703, Florenz, Pal. Marucelli-Fenzi und 1717/18, Paris, Louvre). S. Botticellis Gemälde mit Athena und dem Kentaur (um 1482/83, Florenz, Uffizien) stellt möglicherweise den Sieg der Weisheit über die niederen Triebe dar.

In der Malerei des 16. und 17. Jahrhunderts symbolisiert Athena die Künste und Wissenschaften. A. Elsheimer beispielsweise verwandelte das ›Reich der Minerva‹ (um 1607/08, Cambridge, Fitzwilliam M.) in ein Studierzimmer. Auf allegorischen Gemälden wird sie als Schirmherrin der Künste und Wissenschaften und als Erzieherin gezeigt – z. B. auf einem Fresko von F. del Cossa (1470, Ferrara, Pal. Schifanoia), auf Gemälden von B. Spranger (um 1591, Wien, Kunsth. M.) und J. Jordaens (um 1675, Amsterdam, M.) – oder zusammen mit den → Musen. Da diese Bereiche auch mit → Hermes in Verbindung gebracht werden, ist sie häufig neben ihm zu sehen – z. B. auf Pendant-Gemälden von H. Goltzius (1611, Haarlem, Hals-M.) – oder es werden beide in einer Gestalt als ›Hermathena‹ gezeigt, z. B. auf Fresken der Brüder Zuccari (um 1559) im Palazzo Farnese in Caprarola. Auf einem Gemälde von J. Jordaens (1672, 's-Gravenhage, Friedenspalast) ist Athena im Kampf gegen Betrug, Gewalt und Mißgunst, die in der Gestalt der Harpyien auftreten, zu sehen. Bei L. Giordano (1682/83, Deckengemälde, Florenz, Pal. Medici-Riccardi) überreicht sie dem Verstand einen goldenen Schlüssel. Als Personifikation einer weisen Regierung und eines klug geführten Krieges wird sie wiederholt Ares gegenübergestellt, z. B. auf einem Fresko von J. Tintoretto (1577/78) im Palazzo Ducale in Venedig sowie auf Gemälden von J. Lievens (1652, Amsterdam, M.), J.-L. David (1771, Paris, Louvre) und P.-P. Prud'hon (1796–98, Paris, Louvre).

Weitere Athena/Minerva-Darstellungen schufen z. B. in der Malerei T. di Bartolo (um 1407–14, Fresko, Siena, Pal. Pubblico), B. Peruzzi (1511/12, Fresko, Rom, Villa Farnesina), P. Veronese (um 1565–70, Gemälde, Moskau, Puschkin M.), A. Gentileschi (um 1615, Gemälde, Florenz, Uffizien), Rembrandt (1632, Gemälde, Berlin, Gemäldeg.), A. Guardi (1750–60, Gemälde, Amiens, M.), J.-H. Fragonard (1773–76, Gemälde, Detroit, I. of Art) und G. Klimt (1898, Gemälde, Wien, Hist. M.) sowie in der Bildhauerei J. Sansovino (1540–45, Bronzestatuette, Florenz, M. Naz.), Giambologna (1578, Bronzefigur, Florenz, M. Naz.), B. Permoser (1716, Marmorstatue, Dresden, Albertinum), J. G. Schadow (1793, Sandsteinstatue, Berlin, Brandenburger Tor), B. Thorvaldsen (um 1836, Gipsrelief, Kopenhagen, Thorvaldsen M.), A. Rodin (um 1896, Marmorbüste, Philadelphia, Rodin M.) und E.-A. Bourdelle (vor 1906, Bronzemaske, Dresden, Gemäldeg.).

In der Literatur wurden mehrfach die beiden Göttinnen Athena ND und Venus kontrastiert: z. B. H. Sachs (Lustspiel, 1530), L. F. de Vega Carpio (Sonnett, 1602–04), J. Swift (*Cadenus and Vanessa*, Ged. 1712/13). J. G. Herder verfaßte ein Gedicht auf *Minerva, die Schutzgöttin der Frauen* (1785). G. N. G. Byron protestiert mit dem Gedicht *Der Fluch der Minerva* (1811) gegen die Verbringung der Elgin Marbles von Athen nach London. Im Zeichen Athenas als Göttin der Kunst geriert sich die zeitgenössische Hauptfigur im 2. Teil, Minerva, von H. Manns Romantrilogie *Die Göttinnen* (1903).

Neben einigen Balletten und Pastoralen des 17. Jahrhunderts, NM z. B. anläßlich der Hochzeit von Heinrich IV. und Maria de Medici von F. B. Guarini (1600, Florenz) oder einer ›operetta‹ von S. E. von Brunswick-Lüneburg (Libr. der Komponistin, 1655), setzt sich im 18. Jahrhundert v. a. die Kammerkantate um Athena/Minerva durch, u. a. von J.-B. Morin (*Cantates françoises II*, Paris, 1707), L.-N. Clérambault (Paris, 1714), P. A. Guglielmi (1786, Neapel) und J. Weigl (1791, Wien). Die Werke der Operngeschichte thematisieren v. a. die Geburt der Athena/Minerva, u. a. von A. Draghi (Libr. von N. Minato, 1674, Wien), R. Keiser (Libr. von H. Hinsch, 1703, Hamburg) und A. Caldara (Libr. von G. C. Pasquini, 1735, Wien). Eine Rückbesinnung auf diese Figur unternahm E. Křenek mit seiner Oper *Pallas Athene weint* (Libr. vom Komponisten, 1955, Hamburg).

Hager/von Heintze 1961; Herington 1955; Kaspar/Butz 1990; Niemeyer 1960; Pfeiff 1990; Pötscher 1987; Prins 1931; Schürmann 1985; Scott 1982; Welles 1986; Wittkower 1977

Athene → Athena

Atia, Mutter des → Augustus

Atlas → Herakles

Atreus und Thyestes, unversöhnliche Brüder im Streit um den Thron von Mykene, Söhne des Pelops, des Königs von Pisa, und der Hippodameia, Enkel des Tantalos ⟨Aischyl. Ag.; Soph. Ai. 1293–94; Eur. El. 699–746; Eur. Or. 11–15; 995–1010; Sen. Thy.; Apollod. 2,4,6; Hyg. fab. 85–88, 258⟩.

Pelops verfluchte und verbannte die Brüder, weil sie ihrer Mutter zuliebe seinen Lieblingssohn, ihren Halbbruder Chrysippos, ermordet hatten. Sie fanden Zuflucht bei dem König von Mykene, Sthenelos, der ihnen die Herrschaft über Midea, einen Teil seines Reiches, anbot.

Da Aërope, die Frau des Atreus, Thyestes mehr liebte als ihren Mann, beging sie einen folgenreichen Diebstahl: Atreus hatte gelobt, Artemis regelmäßig sein schönstes Schaf zu opfern. Als er aber in seiner Herde ein Schaf mit einem goldenem Fell entdeckte, verbarg er dieses goldene Vlies in einer Kiste. Aërope gab nun das Fell heimlich ihrem Schwager und Liebhaber Thyestes. Als kurze Zeit später Sthenelos starb und den Mykenern durch einen Orakelspruch geweissagt worden war, einer der Söhne von Pelops solle den Thron übernehmen, entstand ein Streit zwischen den Brüdern. Thyestes schlug vor, daß derjenige, der ein goldenes Vlies vorweisen könne, König von Mykene sein solle. Atreus, der sich im Besitz des Vlieses glaubte, stimmte dem Vorschlag zu, mußte dann aber seinem Bruder den Thron überlassen, als dieser es vorlegte.

Zeus beauftragte nun Hermes, Atreus zu helfen. Dieser solle Thyestes vorschlagen, auf den Thron von Mykene zu verzichten, wenn die Sonne ihre Bahn ändern würde. Thyestes erklärte seinen Bruder für verrückt und nahm den Vorschlag an. Zeus ließ daraufhin die Sonne im Osten untergehen, Atreus übernahm die Herrschaft über Mykene und verbannte seinen Bruder.

Später erfuhr Atreus von der Intrige Aëropes und Thyestes'. Aus Rache gab er vor, sich mit Thyestes versöhnen zu wollen und lud ihn zu einem Festessen ein. Vorher jedoch ließ er drei Söhne des Thyestes gefangennehmen, obwohl sie Schutz am Altar des Zeus gesucht hatten; sie wurden umgebracht, zerhackt und gekocht – und anschließend Thyestes auf dem Bankett vorgesetzt. Nach dem Mahl erzählte Atreus, was Thyestes gegessen hatte und verbannte ihn erneut. Schließlich wurde Atreus von

Aigisthos, einem Sohn des Thyestes von dessen Tochter Pelopeia, umgebracht. Atreus war der Vater der Atriden → Agamemnon und → Menelaos. Auch Agamemnon wurde später von Aigisthos ermordet.

Seit dem von Missetaten genährten Haß unter den Brüdern lag ein Fluch auf ihren Nachkommen, dem von Blutrache und Verfluchungen gegeißelten Geschlecht des Tantalos und der Tantaliden, auch auf den späteren: Aigisthos, Agamemnon, → Orestes, → Iphigenie und → Elektra. Er war das Thema verlorengegangener Tragödien von Sophokles und Euripides. Der Streit zwischen den beiden Brüdern kommt in Aischylos' *Agamemnon* und Euripides' *Orestes* vor. Überliefert ist das Drama *Thyestes* von Seneca, das die grausame Rache des Atreus an seinem Bruder vorführt.

Durch die Tragödien Senecas fand der Stoff Eingang in die Literatur der Neuzeit. Die Reihe der Tragödien nach Seneca reicht von L. Dolce (1553), über P. J. de Crébillon (1707), Voltaire (1772), U. Foscolo (1797) bis J. M. Pemán y Pemartín (1955) und H. Claus (1966). Die Tragödien von C. F. Weisse (1767) und J. J. Bodmer (1768) handeln von der Rache an Atreus nach der schaurigen Mahlzeit.
Weder in der Antike noch später wird die Legende von Atreus und Thyestes in der bildenden Kunst thematisiert. Die sog. Atreus-Maske aus dem 16. Jahrhundert v. Chr., die H. Schliemann 1876 in einem mykenischen Grab fand (heute Athen, M.), hat nichts damit zu tun.

Frenzel 1992a

Atride, Beinamen von → Agamemnon und → Menelaos, den Söhnen des Atreus

Atropos, eine der → Moiren

Augias → Herakles

Augustus, Gaius Iulius Caesar Octavianus (63 v. Chr.–14 n. Chr.), erster römischer Kaiser, Sohn des Gaius Octavius und der Atia; ursprünglicher Name: Gaius Octavius ⟨Augustus, res gestae; Suet. Aug.; Dio Cass. 46–56; Vell. passim; App. civ. 2,492–5,602⟩.

Die Erzählungen des Sueton, daß Atia im Tempel des Apollon von einer Schlange geschwängert und der Säugling einmal auf einem Turm mit dem Gesicht zur aufgehenden Sonne gefunden wurde, gelten als Hinweise auf die besondere Beziehung des Augustus zu Apollon, dem Sonnengott. Von mütterlicher Seite her war er ein Großneffe → Caesars, der den früh verwaisten Jüngling um 47/46 bei sich aufnahm, unter dem Namen Gaius Iulius Caesar Octavianus als Patrizier einführte und zu seinem Nachfolger erzog. Nach der Ermordung Caesars trat er dessen Erbe an (Suet. Aug. 8,2; App. civ. 3,14).

Im Jahre 44 brach ein Machtkampf aus, als Marcus Antonius mit der Unterstützung des Lepidus und des Senats versuchte, Octavianus das Erbe Caesars streitig zu machen (App. civ. 3,21–23,28; Dio Cass. 45,8). Octavianus konnte jedoch mit den Sympathien großer Teile der Bevölkerung rechnen und setzte sich gegen seine Konkurrenten durch. Ein Jahr später schloß er sich sogar mit Marcus Antonius und Lepidus zum Triumvirat zusammen, um unter anderem auch mittels der seit → Sulla gefürchteten Proskriptionen die politischen Gegner schonungslos zu vernichten. Im Jahre 42 besiegten sie die Caesarmörder → Brutus, M. I. und Cassius bei Philippi. Brutus nahm sich das Leben; sein Kopf soll als warnendes Zeichen am Fuß eines Caesarstandbildes in Rom niedergelegt worden sein (Suet. Aug. 13; Dio Cass. 47,49,2).

Nachdem das Triumvirat auch den Widerstand Catos (Uticensis) und eines Nachfahren Scipios gebrochen und damit die republikanische Opposition beseitigt hatte, wurde das Reich aufgeteilt: Antonius erhielt den Osten, Lepidus Afrika und Octavianus Italien und den Westen. Mit Sextus Pompeius, einem Sohn des Pompeius Magnus, schalteten sie ihren letzten militärischen Gegner aus, bevor die Auseinandersetzungen innerhalb des nun über diktatorische Macht verfügenden Triumvirats begannen.

Die erste große Konfrontation fand in Perugia statt, wo Octavianus einen Aufstand unter der Führung von Fulvia und Lucius Antonius, der Frau und dem Bruder des Marcus Antonius, grausam niederschlug. Die Heirat des Antonius mit Octavianus' Schwester Octavia führte zu einer nur kurzfristigen Verbesserung des Verhältnisses. Konflikte um Sizilien endeten mit dem Ausschluß des Lepidus aus dem Triumvirat. Das Liebesverhältnis zwischen Antonius (Suet. Ant.) und → Kleopatra, die für die Römer den ihnen feindlichen Osten verkörperte, nutzte Octavianus geschickt aus, um in Rom weitreichende Vollmachten zu erlangen (Plut. Ant. 60; Dio Cass. 50,4,3–6,1 u. 50,4,21,1 bzw.

50,4,26,3). Im Jahre 31 konnte er Antonius in der Seeschlacht bei Actium, an der griechischen Westküste von Epirus, besiegen und als Alleinherrscher nach Rom zurückkehren. Zuvor soll er am Stadtrand von Alexandria das Grab seines Vorbildes → Alexander besucht haben (Dio Cass. 51,16,5; Suet. Aug. 18,1).

Um seine Stellung langfristig zu sichern, vermied Octavianus jeden Anschein königlichen Gebarens und stellte zumindest formal die republikanischen Institutionen und Kompetenzen der Magistrate und des Senats wieder her, der daraufhin die Machtbefugnis an ihn übertrug. Er bekam die Titel ›princeps‹ (der Erste) und ›augustus‹ (der Erhabene); seit 27 v. Chr. war dies auch sein offizieller Name. So erreichte er, was dem weniger taktierenden Caesar bei den führenden Kreisen versagt geblieben war: die Zustimmung der Römer zu einer monarchischen Herrschaft, die zu göttlichem Ansehen und dem vererbbaren Kaisertitel führte.

Seine engsten Mitarbeiter und Berater waren der Kunstliebhaber Maecenas und sein Jugendfreund und Kampfgenosse Agrippa, dem er seine Tochter Iulia zur Frau gab. Dio Cassius berichtet von einem Gespräch des Augustus mit den beiden zu Beginn seiner Alleinherrschaft, bei dem Agrippa für die Wiedereinsetzung einer republikanischen Verfassung Stellung nahm, Maecenas dagegen.

Nach den großen sozialen und politischen Spannungen und den anhaltenden Kämpfen, die die Römische Republik seit der Zeit der → Gracchen bis zum Machtstreit nach dem Tod Caesars aushalten mußte, verlief die Regierungszeit des Augustus relativ friedlich. Nach Sueton konnten die Tore des Ianustempels dreimal geschlossen werden als Zeichen, daß Rom bereits außergewöhnlich lange an keinem Krieg mehr beteiligt gewesen war (Aug. 22,1). Zu den wenigen Störungen dieses politischen und militärischen Friedens gehört die Niederlage in der Varusschlacht (→ Arminius); eine Katastrophe, nach der Augustus, seinen Kopf an die Mauer schlagend, den von Sueton überlieferten Satz ausrief: ›Varus, gib mir meine Legionen zurück!‹ (Aug. 23,2).

Einer der Intriganten, mit denen Augustus zu kämpfen hatte, war Cornelius Cinna, ein Nachfahre des Pompeius. Auf den Rat seiner Frau Livia hin sah Augustus jedoch von einer Bestrafung ab. Dio Cassius berichtet von dem Gespräch zwischen Augustus und seiner Frau über Verurteilung und Freispruch.

Innerhalb der Familie kam es wegen der Frage der Nachfolgeschaft zu Konflikten, da Augustus nur eine einzige Tochter, Iu-

lia, hatte. Zunächst schien es so, als habe der Herrscher seinen
Neffen Marcellus ausgewählt, dann aber ließ er sich während
einer ernsthaften Erkrankung von Agrippa vertreten und gab
ihm seinen kaiserlichen Siegelring. Nach Agrippas Tod verheiratete Augustus → Tiberius, den Sohn Livias aus ihrer früheren
Ehe, mit seiner Tochter Iulia. Dieser entzog sich jedoch allen
Anforderungen und reiste nach Rhodos. Augustus adoptierte
Agrippas Söhne Lucius und Gaius, die jedoch starben, bevor sie
seine Nachfolge antreten konnten. Schließlich rief er Tiberius
zurück und adoptierte ihn. Nach dem Tod des Augustus 14 n.
Chr. wurde er der neue Kaiser.

Livia soll an diesem Nachfolgestreit durch einige Morde beteiligt gewesen sein mit dem Ziel, ihrem Sohn Tiberius den Thron
zu sichern (Tac. ann. 1,6 u. 3,30; Suet. Tib. 22; Dio Cass.
57,3,5,6).

Augustus war sich sehr wohl der Bedeutung seiner Herrschaft
für das Römische Reich bewußt. Er schrieb seine Taten als *Res
gestae* nieder, die in griechischer und lateinischer Sprache auf
Monumente gemeißelt und zu seinen Ehren in allen großen
Städten aufgestellt wurden. Auf einer Wand des Augustustem-
pels in Ankara ist das einzige vollständige Exemplar bewahrt
geblieben (Monumentum Ancyranum). Außerdem gab er Dichtern den Auftrag, die Geschichte der mythologischen Ahnen des
Geschlechts von Iulius Caesar zu beschreiben, namentlich die
Aeneas-Sage (Vergil), und den gegenwärtigen Frieden zu besingen (Horaz). Auch Ovid mit seinen *Metamorphosen* und *Fasti* war
ein wichtiges Glied in der literarischen Propaganda; er fiel aus
nicht geklärten Gründen in Ungnade und wurde 8 n. Chr. nach
Tomi am Schwarzen Meer verbannt.

Die wichtigsten überlieferten historischen Schriften, in denen
die Regierung des Augustus beschrieben ist, sind von Sueton,
Plutarch und Dio Cassius verfaßt. Tacitus beginnt seine *Annales*
mit dem Regierungsantritt des Tiberius, nicht ohne einen düsteren Rückblick auf den von Augustus berechneten Verlust des
machtlos gewordenen Geistes und der Einrichtungen der Republik zu werfen. Sueton, der bei dem jungen Octavianus Unbeherrschtheit und Zügellosigkeit feststellt und beschreibt, wie
er im Kampf um die Macht keine Mittel scheut, hebt die milde
Ausübung in der endlich erreichten Position und die Weisheit
seiner Regierung hervor. Seneca lobt in *De clementia* wohl Augustus' Verhalten gegenüber Cinna, doch gibt er auch zu verstehen, daß es sich um die Güte nach dem Schlachten handle.

Die bildende Kunst der Augustuszeit wird ikonographisch von der kaiserlichen Propaganda bestimmt. Die Porträts zeigen den Kaiser z. B. als Sieger von Actium und damit als großen Feldherrn (Augustus von Primaporta; Rom, Vat. M.) oder als Priester, der die römische pietas verkörpert (Augustus von der Via Labicana, Rom M. Naz.). Auch die Familienmitglieder werden porträtiert, wobei der Gesichtsausdruck und das Haar manchmal nahezu identisch mit denen des Princeps sind. Ganz gezielt wurden diese Porträts im ganzen römischen Imperium verbreitet, weshalb sie auch in großer Anzahl überliefert sind.

Ornamente an Monumenten symbolisieren eine Fruchtbarkeit, wie sie davor nur im mythischen Goldenen Zeitalter anzutreffen war: Ranken mit wucherndem Blattwerk und Trauben, Tiere, z. B. der Schwan des Apollon, finden sich in dieser Bedeutung zum ersten Mal auf der Ara Pacis (Altar des Friedens), die zwischen 13 und 9 v. Chr. auf dem Marsfeld in Rom errichtet wurde. In archaisierendem Stil ist der Streit zwischen Apollon und Herakles auf Terrakotta-Platten, die zur Dekoration des Apollontempels auf dem Palatin (heute Rom, Antiqu. Palat.) gehören, dargestellt, stellvertretend für den Streit zwischen Augustus und den Feinden der Republik. Einige Gemmen zeigen den apollinischen Dreifuß mit einer Schlange zwischen den Füßen, sicher eine Anspielung auf die wundersame Befruchtung der Atia. Das Sternbild Capricornus (Steinbock) spielt in der Ikonographie ebenfalls eine Rolle, da der Kaiser in diesem Zeichen am 23. September geboren wurde.

Einige historische Ereignisse werden auf Reliefs festgehalten: Auf einem nur fragmentarisch erhaltenen (Budapest, M.) wird die Schlacht bei Actium, die Apollon überwacht, gezeigt. Auf der Ara Pacis ist die Familie des Kaisers während des Festaktes im Jahre 9 v. Chr. zu sehen und auf einem Silberbecher aus Meroe (1. Jh. n. Chr., Ägypten; Boston, M.) Augustus als weiser Richter in der Rolle des biblischen Salomo.

Seit der Spätantike werden von christlicher Seite Augustus und N Christus in Beziehung zueinander gesetzt. Dies geht nicht nur auf die aus dem *Neuen Testament* bekannte Volkszählung in Bethlehem zurück, die der Kaiser durchführen ließ, sondern auch auf die Ankündigung eines Retters in Vergils vierter *Ecloga*, im ersten Buch der *Georgica* und im sechsten Buch seiner *Aeneis*. In byzantinischen Schriften aus dem 6. Jahrhundert findet sich dieses Motiv, wobei die Ankunft Christi dem Kaiser durch die delphische Pythia eröffnet wird. Spätere Versionen dieser Legende, in denen die Pythia durch die Sibylle von Tibur (Tivoli) ersetzt ist, erscheinen in der *Legenda Aurea* und in der Text- und Bilderzählung des *Speculum humanae salvationis*, wo zu lesen ist, daß die Sibylle dem Kaiser Maria und ihr göttliches Kind in einer Erscheinung zeigt. Augustus soll für dieses unbekannte Kind und den Erlöser einen Altar errichtet haben, die Ara Coeli (Altar des Himmels), die mit der gleichnamigen Kirche auf dem Capitol in Verbindung gebracht wird.

Außerhalb des christlichen Kontextes wird Augustus als der erste Kaiser des Imperium Romanum und als Personifikation des vierten der Vier Weltreiche (→ Dareios) angesehen. Sein Ruhm gründet sich darauf, daß er in seinem Reich – immer wieder als Vorbild für ein christliches Weltreich genannt – als friedliebender Herrscher die pax romana festigte. Eusebius empfahl Kaiser Konstantin, Augustus zum Vorbild zu nehmen. Die ebenfalls karolingischen und deutschen Kaiser orientierten sich an dem Römer. Eine Augustus-Kamee aus dem Jahre 20 v. Chr. ist wahrscheinlich auch deshalb an der zentralen Stelle des Lotharkreuzes im Aachener Dom (um 1000) zu finden. Porträts Kaiser Heinrichs II. als Augustus haben wohl den gleichen Hintergrund. Ariosto führt im *Orlando Furioso* (1516–32) in einer Prophezeiung dem späteren Kaiser Karl V. Augustus, → Traianus, Marcus Aurelius und Septimius Severus als Vorbilder an.

NK Die Legende um die Ankündigung der Geburt Christi wurde in zahlreichen Illustrationen zum *Lukas-Evangelium* und dem genannten *Speculum* dargestellt, auch auf einem Gemälde von K. Witz (um 1435, Dijon, M.), auf dem Bladelin-Altar von R. van der Weyden (um 1460, Berlin, Gemäldeg.), auf Fresken von Ghirlandaio (um 1485) in S. Trinità in Florenz, auf Brüsseler Teppichen (Anfang 16. Jh.) sowie auf Gemälden von J. Tintoretto (um 1550–55) und A. Caron (um 1580, Paris, Louvre).

Auch in der bildenden Kunst der Neuzeit gilt Augustus als vorbildliches Beispiel für einen guten Herrscher und wird oft als Mittel fürstlicher Selbstdarstellung eingesetzt. Beispielsweise ließ sich Cosimo de' Medici in einer Skulptur von V. Danti (1572, Marmor, Florenz, M. Naz.) als Augustus porträtieren. Darstellungen, auf denen die Tore des Ianustempels geschlossen werden, unterstreichen die Friedensliebe eines herrschenden Fürsten: z. B. auf Gemälden von C. Maratta für die Galerie de La Vrillière in Paris (um 1650, heute Lille, M.) und C. van Loo für Ludwig XV. in Choisy (1765, heute Amiens, M.). Die bei → Kleopatra genannten Szenen mit dem Treffen von Augustus

und Alexander sollen die Enthaltsamkeit des Augustus bzw. des
Auftraggebers betonen. Abbildungen, auf denen er Vergils *Ae-*
neis liest oder dem Vortrag des Dichters selbst aus diesem Epos
folgt, verweisen auf kulturpolitische Bestrebungen: z. B. auf einem Fresko von P. da Cortona in der Sala di Apollo des Palazzo
Pitti in Florenz (1647; dort befindet sich auch → Alexander mit
den Werken Homers). Ingres (um 1812, Brüssel, Kon. M. und
Toulouse, M.) und V. Camuccini (1820, Rom, Camuccini C.)
beziehen sich in ihren Gemälden auf eine Erzählung des *Ae-*
neis-Kommentators Donatus aus dem 4. Jahrhundert n. Chr.:
Vergil liest Augustus aus der *Aeneis* vor. Als er den Vers zitiert
›Tu eris Marcellus ...‹, in dem Anchises den vorzeitigen Tod des
Marcellus vorhersagt, fällt Octavia, die Schwester des Augustus
und Mutter des Marcellus, in Ohnmacht. Die wahrscheinlich für
den Tod des Jungen verantwortliche Livia zeigt dabei keinerlei
Regung.
J. H. Tischbein d. Ä. malte für das Schloß Wilhelmshöhe in
Kassel (1769, Kassel, Gemäldeg.) eine Reihe von Gemälden, auf
denen Augustus' Tugenden und Kultur als Lob auf Wilhelm VIII. abgebildet sind: die Konfrontation mit Kleopatra,
die Belohnung der Soldaten, die Lektüre der *Aeneis* und die Milde gegen Cinna. Dieses Güte-Motiv, das wohl durch das Stück
von Corneille inspiriert war, kehrte in der französischen Malerei
u. a. auf Gemälden von F.-A. Vincent (1787, Angers, M.) und
A.-E. Fragonard (1796, Pariser Salon) wieder.
Die gewalttätige Regierung des Triumvirats mit Proskription
und Verfolgung wird nur selten thematisiert. A. Caron spielt mit
seinem ›Massacre du Triumvirat‹ (um 1562 und 1566, Paris,
Louvre) auf religiöse Streitigkeiten im Frankreich seiner Zeit an,
ebenso wie H. V. de Vries auf Stichen aus derselben Zeit.
Die Aurea Aetas (›Goldenes Zeitalter‹), die unter Augustus bestanden haben soll, wurde wiederholt von Mussolini zum Vergleich mit dem neuen faschistischen Italien herangezogen. V. a.
die zum 2000. Geburtstag des Augustus in den Jahren 1937–38
organisierte Mostra augustea della romanità sollte die Parallele
zwischen dem alten und dem neuen Imperium aufzeigen. Entlang der neu angelegten Via dei Fori Imperiali in Rom wurden
Marmortafeln aufgestellt, die die Expansion der beiden Imperien
zeigten.

In der Literatur der Neuzeit spielt der Imperator selten eine ND
Hauptrolle. In den wenigen Szenen, in denen er in W. Shakespeares *Julius Caesar* (1599) auftritt, ist er kühl, korrekt und um-

sichtig; in *Antony and Cleopatra* (1607) steht er als der selbstbeherrschte homo politicus seinem ungestümen Konkurrenten gegenüber. Auch C.-L. Montesquieu skizziert ihn als kühlen Rationalisten. P. Corneille beschreibt in seiner Cinna-Tragödie (1643), wie nach der Aufdeckung der Verschwörung der gefangene Cinna, der die Tochter eines Proskriptionsopfers liebt und ihr geschworen hat, Augustus zu töten, sich anfänglich der Güte des Regenten widersetzt, sich später aber beschwichtigen läßt. Möglicherweise plädierte Corneille im Zeitkontext der Verschwörungen gegen Ludwig XIII. hiermit für Milde. T. Otway schrieb einen Prosatext über das Triumvirat.

NM   Auf Corneille folgten im 18. Jahrhundert eine Reihe von Cinna-Opern, z. B. von C. H. Graun nach der Bearbeitung von L. di Villati (1748, Berlin).
Das Singspiel *Das triumphirende Glück, oder Augustus und Livia* komponierte J. A. Kobelius (1727, Weißenfels). In Portugal entstand die Kantate *Il Natale Augusto* von A. L. Moreira (1793, Lissabon). Schließlich gibt es einen neueren Chorsatz von L. Gruber (Neusäss, 1985).

Augustus 1988; Béranger 1956; Marx 1969; Massner 1982; Mostra 1937; Simon 1986; Walch 1968; Zanker 1990

Aurelianus, Kaiser von Rom → Zenobia, Julia Aurelia

Aurelia Orestilla, Gemahlin des → Catilina

Aurora → Eos

Bakchen → Mänaden

Bakchos → Dionysos

Baukis → Philemon und Baukis

Belesys, Leibwächter und Verschwörer gegen → Sardanapal(l)os

Bellerophon (auch Bellerophontes), schöner korinthischer Held, zähmte das Flügelroß Pegasos; möglicherweise ein Sohn Poseidons, auf jeden Fall aufgewachsen als Sohn des korinthischen Königs Glaukos, eines Sohnes von Sisyphos, und der Eurynome (oder Eurymeda) ⟨Hom. Il. 6,152–205; Apollod. 1,9,3; 2,3; Pind. O. 13,60–91⟩.

Bellerophon mußte vom korinthischen Hof fliehen, weil er versehentlich seinen Bruder Deliades oder Belleros getötet hatte (daher sein Name ›Töter des Belleros‹). Er ging zu Proitos, dem König von Tiryns. Dessen Frau Stheneboia (bei Homer Anteia) verliebte sich in Bellerophon, doch als dieser sie zurückwies, beschuldigte sie ihn, er habe sie vergewaltigen wollen. Proitos schickte Bellerophon daraufhin mit einem versiegelten Brief zu Stheneboias Vater Iobates, dem König von Lykien, und bat ihn in diesem Brief, Bellerophon umzubringen. Doch auch Iobates wollte seinen Gast nicht selbst töten. Er trug Bellerophon auf, gegen die Chimaira zu kämpfen, die in Lykien ihr Unwesen trieb: ein feuerspeiendes Monster, das vorn wie ein Löwe, in der Mitte wie eine Ziege aussah und einen Drachenschwanz hatte. Iobates hoffte, Bellerophon werde dabei umkommen. Athena gab Bellerophon daraufhin ein goldenes Zaumzeug, mit dem er das geflügelte Pferd Pegasos fangen konnte. Auf dessen Rücken griff er die Chimaira an und tötete sie.

Der verwunderte Iobates stellte Bellerophon vor eine weitere Aufgabe: Er sollte alleine gegen das verfeindete Nachbarvolk der Solymer kämpfen, aber auch dieses Mal entkam er mit Pegasos allen Gefahren. Nachdem Bellerophon ein Gefecht mit den Amazonen siegreich beendet und auch einen Angriff von Iobates' Truppen aus dem Hinterhalt überlebt hatte, mußte der König seine Unbesiegbarkeit anerkennen. Er versöhnte sich mit ihm, gab ihm seine Tochter zur Frau und schenkte ihm sein halbes Königreich.

Noch immer ließen dem Helden die Gerüchte, die Stheneboia verbreitet hatte, keine Ruhe, und er kehrte an den Hof des Proitos zurück, um sich zu rächen. Unter dem Vorwand, mit ihr fliehen zu wollen, ritt er mit Stheneboia auf Pegasos davon und stieß sie dann ins Meer hinunter, in dem sie ertrank.

Über das Ende des Bellerophon wird erzählt, daß er sich mit Pegasos auf den Olympos wagen wollte, um mit den Unsterblichen zu verkehren. Wütend sandte Zeus eine Stechfliege, die Pegasos so zur Raserei brachte, daß Bellerophon von seinem Rücken fiel. Er irrte seine letzten Lebensjahre als verfluchter, wahnsinniger Krüppel durch die Welt. Pegasos dagegen wurde von den Göttern auf dem Olympos aufgenommen.

Das Schicksal des Bellerophon ist von vielen Dichtern beschrieben worden, z. B. Homer, Pindaros, Hyginus und Apollodoros.

Stheneboia- und Bellerophon-Tragödien von Euripides und eine Iobates-Tragödie von Sophokles sind verlorengegangen.

Seit dem 7. Jahrhundert v. Chr. kommt Bellerophon auf Vasen und Reliefs (z. B. ein melisches Terrakottarelief von 470–460 v. Chr., London, British M.), seit der hellenistischen Zeit in der Malerei und auf Mosaiken vor. Auf rotfigurigen Vasen und römischen Sarkophagen wird seine Lebensgeschichte erzählt. Der Kampf mit der Chimaira steht dabei häufig im Mittelpunkt: Bellerophon sitzt zu Pferde und verfolgt das Tier oder scheint darüberzuspringen; manchmal ficht er auch ohne Pegasos gegen das Ungeheuer. Er trägt einen Helm, meistens aber den Petasos, einen flachen Hut aus Reisstroh, der ihn vor der Sonne schützt. Darstellungen mit dem Tod der Stheneboia sind kaum bekannt. In der spätrömischen Kunst wird die Thematik von Bellerophon und der Chimaira möglicherweise christlich ausgelegt als Allegorie des Kampfes zwischen Gut und Böse. Sie beeinflußte auch die Ikonographie des Streites des hl. Georg gegen den Drachen.

NK Der Kampf mit der Chimaira wird in der Kunst der Neuzeit nur selten abgebildet, z. B. auf einer Ölskizze von Rubens (um 1634/35, Bayonne, M.) sowie auf Fresken von G. Passeri (1678) im Palazzo Barberini in Rom und G. B. Tiepolo (um 1725) im Palazzo Sandi in Venedig. Pegasos ist häufig auf Darstellungen des Parnassos (→ Musen, → Apollo) zu sehen.

ND Die Geschichte des Bellerophon liefert den Stoff zu Dramen von P. Quinault (1671), P. F. Biancolelli und J. A. Romagnesi (1738), L. Antonelli (1936) und G. Kaiser (1944). In der Lyrik findet sein Schicksal Niederschlag bei J. S. Blackie (1857) und W. Morris, der ihm zwei Gedichte in seinem *The Earthly Paradise* (1870) widmete. J. Barth schrieb eine Erzählung über ihn, die in dem Erzählband *Chimera* (1972) veröffentlicht wurde.

NM Das Schicksal des Bellerophon war v. a. in der Oper des Barock beliebt, u. a. in Werken von F. Sacrati (Libr. von V. Nolfi, 1642, Venedig), J.-B. Lully (Libr. von T. Corneille/B. de Fontenelle, 1679, Paris), A. Draghi (Libr. von N. Minato, 1682, Wien), C. Graupner (Libr. von B. Feind, 1708, Hamburg) und R. Keiser (Libr. von J. J. Hoë, 1717, Hamburg).

Hiller 1970; Raeck 1992; Schefold 1987; Yalouris 1977

Berenike (3. Jh. v. Chr.), Tochter des Königs Magas von Kyrene und der syrischen Fürstin Apama, seit 247 Gattin des Königs Ptolemaios III. Euergetes von Ägypten ⟨Kall. ait. 4; Catull. 66; Hyg. astr. 2,24; Iust. 26,3⟩.

Als Ptolemaios 246 wohlbehalten und erfolgreich aus dem Krieg gegen Syrien zurückkam, weihte Berenike der Göttin Aphrodite aus Dankbarkeit ihre Haarpracht. Als diese eines Tages aus dem Tempel verschwunden war, erklärte der Hofastronom Konon, die ›Locke der Berenike‹ sei als neues Sternbild ins Firmament aufgenommen worden.

Diese Geschichte der schönen Haarlocke inspirierte den Dichter Kallimachos zu *Berenikes plokamoi* (246), aufgenommen in das vierte Buch seiner *Aitia*. Das leider nur fragmentarisch überlieferte Gedicht ist auch in einer lateinischen Fassung von Catull (66; Mitte 1. Jh. v. Chr.) bekannt. Auch wurde die Geschichte in astronomischen Traktaten oder in landwirtschaftlichen Lehrgedichten erwähnt, u. a. in den *Astronomica* von Hyginus (um Christi Geburt) und im ersten Buch der *Georgica* Vergils. Den *Katasterismoi* des Astronomen Eratosthenes (276–191) zufolge war Berenike ein Mädchen von Lesbos, von der ansonsten nichts bekannt ist.

In der bildenden Kunst der Antike findet sich dieses Motiv nicht. Es sind nur einige Porträts der Berenike aus der Regierungszeit König Ptolemaios' III. bekannt, die von ihrer damals schon sprichwörtlichen Schönheit Zeugnis geben, ferner Münzen, die im Zusammenhang mit den syrischen Eroberungen stehen. Einige Reliefvasen aus dem 3. Jahrhundert v. Chr. (u. a. Amsterdam, Pierson M.) zeigen sie mit einem Füllhorn. Durch Handschriften von Astronomen ist das siebensternige Sternbild als Efeublatt oder Spinnengewebe den mittelalterlichen Schreibern überliefert worden.

Das Vorbild Catulls inspirierte A. Pope zu dem epischen Gedicht N *The Rape of the Lock* (1712, erw. 1714), in dem die Geschichte in seiner eigenen Zeit spielt. U. Foscolo übersetzte es ins Italienische und schrieb dazu einen ausführlichen Kommentar. Im 20. Jahrhundert gibt es eine Geschichte von A. Schmidt in seinem *Leviathan* (1949).

In der bildenden Kunst der Neuzeit entstanden u. a. sieben ›Porträts‹ von B. Strozzi (um 1615, u. a. München, AP und Bologna, P. Naz.).

Europäische Hofastronomen aus dem 17. und 18. Jahrhundert folgten Konons Beispiel, am Firmament Sternbilder zu entdecken, wie ›den Schild von Sobieski‹ (der Retter Wiens gegen die

Türken), ›Preußens Glorie‹ und ›Brandenburgs Szepter‹ (für Friedrich den Großen).

Frenzel 1992a; Mireaux 1951

Berenike, Schwester des Herodes und Geliebte des → Titus

Berenike, Schwester des → Mithridates VI.

Bessos, Mörder des Dareios → Alexander III.

Bias von Priene, einer der Sieben Weisen → Solon

Biton → Kroisos

Bocchus, König von Mauretanien → Sulla

Briseis, Sklavin und Geliebte des → Achilleus

Britannicus, Sohn der → Messalina

Brontes, einer der → Kyklopen

Brutus, Lucius Iunius (6. Jh. v. Chr.), gilt als Gründer der römischen Republik, ältester bekannter Angehöriger der Iunier, Sohn der Tarquinia, der Schwester des Königs Tarquinius Superbus ⟨Liv. 1,56–60; Dion. Hal. 67–85; Diod. 10,22⟩.
In der zweiten Hälfte des 6. Jahrhunderts v. Chr. übte König Tarquinius Superbus in Rom eine Schreckensherrschaft aus, der viele Aristokraten zum Opfer fielen. Brutus konnte sein Leben retten, indem er sich blödsinnig stellte (der Beiname Brutus bedeutet ›Dummkopf‹), wurde aber entmündigt und am Hof des Königs festgehalten.
Eines Tages begleitete Brutus die Söhne des Königs nach Delphi, um das Orakel zu befragen, wer von den beiden Prinzen einmal König von Rom werden würde. Sie erhielten die Antwort, daß derjenige Herrscher sein solle, der zuerst seine Mutter küsse. Die Söhne des Tarquinius wollten das Los entscheiden lassen, doch bevor sie dazu kamen, tat Brutus so, als ob er stolperte und berührte mit seinen Lippen die Erde – die Mutter allen Lebens.

Kurz darauf wurde → Lucretia, die Gattin des Tarquinius Collatinus, von Sextus Tarquinius, einem Sohn des Königs, vergewaltigt und nahm sich das Leben. Brutus deckte den Skandal auf und zwang die Tarquinier, ihre Vorherrschaft aufzugeben. Die Bevölkerung brachte er beim Anblick der Leiche Lucretias dazu, für alle Zeiten der Monarchie abzuschwören.

Nach der Vertreibung der Tarquinier im Jahre 510 und der Bildung einer Republik wurde Brutus zusammen mit Tarquinius Collatinus zum Consul gewählt. Als Mitglied der früheren Königsfamilie stand Collatinus aber unter dem Verdacht, die monarchische Regierungsform anzustreben; er wurde so lange unter Druck gesetzt, bis er abtrat und in die Verbannung ging.

Die Gefahren für die junge Republik waren damit nicht abgewehrt. Eine Gruppe junger Aristokraten, zu der auch die beiden Söhne des Brutus gehörten, verbündete sich mit den Tarquiniern, die mit einer bewaffneten Truppe vor den Toren Roms standen. Als Brutus davon erfuhr, erfüllte er seine Pflicht und exekutierte alle Gegner einschließlich seiner Söhne. In dem anschließenden Gefecht mit den Tarquiniern kämpfte deren Anführer Arruns gegen Brutus. Die beiden durchbohrten einander mit ihren Speeren und kamen dabei ums Leben.

So erzählt Livius die Legende vom Umsturz der Monarchie und dem Entstehen der Republik. Darauf griff man bis in die letzten Jahre der Republik zurück, wenn man die republikanischen Institutionen gefährdet sah, von einer monarchischen oder diktatorischen Macht verdrängt zu werden. So ist es auch in der Auseinandersetzung über die Berechtigung des Mordes an Caesar von Bedeutung, daß → Brutus, M. I. aus einem Geschlecht stammte, das sich auf eben diesen Brutus berief, und er deshalb mit dem Mord an dem drohenden Alleinherrscher in die Nachfolge der ruhmreichen Befreier des römischen Volkes treten wollte.

Darstellungen von Brutus aus der Antike sind nicht bekannt. Eine aus republikanischer Zeit stammende bronzene Büste (Rom, Kapitol. M.) ist zu Unrecht als sein Porträt identifiziert und mit Statuen in Zusammenhang gebracht worden, die u. a. auf dem Capitol öffentlich aufgestellt waren. M. I. Brutus soll in seinem Haus ein Porträt besessen haben. Auf von ihm herausgegebenen Münzen ließ er den vermeintlichen Ahnen abbilden. Valerius Maximus (5,8,1) betont Brutus' Klugheit, die sich in dem schnellen Verstehen der wahren Bedeutung des Orakels zeigt, und seine äußerste Strenge – wenn nötig selbst seinen

Kindern gegenüber –, die z. B. Dionysios von Halikarnassos für
übertrieben hält. Zweifel an dieser strengen Haltung äußert auch
in Vergils *Aeneis* Aeneas' Vater Anchises, und sie bleibt bis in die
Neuzeit Gegenstand von Auseinandersetzungen, z. B. im 18.
Jahrhundert bei dem Historiker Rollin.

ND Das erste französische Drama, das den Tod der Söhne zum Thema hat, stammt von G. de La Calprenède (1647). Das Werk hatte
großen Erfolg; nach ihm erschien eines von C. Bernard (1690),
in dem die Söhne in eine gewisse Aquilia verliebt sind. Auch in
M. de Scudérys galantem Roman *Clélie* (1654–60) führt die Verliebtheit der Söhne des Brutus – der seinerseits Lucretia liebt – zu
der Verschwörung. Eine lateinische Tragödie seines Lehrers C.
Porée (1706) inspirierte den jungen Voltaire zu seinem Brutus-
Stück, das 1729 nach einer Englandreise unter dem Einfluß des
Brutus-Dramas von N. Lee (1681) und des *Cato* von Addison
(1713) geschrieben wurde. Dramatischer Höhepunkt ist die Exekution der Söhne. Es folgten Stücke von den englischen Dramatikern W. Bond (1733) und W. Duncombe (1734). Das Werk,
in dem Brutus als Verteidiger der republikanischen Freiheit dargestellt wird, erschien 1738–39 in Amsterdam; es erlangte v. a.
seit 1786 in politisch zugespitzten Aufführungen großen Ruhm
und machte Brutus zusammen mit dem Gemälde von J.-L. David zum großen Ideal der Französischen Revolution. Auf Betreiben Davids wurde eine Kopie der Brutus-Statue aus Rom
vom Bildhauer J. B. Boiston 1792 im Nationalkonvent ausgestellt (heute Paris, Louvre). Viele wählten aus diesem Geist heraus den Rufnamen ›Brutus‹ – oder auch ›Gaius Gracchus‹ – statt
des alten, nun verhaßten christlichen Taufnamens. Im weiteren
ist von Voltaire ein italienisches Drama von A. Conti (1743)
angeregt. V. Alfieri, angestachelt durch den Erfolg von Voltaires Stück, schrieb 1787 seinen *Bruto primo*, den er George Washington widmete. Politisch ausgerichtet ist ferner die Brutus-
Tragödie von H. Downman (1779).
P. C. Hooft schrieb 1609 zur Feier des Waffenstillstands zwischen den Niederlanden und Spanien ein Brutus-Gedicht, in dem
er die Friedenszeit mit einiger Skepsis betrachtet, da sie so gefährdet sei wie die junge Römische Republik nach ihrer Gründung durch Brutus.

NM Eine besondere Rolle in der Musikgeschichte spielte der Repu-
bliksgründer bei den Festlichkeiten ›Comizi o delle Tasche‹, die
anläßlich der Magistratswahlen in Lucca stattfanden. Nachrich-
ten über die 3tägige Feier, die bis ins Jahr 1431 zurückreichen,

überliefern zweimal eine Festoper *Brutus*, die jeweils von drei
verschiedenen Komponisten gestaltet wurde. 1735 komponierte
G. A. Canuti den ersten Tag, G. Montuoli den zweiten und D.
Pierotti den dritten; 1789 schrieb die Musik für den ersten Tag D.
Quilici, für den zweiten G. Rustica und A. Puccini für den drit-
ten.
Daneben entstanden andernorts Opern von N. Logroscino
(Libr. von M. A. Passeri, 1748, Rom), P. J. Candeille (1793,
nicht aufgeführt) und G. Nicolini (Libr. von G. Marré, 1798,
Genua). Den Text für ein Pasticcio mit Musik von C. F. Cesarini,
A. Caldara und A. Scarlatti schrieb G. Sinibaldi (vermutl. 1709,
Rom). L. de Baillou komponierte ein Ballett nach dem Scenario
von P. Franchi (1797, Mailand).

Brutus, der den Grundstein zur Römischen Republik legte, gilt   NK
im allgemeinen auch deshalb als Vorbild für Gerechtigkeit und
Standfestigkeit. Als Richter ist er z. B. auf einem Fresko in einem
Saal abgebildet (Florenz, Pal. Vecchio), in dem im 14. Jahrhun-
dert über die Mitglieder der florentinischen Arte della Lana
(Wolle-Gilde) Recht gesprochen wurde, und auf einem Relief
aus dem 15. Jahrhundert in der Loggia della Mercanzia in Siena.
Die Hochachtung der Florentiner vor Brutus zeigt sich darin,
daß sein Porträt in die Galerie der republikanischen Helden aufgenommen wurde, die D. Ghirlandaio 1482–84 in der Sala dei
Gigli im Palazzo Vecchio malte.
Daß Brutus geduldig seine Zeit abwartete, um die Herrschaft der
Tarquinier zu stürzen, erklärt die Darstellung des Brutus als Verkörperung der Prudentia auf Fresken in der Anticapella in Siena
(1414 vollendet) zusammen mit → Fabius Maximus Cunctator,
der jeder Feldschlacht mit Hannibal auswich. Auf Gemälden
schildert S. Ricci (1700–08, u. a. Parma, G. Naz.) die Szene, in
der sich Brutus auf die ›Mutter Erde‹ niederwirft. G. B. Tiepolo
zeigt in einer Reihe von Gemälden für den Palazzo Dolfin in
Venedig (1728–30) den tödlichen Zweikampf zwischen Brutus
und Arruns.
Die strenge Haltung seinen eigenen Söhnen gegenüber verschafft Brutus einen festen Platz im Kontext der Gerechtigkeitsdarstellungen, z. B. auf einem Gemälde von C. de Moor (um
1700) im Schöffenzimmer des Rathauses in Leiden und auf einem
Relief von A. Quellinus (1650–1664) im Gerichtsaal des Amsterdamer Rathauses, der es mit dem Salomourteil und einem
Urteil von → Zaleukos verbindet. Ein frühes Werk Rembrandts
(Leiden, Gewandhaus) bezieht sich möglicherweise auf das Bru-

tusurteil. P. Juvenel kombiniert 1622 in einer Reihe von vier Gemälden für das Rathaus in Nürnberg das Brutusurteil mit dem Opfertod des → Curtius, der Heldentat des → Horatius Cocles und der Selbstbeherrschung des → Scipio Maior. In der Schweiz gilt die Szene als Symbol der republikanischen und unkirchlichen Würden. So findet sich eine Brutusbüste am Rathaus von Zürich (1694–98). Bekannt sind noch eine Tragödie von S. Hirzel (Zürich 1761) und Gemälde von J. H. W. Tischbein (um 1783, Zürich, Kunsth.) und H. F. Füger (1799, Stuttgart, Staatsg.) und als Pendant eine Verginia (1800, ebd.). Ein Beispiel für die Brutus-Bewunderung Ende des 18. Jahrhunderts ist das Gemälde von J.-L. David (1789, Paris, Louvre), auf dem die Leiche eines verurteilten Sohnes in Gegenwart des unbewegten Brutus und der klagenden Frauen ins elterliche Haus getragen wird. Später entsteht z. B. ein Gemälde von G. Lethière (1811, Paris, Louvre) mit der Verurteilung der Söhne. Diese Szene soll auch Teil nicht mehr erhaltener Fresken von J. Ripanda (Anfang 16. Jahrhundert) im Konservatorenpalast in Rom mit Darstellungen aus der frühesten römischen Geschichte gewesen sein.
Der Eid des Brutus an Lucretias Leichnam, im 15. Jahrhundert ein häufiges Motiv auf Cassonebildern im Kontext mit Lucretia, entwickelt sich im künstlerischen und politischen Klima des 18. Jahrhunderts zu einem populären Thema: z. B. auf einem Gemälde von G. Hamilton (um 1763), das durch Stiche von D. Cuneto (2. Hälfte 18. Jh.) und G. Volpato (1793) weit verbreitet war, sowie auf Gemälden von J.-A. Beaufort (1771, Pariser Salon) und J. Trumbull (1777, Pariser Salon).

Bätschmann 1986; Frenzel 1992a; Germer/Kahle 1986; Herbert 1972; Mildenberger 1994; Morpurgo 1930; Mossé 1989; Rosenblum 1961

Brutus, Marcus Iunius (85–42), einer der Mörder Caesars, Sohn der Servilia, möglicherweise direkter Nachkomme von → Brutus, L. I. ⟨Vell. 2,58; Cic. Att. passim; Cic. ad Brut.; Plut. Brut.; Val. Max. 1,5,7; App. civ. 2,482–499, 512–515; Lucan. Phars; Dio Cass. 44⟩.
Im Machtstreit zwischen → Caesar und → Pompeius stellte sich Brutus auf die Seite des letzteren und kämpfte mit ihm 48 v. Chr. in der Schlacht bei Pharsalos gegen Caesar. Dieser hatte seinen Leuten die Anweisung gegeben, Brutus zu schonen, da er vermutete, daß dieser sein Sohn aus einer Beziehung mit Servilia war. Nach der Schlacht nahm Caesar Brutus freundlich bei sich auf, als er um Gnade bat. Trotzdem verband sich Brutus wenige

Jahre später mit Cassius und einigen anderen Senatoren gegen Caesar, weil dieser den Anschein erweckte, alle Macht an sich reißen und zu einer monarchischen Verfassung zurückkehren zu wollen. Die Verschwörung führte zur Ermordung Caesars während einer Senatsversammlung an den Iden des März 44. Während der Unruhen nach dem Tod Caesars gewann dessen Vertrauter, Marcus Antonius, die Macht in Rom. Brutus mußte weichen und stellte ein Heer auf, das 42 v. Chr. von den Truppen des Marcus Antonius und des Octavianus geschlagen wurde. Nach dieser Niederlage beging er Selbstmord.

In der Geschichtsschreibung tritt Brutus als Idealist auf, der sich an eine strikte rechtliche und politische Ethik hält. Zu der Teilnahme an der Verschwörung gegen Caesar läßt er sich nicht wegen eigenen Machtstrebens überreden, sondern aus Sorge um die Republik. Cicero gab ihm in Briefen zu verstehen, daß er sofort mit den Handlangern Caesars abrechnen müsse, da er ansonsten Terrain verlieren würde. Die Beurteilung des Brutus ist abhängig von den häufig divergierenden Beurteilungen Caesars und seiner Ermordung: ein feiger und vom Eigeninteresse der Senatoren bestimmter Mordanschlag auf den Retter Roms oder ein gerechtfertigter Tyrannenmord? Dio Cassius schreibt nicht wohlwollend über Brutus, noch schärfer ist Valerius Maximus. Ehrenvoll zeichnet Brutus hingegen Plutarch, der den unaufhaltsamen Aufstieg Caesars als einen planmäßigen Sturm gegen die republikanischen Einrichtungen beschreibt; und noch edler ist er in Lucanus' gegen Caesar gerichtetem Epos *Pharsalia* aus der Mitte des 1. Jahrhunderts n. Chr.

Dante, der als Verteidiger einer von Gott gewollten universalen ND Monarchie gelten kann und das durch Caesar begründete Imperium Romanum als Vorläufer ansieht, versetzt im Inferno seiner *Divina Commedia* (1307?–21?) Brutus in die tiefsten Höllenkreis, zusammen mit dem anderen Verschwörer Cassius und mit Judas Iskarioth. L. C. Salutati folgt in seinem *De Tyranno* (1400) der Beurteilung Dantes. Spätere, eher republikanische und von Ciceros Schriften beeinflußte florentinische Humanisten wie L. Bruni und C. Landino stimmen mit Dantes Beurteilung nicht überein. 1537 gab Kardinal Ridolfi bei Michelangelo eine Brutusbüste in Auftrag, die er als Ehrengabe Lorenzino de' Medici überreichte, weil dieser seinen Neffen Alessandro, der in Florenz die Macht an sich gezogen hatte, ermordet hatte. Lorenzino wurde nach dieser Tat gepriesen als der ›Bruto toscano‹.

Auch in späterer Zeit bleibt die Bewertung Brutus' von der Caesars abhängig (→ Caesar). Äußerungen der Brutusbewunderung finden wir in A. Cowleys *Pindarick Ode* (1656) und in J. Swifts *Gulliver's Travels* (1726). Dort rufen die Zauberer auf der Insel Laputa Brutus vor Gulliver, der danach auch mit anderen Widersachern der Tyrannei spricht: Der Caesarmörder und sein gleichnamiger Vorfahre, → Sokrates, → Epameinondas, → Cato Uticensis und Thomas Morus bilden eine Sechsergruppe, ›to which all the ages of the world cannot add a seventh‹. In P. Bayles *Dictionnaire historique et critique* (1695–97) wird Caesar keine Sympathie entgegengebracht, doch Brutus vorgeworfen, daß er seinen Wohltäter getötet habe. E. Gibbon merkt in seinem Buch *Character of Brutus* (entst. 1765/66) kritisch an, daß er nicht nur einen verständigen und wohltätigen Herrscher ermordet habe, sondern danach auch außer Stande gewesen sei, die Ordnung wiederherzustellen.

Auch die Theaterstücke um den Caesarmörder Brutus haben meistens eine deutlich politische Ausrichtung. V. a. in der Aufklärung stilisieren die Dramatiker Brutus zu einem republikanischen Helden und Caesar zu einem machtgierigen Tyrannen. Zeichnet Voltaire in *La mort de César* (1731) den seinem späteren Opfer in Freundschaft verbundenen Brutus noch im Konflikt zwischen Pflicht und Neigung, so ist er in den Stücken von A. Conti (1751), J. W. von Brawe (1768) und J. J. Bodmer (1782) ein Held ohnegleichen. Die Gegenüberstellung von Tyrannei und Freiheit ist auch bei V. Alfieri zentral, der sein Stück aus dem Jahre 1788 dem ›italienischen Volk der Zukunft‹ widmete, da das der Gegenwart leider noch nicht nach Freiheit strebe. Dieser *Bruto secondo* war das letzte politische Drama, das Alfieri schrieb, bevor er sich in Anbetracht der Folgen der Französischen Revolution von diesem Genre zurückzog.

In einer Anzahl literarischer Texte finden wir Reflexionen über Staat und Individuum, Ruhm und Nutzlosigkeit, vorgetragen in der Form einer Betrachtung, die Brutus kurz vor seinem Selbstmord anstellt: so u. a. bei G. Leopardi in einer *Canzone* (1821) und in Romanen von P. Bentley (*Freedom Farewell*, 1936) und R. Fuller (*Brutus' Orchard*, 1957).

NM Das Verhältnis von Brutus und Cassius behandelte die Oper von A. B. Coletti anläßlich der ›Funzione delle Tasche‹ (1699, Lucca). Weitere Bühnenkompositionen zur Gestalt des Brutus stammen von J. E. Galliard (Libr. von J. Sheffield, 1723, London) und F. J. L. Meyer von Schauensee (1753, Luzern). Ein Oratorium schrieb J. B. van den Eeden (1874).

In der Kunst sind keine spezifischen Brutusdarstellungen be- NK
kannt; er taucht lediglich im Zusammenhang mit → Caesars Tod
auf.

Clarke 1981; Frenzel 1992a; Gordon 1957; Martin 1988; Schuckert 1989

Busiris → Herakles

Cacus → Herakles

Cadmus → Kadmos

Caesar, Gaius Iulius (100–44), römischer Feldherr und Staatsmann, aus dem patrizischen Geschlecht der Iulier, Sohn des
gleichnamigen Vaters und der Aurelia, der Schwägerin von
→ Marius ⟨Caes., Gall.; Caes. civ.; Suet. Caes; Plut. Caes. (vgl.
auch Pomp., Cic., Cato min. Brut., Ant.); Cic. epist. passim; Sall.
in Tull.; App. civ. 2,137 ff.; Lucan. Phars.; Dio Cass. 41–44⟩.
Durch Caesars Hochzeit mit Cornelia 84 v. Chr. wurde deutlich,
auf welcher Seite er in den politischen Auseinandersetzungen der
Zeit stand: Nicht mehr nur sein Onkel Marius verband ihn mit
den Marianern, sondern auch sein Schwiegervater Cinna, der
Machthaber in Rom, gehörte dieser Bewegung an, die den Interessen der Besitzlosen Geltung zu verschaffen suchte. Als kurz
darauf Sulla die Herrschaft übernahm und der gegnerischen
konservativen Senatspartei, den Optimaten, die Macht sicherte,
geriet Caesar in Schwierigkeiten. Er weigerte sich, sich von Cornelia scheiden zu lassen, wie Sulla von ihm forderte, wurde aber
schließlich begnadigt.
Auf einer Reise nach Rhodos, wo er sich in der Rhetorik ausbilden lassen wollte, fiel er Seeräubern in die Hände. Während seine
Leute das geforderte Lösegeld besorgten, behandelte er die Piraten eher wie seine Bediensteten und drohte ihnen seine Rache
an. Unmittelbar nach seiner Freilassung besorgte er Schiffe und
griff die Seeräuber erfolgreich an. Auf Rhodos erfuhr Caesar,
daß König → Mithridates von Pontus am Schwarzen Meer, einer
der gefährlichsten Feinde der Römer, das umliegende Land verwüstete. Caesar half, dem Angreifer Einhalt zu gebieten, und
kehrte dann nach Rom zurück.
Seine politische Karriere begann er, indem er sich in weiten Kreisen durch Reden, Freundlichkeit und Freigiebigkeit beliebt
machte. Als er Aedilis geworden war, veranstaltete er große Gla-

diatorenspiele für das römische Volk. Dadurch geriet er regelmäßig in finanzielle Schwierigkeiten, die er nur mit Hilfe einiger Freunde bewältigen konnte (Plin. nat. 33,53; Suet. Caes. 10,1; Plut. Caes. 5,6; Dio Cass. 37,8,2). Später wurde er durch den reichen Crassus unterstützt, zudem konnte er sich in den Jahren 61 und 60 als Propraetor in Spanien ein Vermögen erwerben (Plut. Caes. 11; Plut. Crass. 7; Suet. Caes. 18,1; App. civ. 2,8,26). Bezahlt machte sich seine Großzügigkeit v. a. dadurch, daß ihm die Gunst der Bevölkerung den Weg zu wichtigen Ämtern ebnete. Bereits im Jahre 63 wurde er in das hohe Amt des Pontifex Maximus gewählt.

Im Senat opponierte Caesar gegen die Optimaten und v. a. gegen → Cato Uticensis. Der Konflikt eskalierte, als der Senat das Strafmaß für die Anhänger → Catilinas festlegen wollte, die eine Verschwörung geplant hatten. Caesar, der unter dem Verdacht stand, Catilina unterstützt zu haben, plädierte für Arrest und Verbannung, während Cato den Senat zur Verhängung der Todesstrafe umstimmen konnte.

Wie wichtig Caesar die Meinung der Bevölkerung war, zeigte sich, als P. Clodius Pulcher im Jahre 62 in sein Haus eindrang, um Pompeia, Caesars zweite Frau nach dem Tod der Cornelia, zu verführen (Cic. Clod.; Cic. Att. 1,12,3; Plut. Caes. 10; Plut. Cic. 28). Caesar ließ sich von Pompeia scheiden, verzichtete aber auf Maßnahmen gegen den beliebten Clodius, um dessen Anhänger nicht zu provozieren. Später standen ihm diese sogar im Machtstreit mit → Cicero und → Pompeius zur Seite (u. a. Dio Cass. 38,14,17 u. 30; Plut. Cic. 30–32; Plut. Cato 34; Cic. dom. ; Plut. Pomp. 48–49).

Im Jahre 60 übernahm Caesar zusammen mit dem Optimaten Calpurnius Bibulus das höchste öffentliche Amt, das Consulat. Schon nach kurzer Zeit stellte er Bibulus derart in den Schatten, daß dieser sich fast vollständig zurückzog und Caesar die Entscheidungen überließ. Laut Sueton (Caes. 20,2) machten sich manche deshalb einen Spaß daraus, statt von den Consuln Caesar und Bibulus von den Consuln Caesar und Iulius zu sprechen. In dieser Machtposition gelang es Caesar, ein Ackergesetz einzuführen, das die Verteilung von Grundstücken aus Staatsländereien an Plebeier und Veteranen vorsah.

Inzwischen hatte sich Caesar mit den beiden mächtigsten Männern Roms angefreundet: mit Crassus, der mit seinen Reichtümern die Politik entscheidend beeinflussen konnte, und mit Pompeius, der auf seinen Feldzügen im Osten des Reiches großen Ruhm und viele Anhänger gewonnen hatte. Die Verbindung zu Pompeius verstärkte Caesar, indem er ihm seine Tochter Iulia zur Frau gab. Crassus und Pompeius halfen Caesar, seine Stellung immer mehr auszubauen: Er bekam den Oberbefehl über die Gallia Cisalpina (der Teil der italischen Halbinsel vom Rubicon bis zu den Alpen), Illyrien und die Gallia Transalpina (wozu damals die Gallia Narbonensis, die Provence, gehörte).

Sein militärisches Können bewies der Iulier in vielen erfolgreichen Eroberungszügen. In seinen *Commentarii de Bello Gallico* berichtet er von seinen Kriegen gegen die Germanen unter Ariovist, gegen die Stämme im heutigen Nordfrankreich und Belgien und gegen die Armoricer und Veneter in der heutigen Normandie und Bretagne. Britannien konnte Caesar erst bei seiner zweiten Invasion besiegen. In der Folgezeit hatte er mit Angriffen der Germanen und Aufständen der Belger zu kämpfen, bei denen Ambiorix, der Anführer der Eburonen, eine wichtige Rolle spielte. Die größte Gefahr ging von den vereinigten Galliern unter Vercingetorix aus, der schließlich bei Alesia (dem heutigen Auxois) endgültig geschlagen wurde und sich unterwerfen mußte. Die Herrschaft über das gallische Gebiet bedeutete eine wesentliche Stärkung von Caesars ohnehin schon außergewöhnlicher Macht.

Obwohl er stets bemüht war, wichtige Personen auch während seiner Abwesenheit durch Bestechung an sich zu binden, hatte der Senat in Rom inzwischen die Verlängerung seiner Befugnisse verweigert und Pompeius mit uneingeschränkten Vollmachten ausgestattet. Man forderte, Caesar solle persönlich nach Rom kommen und sich um das Consulat bemühen; dort warteten seine Gegner darauf, ihn vor Gericht zu stellen. Der Machtkampf zwischen Caesar und Pompeius wurde schließlich in einem Krieg entschieden, der seinen Anfang nahm, als Caesar mit seinen Legionen die Grenze der ihm zugewiesenen Provinz Gallia Cisalpina, den Rubicon, überschritt. Sueton berichtet, daß Caesar zunächst zögerte. Dann aber erschien ihm die riesige und ungewöhnlich schöne Gestalt eines Mannes, der, das Angriffssignal auf einer Trompete blasend, durch den Fluß lief. Daraufhin marschierte Caesar mit den Worten ›alea iacta est‹ (der Würfel ist gefallen; ein Zitat aus einem verlorengegangenen Stück von Menandros) durch den Fluß (Plut. Pomp. 32,2). Er besetzte zahlreiche Gebiete Italiens und entzündete einen Bürgerkrieg, der erst durch seinen entscheidenden Sieg über → Pompeius bei Pharsalos im Jahre 48 endete. Pompeius wurde bis nach Ägypten verfolgt und dort noch vor Caesars Ankunft ermordet. Als man Caesar das Haupt seines Gegners überbrachte, wandte er sich voll Entsetzen ab. Plinius zufolge verbrannte er die Briefe des Pompeius, um nicht mehr gegen dessen Anhänger vorgehen zu können, was Seneca in *De ira* lobend erwähnt.

In Ägypten half Caesar → Kleopatra, die Herrschaft zurückzugewinnen, nachdem sie von ihrem Bruder Ptolemaios XIII. vom Thron vertrieben worden war. Aus dieser Liebesbeziehung stammte der Sohn Caesarion.

Bei der Schilderung von Caesars Mut erzählt Sueton, wie der Feldherr bei einer Schlacht gezwungen war, von einem sinkenden Kahn ins Meer zu springen. Schwimmend hielt er mit einer Hand wichtige Dokumente in die Höhe und mit den Zähnen seinen Feldherrenmantel fest, damit dieser nicht als Siegeszeichen in feindliche Hände gerate.

In Kleinasien hinderte er Pharnakes, den Sohn des Mithridates, an der Verwirklichung seiner Eroberungspläne. Seinen Sieg im Jahre 47 bei Zela (im Nordosten der Türkei) kommentierte er mit den von Sueton überlieferten Worten ›veni, vidi, vici‹ (ich kam, sah und siegte). In Rom verfügte Caesar inzwischen über diktatorische Machtbefugnisse, der Senat existierte nur noch zum Schein. Bei Thapsus konnte er schließlich 46 v. Chr. die letzten Truppen der Optimaten unter Metellus Scipio schlagen. Cato wählte daraufhin in Utica den Freitod.

Caesars endgültige Rückkehr nach Rom wurde mit einem großen Triumphzug gefeiert, der an die Erfolge der letzten Jahre in Gallien, im Osten, in Ägypten und Nordafrika erinnern sollte. Vercingetorix wurde als Gefangener mitgeführt und kurz darauf hingerichtet (Dio Cass. 43,19,4). Caesar erhielt die Rechte eines Diktators zunächst für zehn Jahre, später auf Lebenszeit. Seine Bestrebungen richteten sich nun auf die Festigung des Reiches und seiner Machtstellung. Er reorganisierte das Finanzwesen, führte eine neue Zeitrechnung ein (Plin. nat. 8,211; Macrob. Sat. 1,14,2, 1,16,29 u. 1,39), die erst unter Papst Gregorius I. verbessert werden sollte, und kümmerte sich um die Verschönerung Roms (Suet. Caes. 44). Zugleich eignete er sich freilich die Überheblichkeit eines unangefochtenen Herrschers an. Sueton beschreibt, wie er die Senatoren beleidigte, indem er sich weigerte, bei ihrem Erscheinen aufzustehen.

Während einer Senatsversammlung wurde Caesar an den Iden des März des Jahres 44 von Verschwörern ermordet, als deren Anführer → Brutus, M. I. und Cassius gelten. Nach Sueton sagte der Wahrsager Spurinna Caesar voraus, er solle sich vor einer Gefahr hüten, die bis zum 15. März eintreffe, dann würde kein Unheil mehr über ihn kommen (Suet. Caes. 71,2). Von mehreren

Messerstichen tödlich verwundet, soll er seinem Schützling Brutus die Worte ›Auch du, mein Sohn Brutus?‹ zugerufen haben. Im Machtvakuum nach seiner Ermordung entbrannte ein Streit um das Erbe (→ Augustus).

Durch die Jahrhunderte wurde verschieden über die Frage spekuliert, ob Caesar schon am Anfang seiner Karriere planmäßig nach der Alleinherrschaft strebte – so bei Cicero, Plutarch und Sueton –, oder ob sich ihm die Alleinherrschaft nahezu aufdrängte, als er, mit Ruhm und großer Kriegsbeute überladen und verehrt von seinen Legionen, aus Gallien auf die italische Halbinsel zurückkehrte und sah, daß er sich in Rom Pompeius und dem ihm feindlich gesonnenen Senat beugen müsse.

Auch fallen die Meinungen über Caesars Charakter auseinander. In positiv urteilenden Schriften werden die ›clementia et liberalitas Caesaris‹ gerühmt. Glaubwürdiger ist der Standpunkt, daß Großzügigkeit und Güte Instrumente waren, um unter den Plebeiern, Aristokraten und Soldaten einen Anhang zu gewinnen. Auf jeden Fall war er durchgreifend und energisch, unerschrocken und äußerst selbstbewußt. Es wird überliefert, daß er zu Pferde mehreren Sekretären zugleich verschiedene Briefe diktierte. Auch erzählt man, daß er sich während eines Feldzugs im Osten des Römischen Reiches unerkannt von Soldaten über den stürmischen Bosporus bringen ließ. Als die Mannschaft ängstlich wurde, beruhigte er sie damit, daß sich ja Caesar an Bord befände. Seine Eitelkeit ließ ihn für sein Äußeres große Sorge tragen. Die Kahlheit seines Kopfes bedrückte ihn sehr und, laut Sueton, trug er die Lorbeerkränze v. a., um sie zu verstecken; Dio Cassius bewertet dagegen den Kranz als ein Zeichen der Vergöttlichung.

In der Politik zeigte Caesar wenig Skrupel. In der Frage der Landverteilung brachte er den Consul Cicero mit dem Ziel, einen Keil zwischen ihn und die anderen Senatoren zu treiben, in eine schwierige Situation: Die Senatoren wollten von diesem für sie ungünstigen Gesetz nichts wissen, andererseits würde Cicero sich aber die Feindschaft der Plebeier und Soldaten zuziehen, die ihm eine Blockierung des Gesetzes nicht vergeben würden. Seine politische Macht soll sich Caesar durch die Verbindung mit Crassus ›erkauft‹ haben, dessen enormer Reichtum die politische Bühne Roms bestimmte.

In der Kunst der Antike erscheint Caesar auf Münzen, in Marmorporträts und auf einigen historischen Reliefs. Er war der erste, der sich zu Lebzeiten nach einem Senatsbeschluß ein

Standbild auf dem Forum aufstellen ließ. Bei den von ihm be-
triebenen Bauaktivitäten spielte die Propaganda eine große Rolle. Zum neu angelegten und unter Augustus vollendeten Forum
Iulium zählte auch ein Tempel für Venus Genetrix, die Stamm-
mutter Roms und des Geschlechts der Iulier.

ND　In der italienischen Renaissance gehen die Meinungen über Caesar weit auseinander. F. Petrarca zeigt Caesar in seinen *Trionfi*
(1370) u. a. als ein Opfer der Liebe zu → Kleopatra. Für Dante
war Caesar der Begründer des römischen Weltreiches, dem nur
das weltweite Christentum folgen konnte, und er hatte das Vorbild einer neuen universalen Monarchie gegeben. In der *Divina
commedia* (1307?–21?, Paradiso 6) handelte er nach der Überschreitung des Rubicon so schnell, daß ›weder die Zunge noch
der Stift es beschreiben könnten‹. Brutus und Cassius finden sich
in der Hölle wieder, in Gesellschaft der Verräter von Freunden
und Wohltätern wie Judas Iskarioth (Inferno 34). In *De vulgari
eloquentia* (zw. 1304 und 1308) stellte Dante Friedrich Barbarossa
als neuen Caesar vor, was Ariost im *Orlando Furioso* (1516, erw.
1521, 1532) wieder aufgriff. Dante hat mit seinem Lob die Humanisten des 14. Jahrhunderts lange von einer Kritik Caesars
und einer Verteidigung des Caesarmörders Brutus abgehalten.
Als die Republiken von Florenz und Venedig sich durch die
Ansprüche der Visconti-Monarchie und anderer Potentaten, die
einen wahren Caesarkult betrieben, bedroht sahen, nahmen v. a.
die florentinischen Humanisten (z. B. P. Bracciolini gegen Del
Monte, ca. 1440) die Verteidigung der republikanischen Werte
auf und stimmten der Ermordung des Tyrannen Caesar zu.

Huguccio von Pisa versetzt Caesar trotz seiner Gaben unter die
Sodomiten in die Hölle, wobei er sich auf eine Überlieferung bei
Sueton (Caes. 2) bezieht, nach der sich der Feldherr mit König
Nikomedes von Bithynien eingelassen habe und als ›Königin‹
aufgetreten sei, d. h. das Bett mit ihm geteilt haben soll. Das
gierige sexuelle Verlangen sowohl nach Frauen als auch nach
Männern wurde von Sueton (Caes. 50–52) breit ausgeführt; bei
späteren Betrachtern blieb es meist unberücksichtigt.

Sympathie für Caesar findet sich im Kontext expansiver Herrschaft. In der *Kaiserchronik* (1135–50) wird Caesar als der Vorläufer der deutschen Kaiser genannt. Eine ähnliche Auffassung
zeigt H. Schedels *Weltchronik* (1493). Am burgundischen Hof
spiegelte man sich gern in den Taten Caesars, wie in *Li Faits des
Romains* (1213) geschildert, einem Werk in der Tradition von
M. A. Lucanus' *Pharsalia* (42–43), die das mittelalterliche Cae-

sarbild bestimmten. Karl der Kühne, Herzog von Burgund, wurde in einem Gedicht von J. Molinet (1467) über die ›Neuf Preux‹ (→ Alexander) aufgefordert, sich an Caesar ein Vorbild zu nehmen. Der Habsburger Maximilian I., deutscher Kaiser von 1493–1519, ließ seinen Hofgeschichtsschreiber Cuspinianus eine Genealogie verfassen, in der die Abstammung seiner Familie von Caesar hervortreten sollte: *De Caesaribus*, ein 1540 postum erschienenes Werk, das als Fürstenspiegel diente. T. Elyot hielt mit seinem *The Governour* (1531) dem König seiner Zeit, Heinrich VIII., einen Fürstenspiegel vor. Im gleichen Geist geschrieben ist *The Mirour of Magistrates* (1574) von J. Higgins. Friedrich der Große nahm sich Caesar zum Vorbild als Feldherrn und als moralischen Herrscher über das Volk, was er in seinem *Antimachiavell* (1739) darlegt. Auf St. Helena diktierte Napoleon I. eine Analyse der militärischen Taten Caesars; Napoleon III. schrieb eine Caesar-Biographie (1865–66), in der die gallischen Eroberungen betont werden. Mussolini verglich seinen Marsch auf Rom gern mit Caesars Anrücken nach dem Überschreiten des Rubicon, während die vielen Aufführungen von W. Shakespeares *Julius Caesar* im Nazi-Deutschland und ein Drama von B. von Heiseler (1942) die Verehrung des Feldherrn im deutschen Faschismus bezeugen.

Das älteste Renaissancedrama über den Tod Caesars ist die lateinische Tragödie von M. A. Muret (1550), die J. Grévin in französischen Alexandrinern frei nachgedichtet hat (1561). In diesem Stück im Stil Senecas werden die Ereignisse des Jahres 44 behandelt: Caesar endet im Himmel, der Tyrannenmord erscheint als ungerechtfertigt. In der Bearbeitung des Stückes durch den Italiener O. Pescetti (1594) sind Ruhm und Untergang des großen Herrschers der Beweis für die Nichtigkeit und Eitelkeit alles Irdischen. Die drei Dramen von R. Garnier, in denen Caesar als galanter Held erscheint (*Porcie,* 1568, *Cornélie,* 1574 und *Marc-Antoine,* 1578), warnen vor den zerstörerischen Religionskämpfen in Frankreich. Nachsichtig behandelt C. Brülow Caesar in seinem Drama (1616). Für andere politisch intendierte Stücke über den Tyrannenmord, in denen v. a. die Beurteilung und die Gegenüberstellung von Caesar und Brutus Gestalt gewinnt (Voltaire, J. W. von Brawe, A. Conti und V. Alfieri), ist auf → Brutus, M. I. zu verweisen. In N. Frischlins *Julius redivivus* (1584) versöhnen sich Caesar und Cicero im Hades und stellen Betrachtungen über Erfindungen der Germanen, wie den Harnisch, an; die Eigenschaften der Deutschen scheinen ihnen wie die der Römer zu sein.

Dem auf Plutarchs Biographien des Caesar, Brutus und Cicero
fußenden Drama von Shakespeare (ca. 1599), das den Herrscher
als problematischen Charakter zeigt, fehlt die aktuell politische
Sicht. Caesar, wie mächtig er auch sein mag, ist dem Schicksal
unterworfen und kommt durch den Gang der Ereignisse in eine
nicht mehr abzuwehrende Situation, die ihn das Leben kostet.

Im Barock steht Caesar, wie die meisten Helden der Antike, im
Mittelpunkt von Liebesverwicklungen, z. B. in dem Roman *L'il-
lustre Amalazonthe* von N.-M. Desfontaines (1645) und in weiteren Stücken, die sein Verhältnis zu → Kleopatra zum Thema
haben. Eine Tragödie von G. de Scudéry (1634) ist v. a. eine
›debat des idées‹ über Stoizismus und Epikureismus.

Essayistische und belletristische Texte im Zusammenhang mit
Caesar waren meistens Träger politischer Aussagen (→ Porcia,
→ Brutus, M. I., → Cato Censorius u. a.). M. E. de Montaigne
kam in seinem Essay (1578) nach der Lektüre von *De bello Gallico*
zu dem Schluß, daß Caesar sich eher durch Leidenschaft und die
Furcht vor Niederlagen leiten ließ. C.-L. Montesquieu spricht in
*Considérations sur les causes de la grandeur des Romains et de leur dé-
cadence* (1734) v. a. vom Machthunger Caesars.

Der Nationalismus des 18. und 19. Jahrhunderts legte die Betonung auf die Gegner Vercingetorix und Ambiorix als Nationalhelden, wobei Caesar eine negative Rolle zufiel. In den Niederlanden erfuhr Iulius Civilis, der Anführer des batavischen Aufstands im Jahre 69 n. Chr., eine vergleichbare Überhöhung wie
in Deutschland → Arminius. Für Ambiorix wurde in ›seiner‹
Stadt Tongeren im Jahre 1866 ein Denkmal errichtet. Caesar,
Ambiorix und die aufständischen Bataver fanden ihren literarischen Niederschlag bei E. Zetternam (ca. 1850), N. Winkeler
(1883), J. van Lennep (1838–45) in *Almart en onze voorouders*, L.
Gerrits (1854) und J. van Rooy (1943; Ambiorix). In Frankreich
gab es einen Vercingetorix-Kult, bei dem eine Zeichnung von E.
Delacroix (1829) von Bedeutung war. Die Ausgrabungen von
Alesia wurden zu einer ideologischen Suche nach der nationalen
Vergangenheit.

Auf die unbedeutenden Caesar-Dramen des 19. Jahrhunderts
folgten auch im 20. Jahrhundert keine wichtigen Werke, obwohl
es in Deutschland zu einer neuen Caesar-Stoff-Gestaltung kam
(M. Jelusich, 1929, H. Schwarz, 1941, H. Rehberg, 1949). Es
eröffneten sich auch neue biographische Perspektiven, z. B. stellte T. Wilder mit *The Ides of March* (1948) eine Sammlung fiktiver
Dokumente der letzten Lebensmonate vor, B. Brecht ging es in
Die Geschäfte des Herrn Julius Cäsar (Ausz., 2. Buch 1949) um eine

politisch-satirische Behandlung des Stoffs, und G. B. Shaw zeigte Caesar in seinem Stück über Kleopatra (1901) als einen alten, leicht lächerlichen Gentleman.
Als italienischer Nationalheld und als bewundernswerter Autokrat kommt Caesar in einem Stück von E. Corradini vor (1902), das von E. Guazzoni verfilmt wurde (1914). Derselbe Regisseur hatte schon 1910 die Ermordung Caesars nach *Bruto secondo* von Alfieri verfilmt. Frühere Caesar-Filme gibt es von G. Meliès (1907) und G. Pastrone (1909); Verfilmungen von Shakespeares Tragödie stammen von D. Bradley (1949) und J. L. Mankiewicz (1953). Die Caesar-Figur taucht noch in einem anderen Genre auf, den *Asterix*-Comics von Goscinny und Uderzo aus den siebziger Jahren, in denen der große Feldherr gegen den Widerstand des gallischen Stammes von Asterix völlig machtlos ist.

In der Operngeschichte spielte vor allem das Verhältnis zu Kleopatra eine Rolle. Das Libretto *Giulio Cesare in Egitto* (zwischen 1672 und 1677) von G. F. Bussani diente zuerst A. Sartorio als Textgrundlage (1677, Venedig), später griffen G. F. Händel (nach der Bearbeitung von N. F. Haym, 1724, London), L. A. Predieri (1728, Rom), G. Giacomelli (nach der Bearbeitung von C. Goldoni, 1735, Mailand), A. Colombo (1744, Venedig), G. Sarti (1763, Kopenhagen) und N. Piccinni (Libr. von Bussani/Goldoni, 1770, Mailand) darauf zurück. Das Libretto von G. G. Bottarelli nach Corneille vertonte C. H. Graun zur Einweihung der Königlichen Oper in Berlin (1742).
Das Verhältnis von Caesar und Pompeius ist Thema der Oper von D. Gabrielli (Venedig, 1686); dagegen trägt die Oper von N. Zingarelli den Tod des Caesar im Titel (Libr. von G. Sertor, 1790, Mailand). Zudem gibt es eine Oper *Cesare in Farmacusa* von A. Salieri (Libr. von C. P. de Franceschi, 1800, Wien); von G. A. V. Aldrovandini stammt die Oper *Cesare in Alessandria* (1701, Neapel).
Zu Beginn des 19. Jahrhunderts enstanden Opern von G. Tritto (Libr. von G. Schmidt, 1805, Rom), E. Paganini (Libr. von A. Andrioli, 1814, Turin) und G. Pacini (Libr. von J. Ferretti, 1821, Rom; bearbeitet von L. Torrigiani, 1828, Neapel). Caesar unter den Galliern wird in einer Oper von G. Nicolini behandelt (Libr. von M. Prunetti, 1816, Rom).
Ein musikalisches Trauerspiel in deutscher Sprache schuf B. Feind (Hamburg, 1710).
Die Bühnenmusik zum Drama Shakespeares schrieb u. a. I. Fränzl (1785, Mannheim). R. Schumann komponierte 1851 die

Ouvertüre zu Shakespeares Julius Cesar (Braunschweig, 1855). Auch die Opern von G. F. Malipiero (Mailand, 1935) und G. Klebe (1959, Essen) hielten sich an diese Dramenvorlage.

NK In der mittelalterlichen Kunst wird Caesar auf zahlreichen Darstellungen im Zusammenhang mit den ›Neuf Preux‹ (→ Alexander) oder den ›Vier Weltreichen‹ (→ Dareios) gezeigt. Die negative Beurteilung Caesars in der italienischen Renaissance findet sich schon auf Fresken in der Anticapella des Palazzo Pubblico in Siena aus dem frühen 15. Jahrhundert: Pompeius und Caesar werden hier nebeneinandergestellt und als abschreckende Beispiele für Zwiespalt und Ehrsucht beschrieben. Die Schlacht bei Pharsalos, der Triumph, der Tod und die Darbringung von Pompeius' Kopf sind auf Cassoni des sogenannten Anghiari-Meisters aus dem 15. Jahrhundert (Paris, M. des Arts décoratifs) zu finden, der dabei möglicherweise auf die *Gesta Romanorum* oder auf Lucanus zurückgriff. Auf vier Teppichen, die zwischen 1465 und 1470 in Tournai für einen burgundischen Hofmann hergestellt wurden (Bern, Hist. M.) und durch Handschriftenillustrationen von *Li Faits des Romains* inspiriert waren, wird Caesar verherrlicht: die Siege nördlich der Alpen, der Bürgerkrieg, Caesars Triumphzug und Caesar zwischen seinen Mördern im Senat. A. Mantegna arbeitete von 1486 bis 1492 im Auftrag der Familie Gonzaga in Mantua an neun großen Gemälden, auf denen der ganze Triumphzug dargestellt ist. Durch Holzschnitte und Stiche (u. a. von A. Andreani, 1598/99) übten Mantegnas Werke, die sich seit 1629 im Besitz des englischen Königshauses befinden, großen Einfluß auf die Formgebung von triumphalen Auftritten aus, die man im 16. Jahrhundert beim Einzug von Fürsten in den Städten veranstaltete. Auch kleinere Fürsten identifizierten sich in den Ausstattungen ihrer Residenzen mit Caesar. Beispielsweise schuf M. Fogolino vier Caesar-Szenen für den bischöflichen Castello del Buonconsiglio in Trient (1532/33): Die vier Deckengemälde, unter denen sich auch das Schaudern Caesars vor Pompeius' Kopf befindet, sind um das Wappen des bischöflichen Fürsten angeordnet. Die Caesarreliefs von G. Götz (1604) befinden sich ebenfalls in einem kirchlich-fürstlichen Umfeld: im Kapitelsaal der Schloßkirche auf der Marienburg in Würzburg. In der Saletta di Cesare des Palazzo del Tè in Mantua beinhaltet das zentrale Deckengemälde von G. Romano (1531/32) die Verbrennung von Pompeius' Briefen. Zusammen mit den kleineren Fresken, die die Großmütigkeit des → Scipio Maior und → Alexander mit den Büchern Homers zeigen, huldigt die Dekoration des Caesar-Saals den Tugenden und der Kultur von Federico Gonzaga oder dem in Mantua erwarteten Gast Karl V. Eine ikonographisch reiche Serie schuf ein Maler aus dem Kreis um P. del Vaga im Palazzo Stati-Cenci in Rom (1553–61) mit der selten dargestellten Szene, wie sich Caesar in Alexandria schwimmend retten kann. L. Laguerre dekorierte das Treppenhaus von Chatsworth (1692–94) mit Caesar-Darstellungen, u. a. mit der Ermordung. Die Apotheose an der Decke verweist auf die großen Taten des Auftraggebers, des ersten Herzogs von Devonshire.

Die Überschreitung des Rubicon im Kaisersaal der Neuen Residenz in Bamberg ist Teil eines Programms, einer Lobpreisung des Erzbischofs und Kurfürsten Lothar Franz von Schönborn: M. Steidl malte hier (1707–09) Caesar neben → Augustus, Vespasianus, → Hadrianus und Marcus Aurelius sowie weniger bekannten Kaisern aus dem 3. Jahrhundert (Alexander Severus, Philippus Arabs und Probus). Das Motiv mit dem sich vom Kopfe des Pompeius abwendenden Caesar – eine Handlung, die von seiner mangelnden Rachsucht zeugt – findet sich v. a. in der italienischen Kunst vom 16. bis zum 19. Jahrhundert: u. a. auf einem Gemälde aus dem Atelier von P. Vecchio (um 1510, Coral Gables/Fa., Art G.), L. J. F. Lagrenée (1767, Rouen, M.) und P. F. Jacobs (1808, Brüssel, Kon. M.).

J.-M. Vien zeigt auf einem Gemälde (1767, Warschau, M.) die Szene, wie sich Caesar in Cadiz vor einem Standbild Alexanders beklagt, daß er noch unbekannt sei, während er, Alexander, in seinem Alter schon großen Ruhm erworben hätte. Das Bild war für Stanislaw II. Augustus Poniatowski, den König von Polen, bestimmt, als Ausdruck seines Verlangens, sich in berühmten Vorgängern zu spiegeln. Die dramatischen Ereignisse um Caesars Ermordung, die früher in der Kunst selten gestaltet wurden – z. B. auf einer nicht mehr erhaltenen Cassone von J. del Sellaio aus dem 15. Jahrhundert –, tauchen in der Kunst des 18. und 19. Jahrhunderts häufiger auf, z. B. bei G. Zoboli, der 1724 auf zwei Pendants den Tod von Caesar und von Pompeius (Kopien in Modena, Istituto Salesiano) festhielt. Republikanisch inspiriert ist wahrscheinlich die Arbeit von V. Camuccini, der 1793 den Auftrag erhielt, die Ermordung Caesars zu malen (vollendet 1804, Neapel, G.). Das Pendant dazu schildert den Tod der → Verginia (1804, Neapel, G.). Spätere Gemälde von Hofmalern bringen meist die Grausamkeit des Mordes zum Ausdruck: auf Gemälden u. a. J. D. Court (1827, Paris, Louvre; die Leiche von Caesar auf dem Forum aufgebahrt), K. von Piloty (1865, Hannover, Landesm.) und G. Rochegrosse (1887, Grenoble, M.; die Ermordung). Im Meridiana-Flügel des Palazzo Pitti in Florenz schuf G. Bezzůoli 1835/36 Deckenbilder mit dem Triumvirat und der Schlacht bei Pharsabos. Die Kaltblütigkeit Caesars beim Überqueren des Bosporus wurde u. a. beim Prix de Rome im Jahre 1855 thematisiert.

Bullough 1964; Chevallier 1985; Clarke 1981; Frenzel 1992a; Gundolf 1926; Martin 1988; Martindale 1979; Michel 1967; Neis 1967; Ottmer 1979; Weese 1911; Wyss 1957a; Yavetz 1983

Caesarion, Sohn des → Caesar und der → Kleopatra

Caligula, Gaius Iulius Caesar Germanicus (12–41), römischer Kaiser ⟨Suet. Cal.; Dio Cass. 59; Philo leg.; Philo Av. Fl.; Ios. ant. Iud. 18–19; Ios. bell. Iud. 2⟩.
Der Sohn von → Germanicus und Agrippina Maior war mütterlicherseits Urenkel von Augustus und gehörte väterlicherseits zur Claudius-Familie. Als Knabe im Heerlager seines Vaters erhielt er den Spitznamen ›Caligula‹ (Soldatenstiefelchen) (Tac. ann. 1,41,69; Dio Cass. 57,5,6; Aur. Vict. 3,4; Eutr. 7,12,1). Nach dem Tod des Vaters kam Caligula einige Zeit zu seiner Urgroßmutter Livia und Großmutter Antonia Maior; danach nahm sein Großonkel, Kaiser → Tiberius, den Jungen bei sich auf. Nach dem Tod des Tiberius am 16. März 37 – Sueton (Tib. 73; Cal. 12,2) erwähnt das Gerücht, Caligula habe daran mitgewirkt – trat er mit Hilfe des Gardepräfekten Macro die Nachfolge an. Caligula, den das Volk nach der harten Regierung des Tiberius mit hohen Erwartungen begrüßte, zeigte sich anfangs als maßvoller Herrscher, und sein Regime wurde als Erleichterung empfunden. Das Volk wurde mit Brotausteilungen (›Annona‹) und Spielen zufriedengestellt (Dio Cass. 59,9,6; 59,10,1–6; Suet. Cal. 18,1–2). Doch schnell zeigten sich auch andere Charakterzüge des Kaisers: Größenwahn (vgl. Sen. dial. 12,10,4), abscheuliche Gewaltsamkeit und der Hang zu Exzessen. Macro mußte schon im Jahr 38 das Feld räumen, weil der Kaiser keinen mehr an seiner Seite duldete (Suet. Cal. 26,1; Philo Av. Fl. 14,19; Philo leg. 41–61). Caligula glaubte sich seiner Familie und selbst den Göttern überlegen, verlangte die Anbetung seiner Standbilder, sogar im Jerusalemer Tempel (Philo leg. 188; Ios. ant. Iud. 18, 261; Ios. bell. Iud. 2,189), ging inzestuöse Verhältnisse mit seinen Schwestern ein, von denen er Drusilla heiraten wollte, die

allerdings vorher starb. Er erniedrigte Senatoren, ließ vermeintliche Gegner abschlachten und amüsierte sich bei barbarischen Spielen. Seine despotische Willkürherrschaft und sein verschwenderischer Lebensstil führten zu finanziellen Engpässen, zu deren Behebung er die Vermögen reicher Römer konfiszieren (z. B. Ios. ant. Iud. 19,12,14,131) und in den römischen Provinzen Gelder eintreiben ließ. In Rom wurden unter Caligula ein Circus, in dem der heute auf dem Petersplatz befindliche Obelisk ursprünglich aufgestellt war, und ein Isistempel erbaut. Letzterer zeugt von der offiziellen Anerkennung dieser orientalischen Religion.

In einem Feldzug gegen Germanien und Gallien blieb Caligula erfolglos, während seiner Abwesenheit von Rom wandten sich das Militär und die Senatoren gegen ihn. Nach Caligulas Rückkehr kam es zu Verschwörungen, die für ihn fatal werden sollten. Angeregt und anfangs angeführt wurden sie von dem einflußreichen Freigelassenen Callistus, der auch Caligulas Elitetruppen gewinnen konnte (u. a. Ios. ant. Iud. 19,64–69; Dio Cass. 69,29,1). Nach vier Jahren Herrschaft als Kaiser wurde Caligula am 24. Januar des Jahres 41 in den Gängen seines Palastes ermordet, als er ein Bad nehmen wollte (Suet. Cal. 58,1; Ios. ant. Iud. 19,96). Sein Onkel, der stotternde und lahme Claudius (10–54), der sich während der Herrschaft von Tiberius und Caligula zurückgezogen hatte und sich bemühte, einen einfältigen Eindruck zu machen, wurde von den kaiserlichen Truppen zum Nachfolger Caligulas bestimmt, da sie diesen Bruder des ehemals beliebten Germanicus für den am ehesten geeigneten Kandidaten hielten. Claudius rief umgehend eine ›damnatio memoriae‹ (›Verbannung aus der Erinnerung‹) über Caligula aus und zeigte sich in den folgenden dreizehn Jahren seiner Regentschaft als weiser Herrscher.

Dio Cassius und Sueton überliefern grausame Details aus Caligulas Leben. Sueton schreibt – nach seinem üblichen Schema, das zuerst die guten, dann die schlechten Taten erwähnt –, daß er anfangs von einem Princeps geschrieben habe, nun aber von einem Monster sprechen müsse. Ein besonderer Zug bei Sueton ist die Feststellung, daß Caligula keine Schönheit ertragen konnte, die ihren Ursprung nicht bei ihm fand: Das habe zur Zerstörung von Kunstwerken, Ermordung von schönen Menschen und sogar zu dem Plan, alle Exemplare der Homerischen Texte zu vernichten, geführt (Cal. 34,2).

In der bildenden Kunst der Antike wie auch späterer Zeit spielt Caligula keine Rolle. Porträts aus der Antike wurden wegen der damnatio memoriae meistens umgewandelt und wiederverwendet oder zerstört. Nur Münzdarstellungen sind in großer Menge erhalten geblieben.

ND Caligula galt zu allen Zeiten als Inbegriff von Perversität. Bei Augustinus (civ. 5,21) wird er als einer der schlechtesten Kaiser bezeichnet. Eine psychoanalytische Deutung legte H. Sachs in seiner Lebensgeschichte des Caligula vor (1930).

J. Gower erinnert in der *Confessio amantis* (ca. 1390) an den Inzest mit seinen Schwestern, seinen Größenwahn und an die unbeherrschte wilde Art (›saevitia‹), die sowohl Caligula als auch → Nero eigen war. In den *Dialogues des morts* (1712) F. de Salignac Fénelons wetteifern Nero und Caligula um den Ruhm, wer von ihnen die meisten Schandtaten begangen hat. Für die Bühne entstanden Stücke von A. Dumas père (1837) und A. Camus (1942, Uraufführung 1945). Hier beschließt der durch den Tod der inzestuös geliebten Drusilla existentiell enttäuschte Caligula, ›in der Wahrheit‹ zu leben und dem Volk grenzenlose Freiheit zu geben; zugleich lebt er seinen Cäsarwahn aus und führt so als ›Selbstmord auf höherer Ebene‹ seine Ermordung herbei. Abstoßend und jämmerlich zugleich wirkt Caligula in einer Geschichte von L. Couperus (1901). In dem Roman *I, Claudius* (1934) von R. Graves erzählt Claudius, wie er die tödlichen Intrigen der Livia und die Regierungszeiten von Tiberius und Caligula überlebte, anschließend beschreibt der Autor in *Claudius the God* aus demselben Jahr die weise Herrschaft des neuen Kaisers.

Von der Konfrontation der römischen Welt mit dem Christentum handeln die Werke *Le procurateur de Judée* (1892) von A. France, *De nadagen von Pilatus* (1938) von S. Vestdijk, in dem, neben dem Kaiser, Pilatus und Maria Magdalena, Christus die Hauptgestalt ist, und *The Kingdom of the Wicked* (1985) von A. Burgess. In diesem Roman gibt es keinen Gewinner: Die römische Gesellschaft und auch das Christentum sind zum Untergang bestimmt. Eine Satire auf die Unterwürfigkeit und Anpassung an die Launen eines Herrschers ist die Komödie *Das Pferd* (1964) von G. Hay: Caligula ernennt sein Lieblingspferd zum Konsul.

NM Opern über die Herrschaft des Caligula komponierten G. M. Pagliardi (Libr. von D. Ghisberti, 1672, Venedig) und vermutlich F. A. M. Pistocchi (*La pazzia in trono*, Libr. vom Komponisten, 1673, Neapel). Aus dem 19. Jahrhundert ist die Oper von G. Braga bekannt (Libr. von A. Ghislanzoni, 1873, Lissabon).

Zur Tragödie von J. Crowne schrieb R. Leveridge die Musik (1698, London). Die Bühnenmusik zur Tragödie von Dumas lieferte G. Fauré (1888, Paris).

Thiel 1950/51

Callistus → Caligula

Calpurnius Bibulus → Caesar

Calpurnius Piso, Verschwörer gegen → Nero

Camillus, Marcus Furius (Anfang 4. Jh. v. Chr.), legendärer Retter Roms nach der Invasion der Gallier 387 v. Chr., daher auch zweiter Gründer Roms genannt ⟨Fast. Cap.; Diod. 16; Dion. Hal. 12,10; Plut. Cam.; Liv. 5–6⟩.
Camillus gehörte zu den erfolgreichsten Staatsmännern und Feldherren Roms und spielte bereits im Krieg zwischen Römern und Etruskern um 400 v. Chr. eine bedeutende Rolle (u. a. Liv. 5,12, 5,14 u. 5,19; Diod. 14,82,93). In verschiedenen Ämtern, besonders als Tribun und Censor, machte er sich in einer Zeit scharfer Gegensätze zwischen dem Volk und einigen Tribunen einerseits und dem Senat andererseits als Vertreter der Patrizierpartei verdient. Um das römische Gebiet zu vergrößern, eroberte er Falerii und Capena und belagerte die Stadt Veii, die er aber erst nach zehn Jahren einnehmen konnte. Aufgrund der zehnjährigen Dauer und der wechselnden Erfolge beider Seiten wurde dieses Ereignis in den historischen Erzählungen mit der Eroberung Trojas verglichen. In Falerii wurden ihm 394 von einem Schulmeister Knaben aus führenden Familien der Stadt als Geiseln angeboten. Empört ließ Camillus den Lehrer von seinen Schülern mit Stöcken in die Stadt zurücktreiben (u. a. Liv. 5,27; Flor. 1,6,5–6; Eutr. 1,20,1; Oros. 3,3,4). Die Einwohner beeindruckte dies so sehr, daß sie sich auf Friedensverhandlungen einließen, die erfolgreich beendet wurden. Bei der Verteilung der Kriegsbeute aus Veii kam es zum Konflikt, als Camillus einen Teil der Beute für die Staatskasse und als Opfer für die Götter forderte. Das undankbare römische Volk bestand darauf, gerichtlich gegen Camillus vorzugehen, worauf er sich freiwillig ins Exil nach Ardea begab.
Im Jahre 387 fielen die Gallier aus dem Norden Italiens in Rom ein und verwüsteten große Teile der Stadt. Als der Senat erfuhr,

daß Camillus von Ardea aus Pläne gegen den gefährlichen Feind schmiedete, ernannte er ihn zum Diktator. Bevor dieser jedoch nach Rom kommen konnte, drohte das Capitol, das letzte Bollwerk der Stadt, während eines nächtlichen Ansturms von den Galliern eingenommen zu werden. Die der Iuno geweihten Gänse des Capitols warnten die Römer durch aufgeregtes Geschnatter, so daß den Galliern gerade noch rechtzeitig Widerstand geleistet werden konnte, wobei Marcus Manlius Capitolinus die Feinde heldenhaft in die Tiefe stürzte. Der Senat wußte sich aber letztlich nicht mehr zu helfen und versuchte, die Gallier mit Gold zum Rückzug zu bewegen. Ihr Anführer Brennus betrog beim Abwiegen der vereinbarten Menge ganz offensichtlich und drohte den Römern mit den Worten ›vae victis‹ (Wehe den Besiegten!). In diesem Moment erreichte Camillus Rom und schlug die Gallier in die Flucht.

In den anhaltenden Auseinandersetzungen zwischen Patriziern und Plebeiern mußte sich Camillus gegen seinen Widersacher Manlius Capitolinus durchsetzen, der das Volk gegen ihn aufzuhetzen versuchte. Wie zuvor die Plebeier Spurius Cassius und Spurius Maelius wurde Manlius nun (384) beschuldigt, die Königsherrschaft anzustreben, und zum Tode verurteilt. Man stürzte ihn vom Capitol, das er so mutig verteidigt hatte (Liv. 6,2; Plut. Cam. 36–37; Zon. 7,24).

Wider Erwarten nachsichtig reagierte Camillus, als gegen seine Anweisungen der ehrgeizige junge Lucius Furius sich überhastet auf eine Schlacht einließ und sie verlor. Camillus verurteilte ihn nicht, sondern vertraute ihm neue militärische Aufgaben an.

Livius hebt in seiner Schilderung des Camillus besonders die strikte Einhaltung der religiösen Vorschriften hervor, die die Streitigkeiten um die Verteilung der Beute aus Veii mitverursacht habe. Plutarch zeichnet ihn als Retter der römischen Gesellschaft in einer Zeit, die von inneren Konflikten und äußerer Bedrohung geprägt war. Valerius Maximus (1,5,2) unterstreicht, daß Camillus die Ernennung zum Dictator erst annahm, als er sich versichert hatte, daß die religiösen Vorschriften bei der Wahl eingehalten worden waren. Am bekanntesten wurde die Geschichte von dem Schulmeister aus Falerii. Valerius Maximus (5,3,2a) sieht darin ein Beispiel für Gerechtigkeit und erwähnt in diesem Zusammenhang → Numa Pompilius und Pittakos.

NK Diese drei Männer malte Perugino im Collegio del Cambio in Perugia (um 1500) in einer Freskenreihe von ›viri illustres‹, die Gerechtigkeit walten ließen. Die Großmütigkeit des Camillus gegenüber Lucius Furius wird auch auf Fresken in der Anticappella des Palazzo Pubblico in Siena (Anfang 15. Jh.) thematisiert. Camillus-Zyklen schufen u. a. F. Salviati (1544/45, Fresken) im Palazzo Vecchio in Florenz und R. da Colle (um 1550, Fresken) im Palazzo Rondanini in Rom. Er erscheint auch auf Fresken von P. del Vaga (1530) in der Loggia degli Eroi im Palazzo Doria-Pamphilij in Genua, neben → Horatius Cocles, → Curtius und → Mucius Scaevola sowie heldenhaften Vorfahren der Familie Doria. Mit der Falerii-Szene beschäftigten sich u. a. B. Breenbergh (um 1633–35, Gemälde, Kassel, Gemäldeg.), N. Poussin (1637, Gemälde für die Galerie de La Vrillière in Paris, heute Paris, Louvre), J. H. Schönfeld (1653 und 1656, Gemälde, u. a. Kremsier, M.; nach Poussin) und P. Ferloni (1764, Wandteppich für den Konservatorenpalast in Rom; nach Poussin). Die Auseinandersetzung mit Brennus stellten auf Fresken u. a. C. Gherardi (um 1540) im Castello Bufalino in San Giustino und A. Canero (Mitte 16. Jh.) im Palazzo Thiene bei Vicenza sowie auf Gemälden S. Ricci (um 1715–20, Ajaccio, M.), V. M. Potain (1796, Paris, École des Beaux-Arts) und V. Camuccini (1840, für den Palazzo Reale in Genua) dar. Die Vertreibung des Brennus schildert M. Rossi (1774) zur Verherrlichung der Macht Roms auf einem Deckenfresko in der Villa Borghese in Rom.

Die Oper *Camillus generoso* (dt. *Der großmütige Camillus*) stammt von C. L. P. Grua (dt. Text von C. C. Dedekind, 1693, Dresden); eine dramatische Kantate schrieb B. F. Baker (Text von J. N. Carman, 1865, Boston). NM

Cassius → Brutus, Marcus Iunius

Castor, einer der → Dioskuren

Catilina, Lucius Sergius (ca. 108–62), Anstifter der nach ihm benannten Verschwörung gegen die Römische Republik ⟨Cic. Catil.; Sall. Cat.; Dio Cass. 37,24–42; Plut. Sull. 32, Cic. 10⟩. Der aus dem patrizischen Geschlecht der Sergier stammende Catilina führte ein sehr aufwendiges und zügelloses Leben. Seit 82 ein Mitstreiter Sullas (→ Marius und Sulla), schreckte er in dieser Zeit nicht einmal davor zurück, seinen eigenen Bruder zu ermorden. In diesen Jahren gelang es ihm, in Zusammenhang mit den Proskriptionen wieder zu einigem Vermögen zu kom-

men. Im Jahre 73 wurde er beschuldigt, mit einer Vestalin, die als
Priesterin zur Jungfräulichkeit verpflichtet war, ein Verhältnis
zu haben. Im Jahre 66 wurde er in einem Prozeß angeklagt, da er
sich bei der Ausübung seiner Ämter, u. a. als Gouverneur von
Afrika, unzulässig bereichert hatte. → Cicero und einige seiner
Freunde verhinderten eine Kandidatur Catilinas für das auch
finanziell lukrative Consulat.

Eine erste Verschwörung Catilinas blieb erfolglos. Als 64 und 63
seine Versuche, das Consulat zu erlangen, trotz der Unterstützung durch Crassus und → Caesar erneut scheiterten, wagte Catilina im Jahre 63 einen Staatsstreich, der mit der Ermordung des
Consuls Cicero eingeleitet werden sollte. Diesem gelang es jedoch – möglicherweise weil Fulvia, eine Frau aus dem Kreis um
Catilina, ihn verriet – diese Pläne aufzudecken. Er zwang den
Verschwörer, Rom zu verlassen, und ließ ihn zum Staatsfeind
erklären. Catilina sammelte eine Streitmacht in Etrurien und verbündete sich mit den Allobrogern gegen Rom. Dokumente mit
Beweisen dieser Verbindung gelangten in die Hände Ciceros,
weswegen die Angelegenheit eskalierte. Nach einer Sitzung im
Senat, in welcher sich Cicero und → Cato Uticensis gegen Caesar
durchsetzten, der sich nur für eine Verbannung aussprach, verurteilte man die Verschwörer zum Tode. Die Hinrichtung einiger Anhänger Catilinas wurde später Cicero angelastet und führte zu seiner Verbannung. Bei einer Schlacht gegen die römischen
Truppen im Jahre 62 unterlag Catilina mit seiner Streitmacht und
fand den Tod.

Sallust schildert in *De coniuratione Catilinae* (42–41 v. Chr.) ein-
dringlich die Geschichte der Verschwörung als Beispiel für die
Verkommenheit der Gesellschaft, in der ein Übeltäter wie Catilina aufsteigen und die Einrichtungen der Römischen Republik
bedrohen kann. Catilina erscheint als Mann mit herausragenden
geistigen und körperlichen Fähigkeiten, die er aber ausschließlich zur Befriedigung seiner Gier nach Geld und Macht einsetzt,
um schließlich der Anführer einer Bande verarmter Römer zu
werden, die zu Zügellosigkeit und Verbrechen neigen. Sallust
weiß auch zu berichten, daß Catilina seinen eigenen Sohn ermorden ließ, um Aurelia Orestilla heiraten zu können, der dieser
zukünftige Stiefsohn im Weg war. Die Rede Catilinas, in der er
seine Genossen zum Staatsstreich anstiftet, gibt Sallust ›wörtlich‹ wieder. Er bezweifelt übrigens, im Gegensatz zu Plutarch
und Dio Cassius, daß Catilina seine Anhänger durch eine gemeinsam verübte Schandtat – den Verzehr von Menschenfleisch
und -blut – an sich binden wollte.

Die Catilinarische Verschwörung ist weiterhin überliefert durch die vier großen Reden Ciceros ›in Catilinam‹. Darin wird er von seinem großen Gegner verständlicherweise als politischer Desperado und als ernste Bedrohung für die Republik dargestellt.

In der Literatur der Neuzeit wird Catilina in einigen Dramen als ND Schurke vorgeführt, der mit seinen Schandtaten und dem zügellosen Treiben für jede bestehende Ordnung eine Bedrohung darstellt. Der Stoff wird immer dem bekannten Werk Sallusts entliehen, von dem bis Ende des 17. Jahrhunderts mindestens 282 Ausgaben erschienen sind. Im ersten überlieferten Catilina-Drama von B. Jonson (1611) wird der von Ehrsucht getriebene, unzähmbare Catilina nicht aller Größe beraubt, zumal sein Widersacher ein eitler und in seinen Reden weitläufiger Cicero ist. Ein ausgemachter Schurke ist Catilina in einem Stück von A. le Comte Pellegrin (1742). P.-J. de Crébillon entwirft in einem Schauspiel, das mit Pellegrin die Liebes- und Rachemotive um Ciceros Tochter Tullia gemeinsam hat, einen Catilina (1748), dessen Triebfeder Abscheu vor der politischen Situation seiner Zeit ist, der in seinem Streben und in der Wahl seiner Mittel zu weit geht und scheitert. Crébillons Mitstreiter um die Gunst des Publikums, Voltaire, setzt im Jahre 1752 wieder einen verdorbenen Catilina im Gegensatz zu einem noblen Cicero. Nach einigen weiteren Bearbeitungen, die wenig zur Figur des Catilina beitragen (ein Drama von A. Dumas père, 1848), macht ihn F. Kürnberger, der in die revolutionären Geschehnisse der Jahre um 1848 verwickelt war, zum Freiheitshelden (1855). Der junge H. J. Ibsen zeigt in seinem dramatischen Erstlingswerk (1848–49) einige Sympathie für den revoltierenden Römer, doch schreibt er v. a. ein Psychodrama, in dem der Protagonist vor die Entscheidung zwischen der Beschränkung auf das Erreichbare und dem Streben nach dem Unerreichbaren gestellt ist. A. Bartels macht 1905 in seinen *Römischen Tragödien* aus Catilina einen nietzscheanischen Helden: ein Mann von besonderer Statur, ›jenseits von Gut und Böse‹, in dessen Augen das dekadente Rom für die totale Vernichtung reif ist.

In den *Dialogues des morts* von F. de S. Fénelon (1712) und bei E. C. von Kleist (1759) dient Catilina als abschreckendes Beispiel für Machtstreben und Ehrsucht. F. von Schiller zieht in der ›Vorrede‹ seines Stückes *Die Räuber* (1781) eine Parallele zwischen der amoralischen Hauptperson und Catilina, dessen Größe und Streben nach dem Außergewöhnlichen entweder zu seinem Untergang oder seinem Triumph führen mußten, abhängig von der jeweiligen politischen Konjunktur. Einige Jahre nach der Französischen Revolution benennt Danton seinen Gegenspieler Robespierre als einen Catilina, der die Republik bedrohe, worauf der Beschuldigte seine harten Maßnahmen mit einer Paraphrase aus Ciceros *Pro Sulla* rechtfertigt. Sowohl Napoleon I. als auch Napoleon III. haben in ihren Schriften Sympathie für den machtgierigen Catilina empfunden.

NM Ein *Historisches Schauer-Drama mit Gesang und Tanz* ist von A. Goß überliefert (Regensburg, 1707). Die Befreiung Roms von der Schreckensherrschaft Catilinas hatte das Pasticcio von F. Tomeoni und A. Micheli zum Thema, das 1775 in Lucca zu Ehren der Schutzheiligen der Stadt während der ›Funzione delle Tasche‹ aufgeführt wurde. Die beiden Opern von A. Salieri (Libr. von G. B. Casti, 1790) und S. A. Ferrari (1852) wurden nicht aufgeführt, hingegen hatte die Zarzuela von J. Gaztambide großen Erfolg (Libr. von E. Scribe, 1854, Madrid). Später folgte die Oper von F. Cappellini (Libr. von P. E. Francesconi, 1890, Verona).

NK In der bildenden Kunst wird Catilina kaum behandelt. S. Rosa (1663, Florenz, Casa Mastelli) malte die Szene, wie er und seine Genossen den Eid auf die Verschwörung ablegen. J.-F. Peyron schilderte nach Sallust diese und weitere Szenen: u. a. Fulvias Enthüllung der Verschwörung gegenüber Cicero (1796–98, Zeichnungen, Paris, Louvre).

Frenzel 1992a; Speck 1906

Cato Censorius, Marcus Porcius (234–149), römischer Feldherr und Staatsmann ⟨Cat. agr.; Cat. or.; Cat. orig.; Cic. Cato; Plut. Cato mai.; Val. Max. 3,2,12, 8,15,2; Nep. Cato; Vell. 2; Liv. 29–41 passim; Diod. 27; Pol. 29–31⟩.
Da Cato aus einer zwar wohlhabenden, aber nicht patrizischen Familie stammte, mußte er sich seine ersten politischen Erfolge hart erarbeiten. Schließlich gelang es ihm, als ›homo novus‹ (Neuling), d. h. als erster seiner Familie, öffentliche Ämter zu übernehmen. Nachdem er sich auf den ersten Feldzügen gegen → Hannibal im 2. Punischen Krieg hervorgetan hatte, wurde er im Jahre 204 unter → Scipio Maior Quaestor in Spanien (Liv. 34,8–21; App. Hann. 160–170; Zon. 9,17,5–7). Danach sagte er als Praetor auf Sardinien den Wucherern den Kampf an. Im Jahre 195 wurde er zusammen mit seinem patrizischen Mitstreiter Valerius Flaccus Consul; ein Jahr später war er Proconsul von Spa-

nien, nach weiteren zehn Jahren Censor. Den Beinamen ›Censorius‹ erhielt er, weil er dieses Amt mit außergewöhnlichem Engagement ausübte.

Auch später blieb er ein streitbarer Politiker. Im Senat opponierte er gegen die zu sanfte Politik gegenüber Carthago, indem er jede seiner Reden mit der Wendung schloß: ›ceterum censeo Carthaginem esse delendam‹ (Im übrigen bin ich der Meinung, daß Carthago zerstört werden muß).

Cato gilt als unbeugsamer und strenger Mann. Nach Cicero und Plutarch verstieß er mehrere Senatoren aus dem Senat: Lucius Quinctus Flamininus (Liv. 39,42,7–12; Cic. Cato 42), weil er einen Gefangenen enthaupten ließ, um einem jungen Freund gefällig zu sein, und Manlius, weil er bei Tageslicht und im Beisein seiner Tochter seine Frau umarmt hatte (Plut. Cato mai. 17,7; Plut.; Amm. 28,4,9). Er versuchte, das Tragen von Schmuck in der Öffentlichkeit zu unterbinden, doch scheiterte sein Gesetzesentwurf an dem heftigen Widerstand der römischen Frauen. Cato war ein Verfechter der alten römischen Tugenden und der ungebrochenen Macht des Patriziertums. Er widersetzte sich energisch, aber vergebens, dem in seiner Zeit aufkommenden Einfluß der klassischen griechischen und hellenistischen Philosophen und Ärzte in Rom; ihm zufolge waren diese nur Unruhestifter wie Sokrates, die die römische Disziplin und militärische Schlagkraft untergraben wollten, oder Genußmenschen, die einen negativen Einfluß auf die Römer ausübten. Catos Geschichtswerk von der Gründung Roms bis in die eigene Zeit, die *Origines* (siehe Nep. Cato 3), ist nur in Bruchstücken erhalten. Bewahrt blieb sein Lehrbuch *De agricultura*, eine Anleitung zu rentablem Landwirtschaftsbetrieb. In dieser Schrift und auch in seiner eigenen Tätigkeit als Verwalter von Grundbesitz zeigte er sich als harter und gewinnsüchtiger Sklaventreiber. Plutarch distanziert sich von dieser Haltung ebenso wie von dem Mißtrauen Catos gegen den griechischen Einfluß in Rom. Er berichtet mit Genugtuung, daß Cato seine Frau und seinen Sohn mit seinen eigenwilligen Heilmethoden ums Leben brachte.

Cato-Biographien gibt es von Plutarch und Nepos. V. a. ersterer überliefert zahlreiche Taten und Äußerungen Catos, die seine Haltung als Verteidiger der alten römischen Werte und als Kämpfer gegen jeden korrumpierenden Überfluß (wie zu freigiebige Getreideausteilung, eine Amtsführung mit großen Aufwendungen zu Lasten des Staatsschatzes, eine zu großzügige

Verteilung der Kriegsbeute) illustrieren sollen. Dies ließ ihn öfters, schon als Militär in den ersten Schlachten gegen Hannibal,
mit den mächtigen und prohellenistischen Scipionen zusammenstoßen. Vergleichbare Porträtierungen finden wir bei Livius und
in den *Pharsalia* des Lucanus (62–63). Valerius Maximus führt in
seiner Beispielsammlung Cato als Exempel für wahrhafte Einfachheit an und als außergewöhnlichen homo novus, der aus
eigener Kraft hohe Ämter zu erreichen wußte. Er berichtet ferner im Kapitel ›de studio et industria‹ eine Tatsache, die auch
Cicero in seinem später sehr bekannten Werk *De senectute* erwähnt: Recht boshaft schreibt Cicero, als er von den Freuden des
Alters handelt und auch Cato zu Worte kommen läßt, daß dieser
in seinen Auseinandersetzungen mehr Kultur zeigte, als ihm
nach seinen Schriften zuzutrauen sei; das komme daher, daß sich
Cato im hohen Alter noch bemüht habe, doch Griechisch zu
lernen.

N Petrus Pictor (12. Jh.) stellt Cato als den Herrscher über die
ganze Welt während der römischen Zeit dar. Bis ins späte Mittelalter verschmilzt dieser Cato mit seinem Nachfahren → Cato
Uticensis, z. B. auf einem Teppich (12. Jh.) mit Seneca und Karl
dem Großen. Manchmal wird er zu den Sieben Weisen gezählt
(→ Solon).
Zur großen Bekanntheit und zum Ruhm Catos trugen zwei
Spruch- und Weisheitensammlungen bei: *Disticha* und *Monosticha
Catonis*. Diese kurzen Sprüche wurden seit dem 9. Jahrhundert in
zahlreichen Handschriften als Schultexte gebraucht und noch bis
ins 18. Jahrhundert unzählige Male nachgedruckt.

Cato Uticensis, Marcus Porcius (95–46), Anführer der konservativen Senatspartei in der Spätphase der Römischen Republik,
wiederholt Widersacher Caesars ⟨Dio Cass. 37,24–42,57, 43,10–
13; Plut. Cato min.; Sall. Cat.; Cic. Cato⟩.
Cato Uticensis, Urenkel des → Cato Censorius, beteiligte sich an
der Niederschlagung des → Spartacus-Aufstands (72) und be-
kleidete danach mehrere hohe Ämter: Quaestor, Volkstribun,
Praetor. Als → Cicero im Jahre 63 dem Senat die Frage vorlegte,
wie mit den gefangenen Verschwörern um → Catilina zu verfahren sei, bezog Cato gegen Caesar Stellung und erreichte mit einer
von Sallust überlieferten Rede die Verhängung der Todesstrafe.
Bei dem Versuch Caesars, im Jahre 60 als Consul ein neues Land-
verteilungsgesetz zugunsten seiner Soldaten durchzusetzen, ver-

hinderte Cato die Gesetzesabstimmung im Senat: Er hielt, wie
Dio Cassius beschreibt, eine Dauerrede (andere Reden waren
damit unmöglich), trotzte dabei auch der Androhung einer Ge-
fängnisstrafe und verließ schließlich mit seinen Freunden den
Senatssaal. Cato war zunächst ein Gegner des → Pompeius, stellte sich jedoch im Machtstreit zwischen diesem und Caesar
(49/48) auf seine Seite. Nach der Niederlage des Pompeius ging
Caesar siegreich auch gegen seine restlichen Feinde vor, die sich
bei Utica im Reich des numidischen Königs Juba I. gesammelt
hatten. Cato, der als Stadtkommandant die Verteidigung von
Utica organisiert hatte, beging Selbstmord, um Caesar nicht die
Möglichkeit zu geben, durch eine Versöhnungsgeste seine Großmut zu demonstrieren. Plutarch beschreibt in seiner Cato-
Biographie den Selbstmord sehr detailliert: Cato bereitet sich mit
der Lektüre von Platons *Phaidon* über die Unsterblichkeit der
Seele vor und will dann im Beisein seines Sohnes und seiner
Freunde aus dem Leben scheiden. Doch er muß sein Vorhaben
auf die Nacht verschieben, weil sein Sohn ihn daran zu hindern
sucht. Wegen einer früheren, angeschwollenen Verwundung ist
der Stich nicht sogleich tödlich. Cato wehrt die inzwischen herbeigelaufenen Hausgenossen ab, vergrößert die Bauchwunde,
legt seine Eingeweide frei und stirbt bald darauf. Dio Cassius
berichtet darüber hinaus, Cato habe seinem Sohn geraten, sich
auf Caesars Seite zu stellen; er selber habe dies nicht gekonnt,
weil er in einem zu großen Gefühl von Freiheit aufgewachsen
sei.

Nach dem Selbstmord in Utica (der Beiname Uticensis verweist
darauf) verfaßten zuerst Cicero, dann → Brutus, M. I. Lob-
schriften auf Cato, die von Caesar mit seinem verlorenen *Anticato*
beantwortet wurden. Cato gilt ebenso wie sein Vorfahre Cato
Censorius als Verfechter der althergebrachten römischen Sitten
und als Repräsentant der römischen Republik: einer libera res
publica unter der Führung eines gegen sich selbst und andere
strengen Patriziats. Cicero nennt in seiner Verteidigungsrede für
Licinius Murena und auch in der genannten Lobrede den tugendhaften Stoiker Cato als Gegenbeispiel zu Caesar. Lucanus
äußert sich in seinen *Pharsalia* (62–63), in deren Mittelpunkt die
Person des Pompeius steht, bewundernd über Cato. Bei späteren
römischen Autoren tritt Cato unpolitisch als der Weise schlechthin auf, so z. B. in einigen frühen Schriften von Seneca (Marc.
20,6). In dessen späteren Werken dient Cato, der in ausweisloser
Situation freiwillig aus der Politik und dem Leben schied, als

Beispiel stoischer Weisheit. Sallust vergleicht in seiner Schrift
über die Catilinarische Verschwörung die beiden Antagonisten
Caesar und Cato und äußert Bewunderung sowohl für Caesars
versöhnlichen Großmut als auch für die manchmal übertriebene
Strenge des Cato. Augustinus läßt sich abschätzig über den
Selbstmord aus, in seinen Augen ist er eine Folge der Ehrsucht.
Bildliche Darstellungen aus der Antike sind nicht bekannt, abgesehen von einem Bronzekopf aus Volubilis (Rabat, Arch. M.),
der kurz nach Catos Tod entstanden sein muß.

ND Im Mittelalter ist Cato, obwohl Selbstmörder und Widersacher
des meist hochgeschätzten Caesar, eine positive Gestalt. Sogar
der Theologe Thomas von Aquin bringt für den Selbstmörder
Bewunderung auf. In Dantes *Divina Commedia* (1307?–21?), in
der die anderen Gegner Caesars, Brutus und Cassius, in den tiefsten Höllenkreis verbannt werden, ist Cato der ehrwürdige Bewacher des Läuterungsberges, und Dantes Führer Vergil prophezeit Cato, daß seine sterblichen Überreste, die noch in Utica
sind, am Tag des Jüngsten Gerichts in Glanz gehüllt sein werden.
In G. Chapmans Drama *Caesar and Pompey* (1631) triumphiert
Cato mit seinem Tod über den Bösewicht Caesar. Deutlich politische Intentionen verfolgte J. Addison mit seinem Cato-
Drama (1713), das in England in einem Klima des Widerstands
gegen den allzu diktatorisch auftretenden Marlborough beliebt
war; der Prolog J. Popes unterstreicht den republikanisch-
patriotischen Geist des Stückes. Ein edler Cato als Gegensatz zu
Caesar tritt auch in einigen anderen Dramen aus dem 18. Jahrhundert auf: E. Deschamps (1715), B. Feind (1715; noch im
selben Jahr von R. Keiser in Hamburg vertont), J. C. Gottsched
(1731) und J. J. Bodmer (1735). Voltaire schließt sich in seinem
Catilina-Drama (1752) dem Urteil Sallusts an: Cato ist streng,
aber auch unversöhnlich. J.-J. Rousseau äußert sich bewundernd
über Cato, doch habe dieser, mit dem das republikanische Rom
unterging, eigentlich in der falschen Zeit gelebt.

NM Ein Libretto von P. Metastasio für L. Vinci (1727, Rom) hatte
viel Erfolg (obwohl der Selbstmord am Schluß für die damalige
Oper ungewöhnlich war), wie die ca. 40 weiteren Vertonungen
bezeugen, u. a. von J. A. Hasse (1731, Turin), A. Vivaldi (1737,
Verona), C. H. Graun (1743, Berlin), N. Jommelli (1749, Wien),
G. Ferrandini (1753, München, zur Eröffnung des Cuvilliés-
Theaters), J. C. Bach (1761, Neapel) und G. Paisiello (1789, Nea-
pel).

In Zyklen berühmter Männer und anderen Reihen aus der ita- NK
lienischen Frührenaissance kommt Cato häufig vor: u. a. in der
Anticappella des Palazzo Pubblico in Siena (Anfang 15. Jh.), in
der Sala virorum illustrium im Liviano in Padua (15. Jh., heute
Universität) und im Palazzo Trinci in Foligno. In diesen Schilderungen, die häufig als Ausdruck der republikanischen Ideale des
Stadtstaates gelten können, kommt die Mißbilligung eines Um-
sturzes der Republik zum Ausdruck. D. Beccafumis Darstellung
des Selbstmords in einer Freskenreihe des Palazzo Bindi Sergardi
in Siena (um 1525) vermittelt denselben Gedanken, mit dem
Hinweis, daß Cato den Untergang der Freiheit in Rom nicht
ertragen konnte.

In der italienischen Kunst wird der Selbstmord bis ins 18. Jahr-
hundert aufgegriffen, u. a. auf einem Cassone (um 1500, Verona,
M.), auf Gemälden von Guercino (1637, Marseille, M. und 1640,
Genua, Pal. Rosso), G. Assereto (um 1640, Genua, Pal. Bianco),
L. Giordano (um 1665, Le Havre, M.) und S. Conca (1735,
Braunschweig, M.). In Frankreich und Deutschland beschäftigten sich mit dem Thema im 17. Jahrhundert u. a. J. von Sandrart
(1631, Gemälde, Padua, M.), M. Stomer (um 1630–40, Cento, P.
und Valletta, Nat. M.), C. Le Brun (1646, Gemälde, Arras, M.),
J. K. Loth (Mitte 17. Jh., Kopenhagen, Staatl. Kunstm.) und
J. H. Schönfeld (1659, Gemälde, Kremsier, M.). Gegen Ende
des 18. Jahrhunderts wird das Motiv, neben dem Selbstmord
von Sokrates oder Seneca, v. a. in Frankreich verarbeitet: z. B.
auf einem Gemälde von A. Lemonnier (1785, Rouen, M.), auf
einer Ölskizze von G. G. Lethière (1795, St. Petersburg, Eremitage) und von P. Bouillon, L. A. G. Bouchet und P.-N. Guérin, die 1797 mit ihren Darstellungen von Catos Selbstmord
(heute Paris, École des Beaux-Arts) den Prix de Rome gewannen.

Fehrle 1983; Frenzel 1992a; Oberreuter-Kronabel 1986; Schmitt 1974; Wünsch
1949

Cecrops → Kekrops

Centauren → Kentauren

Cephalus → Kephalos und Prokris

Ceres → Demeter

Ceyx → Keyx

Chariten (lat. Gratiae, die Grazien), untergeordnete Göttinnen, die Anmut, Liebreiz und Schönheit verkörpern, Begleiterinnen der Liebesgöttin Aphrodite (Hom. Od. 8,364–366; 18,193–194; Hes. theog. 907–909), nach Hesiod (theog. 945–946) die Töchter von Zeus und Eurynome, einer Tochter von Okeanos.

Die Chariten hatten ursprünglich keine feste Anzahl, werden aber oft als Dreiergruppe dargestellt. Hesiod gibt ihnen die Namen Aglaia (die Strahlende), Euphrosyne (die Freude) und Thaleia oder Thalia (die Blüte). Sie standen den Horen, Musen und Nymphen nahe und brachten den Menschen Freude und Schönheit. Auch die olympischen Götter hatten sie gerne um sich; neben Aphrodite begleiteten sie häufig Apollon, Eros und Hermes.

Es gibt verschiedene Abbildungen der drei Chariten auf archaischen Weihereliefs, wo sie hintereinander stehen oder gehen und sich manchmal in Gegenwart von Hermes oder Artemis befinden, z. B. auf einem Weiherelief aus Paros (560–550 v. Chr., München, Glyptothek) und einem Marmorrelief des Prýtaneion von Thasos (um 470 v. Chr., Paris, Louvre). Aus dem 3. Jahrhundert v. Chr. stammt die bekannte und häufig nachgeahmte Darstellung von drei nackten Frauen, die sich an den Schultern festhalten, wobei von zweien das Gesicht, von der dritten der Rücken zu sehen ist. Zahlreiche Marmorkopien (z. B. im Dom von Siena) und Schilderungen auf Reliefs, Mosaiken, Gemälden und Gemmen wurden in der Folgezeit geschaffen.

Die Chariten, von der antiken Dichtung wegen ihrer Wohltaten für die Menschen besungen (Pind. O. 14; P. 5; Theokr. eid. 16, 104; 28,7; 1,50; 16,9), wurden in der humanistischen Literatur des 15. Jahrhunderts und in der danach entwickelten Emblematik Personifikationen verschiedener Aspekte der Schönheit, der himmlischen und irdischen Liebe oder des Guten, das dem Bürger zuteil wird. Es wird außerdem angenommen, daß Abbildungen der drei Frauen auch auf Freudenhäuser hinwiesen.

NK S. Botticelli stellte die drei Chariten auf seinem Primavera-Gemälde (1477/78, Florenz, Uffizien) als feenhafte Wesen nebeneinander dar. Raffael orientierte sich in seinem Bild (1504/05, Chantilly, M.) an der hellenistischen Gruppierung der drei Frauen, die bis zum Neoklassizismus Vorbild blieb. In der Malerei folgten Raffaels Werk in Italien u. a. Fresken von A. da Correggio (um 1519, Parma, Camera di San Paolo) und D. Beccafumi (um 1530, Siena, Pal. Bindi Sergardi) sowie Gemälde von

J. Tintoretto (1537/38, Venedig, Pal. Ducale) und Palma il Giovane (um 1611, Rom, Accad.). Nördlich der Alpen entstanden Gemälde von L. Cranach d. Ä. (1535, Kansas, M.), H. Baldung Grien (um 1541–44, Madrid, Prado), Rubens (um 1620–30, Florenz, Uffizien und um 1635–38, Madrid, Prado), F. Boucher (1736–38, Paris, Archives Nat.), C. van Loo (1765, Schloß Chenonceau), J. Reynolds (1774, London, Tate G.), J.-B. Regnault (1790, Paris, Louvre), E. Burne-Jones (um 1885, Pastell, Carlisle, Art G.), A. Böcklin (1888, Leipzig, M.), L. Corinth (1902–04, München, NP), R. Delaunay (1912, Paris, Delaunay C.) und M. Ernst (um 1912/13, Köln, Kunstgewerbem.). In der Bildhauerkunst nahmen sich beispielsweise G. Pilon (1559–63, Marmorskulptur, Paris, Louvre), J. H. Dannecker (um 1795, Gipsskulptur, Stuttgart, Staatsg.), A. Canova (1813–16, Marmorskulptur, St. Petersburg, Eremitage), B. Thorvaldsen (1817–19, Marmorskulptur, Kopenhagen, Thorvaldsen-M.), J.-B. Carpeaux (1874, Terrakottaskulptur, Paris, Petit Pal.) und G. Marcks (1957, Bronzeskulpturengruppe, Boston, M.) des Themas an.

In der Literatur fanden besonders die deutschen Dichter wie z. B. ND C. M. Wieland (1768), J. G. Jacobi (1770), J. G. Herder (1795) und E. Mörike (1840), aber auch die Engländer wie R. Herrik (1648), J. Keats (1818) und der Amerikaner W. C. Williams (1949) an den Chariten Gefallen. Im Drama tauchen sie gelegentlich auf, z. B. in Komödien von F. R. Lobo (1616) und O. Blumenthal und R. Lothar (1910).

Die musikgeschichtliche Tradition der Chariten gründete sich NM hauptsächlich im Bereich des Tanzes. Dabei sind Komponisten zu verzeichnen wie F. Chiabriera (mit Rezitativen von J. Peri, 1615, Florenz), J.-J. Mouret (1735, Paris), K. K. Kurpinsky (1822, Warschau), F. Ashton (*Venusberg Scene*, 1938, London) und J. F. Fischer (1956, Pilsen). Eine berühmte Choreographie des modernen Ausdruckstanzes entwickelte I. Duncan (postum 1928, Paris).
Daneben entstanden Opern von A. Draghi (Libr. von N. Minato, 1691, Wien) und É. Méhul (Libr. von F.-B. Hoffman, 1790, Paris) sowie konzertante Vokalwerke von G. Benda (nach der Dichtung von H. W. von Gerstenberg, Leipzig, 1789), F. Finzi (Text von U. Wood, 1951) und L. Berkeley (1975). Ein Bläsertrio stammt von K. L. Saint-John (1978).

Muthmann 1975; Schwarzenberg 1966

Charon, Fährmann, der die Toten über den Styx in das Reich des
→ Hades brachte

Charondas (2. Hälfte 6. Jh. v. Chr.), Gesetzgeber seiner Vaterstadt Katane (heute Catania) ⟨Diod. 12,12–19; Val. Max. 6,5
ext.4; Cic. leg. 1,57; Plat. rep. 10,599e⟩.
Charondas' Gesetzgebung wurde bald auch von anderen Städten
der griechischen Kolonien in Süditalien und Sizilien übernommen. Über ihn selbst ist nur die Geschichte seines Todes überliefert: Charondas hatte ein Gesetz erlassen, daß niemand bewaffnet zu den Volkswahlen erscheinen dürfe. Als er selbst einmal in Waffen bei den Wahlen erschien und darauf aufmerksam
gemacht wurde, stürzte er sich in sein Schwert.
Diese Episode berichtet Diodoros Sikulos (2,12), der sich auch,
wie Aristoteles in seiner *Athenaion Politeia*, mit der Gesetzgebung
des Charondas beschäftigt. Valerius Maximus erwähnt ihn in
seinem Kapitel über ›iustitia‹ als eines der Vorbilder für strikte
Gesetzeseinhaltung.

NK Das von Valerius Maximus angegebene Beispiel wird in der
bildenden Kunst des 16. Jahrhunderts aufgegriffen. In der Aus-
malung von Gebäuden, in denen sich die Bürgerschaft aufhielt,
befindet sich diese Szene häufig neben einer anderen von Valerius Maximus überlieferten Begebenheit, die als Beispiel von
Gesetzestreue dienen soll (→ Zaleukos): z. B. bei dem Freskenzyklus von D. Beccafumi im Palazzo Pubblico in Siena (1529–35)
und dem von H. Holbein d. J. im Baseler Ratsaal (1521/22, zerstört). Holbein schilderte dort neben Charondas und Zaleukos
den unbestechlichen → Curius Dentatus und auch den persischen König Sapor I., der sich des besiegten römischen Kaisers
Valerianus als Stufe bedient, um sein Pferd zu besteigen: eine
Warnung vor einem unmäßigen Verhalten gegenüber einem besiegten Gegner.

Schmid 1896

Cheiron, auch Chiron → Kentauren

Chilon von Sparta, einer der Sieben Weisen → Solon

Chilonis, Tochter des Leonidas → Agis IV.

Chiron, auch Cheiron → Kentauren

Chloris → Flora

Cicero, Marcus Tullius (106–43), bedeutendster Redner Roms ⟨Cic. epist. u. andere Schriften; Sall. Cat.; Caes. civ.; Plut. Cic.; Dio Cass. 46⟩.
Cicero stammte aus einer mittelständischen Familie und machte schon in der Schule durch ungewöhnliche Begabung auf sich aufmerksam. Später diente er als Soldat unter Sulla (→ Marius und Sulla) und zog dann nach Griechenland, wo er sich in Philosophie, Jura und Rhetorik ausbildete. Wieder zurück in Rom, tat er sich in seinen Plädoyers als der größte Redner seiner Zeit hervor und begann als homo novus (Neuling), d. h. als erster seiner Familie, eine politische Karriere: vom respektierten Quaestor auf Sizilien, wo er der Korruption des Verres ein Ende setzte und das Grab des → Archimedes entdeckte, bis zum Consul im Jahre 63.
Zu dieser Zeit versuchte → Catilina, durch einen Anschlag auf Cicero an die Macht zu gelangen. Dieser konnte die Verschwörung jedoch rechtzeitig aufdecken. Catilina gelang die Flucht aus Rom, einige seiner Anhänger ließ Cicero hinrichten.
Einer der gefährlichsten Widersacher Ciceros war Caesar. Er verstand es, das Volk durch den Vorschlag einer Landverteilung für sich zu gewinnen und seine Gegner unbeliebt zu machen. So erhielt Cicero auch keine Hilfe, als sein früherer Freund, der Volkstribun Clodius Pulcher, → Caesar zu unterstützen begann und ein Gesetz einführte, das rückwirkend Hinrichtungen generell verbot. Cicero hatte sich demnach mit der Ermordung der Verschwörer um Catilina strafbar gemacht und mußte in die Verbannung gehen.
Bald aber durchschaute die Bevölkerung Clodius. Gemeinsam mit Pompeius verjagte sie ihn und verlangte in einer Volksabstimmung die Rückberufung Ciceros. Dieser kehrte nach sechzehn Monaten nach Rom zurück. Seine politische und schriftstellerische Tätigkeit wurde danach nur durch ein Proconsulat in Kilikien (51–49) unterbrochen.
Im eskalierenden Streit zwischen Caesar und Pompeius, der zum Bürgerkrieg führte, wählte Cicero die Seite des letzteren. Nach dessen Niederlage wartete Cicero in Brundisium auf Caesar, um von ihm seine Amnestie zu erbitten. Caesar erklärte sich einverstanden und ersparte ihm jede Demütigung. Cicero zog sich nun

auf sein Landgut bei Tusculum zurück und nahm erst wieder nach der Ermordung Caesars an der Politik teil. Von Marcus Antonius, der nun die Macht an sich zu reißen versuchte, hatte er nichts zu erwarten, da sein großer Einfluß in Rom eine Gefahr für Antonius darstellte; so hoffte Cicero auf Octavianus (→ Augustus) und setzte sich für ihn ein. Der aber ließ zu, daß Marcus Antonius auch Cicero auf einer schwarzen Liste mit 200 Bürgern nannte, die umgebracht werden sollten. Cicero versuchte zu fliehen, aber die Männer des Antonius holten ihn ein und schlugen ihm den Kopf und die Hände ab. Die abgeschlagenen Glieder wurden nach Rom gebracht und zum Entsetzen der Bevölkerung an einer Rednertribühne befestigt.

Ciceros überragende Bedeutung für die römische Literatur und Philosophie kann an dieser Stelle nicht dargestellt werden, stattdessen soll seine Rolle in den Verwicklungen, die zum Ende der Römischen Republik führten, beleuchtet werden. Sein Charakter und sein politisches Auftreten werden v. a. in der Biographie des Plutarch und der römischen Geschichte des Dio Cassius beschrieben. Seine eigenen Auffassungen werden aus seinen politischen und philosophischen Schriften sowie aus den hunderten überlieferten Briefen von seiner Hand deutlich.

Cicero ist zusammen mit → Cato Uticensis der energischste Repräsentant und Verteidiger der republikanischen Einrichtungen mit dem Senat als der wichtigsten Stütze, in einer Zeit, in der Rom immer mehr in die Hände von Heerführern fällt, die sich auf die Macht ihres Militärs und den Rückhalt im Volk stützen können, um die Situation nach ihren Vorstellungen zu verändern: Crassus, Pompeius und Caesar, dann Marcus Antonius, Octavianus und Lepidus. In diesen Verwicklungen zeigt sich Cicero weniger starr beharrend als der prinzipientreue Cato. Er geht einige Male eine Verbindung mit Pompeius ein, der ganz bestimmt kein Freund des Senats war, ergreift dann die vergebende Hand Caesars und hofft schließlich auf Octavianus. Er zeigt zugleich auch mehr politische Einsicht als z. B. → Brutus, M. I., dem er nach dem Mord an Caesar brieflich anrät, auch mit dessen möglichen Nachfolgern abzurechnen, namentlich mit Marcus Antonius.

Wegen seiner nicht strikt prinzipientreuen Haltung steht er bei den klassischen und späteren Autoren in zweifelhaftem Ruf. So nennt Dio Cassius ihn nicht nur geschwätzig, sondern auch einen Opportunisten und Feigling. Selbst die Bewunderer seiner Schriften kritisieren seine politische Haltung. Augustinus schreibt, daß Cicero den Untergang der Freiheit unter Caesar nicht rechtzeitig bemerkt habe. Petrarca zeigt sich nach der Entdeckung von Teilen der Korrespondenz Ciceros im Jahre 1345 enttäuscht von dessen politischer Wankelmütigkeit; ein Vorwurf, den auch Montesquieu äußert. Historiker wie T. Mommsen aus dem späten 19. Jahrhundert, für die Caesar das große Genie ist, der das historische Urteil über die morsche Republik vollziehen mußte, haben für Cicero wenig gute Worte übrig.

Im Mittelalter hat man an der Gestalt Ciceros keine Kritik geübt, allerdings fehlt es auch an einer Analyse der politischen Situation, in der er wirkte. In den Schriften des A. M. S. Boëthius und Isidorus von Sevilla ist Cicero ein bewundernswerter Weiser und v. a. ein Vertreter der sieben artes liberales, namentlich der Rhetorik. Bei den Zisterziensern des 12. Jahrhunderts gilt seine Schrift *De amicitia* als vorbildlich für die geistliche Freundschaft.

In der Literatur der Neuzeit ist Cicero in einigen Catilina-Dramen vertreten (→ Catilina). C. F. Gellert paraphrasiert in seinen *Fabeln und Erzählungen* (1746–48) die Schilderung des Plutarch nach Ciceros eigenem Plädoyer *Pro Plancio*. Er schildert, wie Cicero nach seiner erfolgreichen Quaestur auf Sizilien nach Rom zurückkehrt in der Erwartung, mit Enthusiasmus empfangen zu werden, und bloß gefragt wird, wo er all die Zeit geblieben sei. Protagonist ist Cicero in einem Roman von M. Brod (1955), der von seinem tristen letzten Lebensjahr handelt und u. a. in der Villa dei misteri in Pompeii spielt. ND

In der bildenden Kunst des Mittelalters wird er v. a. als Rhetor dargestellt, z. B. am Westportal der Kathedrale von Chartres (1145–70), wo Ptolemaios die Astronomie, Aristoteles die Logik und Pythagoras die Mathematik vertreten. Als Philosoph ist er auf dem Chorgestühl im Ulmer Dom aus der Syrlin-Werkstatt porträtiert (1469–74). In der Renaissance ist Cicero als ehrwürdiger Greis in einigen uomini-famosi-Zyklen zu finden, so in der Anticappella des Palazzo Pubblico in Siena (Anfang 15. Jh.) und in einer Reihe von Gemälden Ghirlandaios im Palazzo Vecchio in Florenz (1482–84), wo eine Inschrift auf sein mutiges Auftreten gegen Catilina verweist. Auch als junger, lesender Student wurde er, nach Plutarchs Beschreibung, dargestellt, so z. B. von Vincenzo Foppa (Ende 15. Jh.). Das Fresko von Franciabigio in der Medici-Villa in Poggio a Caiano (ca. 1520), auf dem die Rückkehr Ciceros aus der Verbannung dargestellt ist, soll auch an die Rückkehr Cosimos aus der Verbannung im Jahr 1434 NK erinnern. Der ›Tod Ciceros‹ aus dem Kreis um Dubois (ca. 1560) ist eine Anspielung auf die in Frankreich wütenden Glaubenskriege, die viele Opfer forderten. Benjamin West hat u. a. Ciceros Fund des Grabes des Archimedes ausgestaltet (1804, New Haven, Art G.).

Winner 1970; Zielinski 1912

Cincinnatus, Lucius Quinctius (ca. 520–439), römischer Bauer und Staatsmann ⟨Liv. 3–4 passim; Dion. Hal. 10–11 passim; Val. Max. 4,1,4, u. 4,7; Plin. nat. 18,20⟩.
Zu Lebzeiten des Cincinnatus führten die Kämpfe zwischen Patriziern, Plebeiern und Tribunen dazu, daß Rom seine außenpolitischen Probleme vernachlässigte. Cincinnatus, der die Patrizier tatkräftig unterstützte, konnte während seines Consulats die Autorität des Senats wiederherstellen (Liv. 3,19; Dion. Hal. 10,17,3 ff.). Nach Beendigung seiner Amtszeit lehnte er es ab, wiedergewählt zu werden, da dies nach seiner Auffassung den Prinzipien der römischen Verfassung widersprach (Liv. 3,21,3–8; Val. Max. 4,1,4).
Als Rom im Jahre 458 von den Sabinern und Aequiern bedroht wurde und die Republik gleichzeitig mit innenpolitischen Streitigkeiten zu kämpfen hatte, beschloß der Senat, Cincinnatus zum Dictator zu ernennen. Livius (3,26,8) beschreibt, wie ein Gesandter Cincinnatus antraf, als er gerade seinen am Tiber gelegenen Acker bearbeitete. Ohne Ausdruck der Freude, nach Dionysios von Halikarnassos (10,23,5) sogar unter Klagen über seinen nun brachliegenden Acker, ließ Cincinnatus den Pflug stehen und begab sich in die Stadt. Mit seiner Hilfe konnten die Feinde abgewehrt werden, obwohl diese sich bereits bis an die Stadtmauern vorgekämpft hatten (Liv. 3,27,1–19; Dion. Hal. 10,23,4–25). Den Feldherrn Lucius Minucius degradierte er, weil er sich hatte umzingeln lassen. Außerdem ließ er Volscius, einen Anführer der plebeischen Partei, verurteilen, weil er an der Verbannung von Kaeso, einem Sohn des Cincinnatus, beteiligt gewesen war (Liv. 3,29,7). Cincinnatus konnte das Amt des Dictators schon nach sechzehn Tagen niederlegen, obwohl ihm ein halbes Jahr zugestanden hätte.
Livius berichtet noch von einer zweiten Amtszeit des Cincinnatus in derselben Funktion im Jahre 439. Rom hatte unter einer Hungersnot und anhaltenden sozialen Spannungen zu leiden (Liv. 4,13,12–14,7; Dion. Hal. 12,2,5–4). Der reiche Spurius Maelius machte sich in Etrurien durch die Verteilung von Nah-

rungsmitteln beim Volk beliebt. Als man in seinem Haus ein Waffenarsenal entdeckte, entstand das Gerücht, er wolle die Macht an sich reißen. Nur unwillig übernahm der alte Cincinnatus die Herrschaft, aber auch dieses Mal sorgte er in kürzester Zeit für Ordnung. Servilius Ahala, der wichtigste Helfer des Cincinnatus, wurde beauftragt, Maelius festzunehmen. Als dieser sich weigerte, vor Cincinnatus zu erscheinen, wurde er von Servilius vor den Augen des Volkes getötet.

Livius betont den einfachen Lebenswandel des Cincinnatus, der sogar selbst auf seinem Acker arbeitet, um damit deutlich zu machen, daß Würde und Befähigung nicht an Reichtum gebunden sind. Diesen Schluß zieht auch Valerius Maximus, der ihn zudem in seinem Kapitel ›de moderatione‹ (Von der Mäßigkeit) erwähnt, weil er das zweite Consulat abgelehnt hatte. Cincinnatus' Auftreten gegenüber Minucius erwähnt er in dem Kapitel über die ›disciplina militaris‹ (II,7).

In späterer Zeit kommt Cincinnatus in der Literatur kaum vor, N doch bleibt er bekannt genug, um seinen Namen für die im Jahre 1783 gegründete Stadt Cincinnati zu geben. Machiavelli erörtert anhand von Cincinnatus' Lebenswandel eine machtvolle Politik, die zeigt, daß eine starke Stadtgemeinschaft in Armut mehr vermag als eine, die im Reichtum schwelgt.

In der bildenden Kunst der Antike wird Cincinnatus nicht dar- NK stellt. Seit der Frührenaissance begegnen wir ihm in Zyklen berühmter Männer: so soll er in einem Freskenzyklus aus dem 14. Jahrhundert in Padua (verloren) vorgekommen sein, der von Petrarcas Biographie in *De viris illustribus* inspiriert war. Perugino malte den maßvollen Cincinnatus im Collegio del Cambio in Perugia (um 1500) zusammen mit → Perikles und → Scipio Maior, zwei Männern, die sich Lebensfreuden gegenüber Zurückhaltung auferlegten.
In der Villa Giusti-Giacomini in Magnadola di Cessalto brachte ein unbekannter Maler aus dem 16. Jahrhundert ein ›Doppelporträt‹ von Cincinnatus als Krieger und als Bauer an. S. Ricci schilderte auf einem Fresko die Berufung zum Diktator, zusammen mit Darstellungen der Zurückhaltung des Scipio Maior und → Fabricius' Abweisung der Geschenke des Pyrrhos als Zeichen von Selbstbeherrschung und Mäßigung (Palazzo Marucelli-Fenzi in Florenz, 1706/07). P. da Cortona zeigt ihn auf einem Fresko in der Villa Sacchetti-Chigi in Castelfusano (1626–29) u. a. zusammen mit Scipio Maior. J. H. Tischbein d. Ä. bildete

ihn auf einem Gemälde (1788, Kassel, Gemäldeg.) zusammen mit einem anderen maßvollen Römer, → Curtius Dentatus, ab. Zur Skulpturenreihe berühmter Römer im Park Schönbrunn in Wien von W. Beyer (um 1773–80) zählt auch Cincinnatus. Auf Cincinnatus-Gemälden von S. Rosa (um 1640–45, Althrop, Earl Spencer C.; mit einem Pendant zu → Alexander und → Diogenes), N. Knupfer (um 1650, Amsterdam, M.), G. B. Tiepolo (1725–30; Teil einer Gemäldereihe für den Palazzo Dolfin in Venedig), N.-G. Brenet (1779, Pariser Salon) und J. L. Demarne (1795, Pariser Salon) wird er in einer einfachen Wohnung oder hinter dem Pflug bzw. während seiner Berufung zum Diktator dargestellt.

Spurius Maelius gehört gemeinsam mit Spurius Cassius und Manlius Capitolinus (→ Camillus) zu den drei Gefahren für die Republik, die häufig zusammen genannt werden, u. a. von Cicero in *De re publica* (II,49). Ihre Hinrichtungen (Maelius und Cassius durchs Schwert, Manlius wird vom Capitol gestürzt) werden von D. Beccafumi in einem Freskenzyklus im Palazzo Pubblico in Siena (1529–35) abgebildet. Auffällig ist, daß G. da Pordenone in der Kuppel der Santa Maria di Campagna in Piacenza (1530–35) Spurius Maelius als Getreideverteiler zeigt. Dies kann mit der Feststellung des Augustinus (civ. 3,17) zusammenhängen, daß die Römer üblicherweise nicht viel Aufhebens um Wohltäter des Volkes wie Spurius Maelius machten.

Biscontin 1980

Cinna, Schwiegervater des → Caesar

Claudia Quinta (3.–2. Jh.), eine der vornehmen römischen Frauen bei der Einführung des Kybele-Kultes in Rom ⟨Liv. 29,14; Ov. fasti 4,305–344; Sil. 17,23–45; Sen. matrim.; Prop. 5,11,51–52; Cic. Cael. 34; Cic. har. 27; Plin. nat. 7,120; Val. Max. 1,8,11; Stat. silv. 1,2,245 f.⟩.

Im Jahre 204 sollte in Rom der Kult der Magna Mater (Kybele) eingeführt werden, indem ein schwarzer Meteorit, der ihr heilig war, aus Kleinasien nach Rom geholt wurde. Zu seinem Empfang wurden die vornehmsten Frauen Roms unter Leitung des Scipio Nasica nach Ostia gesandt. Zu ihnen gehörte auch Claudia Quinta, die – laut Livius – bis dahin von zweifelhaftem Ruf gewesen war, doch nun durch den frommen Dienst der Nachwelt ihre Keuschheit bewies. Silius Italicus berichtet ausführlicher über diese Episode: Als das Schiff mit dem Stein der Kybele auf einer Sandbank in der Tibermündung bei Ostia strandete, flehte Claudia die Göttin an, ihr zum Beweis ihrer Keuschheit zu helfen. Daraufhin gelang es ihr, lediglich an einem Tau ziehend, das Schiff ohne fremde Hilfe wieder flottzumachen.

Im 1. Jahrhundert n. Chr. wurde Claudia vergöttlicht; unter dem Namen Navisalvia (›Schiffsretterin‹) wurde sie im 191 v. Chr. eingeweihten Tempel der Kybele auf dem Palatin verehrt, wie eine Darstellung auf einem Altarrelief (Mitte 1. Jh. n. Chr., Rom, Kapitol. M.) zeigt. Weitere ikonographische Belege für diese Verehrung finden sich auf römischen Gemmen. In der spätantiken Literatur wird Claudia zu einer Vestalin, die eine Prophezeiung der *Sibyllinischen Bücher* erfüllt hat.

Zu Anfang des 15. Jahrhunderts erscheint Claudia im *Defenso-* NK
rium inviolatae virginitatis beatae Mariae des Dominikaners Franz von Retz, der die Lehre von der Jungfrauengeburt Jesu verteidigt. Claudia dient hier als Beispiel für die Kraft, die eine Jungfrau mit Hilfe des wahren Gottes erlangen kann. Illustrierte Ausgaben dieses Werkes und von G. Boccaccios *De claris mulieribus* (1356–64), wo die Geschichte der Claudia aufgenommen ist, machen die Szene, in der das Schiff befreit und an Land gezogen wird, zu einem wiederkehrenden Thema des späten Mittelalters und der Frührenaissance. Außer graphischen Arbeiten entstanden ein Fresko von P. del Vaga oder F. Salviati im Palazzo Pietro Massimo alle Colonne in Rom (um 1538–40) und ein G. da Carpi zugeschriebenes Gemälde im Palazzo Spada-Capodiferra (Mitte 16. Jh.). Auf einem Gemälde von A. Mantegna (1504, Cincinnati, M.), auf dem dargestellt ist, wie die römischen Frauen das Bildnis empfangen, steht Scipio im Mittelpunkt; Auftraggeber war die Familie Cornaro, die ihren Stammbaum auf die Scipionen zurückführte.

Ein marmornes Schiffsmodell, das 1513 als Brunnen vor der Kirche S. Maria in Domnica in Rom aufgestellt wurde, entstammt vermutlich einer römischen Weihgabe für Kybele und erinnert an die Geschichte der Claudia Quinta.

Mode 1974; Vannugli 1988

Claudius, Gatte der → Messalina, Kaiser und Stiefvater des → Nero, Onkel des → Caligula

Clodius → Caesar, → Cicero, → Pompeius

Cloelia (Ende 6. Jh. v. Chr.), mutige Patriziertochter ⟨Liv. 2,13,6–11; Dion Hal. 5,32,3–35,2; Val. Max. 3,2,2; Sen. Marc. 16,2; Iuv. 8,265; Plut. virt. mul. 14⟩.

Nachdem →ˉ Scaevola vergeblich versucht hatte, den Etruskerkönig Porsenna zu ermorden, wurde Cloelia zusammen mit einigen anderen Mädchen 509 v. Chr. von den Römern als Geisel zu Porsenna gebracht, der als Gegenleistung den Friedensvertrag zwischen Römern und Etruskern unterzeichnen sollte.

Es gelang Cloelia und einigen anderen, aus dem Lager Porsennas zu fliehen und unter starkem Beschuß durch dessen Leute mit ihren Pferden schwimmend das östliche Tiberufer zu erreichen. Bewundernd und wütend zugleich forderte Porsenna die Rückkehr der Mädchen, ließ sie dann aber frei. Als Belohnung für ihren Mut durfte Cloelia außerdem wählen, wen sie mit nach Rom nehmen wollte. Sie entschied sich für einige Knaben, da diese für Rom wichtiger seien als Mädchen. In Rom wurde sie mit einem Reiterstandbild an der Via Sacra auf dem Forum geehrt: eine außergewöhnliche Auszeichnung für eine Frau.

Anders als bei Livius, auf den sich obenstehende Schilderung stützt, flieht Cloelia bei Dionysios von Halikarnassos, Florus (1,10,7) und Valerius Maximus als einzige, wodurch ihre Heldentat stärker hervortritt. Die Geschichte gehört zu den beliebtesten Legenden aus dem frühen Rom und findet sich etwa bei Vergil (Aen. 8,651: Schildbeschreibung). Plutarch erwähnt Cloelia in seinen *Virtutes mulierum* u. a. neben →ˉ Porcia.

NK In der bildenden Kunst der Antike kommt das Thema nicht vor, oft dagegen in der Neuzeit, z. B. auf Cassoni von D. Beccafumi und M. Balducci (um 1520–25, u. a. Bergamo, G.), auf einem Kupferstich von G. Pencz (um 1536/37), auf einem Fresko von L. Romano (1543–45) in der Bibliothek der Engelsburg und auf einem Gemälde von J. J. F. Le Barbier für den Pariser Salon des Jahres 1789. Ein unbekannter Künstler schuf für die Villa Turini-Lante in Rom (um 1525, heute Pal. Zuccari) einen Cloelia-Zyklus. Die Randverzierung des bronzenen Portals der Peterskirche in Rom von Filarete (1433–45) zeigt neben einer großen Anzahl mythologischer Figuren und Heiliger Cloelia mit anderen historischen Gestalten des Altertums, u. a. →ˉ Curtius, Scaevola und →ˉ Horatius Cocles. A. Paillet malte 1673 die Flucht Cloelias für die Antichambre de la Reine in Versailles zusammen mit anderen tapferen Frauen (→ˉ Rhodogune). Eine der von Rubens oder seinen Schülern gemalten Versionen mit Cloelias Flucht (verloren) muß sich 1632 im Besitz der Amalia van Solms

befunden haben, die mehrere Darstellungen berühmter Frauen
(→ Artemisia) in ihrer Sammlung hatte. In einer Reihe mit heroischen Römerinnen von F. de Mura (1750, Turin, Pal. Reale)
figuriert Cloelia neben → Cornelia und der Mutter des → Coriolanus.

M. de Scudéry verwendete den Namen Cloelia als Titel ihres ND
damals international bekannten Romans *Clélie* (1654–60). J. Kin-
ker schrieb 1792 ein Cloelia-Drama in klassizistischem Stil.

Ein Cloelia-Libretto von P. Metastasio wurde u. a. von J. A. NM
Hasse (1762, Wien), C. W. Gluck (1763, Bologna) und N. Jommelli (1774, Lissabon) vertont. Desweiteren gibt es die Oper *Il
trionfo di Clelia* von M. A. da Fonesca Portugal (1803, Lissabon).

Miedema 1968; Ronen 1974

Collatinus, Gatte der → Lucretia

Coriolanus, Gnaeus Marcius (5. Jh. v. Chr.), römischer Feldherr und unnachgiebiger Vertreter der Aristokratie in den Stän-
dekämpfen der frühen Republik ⟨Plut. Cor.; Liv. 2,32–40; Dion.
Hal 6,92–94, 7,14–67; App. It. 2–5; Flor. 1,5,9 u. 17,3⟩.
Seinen Beinamen verdankte Coriolanus der Eroberung der vols-
kischen Stadt Corioli, die ihm mit Hilfe einer kleinen römischen
Truppe gelang. Als sich die Plebeier im Konflikt mit dem Senat
um das neueingeführte Volkstribunat für einige Zeit auf den
Mons Sacer zurückgezogen hatten (die sogenannte secessio plebis), zeigte sich Coriolanus als harter Gegner der Plebeier. Da
während dieser Streitigkeiten die Felder nicht bestellt werden
konnten, mußte Rom zu hohen Preisen Getreide einführen, das
billig verkauft werden sollte. Dem widersetzte sich Coriolanus,
der die Plebeier zum Verzicht auf das Tribunat zwingen wollte:
Sie hätten sich den Getreidemangel selbst zuzuschreiben und
würden in der Not schon klein beigeben. Die Wut des Volkes,
das ihn deswegen lynchen wollte, konnten die Volkstribunen
nur durch die Ankündigung eines Prozesses gegen Coriolanus
beruhigen.
Als es tatsächlich dazu kam und der Senat sich von Coriolanus
distanzierte, ging er verbittert zu den Volskern über, um sich an
seiner Vaterstadt zu rächen. In dem wiederaufflammenden
Kampf fiel eine Stadt nach der anderen von den Römern ab, bis
Coriolanus mit seinem Heer vor die Mauern Roms gelangte. Die

Stadt war in großer Gefahr, zumal die Plebeier zu einem Einsatz gegen die Volsker kaum bereit waren. Auf Drängen der römischen Frauen gingen die Mutter des Coriolanus Veturia und seine Frau Volumnia mit seinen beiden Söhnen in das feindliche Lager. Die Umarmungen seiner Kinder, die Tränen und das Flehen Volumnias, die heftigen Vorhaltungen der Mutter, er verrate sein Vaterland, brachten ihn schließlich dazu, seine Truppen wieder abzuziehen.

Das weitere Schicksal des Coriolanus läßt Livius offen. Nach Plutarch konnte er sich zunächst in der Volksversammlung der Volsker behaupten, wurde aber später von Handlangern seiner Rivalen ermordet. Dionysios von Halikarnassos berichtet, Coriolanus sei gesteinigt worden.

Plutarch weicht lediglich in Details von Livius ab: So heißt bei ihm Volumnia Vergilia und die Verbitterung des Coriolanus ist, wie auch nach Dionysios, durch seine vergeblichen Bemühungen um das Consulat verursacht. Cicero läßt Coriolanus, den er auch mit → Themistokles vergleicht, in seinem *Brutus* freiwillig in den Tod gehen, um sein Schicksal nicht von Rom abhängig zu machen.

Die Geschichte des Coriolanus dient den antiken Schriftstellern als Anlaß zu moralischen Betrachtungen über die Haltung von Staatsmännern und Feldherren. Livius, Plutarch und Dionysios von Halikarnassos stellen ihm den weisen Patrizier Menenius Agrippa gegenüber, der den Plebeiern auf dem Mons Sacer eine Parabel erzählt: Die Glieder eines Körpers (die Plebeier) können rebellieren und sich weigern, den Magen (die Patrizier) mit Nahrung zu versorgen, doch führt ein solcher Streik nicht nur für den Magen, sondern auch für die Glieder zum Untergang. Im Gegensatz zu dem versöhnlichen Menenius skizzieren die drei Autoren einen Coriolanus, der mit Provokationen und harten Maßnahmen dem Volk das eben errungene Tribunat wieder nehmen will. Plutarch läßt Coriolanus im Getreidekonflikt sagen: Von einer politischen Gemeinschaft könne nicht mehr gesprochen werden, diese sei zerbrochen. Nach diesem Historiker zeichnete sich Coriolanus durch die bewundernswerte kriegerische Tapferkeit der Römer aus, doch fehlte es ihm an der notwendigen Disziplin und Mäßigung. Valerius Maximus (1,8,4, 4,3,4, 5,2,1) tadelt die Undankbarkeit des Volkes gegen Coriolanus und lobt ihn als ein Beispiel für den liebevollen Respekt gegenüber den Eltern.

Auffällig ist die Adaption in den *Gesta Romanorum* (ca. 1330): ND
Coriolanus, der zur elften Stunde auf Bitten seiner Mutter seinen
Rachezug aufgibt, ist ein ungerecht behandelter Kaiser. Machia-
velli zieht aus den Geschehnissen eine politische Lehre: Es wäre
Rom schlecht ergangen, wenn das Volk, um seine Wut auf Co-
riolanus zu entladen, nicht die Möglichkeit gehabt hätte, eine
Klage bei den Volkstribunen durchzusetzen. Der Mangel eines
solchen Ventils habe, so Machiavelli, den Untergang der Repu-
blik Florenz verursacht.
Zu Anfang des 17. Jahrhunderts erscheinen drei Stücke nach
Livius und Plutarch. In einem lateinischen Schuldrama von T.
Kirchner (1608) und in einer Tragödie von A. Hardy (1607) wird
der edle Coriolanus das Opfer einer gegen ihn gerichteten Intrige. W. Shakespeare, der Plutarch und auch W. Painters *The
Palace of Pleasure* (1566) folgt, schildert in seinem *Coriolanus*
(1608) den leidenschaftlichen Konflikt des außergewöhnlichen
Individuums, dessen problematischer Charakter deutlich kon-
turiert wird, mit dem Volk und den Tribunen. Die von klassizistischen französischen Dramatikern angestrebte Einheit von Ort
und Zeit zwang sie, sich auf eine Episode zu beschränken, meistens die Belagerung Roms und die Umstimmung des Coriolanus durch die Frauen, z. B. G. Chapoton (1638) und U. Chevreau
(1638). Erst J.-F. de La Harpe (1784) verzichtet auf dieses Prinzip und greift die gesamte Handlung wieder auf. Bei L.-J.-M. A.
Goujon (1800) und dem österreichischen Neoklassizisten H. J.
von Collin (1802) begeht Coriolanus, zwischen gekränktem Ehr-
gefühl und durch die Bitten gewecktem Zweifel an der Recht-
mäßigkeit des Angriffs zerrissen, Selbstmord. In einer Ouvertüre zu Collins Drama vertonte L. van Beethoven die Rebellion
des Coriolanus und seine Besänftigung durch die Bitten der Familie (1807). Ähnlich kann ein Gedicht von A. Graf von Platen
(1816) gelesen werden.
Für B. Brecht (1952) ist der Konflikt zwischen Coriolanus und
den Plebeiern Ausdruck des Klassenkampfes: der Volksfeind
muß notwendigerweise unterliegen. G. Grass ironisiert in *Die
Plebejer proben den Aufstand* (1966) diese Bearbeitung mit einem
Verweis auf Brechts zögernde Haltung beim Volksaufstand am
17. Juni 1953 in der DDR: Aufständische Arbeiter, die auf die
Unterstützung des Theaterdirektors hoffen und um die Unterschrift eines Manifestes bitten, werden bei Theaterproben zu
Brechts *Coriolanus* als revoltierende, aber erfolglose Plebeier eingesetzt.

NM   In der Musikgeschichte entstanden Opern u. a. von P. F. Cavalli (Libr. von C. Iwanowitsch, 1669, Piacenza), A. Caldara (Libr. von P. Pariati, 1717, Wien), A. Ariosti (Libr. von N. F. Haym, 1723, London) und C. H. Graun (Libr. von L. di Villati nach einem Entwurf von Friedrich II., 1749, Berlin).

NK   Die von Cicero und Valerius Maximus lehrhaft betonten Aspekte, wie die Verschonung des Vaterlands und das Eingehen auf die Bitten der Geliebten und die Ermahnungen der Mutter trotz ernsthaft gekränkter Ehre, wurden in der bildenden Kunst der Neuzeit, meistens mit der Konfrontation des Coriolanus mit den Frauen und Kindern, oft dargestellt: z. B. auf Cassoni aus dem 15. Jahrhundert in Florenz und Ferrara, auf Fresken von G. Genga im Palazzo Petrucci in Siena (um 1508) und P. del Vaga oder F. Salviati im Palazzo Pietro Massimo alle Colonne in Rom (um 1538–40) sowie auf einem Gemälde von Guercino für die Galerie de la Vrillière in Paris (1643, heute Caen, M.). Auf zwei meist S. Ricci zugeschriebenen Gemälden (Venedig, Pal. Sagredo) ist Coriolanus neben → Scaevola zu sehen. Ein frühes Beispiel nördlich der Alpen findet sich bei C. de Nole, der den Kamin des Alten Rathauses in Kampen entwarf (1543–45): ein Coriolanus-Relief kombiniert mit Abbildungen von Scaevola, dem unbestechlichen → Curius Dentatus und dem Urteil des Salomo; eine Inschrift erinnert an Karl V. als vorbildlichen Fürsten. Weiterhin entstanden Werke von P. Lastman (1625, Dublin, Trinity College) und G. J. van den Eeckhout (1662, St. Petersburg, Eremitage).
In Frankreich wird Coriolanus wiederholt in Salon-Katalogen aus dem 17. und 18. Jahrhundert erwähnt, v. a. gegen Ende des 18. Jahrhunderts und häufig verbunden mit einem anderen, weniger heroischen als sentimentalen Element aus der Geschichte: Coriolanus' Abschied von seiner Familie, bevor er gegen die Volsker zieht. Beispiele bieten Gemälde von L. Galloche (1747, Orléans, M.), O. Aubry (1781, Pariser Salon) und P.-N. Guérin (1795, Pariser Salon) sowie eine Zeichnung von A. Moitte (1787, Pariser Salon). Das Gemälde von N. Poussin (um 1625, Les Andelys, M.) mit den Flehenden versteht sich möglicherweise als Warnung vor einer Spaltung Frankreichs im Fronde-Streit. Ein Deckengemälde von C. de La Fosse im Apollo-Salon von Versailles (um 1673) verdeutlicht Ludwigs XIV. Bereitschaft, die Staatsinteressen über Emotionen und Eigenbelange zu stellen. Im deutschen Neo-Klassizismus wird der Abschied u. a. auf einem Gemälde von J. H. Tischbein d. Ä. (1777, Kassel, Ge-

mäldeg.) geschildert. J. Zick verknüpfte die Beschwichtigung des Coriolanus mit der Selbstbeherrschung des → Scipio Maior: auf Gemälden für das Schloß Ehrenbreitstein in Koblenz (um 1757) und auf Entwürfen für Intarsien, die für den Palast Karls von Lothringen in Brüssel bestimmt waren (1779).

Broos 1975–76; Bullough 1964; Frenzel 1992a; Gareis 1925; Grass 1964; Neis 1967; Riedel 1984; Witzmann 1964

Cornelia (2. Jh. v. Chr.), Mutter der → Gracchen ⟨Plut. Tib. Gracch. 1 u. C. Gracch. 4 u. 19; Val. Max. 4,2 u. 6; Cic. inv. 1,9; Liv. 38 u. 57; Sen. Marc. 16,3; Sen. Helv. 16,6; Plin. nat. 7,57⟩. Cornelia wurde von ihrem Vater → Scipio Africanus Maior mit Tiberius Sempronius Gracchus verheiratet, um eine Versöhnung der beiden verfeindeten Männer herbeizuführen. Sie hatte zwölf Kinder, unter ihnen Tiberius, vielleicht der Älteste, und Gaius. Von Plutarch und anderen Autoren wird Cornelia als eine Frau von großer Ausstrahlung beschrieben. Aus dem mächtigen und gebildeten Geschlecht der Scipionen stammend, spielte sie eine wichtige Rolle im kulturellen und sozialen Leben ihrer Zeit. Auch als Erzieherin der Gracchen wird sie sehr gelobt.
Vom Tod ihres Mannes berichten Valerius Maximus (in einem Kapitel ›Über eheliche Liebe‹) und Plutarch: Als Tiberius im Ehebett zwei Schlangen fand, faßte er dies als göttliches Zeichen auf und erschlug die weibliche Schlange nicht, was den Tod seiner Frau bedeutet hätte, sondern nur die männliche. Kurz darauf starb er. Die Ermordung ihrer beiden Söhne Tiberius und Gaius ertrug Cornelia, wie Plutarch bewundernd berichtet, äußerst gefaßt.

Cornelia gilt als Ideal einer edlen Frau. Sie ist ein Beispiel für Mäßigung und Selbstbeherrschung, gleichsam das weibliche Pendant zu → Cato Censorius. Nepos überliefert einen ›Brief‹ Cornelias, in dem sie Gaius zu maßvollem Handeln und zur Beherrschung seiner Rachegelüste ermahnt. Plutarch berichtet, die Witwe habe einen Eheantrag des ägyptischen Königs Ptolemaios (VI. oder VII.) abgewiesen, um die Erziehung ihrer Kinder nicht zu vernachlässigen. Von Valerius Maximus wird sie im Zusammenhang mit einigen Beispielen für den Verzicht auf Luxusgüter erwähnt: Eine römische Matrone prahlt vor Cornelia mit ihrem Schmuck. Daraufhin führt Cornelia ihre Kinder vor mit der Bemerkung, diese seien ihre einzigen und wahren Schätze.

NK In der bildenden Kunst der Antike kommt Cornelia nicht vor, doch soll einer Inschrift zufolge an der Porticus Metelli in Rom ein Bildnis von ihr gestanden haben. In der Renaissance entstanden Darstellungen der Szene mit den konkurrierenden Müttern im Palazzo Massimo alle Colonne in Rom (1737/38) von P. del Vaga und Mitarbeitern und auf einem Gemälde von J. C. Loth (Mitte 17. Jh., Pommersfelden, G.). Die Verbreitung des Themas in der französischen Kunst der zweiten Hälfte des 18. Jahrhunderts korreliert mit der zunehmenden Kritik an höfischem und adligem Luxus; noch größeren Einfluß übte das von Rousseau geprägte Erziehungsziel der Tugendhaftigkeit und die Schilderung in der *Histoire romaine* (1738–41) von C. Rollin aus. Im Jahrzehnt der Französischen Revolution ist das Interesse auch mit der Bewunderung für die sozial-revolutionären Gracchen zu erklären. Die Salon-Kataloge verzeichnen Gemälde von J.-F. Peyron (1785, Toulouse, M.), Bosio (1793) und J.-B. Suvée (1795, Paris, Louvre und Besançon, M.). N. Hallé zeigte auf der Salonausstellung im Jahre 1779 (heute Montpellier, M.) die Szene als Pendant zu einer Abbildung des spartanischen Königs Agesilaos, der mit seinen Kindern spielt. Im deutschen Neo-Klassizismus beschäftigten sich mit dem Motiv u. a. auf Gemälden A. Kauffmann (1785, Richmond, M.), P. F. Hetsch (1794, Stuttgart, Staatsg.) und J. Zick (1794, Nürnberg, Nationalm.); außerhalb Deutschlands u. a. B. West (1780, Philadelphia, M.), A. Marini (1836, Florenz, Pal. Pitti) und K. Ooms (1866, Brüssel, Kon. M.). P.-J. Cavelier schuf eine neo-klassizistische Skulptur (1861, Paris, M. d'Orsay) von Cornelia mit ihren beiden Söhnen. Das Porträt der Lady Cockburn als Cornelia von J. Reynolds (1773) und das der Herzogin von Lucca als Cornelia von V. Camuccini (1810/11, Lucca, Pal. Ducale) betonen die Mutterliebe der abgebildeten Frauen. L. de La Hyre ist der einzige Maler, der die Abweisung von Ptolemaios' Antrag schildert (1646, Budapest, M.).

ND In der Literatur der Neuzeit tritt sie nur in dem Cornelia-Drama von R. Garnier (1574) als Hauptperson auf. In diesem Stück, geschrieben im Stil der Seneca-Tragödien, erträgt sie in stoischer Haltung die Schicksalsschläge.

Cornelia, erste Gemahlin des → Caesar

Cornelius Cinna, Nachfahre des → Pompeius, → Augustus

Crassus, einer der Triumvirn → Caesar, → Catilina, → Pompeius, → Spartacus

Cupido → Eros

Curiatier, die Gegner der → Horatier

Curius Dentatus, Manlius (gest. 270 v. Chr.), römischer Feldherr ⟨Plut. Cato mai. 2; Val. Max. 4,3,5; Plin. nat. 18,18; Flor. 1,15⟩.

Curius, der seinen Beinamen Dentatus erhielt, weil er mit Zähnen zur Welt gekommen war, stammte aus einem bis dahin unbedeutenden Geschlecht des Landadels. Er wurde 290, 275 und 274 v. Chr Konsul. In dieser Zeit gelang ihm in den Bundesgenossenkriegen die Unterwerfung der Sabiner und Samniten und die endgültige Vertreibung ihres Verbündeten → Pyrrhos von Epirus. Nachdem Curius Dentatus viele öffentliche Ämter bekleidet hatte, zog er sich aufs Land zurück und führte dort ein sehr genügsames Leben. Plutarch berichtet, daß ihn einmal, kurz vor seinem Tod, eine Delegation der Samniten in seiner einfachen Hütte aufsuchte, um ihn zu bestechen. Curius, der gerade eine karge Mahlzeit zu sich nahm, lehnte mit einem Hinweis auf sein Essen ab: Wer sich mit einer solchen Mahlzeit begnüge, verlange nicht nach Gold. Es bedeute mehr Ehre, über Menschen mit Geld zu regieren, als selber Geld zu besitzen.

Plutarch berichtet in seiner Biographie über → Cato Censorius, dieser habe sich Curius zum Vorbild genommen. Valerius Maximus verdeutlicht den Zusammenhang von mäßigem Lebenswandel und Unbestechlichkeit an Hand einer Reihe von Vorbildern, zu denen auch → Fabricius und Cato Censorius zählen.

In der bildenden Kunst der Antike kommt die Geschichte nicht NK vor. In der Neuzeit dient die Szene zur Ermahnung der Fürsten, sich nicht von Luxus abhängig machen zu lassen. Im Palazzo Passerini in Cortona entstand ein Freskenzyklus von T. Bernabei (um 1530), auf dem Curius Dentatus mit den Gesandten zu sehen ist, ferner die Schlacht am Trasimenischen See (→ Hannibal), → Lucretia, → Cloelia, → Horatius Cocles und → Verginia. V. a. in Deutschland und den nördlichen Niederlanden griffen die Künstler das Motiv auf. In einem nicht mehr erhaltenen Zyklus von H. Holbein d. J. (1521/22) im Ratsaal in Basel befand sich Curius in Gesellschaft von Valerianus, → Charondas und

→ Zaleukos. Eine Fabricius-Darstellung von F. Bol und eine Curius Dentatus-Darstellung von G. Flinck aus dem Jahre 1656 befinden sich im Bürgermeisterzimmer des Amsterdamer Rathauses mit einer Unterschrift von J. van den Vondel. J. Steen entwarf zwei Gemälde (um 1680, Amsteram, M.) mit Curius Dentatus und seiner einfachen Rübenmahlzeit mit dem Text: Natura paucis contenta (›Die Natur ist mit wenigem zufrieden‹); Steen porträtierte sich selbst als samnitischen Gesandten. Weiterhin nahmen sich des Themas auf Gemälden an u. a. P. da Cortona (um 1645–50, Chatsworth), Rembrandt (1649, Prag, Nationalg.), Q. von Amelsfoort (2. Hälfte 18. Jh.; für das Gebäude der Staaten in 's-Hertogenbosch), J. H. Tischbein d. Ä. (1785, Kassel, Gemäldeg.; mit dem Pendant der Berufung zum Consul) und J.-F. Peyron (1787, Schloß Fontainebleau). B. R. Haydon stellte 1809 auf der jährlichen Exposition der Royal Academy in London ein Curius Dentatus-Gemälde aus, das Einflüsse der Elgin Marbles zeigt.

ND   In der Literatur nimmt lediglich T. B. Macaulay in *The Lays of Ancient Rome* (1842), einer Balladensammlung mit Nachdichtungen altrömischer Legenden, die Gestalt des Curius Dentatus wieder auf: Er ist einer der großen Vertreter jener Periode, in der Rom mit dem Sieg über Pyrrhos und die Tarentiner die Fundamente seines Weltreiches legte.

Blankert 1975; Schneider 1925

Curtius, Marcus (gest. 362 v. Chr.), legendärer Held, der für die Römische Republik sein Leben geopfert haben soll ⟨Liv. 7,6; Val. Max. 5,6,2; Plin. nat. 1,5,78; Stat. silv. 1,1,66 ff.; Aug. civ. 5,18; Dion. Hal. 16,11⟩.
Im Jahre 362 v. Chr. hatte sich auf dem Forum in Rom eine Erdspalte aufgetan. Als die Versuche, sie mit Erde zu schließen, scheiterten, verkündeten die Seher, dies könne nicht gelingen, solange die Römer nicht ihr größtes Gut opferten. Curtius, ein berühmter Krieger, bezog dieses Orakel auf die größte der römischen Tugenden: Tapferkeit im Kampf. Er weihte sich den Göttern und sprang in voller Waffenrüstung mit seinem Pferd in die Kluft, die sich daraufhin schloß. Nach der Überlieferung liegt der Ort dieses Ereignisses, der Lacus Curtius, auf dem Forum an der Via Sacra zwischen Curia und Rostra.

Diese Episode wird von Livius und von Valerius Maximus tradiert, der Curtius in einer Reihe von Beispielen für den freiwil-

ligen Tod im Kapitel ›De pietate erga patriam‹ (Über die Vater-
landsliebe) anführt.
Curtius ist einer der wenigen Helden republikanischer Zeit, die
Eingang in die römische Kunst fanden. Augustus betonte seine
Vorbildfunktion für die Bürger, indem er im Jahre 9 v. Chr. am
Ort des Geschehens ein Relief in archaisierendem Stil aufstellen
ließ. Nach Ovids *Fasti* (6,403) stand dort auch ein Altar zu Ehren
des Curtius (Rom, Konservatorenpal.). Abgebildet wurde Curtius ferner auf einigen Gemmen und Lampen aus der Kaiserzeit
in Trier und Xanten.

In den *Gesta Romanorum* (ca. 1330) erhält die Geschichte einen   ND
faustischen Zug: Angesichts der bevorstehenden Heldentat
führt Curtius zuvor noch ein Jahr lang ein wildes, ausschweifen-
des Leben; doch wird seine Tat auch mit dem Opfertod Jesu
verglichen.

Eines der wenigen Werke der Musikgeschichte ist die Oper *Cur-*   NM
zio von A. Draghi mit Ballettmusik von J. H. Schmelzer (Libr.
von N. Minato, 1679, Laxenburg b. Wien).

In der bildenden Kunst erscheint Curtius erst in der Zeit der   NK
Renaissance. Die Szene mit dem Sprung und dem sich aufbäu-
menden Pferd soll patriotischen Heldenmut zum Ausdruck bringen. In der italienischen Kunst kommt sie u. a. auf einem Fresko
von Pinturicchio (vor 1492) in der Palazzina della Rovere-
Colonna in Rom, auf einem Stich von M. Raimondi (Anfang 16.
Jh.) und später v. a. in Norditalien vor: beispielsweise auf Fresken von M. Fogolino im Castello del Buonconsiglio in Trient
(1532/33), von G. Grassi im Castello in Udine (1569), von G. A.
Fasolo in Palladios Loggia del Capitaniato in Vicenza (1571) und
in einer Freskenreihe mit Kriegs- und Jagdszenen von Guercino
in der Casa Pannini in Cento (um 1615, verloren) sowie auf Gemälden von L. Giordano (1680–83, u. a. Madrid, Palacio Reale).
Manchmal sind auch Flammen abgebildet, was auf eine Beschreibung von Magister Gregorius aus dem 13. Jahrhundert in
seiner *Narracio de mirabilibus urbis Romae* zurückgeht, der die
Entstehung der Flammen damit erklärt, daß sich die Erde durch
Vulkantätigkeit geöffnet habe. Im Kunsthistorischen Museum
in Wien befindet sich ein Deckengemälde (um 1556; Herkunft
unbekannt), auf dem das Pferd von unten zu sehen ist. B. Strozzi
zeigt Curtius auf einem Fresko im Palazzo Centurione di Carpi-
neto in Sampierdarena (um 1607) neben einem anderen Helden,
→ Horatius Cocles.

Im deutschsprachigen Raum bediente man sich des Themas v. a. im Süden, u. a. auch aufgrund der Erwähnung und Abbildung in Schedels *Weltchronik* (1493), z. B. auf Stichen von G. Pencz und H. Aldegrever (16. Jh.), auf Fassadenmalereien von H. Holbein d. J. in Basel (1521/22, Rathaus, verloren) und T. Stimmer in Schaffhausen (1567–70, Haus zum Ritter, verloren), auf einem Fresko von J. Bocksberger d. Ä. im Schloß Freisaal in Salzburg (1588) innerhalb einer Reihe von ›Gerechtigkeitstafeln‹ sowie auf einem Gemälde von J. H. Schönfeld (1655, Wien, Kunsth. M.). Im Zusammenhang mit einer Folge von Abbildungen martialischer Taten des Altertums im Auftrag von Wilhelm IV. von Bayern (München, AP und Stockholm, Nationalm.) hielt L. Refinger den Sprung des Curtius (1540) mit einer detaillierten Stadtansicht, außerdem Horatius Cocles (1537) und → Torquatus (um 1540) fest. Weiterhin umfaßte die Reihe den Sieg des → Scipio Maior bei Zama von J. Breu d. Ä. (um 1530), → Hannibals Sieg bei Cannae von H. Burgkmair (1529) und → Caesars Belagerung von Alesia von M. Feselen (1533). Wilhelms Frau Jacobaea wurden als Beispiel für Standhaftigkeit und Keuschheit u. a. Lucretia von J. Breu d. Ä. (1528), Esther von H. Burgkmair (1528), → Cloelia von M. Feselen (1529), → Verginia und die keusche Susanna von A. Schöpfer (1535 und 1537) zugeordnet. In den Niederlanden übernahm H. Goltzius das Motiv mit Curtius in den Flammen für eine Reihe von Stichen römischer Helden (um 1586).

G. L. Berninis Reiterstandbild (1669) Ludwigs XIV., das nicht dem Geschmack des Porträtierten entsprach, wurde in Versailles in eine Ecke des Parks verbannt, hinter der Pièce d'Eau des Suisses. Der Sockel wurde um 1684 von F. Girardon mit einem Flammenrand versehen, so daß das Standbild nun als Curtius im Todessprung angesehen werden konnte.

Goldberg 1983; Hafner 1978

Daidalos und Ikaros. Daidalos war ein berühmter Architekt, Bildhauer und Erfinder aus dem königlichen Haus Athens, Vater des Ikaros und Sohn des Metion oder Eupalamos und der Iphinoe ⟨Apollod. 3,1,4; 3,15,8; 3,18,8; Diod. 4,46,2–3; 4,77,56; Ov. met. 8,183–262; Ov. ars 2,21–96⟩.
Als Daidalos bemerkte, daß sein Neffe Talos (oder Perdix) ein noch geschickterer Erfinder als er selbst zu werden versprach, stürzte er ihn von der Akropolis hinab. Die Richter des Areopag verbannten ihn nach Kreta, wo er bei König → Minos in den

Dienst trat. Er entwarf für dessen Frau Pasiphaë, die sich in einen
Stier verliebt hatte, eine künstliche Kuh, mit deren Hilfe sie den
Minotauros von dem Stier empfangen konnte. Diese Mißgeburt
mit Stierkopf und Menschenleib wurde in ein Labyrinth eingeschlossen, das ebenfalls von Daidalos errichtet worden war.
Als → Ariadne, die Tochter des Minos, → Theseus bei der Tötung des Minotauros helfen wollte, gab Daidalos ihr den Rat,
Theseus eine Rolle Garn mitzugeben, damit er wieder aus dem
Labyrinth herausfinden könne. Zur Strafe schloß Minos Daidalos und dessen Sohn Ikaros in dem Labyrinth ein. Daidalos
baute daraufhin Flügel aus Federn und Wachs, mit denen die
beiden davonflogen. Gegen die Warnungen seines Vaters aber
flog Ikaros zu hoch, so daß die Sonne das Wachs seiner Flügel
schmolz und er ins Meer stürzte. Daidalos dagegen kam wohlbehalten auf Sizilien an.

Der Name des Daidalos ist im Zusammenhang mit seinem Ruf,
der erste Bildhauer gewesen zu sein, eng verknüpft mit der
Kunstperiode des 8. und 7. Jahrhunderts v. Chr., der sog. dä-
dalischen Kunst; v. a. nachdem man auf Kreta Statuen gefunden
hatte, die größer als die zahlreichen Terrakottas und Bronzen
waren. Die älteste Darstellung eines fliegenden Ikaros ist auf
einer Tonscherbe aus der ersten Hälfte des 6. Jahrhunderts v.
Chr. zu sehen, die auf der Akropolis in Athen gefunden wurde
(heute Athen, M.). Auf Keramik aus dem 5. und 4. Jahrhundert
v. Chr. taucht die Szene auf, wie Daidalos seinem Sohn die Flügel anbindet; dieses Motiv kehrt in Stuck- und Marmorreliefs
der römischen Zeit wieder (Pompeii; Rom, Villa Albani). Die
Flucht wurde von den Malern in Pompeii häufig in ein Land-
schaftsbild integriert. Im Haus der Vettii in Pompeii zeigt eine
Darstellung Pasiphaë in der Werkstatt des Daidalos, der einen
weißen, künstlichen Stier an einen Karren anbindet.

Daidalos figuriert im 14. Jahrhundert als Symbol des Architek- NK
ten auf dem Campanile des Doms von Florenz. In der Malerei
der Renaissance und des Barock wurde das Anschnallen der Flügel u. a. auf Gemälden von D. Fetti (Anfang 17. Jh., St. Petersburg, Eremitage), A. Sacchi (1661, Genua, Pal. Rosso) und J.-M.
Vien (1755, Paris, École des Beaux-Arts) festgehalten. Den Sturz
des Ikaros thematisierten u. a. Filarete (1433–45, Relief auf einer
Bronzetür von St. Peter in Rom), J. Tintoretto (um 1541, Gemälde, Modena, G. Estense), G. A. Montorsoli (1548, Relief,
Messina, Orion-Brunnen), P. Brueghel d. Ä. in seinem einzigen
mythologischen Gemälde (1558, Brüssel, Kon. M.), H. Goltzius

(1588, Stich, Amsterdam, M.; nach einem Gemälde von C. C. van Haarlem), C. Saraceni (vor 1608, Neapel, G.; Pendant-Gemälde), A. van Dyck (um 1630, Gemälde, Toronto, Art G.) und Rubens (1636–38, Gemälde, Madrid, Prado). Im 18., 19. und v. a. im 20. Jahrhundert entstanden Arbeiten von A. Canova (1777–79, Marmorskulptur, Venedig, M. Correr), J. Gillray (1807, Radierung, St. Petersburg, Eremitage), Goya (1824–28, Zeichnung, Madrid, Prado), A. Gilbert (1884, Bronzestatue, Cardiff, Nat. M.), A. Rodin, der das Motiv des Sturzes für seine ›Porte d'Enfer‹ (um 1895, Gipsmodell, Paris, M. Rodin) gebrauchte, von G. Marcks (1930, Steinrelief, Halle, Staatl. G.), Picasso (1957, Wandgemälde des UNESCO-Gebäudes in Paris), J. Atlan (1958, Gemälde, Köln, Wallr.-Rich. M.), R. Lytle (1958, Gemälde, New York, MoMA), M. Ayrton (1961, Bronzeskulptur, London, Tate G.), M. Chagall (1974–77, Gemälde, Paris, M. Nat. Mod.), L. Baskin (1978, Bronzerelief, Richmond, M.), B. Heisig (1979, Gemälde, Slg. des Künstlers), A. Kiefer (1981, Gemälde, Essen, M.) und G. Paolini (1981/82, Statue, Eindhoven, M.) sowie ein Deckengemälde von G. Lataster im Mauritshuis in Den Haag (1987).

ND Die Geschichte kommt im Mittelalter in Werken u. a. von G. Boccaccio und G. Chaucer vor. In der italienischen Renaissance-Literatur steht das Thema für einen lobenswerten und unermüdlichen Forschergeist, z. B. in Gedichten von G. Bruno (1585) und G. B. Guarini (1598), doch wird die Betonung später – v. a. in der spanischen Dichtung des 17. Jahrhunderts – warnend auf den Ungehorsam und Hochmut, auf das Übertreten der Naturgesetze und das Streben nach Extremen gelegt.

Auch im 20. Jahrhundert kommt das Sujet als Beispiel für den unermüdlichen Forschergeist vor, z. B. im Zusammenhang mit der Luftfahrt in dem Drama *Icaro* (1927) des italienischen Futuristen und Piloten L. de Bosis, und als Zeichen für Hybris in dem Drama *The Ascent of F6* (1936) von W. H. Auden und C. Isherwood. In Streitgesprächen über die Gefahren und Segnungen des technischen Fortschritts wird auf Daidalos und Ikaros angespielt: so in der polemischen Auseinandersetzung zwischen J. B. S. Haldane (1924) und B. Russell (1926). J. Joyce greift die Geschichte in seinem *Ulysses* (1922) in dem Sinne auf, daß Ikaros auf der Suche nach einem Ausweg aus einer Situation ist, die sein Vater mitverschuldet hat.

Sein 1916 veröffentlichte autobiographische Roman *A Portrait of the Artist as a Young Man* ist Selbstdarstellung und Selbstana-

lyse, Hinweis auf die Bindung der Seele an das Animalische, das
zur Erde herabzieht, obschon er Dedalus sein möchte, der der
Sonne entgegenflieht. J. Greshoffs *Ikaros bekeerd* (1938) ist ein
Lehrgedicht über den schwierigen Lebensweg des Menschen,
der vom ›Höhenflug‹ noch rechtzeitig zurückkehrt. W. Bier-
manns erste Gedichtsammlung, nachdem man ihm die Rückkehr
in die DDR verwehrt hatte, trägt den Titel *Preußischer Ikarus*
(1978).

F. Volkerts Oper behandelt den Fall des Ikarus (1817, Leopold- NM
stadt); ähnlich erscheint dieses Thema auch noch in den Opern
von G. Petrassi (1950, Rom), P. Dambis (Libr. von J. Peters,
1976, Riga) und J. Forman (1981, Albuquerque). Dagegen steht
Daidalos im Mittelpunkt kammermusikalischer Kompositionen
von J. C. Paz (1950/51), H. Otte (1960), H. Helms (1961) und
A. E. Boyd (1966).

von Blanckenhagen 1968; van Deel 1982; Turner 1976; Vivier 1962

Damokles (1. Hälfte 4. Jh. v. Chr.), Günstling am Hofe des
Dionysios II. von Syrakus (→ Damon und Pythias) ⟨Cic. Tusc.
5,21,61; Ath. 6,250A; Polyain. 5,46; Hor. c. 3,1,17⟩.
Als Damokles das Glück des Dionysios allzu sehr rühmte, ließ
dieser ihn an seinen Platz setzen und ihm ein großes Festmahl
bereiten. Damokles genoß dies alles, bis er über seinem Haupt
ein Schwert erblickte, das an einem dünnen – manche Autoren
schreiben, an einem seidenen – Faden aufgehängt war. Die be-
ständige Furcht während des Banketts ließ ihn die Vergänglichkeit und Wechselhaftigkeit des Herrscherglücks einsehen. Fortan führte er ein sehr zurückgezogenes Leben.

Diese Geschichte stammt wahrscheinlich von dem Historiker
Timaios. Sie ist von Athenaios überliefert, bekannt wurde sie
aber v. a. durch Ciceros *Tusculanae Disputationes*, der betont, es
gebe kein wirkliches Glück für den, der immer eine Gefahr zu
fürchten habe.

Im Mittelalter kommt Damokles u. a. in den für die religiöse ND
Belehrung vielbenutzten *Gesta Romanorum* vor. In der Emblematik wird der Höfling wiederholt unter dem Schwert abgebildet mit Texten, die entweder auf das sorgenvolle Leben der Tyrannen verweisen oder auf die Eitelkeit der irdischen Vergnü-
gungen. In der Neuzeit findet sich das Thema u. a. in den beliebten didaktisch-satirischen *Fabeln und Erzählungen* von C. F. Gellert (1746–48).

NK Das sprichwörtliche Damokles-Schwert ist auch in der bildenden Kunst zu finden, z. B. auf Stichen von D. de Bray und J.
Luyken aus dem 17. Jahrhundert. Ein Damokles-Gemälde von
H. J. Schöffer (1632) zählte zu einer Gemäldereihe für die Wahlstube im Römer in Frankfurt, in der die Vorbereitungen zur
Wahl des deutschen Kaisers getroffen wurden. Die elf Darstellungen guter oder schlechter Vorbilder, die aus der Bibel (u. a.
das Urteil des Salomo) und aus der Antike stammen (der Tod der
→ Verginia, die Selbstbeherrschung des → Scipio Maior), sollten
den künftigen Machthaber an die bevorstehenden Schwierig-
keiten und ein mögliches wechselvolles Schicksal gemahnen.
Auf einem Gemälde von T. Couture (1866, Caen, M.; auf dem
Pariser Salon 1872 ausgestellt) fehlt das Schwert, stattdessen
symbolisiert Damokles als Gefesselter die Abhängigkeit des
Menschen von Besitz und Luxus; möglicherweise stellte der
Maler das französische Volk unter Napoleon III. dar. Auf dem
Pariser Salon von 1804 hatte bereits A. Dubost ein Damokles-
Gemälde ausgestellt.

Hauptmann 1978; Simon 1948

Damon und Pythias (oder Phintias) (4. Jh. v. Chr.), zwei eng-
befreundete Pythagoreer aus Syrakus ⟨Cic. Tusc. 5,22,63 u. off.
3,10,45; Diod. 10,5,3–6; Val. Max. 4,7 ext. 1; Iambl. v. P. 233;
Hyg. fab. 257; Polyain. 5,21⟩.
Um die vielgerühmte Freundschaft der beiden Philosophen auf
die Probe zu stellen, beschuldigten Höflinge des Dionysius II.
von Syrakus (367–357) Pythias fälschlicherweise eines Attentats-
versuches auf den Tyrannen. Dieser verurteilte Pythias zum Tode, gab ihm aber die Erlaubnis, zuvor seine Angelegenheiten zu
regeln, falls er einen Bürgen für seine Rückkehr stellen könne.
Sein Freund Damon bot sich an, an seine Stelle zu treten. Zur
großen Überraschung vieler kehrte Pythias tatsächlich in der
gegebenen Frist zurück, so daß nicht sein Freund, sondern er
selbst zur Hinrichtung geführt werden konnte. Dionysios war
durch diesen Beweis der Freundschaft so gerührt, daß er den
Philosophen nicht nur sofort die Freiheit schenkte, sondern sich
auch um Aufnahme in ihren Freundschaftsbund bemühte. Dies
verweigerten ihm die beiden Freunde aber.

Diese Geschichte einer bewußt auf die Probe gestellten Freundschaft ist durch ein Zitat aus dem verlorenen Werk des Philosophen Aristoxenos von Tarent (Ende 4. Jh. v. Chr.) im *Leben des*

Pythagoras von Iamblichos (Anfang 4. Jh. n. Chr.) überliefert.
Cicero, der das Ereignis in seinen *Tusculanae Disputationes* in die
Zeit von Dionysios I. (406–367) versetzt, verbindet die Abweisung des Herrschers durch die Freunde mit der Feststellung, für
einen Tyrannen sei wirkliches Glück nicht möglich. Hyginus
schmückt die Geschichte mit vielen Abenteuern aus, die Damon
beinahe an einer rechtzeitigen Rückkehr nach Syrakus hindern.
Die Namen der beiden Freunde (die immer wieder vertauscht
wurden) ändert Hyginus in Moiros und Selinuntios. Diodoros
Sikulos geht in seiner Erzählung von einem tatsächlichen Mordanschlag aus.

Die Thematik wird von Autoren des 14. bis 16. Jahrhunderts, N
von Jacobus de Cessolis bis Erasmus, immer wieder aufgegriffen. Da sie sich auf Valerius Maximus stützen, der die Geschichte
als Beispiel für wahre Freundschaft erwähnt, berichten diese
Texte zwar von der Abweisung des Dionysios, aber schildern
nicht die Abenteuer von Damons Rückkehr. Nach einer ersten
Dramatisierung durch R. Edwards (1571) dient die Geschichte
bis ins 18. Jahrhundert als Stoff für einige lateinische Schuldra-
men und Jesuitenstücke. F. de S. Fénelon bringt das Motiv in
seinen *Dialogues des morts* (1712) in Dialogform und akzentuiert
die Ablehnung des Dionysios. F. von Schiller benutzt für seine
Ballade *Die Bürgschaft* (1799) Hyginus als Quelle und beschreibt
daher auch die Hindernisse für die rechtzeitige Rückkehr nach
Syrakus.
Die Schillersche *Bürgschaft* vertonten u. a. F. Schubert (1816),
F. P. Lachner (Libr. von K. von Biedenfeld nach Schiller, 1828,
Budapest) und G. Hellmesberger (Libr. ebenfalls von Biedenfeld, um 1851, Hannover).
Aus der bildenden Kunst der Antike sind keine Darstellungen
bekannt. In der Neuzeit entstanden nur wenige Arbeiten, z. B.
von D. Beccafumi, der Damon in einem von Valerius Maximus
beeinflußten Freskenzyklus im Palazzo Pubblico in Siena (1529–
35) zeigt. Im Jahre 1826 waren die beiden Thema des französischen Prix de Rome: u. a. stellte E.-F. Féron ein Gemälde aus
(heute Paris, École des Beaux-Arts).

Frenzel 1992a; Jackson 1949; Raschen 1919/20

Danaë, Tochter des Königs Akrisios von Argos und der Eurydike ⟨Hom. Il. 14,319–20; Apollod. 2,2–4; Hyg. fab. 63; 155;
224⟩.

Durch einen Orakelspruch erfuhr Akrisios, daß ein Sohn Danaës
ihn töten werde. Er sperrte seine Tochter in einen (bei Horaz
ehernen) Turm, um eine Schwangerschaft zu verhindern. Zeus
jedoch näherte sich ihr in der Form eines Goldregens, worauf
Danaë Perseus gebar. Akrisios setzte die Mutter mit dem Kind in
einer Kiste auf dem Meer aus, aber die beiden konnten unversehrt auf der Insel Seriphos landen. (Auf ähnliche Weise verfuhr
Aleos mit seiner Tochter Auge, → Telephos.)
Später tötete Perseus seinen Großvater tatsächlich mit einem
Diskus, ohne es zu wollen. Zu Danaë und Perseus: → Perseus.

Danaë mit ihrem kleinen Sohn in der hölzernen Kiste ist auf
einigen Vasenmalereien aus dem 6. und 5. Jahrhundert v. Chr.,
der goldene Regen auf römischen Wandgemälden und Gemmen
dargestellt.

NK Ebenso wie in antiken und spätantiken Darstellungen ist Danaë
als Gefangene im Turm auch auf mittelalterlichen Miniaturen
sowie in der Malerei und Graphik der frühen Renaissance zu
finden. Sie personifiziert die Keuschheit, ihre Schwangerschaft
von Zeus in der Form des goldenen Regens gilt als Allegorie und
Präfiguration der unbefleckten Empfängnis Mariens, z. B. auf
einem Gemälde von J. Gossaert (1527, München, AP).
In der Malerei des 16. Jahrhunderts wird der Grundstein für eine
Reihe erotischer Darstellungen gelegt, auf denen Danaë liegend
auf ihrem Bett wie eine → Aphrodite oder mit hochgezogenen
Knien wie eine → Leda den goldenen Regen in ihrem Schoß
empfängt: In Italien entstehen u. a. ein Fresko von B. Peruzzi
(1511/12, Rom, Villa Farnesina), Gemälde von A. da Correggio
(um 1530–32, Rom, G. Borghese), Tizian (1545/46, Neapel, G.
und 1553/54, Madrid, Prado), J. Tintoretto (1577/78, Lyon, M.)
und O. Gentileschi (um 1621/22, Cleveland, M.). In Deutschland und Frankreich beschäftigten sich damit u. a. auf Gemälden
F. Boucher (um 1740, Helsinki, Ath. und um 1755–60, Stockholm, Nationalm.), A.-L. Girodet (1798, Leipzig, M.) und M.
Slevogt (1895, München, Lenbachhaus) sowie in der Bildhauerei
G. Marcks (1937, Bronzeskulptur, u. a. New York, MoMA) und
G. Seitz (1955, Bronzeskulptur, u. a. Bremen, Kunsth.). In den
Niederlanden nehmen sich auf Gemälden z. B. J. Gossaert (1527,
München, AP), H. Goltzius (1603, Los Angeles, M.), J. Wtewael
(um 1606–10, Paris, Louvre), Rubens (um 1616–18, Sarasota,
M.) und Rembrandt (1636, St. Petersburg, Eremitage), der den
goldenen Regen zu einem einfallenden Lichtstrahl abstrahiert,
des Themas an. Zur Verbreitung des Motivs in der niederländi-

schen Malerei mag die Auslegung der Geschichte beigetragen haben, daß Frauen dem lockenden Gold erliegen, wie es C. van Mander (1604) betont; diese Akzentuierung bildet auch den Hintergrund einiger mittelalterlicher Miniaturen, auf denen Zeus als Juwelenhändler Danaë verführt.

In *Ovide Moralisé* (ca. 1316–28) und in F. Petrarcas *Canzoniere* (ca. ND 1341) ist Danaë ein Inbild der Reinheit. In den Bühnenbearbeitungen von F. A. Donnoli (1680) und J. de La Font (1707) sowie Gedichten von C. M. Wieland (1811, Prolog zu *Die Grazien*), T. S. Moore (1893) und P. Godman (1962, nach Tizian) wirkt der Stoff in der Literatur der Neuzeit fort.

Ein Nachklang dieser Tradition ist auch noch in der Oper von R. NM Strauss zu finden (Libr. von J. Gregor nach H. von Hofmannsthal; postum 1952, Salzburg). Einzelne Werke der Musikgeschichte behandelten schon früher diese Frauenfigur, z. B. die Zarzuela von R. de Añorbe y Corregel (vor 1741) oder A. Literes (vor 1747), aber auch die Oper von P. J. Candeille (vermutl. 1796, Paris) und die Operette von S. Mangeant (Libr. von H. Lefebvre, 1862, Paris). Eine Komposition für Streichorchester schuf J. Soler (entst. 1959; 1977, Lissabon).

Erftemeijer 1985; Panofsky 1933

Danaïden, die fünfzig Töchter des Danaos, des Königs von Argos und Sohnes des Belos ⟨Aischyl. Hik.; Ov. met. 1,452–567; Hyg. fab. 203; 146–147; Apollod. 1,4⟩.
Zwischen Danaos und seinem Zwillingsbruder Aigyptos entstand ein Streit, als Aigyptos seine fünfzig Söhne mit den Töchtern des Danaos, den Danaïden, verheiraten wollte. Danaos floh mit seinen Töchtern nach Argos, der Heimat seiner Ahne → Io, und stellte sich unter den Schutz des Königs Pelasgos. Die Söhne des Aigyptos folgten ihnen, so daß Danaos schließlich nachgeben mußte; doch gab er all seinen Töchtern einen Dolch, mit dem sie ihre Ehemänner in der Hochzeitsnacht töten sollten. Bis auf Hypermestra, die ihren Mann Lynkeus am Leben ließ, führten alle Töchter den Befehl ihres Vaters aus und legten ihm als Zeichen ihres Gehorsams die Köpfe ihrer Gatten vor.
Zu dem Schicksal der anderen 49 Danaïden gibt es verschiedene Überlieferungen. Manchen Autoren zufolge blieben sie unverheiratet (Ov.; Hyg.; Aischyl.; Apollod.) oder wurden mit den Gewinnern eines dafür ausgeschriebenen Athletenwettkampfes vermählt (Paus. 3,12,2). Es wird auch berichtet, daß Lynkeus sie umbrachte, um sich für den Mord an seinen Brüdern zu rächen.

Nach ihrem Tod wurden die Danaïden wegen ihrer Untat zu der
ewigen Strafe verurteilt, in Fässern ohne Boden Wasser zu tragen.

Der Streit zwischen Danaos und Aigyptos und ihren Kindern
muß eine Anzahl griechischer Tragödien angeregt haben, doch
ist allein der erste Teil einer Danaïden-Tetralogie von Aischylos,
Hiketides (die Schutzflehenden), erhalten. Urtext war das verlorengegangene Epos *Danais*. Danaos und die Danaïden rufen Pelasgos um Hilfe gegen die Verfolger an, die eine Hochzeit erzwingen wollen. Obwohl Pelasgos Zweifel über die Rechtmä-
ßigkeit der Abweisung äußert, stellt er sie unter seinen Schutz,
wobei ihm die Gefahr droht, mit den Söhnen des Aigyptos Krieg
führen zu müssen. Er will jedoch nicht, daß auf Argos die Schan-
de eines kollektiven Selbstmordes fällt, den die Danaïden an-
drohen; außerdem will er die heilige Pflicht erfüllen, Flüchtlingen Schutz zu bieten.
Die Bestrafung ist erst in Texten der hellenistischen Zeit zu finden.

Auch in der bildenden Kunst kommt die Strafe erst am Ende des
4. Jahrhunderts v. Chr. auf Vasen und Grabreliefs in Tarent (jetzt
Tarent, M. Naz. und Amsterdam, Allard Pierson M.) vor. Die
sechs Bronzestatuen der Danaïden aus der Villa dei papiri in
Herculaneum (um Christi Geburt, heute Neapel, M. Naz.) dienten als Brunnenschmuck.

ND In der Literatur der Neuzeit geht es in erster Linie um das Verhältnis zwischen Hypermnestra und dem von ihr nicht ermordeten Lynkeus, welches schon in der Antike in Ovids *Heroides*
(14) in Form eines Briefes der Danaïden an Lynkeus thematisiert
wurde. Die Geschichte der Hypemnestra findet sich in G. Boccaccios *De claris mulieribus* (1356–64) und in G. Chaucers *The
Legende of Goode Women* (1385/86). Sie liefert auch den Stoff für
die Tragödien von R. Owen (1703) und A.-M. Lemierre (1758).
J. D. Gries widmete den Danaïden ein Gedicht (1797) und E.
von Wildenbruch eine Erzählung (1885).

NM Die Opern des Barock nahmen sich zuerst der Figur der Hypermnestra an, u. a. die Werke von P. F. Cavalli (Libr. von G. A.
Moniglia, 1658, Florenz), A. Draghi (Libr. von N. Minato, 1671,
Venedig) und C.-H. Gervais (Libr. von J. de Lafond, 1716, Paris). Ein Libretto um *Ipermestra* von A. Salvi vertonten F. Giacomelli (1724, Venedig und Parma), A. Vivaldi (1727, Venedig)
und F. Feo (1728, Rom), dasjenige von P. Metastasio setzten

nicht weniger als 16 Komponisten in Musik, darunter R. di Capua (1741, Lissabon), J. A. Hasse (1744, Wien), C. W. Gluck
(1744, Venedig), N. Jommelli (1751, Spoleto), B. Galuppi (1758,
Mailand) und sehr viel später noch B. Saldoni (1838, Madrid)
und B. Carnicer y Batlle (1843, Zaragoza). Um 1800 entstanden
einige Danaïden-Opern, z. B. von A. Tarchi (Libr. von G. Sertor, 1794, Mailand), S. Pavesi (Libr. von S. A. Sografi, Venedig,
1816) oder S. Mayr (Libr. von F. Romani, 1819, Mailand). In der
Oper von A. Salieri wurden sogar alle 49 Morde und die Bestrafung der Danaïden dargestellt (Libr. von M. F. du Rol-
let/L. T. Tschudi nach R. Calzabigi, 1784, Paris). Um die Jahrhundertwende entstand eine deutsche Oper von H. Zöllner (*Der
Überfall*, Libr. vom Komponisten nach E. von Wildenbruch,
1895, Dresden).

In der bildenden Kunst der Neuzeit werden die Danaïden selten
dargestellt, u. a. auf Gemälden von M. J. Kremser Schmidt
(1785, Ljubljana, M.) und J. W. Waterhouse (1906, Aberdeen,
Art G.) sowie auf einem Marmorrelief von A. Rodin (1885, u. a.
Paris, M. Rodin) für seine ›Porte d'Enfer‹.

NK

Danaos, Vater der → Danaïden

Daphne, eine Nymphe, Gefährtin der Artemis, Tochter des
thessalischen Flußgottes Peneios (oder Ladon) ⟨Ov. met. 1,452–
567; Ov. her. 14; Verg. Aen. 10,495–499; 12,945–952; Hyg. fab.
170; 203; Paus. 10,7,8⟩.
Da Apollon → Eros verspottet hatte, schoß der Liebesgott einen
goldenen Pfeil auf ihn ab, so daß er sich in Daphne verliebte.
Daphne dagegen ließ Eros durch einen bleiernen Pfeil für die
Liebe unempfänglich werden. Verfolgt von Apollon, floh sie an
den Fluß ihres Vaters. Als der Gott sie fast eingeholt hatte, gab
Peneios den Bitten seiner Tochter nach und verwandelte sie in
einen Lorbeerbaum, dem er ihren Namen gab. Seither führte
Apollon einen Lorbeerzweig mit sich.

Daphne ist aus der Literatur des Hellenismus bekannt; aber erst
die ausführliche Schilderung bei Ovid machte sie berühmt. Am
häufigsten taucht sie deshalb in römischer Zeit auf Wandgemälden in Campanien und auf einigen spätantiken Mosaiken, z. B. in
Tebessa (Algerien), auf.

ND Im Mittelalter wurde Daphne zum Exempel jungfräulicher
    Keuschheit, so daß sie als Pendant zur Jungfrau Maria gedeutet
    werden konnte (Ovide Moralisé, ca. 1316–28). Petrarca ver-
    gleicht sich in seinem *Canzoniere* (1336–1369), der um die uner-
    füllte Liebe zu Laura kreist, mit Apollon, dem von der sich ent-
    ziehenden Daphne der (Dichter-) Lorbeer bleibt. Im Kontext
    des Petrarkismus blieb der Daphne-Apollon-Stoff ein lyrischer
    Topos.

NK In der bildenden Kunst der Neuzeit wurde die Geschichte einer
    unbeantworteten Liebe und der triumphierenden Keuschheit oft
    aufgegriffen. Neben einigen Gemälden in der Renaissance und
    im Manierismus Italiens – u. a. von Pollaiuolo (um 1467, Lon-
    don, Nat. G.), Il Sodoma (um 1511, Worcester/Mass., M.), D.
    Dossi (1520–25, Rom, G. Borghese), J. Tintoretto (um 1541,
    Modena, G. Estense) und P. Veronese (um 1575–78, San Diego,
    G.) sowie auf Fresken von B. Peruzzi (1511/12, Rom, Villa Far-
    nesina) und L. Cambiaso (1544, Genua, Pal. della Prefettura und
    um 1560, Genua, Pal. Vincenzo Imperiale) – wird das Thema
    v. a. im Barock Gegenstand zahlreicher Gemälde: u. a. von A.
    Bloemaert (1592, früher Breslau, Schlesisches M.), C. van Poe-
    lenburgh (1. Hälfte 17. Jh., Brüssel, Kon. M.), N. Poussin (um
    1625, München, AP und um 1664/65, Paris, Louvre), G. Bili-
    verti (um 1633, Stuttgart, Staatsg.), C. B. van Everdingen (um
    1660, Haarlem, Hals-M.), G. de Lairesse (2. Hälfte 17. Jh.,
    Utrecht, M.), C. Maratti (1681, Brüssel, Kon. M.), F. Trevisani
    (1708/09, Pommersfelden, G.), S. Ricci (um 1720–23, Rom, Pal.
    Taverna), F. Lemoyne (1725, St. Petersburg, Eremitage), G. B.
    Tiepolo (um 1740–44, Paris, Louvre und um 1755–60, Washing-
    ton, Nat. G.), A. Appiani d. Ä. (1814, Fresko, Mailand, Brera),
    P. Cornelius (1820–26, Fresko, München, Glyptothek),
    J. M. W. Turner (1837, London, Tate G.) und T. Chassériau
    (1845, Paris, Louvre). In der Bildhauerei wurde die lebensgroße
    Marmorgruppe von G. L. Bernini (1622–25, Rom, G. Bor-
    ghese), die die Verwandlung der Daphne und den herannahen-
    den Apollon zeigt, zu einem Vorbild für spätere Werke, z. B. von
    L. Matielli (1731, Skulpturengruppe, Schloß Eckartsau).

NM Der Mythos der Daphne war am Beginn der Operngeschichte
    von großer Bedeutung. Schon im Jahre 1594 vertonte J. Peri
    (mit J. Corsi) das Daphne-Libretto von O. Rinuccini (1597, Flo-
    renz), kurz darauf folgten ihnen G. Caccini (1602) und M. da
    Gagliano (1608, Mantua). Bis auf einige Fragmente von Peri/
    Corsi und der allerdings vollständig gedruckten Partitur (Man-

tua, 1608) von Gagliano sind die Werke verlorengegangen, wie auch die erste deutsche Oper von H. Schütz, der nach einer Bearbeitung des Rinuccini-Librettos von M. Opitz komponierte (1627, Schloß Hartenfels bei Torgau). Der Text von Opitz wurde in der Folge auch noch von F. A. Bontempi (mit M. P. Peranda) vertont (1761, Dresden). Sein eigenes Libretto über die *Trasformazione di Dafne* hatte schon früher P. F. Valentini verwendet (1623, Rom). P. F. Cavalli stellte die Liebesverhältnisse von Daphne und Apollon in den Mittelpunkt seines Werks (Libr. von G. F. Busanello, 1640, Venedig). Dieses Thema behandelte auch eine musikalische Komödie, die C. Dassoucy seinem König widmete (1650, Versailles).

Im 18. Jahrhundert verlor der Stoff einiges von seiner Popularität; dennoch entstanden einzelne Werke wie z. B. die Opern von A. Scarlatti (Libr. von F. M .Paglia nach E. Manfredi, 1700, Neapel), G. F. Händel (Libr. von H. Hinsch, 1708, Hamburg), J. J. Fux (Libr. von P. Pariati, 1715, Wien) und A. Caldara (Libr. von G. Biave, 1719, Salzburg).

In den 30er Jahren unseres Jahrhunderts gab es eine kleine ›Daphne-Renaissance‹, in kurzer Zeit folgten Werke aufeinander wie das Orchesterstück von P. Maurice (vor 1936, Manuskript), das Ballett von L. Spies (1936) und schließlich die Oper von R. Strauss (Libr. von J. Gregor, 1938, Dresden).

Eine Instrumentalkomposition von R. Zechlin über *Apollo und Daphne* entstand 1980.

Barnard 1975; Frenzel 1992a; Giraud 1968; Stechow 1932

Daphnis, ein sizilianischer Hirte, Dichter, Panflötenspieler und Sänger, gilt als mythischer Begründer der bukolischen Dichtung, Sohn des Hermes und einer Nymphe ⟨Long. Daph.; Diod. 4,84; Theokr. eid. 1; Theokr. epigr. 2; Ail. var. 10,18; Verg. ecl. 5⟩.

Der schöne und begabte Jüngling Daphnis war der Liebling der Nymphen und Musen; sein Freund und Halbbruder Pan brachte ihm das Flötenspielen bei. Er stand unter dem Schutz Apollons und ging mit Artemis gelegentlich auf die Jagd.

Daphnis verliebte sich in die Nymphe Echenaïs (oder Nomia) und schwur ihr ewige Treue, ließ sich dann aber von einer sizilianischen Königstochter verführen. Erbost schlug ihn Echenaïs mit Blindheit.

Bei Theokritos (1) und in Ovids *Ars amatoria* (1,732) wurde Daphnis von einer Nymphe ins Wasser gezogen und ertrank.

Eine andere Version lautet, daß er jedem Liebesverhältnis abgeneigt war und deshalb von Aphrodite bestraft wurde: Sie gab ihm eine unstillbare Leidenschaft ein, an der er schließlich zugrunde ging.

Die Überlieferung von Ailianos (ca. 200 n. Chr.) greift vermutlich auf einen verlorengegangenen Text von Stesichoros aus dem 6. Jahrhundert v. Chr. zurück. Der bukolische Roman *Poimenika kata Daphnin kai Chloen* (Daphnis und Chloe) von Longos aus dem 2. Jahrhundert n. Chr. – eine Erzählung, die vom 16. bis ins 18. Jahrhundert großen Einfluß auf den Schäferroman ausübte – hat mit der Legende lediglich die Hirtenfigur und den Namen Daphnis gemeinsam.

N   Das Liebespaar wird – nach wenigen Darstellungen im 16. und 17. Jahrhundert, u. a. ein Gemälde von P. Bordone (1545–50, London, Nat. G.) – v. a. im 18. und 19. Jahrhundert in der bildenden Kunst thematisiert, z. B. von P. van der Werff (1713, Gemälde, Potsdam, Sanssouci), J.-L. Gérôme (1852, Brest, M.) und A. Rodin (1886, Gipsskulptur, Paris, M. Rodin).
Zu weiteren Abbildungen mit Daphnis: → Pan.
Die Figur des Daphnis steht im Mittelpunkt einiger Opern, z. B. von G. Aldrovandini (Libr. von E. Manfredi, 1696, Bologna), J.-P. Rameau (Libr. von C. Collé, 1753, Fontainebleau), J. B. Kittl (1825, Prag) und G. Mulé (Libr. von E. Romagnoli, 1928, Rom).

Frenzel 1992a

Dareios I.

Dareios I. (reg. 522–486), persischer Herrscher während des ersten Perserkrieges gegen die Griechen ⟨Hdt. 3,61–7,4; Iust. 1,9,14 ff.; Aischyl. Pers. 775 ff.; Plut. r. pub. 27D⟩.
Nach dem Sturz des → Kambyses und der unrechtmäßigen Usurpation des persischen Thrones im Jahre 522 veranstaltete eine Gruppe von sieben persischen Adligen, unter ihnen auch Dareios, eine Verschwörung gegen den neuen Machthaber. Als nach dem gelungenen Umsturz entschieden werden mußte, wer von den sieben den Thron besteigen sollte, einigten sie sich auf denjenigen, dessen Pferd als erstes auf ihrem Ausritt wiehern würde. Ein Stallknecht des Dareios ersann eine List. Er ließ auf einem Platz, den die Reiter am nächsten Morgen überqueren würden, den Hengst des Dareios eine Stute besteigen. Als das Pferd am nächsten Morgen über diesen Platz kam, begann es sofort – und als erstes – zu wiehern. Die anderen sechs Adligen

erkannten Dareios als König an, nicht zuletzt deswegen, weil
diesem Ereignis Donner und Blitz folgten.
Dareios zeigte sich als umsichtiger und geschickter Regent. Er
richtete in seinem Reich, das sich vom Hellespont bis nach Indien erstreckte, eine Verwaltung ein, die bis in hellenistische Zeit
Bestand haben sollte. Um 500 zeichnete sich nach einigen Konflikten in Kleinasien, u. a. mit der Stadt Sardes, eine Auseinandersetzung zwischen dem Persischen Reich und den Griechen,
insbesondere den Athenern, ab, die zu den Perserkriegen (494–
449) führte. Eine Expedition der Perser unter der Leitung von
Datis und Artaphernes endete 490 mit der Niederlage bei Marathon gegen die von Miltiades geführten Athener. Die Nachricht vom Sieg der Griechen soll ein Läufer zum 42 km entfern-
ten Athen gebracht haben (Marathonlauf). Nach dem Tod des
Dareios (486) wurde der Krieg im Jahre 480 von Xerxes
(→ Themistokles) wieder aufgenommen.

Neben den übereinstimmenden Berichten von Herodotos und
Iustinus enthält auch das *Alte Testament* Hinweise auf Dareios,
der im Buch *Esra* in Zusammenhang mit der toleranten Behandlung der Juden seit → Kyros namentlich erwähnt wird.
Als habgierig kennzeichnen ihn Plutarch (*Moralia*) und Herodot,
die berichten, er habe gewagt, das Grab der → Semiramis zu
öffnen. Statt der erhofften Schätze fand er lediglich einen Brief,
in welchem dem Grabschänder seine Geldgier vorgehalten wurde.

Die für die Griechen anstößige luxuriöse Üppigkeit der Perser ist
auf der ›Dareios-Vase‹ (Neapel, M. Naz.), einem Krater aus Apulien aus der Zeit Alexanders, in einer Szene dargestellt, in der
sich Dareios mit seinem Hof beratschlagt. In der Kunst der Antike und auch später wird Dareios ansonsten nur selten abgebildet.

Im Mittelalter ist Dareios durch die Hinweise im *Alten Testament* N
sowie als Personifikation eines der vier Weltreiche bekannt: In
der christlichen Eschatologie werden, nach einer Prophezeiung
im Buch *Daniel*, vier dem Christentum vorangehende Weltreiche
genannt: das Assyrische Reich unter Nebukadnezar, Ninos oder
Nimrod, das Persische Reich unter Dareios oder Kyros, Griechenland unter Alexander und das Römische Reich unter Caesar
oder Augustus. Diese Vorstellung findet seit karolingischer Zeit
ihren Ausdruck in bildender Kunst und Literatur.
In der Exempelliteratur des Mittelalters wird die durch Valerius
Maximus und Iustinus überlieferte List des Stallknechts zu ei-

nem Beispiel für Erfindungsreichtum. Daneben gilt Dareios aufgrund der Berichte über die Grabschändung in der späteren Emblematik auch als Beispiel für Habgier.

Im Museum voor Schone Kunsten in Gent befindet sich eine Teppichreihe mit Dareios-Szenen, die gegen Ende des 17. Jahrhunderts in Brüssel angefertigt wurde und aus der Sint-Pietersabtei in Gent stammt.

Kocken 1935

Dareios III., König von Persien → Alexander III.

Decius Mus, Name dreier Feldherren und Consuln aus dem 4. und 3. Jh. v. Chr., römische Nationalhelden aus plebeiischem Geschlecht ⟨Liv. 7,9,10⟩.

Alle drei Feldherren wurden dadurch bekannt, daß sie in einer Schlacht durch ihren freiwilligen Opfertod ihrem Vaterland den Sieg sicherten. Der Älteste von ihnen (Liv. 7,34 u. 37–38; Frontin. 1,5,14 u. 4,5,9) wurde 340 v. Chr. Consul und weihte sich im Latinerkrieg in der Schlacht bei Veseris (Campania) den Göttern, worauf die Römer den Sieg erringen konnten. Sein Sohn Decius Mus (Liv. 9,28 ff.; Diod. 19,105,5; Val. Max. 1,7,3), der viermal zum Consul gewählt wurde, beeinflußte im Jahre 295 in ähnlicher Weise die Schlacht bei Sentinum in Umbrien gegen die Samniten. Er und Consul Q. Fabius Maximus Rullianus, der Anführer des anderen Heerflügels, gelobten, sich um des Sieges willens zu opfern, falls ihre Truppen in Bedrängnis geraten sollten (Liv. 10,22 ff.; Pol. 1,19,6). Als der von Decius geführte Flügel gegen die Kelten in die Enge getrieben wurde, bat dieser die Götter mit einem magischen Spruch um Hilfe, weihte sich und seine Feinde den Göttern, bevor er sich den gegnerischen Waffen auslieferte (Zon. 8,5). Die Römer verließen das Schlachtfeld als Sieger (Val. Max. 5,6,6; Plin. nat. 28,12; Frontin. 1,8,3 u. 4,5,15).

Der Enkel des Decius Mus (Liv. perioch. 13; Plut. Pyrrh. 21; Flor. 1,13,9–11; Dion. Hal. 20,1–3) war 279 v. Chr. Consul und soll sich in der Schlacht gegen Pyrrhos geopfert haben.

Livius (10,27–30) beschreibt ausführlicher die Handlung des zweiten Decius, der von Valerius Maximus häufig gepriesen und auch sonst in der antiken Literatur und später wiederholt genannt wird (u. a. Cic. Tusc. 1,89 u. 2,59; Cic. nat. 2,10 u. 3,15). Ein nicht erhaltenes Drama von Accius aus dem 2. Jahrhundert

v. Chr. hatte den bezeichnenden Titel *Aeneadae sive Decius*. In der späteren Literatur taucht er nur noch selten auf.

In der bildenden Kunst der Antike kommt Decius Mus nicht NK vor. In der Kunst des späten Mittelalters und der Renaissance erlangt er jedoch eine gewisse Beliebtheit, wie die Abbildungen in öffentlichen Gebäuden beweisen, wo er als Beispiel für Mut und Aufopferung in zahlreichen Heldenreihen der römischen Geschichte figuriert. In der 1414 vollendeten Anticappella des Palazzo Pubblico in Siena steht er zusammen mit Manlius Torquatus und → Cato Uticensis neben einer Personifikation der Fortitudo (Tapferkeit). In einem größtenteils zerstörten Fresko in der Sala dei Giganti des Palazzo Trinci in Foligno (um 1424) befindet er sich in Gesellschaft von → Mucius Scaevola, → Curius Dentatus, Manlius Torquatus und → Cincinnatus; in der Sala dei Gigli des Palazzo Vecchio in Florenz ist er auf einem Fresko von D. Ghirlandaio (1482–84) neben → Camillus und Mucius Scaevola zu sehen. G. Pencz schilderte ihn auf einem Wandgemälde im Ratsaal des Nürnberger Rathauses (um 1521). A. van Dyck zeigt auf einem Gemälde (1617, Wien, Palais Liechtenstein) die Todesweihe. Rubens fertigte Entwürfe (1618) mit Decius für eine Reihe von sechs Teppichen an. F. de Mura schuf 1742 ein großes Gemälde im Palazzo Reale in Turin.

Bruener 1984

Deianeira, Gattin des → Herakles

Deidameia, Geliebte des → Achilleus

Deiphobos, Gatte der → Helena

Demeter, Göttin der Erde, der Fruchtbarkeit und des Wachstums, speziell des Ackerbaus und des Getreides, Tochter des Kronos und der Rheia, Schwester des Zeus, Göttin der Eleusischen Mysterien, gehört zu den olympischen Göttern, von den Römern mit Ceres gleichgesetzt ⟨Hom. h. 2; 13; Apollod. 1,5,1–3; 2,5,12; Hyg. fab. 141; 146; 147⟩.

Anders als Gaia, die als Göttin der Erde im allgemeinen Sinn gilt, wird Demeter speziell als Beschützerin des Ackerbaus und des Getreides angesehen. Auch die römische Göttin Ceres hatte ur-

sprünglich nur den Getreideanbau unter ihrer Obhut. Der Name
›Demeter‹ bedeutet ›Mutter Erde‹, kann aber eventuell auch auf
das kretische Wort für ›Getreide‹ zurückgeführt werden. Als
Gottheit der Vegetation genoß Demeter in der ganzen griechischen und hellenistischen Welt große Verehrung. So wurden ihr
zu Ehren die Eleusischen Mysterien begangen, bei welchen den
Eingeweihten die Angst vor dem Sterben durch die Zuversicht
auf ein ewiges und glückliches Leben nach dem Tode genommen
werden sollte.
Von ihrem Bruder Zeus hatte Demeter eine Tochter, → Persephone. Diese wurde mit Zustimmung des Vaters von → Hades
entführt. Demeter hörte Persephone schreien und irrte auf der
Suche nach ihr neun Tage und Nächte umher. Am zehnten Tag
erfuhr sie von dem allessehenden Sonnengott Helios, was geschehen war. In ihrer Verbitterung weigerte sie sich, zu Zeus auf
den Olympos zurückzukehren; sie zog sich freiwillig nach Eleusis zurück und strafte die Erde mit Unfruchtbarkeit, v. a. Sizilien,
wo nach Ovid (met. 5,341–571) und einigen anderen Autoren
die Entführung stattgefunden hatte. Schließlich wurde eine Abmachung getroffen: Persephone sollte einen Teil des Jahres bei
Hades, den anderen bei ihrer Mutter auf dem Olympos verbringen. Damit erklärt sich der Vegetationszyklus: Während der Abwesenheit Persephones im Herbst und im Winter läßt Demeter
in ihrer Trauer nichts wachsen.
Ein homerischer Demeter-Hymnos enthält noch die Geschichte,
wie Demeter in Eleusis in der Gestalt einer alten Dienstmagd
Aufnahme im Haus des Königs Keleos fand, wo sie sich der
Erziehung der Kinder des Königs und seiner Frau Metaneira
widmete. Einem der Söhne, Demophon, wollte sie Unsterblichkeit verleihen: sie legte das Kind in die Feuerglut und salbte es
dann mit Ambrosia, bis Metaneira ihr Treiben entdeckte und die
Göttin ihr wahres Wesen enthüllen mußte. Einem anderen Sohn,
Triptolemos, gab sie einen von geflügelten Drachen gezogenen
Wagen und schickte ihn in die Welt hinaus, um Getreide anzu-
pflanzen und den Menschen die Landwirtschaft beizubringen.

Der Demeter widmete Kallimachos (3. Jh. v. Chr.) eine Hymne
(6). Im Anschluß an den Homer zugeschriebenen Hymnos erzählt auch Ovid von der verzweifelten Suche Demeters nach
ihrer Tochter und fügt hinzu, daß sie auf ihrem Weg an eine
Hütte kommt und dort von einer alten Frau gastlich empfangen
wird; als der junge Abas sie aber verspottet, besprizt sie ihn mit
Wasser und verwandelt ihn in eine Eidechse.

In zahlreichen Tempeln, v. a. auf Sizilien, wurden Terrakotta-Figuren der Demeter gefunden, die auf dem Kopf einen Kranz oder einen hohen Hut (polos) trägt; meist ist sie in Begleitung ihrer Tochter. Auf ihrem Schoß befinden sich Früchte oder Tiere, wobei sie ein Szepter oder eine Kornähre in der Hand hält. In öffentlichen Kunstwerken wird sie als sitzende oder stehende Matrone, häufig mit den genannten Attributen, dargestellt: z. B. die sog. ›Demeter Cherchell‹ aus dem Umkreis des Pheidias (um 440 v. Chr., Marmorkopie in Algier, M. Nat.) oder die berühmte ›Demeter von Knidos‹ (um 250–240 v. Chr., Marmorstatue, London, British M.). Ein Weiherelief aus dem Heiligtum in Eleusis (um 440–430 v. Chr., Marmor, Athen, M.) schildert, wie Demeter und Persephone dem Triptolemos das Getreide geben.

In der neuzeitlichen Literatur, Emblematik und bildenden NK Kunst symbolisiert Demeter den Ackerbau, z. B. auf einem Wandgemälde von G. B. Zelotti (um 1565–70) über dem Eingang zu der für die Landwirtschaft bestimmten Villa Emo in Fasolo oder auf einem Fresko von L. Giordano (1682/83) im Palazzo Medici Riccardi in Florenz. Sie steht für die fruchtbare Sommersaison u. a. auf ikonographischen Darstellungen im Versailler Park, auf einem Brüsseler Teppich (um 1650, Amsterdam, M.) und auf einem Gemälde von A. Watteau (1711–16, Washington, Nat. G.), oder für die Früchte der Landwirtschaft, z. B. auf einem Gemälde von S. Vouet (um 1634, London, Nat. G.). Als Personifikation der Feldfrüchte ist sie mit Dionysos (Wein) und Aphrodite auf Darstellungen im Zusammenhang mit dem Sinnspruch von Terentius (*Eunuchus* 732) ›Sine Cerere et Libero friget Venus‹ (Ohne Ceres und Bacchus friert Venus – die Liebe; → Aphrodite) oder mit dem Weingott und Eros zu sehen, z. B. auf einem Gemälde des H. von Aachen (um 1600, Wien, Kunsth. M.). Szenische Darstellungen beziehen sich auf ihre Suche nach Persephone – z. B. auf Fresken von C. Gherardi (um 1555) in der Sala di Cerere des Palazzo Vecchio in Florenz – und auf die Verspottung Demeters mit der Verwandlung des Jungen in eine Eidechse, wie auf Gemälden von A. Elsheimer (um 1608, u. a. Madrid, Prado) und M. Stomer (um 1640, München, AP). Weitere Ceres/Demeter-Darstellungen schufen z. B. B. Peruzzi (1511/12, Fresko, Rom, Villa Farnesina), Garofalo (1526, Gemälde, London, Nat. G.), G. Vasari (1548, Deckengemälde, Arezzo, Casa Vasari), T. Zuccari (um 1560/61, Fresko, Caprarola, Stanza dell'Estate), J. Wtewael (1618, Gemälde, Sibiu, M. Brukenthal), J. Jordaens (um 1618–20, Gemälde, Madrid, Prado), P. da Cortona (1626–29, Fresko, Castel Fusano, Villa Chigi), W. van Mieris (1719, Gemälde, Kopenhagen, Staatl. Kunstm.), A. Rodin (um 1896, Marmorbüste, Boston, M.) und O. Zadkine (1918, Holzskulptur, Eindhoven, M.).

ND Die Geschichte von der verzweifelten Suche der Demeter bzw. Ceres nach ihrer Tochter fand seit dem 17. Jahrhundert in der Literatur Niederschlag. In T. Heywoods *Troia Britanica; or, Great Britaines Troy* (1609, cantos 6–7) bittet Ceres Herkules um Hilfe, die entführte Proserpine zu befreien. F. von Schiller verfaßte ein Gedicht unter dem Titel *Klage der Ceres* (ca. 1794, in *Musenalmanach für das Jahr 1797*, 1797), und E. Mörike besingt die Göttin in einer Hymne *Auf Demeter* (1840, Homer-Übersetzung, in *Classische Blumenlese*). Die Situation der Versöhnung Demeters mit Persephone, die ihrer Tochter die Geschichte von ihrer Wanderung erzählt, gestaltet A. Lord Tennyson in einem dramatischen Monolog (*Demeter und Persephone*, 1887).

NM In der Musikgeschichte beschränkt sich die Rezeption der Göttin auf einige wenige Werke wie z. B. die Musik zu einer Maskerade von J. P. Krieger (1688), eine Oper von D. Terradellas (1740, Rom) und schließlich von K. Szymanowski eine Kantate für Alt, Frauenchor und Orchester (Text von Z. Szymanowski nach Euripides, 1917, Warschau).

Frenzel 1992a; Peschlow-Bindokat 1972

Demetrios I., Schwager des → Pyrrhos

Demokrit von Abdera (ca. 460–370) und **Heraklit** aus Ephesos (ca. 500), Naturphilosophen; werden zu den Vorsokratikern gezählt ⟨eigene Werke; Diog. Laert. 9⟩.
Demokrit und Heraklit waren zwei Philosophen, die in der Antike als Gegenpole angesehen wurden und sich deshalb in der Kunst häufig gegenüberstehen. Demokrit, ein vielseitiger, bereister und schon zu seiner Zeit hochgeschätzter Gelehrter, dessen Schriften zum großen Teil verloren gegangen sind, gilt in erster Linie als der Entdecker der Atomlehre. Daneben diskutierte er als einer der ersten Griechen ethische Fragen und kam zu dem Schluß, daß das höchste Gut des Menschen die Glückseligkeit sei. Der Weg dorthin bestehe in der Mäßigung der Begierden und Geringschätzung der Sinnesfreuden.

Heraklit stammte aus einem adligen Geschlecht und lebte völlig zurückgezogen. Seine oft rätselhafte Sprache brachte ihm den Beinamen ›der Dunkle‹ ein. Einer seiner bekanntesten Aussprüche lautet: ›Ich habe mich durchforscht.‹ Er gehört zu der Gruppe der Naturphilosophen, die den Ursprung der Erde und des Kosmos zu erklären versuchten. Er nimmt an, daß die Welt schon immer existierte und daß sie durch eine permanente Bewegung ständig verändert wird: So, wie man nie in demselben Flußwasser baden kann, kann man auch in anderer Hinsicht nie dasselbe tun. In diesem Zusammenhang wird ihm öfters der Satz ›panta rhei‹ (alles fließt) zugeschrieben. Bewegung und Entwicklung werden durch Polarität bestimmt (z. B. Tag und Nacht, Hunger und Sättigung, Krieg und Frieden, Leben und Tod). Die Pole sind miteinander im Widerstreit (›Der Krieg ist der Vater aller Dinge‹) und gleichzeitig in Harmonie. Die Aufgabe des Menschen liegt darin, den Logos, der dem Werden der Welt zugrunde liegt, zu erkennen und sich ihm zu unterwerfen, um sein höchstes Glück, die Heiterkeit der Seele zu erreichen.

V. a. wegen seiner ethischen Traktate ist Demokrit in der Antike bekannt. Er galt als exemplarischer Weisheitslehrer und lebte so bei persischen Autoren des Mittelalters fort. Ihm werden viele Schriften zugeschrieben, die im *Corpus Democriticum* gesammelt sind, u. a. erst in der Kaiserzeit geschriebene Briefe. Auch die sogenannte *Paradoxographie*, eine Sammlung alchemistischer Traktate, wird in der Spätantike und im Mittelalter mit ihm in Verbindung gebracht. Bei Diogenes Laertius als vielgeliebter und hochgeschätzter Denker dargestellt, wird Demokrit von Horaz (epist. 2,1,594) zum ersten Mal der ›lachende Philosoph‹ genannt, was von Iuvenalis wieder aufgenommen wird.
Heraklit wird bei Seneca (dial. 2,10,5,1) zum genauen Gegenteil; die Vorstellung von ihm wird im fünften nachchristlichen Jahrhundert über Sidonius Apollinaris (carm. 2,171–172; epist. 9,9,14) und das byzantinische Lexikon aus dem 10. Jahrhundert, die *Suda*, verbreitet. Diogenes Laertius beschreibt ihn als menschenhassenden Sonderling und Melancholiker, Lukianos führt ihn als den ›weinenden Philosophen‹ ein.

Im 16. Jahrhundert findet sich diese Vorstellung von den gegen- ND
sätzlichen Philosophen bei A. Fregoso (1522), A. Alciati (1531) und M. Ficinus (Mitte 16. Jh.), im 17. und 18. Jahrhundert u. a. bei C. van Mander (*Wtbeeldinghe der Figueren*, 1604), M. E. de Montaigne, F. de S. Fénelon und J. de La Bruyère (*Les caractères*, 1688, letzte Fassg. 1696). Für ihre Bekanntheit in den Niederlan-

den sind christliche Traktate von P. de Besse (1612–15) und ein
Theaterstück von J. van den Vondel (1637) von Bedeutung. In
C. M. Wielands *Geschichte der Abderiten* (1781) ist Demokrits Heimatstadt Abdera ein antikes Schilda, dessen Borniertheit sich in
der Begegnung mit dem nach langen Jahren zurückgekehrten
weltoffenen Forscher und Weisheitslehrer erweist. K. J. Webers
satirisch feuilletonistischer *Demokritos* oder *Hinterlassene Papiere
eines lachenden Philosophen* (1832–35) propagierte den Geist der
Aufklärung im Zeitalter der Romantik. Im Werk von H. Mulisch
(*Compositie van de wereld*, 1980) und H. Faverey spielt Heraklit
eine wichtige Rolle, v. a. wegen seiner Lehrsätze.

NM In der Musikgeschichte gibt es einige Werke über die beiden
Philosophen: J.-B. Stuck widmete eine seiner *Cantates françoises
III* diesen Figuren (für Baß und Sopran, Paris, 1711). An Bühnenwerken folgten von A. Draghi ein ›trattenimento per musica‹
(Libr. von N. Minato, 1670) sowie die Opern von J. P. Telemann (1703/4, Leipzig), F. Gasparini (1718, Turin), K. Ditters
von Dittersdorf (1787, Wien), C. Kalkbrenner (1792, Rheinsberg) und A. Salieri (›dramma filosoficomico‹, Libr. von G. de
Gamerra, 1795, Wien).

In der bildenden Kunst der Antike entstanden einige Idealpor-
träts. In der Villa dei papiri in Herculaneum aus der Mitte des 1.
Jahrhunderts v. Chr. wurde eine Bibliothek u. a. mit Schriften
Epikurs und einer Porträtgalerie gefunden, in der auch Demokrit zu sehen ist (Neapel, M. Arch. Naz.).

NK Im 15. Jahrhundert bilden italienische Buchillustrationen die
Quelle für spätere Künstler: v. a. Sidonius Apollinaris und der
mittelalterliche Kommentar zu einem Traktat des Fulgentius aus
dem 5. Jahrhundert, in dem die äußere Erscheinung berühmter
Personen beschrieben wird. Nach einigen Bearbeitungen in Italien – u. a. Fresken von Bramante in der Casa Panigorala in Mailand (1485–90, heute Mailand, Brera), von Raffael in der Stanza
della Segnatura im Vatikan (1508–12, ›Schule von Athen‹) – und
in Deutschland (Sebastian Brants *Narrenschiff* seit der Ausgabe
von 1497) wird das Thema besonders in der niederländischen
Malerei aufgegriffen: z. B. auf Gemälden von Rubens (1603,
Madrid, Prado), C. C. van Haarlem (1613, Braunschweig, M.),
H. Terbrugghen (1628, Amsterdam, M.), J. Jordaens (1628–30,
u. a. Braunschweig, M. und New York, Metrop. M.), P. Moreelse (um 1630, Den Haag, Mauritsh.) und J. van Bijlert (um 1640,
Utrecht, M.). Die zwei Gemälde von Rubens von 1603, die im

Auftrag des spanischen Hofs entstanden, inspirierten Velázquez und J. Ribera zu Demokrit-Darstellungen (um 1630, Madrid, Prado und Rouen, M.). Auf einem Rembrandt zugeschriebenen Gemälde (1668, Köln, Wallr.-Rich. M.), auf dem sich zwei Männer über eine Weltkugel beugen, soll Demokrit die Züge des Malers tragen.

Meistens handelt es sich bei den Darstellungen um zwei Pendant-Bilder oder um ein Bild mit beiden Männern nebeneinander. Die zwei haben einen Globus als Symbol der Menschheit bei sich und sind als ältere Männer, Demokrit manchmal auch als etwas jüngerer abgebildet. Dieses Motiv beinhaltet den Vanitas-Gedanken: Lachen oder Weinen, es ändert nichts an unserem nichtigen Sein. An einem großen Hausportal von P. Xavery (um 1670, Leiden, Lakenhal) befinden sich Büsten der Philosophen zusammen mit Abbildungen von Apollo und Artemis. Auch auf Giebelsteinen (u. a. Hoorn, Anfang 17. Jh. und Amsterdam, Anfang 18. Jh.), als Gartenskulptur (State Terhorn, heute Leeuwarden, M., Anfang 18. Jh.) und in der Druckkunst (u. a. M. van Heemskerck, 1558) kommen sie in den Niederlanden vor. In Italien beschäftigten sich mit Demokrit und Heraklit im 17. und 18. Jahrhundert u. a. S. Rosa, der auf einem Gemälde (um 1650, Kopenhagen, Staatl. Kunstm.) Demokrit als Philosophen zeigt, der in Gedanken versunken in einem Busch sitzt, und auf einem Gemälde von G. M. Crespi (1730–40, Toulouse, M.).

Blankert 1967; Buck 1976; Wallace 1968; Weisbach 1928; Wind 1937/38

Demosthenes (384–322), Politiker in Athen, anerkannt als bester Redner seiner Zeit ⟨Demosth. orat.; Demosth. epist.; Plut. Dem.; Plut. vita X or.; Lib.; Zos. Demosthenes-Vita, Phot. Demosthenes-Vita⟩.

Nach dem frühen Tod seines Vaters Demosthenes, eines reichen Waffenfabrikanten, ließ sich der junge Demosthenes auf eigene Initiative hin von dem Rhetor Isaios ausbilden (Plut. vita X orat. 844B; Plut. Dem. 5). In einem Prozeß gegen seine Vormünder, die seinen Anteil am Erbe durchgebracht hatten, wandte er seine Redekunst zum ersten Mal und mit Erfolg an. Plutarch berichtet von zahlreichen Versuchen des Demosthenes, sein rhetorisches Können zu verbessern und seine körperlichen Mängel, eine schwache Statur und einen Sprachfehler, zu überwinden (Plut. Dem. 6 ff.; Plut. vita X or. 844D-E; Zos. 148). Durch lange Wanderungen in den Bergen stärkte er seinen Körper. Vor dem Spiegel korrigierte er seinen Gesichtsausdruck während des

Sprechens. Um sich auf Gestik und Diktion konzentrieren zu können, zog er sich monatelang in einen Keller zurück und rasierte sich den halben Kopf, so daß er nicht mehr unter Menschen gehen konnte. Die Stimme kräftigte er, indem er gegen die donnernden Brandung am Strand anzusprechen versuchte oder mit Kieselsteinen im Mund sprach.

Den Höhepunkt seiner politischen Karriere erreichte Demosthenes in den Jahren 351–349 mit seinen *Philippika*, den Reden, in denen er davor warnte, die Macht König Philippos' von Makedonien zu unterschätzen. Einer seiner hauptsächlichen Gegner war → Phokion, der die friedliche Verständigung mit Makedonien anstrebte und die durch die Reden des Demosthenes verstärkte Verhärtung der Fronten mißbilligte. Der Einfluß von Demosthenes war so groß, daß sich die meisten griechischen Stadtstaaten zum Hellenischen Bund gegen Philippos zusammenschlossen. In der Schlacht bei Chaironeia im Jahre 338 mußten sie allerdings eine schwere Niederlage gegen die Makedonier hinnehmen. Demosthenes konnte sich retten und nach Philippos' Tod zum Widerstand gegen dessen Sohn → Alexander den Großen aufrufen, der vergeblich die Auslieferung des gefürchteten Redners verlangte (Diod. 17,15; Arr. an. 1,10,7; Plut. Dem. 23).

Selbst Plutarch, der Demosthenes gegen einige Beschuldigungen anderer Autoren in Schutz nimmt, muß zugeben, daß sich Demosthenes nicht immer heldenhaft verhielt. So ließ er in der Schlacht bei Chaironeia seine Bundesgenossen im Stich und brachte sich selbst in Sicherheit. Später nahm er von Harpalos, dem treulosen Schatzmeister Alexanders, einen wertvollen Becher an und versäumte es, Harpalos auszuliefern. Als Demosthenes wegen des Verdachts der Bestechung verbannt wurde, ging er auf den Peloponnes.

Nach dem Tod Alexanders wurde er von der kriegstreibenden Partei nach Athen zurückgerufen. Die Makedonier unter Antipatros erwiesen sich jedoch erneut als die Stärkeren. Um der Hinrichtung durch die Sieger zu entgehen, vergiftete sich Demosthenes.

Demosthenes ist in erster Linie bekannt als hervorragender Rhetor; ein Grund für Plutarch, seine Biographie mit der von → Cicero zusammenzustellen, der sich selbst übrigens gern mit dem Athener verglichen haben soll. Die *Philippika* haben Cicero als Vorbild für seine *Philippicae orationes* gegen Marcus Antonius gedient.

Aus der bildenden Kunst der Antike sind einige Porträts eines ernst blickenden Demosthenes mit Bart bekannt. Eine Bronzestatue von Polyeuktos, die Demosthenes mit gefalteten Händen zeigt, war 280 auf der Agora in Athen aufgestellt worden (Kopien in Rom, Vat. M. und Kopenhagen, Ny Carlsberg Glyptothek). Weiterhin entstanden Porträts in Form von Reliefs, kleinen Bronzen und geschnittenen Steinen, die meisten in der römischen Kaiserzeit.

Der Vergleich der beiden Redner Demosthenes und Cicero wurde im Laufe der Jahrhunderte üblich: von Quintilianus in seiner *Institutio Oratoria*, einem Rhetorik-Handbuch aus dem 1. Jahrhundert n. Chr., bis zu drei Dialogen in F. de S. Fénelons *Dialogues des morts* (1712), in denen der maßvolle Stil des Demosthenes als dem gekünstelten Stil Ciceros überlegen beurteilt wird. Bei Fénelon und L. de C. Vauvenargues (1743–47), B. G. Lyttleton (1760) und F.-X. Pagès (1800) finden wir Totengespräche, in denen sich Demosthenes u. a. auch mit Phokion unterhält, ebenso mit Aischines, einem anderen berühmten Redner, der als aufbrausend charakterisiert wird, und mit dem edelgesinnten, aber zu akademisch wirkenden Redner Isokrates. Auch in dem berühmten *Voyage du jeune Anacharsis en Grèce* von A. Barthélemy (1788) erhält Demosthenes Beispielfunktion. Demosthenes wird im 18. Jahrhundert zu einem Ideal der patriotischen Bewegungen. Manch führendem Politiker wird eine Übersetzung als Zeichen der Gleichstellung mit Demosthenes zugeeignet. So widmet J. Tourreil seine Übertragung von 1691 Ludwig XIV., der gegen England Position bezogen hat, R. Mountenay dediziert die seinige R. Walpole (1731), der sich gegen Frankreich wendet und F. Jacobs schenkt sie Zar Alexander I. (1805), dem Widersacher Napoleons. Demosthenes und Phokion stehen einander in den Vorworten zu den Übersetzungen und in politischen Traktaten als Symbole der Freiheit bzw. der absoluten Macht gegenüber oder auch als Symbole der Unbeherrschtheit gegen die Selbstbeherrschung.

In der bildenden Kunst der Neuzeit kommt Demosthenes nur selten vor. E. Delacroix (1844–47) malte den Redner bei seinen Stimmübungen am Strand für die Bibliothek des Palais Bourbon in Paris (→ Archimedes).

ND

NK

Drerup 1923; Schindel 1963

Deukalion und Pyrrha. Deukalion war der Sohn von → Prometheus und Klymene oder Pronoia, verheiratet mit seiner Kusine Pyrrha, einer Tochter von Epimetheus und Pandora; beide waren berühmt für ihre Rechtschaffenheit ⟨Apollod. 1,7,1–2; Ov. met. 1,313–415; Pind. O. 9; Hyg. fab. 153⟩.

Zeus wollte das gesamte Menschengeschlecht durch eine Sintflut vernichten, war jedoch bereit, die Ehrlichen überleben zu lassen: Deukalion und Pyrrha. Auf den Rat des Prometheus hin bauten sie sich ein Boot und trieben darin neun Tage und Nächte auf dem Wasser. Als sie auf dem Berg Parnassos (u. a. Pind. O. 9,64; Ov. met. 1,316) wieder festen Boden unter die Füße bekamen (es werden auch andere Orte genannt wie beispielsweise der Ätna bei Hyginus, fab. 153), durften sie einen Wunsch äußern. Sie baten um die Gesellschaft anderer Menschen. Zeus stellte die Bedingung, sie müßten erst die Gebeine ihrer Mutter hinter sich werfen. Die beiden verstanden dies als einen Hinweis auf die Mutter allen Lebens, die Erde, und warfen Steine hinter sich. Aus den Steinen, die Deukalion warf, erwuchsen Männer, aus denen der Pyrrha Frauen.

Schon Pindar spielte auf diese Sintflut an, in der Deukalion und Pyrrha die Stammeltern des heutigen Menschengeschlechts sind; v. a. ist die Geschichte durch die Werke späterer Autoren, Apollodoros und Ovid, bekannt geworden.

Aus der Antike sind keine Abbildungen bekannt, auf denen Deukalion und Pyrrha mit Sicherheit zu identifizieren wären, außerhalb eines Stuckreliefs in Ostia aus dem 2. Jahrhundert n. Chr.

NK Im 16. und 17. Jahrhundert entstehen einige wenige Darstellungen, z. B. auf Fresken von B. Peruzzi (1511/12) in der Villa Farnesina in Rom und von D. Beccafumi (um 1530) im Palazzo Bindi Sergardi in Siena sowie auf Gemälden von J. Tintoretto (um 1541, Modena, G. Estense und 1543/44, Padua, M.).

ND Die Literatur des Mittelalters griff den Mythos nur gelegentlich auf: z. B. der *Roman de la Rose* (ca. 1275) von Guillaume de Lorris und Jean de Meung. Nachdem Deukalion und Pyrrha in der Literatur der Renaissance kaum Beachtung gefunden hatten, avancierte das Paar seit dem 18. Jahrhundert zum Dramenstoff, so bei G.-F. Poullain de Saint-Foix (1741), F. A. C. Werthes (1777), B. Taylor (1878) und H. J. Rehfisch (1921).

NM In der Musikgeschichte wurde das Paar v. a. in Kantaten besungen, z. B. von F. Bertoni nach dem Text von A. S. Sografi (1786,

Venedig), oder in parodistischer Weise auf der Bühne vorgeführt wie in der komischen Oper von A. Montfort (Libr. von M. Carré/J. Barbier, 1855, Paris).

Diana → Artemis

Dido (auch Elissà genannt), Gründerin und Königin von Karthago, Geliebte des → Aeneas, Tochter des Königs von Tyros in Phönikien (oder des Belos), Schwester des Pygmalion ⟨Verg. Aen. 1,335–756; 4,1–705; 6,450–476; Iust. 18,4,3–6,8⟩.
Als Pygmalion von seinem Vater die Königsherrschaft übernahm, betrog er Dido um ihren Anteil an der Erbschaft. Sie heiratete daraufhin ihren reichen Onkel Sicharbas (auch Acerbas oder, bei Vergil, Sychaeus). Pygmalion ermordete seinen Schwager, um an dessen Reichtümer zu gelangen, aber Dido floh mit einigen Vertrauten und den Schätzen auf einem Schiff. Sie landete an der nordafrikanischen Küste, wo der König Iarbas ihr so viel Land überlassen wollte, wie von einer Rinderhaut umspannt werden könnte. Dido ließ die Haut in sehr schmale Streifen schneiden und konnte dadurch ein großes Gebiet für sich in Anspruch nehmen. Sie gründete Karthago und ernannte sich zur Königin. Iarbas warb um ihre Hand, aber Dido hatte sich aus Treue zu ihrem ermordeten Mann geschworen, nie mehr zu heiraten. Als Iarbas sie zur Heirat zwingen wollte, indem er androhte, Karthago zu zerstören, verbrannte sich Dido auf einem Scheiterhaufen. So lautet die älteste Version der Legende, die von dem römischen Historiker Iustinus im 3. Jahrhundert n. Chr. erzählt wurde.
Vergil erweiterte die Geschichte in seiner *Aeneis*. Von einem Sturm an die Küste getrieben, landete → Aeneas bei Karthago und wurde von Dido gastlich empfangen. Durch den Einfluß der → Aphrodite und des → Eros verliebte sie sich in den Trojaner. Als die beiden während einer Jagd von einem Unwetter überrascht wurden und in einer Höhle Schutz suchten, gab sie sich ihm hin. Sie lebten glücklich zusammen, bis Iarbas in seinem Zorn, weil Dido ihr Gelübde nicht für ihn, sondern für Aeneas gebrochen hatte, Zeus um Hilfe bat. Der schickte Hermes zu Aeneas, der den Trojaner mit scharfen Worten ermahnte, daß seine Aufgabe in Italien liege, wo er ein Reich zu gründen habe; deshalb müsse er das Verhältnis mit Dido beenden (Buch 4). Aeneas fügte sich voller Schmerz, doch gehorsam dem göttli-

chen Befehl. Als Dido sah, wie sich die Flotte mit Aeneas ent-
fernte, ließ sie durch ihre Schwester einen Scheiterhaufen errichten. Sie behauptete, sie wolle alles, was sie an Aeneas erinnerte,
verbrennen und fand dann selbst den Tod im Feuer. Als Aeneas
später in die Unterwelt hinabstieg, wandte sich ihr Schatten verbittert und wütend von ihm ab (Buch 6).

Die Geschichte der Dido, die in Vergils *Aeneis* einen Höhepunkt
bildet und von Ovid in einem fiktiven Brief Didos an Aeneas in
den *Heroides* aufgegriffen wird, fand vielfach Aufnahme in der
bildenden Kunst während der letzten Phase des Römischen
Reichs – z. B. auf einem Mosaik (Low Ham, England) – und
später in illustrierten Handschriften der *Aeneis* aus dem 5. und 6.
Jahrhundert (z. B. in Rom, Vat. M.).

NK   Im Mittelalter werden Dido und Aeneas in der Buchmalerei zu
den zeitgenössischen Bearbeitungen des Stoffes (wie der Heinrichs von Veldecke) als höfische Liebende dargestellt. In der
bildenden Kunst der Neuzeit findet sich die Geschichte, wie sie
Iustinus überliefert, zuerst auf italienischen Cassoni, wobei diese
Dekorationen von Brauttruhen auf die eheliche Treue hinweisen
sollen, z. B. bei einer Truhe aus Siena (Mitte 15. Jh., Avignon,
M.) und einer Arbeit von L. da Verona (um 1495, London, Nat.
G.). Abgesehen davon, daß Dido in zahlreichen → Aeneas-Zy-
klen vorkommt, steht sie an zentraler Stelle auf einem Wand-
gemäldezyklus von P. del Vaga (1539) im Palazzo Massimo alle
Colonne in Rom, in einer Reihe von Tapetendekorationen von
G. Hoet (zwischen 1680 und 1700) für die Slangenburg bei Doe-
tinchem, auf einem Wandgemäldezyklus von A. Coypel (1702–
18) in der Galérie d'Enée des Palais Royal in Paris und auf acht
Teppichen nach Entwurf von F. de Mura (1768) für den Palazzo
Reale in Turin. Die sechs Aeneas-Teppiche aus Antwerpen nach
Entwürfen von G. F. Romanelli (um 1675) im Nimwegener Rathaus, die zur Ausschmückung anläßlich des Friedens von Nim-
wegen (1678) in Auftrag gegeben worden waren, nehmen Bezug
auf die Geschehnisse in Karthago. Die Gründung Karthagos
hielten auf Gemälden u. a. G. B. Pittoni (um 1720, St. Peters-
burg, Eremitage) und J. M. W. Turner (1815, London, Nat. G.)
fest.
Daneben entstanden Darstellungen der klagenden Dido, u. a. auf
Gemälden von A. Mantegna (Ende 15. Jh., Montreal, M.) und
D. Dossi (um 1520–23, Rom, G. Doria); Dido und Aeneas als
Liebespaar z. B. auf Gemälden von Rubens (um 1628, Frankfurt,
Städel), T. v. Thulden (um 1652, Pommersfelden, Slg. Schön-

born), P.-N. Guérin (1815, Paris, Louvre) und J. M. W. Turner
(1814, London, Tate G.); der Abschied von Aeneas beispielsweise auf Gemälden von A. Schiavone (um 1553–60, Wien,
Kunsth. M.) und G. Reni (um 1625, Kassel, Gemäldeg.);
schließlich der Tod Didos u. a. auf einem Fresko von Annibale
Carracci (um 1592, Bologna, Pal. Francia) sowie auf Gemälden
von Guercino (1630/31, Rom, G. Sparda), Rubens (um 1635–38,
Paris, Louvre), S. Vouet (um 1640, Dôle, M. Mun.), A. Sacchi
(1661, Caen, M.), N. Berchem (1678, Vaduz, Fürstl. G.), J. Reynolds (1781, London, Buck. Pal.), F. A. Maulbertsch (um
1785/86, Wien, Öster. G.) und F. H. Füger (1792, St. Petersburg, Eremitage).

In der Literatur des Mittelalters und zu Beginn der Neuzeit ste- ND
hen Aeneas und Dido einander gegenüber, allerdings nicht aufgrund der Geschichte, sondern als Exponenten unterschiedlicher Bedeutungen, die die christlichen Autoren ihnen zuschrieben. In der auf Vergil basierenden Tradition, der zufolge Aeneas
zwar ein heidnischer, aber dennoch tugendhafter Held ist, der
sich allen Verführungen widersetzen muß, um sein Ziel zu erreichen, wird Dido als eine → Kirke gesehen, eine Personifikation der Verlockungen, die Aeneas von der Erfüllung seiner
Aufgabe abhalten. In einer anderen Tradition, die Aeneas mit
negativen Eigenschaften belegt, ist Dido eine tugendhafte Witwe (u. a. bei Tertullian), die nun ihrerseits von Aeneas verführt
und dann verräterisch im Stich gelassen wird und deshalb nur
noch in den freiwilligen Tod gehen kann. G. Boccaccio ak-
zentuierte in *De claris mulieribus* (1356–64) noch Didos Witwen-
treue und verzichtete auf eine ausführliche Charakterisierung des
Aeneas. Das Schicksal der von Aeneas verlassenen Königin war
in der Renaissance ein beliebtes Thema bei den Dramatikern: A.
Pazzi de' Medici (1527/28), L. Dolce (1547) und P. N. Frisch
(1590). Nachdem Aeneas' Verrat an Dido in der Literatur der
Renaissance im Vordergrund gestanden hatte, wird im 16. Jahrhundert aber auch seine Ehre betont und Dido als unbeherrscht
liebende Frau dargestellt, z. B. im Werk von W. Gager (1583)
und in E. Spensers *Faerie Queene* (1590), wo Aeneas mit Artus
verglichen wird und → Augustus gegenübersteht.
Die Bühnenstücke vom 17. bis ins 20. Jahrhundert über Dido
und Aeneas oder auch Didos Tod zeigen alle Schattierungen der
psychologischen Deutung und moralischen Wertung, z. B. Dramen von A. Hardy (1615), G. de Scudéry (1636), A. J. de Mont-
fleury (*Les amours de Didon et d'Aenée*, 1673), A. Pels (*Dido's Dood*,

1681), J. E. Schlegel (1739), J. Reed (1767), C. von Stein (1827) und A. Müller (1941).

NM In der Operngeschichte wird Dido v. a. in ihrer Liebe zu → Aeneas behandelt. *Didone*-Opern verbreiteten sich in der zweiten Hälfte des 17. Jahrhunderts über die musikalischen Zentren ganz Europas, z. B. von P. F. Cavalli (Libr. von G. F. Busenello, 1641, Venedig), A. Mattioli (Libr. von P. Moscardini, 1656, Bologna), P. A. Ziani (Libr. von M. A. Catania, 1680, Palermo), S. Moratelli (Ouvertüre und Ballett von F. A. Kraft, Libr. von G. M. Rapparini, 1688, Düsseldorf), H. Purcell (Libr. von N. Tate, 1689, London), H. Desmarets (Libr. von L.-G. Mme Gillot de Sainctonge, 1693, Paris), A. Scarlatti (Libr. von F. M. Paglia nach A. Franceschi, 1696, Neapel) und C. Graupner (Libr. von H. Hinsch, 1707, Hamburg).

Mit dem Libretto von P. Metastasio wurde eine hundertjährige Tradition des Bildes von der verlassenen Dido begründet, die von der ersten Vertonung von D. Sarro (1724, Neapel) bis zu K. G. Reissiger (1824, Dresden) gepflegt wurde. In diesem Zeitraum erfolgten ca. 50 Vertonungen dieses Textbuchs, darunter von N. Porpora (1725, Reggio Emilia), L. Vinci (1726, Rom), B. Galuppi (1741, Modena), J. A. Hasse (Libr. von F. Algarotti nach Metastasio, 1742, Hubertusburg), N. Jommelli (dreimalige Vertonung: 1747, Rom; 1749, Wien; 1763, Stuttgart), G. Sarti (1762, Kopenhagen; 1782, Padua), N. Piccinni (1770, Rom), P. Anfossi (1775, Venedig), G. Paisiello (1774, Neapel) u. v. a.

Daneben enstanden viele weitere Dido-Opern an den Höfen, z. B. von J. Haydn für das Marionettentheater (1777/78, Schloß Esterhàza), von J. G. Naumann (Libr. von C. Mazzolà, 1781, Dresden; etwa in dieser Zeit auch eine Kantate nach dem Text von Maria Antonia Walpurgis, o. J.) und von J. M. Kraus (Libr. von J. H. Kellgren, 1799, Stockholm). Eine ›masque‹ von J. C. Pepusch nach dem Libretto von B. Booth (1716, London) wurde von T. A. Arne noch einmal vertont (1734, London).

Dido spielt auch eine wichtige Rolle in dem großen Opernprojekt von H. Berlioz: Die beiden ersten Akte der *Trojaner* gelten der Eroberung Trojas, der dritte bis fünfte Akt handelt von den Trojanern in Karthago (Libr. vom Komponisten, Uraufführung der letzten drei Akte 1863, Paris; alle fünf Akte 1890, Karlsruhe).

de Jong 1982; Leube 1969; Sluijter 1980

Diogenes von Sinope (ca. 414–323), einer der bekanntesten
Vertreter der kynischen Philosophie ⟨Diog. Laert. 6; Dio Cass.
6,17–20 u. 8,27–35⟩.
Diogenes war ein Schüler des Antisthenes, dem von Sokrates
beeinflußten Gründer des Kynismus, der eine selbstgenügsame
und bedürfnislose Lebensweise vertrat. Bei Diogenes arteten
diese Grundsätze dann in die Mißachtung jeglicher Konventio-
nen aus.
Diogenes lebte in Athen, bis er im hohen Alter nach Korinth
ging, wo er begraben ist. Den zahlreichen, meist auf den Philo-
sophiehistoriker Diogenes Laertios aus dem 3. Jahrhundert n.
Chr. zurückgehenden Anekdoten zufolge zog sich Diogenes
nicht wie → Timon, ein anderer legendärer Menschenverächter,
aus dem Leben zurück, sondern demonstrierte der Gesellschaft
seine Abneigung durch provozierendes Verhalten. Er lebte wie
ein Hund (daher auch der Name ›Kynismus‹, von griech. kyneos
[hündisch]; vgl. ›zynisch‹), verzichtete in strenger Askese auf
einen festen Wohnplatz, Kleidung und hochwertige Nahrung.
Er hatte keinen Kontakt zu Frauen, soll in einer Tonne gewohnt
und öffentlich masturbiert haben. Um seine Skepsis gegenüber
seinen Mitmenschen zu zeigen, lief er am hellichten Tage mit
einer Laterne unter den Mitbürgern herum, um nach einem ›echten‹ Menschen zu suchen. Er pflegte aus der hohlen Hand zu
trinken, weil er einen Becher für überflüssigen Luxus hielt.
Bei Valerius Maximus (4,3 ext. 4), Juvenalis (14,311), in Plutarchs Alexander-Biographie (14) und Ciceros *Tusculanae Disputationes* (5,92) ist zu lesen, daß → Alexander der Große Diogenes
aus Respekt vor seiner Philosophie einen Besuch abstattete. Auf
die Frage des Königs, welche Wünsche er hätte, antwortete Diogenes, er möge doch bitte zur Seite gehen, um ihm nicht das
Sonnenlicht zu nehmen. In einem der Totengespräche von Lukianos verspottet Diogenes Alexanders Bemühen, seine göttliche Herkunft zu beweisen. In einem Gespräch mit dem Geist des
Maussolos verhöhnt er dessen Stolz auf das von → Artemisia
erbaute prunkvolle Grabmonument.
Die zahlreichen antiken Quellen sind damit zum großen Teil
genannt. In einem in den Jahren 82–96 entstandenen Dialog von
Dio Chrysostomos wird Diogenes zum Sprachrohr gegen die
Tyrannei; der Text läßt sich als Protest gegen Kaiser Domitianus
lesen, der den Autor damals verbannt hatte.

Antike Porträts des Philosophen aus dem 2. Jahrhundert v. Chr.
sind durch römische Kopien bekannt. Sie zeigen Diogenes auf

realistische Weise: häßlich, ungepflegt, mit wildem Bart und häufig von einem Hund begleitet (Marmorstatuette in Rom, Villa Albani). Auf einem Relief und römischen Gemmen aus der Zeit des Tiberius (Rom, Villa Albani) und auf einem Mosaik aus dem 3. Jahrhundert (Köln, Röm.-Germ. M.) sitzt er in einer Tonne.

NK In der bildenden Kunst der Neuzeit stellt Raffael Diogenes auf der ›Schule von Athen‹ in der vatikanischen Stanza della Segnatura (1508–12) in der Runde der großen griechischen Philosophen dar, und zwar, anders als diese, in einer liegenden, entspannten Haltung. In der Malerei und Plastik dominiert die Szene mit Alexander, der ihm das Sonnenlicht raubt: z. B. auf Gemälden von C. de Crayer (1625–30, New York, Metrop. M.), B. Breenbergh (1639, Stuttgart, Privatbesitz), S. Rosa (um 1640–45, London, M.; als Pendant ist der maßvolle → Cincinnatus zu sehen), J. Jordaens (um 1644, Dresden, Gemäldeg.), S. Ricci (um 1695, Bologna, P. Naz. und um 1708, Parma, G. Naz.), J. Anwander (1755) und J. Zick (1755–60, Fresken, Schloß Bruchsal). Wie der Philosoph sich des Trinkbechers entledigt, das thematisierten auf Gemälden u. a. S. Rosa (1651, Kopenhagen, Staatl. Kunstm.) und N. Poussin (1648, Paris, Louvre), der seine in eine Landschaft versetzte Darstellung für den Bankier M. A. Lumague malte. J. Ribera (1639, Florenz, Uffizien und Dresden, Gemäldeg.) und M. Lespagnandelle (1685–88, am Latonabrunnen im Versailler Park) porträtierten Diogenes mit der Laterne. Erzählerisch reicher sind die Gemälde von J. van Campen (1628, Utrecht, M.) und G. B. Castiglione (um 1645, Madrid, Prado). Ein außergewöhnliches Gemälde stammt von C. B. van Everdingen (1652, Den Haag, Mauritsh.), auf dem Diogenes mit einer Laterne auf einem holländischen Platz mit einer großen, das Bild dominierenden Kirche zu sehen ist; der Philosoph wird von Personen umringt, die als Mitglieder von calvinistischen Familien identifiziert werden können. Dahinter verbirgt sich der Gedanke, daß, nach einem Wort Vondels, Diogenes auch hier wenig wahre Menschen finden würde. In dieser Tradition steht die in der Volkskunst im 17. und 18. Jahrhundert vorkommende Darstellung von Alexander und Diogenes, z. B. auf Amelander oder Enkhuizener Schränken und Gemälden. P. Puget schuf eine Marmorstatue (1689–93, Paris, Louvre), die jedoch nicht ihren Bestimmungsort, das Versailler Schloß, erreichte. Nach Skizzen von C. Le Brun (um 1650) wurden im 18. Jahrhundert einige Teppichreihen mit Diogenes-Motiven angefertigt. H. Daumier nahm Alexander und Diogenes in seine Serie *Histoire ancienne* (1842) auf.

In der Literatur und Sprache ist Diogenes, wie die bildliche Rede ND
vom ›Hund‹ und der ›Kynismus‹ zeigen, ein Beispiel für ›bissige‹
Unbehauenheit und Ehrlichkeit. Im Mittelalter kommt allerdings nur die Geschichte von seinem Zusammentreffen mit Alexander vor, z. B. in den *Gesta Romanorum*. Im Barock gilt er als
lobenswertes Vorbild für Enthaltsamkeit von irdischem Tand
und für die Skepsis den Mitmenschen gegenüber, die sich so sehr
um die weltlichen Belange kümmern. Dies wird deutlich in den
vielen Diogenes-Emblemen, die sich hauptsächlich auf das Leben in der Tonne, das Suchen mit der Laterne und das Wegwer-
fen des Bechers beziehen. Die Suche mit der Laterne ist auch ein
Thema in der Oper von P. A. Guglielmi (Libr. von N. Liprandi
unter Pseudonym A. Anelli, 1793, Venedig). Ferner figuriert
Diogenes in A. von Chamissos Werk *Der neue Diogenes* (1828)
und in einer Geschichte von W. Busch *Diogenes und die bösen Buben
von Korinth* (o. J.).

Kossoff 1979; Schmitt 1993

Diomedes, einer der mutigsten Kämpfer im Trojanischen Krieg
auf griechischer Seite, Gefährte des Odysseus, als König von
Argos am Zug der Epigonen gegen Theben beteiligt (→ Polyneikes und Eteokles), Sohn des Tydeus und der Deïpyle ⟨Hom.
Il.; Apollod. 1,8,5–6; Hyg. fab. 98; 102; 108; 175; Il. parv. 1;
Kypr. 19; Verg. Aen. 8,9–17; 9,225–295; Ov. met. 14,457–513⟩.
Bereits bei den Vorbereitungen zum Trojanischen Krieg spielte
Diomedes zusammen mit Odysseus eine wichtige Rolle. Die beiden Krieger wurden nach Skyros geschickt, um → Achilleus für
den Kampf zu gewinnen; kurz darauf lockten sie → Iphigenie
nach Aulis, wo sie zur Besänftigung der →˙ Artemis geopfert
werden sollte. Sie töteten → Palamedes aus Rache, weil dieser
den Plan des Odysseus, am Krieg nicht teilzunehmen, vereitelt
hatte (Paus. 10,31,1).
Sowohl Odysseus als auch Diomedes genossen den besonderen
Schutz der Athena. Mit ihrer Hilfe meisterte Diomedes während
des Trojanischen Krieges einige gefährliche Situationen, die im
fünften Buch der *Ilias* (1–444) ausführlich beschrieben werden.
Homer erzählt von einem Kampf gegen die Trojaner →˙ Aeneas
und Pandaros, bei welchem Pandaros von Diomedes mit dem
Speer getötet, Aeneas mit einem Felsblock schwer verwundet
wurde. Als Aphrodite ihrem Sohn Aeneas zu Hilfe kommen
wollte, wurde auch sie von dem Griechen verletzt, so daß Apollon eingreifen mußte und Aphrodites Schützling in Sicherheit

brachte. Schließlich mußte sich sogar der Kriegsgott → Ares gegen Diomedes geschlagen geben.

Im zehnten Gesang der *Ilias* (219–579), der sog. Dolonie, werden die Erlebnisse von Diomedes und Odysseus auf einem ihrer nächtlichen Aufklärungszüge beschrieben: Sie fielen über den trojanischen Kundschafter Dolon her und erfuhren durch ihn, daß der thrakische König Rhesos mit seinen wertvollen Pferden in derselben Nacht in Troja angekommen war, um Priamos zu unterstützen. Diomedes tötete sowohl Dolon als auch den schlafenden Rhesos und stahl die Pferde.

In Troja galt das Palladion, ein hölzernes Standbild der Athena, als Sinnbild der Unbesiegbarkeit der Stadt. Gemeinsam mit Odysseus gelang es Diomedes, die Skulptur zu stehlen. Als die Griechen den Trojanern kurz darauf das hölzerne Pferd als Entschädigung für das Palladion anboten, zählte Diomedes zu den auserwählten Helden, die in dem Pferd nach Troja gebracht wurden (Hyg. fab. 108). Nach dem Fall Trojas gehörte Diomedes dank Athenas Hilfe zu den wenigen, die ohne gefährliche Zwischenfälle in ihre Heimat zurücksegeln konnten. Weil ihm aber seine Frau untreu geworden war (u. a. Ov. met. 14,475) und sein Anspruch auf den Thron von Argos angefochten wurde, floh er nach Süditalien und gründete dort mehrere Städte.

Die Legende von Diomedes ist außer in der *Ilias* und bei Hyginus auch in dem durch spätere Auszüge von Proklos bekannten archaischen Epos *Ilioupersis* und der ebenfalls archaischen *Ilias parva* erzählt worden. Von Stesichoros (ca. 600 v. Chr.) sind kürzlich Fragmente einer *Ilioupersis* auf ägyptischen Papyrusrollen gefunden worden. Die Rhesos-Episode griff Euripides in einem verlorengegangenen Satyrspiel auf. Verschiedentlich werden noch einige Details zum Raub des Palladion überliefert, Diomedes' wichtigster Heldentat: Die beiden sollen als Bettler verkleidet durch einen Kanal oder über die Stadtmauern in Troja eingedrungen sein, wobei ihnen Helena half. Das Palladion soll dann über Süditalien nach Rom gelangt sein. Nach römisch orientierten Quellen haben Odysseus und Diomedes ein falsches Standbild geraubt, und es war der Trojaner Aeneas, der die für Rom bedeutende Statue dorthin brachte.

In der Kunst der Antike wird Diomedes seit dem 5. Jahrhundert v. Chr. häufig abgebildet: als edler Krieger (z. B. eine Bronzestatue aus Cumae um 430 v. Chr., vermutlich von Kresilas; Marmorkopie in Neapel, M. Arch. Naz. – in römischer Zeit diente sie als Vorbild für Porträtstatuen römischer Kaiser), in einem Zwei-

kampf oder als Nebenfigur in einer der oben genannten Szenen.
Der Raub des Palladion ist oft dargestellt worden, z. B. auf einer
Gemme des berühmten Steinschneiders Dioskurides (um 20 v.
Chr.), von der zahlreiche Kopien erhalten sind. In der als Spei-
sesaal benutzten Grotte der Villa des Tiberius in Sperlonga sind
Reste einer lebensgroßen Statuengruppe gefunden worden, und
von anderen Fundorten sind Teile oder ganze Plastiken mit die-
sem Motiv aus dem 1. Jahrhundert v. Chr. oder um Christi Ge-
burt bekannt. Auffällig ist, daß Athena immer als archaische
Statue gezeigt wird.

Illustrierte Handschriften der *Ilias* seit dem 5. Jahrhundert n. NK
Chr. zeigen Diomedes u. a. als Sieger eines Pferderennens anläßlich der Leichenspiele zu Ehren des Patroklos.
In der bildenden Kunst der Neuzeit kommt Diomedes v. a. in
Zyklen vor, die sich auf den fünften Gesang der *Ilias* beziehen.
G. Romano dekorierte (1538/39) den Troja-Saal im Palazzo Ducale in Mantua mit Szenen aus diesem Gesang, unter denen sich
fünf mit Diomedes befinden. A.-C.-P. de Caylus und D. Diderot
setzten sich dafür ein, daß Szenen aus der *Ilias* gemalt werden
sollten, die die Unerschrockenheit hervorhoben. Dieser Aufforderung kamen zahlreiche Künstler im 18. Jahrhundert nach. Die
Verwundung Aphrodites wurde dabei einige Male thematisiert,
u. a. auf einem Wandteppich nach einem Entwurf von J.-B. H.
Deshays (1761, Madrid, Pal. Reale), auf Gemälden von G.-F.
Doyen (um 1761, St. Petersburg, Eremitage), A. F. Callet (1795,
Paris, Louvre), J. Ingres (1805/06, Basel, Kunstm.) und N. Gos-
se/A. Vinchon (1827, Paris, Louvre) sowie in der Bildhauerei
von J. T. Sergel (1774, Marmorstatue, Stockholm, Nationalm.).

Auf der Bühne ist die Gestalt des Diomedes nur in einer Tra- ND
gödie von M. R. von Stern (1899) anzutreffen. Über seine Rückkehr nach Argos und die ihm untreu gewordene Frau schrieb S.
Trebitsch den Roman *Die Heimkehr des Diomedes* (1949).

In der Musikgeschichte spielt Diomedes nur eine marginale Rol- NM
le. In der ersten Hälfte des 18. Jahrhunderts entstanden einzelne
Bühnenwerke von T. Bertin de La Doué (Libr. von J.-L.-I. de La
Serre, 1710, Paris), C. Schweizelsperg (1717, Durlach), G. H.
Stölzel (1718, Bayreuth) und L. Gibelli (1741, Persiceto).

Siefert 1988

Diomedes, König der Bistonen, → Herakles

Dionysios II., König von Syrakus → Damokles, → Damon

Dionysos (auch Bakchos), Gott des Weines, der Fruchtbarkeit und der Ekstase, Sohn von Zeus und Semele (Hes. theog. 940–942), als Bacchus in der römischen Mythologie mit dem altlatinischen Landgott Liber identifiziert ⟨Hom. h. 1; 7; 26; Apollod. 3,4,2–3,5,3; Nonn. Dion.; Eur. Bacch.; Ov. met. 3,513–4,41; 4,389–419⟩.

Nach der Geburt des Dionysos (→ Semele) ließ Zeus seinen Sohn durch Hermes entweder zu den Nymphen in das mythische Land Nysa bringen oder zu Semeles Schwester Ino, die mit Athamas, dem König von Orchomenos, verheiratet war. Hera, die rechtmäßige Frau des Zeus, wollte sich für die Treuelosigkeit ihres Mannes rächen und spürte Dionysos bei seinen Pflegeeltern auf, obwohl er stets als Mädchen verkleidet war. Sie trieb Ino und Athamas in den Wahnsinn, worauf die beiden ihre eigenen Kinder umbrachten.

Bei seinen weiten Reisen, die ihn bis ins ferne Indien führten, wurde Dionysos von den → Mänaden (griech. auch bakchai, lat. bacchae) begleitet. Diese ›rasenden Frauen‹ beteiligten sich an mysteriösen Riten und Versammlungen zu Ehren ihrer Gottheit (›thiasos‹): Sie gaben sich der von Dionysos eingeflößten ›ekstasis‹ (dem aus sich Heraustreten) hin und gelangten in wilden Tänzen in den Zustand des ›enthusiasmos‹ (dem Erfülltsein von Gott). Als Kennzeichen ihrer Zugehörigkeit zu Dionysos trugen sie desses Attribut, den Thyrsos bei sich, einen von Wein und Efeu umrankten Stab.

Zum Gefolge des Dionysos gehörten ferner die → Satyrn und Silenen, unter denen namentlich Silenos als Erzieher des Dionysos hervortrat. Aus Dankbarkeit für die Gastfreundschaft, die König → Midas Silenos zukommen ließ, erfüllte Dionysos ihm einen Wunsch: alles, was Midas berührte, verwandelte sich in Gold. Da aber auch sämtliche Speisen in seinen Händen zu Gold wurden und der König befürchtete, verhungern zu müssen, befreite ihn Dionysos wieder von diesem Fluch.

Dionysos stieß häufig sowohl auf Geringschätzung und Zweifel an seiner göttlichen Herkunft als auch auf Widerstand gegen seinen orgiastischen Kult. Der thrakische König Lykurgos vertrieb den Gott aus seinem Reich, worauf dieser bei Thetis im Meer Zuflucht suchte (Hom. Il. 6,137). Er rächte sich, indem er den König in den Wahnsinn trieb: In dem Glauben, einen Weinstock vor sich zu haben, erschlug Lykurgos seinen Sohn Dryas mit der Axt. Als auch noch sein Land unfruchtbar wurde, leisteten die Bewohner einem Orakelspruch Folge und töteten Lykurgos, um die Ernte zu sichern (Hyg. fab. 132).

In Argos weigerten sich die Töchter von Proitos, dem König von Tiryns, sich den Mänaden anzuschließen und Dionysos zu verehren. Sie wurden daraufhin wahnsinnig, zogen in die Berge, hielten sich für Kühe und verschlangen ihre eigenen Säuglinge. Als der Wahnsinn auch auf die anderen Bewohner von Argos übergriff, heilte sie der Prophet Melampus und erhielt dafür einen Teil des Königreiches von Proitos (Theokr. 25; Ail. var. 3,42). Auf die gleiche Weise wurden die Töchter des Königs Minyas von Orchomenos in Böotien dazu getrieben, einen ihrer Söhne zu zerreißen. Auch sie hatten sich geweigert, an den Kultfeiern teilzunehmen (Ov. met. 4,389–415; Ail. var. 3,42).

Die bekannteste Geschichte über die häufig thematisierte Abneigung gegen Dionysos ist Inhalt von Euripides' Tragödie *Bakchai*. Als Dionysos in seine Heimatstadt Theben zurückkehrte, herrschte dort gerade Pentheus, der Enkel des → Kadmos und Sohn der Agaue. Anders als der alte Kadmos und Teiresias widersetzte sich der König heftig den orgiastischen Riten des Dionysos, denen sich die thebanischen Frauen und auch seine Mutter Agaue in den nahegelegenen Bergen hingaben. Er nahm einen vermeintlichen Abgesandten des Dionysos gefangen, tatsächlich aber war es der Gott selber, der sich auf wundersame Weise aus den Ketten befreite. Anschließend verleitete er Pentheus dazu, die Frauen auf dem Berg Kitharion zu beobachten. Der König hielt sich in einem Baum versteckt, aber Dionysos lenkte die Aufmerksamkeit der Frauen auf ihn, den seine Mutter Agaue und ihre Schwestern Ino und Autonoe in ihrer Raserei für einen jungen Löwen hielten und zerrissen. Triumphierend trug Agaue den Kopf ihres Sohnes in die Stadt, dann erst kam sie zur Besinnung und begriff, was sie getan hatte. Auf diese Weise wurde sie wegen der Geringschätzung des Dionysos durch ihren Sohn und gleichzeitig wegen ihres anfänglichen Unglaubens hinsichtlich der göttlichen Herkunft des Dionysos bestraft (→ Semele).

Auf seiner Reise nach Naxos stieß Dionysos auf Piraten. Diese wollten den Gott als Sklaven verkaufen. Aber er verwandelte ihre Ruder in Schlangen und ließ das Schiff mit Weinreben überwuchern. Die Piraten machte er mit dem schrillen Ton unsichtbarer Flöten taub; sie sprangen ins Meer und wurden zu Delphinen (Ov. met. 3,585–690; Hom. h. 7; Hyg. fab. 134). Auf Naxos heiratete Dionysos die von Theseus verlassene → Ariadne.

Bei Homer spielt Dionysos noch eine untergeordnete Rolle, später wurde er aber häufig zu den zwölf olympischen Göttern gezählt (Paus. 31,5; Plut. Quaest. Graec. 12). Seine sterbliche Mutter Semele, die Zeus mit seinem Blitz getötet hatte, holte Dionysos von der Unterwelt auf den Olymp, um ihr Unsterblichkeit zu verleihen.

Dionysos beteiligte sich am Kampf der Götter gegen die → Giganten und tötete Eurytos mit einem Schlag seines Thyrsos-Stabes.

Aus einem Verhältnis mit Aphrodite wurde der Fruchtbarkeitsgott Priapos geboren, der als Phallus-Träger erscheint. Mit ihm teilte sich Dionysos die Macht über Fruchtbarkeit und Vegetation.

In manchen Mythen spielt der Genuß des Weines eine Rolle. Hyginus (fab. 130) und Apollodoros erzählen, wie Dionysos sich in das athenische Mädchen Erigone verliebte und ihren Vater Ikarios im Weinbau unterrichtete. Als Ikarios einigen Hirten von seinem Wein gab und diese ihre Trunkenheit fühlten, erschlugen sie Ikarios in dem Glauben, er habe sie vergiften wollen. Erigone soll sich daraufhin erhängt haben. Aus Rache für den Tod Erigones und ihres Vaters trieb Dionysos immer mehr athenische Mädchen dazu, sich aufzuhängen, bis schließlich die Athener die Hirten bestraften.

Manchmal setzte Dionysos die Trunkenheit auch bewußt für seine Ziele ein: der Feuergott → Hephaistos war als Kind von seiner Mutter Hera verstoßen worden und wollte sich nun dafür rächen, indem er sie an einen goldenen Thron kettete. Dionysos flößte ihm so lange Wein ein, bis er bereit war, seine Mutter zu befreien.

Der Rausch ist für das ›Bacchanal‹, den geheimen Kult des Dionysos, von großer Bedeutung, spielte aber in dessen ursprünglicher Form, wie es bei Euripides erscheint, noch keine Rolle.

Möglicherweise drücken die Geschichten um Proitos, Minyas und Pentheus die ablehnende Haltung gegen den Dionysos-Kult aus, der in Griechenland als bedrohlich empfunden wurde. Im Gegensatz zu anderen Göttern wurde Dionysos auch in religiöser Hinsicht als wichtig angesehen. Seine Mysterien, die nur den Eingeweihten (mystai) zugänglich waren, hatten in römischer Zeit großen Zulauf. Wegen der Geheimhaltungspflicht der Eingeweihten sind die heutigen Kenntnisse nur spärlich und spekulativ.

Euripides' *Bakchai* zeigen auf eindringliche Weise die Gefährlichkeit der Ekstase und der Verführung. Eine Lykurgos-

Trilogie von Aischylos ist bis auf einige Fragmente verloren. Zu den wichtigsten literarischen Quellen, die eine Vorstellung von Dionysos vermitteln, gehören ferner drei homerische Hymnen und das Epos *Dionysiaka* von Nonnos (5. Jh. v. Chr.).

In der bildenden Kunst wandelt sich Dionysos' Gestalt von einem würdigen, großen, bekleideten und bärtigen Mann zu einem nackten, weichlichen, manchmal berauschten Jüngling. Auch kann man hier den Gegensatz zu → Apollon, dem Gott des Maßes und der Vernunft, feststellen, der jugendlich, athletisch und stolz erscheint. V. a. auf Vasen wird Dionysos durch die Jahrhunderte mit seinem Thyrsos-Stab inmitten von Wein- oder Efeuranken abgebildet, wobei er eine Weinschale in der Hand hält, mit einem Pantherfell über der Schulter bekleidet ist und neben ihm die geweihten Tiere (Panther, Ziege) stehen. Er befindet sich häufig zwischen seiner Anhängerschaft, den Mänaden, Satyrn und Silenen, entweder auf einem Wagen sitzend oder zu Fuß, wie bei der Entführung des Hephaistos auf den Olympos. Außerdem sind Schilderungen des Gottes bekannt, bei denen er sich auf Silenos oder einen Satyr stützt, z. B. eine Bernsteinfigur aus Esch (Ende 2. Jh. n. Chr., Den Bosch, Noord-Brabants M.), oder Silenos hält den Dionysosknaben auf dem Arm, z. B. eine Bronzestatue vermutlich aus der Schule des Lysipps (um 300–280 v. Chr.; Marmorkopie in Paris, Louvre). Die zahlreichen mythologischen Erzählungen sind v. a. auf Vasen und Reliefs zu finden. Im 6. Jahrhundert v. Chr. wurde häufig Hephaistos gezeigt, seit dem 5. Jahrhundert v. Chr. sind Lykurgos und Pentheus und erst seit dem Hellenismus Ariadne mit Dionysos zu sehen (Naxos, Triumphzug, Hochzeit), z. B. auf römischen Sarkophagen. Zahlreiche Abbildungen des Dionysos wurden im Zusammenhang mit seinem Kult interpretiert, z. B. der größte aus der Antike erhaltene gemalte Figurenfries in der Villa dei misteri in Pompeii (um 70–60 v. Chr.) und das Dionysos-Mosaik vom Anfang des 3. Jahrhunderts n. Chr. (Köln, Röm.-Germ. M.).

Sowohl in der Literatur als auch der bildenden Kunst des Mittelalters wird Dionysos als Präfiguration Christi angesehen, weil er der Sohn eines Gottes und einer Sterblichen ist, unter den Sterblichen wandelt und ihnen ein himmlisches Leben verspricht. Daneben aber gilt er auch als Personifikation der Unmäßigkeit. N

In der bildenden Kunst der Neuzeit gestaltete Michelangelo einen neuen Typus des weichlichen Jünglings (1496/97, Marmor- NK

statue, Florenz, M. Naz.). Diese Interpretation übte großen Einfluß auf die Bildhauerkunst der Folgezeit aus: z. B. auf Werke
von J. Sansovino (1511/12, Marmorstatue, Florenz, M. Naz.), F.
Girardon (1663/64, Stuckfigur, Paris, Louvre), B. Permoser
(vor 1675, Sandsteinstatue, Wien, Unteres Belvedere), B. Thorvaldsen (1804, Gipsstatue, Kopenhagen, Thorvaldsen M.), A.
von Hildebrand (um 1887/88, Gipsskulptur, Florenz, San Francesco) und G. Marcks (1942, Bronzeskulptur, Bremen, G.-
Marcks-Stiftung). Das Leben des Dionysos hielten z. B. auf Fresken D. da Volterra (um 1548–50) im Palazzo Farnese in Rom und
P. Veronese (um 1560/61) in der Villa Barbaro-Volpi in Maser
fest. Caravaggio stellte Dionysos auf einem Gemälde (um 1589–
93, Rom, G. Borghese; Selbstporträt) als einen sich vergnügenden Jungen dar, auf einem anderen (1596/97, Florenz, Uffizien)
als einen trägen Jüngling mit vollem Weinglas. Gelegentlich
wird Dionysos als fülliger Trinker abgebildet, wie z. B. auf einem
Gemälde von J. Jordaens (um 1650, Brüssel, Kon. M.). Außerdem wird er in Gesellschaft der Mänaden, Satyrn und Silenen,
seltener mit den Kentauren und Pan gezeigt, u. a. auf Gemälden
von C. da Conegliano (um 1505–10, Fragmente in Philadelphia,
M.), C. C. van Haarlem (um 1608, Rotterdam, M. Boymans) und
C. Moeyaert (1624, Den Haag, Mauritsh.). Das Motiv seines
Triumphes, bei dem sich oftmals Ariadne in seiner Nähe oder auf
dem Wagen befindet, ist z. B. auf Fresken von B. Peruzzi
(1511/12, Rom, Villa Farnesina) und Annibale Carracci (1597–
1600, Rom, Pal. Farnese) sowie auf Gemälden von M. van
Heemskerck (vor 1543, Wien, Kunsth. M.), F. Francken d. J.
(1616–18, Karlsruhe, Staatsg.), H. van Balen/J. Brueghel d. Ä.
(um 1620, München, AP), P. da Cortona (vor 1625, Rom, Kapitol. M.), M. van Uyttenbroeck (1627, Braunschweig, M.), Rubens (1636–38, Madrid, Prado), J. Jordaens (um 1645, Kassel,
Gemäldeg. und um 1650, Brüssel, Kon. M.), A. van Nieulandt
(1652, Kopenhagen, Staatl. Kunstm.) und C.-J. Natoire (1747,
Paris, Louvre) zu sehen. Darstellungen des Bacchanals finden
sich beispielsweise auf Gemälden von Tizian (1518/19, Madrid,
Prado) im Auftrag von Alfonso d'Este, von M. van Heemskerck
(um 1536, Wien, Kunsth. M.), im Auftrag von Kardinal Richelieu von N. Poussin (um 1635, Kansas, M.), der drei Bacchanale mit den Hauptfiguren Pan, Silenos und Dionysos zeigt,
mit einem Gegenstück einer ›Meer-Szene‹, der Hochzeit Poseidons mit Amphitrite, sowie von M. J. Kremser Schmidt (1790,
Nürnberg, Nationalm.). Das vom 16. bis zum 18. Jahrhundert
vorkommende Motiv des Bacchanals versinnbildlicht das Ideal

von Jugend und Schönheit, die natürliche Freude und Befreiung
von den Sorgen. Der Thiasos wird in Szenen ohne Ariadne geschildert, in denen der kleine Dionysos von Hermes den Nymphen übergeben wird oder diese sich der Erziehung des Jungen
widmen, z. B. auf Gemälden von Giovanni Bellini (um 1515,
Washington, Nat. G.), A. da Correggio (um 1519, Fresko, Parma, Camera di San Paolo), F. Boucher (um 1734, London, Wallace C.), F. A. Maulbertsch (um 1759, Wien, Öster. G.), J. Reynolds (1773, London, Tate G.; Mrs. Hartley als Nymphe) und
J.-L. Gérôme (1848, Toulouse, M.) sowie in der Bildhauerei bei
A. Canova (1797, Gipsrelief, Possagno, G.), B. Thorvaldsen
(1809, Marmorrelief, Kopenhagen, Thorvaldsen M.), H. Küm-
mel (1846, Marmorskulptur, Hannover, Landesm.) und J.-B.
Clésinger (1869, Marmorskulptur, Paris, M. d'Orsay). N. Poussin gestaltete ein Gemälde (1657, Cambridge/Mass., M.) mit der
Erziehung des Dionysos als Sinnbild der Fruchtbarkeit und
Freude neben der Szene von → Narkissos und Echo, einem Symbol für Unzugänglichkeit. In Personifikationen der vier Jahreszeiten steht Dionysos mit Weintrauben und Trinkbecher für den
Herbst, die Zeit der Weinlese, z. B. auf einem Brüsseler Teppich
(um 1650, Amsterdam, M.). Einen aktuellen Bezug stellt Velázquez auf einem Gemälde (um 1628/29, Madrid, Prado) her, indem er Dionysos als Trostspender spanischer Bauern zeigt. Weitere Dionysos-Darstellungen schufen u. a. Giambologna (um
1560–80, Bronzefigur, Braunschweig, M.), Annibale Carracci
(um 1590/91, Gemälde), P.-P. Prud'hon (1796–99, Gemälde,
Paris, Louvre) und A. Rodin (um 1912, Marmorskulptur, Paris,
M. Rodin). Zu Abbildungen mit Ariadne und seiner Geburt:
→ Ariadne, → Semele.

In der Literatur der Neuzeit gestaltet Heinsius in seinem Hym- ND
nus *Lofsang van Bacchus* (1614) den Gott als Symbol der Überwindung der Todesangst. Die deutsche Romantik sah auf ihrer
Suche nach einer neuen Mythologie in Dionysos den ›kommen-
den Gott‹, wie ihn u. a. Hölderlin in seiner großen Elegie *Brot
und Wein*, die in einer anderen Fassung mit *Der Weingott* überschrieben war (ca. 1800), feierte. Das Dionysische wird von F.
Nietzsche in seiner Schrift *Die Geburt der Tragödie aus dem Geiste
der Musik* (1872) dem Apollinischen gegenübergestellt. Dieser
Gegensatz ist v. a. in Bearbeitungen von Euripides' *Bakchai* betont worden. So finden wir in dem Libretto von W. H. Auden
und C. Kallmann für die Oper H. W. Henzes (1966, Salzburg)
den Kontrast zwischen der Ratio und der dunklen, gefährlichen

Verführung. Das Dionysische stand auch in einigen Nummern der surrealistischen Zeitschrift *Acéphale* (1936 und 1937) im Zentrum.

Der Siegeszug des Dionysos und die Verteilung seines fruchtbaren Reichtums auf der Erde wird in einem Roman (1904) von L. Couperus aufgegriffen.

NM Einige Werke der Musikgeschichte behandeln den Bacchus-Stoff als Ballett, wie z. B. von J.-B. Böesset (1666), J.-B. Lully (1666, Paris; daneben eine Pastorale nach dem Libr. von P. Quinault, Molière und I. de Benserade, 1672, Paris) und F.-H. Barthélemon (1784, London). Im 18. Jahrhundert entstanden daneben zahlreiche Kantaten, u. a. von J.-B. Morin (Paris, 1707), L.-N. Clérambault (*Cantates françoises*, Paris, 1710) und C.H. Gervais (*Cantates françoises I*, Paris, 1712). In eine englische Sammeledition wurde das Bacchus-Lied von G. F. Händel aufgenommen (Text von T. Phillips, London, 1731).

Besonders die Beziehung des Bacchus zur verlassenen → Ariadne war für die Oper interessant, wie einige Werke von R. Fleckno (Libr. vom Komponisten, London, 1654), L. de Mollier (Libr. von J. D. de Visé, 1672, Paris) oder J. F. Conradi (Libr. von C. H. Postel, 1691, Hamburg; auch von R. Keiser vertont, 1722, Hamburg) zeigen. Aus dem 18. Jahrhundert sind in diesem Zusammenhang u. a. zu nennen: J. J. Fux (Libr. von P. Pariati, 1726, Wien), N. Porpora (Libr. von P. A. Rolli, 1733, London), I. Holzbauer (Libr. von M. Verazi, 1756, Mannheim), P. Anfossi (Libr. von G. Lanfranchi-Rossi, 1781, Venedig), A. Tarchi (Libr. von C. Oliveri, 1784, Turin) und M. T. von Paradis (Libr. von J. Riedinger, 1791, Laxenburg).

Zwei Bacchus-Projekte von C. Debussy gingen verloren bzw. blieben Fragment: die Orchestersuite nach T. de Banville (ca. 1882) und eine Oper nach dem Libretto von J. Gasquet (begonnen 1904). C. Chaminade legte ihrer Ode den Text von H. Jaquet zugrunde (London, 1899); das Libretto für die Oper von J. Massenet schrieb C. Mendès (1909, Paris). G. Holst vertonte Teile der Tragödie von Euripides in einer Hymne (London, 1914). Für S. Diaghilevs ›Ballets russes‹ schrieb A. Roussel die Musik (nach dem Text von A. Hermant, 1931, Paris).

Carpenter 1990; Christopolis-Mortoia 1964; van Dorst 1984; Emmerling-Skala 1994; Fehl 1974; Gesing 1988; Horster 1968; Jeanmaire 1951; Kerényi 1961; Merkelbach 1988; Nilsson 1957; Otto 1933; Pichelt 1949; Pochmarski 1974; Schöne 1987; Warners/Rank 1968 und 1971; Wind 1946

Dioskuren, die Zwillingsbrüder Kastor und Polydeukes (lat. Castor und Pollux), galten als Beschützer der Seeleute, Kastor war ein angesehener Roßbändiger, Polydeukes ein gefürchteter Faustkämpfer, nach Homer Söhne des spartanischen Königs Tyndareos und der Leda, Brüder von Helena und Klytämnestra, bei späteren Schriftstellern Söhne des Zeus (daher auch ihr Name, lat. Dioscuri, griech. Dios kuroi).

Zu den verschiedenen Überlieferungen ihrer Geburt: → Leda.

Plutarch (Thes. 31) erzählt, wie Theseus Helena, die Schwester von Kastor und Polydeukes, raubte, worauf die beiden spartanischen Helden sie mit Waffengewalt befreiten, während sich Theseus in der Unterwelt aufhielt. Dabei entführten sie Aithra, die Mutter des Theseus.

Kastor und Polydeikes nahmen an der Jagd nach dem kalydonischen Eber unter der Leitung des → Meleagros teil und wurden auch zu den → Argonauten gezählt (Ov. met. 8,301–302). Polydeukes konnte dabei sein Können im Faustkampf unter Beweis stellen, als Amykos, der König der Bebryker, die Argonauten wie alle seine Gäste zu einem Zweikampf herausforderte. Normalerweise fanden die Gäste bei diesen Kämpfen den Tod, gegen Polydeukes mußte Amykos jedoch seine erste Niederlage hinnehmen (Apoll. Rhod. Arg.).

In einer noch bekannteren Geschichte gerieten die Zwillinge mit ihren Vettern Idas und Lynkeus, den Söhnen des messenischen Königs Aphareus, in Konflikt (Kypr. 9; Pind. N. 10,112 ff.). Idas und Lynkeus waren mit den beiden Töchtern des Leukippos verlobt, den Leukippiden. Kastor und Polydeukes wollten die beiden Mädchen für sich gewinnen und entführten sie nach Sparta. In den darauffolgenden Kämpfen tötete Idas den Kastor und Polydeukes den Lynkeus. Zeus rächte seinen Sohn Kastor und erschlug Idas mit seinen Blitzen, seinen anderen Sohn Polydeukes nahm er unter die Unsterblichen auf. Doch Polydeukes wollte nicht an der Unsterblichkeit teilhaben, solange sein Bruder dazu verdammt war, ewig im Totenreich zu verweilen. Deshalb erlaubte Zeus seinen Söhnen, sich täglich abzuwechseln; während der eine sich unter den Unsterblichen aufhielt, blieb der andere in der Unterwelt.

Zu den Dioskuren gibt es einen homerischen Hymnos und einen von Theokritos (20; 3. Jh. v. Chr.). In der römischen Kultur genossen die Zwillinge seit Anfang des 5. Jahrhunderts v. Chr. hohes Ansehen, nachdem 496 in der Schlacht am Regillussee zwei geheimnisvolle Reiter die römischen Truppen zum Sieg geführt hatten (Cic. nat. 2,6; 3,11; Dion. Hal. 6,3 ff.). Kurz darauf wurde ihnen als Kastor und Pollux ein Tempel auf dem Forum geweiht. Die schnelle Einführung ihrer Verehrung aus dem griechischen Süditalien verdankte sich der Aristokratie, die den Ritterstand bildete und in der Schlacht die Oberhand gewinnen konnte. Die Dioskuren galten als ihre Schutzpatrone.

Seit der archaischen Periode werden die Dioskuren auf Vasen und in der Bildhauerei, z. B. auf Reliefs aus Sparta, als Reiter oder als Pferdelenker abgebildet. Auf zwei Metopen des sog. Monopteros von Sikyon (um 560 v. Chr., Kalkstein, Delphi, M.) sind die beiden mit den Apharetiden als Viehdiebe und mit den Argonauten und Orpheus zu sehen. Auf älteren Abbildungen tragen sie Waffen, die später fehlen. Im 5. Jahrhundert v. Chr. gehören kegelförmige Seemannsmützen (vielleicht im Ursprung die Eierschale der Geburt) zu ihrer Bekleidung und zeugen vom Wandel ihrer Bedeutung: Sie gelten von nun an als Beschützer der Seeleute. Seit der hellenistischen Zeit treten Figurengruppen in den Vordergrund, die die Dioskuren als Pferdelenker mit Mütze und einem Mantel um die Schultern zeigen, z. B. zwei bekannte römische Gruppen auf dem Quirinal und Capitol in Rom. Durch ihre Verbindung mit der Reiterei waren sie im römischen Heer besonders angesehen. Seit dem 3. Jahrhundert wurden sie im Sternbild der Zwillinge (Gemini) verehrt. Auf römischen Sarkophagen sind sie wegen ihres abwechselnden Aufenthalts bei den Unsterblichen und im Hades, in der griechischen Keramik außerdem in Szenen mit Lynkeus, Idas und den Leukippiden zu finden.

NK In der Kunst der Neuzeit werden die Dioskuren selten allein dargestellt, z. B. auf einem Fresko von P. da Cortona (1642–44) im Palazzo Pitti in Florenz und in der Bildhauerei bei A. Maillol (nach 1907/08, Bronzeskulpturengruppe, München, Staatsgemäldeslg.). Der Schlacht am Regillussee ist ein Fresko von T. Laureti (1587–94, Rom, Konservatorenpal.) gewidmet. Ansonsten verwendeten die Künstler die Dioskuren nur als Nebenfiguren: im Zusammenhang mit der Entführung der Leukippiden auf Gemälden von Rubens (um 1616–18, München, AP), J. Boeckhorst (1637–39, Florenz, Uffizien) und K.-X. Roussel (1922, Paris, M. d'Orsay) oder zusammen mit Leda, beispielsweise auf einem Fresko von B. Peruzzi (1510/11) in der Villa Farnesina in Rom. In der Emblematik stehen die Dioskuren wiederholt für die Bruderliebe bis in den Tod und darüber hinaus. Daneben dienen sie auch als Vorbilder für Bruderpaare, wie für die französischen königlichen Brüder Karl IX. und Heinrich II. G. Marcks gestaltete für die Olympischen Sommerspiele 1972 in München Gold-, Silber- und Bronzemedaillen mit den Dioskuren.

In der Literatur des Mittelalters steht die Geschichte von der ND Zeugung und Geburt der Dioskuren im Mittelpunkt. Sie kommt vor in Guido delle Colonnes *Historia destructionis Troiae* (1272– 87), in der anonymen Ovid-Bearbeitung *Ovide Moralisé* (ca. 1316– 28) und in G. Boccaccios *Teseida* (ca. 1330–40). A. Danchet thematisiert die Bruderliebe in dem Theaterstück *Les Tyndarides* (1707). Gedichte um Kastor und Polydeukes gibt es u. a. von P. de Ronsard (1556, Hymn), F. Hölderlin (nach 1800, Ode) und H. Gstettner (1942).

In der Oper des 18. Jahrhunderts kommen die Dioskuren auch in NM Werken um Leukippos vor. Opern mit Castor und Pollux als Titelfiguren stammen z. B. von J.-P. Rameau (Libr. von P.-J. Bernard, 1737, Paris), J. A. Hasse (Libr. von G. C. Pasquini, 1747, Hubertusburg), T. Traetta (Libr. von C. I. Frugoni, 1760, Parma), A. Tozzi (Libr. von G. Tonioli, 1776, Madrid), G. Sarti (Libr. von F. Moretti nach Bernard, 1786, St. Petersburg) oder G. J. Vogler (Libr. vom Komponisten nach Frugoni, 1787, München). P. von Winter schuf eine Oper, die den Triumph der Bruderliebe schon im Titel hervorhebt (Libr. von L. da Ponte, 1804, London). Das *Lied eines Schiffers an die Dioskuren* vertonte F. Schubert nach dem Text von J. Mayrhofer (entst. 1816; Druck 1826).

Castores 1994; Chapouthier 1935; Harris 1903 und 1906

Dirke → Amphion und Zethos

Dolon → Diomedes

Domitianus, Bruder des → Titus, → Traianus

Drusus, Bruder des → Tiberius

Dryaden → Nymphen

Echeneïs, Geliebte des → Daphnis

Egeria, eine gesetzgebende Nymphe → Numa Pompilius

Eileithyia, Geburtsgöttin → Amphitryon und Alkmene

Elagabal, Varius Avitus Bassianus/Heliogabalus (204–222) aus Emesa in Syrien, Sohn des S. Varius Marcellus und der Iulia Soaemias und ältester Neffe des Kaisers Caracalla ⟨Herodian 5,3 ff.; Dio Cass 81,32 ff.; H. A. vita Elagab.⟩.
Über seine Großmutter Iulia Maesa war Elagabal auch mit Kaiser Septimius Severus verwandt, dessen Frau Iulia Domna ihre Schwester war. Er war Hohepriester des Sonnengottes El-Gabal, woher er seinen Beinamen erhielt. Als Marcus Aurelius Antoninus Pius Felix Augustus wird er vierzehnjährig Kaiser, gewählt und unterstützt von den syrischen Truppen. Sein Einzug in Rom, den er im Jahre 219 hielt, soll wegen der dekadenten Atmosphäre so skandalös gewesen sein, wie man es seit den Zeiten Neros nicht mehr gesehen hatte. In seinem Versuch, den östlichen monotheistischen Gottesdienst von El-Gabal in Rom einzuführen, mißachtete er alle altrömischen Gebräuche und erzwang sogar die Heirat mit der Virgo Maxima, der obersten Vestalin Aquilia Severa Augusta (Dio Cass. 79,9,3). Auch der Wagenlenker Hierokles aus Smyrna wurde mit ihm ehelich verbunden (Diod. 79,15 u. 79,16,6). In den Quellen wird die Schändlichkeit der ungezügelten, unnatürlichen Lebensweise betont, die die Stadt in Wirren stürzte. Die Großmutter verstand es einige Jahre später, dieses Treiben zu beenden, indem sie einen anderen Enkel, Alexander Severus, als Mitregenten einsetzte. Im Frühjahr des Jahres 222 wird Elagabal ermordet, sein Leichnam schmachvoll dem Tiber überlassen.

Das Leben Elagabals ist v. a. in negativen Deutungen von Dio Cassius, Herodianos (3. Jh.) und Lampridius in der *Historia Augusta* (Ende 4. Jh.) beschrieben worden. Es besteht kein Zweifel daran, daß der junge Kaiser nicht ganz zurechnungsfähig war.

ND Der polnische Dramatiker Z. Krasiński spielte in seinem Stück *Irydion* (1836) mit den Zuständen in Rom zur Zeit des Elagabal auf das untergehende Polen an; dieser Vergleich klingt auch in H. Sienkiewicz' *Quo Vadis* (1896) an: Immer wieder erhebt sich das unterjochte Volk (Griechen, Christen) gegen die Unterdrücker (Römer). In der Dekadenzdichtung des späten 19. Jahrhunderts dient Elagabals Leben als Muster für die Verherrlichung der freien Sitten im Altertum, die sich scharf gegen die erstickende christliche Atmosphäre ihrer Zeit abheben. Dieser Aspekt findet sich u. a. bei G. Flaubert, T. Gautier, J.-K. Huysmans, Ouida und E. Gide. J. Lombarts *L'agonie* (1888) war L. Couperus bekannt, als er seinen historischen Roman *De berg van licht* (1905–06) schrieb. Für den Autor hatten die androgynen Züge Elagabals besonderen Reiz. S. A. George sah in seinem Gedicht *Algabal* (1892) diesen Kaiser, der mit dem bewunderten, kurz zuvor gestorbenen Ludwig II. von Bayern gleichgestellt wird, als letzten antiken Repräsentanten eines exuberanten Daseins. A. Artaud stellte in einem Drama (1933) den Kaiser als Befreier der römischen Welt und wichtigen Gegner des aufkommenden Christentums dar.

Eine Oper aus der zweiten Hälfte des 17. Jahrhunderts nach dem   NM
Libretto von A. Aureli wurde P. F. Cavalli zugeschrieben (Ort und Jahr nicht bekannt).

Goedegebuure 1987; Riikonen 1978

Elektra, Tochter des → Agamemnon, des Königs von Mykene, und der → Klytämnestra, Schwester des → Orestes, der → Iphigenie und der Chrysothemis ⟨Aischyl. Choeph.; Soph. El.; Eur. El.; Eur. Or.; Sen. Ag.; Hyg. fab. 109, 122⟩.

Als Elektras Vater Agamemnon aus dem Trojanischen Krieg heimkehrte, wurde er von seiner Frau Klytämnestra und deren Liebhaber Aigisthos ermordet. Elektra brachte daraufhin ihren kleinen Bruder Orestes in Sicherheit. Sie selbst blieb bei den beiden Mördern, obwohl diese sie immer wieder demütigten. Sie hoffte auf die Rückkehr ihres Bruders, der Agamemnon rächen sollte (→ Orestes). Später heiratete Elektra ihren Vetter Pylades, der Orestes bei seinem Racheakt unterstützte.

Elektra kommt in der Antike erst in den Tragödien *Choephoroi* von Aischylos, *Elektra* von Sophokles und *Elektra* und *Orestes* von Euripides vor. In Senecas *Agamemnon* spielt auch sie eine wichtige Rolle. Das Handlungsmuster ist bei Aischylos und den beiden Tragödien des Euripides dasselbe: Orestes kehrt zurück, gibt sich für einen Boten aus, der vom Tod des Orestes berichtet, enthüllt seine Identität der Elektra und plant zusammen mit ihr die Ermordung von Klytämnestra und Aigisthos. Die Schilderungen Elektras sind verschieden. Bei Aischylos ist sie gedemütigt und gebrochen, richtet sich aber nach der Rückkehr ihres Bruders wieder auf. Bei Sophokles ist sie im Gegensatz zu ihrer Schwester Chrysothemis, die Sophokles noch auf die Bühne bringt, voller Haß und verweigert jede Annäherung an Klytämnestra. Als sie von dem vermeintlichen Tod des Orestes hört, will sie den Rachemord selbst durchführen. Nachdem sie Orestes erkannt hat, ist sie die treibende Kraft des Vergeltungsplanes. Bei Sophokles geht es um die Erfüllung einer göttlichen

Pflicht, bei Euripides aber handelt Elektra, die einen armen
Bauern hat heiraten müssen, um keinen adligen Rächer gebären
zu können, in blinder Rachsucht und begeht einen gemeinen
Mord. Auch in Euripides' Tragödie *Orestes* entwickelt sie sich zu
einer besessenen Mörderin.

In der Keramik des 5. Jahrhunderts v. Chr. und auf einigen
Reliefs ist Elektra zusammen mit Orestes und Pylades zu sehen.
Meistens nähern sich die beiden Freunde der Elektra, die am
Grab ihres Vaters in Trauer verharrt. Auf einem Kalksteinrelief
(um 340–330 v. Chr., New York, Metrop. M.) stehen Elektra
und Orestes am Grabe Agamemnons. Bei einer Statuengruppe
von Stephanos (1. Jh. v. Chr., Neapel, M. Naz.) mit einem Jungen und einer jungen Frau handelt es sich wahrscheinlich um die
Geschwister.

ND　　Das Stück von Sophokles war im 17. und 18. Jahrhundert sehr
bekannt und wurde häufig bearbeitet, wobei v. a. der Muttermord in den Hintergrund rückte und die Rache sich hauptsächlich auf Aigisthos bezog, z. B. bei P. J. de Crébillon (1709), H.-B.
Longepierre (1719) und J. J. Bodmer (1760). Im 20. Jahrhundert
ist H. von Hofmannsthals *Elektra* (1904) bedeutend: Elektra ist
eine besessene, auf (Selbst-)Vernichtung ausgerichtete Mörderin. J. Giraudoux (1937) läßt sie jede Verständigungsmöglich-
keit mit Aigisthos ausschlagen. Ganz anders ist die Adaption
von E. O'Neill (1931): Elektra bricht in der Zeit des Amerikanischen Bürgerkriegs aus ihrer beengenden Umwelt aus. G.
Hauptmann schrieb seine *Elektra* (1944), die den dritten Teil
seiner Atriden-Tetralogie ausmacht, im Geist des Aischylos:
Elektra ist das Opfer einer nicht zu beeinflussenden Schicksals-
bestimmung.
Filme zum Thema gibt es von M. Cacoyannis (1961, ›Electra‹,
mit Irene Papas in der Hauptrolle) und M. Jancso (›Electreia‹).

NM　　Die Geschichte von Elektra, die sich nach der Rache ihres Vaters
auf Kreta zurückzieht und sich dort in den Königssohn Idaman-
tes verliebt, wurde von A. Danchet für die Opernbühne bearbeitet und von A. Campra vertont (1712, Paris). Das Libretto für
W. A. Mozarts gleichnamige Oper *Idomeneo* verfaßte G. Varesco
nach dieser französischen Vorlage (1781, München). Im gleichen
Jahr vertonte C. Cannabich das dramatische Gedicht von W. H.
von Dalberg (1781, Mannheim). Etwas später folgten die Werke
von J.-B. Lemoyne (Libr. von N.-F. Guillard, 1782, Paris) und
J. C. F. Haeffner (Libr. von A. F. Ristell nach Guillard, 1787,

Drottningholm). Im 19. Jahrhundert entstanden die Oper von A. Dietrich (Libr. von H. Allmers, 1872, vermutl. Oldenbourg), eine Kantate von L. T. Gouvy (ca. 1890) und die Bühnenmusik zu C. Chabaults Drama von A. Nepomuceno (1894).

Im Zeichen der Freud-Rezeption steht der Entwurf einer hysterischen, sich selbst zerstörenden Elektra-Figur von H. von Hofmannsthal, der von R. Strauss vertont wurde (1909, Dresden; Verfilmung von Götz Friedrich 1981). Aus der Folgezeit gibt es einige Bühnenmusiken zum Drama des Sophokles, z. B. von G. Bantock (1909), A. Diepenbrock (1920) und L. Harrison (1937).

In neuerer Zeit kamen häufig Elektra-Ballette zur Aufführung, z. B. mit Musik von H. Pousseur (1960, Brüssel), H. W. Henze (1972, Hongkong) und K. Stockhausen (1972, Braunschweig). M. D. Levy griff für seine Oper auf das Drama von E. O'Neill zurück (1967, New York).

In der bildenden Kunst der Neuzeit wurde Elektra nur selten NK dargestellt, u. a. auf einem Gemälde von F. Leighton (um 1869, Hull, M.).

Burian 1950; Busch 1951; Davies 1971; Frenzel 1992a; Friedrich 1967; Fuhrmann 1950; Heinemann 1920

Elissa → Dido

Elpinike, Schwester des → Kimon

Empedokles (ca. 490–430) war in seiner Geburtsstadt Akragas (Agrigent auf Sizilien) Arzt, Prophet und Philosoph; vielen galt er als Wundertäter ⟨eigene Werke; Diog. Laert. 8,51–72; Diod. 11,53⟩.

Herakleides Pontikos schrieb in einem fragmentarisch überlieferten Text, daß Empedokles seine Frau Pantheia, die man schon für tot erklärt hatte, wieder zum Leben erweckte. Aristoteles schätzte Empedokles als Naturphilosophen sehr, der in seinem Lehrgedicht *Peri physeos* ⟨›Über die Natur‹⟩ das Weltganze aus vier Wurzeln oder Elementen hergeleitet hatte: Wasser, Luft, Feuer und Erde. Das stetige Wechselspiel der Elemente sei für die verschiedenen Stoffe und Formen verantwortlich. In diesem Prozeß spielen Haß und Liebe eine entscheidende Rolle als verbindende und als trennende Mächte. Der philosophische Grund-

gedanke des Empedokles, daß sich die Natur trotz aller Veränderungen gleich bleiben würde, brachte ihn zu der Auffassung,
daß er selbst einige Formen des Seins durchgemacht habe: Junge, Mädchen, Vogel, Fisch und schließlich erwachsener Mann.
Diese Gedanken finden sich in seinem umfangreichen Werk *Ka-
tharmoi* (›Reinigungen‹), welches leider nur fragmentarisch
überliefert wurde.

Diogenes Laertios, der auf eine weniger wohlwollende Weise
Anekdoten aus Empedokles' Leben berichtet, erzählt die Geschichten, die über den Tod des Philosophen im Umlauf waren.
Er habe seine Mitmenschen davon überzeugen wollen, daß er als
Gott in den Himmel aufgestiegen sei, indem er in den Aetna
sprang, doch wurde er entlarvt, weil der Berg eine seiner Sandalen unverbrannt auswarf. Vom Tod des Empedokles berichten
auch Strabo (6,274) und Horaz (ars 464).

N Die Erweckung der Pantheia wurde in der Spätantike von den
Christen auf eine Totenerweckung Jesu übertragen: Bei Origenes (*Contra Celsum*) und in der bildenden Kunst vermutlich auf
einem Gemälde in den Katakomben an der Via Latina in Rom (4.
Jh.).

ND In der Literatur erlangt Empedokles erst spät Bedeutung. F.
Hölderlin schrieb in den Jahren 1798–1800 sein unvollendet gebliebenes Trauerspiel *Der Tod des Empedokles*, das vor allem in
neuerer Zeit als Textgrundlage für Kompositionen herangezogen wurde, u. a. von H. Reutter (Concerto scenico in 2 Akten,
Mainz, um 1966; *Drei Monologe des Empedokles*, Gesang mit Klavier, Mainz, 1971), R. Leibowitz (Satz für gemischten Chor,
Hillsdale NY, um 1976), H.-J. von Bose (Symphonisches Fragment, Mainz, 1980), S. Wolpe (Kantate, entst. 1963, Hamburg,
1981), P. M. Braun (*Neue Welt*, Hassloch/Pfalz, 1983; *Doch, wie
immer das Jahr*, Hassloch/Pfalz, um 1987), R. Karger (*Tod. Richt-
kraft*, Kassel, 1988) und P.-H. Dittrich (*Kammermusik IX*, Leipzig, 1990). Es handelt sich bei Hölderlin um eine freie Bearbeitung des Stoffes, in der der Philosoph, der seinem Volk eine
neue, reinigende Religion hat bringen wollen, verbannt wird
und in den Aetna springt, um sich mit der unendlichen Natur zu
vereinigen. M. Arnold skizziert in seinem dramatischen Gedicht
Empedocles on Etna (1852) ein Gespräch zwischen Empedokles
und zwei Hirten (1852). Der des Lebens müde gewordene Philosoph schaut auf seine Vergangenheit zurück und beschließt, in
den Krater des Vulkans zu springen. B. Brecht hält sich in seinem
Gedicht über Empedokles' Tod aus dem Jahre 1938 an die Vor-

lagen von Diogenes Laertios und Horaz' *Ars poetica*. In der niederländischen Literatur begegnen wir dem Philosophen u. a. in
einem Gedicht von H. Andreus (1955) und im Roman *Hölderlins
toren* von K. Freriks (1981).

In der bildenden Kunst der Neuzeit zeigt z. B. S. Rosa auf einem   NK
Gemälde (1660–65, Florenz, Uffizien) die Szene, in der Empedokles in den Vulkan springt.

Endymion, König von Elis, jugendlicher und schöner Jäger
oder Hirte, Geliebter der Mondgöttin Selene (lat. Luna) oder der
mit ihr gleichgesetzten Artemis bzw. Diana, die ihm fünfzig
Töchter schenkte, Sohn von Zeus oder von dessen Sohn Aeth-
lios und der Kalyke.
Weil Selene den Gedanken, ihr Geliebter könne eines Tages sterben, nicht ertragen konnte, versetzte sie ihn in einen ewigen
Schlaf und besuchte ihn jede Nacht. Nach einer anderen Überlieferung bat Endymion Zeus um ewigen Schlaf, um seine jugendliche Schönheit erhalten zu können. Platon (Phaid. 72c)
und Aristoteles (eth. Nic. 10,8) sowie Apollodoros (1,7,5) und
Pausanias (5,1,2–5) berichten, daß Endymion mit offenen Augen schlief, um Selene sehen zu können. Propertius (2,15) erwähnt die Nacktheit der beiden während des Liebesschlafes.
Auch Lukianos (dial. deor. 2), Theokritos (eid. 20,37–39; 3,49–
50) und Catullus (66,5–6) nennen die beiden Liebenden.

Auf römischen Wandgemälden, Reliefs und Mosaiken ist der
ewige Schlaf des Endymion und der nächtliche Besuch Selenes
zu sehen, die auf der Stirn eine Mondsichel trägt und vom Himmel herabgestiegen ist oder ihren Wagen verläßt. Häufig kommt
dieses Motiv auch auf römischen Sarkophagen vor, da es, wie
manche Wissenschaftler vermuten, als der Tod im Sinne einer
Befreiung des Menschen durch eine Gottheit vom irdischen Sein
gedeutet werden kann.

In der bildenden Kunst der Neuzeit wurde der Mythos oft the-   NK
matisiert, z. B. auf Gemälden von C. da Conegliano (um 1505–10,
Parma, G. Naz.), J. Zucchi (um 1572, Deckengemälde, Florenz,
Uffizien), Annibale Carracci (1597–1600, Fresko, Rom, Pal. Farnese), Domenichino (1609, Fresko, Bassano di Sutri, Pal. Giustiniani-Odescalchi), A. van Dyck (um 1622–28, Madrid, Prado), N. Poussin (um 1628–32, Detroit, I. of Art; ausnahmsweise
ein nicht schlafender Endymion), Guercino (um 1640–50, Flo-

renz, Uffizien und 1644–47, Rom, G. Doria), G. Flinck (um 1640–50, Vaduz, Fürstl. G.), F. Mola (um 1654, Rom, Konservatorenpalast), L. Giordano (um 1677–79, Verona, M.), G. de Lairesse (um 1677–80, Amsterdam, Rijksm; stammt ursprünglich aus einem Schlafzimmer von Soestdijk), F. Trevisani (um 1708/09, Pommersfelden, G.), G. B. Pittoni (um 1723, St. Petersburg, Eremitage), M. J. Kremser Schmidt (1749, Wien, Barockm.), D. Gran (1755, Fresko, Obergrafendorf, Schloß Friedau), A. R. Mengs (1758–60, Fresko, Rom, Villa Albani), F. Boucher (um 1765, Washington, Nat. G.) und P. Cornelius (1820–26, Deckengemälde, München, Glyptothek) sowie in der Bildhauerei von B. Permoser (um 1680, Elfenbeinskulpturengruppe, Braunschweig, M.) und A. Canova (1819–22, Chatsworth, Duke of Devonshire C.).

ND Auch in der Literatur der Neuzeit steht der Mythos für die Befreiung vom Irdischen (z. B. J. Lyly, 1591), wie ihn auch die Emblematik auffaßt; ferner steht er für die keusche Liebe (M. Drayton, 1595), für die Übermacht der Idee über die wirkliche Erfahrung (C. M. Wieland, 1762), für die Liebe des Göttlichen, die über der irdischen Leidenschaft steht (J. Keats, 1818), für die unerreichbare Liebe eines Gottes (A. von Platen, 1820) und schließlich für den ewigen Schlaf als Bewahrer der makellosen Schönheit (z. B. O. Wilde, 1881).

NM Das idyllische Sujet um *Endimione* kam in zahlreichen Opern des 17. Jahrhunderts vor, z. B. bei C. Monteverdi (Libr. von A. Pio, 1628, Parma), F. Tricarico (Libr. von A. Passarelli, 1655, Ferrara), G. A. Bernabei (Libr. von L. di Orlandi, 1688, München), T. Schwartzkopff (1688, Stuttgart) oder auch noch in den beiden Werken von R. Keiser (1700, Hamburg; 1712, Hamburg). Das Libretto von P. Metastasio wurde im 18. Jahrhundert vielfach mit Musik versehen, von 1721 bis 1783 wenigstens von zwölf Komponisten, darunter D. Sarro (1721, Neapel), J. A. Hasse (1743, vermutl. Neapel) und N. Jommelli (1756, Genua).
J.-B. Lully thematisierte die Geschichte in seinem Ballett *La nuit* (1653, Paris). Außerdem ist eine Kantate von J. S. Bach nach dem Text von S. Franck (1713) zu erwähnen. Daneben entstanden Werke im Genre der Serenata, z. B. von M. Haydn (ca. 1778), P. A. Guglielmi (1781, Neapel), J. C. Bach (1772, London) u. a. Spätere Kantaten komponierten J. N. Hummel (1807, Wien), X. Leroux (Paris, 1885) und S. Coleridge-Taylor (1910, Brighton).

Dowley 1973; Frenzel 1992a

Eos, Göttin der Morgenröte, Tochter der Titanen Hyperion und Theia, Schwester der Mondgöttin Selene und des Sonnengottes Helios (Hes. theog. 371; Apollod. 1,2,2), teilweise auch Hemera (›Tag‹) genannt, von den Römern mit Aurora gleichgesetzt.

Eos ist eine schöne rosenrote, safrangelbe und goldene Gestalt, die täglich mit ihrem Gespann Helios durch den Himmel vorangeht und die Nacht vertreibt (Hom. Il. 11,1–2; Hom. Od. 5,1–2; 5,121–124). Aphrodite hatte ihr wahrscheinlich ein Verhältnis mit Ares übelgenommen und bestrafte sie deshalb, indem sie die Liebschaften der Eos mit einigen schönen, jungen Sterblichen unglücklich verlaufen ließ. Neben → Orion und → Kephalos gehörte auch Tithonos, der Sohn des trojanischen Königs Laomedon, zu ihren Liebhabern. Eos nahm ihn bei sich auf und verlangte von Zeus Unsterblichkeit für ihn, vergaß aber, auch um ewige Jugend zu bitten. Daher alterte Tithonos wie gewöhnliche Sterbliche, konnte aber nicht sterben und verwandelte sich in eine Grille (Apollod. 3,12,4; Hom. h. 5,218–538). Ein ähnliches Schicksal erlitt die Sibylle von Cumae (→ Sibyllen). Eos gebar Tithonos zwei Söhne, Emathion und Memnon. Memnon, König von Äthiopien und Bundesgenosse der Trojaner, wurde von → Achilleus getötet (Hes. theog. 984–5; Strab. 15,728; Plut. Moralia 217A; Philostr. im. 1,7; Ov. met. 13,576–582; Smyrn. 2,549). Ovid (met. 13,583–622) erzählt, daß der Morgentau aus den Tränen besteht, die Eos über den Tod ihres geliebten Sohnes weinte.

Die Göttin wird in der Kunst als eine junge Frau mit einem dünnen, flatternden Umhang dargestellt. In der archaischen und klassischen Zeit fehlen noch Attribute, die später in Form von Flügeln und Strahlenkranz hinzutreten, wobei Eos auf einem Zwei- oder Vierspänner fährt. In Etrurien wird sie, wie Hermes, mit Flügeln an den Füßen und zusammen mit Kephalos abgebildet.

Außer den Szenen mit Kephalos thematisieren die Künstler in der Barockzeit v. a. in Deckengemälden den ›Triumph der Aurora‹: Sie zieht, den deutlich älteren Tithonos hinter sich lassend, mit ihrem Wagengespann durch den Himmel oder fliegt mit einer Fackel vor Helios her und vertreibt die Finsternis. Beispiele hierfür gibt es u. a. auf Fresken von B. Zelotti (nach 1561, Zyklus, Venedig, Villa Foscari), G. Reni (1614, Rom, Pal. Rospigliosi-Pallavicini), Guercino (1621, Rom, Villa Ludovisi), C. Le Brun (um 1670–80, Sceaux, Schloß Colbert), G. A. Pellegrini (um 1718, Den Haag, Mauritsh.), D. Gran (1726, Wien, Nationalbibliothek), G. B. Tiepolo (um 1755–60, vom Pal. Mocenigo in Venedig, heute in Boston, M.), A. R. Mengs (um 1763–75, Madrid, Pal. Reale) und P. Cornelius (1820–26, München, Glyptothek) sowie auf Gemälden von B. Dossi (um 1540–45, Dresden, Gemäldeg.), D. Tintoretto (um 1580–90, Birmingham, G.), C. d'Arpino (1594/95, Rom, Pal. del Sodalizio dei Piceni), Annibale Carracci (um 1602/03, Chantilly, M.), A. Elsheimer (um 1606, Braunschweig, M.), P. da Cortona (um 1620, Rom, Pal. Senatorio), später von E. Burne-Jones (1896, Brisbane, Art G.) und H. Fantin-Latour (1902, New York, Metrop. M.). In der Bildhauerei entstehen Arbeiten von A. Rodin (1885, Marmorkopf, Paris, M. Rodin und 1906, Marmorskulptur, M. Rodin; mit Tithonos), H. Matisse (1907, Bronzeskulptur, u. a. New York, MoMA) und G. Marcks (1934, Bronzeskulptur, u. a. Köln, Wallr.-Rich. M.).

ND   Seit dem 17. Jahrhundert wird die Geschichte der Eos bzw. Aurora in zahlreichen Werken mehrfach betont, u. a. in einem Sonettzyklus von W. Alexander (1604), in zwei Prosagedichten von J. G. Herder: *Die Morgenröte* und *Aurora* (1785, in *Zerstreute Blätter I*) und in Gedichten von C. M. R. Leconte de Lisle (1855) und J. M. Thompson (1892). Die Liebe der Eos zu Tithonos thematisiert Herder in einem in *Zerstreute Blätter IV* 1792 veröffentlichten Essay. Bei A. Tennyson (1860 und 1864) singt Tithonos über seine Liebe, klagt aber auch über sein Schicksal und zweifelt am Wert der Unsterblichkeit. Ein Drama von R. Ross (1883) handelt von Tithonos' Scharfsinn, und J. Merrill schrieb ein Stück unter dem Titel *The Immortal Husband* (1955).

NM   In der Musikgeschichte wurde Eos bzw. Aurora immer wieder in Vokalwerken besungen: von J. H. Schein (vor 1630), M. Marazzoli (1655/56) und A. Draghi (vor 1700) über G. Rossini (1815, Rom) bis zu J. Massenet (Paris, 1872) und G. Enescu (1897/98). Daneben entstanden auch einige Opern und Singspiele, darunter von A. Giannettini (Libr. von G. Frisari, 1678, Venedig), R. Keiser (Libr. von Breymann, 1710, Hamburg) und A. Schweitzer (Libr. von C. M. Wieland, 1772, Weimar). Eine Oper von E. T. A. Hoffmann nach dem Text von F. von Holbein (entst. 1811/12) kam erst postum zur Aufführung (1933, Bamberg). Die Liebe zu Tithonos steht im Mittelpunkt der Opern von P. F. Cavalli (Libr. von G. Faustini, 1645, Venedig) und J. J. Fux (Libr. von P. Pariati, 1722, Wien); P. Torri komponierte eine Kantate zu diesem Sujet (1691, vermutl. München).

Epameinondas (gest. 362 v. Chr.), thebanischer Feldherr
⟨Nep. Epam.; Paus. 8,11,4–9 u. 9,13–15; Plut. de gen. Socr.
3p.,576D; Ail. var. 3,17⟩.

Der Aristokrat Epameinondas war mit Pelopidas, der an der
Spitze Thebens stand, befreundet und beriet ihn, wie er sich dem
Druck Spartas entziehen könne, das im 4. Jahrhundert in Grie-
chenland führend war. In der Schlacht gegen die Spartaner bei
Leuktra im Jahre 371 konnte Epameinondas die Thebaner zu
einem bedeutenden Sieg führen. Er drang mit einem großen
Heer in das Gebiet der Spartaner ein, wobei er neue taktische
Mittel einsetzte wie die schräge Phalanx und den paarweisen
Kampf Seite an Seite, die schließlich den entscheidenden Aus-
schlag gaben. Ruhmreich kehrte Epameinondas nach Theben
zurück, doch wurde er sogleich beschuldigt, das Gesetz gebrochen zu haben, nach dem es jedem Thebaner bei Todesstrafe
verboten war, länger als einen Monat den Oberbefehl zu führen.
Epameinondas fügte sich, doch bat er um die Zustimmung der
Richter, auf seinem Grab die Inschrift anbringen zu lassen, er sei
zum Tode verurteilt worden, weil er sein Land vor dem Untergang rettete. Man sah von der Strafe ab, und der General erhielt
erneut den Oberbefehl.

Im Jahre 362 kam es wieder zu einem Zusammenstoß mit den
Spartanern bei Mantineia. Epameinondas wurde von einem
Speer lebensgefährlich verletzt. Er befürchtete, daß er beim Her-
ausziehen sofort sterben würde, weshalb er abwartete; so konnte
er noch vernehmen, daß die Boioter gesiegt hatten, um dann in
der Gewißheit zu sterben, nie eine Niederlage erlitten zu haben.
Sein Tod bedeutete das Ende der thebanischen Hegemonie, zumal sich die alten Gegner wieder erholt hatten und unter den
Bundesgenossen, die sich auf Drängen Thebens zusammenge-
schlossen hatten, Streitigkeiten aufgekommen waren.

Epameinondas wird von den antiken Historikern als einfacher
Mann beschrieben, der keinen Bestechungsversuchen erlag, wie
es der persische König Artaxerxes über seinen Freund Mikythos
versuchte, der als guter Tänzer und Musiker in Theben hohes
Ansehen genoß. Einige warfen ihm vor, daß er keine Familie
gegründet hatte, worauf er Diodoros Sikulos zufolge antwortete, Leuktra und Mantineia seien seine Kinder gewesen.
Eine Biographie von Plutarch ging verloren. Bewahrt blieb aber
eine Lebensbeschreibung von Nepos, die eine Laudatio auf Epameinondas ist. Über sein Leben handeln auch Xenophon (Hell.
6,4,7 ff.) und Iustinus (6,8,9). Diodoros (15 passim) beurteilt

den thebanischen Anführer als den größten seiner Zeit, größer sogar als → Themistokles und → Perikles in ihrer Epoche. Diesem Urteil schließen sich Frontinus (3,12,3), Cicero (Tusc. 1,2; nat. 3,139) und Polybios (6,43,4 ff.) an.

N Epameinondas genießt auch in der Neuzeit Bewunderung. M. E. de Montaigne zählt ihn neben → Alexander und Homer zu den drei Größten der Weltgeschichte. In der Literatur kommt er jedoch nur selten vor. Der polnische Dramatiker H. S. Konarski schrieb 1756 ein klassizistisches Drama über sein Leben und Sterben.

Zu Epameinandos entstanden des weiteren einige Opern, z. B. von S. de Luca (Libr. von A. Perrucci, 1684, Neapel), P. Torri (Libr. von D. Lalli, 1727, München) und G. Jacomelli (Libr. von D. Lalli, 1732, Venedig).

In der bildenden Kunst der Antike kommt Epameinondas nicht vor. Erst im 18. Jahrhundert wird die Sterbeszene dargestellt: z. B. auf Gemälden von I. Walraven (1726, Amsterdam, M.) und B. West (1794, London, Hampton Court; für König George III. nach einem Stich von Gravelot, der eine Rollin-Ausgabe illustrierte) sowie auf Reliefs von T. Banks (1763, London, Society of Arts) und D. d'Angers (1811, Paris, M. d'Angers).

Ephialtes → Leonidas

Ephialtes, der Politiker → Kimon, → Perikles

Epigonen → Alkmaion

Epikaste, auch Iokaste, Mutter und Gattin des → Oidipus

Epimetheus → Pandora, → Prometheus

Erato, eine der → Musen

Erginos → Herakles

Erichthonios → Kekrops

Erigone → Dionysos

Erinyen, unterirdische Göttinnen der Rache und Vergeltung, bei den Römern als Furien bekannt, häufig mit dem Beinamen Dirae, ›die Schrecklichen‹ ⟨Aischyl. Eum.; Ov. met. 4,451–511⟩. Die Erinyen wurden aus dem Blut des Uranos geboren, das auf die Erde (Gaia) tropfte, als ihn sein Sohn → Kronos entmannte. Sie gehören also zu den vorolympischen Gottheiten. Nach einer anderen Überlieferung sind sie die Töchter der Nacht. Ihre Anzahl bleibt unbestimmt, doch treten seit Euripides (Or. 408; Tro. 457) drei Erinyen in den Vordergrund, die später (Verg. Aen. 6,571; Apollod. 1,1,4) namentlich genannt werden: Alekto (die nie Aufhörende), Teisiphone (die Rächerin des Mordes) und Megaira (die Neiderin).

Mit dem Ziel, die gestörte Ordnung der Welt wiederherzustellen, jagten die Erinyen ohne Mitleid alle, die einen Mord begangen hatten, v. a. wenn es sich um Eltern- oder Verwandtenmord handelte. Sie trieben den Schuldigen in den Wahnsinn oder sorgten dafür, daß andere Sterbliche sich an ihm rächten. So ließen sie die kalydonische Königin Althaia in blinder Wut den Tod ihres Sohnes → Meleagros herbeiführen, nachdem er ihre Brüder umgebracht hatte (u. a. Ov. met. 8,445–514; Apollod. 1,7,10; 8,2–3). Den Epigonenführer → Alkmaion verfolgten sie nach dem Mord an seiner Mutter Eriphyle (Hyg. fab. 73), und auch → Orestes trieben sie erbarmungslos in den Wahnsinn, weil er auf Weisung des Apollon seine Mutter Klytämnestra getötet hatte, wie Euripides in seiner Tragödie *Orestes* erzählt. Im dritten Teil von Aischylos' Orestes-Trilogie, den *Eumeniden*, bilden die Rachegeister den schrecklichen Chor, der Orestes keine Ruhe gönnen will. Aischylos schildert, wie Orestes von Apollon vor den Erinyen in Schutz genommen und schließlich vom Areopag, der athenischen Gerichtsbarkeit, dank der entscheidenden Stimme Athenas von seiner Schuld freigesprochen wurde. Der Titel *Eumeniden* (die Wohlwollenden) ist ein Euphemismus, mit dem die Rachegöttinnen gnädig gestimmt werden sollen, oder – wie bei Aischylos – Ausdruck ihrer doppeldeutigen Natur: Sie streben eine gerechte Welt an, verfolgen dieses Ziel aber mit grausamen Methoden.

Nach der antiken Vorstellung lebten die Erinyen unter der Erde. Als sich die Vorstellung an ein Jenseits verbreitete, in dem die Seelen bestraft werden, übernahmen die Erinyen diese rächende Funktion. Nach Vergil (Aen. 6,571 ff.) geißeln und erschrecken sie die Seelen im Tartaros.

In der frühgriechischen Kunst wird der Mörder von dem in Gestalt einer Schlange erscheinenden Ermordeten selbst bedrängt: Auf Vasen aus dem 6. Jahrhundert v. Chr. verfolgt Eriphyle als Schlange Alkmaion, und Klytämnestra bedroht in derselben Gestalt Orestes. Als seit dem 5. Jahrhundert v. Chr., vermutlich durch den Einfluß der *Eumeniden* des Aischylos, die Rachefunktion den Erinyen zufiel, wurden die Schlangen, die sie in Händen hielten oder im Haar trugen, zu ihrem Attribut. Meist befindet sich Orestes in ihrer Gegenwart. In der römischen Kunst sind die Erinyen auf Sarkophagen im Zusammenhang mit der Geschichte um Meleagros und Altheia zu finden. Auf italienischen Vasen treten sie als Strafende in der Unterwelt mit Sisyphos und Ixion auf.

N Eine Bleistiftzeichnung von H. Füssli (1810–15, Oxford, Ashmolean M.) illustrierte eine Ausgabe von Euripides' *Iphigenie bei den Taurern*; ein Gemälde desselben Künstlers (1821, Zürich, Kunsth.) zeigt die Verfolgung des Alkmaion durch die Erinyen. Auf einem Gemälde von A. Böcklin (1870, München, Staatsgemäldeslg.) setzen die Erinyen einem Mörder nach.
In der Literaturgeschichte spielen die Erinyen bzw. Furien nur eine marginale Rolle; sie leben v. a. in J. W. von Goethes *Faust*, Teil 2 (1828 und 1833; 5345–92) fort. Im 20. Jahrhundert kommen sie in einem Gedicht von E. L. Masters (1916) und in einem Roman von P. Baroja y Nessi (1921) vor.
Für die Musikgeschichte ist hier die Oper von J.-P. Rameau zu nennen (*Hippolyte et Aricié*, Libr. von S.-J. Pellegrin nach Racine, 1733, Paris), außerdem der Tanz der Furien in einem *Don Juan*-Ballett von C. W. Gluck (1761, Wien) und das Drama von C. M. R. Leconte de Lisle mit der Bühnenmusik von J. Massenet (1873, Paris).

Junge 1983

Eriphyle → Alkmaion

Eris, Personifikation des Streits → Peleus

Erisistratos, Hofarzt → Antiochos I.

Eros, Gott der Liebe und der Fruchtbarkeit, schoß mit seinen Pfeilen auf Menschen und Götter, worauf diese sich verliebten; Sohn der Aphrodite und des Ares, den Römern als Amor oder Cupido bekannt.

Eros wird bei Hesiodos (theog. 120–122; 201) zu den Urkräften gezählt, die mit Gaia, der Erde, aus dem Chaos geboren wurden. Durch Eros kam die Verbindung zwischen der Urmutter Gaia und dem Urvater Uranos, dem Himmel, zustande; damit war Eros an der Erschaffung der Weltordnung beteiligt. Erst später wurde er als der Sohn der Aphrodite und des Ares (oder des Hermes) angesehen. Bei Homer steht Eros für die Grundbedürfnisse Essen, Trinken, Schlafen und das Geschlechtsleben. Er symbolisierte seit der ältesten Zeit die geschlechtliche Liebe, die das Fortbestehen der Menschen, Tiere und Pflanzen sichert.

Der Gott stand immer in Verbindung zu Aphrodite, auf deren Befehle er mit seinen Pfeilen in das Liebesleben anderer eingriff. Die Liebesverhältnisse zwischen → Medeia und → Iason sowie zwischen → Dido und → Aeneas kamen durch den Einfluß des Eros zustande, nahmen aber beide ein unglückliches Ende. Ovid erzählt, wie Eros → Apollon bestrafte, als dieser den Liebesgott verspottete: er sorgte mit einem goldenen Pfeil dafür, daß sich Apollon in → Daphne verliebte, ließ dann aber die Nymphe durch einen bleiernen Pfeil für Apollons Liebe unempfänglich werden. Der Dichter berichtet weiter, wie Aphrodite, von seinem Pfeil getroffen, sich hoffnungslos in → Adonis verliebte. Eigene mythische Erzählungen zu Eros sind, abgesehen von der Liebesgeschichte mit → Psyche, nicht bekannt. Sein Bruder Anteros, die personifizierte Gegenliebe, spielte in der Antike keine Rolle. In der Philosophie Platons (u. a. symp.; Phaid.; rep.) steht Eros für das Streben nach der Erkenntnis der Idee des Guten.

Seit der archaischen Zeit wird der Gott in allen Kunstgattungen dargestellt, v. a. im Hellenismus. In frühen Abbildungen der Antike erscheint Eros als ausgewachsener Mann, seit dem 5. Jahrhundert v. Chr. zunehmend als Jüngling mit Flügeln, der Pfeil und Bogen als Waffen bei sich trägt. Seit dem Hellenismus wird er zu einer Genrefigur und tritt meist mit Anteros im Gefolge Aphrodites auf (Eroten), wie im *Epithaphios Adonidos* des bukolischen Dichters Bion von Smyrna (2. Jh. v. Chr.). Dabei spielt er mit den Waffen des Ares oder mit Herakles' Keule. Lysippos schuf um 330/320 v. Chr. eine vielkopierte Bronzestatue des bogenschießenden Eros (Marmorkopie u. a. in Rom, Kapitol. M.). In der Gartenkunst des Hellenismus kommt er bei Figurengruppen mit Tieren vor, z. B. mit einer Gans (Boethos, um 150 v. Chr.; Marmorkopie in München, Glyptothek) oder als ›Herakliskos‹ (kleiner Herakles). Der Streit zwischen Eros und Pan als Symbol für die Auseinandersetzung zwischen den himm-

lischen (höheren) und den irdischen (niederen) Kräften, wobei
meist Aphrodite und Ares zugegen sind, findet sich auf Gemälden und Mosaiken bis in die Spätantike, wie in der Villa in Piazza
Armerina (Sizilien) aus dem 4. Jahrhundert.

NK Mittelalterliche Darstellungen des Amor sind zahlreich erhalten,
sie stehen in der antiken Tradition (z. B. auf gotischen Minne-
kästchen, in Handschriften mit Liebeslyrik), werden aber auch
im Sinne christlicher Moralunterweisung eingesetzt als Personifikationen der fleischlichen Liebe gegenüber der Gottesliebe.
In der Neuzeit steht Eros für alle Aspekte der Liebe. Ein schlafender Eros verweist auf ein fehlendes Liebesverlangen (z. B. auf
Adonis-Darstellungen). Manchmal verstärkt er den erotischen
Inhalt (Danaë-Gemälde von Tizian, 1545, Neapel, G.) oder deutet als weinender Eros auf erzwungene Keuschheit, wie auf dem
Danaë-Gemälde von Rembrandt (1636, St. Petersburg, Eremitage). Die Entwaffnung durch Aphrodite – z. B. auf Gemäl-
den von A. Bronzino (um 1546, London, Nat. G.), A. Watteau
(um 1715, Chantilly, M.) und F. Boucher (1749, Paris, Louvre) –
versinnbildlicht den Sieg über das unbeherrschte Liebesverlan-
gen. So ist auch die Bestrafung durch Aphrodite, Athena oder
Artemis zu verstehen, z. B. auf Fresken von L. Signorelli für den
Palazzo del Magnifico in Siena (um 1509, heute London, Nat.
G.) und von R. Fiorentino in Fontainebleau (1535–40) sowie auf
Gemälden von G. Reni (um 1626, Toledo/Ohio, M.) und W. van
Mieris (1692, Budapest, M.). Bei zwei kämpfenden Eroten handelt es sich um Eros und Anteros: Werden einem der beiden die
Augen verbunden, hat die geistige Liebe über die körperliche
triumphiert, z. B. auf einem Gemälde von G. Reni (1622/23,
Genua, G. Spinola). Wird Eros mit verbundenen Augen gezeigt,
steht er für die wollüstige Liebe; nimmt Eros die Augenbinde ab,
hat die höhere Liebe in ihm gesiegt, beispielsweise auf Gemälden
von H. Baldung Grien (1524, Otterlo, M.), L. Cranach d. Ä. (um
1530, Wien, Kunsth. M.; Eros steht auf Platons Werken und
nimmt das Tuch von den Augen) und Tizian (um 1565, Rom G.
Borghese) sowie auf einem Fresko von G. B. Tiepolo (1757,
Vicenza, Villa Valmarana). Eros im Kampf mit Pan ist in der
Neuzeit nicht nur mit dem Sieg über die niederen Lüste (Pan)
gleichzusetzen, sondern symbolisiert auch den Sieg über die Natur im allgemeinen, z. B. auf Fresken von Agostino Carracci (um
1591/92, Bologna, Pal. Masetti) und Annibale Carracci (1597–
1600, Rom, Pal. Farnese). P. Veronese stellte diesen doppelten
Aspekt auf einem Gemälde (um 1580–85, München, AP) durch

zwei Hunde dar: Während der eine ruhig dem Eros zu Füßen liegt, muß der andere gezähmt werden. ›Amor vincit‹ steht für die Überwindung der sinnlichen Lust durch den Geist, im Frühbarock u. a. auf einem Fresko von C. d'Arpino (1594/95, Rom, Pal. del Sodalizio dei Picini), auf Gemälden von M. da Caravaggio (1601/02, Berlin, Gemäldeg.) und G. Baglione (um 1602/03, Berlin, Gemäldeg. und Rom, Pal. Barberini), im 19. Jahrhundert von P. O. Runge (1802, Hamburg, Kunsth.) und B. West (1809/10, New York, Metrop. M.) sowie in Form einer Marmorstatue von B. Thorvaldsen (1814, Wien, Rathaus und Kopenhagen, Thorvaldsen M.). Wie in der Antike verkörpert Eros mit umgedrehter Fackel den Tod und damit auch das Ende irdischer Genüsse, z. B. auf dem Grabmonument von A. Canova (1819) für die Stuarts in der Peterskirche in Rom. Putti, v. a. in der Frührenaissance eine Umformung der Eroten, treten im übrigen nur als Genrefiguren auf, die häufig zur Darstellung von Engeln gebraucht werden. Das ›Manneken Pis‹ in Brüssel aus dem 18. Jahrhundert stellt beispielsweise ebenso einen Eros dar wie die Bronze/Aluminium-Skulptur von A. Gilbert (1886–93) auf dem Piccadilly Circus in London.

Im frühen 16. Jahrhundert wird häufiger die Szene thematisiert, in der Eros von einer Biene gestochen wird und bei seiner Mutter Aphrodite Trost sucht. Dieses Motiv kommt in einem Anakreon (6. Jh. v. Chr.) zugeschriebenen, doch aus späterer Zeit stammenden Gedicht vor, in dem Aphrodite sagt, daß die Pfeile des Eros nicht weniger schmerzen als die Stiche der Bienen. Eros als Honigdieb oder von einer Biene gestochen findet sich z. B. auf einer Zeichnung von Dürer (1514, Wien, Kunsth. M.), auf Gemälden von L. Cranach d. Ä. (1530–um 1537, u. a. Rom, G. Borghese; Nürnberg, Nationalm.; Otterlo, M.) und B. West (1774, Washington, Corcoran G.) sowie als Marmorstatue von E. Bouchardon (1747–50, Paris, Louvre) und auf einem Marmorrelief von B. Thorvaldsen (1809–28, u. a. Kopenhagen, Thorvaldsen M.). Von den zahlreichen literarischen Bearbeitungen seien P. Ronsard (1558), W. Bilderdijk (1797) und G. Leopardi (1816) genannt.

Auch unabhängig von allegorischen oder erzählenden Kontexten greifen Künstler seit der Renaissance bis in die Zeit des Rokoko oft auf das Eros-Motiv zurück. Mit seinem Bogen wird er u. a. auf Gemälden von H. Baldung Grien (um 1533, Freiburg, Augustiner-M.), Parmigianino (um 1533/34, Wien, Kunsth. M.), J. Heintz d. Ä. (um 1603, u. a. Wien, Kunsth. M.), Rubens (1614, München, AP), G. Reni (1637/38, Madrid, Prado) und

A. R. Mengs (um 1751, Dresden, Gemäldeg.) gezeigt. M. da Caravaggio (1608, Florenz, Pal. Pitti) und G. Flinck (1655, Glasgow, Art G.) hielten den schlafenden Eros auf Gemälden fest. In der Bildhauerei entstanden einige Eros-Porträts, z. B. von E. Bouchardon (1744, Marmorstatuette, Washington, Nat. G.), J. Deschamp (um 1778, Marmorskulptur, Paris, Louvre), J. H. Dannecker (1810–15, Statue, Stuttgart, Staatsg.), A. Rodin (1876, Gipsskulptur, Paris, M. Rodin) und G. Marcks (1934, Bronzeskulptur, u. a. Köln, Wallr.-Rich. M.).

Der Fund eines römischen Wandgemäldes mit einer Verkäuferin von Eroten im Jahre 1759 in der Villa von Ariadne in Stabiae (jetzt Neapel, M. Arch. Naz.) führte zu zahlreichen klassizistischen Bearbeitungen: zuerst auf einem Gemälde von J.-M. Vien (1763, Schloß Fontainebleau), später auf Porzellan (Meissen und Wedgwood) und Möbelverzierungen. B. Thorvaldsen beschäftigte sich eingehend mit Eros und schuf zahlreiche Reliefs, Skulpturen und Statuen, angefangen bei einem schlafenden Eros (1789, Gips, Kopenhagen, Thorvaldsen M.) über einen singenden Eros vor den Grazien (1826, Marmor, Mailand, Brera) bis zu Eros und Hymen, dem Hochzeitsgott (1842–44, Marmor, Kopenhagen, Thorvaldsen M.).

ND Eros (bzw. Amor oder Cupido) stellt in der Literatur eine übliche Form der Anspielung auf die Liebe im allgemeinen dar. In der Literatur des Mittelalters lebt der Mythos weiter in Allain de Lilles *Liber de planctu naturali* (1160–70) und in Guillaume de Lorris' und Jean de Meungs *Roman de la Rose* (ca. 1275). Auch G. Boccaccio (*Filocolo*, 1336–39?) und F. Petrarca (*Il trionfo dell' Amore*, 1340–44) erweisen ihm Reverenz. Anfang des 17. Jahrhunderts ist die Figur des Eros als Topos literarischer Anspielungen und Bearbeitungen in Komödien von B. Jonson (*Cynthia's Revels, or, The Fountaine of Selfe-Love*, 1600/01), W. Rowley (*Hymen's Holiday, or, Cupid's Vagaries*, ca. 1612) und L. F. de Vega Carpio (*El Amor enamorado*, 1635) präsent. Hauptsächlich bot die Geschichte des Eros ein reiches Reservoir für die Dichter, u. a. für M. Prior (1709), J. W. von Goethe (*Amor, der den schönsten Segen*, 1782; *Cupido, loser, eigensinniger Knabe!*, 1783; *Amor als Landschaftsmaler*, 1787), C. M. Wieland (*Der verklagte Amor*, 1811), A. C. Swinburne (1883) und R. M. Rilke (1924, Gedicht in Franz.).

NM Bis Ende des 16. Jahrhunderts liegen zahlreiche Vokalwerke vor, die Eros besingen, z. B. die Madrigale von F. Landini (vor 1397), T. Morley (London, 1595) und L. Marenzio (Venedig, 1581–99)

oder die Chansons von C. Janequin (vor 1558). Für eine der
Königin Christina von Schweden gewidmete Aufführung komponierte H. Purcell ein Ballett (1649, London); J.-B. Lully
schrieb eine Pastorale nach dem Text von P. Quinault/Molière/
I. de Benserade (1672, Paris).

Zu Beginn des 18. Jahrhunderts war die Figur des Eros v. a. in
den zahlreichen *Cantates françoises* präsent, darunter von L.-N.
Clérambault (Paris, 1710), J.-B. Morin (Paris, 1712), A. Campra
(Paris, 1714) u. a. Neben einigen heute in Vergessenheit gerate-
nen Opernwerken wie von C. H. Graun (1742, Potsdam) und G.
Andreozzi (1787, Florenz) entstanden außerdem Kammer-
kantaten von J. A. Hasse (Text von P. Metastasio, 1761, Wien)
und N. Jommelli (vor 1774).

Wichtiges Genre für die Figur des Eros war auch das Ballett: zu
nennen sind Kompositionen von J.-P. Rameau (1747, Versailles), F. L. Gaßmann (1765, Schloß Schönbrunn), W. A. Mozart
(*Les petits riens*, 1778, Paris), L. Minkus (1886, St. Petersburg),
F. H. Cowen (1918) und E. Křenek, der auf Rameau zurückgriff
(1925, Kassel).

In der zeitgenössischen Musik wurde die Figur in den Werken
von J. R. Martin (1978), J. Underwood (1980), I. Loudova
(1981) und D. Schnebel (1982) adaptiert.

Der kleine Bruder Anteros spielt eine Rolle in der Oper von E.
Bernabei (Libr. von V. Terzago, 1686, München) und in der
Zarzuela von F. Corradini (1735, Principe). A. Grétry widmete
eine musikalische Romanze der Erziehung des Amor (Libr. vom
Komponisten, vor 1813).

Vergils zehnte Ekloge *Amor vincit omnia* wurde aufgenommen
von C. Monteverdi (Ballett, 1641, Piacenza), M.-A. Charpentier
(Pastorale, vor 1704), H. Schmidt (Ballett, 1835, Berlin) und P.
de Bréville (Oper nach dem Libr. von J. de Lorrain, 1910, Brüssel).

Albert 1979; Hartmann 1969; Kunstmann 1964; Lunsingh Scheurleer 1936–37;
Niccoli 1989; Panofsky 1933 und 1962; Schenkeveld-van der Dussen 1975; Söldner 1986; Stuveras 1969; Verbrugge 1978

Eteokles → Polyneikes und Eteokles

Eumeniden, andere Bezeichnung für die → Erinyen

Euphrosyne, eine der → Chariten

Europa, Tochter der Telephassa und des phönizischen Königs
Agenor, Schwester des → Kadmos ⟨Apollod. 3,1; Hor. c. 3,27;
Ov. met. 2,836–875; Lukian. dial. deor. mar. 15⟩.
Zeus verliebte sich in Europa und nahm die Gestalt eines präch-
tigen Stiers an, um sich ihr nähern zu können. Am Strand, wo
Europa mit ihren Freundinnen spielte, legte er sich ihr zu Füßen.
Europa streichelte das Tier voller Bewunderung, bekränzte es
mit Blumen und wagte sogar, sich auf seinen Rücken zu setzen.
Da erhob sich der Stier und entführte Europa, die sich auf seinem Rücken festkrallte, übers Meer. Erst auf Kreta nahm Zeus
seine eigene Gestalt wieder an und machte die Königstochter zu
seiner Geliebten. Sie hatten drei Söhne: → Minos (u. a. Hom. Il.
14,322), Rhadamanthys und Sarpedon.

Die Entführung der Europa ist in der Antike ein verbreitetes
Motiv, das auf Vasen, Reliefs (z. B. auf Metopen: um 560 v. Chr.
in Delphi, M. und in Selinus aus derselben Zeit, Palermo, M.
Arch.), Mosaiken und Wandgemälden (u. a. in Pompeii) zu fin-
den ist. Bei der Entführung sitzt Europa meistens auf dem Rük-
ken des Stiers; selten wird sie mit dem Stier am Strand gezeigt.
Auch in der Literatur wird die Geschichte erzählt: bei Hesiodos,
Moschos, Ovid, Horaz und Apuleius.

NK Die Interpretation der Geschichte Europas als Hinwendung der
Seele zu Gott bestimmt nach dem *Ovide Moralisé* (ca. 1316–28)
auch die *Wtleggingh* von C. van Mander (1604). Möglicherweise
hat eine solche Deutung zur Beliebtheit des Themas in der
bildenden Kunst der Neuzeit beigetragen. Außerdem kommt es
im Zusammenhang mit den Liebesverhältnissen von Göttern
und Menschen vor, z. B. auf Holzschnitten in F. Colonnas *Hypnerotomachia Poliphili*, 1499, später auf einer Reihe von Gemälden
aus dem Atelier von L. Giordano (um 1680–83, München, AP)
und im 18. Jahrhundert auf zahlreichen Teppichen aus Beauvais
nach Entwürfen von F. Boucher. Die Darstellungen zeigen selten eine erschrockene, meist eine anmutige Europa auf oder neben dem Stier in arkadischer Umgebung.
Außerhalb des Kontextes mit anderen Liebesgeschichten zwischen Göttern und Menschen wird die Geschichte häufig thematisiert: in Italien von der Renaissance bis zum Barock u. a. auf
Fresken von B. Peruzzi (1511/12, Rom, Villa Farnesina), von B.
Luini (um 1520–23) für die Casa Rabia in Mailand (heute Berlin,
Staatl. M.), von Annibale und Agostino Carracci (um 1583/84)
im Camerina d'Europa des Palazzo Fava in Bologna (ein Fries
mit vier kleinen Darstellungen) und von S. Ricci (um 1707/08)

im Palazzo Pitti in Florenz, auf Gemälden von G. di Paolo (um 1460, Paris, M. Jacquemart-André), J. Tintoretto (um 1541, Modena, G. Estense), Tizian (1559–62, Boston, Gardner-M.), P. Veronese (um 1578–80, Venedig, Pal. Ducale), S. Ricci (um 1720, Rom, Pal. Taverna) und G. B. Tiepolo (um 1720–22, Venedig, Acc.) sowie in der Bildhauerei von G. Romano (1527/28, Stuckrelief, Mantua, Pal. del Tè) und von Giambologna (1570–75, Marmorrelief am Postament des Meeresbrunnens, Florenz, Boboli-Garten). In den Niederlanden entstanden im 17. Jahrhundert z. B. Gemälde von J. Jordaens (u. a. um 1615, Berlin, Gemäldeg. und 1643, Lille, M.), H. van Balen/J. Brueghel d. J. (um 1621/22, Wien, Kunsth. M.), Rubens (um 1630, Madrid, Prado), Rembrandt (1632, Malibu, Getty M.) und E. Quellinus (um 1636/37, Madrid, Prado). Französische Künstler setzten sich vorwiegend in der Zeit des Barock und Rokoko mit dem Thema auseinander, u. a. auf Gemälden C. Lorrain (1647, Amsterdam, M.), F. Lemoyne (1725, Moskau, Pushkin M.), C.-J. Natoire (1731, St. Petersburg, Eremitage), F. Boucher (1734, London, Wallace C. und 1747, Paris, Louvre) und später noch G. Moreau (um 1869, Paris, M. d'Orsay). In der Bildhauerei entstanden im 20. Jahrhundert beispielsweise Werke von E.-A. Bourdelle (1929, Gips, Montauban, M. Ingres), G. Marcks (1930, Bronze, Bremen, G.-Marcks-Stiftung und 1954, Bronze, u. a. Hamburg, Kunsth. und Stuttgart, Staatsg.) und J. Lipchitz (1938–41, Bronze, u. a. New York, MoMA). Im Park der Würzburger Residenz bildet die Europa-Gruppe von J. P. Wagner (um 1770) ein Pendant zum ›Raub der → Persephone‹.

Europa mit dem Stier gehört zu den am häufigsten verwendeten mythologischen Themen zur Dekoration von Service und Interieur: vom Majolika-Keramik aus dem 16. Jahrhundert (z. B. von N. da Urbino, um 1525) über Email aus Limoges bis hin zu Terrakottafiguren aus dem 18. Jahrhundert und deutschem Porzellan des 20. Jahrhunderts.

In der Literatur der Neuzeit ist die Geschichte ein oft aufgegriffenes Motiv bei den Dichtern, z. B. L. F. de Vega Carpio (1602–04), J. J. Bodmer (*Die geraubte Europa*, 1753), E. Mörike (1840, Übersetzung von Moschus, in *Classische Blumenlese*), C.-M.-R. Leconte de Lisle (1895) und R. P. Blackmur (1947). Bei den wenigen dramatischen Bearbeitungen des Themas handelt es sich um eine Komödie von J. Desmarets de Saint-Sorlin (1643), eine Tragödie von A.-L. Le Brun (1712) und ein Stück von G. Kaiser (1915). ND

NM Eine Oper von F. Manelli (Libr. von E. Sandri, eigentl. P. E.
Fantuzzi, 1653, Piacenza) und eine ›masque‹ von P. Motteux mit
der Musik von J. Eccles (1694, London) sind die ersten Bearbeitungen des Stoffes für die Musikbühne. In der Folge entstanden Pantomimen mit der Musik von J. E. Galliard (1723, London) und J. B. Rochefort (1776, Paris), aber auch einige Kantaten, z. B. von M. Pignolet de Montéclair (Paris, 1728), F. Collin
de Blamont (Paris, 1729) und J. Weigel d. J. (1806, Wien). A.
Salieri schrieb die Musik für ein Opernlibretto von M. Verazi
(1778, Mailand). D. Milhaud (›opéra minute‹, Libr. von H. Hoppenot, 1927, Baden-Baden) und K. Albert (›opera buffa‹, 1950)
komponierten die einzigen komischen Adaptionen des 20. Jahrhunderts.

Europa 1988; Verführung 1988; Zahn 1983

Euryale, eine der → Gorgonen

Eurystheus, Widersacher des → Herakles

Eurytos → Herakles

Eurytos → Leonidas

Euterpe, eine der → Musen

Fabius Maximus, Quintus Verrucosus Cunctator (ca. 285–203),
römischer Feldherr ⟨Plut. Fab.; Liv. 21–30 passim; Val. Max.
8,13,3; Pol. 3,87 ff.; Sil. 6,619–622⟩.
Der Patrizier aus dem ruhmreichen Geschlecht der Fabii gehörte
zu der Delegation, die die Karthager vor die Entscheidung zwischen Krieg und Frieden stellte. Hannibal rückte daraufhin in
Italien ein. Nachdem die Römer unter dem ungeduldigen Gaius
Flaminius am Trasimenischen See eine Niederlage erlitten hatten, wurde Fabius Maximus zum Diktator ernannt. Er vermied
trotz Kritik aus den eigenen Reihen hartnäckig eine Konfrontation mit den Karthagern und führte bloß einige notwendige Operationen zur Verteidigung durch. Darauf geht sein
anfangs negativ belegter Beiname ›Cunctator‹ (Der Zauderer)
zurück. Er duldete sogar die Plünderungen Hannibals, der, um
Fabius ins Zwielicht zu rücken und die Opposition gegen ihn
aufzuhetzen, ausgerechnet seine Ländereien verheerte. Fabius'

rechte Hand Minucius Rufus machte sich beliebt, indem er sich entgegen den Instruktionen des Cunctator in Gefechten mit Hannibal maß und dabei einigen Erfolg verbuchen konnte, bis er sogar als Mit-Diktator Fabius an die Seite gestellt wurde. Als Minucius, in einen Hinterhalt geraten, durch Fabius gerettet wurde, gestand er öffentlich sein unrechtmäßiges Handeln ein.

Nachdem Fabius die Diktatur abgelegt hatte, erlitt der ungestüme Consul Terentius Varro bei Cannae (216) eine Niederlage gegen Hannibal, wodurch für die Karthager der Weg nach Rom offen stand. Die Römer wandten sich in ihrer Panik erneut an Fabius. Die beiden Feldherren zeigten sich allerdings in ihrer List einander gewachsen: So konnte sich Hannibal aus einer bedenklichen Lage nur retten, indem er zweitausend Ochsen auf die Römer hetzte, denen er Fackeln auf den Rücken gebunden hatte. Fabius seinerseits eroberte Tarent, indem er sich das Liebesverhältnis zwischen dem Ortskommandanten und einem tarentinischen Mädchen zunutze machte: Ihr Bruder war Soldat im römischen Heer und erfuhr von ihr, wie die Stadt eingenommen werden könne. In einer anderen Liebesaffäre zeigte sich Fabius großzügig, um auf diese Weise die aufständischen Bundesgenossen für sich zu gewinnen: Es betraf diesmal einen Soldaten aus Lukanien, der regelmäßig das Lager verließ, um sich mit seiner Geliebten zu treffen.

Fabius hielt stets sein Wort. Als der Senat, unzufrieden über seine Taktik, eine Abmachung zwischen Hannibal und Fabius über den Freikauf von Soldaten nicht gutheißen wollte, brachte der Römer das Geld selbst auf, indem er private Güter verkaufte. Im Alter wandte sich Fabius energisch gegen die seiner Ansicht nach vermessenen Pläne, den jungen → Scipio Maior mit der Aufgabe zu belasten, den Kampf gegen Hannibal in Afrika, wohin dieser sich zurückgezogen hatte, aufzunehmen. Die großen Triumphe Scipios erlebte er nicht mehr.

Über die Taten Fabius' im Krieg gegen Hannibal gibt Polybios eine sachliche Übersicht; sie werden auch von Livius und Plutarch in ausgeschmückter Form erzählt. Letzterer verbindet seine Fabius-Biographie mit der von → Perikles, der im Peloponnesischen Krieg ebenfalls eine defensive und verzögernde Taktik bevorzugte. Alle Autoren betonen die ›sapientia‹, ›prudentia‹ und ›constantia‹ des Fabius, da er unerschütterlich den einmal eingeschlagenen Weg einhielt. Ennius faßt diese Haltung in einem in antiken Texten häufig zitierten Satz zusammen: ›unus homo nobis cunctando restituit rem‹ (Ein einziger Mann gab uns den Staat wieder, indem er zögerte).

Auch sein striktes Leben nach den religiösen Vorschriften und der respektvolle Umgang mit den Magistraten werden gepriesen. Livius, Plutarch und Gellius (2,2,13) erzählen, wie sich noch der bejahrte Fabius prinzipientreu zeigte, als die Lictoren, die seinen inzwischen zum Consul gewählten Sohn begleiteten, davon absahen, ihm, dem Vater des Consuls, zu befehlen, von seinem Pferd zu steigen zum Zeichen des Respekts vor dem nahenden Magistrat. Fabius, aufrecht auf seinem Pferd sitzend, zwang seinen Sohn, ihm persönlich diesen Befehl zu geben, was dieser augenblicklich tat. Valerius Maximus (2,2,4b) schreibt diesen Auftritt jedoch einem anderen Fabier zu, Quintus Fabius Maximus Rullianus.

ND Im Mittelalter wird manchmal, so von Vincentius von Beauvais und in den *Gesta Romanorum* (ca. 1330), die genannte Worttreue als christliche Tugend gepriesen. Später wird Fabius wegen seiner Taktik gegen Hannibal als Beispiel für prudentia genannt. F. Petrarca lobt ihn für diese Eigenschaft in dem ihm gewidmeten Kapitel von *De viris illustribus* (1337); deshalb ist Fabius auch in dem von Petrarca inspirierten Freskenzyklus in Padua zu sehen.

NK In der Anticappella in Siena, die Anfang des 15. Jahrhunderts ausgestaltet wurde, befindet sich Fabius neben einem anderen, der sich geduldig zeigte: → Brutus, L. I. In dem von Perugino gestalteten Collegio del Cambio in Perugia (um 1500) ist er zusammen mit → Sokrates und → Numa Pompilius als Vorbild für die prudentia zu sehen. P. da Cortona nimmt ihn auf einem Grisaille-Gemälde in einer Ecke seiner großen Deckendekoration für den Palazzo Barberini in Rom (1633–39) auf. Bezugnehmend auf Ciceros *De inventione* sind in den übrigen Ecken die Personifikationen der anderen Kardinaltugenden angebracht: → Mucius Scaevola (fortitudo), → Manlius Torquatus (iustitia) und Scipio Maior (continentia). Sieben Szenen aus Fabius' Leben malte D. da Volterra im Palazzo Massimo alle Colonne in Rom (um 1538, Fresken) für die Familie Massimo, die ihre Abstammung auf Fabius Maximus zurückführte. Plutarchs Fabius-Biographie gab die Anregung zu den acht Fresken des F. da Siena für den Abt Fabius Colonna im Palazzo Abbaziale in Grottaferrata (1547 vollendet), wo u. a. die Worttreue gegen Hannibal und das ehrerbietige Verhalten seinem Sohn gegenüber abgebildet sind. Auf einem Deckengemälde in der Landshuter Residenz stellte J. Bocksberger d. Ä. (um 1542/43) ihn neben die beiden Catos. G. B. Tiepolo schildert Fabius als Gesandten in Karthago in einer Reihe von Szenen aus der römischen Geschichte im Palazzo Dolfin in Venedig (1725–30, heute St. Petersburg, Eremitage). Die Versöhnung zwischen Minucius und Fabius Maximus, die auch bei genanntem Volterra zu finden ist, zeigt Rubens auf einem Gemälde (um 1622, Rotterdam, M. Boymans).

Während der Befreiungsfeiern in den Niederlanden nach dem Achtzigjährigen Krieg (1648) wurden die Fürsten mit Römern verglichen: Maurits, Bringer der wahren Religion, mit Numa Pompilius, Frederik Hendrik, der die Spanier schlug, mit Fabius Maximus und der Friedensstifter Willem II. mit → Augustus.

Eine bemerkenswerte Darstellung der Szene mit dem Sohn, dessen Auftreten im Mittelpunkt steht, ist ein Kaminstück von J. Lievens (1656) im Bürgermeistersaal des Amsterdamer Rathauses. Ein Vers von J. van den Vondel unterstreicht die aus dem Bild (dessen Stelle zuvor ein Werk von Rembrandt einnahm) zu ziehende Lehre.

Zu den Feierlichkeiten der ›Funzione delle Tasche‹ in Lucca wurde 1691 eine Konzertmusik aufgeführt, die Fabius huldigte und auf einem Text von B. Andreucci basierte. Später entstanden auch Opern zu dieser Gestalt, z. B. von N.-J. Le Froid de Méraux (1793, Paris), G. Rossi (1802, Florenz) und G. Nicolini (München, 1819).   NM

Blankert 1975; Guerrini 1984–86

Fabricius Luscinus, Gaius (1. Hälfte 3. Jh. v. Chr.), römischer Konsul und Feldherr ⟨Iust. 18,2,6–7; Plut. Pyrr.; Liv. perioch.; Dion. Hal. 19,13,2, 19,16,3 u. 20,4,2; App. Samn. 7,1; Val. Max. 1,8,6⟩.

Fabricius erwarb sich u. a. als Konsul im Krieg gegen die Samniten und ihren Bundesgenossen → Pyrrhos in den Jahren 279–278 großen Ruhm. Anekdoten über ihn beziehen sich v. a. auf seine Konfrontationen mit Pyrrhos in dieser Zeit. So berichtet Plutarch u. a., Pyrrhos habe während der Friedensverhandlungen versucht, Fabricius zu bestechen. Als er standhaft blieb, suchte Pyrrhos ihn zu erschrecken, indem er ihm unerwartet einen Elefanten vorführte. Doch Fabricius ließ sich auch durch den Anblick dieses ihm völlig unbekannten Tieres nicht aus der Fassung bringen; eine Haltung, die Pyrrhos sehr schätzte. Sein Respekt vor dem Gegner wuchs noch, als Fabricius in Gesprächen mit dem Hofphilosophen Kineas die Epikureische Philosophie des Lebensgenusses ablehnte und die Stärke Roms mit der Abwesenheit aller verderblichen Einflüsse begründete.

Seine Rechtschaffenheit bewies Fabricius erneut, als er das Angebot des Leibarztes des Pyrrhos, diesen mit Gift zu ermorden, ablehnte und seinem Gegner diesen Verrat mitteilte.

Fabricius, streng, maßvoll und rechtschaffen, wird in der Literatur zum großen Beispiel altrömischer Tugenden, auf die der Aufstieg der Republik zu einen mächtigen Staat zurückgeführt wurde. Von seiner Unbestechlichkeit berichten neben Plutarch auch Appianos, Gellius (3,8,1, 4,8,1–6 u. 4,8,8) und Seneca (dial. 1,3,6). Valerius Maximus (6,5,1) führt ihn in seinem Kapitel über abstinentia und continentia an der Seite des → Curius Dentatus an. Er erklärt die Ablehnung der Geschenke aus dem einfachen Lebenswandel des Fabricius und meint, die Geschichte habe Fabricius in seiner Mäßigung und Ablehnung aller Genußsucht Recht gegeben: Athen sei untergegangen, während Rom mächtig wurde. Cicero rühmt im Zusammenhang mit der Zurückweisung des Mordes seine ›iustitia in hostem‹ (die Gerechtigkeit dem Feind gegenüber). Vergil erwähnt Fabricius in der *Aeneis* (6,843 f.), als Anchises seinem Sohn Aeneas in der Unterwelt über das zukünftige Rom weissagt.
Die Beliebtheit des Themas in der Literatur findet in der römischen Kunst keinen Niederschlag.

ND Im späten Mittelalter und der frühen Renaissance nimmt Fabricius, der wegen seiner Verschmähung irdischen Reichtums von Augustinus als Vorbild der Christen angeführt wird, einen festen Platz in der Mitte der antiken viri illustres ein: so bei Dante (der ihn mit Marias Einfachheit vergleicht, die Jesus in einem Stall zur Welt brachte), F. Petrarca und Johannes von Salisbury. Die niederländische Literatur verzeichnet ein klassizistisches Stück von S. Feitama (1720).

NM Die Operngeschichte brachte Werke von A. Caldara (1729, Wien), J. A. Hasse (1732, Rom) und C. H. Graun (1746, Berlin) hervor, alle zu einem Libretto von A. Zeno.

NK Als einer der viri illustres wird Fabricius in der bildenden Kunst z. B. in dem von Petrarca inspirierten Freskenzyklus in Padua (Liviano), im Palazzo Vecchio in Florenz und im Palazzo Trinci in Foligno dargestellt. In der Anticapella des Palazzo Pubblico in Siena (Anfang 15. Jh.) ist Fabricius neben der Personifikation der Gerechtigkeit zu sehen, wohl aufgrund seiner rühmlichen Erwähnung bei Cicero als Beispiel für die iustitia in hostem.
Später wird der einfache Lebenswandel und seine Unbestechlichkeit, wie es Vergil und Valerius Maximus überliefern, betont.

Weiterhin erscheint er, wie bei Valerius Maximus, neben Curius
Dentatus: z. B. auf zwei Emblemen von G. da A. Bonasone
(1555, Graphik). Auch im Bürgermeisterzimmer des Amsterdamer Rathauses sind die beiden Römer auf Kaminstücken
(1656) mit einer Inschrift von Vondel zusammen zu finden: Curius auf einer Darstellung von G. Flinck; Fabricius dargestellt
von F. Bol, wie er die Geschenke ablehnt und beim Erscheinen
des Elefanten unerschrocken bleibt. Die römischen Consuln, die
in der Literatur wiederholt mit den Amsterdamer Bürgermei-
stern verglichen wurden, dienen hier als Vorbild für ihre ›colle-
gae‹ aus dem 17. Jahrhundert. Im Palazzo Marucelli-Fenzi in
Florenz stellt S. Ricci (1706) in einem Saal, der im Zeichen der
Wahl zwischen Lust oder abstinentia und continentia steht, den
unbestechlichen Fabricius neben → Cincinnatus und → Scipio
Maior dar.

Blankert 1975; Schneider 1926

Fatae, andere Bezeichnung für die → Moiren

Faunus → Pan

Faustulus, Pflegevater von → Romulus und Remus

Flavus, Bruder des → Arminius

Flora, italische Göttin der Blumen und des Frühlings (Aug. civ.
4,8; Lact. inst. 1,20,7; Ov. fast. 5,200–206; 5,261 ff.).
Flora spielt nur in Ovids *Fasti* eine mythologische Rolle. Zephyros, der Gott des Westwindes (der mit dem Frühling assoziiert wird), verliebte sich in die Nymphe Chloris. Er stellte ihr
nach und nahm sie zur Frau, worauf sich Chloris in die Göttin
Flora verwandelte.
Nach Ovid war Flora an der Geburt des Ares beteiligt. Hera
hatte sich darüber geärgert, daß Zeus ohne Hilfe von ihr oder
einer anderen Frau Athena geboren hatte und wollte nun ihrerseits auch ohne jegliche Beteiligung eines Mannes ein Kind gebären. Sie bekam von Flora eine Blume, von der sie durch eine
Berührung schwanger wurde. Dann brachte sie Ares zur Welt.

Flora ist in der bildenden Kunst der Antike nur auf Münzen
nachzuweisen, wurde vermutlich aber auch als Statue darge-

stellt. Ihre Feste, die Floralia, am 3. Mai hatten einen schlechten Ruf (Lact. inst. 1,20,10; Val. Max. 2,10,8; Tert. spect. 17; Aug. civ. 2,27).

NK S. Botticelli hielt auf seinem Gemälde ›Primavera‹ (1477/78, Florenz, Uffizien) die Verwandlung der Chloris zur Flora fest. Zusammen mit Zephyros ist Flora u. a. auf Gemälden von Rubens/J. Brueghel d. Ä. (um 1617, Dessau, Schloß Mosigkau), G. B. Tiepolo (um 1734/35, Venedig, Ca'Rezzonico) und W. Bouguereau (1875, Mulhouse, M.) zu sehen. Zephyros und v. a. Flora mit Blumen gelten auch als Personifikationen des Frühlings, z. B. auf einem Gemälde von A. Coypel (1699, Paris, Louvre) und als Skulptur von J.-B. Tuby (um 1672–75) im Park von Versailles. N. Poussin reihte Flora auf einem Gemälde (1631, Dresden, Gemäldeg.) bei der Darstellung ihres Königreiches in eine mythologische Figurengruppe ein, die Pflanzenverwandlungen darstellt (Hyakinthos, → Adonis und → Narkissos). Den Triumph Floras hielt J. Heiss (1683, Nürnberg, Nationalm.) auf einem Gemälde fest. Im Gefolge der Aphrodite nimmt Flora an Triumphzügen teil, z. B. auf einem Gemälde von A. Kern (1747, Nürnberg, Nationalm.). Flora-Porträts schufen in der Malerei z. B. auf Gemälden P. Vecchio (um 1515, London, Nat. G.), Tizian (um 1520–22, Florenz, Uffizien), J. Massys (1559, Hamburg, Kunsth.), J. Boeckhorst (um 1630–40, Wien, Kunsth. M.), Guercino (1642, Rom, Pal. Pallavicini Rospigliosi), L. Giordano (um 1700, El Pardo, Casita), G. B. Tiepolo (1736, Fresko, Treviso, M.), A. Böcklin (1875, Leipzig, M.) und L. Corinth (1923, Hamburg, Kunsth.) sowie in der Bildhauerei u. a. B. Permoser (vor 1675, Sandsteinskulptur, Wien, Unteres Belvedere), A. Rodin (1865–70, bemalte Terrakotta-Büste, u. a. Paris, M. Rodin), A. Maillol (1910–12, lebensgroße Bronzestatue, München, NP) und G. Marcks (1939, Bronze, Hannover, Landesm.). Vom 16. bis zum 18. Jahrhundert wurden Frauen in der Gestalt Floras gemalt, z. B. porträtierte Rembrandt seine beiden Frauen Saskia (1634, St. Petersburg, Eremitage und 1635, London, Nat. G.) und Hendrickje Stoffels (um 1654, New York, Metrop. M.); weitere analoge Porträts stammen von P. Moreelse (1633, Boston, M.) und F. Trevisani (um 1725, Perth, M.).

ND Die Figur der Flora spielt in der Literatur eine marginale Rolle. Sie taucht im 17. Jahrhundert nur im Zusammenhang mit der Verwandlung der Chloris in Flora in den Stücken von B. Jonson (1630) und P. Calderon de la Barca (*La púrpura de la rosa*, 1659) auf.

Ende des 16. Jahrhunderts erschienen eine Reihe von Madrigal- NM
büchern, die der Gestalt der Chloris gewidmet sind, z. B. von L.
Leoni (Venedig, 1591) und L. Marenzio (Venedig, 1581–94). M.
da Gagliano komponierte zusammen mit J. Peri eine ›favola per
musica‹ über die Verwandlung der Chloris in Flora und die Geburt der Blumen (Libr. von A. Salvadori, 1628, Florenz). Die
von A. Sartorio begonnene Oper komplettierte M. A. Ziani
nach dem Libretto von N. Bonis (1680, Venedig); in dieser Zeit
entstanden auch zwei Ballette, nämlich von J.-B. Lully (1669,
Paris) und A. Draghi (1679, Wien). V. a. im Genre der Kammerkantate scheint die Figur der Flora sehr beliebt gewesen zu
sein, wie einige Werke von J. C. Pepusch (London, 1710), J.-B.
Morin (Paris, 1712), A. Campra (Paris, 1714), H. Desmarets
(1724), B. Galuppi (1769) und J. Weigl d. J. (1791, Wien) nahelegen. Weitere Vokalwerke, die sich mit der Beziehung von Ze-
phyr und Flora beschäftigen, schufen z. B. von A. Scarlatti
(1706, vermutl. Rom), J. D. Heinichen (1714), L.-N. Clérambault (Paris, 1716) oder J. W. Michl (1776, München).

Fulvia, Gemahlin des Marcus Antonius → Augustus

Furien, andere Bezeichnung für die → Erinyen

Gaius, adoptierter Sohn des → Augustus, → Tiberius

Galatea → Pygmalion

Galateia, Meeresnymphe, Tochter der Meeresgottheiten Nereus
und Doris (Hom. Il. 18,45; Hes. theog. 250), gehört also zu den
Nereïden ⟨Sil. 14,221 ff.; Apollod. 1,2,7; Ov. met. 13,738–903;
Lukian. dial. deor. mar. 1; Bion 2; Kall. Galat.⟩.
Galateia wohnte an der sizilianischen Küste, wo der → Kyklop
Polyphemos sein Vieh weidete. Einer älteren Überlieferung zufolge gelang es Polyphemos, die schöne Galateia mit seinem Flötenspiel zu verführen (Nonn. Dion. 39,259–264; 40,555; App.
Ill. 2). In späteren Texten (z. B. in einer Idylle des Theokritos
(11) und bei Lukianos) bemühte sich Polyphemos allerdings vergeblich um die Gunst Galateias. Diese kokettierte zwar mit dem
häßlichen Kyklopen, zog sich aber stets wieder in ihr Element,
das Meer, zurück.

Andere Autoren – die bekannteste Version stammt von Ovid – erzählen, daß Galateia Polyphemos zurückwies, weil sie in den jungen Hirten Akis verliebt war. Polyphemos überraschte die beiden, als sie einander auf der Küste umarmten, und erschlug den fliehenden Akis mit einem riesigen Felsblock. Aus dem Felsen ließ die trauernde Galateia eine Quelle entspringen; Akis machte sie zum Gott dieses Flusses.

Aus der Antike sind fast ausschließlich römische Wandgemälde und einige wenige Reliefs und Mosaiken überliefert. Galateia wird mit Polyphemos, der sie umarmt, gezeigt, oder man sieht Eros, der auf einem Delphin reitend den Kyklopen einen Brief überbringt. Auf einem Wandgemälde im sogenannten Haus der späteren Kaiserin Livia in Rom (um 30 v. Chr.) wird Polyphemos von Eros weggelockt. Polyphemos ist auch allein dargestellt, wobei er, auf einer Lyra oder Flöte spielend, um die Gunst Galateias wirbt.

NK In der Neuzeit hielt Badaloccio auf einem Freskenzyklus im Palazzo Verospi in Rom (um 1609) alle Elemente der Geschichte fest. Der Gegensatz zwischen dem einem Ungeheuer ähnelnden, meist auf einer großen Panflöte spielenden Polyphemos und der schönen Galateia ist seit der Renaissance z. B. auf Fresken von Raffael und S. del Piombo (1511, Rom, Villa Farnesina) und von Annibale Carracci (1597–1600, Rom, Pal. Farnese) sowie auf Gemälden von D. Fetti (um 1610–12, Wien, Kunsth. M.) und L. Giordano (um 1675/76, Florenz, Pal. Pitti) zu sehen. Galateia mit dem drohenden oder trauernden Polyphemos zeigen auf Gemälden u. a. N. Poussin (um 1649, St. Petersburg, Eremitage), O. Redon (um 1895–1900, Otterlo, M.) und G. Moreau (u. a. um 1896, Cambridge/Mass., M.). Die drohende Gestalt des Polyphemos dominiert das Wandgemälde von G. Romano im Palazzo del Tè in Mantua (um 1528). Das Motiv der Galateia, die auf einem Delphin reitend oder von Seepferden gezogen von Meeresungeheuern bedrängt wird, entwickelte sich zu einem selbständigen Triumphmotiv, das bis in die späte Barockzeit aufgegriffen wird, z. B. auf Gemälden von T. v. Thulden (um 1650, Potsdam, Sanssouci), Guercino (1656, Salzburg, Residenzgalerie), A. van Nieulandt (1656, Amsterdam, M.), S. Ricci (1712–16, London, Royal Acad.) und J.-B. van Loo (um 1720, St. Petersburg, Eremitage). Auf Gemälden von N. Poussin (um 1628–30, Dublin, Nat. G.), C. Lorrain (1657, Dresden, Gemäldeg.), J. H. Tischbein d. Ä. (1758, Kassel, Gemäldeg.) und A.-J. Gros (1833, Norfolk/Va., Chrysler M.) sind die Liebenden Akis und Galateia zu finden.

Die Geschichte von der Liebe der Galateia, die in der anonymen ND
Ovid-Bearbeitung *Ovide Moralisé* (ca. 1316–28) erzählt wird,
fand seit der Renaissance dramatische Bearbeitungen, z. B. in
einer Komödie von J. Lyly (1584/85), wo Galateia ländliche
Züge annimmt, in einer Pastorale von P. Metastasio (1722) und
in einem Stück von J. M. de Sagarra i Castellarnau (1948). Auch
die Dichter griffen den Stoff gerne auf, wie z. B. P. C. Hooft
(1636) und J. Dryden (1693, Ovid-Übersetzung).

Die musikgeschichtliche Rezeption setzte mit einigen Vokal- NM
werken ein, z. B. von F. Marenzio (Madrigal, Venedig, 1585), G.
Costeley (vierstimmiges Chanson, vor 1606) und F. Polcastro
(dreistimmige Kantate, vermutl. 1655, Padua). Die Serenata, die
G. F. Händel für eine Hochzeit am neapolitanischen Hof komponiert hatte (1708), verwendete er später wieder in der ›serenata
masque‹ für eine Aufführung auf dem Landsitz des Lord Chan-
dos (mit dem Text von J. Gay, 1718, Cannons bei London).
In den Anfängen der Operngeschichte wurde ein Libretto von
G. Chiabrera mehrmals vertont, neben einigen anonymen Komponisten auch von S. Orlandi (Mantua, 1617). L. Vittori komponierte die Geschichte von der Liebe der Galateia nach seinem
eigenen Libretto (1639, Rom). In der zweiten Hälfte des 17.
Jahrhunderts wurde der Stoff noch öfter für die Oper bearbeitet
und erreichte im 18. Jahrhundert sehr weite Verbreitung, z. B.
mit den Werken von P. A. Ziani (Libr. von A. Draghi, 1667,
Wien), M.-A. Charpentier (1678, vermutl. Paris), J.-B. Lully
(Libr. von J. G. de Campistron, 1686, Château d'Anet bei Paris),
G. Bononcini (Libr. von A. Ariosti, 1702, Berlin), F. B. Conti
(Libr. von P. Pariati, 1719, Wien), N. Porpora (Libr. von P. A.
Rolli, 1735, London), C. H. Graun (Libr. von L. di Villati, 1748,
Potsdam) und einer ›festa teatrale‹ von J. Haydn (Libr. von F. A.
Magliavacca, 1763, Eisenstadt). Ein Libretto von P. Metastasio
fand nicht weniger als sieben Komponisten, darunter D. Alberti
(1737, Venedig), J. G. Schürer (1746, Dresden) und B. Asioli
(1787, vermutl. Turin).
Im 19. Jahrhundert verliert die Geschichte an Popularität, es
entsteht z. B. eine musikalische Idylle von R. Zardi (Libr. von P.
Bettini, 1892, Savona). Auch im 20. Jahrhundert sind nur wenige
Kompositionen bekannt geworden, zu erwähnen sind die Opern
von J. Cras (Libr. von A. Samain, 1922, Paris) und W. Braunfels
(Libr. von S. Baltus, 1930, Köln) sowie die Ballettmusik von
T. H. Eastwood (1950).

Röhrich 1962; Thoenes 1977

Ganymedes, Jüngling von besonderer Schönheit, Sohn des Tros (Hom. Il. 5,265), des Gründers von Troja, und der Kallirhoë, oder Sohn des Laomedon.
Wegen seiner Schönheit entführten die Götter (oder Zeus) Ganymedes, der das Vieh seines Vaters weidete, entweder durch einen Wirbelwind oder auf einem Adler. Sie nahmen ihn als Mundschenk in ihrer Runde auf (Hom. Il. 20,230–235; Thgn. 1345–1348; Pind. O. 1,44 u. 10,105; Apollod. 3,12,2–3; Verg. Aen. 5,253; Ov. met. 10,155–161; Lukian. dial. deor. 20,6). Hermes wurde beauftragt, dem trauernden Tros die Ehre, die seinem Sohn zuteil wurde, zu erklären und ihm Geschenke zu übergeben: zwei göttliche Stuten für das königliche Gestüt und eine von Hephaistos geschmiedete goldene Weinrebe.

Seit dem homerischen Hymnos (202–217) auf Aphrodite (ca. 600 v. Chr.) bekam die Legende um Ganymedes homoerotische Züge, da nur noch Zeus als Liebhaber und Entführer des Jünglings erscheint. Im 4. Jahrhundert wurde hinzugefügt, daß Zeus in der Gestalt eines Adlers oder ein Adler in seinem Auftrag den hübschen Jüngling entführte; dies gilt in erster Linie für die Kunst, es muß aber auch literarische Zeugnisse gegeben haben. Lukianos erwähnt Ganymedes in seinen *Theon dialogoi* (4,5) mehrmals als Bettgenossen des Zeus. Die aus seinem Namen verballhornte römische Bezeichnung ›Catamitus‹ (Plaut. Men. 14,4; Apul. met. 1,12; Nonn. Dion. 15,280–281; Plat. leg. 1,636; Fest.) lebt in dem englischen Wort ›catamite‹ fort: Schand- oder Lustknabe.

In der archaischen Kunst ist Ganymedes als Mundschenk oder Liebhaber des Zeus zu sehen. Eine Terrakottagruppe aus Olympia (um 480–470 v. Chr., ebenda, Museum) zeigt Zeus, mit der rechten Hand den Jungen emporhebend und in der linken einen Stock tragend, und Ganymedes, der einen geschenkten Hahn in der Hand hält. Auch auf schwarz- und rotfigurigen Vasen wird Ganymedes abgebildet – mit oder ohne Geschenk, mit einer phrygischen Kopfbedeckung, einem Weinbecher, einem Hirtenhund oder einer Hirtenflöte –, wobei er von einem Adler oder in dessen Beisein von der Erde entführt wird. In der Bildhauerei gestaltete Leochares den Raub des Ganymedes durch einen Adler (um 330 v. Chr., durch römische Kopien, u. a. im Vatikan, bekannt, Plin. nat. 34,79; Anth. Pal. 12,221). Eine große Marmorgruppe vom Anfang des 1. Jahrhunderts n. Chr., die in einer als Festsaal benutzten Höhle gefunden wurde (Sperlonga, Antiquarium) und auf ein hellenistisches Vorbild zurückgeht, zeigt den jungen Hirten in den Klauen des Adlers.

Die humanistische Deutung des Ganymedes-Mythos als Auf- NK
stieg des Menschen zum Göttlichen hat wohl dazu beigetragen,
daß das Adler-Motiv in der bildenden Kunst der Neuzeit regelmäßig vorkommt. In Italien entstanden u. a. ein Bronzerelief an
einer Tür von St. Peter in Rom von Filarete (um 1433–45), eine
Zeichnung von Michelangelo (1532/33, Vorskizze in Cam-
bridge/Mass., M.), Fresken von C. d'Arpino (1594/95, Rom,
Pal. del Sodalizio dei Piceni) und Annibale Carracci (um 1597–
1600, Rom, Pal. Farnese), Gemälde von A. da Correggio (um
1530, Wien, Kunsth. M.) und C. Saraceni (vor 1608, Neapel, G.)
sowie eine Figurengruppe von N. Tribolo (um 1540–50, Bronze,
Florenz, M. Naz.); in den Niederlanden Gemälde von P. Bril
(um 1600, Antwerpen, Kon. M.), Rembrandt (1635, Dresden,
Gemäldeg.), Rubens (1636/37, Madrid, Prado) und J. van Campen (um 1647, 's-Gravenhage, Huis Ten Bosch). Eine Marmorgruppe von L. Delvaux für Schloß Nordkirchen (Anfang 18.
Jh.) befindet sich im Westfälischen Landesmuseum in Münster.
Im Neoklassizismus wurde das Thema wieder aufgegriffen, z. B.
in der Bildhauerei von J.-A. Houdon (1815, Paris, Louvre) und
B. Thorvaldsen (1815–41, Marmorstatuen, u. a. in Brescia, P.
und Kopenhagen, Thorvaldsen M.), in der Malerei von J. A.
Koch (1838/39, Hannover, Landesm.) und H. von Marées
(1887, München, NP). A. R. Mengs (oder ein anonymer Künstler im Auftrag) zeigt Zeus, der Ganymedes küßt, auf einem an-
tikisierenden Fresko (1758–60, Rom, G. Naz.), mit dem er seinen Freund J. J. Winckelmann auf die Probe stellen wollte.
Letzteres und einige der anderen angeführten Werke sind sicher
als Ausdruck homoerotischen Verlangens oder als Möglichkeit,
einen anziehenden Jünglingskörper zu gestalten, anzusehen.
Michelangelo widmete seine obengenannte Zeichnung seinem
Freund und Geliebten Tommaso Cavalieri. B. Cellini berichtet in
seiner Autobiographie, daß er einen römischen Torso zu einem
Ganymedes mit Adler erweiterte (1546–50, Marmorstatue, Florenz, M. Naz.), um Cosimo I. de' Medici einen Gefallen zu tun.
Die Darstellungen können aber auch anders gedeutet werden.
Vasari schreibt, wie er im Auftrag des genannten Cosimo I. einen
Teppich für den Saal mit den ›Amori di Giove‹ im Palazzo Vecchio in Florenz entwarf, was wohl als Anspruch Cosimos auf
eine absolute Herrschaft unter göttlichem Schutz verstanden
werden sollte. F. Zuccari brachte in seinem eigenen Palazzo in
Rom ein Fresko mit der Entführung des Ganymedes (um 1603)
in dem Saal an, in dem er sich mit anderen Malern zusam-
mensetzte, vielleicht um auf die göttliche Inspiration hinzuwei-

sen. Ferner steht Ganymedes auch für das Sternbild des Wasser-
manns (schon im Altertum: Eratosth. Katas. 26; Verg. Aen. 1,28;
Hyg. fab. 224), z. B. auf einem Fresko von B. Peruzzi (1510/11)
in der Villa Farnesina in Rom und möglicherweise auf dem erwähnten Gemälde Rembrandts von 1635, wo, abweichend von
der üblichen Ikonographie, Ganymedes als wasserlassendes
Kind abgebildet ist. Eine Ausnahme bilden N. Maes' Porträts
früh verstorbener Kinder als Ganymedes (1670–80, u. a. in Moskau, Puschkin M.), die von einem Adler in den Himmel gehoben
werden.

ND　Im anonymen *Ovide Moralisé* (ca. 1316–28) ist Ganymedes eine
Präfiguration von Johannes dem Evangelisten, dem Lieblings-
jünger Jesu. Die Humanisten der Renaissance sahen im Aufsteigen des Ganymedes eine Allegorie auf den Weg des Menschen zu
Gott oder zum Göttlichen und zur Unsterblichkeit. In dem Gedicht *Ganymed* von J. W. von Goethe (1774) klingt dies noch an,
wobei hier eine Doppelbewegung vom Ich zur Gott-Natur und
umgekehrt festzustellen ist. F. Hölderllin widmete ihm eine Ode
unter dem Titel *Der gefesselte Strom* (1802, in *Nachtgesänge*) und
C. M. Wielandt die 1762 in den *Comischen Erzählungen* veröffentlichte Geschichte *Juno und Ganymed*.

NM　Einzelne Werke der Musikgeschichte beschäftigen sich mit dem
schönen Jüngling, darunter eine Tafelmusik von J. P. Krieger
(1693), eine Kantate von V. II. de Grandis (vor 1708) oder auch
das Opernprojekt von S. Stocker (vor 1925). Das Gedicht Goethes wurde von F. Schubert (op. 19/3, 1817) und H. Wolf (op.
50, 1889) vertont.

Andreae 1994; Kempter 1975; Kruszynski 1985; Mayo 1967; Saslow 1986; Sichtermann 1953 und 1976

Germanicus, Gaius Iulius Caesar (15 v. Chr.19 n. Chr.), römischer Feldherr ⟨Suet. Cal. passim u. Tib.; Dio Cass. 55–57; Tac.
an. 1–2 passim, 3,1–5; Vell. Pat. 2⟩.
Der Sohn des Nero Claudius Drusus und der Nichte des
→ Augustus, Antonia Minor, Bruder des späteren Kaisers Claudius (→ Caligula), wurde von → Tiberius adoptiert. Im Jahre 5
n. Chr. heiratete er eine Nichte des Kaisers Augustus, Vipsania
Agrippina, die den Beinamen Maior zur Unterscheidung von
ihrer Tochter Agrippina Minor (15–59) erhielt. Adoption und
Heirat fanden auf Veranlassung des Augustus statt, der in Germanicus einen möglichen Nachfolger sah.

Germanicus entwickelte sich zu einem geschickten Feldherrn, der v. a. im Kampf gegen die von → Arminius angeführten Germanen Erfolge erringen konnte. Beim Tod des Augustus hatte er mit Meutereien seiner Soldaten zu kämpfen, die statt Tiberius lieber ihren verehrten Anführer als Kaiser gesehen hätten. Trotzdem schwor Germanicus den Treueeid auf Tiberius und konnte die Ordnung wiederherstellen. Tacitus berichtet, daß sich der Aufstand deswegen beruhigte, weil Germanicus, der mit einem Kampf gegen die Meuterer rechnete, seine Frau Agrippina und seinen Sohn Caligula, beide bei den Soldaten sehr beliebt, nach Trier in Sicherheit bringen wollte; die Legionäre wollten dies nicht verantworten.

Germanicus wurde von Tiberius zurückgerufen und übernahm Aufgaben in Rom und Syrien, wo er in einem gespannten Verhältnis mit dem dortigen Statthalter Calpurnius Piso stand. Er starb im Jahre 19 in Antiochia. Auf seinem Krankenlager beschuldigte er Piso und seine Frau Plancina, ihn vergiftet zu haben. Agrippina war sich dessen bewußt, daß ihr Auftreten als trauernde Witwe des allseits beliebten Germanicus die Haßgefühle gegen Tiberius, die in großen Teilen der Bevölkerung schlummerten, entfachen würde. Mit der Asche ihres Mannes und den sechs Kindern fuhr sie nach Italien, ging in Brindisi an Land und zog, begleitet von vielen vornehmen Römern, ins trauernde Rom, wo sich Tiberius nicht öffentlich zeigte. Im Jahre 29 wurde sie von Tiberius nach Pandataria verbannt, einer kleinen Insel vor der Küste Campanias. Vier Jahre später starb sie, ein Vorbild ehelicher Hingabe. Dio Cassius zufolge wurde sie ermordet, nach Sueton wählte sie den Hungertod.

Tacitus und Sueton, die Tiberius zurückhaltend beurteilen, stellen seiner schwachen Persönlichkeit einen edlen Germanicus gegenüber: mutig, rechtschaffen, worttreu, tüchtig, mit Kunstverstand, ein liebender Gemahl und Vater. Sueton vermutet, daß Germanicus das Opfer eines Giftmordes wurde, den Piso veranlaßte, der wiederum auf Befehl von Tiberius gehandelt haben soll. Nach Tacitus soll der kranke Germanicus davon überzeugt gewesen sein, Piso habe ihm Gift gegeben. Später griff das Gerücht von Pisos und Tiberius' Täterschaft um sich und kostete schließlich ersteren das Leben.

Aus der antiken Kunst sind keine Germanicus-Darstellungen bekannt. Selbst Porträts lassen sich nicht mit Gewißheit zuweisen, weil die iulisch-claudische Dynastie die Neigung hatte, kaiserliche Familienmitglieder in einem ähnlichen Typus abbilden zu lassen.

N In der Malerei der Neuzeit entstanden einige Darstellungen mit
Germanicus' Tod, die auf ein Gemälde von N. Poussin (1627,
Minneapolis, Walker Art C.) für Kardinal Francesco Barberini
folgten: u. a. Gemälde von G. de Lairesse (1689, Kassel, Gemäldeg.) und H. F. Füger (1789, Wien, Akad.) sowie ein Marmorrelief von T. Banks (um 1770) für Holkham Hall (Norfolk/
Va., Chrysler M.). Andere Aspekte aus dem Leben des Germanicus wurden in der Kunst nur selten thematisiert. E. Le Sueur
zeigt auf einem Gemälde (Mitte 17. Jh., Paris, Louvre) die Bei-
setzung seiner Asche durch Nero im Augustus-Mausoleum in
Rom. M. F. d'André Bardon stellte auf der Pariser Salonausstellung 1781 ein Gemälde aus, auf dem Germanicus den Legionen des Varus die letzte Ehre erweist.
Die Gegenüberstellung von Germanicus und Tiberius als Pole
des Guten und des Bösen findet sich in der Literatur des 19.
Jahrhunderts wieder in einigen Germanicus-Dramen, u. a. von
A.-V. Arnault (1817) und R. Wurstenberger (1822).
Der Kampf des Feldherrn gegen die Germanen unter → Armi-
nius ist Thema einer Oper von G. Legrenzi (Libr. von G. C.
Corradi, 1676, Ferrara; vgl. → Tiberius). Von N. Porpora gibt es
die Oper *Germanico in Germania* (Libr. von N. Coluzzi, 1732,
Rom).
Die edle Agrippina kommt in G. Boccaccios *De claris mulieribus*
(1356/64) vor: Der selbstgewählte Hungertod kann trotz der
Versuche des Tiberius, ihn zu vereiteln, nicht verhindert werden.
In der Malerei wird Agrippina mit Germanicus' Asche in Brindisi u. a. auf Gemälden von B. West (u. a. 1768, New Haven, Art G.
und 1771, Sarasota, M.), G. Hamilton (1771, London, Tate G.),
und J. M. W. Turner (1839, London, Tate G.) dargestellt.

Frenzel 1992a; Hunter 1959; Massner 1982; Rosenberg/Butor 1973

Geryoneus → Herakles

Giganten, riesige, ungeheuerähnliche Wesen mit Schlangenleibern anstelle der Füße, aus dem Blut des Uranos entsprungen,
das nach seiner Entmannung durch → Kronos auf die Erde
tropfte; wegen ihrer Abstammung von Gaia, der Erde, oft auch
Gegeneis (›die Erdgeborenen‹) genannt ⟨Hom. Od. 7,56–60 u.
7,204–206 u. 10,120–122; Hes. theog. 50–52 u. 183–186; Ov.
met. 1,151–162; 1,182–186; 5,318–331; Apollod. 1,6,1–3; Hyg.
astr. 2,3; 2,23; Paus. 8; Nonn. Dion. 25,87–97; 48,12–89⟩.

Mit ihrer enormen Kraft stapelten die Giganten Berge übereinander, schleuderten Felsen, benutzten Bäume als Stöcke oder flammende Speere und bedrohten so die Olympier, die ihre Ahnen, die → Titanen, im Tartaros gefangenhielten. Zeus und Athena übernahmen die Führung im Kampf gegen die Giganten und konnten durch die Unterstützung des Zeus-Sohnes Herakles den Sieg erringen. Als Dank nahmen die Götter Herakles nach seinem Tod bei sich auf.

Die ›Gigantomachie‹, die in der griechischen und hellenistischen Kultur für den Sieg der Ordnung über die Barbarei steht, ist von vielen antiken Dichtern überliefert worden: von Hesiodos und Pindar bis zu Horaz, Ovid und Claudius Claudianus (carm. min. 37).

In die Architektur fand das Thema v. a. wegen der allegorischen Bedeutung – Sieg der Griechen über die Barbaren – Eingang, beispielsweise auf dem Fries des Schatzhauses der Siphnier in Delphi (vor 525 v. Chr., Delphi, M.), auf den Metopen des Parthenon aus der Werkstatt des Pheidias (447–438 v. Chr., teilweise in London, British M.) und auf dem Zeus-Altar in Pergamon (Mitte 2. Jh. v. Chr., heute Berlin, Pergamon-M.), der mit seinem 120 m langen Fries einen Sieg Pergamons über die Gallier schildert; er gilt als der Höhepunkt der realistischen hellenistischen Bildhauerkunst. Auch auf dem Fries des Hekatetempels in Lagina wurde das Thema dargestellt (um 130–100 v. Chr., Istanbul, Arch. M.). Eine Terrakottagruppe zierte das Dach des Tempels für Mater Matuta in Serbien (Anfang 5. Jh. v. Chr., Rom, Villa Giulia).

In der Neuzeit ist die Gigantomachie v. a. Gegenstand von NK Wand- und Deckengemälden, auf denen die Riesen stürzen und unter Felsen und Baumstämmen begraben werden, vergleichbar mit dem Fall der aufständischen Engel. Zahlreiche italienische Künstler beschäftigten sich mit dem Sturz der Giganten, z. B. auf Fresken P. del Vega (1530) im Palazzo del Principe in Genua, D. Beccafumi (um 1530) im Palazzo Bindi Sergardi in Siena, P. da Cortona auf seinem großen Deckengemälde der Göttlichen Weisheit (um 1633–39) im Gran Salone des Palazzo Barberini in Rom, A. Belluci auf einem zentralen Deckengemälde (Anfang 18. Jh.) eines Saales im Palais Liechtenstein in Wien, das den Triumph der römisch-katholischen Kirche über die Ketzerei darstellen soll, P. Longhi (1734) im Palazzo Sagredo in Venedig, auf einem Gemälde G. Reni (1636/37, Pesaro, M.) sowie F. Taglio-

lini, der bei seiner Skulpturengruppe (um 1787, Neapel, G.)
zeigt, wie der auf seinem Adler sitzende Zeus mit Blitzen die
Giganten vom Olympos jagt.
Eine spektakuläre Darstellung des Themas schuf R. Mantovano
nach einem Entwurf von G. Romano (1532) im Palazzo del Tè in
Mantua, wahrscheinlich als Huldigung an Karl V. gemeint, den
Bezwinger der päpstlichen Truppen, der Mantua 1534 besuchte.
Ein gestürzter Gigant des Bildhauers G. Marsy (um 1675) im
Versailler Park huldigt in ähnlicher Weise Ludwig XIV.
In den Niederlanden entstanden Gemälde u. a. von C. C. van
Haarlem (um 1588, Kopenhagen, Staatl. Kunstm.), J. Wtewael
(um 1599–1605, Chicago, Art I.) und Rubens/J. Jordaens (1636–
38, Madrid, Prado).

ND In der Literatur spielt die Gigantomachie im Gegensatz zur Titanomachie nur eine marginale Rolle. Sie taucht u. a. auf im anonymen *Ovide Moralisé* (ca. 1316–28), in einem dramatischen
Gedicht von A. Hardy (1605–15), in dem Drama *La caduta de'
Giganti* (1814) von T. Bandettini-Landucci und in einem Gedichtzyklus von V. Hugo (*Entre Géants et dieux*, 1875).
Nach einigen Quellen gebar Gaia aus Zorn über die Vernichtung
der Giganten durch Zeus dem Tartaros Typhon, einen schlan-
genleibigen Riesen mit hundert Schlangenköpfen. Zeus nahm
den Kampf mit dem Ungeheuer auf, aber Typhon konnte sich
seines Schwertes bemächtigen, mit dem er die Sehnen in Zeus'
Händen und Füßen durchschnitt und ihn hilflos in einer Höhle
zurückließ. Hesiod zufolge ergriff Zeus seine Donnerkeile und
nahm den Kampf mit Typhon wieder auf, den er dann in den
Tartaros warf. Nach Homer begrub ihn Zeus nach wechselvol-
lem Kampf im Lande der Arimer (Kilikien), nach späteren
schloß er ihn unter dem Ätna ein, wo man ihn immer noch
brüllen und rülpsen hören kann. Laut Hesiod war Typhon der
Ursprung des Wirbelwinds (Taifun).
In der neuzeitlichen Literatur taucht Typhon auf in einer Burleske von P. Scarron (1644), in einer burlesken Dichtung von B.
de Mandeville (1704) und in einem Gedicht von A. Knowles
Sabin (1902).

NM Die Verteidigung des Olymp ist Thema der Oper von A. Scarlatti
(Libr. von A. Aureli, 1685, Neapel). Die Oper von C. W. Gluck
behandelt den Sieg über die Titanen (Libr. von F. Vanneschi,
1746, London). Die Ouvertüre zu *Naïs* von J.-P. Rameau stellt
den Ansturm der Giganten auf den Olymp dar (Libr. von L. de
Cahusac, 1749, Paris).

Mayer 1887; Vian 1951

Glauke → Medeia

Glaukias, König der Illyrer → Pyrrhos

Gorgonen, die drei Töchter des Meeresgottes Phorkys von seiner Schwester, dem Meeresungeheuer Keto (Hes. theog. 270–282); sie hießen Stheno, Euryale und Medusa und sahen so häßlich und furchterregend aus, daß jeder bei ihrem Anblick zu Stein erstarrte 〈Ov. met. 4,604–5,249; Apollod. 1,2,6; 2,4,2–3; Lucan. Phars. 9,624–733〉.
Die Gorgonen lebten weit im Westen an der Küste des Weltstroms (vgl. Geryon und die Hesperiden bei → Herakles). Sie hatten bronzene Hände, goldene Flügel, riesige Zähne und Schlangenhaar. Poseidon war der einzige, der ihren Blick ertragen konnte, ohne versteinert zu werden. Medusa wurde von ihm schwanger, aber noch bevor das Kind zur Welt gekommen war, tötete → Perseus Medusa, die im Gegensatz zu ihren Schwestern sterblich war. Aus der Wunde ihres abgeschlagenen Hauptes wurden das geflügelte Pferd Pegasos und der Riese Chrysaor (der Vater des dreiköpfigen Geryon) als Söhne des Poseidon geboren. Das Haupt der Medusa trug Athena zur Abschreckung an ihrem Schild oder dem Aigis.

In der griechischen Literatur gehören die Gorgonen zur ältesten Göttergeneration. Ovid (met. 4,791–803) beschreibt das Aussehen der Medusa auf andere Weise: sie soll ein schönes Mädchen gewesen sein, das auf seine prächtigen Locken stolz war. Als sie von Poseidon im Tempel der Athena verführt wurde, bestrafte Athena nicht den Gott, sondern sie, indem sie ihr Haar zu Schlangen werden ließ.

Die drei Gorgonen werden nur selten zusammen abgebildet, z. B. auf der Vase des ›Gorgonenmalers‹ (um 590 v. Chr., Paris, Louvre). Am häufigsten wird Medusa dargestellt. Ihr Kopf, den Perseus der → Athena überreicht, prangt auf dem Schild dieser Göttin und dient wegen seiner versteinernden Wirkung zur Abwehr des Bösen. Aufgrund dieser Symbolik kommt das Haupt der Medusa auch in der bildenden Kunst in der Funktion eines Schutzschildes oder Dekorationsmotivs vor. Eine beeindruckende Darstellung befand sich am Westgiebel des Artemis-

Tempels auf Korfu (um 590 v. Chr., ebenda, M.), die Medusa mit ihren Söhnen Pegasos und Chrysaor zeigt. Die Enthauptung der Medusa durch Perseus findet sich bereits auf einer Vase mit Reliefverzierungen aus Theben (um 680 v. Chr., Paris, Louvre), wobei Medusa einen Pferdeleib (→ Kentauren) besitzt. Auf einem Elfenbeinrelief aus Samos (um 630/620 v. Chr., Samos, M.) und auf einer Metope aus Selinus (um 530 v. Chr., Palermo, M. Arch.) ist sie, wie in Korfu, in ihrer üblichen Gestalt zu sehen: großer, runder Kopf mit Schlangenhaar, aufgesperrte Augen und offener Mund mit herausgestreckter Zunge: Perseus hält sie am Haar fest, während er ihr den Kopf abtrennt. Auf der Metope aus Selinus trägt sie schon ihren Sohn Pegasos auf dem Schoß. Bei der ›Medusa Rondanini‹ (München, Glyptothek), einer römischen Kopie eines Werkes aus der Zeit um 330 v. Chr., fehlen die angsteinflößenden Gesichtszüge, wie auch bei anderen Abbildungen aus der hellenistischen und römischen Zeit, u. a. einer Schale aus geschliffenem Chalzedon, der sog. ›Tazza Farnese‹ (vielleicht 2. Jh. v. Chr., Neapel, M. Arch. Naz.).

NK In der Kunst und Literatur der Neuzeit konzentrieren sich die Künstler v. a. auf den Unterschied zwischen dem schönen Gesicht und dem abstoßenden Haarschmuck, wobei sie auf die Überlieferung Ovids zurückgreifen. Leonardo da Vinci soll diesen Aspekt als erster dargestellt haben (Florenz, Uffizien). M. da Caravaggio (1591/92, Florenz, Uffizien) und Rubens (1617/18, Wien, Kunsth. M.) zeigen auf Gemälden den Kopf der Medusa nach der Enthauptung mit einem erschrockenen, ungläubigen Gesichtsausdruck.

F. Negroli gestaltete einen eisernen Prunkschild für Karl V. mit dem Medusen-Haupt (um 1541, Wien, Kunsth. M.), den der Kaiser nach seinem Algerien-Feldzug zum Geschenk erhielt. Die Tritonen und Nereïden auf dem äußersten Kreis des Schildes verweisen auf die Überfahrt. Die Verbindung Karls mit Perseus wird durch die griechische Inschrift ›pros ta astra dia tauta‹ (durch diese Taten zu den Sternen) hergestellt: Perseus wurde nach seinen Heldentaten als Sternbild in den Himmel aufgenommen. In der Renaissance-Kapelle des Schlosses Sýnderborg (Süd-Jütland) tragen sämtliche Schlußsteine des Gewölbes ein Gorgonenhaupt.

E. Burne-Jones stellte Medusa in den Mittelpunkt seines Perseus-Zyklus für Lord Balfour (1875–98, Skizzen in Stuttgart, Staatsg.). F. Khnopff benutzte auf einem Pastell die Medusa als Ausdruck der Seele eines Künstlers (1896, Privatbesitz); im

Beethoven-Fries von G. Klimt (1902, Wien, Sezession) stehen die drei Gorgonen in einem ähnlichen Kontext. Weitere Darstellungen der Medusa aus dem 19. und 20. Jahrhundert entstanden in der Bildhauerei, z. B. von G. F. Watts (u. a. 1843–47, Alabasterskulptur, Compton, Watts G.) und L. Baskin (1969, Bronzerelief, Richmond, M.) sowie in der Malerei, u. a. von A. Böcklin (1870, Fresko, Basel, Augustiner-M. und 1887, Gemälde, Zürich, Kunsth.) und A. Feuerbach (1872, Zeichnung, Karlsruhe, Kunsth.).

Seit J. W. von Goethe, der vom Ausdruck des Schmerzes und ND der Wollust der ›Medusa Rondanini‹ fasziniert war, taucht das Thema in der Literatur des 19. und 20. Jahrhunderts häufiger auf: z. B. in Gedichten von P. B. Shelley (1819), D. G. Rossetti (1865; zu einer Zeichnung) und J. Auslander (1926). Bei dem Dichter P. N. van Eyck (1947) ist die sterbliche Medusa das Opfer Athenas, der sogar der Gott Poseidon nicht mehr helfen kann. Das Haupt der Medusa ist Thema der Sonette von M. Beheim-Schwarzbach (1941), die er unter dem Pseudonym Christian Corty schrieb, und der Romane von C. Tartùfari (1910) und P. Prevelakis (1963).

In der Musikgeschichte fand von den drei Schwestern meist nur NM die Figur der Medusa Beachtung, z. B. in der Oper von C.-H. Gervais (Libr. von C. Boyer, 1697, Paris), in der Komposition von E. Satie (1913), in einem Ballett mit der Musik von G. von Einem (1957, Wien), in dem Streichquartett von M. Mengelberg (1962) und in einer Multimedia-Produktion mit der Musik von H. Birtwistle (1969). Eine Kantate von A. Malawski behandelt die Insel der Gorgonen (1939).

Floren 1977; Hartlaub 1951; Kolsteren 1982

Gracchen. Tiberius und Gaius Sempronius Gracchus (163–133; 154–121), römische Sozialreformer ⟨Plut. Tib. Gracch.; Cic. div. 1,36; Val. Max. 4,7,2; App. civ. 1,32–72 u. 1,91–120; Vell. 2,2,2⟩. Tiberius und Gaius waren zwei der zwölf Kinder der → Cornelia und des Tiberius Sempronius Gracchus. Tiberius nahm unter → Scipio Africanus Minor am Dritten Punischen Krieg (149–146) teil. Er wurde Augur, Quaestor (137) und schließlich Volkstribun (134/133). Zu dieser Zeit war es in Italien infolge zunehmender Landkonzentration in den Händen der Großgrundbesitzer zu einer Verarmung der bäuerlichen Schicht, zu sinkenden Bevölkerungszahlen und dementsprechend abneh-

mender Wehrfähigkeit gekommen. Um die soziale Not zu lindern, stellte Tiberius als Volkstribun gemäß den Bestimmungen
eines bestehenden, aber kaum angewandten Gesetzes den Antrag, den Grundbesitz in den von Rom eroberten Gebieten zu
beschränken. Die darüberhinausgehenden Teile des zu Unrecht
okkupierten öffentlichen Landes sollten von einer Kommission
an verarmte Bauern vergeben werden. Die Senatoren, die ihre
eigenen Interessen ernsthaft gefährdet sahen, konnten den zweiten Volkstribun Marcus Octavius dazu bewegen, den Gesetzesvorschlag mit seinem Veto zu verhindern. Nach einigen vergeblichen Versuchen, Octavius umzustimmen, veranlaßte Tiberius
dessen Absetzung durch die Volksversammlung. Er forcierte
nun die Einführung des Gesetzes und setzte eine Kommission
ein, die aus ihm selbst, seinem Bruder Gaius und seinem Schwiegervater Appius Claudius bestand. In den folgenden heftigen
Unruhen, die von der Einführung weiterer Gesetze zur Beschneidung der senatorischen Macht begleitet waren, wurde er
entgegen römischem Gesetz als Volkstribun wiedergewählt. Sobald die versammelten Senatoren dies erfuhren, stürmten sie mit
ihren Bediensteten unter Führung des Scipio Nasica Serapio auf
das Capitol und erschlugen Tiberius und einige seiner Anhänger.
Tiberius erhielt kein Begräbnis, seine Leiche wurde in den Tiber
geworfen.
Zehn Jahre später setzte sich sein jüngerer Bruder Gaius als
Volkstribun (123/122) erneut für soziale Reformen sowie für die
Verleihung des Bürgerrechts an die italischen Bundesgenossen
ein. Auch er stieß bei seinem Streben nach sozial- und agrarpolitischen Veränderungen auf heftigen Widerstand des konservativen Flügels der Senatorenpartei (der Optimaten). Zwar wurde er vom Volk und von einigen Patriziern unterstützt, doch als
ihn sein Amt für einige Zeit nach Afrika führte, wuchs der Einfluß der Senatoren. In schweren Straßenkämpfen zwischen den
Anhängern der beiden Parteien gewannen die Optimaten die
Oberhand. Gaius entkam nach Furrina und ließ sich von einem
Sklaven töten. Die Leichen des Gaius und Tausender seiner Anhänger wurden in den Tiber geworfen.

Plutarch ordnet die Gracchen in einer Parallelbiographie den
spartanischen Reformern → Kleomenes und → Agis zu. Dem
leidenschaftlichen Gaius stellt er einen ruhigen Tiberius gegenüber, der sich auf Recht und Redlichkeit beruft. Auch Ehrsucht
mag Tiberius bei seinen Reformvorhaben bewegt haben, das
wesentliche Motiv war jedoch, so Plutarch, das Mitleid mit den

verarmten Bauern. Er betont, daß der Gesetzentwurf des Tiberius maßvoll war, seine Bitte an den Mittribun aufrichtig, und kontrastiert damit die wütende Reaktion der Senatspartei.
Gaius wird von Plutarch als faszinierende Persönlichkeit und überzeugender Redner skizziert, dem die Senatspartei mißtraut, der jedoch beim Volk äußerst beliebt ist. Gerade dies macht die Optimaten gegen den heftigen, doch zugleich auch kompromißbereiten Gaius unversöhnlich.
Andere Autoren hingegen äußern sich über die Gracchen sehr kritisch. So lobt Cicero (rep. 6,8) Scipio Nasica, der für die Ermordung des Tiberius verantwortlich war, und tadelt das Volk, es ihm nicht gedankt zu haben. Valerius Maximus (6,3,1d) hält die Verweigerung eines Begräbnisses für richtig.
Im politischen Schrifttum gewann das Urteil Machiavellis Einfluß, die Reformbestrebungen der Gracchen hätten einen Zustand sozialer Zerrissenheit herbeigeführt, der die Machtübernahme Caesars schließlich unvermeidlich gemacht habe.

Die Oper von A. Scarlatti über *Tiberio Sempronio Gracco* ist noch N
wenig politisch (Libr. von S. Stampiglia, 1702, Neapel). In der D/M
Literatur wird die Geschichte der beiden Sozialrevolutionäre erst gegen Ende des 18. Jahrhunderts wiederaufgenommen, meist in dramatischen Bearbeitungen. Bei J. J. Bodmer (1773) liefert Gaius den Stoff für ein Tyrannendrama. Recht getragen ist trotz der deutlichen Bewunderung für Gaius ein Stück des Revolutionsanhängers V. Monti (1802). Leidenschaftlich ergreift hingegen das Drama von Chénier (1792) für das Volk Partei zu einer Zeit, in der sich Revolutionäre gern mit den Gracchen verglichen (so etwa F. N. Babeuf, der unter dem Pseudonym Gaius Gracchus in der von ihm herausgegebenen *Tribun du peuple* publizierte). Der Nationalkonvent beschloß, das Stück von Chénier dreimal wöchentlich aufführen zu lassen.
Im 19. Jahrhundert entstehen politisch neutrale Historiendramen (J. S. Knowles 1815, O. F. Gensichen 1869). 1872 schreibt A. Wilbrandt ein Drama, in dem Gaius Rom ins Verderben stürzt, womit er an die Wertung Machiavellis anknüpft. J. Giraudoux zieht in seinem Stück (1958 postum publiziert) aus der Geschichte Schlüsse über das Verhältnis zwischen Bürgerkriegen und Kriegen gegen einen äußeren Feind.

In der Kunst der Antike sind die Brüder nicht dargestellt wor- NK
den. Auch später werden sie nur selten abgebildet. H. Füssli zeichnete und malte (1776–78, u. a. Zeichnung, New York, Pierpont Morgan Library) den Tod des Gaius beim Tempel der Fu-

rien. J.-B. Topino-Lebrun zeigte auf dem Pariser Salon 1798 auf einem Gemälde (Marseille, M.) den Tod des Gaius; möglicherweise bezieht sich der Künstler dabei auf den ermordeten Agrarreformer Babeuf, der sich vehement für eine gerechte Verteilung des Besitzes und für eine soziale Revolution aussprach. E. Guillaume gab einer bronzenen Büste der Brüder die Form eines römischen Grabmonuments (1853, Paris, M. d'Orsay).

Frenzel 1992a

Graien → Perseus

Grazien, andere Bezeichnung für die → Chariten

Gyges (7. Jh. v. Chr.), Leibwächter und Vertrauter des lydischen Herrschers Kandaules ⟨Hdt. 1,8–14; Plat. rep. 2,359d; Iust. 1,7,17–18⟩.
Kandaules war auf die Schönheit seiner Gattin so stolz, daß er sie Gyges gegenüber immer wieder als die schönste Frau der Welt pries. Eines Tages forderte er diesen auf, sich davon zu überzeugen und sie heimlich im ehelichen Schlafgemach in ihrer Nacktheit zu betrachten. Heftige Proteste von Gyges halfen nichts: Er mußte von einer Nische aus zusehen, wie sich die Frau entkleidete. Diese bemerkte seine Anwesenheit, doch weil sie vermutete, daß Kandaules eingeweiht war, ließ sie sich nichts anmerken. Am nächsten Tag aber rief sie Gyges zu sich und stellte ihn vor die Wahl: entweder Kandaules zu töten und sie und die Königsherrschaft zu übernehmen, oder selbst auf der Stelle getötet zu werden. Gyges entschied sich, verbarg sich am Abend erneut im Schlafgemach, ermordete Kandaules und erhielt die Frau und das Königreich.
Eine andere, wohl ältere Version dieser Machtübernahme als Herodotos haben Plato in der *Politeia* (rep. 359d–360a) und Cicero in *De officiis* (3,38): Gyges, ein Hirt, findet in einer Grotte einen Ring, der den Träger unsichtbar macht, sobald man ihn nach innen dreht. Dies ausnutzend, kann Gyges Kandaules ermorden.
Wieder anders erzählt Nikolaos von Damaskus im 1. Jahrhundert n. Chr. die Geschichte: Gyges wird die Aufgabe anvertraut, die Braut zu Kandaules zu begleiten; von seiner Begierde getrieben, versucht er, sie zu überwältigen. Um der Rache des Kandaules zu entgehen, tötet er diesen und übernimmt die Macht.

Weitere Variationen des Themas liefern Iustinus und Tzetzes, ein byzantinischer Schriftgelehrter des 12. Jahrhunderts: Gyges entbrennt als unfreiwilliger Zuschauer plötzlich in Liebe und beschließt, die Frau des Kandaules zusammen mit dessen Macht zu gewinnen; in anderen Quellen wird die Frau als Verführerin dargestellt. Ein 1950 gefundenes Papyrusblatt aus dem 3. Jahrhundert v. Chr. enthält ein Dramenfragment eines bislang unbekannten Verfassers über dieses Thema, der nach dem überlieferten Monolog der Königin wohl der Version des Herodotos folgt. Die Legende entstand vermutlich als Reminiszenz an eine wirkliche Machtübernahme in Lydien im 7. Jahrhundert.

Neben einigen Nacherzählungen des Stoffes, die sich an Herodotos orientieren – von H. Sachs (*Die nackte Königin aus Lydia*, Anfang 16. Jh.), W. Painter (1566) und La Fontaine (in seinen *Contes et nouvelles*, 1665–85) –, gibt es zwei Barockopern nach dem Libretto A. Morsellis von P. A. Ziani (1679, Venedig) und D. Sarri (1706, Neapel).

Im 19. Jahrhundert gewinnt der Stoff erneut an Interesse. T. Gautier schrieb 1844 eine Novelle nach Herodotos mit einer zum Mord anstiftenden femme fatale als Königin. F. Hebbel greift in seinem Stück *Gyges und sein Ring* (1856) auf Herodotos und Platon zurück: Trotz aufrichtiger Freundschaft und Liebe muß die Entehrung und Schändung der Gesetze notwendigerweise zu Mord und Selbstmord der Königin führen. A. Gide (1901) läßt Gyges, hier ein armer Fischer, widerwillig Macht, Frau und Reichtum annehmen. In einem unvollendeten Stück von H. von Hofmannsthal (begonnen 1903) wird das ästhetische und distanzierte Vergnügen des Kandaules am erhofften Genuß des Gyges in den Vordergrund gerückt. Schließlich gibt es noch eine komische Oper von L. C. B. Bruneau (Libr. von C. M. Donnay, 1920, Paris).

Auch in der niederländischen Literatur hat man sich mit dem Thema befaßt. W. Kist veröffentlichte eine moralisierende Romantrilogie *De ring van Gyges wedergevonden* (1805–08). Von Gide inspiriert ist K. van de Woestijne in seiner Geschichte aus dem Jahre 1904 in dem Band *Janus met het dubbele voorhoofd* (1908), in der der Fischer und die Frau nach einer geistigen Liebe streben, die zu einer unerfüllbaren Beziehung führt. M. Gijsen gibt in *Drie Lydische portretten* (1955–56) ein Bild der drei Hauptpersonen aus der Sicht einer Dienerin; die meist unbenannte Frau des Kandaules heißt hier Tuda. C. Nooteboom bearbeitete Herodots Version in einem ›Königsdrama‹ (1982) mit einem schwachen

Kandaules als Wollüstling, vergleichbar mit Herakles in den Armen der Omphale; Gyges will erst nach einem Orakelspruch König werden.

NK　In der bildenden Kunst der Neuzeit wird das Motiv des heimlichen Beobachters im Schlafzimmer v. a. von holländischen Malern des 17. Jahrhunderts aufgegriffen: z. B. von F. van Mieris d. Ä. (um 1674, Schwerin, M.) und A. van der Neer (um 1677, Düsseldorf, Kunstm.). Sie können auf den moralischen Gehalt verweisen, wie er in Cats' *Toneel van de mannelicke achtbaerheyt* (1633) beschrieben wird: eine Warnung vor der Schändung des ehelichen Schlafgemaches. Eine ähnliche Haltung ist auch in weiterer Emblematik der Zeit zu finden. Mit dem Thema beschäftigten sich weiterhin auf Bildern u. a. J. Jordaens (1646, Stockholm, Nationalm.) und J.-L. Gérôme (1859, Ponce, M.). G. B. Pittoni hielt als Beispiele neuer Reichsgründungen die Ermordung des Kandaules und als Pendant die Gründung Karthagos durch Dido auf Gemälden fest (um 1720, St. Petersburg, Eremitage), die zeigen, wie neue Reiche entstehen. E. Degas stellte auf einer Zeichnung (1885/86, Paris, Bibliothèque Nationale) die erotische Enthüllung der Frau in den Mittelpunkt.

Frenzel 1992a; Lesky 1953; Reinhardt 1939; Zilliacus 1908/09

Hades (auch [H]aides oder Pluton genannt), göttlicher Herrscher über das nach ihm benannte Totenreich, Sohn von Kronos und Rheia, Gatte der Persephone, den Römern auch als Pluto oder Orcus bekannt.

Bei der Aufteilung der Herrschaft über die Welt erhielt Hades die Macht über die Unterwelt, wo sich die blutlosen Schatten der Gestorbenen aufhalten. Seine beiden Brüder übernahmen die anderen Bereiche: Zeus herrschte über den Himmel und wurde damit zum obersten Gott, Poseidon erhielt das Meer. Olymp und Erde wurden von den drei Göttern gemeinsam bewacht.

Der Name ›Hades‹ bedeutet ›der Unsichtbare‹ und weist damit möglicherweise auf die schattenhafte Gestalt des Gottes hin. Außerdem besaß Hades eine Tarnkappe, die den jeweiligen Träger unsichtbar machte; → Perseus durfte von ihr Gebrauch machen, als er die Medusa (→ Gorgonen) töten sollte.

Um die Aufmerksamkeit des Hades nicht auf sich zu lenken, hüteten sich die Griechen, seinen Namen auszusprechen. Sie verwendeten stattdessen euphemistische Namen wie ›Pluton‹, der Reiche: Dieser Name deutet darauf hin, daß Hades aus der Erde

geboren wurde (deshalb auch ›chthonische Gottheit‹), die den
Menschen mit ihrem Reichtum an Bodenschätzen und den Pro-
dukten ihrer Fruchtbarkeit versorgt.

Das Reich des Hades stellte man sich unter der Erde oder im
Westen jenseits des Sonnenuntergangs vor, wo sich auch ein
großes Eingangstor befunden haben soll (Hes. theog. 453–506;
Ov. met. 4,432–446; 4,453–463). Aber nicht nur dort konnte
man sich Zugang zu seinem Reich verschaffen: → Aeneas betrat
es bei Cumae mit Hilfe der → Sibylle und einem goldenen Zweig,
→ Persephone wurde auf Sizilien in der Nähe der Stadt Henna in
die Unterwelt entführt, wo Hades sie zur Frau nahm und zur
Herrscherin des Totenreiches machte. Die Entführung der Persephone ist der einzige Mythos, in dem Hades als Handelnder
auftritt (Hom. h. 2; Ov. met. 5,359–424; Hyg. fab. 79; 146).

Nur wenige Lebende, die sein Reich betreten hatten, durften es
auch wieder verlassen. → Herakles gelang es, unbemerkt zu entkommen. Nach einigen Quellen soll er auch → Theseus befreit
haben, der Peirithoos bei seinem Versuch, Persephone zu rauben, helfen wollte. Als → Orpheus loszog, um Eurydike aus der
Unterwelt zurückzuholen, zeigte sich Hades gnädig und gewährte ihm die Bitte, zu den Lebenden zurückkehren zu dürfen.
Auch Aeneas, der noch einmal mit seinem Vater Anchises reden
wollte, und → Odysseus, der etwas über sein zukünftiges
Schicksal zu erfahren hoffte, kehrten aus der Unterwelt zurück.
Im Gegensatz zu Herakles, Orpheus und Theseus trafen die beiden nicht auf Hades selbst. Gewöhnlich aber zeigte sich Hades
unerbittlich: Den Seelen, die erst einmal von Hermes in die Unterwelt und von dem launischen Fährmann Charon über den
unterirdischen Fluß Styx gebracht worden waren, war es unmöglich, wieder zu den Lebenden zurückzukehren. Der drei-
köpfige Hund Kerberos bewachte den Ausgang des Reiches und
verschlang jeden, der zu entkommen versuchte.

Neben dem Styx grenzte auch der Fluß Acheron an das Reich des
Hades. Ein Eid, der beim Styx geschworen wurde, galt als besonders verbindlich und durfte nicht einmal von den Göttern
gebrochen werden.

Den Verbleib im Totenreich stellte man sich sehr trostlos vor,
jedoch zunächst nicht wie eine Hölle. Hades galt als kaltherzige,
aber keineswegs ungerechte oder bösartige Gottheit. Allen Gestorbenen war dasselbe Schicksal beschieden. Bereits in der
Odyssee (Buch 12) läßt Homer Odysseus zwar auf einige Misse-
täter treffen, die für ihre Strafe büßen müssen (genannt werden
Tityos, Tantalos und Sisyphos); zwischen dem Geschick der

Rechtschaffenen und der Übeltäter wurde aber erst im Laufe der Zeit unterschieden, wobei → Minos, Rhadamanthys und Aiakos als Richter auftraten. In Vergils Bericht von Aeneas' Heldentaten (Buch 6) erwarteten die Bösen ihre Strafe im Tartaros, einem Ort ewiger Finsternis; die Rechtschaffenen hingegen verkehrten in einem anderen Teil des Totenreichs, im Elysium oder den Elyseischen Feldern.

Der Gott kommt außer in allgemeinen Götterdarstellungen oder in der Gigantomachie (→ Giganten) in der antiken Kunst selten vor (→ Persephone), allenfalls in der archaischen und klassischen Vasenmalerei. Auf Terrakotta-Votivtafeln aus dem Persephone-Tempel in Lokri (ebenda, M. und Reggio di Calabria, M.) sitzt Hades neben seiner Frau auf einem Thron mit Granatapfel, Zepter oder Füllhorn. Manchmal ist er in etruskischen Gräbern abgebildet. Er trägt strenge Gesichtszüge und wildes Haar, das an Poseidon oder Zeus erinnert.

NK Mittelalterliche Darstellungen eines Königspaares, das die Hölle regiert, lehnen sich wahrscheinlich an Hades und Persephone an. In der bildenden Kunst der Neuzeit wird Hades v. a. mit seiner Frau Persephone in der Unterwelt abgebildet (→ Persephone). Als Pluto, dem Gott der in der Erde ruhenden Reichtümer, mit dem Hades gleichgesetzt wird, erscheint er z. B. auf einem Fresko von P. Veronese (um 1560/61, Maser, Villa Barbaro-Volpi; mit Ceres), auf Deckengemälden von Agostino Carracci für den Palazzo dei Diamanti in Ferrara (1592, Modena, G. Estense), von S. Ricci für den Palazzo Mocenigo-Robilant in Venedig (1697–99, Berlin, Gemäldeg.) und von C. Meynier (1827) im Louvre in Paris; in der Bildhauerei u. a. bei D. Poggini (1572/73, Bronzestatuette, Florenz, Pal. Vecchio) und A. Pajou (1760, Marmorskulptur, Paris, Louvre; Pluto mit dem angeketteten Kerberos). Einige Male stellen Hades/Pluto den Winter dar, z. B. auf einem Brüsseler Teppich (um 1650, Amsterdam, M.) und auf einem Gemälde von G. de Lairesse für das Amsterdamer Spital für Leprakranke (1675, Amsterdam, M.).

ND Dante griff in seiner *Divina Commedia* (1307?–21?) auf zahlreiche aus der Antike bekannte Motive für die Schilderung der Hölle *(Inferno*, 3. Gesang und folgende) zurück; so auch spätere Autoren. Ausschließlich auf Hades bezogene literarische Werke sind nicht bekannt.

Anspielungen auf seine Gestalt finden sich in Gedichten von F. von Schiller (*Gruppe aus dem Tartarus* und *Elysium, eine Kantate,*

1782, in *Anthologie auf das Jahr 1782*), J. W. von Goethe (*Charon*, 1822; 7. Teil der ›Neugriechisch-Epirotischen Heldenlieder‹, in *Über Kunst und Altertum*, Bd. 4), L. Morris (*The Epic of Hades*, 1876) und A. Young (*Into Hades*, 1952).

Ein frühes Bühnenwerk komponierte L. Allegri für den Hof NM (Ballett mit Rezitativen von F. Saracinelli, 1614, Florenz). Lieder und Arien, die sich meist an Charon wenden, stammen von A. de Boësset (Text von O. de Magny, Paris, 1615), R. Johnson II. (entst. vor 1633; London, 1652), H. Purcell (vermutl. 1685) und G. F. Händel (Arie des Charon aus der Oper *Alceste*, Fragment; Text von T. Smollett, 1750). Ein Prolog über das *Elysium* mit Musik von A. Schweitzer erklang erstmals zum Geburtstag der Königin (1770, Hannover). Im Jahr 1817 komponierte F. Schubert zwei Lieder zu den Texten von F. Schiller und J. Mayrhofer. Die *Voices of Elysium* erklingen in einem Lied von M. Gideon (1979).

Im 20. Jahrhundert nehmen auch einige Instrumentalkompositionen Bezug auf das Totenreich, z. B. von M. Pallandios (1942, vermutl. Athen), H. Kox (1956) und A. Logothetis (1968 und 1970). Eine ›multimedia composition‹ schuf J. L. Pfischner McNeil (1974).

Anton 1967; Felten 1975

Hadrianus, Publius Aelius (76–138), römischer Kaiser ⟨H. A. vita Hadr.; Dio Cass. 69; Zon. 11,23–24; Eutr. 8,6–7; Aur. Vict. Caes 14; Fragmente eigener Gedichte und Briefe⟩.

Der aus Italica (Spanien) stammende Sohn des Publius Aelius Hadrianus und der Domitia Paula stand seit dem Jahre 85 unter der Obhut des späteren Kaisers →Traian und wurde für eine militärische Karriere ausgebildet. Im Jahre 100 heiratete er Vibia Sabina, eine Großnichte seines Tutors. Er tat sich auf einigen Feldzügen unter Traian und auf selbständigen Expeditionen hervor, so in den dakischen und parthischen Kriegen und in Syrien. Das Verhältnis zu Traian war problematisch und basierte nicht auf einer guten Freundschaft: Er wurde von ihm nicht adoptiert, obwohl dessen Gemahlin Plotina darauf drängte. Als Traian 117 starb, hatte er offiziell keinen Nachfolger bestimmt. Die Truppen in Syrien, wo Hadrianus Gouverneur war, riefen ihn zum Kaiser aus, und der Senat folgte dem ein Jahr später, wohl unter dem Einfluß der Plotina und ihres Kreises, die die Nachricht verbreiteten, Traian habe Hadrianus adoptiert und ihn zum Nachfolger ernannt.

In Rom, wo er sich aufgrund vieler Kriegszüge und Reisen wenig aufhielt, konnte Hadrianus seine Autorität stärken, indem er
die politische und v. a. finanzielle Situation sanierte. Auch für
seine große Bautätigkeit (Tempel für Venus und Roma, Pantheon) wurde er bewundert. Die erst kurz vorher von Traian
eroberten östlichen Provinzen wurden wieder abgestoßen und
die Grenzen gesichert: In England führte dies zum Bau des
Hadrianwalles, begonnen unter persönlicher Anwesenheit des
Kaisers im Jahre 122. Eine Reise durch Griechenland und den
Osten 128 ist ebenso durch bedeutende architektonische Lei-
stungen gekennzeichnet. In Athen wurde u. a. eine große Bibliothek errichtet, und Jerusalem wurde unter dem Namen Aelia
Capitolina neu gegründet. Auf dem Rückweg kam es zu dem
blutigen Aufstand der Juden unter Bar Kochba. Erst im Jahre
135 konnte der Kaiser nach Italien zurückkehren, wo er sich
nicht in Rom, sondern auf einem wahrscheinlich von ihm entworfenen Landsitz in Tibur (Tivoli) niederließ. Während einer
Kur in Baiae im Jahre 138 starb er.

Auf seiner Reise durch Kleinasien 123 hatte er in Bithynien den
jungen Antinoos kennengelernt. Er nahm ihn in sein Gefolge
auf, offiziell als persönlichen Diener, tatsächlich aber als Geliebten. Überall erschien der Kaiser mit Antinoos an seiner Seite. Bei
Hermopolis (Ägypten) ertrank Antinoos im Jahre 130 im Nil
unter unbekannten Umständen. Manche vermuten, daß es ein
Unglücksfall war, andere spekulieren über einen Selbstmord,
um den Kaiser bei seiner Rückkehr nach Rom nicht in einen
Skandal zu verwickeln, da man dort den ehrenvollen Platz, den
Antinoos einnahm, nicht duldete. Daneben mag die nicht allzu
herzliche Beziehung zu Sabina ein weiterer Faktor gewesen sein.
Antinoos' Freitod kann auch als der Abschluß einer idealen Zeit
verstanden werden, die beim Erwachsenwerden des Jungen
doch ein Ende gefunden hätte. Hadrianus erklärte Antinoos unmittelbar nach seinem Tode zu einem Gott und gründete am
gegenüberliegenden Ufer von Hermopolis Antinoopolis, vielleicht auch aus demographischen Gründen, die eine neue Stadt
nötig machten. Am Himmel soll Antinoos in der Gestalt eines
Sterns erschienen sein.

Die Persönlichkeit des Hadrianus läßt sich nicht leicht fassen. Er
war begabt und vielseitig, kunstsinnig, aber auch schwierig im
Umgang. Von seinen Erinnerungen ist leider nichts überliefert;
die Authentizität eines Gedichtes, das ihm zugeschrieben wird,
ist unsicher. Sein Leben ist uns durch Dio Cassius, Aurelius Vic-

tor und die spätantike *Historia Augusta* bekannt. Im Hinblick auf
Antinoos ist eine Trostrede von Numenios an den Kaiser erhal-
ten, und Mesomedes von Kreta schrieb einen Lobgesang auf den
Jungen. Ein solches Gedicht von einem unbekannten Verfasser
ist fragmentarisch auch als Inschrift überliefert. Ein christlicher
Zeitgenosse, Iustinus Martyr, kritisiert heftig das Verhältnis mit
Antinoos und findet Mitstreiter in Tertullianus (*Ad nationes*),
Origines (*Contra Celsum*) und Prudentius (*Contra Symmachum*).
Bei letzterem geht es um die ›Frauenkrankheit‹; Antinoos tritt als
Eunuch auf, was durch die Sitte, die Lieblingsdiener durch Ka-
stration an sich zu binden (→ Nero und Domitianus), erklärlich
ist.

Hadrianus ist häufig auf Gedenkreliefs zu sehen, z. B. im Konservatorenpalast in Rom, die von einem verlorenen römischen
Triumphbogen, dem ›Arco di Portogallo‹, stammen: Sie zeigen
u. a. den Einzug in Rom im Jahre 118 und die Feierlichkeiten
nach Sabinas Tod. Das sogenannte Parthermonument (Wien,
Ephesosm.) stellt die Adoption des Antoninus Pius, Hadrianus'
Nachfolger (138–160), dar, dessen Adoption der Brüder Marcus
Aurelius (161–180) und Lucius Verus (161–169) und die Kriege
gegen die Parther (163/164). Marcus Aurelius ließ das Denkmal
nach dem Tod und der Vergöttlichung des Lucius Verus 169 in
der für ihn wichtigen Stadt Ephesos errichten.
Der Antinoos-Kult scheint sich auf den Osten des Römischen
Reichs beschränkt zu haben. In Rom gibt es zwei Obelisken mit
Grabinschriften für den Jungen, die wahrscheinlich von einem
Grabmonument stammen. Möglicherweise kann auch der so-
genannte Canopus in der Villa Hadriana als Kenotaph zur Erinnerung an Antinoos gelten. Münzen und zahlreiche Abbildun-
gen zeugen von der Vergöttlichung. Antinoos wird manchmal in
der Gestalt eines Gottes dargestellt, z. B. als Silvanus auf einem
Relief (Rom, Villa Albani), als Osiris in Ägypten (u. a. Rom,
Vat. M.) oder als Dionysos (zahlreiche Repliken, u. a. Rom, Vat.
M.).

In der Kunst der Neuzeit sind Hadrianus und Antinoos selten NK
dargestellt worden. Der Raum in der Villa Albani mit dem erwähnten Relief enthält einen Zyklus von Landschaften mit römischen Szenen (um 1760, Künstler unbekannt), u. a. Hadrianus
und Antinoos in der Villa Hadriana.

Erst im 19. Jahrhundert wird Antinoos zum Symbol für ideale ND
Liebe und Erotik. Er tritt in der Literatur zusammen mit

→ Elagabal und → Sardanapallos auf, wie bei J.-K. Huysmans und J. Lorrain (1882, *Le sang des dieux*: Antinoos als Hyakinthos). S. A. George nannte in seinem Gedenkbuch *Maximin* (1907) seinen jungen Freund Antinoos. Ein Gedicht von F. Pessoa (1918) durfte später nur in einer zensierten Fassung gedruckt werden.

Hadrianus fand in geringerem Maß dichterisches Interesse. G. Eber beschreibt ihn in *Der Kaiser* (1881) als idealen Fürsten. L. Couperus zeichnet in *De laatste morgen te Tibur* (1910) die Einsamkeit des Kaisers in seinen letzten Tagen in Tibur nach; eine andere Geschichte (1919) beschreibt die intellektuelle Atmosphäre Roms in dieser Zeit. Die *Mémoires d'Hadrien*, an denen M. Yourcenar von 1924 bis zur Publikation 1951 arbeitete, stellen eine ›Rekonstruktion‹ der verlorenen Memoiren dar.

NM In der Operngeschichte gibt es u. a. *Adriano in Siria* von G. B. Pergolesi (Libr. von P. Metastasio, 1734, Neapel), geschrieben für den berühmten Kastraten G. M. Caffarelli. Trotz des Primo Uomo hatte die Oper – zum Geburtstag der Königin von Spanien – wenig Erfolg.

Clairmont 1966; Lambert 1984; Maza 1966; Meyer 1991

Haimon, Verlobter der → Antigone

Hannibal (246–183), karthagischer Feldherr ⟨Diod. 27 ff.; Iust. 31; Pol. 3 u. 7; Liv. 21–30; Nep. Hann.; Val. Max 9,3 ext. 3; Martial. 9; Sil. 1; App. Hann.; Plut. Fab.⟩.

Der Sohn des karthagischen Heerführers Hamilkar wurde im Lager seines Vaters groß und schwor schon als Jugendlicher den Römern ewige Feindschaft. Nach Hamilkars Tod wurde er Anführer der karthagischen Reiterei unter seinem Schwager Hasdrubal, um nach dessen Tod als fünfundzwanzigjähriger zum Oberbefehlshaber gewählt zu werden. In Spanien stärkte er die Position Karthagos und eroberte schließlich die zu Rom gehörende Stadt Sagunt, was zum Zweiten Punischen Krieg führte. Hannibal übergab die Befehlsgewalt in Spanien seinem Bruder Hasdrubal und überraschte die Römer, als er mit einem großen Heer von Fußsoldaten, Reitern und Elefanten über die Alpen in Italien einfiel. In der Nähe von Pavia schlug er die römischen Truppen unter Publius Cornelius Scipio, dem Vater des → Scipio Maior. Eine zweite schwere Niederlage brachte er den Römern

am Trasimenischen See bei. → Fabius Maximus, in dieser Notsi-
tuation zum Dictator ernannt, ging einer Konfrontation mit
Hannibal aus dem Weg, 216 kam es jedoch zu einer großen
Schlacht bei Cannae, in der die Römer erneut geschlagen wurden. Der Weg nach Rom stand damit für Hannibal offen. Die
panische Angst in der Stadt führte zu dem Ausruf ›Hannibal ad
portas‹ (Hannibal vor den Toren Roms). Doch sah dieser von
einer Belagerung ab und zog nach Süditalien, um sich von Capua
aus u. a. Tarents zu bemächtigen. Später rückte er zum Schrekken der Bewohner wieder gegen Rom vor, vermied aber einen
Angriff. Er schloß sich mit Syrakus und dem makedonischen
Herrscher Philipp V. zusammen. Der Krieg zog sich über Jahre
hin und fand kein Ende. Sein Bruder Hasdrubal, der seine Truppen mit denen Hannibals vereinigen wollte, wurde im Norden
Italiens geschlagen. Als grausame Warnung wurde sein Kopf
über die Mauer von Hannibals Lager geworfen. Philipp war zur
gleichen Zeit durch einen Pakt zwischen Rom und Aetolien in
seiner Entscheidungsfreiheit gehindert und konnte keine Hilfe
leisten; Tarent wurde von den Römern zurückerobert, Capua
belagert. Als der römische Senat beschloß, den Kampf gegen
Karthago in Afrika selbst zu führen und Scipio Maior nach Spanien geschickt wurde, um von dort aus nach Karthago überzu-
setzen, riefen die Karthager Hannibal wieder zurück.
Scipio und sein großer Widersacher hatten in Afrika eine Begegnung – einen ›wörtlichen‹ Bericht geben Livius und Polybios –
und konnten sich nur auf einen bewaffneten Kampf einigen. Im
Jahre 202 wurde Hannibal bei Zama vernichtend geschlagen;
Karthago wurden harte Friedensbedingungen auferlegt.
Hannibal, der noch nie in der Gunst der Aristokraten seiner
Heimat gestanden hatte und auch nun im Stich gelassen wurde,
konnte Zuflucht bem syrischen König Antiochos III. finden,
den er zu einem Krieg gegen die Römer (Antiochoskrieg) bewegen konnte. Als dessen Flottenführer hatte er wechselnden
Erfolg. Nach einer Niederlage in einem Seegefecht mit den Rho-
diern wurde er mit der Auslieferung an die Römer bedroht und
flüchtete zu König Prusias von Bithynien. Erneut vor der Auslieferung an die Römer stehend, nahm er sich 183 mit Gift das
Leben.

Für alle klassischen Autoren ist Hannibal der unversöhnliche
Feind Roms, wenn auch ein genialer. Livius, Appianos, Plutarch
in seiner Fabius Maximus-Biographie, Polybios und Silius Italicus geben viele Einzelheiten über Hannibals Meisterschaft in der

Kriegsführung auf dem Schlachtfeld, bei Überraschungsangriffen und in der Analyse der feindlichen Schwachstellen. Livius schreibt über ihn, daß er, der hart, intelligent, grausam und gottlos war, von den Soldaten auf Händen getragen wurde. Der Marsch über die mit Neuschnee bedeckten Alpen, in großer Not und unter Angriffen der feindlichen Bergbewohner, weckt bei allen Überraschung und Bewunderung, doch relativiert Polybios, der die Route nachgereist war, dies mit dem Hinweis, daß Hannibal zu intelligent gewesen sei, um sich unnötigen Gefahren auszuliefern. Daß Hannibal zur großen Verwunderung vieler einen Angriff auf Rom unterließ, führt bei den Autoren, die vermuten, daß bei einem solchen Angriff die Stadt gefallen wäre, zu dem Urteil, daß der Feldherr eine militärische Übermacht besser bekämpfen konnte, als sie auszunutzen. Die Bewunderung für das militärische Vermögen überwiegt. C. Nepos unterstreicht in seiner Hannibal-Biographie, daß der Karthager in Italien niemals eine Niederlage erlitten hat. Lukianos gibt in einem seiner *Totengespräche* einen Disput zwischen → Alexander, Hannibal und Scipio über die Frage, wer von ihnen der beste Feldherr sei. Dieser Vergleich in Dialogform findet Nachfolger in der Neuzeit, so die *Dialogues des morts* von F. de S. Fénelon (1712). Hannibal wird trotz seiner Härte allenthalben bewundert. Valerius Maximus lobt seine ›humanitas‹, weil er gefallenen Feinden wie dem Feldherrn Marcellus ein ansehnliches Begräbnis gab. Andererseits meinen die antiken Autoren, daß Hannibal mit seinem Krieg gegen das mächtige Rom zu hoch gegriffen habe und diese ›superbia‹ ihm ein tragisches Ende bereitete. Dieser Gedanke findet sich z. B. bei Iuvenalis in seiner zehnten *Satura*, wo im übrigen jeder zu große Aufwand und jedes zu lange Leben als sinnlos betrachtet werden: Auch Xerxes, → Caesar und Alexander kamen auf unerwünschte Weise an ihr Lebensende; das Lachen des → Demokrit scheint da die einzige richtige Entscheidung zu sein.

ND Hannibals Lebensende steht in Theaterstücken aus dem 17. bis 19. Jahrhundert an zentraler Stelle. Viel Erfolg hatte *De nederlaag van Hannibal* von J. Bouckart (1653), wo Hannibals Leben in den Jahren nach der Niederlage bei Zama beschrieben wird. Mitunter wird Hannibals Ende in Bithynien mit einer Liebesaffäre am Hof des Prusias ausgeschmückt: T. Corneille (1669), P. C. de Marivaux (1720), F. Trenta (1766), L. Scevola (1805) und Didot (1820). Mehr Gefühl für die Tragik des von Karthago seinem Schicksal überlassenen und in Schmerz lebenden Hannibal zeigt

C. D. Grabbe in seiner Tragödie (1835), die Brecht zu einem
unvollendeten Stück inspirierte (1922). F. Grillparzer zeigt in
einer Szene (1835) das Zusammentreffen von Karthagos einzigem großen Feldherrn und Scipio als Vertreter einer Macht mit
vielen Männern seinesgleichen. J. Nichol (1873) und J. Clark
(1908) betonen den Imperialismus Hannibals als Vorbild für
Englands Seemacht.

Außerdem kommt er in Theaterstücken zu → Sophoniba vor.
Karthago als geheimnisvolles Land zur Zeit Hamilkars wird auf
besondere Weise in G. Flauberts *Salammbô* (1862) vorgestellt,
einem Buch, das von der Kritik als zu phantastisch beurteilt
wurde.

In der Filmgeschichte taucht Hannibal einige Male auf. 1914
wagte sich G. Pastrone in *Cabiria* (vgl. Sophoniba) an die Verfilmung spektakulärer Szenen wie der Überquerung der Alpen
und schuf damit den ersten Monumentalfilm. E. Ulmer zeigt in
seinem Film von 1960 Hannibal als niedergeschlagenen Helden
auf dem Rückzug.

In der Operngeschichte beschränkten sich die Librettisten meist NM
auf die Handlung in Italien, wo Hannibal sein militärisches
Übergewicht verliert und den Tod des Hasdrubal vernimmt, u. a.
in Werken von G. Jacomelli (Libr. von F. Vanstryp, 1731, Rom),
G. Paisiello (Libr. von J. Durandi, 1771, Turin), N. A. Zingarelli
(Libr. von J. Durandi, 1792, Turin), A. Salieri (Libr. von A. S.
Sografi, 1801, Triest), G. Farinelli (1810, Venedig), G. Nicolini
(Libr. von L. Prividali, 1821, Padua) und L. Ricci (1830, Turin).
M. Mussorgski schrieb zwischen 1863 und 1866 eine unvollen-
dete Oper zu einem eigenen Libretto. Eine Oper von Flauberts
Freund L.-E.-E. du Reyer (1890) hatte in Brüssel und Paris ge-
wissen Erfolg.

In bildlichen Darstellungen kommt Hannibal in der Antike nicht NK
vor. In der Neuzeit wird er in Zyklen im Zusammenhang mit
dem Zweiten Punischen Krieg (218–201) abgebildet, z. B. von J.
Ripanda (um 1508–13, Fresken) im Konservatorenpalast in Rom
und in einer Reihe u. a. von P. Persico (1786–1789, zwölf Reliefs)
im königlichen Palast in Caserta in der Absicht, eine Beziehung
zwischen der römischen Geschichte und den in Neapel regierenden Bourbonen herzustellen. Dieses ursprünglich spanische Kö-
nigsgeschlecht erscheint als Hüter der römischen Stadt Capua (in
der Nähe Casertas) in der Nachfolge des römischen Staates. A.
Holbein und T. Schmid dekorierten den Festsaal des Klosters
Sankt Georgen unweit von Freiburg mit einer Freskenreihe (um

1515), auf der die Taten Scipios mit denen Hannibals konfrontiert sind, wie z. B. die Eroberung Saguntds und Karthagos. Nach der ausführlichen Beschreibung bei Silius Italicus wurde mehrmals dargestellt, wie der jugendliche Hannibal den Römern ewige Feindschaft schwört. Diese aufopfernde patriotische Haltung ist u. a. auf Gemälden von J. H. Schönfeld (um 1660, Nürnberg, Nationalm.), G. B. Pittoni (um 1723, Mailand, Brera), G. A. Pellegrini (um 1737, Fresko) für das Kaiserzimmer der Residenz in Würzburg, P. J. Verhaghen (1788, Brüssel, Kon. M.) und A. Scheffer (1808, Dordrecht, M.) zu finden. B. West griff in seinem Gemälde (1770, London, Hampton Court) für den englischen König George III. auf dieses Motiv zurück, wohl um zum Ausdruck zu bringen, daß dieser sich als Prince of Wales vorgenommen hatte, mit den Feinden seines Vaters abzurechnen. G. B. Tiepolo zeigt auf einem Gemälde für den Palazzo Dolfin in Venedig (1728–30, heute Wien, Kunsth. M.) Hannibal mit dem in sein Lager geworfenen Kopf Hasdrubals. L. J. F. Lagrenée stellte auf dem Pariser Salon 1781 ein Gemälde mit dem Begräbnis von Marcellus aus. J.-L. David verweist in seinem Reiterporträt ›Napoleon auf den Großen St. Bernhard‹ (1801/02, Paris, Louvre), mit einem Stein, auf dem der Name Hannibals noch gut zu lesen ist, auf den ersten Bezwinger der Alpen und Italiens. J. M. W. Turner benutzt Hannibals Zug über die Alpen auf einem Gemälde (1812, London, Tate G.), um die Naturgewalten zu schildern.

Borst 1927; Frenzel 1992a; Funk 1912; Peter 1915

Harmodios und Aristogeiton (6. Jh. v. Chr.), ein Freundespaar in Athen zur Zeit der Herrschaft der Peisistratiden Hippias und Hipparchos 〈Hdt. 5,55–57; Thuk. 1,20 u. 4,55–59; Aristot. Ath. pol. 28; Diod. 9,1,4 u. 11,6〉.
Als Hipparchos sich für den jüngeren des Liebespaares, Harmodios, interessierte, entstand Streit. Zuerst entbrannte Aristogeiton in Wut, dann auch Harmodios, da Hipparchos die Schwester des jungen Mannes beleidigt hatte. Die beiden planten einen Anschlag auf Hippias und seinen Bruder. Bei der Ausführung im Jahre 514 v. Chr. konnten sie allerdings nur Hipparchos töten, wobei auch Harmodios sein Leben lassen mußte. Aristogeiton wurde gefangengenommen und gefoltert. Soweit die unausgeschmückte Überlieferung nach Thukydides. Aristoteles erzählt die Geschichte mit einer Variante: Nicht Hipparchos, sondern ein gewisser Thettalos soll von Harmodios abgewiesen

worden sein, worauf dieser Thettalos unter dem Schutz von Hippias und Hipparchos gegen ihn Streit begann. Nach Aristoteles soll Aristogeiton während des Verhörs führende Männer der Tyrannenherrschaft der Teilnahme an seiner Verschwörung bezichtigt haben, um die Gegenpartei zu schwächen. Um seinen Martern ein Ende zu machen, provozierte er Hippias mit einer Reihe von Beleidigungen, der seinen Gefangenen schließlich tatsächlich umbrachte. Herodotos erwähnt die Geschichte beiläufig und berichtet, daß Hipparchos eine im Traum erhaltene Warnung in den Wind schlug und sich auf das Fest der Panathenäen begab, wo er getötet wurde.

Von einem politischen Tyrannenmord ist bei Thukydides nicht die Rede: Hippias und Hipparchos, Söhne des Peisistratos, führen eine gemäßigte Herrschaft, der Mord aber ist die Folge einer unglücklichen Liebesgeschichte. Die Angelegenheit wurde erst kurz nach dem Jahr 510, in dem die Tyrannen von den Spartanern verjagt wurden, zu einer politischen Tat aufgewertet, um dem Fall der Peisistratiden einen entscheidenden athenischen Hintergrund zu geben.

Antenor schuf nach der Schlacht bei Marathon (490 v. Chr.) eine Skulpturengruppe der Jünglinge für die Agora in Athen als Symbol der errungenen Freiheit – und damit das erste öffentlich in dieser Stadt aufgestellte Denkmal für Sterbliche –, die die Perser während der Plünderung von Athen 480 v. Chr. entwendeten. Kritias und Nesiotes fertigten eine neue Gruppe an (477/76 v. Chr.) – vermutlich eine Kopie der vorigen –, die durch zahlreiche Abbildungen auf Vasen und Marmorkopien in der griechischen Welt große Bekanntheit erlangte. Alexander soll das Original von Antenor erneut auf der Agora aufgestellt haben. Von den bekannten Kopien stammt eine der besser erhaltenen aus der Villa Hadrians in Tivoli (heute Neapel, M. Naz.). Eine Vase des sogenannten ›Kopenhagenmalers‹ (um 475 v. Chr., Würzburg, Wagner-M.), zeigt die beiden links und rechts von Hipparchos.

Der Harmodios der genannten Gruppen stand auch Pate für NK ›Der Eid der → Horatier‹ von J.-L. David (1784, Paris, Louvre). Auf der Weltausstellung im Jahre 1937 diente die Gruppe als Vorbild für die Darstellung der russischen Arbeiter und Kolchosebauern von W. I. Muchina im Pavillon der Sowjetunion und für ›Kameradschaft und Familie‹ im deutschen Pavillon.

Brunnsåker 1971; Fehr 1984; Kluwe 1966; Suter 1975; Taylor 1981

Harmonia, Gattin des → Kadmos

Harpagos → Kyros II.

Harpalos, Schatzmeister des → Alexander III., → Demosthenes

Harpyien, weibliche Windgeister von monströser Gestalt mit Flügeln, Federn und den Klauen eines Vogels, Töchter des Meeresgottes Thaumas und der Okeanide Elektra.

Die Harpyien wurden immer dann verantwortlich gemacht, wenn Gegenstände oder auch Menschen auf rätselhafte Weise verschwanden. Nach Hesiodos (theog. 265–269) gab es zwei – Aello und Okypete –, nach anderen Schriftstellern drei Harpyien (Apollod. 1,9,21; 3,15,2; Hyg. fab. 14; 19; Verg. Aen. 3,209–213). Sie waren schnell wie der Wind und entführten der Überlieferung nach auch die Seelen der Gestorbenen in ihren Klauen.

In den *Argonautika* (2,234–434) des Apollonios waren sie die Plagegeister, die den Propheten Phineus fast verhungern ließen, indem sie sein Essen raubten oder beschmutzten, bis sie von den ebenfalls geflügelten Söhnen des Nordwindes Boreas, Zetes und Kalais, vertrieben wurden (→ Argonauten). Die Harpyie Kelaino half → Aeneas auf seiner Reise von Troja nach Italien durch ihre Weissagungen, seinen Bestimmungsort zu finden (Verg. Aen. 3,209–257).

Außer auf Vasendarstellungen zusammen mit Phineus kommen die Harpyien nur selten vor. Auf den Reliefs des sog. Harpyien-Monuments aus Xanthos in der Türkei (um 480–470 v. Chr., London, British M.) führen sie oder andere Seelenbegleiterinnen kleine menschliche Figuren mit sich, die die Seelen der Toten darstellen. Vom Tempel der Mater Matuta in Satricum stammten Harpyien (um 490 v. Chr., Rom, Villa Giulia), die als Terrakotta-Dachverzierung das Böse abwehren sollten.

NK   Es wird vermutet, daß auf dem ›Triumph des Todes‹, einem Fresko des Campo Santo Monumentale zu Pisa (um 1330), die Dämonen, die auf die Lebenden niederstürzen und sie ins Jenseits reißen, auf die antiken Harpyien zurückgehen. In der mittelalterlichen Kunst wird auch eine der sieben Todsünden, die Avaritia (Habsucht), von einer harpyienartigen Gestalt personifiziert: eine Frau mit Flügeln und Klauen, die in der Hölle die Habsüchtigen quält. In der bildenden Kunst der Neuzeit sind sie in Gruppen oder als Einzelfigur zu finden, z. B. auf einer Zeichnung von Dürer (1510, Hannover, Kestner-M.), auf einem Fresko von Guercino (1614, Cento, Casa Provenzale) sowie auf Gemälden von H. Thoma (1806, Mannheim, Slg. Blum) und K. Hofer (1954, Berlin, Slg. Hofer). Aeneas und die Harpyien finden sich auf einem Gemälde von F. Perrier (1646–47, Paris, Louvre).

In der Literatur der Neuzeit kommen die Harpyien kaum vor; sie tauchen nur in zwei Gedichten von K. Weiß (1940, Zeichnungen von A. Kubin) und H. Martinson (1971) auf. ND

Im Jahr 1931 komponierte M. Blitzstein eine satirische Oper nach seinem eigenen Libretto (1953, New York). NM

Hasdrubal, der Bruder des → Hannibal, Vater der → Sophoniba

Hecuba → Hekabe

Hekabe (lat. Hecuba), Tochter des Phrygerkönigs Dymas oder des Kisseus, Gattin des trojanischen Königs Priamos; als Königin eines besiegten Volkes und Mutter, die alle Kinder verlor, wurde sie zur Symbolfigur des Untergangs von Troja ⟨Hom. Il.; Pind. pai. 8; Eur. Tro.; Eur. Hec.; Ov. met. 13,422–575; Sen. Tro.; Hyg. fab. 91; 111; 243⟩.
Hekabe gebar Priamos ungewöhnlich viele Kinder, oft ist von neunzehn die Rede, in manchen Überlieferungen sogar von fünfzig, unter ihnen → Hektor, → Paris, Deiphobos, und → Troilos. In der *Ilias* spielt Hekabe noch keine bedeutende Rolle, in der *Odyssee* wird sie nicht einmal erwähnt. Ihre Erlebnisse nach dem Fall Trojas, nachdem sie Odysseus als Kriegsbeute zugesprochen worden war, fanden in der Literatur mehr Beachtung.
Zu dem Zeitpunkt, an dem Euripides' Tragödie *Hekabe* einsetzt, sind die meisten ihrer Kinder bereits umgekommen. In diesem Stück verliert sie nun zuerst ihre Tochter → Polyxena: Achilleus war im Krieg gefallen, beobachtete aber aus der Unterwelt, wie die anderen griechischen Helden die Trojanerinnen unter sich aufteilten und forderte, Polyxena solle ihm geopfert werden. Neoptolemos, der Sohn des Achilleus, tötete Polyxena daraufhin, so daß ihr Geist zu Achilleus in die Unterwelt gelangen konnte. Kurze Zeit später mußte Hekabe entdecken, daß auch

ihr Sohn Polydoros ermordet worden war. Um zu verhindern, daß auch er im Krieg umkam, hatte sie ihn bei einem Bundesgenossen des Priamos, dem thrakischen König Polymestor, untergebracht und ihm sein Erbteil in Gold mitgegeben. Polymestor hatte ihn getötet und ins Meer geworfen, um in den Besitz der Schätze zu gelangen. Aus Rache tötete Hekabe nun seine Kinder und raubte ihm sein Augenlicht. Polymestor prophezeite ihr, sie werde sich zur Strafe in eine Hündin verwandeln, was dann (so Ovid) auch tatsächlich eintrat. Aufgrund dieser Verwandlung wurde häufig eine Verbindung zwischen Hekabe und der Zaubergöttin →ʼ Hekate angenommen, da diese meist von Hunden begleitet wurde.

Auch in den *Troades* des Euripides muß Hekabe einige Schicksalsschläge hinnehmen: ihre Tochter →ʼ Kassandra wird Agamemnon zugewiesen, ihre Schwiegertochter Andromache fällt an Neoptolemos und ihr Enkel Astyanax, der Sohn von Hektor und Andromache, wird von den Griechen von der Stadtmauer Trojas gestürzt, weil sie alle Nachkommen des Priamos vernichten wollen. Vor dem Schiedsgericht des Menelaos kommt es zu einem Streitgespräch zwischen der von Schmerz gebrochenen Hekabe und Helena, die sich gegen den Vorwurf, die Hauptschuld am Schicksal der Trojaner zu tragen, verteidigen muß.

In der lateinischen Literatur wurde der Hekabe-Stoff von Ennius und Accius in verlorengegangene Dramen aufgenommen. Seneca bearbeitete in seinen *Troades* das Stück des Euripides und fügte den Streit zwischen Agamemnon und Neoptolemos um das Schicksal der Polyxena, den Konflikt zwischen →ʼ Andromache und Odysseus um den Tod des Astyanax und, aus Euripides' *Hekabe* übernommen, das Motiv des Polymestor hinzu.

NK In der bildenden Kunst wird Hekabe selten dargestellt, meistens im Zusammenhang mit dem Trojanischen Krieg. Auf einem Gemälde von A. F. Callet (1784/85, Paris, Louvre) flehen Priamos und Hekabe Achilleus, der den toten Hektor vor den Toren Trojas herumschleift, an, ihnen den Leichnam zu überlassen. Hekabe, die um Polydoros und Polyxena trauert, ist auf einem Gemälde von L. Bramer (um 1630, Madrid, Prado) zu sehen. A. Canova zeigt auf einem Gipsrelief (1790–92, Possagno, G.) Hekabe, die die trojanischen Frauen zum Altar der Athena führt. Auf einem Gemälde von G. M. Crespi (um 1700, Brüssel, Kon. M.) blendet sie zusammen mit den trojanischen Frauen Polymestor. Im 20. Jahrhundert schuf R. Nakian eine Reihe von Zeichnungen mit Hekabe (1960–62, New York, MoMA).

Euripides' Tragödie liegt einigen dramatischen Bearbeitungen ND des 16. und 17. Jahrhunderts zugrunde, u. a. von F. Pérez de Oliva (*Hecuba triste*, ca. 1530), W. Spangenberg (ca. 1636) und J. E. Schlegel (1735, nach Euripides und Seneca). In den meisten Bearbeitungen der drei genannten antiken Tragödien und in anderer Literatur wird Hekabe, die unerträgliches (Kriegs-)Leid erduldet, durch die Jahrhunderte hindurch als heidnisches Pendant zu Hiob und der Schmerzensmutter angesehen: bei F. Werfel (*Die Troerinnen des Euripides*, 1915, dt. Bearbeitung) zu Beginn des Ersten Weltkriegs. In der Lyrik kommt sie im Zusammenhang mit dem Fall Trojas und den trojanischen Frauen vor, u. a. bei W. Congreve (*Lamentations of Hecuba, Andromache, and Helen*, 1719), F. Hölderlin (*Aus dem Hekuba des Euripides*, 1796, Euripides-Übersetzung; Fragment, erstmals publiziert in *Sämtliche Werke und Briefe*, 1915), C. Williams (*Troy; Sonnets on Andromache, Helen, Hecuba and Cassandra*, in *Poems of Conformity* , 1917).

Hekabe wird in einigen Werken der Musikgeschichte in den NM Mittelpunkt gestellt, z. B. bei A. Rubinstein mit einer Arie für Alt und Orchester (Text von L. Goldman, 1872) oder bei G. Holst mit *Hecuba's Lament*, einer Komposition für Contra-Alt, Frauenchor und Orchester (Text nach G. Murrays Übersetzung des Euripides, 1911, London). Opern gibt es von G. de Fontenelle (Libr. von C. L. M. Milcent, 1800, Paris), G. F. Malipiero (Libr. vom Komponisten nach Euripides, 1941, Rom) und J. Martinon (Libr. von S. Moreuy nach Euripides, 1956, Strasbourg). Bühnenmusik zum Drama von Euripides schrieben u. a. E. Riadis (1927) und D. Milhaud (1937). In den 80er Jahren schrieb A. Reimann die Oper *Troades*, in der sich die Frauen eindeutig gegen den Krieg erklären (Libr. von A. Reimann/G. Albrecht, 1986, München).

Moret 1975

Hekate, alte, chthonische (aus der Erde entstandene) Gottheit, wurde als Göttin des Zauber- und Hexenwesens, der Dreiwege, der Unterwelt, der Fruchtbarkeit, später auch des Mondes verehrt, nach Hesiodos eine der mächtigsten Gottheiten, deren Einflußbereich sich über den Himmel, das Land und das Meer erstreckt, Tochter des Titanen Perses und der Asteria (Hes. theog. 409–452).
Ihren Aufgabenbereichen entsprechend war Hekate eine hilfreiche, oft aber auch unheilbringende Göttin. Sie wurde mit einigen

anderen Göttern in Verbindung gebracht: Durch ihre Eigenschaft als Fruchtbarkeitsgöttin stand sie → Demeter nahe und wurde manchmal sogar als deren Tochter bezeichnet. Mit → Artemis teilte sie nicht nur die Aufgabe der Fruchtbarkeits-, sondern auch die der Mondgöttin. Wie → Medea war sie Schutzherrin der Zauberinnen; ihre Herrschaft über die Unterwelt verband sie mit → Persephone. Bei ihrer Verehrung spielten Dreiwege (d. h. Stellen, an denen sich ein Weg aufteilt) eine Rolle, weshalb sie oft als Frau mit drei Körpern dargestellt wurde. Unheil brachte sie v. a. den Menschen, denen sie auf ihren nächtlichen Streifzügen, mit Fackeln und Geißeln ausgerüstet und von Höllenhunden begleitet, begegnete.

In archaischer Zeit wird Hekate als Frau, die in beiden Händen eine Fackel hält, dargestellt. Alkamenes erweiterte das Motiv Mitte des 5. Jahrhunderts v. Chr. und schuf eine Skulpturengruppe mit drei Frauen, die Rücken an Rücken stehen und in den nach vorne gestreckten Händen Fackeln tragen (Paus. 2,30,2). Von dieser Gruppe sind kleine Reproduktionen und Abbildungen auf Münzen überliefert. Eine andere Darstellung zeigt Hekate mit einem Körper, drei Rümpfen und Köpfen und sechs Armen, die ›Hekate Triformis‹ (um 420 v. Chr., Athen, British School; Leiden, M.). In mythologischen Szenen kommt sie außer auf dem Fries mit der Gigantomachie des Zeus-Altars in Pergamon (Mitte 2. Jh. v. Chr., Berlin, Pergamon-M.) nicht vor.

N In der bildenden Kunst der Neuzeit wird Hekate selten thematisiert, z. B. auf einem Farbdruck von W. Blake (um 1795, u. a. London, Tate G.).

Als Göttin des Zauberwesens ist Hekate in *Macbeth* (ca. 1606) von W. Shakespeare und in der Tragikomödie *The Witch* (ca. 1610–16) von T. Middleton präsent. Außerdem kommt sie in einem Gedicht von M. Drayton (*The Moon-Calfe*, 1627) und in einer Satire von W. Shirley (*Hecate's Prophecy*, 1758) vor.

Nur wenige Werke der Musikgeschichte stellen Hekate als Protagonistin in den Mittelpunkt, z. B. komponierte J. Aubert ein Ballett (Libr. von C.-J.-F. Hénault, entst. vor 1753; Paris, 1806); eine Oper schuf M. A. Portugal (Libr. von F. Schmidt, 1800, Mailand). In G. Verdis *Macbeth*-Vertonung ist Hekate als Göttin der Nacht eine Tanzrolle zugedacht (Libr. von F. M. Piave/A. Maffei nach Shakespeare, 1847, Florenz).

Kraus 1960

Hekatoncheiren, hundertarmige Riesen, Brüder der → Titanen

Hektor, wichtigster Held der Trojaner und Anführer ihrer Truppen im Krieg gegen die Griechen, Sohn des trojanischen Königspaars → Hekabe und → Priamos ⟨Hom. Il.⟩.

Homer schildert in der *Ilias* (6,390–496) ausführlich den Abschied Hektors von seiner Frau → Andromache und seinem kleinen Sohn Astyanax, der vor der glänzenden Rüstung seines Vaters erschrickt. In dieser Szene wird der im Kampf oft grausame und tollkühne Prinz als liebevoller Vater und Ehemann dargestellt. Als Hektor anschließend zum Kampf gegen die Griechen aufbrach, konnte er mit der Hilfe Apollons bald die Oberhand gewinnen, da die Griechen ohne ihren stärksten Krieger → Achilleus auskommen mußten. Dieser hatte sich wegen eines Streites mit → Agamemnon von den Kampfhandlungen zurückgezogen. Ein Zweikampf mit dem großen → Aias blieb wegen der hereinbrechenden Dunkelheit unentschieden, worauf die beiden den Kampfregeln entsprechend Geschenke austauschten. An den folgenden Tagen konnte Hektor bis zu den Schiffen der Griechen vordringen. In dieser bedrohlichen Situation griff Patroklos in der Rüstung seines Freundes Achilleus in den Kampf ein und schlug die Trojaner zurück, wurde aber dabei von Hektor getötet. Aus Verzweiflung über den Tod seines Freundes beschloß Achilleus, wieder am Kampf teilzunehmen. Er drängte die Trojaner in ihre Stadt zurück, nur Hektor blieb vor den Mauern, um sich Achilleus zu stellen. Den Bitten seines besorgten Vaters, sich in Sicherheit zu bringen, schenkte er kein Gehör. Beim Anblick des näherkommenden Achilleus verlor er dann aber den Mut und wurde von dem Griechen dreimal um die Stadt gejagt. Inzwischen hatte Zeus das Schicksal der beiden entschieden: Hektor mußte sterben; Apollon hatte seinen Schützling im Stich zu lassen. In der Gestalt von Hektors Bruder Deiphobos ermunterte Athena Hektor, sich Achilleus erneut zu stellen. Hektor gehorchte und fand den Tod. Sterbend bat er darum, daß seine Leiche in die Mauern Trojas gebracht werde, doch Achilleus durchbohrte ihm die Fersen, band die Leiche an seinen Streitwagen und schleifte sie zwölf Tage lang um die Stadt. Apollon schützte den Leichnam vor weiteren Verletzungen. Schließlich beauftragte Zeus Thetis, ihren Sohn zur Vernunft zu bringen. Als der alte Priamos zu Achilleus kam und ihm ein Lösegeld anbot, überließ der Grieche ihm den Leichnam seines Sohnes. Elf Tage lang trauerten die Trojaner um Hektor; mit diesen Geschehnissen endet die *Ilias*.

Der Kampf bei den Schiffen ist auf etruskischen Urnen und Vasen wiederzufinden. Ferner wurden Hektors Duell mit Achilleus und die Schändung seiner Leiche auf Keramik des 5. Jahrhunderts v. Chr. und später auf römischen Sarkophagen dargestellt.

Hektor, der in der *Ilias* und der *Aeneis* (u. a. Buch 6) ein edler Held ist, erhält in der mittelalterlichen Literatur und bildenden Kunst, die sich auf die Seite Trojas stellt, die Züge eines idealisierten Ritters. Er wird in die Reihe der ›Neuf Preux‹ (neun kühne Ritter, Nine Worthies) aufgenommen. Hier steht er neben → Alexander und → Caesar für das antike Heroentum. Die beiden anderen Dreiergruppen waren die biblischen Helden Josua, David und Judas Maccabeus und die Ritterfürsten Artus, Godfried von Bouillon und Karl der Große.

NK In der bildenden Kunst werden die neun Ritter schon um 1330 auf Bildern im Hansesaal des Kölner Rathauses gezeigt (heute Köln, Wallr.-Rich.-M.), doch kommen sie häufiger erst seit dem 15. Jahrhundert vor, z. B. auf Fresken in der Burg La Manta bei Saluzzo (um 1420–30, Piemont) und in der Burg La Valère in Sion (Schweiz), auf Glasgemälden in Augsburg (um 1535–40, ebenda, M.), auf Gobelins in der Burg La Pailisse (1498–1527, Allier) und auf einem Teppich von N. Bataille (um 1376, New York, Metrop. M.) aus dem Besitz des Jean Duc de Berry mit der Geschichte Hektors, auf Holzschnitten seit 1500 u. a. bei J. C. van Oostzanen (Anfang 16. Jh.), H. Burgkmair (1516) und V. Solis (um 1540).

In der Literatur und bildenden Kunst der Neuzeit spielt Hektor bis in das 18. Jahrhundert keine große Rolle, u. a. entstand eine Bronzestatuette von Filarete (um 1458–60, Madrid, M. Arqu. Nac.) mit Hektor zu Pferde. Aufgrund des zunehmenden Interesses an der *Ilias* im 18. Jahrhundert wird Hektor jedoch häufiger dargestellt. Sein Abschied von Andromache wurde beispielsweise auf Gemälden von G. A. Pellegrini (1709, Leeds, G.), A. Kauffmann (1769, Devon, Saltram Park und um 1772, London, Tate G.), J.-M. Vien (1786, Paris, Louvre), G. de Chirico (u. a. 1917, Mailand, Privatbesitz) und A. Warhol (1982, New York, Privatbesitz; nach de Chirico) sowie von B. Thorvaldsen auf einem Marmorrelief (1836/37, Kopenhagen, Thorvaldsen M.) festgehalten. Den Tod Hektors und die Klage Andromaches an seiner Leiche thematisierten u. a. auf Ölskizzen Rubens (1630–32, Rotterdam, M. Boymans) und auf Gemälden J.-L. David (1778, Montpellier, M. und 1783, Paris, Louvre). Hektor-Porträts schufen z. B. A. Canova (1808–16, Marmorstatue, Venedig, Pal.

Treves) und B. Thorvaldsen (1809, Kopenhagen, Thorvaldsen M.; mit Paris und Helena).

In der Literatur des Mittelalters wird Hektor in dem höfischen ND Roman *Les Voeux de Paon ou le roman de Cassamus* von J. de Longuyon (1312–13) zum ersten Mal mit den großen Taten der ›Neuf Preux‹ in Verbindung gebracht. In dieser Tradition stehen auch G. de Machaut (ca. 1370), J. de Clerk (*Leken Spieghel*, ca. 1330), W. van Hildegaersberch (*Een exemple van heren* und *Van Neghen den Besten*, um 1400) und die *Histoire des neuf preux* und *Triomphe des neuf preux* (1487). Die neun Ritter tauchen auch in Fastnachtsspielen von H. Sachs, außerdem auf Kartenspielen auf. In der *Epistre d'Othéa à Hector* (um 1400) von Christine de Pizan erhält Hektor Ratschläge von der Göttin Othéa.

Ein Widerklang der mittelalterlichen *Troy Romances* und des Ritters Hektor findet sich in dem Gedichtzyklus des Präraffaeliten W. Morris mit dem Titel *Scenes from the Fall of Troy* (1858). 1935 porträtierte J. Giraudoux Hektor in dem Theaterstück *La guerre de Troie n'aura pas lieu* als einen ziemlich naiven Repräsentanten einer aufrechten Lebenshaltung im Gegensatz zu dem nachdenklichen Odysseus. Der Abschied Hektors von Andromache wird auch in einer Ballade von F. von Schiller besungen (1780).

Den Schillerschen Text vertonten F. Schubert (op. 58, 1815) und NM V. J. Tomášek (op. 89, vor 1825); einen Liederzyklus widmete A. M. Lauber der Figur mit ihrer *Hektor-Trilogie* (1963). In dem nach Heines *Doktor Faust* (1847) komponierten Ballett *Abraxas* von W. Egk wird Hektors Geist heraufbeschworen (1948, München).

Der Tod des Hektor ist Gegenstand eines Balletts von P. von Winter (Libr. von C. Legrand, 1779, München) und kommt auch in der Oper um König Priamos von M. Tippett vor (1962, Coventry).

Carrara 1992; Frenzel 1992a; Scherer 1963; Wiebenson 1964

Helena (oder Helene), Königin von Sparta, die → Paris wegen ihrer einzigartigen Schönheit entführte, wodurch der Trojanische Krieg ausgelöst wurde; Tochter des Zeus und der Leda oder der Nemesis (u. a. Kypr. 1; 8–11) ⟨Hom. Il. 3; Hom. Od. 4; 15; Eur. Hel.; Eur. El.; Eur. Tro.; Gorg. Hel.; Isokr. 10; Hdt. hist. 2,112–120; Verg. Aen. 2,309, 571–174 u. 6,494–529; Apollod. 3,10,7–3,11,1⟩.

Helena wurde aus einem Ei geboren, das ihre Mutter → Leda
legte, nachdem Zeus ihr in der Gestalt eines Schwanes beige-
wohnt hatte. Sie war eine Schwester oder Halbschwester der
Klytämnestra und der → Dioskuren Kastor und Polydeukes und
wuchs am Hof des spartanischen Königs Tyndareos, des Gatten
von Leda, auf.

Schon in jugendlichem Alter soll sie von → Theseus entführt
und von den Dioskuren zurückgeholt worden sein (Hyg. fab.
79; Plut. Thes. 31; Paus. 3,18,15).

Viele vornehme Griechen hielten um ihre Hand an (Paus.
10,25,7; Hyg. fab. 81). Als zwischen den Freiern Spannungen
aufzukommen drohten, befolgte Tyndareos den Rat des Odysseus, der ebenfalls um Helena warb. Die Freier sollten schwören,
alle Rechte des zukünftigen Gatten zu respektieren und nötigen-
falls mit Waffen zu verteidigen. Helena heiratete schließlich den
mykenischen Königssohn Menelaos, wie Klytämnestras Gatte
Agamemnon, der Bruder des Menelaos, ihr geraten hatte. Das
Kind aus dieser Ehe war Hermione.

Eines Tages besuchte der trojanische Königssohn → Paris den
spartanischen Hof, wo er gastlich empfangen wurde. Die Göttin
→ Aphrodite hatte dem jungen Trojaner zuvor die schönste Frau
der Welt versprochen. Als Menelaos für kurze Zeit den Hof
verlassen mußte, nutzte Paris die Gelegenheit, entführte Helena
nach Troja und nahm auch einen großen Teil von Menelaos'
Vermögen mit. Die ehemaligen Freier der Helena hielten nun ihr
Versprechen, stellten unter der Führung des Agamemnon ein
Heer zusammen und brachen nach Troja auf, um Helena zurückzuholen.

Die meisten Autoren schreiben, daß die Königin an dem jungen,
schönen Paris Gefallen fand und der Entführung mit ganzem
Herzen zustimmte (Hom.; Eur.; Apollod.; Gorg.; Hdt.; Koll.
Hel.), was möglicherweise auf den Einfluß Aphrodites zurück-
zuführen ist. Manchmal bereute sie jedoch ihre Treulosigkeit den
Griechen gegenüber und wurde von Heimweh geplagt.

Über die Stellung Helenas in Troja gibt es abweichende Meinungen. Sicherlich begegneten ihr die Trojaner argwöhnisch und
zurückhaltend, da Helena ihnen den Krieg mit den Griechen
eingebracht hatte. Allein zu Priamos und Hektor hatte sie ein
gutes Verhältnis (Hom Il.). Diese begriffen, daß die Schicksale
Helenas und Trojas von den Göttern bestimmt waren.

Im Trojanischen Krieg konnte sie sich für keine der beiden Seiten entscheiden. Einerseits half sie den Griechen, indem sie ihnen
mit Lichtsignalen den richtigen Weg wies und Odysseus nicht

verriet, der als Spion in Troja eindrang, andererseits hielt sie zu den Trojanern, als die Griechen in dem hölzernen Pferd in die Stadt gelangen wollten. In der Hoffnung, daß die Griechen sich verraten würden, ging sie mit dem Priamos-Sohn Deiphobos zu dem Pferd, rief alle darin versteckten Krieger beim Namen und imitierte dabei die Stimmen ihrer Frauen. Odysseus konnte ihren Plan jedoch vereiteln.

Als Paris von Philoktetes getötet wurde, heiratete Helena Deiphobos. Dessen Bruder, der Seher Helenos, fühlte sich übergangen und gab deshalb den Griechen Hinweise, die zum Fall Trojas führten. Kurze Zeit später wurde Deiphobos mit Helenas Hilfe von Menelaos ermordet.

Über Helenas Begegnung mit Menelaos wird in den meisten Quellen berichtet, daß dieser sich anfänglich nicht mit ihr versöhnen wollte und vorgab, sie töten zu wollen, dann aber, noch in Troja oder auf der Überfahrt nach Griechenland, ihrem Charme erlag. Auf dieser Fahrt wurden sie durch ungünstige Winde nach Ägypten getrieben, so daß sie erst nach sieben Jahren in Sparta ankamen.

Homer erzählt in der *Odyssee* (Buch 4), wie Telemachos Helena und Menelaos als glückliches Paar vorfand, als er auf der Suche nach seinem Vater Odysseus an deren Hof kam.

In einer anderen Version soll Paris nur ein Trugbild Helenas nach Troja geführt haben und Helena selbst während des ganzen Trojanischen Kriegs in Ägypten gewesen sein. Damit wäre der Krieg nur um ein Phantom geführt worden.

Die griechische Literatur über Helena läßt sich als ein Disput über ihre Schuld oder Unschuld, den Willen der Götter und die fatalen Folgen weiblicher Schönheit lesen, auch über die Macht der aphroditischen Liebe, die unmoralische Haltung Helenas und die Unverletzlichkeit der Schönheit. Homer geht auf diese Aspekte kaum ein, doch um 600 v. Chr. greift der Dichter Stesichoros Helena an. Nach Platon (Phaidr. 243a) und Pausanias (3,19,13) wurde er deshalb mit Blindheit geschlagen, die ihn erst wieder verließ, als er in seiner *Palinodia* (Widerruf) diese Lästerung zurücknahm und Helena mit dem Motiv der Scheingestalt entlastete. Auch Herodot vermutet, daß Helena den ganzen Krieg über in Ägypten gewesen sei und später von Menelaos geholt wurde; der Historiker unterstellt nämlich, daß die Trojaner doch nicht bloß wegen einer Frau einen Krieg geführt hätten.

Auch in den Werken der Tragiker schlägt sich die Auseinandersetzung um die Beurteilung Helenas nieder. Aischylos' *Aga-*

memnon und Euripides' *Andromache* und *Iphigeneia in Aulis* zeigen sie in den Augen verschiedener Personen als die am Krieg Schuldige und als gewissenlose Kokette. In Euripides' *Orestes* planen nach der Ermordung Klytämnestras die Zurückgebliebenen Orestes, Pylades und Elektra auch einen Mord an Helena, um wieder die Gunst der Bewohner von Argos zu erlangen. Doch bei Helenas Auftritt stellt sich heraus, daß sie einen edlen Charakter hat; sie wird schließlich von Apollon in Sicherheit gebracht und unter die Unsterblichen aufgenommen. Auch in Euripides' *Troades* kann sie sich als das Opfer der mysteriösen und unberechenbaren Einflüsse der Götter sehen. In seiner Tragödie *Helena* schildert Euripides, wie Menelaos als Schiffbrüchiger auf die in Ägypten gebliebene Helena trifft.

Der Sophist Gorgias aus dem 5. Jahrhundert v. Chr. und der Redner Isokrates aus dem 4. Jahrhundert v. Chr. ergreifen in ihren Reden, die als Übungsplädoyers für ihre Schüler geschrieben wurden, die Partei der Helena. In der römischen und der von ihr beeinflußten mittelalterlichen Literatur findet sich ein ungünstiges Bild der Königin. Vergil skizziert sie in seiner *Aeneis* (7,363–364) als Verräterin, die dazu beitrug, daß die Griechen in Troja einfallen konnten, und die an der Ermordung des Deiphobos teilhatte. Horaz läßt Iuno über die falsche Wahl des Paris und den Untergang Trojas, an dem allein Helena die Schuld trägt, klagen (c. 3,3,18–36). Erst in der höfischen Literatur des Mittelalters wird Helena wieder angesehener.

In der bildenden Kunst der Antike beziehen sich die Darstellungen in Malerei und Mosaikkunst v. a. auf die Entführung durch Theseus, die Begegnung mit oder die Entführung durch Paris, das Zusammenstoßen mit Menelaos, der sie bedroht und dem auf manchen Abbildungen, von Helenas Charme bezaubert, das Schwert aus der Hand fällt.

NK In der bildenden Kunst der Neuzeit steht meistens die Entführung Helenas durch Paris im Mittelpunkt. Diese Szene (oder die Rückkehr mit Menelaos) findet sich in Anlehnung an Benoît de St.-Maure schon auf einem Mosaikboden aus dem späten 12. Jahrhundert im Dom von Pesaro, wo auch Odysseus und Palamedes beim Schachspiel dargestellt sind. In der italienischen Frührenaissance entstehen z. B. Gemälde von A. Vivarini (um 1445–50, Baltimore, Walters Art G.), B. Gozzoli (um 1447, London, Nat. G.), ein Werk in der Nachfolge von Fra Angelico (um 1450, London, Nat. G.) und von L. da Verona (um 1470, Avignon, M. du Petit Pal.). Vom Manierismus bis zum Rokoko

folgen zu diesem Thema in Italien weitere Darstellungen, u. a.
auf Fresken von G. Romano (1538/39, Mantua, Pal. Ducale), auf
Gemälden von J. Tintoretto (1580–85, Madrid, Prado), G. Reni
(um 1630/31, Paris, Louvre) und L. Giordano (um 1680–83,
Caen, M.). In den Niederlanden, Frankreich und Deutschland
beschäftigten sich mit der Entführung auf Gemälden u. a. M.
van Heemskerck (1535/36, Baltimore, Walters Art G.), F. Francken II (1625, Tours, M.), Primaticcio (1533–35, Fresken,
Schloß Fontainebleau) und J. H. Tischbein d. Ä. (1787, Kassel,
Gemäldeg.) sowie P. Puget/C. Veyrier in der Bildhauerei (1684–
88, Marmorskulptur, Genua, Pal. Rosso). Als Liebespaar werden Helena und Paris z. B. auf einem Gemälde von J.-L. David
(1788, Paris, Louvre) dargestellt. A. Canova schuf von Helena
eine Marmorbüste (1811, Venedig, Pal. Albrizzi). Bei symbolistischen Malern tritt Helena allein als schicksalbringende Frau
auf, wie z. B. bei E. Burne-Jones (1871, Birmingham, G.) und bei
G. Moreau (u. a. um 1880, Paris, M. Moreau).

Helena, als Verkörperung weiblicher Reize, findet manche Er- ND
wähnung in der Literatur des Mittelalters, z. B. bei Christine de
Pizan, *Le livre de la cité des dames* (2,61; 1404/05) und Benoît de
St.-Maure, *Le roman de Troie* (um 1165), und der der Renaissance,
z. B. in *Dr. Faustus* von C. Marlowe (1594). Sie kommt jedoch
v. a. in Dichtungen des 19. Jahrhunderts vor. Für J. W. von
Goethe ist sie im *Faust II* (1833) und in einem Fragment (1800,
vollendet 1827) die vollkommene Schönheit, der man Seele und
Seligkeit opfert. In der Décadence und im Symbolismus wird sie
als fatale Schönheit vorgeführt (z. B. in Gedichten von E. A.
Poe, 1831 und 1849), als ewige Prostituierte (O. Wilde, 1879)
oder als perverse Hure (Gedichte von G. D'Annunzio, 1893). Es
gibt auch andere Akzentsetzungen: Für A. de Vigny (1822) ist
sie Symbol der griechischen Kultur, für C.-M.-R. Leconte de
Lisle (1852) Opfer von Paris' Verführungskünsten, für E. Ver-
haeren (Tragödie, 1909) eine Frau, die unter ihrer Begehrlichkeit
leidet. Auch D. G. Rossetti und W. Morris (beide Mitte 19. Jh.)
charakterisieren sie als Frau, die von ihrer Anziehungskraft
weiß, sie aber nicht einsetzen kann.

Im 20. Jahrhundert gibt es ähnliche Schattierungen. J. Masefield
vergleicht sie in seiner Tragödie *A King's Daughter* (1923) mit
Jezebel. In J. Giraudoux' *La guerre de Troie n'aura pas lieu* (1935)
steht Helena machtlos vor ihrem eigenen Sein. A. Roland Holst
(1911) beschreibt die Gedanken des Stesichoros über Helenas
verhängnisvolle Schönheit. Auffällig ist, daß das Motiv der

Scheingestalt und der echten Helena in Ägypten wieder auflebt:
z. B. in einem Gedicht von H. Doolittle (1961).
Helena steht in einigen Filmen über den Fall Trojas an zentraler
Stelle: u. a. bei G. Pastrone (*Il caduta di Troia*, 1911) und R. Wise
(*Helen of Troy*, 1955).

NM Schon früh war Helena auf den Opernbühnen Europas präsent,
z. B. mit den Werken von P. F. Cavalli (Libr. von N. Minato
nach G. Faustini, 1660, Venedig), A. S. Fiorè (Libr. von C. N.
Stampa, 1725, Mailand), C. W. Gluck (Libr. von R. Calzabigi,
1770, Wien), É. Méhul (Libr. von J. N. Bouilly, 1803, Paris), M.
Mosonyi (Libr. von M. Fekete, 1861, Pest), J. Offenbach (Libr.
von H. Meilhac/L. Halévy, 1864, Paris), C. Saint-Saëns (1904,
Monte Carlo), R. Strauss (Libr. von H. von Hofmannsthal,
1928, Dresden; 2. Fassung 1933, Salzburg) und G. Antheil (Libr.
von J. Erskine, 1934, New York). In Frankreich entstanden desweiteren die kurz aufeinander folgenden Werke von L. Boulanger (Kantate, nach Goethe, 1913), C. Delvincourt (Kantate,
1913) und M. Brusselmans (Symphonische Dichtung, 1914, Paris).

Backès 1984; Castores 1994; Frenzel 1992a; Ghali-Kahil 1955; Homeyer 1977;
Scherer 1966/67

Heliogabalus → Elagabal

Helios → Apollon, → Herakles

Hemera → Eos

Hephaistion, engster Freund und Berater des → Alexander III.

Hephaistos, Gott des Feuers, der Schmiedekunst und der
Handwerker, Sohn des Zeus und der Hera oder der Hera allein,
den Römern als Vulcanus oder Mulciber bekannt.
Nach Hesiodos (theog. 927–929) war Hera über ihren Gatten
Zeus verärgert, weil dieser nahezu ohne weibliche Hilfe → Athe-
na das Leben geschenkt hatte. Deshalb wollte auch sie ohne
einen Mann ein Kind zur Welt bringen und gebar Hephaistos.
Bei Homer und späteren Autoren (Cic. nat. 3,22) war er aller-
dings der Sohn von Zeus und Hera, der mit einem Beil den
Schädel seines Vaters öffnete, aus dem Athena entsprang.

Hera war über das häßliche Aussehen ihres verkrüppelten Kindes so entsetzt, daß sie es gleich nach der Geburt vom Olympos ins Meer warf. Thetis und die Okeanide Eurynome retteten Hephaistos und behielten ihn vorerst bei sich (Hom. Il. 18,368–617). In einem Gedicht des Alkaios aus dem 6. Jahrhundert v. Chr. (Frgm. 11; später bei Plat. rep. 378d; Paus. 1,20,3; Hyg. fab. 166) ist überliefert, daß sich Hephaistos später an seiner lieblosen Mutter rächte, indem er sie an einen goldenen Thron fesselte. Erst als Dionysos ihm eine gehörige Menge Wein eingeflößt hatte, erklärte er sich bereit, seine Mutter wieder zu befreien.

Eines Tages stürzte auch Zeus Hephaistos vom Olympos, als dieser sich bei einem Streit zwischen Hera und ihm auf die Seite seiner Mutter stellte (Hom. Il. 571–608). Der Sturz dauerte einen Tag lang, schließlich landete er auf der Insel Lemnos, die fortan seine Lieblingsinsel sein sollte.

Hephaistos galt häufig als Personifikation des Feuers und griff in dieser Form auch in den Trojanischen Krieg ein, indem er den Fluß Skamander austrocknete und damit → Achilleus vor dem Ertrinken bewahrte.

Hephaistos war der Schmied der Olympier und für seine Geschicklichkeit und künstlerische Begabung auf diesem Gebiet bekannt. Er baute den Göttern Paläste und fertigte ihnen und manchen Sterblichen Waffen und Rüstungen. Auf die Bitte der Thetis schmiedete er nach dem Tod des Patroklos eine neue Rüstung für ihren Sohn Achilleus (Hom. Il. 21,328–382); sein Schild wird von Homer als ein wahres Kunstwerk ausführlich beschrieben. → Aphrodite gab er Waffen für ihren Sohn → Aeneas (Verg. Aen. 8). Aus seiner Werkstatt stammten das Zepter des Zeus, der Schild der Athena, der Sonnenwagen des Helios, die Pfeile des Apollon und der Artemis und das Halsband der Harmonia. Der Gegensatz zwischen seinen körperlichen Gebrechen und den glänzenden Werken ist in der Literatur und Kunst häufig thematisiert worden. Auf Befehl des Zeus kettete er → Prometheus an den Kaukasus (Aischyl. Prom. 1–81; 365–369). Außerdem erschuf er die erste Frau, → Pandora.

Trotz seines Aussehens war der lahme Feuergott mit Göttinnen der Schönheit verheiratet, in der *Ilias* (18,382) mit Charis, in der *Odyssee* mit Aphrodite. Diese betrog ihn häufig mit anderen Männern. Eines Tages ertappte Hephaistos den Kriegsgott → Ares mit Aphrodite in seinem eigenen Ehebett. Er warf ein goldenes Netz über die beiden und rief die anderen Götter zu sich, um die Ehebrecher der Lächerlichkeit preiszugeben (Hom. Od. 8,266–366; Ov. met. 4,174–189).

Als Hephaistos versuchte, Athena zu vergewaltigen, setzte diese sich heftig zur Wehr. Dabei tropfte sein Samen auf die Erde, aus der kurz darauf Erichthonios geboren wurde.
Hephaistos' Schmiede stellte man sich an verschiedenen Orten vor. Neben Lemnos werden die Liparischen Inseln, der Ätna oder der Vesuvius genannt. In der jüngeren Überlieferung sind ihm die → Kyklopen als Assistenten an die Seite gestellt.

In der archaischen und klassischen Kunst wird häufig die Rückkehr des Hephaistos auf den Olympos und die Geburt der Athena abgebildet, meistens auf Vasen (die älteste Darstellung stammt von ca. 680 v. Chr.). In der Klassik findet sich das Thema z. B. auf dem Ostgiebel des Parthenon von Pheidias (438–432 v. Chr., London, British M.). Auf dem Fries des Schatzhauses der Siphnier in Delphi (um 525 v. Chr., Delphi, M.) taucht Hephaistos in der Gigantomachie (→ Giganten) auf: Seine Verkrüppelung wird durch krumme Beine und verdrehte Füße angedeutet, seine Schmiedetätigkeit durch den Blasebalg. In der Regel wird Hephaistos als Schmied mit kurzem Rock, Hammer oder Zange und einer Kopfbedeckung geschildert. Die Kultstatue im Hephaistos-Tempel auf der Agora in Athen von Alkamenes (um 420 v. Chr.) ist nur noch durch Marmor-und Bronzekopien (u. a. Ostia, M.) sowie Abbildungen auf Münzen und Reliefs bekannt. Seit dem Hellenismus wird Hephaistos in der Malerei und Mosaikkunst öfter gezeigt, meist in seiner Schmiede, um für Thetis neue Waffen zu fertigen.

NK   In der Neuzeit dient die Schmiede des Hephaistos als Dekoration von Kaminen, z. B. auf Fresken von B. Peruzzi (1511/12) in der Villa Farnesina in Rom und von B. Luini für die Villa Pelucca in Mailand (1520–23, heute Mailand, Brera). Weitere Werke mit Hephaistos in der Schmiede stammen von A. Mantegna (1497, Paris, Louvre; mit Ares und Aphrodite), A. Lombardo (1507–16, Marmorrelief, St. Petersburg, Eremitage), Il Sodoma (1508–13, Fresko, Rom, Villa Farnesina), Raffael (1519, Fresko ausgeführt von Assistenten, Rom, Vatikan, Loggetta), V. Casini (1570–73, Gemälde, Florenz, Pal. Vecchio), J. Brueghel d. J./J. van Balen (um 1629/30, Potsdam, Sanssouci), L. Giordano (um 1657–60, Gemälde, St. Petersburg, Eremitage), J. de Bray (1681, Haarlem, Hals-M.), S. Ricci (um 1697–99, St. Petersburg, Eremitage; mit Ares und Aphrodite), D. Gran (1726–30, Fresko, Wien, Nationalbibliothek), G. R. Donner (um 1732, Gemälde, Wien, Barockm.), F. Boucher (1747, Gemälde, Paris, Louvre) und G. de Chirico (1949, Gemälde, Forlì, P.). Hephaistos steht auch für das

Feuer als eines der vier Elemente wie auf Fresken von C. Gherardi (1555/56) und G. Vasari (1555–59) im Palazzo Vecchio in Florenz sowie auf Gemälden von J. Brueghel d. Ä./H. van Balen (1608–23, u. a. Rom, G. Doria) und F. Albani (um 1621, Paris, Louvre), außerdem für die Geschicklichkeit des Handwerkers oder für die militärische Bewaffnung, beispielsweise auf Gemälden von J. Tintoretto (1544/45, Raleigh, M.) und von T. van Thulden (um 1647, Den Haag, Huis ten Bosch). Manchmal treten erzählende Szenen in den Vordergrund: das Schmieden der Waffen des Achilleus, z. B. auf Fresken von R. Mantovano nach einem Entwurf von G. Romano (um 1527–30) im Palazzo del Tè in Mantua, oder das der Waffen des Aeneas, u. a. auf Gemälden von A. van Dyck (um 1626–1632, Paris, Louvre und Wien, Kunsth. M.); oder er überreicht Ares Waffen, z. B. auf einem Gemälde von J. Brueghel d. Ä. (um 1613, München, AP), oder Hephaistos schmiedet den Blitz für Zeus, z. B. auf einem Gemälde von Rubens (1636–38, Madrid, Prado). Der Gegensatz zwischen der verführerischen Aphrodite und dem rauhen Handwerker wird in der Barockzeit und v. a. im Rokoko betont: z. B. auf Gemälden von Rubens (um 1616/17, Brüssel, Kon. M.), F. Albani (1622, Rom, G. Borghese), L. und M. Le Nain (1641, Reims, M.), F. Trevisani (1720–22, Rom, Pal. de Carolis), F. Boucher (um 1750, Grisaille, Paris, Louvre und 1754, London, Wallace C.) und G. B. Tiepolo (um 1755–60, Philadelphia, M.); später entstehen Arbeiten J.-B. Regnaults (um 1796, Gemälde, St. Petersburg, Eremitage) und P. Manships (1917, Bronzekandelaber, u. a. New York, MoMA). Auf einem Triptychon schildert M. van Heemskerck (um 1536, zwei Teile in Wien, Kunsth. M.) drei Szenen: Hephaistos in der Schmiede, beim Schmieden der Waffen des Achilleus und Aphrodite mit Ares im Netz des Hephaistos (→ Ares). Ein Gemälde von Velázquez (1630, Madrid, Prado) bezieht sich auch auf das ehebrecherische Verhältnis von Ares und Aphrodite: Apollon klärt den Schmiedegott darüber auf. J. Tintoretto stellt auf zwei Gemälden Hephaistos mit Aphrodite und Eros dar (um 1541, Modena, G. Estense und 1551/52, Florenz, Pal. Pitti). Hephaistos mit den Kyklopen, die als Knechte in seiner Schmiede arbeiten, ist z. B. auf einem Fresko von J. Tintoretto (1577/78, Venedig, Pal. Ducale) sowie auf Gemälden von P. da Cortona (1626–29, Castel Fusano, Villa Chigi) und J. de Bray (1683, Haarlem, Hals-M.) zu sehen. P. di Cosimo zeigt den jungen Hephaistos auf Lemnos (um 1492, Gemälde, Hartford, Wadsw. Ath.) und in seiner Schmiede mit Aiolos, der über die Winde herrscht (um 1485–95, Ottawa, Nat. G.).

ND In der Literatur der Neuzeit findet sich Hephaistos als der römische Gott Vulcanus in allen Genres: bei J. Lyly kommt er in der Komödie *Sapho and Phao* (1582) vor, F. Hölderlin widmete ihm eine Ode (1802) und F. Fühmann preist ihn und seine Schmiedekunst in einer Erzählung in dem Band *Der Geliebte der Morgenröte* (1978).

NM Als römischer Gott Vulcanus ist Hephaistos in einigen Bühnenwerken des 17. Jahrhunderts zu finden, z. B. in einem Libretto von G. C. Copolla (anläßlich einer Hochzeit am florentinischen Hof, Florenz, 1637) und in einer Oper von A. Draghi (Libr. von N. Minato, 1686, Wien). Ein Singspiel über *Das ungereimte Paar Venus und Vulcanus* ist von D. Pohle überliefert (Libr. von D. E. Heidenreich, 1679). Später entstanden auch einige Vokalsätze, so von L.-N. Clérambault (*Cantates françoises V*, Paris, 1726), L. Gervais (Paris, 1727) und P. Février (Paris, 1741). Eine englische ›ballad opera‹ stammt von E. Forrest (nach L. Fuzelier und M.-A. Legrand. 1729, London), eine Burletta von H. R. Bishop (Libr. von C. Dibdin Jr., 1813, London).

Brommer 1973b und 1978; Marx-Veldman 1973

Hera (oder Here), Göttin der Ehe und der Geburt, beherrschte gemeinsam mit ihrem Bruder und Gatten Zeus den Himmel, Tochter von Rheia und Kronos (Hes. theog. 326–332; 453–506; Hom. Il.), den Römern als Iuno bekannt.
Kronos verschlang seine Kinder, weil er befürchtete, daß sie eines Tages mächtiger sein könnten als er. Nur Zeus blieb verschont, weil Rheia Kronos statt dem Kind einen eingewickelten Stein gab. Später zwang Zeus seinen Vater, seine Geschwister wieder auszuspucken. Mit Hera schloß er bald eine heilige Ehe (›hieros gamos‹). Sie gebar Zeus vier Kinder: den Kriegsgott → Ares, die Geburtsgöttin Eileithyia, Hebe und den Feuergott → Hephaistos. Bei dessen Geburt war sie über seine Häßlichkeit so entsetzt, daß sie ihn vom Olymp stürzte.
Hera wurde als Beschützerin der verheirateten Frauen verehrt, denen sie bei der Geburt und in der Eheführung beistehen sollte. Sie selbst war eine sehr eifersüchtige Gemahlin, die bei den vielen Seitensprüngen ihres Mannes Zeus jedesmal in Wut ausbrach und seine Geliebten und die von ihm gezeugten Kinder mit ihrer Rache verfolgte. So richtete sich ihr unerbittlicher Zorn u. a. gegen → Kallisto, → Semele, → Leto, → Alkmene und deren Sohn → Herakles. Als Hera merkte, daß sich Zeus für die schöne

→ Io zu interessieren begann, verwandelte sie das Mädchen in eine Kuh und ließ sie von dem vieläugigen Argos bewachen, der jedoch auf Zeus' Befehl hin von Hermes getötet wurde. Hera setzte seine Augen auf den Schweif ihrer Lieblingsvögel, der Pfauen.

Das Königspaar von Orchomenos, Athamas und Ino, trieb sie in den Wahnsinn, weil diese → Dionysos, den Sohn von Zeus und Semele bei sich aufnahmen.

Eines Tages ging Hera in ihrer Eifersucht zu weit, worauf Zeus sie zur Strafe an den Handgelenken am Olymp aufhängte und ihre Füße mit Ambossen beschwerte.

Als Zeus seinem Sohn Herakles durch die Göttermilch der Hera Unsterblichkeit verleihen wollte, legte er ihn heimlich der Schlafenden an die Brust. Diese erwachte und stieß den Jungen von sich. Dabei verspritzte sie etwas von ihrer Milch, was am Himmel als Milchstraße zu sehen ist.

Den Thebaner → Teiresias schlug Hera mit Blindheit, nur weil er ihr einmal widersprochen hatte.

Ihre Bosheiten gegen die Trojaner, die zu vielen – von Homer in der *Ilias* beschriebenen Streitigkeiten mit Zeus führten – gingen auf das Urteil des → Paris zurück, der nicht sie oder Athena, sondern Aphrodite zur schönsten Göttin gekürt hatte. Sogar → Aeneas, der sich nach dem Fall Trojas nach Italien begab, bekam noch ihren Zorn zu spüren. Dem Argonautenführer Iason sicherte sie jedoch stets ihre Hilfe zu (Apoll. Rhod. Arg.). Elemente aus den Mythen und die wiederkehrende Bezeichnung als ›kuhäugige Hera‹ bei Homer beziehen sich möglicherweise auf ihre Funktion als Beschützerin der Herden.

In Rom wurde sie zusammen mit Iupiter und Minerva auf dem Capitol verehrt (Trias Capitolina). Auf dem Hügel steht auch der Tempel für die Iuno Moneta. Die Etymologie dieses Beinamens ist jedoch unklar (die ›Mahnende‹?).

Die Hierogameia ist auf einer Metope in Selinus auf Sizilien (um 460 v. Chr., Palermo, M. Arch.) und vielleicht schon früher auf einer Metope vom dorischen Tempel der Burg in Mykene (um 620 v. Chr.) dargestellt worden. In der römischen Zeit findet sich das Thema auf Wandgemälden. In der Gigantomachie und bei Götterversammlungen nimmt Hera einen hervorgehobenen Platz ein (z. B. auf Friesen am Parthenon). Schon in der Vorgeschichte wurde sie auf pfahlartigen Götzenbildern (Idolen) und seit dem 8. Jahrhundert v. Chr. als priesterliche Gestalt in Holz (nach 650 v. Chr., Samos, M.) und Stein verehrt. Auf dem Kopf

trägt die immer als Matrone gezeigte Göttin häufig eine turm-
förmige Krone oder einen Schleier. Weitere Attribute sind Zepter, Diadem und Pfau, manchmal auch Löwe oder Rind. Römische Statuen wie die ›Hera Borghese‹ (Marmorkopie in Kopenhagen, Ny Carlsberg Glyptothek) und die ›Hera Barberini‹
(Marmorkopie in Rom, Vat. M.) gehen auf klassische Vorbilder
um 420 v. Chr. zurück. Die Iuno Ludovisi, ein klassizistisches
Werk von ca. 40 n. Chr., galt für J. J. Winckelmann, J. W. von
Goethe und F. von Schiller als Höhepunkt der antiken Kunst
(›Iunonische Schönheit‹). Goethe besaß eine in Rom erworbene
Gipskopie des Kopfes, der vermutlich eine Prinzessin aus dem
iulisch-claudischen Geschlecht, Antonia Minor, darstellt. Die
Trias Capitolina ist durch Münzen, Reliefs und seit 1992 durch
eine Statuette aus der Umgebung von Tivoli (Palestrina, M.)
bekannt.

NK   In der bildenden Kunst der Neuzeit ist Hera im Zusammenhang
mit dem Paris-Urteil oder an der Seite Zeus' v. a. in Italien zu
finden: z. B. auf Fresken von B. Peruzzi (1511/12) in der Villa
Farnesina in Rom, von A. da Correggio (um 1519) in der Camera
di San Paolo in Parma, von G. Vasari/C. Gherardi (1555–59) in
Florenz im Palazzo Vecchio, für den B. Ammanati einen Hera-
Brunnen schuf (1557–59), und von Annibale Carracci (um 1597–
1600) im Palazzo Farnese in Rom, später auf Gemälden von C.-J.
Natoire (1745, Stockholm, Nationalm.) und J. Barry (um 1804,
Sheffield, G.) sowie in der Bildhauerei bei J. T. Sergel (um
1769/70, Skulptur, Stockholm, Nationalm.). Weiterhin wird sie
in Szenen gezeigt, in denen sie die Argos-Augen auf einen Pfauenschwanz setzt, nachdem der vieläugige Argos als Bewacher
der Io von Hermes getötet wurde (→ Io). Auf Fresken von P.
Veronese (1553) und J. Tintoretto (1577) im Palazzo Ducale in
Venedig steht Hera in Zusammenhang mit der Verherrlichung
Venedigs: sie schüttet Geschenke über eine Frau aus, die Venedig personifiziert bzw. verleiht der Stadt Macht und Würde.

ND   Im mythologisch inspirierten Barockdrama ist Hera eine häufig
auftretende Figur: Als Verfechterin der ehelichen Treue steht sie
der ehebrecherischen Aphrodite gegenüber. Später wird der
Gestalt in der Literatur keine große Bedeutung beigemessen.
Neben dem Stück *Juno and the Paycock* (1924) von S. O'Casey, in
dem er einer realistischen, vitalen Proletarierin aus Dublin, umgeben von Nichtsnutzen, ihren Namen gibt, kommt sie nur noch
vor in einem Gedicht von W. S. Landor (1859), in dem Epos
Hera die Braut (1900–06, Teil 2 von *Olympischer Frühling*) von C.
Spitteler und in einem Prosagedicht von P. Valéry (1945).

In einigen Werken der Musikgeschichte geht es auch um Hera NM
bzw. Iuno, z. B. in einer frühen Pastorale von E. de' Cavalieri
(Libr. von F. B. Guarini, 1600, Florenz) und in den Opern von
F. Manelli (Libr. von F. Berni, 1660, Parma), J. J. Fux (Libr. von
I. Zanelli, 1725, Wien), J.-P. Rameau (Libr. von J. Autreau/A. J.
Le Valois d'Orville, 1745, Versailles) und S. Mayr (Libr. von G.
Rossi, 1817, Neapel).

Pötscher 1987

Herakles (lat. Hercules), berühmtester Held der Griechen, be-
sonders wegen seiner außergewöhnlichen Kraft und seines vor-
bildlichen Charakters beliebt; Sohn von Zeus und Alkmene; als
Enkel des Alkaios auch ›Alkide‹ genannt ⟨Apollod. 2,4,8–2,7,7;
Diod. 4,4,1–4,39,4; Eur. Herc.; Hyg. fab. 29–36⟩.
Zeus hatte Alkmene in der Gestalt ihres Mannes Amphitryon
geschwängert (→ Amphitryon und Alkmene) und bestimmt,
daß der erste Nachkomme aus dem Geschlecht des Perseus, des
Großvaters von Amphitryon, Herrscher über Argos sein solle.
Die eifersüchtige Hera ahnte, daß Zeus der Vater von Alkmenes
Kind war und verzögerte die Geburt, so daß ein anderer Nachkomme des Perseus namens Eurystheus kurz vor Herakles zur
Welt kam, später den Thron von Argos übernahm und Herakles
als seinen Sklaven mit unmenschlichen Aufgaben ständig in Gefahr brachte.
Herakles wuchs zusammen mit seinem Zwillingsbruder Iphikles, dessen Vater allerdings Amphitryon war, in Theben auf. Er
war noch nicht einmal ein Jahr alt, als ihm die unversöhnliche
Hera (Hom. Il. 19,96–133; Ov. met. 9,280–323) oder Amphitryon zwei Schlangen in die Wiege legte. Herakles erwürgte
die Schlangen, und seither war klar, welches der beiden Kinder
von Zeus abstammte.
Von seiner Erziehung wissen wir, daß er von Amphitryon das
Reiten und Wagenlenken und von Eurytos das Bogenschießen
lernte. Am Spiel auf der Leier fand er keinen Gefallen: als ihn
sein Musiklehrer Linos bestrafen wollte, weil er nicht geübt hatte, schlug Herakles ihm mit dem Instrument den Schädel ein.
In seinem achtzehnten Lebensjahr vollbrachte Herakles seine
erste Heldentat. Er tötete einen Löwen, der auf dem Berg Kithairon das Vieh des Amphitryon und des Nachbarkönigs Thespios bedrohte. Zur selben Zeit lebte Herakles fünfzig Tage lang
im Palast des Thespios. Jede Nacht ließ der König eine seiner

fünfzig Töchter bei dem Gast schlafen, der in seiner Trunkenheit meinte, jedesmal dieselbe Bettgenossin zu haben. Die Töchter gebaren so Thespios fünfzig von Herakles gezeugte Enkel.

Erginos, der König von Orchomenos, wurde von Herakles getötet, weil er den Thebanern große Zahlungen auferlegt hatte. Aus Dankbarkeit gab der thebanische König Kreon Herakles seine Tochter Megara zur Frau, die ihm drei Söhne schenkte. Die Ehe endete aber tragisch, da Herakles von Hera in den Wahnsinn getrieben wurde und sowohl seine eigenen Kinder als auch die Kinder seines Bruders umbrachte. Nur Iolaos, ein Neffe und späterer Gefährte des Herakles, sowie Amphitryon, Iphikles und Megara blieben durch das Eingreifen Athenas verschont. Als Herakles wieder zu sich kam, verließ er Theben, um sich durch Thespios von seiner Schuld befreien zu lassen. Das Orakel von Delphi riet ihm, sich in den Dienst des Eurystheus zu begeben und die von ihm gestellten Aufgaben auszuführen. Als Belohnung wurde ihm Unsterblichkeit versprochen. Euripides weicht in seiner Tragödie *Herakles* von der üblichen Chronologie ab und berichtet, Herakles habe erst nach der Erfüllung der Aufgaben seine Kinder erschlagen.

Mit zwölf nahezu unerfüllbaren Aufgaben (›Dodekathlos‹) versuchte Eurystheus, den verhaßten Herakles in den Tod zu treiben. Dieser jedoch wurde von einigen Göttern unterstützt: Athena stand ihm in schwierigen Situationen bei und besorgte ihm einen Großteil seiner Waffen, Apollon schenkte ihm Pfeil und Bogen, von Hephaistos erhielt er den Brustharnisch und von Poseidon die Pferde. Seine berühmtesten Attribute aber waren eine große Keule und das unverwundbare Fell des Nemeischen Löwen, den er bei seiner ersten Aufgabe töten mußte. Der Kopf des Tieres diente ihm als Helm, das aufgesperrte Maul als Visier.

Bei den meisten Aufgaben sollte Herakles ein gefährliches Ungeheuer töten oder lebendig zu Eurystheus bringen. Dieser flüchtete meistens schon beim Anblick dieser Unwesen aus Furcht in einen Bronzekrug. Einige von ihnen, wie der Nemeische Löwe und die Hydra von Lerna, sollen unter dem Schutz Heras herangewachsen sein, die in ihrem Haß gegen Herakles unversöhnlich war.

Herakles' erste Aufgabe bestand darin, den Löwen von Nemea (nördlich von Argos) zu töten. Da aber die Pfeile an dem Tier abprallten, ohne es zu verwunden, zwang Herakles den Löwen in seine Höhle, griff ihn mit seiner Keule an und erwürgte ihn mit bloßen Händen.

Anschließend sollte er die Hydra von Lerna bezwingen, ein drachenartiges Wesen mit mindestens fünf (manchmal auch hundert) Köpfen, das von einem Riesenkrebs begleitet wurde. Herakles schlug der Hydra einige Köpfe ab, aus jeder Wunde wuchsen jedoch sogleich zwei neue. Als ihn auch noch der Riesenkrebs in den Unterschenkel biß, bat Herakles Iolaos um Hilfe. Sobald nun Herakles einen Kopf der Hydra abgeschlagen hatte, versengte Iolaos die Wunde mittels brennender Hölzer. Den mittleren, unsterblichen Kopf der Hydra vergrub Herakles unter einem Felsen. Mit dem Gift aus ihrem Leib präparierte er seine Pfeile.

Seine nächste Aufgabe bestand darin, die schnelle Hindin von Keryneia einzufangen, die der Artemis geweiht war. Erst nach einjähriger Jagd hatte Herakles das Tier so weit ermüdet, daß es sich einfangen ließ. Artemis und ihr Bruder Apollon wollten Herakles nicht mit der Hirschkuh fortlassen, er aber konnte sie umstimmen, indem er Eurystheus die Schuld zuschob und versprach, das Tier bald wieder freizulassen.

Auch der Erymanthische Eber mußte lebendig eingefangen werden. Mit einem gewaltigen Schrei jagte Herakles das Tier aus seinem Unterschlupf, trieb es in den tiefen Schnee, fing es dort mit einem Netz ein und brachte es zu Eurystheus.

Auf seinem Weg zu dem Berg Erymanthos stieß Herakles auf den Kentauren Pholos und ließ sich von ihm zu einem Becher Wein einladen. Vom Weingeruch angezogen, gesellten sich immer mehr Kentauren zu ihnen, bis sie schließlich in trunkener Rauflust über Herakles herfielen und ihn nötigten, sich mit seinen Giftpfeilen zu verteidigen. Auch Herakles' Gastgeber Pholos kam um, als er sich einen der Giftpfeile genauer ansehen wollte und sich dabei verletzte.

Bei seiner nächsten Aufgabe gelang es Herakles, die Stymphalischen Vögel zu töten. Diese Vögel verdarben mit ihrem Unrat die Ernte und konnten sogar ganze Menschen verschlingen. Ihre eisernen Federn gebrauchten sie als tödliche Pfeile. Herakles scheuchte die Vögel mit einer von Hephaistos hergestellten bronzenen Rassel auf, die er von Athena erhalten hatte. Auf diese Weise konnte er einen Vogel nach dem anderen mit seinen Pfeilen abschießen.

Dann erhielt er von Eurystheus den Auftrag, die riesigen Ställe des Augias, des Königs von Elis, zu reinigen. Dort hatte sich soviel Mist angesammelt, daß die Gebäude unbrauchbar geworden waren und auf dem umliegenden Land nichts mehr wuchs. Herakles sollte den Mist an einem einzigen Tag beseitigen. Als

Belohnung forderte er ein Zehntel der Herde; Phyleus, der Sohn des Augias, war Zeuge von dieser Abmachung. Als Herakles den Mist tatsächlich an einem Tag beseitigen konnte, indem er eine der Stallmauern durchbrach und die Flüsse Alpheios und Peneios durch die Ställe leitete, weigerte sich Augias trotz der Verärgerung seines Sohnes, die zugesagte Belohnung auszuhändigen.

Erst viel später, als Herakles bereits alle zwölf Heldentaten vollbracht hatte, griff er Augias mit seinen Truppen an, um sich zu rächen. Augias hatte sich jedoch gut vorbereitet und seine Neffen, die ›Molioniden‹ Eurytos und Kteatos um Hilfe gebeten. Diese vernichteten die Truppen des Herakles und töteten dessen Bruder Iphikles. Später konnte Herakles sie jedoch in einen Hinterhalt locken und besiegen. Phyleus setzte er auf den Thron von Elis, nachdem er Augias ermordet hatte.

Als siebte Aufgabe sollte Herakles den Kretischen Stier fangen. → Minos hätte dieses prächtige Tier eigentlich Poseidon opfern sollen, brachte ihn aber stattdessen zu seiner Herde. Poseidon sorgte nun dafür, daß der Stier auf Kreta zu wüten begann. Herakles fing ihn und wollte ihn Hera opfern, um sie zu besänftigen, aber die Göttin weigerte sich, ihn anzunehmen. Herakles ließ den Stier daraufhin frei, der später von → Theseus getötet wurde.

In Thrakien sollte Herakles die menschenfressenden Stuten des Diomedes, des Königs der Bistonen, rauben. Als die Bistonen den Diebstahl bemerkten, verfolgten sie Herakles, wurden aber von ihm geschlagen. Dann verfütterte Herakles König Diomedes an seine Stuten, worauf diese zahm wurden, und brachte sie an den Hof des Eurystheus.

Während dieser Reise nach Thrakien war Herakles für kurze Zeit am Hof des Admetos, des Königs von Pherai, zu Gast (→ Alkestis und Admetos). Alkestis hatte sich bereiterklärt, für ihren Gatten Admetos zu sterben. Herakles aber bezwang Thanatos, den Tod, in einem Kampf und führte Alkestis in das Reich der Lebenden zurück (Eur. Alc.).

Anschließend erhielt Herakles von Eurystheus den Auftrag, den Gürtel der Hippolyte, der Königin der Amazonen, zu rauben. Der Gürtel war ein Geschenk von Ares, das Hippolyte zum Zeichen ihrer Herrschaft über die Amazonen erhalten hatte. Als Herakles Hippolyte um den Gürtel bat, willigte sie sofort ein. Hera ärgerte sich nun, daß Herakles diese Aufgabe so mühelos erledigt hatte und hetzte die anderen Amazonen gegen ihn auf. Im Glauben, betrogen zu werden, tötete Herakles erst die Ama-

zonenkönigin und rechnete dann mit den Amazonen ab, bevor
er mit dem Gürtel nach Mykene aufbrach.
Auf dieser Reise landete er bei Troja, wo König Laomedon
herrschte. Apollon und Poseidon hatten hier kurz zuvor die
mächtigen Stadtmauern erbaut, aber keinen Lohn von Laomedon erhalten. Deshalb ließ Apollon die Pest bei den Trojanern
ausbrechen, Poseidon schickte ihnen ein gefährliches Meerungeheuer. Der verzweifelte König erklärte sich nun bereit, dem
Ungeheuer seine Tochter Hesione zu opfern und fesselte sie an
einen Felsen der Küste. Herakles versprach, das Meerungeheuer
zu töten und das Mädchen zu retten, forderte aber dafür die
Stuten, die Laomedon von Zeus geschenkt bekommen hatte.
Mit Athenas Hilfe konnte Herakles das Ungeheuer bezwingen,
aber Laomedon weigerte sich, ihm die Stuten zu überlassen. Herakles zog weiter, schwor aber Rache (Hom. Il. 20,144–148; Ov.
met. 11,194–217).
Später, als Herakles alle zwölf Aufgaben erledigt hatte, zog er
mit einer Flotte von achtzehn Schiffen und in Gesellschaft seines
treuen Kämpfers Telamon, dem König von Salamis, wieder nach
Troja. Telamon gelang es, ein Loch in die Mauern zu schlagen
und als erster in die Stadt einzudringen, was den ruhmsüchtigen
Herakles ärgerte. Telamon konnte ihn jedoch besänftigen, indem er ihm erzählte, er wolle ihm, dem Sieger, mit den Steinen
der Mauer einen Altar errichten. Herakles tötete Laomedon mit
all seinen Kindern, nur Hesione ließ er am Leben und auf ihren
Wunsch auch ihren Bruder Podarkes, der später unter dem Namen Priamos in Troja herrschte. Hesione wurde Telamons Konkubine.
Die zehnte Aufgabe bestand darin, die Rinder des dreiköpfigen
Ungeheuers Geryoneus zu rauben, die auf der Insel Erytheia im
westlichen Okeanos weideten und von dem Hirten Eurytion und
dem grauenhaften Hund Orthros bewacht wurden. Als Herakles
auf seinem Weg nach Westen durch die Wüste von Libyen kam,
litt er so sehr unter der Hitze, daß er mit seinen Pfeilen auf den
Sonnengott Helios zielte. Dieser lieh ihm daraufhin seine goldene Schale, auf der er jeden Abend nach seiner Sonnenbahn in den
Osten zurückkehrte. In dieser Schale fuhr Herakles über das
Meer. An der Straße von Gibraltar errichtete er die ›Säulen des
Herakles‹.
Auf der Insel angekommen, tötete er Orthros und Eurytion mit
seinem Knüppel. Geryoneus war von dem Hirten Menoites, der
auf derselben Insel die Herden des Hades beaufsichtigte, ge-
warnt worden, mußte sich aber dennoch gegen Herakles ge-

schlagen geben. Auf der goldenen Schale überquerte Herakles
mit dem erbeuteten Vieh den Okeanos. Dann gab er Helios die
Schale zurück und ging zu Fuß weiter ostwärts.

Während dieser Reise erlebte Herakles noch einige Abenteuer,
die nach den römischen Mythographen in Italien geschahen
(Verg. Aen. 8,193–336; Liv. 1,7,3 ff.; Prop. 5,9,1 ff.; Ov. fast.
1,543): Dort, wo später Rom errichtet werden sollte, erschlug er
das feuerspeiende Ungeheuer Cacus, das ihm einige Rinder geraubt hatte. Auch der Riese Alkyoneus auf dem Isthmos von
Korinth wollte ihm Rinder stehlen und warf einen Felsen nach
ihm, aber Herakles schlug den Felsen mit seiner Keule zurück
und verwundete den Riesen damit tödlich. Als Hera die Rinder
durch eine Stechfliege auseinandertrieb, verlor Herakles einen
Teil der Herde. Dann kehrte er an den Hof des Eurystheus zurück.

Als vorletzte Aufgabe sollte Herakles Eurystheus die goldenen
Äpfel der Hesperiden bringen, die Gaia der Hera zur Hochzeit
geschenkt hatte. Sie wuchsen in einem Garten am westlichen
Ende der Welt und wurden von einem hundertköpfigen Drachen und von den Hesperiden, den Töchtern des Atlas, bewacht.
Herakles fragte den alten Meeresgott Nereus nach dem Weg
dorthin, dieser versuchte sich jedoch einer Antwort zu entziehen, indem er sich ständig in eine andere Gestalt verwandelte.
Herakles jedoch hielt ihn so lange fest, bis er seine Fragen beantwortete.

Unterwegs geriet Herakles mit dem blutrünstigen Banditen
Kyknos in Streit, einem Sohn des Ares, der alle Reisenden erschlug und ihre sterblichen Reste seinem Vater weihte. Herakles
tötete ihn, entging aber der Rache des Ares, da Zeus einen
Kampf zwischen den beiden verhinderte.

Dann stieß Herakles auf Busiris, den grausamen König von
Ägypten. Dieser opferte Zeus alle Reisenden in der Hoffnung
auf Regen und eine gute Ernte. Auch Herakles sollte dieses
Schicksal erleiden, aber er konnte sich befreien und tötete Busiris.

In Libyen traf er auf Antaios, einen riesigen Sohn von Poseidon
und Gaia, der jeden Fremden zwang, mit ihm auf Leben und Tod
zu kämpfen. Er war unbesiegbar, solang er Berührung mit der
Erde, seiner Mutter, hatte. Herakles hob ihn in die Luft und
erdrückte ihn mit bloßen Händen. Lykaon, ein anderer Sohn des
Ares, griff Herakles an, überlebte den Kampf aber nicht. Das
gleiche Schicksal ereilte den äthiopischen König Emathion.

Auf seiner weiteren Reise befreite Herakles → Prometheus, der von Zeus für immer an einen Felsen gekettet worden war, weil er den Menschen das Feuer gebracht hatte. Zeus war stolz auf die Taten seines Sohnes und griff deshalb nicht ein. Als Dank verriet Prometheus ihm eine List, wie er die Äpfel der Hesperiden am leichtesten bekommen könne.

Endlich kam Herakles bei den Gärten der Hesperiden an. Dort traf er den Titanen Atlas, der den Himmel auf seinen Schultern trug. Atlas erklärte sich bereit, die Äpfel zu holen, wenn Herakles in der Zwischenzeit seine Last übernehmen würde. Er kehrte mit den Äpfeln zurück, sagte dann aber, er wolle die Äpfel selbst zu Eurystheus bringen und Herakles die Last des Himmels überlassen. Herakles erklärte sich zu diesem Wechsel bereit, bat Atlas aber noch, den Himmel für einen Moment zu halten, damit er sich ein Kissen auf die Schultern legen könne. Als Atlas den Himmel wieder auf seinen Schultern hatte, nahm Herakles die Äpfel und ging damit zu Eurystheus. Athena brachte die heiligen Äpfel wieder an ihren Ursprungsort zurück.

Die letzte Aufgabe bestand darin, den dreiköpfigen Hund Kerberos zu entführen, der den Zugang zur Unterwelt bewachte. Herakles gelang es, bei Tainaron im südlichen Peloponnes den Eingang zur Unterwelt zu finden und dem Fährmann Charon eine solche Angst einzujagen, daß er bereit war, ihn über den Styx zu bringen. Hades, der Herrscher der Unterwelt, wollte ihm den Zutritt zu seinem Reich verwehren, aber Herakles besiegte ihn. Im Totenreich schreckte er vor dem Schatten der Medusa zurück, sein Begleiter Hermes beruhigte ihn jedoch, der Schatten könne ihm nichts mehr anhaben. Der Schatten des → Meleagros erzählte ihm die Geschichte seines Todes, worauf Herakles gerührt versprach, dessen Schwester Deianeira zu heiraten (Hyg. fab. 31; 129; Apollod. 1,84). Ferner sah er auch → Theseus und Peirithoos, die versucht hatten, → Persephone zu rauben und zur Strafe auf dem Schemel des Vergessens festgehalten wurden. Herakles konnte Theseus befreien, Peirithoos aber mußte in der Unterwelt bleiben.

Als Herakles Hades von seinem Auftrag erzählte, erlaubte dieser ihm, Kerberos mitzunehmen, wenn er ihn mit seinen bloßen Händen überwältigen könne. Auch dies gelang Herakles. Als er mit dem Hund zu Eurystheus kam, hatte dieser sich bereits in seinem Bronzekrug versteckt. Schließlich brachte Herakles Kerberos zu Hades zurück und hatte damit alle Aufgaben erfüllt.

Bevor er aber die versprochene Unsterblichkeit erlangte, mußte er noch weitere Abenteuer bestehen. Im Kampf der Götter gegen die → Giganten streckte er die Riesen mit seinen Pfeilen nieder, was die Götter in ihrem Vorhaben, Herakles auf den Olymp aufzunehmen, noch bestärkte. Dieser Kampf soll sogar der Grund gewesen sein, weshalb Zeus mit Alkmene einen außergewöhnlichen Sohn zeugen wollte. Auch am Zug der → Argonauten nahm Herakles mit seinem Freund Hylas teil.

Wie Herakles Meleagros in der Unterwelt versprochen hatte, reiste er nach Kalydon, um dessen Schwester Deianeira zu heiraten (Hes. asp.; Soph. Trach.). Zuvor aber mußte er mit dem Flußgott Acheloos um sie kämpfen. Der Flußgott verwandelte sich im Kampf ständig, als er aber die Gestalt eines Stieres angenommen hatte, packte ihn Herakles an den Hörnern und brach eines davon ab, worauf sich Acheloos ergab. Herakles heiratete Deianeira, die ihm den Sohn Hyllos und die Tochter Makaria schenkte. Das abgebrochene Horn des Acheloos wurde als ›Horn des Überflusses‹ bekannt (Ov. met. 9,80–88).

Als Herakles bei Kalydons König Oineus zu Gast war, geriet er in Zorn, weil einer der Diener Wein verschüttet hatte. Er wollte ihn bestrafen, tötete ihn aber unabsichtlich dabei. Darauf begab er sich mit Frau und Kindern in die freiwillige Verbannung nach Trachis. Auf dem Weg dorthin half ihnen der Kentaur Nessos bei der Überquerung des Flusses Euenos und versuchte dabei, sich an Deianeira zu vergreifen. Herakles sah dies und schoß mit seinen Giftpfeilen auf Nessos. Sterbend riet dieser Deianeira, sein Blut aufzufangen. Sie könne damit später, falls nötig, Herakles' Liebe zu ihr zu erneuern. Deianeira glaubte ihm und bewahrte das giftige Blut auf, ohne Herakles einzuweihen.

In Trachis hatte der messenische oder thessalische König Eurytos, ein hervorragender Bogenschütze, alle Männer zu einem Wettschießen herausgefordert. Dem Sieger wollte er seine Tochter Iole zur Frau geben. Herakles nahm die Aufforderung an und siegte, aber Eurytos weigerte sich, ihm Iole zu überlassen. Iphitos, ein Sohn des Eurytos, stellte sich in diesem Streit auf die Seite des Herakles. Als aber Eurytos Herakles auch noch des Viehdiebstahls beschuldigte, verlor Herakles den Verstand und tötete Iphitos in einem Anfall von Wahnsinn.

Herakles wollte seine unbegreifliche Tat sühnen und befragte das Orakel in Delphi. Als er keine Antwort erhielt, drohte er damit, das ganze Heiligtum zu zerstören und ein eigenes Orakel zu gründen. Er ergriff den Dreifuß, auf dem die Pythia saß, und wandte sich gegen Apollon, der sein Heiligtum sichern wollte. Schließlich erhielt Herakles die Antwort, er müsse drei Jahre als Sklave arbeiten.

Die lydische Königin Omphale kaufte Herakles. In ihrem Dienst
erlebte er noch einige Abenteuer: Er rechnete mit den beiden
Kerkopen ab, die alle Reisenden überfielen und ausplünderten.
Den Weinbauer Syleus tötete er mit dessen Hacke, weil er die
Vorübergehenden zwang, in seinem Weingarten zu arbeiten.
Ähnlich verlief auch die Geschichte mit Lityerses, einem Sohn
des → Midas, der die Reisenden überredete, sich mit ihm in der
Feldarbeit zu messen, und sie anschließend enthauptete. Auf dieselbe Weise verfuhr nun Herakles mit Lityerses. Außerdem erschlug er den Drachen, der das Land heimsuchte, und zerstörte
die Stadt der Itoner, die dem Land Omphales großen Schaden
zugefügt hatten.
Im Laufe der Zeit entstand ein Liebesverhältnis zwischen Omphale und Herakles. Omphale konnte Herakles bändigen: Sie
nahm ihm die Keule und das Löwenfell ab und ließ ihn in Frau-
enkleidern musizieren und Wolle spinnen.
Als Herakles seinen Dienst bei Omphale beendet hatte, ging er
zu Eurytos, tötete ihn und dessen Söhne und machte Iole zu
seiner Konkubine. Herakles' Gefährte Lichas erzählte Deianeira,
daß dieser ein Verhältnis mit Iole habe. Deianeira befürchtete
nun, Herakles' Liebe zu verlieren und gab Lichas einen Mantel
mit, den sie mit dem vermeintlichen Aphrodisiakum, dem Blut
des Nessos, getränkt hatte. In Wirklichkeit aber war das Blut
äußerst giftig, und als Herakles den Mantel anzog, wurde er von
einem fürchterlichen Schmerz gequält, der ihn nicht mehr verlassen sollte. Wenn er versuchte, den Mantel auszuziehen, riß er
sich damit gleichzeitig die Haut vom Leibe. In seiner Raserei
ergriff er Lichas am Fuß und schleuderte ihn ins Meer. Dann ließ
er sich nach Trachis bringen, wo Deianeira sich angesichts ihrer
Tat das Leben nahm. Auf dem Berg Oita errichtete Herakles
einen großen Scheiterhaufen, um sein Leiden zu beenden. Als er
seinen Dienern befahl, das Holz anzuzünden, schreckten sie zurück; nur Philoktetes oder dessen Vater Poias erfüllte die Bitte,
wofür Philoktetes von Herakles die Pfeile und den Bogen erhielt. Ein mächtiger Blitz fuhr von Himmel, als Herakles starb.
Nach seinem Tod wurde Herakles in die Gesellschaft der unsterblichen Götter aufgenommen. Er versöhnte sich mit Hera
und erhielt Hebe, die Tochter von Zeus und Hera, Göttin der
jugendlichen Schönheit und Mundschenk der Götter, zur Frau.

Zahlreiche Autoren der Antike erwähnen die Taten des Herakles. Bei dem Mythographen Apollodoros finden wir die aus-
führlichste Schilderung: Herakles ist ein außerordentlich tat-

kräftiger Held, der ohne Umwege sein Ziel verfolgt, er ist kein Mann des Wortes und strebt einzig danach, die ihm gestellten, schweren Aufgaben zu erfüllen.

Im Laufe der Jahrhunderte änderte sich sein Charakterbild und die Bestimmung seines Schicksals. Für die Moralisten und Philosophen ist er häufig das Vorbild für menschliche (oder männliche) Tugendhaftigkeit und Durchsetzungsvermögen, was schließlich zu seiner Apotheose führt. Der Sophist Prodikos entwickelte im 5. Jahrhundert v. Chr. in Anlehnung an Hesiodos' *Erga kai hemerai* (um 700 v. Chr.) das Motiv des ›Herakles am Scheideweg‹: die von zwei Frauen personifizierte Wahl zwischen dem schmalen Pfad der Tugend, der zur Unsterblichkeit führt, und dem zu einem sinnlosen Leben in Wollust. Die breite Schilderung in Xenophons *Symposion* wurde in späteren Jahrhunderten sehr beliebt. Der Buchstabe Y symbolisiert in diesem Zusammenhang seit dem 1. Jahrhundert v. Chr. den Scheideweg und damit die Wahlmöglichkeiten des Menschen. In dieser Tradition bedeuten seine Taten die Prüfung der Seele.

In der hellenistischen Literatur wird Herakles eher als unheimlicher und bedrohlicher Held gekennzeichnet, der z. B. während des Argonautenzugs → Iason und die Seinen rauh an die Erfüllung ihrer Pflichten mahnt. In dieser Periode werden auch seine menschlichen Züge betont (u. a. Theokr. eid. 24; Herakles als Kind): Apollonios zeigt einen Herakles, der nach dem Verlust seines Freundes und Mitstreiters Hylas (→ Argonauten 5) von heftigem Schmerz ergriffen wird (Arg. 1,1172 ff.; vgl. Theokr. eid. 13). Herakles' ›Rollenwechsel‹ bei Omphale wird von Lukianos zu einem burlesken Text verarbeitet (dial. deor. 1,29).

In einer Anzahl von Dramen spielt Herakles eine Nebenrolle oder steht nach seinem Tod als Gott im Hintergrund. Es ist anzunehmen, daß er in der verschollenen Tragödie *Prometheus Lyomenos* von Aischylos derjenige ist, der Prometheus befreit. In Euripides' *Alkestis* holt er die Frau von Admetos aus dem Totenreich zurück. Euripides behandelt in einem anderen Stück, *Herakleidai*, die Folge des schwierigen Verhältnisses zwischen Eurystheus und Herakles nach dessen Tod: Eurystheus bedroht das Leben von Iolaos und einigen Kindern des Herakles (den Herakliden), die in Athen Schutz suchen. Als sich die Stadt weigert, sie auszuliefern, erklärt Eurystheus Athen den Krieg. Er wird von Hyllos, dem zurückkehrenden Sohn des Herakles, geschlagen. Herakles selbst ist die Hauptperson in Euripides' *Herakles*. In seiner Abwesenheit hat Lykos den rechtmäßigen König Thebens, Kreon, getötet und den Thron bestiegen. Er will

Herakles' Frau Megara, ihre drei Söhne und den alten Stiefvater
Amphitryon töten. Herakles kehrt im richtigen Moment zurück
und tötet Lykos. Doch Hera schlägt ihn mit einem Anfall von
Wahnsinn, in dem er seine Frau und die Kinder umbringt und
beinahe auch den Vater Amphitryon. Als er wieder zu sich
kommt, ist er voller Verzweiflung. Er wird von Theseus in
Schutz genommen und nach Athen geführt, um von seiner
Schuld gereinigt zu werden.
Dieses Thema behandelt auch Senecas Tragödie *Hercules Furens*.
Es finden sich einige Veränderungen der Euripides-Vorlage: Der
Streit mit Lykos entsteht dadurch, daß Lykos die Gunst Megaras
erstrebt.
Die Geschehnisse, die zu Herakles' Tod führen, bilden das Thema von Sophokles' *Trachiniai*: eine Tragödie, die auch von mythographischer Bedeutung ist, da sie die zwölf Taten, den Streit
mit Eurytos, den Tod des Iphitos, den Dienst bei Omphale, den
Zug gegen Eurytos, das Verhältnis mit Iole, das Überbringen
des Mantels und seinen Tod auf dem Scheiterhaufen chronolo-
gisch aufführt. Seneca behandelt im *Hercules Oetaeus* denselben
Stoff, macht aus Deianeira aber ein eifersüchtiges Mannweib und
fügt die Apotheose des Herakles hinzu.

In der bildenden Kunst der Antike sind Episoden des ›Dodekathlos‹ auf Vasen vom 8. bis zum 5. Jahrhundert v. Chr. zu
sehen, v. a. die Szenen mit dem Nemeischen Löwen (über 550
Vasen), dem Erymanthischen Eber, dem Stier von Kreta, den
Amazonen (mindestens 300 Vasen), Kerberos und im Kampf mit
der Hydra von Lerna. Von den anderen Geschichten ist meist der
Raub des Dreifußes thematisiert worden. Auf älteren Vasen stehen Apollon und Herakles neben dem Dreifuß, auf jüngeren
verfolgt Apollon Herakles. Zu den ältesten Beispielen von Re-
liefarbeiten gehören ein Schildbandrelief aus Olympia (um 560
v. Chr., Bronze, Olympia, M.), Metopen vom Tempel C in Selinus (um 530 v. Chr., Palermo, M. Arch.) und 33 Metopen des
Heraion in Paestum (um 530 v. Chr., Paestum, M. Arch.), die
neben Herakles die Kerkopen, Pholos, Deianeira und andere
mythologische Figuren zeigen. In der klassischen Zeit folgen
Abbildungen auf Metopen des Zeus-Tempels in Olympia (um
480–470 v. Chr., Olympia, M.) und des Hephaisteion in Athen
(um 440 v. Chr.). Aus der Bildhauerkunst sind einige Werke mit
dem Dodekathlos zu nennen, z. B. von Lysippos, der das Thema
im 4. Jahrhundert v. Chr. in Form von bronzenen Figurengruppen dargestellt haben soll. Die Hindin ist als einzige davon durch

eine Kopie aus der Umgebung von Pompeii (heute Palermo, M.
Arch.) bekannt. Aus der römischen Zeit stammen einige Reliefs
im Theater von Korinth, Sarkophage aus Kleinasien und ein
Mosaik aus dem 4. Jahrhundert n. Chr. in Lerida (Spanien) mit
den Taten des Herakles. Im Hellenismus taucht Omphale meist
in der Malerei auf, entweder mit einem betrunkenen Herakles in
Begleitung von Eroten, die mit seiner Keule spielen, oder mit
einem wasserlassenden Herakles. Die Musik führt zu einer Verbindung mit den Musen, mit denen der Held manchmal zu sehen
ist und neben denen er als ›Hercules Musarum‹ in Rom verehrt
wurde. Die Auffindung des → Telephos kommt in Malerei und
Reliefkunst (u. a. Pergamon-Altar, Mitte 2. Jh. v. Chr., Berlin,
Pergamon-M.), das Erwürgen der Schlangen auf Wandgemälden (Haus der Vettii in Pompeii) vor. Außergewöhnlich ist eine
Silberschale (um Christi Geburt), die auf der Innenseite mit dieser Szene verziert ist (gefunden bei Hildesheim, heute Berlin,
Antikenslg.).
Nicht nur in mythologischen Szenen, sondern auch als Einzelfigur ist Herakles der am häufigsten dargestellte Held der Antike: eine kräftige Gestalt mit oder ohne Bart, kurzhaarig, ausgerüstet mit Keule und Löwenfell. In der Bildhauerkunst steht er
als Inbegriff von Körperkraft. Von einem Werk des Lysippos
(um 320 v. Chr.) sind mehrere Kopien bekannt, z. B. der ›Herakles Farnese‹ (Marmorkopie in Neapel, M. Arch. Naz.): der Held
stützt sich auf seine Keule und hält in seiner rechten Hand die
Äpfel der Hesperiden. Skopas schuf um 340 v. Chr. eine Skulptur, bei der Herakles seine Keule in der linken und sein Löwenfell in der rechten Hand hält (Marmorkopie, sog. ›Herakles
Landsdowne‹, in Malibu, Getty M.). Aus dem 1. Jahrhundert v.
Chr. stammt der ›Torso Belvedere‹ im Vatikan, auf den der englische Maler J. Flaxman auf einer Zeichnung (1792) mit Herakles
und Hebe zurückgriff.
In der römischen Zeit ließen sich Privatpersonen und Kaiser
gern als Herakles porträtieren. Berühmt ist das Porträt des Com-
modus (um 190 n. Chr., Rom, Kapitol. M.): eine Büste des Kaisers mit dem Nemeischen Löwenkopf als Helm wird von besiegten Amazonen getragen, der Kaiser hält in seinen Händen die
Keule und die Äpfel der Hesperiden.

N Seit dem 3. Jahrhundert wird Herakles in der christlichen Kultur
als der Sklave angesehen, der sich durch harte Arbeit einen Platz
im Himmel verschaffte. Dies erklärt, warum er auf Darstellungen in den römischen Katakomben mit Nimbus zu sehen ist. Die

allegorische Tradition des Mittelalters und der frühen Renaissance hat diese Bedeutung ausgearbeitet und den Helden gleichsam christianisiert. Er gilt als das heidnische Gegenstück oder als die Präfiguration von Christus als Heiland. Seine Stellung als Halbgott entspricht der Christi als Menschensohn; sein Hinabsteigen in die Unterwelt und die Bezwingung des Kerberos entspricht Christi Abstieg in die Hölle und dem Sieg über den Satan; sein Leiden durch das brennende Gift entspricht dem Leiden Christi auf dem Kreuzigungshügel; sein Tod auf dem Scheiterhaufen entspricht dem Tod am Kreuz; seine Apotheose entspricht Christi Himmelfahrt. Herakles gilt weiterhin als das heidnische Pendant zu biblischen Helden und Heiligen: Er erschlug Geryoneus wie St. Georg den Drachen und besiegte Antaios wie David den Goliath.

In negativer Ausdeutung ist Herakles das Gegenbild alttestamentarischer Figuren: Er ließ sich von Deianeira ins Unglück stürzen wie Adam von Eva; von Omphale ließ er sich die Kraft rauben wie Samson von Delila – Warnungen vor den Verführungskünsten und dem großen Einfluß der Frauen.

In der Kunst des Mittelalters ist der christianisierte Herakles mit NK Samson als Pendant auf gotischen Skulpturen in Kirchen zu sehen: z. B. in St. Trophime in Arles und den Kathedralen in Moissac und Langres. Seit der Spätantike werden die Taten des Herakles abgebildet, z. B. auf Elfenbeintafeln der Cathedra Petri (Rom, Vatikan; Datierung umstritten), einem Relief in San Marco in Venedig (13. Jh.) und auf einem anderen von A. Federighi (um 1462/63) im Dom von Siena. Die Gleichstellung des Herakles mit biblischen Helden (u. a. mit Samson) findet sich in einer Reihe von Gemälden von M. van Heemskerck (um 1545, Amsterdam, M. und New Haven, Art G.).

Seit der Renaissance entstanden zahlreiche Werke, die häufig auch als Studien für das Festhalten von heftigen Bewegungen angefertigt wurden. Die Geschichte und die Abenteuer des Herakles erzählen in Zyklen z. B. B. Peruzzi (1508/09, Grisaillefresken, Ostia Antica, Castello), L. Cranach d. Ä. (nach 1537, Braunschweig, M.), G. Vasari (1557, Deckengemälde, Florenz, Pal. Vecchio), die Brüder Carracci (um 1593/94, Fresken, Bologna, Pal. Sampieri), C. d'Arpino (1594/95, Fresken, Rom, Pal. del Sodalizio dei Piceni), Annibale Carracci (1595–97, Fresken, Rom, Pal. Farnese), N. Poussin (1640–42, Zeichnungen, u. a. Paris, Louvre und Windsor Castle, Royal Library), C. Le Brun (um 1650–60, Zeichnungen, Paris, Louvre), S. Ricci (1706/07,

Fresken, Florenz, Pal. Marucelli-Fenzi), C. Unterberger (1784–86, Rom, G. Borghese), G. Landi u. a. (1840–1902, Rom, Pal. Torlonia) und T. Géricault (1816/17, Zeichnungen, Paris, Louvre).

Die Geburt des Helden thematisierten auf Gemälden J. Tintoretto (1578–80, London, Nat. G.) und Rubens (1636–38, Madrid, Prado). Herakles an der Brust der schlafenden Hera hielt J. C. de Cock (um 1700, Kopenhagen, M.) auf einem Gemälde fest. V. a. im 18. Jahrhundert wird das Erwürgen der beiden Schlangen gezeigt, z. B. in Form einer Statue von B. Permoser (um 1704–10, Marmor/Bronze, Berlin, Schloß Charlottenburg) und auf Gemälden von A. van der Werff (um 1715, Amsterdam, M.), P. Batoni (1743, Florenz, Pal. Pitti) und J. Reynolds (1786–88, St. Petersburg, Eremitage). Bei Arbeiten von Michelangelo (um 1525, Tonmodell, Florenz, Casa Buonarrotti), B. Bandinelli (1527–34, Marmorskulptur, Florenz, Piazza della Signoria), H. Goltzius (1613, Gemälde, Haarlem, Hals-M.), Domenichino (um 1621–23, Paris, Louvre), N. Poussin (um 1661–63, Moskau, Puschkin M.) und F. Lemoyne (1718, Paris, École des Beaux-Arts) sind Herakles und Cacus zu finden. Mit Antaios wird Herakles in Werken von A. Mantegna (um 1465–68, Zeichnung, Florenz, Uffizien), A. del Pollaiuolo (um 1475–80, Bronzestatuette, Florenz, M. Naz.), J. Gossaert (1523, Gemälde, Richmond, M.), L. Cranach d. Ä. (um 1530, Gemälde, Wien, Akad.), H. Baldung Grien (1530, Gemälde, Warschau, M. und 1531, Gemälde, Kassel, Gemäldeg.), Rubens (um 1620, Gemälde, Rotterdam, M. Boymans), Guercino (1631, Fresko, Bologna, Pal. Talon) und G. B. Tiepolo (um 1725/26, Gemälde, Vicenza, Castelgomberto) dargestellt. Zusammen mit Nessos, der sich an Deianeira vergreift, ist Herakles auf Gemälden von A. del Pollaiuolo (vor 1467, New Haven, Art G.), P. Veronese (um 1582–84, Wien, Kunsth. M.), B. Spranger (um 1580–90, Wien, Kunsth. M.), D. Vinckboons (1612, Wien, Kunsth. M.), Rubens (um 1635, Hannover, Landesm. und St. Petersburg, Eremitage), L. Giordano (um 1650–60, Agrigento, M.; um 1682, Florenz, Uffizien und 1697–1700, Madrid, Prado), S. Ricci (um 1720, Rom, Pal. Taverna), C. van Loo (1740, St. Petersburg, Eremitage), J.-H. Fragonard (um 1777, Aquarelle nach Rubens, Paris, Louvre und London, British M.), F. A. Maulbertsch (um 1785/86, Wien, Albertina), H. Makart (um 1882/83, Budapest, M.) und A. Böcklin (1898, Kaiserslautern, G.) sowie in der Bildhauerei bei A. de Vries (1622, Bronzestatuette, Schloß Drottningholm) und Giambologna (1575–85, Bronzeskulpturengruppe, u. a. Paris, Louvre) zu sehen.

Das moralisierende Motiv des Herakles am Scheideweg (›Hercules in bivio‹, ›Hercules Prodikos‹) dominiert die Emblematik und Graphik seit dem 15. Jahrhundert und wird bis ins 20. Jahrhundert aufgegriffen. Es stellt eine Parallele zur neutestamentarischen Vorstellung vom schmalen und breiten Weg dar: Der Held muß die schwierige Wahl treffen zwischen der sündhaften Wollust (Voluptas, eine nackte Frau), die in die Hölle führt, und der strengen Tugend (Virtus, eine keusche Frau), die zum Himmel oder, weniger christlich gesprochen, zum wahren Ruhm führt: z. B. auf Gemälden von D. Beccafumi (um 1512/13, Florenz, M. Bardini und um 1530, Fresko, Siena, Pal. Bindi Sergardi), P. Veronese (um 1578–81, New York, Frick C.), Annibale Carracci (um 1595, Neapel, G.) – eine Allegorie auf die Weisheit des Odoardo Farnese –, A. van Dyck (um 1627–32, Florenz, Uffizien), G. de Lairesse (um 1680–90, früher Schloß Zeist, heute Amsterdam, M.), S. Ricci (um 1703, Belluno, Pal. Fulcis-Bertoldi), P. Batoni (1742, Florenz, Pal. Pitti und 1748, Vaduz, Fürstl. G.) und B. West (1764, London, Vict. and Alb. M.) sowie in der Bildhauerei von É.-A. Bourdelle (1910, Bronzefigur, Brüssel, Kon. M.).

Das Verhältnis mit Deianeira ist selten dargestellt, z. B. auf Gemälden von J. Gossaert (1515, Birmingham, Barber I.) und B. Spranger (um 1580–1590, Wien, Kunsth. M.). Auf einem Gemälde von J. Jordaens (1649, Kopenhagen, M.) ist Herakles mit Naiaden zu sehen, die das Horn des Acheloos füllen. Ein Gemälde von J. H. Tischbein d. Ä. (um 1754, Kassel, Neue G.; mit Sappho und Anakreon als Pendant) kann als Darstellung der bezwingenden Macht, aber auch der Vergeblichkeit der Liebe interpretiert werden. Mit Iole ist Herakles auf einem Fresko von Annibale Carracci (um 1597–1600, Rom, Pal. Farnese) und auf einem Gemälde von L. Giordano (um 1675, Neapel, G.) abgebildet. C. Le Brun zeigt Hesione auf einem Gemälde (um 1650–55, Nürnberg, Nationalm.). Häufiger dagegen wird das Motiv der Omphale verarbeitet, z. B. auf einem Holzschnitt von J. Gossaert (um 1515, Amsterdam, Rijksprintenkabinet), auf einer Zeichnung von H. Baldung Grien (1523, Paris, École des Beaux-Arts), auf Gemälden von J. Tintoretto (um 1585, Budapest, M.), F. Bassano (um 1587, Wien, Kunsth. M.), Annibale Carracci (1597–1600, Fresko, Rom, Pal. Farnese), Rubens (um 1602–05, Paris, Louvre), A. Turchi (um 1620, München, AP), S. Ricci (um 1701, Amiens, M.), D. Gran (1723/24, Fresko, Wien, Gartenpal. Schwarzenberg), G. B. Pittoni (um 1723–25, Rom, G. Corsini), C.-A. Coypel (1731, München, AP), G. Moreau (um 1856/57,

Paris, M. Moreau) und E. Bernard (1911, Paris, M. de l'Orangerie) sowie in der Bildhauerei von B. Permoser (um 1690–95, Elfenbeinskulptur, Dresden, Grünes Gewölbe), B. Thorvaldsen (1792, Gipsrelief, Kopenhagen, Thorvaldsen M.) und J.-L. Gérôme (1887, Marmorskulptur, Vesoul, M.). Manchmal wird der Rollenwechsel akzentuiert, z. B. auf Gemälden von L. Cranach d. Ä. (1531–37, u. a. Braunschweig, M. und Kopenhagen, Staatl. Kunstm.), B. Spranger (um 1575–80, Wien, Kunsth. M.) und F. Lemoyne (1724, Paris, Louvre), oder das erotische Moment betont, u. a. auf einem Gemälde von F. Boucher (um 1734, Moskau, Puschkin M.). Auf einem Gemälde von A. Janssens (1607, Kopenhagen, M.) jagt Herakles Faunus aus seinem Bett, der ihn für Omphale gehalten hatte (nach Ov. fast. 2,305–358). In der Villa Emo in Fasolo malte B. Zelotti einen Freskenzyklus (1565–70) mit den Geschehnissen, die zu Herakles' Tod führten.

Die zwölf Arbeiten des Herakles (Dodekathlos), die ihm König Eurystheus auferlegte, bilden einen weiteren Themenkomplex. In Zyklen setzten sich einige Künstler damit auseinander: u. a. A. del Pollaiuolo (um 1465–1475, Gemälde, Florenz, Uffizien), A. Mantegna (1468–74, Fresko, Mantua, Pal. Ducale), Raffael (um 1507/08, Entwürfe, u. a. London, British M. und Oxford, Ashmolean M.), B. Peruzzi (1511/12, Fresko, Rom, Villa Farnesina), G. Romano/R. Mantovano (1527/28, Fresko, Mantua, Pal. del Tè), D. de' Rossi (um 1568, Marmorskulpturengruppe, u. a. Florenz, Pal. Vecchio) und F. Zurbarán (um 1634, Gemälde, Madrid, Prado). In der Bildhauerkunst entstanden Skulpturen von J. G. Schadow (1792, Berlin, Schloß Monbijou; mit dem Nemeischen Löwen), P. Puget (1659/60, Sandstein, Rouen, M.; mit der Hydra von Lerna), F. Girardon (1679, Sandstein, Schloß Versailles; mit der Hydra von Lerna), A.-L. Barye (um 1820, Bronze, Baltimore, Walters Art G.; mit dem Erymanthischen Eber), E.-A. Bourdelle (1909, Bronze, u. a. Paris, M. d'Orsay; mit den Stymphalischen Vögeln), G. Borglum (1904, Bronzegruppe, New York, MoMA; mit den Rössern des Diomedes), B. Permoser (um 1689–95, Sandstein, Dresden, Großer Garten; mit dem Drachen und den Hesperiden) und von P. Puget (1659/60, Karlsruhe, Landesm.; mit der Entführung des Kerberos). Den Kampf gegen die Hydra stellten auf Gemälden u. a. A. del Pollaiuolo (um 1475, Florenz, Uffizien), M. van Heemskerck (um 1545, New Haven, Art G.), J.-H. Taraval (1767, Châlons-sur-Marne, M.) und G. Moreau (1876, Chicago, Art I.) dar. Ein berühmtes Gemälde des Herakles mit den Stymphalischen Vögeln stammt von Dürer (1501/02, Nürnberg, Nationalm.).

Herakles mit den menschenfressenden Rössern des Diomedes
hielten auf Gemälden u. a. C. Le Brun (um 1639–41, Notting-
ham, M.), E. Delacroix (1851/52, Kopenhagen, Ny Carlsberg
Glyptothek) und G. Moreau (1865, Rouen, M.) fest. Im Garten
der Hesperiden ist Herakles z. B. auf Gemälden von Rubens (um
1638, Turin, G.), G. A. Pellegrini (1724, Pommersfelden, G.)
und auf einer Zeichnung von T. Géricault (1816/17, Paris, Ecole
des Beaux-Arts) zu finden. Die Hesperiden zeigen auf Gemälden
E. Burne-Jones (um 1869–73, Hamburg, Kunsth.), H. von Marées (um 1884–87, München, NP) und C. Klein (1945, Hamburg,
Kunsth.). Die Entführung des Kerberos schildert auf einem Gemälde J. van Campen (um 1645, Amsterdam, M.).
In den fürstlichen Residenzen v. a. Italiens, Spaniens und Frankreichs wurden vom 15. bis zum 18. Jahrhundert in den Herakles-
Zyklen meist seine Taten in den Mittelpunkt gerückt, um die
militärische Macht und Herrschaft der Auftraggeber und ihrer
Familien widerzuspiegeln: z. B. auf Werken von A. Mantegna
(1468–74, Fresken, Mantua, Pal. Ducale), G. Romano/R.
Mantovano (1527/28, Fresken, Mantua, Pal. del Tè), D. Dossi
(um 1535, Gemälde, Florenz, Uffizien; für Ercole II d'Este), G.
Vasari (1557, Fresko, Florenz, Pal. Vecchio), G. Reni (1617–21,
Gemälde, Paris, Louvre; für die Familie Gonzaga), F. Zurbarán
(um 1634, Gemälde, für den Buen Retiro-Pal. in Madrid, heute
Madrid, Prado) und C. Le Brun (um 1678/79, Deckengemälde,
Paris, Schloß Versailles; für Ludwig XIV.). Auch die Apotheose
des Herakles dient zur Verherrlichung eines Herrschers oder
dessen Geschlechts, u. a. auf Wand- und Deckengemälden von F.
Pacheco (1603/04) im herzoglichen Palast in Sevilla, C. Le Brun
(1658) in Vaux-le-Vicomte, A. Pozzo (1704–08) im Palais Liechtenstein in Wien, F. Lemoyne (1733–36) im Versailler Schloß,
A. R. Mengs (um 1762–65) und F. Bayeu y Subias (um 1780) im
königlichen Palast in Madrid. P. da Cortona z. B. schildert auf
einem Fresko im Palazzo Pitti in Florenz (1640–1647), wie ein
Medici-Nachkomme von → Athena aus den Armen der Aphrodite gerissen und dem Herakles übergeben wird. G. Chiari stellte
auf einem Fresko in der Galleria Colonna in Rom (1698–1702)
dar, wie Herakles Don Giovan d'Austria zum Sieg in der
Schlacht von Lepanto 1571 führt. Ein von C. Le Brun entwor-
fenes Gemälde der Taten des Herakles für die Galerie des Glaces
in Versailles wurde von Ludwig XIV. abgewiesen, um durch ein
anderes Bild des Künstlers ersetzt zu werden, das den Sonnen-
könig selbst neben Herakles (1672/73) zeigt. Von R. Michel
stammen Reliefs mit den Taten des Heros, die um ein Decken-

gemälde mit der Apotheose der Monarchie von Bayeu (um 1780)
in der königlichen Residenz El Pardo bei Madrid gruppiert sind.
Zurückgreifend auf die Geschichte, daß Herakles Gallien zivi-
lisiert haben soll (Lukian. Herc.), entwickelt sich dieser sog.
›Hercules Gallicus‹ in den Emblembüchern von Alciatus (1531)
und anderen zum Sinnbild der Beredsamkeit gegenüber der ro-
hen Gewalt. Dies erklärt auch Herakles-Darstellungen in Bibliotheken, z. B. in der Rhetorikabteilung der Bibliothek des Escorial, deren Dekoration P. Tibaldi und B. Carducho 1592 ausführ-
ten.

Herkulesskulpturen, die die Größe und Stärke des Gottes betonen, schufen u. a. A. del Pollaiuolo (um 1475–80, Bronzestatuette, New York, Frick C.), B. Ammanati (vor 1550, Kolossal-
statue, Padua, Pal. Mantova Benavides), P. Puget (um 1660, Terrakottastatue, Berlin, Skulpturenslg.), B. Thorvaldsen (1843,
Bronzestatue, Kopenhagen, Christiansborg Pal.) und E.-A.
Bourdelle (1905, Bronzekopf, u. a. Montauban, M. Ingres).

Ein nach der Schlacht bei Tannenberg im August 1914 veröf-
fentlichter Druck von Max Liebermann (›Hercules-Hindenburg
erschlägt den russischen Bären‹) – die einzige Arbeit, in der Liebermann ein antikes Motiv verwendete – sollte die Deutschen
zum Krieg aufrufen.

ND In der Literatur des Mittelalters steht Herakles – sofern er nicht
mit einer konkreten Figur verglichen wird – für den vollkommenen Ritter, ›vir perfectissimus‹: z. B. bei C. Salutati, *De labo-
ribus Herculis* (Ende 14. Jh.) und J. Le Fèvre, *Roman du fort Hercules* (1464). In der christlichen Vorstellung ist er die Personifikation der heroischen Tugendhaftigkeit und der Kraft des Glau-
bens, der Fortitudo; diese Tradition setzt sich in Renaissance und
Barock fort, z. B. in der Dichtung P. Ronsards.

In diesem Zusammenhang kehrt auch das Motiv von Herakles
am Scheideweg (›Hercules in bivio‹, ›Hercules Prodikos‹) wieder. Es ist in Schrift und Bild durch illustrierte Ausgaben von S.
Brants *Das Narrenschiff* (1494) und durch die lateinische Übersetzung und Bearbeitung von J. Locher, *Stultifera Navis* (1497),
bekannt geworden. Bis ins 18. Jahrhundert spielt das Motiv in
der bildenden Kunst und der Literatur- und Theatergeschichte
eine Rolle.

Daneben entwickelt sich Herakles zu einem modellhaften Vorbild für den guten Fürsten, wie auch ein guter Fürst als Herakles
gepriesen wird. Schon im 15. Jahrhundert schrieb Bassi in diesem Geist für den Herzog Ercole d'Este von Ferrara *Le fatiche*

d'Ercole; ähnliche Beispiele gibt es auch in der französischen Dichtung des 16. Jahrhunderts (u. a. von Du Bellay). Fürsten und andere Mächtige haben sich seit der Renaissance bis ins 18. Jahrhundert häufig mit Herakles vergleichen lassen oder ihn als Symbol ihrer militärischen Macht in Palastdekorationen aufgenommen.

Die Häufigkeit der Apotheose des Herakles und seiner Heirat mit der göttlichen Hebe im Barocktheater spiegelt möglicherweise die fürstliche Auffassung wider: Den außergewöhnlichen Sterblichen soll nach dem Tod die Apotheose zukommen. Eine solche Apotheose ist manchmal auch der Schluß von tragischen oder komischen Stücken über die Liebesverwicklungen von Herakles mit Deianeira und Iole. Viele Dramen aus dem 17. und 18. Jahrhundert gehen auf die Vorlagen von Sophokles, Seneca und Ovid zurück: Stücke von J. de Rotrou (1634) und P. Calderón (*Fieras afemina amor*, 1669).

In der Literatur des 19. und 20. Jahrhunderts kehrt Herakles mit verschiedenen Konnotationen zurück: als Heiland in R. Brownings Gedicht *Balaustion's Adventure* (1871) und in einem Herakles-Drama von G. C. Lodge (1908); als Bastard zwischen Göttern und Menschen bei F. Wedekind (1917); als Weltverbesserer bei F. Dürrenmatt (1954) und H. Müller (1964–65), sogar mit stalinartigen Zügen bei H. Lange (1968). In den Niederlanden entstanden ein episches Gedicht von L. Couperus (1913) und Gedichte von K. van de Woestijne (1912–14).

In der Musikgeschichte spielt Herakles eine nicht zu unterschätzende Rolle, der Gestalt nahmen sich zahlreiche Opernkomponisten an, wie z. B. O. Castelli (›dramma boscareccio‹, 1639, Rom), P. F. Cavalli (Libr. von F. Buti mit Balletteinlagen von J.-B. Lully, 1662, Paris), A. Ariosti (Libr. von P. A. Bernadoni, 1703, Wien), F. Gasparini (1709, Rom), J. D. Heinichen (1709, vermutl. Leipzig), J. P. Käfer (1716, Durlach) und F. Bianchi (Libr. von P. L. Mollin/A. F. Pillon, 1806, Paris) sowie in neuerer Zeit J. Eaton (Libr. von M. Fried, 1972, Bloomington) und J. Zimmer (Fernsehballett, 1970; Oper, 1972). NM

Die Geburt des Herakles stand im Mittelpunkt bei J. Peri (Libr. von M. Bounarotti d. J., 1605, Florenz) und J. C. F. Haeffner (Libr. von Eldencrantz, 1793, Stockholm).

Herakles auf dem Scheidewege, so der Titel der Kantate von J. S. Bach (Text von Picander, 1733), ist auch das Thema eines vielfach vertonten Librettos von P. Metastasio, u. a. von J. A. Hasse (1760, Wien), N. Conforto (1765, Madrid), G. Paisiello (1780,

St. Petersburg), N. Zingarelli (1789) und S. Mayr (1809, vermutl. Bergamo). Die Oper von A. Schweitzer behandelt dieses Sujet (Libr. von C. M. Wieland, 1773, Weimar) ebenso wie das ›musical interlude‹ von G. F. Händel (Text von R. Lowth, 1751, London).

Die Heirat des Herkules mit Deianeira bot sich für die Opernbühne besonders an, z. B. in Werken von P. A. Ziani (Libr. von A. Aureli, 1662, Venedig), A. Steffani (Libr. von O. Mauro, 1689, Hannover), C. Saint-Saëns (Libr. von L. Gallet, 1891, Monte Carlo) und in Anlehnung an den Stoff auch noch in K. Weills *Royal Palace* (Libr. von Y. Goll, 1927, Berlin). Ähnlich verhält es sich mit der Beziehung des Helden zu Omphale in Werken von G. Rovetta (Libr. von M. Bisaccioni, 1645, Venedig), A. Cardinal Destouches (Libr. von A. H. de La Motte, 1701, Paris), G. P. Telemann (1724, Hamburg), É.-J. Flouquet (Libr. von Mme Beaunoir, eigent. A. L. B. Robineau, 1782, Paris), S. Mayr (Libr. von G. de Gamerra, 1803, Wien) und S. Matthus (Libr. von P. Hacks, 1976, Weimar). Einige Popularität errang auch die Geschichte von Herkules unter den Amazonen, wie die folgenden Werke zeigen: P. A. Ziani/L. Busca/P. S. Agostini (Libr. von C. M. Maggi, 1670, Mailand), A. Sartorio (Libr. von G. F. Bussani, 1678, Venedig), J. P. Krieger (Libr. von C. F. Bressand, 1693/94, vermutl. Weissenfels), J. C. Graupner (Libr. von Breymann, 1708, Hamburg), G. M. Orlandini (Libr. von A. Salvi, 1715, Florenz), G. R. Rampini (Libr. von G. F. Bussani, 1715, Padua), A. Vivaldi (Libr. von G. F. Bussani, 1723, Rom), S. Nasolini (Libr. von A. S. Sografi, 1791, Triest) oder N. Piccinni (1793, Neapel).

Zugleich entstanden Werke zu weiteren Themenkreisen des Herkules-Stoffes: z. B. die Jugend des Helden (Symphonische Dichtung von C. Saint-Saëns, 1877, Paris), Herkules im Garten der Hesperiden (Oper von G. F. de Majo, Libr. von M. Coltellini, 1764, Wien; Symphonische Dichtung von H. Busser, 1900) sowie die Apotheose des Helden in den Opern von F. Manelli (Libr. von F. Berni, 1660, Parma), A. Draghi (Libr. von N. Minato, 1677, Linz), C. F. Pollarolo (Libr. von F. Roberti, 1696, Venedig), R. Keiser (Libr. von C. H. Postel, 1699, Hamburg), A. S. Fiorè (Libr. von P. Pariati, 1710, Wien), A. Tarchi (Libr. von M. Butturini, 1790, Venedig) und S. Mercadante (Libr. von G. Schmidt, 1819, Neapel). Hierzu gibt es außerdem die beiden Serenate von N. Porpora (1744, Venedig) und C. W. Gluck (1747, Schloß Pillnitz bei Dresden). Schließlich ist auch der Tod des Herkules Gegenstand einiger Werke, z. B. in den Opern von

M. Marais (Libr. von J. G. de Campistron, 1693, Paris), A. Dauvergne (Libr. von J.-F. Marmontel, 1761, Paris) und J. F. Reichardt (nach Sophokles, 1802, Berlin), in den *Cantates françoises III* von L.-N. Clérambault (Paris, 1716) und in einem Oratorium von G. F. Händel (Text von T. Broughton nach Sophokles und Ovid, 1745, London).

Brommer 1953 und 1984; Frenzel 1992a; Galinsky 1972; Isler 1970; Jung 1966; Kray/Oettermann 1994a und b; Ling 1974; Neas 1991; Panofsky 1930; Schefold 1987; Schefold/Jung 1989; Simon 1955; Small 1982; Vollkommer 1988

Heraklit → Demokrit

Hercules → Herakles

Hermaphroditos, göttlicher Jüngling von besonderer Schönheit, wurde zum Zwitterwesen, Sohn von Hermes und Aphrodite ⟨Ov. met. 4,285–388; Hyg. fab. 271; Strab. 14,656⟩.
Ovid erzählt, wie Hermaphroditos von Nymphen am Berg Ida großgezogen wurde und schon in jugendlichem Alter nach Kleinasien ging. Dort verliebte sich die Wassernymphe Salmakis in ihn, doch er wies sie zurück. Als er eines Tages in ihrem See ein Bad nahm, klammerte sich Salmakis an ihn und flehte die Götter an, nie mehr von ihm getrennt zu werden, worauf die beiden zu einem zweigeschlechtlichen Wesen verschmolzen. Der griechische Arzt Galenos (2. Jh. n. Chr.) führte den Begriff ›Hermaphroditos‹ in die Medizin ein.

Da Hermaphroditos schon seit dem 4. Jahrhundert v. Chr. in der Kunst zu finden ist, muß der Mythos älter sein als die uns zugänglichen Quellen: Diodoros Sikulos (4,6) und Ovid (1. Jh. v. Chr.). Hermaphroditos wird nackt und tanzend dargestellt, oder er trägt ein Kleid, das hochgehalten wird, um sein Geschlecht zu zeigen. Manchmal läßt sich nicht genau feststellen, ob es sich um Hermaphroditos oder Apollon oder Dionysos handelt. Stehend ist Hermaphroditos nur selten zu sehen (1. Jh. v. Chr., Amsterdam, Allard Pierson M.), liegend dagegen seit dem 2. Jahrhundert v. Chr. häufiger (z. B. um 120 v. Chr., Marmorskulptur, Kopien in Rom, Villa Borghese und Paris, Louvre). Er wird dabei einige Male von Pan überrascht, der ihn entblößt und zurückschreckt. Eine hellenistische Figurengruppe mit einem Satyr, der Hermaphroditos vergewaltigen will, ist durch mindestens zwanzig Marmorkopien (u. a. in Dresden, Staatl. Kunstslg.) und durch Gemälde aus Pompeii bekannt.

N Die verliebte Salmakis mit Hermaphroditos zeigen auf Gemälden u. a. J. Gossaert (um 1516/17, Rotterdam, M. Boymans), B.
Spranger (um 1581, Wien, Kunsth. M.), Annibale Carracci
(1597–1600, Fresko, Rom, Pal. Farnese), C. Saraceni (1606/07,
Neapel, G.), M. van Uyttenbroeck (1627, Den Haag, Mauritsh.)
und J. Glauber (1677–80, Amsterdam, M.).
Die Geschichte von Hermaphroditos und Salmakis fand schon
im Mittelalter Eingang im anonymen *Ovide Moralisé* (ca. 1316–28)
und in *L'epistre d'Othéa à Hector* (ca. 1400) von Christine de Pizan. In der Neuzeit kommt der Mythos u. a. in Gedichten von F.
Beaumont (1602), E. Sherburne (1651) und A. C. Swinburne
(1862) vor. J. Péladan schrieb den Roman *L'androgyne* (1891),
und A. Savinio widmete Hermaphroditos eine Erzählung
(1918).
In der Musikgeschichte spielt die androgyne Gestalt keine Rolle,
erst in jüngster Zeit entstand eine Kammeroper von O. A.
Thommessen (1975, Vadstena).

Raehs 1990

Hermes, Bote der Götter, Gott der Hirten und ihrer Herden,
leitete die Reisenden und überwachte die Wege und Straßen,
Schutzheiliger der Kaufleute und Diebe, Gott der Jugend, der
Beredsamkeit (Hermes Logios) und der Fruchtbarkeit; kluger
Erfinder; Sohn des Zeus und der Bergnymphe Maia, einer Toch-
ter des Atlas; von den Römern mit Mercurius, dem Gott des
Handels und des Verkehrs gleichgesetzt ⟨Hom. h. 4; Soph.
Ichn.⟩.
Hermes kam in einer Höhle des Berges Kyllene in Arkadien zur
Welt. Der homerische *Hymnus an Hermes* beschreibt, wie sich das
ausgesprochen frühreife Kind noch am Tag seiner Geburt aus
seinen Windeln befreite, eine Schildkröte tötete und aus deren
Panzer seine erste Erfindung, eine Leier, baute. Am Abend stahl
er seinem Halbbruder Apollon fünfzig Kühe und versteckte sie.
Der alte Battos beobachtete ihn dabei und gab Apollon mögli-
cherweise einen Hinweis auf den Dieb, obwohl Hermes ihn bestochen hatte. Hermes hatte sich inzwischen wieder in seine Windeln gewickelt und gab vor, über den Diebstahl nichts zu wissen,
aber Zeus glaubte ihm nicht. Schließlich gestand Hermes seine
Tat und bot Apollon zur Versöhnung seine neue Leier an. Battos
wurde in Basalt verwandelt (Ov. met. 2,687–707). Bei dieser
Versöhnung soll Apollon Hermes den magischen, von zwei
Schlangen umwundenen Heroldstab (gr. kerykeion, lat. cadu-

ceus) geschenkt haben, der zu seinem festen Attribut wurde und
ursprünglich dazu diente, die Menschen in Schlaf zu versetzen
oder aufzuwecken.

In seiner Funktion als schneller Bote der Götter, v. a. des Zeus,
spielte Hermes in vielen Mythen eine Rolle. Dargestellt wurde er
meist mit Flügeln an seinem Hut (›petasos‹) und an den Schuhen.
Auf Befehl von Zeus tötete Hermes den vieläugigen Argos, der
im Auftrag Heras → Io bewachte. Seither trug er den Beinamen
›Argeiphontes‹ (›Argos-Töter‹). Das Kind → Dionysos rettete
er vor den Racheplänen der eifersüchtigen Hera (u. a. Apollod.
3,4,3). Er sorgte außerdem dafür, daß → Paris zum Richter über
die Schönheit von Hera, Athena und Aphrodite bestellt wurde.
In Homers *Ilias* (24,334–469; 24,679–694) begleitet er den alten
Priamos zum Lager des → Achilleus, um die Leiche Hektors zu
holen; in der *Odyssee* (5,28–148) gibt er Odysseus ein Mittel gegen den Zauber der → Kirke, so daß dieser nicht in ein Tier
verwandelt werden konnte. Er half → Odysseus auch, sich von
Kalypso zu befreien. In Vergils *Aeneis* ermahnt Hermes Aeneas,
das Verhältnis mit → Dido zu beenden und nach Italien weiter-
zuziehen. Als die Aloaden Otos und Ephialtes ungestört den
Olympos erobern wollten, sperrten sie → Ares in einen Bronzekrug, bis Hermes den Kriegsgott nach dreizehn Monaten befreite.

Hermes werden verschiedene Liebesverhältnisse und Kinder zugeschrieben. Aphrodite gebar ihm → Hermaphroditos, vielleicht auch Priapos und Eros. Als er sich in Herse verliebte, eine
Tochter von → Kekrops, wollte deren Schwester Aglauros eine
Verbindung zwischen den beiden verhindern und wurde deshalb
von Hermes in einen Stein verwandelt. Mit Herse zeugte er Kephalos, mit Chione oder Stilbe Autolykos, den Großvater des
Odysseus. Von Hermes lernte Autolykos das Diebeshandwerk.
Als Gott der Hirten war Hermes v. a. auf das Gedeihen der Herden bedacht. Er half auch Hirten, die auf unlautere Weise ihre
Herde zu vergrößern suchten, denn Viehdiebstahl war in früherer Zeit noch nicht verwerflich, sondern galt als Beweis des
Mutes und der Schlauheit. Seine Fähigkeit zu schnellen, vorteil-
haften Handlungen verband ihn aber nicht nur mit den Dieben,
sondern auch mit den Kaufleuten, die einen unerwarteten Gewinn ›Hermaion‹ nannten. Dieselbe Bezeichnung verwendete
man im Zusammenhang mit seiner Eigenschaft als Beschützer
der Reisenden für die ihm geweihten Steinhaufen mit einer Säule
in der Mitte (auch ›Hermen‹ genannt), die die Wege markierten.
Später bestanden die Hermen aus einem rechteckigen Sockel mit

der Büste des Hermes und einem befestigten oder reliefartigen
Phallos. Eine berühmte, häufig kopierte Herme ist die von Alkamenes (Ende 5. Jh. v. Chr.). Vor einem Haus aufgestellte Hermen sollten die Bewohner schützen. Falls die These stimmt, daß
die Hermen früher als Grabmonumente dienten, zeigt sich hierin
auch die Verbindung mit dem Hades, die im Mythos mit der
Aufgabe des Hermes, die Seelen der Gestorbenen in die Unterwelt zu geleiten, zum Ausdruck kommt (daher auch sein Beiname ›psychopompos‹, der Seelenbegleiter). Als Orpheus Eurydike aus der Unterwelt holen wollte und seine einzige Chance
verspielte, indem er sich verbotenerweise nach ihr umdrehte,
führte Hermes Eurydike wieder in die Unterwelt zurück
(→ Orpheus und Eurydike).
Teilweise wurde Hermes mit dem ägyptischen Gott Toth als
Hermes Trismegistos und mit dem germanischen Gott Wodan
gleichgesetzt. Seine Eigenschaft als Fruchtbarkeitsgott verbindet ihn mit Dionysos; außerdem verkörpert Hermes jugendliche
Kraft v. a. in Wettkämpfen. Als Götterbote übernahm er die
Rolle des Vermittlers zwischen Göttern und Sterblichen. Hermes gehörte zu den wenigen, die ihr Ziel nicht durch Gewalt,
sondern durch freundlichen Zuspruch oder auch mit List zu
erreichen suchten.

In der bildenden Kunst der Antike kommt Hermes als Götterbote sowie als Begleiter und Führer der Sterblichen und ihrer
Schatten häufig vor. Der Diebstahl von Apollons Kühen ist auf
Vasen aus dem 6. Jahrhundert v. Chr. zu finden. Anfangs wird er
als reifer Mann mit Spitzbart gezeigt. Seit dem 5. Jahrhundert v.
Chr. wandelt sich seine Gestalt, wie bei anderen Göttern, zu
einem nackten Jüngling. Wie Apollon verkörpert er im 4. Jahrhundert v. Chr. die jugendlich-männliche Schönheit, wobei er an
den Flügeln an Hut und Sandalen und an dem Stab erkennbar ist.
V. a. in der römischen Kunst tritt der Geldbeutel (›marsupium‹)
als Attribut hinzu, womit seine Verbindung zum Handel (›merx‹
= Handelsware) betont wird.
Schon in der archaischen Kunst wird er als Hirtengott mit einem
Lamm oder Widder auf den Schultern abgebildet. Praxiteles
stellt ihn mit einem jugendlichen Dionysos in den Armen dar
(um 340–330 v. Chr.; Paus. 5,17,3–4). Die mit dem Pausanias-
Text verbundene Marmorskulptur (Olympia, M.) wird meistens
in die hellenistische Zeit datiert. Eine bronzene Gartenfigur des
ruhenden Hermes (Anfang 1. Jh. n. Chr., Neapel, M. Arch.
Naz.) geht wohl auf eine Arbeit von Lysippos zurück (um 330 v.

Chr.). In Pompeii und Ostia befinden sich Abbildungen des Handelsgottes Hermes in Geschäften und an Arbeitsplätzen.

Seit der Renaissance wird Hermes in der Bildhauerkunst oft dargestellt, z. B. von J. Sansovino (1540–45, Bronzestatuette auf der Piazza San Marco in Venedig), B. Cellini (1546–53, Bronzestatuette, Florenz, M. Naz.), Giambologna (1564, Bronzestatue, Florenz, M. Naz.; Hermes als schneller Bote), A. de Vries (1603–13, Bronzestatue, Washington, Nat. G.), P. Egell (um 1717, Sandsteinstatue, Dresden, Zwinger), G. R. Donner (um 1730–40, Statue, u. a. St. Petersburg, Eremitage), J.-B. Pigalle (1744, Marmorstatue, Paris, Louvre; Hermes bindet seine Sandalen), F. Rude (1827, Bronzeskulptur, Paris, Louvre; Hermes befestigt seine Flügel), A. von Hildebrand (1885–87, Bronzestatue, Weimar, M.) und L. Baskin (1973, Bronzeskulptur, Richmond, M.). In der Malerei entstehen Gemälde von J. Zucchi (um 1572, Dekkengemälde, Florenz, Uffizien), P. da Cortona (1642–44, Fresko, Florenz, Pal. Pitti), G. B. Tiepolo (1757, Fresko, Vicenza, Villa Valmarana), P.-P. Prud'hon (1796–99, Gemälde, Paris, Louvre) und H. Thoma (1907, Karlsruhe, Kunsth.).

Der Diebstahl von fünfzig Kühen seines Halbbruders Apollon bzw. Hermes mit Battos sind z. B. auf Gemälden von C. van Poelenburgh (um 1621, Florenz, Uffizien), M. van Uyttenbroeck (1626, Berlin, Gemäldeg.) und C. Lorrain (u. a. um 1645/46, Rom, G. Doria und 1660, London, Wallace C.) zu sehen. J. Tintoretto zeigt ihn in einer allegorischen Freskenreihe (1577/78) im Palazzo Ducale in Venedig im Zusammenhang mit den Chariten. Hermes personifiziert dabei den Handelsgeist, die Kultur, das Wissen und die Beredsamkeit der Venetianer. Auf einem Gemälde von Correggio (um 1525, London, Nat. G.) bringt er in Anwesenheit von Aphrodite dem kleinen Eros Lesen und Schreiben bei, und auf einem Gemälde von H. Goltzius (1611, Haarlem, Hals-M.) bildet er das Pendant zu Athena. Mit Aphrodite wird er z. B. auch auf Gemälden von B. Spranger (um 1580–90, Wien, Kunsth. M. und 1597, Nürnberg, Nationalm.; mit Eros) und N. Poussin (um 1625, London, Dulwich Coll.) geschildert. Als Erzieher und Bringer der Kultur erscheint er auf allegorischen Gemälden, z. B. bei J. Jordaens (um 1652, Den Haag, Huis ten Bosch): Hermes und Athena führen den Triumphwagen des holländischen Statthalters Frederik Hendrik und unterrichten den jungen Prinzen. Auf einem Gemälde von A. Elsheimer (1595, Braunschweig, M.) empfängt Hermes als Schutzpatron der bildenden Künste einen Maler und auf einem

Fresko von G. B. Tiepolo (1757) in der Villa Valmarana in Vicenza steht der Gott neben der personifizierten Malerei. Auf einem Gemälde von P. Batoni (1745–47, St. Petersburg, Eremitage) krönt Hermes die Philosophie, die Mutter der Künste. Bis ins 18. Jahrhundert steht Hermes in der Emblematik und Graphik für Beredsamkeit, Weisheit und manchmal auch für Listigkeit. In dieser Zeit entstehen auch Zeitungen und Zeitschriften, die nach ihm als Merkur, dem Götterboten, benannt werden.

In der Malerei des Barocks dominieren ansonsten zwei Themen: Hermes als Überwinder des Argos (→ Io) und Hermes, der in Herse verliebt ist (→ Kekrops), meist mit Aglauros, der Halbschwester Herses, z. B. auf Gemälden von P. Veronese (um 1576–80, Cambridge, Fitzwilliam M.), J. Pynas (um 1605–08, Florenz, Uffizien), C. C. Moeyart (1624, Den Haag, Mauritsh.), C. van Poelenburgh (1624, Den Haag, Mauritsh.), G. Flinck (um 1639/40, Boston, M.) und J. E. Quellinus (1696, Brüssel, Kon. M.).

ND Als römischer Gott Mercurius lebt Hermes in der Literatur der Neuzeit sowohl im Drama als auch in der Lyrik fort. Im 16. und 17. Jahrhundert findet er sich als Gott der Kaufleute in einem Schwank von H. Sachs (1526) und in Komödien von F. A. Arezzo (1672) und A. M. de Fatouville (1681). Seinen Höhepunkt erreicht er aber in der Lyrik des 19. und 20. Jahrhunderts. Es entstanden u. a. ein Hymn von P. B. Shelley (1818–22, Homer-Übersetzung), eine Ode von E. Mörike (1840, Horaz-Übersetzung) und Gedichtsammlungen von F. Usinger (1942) und R. Squires (Fingers of Hermes, 1965).

NM Ab dem 17. Jahrhundert sind einige Werke der Musikgeschichte zu verzeichnen: ein Intermedio von J. Peri (für *Veglia delle grazie* von G. Chiabrera; 1615, Florenz), ein Torneo von C. Monteverdi (Libr. von C. Achillini, 1628, Parma) und ein Prolog von A. Draghi (Text von N. Minato, 1685). J.-P. Rameau widmete der Gestalt später eine Kantate (1728, Paris) und eine Rolle in der Oper *Platée, ou, Junon jalouse* (Libr. von J. Autreau/A. J. Le Valois d'Orville, 1745, Versailles). Ein Oratorium komponierte der Salzburger Hofkapellmeister A. C. Adlgasser (1772, Salzburg). Als ›Heiratsstifter‹ agiert Hermes in dem Singspiel von P. Wranitzky (1793, Wien). Die Musik zu einem Ballett in der Choreographie von L. Massine und mit der Bühnengestaltung von P. Picasso schrieb E. Satie (1924, Paris). Kurz darauf entstand die Bühnenmusik von A. Roussel zu T. Reinachs Übersetzung von Sophokles' *Ichneutai* (1925, Paris).

Combet-Farnoux 1980; van Es 1964; Klauser 1958; de Mirimonde 1969; de Waele 1927; Zanker 1965

Hermione → Neoptolemos

Hero und Leandros, berühmtes Liebespaar; Hero war eine
Priesterin der Aphrodite in Sestos, Leandros ein Jüngling aus
Abydos am anderen Ufer des Hellespont ⟨Verg. georg. 3,258 ff.;
Ov. ars 2,249; Ov. her. 18; 19⟩.
Während eines Festes zu Ehren der Aphrodite verliebte sich
Leandros in Hero. Weil diese ihr Leben Aphrodite geweiht hatte,
mußten die beiden ihre Liebe geheimhalten. Deshalb schwamm
Leandros jede Nacht an das andere Ufer des Hellespont, um sich
mit seiner Geliebten zu treffen. Dabei orientierte er sich an einem
Licht, das Hero in ihrem Turmfenster aufgestellt hatte. Als eines
Nachts ein Sturm die Lampe ausblies, ertrank Leandros. Am
nächsten Morgen sah Hero die Leiche ihres Geliebten und stürz-
te sich voller Verzweiflung aus ihrem Turm in den Tod.
Die Geschichte, die in Vergils *Georgica*, Ovids *Ars Amatoria* und
Heroides, in denen die beiden Liebesbriefe austauschen, erwähnt
wird, basiert auf einem epischen Gedicht des griechischen Dichters Musaios (5. Jh. n. Chr.).

In der römischen Kunst wird die Überquerung des Hellespont
durch Leandros auf Wandgemälden in Pompeii, Gemmen, Münzen, Reliefs und Mosaiken dargestellt; meistens sitzt Hero in
ihrem Turm, manchmal steht sie auch an der Küste.

Hero und Leandros waren auch nach der Antike ein berühmtes ND
Liebespaar. In den Niederlanden wird die Geschichte mit einigen Veränderungen – Leandros wird zu Adonis – in *Der Minnen
Loep* (Ende 14. Jh.) von P. Potter nacherzählt. Im frühen 15.
Jahrhundert nimmt sie Christine de Pizan in ihre *Livre de la cité des
dames* (2,58) auf. Sie ist auch das Thema des ersten großen mythologischen Gedichts in der spanischen Literatur von J. Boscán
de Almogáver (1543). Durch eine Dichtung C. Marlowes (1598),
einem Lobgesang auf die jugendliche Leidenschaft, wird das
Thema in der elisabethanischen Renaissance beliebt. Im Sturm
und Drang und dann auch bei F. von Schiller (1801) steht das
Gelübde von Leandros, seiner Geliebten bis in den Tod treu zu
sein, im Vordergrund. Durch den Mythos angeregt, überquerte
G. N. G. Byron 1810 schwimmend den Hellespont. Seine Zeit-

genossen L. Hunt (1819) und T. Hood (1827) lassen sich von dem Thema inspirieren, ihnen folgt A. Tennyson (1830). W. Bilderdijk erzählt die Geschichte in seinen *Krekelzangen* (1822).

NM Eine der ersten Kompositionen dürften Text und Lied von T. Campion (London, 1601) gewesen sein. Eine Oper folgte von F. A. Pistocchi (Libr. von C. Badovero, 1679, Venedig; 2. Fassung *Gli amori fatali* 1682, Venedig). Im 18. Jahrhundert entstanden ein Oratorium von N. Zingarelli (1786, Mailand) sowie zahlreiche Kantaten, u. a. von V. II. de Grandis (vor 1708), L.-N. Clérambault (*Cantates françoises II*, Paris, 1713), A. Scarlatti (vor 1725) und S. Mayr (1793, Venedig; 1797, Vincenza). Zwei Bühnenwerke stammen von P. de La Garde (›opera-ballet‹, Libr. von P. Laujon, 1750, Versailles) und R. de Béarn, Marquis de Bressac (›tragédie lyrique‹, Libr. von J.-J. Le Franc de Pompignan, 1750, Paris). Eine Kantate von D. Beaulieu errang 1810 den ›Grand Prix de Rome‹. Des weiteren gibt es ein Lied von F. Hensel (1832) und ein Klavierstück von R. Schumann (in op. 12, 1837). Ein Libretto von A. Boito wurde mehrmals vertont, so z. B. von G. Bottesini (1879, Mailand), A. Catalani (1885, Mailand) und L. Mancinelli (1897, Madrid). F. Grillparzers Drama *Des Meeres und der Liebe Wellen* (1820–29) fand einige Male den Weg auf die Opernbühne, zuerst von E. Frank (1884, Berlin), später von A. Nezeritis (vor 1965) und G. Bialas (1966, Mannheim). Im 20. Jahrhundert wurden auch zahlreiche symphonische Werke aufgeführt, z. B. von V. Herbert (1901, Pittsburgh), H. Brian (1908, London) und W. von Waltershausen (1925, München).

NK Die verhängnisvolle Überquerung der Meerenge oder der Fund der Leiche sind Themen einer Reihe von Gemälden vom Barock bis ins 19. Jahrhundert: z. B. von Rubens (um 1605, New Haven, Art G.), D. Fetti (um 1610–12, Wien, Kunsth. M.), J. van den Hoecke (um 1635–37, Wien, Kunsth. M.), W. Etty (1827, London, Tate G.), J. M. W. Turner (1837, London, Nat. G.), T. Chassériau (1849, Paris, Louvre), F. Keller (1875, Karlsruhe, Kunsth.) und F. Leighton (um 1887, Manchester, G.).

Jellinek 1890

Hersilia, eine der → Sabinerinnen und Gemahlin des → Romulus

Hesione → Herakles

Hierokles, ein Wagenlenker → Elagabal

Hieron, König von Syrakus → Archimedes

Hipparchos → Harmodios

Hipparete, Gemahlin des → Alkibiades

Hippias → Harmodios

Hippodameia, Gemahlin des → Pelops

Hippolyte, Königin der → Amazonen, → Herakles, → Theseus

Hippolytos → Phaidra und Hippolytos

Hippomenes, Liebhaber der → Atalante

Horatier (1. Hälfte 7. Jh. v. Chr.), Drillingsbrüder und legendäre Retter Roms ⟨Liv. 1,24–26; Dion. Hal. 3,13 ff.; Enn. ann. 2; Prop. 3,3,7⟩.
Unter Tullus Hostilius, dem dritten König von Rom, kam es immer wieder zu Auseinandersetzungen zwischen der latinischen Stadt Alba Longa und Rom, die zu einem Krieg zu eskalieren drohten. Da beide Völker zugleich von den Etruskern bedroht wurden, beschlossen sie, die Entscheidung nicht in einer großen, jede Seite schwächenden Schlacht, sondern in einer Reihe von Zweikämpfen zu suchen. Zum entscheidenden Kampf traten auf beiden Seiten Drillinge an, für Rom die Horatier, für Alba Longa die gleichaltrigen Curiatier. Zwei der drei Horatier starben, doch dem jüngsten gelang durch eine List dennoch der Sieg für Rom: Er täuschte seine Flucht vor und konnte dann die verwundeten, ihm folgenden Curiatier einen nach dem anderen schlagen. Das Volk von Alba Longa mußte sich Rom unterwerfen.
Als Horatius siegreich in die Stadt zurückkehrte, trat ihm seine Schwester Horatia, die mit einem der Curiatier verlobt war, wehklagend entgegen. Erzürnt über diese unpatriotische Haltung stach Horatius sie nieder und rief aus, so solle es jedem ergehen, der einen Feind betraure. Vor Tullus geführt drohte dem Hel-

den wegen Schwesternmordes die Verurteilung zum Tode. Doch nach einer Berufung an das Volk (provocatio ad populum) erreichte er wegen seiner Verdienste um Rom einen Freispruch.

Die Geschichte, die ausführlich von Livius erzählt wird, gehört zu den berühmtesten der Antike: Heldenhafter Patriotismus gehe allem anderen vor. Cicero zitiert sie in *De inventione* (2,78–79) als Schulthema. Valerius Maximus (6,3,6; 8,1) führt die Tötung der Schwester als ein markantes Beispiel einer äußersten, aber gerechtfertigten Strenge an.

In der bildenden Kunst der Antike wird der Kampf der Drillinge nur selten abgebildet: Bekannt ist eine Darstellung auf dem Marmorfries der Basilica Aemilia auf dem Forum Romanum aus der Zeit der späten Republik (→ Romulus und Remus).

N Strenger noch als von den antiken Autoren wird die Wehklage
D/M der Schwester in P. Aretinos Drama (1546) verurteilt: Sie gilt nicht dem Verlobten, sondern den beiden anderen Brüdern, weshalb der von patriotischer Siegesfreude erfüllte Horatius zu Recht zum Schwert greift. Neben verschiedenen anderen Bearbeitungen ist die wichtigste Theateradaption die Tragödie von P. Corneille (1640): Der überlebende Horatius ist mit einer Curiatius-Tochter, Sabina, verheiratet und seine Schwester Camilla mit einem Curiatier verlobt. Während Camilla und ihr Verlobter dem Kampf in innerer Zerrissenheit entgegensehen, ist die Situation für Horatius und Sabina eindeutig. Ihnen geht die Ehre von Rom bzw. Alba Longa über alles. Diese Bearbeitung kann als Ausdruck der Zerrissenheit der französischen Aristokratie im Streit um die Thronnachfolge gedeutet werden. Hauptthema bleibt aber die Rechtfertigung heldischer Strenge und strikter Ehrbegriffe. So zeigt sich auch der Vater des Horatius sehr empört über die vermeintliche Flucht des überlebenden Sohnes und tadelt ihn, da die Schwester Camilla nicht durch die Hand eines Bruders hätte sterben dürfen.

Während R. O. van Zonhoven der Geschichte eine glückliche Wendung (1626) gegeben hatte, bestimmte die Tragödie P. Corneilles spätere Theaterwerke, wie die niederländische Bearbeitung von J. de Witt (1648), eine barocke Tragödie von J. Wetter (1654), *The Roman Father* von W. Whitehead (1750) sowie Opern von A. Salieri (Libr. von N.-F. Guillard, 1786, Fontainebleau), N. Zingarelli (Libr. von C. Sernicola, 1795, Neapel), D. Cimarosa (Libr. von A. S. Sografi, 1796/97, Venedig), L. Capotorti (Libr. von A. S. Sografi, 1800, Neapel) und S. Mercadante (Libr. von S. Cammarano, 1846, Neapel).

Im 20. Jahrhundert entsteht das Lehrstück von B. Brecht (1938) über die Schlauheit des scheinbar flüchtenden Horatius, der Land und Volk beschützt und so dem Klassenkampf dient; ferner schrieb H. Müller ein Drama (1973), in dem Horatius nach der Ermordung seiner Schwester erst als Sieger gekrönt, aber dann enthauptet wird.

Das Thema kehrt in der bildenden Kunst im 16. Jahrhundert wieder, z. B. auf einem Fresko von C. d'Arpino im Konservatorenpalast in Rom (1595–99) und auf einem Stuckrelief von H. Kuhn im Schloß Weikersheim (Ende 16. Jh.). L. J. F. Lagrenée (1753, Rouen, M.) ebenso wie A. L. Girodet und J.-B. F. Desmarais (für den Prix de Rome von 1785) hielten auf Gemälden den Tod der Camilla fest.

Wahrscheinlich lieferte eine Szene aus Novaras Ballett J.-L. David das Motiv zu seinem Gemälde (1784, Paris, Louvre), auf dem die drei Brüder ihrem Vater den Eid schwören. Das Bild, das die Entschlossenheit der drei Jünglinge zeigt, sorgte für großes Aufsehen. Zuerst wurde es in Rom ausgestellt, wo es u. a. von A. Kauffmann, G. Hamilton und J. W. von Goethe besichtigt wurde, danach kam es in die französische Hauptstadt. Das für Ludwig XVI. geschaffene Gemälde wurde als Ausdruck eines heroischen Aufopferungswillens verstanden, der sich allerdings nicht auf die Monarchie, sondern auf das Vaterland bezog.

Eine plastische Darstellung der schwörenden Jünglinge findet man auf Standuhren von Galle (um 1805, München, Residenzm. und im Königlichen Palast in Amsterdam): auf der Basis sieht man die trauernde Horatia, die von ihrem überlebenden Bruder beobachtet wird; bei der anderen Darstellung handelt es sich vermutlich um die Szene, wie der Vater des Horatius sein Plädoyer vor König Tullus hält.

Crow 1978; Frenzel 1992a; Johnson 1989; Meusel 1988; Rosenblum 1970; Wind 1938/39

Horatius Cocles, Gaius (um 506 v. Chr.), legendärer Retter Roms ⟨Pol. 6,54–55; Liv. 1,24–26⟩.

Als die Etrusker im Jahre 506 v. Chr. unter Porsenna gegen Rom zogen, rettete Horatius Cocles die Stadt. Die Römer hatten bereits ihre Äcker um Rom verlassen, die Etrusker waren bis zum Hügel Ianiculus vorgedrungen und griffen das westliche Tiberufer an. Horatius, der am Pons Sublicius, der Tiberbrücke zum Zentrum Roms, postiert war, sah seine Gefährten zur Stadt

flüchten. Er beschwor sie, die Brücke zu vernichten, während er
die Feinde aufhalten wolle. Die Etrusker, völlig überrascht von
dem Mut dieses einen Mannes, forderten ihn zum Kampf auf.
Ihre Speere konnte er noch abwehren; die Brücke hinter ihm war
bereits zerstört, als die Etrusker auf ihn losstürmten. Horatius
sprang in den Tiber und erreichte schwimmend das andere Ufer.
Für seine Heldentat wurde er mit der Errichtung einer Statue auf
dem Forum Romanum geehrt und mit einem Stück Land, so
groß, wie er es an einem Tag mit dem Pflug eingrenzen konnte.

Livius sieht diese Geschichte, die auch bei Dionysios von Halikarnassos (5,23) zu finden ist, trotz ihres legendären Charakters
zu Recht in die Geschichtsschreibung aufgenommen. Nach einer
älteren Version bei Polybios kann sich Horatius nicht retten,
sondern ertrinkt im Tiber. Valerius Maximus (3,2,1) eröffnet in
seinem Kapitel über die Tapferkeit mit Horatius die Reihe römischer Vorbilder; an deren Ende steht Lucius Siccius Dentatus,
ein Römer, der sich in zwanzig Schlachten heldenhaft schlug.
Unter den nichtrömischen Helden nennt er → Leonidas.
Auf Bronzemedaillen aus der Zeit des Kaisers Antoninus Pius
(138–161) kommt die Szene häufig vor: Das Vorbild der Aufopferung für das Vaterland soll Ansporn sein für die Soldaten, die
sich gegen die bedrohenden Völker an den Ostgrenzen des Römischen Reiches zur Wehr setzen müssen.

NK   In der bildenden Kunst der Renaissance wird das Motiv häufig
aufgegriffen, z. B. auf florentinischen Cassoni aus dem 15. Jahrhundert (u. a. um 1450, Amsterdam, M.), manchmal in Verbindung mit den kriegerischen Heldentaten des → Curtius und des
→ Mucius Scaevola. Diese drei Helden schildert Pinturicchio auf
Fresken (um 1500) in der römischen Palazzina Della Rovere-
Colonna. In der Gruppe der Fortitudo-Personifikationen, die
auf Valerius Maximus zurückgehen, wird Horatius Cocles auf
einem Fresko von Perugino im Cambio in Perugia (um 1500)
neben dem Römer Lucius Siccius und dem Spartaner → Leonidas dargestellt. L. Romano bildet Horatius auf einem Fresko in
der Sala della Biblioteca der Engelsburg in Rom (1545) neben
Mucius Scaevola und → Cloelia ab. P. del Vaga zeigt ihn in einer
Freskoreihe römischer Helden (1530) für den Palazzo Doria-
Pamphili in Genua (→ Camillus) und T. Laureti auf einem Fresko für den Konservatorenpalast in Rom (1587–94).
Das Motiv ist auch häufig in Livius-Ausgaben aus dem 15. und
16. Jahrhundert zu finden, Illustrationen, die ihrerseits wieder
Darstellungen anregten. So dienten die Illustrationen von T.

Stimmer in einer Straßburger Ausgabe (1575), die mehrmals aufgelegt wurde, einem großen Zyklus mit römischen Heldentaten eines unbekannten Künstlers als Vorlage, der für den Römersaal der Riegersburg in der Steiermark angefertigt wurde (um 1600): u. a. sind Curtius, Mucius Scaevola und → Romulus und Remus zu sehen. Auf Wandgemälden von P. Juvenel im Nürnberger Rathaus (um 1622) ist Horatius' Heldentat neben der von Curtius dargestellt, ferner die Tötung der Söhne von → Brutus, L. I. und die Selbstbeherrschung des → Scipio Maior. Mit dem Thema beschäftigte sich auf Gemälden z. B. auch C. le Brun (um 1643, London, Dulwich Coll.) und G. de Lairesse (1684, Den Haag, Binnenhof; → Scipio Maior).

In der englischen Literatur gibt es die berühmte ›römische‹ Horatius-Ballade von T. B. Macaulay in seinen *Lays of Ancient Rome* (1842). ND

In der Oper *Muzio Scevola* – ein Pasticcio von F. Amadei, G. B. Bononcini und G. F. Händel – wird Horatius Cocles zusammen mit → Mucius Scaevola, → Tarquinius und Porsenna in politische und liebesbedingte Konflikte verwickelt (Libr. von A. Rolli, 1721, London). Als Titelfigur erscheint er in Opern von A. Stradella (1679, Genua) und E.-N. Méhul (Libr. von A. V. Arnault, 1794, Paris). NM

Lejsková-Matyásová 1970

Horen (gr. Horai, lat. Horae), Göttinnen der Jahreszeiten, Töchter des Zeus und der Themis (Hes. theog. 901–903; Hes. erg. 74–75; Pind. O. 4,1; 13,6–8; Pind. pai. 1,5–8).
Die Horen (eigentlich ›Stunden‹) hießen bei den Athenern Thallo, Auxo und Karpo und symbolisierten ursprünglich den Zyklus des Jahres (Hes.; Hom. Od. 2,107), der zunächst als dreiteilig angenommen wurde (Frühling, Sommer und Winter). Erst unter dem Einfluß der orientalischen Astronomie im 5. und 4. Jahrhundert v. Chr. wurde er um eine vierte Jahreszeit erweitert, so daß auch die Horen dementsprechend zu viert auftauchten (Plat. Krat. 410c; Kallix. bei Athen. Deipn. 5,198A; Hyg. fab. 183; Nonn. Dion. 11,488–519; bei Ov. met. 2,26; 2,118–119 sind es jedoch noch drei). Bei Hesiodos tragen sie ethische Namen wie Eunomia (Gesetz und Ordnung), Dike (Gerechtigkeit) und Eirene (Frieden). Sie waren mit den → Chariten und → Moiren verwandt und begleiteten Persephone, Aphrodite, Dionysos, Hera und Zeus. In der *Ilias* bewachen sie die Tore des Olympos.

In der Literatur haben sie keine eigenen Mythen. In der verlorenen Komödie *Horai* stellt sie Aristophanes als Göttinnen des guten Klimas und des reichen Ackerbaus in Attika dar.

In der Kunst kommen sie zusammen mit dem in einen Mantel gehüllten Dionysos auf der François-Vase (um 570 v. Chr., Florenz, M. Arch.) vor. Erst seit dem Hellenismus werden sie häufiger abgebildet und erhalten Attribute: der Frühling mit Blumen oder einem jungen Bock, der Sommer mit Ähren, der Herbst mit Weinranken und der Winter mit Jagdbeute an einem Stock. Die Kleidung ist der Temperatur der Jahreszeit angepaßt, ebenso die Farbgebung (strohgelb, weinrot). Obwohl erst aus der römischen Zeit männliche Horen bekannt sind, gehen diese vermutlich auch auf hellenistische Vorbilder zurück. Auf Wandgemälden in Pompeii aus dem 1. Jahrhundert n. Chr. sind sie oft zu sehen, ebenso in der Spätantike in Gräbern auf Mosaiken und Sarkophagen, wo sie für das Leben von der Geburt bis zum Tod stehen. In der Grabkunst symbolisieren sie möglicherweise die epikureische Idee des ›carpe diem‹ (nutze den Tag) und ›memento mori‹ (gedenke des Sterbens).

Auch in der frühchristlichen Kunst versinnbildlichen sie den Lebenszyklus, wie in der Kapelle des Baptisteriums im Lateranpalast in Rom (5. Jh.), wo das Gewölbemosaik nur ihre Attribute zeigt. Sonst erhalten sie in Kunst und Literatur keinen eigenen Stellenwert.

Hanfmann 1951; Kranz 1984; Müller 1994

Hyakinthos, Geliebter des → Apollon

Hygieia, Göttin der Gesundheit → Asklepios

Hylas, Gefährte des Herakles → Argonauten, → Nymphen

Hyperides, Verteidiger der → Phryne

Hypermnestra, eine der → Danaïden

Hypnos und Thanatos (lat. Somnus und Mors), Personifikationen des Schlafes und des Todes, Zwillingsbrüder, Söhne der Nyx (Nacht) und des Erebos (Hes. theog. 211–212; 758; Hom. Il. 14,231; 16,672).

Nach Homer wohnten Hypnos und Thanatos auf Lemnos (Il. 14,272), nach Vergil in der Unterwelt. Ovid (met. 11,592–615; Stat. Theb. 10,89 ff.) berichtet von einem Aufenthalt des Hypnos im Land der mythischen Kimmerier, einem Ort ewiger Finsternis im äußersten Westen der Welt. Hypnos schlummerte so wie seine vielen Söhne, unter denen sich auch Morpheus, der Gott der Träume befand, in einer Höhle, durch die Lethe, der Fluß des Vergessens, strömte. Vor der Höhle wuchsen Mohnblumen und andere betäubende Pflanzen. Homer erzählt, wie Hypnos auf die Bitte Heras Zeus einschläferte, so daß die Götter, die im Trojanischen Krieg auf der Seite der Griechen standen, seinen Verlauf nach ihren Wünschen beeinflussen konnten. Hypnos versetzte → Endymion, den Geliebten der thebanischen Königstochter Selene, in einen ewigen Schlaf mit offenen Augen, damit dieser nicht alterte, seine Geliebte aber ständig anschauen konnte. Thanatos war nach Euripides der Widersacher von → Herakles, der → Alkestis aus dem Totenreich in die Welt der Lebenden zurückführte. Manchmal erschienen die beiden Brüder auf Befehl eines Gottes auf den Schlachtfeldern, um die Gefallenen wegzutragen. So brachten sie den Leichnam des Sarpedon auf Wunsch Apollons von Troja nach Lykien zurück (Hom. Il. 16,666–683).

Die zwei Brüder werden in der Kunst mit Flügeln und meist nackt oder mit Waffen dargestellt, wobei Hypnos stets als der jüngere erscheint. Aus der archaischen und klassischen Keramik sind Abbildungen überliefert, auf denen sie Sarpedon auf Befehl des Zeus oder der Eos (der Mutter von Sarpedons Gegner Memnon) vom trojanischen Schlachtfeld wegtragen, z. B. vom Eucharides-Maler (frühes 5. Jh. v. Chr., Paris, Louvre) und vom Sarpedon-Maler (Ende 5. Jh. v. Chr., New York, Metrop. M.). In der Bildhauerkunst entstand u. a. eine Arbeit mit einem forteilenden Hypnos, die Praxiteles oder Skopas (Mitte 4. Jh. v. Chr.; durch Bronze- und Marmorkopien bekannt, u. a. Madrid, Prado; London, British M.) zugeschrieben wird. Aus dem 1. Jahrhundert v. Chr. stammt die sog. San Ildefonso-Gruppe (heute Madrid, Prado) mit den sich umarmenden Brüdern, die mit einer niedergehaltenen Fackel den Schlaf und den Tod symbolisieren. Hypnos wird auch mit der auf Naxos zurückgelassenen, schlafenden Ariadne abgebildet. Hypnos und Thanatos sind ferner auf etruskischen Spiegeln sowie auf römischen und frühchristlichen Sarkophagen zu finden.

N Wie in der römischen Kunst symbolisiert die umgekehrte Fackel
   auch in der Kunst der Neuzeit Tod und Vergänglichkeit, wird im
   Barock aber von Eroten (→ Eros) gehalten. Thanatos mit der
   Fackel in der Hand taucht als Motiv erst wieder in der neoklassizistischen Grabkunst auf: z. B. auf A. Canovas Grabmal (1787–
   92) für Clemens XIII. in St. Peter in Rom. A. J. Carstens zeichnete (1795) nach Hesiodos die Nacht, die von ihren Kindern
   umringt wird: Hypnos und Thanatos, Nemesis und die Moiren.
   Hypnos ist ohne seinen Bruder auf Gemälden nach Ovid zu
   sehen, u. a. auf Fresken von B. Peruzzi (1511/12, Rom, Villa
   Farnesina) und G. B. Naldini (um 1572, Florenz, Pal. Vecchio).
   Bérard 1974; Eger 1966; Hartmann 1969

Hypsikrateia, Geliebte des → Mithridates VI.

Iarbas → Dido

Iason, Anführer der → Argonauten, Sohn des Aison (Hes.
theog. 997), des Königs von Iolkos in Thessalien und der Po-
lymede oder der Alkimede ⟨Pind. P. 4; Apoll. Rhod. Arg.; Eur.
Med.; Val. Fl.; Apollod. 1,9,16–28; 3,13,7; Hyg. fab. 12–14; 24–
25⟩.
Iasons Vater Aison war von seinem Halbbruder Pelias vom
Thron gestürzt worden, oder Pelias hatte nach Aisons Tod für
den noch minderjährigen Iason die Herrschaft übernommen,
war aber nicht bereit, sie wieder abzugeben.
Iason war vor Pelias in Sicherheit gebracht und von dem
Kentauren Chiron erzogen worden. Als er erwachsen war, zog
er nach Iolkos, um von Pelias die Herrschaft zurückzufordern.
Unterwegs erfüllte er die Bitte einer alten Frau, sie über einen
Fluß zu tragen, wobei er eine seiner Sandalen verlor. Iason ahnte
nicht, daß es sich bei der alten Frau um Hera handelte, die sich an
Pelias für die Vernachlässigung seiner Opferdienste rächen wollte und deshalb Iason bei seinem Vorhaben unterstützte.
Pelias hatte durch einen Orakelspruch erfahren, daß er sich vor
einem Mann hüten müsse, der mit nur einem Schuh zu ihm kommen würde. Als Iason ankam, war der König also bereits gewarnt. Um keinen Mord begehen zu müssen, überlegte er sich
einen anderen Weg, sich von Iason zu befreien. Er versprach ihm
die Königsherrschaft, stellte aber eine unmenschliche Bedingung: Iason sollte ihm das Goldene Vlies bringen, das Fell eines

geflügelten Widders, auf dem Phrixos vor seiner Stiefmutter Ino nach Kolchis an der östlichen Küste des Schwarzen Meers geflohen war. Aietes, der König von Kolchis, hatte dieses begehrte Fell Ares geweiht und ließ es durch ein feuerspeiendes Ungeheuer bewachen.

Gemeinsam mit den → Argonauten machte sich Iason auf den Weg nach Kolchis. Aietes wollte aber das Goldene Vlies nicht ohne weiteres herausgeben und stellte Iason eine unerfüllbare Aufgabe. Aphrodite und Eros kamen ihm jedoch zu Hilfe: durch ihren Einfluß verliebte sich → Medeia, die Tochter des Aietes, in ihn und bot ihm ihre Zauberkräfte an, nachdem er versprochen hatte, sie nach Griechenland mitzunehmen und zu heiraten.

Sie gab Iason eine Wundersalbe, die ihn unverletzbar machte, so daß er zwei feuerspeiende Stiere in ein Joch spannen und den Acker pflügen konnte. In die Furche säte er Drachenzähne, aus denen innerhalb weniger Stunden riesige Krieger emporwuchsen, die er bekämpfen mußte. Iason warf einen großen Felsen zwischen sie, worauf sie sich gegenseitig umbrachten, weil sie meinten, einer von ihnen habe den Felsen geworfen (→ Kadmos). Damit hatte Iason seine Aufgabe erfüllt. Als Aietes das Goldene Vlies trotzdem nicht herausgeben wollte, beschlossen die Argonauten, es zu stehlen. Erneut wandte Medeia ihre Zauberkünste an, um den stets wachsamen Drachen einzuschläfern, der das Vlies behütete.

Nach ihrer Rückkehr ermordete Medeia Pelias in Iolkos, weil er sich noch immer weigerte, Iason den Thron zu überlassen. Auf der Flucht vor Akastos, dem Sohn des Pelias, gelangten Iason und Medeia an den Hof von Korinth. Als Iason aber Medeia verstoßen wollte, um Glauke (oder Kreusa), die Tochter des korinthischen Königs Kreon, zu heiraten, brachte Medeia die Prinzessin sowie ihre eigenen Kinder aus der Ehe mit Iason um. Dieser beging Selbstmord oder wurde von einem Holzbalken erschlagen, der sich löste, als er am Wrack seines Schiffes ›Argo‹ saß.

In der Literatur und bildenden Kunst wird Iason neben den anderen Argonauten selten dargestellt. Auf einem pompejanischen Wandgemälde (jetzt Neapel, M. Arch. Naz.) ist sein Besuch bei Pelias zu sehen.

Die Brüder Carracci schufen im Palazzo Fava in Bologna eine Freskenreihe (um 1583/84), die das Leben Iasons seit seiner Erziehung durch Chiron zeigt. Von J.-F. de Troy stammen Entwürfe für eine Teppichreihe (1742–46, u. a. Paris, Louvre) mit

NK

der Geschichte Iasons. Mit dem Thema Iason und das Goldene
Vlies beschäftigten sich u. a. B. Bandinelli (1545–55, Bronzestatuette, Florenz, M. Naz.), C. d'Arpino (1594/95, Fresko, Rom,
Pal. del Sodalizio dei Piceni; mit Medeia), Rubens/E. Quellinus
(um 1636/37, Gemälde, Madrid, Prado), B. Thorvaldsen (1803–
28, Marmorstatue, Kopenhagen, Thorvaldsen M.), H. Füssli
(1806, Gemälde, London, British M.; Diebstahl), G. Moreau
(1865, Gemälde, Paris, M. d'Orsay) und R. Motherwell (1961,
Gemälde, Norfolk/Va., Chrysler M.). Bei G. de Lairesse (um
1675, Grisaille, Amsterdam, M.) versinnbildlicht Iason mit dem
Goldenen Vlies den Reichtum. Zusammen mit dem Drachen ist
Iason auf einem Gemälde von S. Rosa (um 1668, Montreal, M.)
und J. M. W. Turner (1802, London, Tate G.) zu sehen.

ND   In der Literatur des Mittelalters wird die Geschichte von Iason
im anonymen *Ovide Moralisé* (ca. 1316–28) und in G. Boccaccios
De claris mulieribus (1356–64) erzählt. Sie lieferte auch den Stoff
für Sonette von L. F. de Vega Carpio (1602–04), ein Epos von
W. Morris (1867) und einen Roman von H. Treece (1961). Für
das Theater wurde sie bearbeitet von R. Glover (1799). Vgl. auch
→ Argonauten.

NM   Die Geschichte des Iason war schon früh Thema einiger Opern
von P. F. Cavalli (Libr. von F. A. Cicognini, 1648/49, Venedig),
G. C. Schürmann (Libr. von F. Parisetti, 1707, Brunswick), N.
Porpora (1742, Neapel) und eines Singspiels von J. S. Küsser
(Libr. von F. C. Bressand, 1692, Braunschweig). Viel später
folgte eine Kantate von A. Mackenzie (Libr. von W. E. Grist,
1882, Bristol Festival). Vgl. → Argonauten.

Idas und Lynkeus → Dioskuren

Idomeneus, König von Kreta, Anführer der kretischen Flotte
von achtzig Schiffen im Trojanischen Krieg, Sohn des Deukalion und Enkel des Minos ⟨Hom. Il. 2,645–652; 13,210–519⟩.
Nach Homers *Odyssee* (u. a. 3,191; Diod. 5,79,4) gehörte Idomeneus zu denjenigen, denen nach dem Trojanischen Krieg eine
glückliche Rückreise beschieden war. Bei späteren Autoren dagegen (u. a. Strab. 10,479–480; Verg. Aen. 3,121–122; 11,264–
265) geriet Idomeneus in heftige Stürme, weshalb er Poseidon
versprach, ihm bei seiner Ankunft den ersten Menschen zu op-

fern, dem er begegnen würde. Als Idomeneus auf Kreta landete, war sein Sohn der erste, auf den er traf, einer anderen Überlieferung zufolge seine Tochter (vgl. Jephtah und seine Tochter in Richter 11,30–39). Da er das Versprechen einhielt und sein Kind opferte, vielleicht aber auch, weil er vor der grausamen Tat zurückschreckte bzw. sie nur zum Schein vollzog, kam zur Strafe eine Pest über die Insel, die erst erlosch, als Idomeneus nach Italien in die Verbannung ging (Serv. Aen. 3,12).

Eine der seltenen bildlichen Darstellungen des Idomeneus ist in einer *Ilias*-Handschrift aus dem 5. oder 6. Jahrhundert n. Chr. in der Bibliotheca Ambrosiana in Mailand zu finden. In der späteren bildenden Kunst spielt er keine Rolle.

Die Geschichte mit ihren spät- und nachantiken Varianten liefert im 18. Jahrhundert den Stoff zu wichtigen Bühnenwerken, u. a. für Dramen von P. J. de Crébillon (1705), A.-M. Lemierre (1764) und N. Alvarez de Cienfuegos (1798) sowie für Opern von A. Campra (Libr. von A. Danchet, 1712, Paris), B. Galuppi (1756, Rom), W. A. Mozart (Libr. von G. Varesco nach Danchet, 1781, München), G. Gazzaniga (Libr. von G. de Sertor, 1790, Padua), V. Federici (Libr. von L. Romanelli, 1806, Mailand) und G. Farinelli (Libr. von G. Rossi, 1811). R. Strauss komponierte für die Mozart-Oper ein Zwischenspiel (1931, Wien).

Ikarios → Dionysos

Ikaros → Daidalos und Ikaros

Ino → Dionysos

Io, Priesterin der Hera, Tochter des Inachos, des Königs von Argos und der Melia 〈Aischyl. Hik.; Aischyl. Prom. 561–886; Ov. met. 1,610–688; 1–713–750; Apollod. 2,1,3; Hyg. fab. 145; Val. Fl. 4,350 ff.〉.

Io wurde in ihren Träumen immer wieder von Zeus verfolgt. Sie erzählte ihrem Vater davon, worauf dieser nach Delphi und Dodona ging, um die Orakel um Rat zu fragen. Diese rieten ihm, die Tochter davonzujagen und Zeus zu überlassen, damit nicht sein ganzes Geschlecht von Zeus' Blitzen vernichtet werde. Zeus ging daraufhin ein Liebesverhältnis mit Io ein. Als die eifersüchtige Hera Verdacht schöpfte, versuchte Zeus, seine Frau zu täuschen, indem er Io in eine Kuh verwandelte (Ov. met. 1,610–612). Aber Hera ließ sich nicht beruhigen und forderte, Zeus solle ihr die Kuh überlassen. Sie ließ Io von dem Hirten Argos bewachen, dem mit seinen hundert Augen nichts entging. Von Mitleid oder Begierde getrieben, beauftragte Zeus → Hermes, Argos zu töten. Hermes verkleidete sich als Hirte und brachte Argos mit seinem Flötenspiel dazu, mit allen hundert Augen einzuschlafen. Dann schlug er ihm den Kopf ab, worauf Hera seine Augen in den Schweif ihrer Lieblingstiere, der Pfauen, setzte.

Doch damit war Io noch keine Ruhe gegönnt. Hera ließ sie von einer Bremse verfolgen, die sie zur Raserei brachte und entlang des nach ihr benannten Ionischen Meeres über den Bosporus nach Asien trieb, bis sie schließlich in Ägypten ankam. Dort erhielt sie ihre ursprüngliche Gestalt zurück, gebar Zeus einen Sohn, Epaphos, und wurde Königin von Ägypten.

Sehr viele kurze Erwähnungen in der Literatur bezeugen, daß der Mythos sehr beliebt war. Varianten dieses Mythos – Hera selbst verwandelt Io in eine Kuh, um ein Verhältnis mit Zeus zu verhindern – werden in Aischylos' *Hiketides* (Die Schutzflehenden) und *Prometheus Desmotes* überliefert. In der Prometheus-Tragödie trifft Io auf den angeketteten Prometheus, ein anderes Opfer des Zeus, dem sie ihr bitteres Los klagt. In den *Hiketides* wird das Schicksal Ios von deren Nachfahren, den → Danaïden geschildert, als diese auf der Flucht vor den Söhnen des Aigyptos bei Pelasgos, dem König von Argos, Schutz suchen.

Nach Ovid wurde Hera argwöhnisch, als sie über dem Palast von Argos eine Wolke sah, die das ehebrecherische Verhältnis von Zeus ihrem eifersüchtigen Blick verbergen sollte. Außerdem stieß Inachos auf der Suche nach seiner Tochter auf die Kuh, die ihre Geschichte mit einem Huf in den Sand schrieb.

In der bildenden Kunst der Antike wird der Tod des Argos schon seit dem 6. Jahrhundert v. Chr., einige Male auch Io im Hera-Heiligtum vor ihrer Verwandlung auf Vasen dargestellt. Römische Mosaike und Gemälde zeigen die Argos-Geschichte (z. B. im sogenannten Haus der Kaiserin Livia in Rom, um 30 v. Chr.) und Io in Ägypten, wobei sie kleine Hörner trägt (Neapel, M. Arch. Naz.).

NK In der italienischen Renaissance entstanden Werke mit der Geschichte Ios, z. B. von Filarete, der kleine Reliefs auf einer Bronzetür von St. Peter in Rom (1433–45) mit Hermes, Argos, Io und Hera schuf, von B. di Giovanni (um 1488, Gemälde, Baltimore, Walters Art G. und Schloß Berchtesgaden) und von L. Cambiaso (1544, Fresken, Genua, Pal. della Prefettura). Zeus und Io sind u. a. auf Gemälden von A. da Correggio (um 1530, Wien, Kunsth. M.; Zeus liegt in Wolkengestalt bei Io), P. Bordone (um 1559, Göteborg, Kunstm.), F. Lemoyne (um 1725–27, St. Petersburg, Eremitage), C.-J. Natoire (um 1731, Troyes, M.) und J.-H. Fragonard (1748–52, Angers, M.) zu sehen. Hera mit Io und Argos bzw. der über Io wachende Argos finden sich auf Gemälden von M. van Uyttenbroeck (1625, München, AP) und C. Lorrain (1660, Dublin, Nat. G.).

Die Szene, wie Hermes Argos in den Schlaf singt, wurde häufig dargestellt, z. B. auf Gemälden von J. Tintoretto (um 1541, Modena, G. Estense), G. B. Zelotti (1565–70, Fresken, Fasolo, Villa Emo), J. Jordaens (um 1620–23, Lyon, M.), A. Bloemaert (um 1592–96, Utrecht, M. und 1645, Wien, Pal. Liechtenstein), P. Bril (um 1612, Wien, Kunsth. M.), Rubens (1636–38, Madrid, Prado), D. Teniers d. Ä. (1638, Wien, Kunsth. M.; mit Io), P. F. Mola (um 1640–50, Oberlin/Ohio, Art M.; Berlin, Staatl. M. und London, Mahon C.), J. Both (mit N. Knupfer um 1647/48, Wien, Kunsth. M. und 1650, München, Schloß Schleißheim), J. van Campen (um 1650, Den Haag, Mauritsh.; mit Io), J. C. Loth (um 1657–59, London, Nat. G.), F. Bol (1661–63, Potsdam, Neues Pal.), B. Fabritius (1662, Kassel, Gemäldeg.), A. van de Velde (1663, Vaduz, Fürstl. G. und 1671, Prag, Nationalg.), C. von Steuben (1817–22, Paris, Louvre) und J. M. W. Turner (1836, Ottawa, Nat. G.) sowie in der Bildhauerei von G. R. Donner (um 1739, Bleistatue, u. a. Wien, Barockm. und Nürnberg, Nationalm.; Hermes mit dem Kopf des Argos) und B. Thorvaldsen (1819–28, Marmorstatue, u. a. Kopenhagen, Thorvaldsen M. und Madrid, Prado). Meist dient das Thema dazu, ein idyllisches oder pastorales Bild zu gestalten, wobei bei einigen holländischen Werken die moralische Deutung in C. van Manders *Wtleggingh* (1604) den Hintergrund gebildet haben dürfte: Argos, der den wachsamen Verstand verkörpert, wird von Hermes, dem Vertreter der Wollust und des Egoismus, umgebracht. Eine vergleichbare Interpretation findet sich in spanischen Schriften aus dem 17. Jahrhundert (die schlafende Vernunft, die Erschlaffung der Wachsamkeit) und hat möglicherweise das Gemälde von Velázquez (um 1659, Madrid, Prado) beeinflußt.

In der niederländischen Kunst sind weitere Io-Szenen zu finden: z. B. zeigt P. Lastman auf einem Gemälde (1618, London, Nat.

G.), wie Hera Zeus bei Io überrascht; Rubens (um 1611, Köln, Wallr.-Rich. M.) und H. Goltzius (um 1615, Rotterdam, M. Boymans) schildern, wie Hermes Hera die Argos-Augen überreicht, die damit den Pfauenschwanz verziert.

ND Das Thema kommt in der Literatur und auf der Bühne nur selten vor. Im Mittelalter fand es Eingang im *Roman de la Rose* von Guillaume de Lorris und Jean de Meung (ca. 1275), im anonymen *Ovide Moralisé* (ca. 1316–28) und in Christine de Pizans *L'epistre d'Othéa à Hector* (ca. 1400). T. Heywood nahm die Geschichte in ein Versdrama (ca. 1612/13) auf und S. O'Casey ironisiert den Mythos in Titel und Thema seines Stückes *Juno and the Paycock* (1924).

NM Daneben entstanden Opern von A. M. Abbatini (Libr. von A. Draghi, 1664, Wien) und M. F. Peranda/A. Bontempi (Libr. von Bontempi oder C. C. Dedekind nach Draghi, 1673, Dresden); ein Ballett von J.-P. Rameau blieb Fragment (vor 1764).

Engelmann 1903; Freyer-Schauenburg 1983

Iobates → Bellerophon

Iokaste, Mutter und Gemahlin des → Oidipus

Iolaos, Neffe des → Herakles

Iole, Geliebte des → Herakles

Ion, Stammvater der Ionier, Sohn des Xuthos, nach Euripides Sohn der athenischen Königstochter Krëusa und des Apollon ⟨Eur. Ion⟩.
Krëusa war von Apollon vergewaltigt worden (Hdt. 7,94; 8,44; Plat. Euthyd. 302c; Apollod. 1,7,3). Euripides' Drama *Ion* zufolge setzte sie deshalb ihren Sohn nach der Geburt in einer Höhle am Hang der Akropolis aus. Im Auftrag Apollons brachte Hermes das Kind zum Apollon-Tempel in Delphi, wo es ohne Wissen um seine Herkunft aufwuchs und als Tempeldiener lebte. Krëusa heiratete Xuthos, den König von Athen. Aber das Ehepaar blieb kinderlos und ging deshalb nach Delphi, um das Orakel um Rat zu fragen. Krëusa traf dort auf ihren Sohn Ion, erkannte ihn aber nicht und klagte ihm in Andeutungen ihr Schicksal: Apollon habe sie damals vergewaltigt und später dem gemeinsamen Kind keinen Schutz geboten.

Inzwischen hatte Xuthos vom Orakel erfahren, daß er Delphi nicht kinderlos verlassen werde. Der erste Mensch, dem er beim Verlassen des Tempels begegnen würde, sei sein Sohn. Als Xuthos dann auf Ion traf, hielt er ihn für einen unehelichen Sohn und machte ihn zum Thronerben Athens. Krëusa ertrug ihre Rolle als unfruchtbare Stiefmutter nicht und wollte Ion vergiften, dieser konnte jedoch dem Mordanschlag entgehen. Als Ion sich an Krëusa rächen wollte, griff Pythia, eine Priesterin Apollons, ein und zeigte die Windeln vor, in denen man Ion damals gefunden hatte, worauf Krëusa ihren Sohn erkannte.
Einige Jahre später übernahm Ion den athenischen Thron. Nach Strabon (8,383; 9,397) war er der erste König Athens, der den Staat politisch organisierte (vgl. Paus. 2,14,2; 7,1,2–5).

Seit dem 6. Jahrhundert v. Chr. wird Ion sehr selten auf Vasen dargestellt, meistens in der Szene, in der seine Mutter ihn wiedererkennt (Ruvo, M. Jalla), ebenso auf einem etruskischen Bronzekasten aus Palestrina (2. Hälfte 4. Jh. v. Chr., Rom, Villa Giulia). Am Westgiebel des Parthenon-Tempels stellte er einen der Stammväter Athens dar (Figur E, verschollen).

In der Literatur der Neuzeit bildet das Ion-Drama von Euripides N – ein Intrigenstück mit Mißverständnissen und Täuschungen – das Vorbild für einige Bearbeitungen: A. W. von Schlegel (1803), C.-M.-R. Leconte de Lisle (*L'Apollonide*, 1888) und T. S. Eliot (*The Confidential Clerk*, 1952), wo die Geschichte über die Ungewißheit der Identität im zeitgenössischen England spielt. F. M. Servais komponierte eine Oper nach dem Drama von de Lisle (1899, Karlsruhe); eine Bühnenmusik zu Euripides schuf T. Karyotakis (1937, Athen).

Frenzel 1992a; Heinemann 1920; Lippa 1931

Iphigenie, Tochter des mykenischen Königs → Agamemnon und der Klytämnestra, Schwester von → Elektra und → Orestes ⟨Eur. Iph. A.; Eur. Iph. T.⟩.
Als Agamemnon die griechische Flotte bei Aulis versammelt hatte, um nach Troja zu segeln, wurde sie durch eine hartnäckige Windstille am Auslaufen gehindert. Der Seher Kalchas erklärte, Artemis habe die Flaute verursacht, weil Agamemnon sie bei seinen Opfern vernachlässigt oder auf andere Weise beleidigt habe. Die Göttin verlange von ihm die Opferung seiner Tochter Iphigenie.

Nach einigen Zweifeln und unter dem Druck des Heeres lockte Agamemnon Iphigenie unter dem Vorwand nach Aulis, sie solle mit Achilleus verlobt werden. Nach Aischylos' *Agamemnon* (1543) und anderen Überlieferungen wurde Iphigenie tatsächlich auf dem Altar getötet. In Euripides' *Iphigeneia he en Aulidi* entrückt Artemis Iphigenie im letzten Moment nach Taurien und opfert stattdessen eine Hirschkuh.

In Taurien, wo Thoas regierte, wurde Iphigenie Priesterin im Artemis-Tempel (Diod. 4,44; Hyg. fab. 120–122). Hier herrschte der Kult, daß alle Fremdlinge, die das Land betraten, vor der hölzernen Artemis-Statue geopfert wurden.

Viele Jahre später kamen Iphigenies Bruder Orestes und sein Gefährte Pylades auf die Insel. Orestes war seit dem Mord an seiner Mutter Klytämnestra vom Wahnsinn befallen und mußte zur Sühnung seiner Tat das hölzerne Bildnis aus Taurien holen. Doch wie alle Fremden auf der Insel wurden er und Pylades gefangengenommen und vor den Tempel zu Iphigenie geführt, um geopfert zu werden. Iphigenie erkannte ihren Bruder und ersann eine List, so daß die Geschwister und Pylades mit der Holzstatue von der Insel fliehen konnten.

Nach Euripides starb Iphigenie im attischen Brauron, wo sie ein wichtiges Artemis-Heiligtum gegründet hatte. Die Tragödie handelt von der mythischen Vorgeschichte dieser Kultstätte. Hyginus (fab. 98) überliefert aufgrund einer verschollenen Tragödie von Sophokles das spätere Schicksal der Iphigenie in Delphi: Elektra hatte erfahren, daß ihr Bruder Orestes in Taurien umgekommen sei und ging nach Delphi, um das Orakel zu befragen. Dort traf sie auf Iphigenie und hielt sie für eine Taurerin, die Orestes getötet hatte. Sie stürzte sich auf Iphigenie und wollte sie umbringen, aber Orestes trat zwischen die beiden, worauf Elektra ihre Schwester erkannte.

Die Geschehnisse in Aulis und Taurien sind von Euripides gestaltet worden: In der Tragödie *Iphigeneia he en Aulidi* zeigt Iphigenie eine Wandlung von der Weigerung hin zur Opferbereitschaft, womit die extremen Entscheidungsmöglichkeiten des Menschen angedeutet werden. Die *Iphigeneia he en Taurois* schildert eine reife, bedachtsame Iphigenie, die über das Leiden, die Stellung der Frau, den Gottesdienst und die Familienbande nachdenkt.

Die antiken Darstellungen beziehen sich auf die wichtigsten Episoden aus den Werken des Tragikers: das Opfer in Aulis und die Erkennungsszene zwischen Bruder und Schwester in Tauris.

Eine Figurengruppe aus dem 2. Jahrhundert v. Chr. (Kopen-hagen, Ny Carlsberg Glyptothek) zeigt Artemis, wie sie Iphi-genie vor der Opferung rettet. Die taurische Episode ist häufig auf Vasen, etruskischen Urnen sowie auf römischen Sarkopha-gen und Wandgemälden abgebildet. Orestes und Pylades werden mit gefesselten Händen gezeigt, während Iphigenie das Kultbild der Artemis festhält. Im Heiligtum von Brauron sind Weihere-liefs mit Iphigenie und Statuetten ihrer Priesterinnen (den sog. ›arktoi‹, Bärinnen) gefunden worden (ab 5. Jh. v. Chr. bis in die Kaiserzeit, Brauron, M.).

Übersetzungen und Bearbeitungen der auf die Humanisierung ND des Götterglaubens abzielenden Euripides-Dramen entstehen seit dem 16. Jahrhundert: Übersetzungen von Erasmus ins La-teinische (1506) und von J. van den Vondel ins Niederländische (1666); Bearbeitungen von J. de Rotrou (1640) und S. Coster (1617, ein antiklerikales Schlüsseldrama im Streit zwischen Cal-vinisten und Freigeistern). Die drei dramatischen Situationen des Iphigenie-Stoffes griffen seit dem 16. Jahrhundert verschie-dene Autoren auf: Das heroische Motiv der ›Iphigenie in Aulis‹ (Opferung Iphigenies durch den Vater) thematisieren u. a. L. Dolce (1543–47), J. Rotrou (1649), J. B. Racine (1674), F. Halm (1862) und G. Hauptmann (1944); das Sühnethema der ›Iphi-genie bei den Tauern‹ behandeln u. a. F.-J. La Grange-Chancel (1697), J. E. Schlegel (*Die Geschwister in Taurien*, 1737), G. La Touche (1757) und J. W. von Goethe (1787). Goethes *Iphigenie auf Tauris* (1787) zeigt eine edle Iphigenie, die den Humanitäts-gedanken zu Ende führt: Sie hat den Brauch des Menschenopfers abgeschafft und bringt Thoas dazu, Menschlichkeit und Nach-sicht zu zeigen. Nachdem sie ihm die Wahrheit über ihre Her-kunft und ihre Absichten anvertraut hat, läßt er die Geschwister ziehen.

Goethe versuchte, sich auch der dritten dramatischen Situation des Iphigenie-Stoffes, das Schicksal ›Iphigenies in Delphi‹, in seiner *Iphigenie in Delphi* (1786) zu bedienen, doch konnte er seinen Plan nicht verwirklichen. Spätere Bearbeitungen, die auf Hyginus zurückgreifen, stammen von R. Garnett (1890) und G. Hauptmann (1941). Beide Iphigenie-Dramen der im 20. Jahr-hundert entstandenen Atriden-Tetralogie von G. Hauptmann (mit den anderen beiden Stücken *Agamemnons Tod* und *Elektra*, 1948) stehen im Zeichen der Schicksalhaftigkeit des Daseins, die sich nicht erkennen läßt und der man ohnmächtig gegenüber-steht. Von I. Langner gibt es ein Drama, das sie mit dem Titel

Iphigenie kehrt heim (1948) überschrieb, und aus der niederländischen Literatur ist eine Tauris-Tragödie von M. Nijhoff mit Musik von H. Badings (1954) zu nennen.

NM Im 18. Jahrhundert spielt Iphigenie eine bedeutende Rolle in der Operngeschichte, wobei die beiden ersten Lebensstationen der Gestalt jeweils im Mittelpunkt der Werke stehen.

V. a. die Tragödie um Iphigenie in Aulis war sehr beliebt, zuerst bei R. Keiser (Libr. von C. H. Postel, 1699, Hamburg), A. Aureli (1707, vermutl. Venedig), A. B. Coletti (Libr. von P. Riva, 1707, Venedig) und D. Scarlatti (Libr. von C. S. Capece nach Euripides, 1713, Rom), wenig später auch in einem Libretto von A. Zeno, das zahlreich vertont wurde, z. B. von A. Caldara (1718, Wien), G. M. Orlandini (1732, Florenz), G. Porta (1738, München), N. Jommelli (1751, Rom), I. J. Pleyel (1785, Neapel) und F. Danzi (1807, München). G. Reutter d. J. schrieb die Musik für ein Libretto von P. Pariati (1735, Wien), N. Porpora hielt sich an den Text von P. A. Rolli (1735, London). C. H. Graun komponierte zwei Aulis-Opern in Zusammenarbeit mit Friedrich II., der die Libretti bearbeitete (nach Postel, 1731, Braunschweig; nach Racine, 1748, Berlin). Immer wieder waren auch die Reformbestrebungen der Oper mit dem Iphigenie-Stoff verbunden, z. B. durch das ›Muster‹Libretto von F. Algarotti (in *Saggio sopra l'opera in musica*, 1755; Livorno, 1763) oder durch die Oper von C. W. Gluck (Libr. von F. L. G. Le Blanc Du Roullet nach Racine, 1774, Paris). Schon früher hatte Gluck ein Aulis-Ballett komponiert (1765, Laxenburg), später schrieb er eine weitere Reformoper zu Iphigenie auf Tauris (Libr. von N. F. Guillard/Du Roullet nach Euripides, 1779, Paris). Im 19. Jahrhundert folgen noch einige Opern von V. Federici (Libr. von L. Romanelli, 1809, Mailand), S. Mayr (Libr. von G. Arici nach Du Roullet, 1811, Brescia) und Szene und Rezitativ für Sopran von F. Ries (1810). Auch in jüngster Zeit wurde immer wieder auf die Opfergeschichte zurückgegriffen, z. B. mit den Radio-Opern von I. Pizzetti (Libr. vom Komponisten und A. Perrini, 1950, RAI Turin) und P. Bentoiu (1968, Bukarest), der ›composition for tape‹ von M. Adamis (1970) und einer satirischen Kantate *Iphigenie in Brooklyn* von P. Schickele (Pseudonym P. D. Q. Bach, vermutl. 1970).

Das Schicksal der Iphigenie auf Tauris behandeln Opern von A. Draghi (Libr. von N. Minato, 1678, Wien), H. Desmarets (mit Ergänzungen von A. Campra, Libr. von J.-F. Duché de Vancy/A. Danchet, 1704, Paris), D. Scarlatti (Libr. von C. S. Capece,

1713, Rom), A. Caldara/G. Reutter d. J. (Libr. von G. C. Pasquini, 1728, Graz) und N. Jommelli (Libr. von M. Verazi, 1771, Neapel). Ein Libretto von B. Pasqualigo vertonten G. M. Orlandini (1719, Venedig), L. Vinci (1725, Venedig) und C. Monza (1784, Mailand), eines von M. Coltellini A. Mazzoni (1756, Treviso), T. Traetta (1763, Wien) und B. Galuppi (1768, St. Petersburg). J. F. Reichardt komponierte eine Bühnenmusik zu Goethes Drama (ca. 1798). Zwei Lieder nach dem Text von J. Mayrhofer stammen von F. Schubert (beide 1817).

In der bildenden Kunst der Neuzeit schuf G. B. Tiepolo zwei NK Freskenzyklen mit der Geschichte Iphigenies: den einen im Palazzo Cornaro di San Maurizio in Merlengo (1736) und den anderen in der Villa Valmarana in Vicenza (1757). Im 17. und v. a. im 18. Jahrhundert wird das Opfer in Aulis häufig thematisiert, z. B. auf Gemälden von L. Bramer (um 1625–30, Delft, Prinsenhof), J. Steen (1671, Amsterdam, M.), J. Jouvenet (um 1681–84, Troyes, M.), G. B. Pittoni (1730–1740, u. a. St. Petersburg, Eremitage), C.-A. Coypel (1737, Brest, M.), F. A. Maulbertsch (um 1750, Warschau, M.), C. van Loo (1757, Potsdam, Neues Pal.) und G. D. Tiepolo (1760–65, Weimar, M.). Vermutlich nach einem Entwurf von S. de Bray entstand eine Teppichreihe (um 1651, Amsterdam, M.) zur Tauris-Geschichte. J. H. W. Tischbein malte Iphigenie und Orestes im Jahre 1788, als Goethe ihm seine Tragödie vorlas. Die beiden Personen und die → Erinyen im Hintergrund wurden mit dem Kopf von Lady Hamilton ausgestattet (jetzt Privatbesitz). A. Feuerbach zeigt auf zwei Gemälden Iphigenie als wehmütig übers Meer schauende Priesterin in Tauris (1862, Darmstadt, Landesm. und 1871, Stuttgart, Staatsg.). P. Lastman (1614, Amsterdam, M.) und B. West (1766, London, Tate G.) stellten auf Gemälden Orestes und Pylades als Gefangene vor Thoas und Iphigenie dar.

Dowley 1968; Fazio 1932; Frenzel 1992a

Iphikles, Sohn von → Amphitryon und Alkmene

Iphitos → Herakles

Iugurtha, Gegner des → Sulla

Iulia, Tochter des → Augustus und zweite Gattin des → Tiberius

Iulia, Tochter des → Caesar und Gemahlin des → Pompeius

Iulia Agrippina Minor, Mutter des → Nero

Iuno → Hera

Iupiter → Zeus

Ixion, König der Lapithen, Sohn von Phlegyas und Perimele, Bruder der Koronis; galt in der Mythologie als der erste Mensch, der einen Verwandten ermordete ⟨Pind. P. 2,21–89; Aischyl. Ix.; Aischyl. Eum. 717–718; Eur. Ix.; Diod. 4,69–70; Hyg. fab. 14, 62; Lukian. dial. deor. 6⟩.
Ixion heiratete Dia und versprach ihrem Vater Deioneus (oder Eioneus) einen hohen Brautpreis. Als Deioneus die Geschenke holen wollte, fiel er in eine Grube mit glühenden Kohlen und verbrannte. Ixion hatte diese Grube vorbereitet, um den Brautpreis für sich behalten zu können. Niemand wollte ihn von dieser Schuld befreien; schließlich erklärte sich Zeus dazu bereit und befahl ihn zu sich auf den Olympos. Als der undankbare Ixion versuchte, Hera zu verführen, stellte Zeus ihn auf die Probe, indem er die Wolke Nephele in der Gestalt Heras zu ihm schickte. Ixion nutzte diese Gelegenheit, worauf Zeus ihn mit Schlangen an ein nie stillstehendes Rad band und ihn dazu verdammte, sich ewig mit diesem Rad zu drehen. Bei Apollonios Rhodios (2,62) und späteren Autoren (u. a. Ov. met. 4,461; 10,42) findet die Bestrafung nicht mehr auf dem Olympos, sondern im Tartaros statt. Aus der Verbindung mit Nephele ging Kentauros hervor, der Stammvater der → Kentauren.

Ixion lieferte den Stoff zu verlorengegangenen Tragödien von Aischylos und Euripides und ist bekannt durch Lukianos, der die Geschichte in der Form eines Dialoges zwischen Hera und Zeus erzählt.

Eine Metope des Tempels auf dem Forum Triangolare in Pompeii (4.–2. Jh. v. Chr.) und ein Gemälde im Haus der Vettii, ebenfalls in Pompeii (1. Jh. n. Chr.), gehören zu den seltenen Darstellungen dieses Mythos. Manchmal wird Ixion zusammen mit Sisyphos, Tantalos und Tityos abgebildet.

NK Die Strafe des Ixion lebt in manchen Höllen- und Fegefeuervisionen des Mittelalters fort; in dieser Epoche und in der frühen Neuzeit verkörpert er eine der Hauptsünden, die Luxuria (Wollust), z. B. auf einem Gemälde von J. de Ribera (1632, Madrid, Prado). Tizian (1548/49) und C. C. van Haarlem (um 1588, Rotterdam, M. Boymans) schufen Gemäldereihen mit Ixion, Sisyphos, Tantalos und Tityos, wobei Ixion in den Tartaros gestürzt wird. Rubens (um 1615, Paris, Louvre) und C. van Couwenbergh (1640, Paris, Louvre) zeigen die Täuschung durch Zeus.

Im 19. und 20. Jahrhundert lebt die Geschichte von Ixion in einer ND Burleske von L. Thompson (1868) und in dem Stück *Tantal* (1905) von V. Ivánov fort. H. von Lingg verfaßte ein Versdrama (1882) und J. Auslander ein Gedicht (1926).

Einige Werke der Musikgeschichte befassen sich mit Ixion, z. B. NM eine ›masque‹ von J. Eccles (1697, London), Opern von N. A. Strungk (Libr. von C. L. Boxberg, 1697, Leipzig) und J. P. Käfer (1718, Durlach) sowie die Kantaten von N. Racot de Grandval (vor 1753) und L. Gervais (Paris, vermutl. 1755). R. Langgard machte die Geschichte zum Thema seiner Symphonie Nr. 11 (1944). Eine Komposition von M. Feldman war ursprünglich für zehn Instrumente gedacht, die zweite Fassung ist für zwei Klaviere geschrieben (1965).

Felten 1975

Kadmos, Gründer und König von Theben, Sohn des Königs Agenor von Tyros oder Sidon (Phönizien) und der Telephassa, Bruder der → Europa ⟨Apollod. 3,4,1–2; 3,5,2; 3,5,4⟩.
Als Europa von Zeus entführt wurde, sandte Agenor seine Söhne aus, um sie zu suchen. Er verbot ihnen, ohne sie zurückzukehren. Nach einiger Zeit gaben die Söhne einer nach dem anderen die Suche auf und ließen sich in verschiedenen Ländern nieder. Kadmos zog mit seiner Mutter Telephassa nach Thrakien.
Nach ihrem Tod ging er nach Delphi, um das Orakel über seine Zukunft zu befragen. Er bekam den Auftrag, eine Kuh mit einem mondförmigen Fleck an der Flanke aufzuspüren und ihr so lange zu folgen, bis sie sich niederlassen würde; an dieser Stelle solle er eine Stadt gründen. Kadmos fand die Kuh und folgte ihr bis nach Boiotien, wo sie zusammenbrach. Er wollte die Kuh Athena opfern und befahl seinen Männern, aus einer nahegelegenen, dem Ares geweihten Quelle Wasser zu holen. Die Quelle aber wurde von einem Drachen bewacht, der die Männer angriff und die meisten von ihnen verschlang. Kadmos eilte zu Hilfe und erschlug das Untier mit einem Stein. Da erschien Athena und trug ihm auf, die Hälfte der Zähne des Ungeheuers auszusäen (die andere Hälfte erhielt König Aietes von Kolchis, → Iason). Aus der Erde wuchsen riesige Krieger, die Spartoi

(›Gesäten‹). Kadmos warf Steine zwischen sie, worauf sie, unwissend, aus welcher Richtung die Steine kamen, aufeinander losgingen und sich gegenseitig umbrachten. Die fünf Tapfersten, die den Kampf überlebten, wurden treue Gefährten des Kadmos.

Um seinen Drachenmord zu büßen, mußte Kadmos acht Jahre lang Ares dienen. Danach erbaute er Theben und erhielt Harmonia, die Tochter von Ares und Aphrodite, zur Frau. Auf dem Hochzeitsfest waren alle olympischen Götter anwesend (Pind. P. 3,88 ff.). Zu den Geschenken für Harmonia gehörten ein wunderschönes, von den Chariten gewebtes Gewand und eine von Hephaistos geschmiedete Halskette: Beide Geschenke sollten in der späteren Geschichte Thebens noch eine Rolle spielen (→ Alkmaion). Das Paar hatte vier Töchter, Autonoe, Ino, Agaue und Semele, und einen Sohn, Polydoros (Hes. theog. 935 ff.). Nach Ovid (met. 4,563–603) verließen Kadmos und seine Frau später Theben und verwandelten sich in Schlangen.

Die Gründungsgeschichte Thebens, die bei zahlreichen antiken Autoren, z. B. bei Ovid (met. 3,1–137), Hyginus, Pausanias (3,24,3; 9,5,1–3; 9,12,1–3) und Nonnos (Dion. 1) zu finden ist, wurde in der bildenden Kunst der Antike selten dargestellt. Auf etruskischen Spiegeln sowie auf archaischen und klassischen griechischen Vasen wird Kadmos mit Athena oder im Kampf mit dem Drachen abgebildet.

NK In der Neuzeit erzählt H. Goltzius die Abenteuer des Kadmos in einer Reihe von Zeichnungen (um 1590, Hamburg, Kunsth.). Den Kampf mit dem Drachen stellten auf einem Gemälde C. C. van Haarlem (1588, London, Nat. G.) und L. Bramer (1674, Berlin, Staatl. M.) dar. Rubens (1636–38, Madrid, Prado) und D. Gran (1726–30, Fresko, Wien, Nationalbibliothek) schildern auf Gemälden das Aussäen der Drachenzähne. Die Legende von der Gründung Thebens durch Kadmos ist Thema eines Gemäldes von S. Rosa (um 1657–60, Kopenhagen, Staatl. Kunstm.).

ND Die Geschichte des Kadmos wird in der Literatur des Mittelalters erzählt: in der anonymen Ovid-Bearbeitung *Ovide Moralisé* (ca. 1316–28), in G. Boccaccios *De casibus virorum illustrium* (1355–73) und in Christine de Pizans *L'epistre d'Othéa à Hector* (ca. 1400). In der Literatur der Neuzeit griff M. Arnold die Geschichte von Kadmos und Harmonia für eine Idylle in *Empedocles on Etna* (1852) auf, W. S. Landor verfaßte ein Gedicht (1852) und E. Pound spielt in *Canto 27* (in *A Draft of XXX Cantos*,

1930) auf Kadmos im Zusammenhang mit der Geschichte vom erschlagenen Ungeheuer und dem Aussäen seiner Zähne an.

Eine Oper mit der Titelfigur *Harmonia* schrieb G. F. Sances nach NM dem Libretto von P. E. degli Obizzi (1636, Padua). *Der lobwürdige Cadmus* steht im Mittelpunkt des Werks von K. Förster (1663, Kopenhagen). Der Singspieltext zu einem von J. U. von König wurde sowohl von G. C. Schürmann (1720) als auch von J. P. Kunzen (1725, vermutl. Hamburg) vertont. Die ›tragédie en musique‹ von J.-B. Lully folgt dem barocken Muster, wonach der Held nach einer Reihe von Prüfungen ans Ziel gelangt und in diesem Fall die Hochzeit mit Harmonia erreicht (Libr. von P. Quinault, 1673, Paris).

Krauskopf 1974; Schauenburg 1957; Small 1981

Kaisarion, Sohn der → Kleopatra und des → Caesar

Kalliope, eine der → Musen

Kallirhoe, Gattin des → Alkmaion

Kallisthenes → Alexander III.

Kallisto, Jagdgefährtin der Artemis, Nymphe (nach Hesiodos, überliefert von Apollodoros) oder Tochter des Lykaon ⟨Apollod. 3,8,2–9,1; Ov. met. 2,409–531; Ov. fast. 2,155–192; Hyg. fab. 176–177⟩.
Kallisto hatte Artemis ein Keuschheitsgelübde abgelegt. Zeus, der von ihrer Männerscheu wußte, näherte sich ihr in Gestalt dieser Göttin und schwängerte sie.
Als die Gesellschaft der Artemis ein Bad nahm, mußte sich auch Kallisto entkleiden, wobei ihre schändliche Schwangerschaft entdeckt wurde. Artemis verwandelte sie in ihrer Wut in eine Bärin. Zeus rettete sie und nahm sie als das Sternbild des Großen Bären in den Himmel auf (Hyg. astr. 2,9). Später gebar sie Arkas, den Zeus Maia anvertraute, der Mutter des Hermes.
Zu dieser Überlieferung von Ovid gibt es Varianten: so war es Zeus selbst, der Kallisto in eine Bärin verwandelte, um sie vor der Rache der eifersüchtigen Hera zu schützen (Eratosth. kat. 1,50 ff.). Außerdem hüllte er sich mit ihr beim Liebesakt in eine Wolke. Gemäß einer anderen Überlieferung bewirkte Hera die

Verwandlung Kallistos und wiegelte Artemis gegen sie auf (Eur.
Hel. 375 ff.; Catull. 66,66). Schließlich gibt es die Vorstellung,
daß Zeus nicht die Gestalt der Artemis, sondern die des Apollon
annahm, um sich der Kallisto zu nähern (Apollod.; Hyg.).

NK In der Kunst der Neuzeit stellten die Geschichte der Kallisto auf
Fresken z. B. B. Peruzzi (1510/11, Rom, Villa Farnesina) und L.
Cambiaso (1544, Genua, Pal. della Prefettura) sowie auf Zeich-
nungen H. Goltzius (um 1590, London, British M.) dar. In der
Malerei der Spätrenaissance und des Barock wird die Entdek-
kung der Schwangerschaft oft thematisiert: u. a. auf Gemälden
von D. und B. Dossi (um 1527–30, Rom, G. Borghese), A.
Schiavone (um 1549, Amiens, M.), Tizian (1556–59, Edinburgh,
Nat. G.; Pendant zu einem Aktaion-Gemälde und um 1566–68,
Wien, Kunsth. M.), L. Cambiaso (um 1570, Kassel, Gemäldeg.),
A. Janssens (1601, Budapest, M.), Rembrandt (1634, Anhalt,
Slg. Fürst von Salm-Salm), Rubens (1637/38, Madrid, Prado),
A. van Nieulandt (1654, Braunschweig, M.), S. Ricci (um
1707/08, Fresko, Florenz, Pal. Pitti), G. B. Tiepolo (um 1720–22,
Wien, Akad.), J. de Wit (1727, Amsterdam, M.), J.-H. Frago-
nard (1748–52, Angers, M.) und F. Boucher (1759, Kansas, M.).
Darstellungen der Verführung zeigen meist Zeus in Gestalt der
Artemis, z. B. auf Gemälden von Rubens (1613, Kassel, Gemäl-
deg.), F. Boucher (1744, Moskau, Puschkin M.), J. H. Tischbein
d. Ä. (1756, Kassel, Gemäldeg.) und J. M. W. Turner (um 1796,
London, Tate G.). Die Geburt des Sohnes Arkas ist auf einem
Gemälde von G. M. Crespi (um 1720–25, Berlin, Gemäldeg.) zu
finden.

N   Der Kallisto-Stoff, der neben dem Mythos des →Aktaion zum
D/M Bild von Artemis als unerbitterlicher Bewacherin der Keuschheit beiträgt, wird in der Version Ovids in der neuzeitlichen
Literatur und Musik einige Male aufgegriffen, z. B. von A. Gol-
ding (in *Ovids Metamorphoses*, 2, 1565) und T. Heywood (in *Troia
Britanica*, 1609), in einer Oper von P. F. Cavalli (Libr. von G.
Faustini, 1651/52, Venedig), in einer ›masque‹ von J. Crowne mit
der Musik von N. Staggins (1675, London) und in den Bühnenkompositionen von A. Lotti/A. Scarlatti (Libr. von A. M. Lu-
chini, 1717, Dresden) und G. F. Händel (Libr. von A. M. Lu-
chini, 1739, London).
In der Literatur des 16. und 17. Jahrhunderts galt die Geschichte,
abweichend von Ovid, als Exempel einer gerechten Strafe für
Unkeuschheit, wie es in dem Lehrgedicht *Pegasides Pleyn ende den
lusthof der maeghden* (1583) von J. B. Houwaert zum Ausdruck
kommt.

Legrand 1954; Sluijter 1986

Kalydonische Jagd → Meleagros

Kalypso, Geliebte des → Odysseus

Kambyses (reg. 529–522), Sohn des Kyros, persischer König
⟨Hdt. 2,1, 3,1–67 u. 5,25; Val. Max. 6,3⟩.
Kambyses setzte die von seinem Vater begonnene Eroberung
Ägyptens fort, über die Herodot ausführlich berichtet. Während
seiner Regierungszeit verfiel er zunehmend dem Wahnsinn und
verhielt sich immer willkürlicher und frevelhafter: So ließ er die
Leiche des ägyptischen Königs Amasis ausgraben und peitschen.
Er erschoß den Sohn seines Vertrauten Prexaspes mit einem Pfeil
und ließ den Vater den Meisterschuß loben. In Ägypten verging
er sich an dem göttlichen Stier Apis, ein Frevel, dem die Ägypter
seinen Wahnsinn zuschrieben. Zahlreiche Mitglieder der eigenen
Familie ließ er umbringen. Nach einer Reihe von Verschwörungen im Jahre 522 erlangte schließlich → Dareios die Herrschaft
im persischen Reich. Herodot berichtet ferner, daß Kambyses
den Richter Sisamnes wegen seiner Bestechlichkeit häuten ließ.
Den Richterstuhl ließ er mit der Haut des Getöteten bespannen
und zwang dessen Sohn Otanes, darauf als Nachfolger Platz zu
nehmen. Valerius Maximus erwähnt diese Episode als Beispiel
für die strenge Bestrafung eines korrupten Richters.

Das ›Urteil des Kambyses‹ fand in der Tradition von Valerius   NK
Maximus (und nicht in der des Herodot, da sein Werk erst später
bekannt wurde) v. a. in der bildenden Kunst seit dem 15. Jahrhundert weite Verbreitung. In den Niederlanden und Deutschland gehörte es zu den häufigsten Gerechtigkeitsdarstellungen.
Die ältesten überlieferten Beispiele stammen von G. David für
den Gerichtssaal in Brügge (heute Brügge, Groeninge-M.) und
von J. Provost (um 1500, Brügge, Groeninge-M.). Später entstanden Werke, die sich in Rathäusern oder anderen Gebäuden
der bürgerlichen Verwaltung befanden oder noch befinden und
die Magistratsbeamten vor Korruption warnen sollten: z. B. in
den Rathäusern von Danzig (anonym, um 1568; zusammen mit
→ Zaleukos und Crassus, dem als tödliche Strafe für seine Habsucht von den Parthern geschmolzenes Gold eingeflößt wird),
von Naarden (anonym, um 1601), von Alkmaar (C. van der

Heck, um 1616–20), von Harderwijk (I. Isaacsz, 1634), von Brüssel (ein verlorenes Gemälde von Rubens), von Breslau (M. Willmann, 1664) und von Bergues (B. Beschey, Mitte 18. Jh.). Die Stadtverwaltung in Münster ließ die Szene nicht nur auf Glas malen (M. Faber, 1618), sondern auch einen Teppich von einem unbekannten Künstler für den Balkon weben, auf dem der jährlich gewählte Magistrat sich dem Volk zeigte. Eine Ausnahme von dieser öffentlichen Funktion bildete ein verlorenes Gemälde vermutlich von J. Ratgeb (um 1500), das sich im Haus eines Frankfurter Kaufmannes neben einer Darstellung von → Coriolanus befand. Diese Kombination fußt wohl auf dem Gedanken, daß man die Eltern zwar respektieren muß, aber ihnen nicht in schlechten Beispielen folgen soll. Die ursprüngliche Bestimmung eines Gemäldes von L. Cranach d. Ä. (um 1535, verlorengegangen) ist unbekannt; später wurde es auf den Befehl des Kurfürsten Friedrich I. in einem Berliner Gerichtssaal zur Ermahnung einiger Richter aufgehängt, die sich mißfällig geäußert hatten. Südlich der Alpen kommt die Szene in einem öffentlichen Gebäude anscheinend nur im Palazzo Municipale in Brescia (Anfang 16. Jh., Campi) vor.

Einen deutlichen Hinweis auf die Verantwortung der Richter gibt B. Beham, der die Kambyses-Szene für die Titelseite eines deutschen Handbuchs über das Prozeßrecht illustrierte (1537); daneben sind das Urteil des Salomon zu sehen, Christi Verurteilung und die ehebrecherische Frau des Zaleukos. Die gemeinsame Darstellung mit Salomon ist auch auf einer Reihe von Stichen nach Entwürfen von J. Wtewael zu sehen, die unter dem Titel *Thronus Iustitiae* (1605/06) herausgegeben wurden. Eine andere Szene aus dieser Reihe der Gerechtigkeitsdarstellungen zeigt den Richter Bias aus Priene im 6. Jahrhundert v. Chr., einen der Sieben Weisen (→ Solon). Wie es heißt, konnte er seine strengen Urteile nicht aussprechen, ohne Tränen des Mitleids zu vergießen.

NM In der Musikgeschichte entstanden die Oper *Il Cambise* von A. Scarlatti (Libr. von D. Lalli, 1719, Neapel), das Ballett *Cambise in Egitto* von F. Pontelibero (1807, Mailand) und eine dramatische Kantate von W. J. D. Leavitt (Text von F. Pidgin, 1881, Boston).

Helliesen 1977; Lederle-Grieger 1937; van Miegroet 1988; Ridder 1989; Simon 1948; von Simson 1977; van der Velden 1995a und 1995b

Kandaules → Gyges

Kassandra (auch Alexandra genannt), Seherin, deren Warnungen nie ernstgenommen wurden; nach Homer die schönste Tochter des trojanischen Königspaares Priamos und → Hekabe ⟨Hom. Il. 13,361–382; Hom. Od. 11,421–423; Lykophr. Alex.⟩. Bei Homer hat Kassandra noch keine prophetischen Gaben, sondern erst in späteren Quellen. Nach Aischylos (Ag.) verliebte sich Apollon in Kassandra und weihte sie in die Seherkunst ein, weil er sich ihre Zuneigung als Gegenleistung erhoffte. Als Kassandra ihn aber verschmähte, verdammte er sie dazu, trotz wahrer Voraussagen nie Gehör zu finden. So waren alle ihre Warnungen vor dem Trojanischen Krieg vergeblich. Bereits vor der Entführung → Helenas durch → Paris sagte Kassandra den Untergang Trojas voraus. Später sprach sie sich vergeblich dagegen aus, das von den Griechen zurückgelassene hölzerne Pferd in die Mauern Trojas zu holen (→ Laokoon).
Nach dem Fall Trojas suchte Kassandra im Tempel bei der Athena-Statue Schutz. Aber der kleinwüchsige Aias, der Sohn des Oileus, zerrte sie von der Statue weg und vergewaltigte sie. Dabei stürzte er das Standbild um, das entsetzt den Blick von der grausamen Szene abwandte. Aus Wut über diese Schändung brachte Athena fast der gesamten griechischen Flotte auf der Rückkehr nach Griechenland den Untergang (Eur. Tro.; Eur. Andr. 293–300).
Kassandra wurde → Agamemnon als Kriegsbeute zugewiesen. Dieser verliebte sich in sie und nahm sie mit nach Mykene. Bei ihrer Ankunft wurden die beiden von Klytämnestra und ihrem Liebhaber Aigisthos umgebracht, wie es in Aischylos' Tragödie *Agamemnon* überliefert wird.

Die Tragik Kassandras, trotz ihres prophetischen Wissens das Unglück nicht verhindern zu können, bekommt bei Aischylos Gestalt: Sie klagt Apollon wegen ihres bitteren Schicksals an, sieht das drohende Unheil, das sich schon im Geschlecht des Pelops angedeutet hat, und weiß in ihrer prophetischen Trance schon von dem Doppelmord an ihr und Agamemnon. Auch in Euripides' *Troades* sagt sie den Mord und die unglückliche Irrfahrt des verhaßten Odysseus voraus. Anfang des 2. Jahrhunderts v. Chr. stellt Lykophron sie in seinem Gedicht *Alexandra* als die Unheilkünderin dar, die von Priamos, der der ewigen Unglücksbotschaften müde ist, eingeschlossen wird.

Seit dem 6. Jahrhundert v. Chr. ist Kassandra mit Aias auf Vasen, Schildbändern, Reliefs und bis in die römische Zeit auf Reliefs und Gemälden zu finden, z. B. am Ostgiebel des Asklepios-

Tempels in Epidauros in einer fragmentarisch erhaltenen Figurengruppe von Tektorides (um 380–375 v. Chr., jetzt Athen, M.): Kassandra umfaßt das Palladion, während Aias sie mit dem Schwert bedroht oder an ihren Haaren zieht. Auf einem Gemälde im Haus des Menander in Pompeii aus dem 1. Jahrhundert n. Chr. sieht Priamos ohnmächtig zu, wie links von ihm Helena von Menelaos und auf der rechten Seite Kassandra von Aias ergriffen wird. Von den Prophezeiungen an Priamos und Paris sind nur Darstellungen auf Keramik und Sarkophagreliefs bekannt.

ND   Durch G. Boccaccios *De claris mulieribus* (1356–64) und G. Chaucer wurde Kassandra in der Neuzeit v. a. in der englischen Literatur bekannt: bei R. Barnfield (1595), in W. Shakespeares *Troilus and Cressida* (ca. 1602), in E. Settles *Virgin Prophetess* (1701), in einer Burleske von R. Reece (1868), in Gedichten von G. Meredith (1862) und bei D. G. Rossetti (1870). In der deutschen Literatur des 19. und 20. Jahrhunderts spielt Kassandra eine wichtige Rolle. Der Stoff erschien in tragischer Gestaltung in F. von Schillers Gedicht (1802), dann bei A. von Platen (1832) und in Dramen von H. Zirndorf (1856), F. Gessler (1877), G. Kastropp (*Agamemnon*, 1890) und E. König (*Klytämnestra*, 1903), die die Liebe zu Agamemnon behandeln. Ferner entstanden Dramen von P. Ernst (1915) und H. Schwarz (1941). C. Wolf läßt Kassandra in ihrer Erzählung (1983) im Wissen um ihren bevorstehenden Tod einen rückblickenden Monolog halten, wobei sich die Protagonistin von der männlich-kriegerischen Gedankenwelt emanzipiert.

NM   Ein Lamento der Kassandra findet sich schon bei P. F. Cavalli in *La Didone* (Libr. von G. F. Busenello, 1641, Venedig). In den Opern von G. Finger (Libr. von E. Settle, 1701, London) und N. Fago (Libr. von N. Giuvo, 1711, Piedemonte) steht Kassandra selbst im Mittelpunkt der Handlung. J. C. F. Bach schrieb eine Kantate für Alt und Orchester (entst. vor 1795; Cambridge Mass., 1955); sehr viel später griffen F. Santoliquido (1908) und M. Cecconi-Botella (1965) dieses Genre wieder auf. Eine weitere Oper stammt von V. Gnecchi (Libr. von L. Illica, 1905, Bologna). Jüngere Adaptionen des Stoffes sind die ›sound action‹ von T. Antoniou (1970, Barcelona) sowie die Instrumentalkompositionen von J. Franks-Williams (1969) und B. Ferneyhough (1971).

NK   In der bildenden Kunst der Neuzeit wird Kassandra nur selten abgebildet, z. B. von Rubens auf einem Gemälde (um 1616/17,

Vaduz, Fürstl. G.), wie sie von Aias bedroht wird. Die Weissagung des Untergangs von Troja erscheint auf einem Gemälde von J.-M. Langlois (1817, Chambéry, M.) sowie in der Bildhauerei von J. Pradier (1843, Skulptur, Avignon, M.). M. Klinger schuf eine bemalte Marmorstatue (1886–95, Leipzig, M.).

Davreux 1942; Frenzel 1992a; Ledergerber 1950

Kassandros → Alexander III.

Kastor, einer der → Dioskuren

Kedalion → Orion

Kekrops, mythischer Gründer oder einer der ersten Könige Athens, aus der Erde Attikas geboren ⟨Apollod. 3,14,1–2; Paus. 1,2,6; 2,2–3⟩.

Kekrops war von ungewöhnlicher Gestalt: er hatte einen menschlichen Oberkörper und den Unterleib einer Schlange (Ov. met. 2,555). Von ihm stammte die Burg Athens, die Kekropeia (die spätere Akropolis; Hdt. 8,44). Den Streit um den Besitz Attikas zwischen Athena und Poseidon entschied Kekrops zugunsten Athenas. Um die Entscheidung für sich zu beeinflussen, hatte sie einen für die Bevölkerung nützlichen Ölbaum gepflanzt, während Poseidon eine salzige Quelle hervorsprudeln ließ (Xen. mem. 3,5,10). Kekrops heiratete Aglauros, die Tochter des Aktaios, die ihm einen Sohn, Erysichthon, und drei Töchter, Herse, Aglauros und Pandrosos, gebar.

Als Hephaistos Athena vergewaltigen wollte, stieß sie ihn von sich, so daß sein Samen auf die Erde tropfte. Aus dieser Erde wurde Erichthonios geboren. Die Göttin verbarg Erichthonios, der wie Kekrops einen Schlangenunterleib hatte, in einem Korb und vertraute ihn den Töchtern des Kekrops an, verbot ihnen aber, den Korb zu öffnen. Aus Neugier schauten zwei von ihnen trotzdem in den Korb und erschraken derart über das Aussehen des Erichthonios, daß sie sich von der Akropolis stürzten. Später soll Kekrops die Macht über Athen an Erichthonios weitergegeben haben.

Die Überlieferungen von den Geschehnissen nach der Geburt des Erichthonios weichen bei den Autoren – Apollodoros, Hyginus (fab. 166; astr. 2,13), Plinius (nat. 7,194) und Euripides in seinem Drama *Ion* – stark voneinander ab. Nach Ovid fanden die

Töchter des Kekrops nicht durch ihren Schreck über den Anblick des Kindes den Tod, sondern durch eine Schlange, die sich
mit dem Kind in dem Korb befand. Er überliefert ferner, daß
sich → Hermes in Herse verliebte. Athena nutzte diese Gelegenheit, um sich an Aglauros zu rächen, die ihre Schwestern dazu
angestiftet hatte, den Korb zu öffnen. Sie bewirkte, daß Aglauros Hermes aus Eifersucht den Zugang zu Herses Zimmer ver-
wehrte. Hermes bestrafte sie, indem er sie in einen Stein verwandelte (Ov. met. 2,722–832).

Auf attischen Vasen aus dem 5. Jahrhundert v. Chr. wird Gaia,
die Göttin der Erde, gezeigt, wie sie Erichthonios nach dessen
Geburt Athena übergibt. Kekrops, an seinem Schlangenunter-
leib zu erkennen, ist in der Streitszene zwischen Athena und
Poseidon auf einem Relief des Parthenon-Westgiebels aus der
Werkstatt des Pheidias (438–432 v. Chr.) zu finden.

NK Seit der Mitte des 16. Jahrhunderts entstehen nach Buchillu-
strationen des Ovid-Textes u. a. Gemälde von Rubens (um 1615,
Vaduz, Fürstl. G. und um 1632/33, Fragmente in Oberlin/Ohio,
Art M.), J. Jordaens (um 1617, Antwerpen, Kon. M.) und H.
Heerschop (um 1650–60, Amsterdam, M.) sowie Zeichnungen
von Rembrandt (um 1637, u. a. Göttingen, Universität und um
1648/49, Groningen, M.).
Herse und der verliebte Hermes werden auf Gemälden der Holländischen Schule u. a. von C. van Poelenburgh (um 1624, Den
Haag, Mauritsh.), C. C. Moeyaert (1624, Den Haag, Mauritsh.)
und F. Francken II./J. Wildens (um 1630–40, Madrid, Prado)
thematisiert. Die Szene, in der Aglauros Hermes den Weg zu
Herse verstellt, wurde u. a. auf Gemälden von P. Veronese (um
1576–80, Cambridge, Fitzwilliam M.), N. Poussin (um 1625–29,
Paris, École des Beaux-Arts), G. Flinck (um 1639/40, Boston,
M.) und J.-B. Pierre (1763, Paris, Louvre) festgehalten. Auf ei-
nem Fresko von P. da Cortona (1642–46, Florenz, Pal. Pitti) ist
Kekrops neben Athena, die einen Olivenbaum als Symbol des
Friedens pflanzt, abgebildet.

ND In der neuzeitlichen Literatur kommt die Gestalt des Kekrops
nur im Zusammenhang mit der Geschichte von Poseidon und
Athena vor, z. B. in Gedichten von P. de Ronsard (*La Lyre*,
1569), E. Spencer (1590) und E. A. Freeman (1850).

NM Von den Töchtern des Kekrops handeln drei frühe deutsche
Opern von J. W. Franck (Libr. von A. von Königsmarck, 1679,
vermutl. Ansbach), N. A. Strungk (Libr. von Königsmarck,
1680, Hamburg) und von J. P. Krieger (1688).

Stechow 1963

Kelaino, eine der Harpyien, → Aeneas

Kentauren, Mischwesen mit dem Oberkörper eines Menschen
und dem Leib eines Pferdes, stammten von Kentauros ab (Diod.
4,69,1), einem Sohn der Nephele und des → Ixion.
Die Kentauren wohnten in Thessalien auf dem Pelion. Der Ursprung dieser Wesen, nach denen auch das Sternbild des Schützen (Sagittarius) benannt ist, lag vermutlich im Osten (Arat.
431 ff.; Hyg. astr. 2,18). Bis auf Pholos (→ Herakles), den Sohn
des Silenos und einer Nymphe, und Chiron, den Sohn von Kronos und Philyra, werden sie als brutale, wilde Trunkenbolde
beschrieben, vor denen sich v. a. Frauen in acht nehmen mußten.
Als sich ein Kentaur während des Hochzeitsfestes am Hof des
lapithischen Königs Peirithoos an der Braut Hippodameia vergreifen wollte, entstand ein blutiger Streit, die Kentauromachie.
Mit der Hilfe von Nestor und → Theseus konnten die Gastgeber
die Kentauren vertreiben. Der unverletzbare Riese Kaineus
konnte nur dadurch bezwungen werden, daß man ihn unter
Baumstämmen begrub (Pind. Fragm. 167; Hyg. fab. 14; Stat.
Ach. 1,264).
Der Kentaur Eurytion versuchte, die Heirat mit einer Tochter
des Dexamenos zu erzwingen, was Herakles allerdings verhindern konnte. Dessen Frau Deianeira wurde von dem Kentauren
Nessos belästigt, worauf Herakles ihn mit einem giftigen Pfeil
erschoß. Aus Rache erzählte der sterbende Nessos Deianeira,
sein Blut sei ein Wundermittel, mit dem sie die Liebe des Herakles zu ihr erneuern könne. In Wirklichkeit war es aber giftig
und führte später zum Tod des Herakles.
Der gutmütige und weise Kentaur Chiron, der als Sohn des Kronos unsterblich war, war der Lehrer von → Achilleus, → Aktaion, → Asklepios und → Iason und half → Peleus bei der Eroberung der Nereïde Thetis. Als er sich an einem giftigen Pfeil
des Herakles verwundete, übertrug er → Prometheus seine Unsterblichkeit, um von seinen unerträglichen Leiden erlöst zu
werden.

Seit der archaischen Zeit werden die Kentauren dargestellt, später v. a. in der Kentauromachie, die für den Streit zwischen Wildheit und Kultur oder, im politischen Sinn, für den Kampf zwi-

schen den Barbaren, den Persern und den Griechen steht. Friese und Metopen aus der Zeit nach den persischen Kriegen (490–480 v. Chr.), u. a. vom Zeus-Tempel in Olympia, vom Hephaisteion und Parthenon in Athen und vom Poseidon-Tempel in Sunion, handeln von diesem Kampf. Seit dem 5. Jahrhundert v. Chr. tauchen sie im Gefolge von Dionysos auf, z. B. bei einer hellenistischen Figurengruppe von Papias und Aristeas (Rom, Kapitol. M.). In der hellenistischen und römischen Kunst erscheinen die Kentauren zusammen mit weiblichen Kentaurinnen als Genrefiguren häufig in der Umgebung von Dionysos bzw. als Symbole eines reinen Naturlebens.

NK Im Mittelalter bleibt der Kentaur als Sternbild gegenwärtig. Die Kentauren stehen für das Heidentum, das gegen den Glauben (Löwen) kämpft, wie auf einem Kapitell der Kirche von Hamersleben (um 1130) und in der Kapelle des Castle Cormac (1127–34) dargestellt. Sie kommen auch auf einer Hirschjagd-Szene in St. Gilles (12. Jh.) nach einer Miniatur in einer Aratus-Handschrift und in einer Verkündigungsdarstellung in Santiago de Compostela (um 1105) vor.

In der bildenden Kunst der Neuzeit beschäftigen sich einige Bildhauer mit der Kentauromachie: z. B. Michelangelo (um 1492, Marmorrelief, Florenz, M. Naz.), H. Vischer d. Ä. (1540, Bronzewappenschild, Nürnberg, Rathaustür), A. de Vries (1624–26, Skulptur, Prag, Garten des Wallenstein-Pal.), A. Canova (1804–19, Marmorskulptur, Wien, Kunsth. M.), A. Rodin (vor 1888, Marmorskulptur, Paris, Louvre) und Picasso (1948, Keramik). In der Malerei entstehen Gemälde von P. di Cosimo (um 1505–07, London, Nat. G.), Rubens (1636–38, Madrid, Prado), L. Giordano (um 1680–83, St. Petersburg, Eremitage), S. Ricci (um 1705, Atlanta, M.), F. von Stuck (1894, Frankfurt, Städel) und O. Redon (u. a. um 1905, Paris, J. Dubourg C.) sowie Zeichnungen von Rubens (1600–08, u. a. Rotterdam, M. Boymans; Kopien nach Michelangelo) und Picasso (1933, u. a. Barcelona, M. Picasso). C. Le Brun (um 1670, Sceaux, Pavillon d'Aurore) und E. Fromentin (1868, Paris, M. du Petit Pal.) schildern auf Gemälden Kentauren und Kentaurinnen als Bogenschützen.

Das Gemälde von S. Botticelli (um 1482/83, Florenz, Uffizien), auf dem Athena einen Kentaur bei den Haaren faßt, ist vermutlich eine Allegorie des Sieges der Vernunft über die Sinnlichkeit. G. D. Tiepolo zeigt auf Fresken in der Ca' Rezzonico in Venedig (um 1771) die Kentauren mit Satyrn und Faunen, wobei die Kentauren um eine Satyrfrau kämpfen. A. Böcklin gebraucht den Mythos auf seinen Gemälden (u. a. 1855, Berlin, Staatl. M. und 1872/73, Basel, Kunstm.) zur Darstellung des ungehemmten Naturmenschen. G. Moreau hält auf einem Aquarell (um 1890, u. a. Paris, M. Moreau) die Szene fest, wie ein Kentaur einen toten Dichter zu Grabe trägt als Ausdruck des Respekts eines Naturmenschen vor der Poesie. Weitere Themen, wie z. B. Kentaurenfamilien, ein verwundeter Kentaur zusammen mit Drachen oder Nymphen, Seekentauren, tote Kentauren und einzelne Kentauren, sind u. a. auf Zeichnungen von Dürer (1494, Paris, Louvre und um 1505, Veste Coburg, Kunstslg.), H. Baldung Grien (1515, Basel, Kupferstichkabinett), N. Poussin (um 1630–33, Windsor Castle, Royal Library), L. Giordano (1682–85, Neapel, G.) und M. Klinger (1881, Berlin, Kupferstichkabinett), auf Gemälden von Filippino lippi (um 1500, Oxford, Christ Church), S. Ricci (um 1721–23, Rom, Pal. Taverna), A. Böcklin (1878, Zürich, Kunsth. und 1883, München, NP), O. Redon (um 1908, Otterlo, M.) und E.-A. Bourdelle (1912/13, Fresko, Paris, Théâtre des Champs-Elysées) sowie in der Bildhauerei bei A. Coysevox (1709, Skulptur, Monthléry, Château de Plessis-Pâté) und J. Arp (1952, Marmorskulptur, Winterthur, Kunstm.) zu finden.

In J. W. von Goethes *Faust II* (1833) führt Chiron Faust zu ND Helena und belehrt ihn. In der Lyrik der französischen Parnassus-Dichter in der zweiten Hälfte des 19. Jahrhunderts (C.-M.-R. Leconte de Lisle, M. de Guérin, H. de Regnier) tritt Chiron als weiser Mann auf, der um das Geheimnis unserer Schicksale weiß. Im 20. Jahrhundert sind die Kentauren ein mehrfach aufgegriffenes Dramenthema, z. B. von G. Kaiser (1906), S. Benelli (1915) und T. Wilder (1928). In *Aktaion onder de sterren* (1941) von S. Vestdijk verliert Chiron nach und nach die Pferdegestalt, was für den Sieg des Geistes über die Natur steht.

In der Musikgeschichte spielen die Kentauren keine Rolle; eine NM Oper über den ›Triumph der Kentauren‹ von A. Draghi nach dem Libretto von N. Minato (1674) fand keine Nachfolge.

Isard 1939; Schiffler 1976; Vogel 1978

Kephalos und Prokris, Ehepaar aus dem königlichen Geschlecht Athens. Kephalos war der Sohn des Phokerkönigs Deion und der Diomede oder des Hermes und der Herse; Prokris war die Tochter des athenischen Königs Erechtheus ⟨Ov. met. 7,668–862; Apollod. 1,9,4; 2,4,7; 3,15,1; Hyg. fab. 189; 270⟩.

Eos, die Göttin der Morgenröte, verliebte sich einst in Kephalos
und entführte ihn (Hes. theog. 984–991), doch sehnte sich Kephalos nach seiner Frau und kehrte nach einiger Zeit zurück.
Aufgrund einiger Andeutungen der Eos über die Treue seiner
Frau war Kephalos mißtrauisch geworden und beschloß, Prokris auf die Probe zu stellen. Er verkleidete sich, überhäufte sie
mit Geschenken und verführte sie schließlich. Als Kephalos sich
offenbarte, floh Prokris vor Scham und Wut. Später kam es zur
Versöhnung der beiden, doch war nun Prokris eifersüchtig auf
ihren Mann. Sie verfolgte und beobachtete ihn auf der Jagd. Als
Kephalos im Gebüsch Geräusche vernahm, warf er seinen Speer
nach dem vermeintlichen Wild und traf Prokris tödlich. Von den
Richtern des Areopags wurde er daraufhin aus Athen verbannt.

In der bildenden Kunst der Antike ist fast ausschließlich die
Entführung Kephalos' durch Eos dargestellt worden, z. B. auf
einer Metope in Selinus (um 500 v. Chr., Palermo, M. Arch.).
Über die Ehe von Kephalos und Prokris berichten u. a. Ovid
und Hyginus.

NK   In der Kunst der Neuzeit erscheint der Mythos erstmals in der
italienischen Renaissance. In Anlehnung an das Drama *Cephalo*
(1487) von Niccolò da Correggio ist Prokris meist in Begleitung
eines Satyrn dargestellt. Die Geschichte von Kephalos und Prokris erscheint auf einem Freskenzyklus von B. Luini für die Casa
Rabia in Mailand (1520–23, Washington, Nat. G.), die Entführung durch Aurora/Eos auf einem Fresko von B. Peruzzi
(1511/12) in der Villa Farnesina in Rom und der Tod der Prokris
auf einem Gemälde von P. di Cosimo (um 1506, London, Nat.
G.) sowie auf einer Zeichnung von G. Romano (um 1530,
Frankfurt, Städel). Das Liebespaar ist später v. a. in den Niederlanden zu finden, z. B. auf Gemälden von H. de Clerck/D. van
Alsloot (1608, Wien, Kunsth. M.), P. Moreelse (1616, Grisaille,
Paris, Louvre), P. Bril (1621, Rom, G. Corsini), Rubens (1636–
38, Madrid, Prado), C. Lorrain (1645, London, Nat. G. und um
1645/46, Rom, G. Doria; mit Artemis), W. Verschoor (1657,
Utrecht, M.), W. van Mieris (1682, Utrecht, M. und 1702, Dres-
den, Gemäldeg.) und J.-H. Fragonard (1748–52, Angers, M.).
Der Tod von Prokris wird u. a. auf Gemälden von P. Veronese
(vor 1584, Straßburg, M.), J. Wtewael (um 1595–1600, St. Louis,
M.) und B. West (1770, Chicago, Art I.) gezeigt.
Die Entführung des Kephalos durch Aurora/Eos hielten auf
Gemälden u. a. Agostino Carracci (1597–1600, Fresko, Rom,
Pal. Farnese), N. Poussin (um 1625–29, London, Nat. G.), D.

Gran (1723/24, Fresko, Wien, Gartenpal. Schwarzenberg), F. Boucher (1733, Nancy, M.; 1736–39, Paris, Archives Nat. und 1764, Paris, Louvre) und P.-N. Guérin (1810, Paris, Louvre) fest.

Die Geschichte, die im Mittelalter im *Ovide Moralisé* (ca. 1316–28) ND und in G. Boccaccios *De genealogiis deorum gentilium* (1350–60) zu finden ist, wird in der italienischen Renaissance durch Niccolò da Correggios *Cephalo* (1487) bekannt, eines der ersten Dramen mit mythologischem Thema. Hier sind einige Elemente hinzugefügt worden: Ein Satyr macht Prokris auf ihren Mann eifersüchtig und klagt über die Folgen; für ein glückliches Ende sorgt Artemis, indem sie Prokris wieder zum Leben erweckt. Der Mythos soll als Warnung der Eheleute vor allzu großer Eifersucht verstanden werden. Diese Moral kehrt häufig in späteren Dramen – z. B. von P. Calderón (1660) und J. E. Schlegel (1749) – wieder.

Anläßlich der Hochzeit von Maria de' Medici mit Heinrich IV. NM wurde eine Pastorale von G. Chiabrera mit der Musik von G. Caccini, S. Venturi del Nibbio, L. Bati und P. Strozzi aufgeführt (1600, Florenz). Eines der frühesten Werke der Operngeschichte Spaniens ist die Oper von J. Hidalgo nach dem Libretto von P. Calderón de la Barca (1660, Madrid). Noch im 17. Jahrhundert entstanden einige Opern und Singspiele von A. Mattioli (Libr. von F. Berni, 1650, Ferrara), A. Draghi (Libr. von Draghi oder P. Bonarelli, 1668, Wien), L. de Mollier (1677), C. F. Pollarolo (1668, Verona), J. P. Krieger (1689), E.-C. Jacquet de la Guerre (Libr. von J.-F. Duché de Vancy, 1694, Paris) und R. Keiser (Libr. von F. C. Bressand, 1694, Braunschweig). Im 18. Jahrhundert folgten zahlreiche Kantaten, z. B. von J. A. Scheibe (Text von J. E. Schlegel, Kopenhagen, 1765), J. C. Bach (Text vermutl. von G. G. Botarelli, 1776, London) und G. A. Benda (Leipzig, 1789), aber auch einige Opern, z. B. von F. Araia (Libr. von A. P. Sumarokow, 1755, St. Petersburg), J. F. Reichardt (Libr. von K. W. Ramler, 1777, Hamburg) und A. Grétry (Libr. von J.-F. Marmontel, 1773, Versailles). Im 20. Jahrhundert wurde der Stoff von E. Křenek für eine Oper nach dem Libretto von R. Küfferle (1934, Venedig) und von R. V. Williams für seine ›Vier letzten Lieder‹ nach Texten von U. V. Williams (1954–58) wieder aufgenommen.

Frenzel 1992a; Lavin 1954

Kerkopen → Herakles

Kerkylas, Gatte der → Sappho

Kerkyon → Theseus

Keyx und Alkyone, Königspaar von Trachis, Keyx war der
Sohn des Morgensterns Phosphoros, Alkyone die Tochter des
Windgottes Aiolos und der Enarete ⟨Ov. met. 11,268–748; Hyg.
fab. 65⟩.
Nach Apollodoros (2,7,6) waren Keyx und Alkyone so glücklich
miteinander, daß sie es wagten, sich mit Zeus und Hera zu vergleichen. Zur Strafe verwandelte Zeus Alkyone in einen Eisvo-
gel (gr. ›halkyones‹, daher auch ihr Name) und Keyx in eine
Seemöwe.
Bei Ovid kommt die Verwandlung auf andere Weise zustande.
Als Keyx trotz der ängstlichen Warnungen seiner geliebten Frau
eine Seereise unternahm, wurde er von einem Sturm überrascht
und ertrank. Er erschien Alkyone im Traum und berichtete ihr
von seinem Tod. Am folgenden Morgen fand Alkyone seine
Leiche am Strand und verwandelte sich in ihrem Schmerz in
einen Vogel, der klägliche Töne ausstieß. Aus Mitleid ermöglichten die Götter Keyx, sich ebenfalls in einen Vogel zu verwandeln. Auf diese Weise lebten die beiden glücklich weiter.
Aiolos gab den Eisvögeln jährlich während ihrer winterlichen
Brutzeit sieben windstille Tage, auch ›halkyonische‹ Tage genannt.

NK Im Mittelalter symbolisieren die Eisvögel glückliche Ehepaare.
In der Neuzeit griffen einige Maler auf Gemälden Elemente aus
Ovids Dichtung auf: z. B. V. Carpaccio (um 1495–1500, Philadelphia, M.) die Auffindung der Leiche am Strand und F. Gessi
(1. Jahrzehnt des 16. Jh., Wien, Kunsth. M.) sowie C. W. Ek-
kersberg (1813, Kopenhagen, M.) den Traum Alkyones.

ND Ovids Geschichte von Keyx und Alkyone genoß in der Literatur
des Mittelalters große Popularität. Sie kommt vor im anonymen
Ovide Moralisé (ca. 1316–28), in *The Boke of the Duchesse* (1368/69)
von G. Chaucer und in *Confessio amantis* (ca. 1390) von J. Gower.
In der Literatur der Neuzeit entstanden v. a. Gedichte, u. a. von
J. Dryden (1700, Übersetzung von Ovids *Metamorphoses,* 10),
S. T. Coleridge (*Domestic Peace,* 1794) und F. Tennyson (1888).
G. C. Lichtenberg widmete Alkyone ein Drama (ca. 1779). In C.
Ransmayrs Roman *Die letzte Welt* (1988) werden die Bewohner
von Tomi, dem Verbannungsort Ovids, mit einer Verfilmung
des Mythos unterhalten.

Die Opern über *Alcione* entstanden hauptsächlich im 18. Jahr- NM
hundert, z. B. von M. Marais (Libr. von A. H. de La Motte,
1706, Paris), A. B. Blaïse (Libr. von A. J. M. Romagnesi, 1741)
und J. de Sousa Carvalho (Libr. von Martinelli, 1787, Lissabon).
Gegen Ende des 19. Jahrhunderts folgte die Oper von F. Palicot
(Libr. von C. L. A. Guérin, 1891, Boulogne-sur-Mer). Die Tradition der Kantaten führt von V.-C.-P. Dourlen (Text von A. V.
Arnault, 1804) über M. Ravel (Libr. von E. und E. Adénis, 1902)
bis zu J.-J. Roger-Ducasse (1909).

Kimon (ca. 507–449), athenischer Staatsmann ⟨Plut. Kim.; Ari-
stot. Ath. pol. 28; Nep. Milt. 7,6⟩.
Kimon stammte aus einem alten Adelsgeschlecht und war der
Sohn des Miltiades. Als dieser, der große Sieger in der Schlacht
bei Marathon (490), nach einem militärischen Mißerfolg gegen
Paros in Ungnade fiel, wurde ihm eine Strafe von 50 Talenten
auferlegt. Da er die Zahlung verweigerte, wurde er, wie Nepos,
Plutarch und Dion Chrysostomos (56,6) berichten, ins Gefängnis geworfen. Als er 489 noch in Gefangenschaft starb, mußte
Kimon seinen Platz im Gefängnis einnehmen, um ein ehrenvolles Begräbnis seines Vaters zu ermöglichen (Diod. 10,30,1; Iust.
2,19,19; Val. Max. 5,3 ext. 3 u. 5,4 ext. 2).
In Wirklichkeit war für den kapitalkräftigen Kimon die Bezah-
lung der Strafe kein Problem. Wegen seines Reichtums konnte er
auf der politischen Bühne Athens nach den Perserkriegen als
Rivale von → Themistokles eine wichtige Rolle einnehmen, wobei er im Unterschied zu diesem mit den Spartanern einen Frie-
densbund anstrebte. Plutarch beschreibt, wie Kimon in der Polis
wirkte: er finanzierte öffentliche Gebäude auf der Agora, wie die
Hermenstoa, und ließ für die Bevölkerung Gärten anlegen. Der
Tempel des Hephaistos auf der Agora in Athen wurde unter
seiner Aufsicht gebaut. Auch errichtete er das bis jetzt nicht
aufgefundene Theseion; dieser Tempel diente als letzte Ruhestätte für die Gebeine des Theseus, die man im Jahre 476/75 von
Skyros geholt hatte (auch eine Erinnerung an Miltiades, der in
Marathon von diesem mythischen König Hilfe bekommen haben soll). – Nachdem in Athen eine auf demokratischen Prinzipien beruhende Regierung unter der Leitung von Ephialtes an
die Macht gekommen war, wurde Kimon 461 verbannt: vermutlich wegen seines Widerstands gegen diese Regierung, nach
dem Redner und Politiker Andokides aber deswegen, weil er mit
seiner Schwester Elpinike ein inzestuöses Verhältnis gehabt ha-

ben soll. Im Jahre 457 konnte er zurückkehren, doch war sein politischer Einfluß verspielt. Während der Belagerung von Kition auf Kypros (449) starb er an einer Infektionskrankheit.

Kimon wird von Herodot und in den Biographien von Plutarch und Nepos als edler und bedachter Feldherr porträtiert. Ebenso wird er bei Dio Cassius, Diodoros Sikulos und Iustinus lobend erwähnt. Valerius Maximus erzählt die Geschichte von Kimon und der Leiche seines Vaters als Beispiel für den Respekt der Kinder den Eltern gegenüber, außerdem auch als eines für die Undankbarkeit der Athener gegen ihre großen Führer, wie → Solon, Themistokles und → Phokion.

In der Kunst der Antike ist Kimon nicht zu finden, abgesehen von einem nicht mit Sicherheit zuzuordnenden postumen Porträt. Von seinem Vater Miltiades gibt es dagegen einige Porträts.

N Ein Bleiglasfenster aus einem Haus in der Molenstraat in Gorcum (um 1621) zeigt Miltiades im Kerker, ferner Metellus in der Verbannung und in Ehren zurückgekehrt sowie Tanuria, die ihren Mann Titus Vinius in einer Kiste versteckt, um ihn entkommen zu lassen, worauf sie von Augustus begnadigt wird. Die drei Bilder stehen für die Gefangennahme und Freilassung des niederländischen Staatsmannes, Juristen und Theologen Hugo Grotius 1621 und sind möglicherweise von ihm ausgesucht worden. J.-F. Peyron hielt auf einem Gemälde (1780, Paris-Louvre) die Szene fest, wie die verwesende Leiche des Miltiades weggeschleppt wird, während Gefängniswärter Kimon in Fesseln legen. Die Darstellung verweist vielleicht auf die in jenen Jahren heftig umstrittene Verurteilung und Exekution des Generals Lally-Tollendal, der in einer Schlacht gegen die Engländer unterlegen war. Weitere Kimon-Gemälde stammen von N. Hallé (1777, Paris, Louvre) und J.-M. Vien (1782, Paris, Louvre). Die Oper *Cimone d'Atene* eines unbekannten Komponisten beruht auf dem Libretto von O. Mauro (1674, Hannover).

Sizoo 1957–58

Kineas, ein Weiser → Pyrrhos

Kirke, Zauberin auf der Insel Aiaia, Tante der Zauberin Medeia, Tochter des Sonnengottes Helios und der Okeanide Perse (Hes. theog. 956–957); stammte aus Kolchis, das von ihrem Bruder

Aietes, dem Vater der → Medeia regiert wurde ⟨Hom. Od. 10, 133–574; 12,8–150; Eug. Teleg.⟩.

Die Insel Aiaia soll vor der Westküste Italiens gelegen haben und wurde in der römischen Tradition (Vergil) mit dem Monte Circeo bei Gaeta verbunden. Während ihrer Rückreise aus Kolchis landeten die → Argonauten auf Aiaia (Apoll. Rhod. Arg. 4,559–591). Ihr Anführer Iason hatte gemeinsam mit → Medeia deren Bruder Apsyrtos ermordet. Kirke befreite die beiden nun von ihrer Schuld, jagte sie dann aber von der Insel, als sie erfuhr, was für ein Verbrechen sie begangen hatten.

Bekannter ist Kirkes Rolle bei der Irrfahrt des Odysseus. Homer und Ovid (met. 13,966–14,71; 14,248–440) überliefern, wie Odysseus in Aiaia an Land ging und einige Krieger aus seiner Mannschaft als Kundschafter voraussandte. Sie wurden von Kirke gastlich empfangen, tranken unwissentlich einen Zaubertrank, um danach von Kirkes Zauberstab berührt und in Schweine verwandelt zu werden. Odysseus wollte seinen Gefährten zu Hilfe kommen. Unterwegs traf er Hermes und erhielt von ihm ein Kraut, das ihn vor Kirkes Magie schützen sollte. Als sie auch Odysseus verzaubern wollte, behielt er seine eigene Gestalt und bedrohte Kirke mit dem Schwert. Sie mußte ihm versprechen, ihn mit ihren Zauberkünsten zu verschonen. Wie Hermes vorausgesagt hatte, verliebte sich Kirke in Odysseus und teilte mit ihm das Lager. Am nächsten Tag gab sie seinen Gefährten ihre menschliche Gestalt zurück. Sie blieben noch ein Jahr in dem gastlichen Palast, bis ihre Sehnsucht nach der Heimat Ithaka sie weiter trieb und Kirke sie ziehen lassen mußte. Sie gab Odysseus Anweisungen, wie er sich Zugang zum Totenreich verschaffen könne, um den Schatten des Teiresias über sein weiteres Schicksal zu befragen.

Telegonos, der Sohn von Kirke und Odysseus, spielte eine bedeutende Rolle in der mythischen Geschichte Roms. Er gründete Tusculum und half Aeneas im Kampf gegen Turnus um die Herrschaft über Latium (Liv. 1,49; Dion. Hal. 4,45; Hor. epod. 1,29–30; Prop. 2,32,4; Verg. Aen.).

Seit dem 6. Jahrhundert wird Kirke in der bildenden Kunst der Antike v. a. auf griechischen Vasen abgebildet. Manchmal sind neben ihr Odysseus und in Schweinegestalt seine Gefährten zu erkennen. Auf einer ›Odyssee-Landschaft‹ (um 40 v. Chr., Rom, Vat. M.) bittet eine ängstliche Kirke um Vergebung.

In der bildenden Kunst der Neuzeit entstehen u. a. Gemälde von NK
D. Dossi (um 1530, Rom, G. Borghese) und G. Stradano (um

1572) im Studiolo von Francesco I. im Palazzo Vecchio in Florenz: Kirke wird von verschiedenen Haustieren umringt – in Ovids Version ihre ersten Opfer –, bereitet den Zaubertrank und verführt Odysseus. J. Jordaens stellte auf einem Gemälde Odysseus beim Abschied von der Insel (um 1630–35, Ponce, M.) dar. Mit ihrem Liebhaber ist Kirke z. B. auf Gemälden von D. Dossi (1515–30, Washington, Nat. G.) und L. Giordano (um 1652–55, Braunschweig, M.; mit ihrem Gatten Picus) zu sehen.
G. Romney porträtierte Lady Hamilton, die spätere Geliebte Lord Nelsons (um 1782, London, Tate G.) und F. von Stuck die Schauspielerin Tilla Durieux (um 1913, u. a. Berlin, Nationalg.) als Kirke.

ND   In der mittelalterlich-christlichen Allegorie ist Odysseus ein Held, der auf dem Weg seiner Bestimmung einigen Verführungen, zu denen Kirke gehört, widerstehen muß. Diese Tradition bestimmt noch Literatur und Theater der Frühneuzeit. In J. Miltons Maskenspiel *Comus* (1634) steht Kirke für die Verführung des Fleisches und Odysseus' Gegengift für die christliche Lehre – ein Gedanke, wie er auch in P. Calderón de la Barcas Komödie *El mayor encanto amor* (1637) zum Ausdruck kommt. In der Literatur am Ende des 19. Jahrhunderts ist Kirke häufig eine unheilvolle Figur, wie in einem Gedicht von D. G. Rossetti (1870), oder ein vampirartiges Geschöpf, wie in dem Gedichtband *Névroses* (1883) des französischen Décadence-Dichters M. Rollinat. Danach kehrt sie in einem von E. Pounds *Cantos* (ca. 1926–60) als gefährliche und vernichtende Verführerin zurück.

NM   Zur Tragödie von T. Corneille/J. D. de Visé lieferte M.-A. Charpentier die Bühnenmusik (1673, Paris). Von H. Purcell ist eine Bühnenmusik vermutlich aus dem Jahr 1685 überliefert. In C. W. Glucks Oper *Telemacco o sia L'isola di Circe* befreit der Sohn seinen Vater Odysseus (Libr. von M. Coltellini nach S. Capece, 1765, Wien). Von M. Castelnuovo-Tedesco stammen *3 preludi al Circeo* für Guitarre. C. Ore komponierte ein Stück für elektronische Musik (1982).
Stanford 1954

Kleinias, Vater des → Alkibiades

Kleio, auch Klio, eine der → Musen

Kleis, Tochter der → Sappho

Kleitos, Freund des → Alexander III.

Kleobis → Kroisos

Kleobulos von Lindos, einer der Sieben Weisen → Solon

Kleomenes III. (ca. 260–219 v. Chr.), König von Sparta ⟨Plut.
Ag.; Pol. 2,37–71⟩.
Kleomenes unternahm während seiner Herrschaft in den Jahren
235 bis 221, nachdem frühere Versuche von → Agis IV. ge-
scheitert waren, einen erneuten Versuch, in Sparta die Verfassung des → Lykurgos wieder einzusetzen. Er war Schüler des
Stoikers Sphairos, der seinerseits ein Zögling des Dichterphilo-
sophen Kleanthes war. Die Reformen des Kleomenes wurden
wieder rückgängig gemacht, nachdem die Achaier und Makedonier nach seiner Niederlage die Stadt zum ersten Mal in ihrer
Geschichte besetzt hatten. Kleomenes flüchtete zu seinem Bundesgenossen Ptolemaios III. nach Ägypten. Nach dem Tod dieses Fürsten wurde er von Ptolemaios IV. gefangengenommen
und fand einen ehrenvollen Tod bei einem Fluchtversuch aus
Alexandreia. Kratesikleia, die stolze Mutter des Kleomenes,
wurde mit ihren Enkelkindern von den Henkern des Königs
umgebracht.

Die meisten Angaben über Kleomenes wie über Agis finden sich
in der Doppelbiographie des Plutarch; römisches Pendant sind
die → Gracchi, die in Rom soziale Reformen durchführen wollten. Polybios (2,37–71) schreibt hauptsächlich über Kleomenes'
Kriege, gibt aber auch einen kurzen Bericht über den Tod des
Kleomenes und seiner Familie und beurteilt seine Herrschaft als
Tyrannei.

Der stoische Tod des Kleomenes und der Kratesikleia wurde in N
Tragödien von P. Bozzi (1591) und A. de Montchrestien (*Les
Lacènes*: Die spartanischen Frauen, 1604) geschildert. Kratesikleia dient als Vorbild für ›constantia‹ in den *Monita et Exempla Politica* von J. Lipsius (1605). Liebesverwicklungen dominieren in den Kleomenes-Stücken von G. Guérin de Bouscal (1640)
und J. Dryden (1692).
Cleomene-Opern gibt es von T. Albinoni (Libr. von V. Cassani,
1718, Venedig), F. Araja (1731, Rom) und G. Sarti (Libr. von G.
de Gamerra, 1788, Bologna). Zur Tragödie von Dryden schrieb
H. Purcell die Schauspielmusik (1692, London).

Rawson 1969

Kleopatra VII. und **Marcus Antonius,** ägyptische Königin (69–31) und römischer Feldherr (83–31) ⟨Plut. Ant.; Strab. 17, 796; Caes. civ.; Bell. Alex.; Cic. Phil.; Dio Cass. 42; Lucan Phars.; Vell. 2; Ios. ant. Iud. 14–15⟩.

Kleopatra war eine Tochter des ägyptischen Königs Ptolemaios XII. Das Testament ihres Vaters, der 51 v. Chr. gestorben war, hatte bestimmt, daß sie zusammen mit ihrem Bruder Ptolemaios XIII. regieren sollte. In dem folgenden Machtstreit mit dem Bruder wandte sie sich an → Caesar, der sich im Jahre 48 bei der Verfolgung des → Pompeius in Alexandrien aufhielt. Die Geschichtsschreiber schildern, wie sich Kleopatra heimlich auf einem kleinen Schiff, eingerollt in einen Teppich, in Caesars Lager bringen ließ. Dieser war entzückt von der Fürstin, über deren Schönheit unterschiedlich berichtet wird; Einigkeit herrscht darüber, daß sie ein markantes Gesicht und eine lange, gebogene Nase gehabt hat. Alle Autoren beschreiben sie als geistreich, in vielen Sprachen gebildet und sehr verführerisch; sie war Mittelpunkt einer Hofhaltung, die an Pracht und Glanz nicht übertreffbar schien, eine Frau, die sich der politischen Bedeutung ihrer Verführungskünste sehr bewußt war. Caesar schlug Ptolemaios XIII. und inthronisierte Kleopatra. Sie gebar Caesar einen Sohn, Kaisarion, und heiratete zum Schein einen anderen Bruder, Ptolemaios XIV., der auf Zypern lebte und keine Rolle spielte. Im Jahre 46 begab sie sich nach Rom, wo sie in Caesars Nähe einen großen Hofstaat führte. Viele Römer betrachteten sie argwöhnisch: eine fremde Königin, die zudem eine Liebesbeziehung mit dem Dictator hatte, von dem man befürchtete, daß er nach der Königswürde strebte. Nach seiner Ermordung kehrte Kleopatra eilig nach Ägypten zurück.

Im Jahre 41 wurde sie von Marcus Antonius, der die Regierung des römischen Triumvirats im Osten festigen sollte, nach Tarsos gerufen. Marcus Antonius, politisch brillant, aber auch heftig, unausgeglichen und zu Ausschweifungen geneigt, konnte auf eine Karriere zurückblicken, in der er sich als Volkstribun auf die Seite des gegen Rom ziehenden Caesar geschlagen hatte. Nach dessen Tod hatte er eine große Leichenrede gehalten und damit im Volk eine Stimmung gegen die Caesarmörder entfacht.

Kleopatra wußte, wie sie sich dem für Glanz und Sinnlichkeit ansprechbaren Antonius nähern mußte, der sich im Osten schon als neuer Dionysos oder Alexander ausgab. Sie kam zu ihm wie eine neue Aphrodite, liegend auf einem vergoldeten Schiff, umringt von Eroten und Darstellern anderer Genüsse. Die beiden führten in Alexandreia ein unermeßlich aufwendiges Leben als

Herrscher eines hellenistisch-orientalischen Weltreichs. Das verschaffte Octavianus, dem späteren → Augustus, die Gelegenheit, seinen Streit mit Antonius als Kampf gegen einen äußeren Feind und eine fremde Fürstin hinzustellen, die sich eines Römers und durch ihn eines Teils des Römischen Reichs bemächtigt hatte. Diese augustäische Propaganda einer Bedrohung durch den Osten spiegelt sich u. a. auch in Gedichten von Horaz und Vergil. Die Spannungen nahmen noch zu, als Marcus Antonius eine erneute Verbindung mit seiner Frau Octavia, der Schwester des Octavianus, abwies, Kleopatra römische Gebiete schenkte, Kaisarion als ›König der Könige‹ betiteln ließ und die Kinder aus seinem Verhältnis mit Kleopatra im voraus als Unterkönige großer Gebiete bestimmte.

Bei Actium kam es im Jahre 31 zu einer Konfrontation zwischen Ost und West. Der Versuch von Antonius und Kleopatra, die Schiffsblockade des Octavianus zu durchbrechen – die Literatur beurteilt ihn als einen feigen oder aber durchtriebenen Fluchtversuch Kleopatras –, führte zu einem Chaos und dem Rückzug der beiden nach Alexandrien. Ohne noch Beschlüsse zu fassen, erwarteten sie dort die Ankunft des Octavianus; Antonius gab sich nach und nach der Verbitterung, großen Gelagen und schließlich der Einsamkeit hin: er baute an der Küste das sogenannte ›Timonion‹, um sich gleich dem → Timon abseits der verräterischen Menschheit zu halten.

Als es schien, daß die Truppen des Octavianus in ihrem Marsch auf die Hauptstadt nicht mehr aufgehalten werden konnten, zog sich Kleopatra mit einigen Mägden und ihren Schätzen in ihr Grabhaus zurück. Dem vom Schlachtfeld heimkehrenden Antonius erzählte man, Kleopatra habe Selbstmord verübt; Antonius stürzte sich in sein Schwert und starb schließlich in den Armen seiner Geliebten. Die Verhandlungen aus dem Grabhaus mit den Abgesandten des Octavianus führten zu keinem Ergebnis, ebensowenig wie eine persönliche Unterhaltung mit ihm – Plutarch spricht von einer bittenden Kleopatra, Florus (4,11,9) und Dio Cassius (51,12 f.) halten das Gespräch für einen vergeblichen Verführungsversuch. Als Kleopatra begriff, daß Octavianus sie als Gefangene im Triumphzug nach Rom mitnehmen wollte, tötete sie sich zusammen mit ihren Mägden. Die Tradition wollte es, daß sie sich von einer Schlange beißen ließ; diese wurde unbemerkt in einem Korb mit Feigen hineingeschmuggelt. Kaisarion wurde später umgebracht, die Kinder von Antonius und Kleopatra wurden im Haus seiner Frau Octavia aufgenommen.

Über das Verhältnis von Marcus Antonius und Kleopatra berichten Sueton (Caes. u. Aug.), Plutarch und Dio Cassius. Diese und andere Schriften sind aus der Perspektive der Sieger geschrieben: Augustus wollte Kleopatra als eine gefährliche Fremde dargestellt sehen, die die Macht über das Römische Reich anstrebte und dazu erst Caesar und dann Antonius verführt hatte. Der Streit zwischen Antonius und Octavianus erhielt so den Anschein eines Bürgerkriegs. Caesar hatte, anders als Antonius, die politische Bedeutung seines Verhältnisses mit der fremden Fürstin erkannt und in seiner Schrift *Bellum civile* seine Bemühungen in Ägypten als eine Intervention aus rein politischen Gründen dargestellt.

Die negativen Urteile in der Literatur der augusteischen Zeit sind deutlich: Horaz nennt die Königin in seiner *Ode* 1,37: ›fatale monstrum ... non humilis mulier‹ (verhängnisvolles Ungeheuer ... unverschämte Frau), die Historiographen betonen ihren berechnenden Einsatz von Körper und Charme, womit sie zwei Weltherrscher erobern konnte und es auf einen dritten, Octavianus, abgesehen hatte. Doch wird auch Bewunderung geäußert, z. B. von Propertius (3,11) über die List, mit der ihr trotz der Bewachung durch Octavianus der Selbstmord gelang. Auch Horaz preist sie in dem zitierten Gedicht für ihren tapferen Selbstmord.

Es gibt zahlreiche Geschichten über die Prunksucht, die Verschwendung und Dekadenz am alexandrinischen Hof. Plinius Maior (nat. 9,119–121) erzählt, daß Kleopatra mit Marcus Antonius wettete, sie könne auf einem Bankett 10.000 Talente zu sich nehmen. Sie nahm eine kostbare Perle aus ihrem Ohrschmuck, löste sie in Essig auf und trank sie schließlich.

Aus der bildenden Kunst der Antike sind v. a. Abbildungen von Kleopatra auf Münzen bekannt. Ein Marmorkopf im Vatikanischen Museum soll eine Kopie eines Porträts sein, das Caesar im Tempel der Venus Genitrix auf dem Forum Iulium hatte aufstellen lassen, worüber Dio Cassius und Appianos berichten.

ND In der Literatur des Mittelalters taucht Kleopatras Name nicht selten auf, meistens in negativer Bedeutung: Dante charakterisiert sie als wollüstig und bösartig. In dem berüchtigten frauenfeindlichen *Malleus Maleficarum* aus dem Ende des 15. Jahrhunderts wird sie als die Schlimmste der Frauen verunglimpft. S. Fielding nennt sie 1757 eine falsche Intrigantin im Gegensatz zu der rechtschaffenen Octavia.

Das Liebesverhältnis mit Marcus Antonius kommt u. a. in G. Boccaccios *De claris mulieribus* (1356–64) und G. Chaucers *The Legend of Good Women* (zw. 1372 und 1387) vor, wo Kleopatra als edles Opfer ihrer Liebe dargestellt wird. Die große Beliebtheit dieser Geschichte verdankt sich v. a. Plutarch und seiner Biographie des Marcus Antonius. Das erste Drama, das den Namen Kleopatras trägt, ist die Tragödie von A. Spinello (1540) um die Herrschaftsverwicklungen. Andere Stücke aus dem 16. Jahrhundert stellen die Liebesbeziehung mit Antonius in den Vordergrund. In dem Drama von E. Jodelle (1552), das zur Feier des Sieges König Heinrichs II. von Frankreich über den Erben des Imperium Romanum, Karl V., geschrieben wurde, wird ein roher Octavianus der durch ihren edlen Tod verklärten Kleopatra gegenübergestellt. Ohne eine solche deutliche Wertung und die politische Konnotation ist dies auch der Tenor der Stücke von C. de' Cesari (1551) und C. Pistorelli (1576). Als uneigennützige, manchmal auch sinnenberauschte Liebhaberin des früher so glanzvollen Kriegers Antonius wird Kleopatra in Stücken von G. B. G. Cinzio (1555), R. Garnier (1578), S. Daniel (1594) und I. de Benserade (1636; nach Garnier) gezeigt. Für G. van Nieuwelandt ist das Liebesverhältnis in seiner *Aegyptica* (1624) ein Beispiel für die Tollheit der Leidenschaft.

Die Dramatisierung W. Shakespeares (1607) folgt ebenso wie die genannten Stücke der Überlieferung bei Plutarch; sie zeichnet sich durch die Entfaltung der Leidenschaften aus – Liebe, Machtstreben, Angst vor dem Ende –, in denen die beiden Hauptfiguren ihren Untergang finden. In J. Drydens *All for Love or The World well lost* (1678) steht Kleopatra in scharfem Kontrast zur edlen, verlassenen Octavia. Dieses negative Bild, auch zu finden in dem Moraldrama von Sachs (1560), herrscht im 17. und 18. Jahrhundert u. a. bei J. de Mairet (1630), D. C. von Lohenstein (1661) und V. Alfieri (1775) vor: Kleopatra ist die betrogene Betrügerin, die Verräterin ihres Geliebten, der Gegenpol zur tugendhaften Octavia. Positivere Züge trägt sie in den Stücken von J.-F. Marmontel (1750), C. von Ayrenhoff (1783), J. Graf von Soden (1793), S.-D. Morgue (1803) und A. Soumet (1824).

Einige Schauspiele zeigen das Verhältnis zwischen Kleopatra und → Caesar. Die beiden spielen die Hauptrolle in *La mort de Pompée* (1643) von P. Corneille, bei F. Beaumont/J. Fletcher (1620), in dem auf Corneille fußenden Stück von C. Cibber (1724) und bei G. B. Shaw (1899; verfilmt von G. Pascal, 1945). Shaw zeichnet gleichsam das Kleopatra-Porträt der Literatur des

19. Jahrhunderts nach: Sie stiftet zu Liebesbetörungen und orientalischen Orgien an, die die Männer in den Untergang führen. So kommt sie auch vor in Puschkins Prosafragment *Egipetskie notschi* (1837), in der Erzählung *Une nuit de Cléopâtre* (1845) von T. Gautier, wo ein junger Ägypter ein rauschendes Fest mit Kleopatra erleben darf (unter der Bedingung, daß er sich am Morgen – kurz vor der Ankunft Marc Antons – umbringt), in einem Gedicht von A. C. Swinburne (1866) und in einer Tragödie von P. di Cossa (1879; mit symphonischen Intermezzi von L. Mancinelli, 1878, Mailand). Die letzte ägyptische Königin fand auch Eingang in Romane, z. B. in E. Ludwigs ›Exilwerk‹, das 1937 in Amsterdam erschien. G. de La Calprenèdes zwölfteiliger pseudohistorischer Roman (1647–63) handelt von einer Liebesgeschichte der gleichnamigen Tochter Kleopatras, die von Octavia am Hofe des Augustus großgezogen wurde.

Ferner erscheint Kleopatra in Filmen von C. B. de Mille (1934) neben Caesar, von J. L. Mankiewicz (1963, mit Elizabeth Taylor, Rex Harrison und Richard Burton) neben Caesar und Marcus Antonius und in Mankiewicz' Verfilmung von Shakespeares Stück (1972, mit Charlton Heston). Kleopatras Auftreten in zahlreichen Filmen – diese Tradition beginnt bei G. Méliès im Jahre 1899 – wurde in dem Film *Carry on, Cleo* (1964) von Arnold Thomas parodiert.

NM Zahlreiche Werke der Musikgeschichte entstanden um diese Frauenfigur, vor allem im Zusammenhang mit → Caesar und Antonius, aber auch als selbständige Titelfigur, z. B. in der Toccata *Cleopatra* von A. Bonelli in den *Ricercari et Canzoni I* (Venedig, 1602) oder der Konzertouvertüre von P. C. H. Potter (1835). H. Berlioz erhielt für *Cléopâtre* zu einem Text von P. G. Vieillard den Preis des ›Concours de Rome‹ (1829).

In der Operngeschichte entstanden ca. 80 Werke, von denen hier nur einige genannt werden können, etwa aus dem 17. Jahrhundert von D. Castrovillari (1662), C. F. Anschütz (1686) und J. S. Küsser (Libr. von F. C. Bressand, 1691, Braunschweig) und aus dem 18. Jahrhundert von J. Mattheson (Libr. von F. C. Feustking, 1704, Hamburg), C. Schweitzelsperg (1716), G. Jacomelli (1735), C. H. Graun (Libr. von G. G. Botarelli nach Corneille, 1742, Berlin), C. Monza (Libr. von C. Olivieri, 1775, Turin), P. Anfossi (Libr. von M. Verazi, 1778), F. Danzi (1780, Mannheim), J. C. Kaffka (1781), D. Cimarosa (1789, St. Petersburg), S. Nasolini/G. Marinelli (Libr. von G. Rossi, Venedig, 1800) u. v. a. Im 19. Jahrhundert setzte sich dieses Interesse fort, z. B.

bei J. Weigl (Libr. von L. Romanelli, 1808, Mailand), F. Paer
(Libr. von C. Olivieri, 1808, Paris), L. Rossi (Libr. von M.
D'Arienzo, 1876, Turin), V. Massé (Libr. von J. Barbier nach
Gautier, 1885, Paris), G. Bensa (Libr. von M. Tommasucci,
1889/90, Turin) und E. Enna (Libr. von E. Christiansen, Leipzig, 1893). Aus dem 20. Jahrhundert sind anzuführen: J. Massenet (Libr. von L. Payen/H. Cain, 1914, Monte Carlo), C. Ha-
zelhurst (1918), G. F. Malipiero (nach Shakespeare, 1938, Mailand), S. Barber (1966) und E. Bondeville (1974). 1983 wurden
auf dem Musikfest in Spoleto einige Kompositionen zu Kleopatra aufgeführt, u. a. von E. Hinds, J. Wells und R. Grayson.

In der Kunst der Neuzeit wird meistens die Sinnlichkeit Kleo- NK
patras betont, die manchmal sehr negativ dargestellt wird: u. a. in
dem Freskenzyklus in der Landshuter Residenz (Mitte 16. Jh.)
mit Caesar und Scipio (→ Scipio Maior) und auf einem Fresko
von P. da Cortona (1641/42) im Palazzo Pitti in Florenz (Octavianus weist Kleopatra ab). Das Treffen zwischen Kleopatra und
Marcus Antonius und das Bankett, auf dem Kleopatra ihre Per-
len auflöst, lieferten den Künstlern häufig das Motiv, Glanz und
Pracht darzustellen: beispielsweise auf einem Freskenzyklus von
L. Cambiaso im Palazzo Imperiale in Genua (um 1560), auf einem Gemälde von S. Bourdon (1645, Paris, Louvre) und G. B.
Tiepolos Dekoration des Palazzo Labia in Venedig (um 1747–
50). Ein Kuriosum bildet die Holztafel mit Intarsien, auf der das
Bankett zu sehen ist, nach einem Entwurf von G. Vasari für das
Studiolo von Francesco I. im Palazzo Vecchio in Florenz (um
1570–72): Es markiert und maskiert zugleich den Platz, an dem
der Fürst seine Juwelen aufbewahrte. Die Bankett-Szene greifen
im italienischen Barock weiterhin auf Gemälden F. Trevisani
(um 1705–10, Rom, G. Spada), G. B. Pittoni (um 1730, New
York, Moss C.) und G. B. Tiepolo (u. a. 1743/44, Melbourne,
Nat. G.) auf. Auch in Deutschland beschäftigte man sich mit
dem Stoff: z. B. Markgräfin Wilhelmine auf einem Gemälde um
1740 für das Neue Schloß in Bayreuth. In der niederländischen
Malerei thematisierten das Bankett auf Gemälden z. B. J. Steen
(u. a. 1667, Göttingen, Universität und um 1669, Den Haag,
Beginnenhof), J. de Bray (1669, Manchester, G.), der in diesem
Werk seine Familienangehörigen porträtierte und von dem
Schauspiel von G. van Nieuwelandt inspiriert worden war, weiterhin G. J. van den Eeckhout (1669, Johannesburg, Art G.), G.
de Lairesse (Ende 17. Jh., Amsterdam, M.) und G. Hoet (Anfang
18. Jh., Schloß Schleißheim). Die Szene ist auch fester Bestand-

teil von Teppichreihen, die die Geschichte von Kleopatra und Antonius abbilden, wie z. B. die Reihe nach Entwürfen von C.-J. Natoire (1754, Nîmes, M.).

Bei Darstellungen der Konfrontation zwischen Kleopatra und Octavianus dominiert das tragische oder moralisierende Element. Außer dem genannten Fresko von P. da Cortona entstanden im 17. und 18. Jahrhundert u. a. Gemälde von N. Poussin (um 1625, Ottawa, Nat. G.), Guercino (1640, Rom, Kapitolspalast), S. Conca (um 1720, London, G. Heins), A. R. Mengs (u. a. um 1760, Wien, G. Czernin) und P. Batoni (1773, Dijon, M.). J. H. Tischbein d. Ä. nahm die Szene in eine Reihe von vier Gemälden für Wilhelm VIII. von Hessen auf (1769, Kassel, Gemäldeg.). Kleopatra und Caesar wurden seltener dargestellt: u. a. auf Gemälden von A. R. Mengs (1760, Stourhead) und F. Fischetti (um 1770, Neapel, G.). In dem Pariser Salon 1869 stellte J.-B. Clésinger (Montreal, M.) ein Marmorbild mit eingelegten Edelsteinen aus.

Ein anderer Themenbereich bezieht sich auf den Selbstmord Kleopatras durch Schlangengift. Häufig wird sie als stehender oder liegender Akt bzw. Halbakt gezeigt, erkennbar nur an der Schlange am Hals oder an der Brust: z. B. auf einem Gemälde von J. van Scorel (um 1520, Amsterdam, M.). Mit dramatischer Gestik, die den nahenden Tod zeigen soll – eine Pose, die sich häufig mit der traditionellen Haltung der → Lucretia vergleichen läßt –, wird Kleopatra z. B. auf einer Darstellung in Petrarcas Sterbehaus in Arquá (16. Jh.) sowie auf Gemälden von G. Reni (1625–1642, u. a. Florenz, Pal. Pitti und London, Hampton Court), Guercino (u. a. 1648, Genua, Pal. Rosso) und S. Mazzoni (17. Jh., München, AP) geschildert. Zahlreiche Nebenfiguren, beispielsweise die sie umringenden Mägde, finden sich u. a. auf Gemälden von J. Liss (1623, München, AP), J. Jordaens (1653, Kassel, Gemäldeg.), G. Cagnacci (um 1660, Wien, Kunsth. M.), G. de Lairesse (1686, Lüttich, Hôtel Willems oder d'Ansembourg), L. J. F. Lagrenée (1774, Paris, Louvre) und J.-B. Regnault (1799, Düsseldorf, Kunstm.). Auf einem Bild von A. Turchi (1640, Paris, Louvre) begeht Kleopatra an der Leiche des Marcus Antonius Selbstmord. D. M. Muratori stellte Anfang des 17. Jahrhunderts Kleopatra und Marcus Antonius auf zwei zueinandergehörenden Gemälden (Rom, G. Spada) dar. P. Batoni befaßte sich auf einem Bild (1763, Brest, M.) mit der Szene, in der Antonius in den Armen seiner Geliebten stirbt; A. Kauffmann wählte auf einem Gemälde (1770, Stanford, Burghley House) die Szene, in der Kleopatra Blumen auf sein Grab legt. E.

Barlach widmete dem Thema eine Skulptur (1904, Bremen, Kunsth.).

Becher 1966; Bono 1984; Brummer 1970; Bullough 1964; Fahy 1971; Frenzel 1992a; Kleopatra 1989; Levey 1965; Michel 1967; Möller 1888; Traub 1938; Walch 1968

Klio, auch Kleio, eine der → Musen

Klotho, eine der → Moiren

Klytämnestra, Gattin des → Agamemnon

Konon, Hofastronom → Berenike

Kore, Beiname der → Persephone

Koronis, Mutter des → Asklepios

Krateros, Berater des → Alexander III.

Kratesikleia, Mutter des → Kleomenes III.

Kreon, König von Korinth → Medeia

Kreon, König von Theben → Antigone, → Oidipus

Kresphontes, Gatte der → Merope

Krëusa, Mutter des → Ion

Krëusa, Tochter des Königs Kreon von Korinth → Medeia

Krëusa, Gattin des → Aeneas

Kroisos (595–546), letzter König der Lyder ⟨Bakchyl. 3,16 ff.; Hdt. 1,6–94; Diod. 9,31 ff.; Xen. Kyr.; Iust. 1,7; Plut. Sol. 27 f.⟩. Kroisos, Sohn des Alyattes, trat im Jahre 561 die Herrschaft an. Er war berühmt für seinen unermeßlichen Reichtum, aufgrund dessen er sich für unangreifbar hielt. Herodot, Diodoros Sikulos und Plutarch berichten eine Episode über den Besuch → Solons bei Kroisos. Nachdem ihm Kroisos seine Residenz in Sardes mit allen ihren Schätzen gezeigt hatte, fragte er ihn, wen er für den glücklichsten Menschen der Welt halte – in der Erwartung, nur er als der Reichste könne auch als der Glücklichste angesehen werden. Doch Solon nannte Tellos, einen einfachen Bürger aus Athen, dessen Kinder wohlgeraten waren, der in einer blühenden Stadt gelebt hatte und nach seinem Heldentod auf dem Schlachtfeld geehrt wurde. Auf die Frage, wer nach diesem der Glücklichste sei, antwortete Solon, es seien die Brüder Kleobis und Biton aus Argos. Als ihre Mutter zu Feierlichkeiten im Hera-Tempel fahren wollte und keine Zugtiere vorhanden waren, spannten sie sich selbst vor den Wagen und brachten die Mutter zum Tempel. Die Mutter bat daraufhin Hera, den Söhnen das vollkommene Glück zu schenken. Nach den Festlichkeiten legten sich die vielgelobten Jünglinge im Heiligtum zur Ruhe und wachten nie mehr auf. Solon wies den gereizten Kroisos auf die Wechselhaftigkeit des Glücks und Unglücks bei Reichen und Armen hin. Erst von seinem Ende her könne das Leben eines Menschen beurteilt werden. Kroisos entließ seinen Gast verärgert.

Als sich später das Persische Reich unter → Kyros ausdehnte, griff Kroisos die Perser an. Verleitet hatte ihn der Delphische Orakelspruch: bei einem Krieg gegen die Perser werde er ein großes Reich zerstören. Kroisos bezog diese Aussage auf das Persische Reich, doch der Kampf endete mit der Niederlage der Lyder; der gefangengenommene König wurde zum Tod auf dem Scheiterhaufen verurteilt. Als die Flammen schon hochschlugen, rief er den Namen Solons aus. Kyros, neugierig auf die Bedeutung dieses Ausrufs, ließ Kroisos vom Scheiterhaufen holen und berichten. Im Bewußtsein der Wechselhaftigkeit des Glücks nahm er Kroisos in sein Gefolge auf.

Eine Amphore von Myson (um 500–490 v. Chr., Paris, Louvre) zeigt Kroisos auf dem Scheiterhaufen. Möglicherweise bezieht sich diese Darstellung auf eine verlorene Tragödie.
Die Geschichte der beiden Jünglinge, die Herodot Solon in den Mund legte, wurde schon in der Antike dargestellt. In Delphi wurden um 580 zwei riesige Kurosstandbilder als Weihgeschenke aufgestellt, auf deren Schenkel die Namen der beiden eingraviert sind (Delphi, M.). Auch auf römischen Sarkophagreliefs ist zu sehen, wie sie den Wagen ziehen.

N   Eine frühe Nacherzählung der Geschichte des Herodot über Solon und Kroisos ist die Novelle von W. Painter in *The Palace of Pleasure* (1566–67), die einem Drama des Earl of Sterling (1601) zugrunde liegt. Später entstanden die Oper *Der hochmüthige, ge-stürtzte und wieder erhabene Croesus* von R. Keiser (Libr. von C. H. Postel, 1711, Hamburg; Neufassung 1730) und ein Trauerspiel von N. van Suchtelen (1897).

In der bildenden Kunst der Neuzeit wird Solons Besuch bei Kroisos v. a. in der niederländischen Malerei thematisiert: z. B. auf Gemälden von G. van Honthorst (1624, Hamburg, Kunsth.) und F. Francken II. (1625–40, u. a. Brüssel, Kon. M. und Wien, Kunsth. M.). Der Grund für die Verbreitung liegt wahrscheinlich im Vanitas-Gedanken der Geschichte – die Nichtigkeit und Vergänglichkeit des Irdischen, des Reichtums und des Glücks.

Das Motiv der Jünglinge, die den Wagen ziehen, wurde in Fontainebleau von Primaticcio aufgegriffen (1550–60): Er gilt hier als Ausdruck der Verehrung König Franz I. für seine verstorbene Mutter Luise von Savoyen.

Kronos, Herrscher der Titanen, jüngster Sohn der Gaia (Erde) und des Uranos (Himmel), Gatte der Rheia, den Römern als Saturnus bekannt.

Hesiodos (theog. 168–182; erg. 109–120; 169) überliefert, daß der rücksichtslose und brutale Uranos mit Gaia gegen ihren Willen viele Kinder zeugte: die → Titanen, die Hekatoncheiren (›Hundertarmige‹) und die → Kyklopen. Im Inneren der Erde hielt er sie gefangen. Eines Tages konnte Gaia Kronos zum Aufstand gegen den Vater bewegen. Sie gab ihm eine Sichel, mit der er Uranos entmannte; das Glied warf er ins Meer.

Durch diese Tat fiel Kronos die Weltherrschaft zu. Auch er hielt die Hekatoncheiren und Kyklopen unter der Erde eingeschlossen. Er heiratete seine Schwester Rheia, die ihm Hestia, → Demeter, → Hera, → Hades, → Poseidon und schließlich → Zeus gebar. Von Uranos und Gaia hatte er erfahren, daß ihm eines seiner Kinder die Herrschaft nehmen werde. Deshalb verschlang er sie direkt nach der Geburt. Nur Zeus konnte diesem Schicksal durch eine List Rheias entgehen: Sie gab Kronos statt des Kindes einen in Windeln gewickelten Stein. Später brachte Zeus seinen Vater dazu, seine Geschwister wieder auszuspucken. Er kämpfte gegen Kronos und die Titanen und verbannte sie nach seinem Sieg in den Tartaros, wo sie von den inzwischen befreiten Hekatoncheiren bewacht wurden.

Nach einer anderen Tradition soll sich Zeus später mit Kronos versöhnt haben (Pind. O. 2). Dieser hatte sich auf den Inseln der

Glückseligen zum gütigen König des mythischen Goldenen Zeitalters gewandelt. So ist wohl auch die Gleichsetzung mit dem italischen Erdgott Saturnus zu verstehen, der den Menschen mit dem Ackerbau und der Gesetzgebung Wohlstand und Ordnung brachte und trotz seiner archaischen Gewaltigkeit als Gott der Fruchtbarkeit auch als Urahn der Könige von Latium angesehen wurde.

Von alters her wurde Kronos mit Chronos, der Zeit, verwechselt.

In der griechischen und hellenistischen Kunst trägt Kronos als alter bärtiger Mann, der mit seinem Mantel seinen Kopf bedeckt, die Sichel, mit der er seinen Vater entmannte und die er für die Getreideernte gebrauchte. Der in Rom wichtige Saturnus-Kult fand zur Zeit der Wintersonnenwende seinen Höhepunkt in den Saturnalia; diese Festzeit fällt in der christlichen Tradition mit der der Geburt Jesu zusammen.

NK Im Laufe der Zeit treten einige Szenen hinzu: die Entmannung des Vaters; das Verschlingen der Kinder; die Gleichstellung mit Chronos; die Doppelfunktion der Sichel als Werkzeug der Entmannung und, neben der Sense, des Landbaus, dann auch als Todessichel; Saturnus als unheilvoller Gott und zugleich als Personifikation von Kultur und Bildung. Dieser Bedeutungszusammenhang führte zu einer Vermischung von Kronos, Chronos und Saturnus in der Ikonographie und Vorstellung vom frühen Mittelalter bis in die Neuzeit. Wegen seines unheilvollen Charakters wurde er in der antisemitischen Volksliteratur des 14. und 15. Jahrhunderts als König der Juden angesehen.

In der Temperamentenlehre, die im Zusammenhang mit den vier Jahreszeiten und den vier Elementen zu sehen ist, steht Kronos/ Saturnus für den düsteren Herbst des Lebens, die Melancholie, das schwermütige Streben nach dem Unerreichbaren und für das kreative Nachsinnen. Auf Dürers berühmtem Kupferstich *Melencolia I* (1514, Berlin, Gemäldeg.) stützt die weibliche Personifikation der Melancholie ihren Kopf mit den Händen ab; eine Pose, die auch schon von Saturnus aus der antiken Kunst bekannt ist. Der Melencolia sind einige Attribute des Saturnus (z. B. ein Geldbeutel) oder solche, die auf die künstlerische Schaffenskraft verweisen, zugeordnet.

Die Malerei der Neuzeit beschäftigt sich im Rückgriff auf Hesiodos mit der Szene, in der Kronos seine Kinder verschlingt: z. B. auf einem Freskenzyklus von G. Vasari (um 1558, Florenz, Pal. Vecchio) sowie auf Arbeiten von Rubens (um 1636/37, Gemäl-

de, Madrid, Prado) und F. Goya (um 1797/98, Zeichnung und
1821/22, Gemälde, Madrid, Prado). Abbildungen von Kronos/
Chronos als Personifikation der Zeit finden sich häufig im Manierismus und in der barocken Grafik, Malerei und Bildhauerkunst, bei letzterer v. a. in der Grabkunst: eine kräftige Gestalt
mit finsterem Blick, die sich auf Sense und Sichel ausruht oder
mit der Sichel Menschen ummäht, z. B. auf Gemälden von P.
Veronese (um 1560/61, Maser, Villa Barbaro-Volpi), A. von
Dyck (um 1628–32, Paris, M. Jacquemart-André), S. Vouet (um
1640–43, Bourges, M.), J. Jordaens (um 1652, Den Haag, Huis
ten Bosch und um 1675, Amsterdam, M.), G. B. Tiepolo (1757,
Fresko, Vicenza, Villa Valmarana) und A. R. Mengs (1772/73,
Fresko, Vatikan, Camera dei Papiri) sowie bei einem Saturn-
brunnen von F. Girardon (1673–75) im Schloßpark von Versailles. Als Allegorie der Erde ist Saturn auf einem Fresko von C.
Gherardi/G. Vasari (1555/56) im Palazzo Vecchio in Florenz zu
sehen.

In der Literatur des Mittelalters ist Kronos im anonymen *Ovide* ND
Moralisé (ca. 1316–28), in G. Boccaccios *De casibus virorum illu-*
strium (1355–73?) und in Christine de Pizans *L'epistre d'Othéa à*
Hector (ca. 1400) zu finden. In F. Hölderlins Gedicht *Natur und*
Kunst oder Saturn und Jupiter (vor 1801) ist Kronos/Saturn der von
Jupiter besiegte Gott, der für den verborgenen Urgrund, die
einigende Natur, steht; Jupiter vertritt das Prinzip der Kunst
(d. i. Künstlichkeit), die Ordnung und Gesetze schafft. J. W. von
Goethes Gedicht *Kronos als Kunstrichter* (1820) kritisiert die
Kunstrichter im Bild des die eigenen Kinder verschlingenden
Saturn. J. Rehn spielt auf den Saturn-Stoff in seinem kunstvoll
aufgefächerten und als Utopie konzipierten Roman *Die Kinder*
des Saturn (1959) an, in dem er ein glaubwürdiges Bild eines
quasi-endzeitlichen Stadiums in der Geschichte der Menschheit
gibt. G. Grass verfaßte das in *Gleisdreieck* (1960) enthaltene
Gedicht *Saturn*.

Für die Musikgeschichte sind zwei Ballette zu nennen, zum einen NM
das *Ballet des arts* von P. Beauchamps (1685, Paris), zum anderen
I Titani mit der Musik von G. Rossini/S. Viganò/J. K. Ayblinger
nach einem Szenarium von S. Viganò (1819, Mailand). Ein In-
strumentalstück komponierte A. V. Lourié (1964). Die Geschichte von der Geburt des Zeus bzw. Jupiter thematisierte P.
Metastasio in einem Libretto, das von G. Bonno (1740, Wien),
J. A. Hasse (1749, Hubertusburg), J. Friebert (1764, Passau) und
A. Lucchesi (1772, Bonn) vertont wurde.

Chastel 1946; Greifenhagen 1935; Klibansky/Panofsky/Saxl 1964; Krause 1983

Kyklopen (›Rundaugen‹), die drei einäugigen Riesen Brontes, Steropes und Arges, Söhne der Gaia und des Kronos (Hes. theog. 139–146).
→ Kronos hielt die Kyklopen im Tartaros gefangen, bis Zeus sie befreien konnte. Sie halfen den olympischen Göttern im Kampf gegen die → Titanen und schmiedeten Zeus aus Dank für ihre Freiheit Donnerkeile. Auch der Dreizack des → Poseidon und die Kappe des → Hades, die den Träger unsichtbar macht, stammten von den Kyklopen. Sie waren grobe, aber friedvolle Gestalten und wohnten im Ätna als Helfer des göttlichen Schmieds → Hephaistos (Eur. Cycl.; Verg. Aen. 8,418–422; Verg. georg. 4,170–173; Kall. h. 3,46). Es wird überliefert, daß → Apollon die – in diesem Fall sterblichen – Kyklopen tötete, weil Zeus Apollons Sohn Asklepios mit den von den Kyklopen gefertigten Donnerkeilen erschlagen hatte (Hes. Fragm. 122; Hyg. fab. 49; Apollod. 9,122). Nach Homer (Od. 6,5; 9,106–151) waren die Kyklopen eher friedlich, lebten in glücklichen Familienverbänden zurückgezogen in Höhlen und ernährten sich von Pflanzenkost. Eine Ausnahme war der einsame Polyphemos (→ Galateia), nach Homer ein Sohn des Poseidon und der Nymphe Thoosa. Er verschlang einige Gefährten des Odysseus, worauf dieser ihn blendete.
Ferner wird von den Kyklopen berichtet, daß sie → Perseus beim Bau von Argos und → Proitos beim Bau von Tiryns halfen. Mauern aus großen Steinblöcken werden deshalb kyklopische Mauern genannt (u. a. Eur. Iph. A. 265; 534; Eur. Or. 965).

Hesiodos beschreibt die Kyklopen im Zusammenhang mit der Urzeit, wobei sie das Goldene Zeitalter symbolisieren – eine Zeit, in der Landwirtschaft noch nicht nötig war, da die Erde alles gab. Bei Homer und anderen wird nur Polyphemos als literarische Figur überliefert. In Euripides' Satyrspiel *Kyklops* hält Polyphemos Silenos und die Satyrn gefangen, als Odysseus bei ihm ankommt. Er macht den Kyklopen betrunken und blendet ihn, um seine Gefährten und auch Silenos zu befreien. Bei Vergil stößt Aeneas, parallel zu Odysseus, auf Polyphemos, der auf Sizilien wohnt.

In der bildenden Kunst der Antike sind die Kyklopen außer im Zusammenhang mit der Odysseus-Episode und Galateia nicht dargestellt worden.

In der Neuzeit werden die Kyklopen zusammen mit Hephaistos, N
der die Waffen für → Achilleus schmiedet, abgebildet, z. B. auf
einem Fresko von J. Tintoretto (um 1577/1578) im Palazzo Ducale in Venedig.
Den Kyklopen-Stoff griffen in der Literatur des 20. Jahrhunderts I. Langner für einen Roman (1960) und M. Atwood für ein
Gedicht (1970) auf.
Von J.-P. Rameau stammt eine Komposition für Cembalo (in
den *Pièces de clavecin,* Paris, 1724). Eine Polyphemos-Oper komponierte N. Porpora nach einem Libretto von P. A. Rolli (1735,
London). Die Oper von I. de Charriere wurde nicht aufgeführt
(Libr. von der Komponistin, vor 1805). Anfang des 20. Jahrhunderts entstanden Orchesterwerke von V. Davico (1910) und
O. Esplá y Triay (Ballett, ca. 1920; 2. Fassung als Orchestersuite
1926).

Andreae 1984; Derksen 1983

Kyknos → Herakles

Kyno, Pflegemutter des → Kyros II.

Kyparissos, Geliebter des → Apollon

Kyros II. (reg. 558–529), persischer Herrscher ⟨Hdt. 1,46–214;
Xen. Kyr.; Phot. Bibl. (Auszug Ktesias, Persika 7–11); Iust.
1,4–5; Bibel: 2 Chronik 36,22 ff.; Ezra 1,1; Jesaja 44,28 u.45,1⟩.
Kyros war der Sohn von Kambyses und Mandane, der Tochter
des Astyages, des medischen Herrschers in Persien. Wie Herodot erzählt, hatte Astyages, als Mandane im heiratsfähigen Alter
war, einen Traum: Ein Kind seiner Tochter ließ so viel Wasser,
daß seine Hauptstadt davon erfüllt und ganz Asien überflutet
wurde. Unheil befürchtend, gab er Mandane einem unbedeuten-
dem Perser zur Frau, Kambyses. Doch in einem erneuten Traum
des Astyages wuchs nun aus dem Schoß seiner Tochter eine
Weinranke, die ganz Asien überschattete. Die Traumdeuter legten dies als Zeichen aus, daß es einem Kind der Mandane bestimmt sei, den Platz des Herrschers einzunehmen. Als Mandane
ihren Sohn Kyros gebar, befahl Astyages seinem Vertrauten
Harpagos, das Kind umzubringen. Harpagos, der dies nicht vermochte, beauftragte den Hirten Mithradates, das Kind in den
Bergen seinem sicheren Tod auszuliefern. Die Frau des Mithra-

dates aber, die in diesen Tagen eine Fehlgeburt hatte, setzte den toten Säugling in den Bergen aus, und beide zogen Kyros anstelle ihres eigenen Kindes auf.

Schon im Alter von zehn Jahren zeigte Kyros seinen außergewöhnlichen Charakter. Während des Spiels mit anderen Kindern des Dorfes wählten diese ihn, den vermeintlichen Sohn eines Rinderhirten, zu ihrem König. Als einer der Jungen, der Sohn eines vornehmen Meders, den Gehorsam verweigerte, versetzte Kyros ihm Peitschenhiebe. Der Vater des gedemütigten Jungen beklagte sich daraufhin bei Astyages. Als der König nun Kyros zu sich rufen ließ, glaubte er, in dessen Zügen und Verhalten den gefürchteten Enkel zu erkennen. Unter Androhung der Folter gestanden Harpagos und Mithradates, den Auftrag seinerzeit nicht erfüllt zu haben. Dem Hirten wurde die Strafe erlassen, doch Harpagos grausam bestraft: Nach einem Bankett wurde ihm enthüllt, daß er seinen eigenen Sohn, der auf Befehl von Astyages getötet worden war, verspeist hatte.

Da die Magier Astyages erklärten, die Traumvision, nach der Kyros König sein werde, beziehe sich auf das Kinderspiel, so daß nun keine Gefahr mehr von ihm ausgehe, durfte Kyros zu seinen leiblichen Eltern zurückkehren. Ihnen gegenüber rühmte der Junge seine Pflegeeltern Mithradates und Kyno. Vermutlich veranlaßte der an kyon (= Hündin) anklingende Name der Pflegemutter Iustinus zu der Bemerkung, die Pflegeeltern hätten das Kind in den Bergen gefunden, während es von einer Hündin gesäugt wurde.

Im Jahre 558 forderte Harpagos, der auf Rache sann, den herangewachsenen Kyros dazu auf, die persischen Fürsten aufzuwiegeln. Indem er vorgab, von Astyages bevollmächtigt zu sein, ließ Kyros die Perser einen Tag lang auf dem Acker schwer arbeiten; am folgenden Tag bewirtete er sie mit einem großen Festmahl und Gelage. Als er sie nun nach diesem Vergleich aufrief, die medische Herrschaft abzuschütteln, folgten sie ihm und besiegten unter seiner Führung Astyages.

Als König der Perser unterwarf Kyros die Lyder unter → Kroisos, die griechischen Stadtstaaten an der kleinasiatischen Küste, Assyrien und Babylonien mit der wunderbaren, von den Königinnen → Semiramis und Nitokris mit genialen Festungsanlagen und Wassersystemen versehenen Hauptstadt Babylon.

529 kam Kyros auf einem Feldzug gegen die Massageten um. Die Königin dieses Stammes, → Tomyris, nahm an seinem Leichnam grausame Rache. Sein Sohn → Kambyses trat seine Nachfolge an und sicherte das Persische Reich.

Kyros gilt in der antiken Literatur als weiser König. Aischylos lobt ihn in seiner Tragödie *Persai* (472, 770 ff.) als besonnenen und friedenbringenden Herrscher. Aristoteles (Ath. pol. 5,8,5,15) nennt ihn den Befreier und Wohltäter der Völker. Xenophon schrieb Anfang des 4. Jahrhunderts v. Chr. den Traktat *Kyru paideia*, dem Titel nach eine Beschreibung der Erziehung des Kyros, tatsächlich aber eine historisch-philosophische Schrift mit einem idealisierten Kyros. Der schmachvolle Tod des Kyros in der Schlacht gegen die Massageten paßte allerdings nicht ins Bild: Nach Xenophon gab der weise Kyros vor seinem natürlichen Tod seinen Kindern und Freunden Unterricht – eine Version, die Cicero in seinen Cato-Traktat aufnahm. Xenophon, der das Bild des Kyros in der hellenistischen und römischen Kultur entscheidend prägte, berichtet von einer Episode, die später von Lukianos (im. 10) und Philostratos (im. 2,9) übernommen wurde: Als Pantheia, die Gemahlin seines Feindes Abradatas, Kyros in die Hände fiel, hielt er sich von dieser wegen ihrer Schönheit berühmten Frau fern und gab sie in die Obhut seines Vertrauten Araspas. Abradatas, der hörte, mit welchem Respekt Kyros seine Frau behandelt hatte, lief daraufhin zu ihm über. Als er in dessen Diensten gefallen war, tötete sich Pantheia bei seiner Leiche.

In der jüdischen Tradition, so im Buch *Ezra* des Alten Testaments, wo er ›Kores‹ genannt wird, wird Kyros als der persische Herrscher gepriesen, der 539 zehntausend Juden aus ihrer Verbannung in Babylon nach Israel zurückkehren ließ, ihnen Religionsfreiheit zusicherte und das früher aus dem Tempel von Jerusalem gestohlene Tafelgeschirr für den Gottesdienst zurückgab. Daß Kyros sich gegen die besiegten Völker stets großzügig zeigte und ihnen ihre Kultur und Religion beließ, ist sicherlich ein Grund für den großen Respekt ihm gegenüber.

Auch im Mittelalter wird Kyros, der wie → Dareios als Personifikation eines der ›vier Weltreiche‹ gilt, positiv gesehen. Eine Ursache hierfür ist der Traum des Astyages vom Weinstock. Dieser wird in der jüdisch-christlichen Tradition als Ankündigung eines Herrschers gedeutet, der die Juden aus dem babylonischen Exil befreien solle. Im *Speculum humanae salvationis* aus dem 14. Jahrhundert wird er als Präfiguration Marias verstanden, die ein Kind gebären wird, das die Menschheit befreit – ein Gedanke, der Ende des 12. Jahrhunderts von Petrus Comestor in seiner *Historia scholastica* entwickelt wurde.

In der Literatur bleibt die *Kyru paideia* bis in den Barock als ›Fürstenspiegel‹ bekannt. Die Pantheia-Geschichte wird im 16.

Jahrhundert in Novellen von M. Bandello und W. Painter und in Gedichte von H. Sachs aufgenommen. Die Jugend des Kyros ist im 17. und 18. Jahrhundert Thema einiger Tragödien, z. B. von P. Mainfray (1628) und A. Danchet (1706). M. de Scudéry schrieb zwischen 1649 und 1653 den rund 13.000 Seiten umfassenden, zu ihrer Zeit sehr berühmten Roman *Artamène ou le Grand Cyrus*. In diesem Roman ist Kyros in die medische Königstochter Mandane verliebt, die er aber erst gewinnen kann, nachdem sie von einigen Nebenbuhlern entführt wurde. C. M. Wieland bezeichnete in seiner Schrift *Der goldene Spiegel* (1772), die ihm eine Anstellung am Hofe Friedrichs des Großen verschaffen sollte, diesen als neuen Kyros. Von M.-J. Chénier stammt ein Kyros-Drama (1804) zu Ehren Napoleons.

NK Die Erwähnung des Kyros im vielgelesenen *Speculum* erklärt zahlreiche Darstellungen in Klöstern und Kirchen: z. B. auf Glasmalereien im Kloster Ebstorf bei Uelzen, auf einem Wandteppich im Kloster Wienhausen bei Celle und auf einem Wandgemälde in der St. Pancratiuskirche in Enkhuizen.

In der bildenden Kunst gehen die Szenen, die nicht vom *Speculum* oder dem Topos der ›vier Weltreiche‹ herzuleiten sind, auf Xenophon und Herodot zurück. In Notre-Dame in Beaune befindet sich eine Reihe von vier Wandteppichen (15. Jh.), die auf einer Bearbeitung von Xenophons *Kyru paideia* durch den Grafen von Lucena (um 1470) für Karl den Kühnen, Herzog von Burgund (1467–77), beruht. Ein zweiter Teppichzyklus wird der Brüsseler Werkstatt von Jan des Moyen zugeschrieben (1535–50, Boston, Gardner-M.). L. de La Hyre hielt auf einem Gemälde nach Xenophon (um 1635, Chicago, Art I.) Kyros mit seinem Jugendfreund und Ratgeber Araspas fest. Auch B. West folgte Xenophon auf einem Gemälde (1773, London, Hampton Court) für George III.: Kyros vergibt einem besiegten König von Armenien, nachdem dessen Sohn Tigranes ihn darum gebeten hatte. Nach Herodot oder Xenophon behandeln u. a. folgende Künstler auf Gemälden das Schicksal des Kyros: J. Victors (um 1640, Oldenburg, Landesm.; Kyros vor dem Thron von Astyages), G. B. Castiglione (um 1655, Dublin, Nat. G.; Kyros wird von einer Hündin gesäugt) und S. Ricci (1706–08, Hamburg, Kunsth.; Harpagos übergibt Kyros dem Mithradates). P. da Cortona schildert auf einem Fresko im Palazzo Pitti in Florenz (1641/42) Kyros' Zurückhaltung gegenüber der schönen Pantheia. Ein Teppich aus Piemont (1750–56, Rom, Pal. Quirinale) zeigt Kyros, der Krieg gegen Artaxerxes führt.

In der Musikgeschichte entstanden im 17. Jahrhundert Opern NM
von A. Draghi (Libr. von Teofilo, 1668, Wien) und G. Frezza
(Libr. von T. Tomolino, 1685, Treviso) sowie das Divertimento
von A. Bertali (Text von A. Amalteo, 1661, Laxenburg b. Wien).
Ciro riconosciuto zählte für die Oper des 17. und 18. Jahrhunderts
zu den beliebtesten Stoffen, zuerst mit den Vertonungen des
Librettos von G. C. Sorentino, u. a. von P. F. Cavalli (1654, Venedig) und mit Arien von A. Mattioli (1665, Venedig), später mit
dem Text von P. Pariati, für den z. B. T. Albinoni (1709, Vene-
dig), A. Scarlatti (1712, Rom), F. Gasparini (1716, Rom), A.
Lotti (1716, Reggio d'Emilia) und F. Ciampi (1726, Mailand) die
Musik schrieben. Später wurde diese Vorlage von einem Libret-
to P. Metastasios abgelöst, u. a. vertont von A. Caldara (1736,
Wien), B. Galuppi (1737, Venedig), L. Leo (1737, Neapel), N.
Jommelli (1744, Bologna), G. Verocai (1746, Braunschweig), G.
Sarti (1754, Kopenhagen), J. A. Hasse (1751, Dresden) und G.
Benda (1765, Gotha). Die Geschichte über *Ciro in Babilonia* ver-
tonte G. Rossini (Libr. von F. Aventi, 1812, Ferrara).

Binder 1964; Breitenbach 1930; Deutsch 1986; Miller 1993; Wilson/Lancaster
Wilson 1984

Kyzikos → Argonauten

Lachesis, eine der → Moiren

Laelius, politischer und militärischer Berater des → Scipio Minor

Laios, Vater des → Oidipus

Laistrygonen → Odysseus

Lamachos → Alkibiades

Laodameia → Protesilaos und Laodameia

Laodikeia, Schwester und Gemahlin des → Mithridates VI.

Laokoon, Apollon- und Poseidon-Priester in Troja, Sohn des
Kapys ⟨Verg. Aen. 2,40–56; 2,199–231; Hyg. fab. 135⟩.

Die Griechen hatten sich eine List ausgedacht, um Troja zu Fall zu bringen: Sie bauten ein großes, hölzernes Pferd, in dem sich griechische Krieger, u. a. Odysseus, versteckt hielten. Dieses Pferd ließen sie am Strand vor Troja zurück und traten scheinbar die Rückreise an. In Wirklichkeit lagen sie abwartend hinter der Insel Tenedos.

Vergil (später auch Petr. 89) überliefert die verschiedenen Meinungen in der Frage, ob man das hölzerne Pferd in die Mauern Trojas holen solle: Laokoon warnte die Trojaner davor und warf seinen Speer in die Flanke des Pferdes. Der griechische Spion Sinon versicherte jedoch, das hölzerne Pferd sei als Opfer für Athene gedacht, als Ersatz für deren Standbild, das Palladion, das Odysseus und Diomedes aus Troja geraubt hatten. Mit diesem Pferd sei ihnen der Sieg über die Griechen sicher. Als Laokoon mit seinen beiden Söhnen kurz darauf von zwei Meeresschlangen erwürgt wurde, sahen die Trojaner darin eine Strafe für seine Ablehnung des heiligen Pferdes. Sie schlugen eine Bresche in die Mauer, da die Tore dafür zu klein waren, und zogen das Holztier hinein. Damit war das Schicksal Trojas besiegelt.

Der wirkliche Hintergrund für Laokoons Tod bleibt undeutlich. Nach den verlorengegangenen Texten des *Iliupersis*-Epos, des *Laokoon* von Sophokles und nach Gedichten von Bakchylides wurde der Priester von Apollon bestraft, weil er gegen den Wunsch des Gottes geheiratet und Kinder gezeugt hatte (Hyg. fab. 1,35; Lykophr. Al. 347, mit Scholien), vielleicht auch, weil er und seine Frau einander vor einer Apollon-Statue geliebt hatten.

Die Szene, in der Laokoon und seine beiden Söhne von den Meeresschlangen erwürgt werden, kommt in der römischen Malerei, auf Gemmen und in Handschriftenillustrationen vor. Berühmt wurde das Thema durch eine römische Marmorkopie der rhodischen Künstler Hagesandros, Polydoros und Athenodoros (wahrscheinlich aus der Zeit des Tiberius, Rom, Vat. M.), die auf eine bronzene Figurengruppe aus Pergamon (um 150 v. Chr.) zurückgeht. Diese römische Laokoon-Gruppe wurde 1506 in Rom in der Nähe von Neros Goldenem Haus gefunden und u. a. von Michelangelo als der Gegenstand einer Plinius-Beschreibung (nat. 36,37) erkannt. Seither gehört sie zu den berühmtesten Statuen der Antike und wurde als ideales Beispiel antiker Kunst angesehen.

ND Die Laokoon-Gruppe ist für die Entwicklung der Kunsttheorie der deutschen Klassik von großer Bedeutung: Nach J. J. Winckelmanns *Gedanken über die Nachahmung der griechischen Werke* (1755) und der *Geschichte der Kunst des Altertums* (1764) erschienen G. E. Lessings *Laokoon, oder Über die Grenzen der Mahlerey und Poesie* (1766), ferner Aufsätze und Betrachtungen von J. G. Herder (ca. 1770–72) und J. W. von Goethe (1798).

In der Musikgeschichte ist die Gestalt nicht bedeutsam; eine NM Oper komponierte P. A. Guglielmi nach dem Libretto von F. Pagliuca (1787, Neapel).

In der bildenden Kunst der Neuzeit dient die Laokoon-Gruppe NK als Studienobjekt von Bewegungsmotiven, die häufig übernommen werden. Der Laokoon-Mythos selbst spielt kaum eine Rolle. Kopien oder Statuen nach der Laokoon-Gruppe fertigten u. a. J. Sansovino (um 1510, Bronzeskulptur, Florenz, M. Naz.), B. Bandinelli (1520–25, Marmorskulptur, Florenz, Uffizien), A. de Vries (um 1623, Bronzeskulpturengruppe, Drottningholm, M.) und F. Girardon, der für das Landhaus Houghton Hall von Robert Walpole eine Kopie in der Originalgröße (um 1720) schuf. Ferner wurde die Gruppe nach einem Entwurf von G. Romano (um 1536–39) auf einem Fresko von R. Mantovano im Palazzo Ducale in Mantua und von El Greco auf einem Gemälde (um 1600–14, Washington, Nat. G.) festgehalten. Im 20. Jahrhundert entstanden u. a. ein Gemälde von K. Hofer (1935, Freiburg, Augustiner-M.) und R. Goodnough (1958, New York, MoMA) sowie eine Skulptur von A. Calder (1958, Aluminium/Stahl, Chicago, Weiß C.).

Vor dem Fund der Laokoon-Gruppe fertigte F. di Giorgio Martini eine Figurengruppe mit Asklepios oder Herkules als Schlangenbändiger an (um 1489/90, Bronze, Dresden, Albertinum).

Althaus 1968; Andreae 1987 und 1988; Bieber 1967; Preiß 1990; Winner 1974

Laomedon → Herakles

Latinus → Aeneas

Latona → Leto

Lavinia, Gattin des → Aeneas

Leandros → Hero und Leandros

Leda, Frau des spartanischen Königs Tyndareos, Tochter des Königs Thestios von Ätolien und der Eurythemis ⟨Apollod. 1,7,10; 3,10,5–7; Hyg. fab. 77⟩.

Leda und Tyndareos hatten vier Kinder: → Helena, Klytämnestra und die → Dioskuren Kastor und Polydeukes. Über die Zeugung und Geburt gibt es verschiedene Berichte: So soll Helena der ältesten Überlieferung nach die Tochter von Zeus und Nemesis gewesen sein (Hom. Od. 11,298–304; Hom. h. 17; 33; Eur. Hel.). Um dem aufdringlichen Zeus zu entgehen, hatte sich Nemesis in eine Gans verwandelt. Zeus jedoch nahm die Gestalt eines Schwanes an und liebte Nemesis. Sie legte ein Ei, das ein Hirte fand und zu Leda brachte. Aus diesem Ei schlüpfte Helena, die bei Leda als deren eigene Tochter aufwuchs.

Einer jüngeren Tradition zufolge, wie sie in Euripides' *Helena* zu finden ist, wohnte der in einen Schwan verwandelte Zeus Leda bei, die jedoch ihre normale Gestalt hatte. Er zeugte Helena und die Dioskuren (vgl. Hom. Od. 11,298–301), die aus einem Ei geboren wurden. Einer anderen Überlieferung nach waren Helena und Polydeukes die aus einem Ei geborenen Kinder von Leda und Zeus, während Kastor und Klytämnestra als Kinder von Leda und Tyndareos zur Welt kamen.

Die ältere Tradition findet sich in der archaischen und frühklassischen Kunst, wo auf Vasen Leda in Gesellschaft der Dioskuren und das von Nemesis gelegte Ei abgebildet werden. Seit dem 5. Jahrhundert v. Chr. ist in der griechischen, hellenistischen und römischen Kunst, v. a. in der Plastik, Leda mit dem Schwan ein verbreitetes Motiv. Berühmt ist die Leda des Timotheos (um 370–360 v. Chr., Rom, Kapitol. M.), die durch 28 Marmorkopien aus römischer Zeit sowie durch Gemälde und Gemmen bekannt ist: Leda hält in der erhobenen linken Hand einen Kleidzipfel, während sie mit der anderen Hand den Schwan an sich drückt.

NK Im Spätmittelalter taucht der Vergleich von Leda, die durch Zeus als Schwan ihr Kind empfängt, mit Maria auf, die durch eine Taube mit einem Sohn schwanger wird. In Humanismus und Renaissance dient der Mythos der Vereinigung mit einem Gott als Metapher des Todes. Diese Interpretation mag dem Wiederaufkommen des Motivs in der Malerei des Cinquecento zugrunde gelegen haben. Auf Gemälden von Leonardo da Vinci (um 1510–15, u. a. durch Kopien von Il Sodoma, Rom, G. Borghese, und A. del Sarto, Brüssel, Kon. M., bekannt) und Bacchiacca (1. Hälfte 16. Jh., Rotterdam, M. Boymans) wird die

stehende Leda mit dem Schwan abgebildet. Ein Gemälde von
Michelangelo (um 1529/30) mit einer liegenden Leda ist verschollen, jedoch durch Kopien u. a. von R. Fiorentino (um 1538,
Zeichnung, London, Royal Acad.) und Rubens (um 1603/04,
Dresden, Gemäldeg.) bekannt. A. da Correggio betonte auf einem Gemälde (1530–32, Berlin, Gemäldeg.) das erotische Moment. Diesem folgte eine Reihe von Werken, z. B. von L. Cambiaso (1544, Fresken, Genua, Pal. della Prefettura), J. Tintoretto
(1551–55, Gemälde, Florenz, Pal. Vecchio und um 1578, Gemälde, Florenz, Uffizien), P. Veronese (um 1580, Gemälde,
Ajaccio, M. Fesch), J.-F. de Troy (um 1734, Gemälde, Berlin,
Schloß Charlottenburg), F. Boucher (um 1741/42, Gemälde,
Stockholm, Nationalm.) und G. Moreau (u. a. 1846 und um
1875, Gemälde, Paris, M. Moreau). Weitere Darstellungen mit
Leda (und dem Schwan) stammen von V. Danti (1570, Marmorskulptur, London, Vict. and Alb. M.), C. d'Arpino
(1594/95, Fresko, Rom, Pal. del Sodalizio dei Piceni), T. Géri-
cault (1816/17, Zeichnung, Paris, Louvre), E. Delacroix (1834,
Fresko, Valmont Abbey), B. Thorvaldsen (1841, Gipsrelief, Ko-
penhagen, Thorvaldsen M.), P. Cézanne (um 1886–90, Gemälde,
Merion/Pa., Barnes Foundation), A. von Hildebrand (1890,
Marmorrelief, Florenz, San Francesco), E.-A. Bourdelle (vor
1904, Bronzeskulptur, Paris, M. Bourdelle), C. Brancusi (1920,
Marmorskulptur, Chicago, Art I.) und H. Matisse (um 1945,
Triptychon auf den Schlafzimmertüren der Enchorrena Resi-
denz in Paris).

Der Mythos wurde auch von einigen Dichtern aufgegriffen: von ND
P. de Ronsard in einer Ode (*La défloration de Lède*, 1550), J. Keats
(1818), für den die erzwungene Liebesgemeinschaft ein Symbol
der Spannung zwischen Gewalt und Liebe ist, A. Huxley (1920,
Gedicht), W. B. Yeats (1924, Sonett) und P. Éluard (1949, Gedicht). L. Louÿjs (*La louange des bienheureuses ténèbres,* 1893) und
G. D'Annunzio (*La Leda senza cigno,* 1913) spielen auf den Stoff
in ihren Erzählungen an, und H. von Hofmannsthal verfaßte ein
dramatisches Bühnenspiel (1900, in *Dramatische Entwürfe aus dem
Nachlaß,* 1935).

In der Musikgeschichte entstanden Kantaten von N. R. de NM
Grandval (1720) und J.-J. Mouret (*Cantates françoises,* Paris,
1718–38), eine Choralsymphonie von A. Bruneau (Text von H.
Lavedan, 1882) und eine Orchesterkomposition von S. Barlow
(1939). Auf Gedichte des 20. Jahrhunderts griffen J. Beeson
(nach A. Huxley, London, 1927) und P. Westergaard (nach

W. B. Yeats, 1961) zurück. Der Stoff eignete sich auch für das Genre der Operette, wie die Werke von Hervé (Libr. von Lapointe, 1865), S. Lagier (Paris, 1865) und L. Dall' Argine (1925, Mailand) zeigen.

Castores 1994; Knauer 1969

Lentulus, Sklavenhalter des [→] Spartacus

Leonidas (reg. 488–480 v. Chr.), König von Sparta ⟨Hdt. 7,203–238; Diod. 11,4–11; Paus. 3,4,7–8; Iust. 2,11⟩.
Leonidas führte 480 im Zweiten Perserkrieg den Befehl über einen Teil des griechischen Heeres. Als sich die Perser unter Xerxes (→ Themistokles) mit einer großen Übermacht den Thermopylen näherten, wo lediglich 4000 Griechen standen, darunter ein spartanisches Elitecorps von 300 Mann, widersetzte sich Leonidas der Forderung nach einem Rückzug auf den Peloponnes. Es gelang den Griechen unter seiner Führung, die Perser bei den Thermopylen am Paßweg zwischen Gebirge und Meer aufzuhalten und sogar zurückzudrängen. Herodot kommentiert die Tapferkeit der Griechen mit der Bemerkung, der ganzen Welt und besonders dem persischen König Xerxes sei damit kundgetan, daß die Spartaner Helden seien und er zwar viele Menschen habe, aber wenige Männer.
Die Lage wandelte sich, als Ephialtes den Persern einen Pfad verriet, auf dem sie die Griechen umgehen und ihnen in den Rücken fallen konnten. Ein großer Teil der Griechen trat den Rückzug an, allein die Spartaner und die Thespier blieben trotz der unvermeidlichen Niederlage unter Leonidas zurück. Der Ehre Spartas fühlte sich auch der blinde spartanische Krieger Eurytos verpflichtet und entschied sich zu bleiben. Ein anderer erblindeter Soldat, Aristodemos, kehrte nach Sparta heim und wurde daraufhin in seiner Vaterstadt als Ehrloser behandelt. Bei der Schlacht gegen die Perser vom 1. bis zum 3. August kämpften die Griechen bis zum Tod. Eine Gedenkstätte erinnert auch heute noch daran. Herodot (7,228) überliefert den Text der dort errichteten steinernen Schrifttafel, der von F. von Schiller folgendermaßen übersetzt wurde: ›Wanderer kommst du nach Sparta, verkündige dorten, du habest uns hier liegen gesehen, wie das Gesetz es befahl.‹

Leonidas wurde in ganz Griechenland verehrt; sein Vorbild nahm den Griechen die Furcht vor der Übermacht der Perser. Simonides von Keos schrieb nach der Schlacht ein Gedicht auf die Gefallenen. Herodot beschreibt, wie sich die Spartaner auf die tödliche Auseinandersetzung vorbereiteten: Sie kämmten und schmückten ihr Haupt und übten sich in Ringkämpfen. Valerius Maximus (3,2 ext. 3 u. 7–8) und Cicero (Tusc. 1,42,100) nennen als Beispiel für Todesverachtung, daß sich die Spartaner zur gemeinsamen Mahlzeit zusammenfanden in der Gewißheit, die nächste erst wieder in der Unterwelt zu genießen.

Vierzig Jahre nach der Schlacht sollen die Gebeine des Leonidas nach Sparta überführt und dort in einem Heroon, dem Leonidaion, beigesetzt worden sein. Ein heute so bezeichnetes Monument in Sparta trägt den Namen höchstwahrscheinlich zu Unrecht.

Das Verhalten des Leonidas und der Seinen, namentlich ihr ND heldenhafter Tod, werden besonders in Perioden großer Bewunderung für die spartanischen Staatseinrichtungen und die dortige Lebensweise oder für das Griechentum überhaupt als Zeugnis für Größe gepriesen. F. de S. Fénelon übernimmt in seinen *Dialogues des morts* (1700) einen Vergleich aus Platons *Nomoi,* indem er Leonidas dem despotischen und von Schmeichlern umgebenen Xerxes gegenüberstellt. Das Leonidas-Epos des Spartabewunderers R. Glover (1737) hatte in England und nach einer Übersetzung auch in Deutschland großen Erfolg. Die Schlacht bei den Thermopylen wird in der Folgezeit von vielen philhellenischen Autoren des 19. Jahrhunderts beschrieben, so von V. Hugo in dem Gedicht *Les Trois Cents* (1873). Die Sympathie weiter Kreise für den im Jahre 1821 entbrannten Unabhängigkeitskrieg der Griechen begründete die Beliebtheit dieses Themas in den 20er Jahren des 19. Jahrhunderts: Man bezeichnete die lange belagerte Stadt Missolonghi als neue Thermopylen. So hatte die Leonidas-Tragödie von M. Pichat (1825) großen Erfolg, in welcher der berühmte Schauspieler Talma den Leonidas spielte.

Noch in dem Film *The 300 Spartans* (1960) von R. Maté stehen die Griechen für die Verteidigung von Freiheit und Kultur.

An die Tradition des Philhellenismus knüpft auch die Komposition für Bariton, Männerchor und Orchester von M. Bruch NM (Berlin, 1894) an. Schon viel früher war das ›dramma per musica‹ *Leonida in Tegea* von A. Draghi entstanden (Libr. von N. Minato, 1670).

NK　Bis zum 18. Jahrhundert wird Leonidas nur selten dargestellt. Perugino zeigt ihn auf einem Fresko im Collegio del Cambio in Perugia (um 1500; → Horatius Cocles). S. Torelli gestaltete die Schlacht an den Thermophylen (um 1740) für das Audienzzimmer des Markgrafen in der Ermitage in Bayreuth, wo als Pendant Chilonis und Kleombrotos (→ Agis) zu sehen sind. Den Katalogen der Pariser Salons und der Londoner Academy-Ausstellungen zufolge beschäftigten sich die Künstler v. a. in der ersten Hälfte des 19. Jahrhunderts mit Leonidas. Das bedeutendste Gemälde schuf J. L. David (1800–14, Paris, Louvre): Leonidas, der sich des nahen Endes bewußt ist, schaut den Betrachter ruhig an; um ihn herum beginnen die Krieger ihre rituellen Vorbereitungen auf die Schlacht; einige der Figuren gehen auf antike Vorbilder zurück, Leonidas auf den Ares Ludovisi (Rom, Thermenm.; → Ares). Bei einer Vorbesichtigung des Gemäldes äußerte Napoleon, der sich mehr an der römischen Geschichte und Symbolik als an der von Hellas orientierte, seine Zweifel an der Darstellung besiegter Helden.

Athanassoglou 1981; Gaehtgens 1984; Kemp 1969; Rawson 1969

Leonidas, Gegner des → Agis IV.

Lepidus → Augustus

Lepidus, Volkstribun → Cicero

Leto, letzte Geliebte des Zeus vor seiner Heirat mit Hera, Tochter des Titanen Koios und der Phoibe, von den Römern Latona genannt ⟨Hom. h. 3; Kall. h. 4,51–274; Hes. theog. 404–410; 918–920; Ov. met. 6,157–381⟩.

Als bekannt wurde, daß Leto von Zeus schwanger war, versuchte Hera aus Eifersucht, die Geburt zu verhindern. Sie hetzte das Schlangenungeheuer Python auf Leto (Hyg. fab. 140) und sprach für jedes Land der Welt das Verbot aus, Leto einen Platz zu gewähren, wo sie ihr Kind austragen konnte.

In einem homerischen Hymnos, bei Pindar (Fragm. 87) und den späteren Mythographen Hyginus (fab. 53; 55; 140) und Apollodoros (1,4,1; 3,10,4) gibt es verschiedene Überlieferungen darüber, wie es schließlich doch zur Geburt der göttlichen Zwillinge → Apollon und → Artemis kam. So soll die treibende und unfruchtbare Insel Delos, da sie doch nichts zu verlieren hatte,

Leto gastfreundlich aufgenommen haben. Die Insel wurde daraufhin mit Säulen im Meeresboden verankert und außerdem fruchtbar. Weil Hera geschworen hatte, daß kein Land, das von der Sonne beschienen wird, Leto ungestraft aufnehmen dürfe, hüllte Poseidon Delos in eine Nebelwolke.

Außerdem befahl Hera der Geburtsgöttin Eileithyia, Leto ihre Unterstützung zu verweigern. Eileithyia ließ sich aber durch Geschenke anderer Göttinnen bestechen, so daß Leto nach neuntägigen Wehen niederkam.

Auch nach der Geburt ließ Hera Leto keine Ruhe. Ovid zufolge verboten die Bewohner von Lykien auf Geheiß Heras der erschöpften Leto und ihren Kindern, sich mit dem Wasser aus einem See zu erfrischen. Zur Strafe verwandelte Leto die Lykier in Frösche, so daß sie dazu verdammt waren, in dem See zu leben.

Die beiden Kinder Apollon und Artemis standen ihrer Mutter mehrere Male bei. Apollon tötete das Ungeheuer Python, und zusammen mit Artemis bestrafte er → Niobe, die sich wegen ihrer vielen Kinder über Leto zu stellen gewagt hatte. Den Riesen Tityos, der sich an Leto vergreifen wollte, schossen sie nieder (Pind. P. 4,46 ff.; Ov. met. 6,148–312). Als ewige Strafe wurde Tityos in der Totenwelt an die Erde gefesselt und zwei Adler oder Geier fraßen von seiner immer wieder nachwachsenden Leber (auf ähnliche Weise wurde → Prometheus bestraft).

Leto kommt seit dem 6. Jahrhundert v. Chr. auf griechischen Vasen und Reliefs vor, anfangs zusammen mit Tityos. In den folgenden Jahrhunderten wird Tityos' Tod und seine Bestrafung in der Unterwelt dargestellt.

Tityos wird in der Neuzeit selten thematisiert, z. B. auf einer NK Zeichnung von Michelangelo (1530–33, Windsor Castle, Royal Library) sowie auf Gemälden von Tizian (1548/49, Madrid, Prado; Tityos neben Sisyphos, Tantalos und möglicherweise → Ixion) und H. Goltzius (1613, Haarlem, Hals-M.).

Leto selbst taucht fast ausschließlich im Zusammenhang mit der Verwandlung der Lykier in Frösche auf, z. B. auf Gemälden von J. Tintoretto (um 1541, Modena, G. Estense), L. Giordano (1689, Rom, Pal. di Montecitorio) und J. Jouvenet (1700/01, Schloß Fontainebleau). In den Niederlanden ist diese Szene häufig im Rahmen von Landschaftsdarstellungen zu sehen, z. B. auf Gemälden von G. van Coninxloo (um 1595, St. Petersburg, Eremitage), J. Brueghel d. Ä. (1601, Frankfurt, Städel und um 1605, Amsterdam, M.), C. van Poelenburgh (um 1620, Florenz, M.

Opificio), M. van Uyttenbroeck (1626, Kopenhagen, Staatl. Kunstm.) und A. Bloemaert (1646, Utrecht, M.). Ein flämischer Wandteppich nach einem Entwurf von G. F. Romanelli (um 1660, Wien, Kunsth. M.) zeigt, wie Leto von den Lykiern bedroht wird.

Eine herausragende Stellung nimmt Leto als Mutter des Apollon im Versailler Park ein: Im ›Bassin de Latone‹ von B. und G. Marsy (1668–71) ruft sie Zeus an (oder den Fürsten: ursprünglich richtete sie sich zum Schloß) und siegt über die Lykier, die sich in Frösche verwandeln.

ND　In der Literatur der Neuzeit findet v. a. die Geschichte von der Verwandlung der Lykier in Frösche Erwähnung, z. B. in einer Satire von C. M. Wieland (1773–79). J. W. von Goethe huldigt Apollon mit dem in Schillers *Die Horen* (1795) erschienenen Gedicht *Auf die Geburt des Apollo (Nach dem Griechischen),* das auf Homers *Hymnos* basiert.

NM　In der Musikgeschichte war einige Male die Geburt des Apollon von Interesse: Ein Libretto von S. Mattei vertonten P. Cafaro (1775, Neapel) und G. Calegari (1783, Padua). V. Righini schuf eine Kantate nach dem Text von A. Filistri (1789, Wien).

Liber → Dionysos

Licinius Murena → Mithridates VI.

Lityerses → Herakles

Livia, Gattin des → Augustus, Mutter des → Tiberius, Urgroßmutter des → Caligula

Lucanus, angeblicher Verschwörer gegen → Nero

Lucius, adoptierter Sohn des → Augustus, → Tiberius

Lucius Antonius, Bruder des Marcus Antonius → Augustus

Lucius Furius → Camillus

Lucius Tarquinius → Tullia

Lucretia (um 510 v. Chr.), für ihre Tugend berühmte, heldenhafte Römerin ⟨Liv. 1,57,6–59,6; Dion. Hal. 4,64,4–67,4; Ov. fast. 2,721–852; Val. Max. 6,1,1⟩.
Während der Belagerung von Ardea (510 v. Chr.) wetteiferten Collatinus, ein Neffe des tyrannischen Königs Tarquinius Superbus, und die Söhne des Königs bei einem Trinkgelage, wessen Frau die tugendhafteste sei. Sogleich machten sie die Probe und trafen Lucretia, die Frau des Collatinus, spät am Abend noch spinnend an, während die anderen Frauen mit Freundinnen bei Banketten saßen; Collatinus gewann die Wette. Der Königssohn Sextus Tarquinius begehrte Lucretia sofort, als er sie sah, und besuchte sie kurz darauf allein. Er zwang sie, sich ihm hinzugeben: Sollte sie sich widersetzen, wolle er sie töten und einen von ihm getöteten Sklaven neben sie legen, so daß ihr Andenken entehrt sei. Lucretia fügte sich.
Doch kurz darauf enthüllte sie ihrem Mann und ihrem Vater, was sich zugetragen hatte. Zwar sei ihr Körper geschändet worden, doch nicht die Seele, was sie beweisen wolle, indem sie den Freitod wähle. Schließlich beschwor sie die beiden, den Täter zu bestrafen, und erstach sich trotz der Bitten der Männer. → Brutus, L. I. ein Verwandter des Tarquinius, der schon einige Zeit plante, dessen Schreckensherrschaft zu beenden, schwor mit anderen bei der Leiche der Lucretia, der Königsherrschaft ein Ende zu setzen; er zeigte dem Volk die Tote und brachte es dazu, den letzten König von Rom zu vertreiben und die Republik zu gründen.

Livius überliefert die Geschichte als eine politische Tat im Zusammenhang mit der Absetzung der Tarquinier. Seine Quelle soll ein verlorenes Bühnenstück von Accius aus dem 2. Jahrhundert v. Chr. sein. Der Historiker Florus (1,1,7 und 1,1,3,1) setzt Sextus mit dessen Bruder Arruns gleich, der im Zweikampf mit Brutus umkommt: eine Variante, die bis ins Mittelalter hinein übernommen und erst von Petrarca korrigiert wird. In den *Fasti* Ovids wird Lucretia mit Penelope gleichgestellt; dort ist sie keine Matrone, wie bei Livius, sondern das Opfer ihrer blendenden Schönheit. Manche Dichter wie Martialis (1,90,5; 11,16,9 u. 104,21) hingegen sehen in ihr eine wenig begehrenswerte Frau, von der sich Lebensgenießer fernhielten. Das Motiv fand in der römischen Kunst kaum Niederschlag.
Dem frühchristlichen Autor Tertullianus (adv. Martyres 4) zufolge ist Lucretia zwar ein Vorbild der Keuschheit, doch will sie sich mit ihrem Selbstmord zu sehr hervortun. Augustinus (civ.

1,19) ist schärfer in seinem Urteil: Entweder war sie schuldig und hat sich deswegen umgebracht, oder sie war unschuldig und hat dann eine Unschuldige ermordet. Hieronymus (adv. Iovin. 1,46,49) hält sie für eine der ehrwürdigsten Frauen der Geschichte, wie man sie in seiner Zeit nicht mehr findet.

ND Im Mittelalter wird Lucretia zu einem nahezu unangefochtenen Vorbild. Doch klingt hin und wieder die religiös-dogmatische Kritik an ihrem Selbstmord an. Sie ist die Personifikation der Castitas (Keuschheit) in G. Boccaccios *De claris mulieribus* (1356–64). F. Petrarca drückt seine Wertschätzung für sie in seinem Epos *Africa* (ca. 1341) aus und vergleicht sie sogar mit seiner geliebten Laura. In seinem Kommentar zu Dante beklagt er ihren Selbstmord, den auch der florentinische Humanist Salutati in seiner *Declamatio Lucretiae* (ca. 1370) thematisiert, in der er Lucretias Entschluß zur Selbsttötung rechtfertigt. Die Motive für den Selbstmord finden sich auch im 2. Teil des *Roman de la Rose* (ca. 1275) von Jean de Meung, wo der Vergleich Lucretias mit Penelope wieder anklingt und Lucretia wiederholt zusammen mit einem anderen Opfer von Herrschsucht und Wollust genannt wird, → Virginia. In den *Gesta Romanorum* (Anfang 14. Jh.) wird die Geschichte spirituell ausgelegt: Ihre Entehrung ist ihre Zustimmung zur Sünde, ihr Bericht an den Bruder und die Familie die Buße, die Vertreibung der Tarquinier die Austreibung des Teufels. Eine merkwürdige Variante finden wir in der *Kaiserchronik* (12. Jh.), wo sich die Affäre teils unter einem Kaiser Tarquinius und teils in Trier abspielt. In seiner *Legend of Good Women* (ca. 1373–87) erzählt G. Chaucer die Geschichte mit einer gewissen Psychologisierung und Erotisierung im Geist von Ovids *Fasti*.

In der späteren Literatur folgen die Autoren in den Hauptlinien Livius oder Ovid: J. Gower in seiner *Confessio amantis* (ca. 1390, mit den Ereignissen um Virginia im Anschluß), H. Sachs (1527), W. Shakespeare in einem epischen Gedicht (1594), T. Heywood in einem Volkstheaterstück (1608), U. Chevreau und P. du Ryer in Dramen (1637 bzw. 1638) und G. Delfino in einer Tragödie (um 1656). Andere Autoren fügen frei erfundene romanhafte oder parodistische Elemente hinzu. N. Machiavelli erzählt in *La Mandragola* (1518) die Geschichte einer florentinischen Lucretia, die in eine Intrige verwickelt wird und glaubt, sich ihrem Verführer hingeben zu müssen. Sie tröstet sich mit dem Gedanken, daß wohl ihr Körper sündigt, doch nicht ihr Geist. Diese Geschichte wird von J. de La Fontaine in seinen *Contes et Nouvelles*

(1665–85) nacherzählt. M. Bandello spielt in einer Erzählung seines zwischen 1536 und 1573 erschienenen *Novelliere* auf die strenge Haltung Lucretias gegenüber Sextus an. Die Deutschen S. Junius (1599; lateinisch geschrieben), W. Rot (1625–37) und J. P. Titz (1642–47) geben der Geschichte eine ausgesprochen erotische Wendung. M. de Scudéry läßt in *Clélie* (1654–60) Lucretia, die ihren Mann verachtet, Brutus lieben. Komische und parodistische Versionen gibt es u. a. von C. Goldoni (1737). In A.-V. Arnaults Tragödie aus dem Jahre 1792 besteht zwischen Sextus und Lucretia eine unglückliche Liebe.

Daneben gibt es Autoren, die im Geist des Livius die Geschichte angesichts des deutlichen Zusammenhangs mit der Vertreibung der Tarquinier als Vehikel für politisch-aufgeklärte oder republikanische Ideen umdeuten. Dies gilt u. a. für J. E. Schlegel (1740), G. E. Lessings *Das befreite Rom* (1756–57), R. Piquénard (1793) und H. Tollens (1805).

Im 19. Jahrhundert kann eine Lucretia-Tragödie von F. Ponsard (1843) einigen internationalen Ruhm erlangen. In diesem Stück ist sich Lucretia bewußt, daß sie für das Wohl des Volkes stirbt. Neben dem Stück von A. Obey (1931), das in der Bearbeitung von T. Wilder der Kammeroper von B. Britten (s. u.) zugrundelag, ist noch ein Drama von J. Giraudoux (1953) zu erwähnen, in dem sich die Lucretia-Geschichte im Aix-en-Provence des 19. Jahrhunderts abspielt: Eine tugendhafte Lucretia tötet sich, da sie sich unter dem Einfluß von Drogen mit Wollust einem anderen hingegeben haben soll und nun begreift und befürchtet, daß ihr Mann mit ihr, selbst wenn sie unschuldig sein sollte, nichts mehr zu tun haben will.

In der Operngeschichte finden sich im 17. Jahrhundert das ›dramma per musica‹ von A. Draghi (Libr. von N. Minato, 1675) und Anfang des 18. Jahrhunderts das musikalisches Trauerspiel *Die Kleinmüthige Selbstmörderin Lucretia Oder Die Staats-Thorheit des Brutus* von R. Keiser (Libr. von B. Feind, 1705, Hamburg; erfolgreiche Parodie mit dem Titel *Lucretia Romana*). Ein bedeutendes Werk der Lucretia-Rezeption im 20. Jahrhundert ist die Kammeroper B. Brittens (Libr. von R. Duncan nach Obey, 1946, Glyndebourne). NM

In der bildenden Kunst wird Lucretia, die ihren entblößten Oberkörper mit einem Dolch durchstößt, seit dem 14. bis ins 18. Jahrhundert nördlich und südlich der Alpen sehr häufig dargestellt: z. B. auf Stichen aus dem 16. Jahrhundert von L. van Leyden, M. Raimondi, B. Beham und H. Wierix; in den Niederlan- NK den und in Deutschland u. a. auf Gemälden von Dürer (1516, München, AP), J. van Cleve (Anfang 16. Jh., Wien, Kunsth. M.), mehreren Mitgliedern der Cranach-Familie (u. a. von L. Cranach d. Ä., 1524, München, AP), des Meisters mit dem Papagei (1. Drittel 16. Jh., Amsterdam, M.), aus der Werkstatt von J. van Scorel (1550/51, Berlin, Staatl. M.; Rückseite mit dem Porträt des ›kranken Mannes‹), A. Bloemaert (1588–91, Kopenhagen, Staatl. Kunstm.), F. Floris (um 1656, Rotterdam, M. Boymans) und Rembrandt (1664, Washington, Nat. G. und 1666, Minneapolis, I. of Arts); in Italien auf Gemälden beispielsweise von Tizian (um 1520, London, Hampton Court), P. Vecchio (um 1525–28, Rom, G. Borghese), L. Lotto (um 1534, London, Nat. G.; eine unbekannte Frau, die eine Zeichnung der sich erstechenden Lucretia in der Hand hält), L. Cambiaso (1575, Madrid, Prado), G. Reni (1620–40, u. a. Potsdam, Neues Palais und Rom, Kapitol. M.), A. Gentileschi (um 1621, Genua, Pal. Cattaneo-Adorno und 1642/43, Neapel, G.), G. Cagnacci (1640–1657, Kassel, Gemäldeg.; Madrid, Prado und Rom, Accad.) und F. Trevisani (um 1710, Budapest, M.). Auf Gemälden von G. Reni (um 1640, Rom, Kapitol. M.) und S. Ricci (1694/95, Parma, G. Naz.; → Mucius Scaevola) bildet Kleopatras Selbstmord das Pendant zu Lucretias.

Die Intentionen des Malers oder Auftraggebers sind dabei nicht immer eindeutig zu klären. Manchmal personifiziert Lucretia die Keuschheit und das Opfer der Wollust, wie z. B. auf einem Gemälde von J. Gossaert (1534, Rom, G. Colonna), der den Selbstmord auf der Rückseite eines Männerporträts abbildet. Eine unbekleidete oder halbbekleidete Lucretia kann rein zu ästhetischem Genuß gemalt sein, beispielsweise bei Il Sodoma, der, wie Vasari berichtet, im Auftrag von Papst Leo X. (1513, Turin, G. Sabaudia) ›un bellissimo corpo di femmina‹ malte.

Dieselbe Frage nach den Absichten stellt sich bei Abbildungen der Lucretia, die nach der Vergewaltigung völlig verzweifelt erscheint (A. Gentileschi, um 1645–50, Gemälde, Potsdam, Neues Palais) oder im Kontext mit anderen Figuren dargestellt wird. Die Bedrohung und Vergewaltigung durch Tarquinius hielten auf Gemälden u. a. Tizian (um 1570/71, Bordeaux, M.; Cambridge, Fitzwilliam M. und Wien, Kunsth. M.), J. Tintoretto (um 1585–90, Chicago, Art I. und Köln, Kunsthaus Lempertz), L. Giordano (1663, u. a. Neapel, G.; Dresden, Gemäldeg. und München, Schloß Schleißheim), J. M. Rottmayr (1692, Wien, Unteres Belvedere und 1710/11, Salzburg, Residenz), G. M. Crespi (um 1700, Washington, Nat. G.) und G. B. Tiepolo (um

1750, Venedig, Pal. Barbaro) fest. Die Szene des Selbstmords im Beisein ihres Vaters, ihres Mannes und/oder des Brutus findet sich z. B. auf einem Holzschnitt von H. Burgkmair (1516), auf einer Zeichnung von N. M. Deutsch (1526) und auf einem Stich von H. Goltzius (um 1578; Teil einer Reihe von vier Szenen der Geschichte) sowie auf Gemälden von Il Sodoma (um 1510–20, Hannover, Landesm. und Turin, G.), J. Breu d. Ä. (1528, München, AP; mit der Schwurszene), G. Pencz (1548), A. Zanchi (1660–70) und L. Giordano (1685, Dôle, M.).

Darstellungen von Lucretia auf Cassoni – das hier am häufigsten verwandte Motiv im 15. und Anfang des 16. Jahrhunderts – beinhalten eine moralische Botschaft: sie verweisen insbesondere auf die eheliche Treue. Die Namen der Künstler sind meistens nicht bekannt, nur gelegentlich können sie einem Maler zugeordnet werden, wie E. de' Roberti (Modena, G. Estense), F. lippi (Florenz, Pal. Pitti), B. di Giovanni und Franciabigio (Wiesbaden, M.). Cassoni, die die ganze Geschichte zusammen mit der Abschaffung der Monarchie erzählen, weisen auf die republikanische Gesinnung von Florenz hin: z. B. bei Arbeiten von A. di Sandro (Florenz, Pal. Pitti) und S. Botticelli (um 1499, Boston, Gardner-M.), wozu die Verginia-Geschichte das Pendant bildet, das auch als Verweigerung der Anerkennung einer Oberherrschaft verstanden werden kann.

Auf Darstellungen, die zwischen den klassischen und biblischen Figuren Verbindungen herstellen, wird Lucretia, Symbol der Kraft und Keuschheit, häufig neben ihrem biblischen Pendant Judith abgebildet: u. a. auf Fresken von G. Romanino (1531) in der Loggia des Palazzo Buonconsiglio in Trient. Eine andere Verknüpfung klassischer und biblischer Motive findet sich auf einem Gemälde eines südniederländischen Meisters (um 1575, Amsterdam, M.): Lucretia von Tarquinius bedroht und Josef, der sich nicht von der Frau des Potifar verführen läßt. Einige Künstler verweisen auf Petrarcas *Trionfi* und stellen als Inbegriff der Keuschheit Lucretia und Hippo – ein von Valerius Maximus erwähntes Mädchen, das, um seine Keuschheit zu bewahren, von einem Schiff sprang und ertrank – neben Judith dar, z. B. mit einer Teppichreihe (Wien, Kunsth. M.).

Im deutschen Sprachgebiet taucht Lucretia in der Literatur und bildenden Kunst des 15. und 16. Jahrhunderts innerhalb einer Reihe von neun besonderen Frauen auf: drei biblische, u. a. Judith, drei heilige, u. a. die hl. Elisabeth, und – in einer Fügung, die vermutlich durch drei Erzählungen mit diesen Hauptpersonen in Boccaccios *De claris mulieribus* (1356–64) beeinflußt ist –

Lucretia mit zwei anderen Frauen der römischen Geschichte, → Coriolanus' Mutter Veturia und Verginia. Diese Reihe, die sich in Stichen (z. B. von H. Burgkmair, 1516) und Teppichen wiederfindet, unterscheidet sich in der Auswahl der Frauen, die sich keusch und aufopfernd gezeigt haben, von der Darstellung der Tapferkeit der ›Neuf Preuses‹ (→ Tomyris).

Im künstlerischen und politischen Klima des 18. Jahrhunderts erlangte ein Gemälde von G. Hamilton (um 1763, nur durch Stiche bekannt) mit Brutus, der an der Leiche Lucretias schwört, der Königsherrschaft der Tarquinier ein Ende zu bereiten, durch Stiche von D. Cunego und G. Volpato weite Verbreitung. Das Thema wird auch wiederholt in den Pariser Salons, z. B. im Werk von T. Géricault (um 1810, Paris, Privatbesitz) sowie in Deutschland auf Gemälden von G. Gläser (um 1750, Bayreuth, Eremitage) und J. Anwander (um 1755) aufgegriffen.

Chapeaurouge 1960; Donaldson 1982; Frenzel 1992a; Galinsky 1932; Ingersoll-Smouse 1926; Reinach 1915a; Rosenblum 1961; Schrijvers 1985; Schubert 1971; Schuchhardt 1897; Stechow 1951; Walton 1965

Lucullus → Mithridates VI.

Lykos → Amphion und Zethos

Lykurgos (soll im 8. Jh. v. Chr. gelebt haben), legendärer Begründer und Gesetzgeber des Staates Sparta ⟨Plut. Lyk; Xen. rep. Lac.; Hdt. 1,66⟩.

Plutarch gibt eine Zusammenfassung dessen, was man in der Antike für wahre Überlieferung hielt: Sparta war zu einer zügellosen Gemeinschaft verkommen, die Könige waren machtlos. Der königliche Vater des Lykurgos hatte damals sein Leben eingebüßt. Als auch der neue König, ein Bruder des Lykurgos, starb, wollte dieser die Regentschaft nicht übernehmen, sondern nur solange die Geschäfte führen, bis das erwartete Kind seines Bruders, von dem er hoffte, es sei ein Junge, geboren würde. Nach dessen Geburt verließ Lykurgos Sparta, um in verschiedenen Ländern die Gesetzgebung zu studieren und auch das Orakel von Delphi zu befragen.

Nach seiner Rückkehr legte er den Spartanern eine völlig neue Verfassung vor, die sich auf die ›rhemata‹ (Aussprüche) des Orakels berief. Er ließ sie schwören, diese zu respektieren, bis er von einer erneuten Reise zurückgekommen sei. Er zog los, um nie mehr wiederzukehren. Daher wurde das Rechtssystem nicht verändert und hielt stand, so Plutarch, bis in die Zeit des Verfalls am Ende des 3. Jahrhunderts v. Chr., in der dann → Kleomenes und → Agis Reformen durchführten.

Lykurgos, obwohl nur eine Figur der Legende, blieb Jahrhunderte hindurch der große Gesetzgeber Spartas, wie es → Solon für Athen und → Numa Pompilius für Rom waren. Plutarch fügt seine Lykurgos-Biographie, in der er überwiegend die Gesetze beschreibt, der von Numa Pompilius an: Wie Lykurgos berief sich dieser bei der Gesetzgebung auf eine göttliche Eingebung. Auch Aristoteles (pol. 2,6 f.), Polybios (6,45–46 u. 48), Pausanias (3,14 ff.) und Iustinus (3,2 f.), beschreiben seine Gesetze. Lykurgos, der bei Platon (leg. 3,692a) wegen der Gewaltenteilung gepriesen wird, gilt als der Begründer einer Staatseinrichtung, die zu verschiedenen Zeiten immer wieder bewundernd zitiert wurde: zwei Könige hatten den militärischen Oberbefehl inne und konnten vor dem Rat der Alten (Gerusia) und der Volksversammlung zur Verantwortung gezogen werden. Die Jungen wurden, wenn sie lebenstüchtig waren (andernfalls wurden sie nach der Geburt umgebracht), von ihrem zwölften Lebensjahr an in Lagern zu harten Kriegern ausgebildet, denen das Militärische über alles ging; für Mädchen bestand ein ähnliches Erziehungsprogramm. Sparta war eine Gemeinschaft, die auf extremer Einfachheit und den Prinzipien einer ökonomischen und politischen Gleichheit der spartanischen Elite beruhte. Die meisten Einwohner Lakedaimons waren von den Spartanern unterworfene Heloten: im Krieg einfaches Fußvolk, neben dem Kriegsdienst Landarbeiter unter der Aufsicht der spartanischen Frauen.

Die ›Taten‹ des Lykurgos sind außer in der Biographie des Plutarch auch in dessen *Moralia* und bei den Autoren Strabo (8,5,5) und Pausanias nachzulesen. Sein großes pädagogisches Interesse bekundet sich in einem ›Experiment‹ mit zwei Hunden, das Plutarch in einem Text über die Erziehung der Kinder beschreibt: Er ließ einen Hasen los und stellte zugleich eine Schüssel mit Futter hin; der eine Hund setzte sofort dem Hasen hinterher, während der andere das vorgesetzte Futter fraß. Diese Geschichte finden wir u. a. wieder in den *Emblemata Horatiana* (1607) von Vaenius.

In der staatsphilosophischen Literatur der Neuzeit wird vom 15. bis zum 19. Jahrhundert bei den Fragen über die Staatsverfassung immer wieder an Lykurgos erinnert, wobei seine spartanisch nüchterne Gesetzgebung für eine gemäßigte Königsherrschaft, eine gemeinschaftliche Erziehung zur Gleichheit und die Verachtung der Dekadenz steht. So fällt sein Name in den Schriften verschiedenster Autoren: N. Machiavelli, J. Bodin und H. Grotius, C.-L. Montesquieu, J.-J. Rousseau und F.-N. Babeuf. Aus der Musikgeschichte sind zwei *Licurgo*-Opern überliefert: von C. F. Pollarolo (Libr. von M. Noris, 1686, Venedig) und A. de Santis (1806, Neapel).

In Kunst und Dichtung kommt Lykurgos nur selten vor. Eine erhaltene Komödie von Mailhol (1754), in der Lykurgos Seite an Seite mit einem Harlekin auftritt, zeugt neben anderen, verschollenen Stücken von der Vertrautheit des französischen Publikums mit dieser Figur, ebenso einige Gemälde, auf denen er seinen Neffen als König präsentiert, wie es die Pariser Salonkataloge aus dem letzten Jahrzehnt des 18. Jahrhunderts zeigen. Die Präsentation des Nachfolgers wird 1811, kurz nach Geburt von Napoleons Sohn, nicht zufällig zum Thema des Prix de Rome. Auf einem Freskenzyklus von A. Vicentino (um 1613) im Kaisersaal der Residenz in München, bestehend aus acht biblischen und klassischen Bildern, steht Lykurgos dem biblischen Gesetzgeber Moses gegenüber, außerdem → Tomyris der tapferen Judith und → Lucretia der keuschen Susanna. C. B. van Everdingen schuf ein Gemälde für das Fürstenzimmer im Rathaus in Alkmaar (1662, heute Alkmaar, Stedelijk M.) als Beispiel für den guten Fürsten.

Rawson 1969

Lykurgos → Dionysos

Lynkeus → Danaïden

Lysandros → Alkibiades

Lysimachos, Gegner des → Pyrrhos

Machares, Sohn des → Mithridates VI.

Maecenas, engster Berater des → Augustus

Mänaden, ›rasende Frauen‹, auch Bakchen genannt (lat. Bacchae), gehörten wie die → Satyrn zum Gefolge des → Dionysos.

Alle Frauen, die am orgiastischen Dionysos-Kult teilnahmen, wurde als Mänaden angesehen. In ihrer Besessenheit durch das Göttliche (›enthusiasmos‹) streiften sie in wilden, ekstatischen Tänzen umher, zerrissen Tiere und verschlangen das rohe Fleisch. Sie trugen lange Gewänder und ein Pantherfell (pardalis) oder Rehfell (nebris) über der Schulter und führten Musikinstrumente mit sich. Außerdem trugen sie einen Thyrsos bei sich, einen von Wein und Efeu umrankten Stab, der sie als Dionysos zugehörig auswies. Zu den ältesten Mänaden gehörten die Nymphen von Nysa, die Dionysos großzogen; später kam u. a. Agaue, die Königin von Theben, hinzu, die ihren Sohn Pentheus in Ekstase zerriß (→ Dionysos). Auch → Orpheus wurde von ihnen in Stücke gerissen, weil er sie und überhaupt die Gesellschaft von Frauen nach dem Tod Eurydikes gemieden hatte.

Die älteste schriftliche Überlieferung findet sich – nach kurzen Erwähnungen bei Homer – in Euripides' *Bakchai*.

Seit 550 v. Chr. entstehen Vasen und Reliefs, z. B. von Kallimachos (um 406/05 v. Chr.; Marmorkopien in Madrid, Prado und Rom, Konservatorenpal.). Manchmal nehmen die Mänaden am Zug des Hephaistos zum Olympos teil oder sind zusammen mit einem Satyr zu sehen, wie bei einer archaischen Terrakotta-Gruppe aus Satricum in der Nähe Roms (Rom, Villa Giulia). Skopas schuf um 340–330 v. Chr. eine Skulptur mit einer rasenden Mänade (Marmorkopie in Dresden, Albertinum). In der römischen Zeit tauchen sie auf Sarkophagen mit Dionysos-Darstellungen auf.

Im Mittelalter wurden die Mänaden nach antikem Vorbild ab- NK gebildet, z. B. auf einem Elfenbeinrelief aus dem 12. Jahrhundert im Musée de Cluny in Paris: Zwei schwebende Putten bekränzen eine Mänade, die sich in Gesellschaft von Pan und einem Satyr befindet. In der bildenden Kunst der Neuzeit werden die Mänaden im Zusammenhang mit Bacchanalen (→ Dionysos) und dem Tod des → Orpheus dargestellt, z. B. zeigen auf Gemälden C. Corot (1855–60, Binghamton/New York, Payne C.) eine auf einem Dionysos geweihten Panther sitzende Mänade und R. Savery (um 1628, Wien, Kunsth. M.) die Mänaden mit Orpheus. In der Bildhauerkunst schufen u. a. J. Dedieu (1684/85, Marmorskulptur, Park von Versailles), R. Le Lorrain (1704, Dresden, Staatl. Kunstslg.), A. Pajou (1774, Gipsrelief, Paris, Louvre) und B. Thorvaldsen (1833, Marmorrelief und 1840/41, Gipsrelief, Kopenhagen, Thorvaldsen M.) Mänaden-Darstellungen.

ND Bei den wenigen dramatischen Bearbeitungen des Themas handelt es sich ausschließlich um Darstellungen des Bacchusfestes,
z. B. bei G. Pindemonte (1788), R. Bridges (1885, teilw. nach
Terenz) und A. Schnitzler (1915). Die *Dionysos-Dithyramben*, ein
1888 abgeschlossener Gedichtzyklus von F. Nietzsche, erschienen 1891, nimmt in *Klage der Ariadne* deutlichen Bezug auf den
Dionysos-Kult. Ein Prosagedicht von M. de Guérin (1839), eine
Idylle von G. D'Annunzio, Teil von *Idilli selvaggi* (in *Primo vere*,
1880) und ein Gedichtzyklus von R. Borchardt (*Bacchische epi-
phanie*, 1924) widmen sich den Bacchanalen.

NM Im 17. Jahrhundert entstanden zu diesem Sujet v. a. Ballette und
›musikalische Unterhaltungen‹, z. B. von M. Mazuel (1651), L.
de Mollier (1651) und T. Jordan (1660, London). J. James komponierte *Ye Thirsty Drinkers, A Bacchanalian Song* (London, um
1735); von T. M. Eberwein stammt ein Kanonzyklus (Leipzig,
1811). Anfang des 19. Jahrhunderts wurden auch die Oper von
P. Generali (Libr. von G. Rossi, 1816, Venedig) und das Zwischenspiel von G. L. Spontini für A. Salieris Oper *Les Danaïdes*
aufgeführt (1817, Paris). Mit *Bacchanal* sind sowohl der Schluß-
satz der Chorkompositon *La mort d'Orphée* von H. Berlioz (Prix
de Rome, 1827), ein Lied von F. Chopin (Berlin, 1857) als auch
das Ballett von R. Wagner überschrieben, das der Komponist für
die Vorstellungen in Paris an den ersten Akt des *Tannhäuser* anschloß (1861, Paris). Auch in C. Gounods *Faust* wurde ein *Bacchanale*-Ballett eingefügt (1869, Paris). Ein Teil der *Idyllen* für
Klavier von A. Jensen widmen sich der *Dionysosfeier* (Breslau,
1873), desgleichen die Komposition für Baß und Männerchor
von A. Rubinstein (1879, St. Petersburg) und das Bühnenstück
von Hervé (Libr. von H. Raymond/P. Burani, 1892, Paris). Den
Schluß der *Vier Tondichtungen nach Böcklin* von M. Reger bildet
ebenfalls ein Bacchanal (1913). Neben den zahlreichen Choreo-
graphien und Ballettmusiken sind im 20. Jahrhundert Orche-
sterkompositionen u. a. von H. Perpessas (vor 1934), J. Ibert
(1956), J. Barraud (1962) und S. Ernst (1981) entstanden.

Schöne 1987; Vermeule 1964a

Mandane, Mutter des → Kyros II.

Manlius Capitolinus → Camillus, → Cincinnatus

Manlius Torquatus Imperiosus, Titus (4. Jh. v. Chr.), für seine Strenge berühmter römischer Staatsmann ⟨Cic. off. 3,112; Liv. 7,4; Val. Max. 5,4,3 u. 6,9,1; vir. ill. 28,1–2; App. Samn. 2; Sen. benef. 3,37,4⟩.

Der vielversprechende Junge wurde von seinem Vater auf dem Landgut der Familie festgehalten und dem öffentlichen Leben entzogen, weil er unter Sprachschwierigkeiten litt. Die schändliche Isolation wurde bekannt, und der Tribun Marcus Pomponius kündigte an, daß sich der Vater für sein Verhalten zu verantworten habe. Der jugendliche Manlius hörte davon, drang mit einem Dolch bewaffnet in das Haus des Tribunen ein und zwang ihn, die Anschuldigungen gegen seinen Vater zurückzunehmen. Manlius wurde nach diesem von allen Seiten gerühmten Auftreten, beschrieben von Livius und Appianos, zum Militärtribun gewählt. Sein Ruhm nahm zu, als er in einer Schlacht mit den Galliern am Anio (361) die Herausforderung eines riesigen und von seiner Unbesiegbarkeit überzeugten Galliers annahm und ihn in einem Zweikampf tötete. Seinen Beinamen erhielt er, weil er den ›torques‹ (Halsband) von der Leiche seines Feindes nahm und sich selbst umhing.

In der Ausübung seiner Ämter, er war u. a. Consul, zeigte sich Manlius sehr prinzipientreu: So ließ er seinen eigenen Sohn, der sich von Feinden zum Kampf hatte provozieren lassen, ohne den Befehl dazu erhalten zu haben, wegen dieses Ungehorsams und trotz seines Sieges exekutieren. Diese Strenge ging vielen Römern zu weit. Als das Heer siegreich aus der Schlacht nach Rom zurückkehrte und die Feiern abgehalten wurden, versagte man Manlius die Ehrungen. Ein später angetragenes Censoramt wies er ab. Er stellte fest, daß das Volk seine Strenge ebensowenig mochte wie er die Untugenden des Volkes.

Livius zeigt in seiner detaillierten Beschreibung des Zweikampfes Manlius Torquatus als einen wahren Römer, einfach bewaffnet und überlegt kämpfend, im Gegensatz zu einem reich ausgerüsteten und wild kämpfenden Barbaren, der mehr Fleisch als Geist ist. Gellius (9,13,7–19) enthält sich eines solchen Urteils, doch findet er das Duell sehr grausam. Wegen der Tötung des Sohnes wird Manlius von Valerius Maximus (2,7,5) in eine Reihe gestellt mit Vorbildern für eine lobenswerte militärische Disziplin, in der sich daneben ein gewisser Postumius Tubertus befindet, der mit seinem Sohn ähnlich verfuhr, → Scipio Maior, der sein Lager von mißliebigen Soldaten säubern ließ, und → Cincinnatus, der den Consul degradierte, weil dieser sich vom Feind hatte einschließen lassen.

In der römischen Literatur und auch später werden Befehle und
Maßregeln von solch rücksichtsloser Strenge als ›imperia man-
liana‹ bezeichnet. Dieser Ausdruck ist um so treffender, weil er
auch auf einen anderen Titus Manlius Torquatus paßt, der im 2.
Jahrhundert v. Chr. lebte. Nach Livius (perioch. 54, ferner Cic.
fin. 1,24; Val. Max. 5,8,3) hatte er im Jahre 140 einen Sohn wegen
seines Ungehorsams verbannt, worauf dieser sich erhängte.

Der junge Manlius, der seinen Vater verteidigt, gehört zu den
Musterbeispielen für den Respekt den Eltern gegenüber. Valerius Maximus (5,4,6) nennt ihn zusammen mit → Coriolanus, der
den Bitten seiner Mutter folgte, und der Vestalin Claudia, die
sich mutig und erfolgreich für ihren Vater Appius Claudius Pulcher einsetzte, als dieser 143 v. Chr. trotz der Verweigerung des
Senats einen Triumph feierte und von einem Tribun bedroht
wurde.

NK In Deutschland und den Niederlanden ist Manlius Torquatus als
Beispiel für Strenge und Pflicht in und an öffentlichen Gebäuden
zu finden: z. B. auf Wandgemälden am Ulmer Rathaus (16. Jh.)
und von P. Juvenel am Rathaus in Nürnberg (um 1622), wo
ferner Salomon, das Jüngste Gericht, → Curtius Rufus, Scipio
Maior und der Tod des → Regulus zu sehen sind, sowie im Rats-
saal in Lüneburg in einem Holzschnitzwerk von A. von Soest
(1568–84).

In der Anfang des 15. Jahrhunderts dekorierten Anticappella des
Palazzo Pubblico in Siena steht er zusammen mit → Decius Mus
und → Cato Uticensis symbolhaft für das Vaterland und seine
Institutionen, wobei die drei Figuren auf eine Personifikation
der Fortitudo blicken. Die Verurteilung des Sohnes wird später
in der Malerei z. B. auf einem Gemälde von J.-S. Berthélemy
(1785, Tours, M.) und der Tod auf einem Gemälde von F. Dubois (1827, Narbonne, M.) thematisiert. F. Bol dekorierte für die
Amsterdamer Admiralität einen Kamin (1661/62, heute Amsterdam, M.) mit der Verurteilung von Manlius' Sohn, worunter
sich eine Inschrift von J. van den Vondel befindet, die als Warnung an die Kapitäne zu verstehen ist, nicht auf eigene Initiative
zu handeln.

Das Duell mit dem Gallier wird selten dargestellt. G. A. Fasolo
dekorierte die Decke der Loggia del Capitaniato in Vicenza
(1572) mit der Abnahme des ›torques‹.

NM Die Manlius-Opern, u. a. von A. Scarlatti (Libr. von S. Stampiglia, 1705, Neapel), A. Vivaldi (Libr. von M. Noris, vermutl.
1719) und N. Jommelli (Libr. von G. Roccaforte, 1743, Turin),

beziehen sich meist auf die zu erwartende Bestrafung des Sohnes, von der dann in letzter Minute abgesehen wird.

Auf Niederländisch erschien von D. Bleecker (1799) ein Drama ND im französischen Stil, in dem der ›Triumph der militärischen Disziplin‹ hervorgehoben wird.

Blankert 1975

Marbod → Arminius

Marcellus, Neffe des → Augustus

Marcus Antonius → Kleopatra VII.

Marcus Octavius, Volkstribun → Gracchen

Marcus Pomponius → Manlius Torquatus

Marius, Gaius (156–86), römischer Feldherr und Staatsmann ⟨Diod. 38; Liv. perioch. 76–77; Vell. 2 passim; Plut. Mar. u. Sull.; Sall. Iug. passim⟩.

Aus einem Bauerngeschlecht bei Arpinum stammend, erwarb sich Marius als Militärtribun großen Ruhm in dem von Sallust ausführlich beschriebenen Krieg gegen den nordafrikanischen Fürsten Iugurtha. Marius konnte sich gegen Q. Caecilius Metellus durchsetzen, der aus einem mächtigen aristokratischen Geschlecht stammte. Seine militärischen Erfolge erlaubten es ihm, als ›homo novus‹ im Jahre 107 das Consulat zu übernehmen, um sich als Anführer der Populares hervorzutun. Diese verarmten Aristokraten und Neureichen traten gegen die Optimaten auf, die sich seit dem Fall der → Gracchi eine übermächtige Herrschaft gesichert hatten.

Als Consul brach Marius mit der Tradition, nach der das Heer ausschließlich aus besitzenden Bürgern bestehen durfte, die unabhängig von Sold, Kriegsbeute oder Ländereien waren, die sie auf Vorschlag ihres Anführers nach dem Feldzug erhielten. Er rekrutierte Berufssoldaten, die keinen Besitz hatten, um die stark dezimierten Legionen wieder aufzufüllen. In Mauretanien zwang er den König Bocchus, den geschlagenen Iugurtha, der dort Zuflucht gefunden hatte, auszuliefern.

Marius hatte nun eine so starke Position, daß er, was unüblich war, zum ersten Mal in der Geschichte wiederholt und einige Male jährlich zum Consul wiedergewählt wurde. Nach einem Triumphzug, wie man ihn in Rom nur selten gesehen hatte, zog er gegen die keltischen und germanischen Stämme, die die Römer in Gallien und Norditalien bedrohten, und schlug hintereinander die Ambronen, Teutonen und Kimbrer. Sein sechstes Consulat im Jahre 100 bedeutete den Höhepunkt seiner Macht: Er konnte es sich nun sogar erlauben, seinen erbitterten Widersacher Metellus zu verbannen und eine Landverteilung zugunsten seiner Veteranen durchzuführen. Zugleich zeichnete sich auch schon sein Niedergang ab. Als in Rom infolge der Agitation des radikalen Volkstribuns Appuleius Saturnius Unruhen ausbrachen, zwang der Senat Marius, Saturnius und seine Anhänger gefangenzusetzen; unter diesen befanden sich auch Freunde des Consuls. Im Senatsgebäude wurden sie von Marius' Gegnern unter den Senatoren eigenhändig gelyncht.

In den neunziger Jahren, als Rom im Streit mit aufständischen italischen Bundesgenossen stand, die das römische Bürgerrecht beanspruchten und teils auch nach dessen Erhalt noch unbefriedet blieben, entwickelte sich die große Rivalität zu → Sulla, dem Anführer der Optimaten. Der Streit spitzte sich zum ersten Mal zu, als Sulla nach seinen Erfolgen gegen die italischen Aufständischen den Oberbefehl im Krieg gegen → Mithridates erhielt. Marius setzte Sulla von diesem Posten wieder ab, daraufhin rückte Sulla gegen Rom vor. Marius mußte auf sein Landgut bei Minturnae ausweichen. Die Magistrate in der Stadt schickten einen gallischen oder kimbrischen Sklaven mit einem Mordauftrag zu Marius. Als er zu Marius vorgedrungen war, richtete sich dieser von seiner Ruhestätte auf und forderte ihn auf, ihn, den großen Marius, zu töten. Der Mann, beeindruckt von diesen Worten und dem bezwingenden Blick, floh aus dem Haus. Marius selbst mußte bis nach Afrika flüchten, wo er, laut Plutarch, bei den Ruinen Karthagos den Niedergang dieser Stadt und sein eigenes Schicksal betrauerte.

In Abwesenheit Sullas, der im Osten mit Mithridates Krieg führte, gewann Marius an der Spitze eines Heeres von Sklaven und aufständischen Samniten Rom mit der Unterstützung von Sullas Nachfolger als Consul, Cinna, gewaltsam zurück. An den Anhängern Sullas soll maßlos Rache genommen worden sein, was von Appianos und anderen späteren Historikern Marius zugeschrieben wird, um ihn ins Zwielicht zu setzen. Marius wurde erneut zum Consul gewählt, doch starb er im Jahr seines siebten Consulats 86 v. Chr.

Die Beurteilung des Marius ist abhängig davon, ob sich der jeweilige Historiker oder Politiker in der Tradition der Optimaten oder der Popularen sieht. Caesar (*Bellum Africanum* 56) achtete Marius, während Cicero (verlorenes Epos Marius; leg. 1,4; div. 1,106; Tusc. 2,15,53; nat. 3,80) wiederholt seine Abneigung äußerte. Plutarch urteilt in seiner Biographie nicht eindeutig: Er schließt seine Schrift mit einer mahnenden Beschreibung von Marius' Ende, der bis zuletzt von dem Verlangen nach noch größerem militärischen und politischen Ruhm geplagt wird. Auch Diodoros (39,29,1–5) schreibt, daß Marius bis ins hohe Alter ehrsüchtig blieb und somit seinen Niedergang selbst verschuldet hatte. Eine imponierende Persönlichkeit wird ihm von keinem der Autoren abgesprochen: Die bei Appianos (civ. 1,61) und Plutarch tradierte Geschichte von dem Sklaven, der nicht wagte, die Hand gegen ihn zu erheben, zeugt davon. Valerius Maximus (6,8,2) erwähnt dieses Beispiel in dem Kapitel ›de maiestate‹. Im Hinblick auf die militärischen Reformen des Marius bestand schon in der Antike und dann in der Neuzeit, z. B. bei Rousseau, die Ansicht, daß diese Reformen es den Heerführern ermöglichten, die personengebundenen Truppen auch zu größeren politischen Zielen auszunutzen.

Zwei Porträts in der Münchener Glyptothek (um 50–40 v. Chr., Marmor) werden häufig mit Marius und Sulla in Verbindung gebracht, wahrscheinlich sind sie aber falsch zugeordnet. N

In der bildenden Kunst der Neuzeit entstanden Marius-Darstellungen im Zusammenhang mit der Szene in Karthago, z. B. auf Zeichnungen von J. H. Mortimer (1774) und B. West (1796) sowie auf einem Gemälde von P.-J. C. François (um 1780, Brüssel, Kon. M.), auf dem die Ruinen von Karthago in Form des Tempels von Paestum abgebildet sind. Der amerikanische Maler J. Vanderlyn benutzte dieses Motiv auf einem Gemälde (1807, San Francisco, M.) für seinen Mäzen, den Vizepräsidenten Burr, der das Opfer eines Skandals geworden war. F. Sustris hielt auf einem Gemälde (um 1590, München, Schloß Schleißheim) fest, wie Iugurtha an einer Kette in Marius' Triumphzug mitgeführt wird. J.-G. Drouais gestaltete auf einem Gemälde (1786, Paris, Louvre) die Szene, wie der beauftragte Sklave vor dem großen Römer Marius zurückschreckt.
In der Literatur entstanden über den Aufstieg und Fall des Marius Tragödien von T. Otway (1679), A.-V. Arnault (1791) und C. Grabbe (1827).

Ein Libretto von G. Roccaforte (*Caio Mario*) fand innerhalb von 50 Jahren mehr als 15 Komponisten, die sich der Vorlage annahmen, darunter N. Jommelli (1746, Rom), G. Scarlatti (1755, Neapel), B. Galuppi (1764, Venedig), D. Cimarosa (1779, Rom) und F. Bianchi (1784, Neapel).

Wünsche 1982

Marpessa → Apollon

Mars → Ares

Marsyas, Satyr aus Phrygien, ausgezeichneter Flötenspieler, soll die Flöte erfunden haben ⟨Hdt. 7,26; Hyg. fab. 165; 191; Ov. met. 6,382–400; Ov. fast. 6,706–707⟩.
Neben Marsyas wird auch Hermes als Erfinder der Flöte genannt, bei den meisten Mythographen jedoch, u. a. bei Ovid in seinen *Metamorphosen*, erfand Athena dieses Instrument. Als man ihr sagte, daß ihr Gesicht vom Flötenspiel entstellt würde, warf sie ihre Flöte wütend weg und verwünschte jeden, der sie finden und darauf spielen würde. Marsyas hob das Instrument auf, erlernte das Spiel auf ihm und hatte damit sein späteres Schicksal bereits entschieden.
Eines Tages forderte Marsyas den auf der Lyra spielenden → Apollon zu einem musikalischen Wettstreit heraus. Der nahm die Aufforderung unter der Bedingung an, daß der Sieger mit dem Verlierer nach Belieben verfahren dürfe. Apollon gewann den Streit, der von Athena oder den Musen beurteilt wurde, weil er seine Lyra auch verkehrt herum spielen konnte, was Marsyas mit seiner Flöte nicht möglich war. Daraufhin band Apollon Marsyas an einen Baum und häutete ihn oder ließ dies von einem Skythen tun.

Der Mythos von Marsyas und Apollon, der von der Hybris des Marsyas und dem Gegensatz des dionysischen, leidenschaftlichen Flötenspiels einerseits und dem harmonischen Spiel der apollinischen Lyra andererseits getragen wird, kommt in der Antike bei Herodot, Ovid, Hyginus und Plutarch vor.

In der bildenden Kunst wird Marsyas seit dem 5. Jahrhundert v. Chr. als Satyr mit Bocksohren, einem mageren Körper und kurzem Schwanz dargestellt. Eine Bronzegruppe von Myron (um 450 v. Chr.), die durch römische Marmorkopien bekannt ist, zeigt Athena, die sich erbost von der Flöte abwendet, und den Silenen Marsyas mit Pferdeschweif, der im Begriff ist, die Flöte aufzuheben (Teile in Frankfurt, Liebighaus und in Rom, Vat. M.). Eine Figurengruppe aus Kleinasien (um 200 v. Chr., Marmor, Istanbul, Arch. M. und Florenz, Uffizien) zeigt einen Skythen, der ein Messer nimmt, um den am Baum gefesselten Marsyas zu häuten. Der Künstler betont dabei den Schmerz und die Anspannung der Muskeln des Gemarterten. Die Szene mit dem Skyther und Marsyas ist durch Kopien (u. a. Florenz, Uffizien), Wandgemälde in Pompeii und Sarkophage (u. a. Hever Castle) aus der römischen Zeit bekannt. Eine von Dioskurides signierte Gemme (Neapel, M. Arch. Naz.) aus augusteischer Zeit zeigt Apollon mit dem gefesselten Marsyas.

Die Häutung des Marsyas bedeutet für die florentinischen Humanisten die Bloßlegung der Seele. In der bildenden Kunst der Neuzeit wird der Wettstreit zwischen Apollon und dem Satyr meist in Zusammenhang mit dem Urteil des → Midas und dem Tod des Marsyas aufgegriffen. Im Cinquecento beschäftigen sich mit dem Thema z. B. auf Fresken Raffael (1508) in der Stanza della Segnatura im Vatikan, B. Peruzzi (1511/12) in der Villa Farnesina in Rom, G. Romano (1527/28) im Palazzo del Tè in Mantua und L. Cambiaso (1544) im Palazzo della Prefettura in Genua, auf Gemälden A. Bronzino (1531/32, St. Petersburg, Eremitage; mit Szenen der Vorgeschichte) und Tizian (um 1570– 75, Kremsier, Erzbischöfliches Pal.). Weitere Verbreitung findet das Motiv im Barock. V. a. in Spanien und Italien galt die grausame Tat als Beispiel für die Bestrafung, die dem Hochmut gegenüber Gott folgt: z. B. auf Gemälden von Guercino (1618, Florenz, Pal. Pitti), G. Reni (1618/19, Toulouse, M. und 1622, München, AP), J. de Ribera (1637, Brüssel, Kon. M. und Neapel, M. Naz.), P. da Cortona (1645–61, Florenz, Pal. Pitti), L. Giordano (um 1695/96, El Escorial, Monasterium) und S. Ricci (um 1703, Fresko, Belluno, Pal. Fulcis-Bertoldi). In der deutschen, französischen und niederländischen Malerei entstehen Gemälde u. a. von J. Liss (um 1621–23, Moskau, Puschkin M.), J. Jordaens (um 1621–23, Antwerpen, Huis Osterrieth und um 1640, Den Haag, Mauritsh.), D. van Baburen (1624, Schloß Bückeburg), N. Poussin (um 1626, Paris, Louvre) und C. Lorrain (1639/40, Moskau, Puschkin M.). Seltener ist der musikalische Wettstreit zu finden, z. B. auf Gemälden von Perugino (um 1495, Paris, Louvre) und J. Tintoretto (1544/45, Hartford, Wadsw. Ath.).

NK

ND Die Dichter des 20. Jahrhunderts widmeten dem Satyr einige
    Gedichte, wie z. B. H. de Régnier (*Le sang de Marsyas*, in *La cité
    des eaux*, 1901), E. L. Masters (in *The Great Valley*, 1916) und J.
    Merrill (in *The Country of a Thousand Years of Peace*, 1959).

NM Über den Wettstreit von Marsyas und Apollon gibt es eine Vo-
    kalkomposition von S. Reina (Mailand, 1653) und eine Kom-
    position für elektronische Musik von J. E. Beat (1972/73). Da-
    neben entstanden Opern von C. F. Pollarolo (Libr. von A. Pio-
    vene, 1714, Venedig) und E. Rautavaara (Libr. von B. V. Wall,
    1973, Helsinki) sowie ›symphonische Fragmente‹ von L. Dalla-
    piccola (1947).

    Hofmann 1973; Meyer 1987; Rawson 1987; Small 1982; Weis 1992; Wind 1958

Masinissa, Geliebter der → Sophoniba

Maus(s)ol(l)os, Bruder und Gatte der → Artemisia II.

Medeia (oder Medea), Zauberin, Gattin des Argonautenführers
→ Iason, Tochter der Okeanide Eidyia und des Königs Aietes
von Kolchis, einem Sohn des Sonnengottes Helios, Nichte der
Zauberin → Kirke ⟨Eur. Med.; Apoll. Rhod. Arg.; Hyg. fab.
21–27⟩.
Schon in der Tragödie *Medeia* von Euripides wurden ihr magische Kräfte zugesprochen, ebenso in der hellenistischen und römischen Zeit, wo sie nicht nur als Nichte der Kirke, sondern
auch als Verwandte der Zaubergöttin → Hekate galt.
Pelias, der König von Iolkos, hatte einst seinen Rivalen → Iason
beauftragt, im fernen Kolchis am Schwarzen Meer das Goldene
Vlies zu rauben. Er hoffte, Iason werde bei dieser schwierigen
Aufgabe ums Leben kommen. Als Iason und die → Argonauten
an den Hof von Aietes kamen, wollte dieser das Goldene Vlies
nicht herausgeben, worauf Aphrodite und Eros dafür sorgten,
daß sich Medeia in Iason verliebte (Apoll. Rhod. Arg. 3,119–166;
3,275–298). Nachdem Iason ihr versprochen hatte, sie nach
Griechenland mitzunehmen und dort zu heiraten, bot sie ihm an,
ihre Zauberkräfte für ihn einzusetzen. So konnte er alle Gefahren bestehen, die mit dem Raub des Vlieses verbunden waren.
Danach flüchteten die Argonauten mit Medeia, verfolgt von
Aietes, aus Kolchis. Als die Griechen schon fast von den Verfolgern eingeholt waren, lockte Medeia ihren Bruder Apsyrtos in

eine Falle, so daß Iason ihn umbringen konnte. Sie soll ihren
Bruder in Stücke geschnitten haben, weil sie hoffte, daß Aietes
beim Auflesen der Leichenteile Zeit verlieren werde. Kirke befreite Iason und Medeia später von ihrer Schuld, jagte sie aber
davon, als sie von der Art des Verbrechens hörte.

Die *Argonautika* des Apollonius Rhodios (Mitte 3. Jh. v. Chr.)
überliefern ferner, wie die Heirat zwischen Medeia und Iason auf
ihrer Rückreise am Hofe des Phaiakenkönigs Alkinoos vollzo-
gen wurde. Alkinoos war von den Verfolgern bedroht worden
und hatte versprochen, die beiden auszuliefern, sofern sie noch
nicht Mann und Frau seien. Seine Frau Arete berichtete den
beiden davon, worauf sie sofort heirateten.

Als der Riese Talos aus dem Bronzegeschlecht die Argonauten
bedrohte, fügte ihm Medeia an seiner einzigen empfindlichen
Stelle eine tödliche Wunde zu.

Diodoros (4,50–52), Pausanias und Ovid (met. 7,1–424) überliefern, daß sich Medeia nach ihrer Ankunft in Iolkos an Pelias
rächte, weil dieser Iason trotz der Erfüllung des unheilvollen
Auftrags die Belohnung für das Goldene Vlies, den Thron von
Iolkos, vorenthielt. Sie überzeugte dessen Töchter, sie wisse ein
Zaubermittel, wie sie ihren Vater verjüngen könnten. Als Beweis
tötete sie einen alten Widder, kochte ihn und zauberte dann ein
junges Lamm aus dem Kochkessel hervor. Pelias' Töchter ver-
fuhren so mit ihrem Vater und brachten ihn unwissentlich auf
grausame Weise um, worauf Medeia und Iason zu dem korinthischen König Kreon in die Verbannung gingen. Nach Euripides'
Medeia wollte Kreon seine Tochter Glauke (oder auch: Kreusa)
mit Iason verheiraten. Dieser erklärte sich einverstanden und
verstieß Medeia. Bevor Medeia Korinth verließ, rächte sie sich:
Nachdem sie sich bei dem athenischen König Aigeus vergewis-
sert hatte, daß sie dort Schutz finden werde, brachte sie ihrer
Rivalin als vermeintliches Versöhnungsgeschenk einen Mantel,
den sie mit Gift getränkt hatte. Als Glauke den Mantel anzog,
wurden sie und der zu Hilfe eilende Kreon von einem unlösch-
baren Feuer getötet. Inzwischen hatte Medeia ihre beiden Kinder aus der Ehe mit Iason umgebracht und floh auf einem von
Helios gesandten Drachengefährt.

So kam sie nach Athen und heiratete dort König Aigeus. Später
wollte sie Medos, ihren Sohn mit Aigeus, auf den Thron bringen
und versuchte deshalb, → Theseus, den Sohn von Aigeus aus
einer früheren Ehe, zu vernichten, was ihr allerdings nicht gelang. Die Athener verbannten sie daraufhin aus der Stadt (u. a.
Hdt. 7,62; Paus. 2,3,8). Sie kehrte nach Kolchis zurück, wo ihr

Onkel Perses inzwischen ihren Vater vom Thron gestürzt hatte. Medeia tötete Perses und brachte ihren Vater Aietes oder Medos an die Macht (Hes. theog. 1001; Paus. 2,3,9).

Euripides zeigt in seiner Tragödie *Medeia* den Konflikt zwischen der erniedrigten und rachsüchtigen Medeia und dem treu- und gewissenlosen Iason, der sich von der Heirat mit der griechischen Königstochter Sicherheit und Ruhe erhofft. Für den Mord an ihren beiden Kindern nennt Medeia zwei Gründe: zum einen die Rache an Iason, dann ihre Angst davor, daß man sich an ihren Kindern rächen werde.

Euripides' Drama steht am Anfang einer langen Theatertradition. Andere antike Dramen sind verlorengegangen, u. a. von Sophokles (*Aigeus*), Ennius und Ovid (in den *Heroides* erwähnt Ovid einen Brief Medeias an Iason, in dem ihre Rachsucht zum Ausdruck kommt). Seneca zeigt in seinem Stück *Medea* einen vernünftigen Iason, während Medeia als dämonisch Getriebene erscheint, die nicht zwischen Rachegefühlen und Mutterliebe hin- und hergerissen ist, sondern nur noch die Vernichtung will.

In der bildenden Kunst der Antike wird Medeia mit den Töchtern des Pelias dargestellt, z. B. auf einem neuattischen Marmorrelief (Rom, Vat. M.) nach einem Original aus der Zeit um 420 v. Chr. Seit dem Hellenismus erscheint Medeia als düstere, unheimliche Gestalt mit einem Schwert in der Hand, während zu ihren Füßen die Kinder spielen, u. a. auf Wandgemälden in Pompeii und Herculaneum; das Motiv geht auf ein Werk von Timomachos aus Byzanz (1. Jh. v. Chr.) zurück. Die Tötung und die Flucht auf dem Drachengefährt ist in der römischen Kaiserzeit auf Sarkophagreliefs zu finden.

NK Medeia mit ihren Kindern bzw. deren Tötung wird seit dem 16. Jahrhundert in der bildenden Kunst thematisiert, z. B. auf Gemälden von G. Macchietti (1570–73, Florenz, Pal. Vecchio), P. da Mariscalchi (um 1576, Verona, M.), C.-A. Coypel (1746, Brest, M.), G. Romney (um 1777–80, Liverpool, G.), E. Delacroix (1838, Lille, M. und 1862, Paris, Louvre) und A. Feuerbach (1870, München, NP) sowie auf Aquarellen von P. Cézanne (1880–85, Zürich, Kunsth.; nach Delacroix) und W. Gilles (1923, Köln, Wallr.-Rich. M.). Eine nachsinnende Medeia ist auf Gemälden von Turner (1828, London, Tate G.) und A. Feuerbach (1871, Dortmund, Schloß Cappenberg und 1873, Wien, Stallburg) zu sehen. G. Moreau stellte auf Gemälden (u. a. 1865, Paris, M. d'Orsay) Medeia und Iason dar. In der Bildhauerkunst

schufen A. Rodin (1865, Gips, Philadelphia, Rodin M.) und E.
Paolozzi (1964, Otterlo, M.) Medeia-Skulpturen.

Seneca bildet das Vorbild für die Medeia-Stücke der Neuzeit: Bei ND
L. Dolce (ca. 1547), J.-B. de La Péruse (1555), P. Corneille
(1635), J. Vos (1667) und noch bei R. Glover (1761) steht der
Sieg des Bösen im Vordergrund. H.-B. Longepierre (1694)
machte aus dem Stoff ein Liebesdrama, in dem Iason von wirk-
licher Zuneigung getrieben ist. In den Tragödien *Medea in Korinth* (1786) und *Medea auf dem Kaukasus* (1790) betonte F. M. von
Klinger einen anderen Aspekt: Medea kann sich dem normalen
Zusammenleben nicht anpassen und blickt verlangend nach
Kolchis zurück. Ähnlich verhält sie sich in F. Grillparzers Trilogie *Das Goldene Vliess* (1822; *Der Gastfreund; Die Argonauten;
Medea*), wo sie sich als Barbarin, d. h. als Nichtgriechin, nicht in
die griechische Zivilisation fügen kann. J. Anouilh (1946) ak-
zentuierte das Extreme der Medeia-Figur: Ihre absolute Liebe
schlägt in absoluten Haß um.
In P. P. Pasolinis Verfilmung (1970) spielte Maria Callas ein-
drucksvoll die Medeia.

Auf das Stück von Longepierre geht die Oper von L. Cherubini NM
(Libr. von F. B. Hoffman, 1797, Paris) zurück. Andere Opern
beziehen sich auf die Seneca-Bearbeitung Corneilles, z. B. von
M.-A. Charpentier (Libr. von T. Corneille, 1693, Paris). Dane-
ben sind zahlreiche weitere Opern zu nennen, in denen Medeia
als Titelfigur fungiert, wie z. B. von W. C. Briegel (1688, Darm-
stadt), J.-F. Salomon (Libr. von S.-J. Pellegrin, 1713, Paris),
G. F. Brusa (Libr. von G. Palazzi, 1726, Venedig), G. Gebel II.
(Libr. von E. C. von Kleist, 1752, Rudolstadt), G. Benda (Melodram, Libr. von F. W. Gotter, 1775, Leipzig), A. Sacchini
(Libr. von N. É. Framery, 1784–1786), F. Piticchio (Libr. von
O. Balsamo, 1798, Neapel), S. Mayr (Libr. von F. Romani nach
Euripides, 1813, Neapel), G. Pacini (Libr. von B. Castiglia, 1843,
Palermo), S. Mercadante (Libr. von S. Cammarano nach F. Romani, 1851, Neapel), V. Tommasini (Libr. vom Komponisten,
1906, Triest) und schließlich D. Milhaud (Libr. von M. Milhaud,
1939, Antwerpen). Einige Opernkomponisten des 20. Jahrhunderts griffen auch auf die bedeutenden Medea-Dramen zurück,
z. B. P. Canonica (Libr. nach Euripides, 1953, Rom), E. Staempf-
li (Libr. nach Grillparzer, 1954), A. Kovách (Libr. nach
Anouilh, 1960), H. Farberman (Kammeroper, 1960/61), B. A.
Zimmermann (Libr. von H. H. Jahnn, Fragment) und T. Antoniou (Libr. nach Euripides, 1976, Saloniki).

Kantaten schufen J.-P. Rameau (1702–1706), L.-N. Clérambault (*Cantates françoises I*, Paris, 1710), P. Courbois (Paris, vermutl. 1710) und G. A. Hüe (Prix de Rome, 1879); eine Serenata stammt von N. Porpora (1742, Neapel). E. Křenek komponierte einen Monolog für Alt und Orchester (Text von R. Jeffers nach Euripides, 1953, Philadelphia).
Im Genre der Ballettmusik entstanden Werke von S. Barber (für M. Graham, 1946, New York), T. Procaccini (1981) und M. Zimmermann (1982).

Frenzel 1992a; Fritz 1962; Heinemann 1920; Kenkel 1979; Meyer 1980; Schmidt 1968

Medusa, eine der → Gorgonen

Megaira, eine der → Erinyen

Megara, Gattin des → Herakles

Melampus, Seher, → Dionysos

Meleagros, Held der kalydonischen Eberjagd, Sohn des Königs Oineus von Kalydon und der Althaia ⟨Bakchyl. 5,76–175; Ov. met. 8,268–546; Apollod. 1,8,2–3; Diod. 4,34,2–7; Hyg. fab. 171–174⟩.
Nach der Geburt des Meleagros hörte seine Mutter von den → Moiren, daß ihr Sohn so lange leben werde, bis ein bestimmtes Stück Holz im Feuer verbrannt sei. Althaia nahm das Holz aus dem Feuer und verbarg es sorgfältig.
Als Oineus einige Jahre später seinen Opferdienst für Artemis vernachlässigte, sandte die erzürnte Göttin einen riesigen Eber nach Kalydon, der im ganzen Land wütete. Meleagros rief berühmte griechische Helden zur Jagd zusammen, unter denen sich → Theseus, → Peleus, → Iason, die → Dioskuren und Telamon befanden (einige von ihnen gehören auch zu den → Argonauten; Hyg. fab. 14; Apoll. Rhod. Arg. 1,191). Außerdem nahm Meleagros die Jägerin → Atalante mit, in die er sich verliebt hatte. Er erlegte den Eber und schenkte Atalante das begehrte Fell, weil sie dem Tier die erste Wunde zugefügt hatte. Dadurch geriet er mit den Brüdern seiner Mutter, Plexippos und Toxeus, in Streit und tötete die beiden. Althaia wurde darüber so wütend, daß sie das seinerzeit in Sicherheit gebrachte Holz ins Feuer warf.

Als es verbrannt war, starb Meleagros. Althaia wählte den Freitod.

Homer erzählt in der *Ilias* (9,529–599) eine andere Geschichte, in der Atalante nicht erwähnt wird. Nach dem Häuten des Ebers gerieten die kalydonischen Bewohner mit den benachbarten Kureten um die Verteilung der Beute in Streit (Paus. 10,31,3). Es kam zu einem Krieg, in dem die Kalydonier unter Meleagros' Führung anfangs siegreich waren, allerdings in ernste Gefahr gerieten, als sich Meleagros aus dem Kampf zurückzog, nachdem ihn seine Mutter wegen des Brudermordes verflucht hatte. Schließlich griff Meleagros im letzten Moment wieder zu den Waffen, und das Schicksal wendete sich. Bei diesen Kämpfen – nach Hesiodos (eh. Fragm. 25,9–13) durch Apollon – kam Meleagros ums Leben.

Die ursprüngliche Quelle dieses Mythos ist ein verlorengegangenes Epos aus Korinth (ca. 600 v. Chr.), das den verschollenen Tragödien von Sophokles und Euripides zugrunde lag (vgl. Plin. nat. 37,40; Apollod. 1,8,2).

Die Jagd auf den kalydonischen Eber ist im 6. Jahrhundert v. Chr. häufig zu sehen, z. B. auf der sog. François-Vase (um 570 v. Chr., Florenz, M. Arch.). Eine dem Skopas zugeschriebene Statue (um 340 v. Chr.), bekannt durch mindestens 31 römische Kopien (Marmorkopie u. a. in Rom, Vat. M.), zeigt Meleagros, flankiert von einem Hund und einem Eberkopf, als einen kräftigen Jüngling, dem sein trauriges Schicksal nicht anzusehen ist. Von diesem Bildhauer stammen auch die fragmentarisch erhaltenen Reliefs am Ostgiebel des Athena-Alaia-Tempels in Tegea mit der Jagd nach dem Eber (um 370–360 v. Chr., Athen. M.). Seit dem 4. Jahrhundert v. Chr. wird auch der Tod des Prinzen abgebildet, z. B. auf römischen Sarkophagen. Während der Spätantike stellten Meleagros und Atalante die durch die Jagd zu erwerbenden Tugenden dar, z. B. auf einem Mosaik in Antakya und auf einem Wandteppich in Riggisberg.

Die Geschichte des Meleagros erzählt in der Kunst der Neuzeit NK B. Peruzzi (1511/12) auf einem Fresko in der Villa Farnesina in Rom. Es entstehen einige Schilderungen der Jagd und der Überreichung des Eberkopfes an Atalante, z. B. auf Gemälden von B. Dossi (um 1515–20, El Paso, M. of Art), P. Veronese (um 1561–63, Boston, M.), H. Bol (1580, Dresden, Gemäldeg.), Rubens (1614/15, New York, Metrop. M.; um 1617–19, Wien, Kunsth. M. und um 1635, München, AP), N. Poussin (um 1625–

29, Madrid, Prado), C. Le Brun (um 1658, Paris, Louvre) und S.
Ricci (um 1720–23, Rom, Pal. Taverna), auf Wandgemälden von
Primaticcio (1550–60) für das Schloß Fontainebleau sowie auf
einer Reihe von Reliefs von F. Rude (1823–27, Kopien in Brüssel, Kon. M.) für das Schloß in Tervueren. Die Todesszene wird
nur selten gestaltet, z. B. auf Gemälden von Il Sarzana (Mitte 17.
Jh., Genua, Accademia Ligustica) und C. Le Brun (um 1658,
Paris, Louvre). Zu Meleagros und Atalante: → Atalante.

N   Der Tod von Meleagros nach Ovid ist Thema der Dramen von
D/M W. Gager (1582, in Latein), A. Hardy (1604), L. J. N. Lemercier
(1788), P. Heyse (1854), S. Wyspiański (1899) und einiger Opern
des 18. Jahrhunderts, z. B. von (vermutl.) B. Sabadini (1705,
Pavia), M. A. Ziani (Libr. von P. A. Bernadoni, 1706, Wien),
J.-B. Stuck (Libr. von F.-A. Jolly, 1709, Paris), T. G. Albinoni
(Libr. von P. A. Bernadoni, 1718, Venedig), F. B. Conti (Libr.
von P. Pariati, 1724, Wien), A. Pèpoli (Libr. von R. Calzabigi,
1785) und N. Zingarelli (Libr. von G. Schmidt, 1798, Mailand).
Besonders um Atalanta und ihre ›liebevolle Konkurrenz‹ auf der
Bärenjagd geht es in den Opern von L. Rossi (Libr. von G.
Rospigliosi, 1642, Rom), A. Steffani (Libr. von D. Mauri, 1692,
Hannover), F. Chelleri (zwei Werke: Libr. von A. Zeno, 1713,
Ferrara; Libr. von B. Valeriano, 1715, Ferrara), G. F. Händel
(Libr. nach B. Valeriano, 1736, London) und V. Righini (Libr.
von A. Filistre de Caramandani, 1797, Berlin). Ein symphonisches Chorwerk zu *Atalanta in Calydon* schuf G. Bantock (1911,
London).

Daltrop 1966; Fittschen 1975; Koch 1975; Raeck 1992

Melpomene, eine der → Musen

Memnon → Achilleus

Menelaos, König von Sparta, Sohn des Königs Atreus von
Mykene (daher als ›Atride‹ bezeichnet) und der Airope, Bruder
des → Agamemnon ⟨Hom. Il.; Apollod. 3,10,8–3,11,2; Verg.
Aen. 6,509–532⟩.
Menelaos gehörte zu den Freiern der → Helena und erhielt sie
durch den Einfluß Agamemnons schließlich zur Frau. Sein
Schwiegervater Tyndareos vermachte ihm die Königsherrschaft
über Sparta.

Eines Tages kam → Paris, der trojanische Königssohn, an den Hof von Sparta. Als Menelaos trotz der Warnung eines Orakels nach Kreta ging und seine Frau mit dem Gast allein zurückließ, entführte Paris Helena und nahm einige Kostbarkeiten mit. Verhandlungen von Odysseus und Menelaos in Troja blieben erfolglos. Agamemnon zog daraufhin mit allen griechischen Fürstensöhnen, die ebenfalls um Helena geworben und ihrem Gatten Beistand geschworen hatten, in den Krieg gegen Troja.

In Homers *Ilias* wird überliefert, daß die Griechen und Trojaner im zehnten Kriegsjahr beschlossen, den Streit in einem Zweikampf zwischen Menelaos und Paris zu entscheiden. Paris entging nur knapp einer Niederlage, da → Aphrodite ihren Schützling in einer Nebelwolke vom Schlachtfeld führte. Später half Menelaos bei der Bergung der Leiche des Patroklos.

Nach der Einnahme Trojas sah Menelaos Helena wieder (Il. pers.; Eur. Hel.; Eur. Tro. 864 ff.). Sie war nach dem Tod des Paris die Frau von dessen Bruder Deiphobos geworden, der nun von Menelaos getötet wurde. Bei Vergil wird überliefert, daß Helena Menelaos bei diesem Mord unterstützte. Menelaos drohte außerdem an, er wolle seine treulose Frau töten, erlag dann aber ihrem Charme. Sie kehrte wohlbehalten an der Seite des Menelaos nach Griechenland zurück.

In Homers *Odyssee* (Buch 4) berichten die beiden Telemachos, dem Sohn des Odysseus, von ihrer abenteuerlichen Rückreise. Menelaos war mit Helena vor Agamemnon von Troja abgefahren, kam dann aber durch ungünstigen Wind vom Kurs ab und landete in Ägypten, wo er einige Jahre blieb und zu großem Reichtum kam (Hdt. 2,119; Hom. Od. 4,351–570). Bei einem erneuten Versuch, nach Griechenland zu gelangen, hinderte ihn bei der Insel Pharos in der Nilmündung eine Flaute an der Weiterfahrt. Er wollte den Meeresgott Proteus um Rat fragen, aber dieser entzog sich einer Antwort, indem er ständig seine Gestalt veränderte. Menelaos packte ihn und hielt ihn fest, bis Proteus den weiteren Weg beschrieb: Menelaos mußte zuerst zum ägyptischen Festland und Opfer darbringen, um dann nach Sparta zurückzukehren. Dort erfuhr er von dem traurigen Schicksal Agamemnons und dem Mord des Orestes an Klytämnestra und Aigisthos.

Eine andere Tradition lautet, daß Helena während des Trojanischen Krieges in Ägypten bei Proteus war, wo der schiffbrüchige Menelaos sie fand (→ Helena).

In einigen Tragödien spielt Menelaos eine Nebenrolle, wobei er, anders als bei Homer, negative Charakterzüge trägt: z. B. in Sophokles' *Aias* und den Euripides-Dramen *Iphigeneia he en Aulidi* und *Andromache*. In Euripides' *Orestes* ist er im Gegensatz zu dem wahnsinnigen Orestes eine beherrschte Figur. In den *Troades* von Euripides vermuten die Griechen, Menelaos werde Helena in Troja oder nach der Rückkehr nach Sparta umbringen, doch beschwichtigt ihn Helena mit dem Hinweis auf ihre Unschuld, die Macht Aphrodites und den Willen der Götter, den Hekabe vorausgesehen hatte. Schließlich kommt Menelaos als Schiffbrüchiger in Ägypten in Euripides' *Helena* vor.

Menelaos wurde in der antiken Kunst auf griechischen Vasen und Wandgemälden in Pompeii meistens im Kampf mit Hektor oder beim Wiedersehen mit Helena abgebildet, wobei ihm häufig das Schwert aus der Hand fällt. Bekannt war eine Figurengruppe (um 230 v. Chr.), bei der er den schwer verwundeten und entwaffneten Patroklos vom Schlachtfeld bringt. Es existieren mindestens sechs römische, zum Teil vollständig erhaltene Kopien, unter ihnen die ›Pasquino‹-Gruppe in Rom am Palazzo Braschi und Skulpturen in der Loggia dei Lanzi und im Palazzo Pitti in Florenz.

N In der Kunst und Literatur der Neuzeit ist Menelaos selten zu
D/M finden. Ein von dem polnischen Romantiker A. Mickiewicz gerühmtes Drama *Odprawa posłów greckich* (1578) von J. Kochanowski handelt von der Abfertigung der griechischen Gesandten Menelaos und Odysseus, die in Troja mit Paris über die friedliche Beilegung des Konflikts, der durch den Raub der Helena entstanden ist, verhandeln. Zu einem Drama von P. Claudel (1927) über Menelaos' Zusammentreffen mit Proteus schrieb D. Milhaud die Bühnenmusik in mehreren Fassungen (op. 17, 1913–1919; op. 341, 1955; symphonische Suite Nr. 2, op. 57, 1919).

Burian 1950; Busch 1951; Davies 1971; Fuhrmann 1950

Menones, auch Onnes genannt, Gatte der → Semiramis

Mercurius → Hermes

Merope → Orion

Merope, Königin von Messene, Tochter des Arkaders Kypselos, Frau des Herakliden Kresphontes ⟨Apollod. 2,8,5; Hyg. fab. 137, 184; Paus. 4,3,3; 8,54⟩.

Polyphontes tötete Meropes Mann und ihre beiden ältesten Söhne, bestieg den Thron von Messene und zwang Merope zur Heirat. Ihren jüngsten Sohn, der wie sein Vater Kresphontes hieß (nach Apollodoros war sein Name Aipytos), konnte sie in Sicherheit bringen. Polyphontes sah sich von diesem möglichen Nachfolger bedroht. Er ließ vergeblich nach ihm suchen und setzte eine Belohnung auf die Ermordung des Jungen aus.

Als Kresphontes erwachsen war, ging er unter dem Namen Telephontes nach Messenien, berichtete dem König Polyphontes, er habe den jüngsten Sohn Meropes getötet und forderte die Belohnung. Merope wollte den vermeintlichen Mörder ihres Sohnes umbringen, erkannte aber im letzten Moment ihren Sohn wieder. Als der ahnungslose Polyphontes ihn zu einem Dankopfer einlud, tötete Kresphontes den König am Altar und übernahm die Herrschaft über Messene.

Es sind nur wenige Darstellungen aus der Antike bekannt, die mit Sicherheit Szenen der Merope-Geschichte wiedergeben. Eine Kresphontes-Tragödie von Euripides ist verlorengegangen.

In der Neuzeit entstanden zu Merope einige Dramen. Berühmt war das Stück von S. Maffei (1713), das häufig gespielt und gedruckt wurde; ihm folgten Dramen von Voltaire (1743) und V. Alfieri (1782), in denen Polyphontes ein gewaltiger Tyrann ist. Arnold (1858) zeigte den tragischen Konflikt, ohne die Schuld oder Unschuld der Personen festzulegen.

In der Operngeschichte wurde ein erfolgreiches Libretto A. Zenos von wenigstens 19 Komponisten vertont, darunter von F. Gasparini (1711, Venedig), A. Scarlatti (1716), G. M. Orlandini (1717, Bologna), P. Torri (1719, München), A. Bioni (1728, Breslau), T. G. Albinoni (1731, Prag), A. Vivaldi (1738, Venedig), G. Scarlatti (1740, Rom) und T. Traetta (1776, Mailand). C. H. Graun wurde beauftragt, ein Libretto Friedrichs II. von Preußen zu vertonen, das dieser nach dem Drama Voltaires verfaßt hatte (1756, Berlin). Von F. Bianchi folgte eine Oper nach dem Libretto von L. da Ponte (1797, London). Später entstanden weitere Bühnenwerke von G. Pacini (Libr. von S. Cammarano, 1847, Neapel) und von J. B. Santos (Libr. von A. Garrett, 1959, Lissabon).

Frenzel 1992a

Messalina, Valeria (13–48), dritte Gemahlin des späteren Kaisers Claudius ⟨Tac. ann. 11–13 passim; Dio Cass. 60; Suet. Claud.; Sen. apocol.; Oct. pr.⟩.

Im Jahre 41 gebar Messalina Octavia, ein Jahr darauf Britannicus. Dio Cassius beschreibt in Einzelheiten ihre Willkür, die sie ganz auslebte, als sie freie Hand bekam, um mit der Hilfe der ›liberti‹ (freigelassener Sklaven) die Regierungsmacht auszuüben; auch erinnert er an ihre vielen Liebschaften. Plinius Maior (nat. 10,172), Iuvenalis (6,115–132), Sueton und Tacitus bestätigen, daß sie sich während ihrer Ehe mit dem dreißig Jahre älteren Claudius viele Liebhaber hielt. Ihre Grausamkeit, Zügellosigkeit und Habsucht führten meist zu deren Untergang. Trotz seiner schmeichelhaften Schriften an Messalina betrieb sie Senecas Verbannung nach Korsika. Ihre Unersättlichkeit beschränkte sich nicht nur auf den Palast, sie scheute sich auch nicht, als Prostituierte in Bordelle zu gehen. Als sie es schließlich so weit trieb, sich mit dem schönen jungen Patrizier Silius festlich zu vermählen (Tac. ann. 11,26–38), konnte der Ratgeber und Freigelassene des Tiberius, Narcissus, den Kaiser Claudius davon überzeugen, daß Messalina getötet werden müsse. Sie wurde im Jahre 48 von Evodus erstochen (nach Dio Cassius von Claudius selbst).

N   Messalina, durch die Überlieferung der genannten Autoren bekannt geblieben, wird erst im 19. Jahrhundert zur Hauptfigur bedeutender literarischer Werke. Sie steht als Symbol für Leidenschaft und Grausamkeit, Liebes- und Todessehnsucht, Übersättigung und Unersättlichkeit, Herrschsucht und Unterwerfung. A. Swinburne besingt in seinem Gedicht (1866) *The Queen of Bersabe* Messalina und Frauen wie → Kleopatra VII. und → Semiramis, die den Objekten ihres Verlangens zum Verhängnis wurden.

C. Pallavicino zeigt in seiner Messalina-Oper eine fröhliche Satire auf die venezianischen Sitten (Libr. von F. M. Piccioli, 1680, Venedig). L. Danesi macht Messalina zum Mittelpunkt eines Balletts (1877). Eine in ihrem Liebesverlangen körperlich und geistig völlig ungezügelte Messalina führt P. Cossa in seinem Drama (1876) vor. A. Dumas (fils) bringt sie in seiner Komödie *La Femme de Claude* (1873) als Symbol der Unersättlichkeit auf die Bühne. Bei A. Jarry ist sie wie eine Priesterin der Liebe auf der Suche nach ihrem Gott Pan (1901).

Die Theatergeschichte verzeichnet einige wenige Dramen, in denen sie der noblen und beherrschten → Arria gegenübersteht.

J. van den Vondel verfaßte ein Messalina-Drama (ca. 1637, vom Autor vernichtet) mit der moralischen Botschaft von der Strafe Gottes. In J. C. Bloems erstem Gedichtband *Het verlangen* (1921) verkörpert Messalina die wilde, ungezügelte Liebe. Die italienische Malerei hat einige Darstellungen Messalinas im Bordell hervorgebracht, z. B. von F. Faruffini (ca. 1850). A. Beardsley schuf eine Zeichnung (1897) zur Illustration der Sechsten Satire Iuvenalis'. V. Cottafavi parodiert in seinem Film (1959) eine Reihe von italienischen Billigproduktionen, in denen der Messalina-Stoff verfilmt wurde.

Metellus, Widersacher des → Marius

Metis → Athena

Midas, reicher König Phrygiens (Hdt. 1,14; 8,138), Sohn des Gordios und der Kybele 〈Ov. met. 11,90–193; Hyg. fab. 191; 274〉.
Als Silenos, ein Erzieher des Dionysos, in betrunkenem Zustand von Phrygiern aufgefunden und zu Midas gebracht wurde, nahm Midas sich seiner an. Aus Dankbarkeit erfüllte ihm Dionysos einen Wunsch: Alles, was er berührte, sollte sich in Gold verwandeln. Zunächst war Midas begeistert, dann aber merkte er, daß auch seine Nahrung zu Gold wurde. Dem Hungertod nahe, bat er Dionysos, seinen Wunsch wieder rückgängig zu machen. Dazu mußte er sich im Fluß Paktolos waschen, in dem seither Gold gefunden wird.
Später zeigte sich Midas erneut unvernünftig: Er war Zeuge des musikalischen Wettstreits zwischen Apollon und dem Waldgott Pan, der gewettet hatte, er könne auf seiner Flöte schöner spielen als Apollon auf seiner Lyra. Der Schiedsrichter Tmolos entschied den Streit zugunsten Apollons, Midas aber sprach sich für Pan aus, weshalb ihm Apollon Eselsohren wachsen ließ. Midas versteckte seine Verunstaltung unter einer Mütze und verbot seinem Barbier, darüber zu reden (auch Val. Max. 1,6). Dieser konnte das Geheimnis aber nicht für sich behalten und flüsterte es in ein kleines Erdloch. An dieser Stelle wuchs später Schilf, das das Geheimnis in die ganze Welt hinausflüsterte.

Darstellungen von Midas sind in der Antike selten, z. B. auf Vasen aus dem 5. und 4. Jahrhundert v. Chr. und Münzen aus der römischen Kaiserzeit in Kleinasien.

NK In der Malerei der Neuzeit beschäftigten sich die Künstler meistens mit dem ›Urteil des Midas‹. Im 16. und 17. Jahrhundert wird das Thema v. a. in Italien und den Niederlanden aufgegriffen, z. B. auf Fresken von B. Peruzzi (1511/12) in der Villa Farnesina in Rom und G. Romano (1527/28) im Palazzo del Tè in Mantua, auf Gemälden von C. da Conegliano (um 1505–10, Parma, G. Naz. und um 1513–17, Kopenhagen, Staatl. Kunstm.), A. Bronzino (1531/32, St. Petersburg, Eremitage), J. Tintoretto (1543/44, Coral Gables/Fla., Art G.), A. Schiavone (um 1548–50, London, Hampton Court), G. van Coninxloo/C. van Mander (1588, Dresden, Gemäldeg.), P. Fiammingo (um 1590–95, Berlin, Gemäldeg.), Palma il Giovane (um 1610–15, Braunschweig, M.), P. Lastman (um 1610–20, Kassel, Gemäldeg. und St. Petersburg, Eremitage), D. van Alsloot/H. de Clerck (1615, Münster, Westfälisches M.), Domenichino (1616–18, Fresken, London, Nat. G.; früher in der Villa Aldobrandini in Frascati), A. Bloemaert (1635–40, Berlin, Schloß Grünewald) und Rubens (1636–38, Madrid, Prado). Auf einem Athena-Gemälde von H. Goltzius (1611, Haarlem, Hals-M.) steht Midas als Symbol der Dummheit hinter Athena, die das Irdische wählt (→ Hermes). N. Poussin ist einer der wenigen, der die Goldsucht des Midas darstellt: die Bitte des Königs an Dionysos um Rettung (um 1627–29, München, AP) und der König im Fluß Paktolos (um 1625–29, Ajaccio, M. Fesch und um 1629/30, New York, Metrop. M.).

ND Der Mythos, der von Ovid überliefert wird, blieb auch in der Literatur durch die Jahrhunderte hindurch bekannt: J. Lyly verfaßte ein satirisches Drama (1589) über das Urteil des Midas, J. Swift ein satirisches Gedicht (1711) und Z. Herbert eine Parabel (1956).

NM Der Geiz des Midas ist Thema einer Oper von A. Draghi (Libr. von N. Minato, 1671, Wien).
Die Rolle des Midas im musikalischen Wettstreit von Apollon und Pan behandeln Werke wie das Lied von T. Campion (in *Fourth Booke of Ayres*, London, 1617) sowie die Kantaten von J. S. Bach (Text von Picander, vermutl. 1729) und E. W. Wolf (1758). Zum Urteil des Midas entstanden auch einige Opern, z. B. von A. Grétry (Libr. von T. d'Hèle, 1778, Paris), F. É. Barbier (Libr. von N. Desarbres/C. Nuitter, 1866, Paris), E. Cools (Libr. von G. Spitzmüller, 1922, Paris) und W. Kempff (Libr. nach C. M. Wielands komischem Singspiel von 1811; 1930, Königsberg). In *Die Liebe der Danaë* von R. Strauss (Libr.

von H. Hofmannsthal/J. Gregor, 1944, Salzburg) wird Midas in Zusammenhang mit dieser Frauengestalt gebracht.

Midas-Ballette wurden mit der Musik von V. Rieti (1948, New York) und J. Françaix (1952) aufgeführt. G. Kunert komponierte eine Kantate für Kinder (1958), N. Rorem eine Kantate in zehn Szenen (Text von H. Moss, 1961).

Milon (6. Jh. v. Chr.), olympischer Athlet ⟨Paus. 6,14,5 ff.; Strab. 6,262; Plin. nat. 7,20; Val. Max. 9,12,9; Gell. 15,16; Gal. 6,751k, 8,843k; Ail. var. 2,24⟩.

Der aus Kroton stammende Milon erwarb sich großen Ruhm als Athlet, da er bei den Olympischen Spielen in den Jahren zwischen 540 und 516 nahezu unbesiegbar war. Über seine Kraft gab es viele Anekdoten, später erzählt von Pausanias und Plinius. Um sich zu üben, trug er täglich einen jungen Stier auf seinen Schultern. Mit dem Anschwellen seiner Adern konnte er einen straff um seinen Kopf gebundenen Darm zerreissen. Es war niemandem möglich, ihn von einer mit Öl eingeschmierten Diskusscheibe zu drängen, ebensowenig konnte man ihm aus der geballten Faust einen Granatapfel nehmen, der dabei unversehrt geblieben wäre.

Schon zu Lebzeiten wurde er mit einer Bronzeplastik geehrt, die er Pausanias zufolge selbst auf den Altis in Olympia trug: Er steht auf der Diskosscheibe mit den straffen Därmen um die Stirn und einem Granatapfel in der Hand.

Sein Ende fand Milon, als er einmal im Wald bei Kroton auf einen Baum traf, in den Keile geschlagen waren, um ihn zu spalten. Aus Neugierde oder um den Baum aus eigener Kraft weiter zu spalten, griff er in die Keilöffnung, worauf die Keile heraussprangen. Milon wurde eingeklemmt und nach Pausanias ein Opfer der Wölfe, Valerius Maximus (9,12,9) spricht von einem Löwen, Gellius (15,16) nennt nur allgemein wilde Tiere.

Simonides von Keos schrieb ein Loblied zur Ehre der olympischen Siege Milons. Weitere literarische Werke inspirierte er nicht. Die von Pausanias beschriebene, aber verlorene Statue des Bildhauers Dameas gehörte zu den ersten gegossenen Bronzen in lebensgroßem oder noch größerem Format. Man muß sich die Statue als einen Kuros vorstellen: ein stehender nackter Jüngling, mit den genannten Attributen versehen. Weitere antike Abbildungen sind nicht bekannt (vgl. Philostr. Apollon. 6,28; 76,29k).

NK In der Emblematik des 16. Jahrhunderts wird die Szene gezeigt, in der Milon den jungen Stier auf seinen Schultern trägt, was als Lob auf die Tüchtigkeit durch regelmäßiges Training verstanden werden kann. Emblematische Darstellungen mit dem Angriff der Wölfe können als Mahnung vor Selbstüberschätzung gedeutet werden. Im 17. Jahrhundert beschäftigten sich mit dem Tod des Milon auf Zeichnungen u. a. Annibale Carracci und S. Rosa sowie auf einem Gemälde F. Maffei (um 1657, Venedig, P. Querini Stampalia). Verbreiteter war dieses Thema im 18. und 19. Jahrhundert. Die Werke um die Mitte des 18. Jahrhunderts – z. B. eine Marmorgruppe von E. M. Falconet für den Pariser Salon 1755 (Paris, Louvre), eine Marmorstatue von E. Dumont für diesen im Jahre 1769 (Paris, Louvre) und ein Gemälde von J.-J. Bachelier (1761, Dublin, Nat. G.) – heben sich in der Drastik der Darstellung dieses ›exemplum doloris‹ deutlich von dem zeitgenössischen Rokoko-Stil ab. Nachweisbares Vorbild für eine Skulpturengruppe von J. H. Dannecker (1777, Gips, Stuttgart, Staatsg.) und Gemälde von J.-B. Suvée (Ende 18. Jh., Brügge, Groeningem. und Dublin, Nat. G.) ist die in dieser Zeit vielzitierte Laokoon-Gruppe. Großen Einfluß auf diese Werke übte auch die Marmorgruppe von J. Puget (1671–82) aus, die für den Park von Versailles bestimmt war (heute Paris, Louvre). 1849 war der Tod des Milon das vorgeschriebene Thema des Prix de Rome in der Kategorie ›paysage historique‹.

Rosenblum 1965

Miltiades, Vater des → Kimon

Minerva → Athena

Minos, König von Kreta, Sohn von Europa und Zeus ⟨Apollod. 3,1,1–4; 3,15,1; 3,15,7–8; Hyg. fab. 41–42; 44; 136; 198; Hom. Il. 13,450; Hdt. 7,171⟩.
Minos wuchs bei seinem Stiefvater auf, dem kretischen König Asterion (oder Asterios). Nach dessen Tod geriet er mit seinen Brüdern Rhadamanthys und Sarpedon in Streit, weil er die alleinige Königsherrschaft über Kreta forderte. Minos bat Poseidon, ihm als Zeichen, daß er der rechtmäßige Nachfolger Asterions war, ein Opfertier zu senden. Daraufhin stieg ein prächtiger Stier aus dem Meer und die beiden Brüder überließen Minos den Thron.

Da Minos das Tier aber nicht opferte, sondern in seine Herde aufnahm, machte es Poseidon zur Strafe so wild, daß es das Land verwüstete und nur von → Herakles gefangen und später von → Theseus getötet werden konnte. Außerdem gab er Pasiphae, der Frau des Minos, ein widernatürliches Verlangen nach dem Stier ein. → Daidalos mußte nun eine künstliche Kuh erfinden, mit deren Hilfe Pasiphae von dem Stier geschwängert werden konnte. Sie gebar den Minotauros, ein menschenfressendes Ungeheuer mit dem Körper eines Mannes und dem Kopf eines Stieres, das in einem von Daidalos entworfenen Labyrinth gefangengehalten wurde.

Minos soll viele Liebesverhältnisse mit Frauen und Jünglingen gehabt haben. Spätere Überlieferungen erwähnen Freundschaften zu Theseus und Ganymedes. Das Mädchen Britomartis stürzte sich ins Meer, um seinen Nachstellungen zu entfliehen. Seine Frau Pasiphae war über die Verhältnisse so verärgert, daß sie ihn mit einem Fluch belegte bzw. vergiftete, worauf alle Frauen, mit denen er ein Verhältnis hatte, umkamen. Erst die athenische Königstochter Prokris befreite ihn hiervon durch ein Gegengift.

Der mächtige Minos hatte den Athenern auferlegt, jährlich sieben Jungen und sieben Mädchen dem Minotauros zu opfern. Theseus konnte jedoch mit Hilfe der Minos-Tochter → Ariadne den Minotauros töten.

Der Name ›Minos‹ soll ursprünglich ›Herrscher‹ oder ›König‹ bedeutet haben. Minos galt als mächtiger und weiser König, der alle neun Jahre Anweisungen von seinem Vater Zeus erhielt und seine Rechtsprechung darauf aufbaute. Sein Ruf als gerechter Herrscher (z. B. Plat. Min. 320; Plat. leg. 1,624) mag vielleicht erklären, daß er zusammen mit seinem Bruder Rhadamanthys und mit Aiakos, dem Vater von Telamon und Peleus und Großvater von Achilleus, zum Richter über die Schatten wurde, die ins Totenreich eintraten (Hom. Od. 2,567–571; Strab. 3,2,3).

Wahrscheinlich weist die Minos-Geschichte auf die herrschende Stellung Kretas im Ägäischen Meer hin; die kretische Kultur des 2. Jahrtausends v. Chr. wird auch die Minoische genannt. Der Mythos ist von den Mythographen Diodoros und Pausanias sowie von den Historikern Plutarch und Herodot überliefert.

In der bildenden Kunst steht Minos selten im Mittelpunkt. Sein Amt als Richter in der Unterwelt wird auf einem Gemälde am Giebel eines Grabes in Vergina (Makedonien) vom Ende des 4. Jahrhunderts v. Chr. gezeigt, wo er mit Rhadamanthys, Hermes und den Verstorbenen zu sehen ist (zu Darstellungen von Minos' Frau: → Daidalos).

N In der bildenden Kunst der Neuzeit entstehen Zeichnungen von W. Blake (1824–27, Melbourne, Nat. G.) und R. Rauschenberg (1959/60, New York, MoMA) als Illustrationen zu Dantes *Inferno*, in dem Minos, ›Kenner der Sünden‹, den Seelen einen Höllenkreis zuweist.

In der Literatur der Neuzeit griffen v. a. die Deutschen den Mythos auf: Es entstanden Gedichte von E. C. von Kleist (*Minos und die Schatten*, 1759), F. von Schiller (in *Anthologie auf das Jahr 1782*, 1782) und J. G. Herder, der ein von J. Balde 1668 verfaßtes lateinisches Gedicht unter dem Titel *Die Urne des Minos* (1795) übersetzte. F. Spunda schrieb einen Roman (1931).

Die Oper *Scylla* von T. di Gatti (Libr. von J. F. Duché de Vancy, 1701, Paris) erzählt die Geschichte von Minos, wie er mit Hilfe dieser Königstochter ihren Vater Nisos zu besiegen wußte. Daneben entstand ein Minos-Ballett mit der Musik von L. Marescalchi (1782, Venedig).

Minyas → Dionysos

Misenos → Triton

Mithradates, Pflegevater des → Kyros II.

Mithridates I., parthischer König und Vater der → Rhodogune

Mithridates VI. Eupator (ca. 132–63), König von Pontos, Gegner der Römer im Osten ⟨App. Mithr.; Iust. 37 ff.; Diod. 37 ff.; Plut. Sull., Pomp. u. Luc.; Strab. 10–12; Dio Cass. Frgm. 104⟩. Mithridates (auch Mithradates, ›Geschenk des Mithras‹) ermordete schon in jugendlichem Alter seine Mutter und seinen Bruder, um sich die Alleinherrschaft zu sichern. Er sah sich als neuen → Alexander an, übernachtete bei eisiger Kälte unter freiem Himmel, um sich abzuhärten und nahm Gift, um sich gegen Anschläge immun zu machen. Als seine Schwester und Gemahlin Laodikeia einen Giftanschlag auf ihn unternahm, ließ er sie umbringen.

Um das Jahr 105 beginnen seine Bestrebungen, den unter römischer Herrschaft stehenden Teil Kleinasiens zu erobern. Mit

dem König von Bithynien, Nikomedes II., geriet er in eine Auseinandersetzung um die Herrschaft in Kappadokien; als dieser
die Hilfe der Römer anrief, gab Mithridates auf Geheiß der Römer seine Eroberungen in Kleinasien auf. Er schloß sich mit
neuen Bundesgenossen in Asien zusammen und verheiratete aus
diesem Grund seine Tochter Kleopatra mit Tigranes, dem König
von Armenien. Bei einem neuen Angriff auf Kappadokien wurde der König Ariobarzanes in die Flucht geschlagen, der sich
zusammen mit dem neuen bithynischen König Nikomedes III.
an die Römer wandte und um Hilfe bat. Es kam zum Krieg
gegen die Römer unter dem Oberbefehl von Sulla (→ Marius,
→ Sulla). Die Kämpfe wurden erbitterter, als Mithridates in
Ephesos und anderen kleinasiatischen Städten ein Blutbad an-
richtete und 10000 Römer töten ließ. Der Krieg breitete sich aus,
da einige griechische Städte sich hinter Mithridates stellten. Sullas Eroberung Athens brachte den Umschwung, Mithridates
mußte sich im Jahre 84 nach Pontos zurückziehen.

Der zweite Krieg begann schon im folgenden Jahr mit einem
Überraschungsangriff des auf Kriegsruhm bedachten Licinius
Murena auf Mithridates. Dieser konnte den Angriff abwehren
und besetzte mit Tigranes erneut Kappadokien; er verbündete
sich mit Sertorius, einem römischen Befehlshaber, der sich in
Spanien selbständig gemacht hatte. Keiner der beiden Gegner
konnte eine Entscheidung herbeiführen, auch wenn der neue
römische Befehlshaber Lucullus Mithridates einmal so in die
Enge trieb, daß dieser es Plutarch zufolge bereits als ratsam er-
achtete, seinen beiden Schwestern Berenike und Monime zu befehlen, den Giftbecher zu trinken. Lucullus allerdings, dessen,
wie Dio Cassius und andere schreiben, ungeschickte Führung
der Soldaten zu Meutereien führte, wurde nach Rom zurückgerufen, wo er sich fortan ganz den sprichwörtlich gewordenen
›lukullischen‹ Genüssen hingab. Sein Nachfolger → Pompeius
konnte im Jahre 66 Mithridates schwere Niederlagen zufügen.
Dieser geriet in weitere Bedrängnis: Sein Sohn Machares hatte
ihn vorher schon im Stich gelassen, nun lief sein anderer Sohn
Pharnakes zu den Römern über, wie auch einige der griechischen
Bundesgenossen. Eine seiner Frauen, Stratonike, verriet ihn und
übergab den Römern eine wichtige Festung. Tigranes fiel von
ihm ab und setzte sogar, wie einige berichten, eine Belohnung
auf seinen Kopf aus. Der König wollte sich nun mit Gift selbst
umbringen, doch, immer noch immun, mußte er sich schließlich
von einem seiner Begleiter erstechen lassen. Seine Geliebte
Hypsikrateia, die ihn, wie Plutarch in seiner Pompeius-

Biographie mitteilt, auf den Feldzügen immer tapfer begleitete, soll wie eine Amazone kämpfend auf dem Schlachtfeld gefallen sein.

In Rom war man erleichtert über den Tod des gefürchteten Feindes, trotzdem gab ihm Pompeius ein ehrenvolles Begräbnis. Mit diesem Sieg konnten die Römer ihre Herrschaft über Kleinasien hinaus festigen.

Den ausführlichsten Bericht über die Kriege des Mithridates gibt Appianos. Ferner sind sie in der Sulla-, Pompeius-, Sertorius-, und v. a. der Lucullus-Biographie von Plutarch behandelt, dann bei Iustinus und Dio Cassius. Alle zeugen von der großen Statur dieses gefährlichen Potentaten, hartnäckig in seinem Widerstand gegen die römische Weltmacht und durch keinen Schlag zu bändigen.

In der bildenden Kunst der Antike zeigen Porträts auf zeitgenössischen Münzen und ein Marmorkopf (1. Jh. v. Chr., Paris, Louvre) Mithridates als Herakles: Er trägt einen Löwenkopf mit aufgesperrtem Maul als Helm. Ebenso wie auf seinen Gegner Pompeius wurde auf ihn die Alexander-Ikonographie übertragen, u. a. das Diadem und der lange Backenbart.

ND J. B. Racine schildert in seiner Tragödie (1673) einen Mithridates, der sich einerseits groß zeigt in seinem Haß gegen die Römer und in seinem Glauben, das letzte Bollwerk gegen sie zu sein, andererseits aber klein in seinem krankhaften Argwohn und seinem tyrannischen Familienleben, wo er den einen Sohn Pharnakes zu Recht, den anderen Sohn Xiphares zu Unrecht verdächtigt. Weiter gibt es Mithridates-Tragödien von G. de La Calprenède (1635) und N. Lee (1678). Ein Echo auf die antiken Schilderungen klingt in C.-L. Montesquieus *Considérations sur les causes* (1734) an: ein kämpferischer Löwe, der durch Verwundungen um so gefährlicher wird. C. F. Gellert läßt in seinen *Fabeln und Erzählungen* (1746–48) Monime, die erst seit kurzem den Rang der ersten Frau des Fürsten bekleidet, Selbstmord begehen.

NM Die Oper von A. Scarlatti behandelt einen nicht aus den antiken Quellen herzuleitenden Racheakt von Laodikeia und Mithridates an den Mördern ihres Vaters Mithridates V. Euergetes (Libr. von G. F. Roberti, 1707, Venedig). Ferner gibt es Opern von G. A. V. Aldrovandini (1702, Turin), A. Caldara (Libr. von A. Zeno, 1728, Wien), N. A. Porpora (Libr. von F. Vanstryp, 1730, Rom), D. Terradellas (Libr. von F. Vanneschi, 1746, London) und C. H. Graun (Libr. von L. di Villati nach Racine, 1750, Berlin). Das Drama von Racine war auch Ausgangspunkt des Librettos *Mitridate, Rè di Ponto* von V. A. Cigna-Santi, das 1767 zuerst von dem Turiner Q. Gasparini vertont wurde; im Jahr 1770 kam dieser Text mit der Musik des jungen W. A. Mozart als das erste seiner Mailänder Auftragswerke zur Aufführung.

In der bildenden Kunst der Neuzeit kommt Mithridates nur sel- NK ten vor. Die Salonkataloge verzeichnen ein Gemälde von L. J. F. Lagrenée mit dem Fürsten in Gesellschaft von Stratonike (1779) und eines mit dem Tod des Mithridates von V. M. Potain (1793). Hypsikrateia, ihrem Geliebten auf dem Schlachtfeld folgend, zeigt A. Paillet auf einem Gemälde (1673, Versailles) zusammen mit anderen tapferen Frauen (→ Rhodogune).

Michel 1967; Zanker 1990

Moiren (lat. Parcae oder Fata), ursprünglich der Anteil (gr. ›moira‹) des Menschen am Glück, später Personifikationen der Schicksalsgöttinnen; nach Hesiodos Töchter der Nacht oder des Zeus und der Themis (Hes. theog. 211–222; 901–906); von den Römern mit den Parzen identifiziert.
Bei Homer (Il. 21,83; 22,5) gibt es nur eine einzige Moira, die über das Schicksal und die Lebensdauer jedes einzelnen Menschen wacht. Bei Hesiodos treten die Moiren in der Dreizahl auf: Klotho spinnt den Lebensfaden, Lachesis teilt das Lebenslos zu, Atropos legt die Länge des Lebensfadens fest (z. B. Hes. theog. 211–220). Die Moiren sind den olympischen Göttern oft gleichgestellt oder sogar übergeordnet, so daß auch die Götter das von den Moiren festgelegte Schicksal nicht beeinflussen können (z. B. Aischyl. Prom. 515–518). Sie sind mit den Erinyen und der Geburtsgöttin Eileithyia verwandt.
Parca, ursprünglich die Geburtsgöttin der Römer, wurde mit Moira gleichgesetzt. Analog zum griechischen Mythos entwickelten sich aus ihr drei Schwestern: die Parzen, auch Tria Fata genannt.

In der griechischen bildenden Kunst kommen die Moiren selten vor. Auf römischen Sarkophagen sind sie bei Geburtsszenen oder der Erschaffung des Menschen durch Prometheus zu sehen. Auf Grabbildern in Ostia (2.–3. Jh. n. Chr.) werden sie mit ihren Attributen allein oder zusammen abgebildet.

NK In der Kunst der Neuzeit werden sie als schreckensvolle Gestalten gezeigt: in der Malerei z. B. auf Gemälden von Il Sodoma
(um 1530, Rom, G. Naz.), C. W. Eckersberg (1808, Kopenhagen, M.), F. Goya (1820–23, Madrid, Prado; in der Reihe
›Schwarze Gemälde‹) und O. Redon (nach 1900, Otterlo, M.).
Mit dem Lebensfaden sind sie auf einem Fresko von A. da Correggio (um 1519) in der Camera di San Paolo in Parma und bei
einer Gipsplastik von B. Thorvaldsen (1833, Kopenhagen,
Thorvaldsen M.) zu sehen. Bei H. Baldung Grien tragen die
Moiren auf einem Holzschnitt (1513) selbst die Zeichen der Blüte und des Verfalls des menschlichen Körpers; die alte Atropos
schneidet den Lebensfaden ab. In der Nachfolge dieses Vanitas-
Elements dienen die Moiren als Mahnung, daß auch das Leben
der Mächtigsten ein Ende finden und die Lebenszeit von höheren Mächten bestimmt wird. Atropos findet sich z. B. auch auf
einem Gemälde von G. Reni (um 1630–40, Rom, G. Borghese)
und in der Bildhauerei bei A. J. Carstens (1794, Gipsplastik,
Frankfurt, Städel und 1795, Statuette, Weimar, M.; als singende
Parze). Bei Rubens stehen am Anfang von 24 allegorischen
Schilderungen des Lebensweges der Maria de Medici (1622–25,
für den Pal. de Luxembourg in Paris bestimmt, heute Paris,
Louvre) die Moiren, die unter der Aufsicht von Zeus den Lebensfaden Marias spinnen.
Eine positive Rolle spielen die drei Moiren bei einem Deckenfresko von G. da San Giovanni (1635/36) im Palazzo Pitti in
Florenz: zusammen mit Hera und Aphrodite versinnbildlichen
sie den Bund der Familien della Rovere und Medici, der durch
die Heirat von Ferdinando II. Medici und Vittoria della Rovere
1634 besiegelt worden war.

ND In der Literatur des 18. Jahrhunderts waren es insbesondere die
Deutschen, die den Parzen dramatische und lyrische Bearbeitun-
gen gewidmet haben, z. B. J. W. von Goethe (Parzenlied, in
Iphigenie auf Tauris, 1787), F. von Schiller (in *Anthologie auf das
Jahr 1782*, 1782), J. G. Herder (in *Zerstreute Blätter Nr. 6*, 1797)
und F. Hölderlin (1798, in *Gedichte*, 1826).

NM J. Brahms komponierte den *Gesang der Parzen* für Chor und Or-
chester nach dem Goethe-Text (1882, Basel). Ein Ballett in der
Choreographie von D. Paltenghi kam mit der Musik von P.
Tranchell zur Aufführung (1951); eine Ouvertüre stammt von L.
Smit (1953, Boston).

Molioniden → Herakles

Monime, Schwester des → Mithridates VI.

Mors → Hypnos und Thanatos

Mucius Cordus Scaevola, Gaius (um 507 v. Chr.), Römer, aufgrund seiner Heldentat genannt ›der Linkshändige‹ ⟨Liv. 2,12–13; Dion. Hal. 5,25,4; Val. Max. 3,3,1; Flor. 1,10,5; vir. ill. 12,1; Plut. Publ. 12⟩.

Als Rom 507 von den Etruskern unter König Porsenna belagert wurde, schlich sich Mucius Scaevola nach vorheriger Absprache mit dem Senat heimlich in das feindliche Lager, um Porsenna zu töten. Es gelang ihm tatsächlich, bis zum Thron vorzudringen, doch wußte er nun nicht, welcher der beiden reich gekleideten Männer der etruskische Herrscher war. Der Mann, den er niederstach, erwies sich als der Sekretär des Porsenna. Mucius Scaevola wurde ergriffen und mit dem Feuertod bedroht. Zum Beweis, wie wenig Leib und Leben zählen, wenn das Vaterland in Gefahr ist, hielt er seine rechte Hand ins Feuer und ließ sie verbrennen. Zugleich beschwor er, zahlreiche Römer würden ebensoviel Mut beweisen, um Porsenna zu töten. Von dieser Tat beeindruckt, gab ihm der König die Freiheit. Daraufhin konnte Mucius Scaevola in Friedensverhandlungen ein Ende der Belagerung erreichen.

Die Geschichte, die ausführlich von Livius erzählt wird, findet sich auch bei Florus (1,4,6) und Dionysios von Halikarnassos. Bei letzterem fehlt allerdings die Episode mit der Verbrennung der Hand; für den großen Eindruck auf Porsenna genügt die Mitteilung, es stünden noch 300 Römer für weitere Anschläge bereit. Für Valerius Maximus (3,3,1) dient die Tat als Beispiel von ›patientia‹ (Ausharren) wie auch ein junger Diener des Alexander seine Arbeit weiter verrichtete, obwohl ihm ein glühendes Kohlenstück auf den Arm gefallen war. In diesem Sinn wird Mucius Scaevola in christlichen Schriften den Märtyrern gleichgestellt (Oros. 2,5,3).

Die Heldentat des Mucius Scaevola, für Rom seine Hand ins ND Feuer zu legen, ist sprichwörtlich geworden. Die mächtige venezianische Familie Loredan ließ sich einen Stammbaum anfertigen, der bis auf Mucius Scaevola zurückging. In der Literatur hat Mucius Scaevola kaum Bedeutung. Ein Drama von

P. du Ryer (1646) blieb in Paris ohne Erfolg. Das Stück von R. Feith (1794) zeugt von seiner Haltung gegen das niederländische Herrscherhaus Oranien.

NM Das Libretto *Muzio Scevola* von N. Minato vertonten in der Folge P. F. Cavalli (1665, Venedig), D. Monari (1692, Wolfenbüttel), A. Scarlatti (1698, Neapel) und F. Ballarotti (1700, Turin). 1721 kam im Londoner King's Theatre ein Pasticcio zur Aufführung, dessen Libretto von P. A. Rolli (die Bearbeitung einer Vorlage von S. Stampiglia, Wien, 1710) von drei Komponisten vertont worden war: der erste Akt stammt von F. Amadei, der zweite von G. B. Bononcini und der dritte von G. F. Händel. Ferner schrieben G. Masi (1760, Florenz) und B. Galuppi (1762, Padua) die Musik für das Libretto von C. G. Lafranchi-Rossi.

NK In der bildenden Kunst der Neuzeit wird das Thema häufig bearbeitet. In Rom entstanden z. B. ein kleines Relief an der Bronzetür für die Peterskirche von Filarete (1433–45), ein Gemälde von Pinturicchio im Palazzo Della Rovere-Colonna (um 1490), ein Bild eines unbekannten Malers in der Villa Turini-Lante (1. Hälfte 16. Jh., heute Pal. Zuccari) sowie Fresken u. a. von L. Romano in der Sala della Biblioteca der Engelsburg, von T. Laureti (um 1590) in der Sala dei Capitani des Konservatorenpalastes und von P. da Cortona (1633–39) im großen Saal des Palazzo Barberini mit Mucius Scaevola als Vertreter der Fortitudo. Außerdem ist er in Italien auf Deckengemälden von Fasolo (1572; daneben die Taten von u. a. → Curtius, → Horatius Cocles und → Manlius Torquatus) in der Loggia del Capitaniato in Vicenza und von G. F. Romanelli (1655/56) für ein Gemach der Anna von Österreich im Louvre in Paris zu sehen. Auf einer Stuckarbeit von G. Schwitt (1598) im Schloß Weikersheim bei Würzburg befinden sich neben Mucius Scaevola als Vorbilder für Virtus → Regulus, die → Horatier, Curtius, → Fabius Maximus und Manlius Torquatus. Guercino fertigte für La Vrillière ein Gemälde an (um 1640, heute Genua, Pal. Durazzo Pallavicino), das den Auftraggeber allerdings nicht erreichte.In den nördlichen Niederlanden findet sich die Heldentat im alten Rathaus in Kampen auf einem Gemälde von C. de Nole (1543–45): Mucius Scaevola symbolisiert hier den patriotischen Mut, → Coriolanus den Respekt für die eigene Staatsgemeinschaft und → Curius Dentatus die Uneigennützigkeit. An der von J. E. Aertz geschaffenen Chorbank der Grote Kerk in Dordrecht (um 1540) ist die Heldentat mit dem darauf folgenden Triumphzug die einzige profan-historische Abbildung innerhalb einer langen Reihe christlicher und allegorischer Darstellungen.

Weitere Gemälde mit Mucius Scaevola stammen von A. Mantegna (um 1490, München, AP), H. Baldung Grien (1531, Dresden, Gemäldeg.), J. Tintoretto (1545, Wien, Kunsth. M.), C. Le Brun (um 1643, Mâcon, M.), N. Poussin (1643–45, Moskau, Puschkin M.), J. H. Schönfeld (um 1670, Schloß Castalovice), S. Ricci (1680–90, Parma, G. Naz.), C. Carlone (um 1725–30, Straßburg, M.; Mucius Scaevola vor Porsenna), G. B. Tiepolo (1725–30, St. Petersburg, Eremitage und 1753, Venedig, Pal. Dolfin sowie 1753, Würzburg, Wagner-M.) und J. Dumont ›Le Romain‹ für den Pariser Salon 1747.

Mulciber → Hephaistos

Musen, Göttinnen der Musik, der Dichtung, des Tanzes, später allgemein der Kunst und der Wissenschaften, der Erinnerung; die neun Töchter des Zeus und der Titanin Mnemosyne (›Erinnerung‹).
Zeus soll die Musen in neun aufeinanderfolgenden Nächten gezeugt haben. Von Hesiodos (theog. 36–115) werden ihre Namen überliefert: Kalliope, Kleio, Euterpe, Thaleia, Melpomene, Terpsichore, Erato, Polymnia (oder Polyhymnia) und Urania. Ihre gemeinsame Aufgabe war es, den Menschen Wissen, überzeugende Beredsamkeit und ein friedliches Gemüt einzugeben und die Dichter zu Gesängen über die Taten der Götter und Menschen zu inspirieren. Ihre Funktion als ›Schutzheilige‹ der Erinnerung kam dadurch zustande, daß vor der Erfindung der Schrift Dichter und Sänger auf ihr Gedächtnis angewiesen waren.
Nach Hesiodos lebten sie auf dem Olympos mit Zeus und den anderen Göttern und erfreuten diese durch ihre epischen Gesänge. Später wird überliefert, daß sie auf dem Helikon oder Parnassos wohnten (Strab. 10,471; Paus. 9,29), wo sie sich unter der Leitung → Apollons (›Apollon Musagetes‹) in Gesang und Kunst übten. Sie erhielten im Laufe der Jahrhunderte verschiedene individuelle Züge, die aber stets wechselten: Kalliope, nach Hesiodos die Ranghöchste, war die Muse der epischen Dichtkunst, der Philosophie, der Rhetorik und allgemein der Wissenschaften; ihr Attribut war eine Tafel oder Buchrolle mit einem Griffel. Kleio, die Muse der Geschichte, trug wie Kalliope manchmal Schreibzeug mit sich, meistens aber eine Schriftrolle.

Euterpe war die Muse des Flötenspiels und hielt gewöhnlich eine Flöte in ihrer Hand. Thaleia, die Muse der Komödie, trug eine komische Maske, Melpomene, die Muse der Tragödie, eine tragische. Terpsichore, die Muse des Tanzes und der leichten Poesie, spielte auf einer Lyra, ebenso wie Erato, die Muse der Liebeslyrik. Polyhymnia, die Muse der Pantomime (und auch der Poesie oder des ernsten, hymnischen Gesangs) wurde meist ohne Attribute in ernster, nachdenklicher Haltung dargestellt. Urania schließlich, die Muse der Astronomie, führte immer eine Himmelskugel mit sich.

Die Musen waren anmutige Wesen, die jeden straften, der sich mit ihnen messen wollte. So wurde, wie es Homers *Ilias* (2,594–600; Apollod. 1,3,3) überliefert, der thrakische Sänger Thamyris mit Blindheit und mit Verlust seines Gedächtnisses und seiner Dichtkunst bestraft, weil er die Musen zu einem Wettstreit herausgefordert hatte. Die Sirenen, vogelartige Frauen, die Seeleute mit ihrem Gesang in den Untergang führten, wurden von den Musen gerupft, weil sie sich zu viel auf ihre Kunst einbildeten (u. a. Ov. met. 5,552–563).

Die Anrufung der Musen (›invocatio‹), um die dichterische Inspiration zu fördern, ist im antiken Epos ein häufig verwendetes Erzählelement: von Hesiodos und Homer (Il. 1,1; Od. 1,1) bis in die römische Dichtkunst bei Vergil (Aen. 1,1).

Die neun Musen finden sich in der bildenden Kunst der Antike schon auf der François-Vase (um 570 v. Chr., Florenz, M. Arch.). In der Bildhauerei der hellenistischen und römischen Kunst werden sie manchmal zusammen mit Apollon oder Athena dargestellt. Solche Figurengruppen, die vielleicht auf den Bildhauer Philiskos zurückgehen, standen in Gärten der Villen, in Bibliotheken und Heiligtümern und sollten das kulturelle Interesse der Auftraggeber unterstreichen. Außerdem sind die Musen auf Wandgemälden in Pompeii (1. Jh. n. Chr.) stehend auf gemalten Konsolen mit griechischer Inschrift wie auch in Ostia (2. Jh. n. Chr.) und Ephesos (5. Jh. n. Chr.) sowie auf Mosaiken aus Nordafrika und auf römischen Sarkophagen abgebildet. Auch bei der Apotheose von Homer auf einem hellenistischen Relief (London, British M.) sind sie anwesend. Seit dem 2. Jahrhundert n. Chr. tragen sie in Erinnerung an die Bestrafung der Sirenen eine Feder auf dem Kopf.

NK In der bildenden Kunst der Neuzeit sind die Musen als Personifikationen der Künste fester Bestandteil in der Emblematik und in allegorischen Stichen mit den von Ripa in der *Iconologia* (1593) vorgeschriebenen Wesensmerkmalen. Die Malerei vom 15. bis 19. Jahrhundert zeigt die Musen häufig unter der Führung Apollons tanzend und musizierend: in Italien seit der Renaissance z. B. auf Reliefs von A. di Duccio (1454–57, Marmor, Rimini, Cappella San Francesco) und G. Romano (1527, Stuck, Mantua, Pal. del Tè) sowie auf einem Wandgemälde von Raffael (um 1509–11) in der Stanza della Segnatura im Vatikan, auf Fresken von Primaticcio (1539–42, Schloß Fontainebleau), auf Wand- und Deckengemälden von J. Tintoretto (um 1578, London, Hampton Court), von P. da Cortona (1645–61, Florenz, Pal. Pitti) und von A. R. Mengs (1761) in der Villa Albani in Rom. Außerhalb Italiens entstanden z. B. Zeichnungen von Dürer (1494/95, London, British M. und Paris, Louvre), Gemälde von M. van Heemskerck (1565, Norfolk/Va., Chrysler M.), M. de Vos (um 1590–95, Brüssel, Kon. M.), S. Vouet (1630–40, Budapest, M.), ein Gemäldezyklus von F. Boucher (1741–46, Paris, Bibliothèque Nat.) und später Gemälde von G. Moreau (1868, Paris, M. Moreau), G. Klimt/F. Matsch (1880, Deckengemälde, Wien, Privathaus am Schottenring) und M. Denis (1893, Paris, M. d'Orsay). Auf dem Parnassos-Gemälde von A. Mantegna (um 1497, Paris, Louvre), das der Künstler für Isabella d'Este in Mantua malte, sind neben den Musen Ares und Aphrodite als Allegorien von Krieg und Frieden zu sehen.

In der niederländischen Malerei wurden zahlreiche Gemälde geschaffen, die auf kunstliebende Auftraggeber verweisen sollten. Maler wie z. B. J. Jordaens (1665, Gemälde, Antwerpen, Kon. M.) griffen dabei auf Ovid zurück, der beschreibt, wie sich Athena zum Helikon begibt, wo das geflügelte Pferd Pegasos mit seinen Hufen eine Quelle aufgeschlagen hat; Athena betrachtet die Quelle und unterhält sich mit den Musen. Pegasos erscheint z. B. auch im Hintergrund auf einem Gemälde von J. Wtewael (um 1590, Dresden, Gemäldeg.) oder im Vordergrund des Gemäldes der vier Musen von C. B. van Everdingen (um 1650) im Oranjesaal des Huis ten Bosch in Den Haag. Die anderen fünf Musen, die von J. Lievens stammen, suchen den Geburtsstern des Statthalters Prinz Frederik Hendrik. Den Parnaß mit den Musen stellten auf Gemälden M. de Vos (um 1590, Brüssel, Kon. M.) und H. Rottenhammer (1603, Wien, Kunsth. M.) dar.

Die Musen der Poesie und Musik finden sich in der Malerei u. a. auf Gemälden von N. Poussin (um 1630, Hannover, Landesm.; Euterpe und um 1630, Paris, Louvre; Kalliope), F. Boucher (1758, London, Wallace C.; Polyhymnia), F. Goya (1797–1800,

Stockholm, Nationalm.), M. von Schwind (1847, Frankfurt, Städel), C. Corot (1865–70, Köln, Wallr.-Rich. M.), A. Böcklin (1872, Darmstadt, Landesm.; Euterpe), M. Klinger (1904, Skulptur, Hamburg, Musikhalle; Brahms wird von einer Muse inspiriert) und G. de Chirico (1925, Philadelphia, M.) sowie in der Bildhauerei bei A. Pajou (um 1774, Marmorstatue, Washington, Nat. G.; Kalliope), B. Thorvaldsen (1794, Statue, Kopenhagen, Amalienborg Pal.; Euterpe), A. Canova (1812, Marmorbüste, Florenz, Pal. Pitti; Kalliope), A. Rodin (u. a. 1888, Gips, Paris, M. Rodin) und P. Manship (1912, Bronzestatue, u. a. Boston, M. und Detroit, I. of Art). Im 18. und 19. Jahrhundert werden Schauspieler als Melpomene oder Thaleia, die Musen der Tragödie und Komödie, porträtiert, z. B. von J.-B. Lemoyne (1761, Marmorbüsten von Mlle. Clairon und Mlle. Dangeville, Paris, Comédie Française) sowie auf Gemälden von P. Batoni (1780, Warschau, M.; Aleksandra Lubromisia) und J. Reynolds (1784, San Marino/Calif., Art G.; Mrs. Siddons). W. Hogarth porträtierte sich selbst beim Malen der Thaleia (um 1758, London, Nat. Portr. G.).

In J. Vermeers ›Allegorie auf die Malerei‹ (zwischen 1652 und 1665, Wien, Kunsth. M.) steht Kleio dem Historienmaler Modell, der seinen Stoff der Geschichte entlehnt. Kleio wird weiterhin auf Gemälden von P. Mignard (1689, Budapest, M.) und A. Böcklin (1875, Basel, Kunstm.), auf einem Fresko von A. R. Mengs (1772/73, Vatikan, Camera dei Papiri) sowie in der Bildhauerei von A. Canova (1811, Marmorbüste, Montpellier, M.) thematisiert. B. Thorvaldsen (1794, Statue, Kopenhagen, Amalienborg Pal.) und A. Canova (1808–16, Marmorstatue, Cleveland, M.) zeigen die trauernde Terpsichore; Giambologna schuf eine Bronzestatue der Urania (um 1575, Wien, Kunsth. M.). Mit der schlafenden Muse beschäftigte sich C. Brancusi (u. a. 1909/10, Marmorkopf, Washington, Hirshhorn M.; 1910, Bronze, u. a. Chicago, Art I. und New York, Metrop. M.). G. de Chirico malte im Geiste des Surrealismus ›beunruhigende Musen‹ (1916, Mailand, Privatbesitz).

Der griechische Dichter Hesiodos wird mit den Musen im 19. Jahrhundert z. B. auf Gemälden von E. Delacroix (1838–1847, Paris, Pal. Bourbon) und G. Moreau (u. a. 1891, Paris, M. d'Orsay) abgebildet. Die russischen Maler V. Komar und A. Melanid provozierten mit ihrem Gemälde ›Stalin und die Musen‹ (1981–82, Aachen, M. Ludwig/Forum Ludwig für Moderne Kunst), wo Klio die ›wahre‹ Geschichte Stalins lehrt.

Im Mittelalter wurden die Musen weitgehend von den sieben ND
freien Künsten verdrängt. Nach vereinzelten Musenanrufungen
im Mittelalter, z. B. im *Tristan* (um 1200) Gottfrieds von Straßburg, gewinnen die klassischen Musen als Stifterinnen poetischer Inspiration mit Dante (*Divina Commedia*, 1307?–21?), in der
Renaissance (z. B. G. Boccaccio, *Teseìda*, um 1340) und in der
elisabethanischen Lyrik (W. Shakespeare adressierte sein Sonnet
38 an seine ›zehnte Muse‹, 1609) wieder an Bedeutung, die sie
bereits bei Dante und Petrarca mit privaten ›Musen‹ wie Beatrice
und Laura teilen. J. Balde (gest. 1668) schrieb zwei neulateini-
sche *Gespräche mit der Muse* über die poetische ›Magerkeit in deutscher Sprache‹ und die Wendung des Dichters zum Lateinischen,
die J. G. Herder übersetzte (1796). Ende des 18. bis ins 19. Jahrhundert florierte in Deutschland die Gattung des Musenalma-
nachs, jährlich erscheinende Anthologien ungedruckter Gedichte und anderer poetischer Kleinformen sowie auch von Epen-
und Dramenauszügen, unter ihnen als bedeutendster Schillers
Musenalmanach (1796–1800). Die Musen als Repräsentantinnen
der Kunst im allgemeinen oder einer bestimmten Kunst blieben,
oft ohne genauen Bezug auf die Details der klassischen Tradition, in der Literatur bis zur Gegenwart präsent (z. B. C. Baudelaire *La muse malade*, *La muse vénale* in den *Fleurs du mal*, 1857;
P. Claudel, 1805, Ode; C. Pavese, 1947, Dialog; S. Plath, *The
Disquieting Muses*, 1959, Gedicht).

Die Musen stellen auch in der Musikgeschichte eine stoffge- NM
schichtliche Konstante dar. Im Genre des Balletts entstanden
Werke von J.-B. Boësset (1666, Paris) und J.-B. Lully (Szenarium
von I. de Bensérade, 1666, Paris). Eine ›masque‹ stammt von G.
Finger (Libr. von J. Talbot, 1696, London). Ein ›opéra-ballet‹
komponierten A. Campra (Libr. von A. Danchet, 1703, Paris)
und J.-J. Rousseau (Libr. vom Komponisten und Voltaire,
1745).
An konzertanten Vokalwerken sind zuerst das vierstimmige
Chanson von G. Costeley (vor 1606) und ein Vokalsatz von M.
Kraf (Dillingen, 1616) zu nennen. Das Gedicht *Der Musensohn*
von J. W. Goethe vertonten K. F. Zelter (1800–1802; *Sechs deutsche Lieder*, Berlin, 1826), J. F. Reichardt (*Neue Lieder geselliger
Freunde*, Leipzig, 1804) und F. Schubert (1822, 2. Fassung 1828).
Odenkompositionen meist anläßlich höfischer Feierlichkeiten
schufen J. Eccles (Text von N. Rowe, 1718), W. Hayes (1751 und
vermutl. 1760) und W. Boyce (1755 und 1761); ferner gibt es eine
Kantate von J. Weigl d. J. (1805, Wien). Chorwerke der neueren

Zeit komponierten G. Finzi (Text von U. Wood, 1951), V. Archer (1964) und H. W. Henze (nach Vergil, 1966).

Einige Werke der Musikgeschichte widmen sich den einzelnen Figuren. So entstanden Kompositionen über Euterpe von D. Brunetti (Instrumentalsatz, Venedig, 1606), P. P. Bissari (Fabel mit Musik, Venedig, 1648), B. Strozzi (Oper, Venedig, 1659), J.-B. Morin (Kantate, Paris, 1706) und G. W. Chadwick (Konzertouvertüre, 1904, Boston); sie erscheint auch in dem Ballett *Die Geschöpfe des Prometheus* von L. van Beethoven (1801, Wien). Von Erato handelt ein ›Divertissement‹ von F. C. de Blamont (Libr. von L. Fuzelier, Paris, 1730).

Polyhymnia steht im Mittelpunkt der Werke von F. C. de Blamont (Kantate, Paris, 1729), J.-P. Rameau (›opéra-ballet‹, 1745, Paris) und M. Corrette (›Cantatille‹, Paris, 1760).

Mit Kalliope befassen sich ein Instrumentalsatz von K. L. Saint John (1980) und ein Lied von C. Ore (1984).

Die Musen der dramatischen Kunst, Thaleia und Melpomene, eröffneten oftmals musikalische Bühnenwerke mit einem Prolog oder waren auch Titelfigur, z. B. bei J.-J. Mouret (Libr. von J. de La Font, 1714, Paris), F. Finazzi (1747, Hamburg), P.-A. Monsigny (Libr. von C. Collé, 1764, Bagnolet), A. Schweitzer (1775) und A. Grétry (1783, Paris). G. W. Chadwick komponierte jeweils eine Ouvertüre für eine imaginäre Komödie (1883, Boston) und Tragödie (1887, Boston). J. Ibert integrierte die beiden Figuren in die Radio-Oper *Barbe-bleu* (Libr. von W. Aguet, 1943, Radio Lausanne).

Eine Serenata von A. Scarlatti befaßt sich mit der Figur der Urania (vermutl. 1706, Rom), ebenso ein Liederzyklus von F. H. Himmel (nach Texten von C. A. Tiedge, Amsterdam, ca. 1800) sowie ein Lied von G. Puccini (Text von R. Fucini, Florenz/Rom, 1899).

Zu Terpsichore, der Muse des Tanzes, entstanden einige Ballette, z. B. von J. F. Rebel (1720, Paris), G. F. Händel (1734, London), F.-H. Barthélemon (1783, London), K. K. Kurpinski (1818, Warschau) oder E. Gistelinck (1972). Von F. Lanner gibt es einen Terpsichore-Walzer (op. 12, vermutl. 1827).

Krönjäger 1973; de Mirimonde 1964; Pinkwart 1965; Schröter 1977; Wegner 1966

Mykon und **Pero,** ein Vater mit seiner vorbildlichen Tochter ⟨Val. Max. 5,4 ext. 1; Hyg. fab. 254,3⟩.

Aus einem nicht überlieferten Grund wurde Mykon in einem nicht näher bestimmten Land eine Zeitlang gefangengesetzt. Allein durch den Beistand der Tochter, die ihm liebevoll die Brust gab, konnte er überleben. Die Geschichte wird auch mit anderen Namen überliefert (Kymon für Mykon, Xanthippe für Pero) oder ohne Namen. Plinius (nat. 7,36) und Valerius Maximus geben eine Variante, in der Pero ihre Mutter säugt. Die Begebenheit wird auch historisch belegt, z. B. von Valerius Maximus, der sie mit einem Gemälde im Tempel der Pietas (Göttin des pflichtgerechten Verhaltens) in Rom in Verbindung bringt, das dort angeblich 191 v. Chr. aufgestellt wurde.

Die in verschiedenen Versionen überlieferte Geschichte galt Plinius Maior als ein Beispiel für Aufopferungsbereitschaft. Einige Wandmalereien in Pompeii könnten auf die genannte Darstellung im Pietas-Tempel zurückgehen. Auch sind Terrakotten und Terra-Sigillata-Geschirr mit dem Thema bekannt. Eine tieferliegende Symbolik kann für die Römer darin gelegen haben, daß Pero die Regeneration des Lebens oder die für die Römer wichtige Adoption verkörpert. Ähnliches mag für die etruskischen Abbildungen auf Spiegeln mit Iuno gelten, die Herkules die Brust gab und ihn damit als Sohn adoptierte.

Seit dem Druck der Werke des Valerius Maximus durch Aldus Manutius (1502) steht das Thema gewöhnlich für die Caritas Romana, wie es schon in G. Boccaccios *De claris mulieribus* (1356–64) angedeutet wird. Valerius Maximus' Erläuterung des oben genannten Gemäldes regte die Künstler an, aufgrund dieser ›ekphrasis‹ eine Rekonstruktion anzufertigen. Das Bild kann auch als Aufruf zur Tugend der Barmherzigkeit angesehen werden. NK

In der kunsthistorischen Literatur sind einige hundert Beispiele dieses vom 15. bis zum 18. Jahrhundert häufig aufgegriffenen Themas verzeichnet. In Deutschland beschäftigten sich mit der Geschichte von Mykon und Pero u. a. auf Gemälden G. Pencz (1538–46, u. a. Basel, Kunstm., und Stockholm, Universität), J. Sandrart (1645, Bremen, Kunsth.), J. C. Loth (2. Hälfte 17. Jh., u. a. Braunschweig, Schloß, und Moskau, Puschkin M.) und J. Zick (um 1790, u. a. Koblenz, M.; mit dem Pendant der vorbildlichen Mutter → Cornelia; 1794, Nürnberg, Nationalm.). A. Kauffmann ersetzte auf einem Gemälde (1794) den alten Vater durch eine alte Mutter.

In der italienischen Malerei entstanden im 16. Jahrhundert u. a. Arbeiten von P. del Vaga (um 1530, Fresko) im Palazzo Doria-

Pamphili in Genua und von Primaticcio in der Galerie d'Ulysse im Schloß Fontainebleau (um 1525–45, Fresko). Zur zunehmenden Verbreitung, v. a. in Italien, mag beigetragen haben, daß Caravaggio das Motiv der Säugung in seine ›Sieben Werke der Barmherzigkeit‹ (1607, Neapel, G.) für den Pio Monte di Misericordia in Neapel einarbeitete und damit für die christliche Symbolik verwandte. In Italien folgen Gemälde aus dem Kreis um G. Reni (um 1604, Florenz, Pal. Pitti) und von Guercino (1639, Lucca, M.); in den südlichen Niederlanden Gemälde von T. van Thulden (um 1655, Enkhuizen, Rathaus) und aus dem Atelier von Rubens (um 1612, St. Petersburg, Eremitage, und um 1625, Amsterdam, M.); in Holland Gemälde von A. Bloemaert (um 1610, Kiel, Kunsth.), F. Bol oder G. Flinck (um 1650, Rom, Palazzo Barberini), P. Moreelse (1633, Edinburgh, Nat. G.) und D. Hardenstein (1653, Zwolle, Rathaus). A. Quellinus schuf eine Terrakotta-Gruppe (um 1660, Amsterdam, M.) für eine nicht ausgeführte Fontäne beim Amsterdamer Rathaus, und aus dem 18. Jahrhundert stammt ein Relief auf der Fassade des Gefängnisses in Gent, die sogenannte ›Mammelokker‹ (die Säugende). In Frankreich taucht das Thema u. a. nach Gemälden von S. Vouet (um 1630, Paris, Louvre) und von C. Le Brun (1642–48, Paris, Louvre) auf, der dabei zwei Formen der Caritas – Mutter und Kind, Mykon und Pero – verknüpft. Dieses Sujet setzt sich bis ins 19. Jahrhundert hinein fort: u. a. auf Gemälden von J.-J. Lagrenée (um 1765), dessen Bild Diderot als zu wenig zurückhaltend kritisierte, und von J. J. Lefebvre (1864, Melun, M.).

Allégorie 1986; Deonna 1954; Knauer 1964; Pigler 1934; Schulte van Kessel 1992

Myrrha, Mutter des → Adonis

Narcissus → Messalina

Naiaden → Nymphen

Narkissos (lat. Narcissus), schöner Jüngling, der sich in sein Spiegelbild verliebte; Sohn des böotischen Flußgottes Kephisos und der Nymphe Liriope 〈Ov. met. 3,229–510; Paus. 9,31,7–8; Aus. ep.; Nonn. Dion. 48,582 ff.〉.
Als Liriope den Seher Teiresias nach der Geburt ihres Sohnes fragte, ob diesem ein langes Leben vergönnt sei, prophezeite Teiresias Narkissos ein hohes Alter, Voraussetzung sei aber, daß er sich nie selbst erblicken dürfe.

Viele Jungen und Mädchen verliebten sich in den schönen Jüngling, ohne jedoch ein Zeichen der Erwiderung zu erhalten. Zu ihnen gehörte auch die Nymphe Echo, die von Hera wegen ihrer Geschwätzigkeit mit der Einschränkung ihrer Sprachfähigkeit bestraft worden war, so daß sie nur noch die letzten Worte von Äußerungen anderer wiederholen konnte. Narkissos wies sie so schroff zurück, daß ihr Körper aus Trauer verdorrte und zu Stein wurde. Nur ihre Stimme, das Echo, blieb lebendig.

Die anderen abgewiesenen Mädchen wandten sich in ihrer Verzweiflung an Nemesis (Ov. met. 3,465–466), die Göttin der ausgleichenden Gerechtigkeit (oder an den Liebesgott Eros, Konon narr. 24), die den unnahbaren Jüngling hart bestrafte: Sie veranlaßte Narkissos, sich nach einem Jagdausflug an einer klaren Quelle zu erfrischen und sich dabei in sein Spiegelbild zu verlieben. Als Narkissos versuchte, sein vermeintliches Gegenüber zu berühren, und erkannte, daß sein Liebesverlangen nie gestillt werden konnte, starb er. Auf seinem Weg in das Totenreich konnte er im Wasser des Styx sein Spiegelbild noch ein letztes Mal erblicken. An der Stelle, wo er gestorben war, erblühte eine Narzisse.

Nach einer anderen Überlieferung (Konon narr. 24; Prob. Verg. ecl. 2,48) fand Narkissos seinen tragischen Tod durch den Fluch des Jünglings Ameinias, der sich hoffnungslos in ihn verliebt hatte und durch die Abweisung in den Selbstmord getrieben wurde. Pausanias zufolge suchte Narkissos in seinem Spiegelbild die Züge seiner schönen verstorbenen Schwester.

In der Antike ist der Narkissos-Mythos in Verbindung mit dem Glauben an einen Zusammenhang zwischen dem Anblick des Spiegelbildes und dem Tod zu sehen. Seit hellenistischer Zeit erscheint er in Literatur und Kunst. Auf pompejanischen Wandgemälden und Mosaiken sieht man Narkissos, wie er auf einem Stein sitzend sein Spiegelbild betrachtet. Reliefdarstellungen, z. B. auf römischen Sarkophagen und Gemmen, zeigen ihn stehend mit zurückgelegtem Kopf.

Der Schriftsteller und Künstler T. Barlacchi (15. Jh.) schuf das NK Paradigma für die Kunst der Renaissance und des Barock, wobei die Beschreibung eines Gemäldes von Philostratos (im. 23) als Vorlage diente. Der Narkissos-Mythos wurde häufig als Symbol für einen der fünf Sinne verwendet, das Sehen. Im christlichen Kontext erscheint Narkissos auch als Allegorie des Gottesdienstes, da in seiner Person sowohl Selbst- als auch Gotteserkenntnis zum Ausdruck kommt. In der Malerei wird Narkissos meist über das Wasser gebeugt oder bereits von der Sehnsucht nach seinem Spiegelbild ergriffen dargestellt, z. T. mit der trauernden Nymphe Echo. Das Thema malten u. a. J. Tintoretto (um 1555–1556, Rom, G. Colonna), M. da Caravaggio (um 1595–1600, Rom, G. Naz.), N. Poussin (um 1627, Paris, Louvre), P. P. Rubens (um 1638, Madrid, Prado, Ölskizze in Rotterdam, M. Boymans), C. Lorrain (1644, London, Nat. G.) und P. F. Mola (um 1666–68, Oxford, Ashmolean M.). Von B. Cellini (um 1548, Florenz, M. Naz.) und C. Brancusi (um 1910, Paris, M. Nat. Mod.) stammen Narkissos-Statuen, von Domenichino ein Fresko (1603–04, Rom, Pal. Farnese). Später wurde das Thema wieder aufgegriffen von J. M. W. Turner (1804, England, Petworth House), G. F. Moreau (1875, Paris, Robert Lebel C.), A. Rodin (Skulptur, 1889, Paris, M. Rodin), Man Ray (1917, Meudon, Doesburg C.), G. de Chirico (um 1922, Privatbesitz), M. Ernst (1936, Athen, Alexander Iolas C.) und S. Dalí (1937, London, Tate G.).

ND Die Literatur deutet Narkissos' Verhalten auf unterschiedliche Weise. In der Emblematik sind sowohl positive als auch negative Aspekte vertreten, das Motto ›Erkenne dich selbst‹ ebenso wie ›Eigenliebe macht blind‹. Im Mittelalter und der frühen Neuzeit wurde der Mythos als Warnung vor übertriebenem Stolz und der schönen, aber vergänglichen Welt des Scheins verstanden. Narziß-Erzählungen mit dieser Aussage sind u. a. im *Alexanderroman* (12. Jh.) zu finden, im *Roman de la Rose* von Guillaume de Lorris und Jean de Meung (ca. 1275) und in der *Epistre d'Othéa à Hector* (ca. 1400) von Christine de Pizan. Auch G. Boccaccio zeigt Narkissos unter dem Aspekt der Vanitas (*L'amorosa visione*, ca. 1340; *De genealogiis deorum gentilium*, 1350–60). Für die Bühne entstanden ein Schicksalsdrama von P. Calderón (1661) und ein Drama von J.-J. Rousseau (1732–40), bei dem die Selbstliebe aufgrund einer Täuschung im Vordergrund steht. L. C. H. Hölty (1770), J. G. Herder (1785), C. M. Wieland (1803) und F. Rückert (1823) verfaßten Gedichte über Narkissos, F. Schlegel den Roman *Lucinde* (1799), in dem das Narkissos-Motiv zu einem Symbol von zentraler Bedeutung wird. Namentlich in der Literatur des französischen Symbolismus steht Narkissos für die Ablehnung der körperlichen Liebe, für den äußeren Schein der Dinge, die ästhetische Kontemplation und die Unvergänglichkeit der Ideen: z. B. in Gedichten von P. Valéry (1891, 1922, 1938) und in einem Essay von A. Gide (1891). Zahlreiche Werke des 20. Jahrhunderts, u. a. von R. M. Rilke (1913), D. H. Lawrence (1918),

F. Werfel (1920), S. Beckett (1935), L. Housman (1937), W. C. Williams (1941), G. Grass (1960) und Y. Ritsos (1966), sprechen für die ungeminderte Beliebtheit des Stoffes.
In der Psychoanalyse verwendete S. Freud den Namen von Narkissos für die Bezeichnung von krankhaften, auf die eigene Person gerichteten erotischen Regungen.

Opern über den Narkissos-Stoff schrieben u. a. M. Scacchi (Libr. von V. Puccitelli, 1638, Warschau), M. Marazzoli/F. Vitali (Libr. von O. Persiani, 1642, Venedig), A. Draghi (Libr. von N. Minato, 1677, Wien), J. S. Küsser (Libr. von G. Fiedler, 1692, Braunschweig), G. Bronner (Libr. von F. C. Bressand, 1693, Hamburg), F. A. Pistocchi (Libr. von A. Zeno, 1697, Ansbach), G. P. Telemann (vermutl. 1709), G. H. Stölzel (Libr. vom Komponisten, 1711/12, Breslau), R. I. Mayr (München, 1717), D. Scarlatti (zwei Fassungen: Libr. von C. S. Capece, 1714, Rom; Libr. von P. A. Rolli, 1720, London) und C. W. Gluck (Libr. von J. B. de Tschudi, 1779, Paris).
Eine *Idylle antique* für Sopran und gemischten Chor stammt von J. Massenet (Text von P. Collin, 1877). Aus dem 20. Jahrhundert sind einige Instrumentalkompositionen zu nennen, z. B. der Zyklus für Violine und Klavier von K. Szymanowski (1915, Moskau oder St. Petersburg), die Orchesterstücke von E. Toch (1927) und E. Pingoud (1930) sowie die *Metamorphosen nach Ovid* für Oboe solo von B. Britten (1951, Thorpeness). Zwei Lieder komponierte J. Sibelius (Text von L. Kyösti, 1915; Text von B. Griepenberg, vermutl. 1918). Zu einer Kantate von G. Tailleferre (entst. 1937; Paris, 1944) schrieb P. Valéry ein Jahr später den entsprechenden Text. Die Komposition von T. Musgrave für Soloflöte und elektronische Elemente dürfte eine der jüngsten Adaptionen des Stoffes sein (1988, Queens; als Ballettmusik 1989, New York).

Albouy 1969; Frenzel 1992a; Goldin 1967; Panofsky 1949; Vinge 1967

Nauplios, Vater des → Palamedes

Nausikaa → Odysseus

Nemesis, Göttin der ausgleichenden Gerechtigkeit, Personifikation der Rache; Tochter der Nyx (Nacht; Hes. theog. 223–224; Kypr.).

Sie galt neben → Leda als Mutter der → Helena und der → Dioskuren, die dem zudringlichen Zeus nicht entkommen konnte, obwohl sie sich in eine Gans verwandelte. → Narkissos brachte sie dazu, sich in sein eigenes Spiegelbild zu verlieben und nie mehr glücklich zu werden.

Als Personifikation der göttlichen und damit der rächenden Gerechtigkeit wacht Nemesis bei Pindaros, Kallimachos (h. 56) und Sophokles (El. 792) über die Verteilung von Glück und Unglück im menschlichen Leben und geht v. a. gegen Überheblichkeit (Hybris) besonders streng vor. Seit dem Hellenismus wurde sie von Athleten, Liebenden und Glückssuchern angebetet, die die Erfüllung ihrer Wünsche von der Göttin erhofften.

Die älteste bekannte Darstellung der Nemesis ist das in Fragmenten erhaltene und durch römische Kopien bekannte Kultstandbild aus Rhamnus (um 430 v. Chr.) von Agorakritos (Paus. 1,33,8; Eratosth. kat. 25; Plin. nat. 36,17; Basis in Athen, M.; Kopien u. a. in London, British M. und Kopenhagen, Glyptothek). Auf Weihereliefs und Gemmen wird sie abgebildet, um das Böse abzuhalten. In der Spätantike tritt die in lange Kleider gehüllte Nemesis in Begleitung einer weiblichen Sphinx auf und führt ein Rad bei sich, das sie als Göttin des Kosmos (Ordnung) auszeichnet. Kaiser Claudius (41–54 n. Chr.) und Kaiserin Agrippina d. J. ließen sich auf der sog. ›Iupiterkamee‹ (Wien, Kunsth. M.) als Zeus und Nemesis porträtieren, als Widerspiegelung der von ihnen garantierten Ordnung im Römischen Reich.

Greene 1963

Neoptolemos (oder Pyrrhos), wichtiger Kämpfer im Trojanischen Krieg auf griechischer Seite, Sohn des → Achilleus und der Deidameia (Hom. Od. 11,505–537), der Tochter des Königs Lykomedes von Skyros ⟨Soph. Phil.; Eur. Andr.; Apollod. epit. 5,10–11; 6,5; 6,12–14; 7,1–10⟩.

Als die Griechen nach dem Tod des Achilleus von dem Propheten Helenos erfuhren, daß sie Troja nur mit Hilfe des Neoptolemos und den Pfeilen des Herakles erobern könnten, brachten Phoinix, Diomedes und Odysseus Neoptolemos nach Troja. → Philoktetes, der über die Waffen des Herakles verfügte, wurde von der Insel Lemnos geholt.

Von Odysseus erhielt Neoptolemos die prächtige Rüstung seines Vaters Achilleus. Er erwies sich in den letzten Kriegstagen als

dessen würdiger Nachfolger. Neoptolemos gehörte zu den aus-
gewählten Kriegern, die sich ins hölzerne Pferd einschließen ließen. Nach dem Fall Trojas tötete er den trojanischen König Priamos und warf Astyanax, den Sohn Hektors, von den Mauern der
Stadt (Verg. Aen. 2,453–558; 3,294–334; Smyrn. 25,9). Auf die
Bitte seines Vaters hin, der ihm in einer Vision erschienen war,
opferte er auf dessen Grab die Priamostochter → Polyxena. Als
Kriegsbeute erhielt er Hektors Witwe → Andromache, die ihm
drei Söhne, Molossos, Pielos und Pergamos gebar.

Vom Schicksal des Neoptolemos nach der Eroberung Trojas
gibt es mehrere Versionen, von denen eine in Euripides' *Andromache* überliefert wird. Er landete in Epiros oder in Phthia, dem
Land seines Vaters, und bekam von Menelaos dessen Tochter
Hermione zur Frau, obwohl sie schon Orestes versprochen war
(Hyg. fab. 123). Die Ehe blieb jedoch kinderlos. Als Neoptolemos einst nach Delphi gereist war, versuchte Hermione,
ihre Rivalin Andromache loszuwerden, wurde daran aber von
Peleus gehindert. Orestes kam seiner früheren Verlobten zu Hilfe; er tötete Neoptolemos in Delphi und nahm Hermione mit
sich.

In Sophokles' *Philoktetes* wird Neoptolemos als edle Gestalt gezeigt. Später, v. a. in der römischen Literatur, gilt er nicht nur als
kriegslustig, sondern auch als brutal und rachsüchtig: Bei Vergil
ist er als Mörder des Priamos ein brutaler Rohling. In Senecas
Troades anders als in der gleichnamigen Tragödie von Euripides –
fordert Neoptolemos in hohem Ton Polyxena von Agamemnon,
die zu Ehren seines Vaters geopfert werden soll.

Auf Keramik wird Neoptolemos Ende des 6. Jahrhunderts im
Kampf um Troja und bei der Ermordung von Priamos, Astyanax und Polyxena gezeigt. Auf Vasen aus dem 5. und 4. Jahrhundert v. Chr. ist Neoptolemos' Abschied von Lykomedes und
Deidameia zu sehen. In Begleitung von Odysseus auf Lemnos
(→ Philoktetes) findet man Neoptolemos auf etruskischen Urnen. Sein Tod in Delphi wurde auf pompejanischen Wandgemälden aus dem 1. Jahrhundert n. Chr. abgebildet.

In der bildenden Kunst der Neuzeit wird er zusammen mit Phi- N
loktetes und Odysseus auf der Insel Lemnos dargestellt, z. B. auf
einem Gemälde von J.-J. Taillasson (1784, Blaye, M.) mit der
Übernahme der Waffen des Herkules. Auch im Zusammenhang
mit der Opferung von → Polyxena wurde der Heros Gegenstand
der bildenden Kunst.

Im Theater der Neuzeit kommt Neoptolemos in Bearbeitungen des Seneca-Stückes und von Euripides' *Andromache* vor, dann in Dramen, die sein Verhältnis mit Hermione thematisieren, wie P. J. de Crébillons *Pyrrhus* (1726), und in den Hermione-Opern von G. Rossini (Libr. von L. A. Tottola, 1819, Neapel) und M. Bruch (Libr. nach Shakespeares *Wintermärchen*, 1872, Berlin).

Heinemann 1920

Neptunus → Poseidon

Nereïden, Töchter des → Nereus

Nereus, Gott des Meeres, neben Phorkys und Proteus eine der ältesten Meeresgottheiten; Sohn der Urpersonifikation des Meeres Pontos und der Gaia, der Erde; Vater der Nereïden ⟨Hes. theog. 233–264; Apollod. 2,5,11⟩.
Nereus gehörte zu den vorolympischen Gottheiten, war also noch älter als → Poseidon. Von diesem meist übelgelaunten Meeresgott unterschied sich Nereus durch seinen freundlichen Charakter. Wie die anderen Gottheiten der Meere, Flüsse und Seen kannte er die Zukunft – er sagte Paris den Trojanischen Krieg voraus – und konnte sich in andere Gestalten verwandeln. Auf diese Weise versuchte er, sich einer Antwort zu entziehen, als → Herakles ihn nach dem Weg zu den Gärten der Hesperiden fragte. Aber Herakles hielt ihn so lange fest, bis Nereus geantwortet hatte.
Nereus heiratete Doris, ein Kind des Okeanos. Sie schenkte ihm fünfzig Töchter, die Nereïden. Nur wenige von ihnen waren namentlich bekannt: Amphitrite, die Gemahlin des Poseidon; Thetis, Gemahlin des sterblichen → Peleus und → Achilleus' Mutter (u. a. Aischyl. Fragm. 174); schließlich → Galateia.
Die Nereïden waren freundliche und schöne Meeresnymphen. Wenn sie aus dem prächtigen Unterwasserpalast ihres Vaters auftauchten, tollten sie auf Seepferden oder Delphinen über die Wellen (Hom. Il. 18,38 ff.; Apollod. 1,2,7; Verg. georg. 4,336; Hyg. fab. Vorw.).

Nereus wird seit der archaischen Zeit als würdiger Greis mit menschlichem Oberkörper und dem Unterkörper eines Fisches gezeigt, wobei er Zepter und Dreizack bei sich trägt. Die einzige mythische Geschichte, die überliefert wurde, ist sein Kampf mit

Herakles. In der Gigantomachie befindet er sich in Gesellschaft seiner Frau, z. B. auf dem Fries des Pergamon-Altars (Mitte 2. Jh. v. Chr.; heute Berlin, Pergamon-M.).

Das nach den Nereïden benannte Grabmonument von Xanthos (Türkei) aus der Zeit um 410 v. Chr. zeigt sieben lebensgroße Mädchenstatuen, die, in dünne Gewänder gehüllt, auf Fischen, Schildkröten und Vögeln über das Meer getragen zu werden scheinen (Statuen und Bruchstücke des Monuments in London, British M.). Häufig sind die Nereïden Zuschauer des Streites zwischen ihrem Vater und Herakles oder zwischen Peleus und → Thetis, gelegentlich ist ihre Teilnahme an der Hochzeit Poseidons mit Amphitrite zu sehen.

Seit der hellenistischen Zeit zählen die Nereïden als nackte Mädchen zur Meerbevölkerung und kommen auf Bodenmosaiken in Meeresszenen vor, hauptsächlich in Syrien und Nordafrika aus dem 2. bis 5. Jahrhundert n. Chr. Sie umringen z. B. Nereus oder Galateia oder sind neben den Tritonen zu finden. Darstellungen von Nereïden und Tritonen entwickeln sich seit dem 2. Jahrhundert n. Chr. auf römischen Sarkophagen zu einem selbständigen Motiv.

In der bildenden Kunst der Neuzeit werden die antiken Motive N aufgegriffen. Die Nereïden und Tritonen stellte auf Gemälden beispielsweise A. Böcklin (u. a. 1873/74, München, Bayerische Staatsgemäldeslg.; 1883, München, NP; 1886, Basel, Kunstm.) sowie in der Bildhauerei A. Rodin (um 1886, Terrakotta, New York, Metrop. M. und 1900, Marmor, Paris, M. Rodin) dar. Auf dem Maria de Medici-Zyklus von Rubens (um 1622–25, Paris, Louvre) treten sie bei der Landungsszene im Hafen von Marseille als Begleiterinnen auf. E. Delacroix griff in seinem Gemälde (um 1822, Basel, Kunstm.) auf die Schilderung von Rubens zurück.

Goethe läßt Nereus und die Nereïden als ›Meerwunder‹ in der Klassischen Walpurgisnacht (1832, *Faust II*, 8044 ff.) auftreten. Gedichte schrieben C. M. Leconte de Lisle auf die Nereïde Glauke (1852), T. S. Morus auf die Töchter der Doris (1899).

A. Dvořak komponierte eine Ballade über die Töchter des Nereus (entst. 1878; Breslau, 1883); M. Brusselmans schrieb ein Ballett (1911).

Benuell/Waugh 1962; Clark 1955; Lattimore 1976; Rumpf 1939

Nero, Lucius Domitius Ahenobarbus (37–68), römischer Kaiser ⟨Ios. ant. Iud. 20; Tac. ann. 12–16; Dio Cass. 61–63; Suet. Nero⟩. Nero war der Sohn des Gnaeus Domitius Ahenobarbus und der Iulia Agrippina Minor, die nach dem Tod ihres ersten Mannes Gnaeus den Kaiser Claudius heiratete. Der Kaiser adoptierte seinen Stiefsohn Nero im Jahre 50 (Tac. ann. 12,26; Suet. Nero 7,1), zog ihn auf Betreiben Agrippinas seinem eigenen Sohn Britannicus vor und verheiratete ihn mit seiner Tochter Octavia (Tac. ann. 12,58; Suet. Nero) aus der Ehe mit → Messalina. → Seneca wurde Neros Erzieher. Nachdem Agrippina mit Neros Wissen ihren Gatten im Jahre 54 ermordet hatte (Suet. Nero 8; Tac. ann. 12,69; Sen. apocol. 2), wurde Nero siebzehnjährig durch die Gardetruppen zum Kaiser ausgerufen und vom Senat bestätigt. Von da an hieß er Nero Claudius Caesar Augustus Germanicus.

Während der ersten Jahre seiner Herrschaft zeigte sich Nero noch beherrscht und berechenbar. Viele Angelegenheiten überließ er seiner herrschsüchtigen Mutter und seinem Erzieher Seneca. Er selbst widmete sich leidenschaftlich dem Theater und anderen Spektakeln wie dem Pferderennen. Bei solchen Aufführungen frönte er seinen bizarren Grillen und erniedrigte schamlos vornehme Römer. Im Laufe der Zeit gab er sich mehr und mehr seinen Ausschweifungen hin und konnte auch von Agrippina nicht mehr gezügelt werden. Als seine Mutter in einem Streit mit ihm die Nachfolgeansprüche von Claudius' eigenem Sohn Britannicus zur Sprache brachte, ließ Nero seinen Stiefbruder vergiften (Tac. ann. 13,17). Eine andere Quelle für die Konflikte zwischen Mutter und Sohn bildete Neros Verhältnis mit Poppaea Sabina; sie war, vermutlich auf Befehl Neros, von (dem späteren Kaiser) Otho entführt und geheiratet worden, um Nero zur Verfügung stehen zu können (Tac. ann. 1,13 und 13,45–46; Plut. Galba 19–20; Suet. Otho 3,1; Dio Cass. 61,11). Neros Gattin Octavia hatte nur noch den Rang der offiziellen Ehefrau (Suet. Nero 35,1), während er mit mehreren anderen Frauen verkehrte.

Der Einfluß, den Agrippina trotz Drohungen gegen sie und Verbannung vom Hof weiterhin auszuüben versuchte, führte dazu, daß Nero, wie Tacitus (ann. 14,7) und Dio Cassius (59,12) berichten, seine Mutter auf ein Schiff brachte, das während der Fahrt untergehen sollte. Agrippina konnte sich zwar retten, wurde dann aber auf Befehl ihres Sohnes umgebracht. Sueton (Nero 35; vgl. Tac. ann. 14,9 und Dio Cass. 61,14,2) beschreibt die Szene, wie Nero in aller Ruhe Wein trinkend den Leichnam seiner Mutter untersucht.

Die Gewalttätigkeit Neros nahm nun – das Jahr 62 wird als Umschlag gesehen – ein noch größeres Maß an. Nachts zog er anonym in Begleitung einer bewaffneten Bande durch Rom und überfiel Bürger. Er ließ sich, wie Dio Cassius (61,9,4) berichtet, mit zwei Strichjungen ehelich verbinden: Den auf seinen Befehl entmannten Pythagoras führte er als seine Gattin vor, den Doryphoros als seinen Mann. Viele vornehme Römer wurden Opfer seiner Schreckensherrschaft. So wurde der Schriftsteller Petronius der Teilnahme an einer angeblichen Verschwörung bezichtigt und zum Selbstmord gezwungen. Ebenso erging es Lucanus, der zu den Verschwörern unter der Führung von Calpurnius Piso im Jahre 65 gehörte. Auch Seneca wurde verdächtigt und in den Selbstmord getrieben. Octavia wurde zugunsten von Poppaea verstoßen, dann in die Verbannung geschickt und schließlich ermordet (Suet. Nero 35,3; 57,1; Tac. ann. 14,63). Poppaea selbst, die jetzt Neros Frau war, erlag einem ähnlichen Schicksal, als sie schwanger von Nero mißhandelt wurde und daran starb (Tac. ann. 16,6). Nach ihrem Tod heiratete Nero im Jahr 66 Statilia Messalina (Suet. 35,1).

Seiner Theaterleidenschaft frönte Nero, indem er sich bei Auftritten als Vortragender und in Theaterstücken von Claqueurs umringen ließ, wie bei seinem öffentlichen Debut als Sänger in Neapel (Tac. ann. 15,33–34; Suet. Nero 20,2). Während der großen Brandkatastrophe in Rom im Jahr 64 kam Nero in großer Eile aus seiner Villa in Antium; den Gerüchten zufolge stieg er auf einen Turm und besang den Untergang Trojas. Unklar bleibt, ob er selbst das Feuer legen ließ. Tacitus bezweifelt es, Sueton und Dio Cassius halten es für wahrscheinlich (Tac. ann. 15,38–40; Suet. Nero 38,2; Dio 62,18,1). Nero beschuldigte die Christen der Brandstiftung; es setzte eine grausame Verfolgung ein, wobei er die Gläubigen kreuzigen und den Hunden vorwerfen ließ (Tac. ann. 15,44). Tacitus, der die Verfolgung dieser gefährlichen Sekte im Grunde befürwortete, kritisierte dennoch die Grausamkeit und argumentierte, daß solche barbarischen Methoden eine Abkehr vom Kaiser und eine Hinwendung zu den Verfolgten nach sich ziehen würden. Nach dem Brand, der große Teile der dicht bewohnten Innenstadt zerstört hatte, wurde unter Neros Aufsicht die Domus Aurea (das ›Goldene Haus‹) errichtet, eine Villenanlage mit Pavillons, Teichen und Brunnenanlagen, die bis dahin ungekannte Ausmaße annahm. Hier könne er, so sagte der Kaiser Sueton zufolge, als Mensch leben (Nero 31,2). Zugleich wurden wichtige Maßnahmen zur Verbesserung der öffentlichen und privaten Bauten und zur Verhinderung neuer

Katastrophen ergriffen. Die durch diese großen Bauvorhaben auftretenden Finanzierungsprobleme gaben den Anlaß zu neuen Verbannungen und Ermordungen, die Nero Zugang zu den Vermögen der Opfer verschafften. Auch vor dem Raub von Tempelschätzen schreckte er nicht zurück. Die Plünderung des Tempels von Jerusalem führte zum Aufstand von Judäa, der erst im Jahr 70 von dem späteren Kaiser Vespasianus und von → Titus niedergeschlagen werden konnte. Von 66 bis 68 befand sich Nero auf einer Kunstreise durch Griechenland und sah sich bei seiner Rückkehr nach Italien mit aufständischen Generälen konfrontiert. In Gallien rebellierte C. Iulius Vindex (Suet. Nero 40–41), in Spanien Galba (Suet. Nero 43). Nero unterbrach mit Widerwillen seine künstlerischen Tätigkeiten und bereitete einen Feldzug vor, wobei er sich nach Sueton hauptsächlich mit dem Transport seiner Theaterausstattung und der Aufmachung seines weiblichen Gefolges als Amazonen beschäftigt haben soll. Der Kaiser hatte sogar seinen Rücktritt und eine Auswanderung nach Ägypten erwogen (Suet. Nero 47,2; Dio Cass. 63,27,2). Nachdem ihn seine Leibwache im Stich gelassen hatte, floh Nero aus Rom, wurde vom Senat zum Staatsfeind erklärt und nahm sich am 9. Juni 68 in der Villa seines Gefolgsmannes Phaon das Leben. Nach Dio Cassius sollen die letzten Worte Neros gewesen sein: ›Welch ein Künstler geht mit mir verloren.‹ Der Leichnam wurde nicht im Augustusmausoleum in Rom, sondern im Familiengrab der Domitii bestattet (Suet. Nero 50).

Sueton, Dio Cassius und Tacitus, die Neros Leben überlieferten, nennen übereinstimmend Neros unbeherrschte Wildheit (›saevitia‹) als zentrales Wesensmerkmal. Sueton und Dio Cassius erwähnen in diesem Zusammenhang die Feuersbrunst in Rom und ein inzestuöses Verhältnis mit Agrippina, worüber sich Tacitus zweifelnd äußert. Wir erhalten das Bild eines völlig unbeherrschten Charakters, der in der kaiserlichen Machtposition ohne jeden Widerstand zu grenzenlosen Schandtaten bereit ist. Seneca hatte ihn hingegen in seiner *Apocolocynthosis* (einer Satire gegen Claudius) im Jahr 54 noch mit Augustus verglichen, dem idealen Herrscher, der unter die Götter aufgenommen wurde. Allgemein positiv wurden die ersten fünf Jahre seiner Regierung, das sogenannte quinquennium Neronis, beurteilt (s. Seneca, De clementia; Lucan. Phars. 1,33 ff. Sogar Traian lobte seinen Vorgänger (vgl. Aur. Vict. Caes. 5,2; epit. 5,2).

In der bildenden Kunst der Antike kommt Nero kaum vor. In Rom wurde über ihn eine ›damnatio memoriae‹ (›Verbannung aus der Erinnerung‹) verhängt, womit auch ein absolutes Darstellungsverbot des ehemaligen Kaisers verbunden war. Bestehende Porträts wurden entweder vernichtet oder umgewandelt.

Das Bild des skrupellosen Nero ist maßgeblich von der Biographie von Sueton und dem Drama *Octavia* bestimmt, das lange Zeit Seneca zugeschrieben wurde. In dem Stück schauen Octavia und der Chor klagend zurück auf frühere tragische Ereignisse: der Tod von Agrippina Maior, die Ermordung Messalinas, die Hochzeit von Claudius mit der Tochter seines Bruders Germanicus, Agrippina Minor und ihre Ermordung durch den eigenen Sohn Nero. Ein neues Unheil bricht herein durch Octavias Verstoßung zugunsten Poppaeas. Der weise Seneca kann Nero von seinem Vorhaben ebensowenig abhalten wie das aufrührerische römischen Volk. Das Stück endet mit der Verbannung Octavias.

In der jüdischen und christlichen Tradition gilt Nero als Anstifter des Unheils, das über Judäa kam, und als der erste und blutrünstige Verfolger der Christen; dies führte dazu, daß er mit dem in den apokryphen Schriften angedeuteten Antichrist identifiziert wurde (*Oracula Sibyllina*, u. a. 3,63;74; 8,88). V. a. der Apologet Tertullianus urteilt unter anderem in seinem *Apologeticum* (197) sehr scharf über Nero, ebenso wie drei Jahrhunderte später Commodianus in seinem *Carmen Apologeticum*.

In mittelalterlichen Texten gilt Nero als die Personifizierung der Sünde. In Jean de Meungs *Roman de la Rose* (ca. 1275) und in G. Chaucers *Canterbury Tales* (1385–1400) wird neben dem Bericht von Sueton über Neros Betrachtung der mütterlichen Leiche erwähnt, wie der perverse Nero die Eingeweide herausnehmen ließ, um den Ort seiner Zeugung sehen zu können. ND

Im Barock wird dem Nero-Stoff große Beachtung geschenkt. Die von Nero verübten Schandtaten und die schrecklichen Ereignisse seiner Zeit finden Nachhall in den Stücken der britischen Autoren M. Gwinne (1603, latein. Text), T. May (1624) und N. Lee (1675), des Deutschen H. Julius (1594), des Niederländers G. van Nieuwelandt (1618) und des Spaniers F. Lope de Vega (1629). In *Den gulden winckel* (1613) J. van den Vondels wird Nero, der Muttermörder, Aeneas, dem Retter seines Vaters gegenübergestellt. Seine Grausamkeit kennzeichnet ihn auch in den späteren Werken wie der Octavia-Tragödie von V. Alfieri (1784). Zu dem Bild der Zügellosigkeit trug im 17. Jahrhundert die Annahme bei, es handele sich bei Petronius' *Satiricon*, dessen Stoff F. Nodot (1693) entsprechend historisierte, um einen

Schlüsselroman. Dramatisch wirksame Zuspitzungen werden erreicht, wenn Nero mit einer gleichwertigen Gegenfigur kontrastiert wird. In *Britannicus* (1669) von J. B. Racine steht das traurige Schicksal von Neros edlem Stiefbruder im Mittelpunkt; er durchschaut das grausame Machtspiel zwischen Agrippina und Nero nicht und fällt einem Giftmord zum Opfer. Die Stücke von H. S. Cyrano de Bergerac (1653) und D. C. von Lohenstein (1665) rücken Agrippina in den Vordergrund und lassen sie einen Märtyrertod sterben; von Lohenstein stammt aus demselben Jahr die Tragödie *Epicharis* über eine mutige Verbündete des Verschwörers Piso. Der Roman *Die Römische Octavia* (1677) von Anton Ulrich von Braunschweig handelt von Octavia, Britannicus und ihrer Halbschwester Antonia, die die Mordanschläge Neros überleben und die julisch-claudische Dynastie fortführen. Nachdem im 18. Jahrhundert das Interesse an der Figur Neros nachließ, kam es im 19. Jahrhundert zur erneuten Wiederbelebung des Stoffes. Die Aufmerksamkeit galt v. a. Nero als Ästhet und Hedonist: A. von Platens *Der Turm des Nero* (1827) über den Brand Roms, K. Gutzkows Drama (1835), A. Dumas' père *Acté* (1839) über eine Geliebte dieses Namens, R. Hamerlings Epos *Ahasver in Rom* (1866), E. Renans Essay *L'Antichrist* (1873) und der Roman *Quo Vadis?* (1896) des polnischen Nobelpreisträgers des Jahres 1905 H. Sienkiewicz.

Auch die Literatur des 20. Jahrhunderts hat Nero behandelt: K. Kavafis schrieb in seinen frühen Gedichten über die Bedrohung, die für den jungen Nero von dem alten Galba ausging, L. Feuchtwanger im Roman *Der falsche Nero* (1936), H. Gressieker im Drama *Seneca und die goldenen Jahre* (1951), L. Durrell im Stück *Acté or The Prisoners of Time* (1961), J. R. Hersey im Roman *The Conspiracy* (1972) und H. de Monteilhets in *Néropolis* (1984).

Auch in der Filmgeschichte kommt Nero häufig vor. Abgesehen von den acht *Quo Vadis?*-Verfilmungen taucht die Nero-Figur zum ersten Mal auf bei L. Maggi (1909), dann in einem erfolgreichen Filmspektakel von E. Guazzoni (1913) und später u. a. in Streifen von A. Blasetti (1930) und G. Malatesta (1968).

NM Neros Grausamkeit dominiert in den drei Opern von G. F. Händel, *Nerone* nach einem Libretto von C. F. Feustking (1705, Hamburg), *Ottavia* aus demselben Jahr nach einem Libretto von B. Feind und *Agrippina* nach einem Libretto von V. Grimani (1709, Venedig), und kennzeichnet später die Nero-Opern von A. Boito (Text und Musik vom Komponisten; entst. 1879–1918; von V. Tommasini und A. Toscanini postum bearbeitet, 1924,

Mailand), A. Rubinstein (Libr. von J. Barbier, 1879, Hamburg) und P. Mascagni (Libr. von P. Cossa/G. Targioni-Tozzetti, 1935, Mailand). In der Oper *L'Incoronazione di Poppea* von C. Monteverdi wird auch die Position von Poppaeas Gatten Ottone gestaltet (Libr. von G. F. Busenello, 1642, Venedig). Die Oper von A. Scarlatti handelt von den Anfängen der Herrschaft Neros (Libr. von M. Noris, 1695, Neapel).

In der bildenden Kunst der Neuzeit gibt es nur wenige szenische NK Darstellungen, u. a. den Tod der Agrippina von G. B. Pittoni (ca. 1723). Wohl gehört Nero seit der Renaissance zu der festen Reihe der ersten zwölf Kaiser nach der Überlieferung des Sueton: von → Caesar bis Domitianus. Stiche von H. Goltzius (*Icones imperatorum*, 1645) und P. P. Rubens gaben die Vorlagen ab für Reihen von Büsten in Bronze oder Porzellan (u. a. im 18. Jh. in Delft, Berlin, Meissen, Ginori in Italien), für Gebäudefassaden (z. B. Bamberger Rathaus von Anwander, ca. 1745) und Holzschnitzereien. In einer ungewöhnlichen Zusammenstellung finden wir Nero auf einem Holzschnitzwerk (1724) von K. Stilp in der Bibliothek des Klosters Waldsassen, wo er neben → Demokritos, Plato, Sophokles, → Cicero, → Scipio Maior und Caesar zu sehen ist. Diese Figuren gehen auf Rubens-Stiche zurück und gehören zur humanistischen Sphäre.

Die Unterscheidung in gute und schlechte Kaiser wird in der Literatur, besonders in den sogenannten Fürstenspiegeln, und der bildenden Kunst zu einem Topos: Tiberius, Caligula, Claudius, Nero und Domitianus repräsentieren schlechte Kaiser, Vespasianus, Titus, Traianus, Antoninus Pius und Marcus Aurelius gelten als gute Fürsten. Im Kaisergewölbe der Alten Residenz in München (Ende 16. Jh.) befinden sich im Auftrag Wilhelms V. angefertigte Büsten, die des weiteren Karl den Großen, Ludwig den Frommen, Maximilian, Karl V. und Ferdinand I. zeigen. Die Fassade der Michaeliskirche in München (1589) ist ebenfalls mit solchen Büsten dekoriert. Eine lange Reihe von Büsten finden wir auf der Kirchenfassade der Certosa di Pavia (→ Dareios) und in Wohnhäusern und Palästen in Neapel (z. B. Pal. Gravina, Ende 15. Jh.), Rom (Pal. Spada, 16. Jh.), Genua und anderen italienischen Städten.

Bedocchi Melucci 1988; Fluch 1924; Jakob-Sonnabend 1990; Jucker 1976; Kultzen 1963; Lankheit 1980; Mühlbach 1910; Pascal 1923

Nerva, Kaiser, Adoptivvater des → Traianus

Nessos, Kentaur → Herakles

Nike, Göttin bzw. Personifikation des Sieges, nach Hesiodos die Tochter des Titanen Pallas und der Flußgöttin Styx; sie gehörte zu den vorolympischen Göttern; den Römern als Victoria bekannt ⟨Hes. theog. 383–388⟩.
Nike entschied nicht über Sieg und Niederlage, sondern überbrachte den von den Göttern verliehenen Sieg. Die Athener brachten sie v. a. mit Athena in Zusammenhang, die auch den Beinamen ›Nike‹ trug.

In der bildenden Kunst der Antike wird Nike mit Flügeln, schnellfüßig und in lange Kleider gehüllt abgebildet, wobei sie den triumphierenden Göttern und Helden einen Lorbeerkranz oder Palmenzweig – die Attribute der Göttin – überreicht. In der archaischen Zeit erscheint sie manchmal mit langem, wehenden Gewand ohne Flügel im sog. Knielaufschema, z. B. in Form einer Marmorstatue des Archermos aus Delos (Mitte 6. Jh. v. Chr., heute Athen, M.) oder eines Torsos aus Syrakus (um 490 v. Chr., Marmor, Syrakus, M. Arch.). In der Frühklassik entstand eine Nike-Skulptur für die Akropolis in Athen als Weihegeschenk im Namen des Polemarchen Kallimachos (nach 490 v. Chr., Athen, Akropolis-M.). Paionios von Mende schuf eine Nike-Statue (um 421 v. Chr., Olympia, M.), die die Messenier nach ihrem Sieg über die Spartaner in Olympia aufstellten: Nike scheint vom Himmel herabzuschweben. Dieses Motiv wird in den folgenden Jahrhunderten häufig aufgegriffen.
Manchmal tauchen mehrere Nike-Gestalten zugleich auf einer Abbildung auf, gemäß der griechischen Vorstellung, daß jedem Sieger eine eigene Nike zur Seite stehe. Auf Reliefs vom Tempel der Akropolis (409–406 v. Chr., Athen, Akropolis-M.) sind mehrere Nike-Gestalten zu sehen, die ein Opfertier führen, eine Sandale lösen und mit Athena reden. Auf dem Pergamonaltar (Mitte 2. Jh. v. Chr., heute Berlin, Pergamon-M.) bekränzt Nike Athena, die den Giganten Alkyoneus besiegt hat. In der römischen Zeit sind die Nike-Gestalten, die einen Stier opfern, meist als Terrakotta-Reliefs in Tempeln zu finden. Die berühmte ›Nike von Samothrake‹ (um 190 v. Chr., Paris, Louvre) folgt in der Gestaltung dem Paionios, ebenso wie in Haltung und Kleidung die römische Victoria, die mit ihren Zehen eine Weltkugel berührt. Im Gefolge römischer Kaiser verleiht die Göttin diesen den Siegeskranz. Auch in der Symbolik, die nicht mit Krieg im Zusammenhang steht, vergegenwärtigt sie das kaiserliche Selbstverständnis. Auf altchristlichen Sarkophagen nehmen die Engel die Haltung Nikes mit Palmenzweigen ein.

Im literarischen und bildlichen Fürstenpreis der Neuzeit ist die NK
Siegesgöttin häufig präsent. Die Nike des Paionios inspirierte
zahlreiche Victoria-Figuren auf Triumphbögen und Siegessäu-
len, z. B. die von J. G. Schadow (1793) auf dem Brandenburger
Tor (Friedenstor) in Berlin, wo sich Nike neben Eirene (Friede)
befindet. Die Göttin führt hier das Viergespann (Quadriga) an,
wie auch beim Londoner Victoria-Monument von T. Brock
(1911). A. Saint-Gaudens schuf ein Reiterstandbild in New York
(1900) mit Nike, die General Sherman voranschreitet.

Beck 1936; Hölscher 1967

Nikias → Alkibiades

Nikomedes III. → Mithridates VI.

Ninos, König der Assyrer und zweiter Gatte der → Semiramis

Ninyas, Sohn der → Semiramis

Niobe, Königin von Theben, Tochter des lydischen Königs
Tantalos und der Dione ⟨Hom. Il. 24,605–617; Ov. met. 6,146–
312; Hyg. fab. 9; 11; Apollod. 3,5,6⟩.
Aus ihrer Ehe mit dem thebanischen König Amphion hatte Niobe sieben Söhne und sieben Töchter (auch andere Zahlen sind
überliefert). Sie war so stolz auf ihre Kinder, daß sie es wagte, die
Göttin → Leto zu verspotten, weil sie nur zwei Kinder, die Zwillinge Apollon und Artemis, hatte. Leto beauftragte ihre Kinder,
diese Schmach zu rächen, worauf Apollon die Söhne und Artemis die Töchter der Niobe mit ihren Pfeilen erschossen. Nur ein
Sohn und eine Tochter wurden verschont.
Nach Homers *Ilias* blieben die getöteten Kinder zehn Tage lang
unbegraben liegen, bis sich die Götter selbst um das Begräbnis
kümmerten. Nach Ovid verwandelte sich die weinende Niobe in
einen Marmorblock, dem eine Quelle entsprang. Ein Felsen im
lydischen Sipylosgebirge bei Magnesia wird als die versteinerte
Niobe angesehen.

Der Mythos von Niobes Hybris und dem Tod ihrer Kinder, der
Niobiden, war in der Kunst und Literatur der Antike angesichts
der vielen Erwähnungen weit verbreitet. Tragödien von Aischylos und Sophokles sind verlorengegangen.

Die Niobiden boten den antiken Künstlern die Möglichkeit, das Leiden und Sterben darzustellen, wie z. B. auf der Vase des Niobidenmalers (um 460 v. Chr., Paris, Louvre). Vom Giebel eines griechischen Tempels (um 430 v. Chr.) stammen eine verwundete Niobide (Rom, M. Naz.) und ein getöteter Sohn (Kopenhagen, Ny Carlsberg Glyptothek). Eine hellenistische Statuengruppe mit den Niobiden (um 130 v. Chr.) ist durch römische Kopien mit zwölf Figuren bekannt (Rom, Vat. M.; Florenz, Uffizien; ursprünglich aus dem Park einer Villa in Rom). In der Kaiserzeit kommt der Mythos in der Malerei und auf Sarkophagen als ›memento mori‹ wiederholt vor.

NK Auch wenn die Bestrafung der Superbia in einem Emblem von Alciati (1531) zum Ausdruck kommt, so ist nicht gesichert, ob diese moralische Interpretation auf die bildende Kunst der Renaissance und des Barock generell zutrifft. Mit der Geschichte der Niobe beschäftigten sich in der bildenden Kunst der Neuzeit u. a. auf Gemälden Falconetto (um 1520, Mantua, Pal. d'Arco) und auf einer Zeichnung C. Salviati (um 1540, Oxford, Ashmolean M.), auf Fresken P. da Caravaggio (um 1528, Grisaille, Rom, Pal. Milesi) und L. Cambiaso (um 1570–80, Genua, Pal. Lercari Parodi) sowie A. Allori auf Entwürfen für eine Teppichreihe (1585/86) für die Villa Medici in Poggio a Caiano. Niobe und ihre Kinder bzw. den Tod der Niobiden stellten auf Gemälden z. B. J. Tintoretto (um 1541, Modena, G. Estense), A. Bloemaert (1591, Kopenhagen, Staatl. Kunstm.), A. Camassei (um 1630–40, Rom, Pal. Barberini) und L. Giordano (um 1675–80, Rom, Pal. Chigi), im 20. Jahrhundert A. Masson (1947, Lyon, M.) dar. In der Bildhauerei entstanden Arbeiten u. a. von J. Pradier (1822, Paris, Louvre), A. Rodin (um 1900, Marmor, Toledo/Ohio, M.) und O. Zadkine (1929, Holz, Philadelphia, M.). Am Hof von Franz I. sah sich dessen Mätresse Diana von Poitiers gern als Artemis/Diana, weshalb im Palast von Fontainebleau Fresken von Primaticcio (1541–47, zerstört) und Teppiche mit der Bestrafung Niobes durch Artemis geschaffen wurden. Im Latona-Saal und in angrenzenden Sälen der Landshuter Residenz (Mitte 16. Jh.) ließ Ludwig I. Darstellungen der Niobe und ihrer Kinder als Mahnung vor Hochmut und Aufstand anbringen (→ Arachne).

ND In der Literatur des Mittelalters und der Renaissance versinnbildlicht die Bestrafung Niobes die göttliche Vergeltung bei Superbia, Hochmut, oder die Warnung vor Blasphemie: im *Ovide Moralisé* (ca. 1316), in G. Boccaccios *De genealogiis deorum genti-*

lium (1350–60) und *De claris mulieribus* (1356–64) und in Dantes *Divina Commedia* (1307?–21?). Später kommt der Niobe-Mythos in Dramen von H. Sachs (1557) und Maler Müller vor; letzterer zeigt Niobe in seinem Sturm und Drang-Stück (1778) als Heldin, die sich gegen die Götter auflehnt. Weitere Tragödien, die den Konflikt Niobes mit der strafenden göttlichen Macht thematisieren, stammen von L. Tieck (1790), C. H. W. von Schütz (1807), J. Körner (1821). Daneben wurde Niobe als Gestalt unsäglichen Schmerzes in der Lyrik zum Thema: z. B. J. Kochanowski, *Tränen* (1580, poln.), C. M. R. Leconte de Lisle (1852), R. Huch (1912).

Niobe steht im Mittelpunkt einiger Opern, u. a. von A. Bertali NM (1652, Mantua), A. Steffani (Libr. von L. Orlandi, 1688, München), G. A. Bernabei (1690, vermutl. München), S. Neukomm (Libr. von F. Rossel, 1809, Montbéliard) und G. Pacini (Libr. von L. A. Tottola, 1826, Neapel). Ballettkompositionen stammen von A. Savinio (1925, Rom) und J. Luciuk (1962). H. Sutermeister schuf ein Monodrama für Sopran, Doppelchor, Orchester und Tänzer (Libr. von P. Sutermeister, 1946, Zürich); J. Fotek komponierte ein Chorwerk (Text von K. I. Gałczyński, 1960). B. Britten nahm die Gestalt in seine *Metamorphosen nach Ovid* für Oboe solo auf (1951, Thorpeness).

Frenzel 1992a; Geominy 1984; Wiemann 1986

Numa Pompilius (reg. 715–673), zweiter König Roms ⟨Liv. 1,18–21,5; Plut. Num.; Cic. rep. 2,23–30; Ov. met. 15; Dion. Hal. 2,55–76⟩.
Nach dem Interregnum, das auf die Regierung von Romulus (→ Romulus und Remus) folgte, übernahm der Sabiner Numa Pompilius die Herrschaft in Rom. Er war ein weiser und tugendhafter Mann, der den ihm angebotenen Königsthron erst bestieg, nachdem günstige Vorzeichen den Willen der Götter bestätigt hatten. Seine jahrzehntelange Herrschaft brachte Rom eine lange Friedenszeit. Ihm wurden einige Gesetze zur öffentlichen Ordnung Roms zugeschrieben, v. a. aber galt er als Begründer der religiösen Einrichtungen der Stadt: so setzte er u. a. die Vestalinnen ein. Um sich den nötigen Respekt bei der Gesetzgebung zu verschaffen, berief er sich auf übermenschliche Intuition: Die Gesetze seien ihm von der Nymphe Egeria, die er regelmäßig in einem Eichenwäldchen südlich von Rom, im Bosco Sacro, aufsuchte, eingegeben worden. Eine andere Überlie-

ferung, nach der Numa ein Schüler des Pythagoras gewesen sei (u. a. Enn. ann. 2; Ov.), verwirft Livius zu Recht mit der Begründung, dies sei unmöglich, da Pythagoras im 5. Jahrhundert lebte. Numas Eingebungen stammen den antiken Autoren zufolge nicht allein aus seinem Umgang mit Egeria; er führte auch mit Jupiter Gespräche über die neuen Gesetze.

Nach seinem Tod wurde er am Fuß des Ianiculus beigesetzt, in einer Kiste neben ihm ein Exemplar seiner Gesetze. Als beide Kisten 181 v. Chr. nach schweren Regenfällen freigespült worden waren, stellte man nach der Öffnung fest, daß die sterblichen Überreste des Königs völlig verwest, die Gesetzesschriften aber unversehrt geblieben waren. Auf dem Comitium (Versammlungs- und Wahlplatz auf dem Forum Romanum) wurden sie feierlich verbrannt und wieder ›beigesetzt‹.

Über Egeria geht die Legende, sie habe sich nach Numas Tod in Trauer an seinem Grab niedergelassen und, nach Ovids *Metamorphosen*, in eine kühlende Quelle verwandelt.

Numa Pompilius tritt in der klassischen und späteren Literatur als weiser Mann auf, seine Regierung gilt als Ruhepunkt des Friedens in einer Zeit der Kriege.

Auch wenn Autoren wie Livius (1,21), Plutarch und Valerius Maximus (1,2,1), die Eingabe der Gesetze durch Egeria bezweifeln oder zumindest als unklar darstellen, so sprechen sie doch mit Bewunderung über diese Berufung auf göttliche Intuition. Sie vergleichen dies, wie Plutarch, der seine Numa-Biographie mit der des → Lykurgos zusammenstellt, mit der Berufung des Minos auf Zeus und Lykurgos' Berufung auf Apollon.

Spätantike und christliche Autoren wie Aurelius Victor, Ammianus Marcellinus und Augustinus sehen in Numa das Ideal eines Friedensfürsten. Er wird dem kriegerischen Romulus gegenübergestellt und mit Kaiser Antoninus Pius (138–161) verglichen, der ebenfalls als Beispiel für Friedensliebe galt.

Machiavelli und Hobbes, die sich theoretisch mit Formen von Herrschafts- und Machtausübung beschäftigten, erwähnen lobend, daß sich Numa bei seiner Gesetzgebung auf deren göttliche Herkunft berief. Montaigne führt als weiteres Beispiel → Solons Berufung auf Athene an.

ND Die einschlägig gewordene Gegenüberstellung von Numa und Romulus durch die klassischen und frühchristlichen Autoren findet sich z. B. in F. de S. Fénelons *Dialogues des morts* (1700) wieder. H. L. Spiegel spielte mit seiner Tragödie *Numa ofte amptsweygheringe* (ca. 1580–90) auf seine eigene Weigerung an, ein öffentliches Amt in Amsterdam zu bekleiden.

Die Gestalt des Numa Pompilius verfügt in der Operngeschichte NM
bis zum Ende des 19. Jahrhunderts über eine kontinuierliche
Tradition, z. B. mit den Werken von G. M. Pagliardi (Libr. von
M. Noris, 1674, Venedig), J. G. Conradi (Libr. von C. F. Postel,
1691, Hamburg), J. A. Hasse (Libr. von S. Pallavicino, 1741,
Hubertusburg), J. de Sousa Carvalho (Libr. von G. Martinelli,
1789, Lissabon), B. Buchwieser (Libr. von A. J. Guttenberg,
1808, Wien), F. Paer (Libr. von M. Noris, 1808, Paris), F. Pontelibero (Libr. von S. Viganò, 1815, Mailand) und G. Mascetti
(Libr. von P. Bettoli/N. Ilari, 1900, Rom).

Auf dem Forum Romanum soll seit dem 4. Jahrhundert v. Chr. NK
eine Bronzestatue gestanden haben, die noch auf Münzen aus
dem 1. Jahrhundert n. Chr. erscheint. Aus der Zeit der Antoni-
nen ist ein fiktives Porträt in Marmor bekannt, wahrscheinlich
eine Kopie der genannten Bronzestatue. → Augustus hatte den
legendären König in die nicht mehr erhaltene Skulpturenreihe
der ›viri illustres‹ auf dem Forum Augustum aufgenommen. Erzählende Darstellungen aus der Antike sind nicht bekannt.
Numa mit der Nymphe Egeria wird in der bildenden Kunst der
Neuzeit einige Male dargestellt: z. B. auf einem Gemälde aus dem
Kreis um N. Poussin (um 1630, Chantilly, M.). Freskenzyklen
des 16. Jahrhunderts schildern verschiedene Numa-Szenen. Die
u. a. P. da Caravaggio zugeschriebene Arbeit im Salon der Villa
Turini-Lante auf dem Ianiculus in Rom (um 1520) zeigt ein Op-
fer des Numa an die Vesta und den Fund des Grabes auf diesem
Hügel. In der u. a. von P. del Vaga und D. Zaga 1545–47 ausge-
malten Sala di Apollo in der Engelsburg in Rom ist ebenfalls der
Fund des Grabes zu sehen. In der Villa Imperiale in Terralba bei
Genua hielt L. Cambiaso auf Fresken (um 1565) die Wahl Numas
und sein Verhältnis mit der Nymphe fest. In den Szenenfolgen
aus der römischen Geschichte steht Numa häufig für Pietas und
Friedensliebe im Gegensatz zum kämpferischen Auftreten des
Romulus, wie z. B. in der Freskenreihe von M. von Schwind
(1842) in der Karlsruher Staatsgalerie, wo die Darstellung von
Numa mit der Nymphe Egeria dem Raub der → Sabinerinnen
folgt.

Brandt 1988

Numitor, Großvater von → Romulus und Remus

Nykteus → Amphion und Zethos

Nymphen, niedere weibliche Naturgottheiten in Menschengestalt, Töchter des Zeus oder auch des Okeanos, Acheloos und der Göttin Themis ⟨Hom.⟩.

Die Bezeichnung ›Nymphe‹ stand ursprünglich für junge, heiratsfähige Mädchen und wurde erst später mit den Naturgöttinnen verbunden. Sie lebten in den Wäldern (Dryaden), den Bergen (Oreaden), an Quellen, Seen und Flüssen (Naiaden) oder im Meer (Nereïden). Einige Nymphen trugen Namen, wie die Quellennymphe Arethusa in Syrakus (Ov. met. 5,572–641), die von dem verliebten arkadischen Flußgott Alpheios verfolgt wurde und sich von Artemis in eine Quelle verwandeln ließ, um ihm zu entkommen.

Viele Nymphen gingen Liebesverhältnisse mit Sterblichen oder Göttern ein. Salmakis verschmolz mit → Hermaphroditos zu einem Zwitterwesen. Häufig endeten die Beziehungen für die Liebhaber auf tragische Weise. Hylas, der Gefährte des Herakles, wurde von einer verliebten Nymphe in eine Quelle gezogen und ertrank. → Daphnis wurde seiner geliebten Nymphe Echenais untreu und von ihr zur Strafe mit Blindheit geschlagen. Eurydike, → Orpheus' Frau, war eine Dryade. Die Nymphen waren Artemis (→ Kallisto), Dionysos und Aphrodite als Gottheiten der Fruchtbarkeit verbunden. Pan war ihr Lehrmeister. Ihre Kultstätte mit Brunnen und Wasserspielen wurden als Nymphaion bezeichnet.

In der bildenden Kunst der Antike werden die Nymphen als junge Mädchen dargestellt, wobei die Wassernymphen unbekleidet sind, wie z. B. auf der François-Vase (um 570 v. Chr., Florenz, M. Arch.). Tempelreliefs zeigen sie häufig zusammen mit Hermes oder Pan. Auf Mosaiken und Gemälden dienen sie als belebendes Element von Landschaften, z. B. auf den Odysseus-Landschaften (um 40 v. Chr.) im Vatikan, oder sie treten als Brunnenfiguren mit ihren Attributen, Krug oder Wasserpflanzen, auf.

NK Die Verbindung der Nymphen mit dem Element Wasser bestimmt auch ihre Darstellung in der bildenden Kunst der Neuzeit. In der Bildhauerei kommen sie als dekorative Elemente von Brunnen oder Wasserbecken vor, z. B. an der Fontaine des Innocents in Paris von J. Goujon (um 1548/49, Steinrelief), am Herkulesbrunnen in Augsburg von A. de Vries (1596–1602, Bronze, Maximilian-M.), im Versailler Park von F. Girardon/E. Le Hongre/P. Le Gros (um 1668–70, Steinreliefs), am Nymphenbad im Zwinger in Dresden von B. Permoser (1712–19,

Statuen), bei G. R. Donner (1737/38, Brunnenskulptur, Wien,
Barockm.) und in den städtischen Anlagen von Tübingen von
J. H. Dannecker (1808–15, Sandsteinskulpturengruppe), oder
sie steigen aus dem Wasser, wie bei É.-M. Falconet (um 1757,
Gipsmodell, St. Petersburg, Eremitage). In der Malerei werden
sie häufig in der Nähe von Wasserbecken abgebildet, z. B. auf
einer Zeichnung von Dürer (1514, Wien, Albertina), auf Gemälden von L. Cranach d. Ä. (seit 1518 u. a. Leipzig, M.; Liverpool, G.; New York, Metrop. M.), oder an Quellen, z. B. bei
Gemälden von A. Böcklin (1855, München, Schack-G.), Ingres
(1856, Paris, Louvre; Nymphe mit einem Wasserkrug), A. Renoir (1869/70, London, Nat. G.) und F. von Stuck (um 1911,
u. a. Hannover, Landesm.); ebenso in der Bildhauerei bei E.
Scharff (1947, Bronzeskulptur, Hamburg, Kunsth.). Schlafende
oder ruhende Nymphen finden sich in der Malerei beispielsweise
auf Gemälden von J. Jordaens (um 1640, Brüssel, Bougard C.),
G. M. Crespi (um 1700, Washington, Nat. G. und Moskau,
Puschkin M.), J. Reynolds (1784, London, Tate, G.), A. Feuerbach (1870, Nürnberg, Nationalm.) und H. Fantin-Latour
(1900, Reims, M.) sowie in der Bildhauerei bei Giambologna
(um 1580, Bronzeskulptur, Dresden, Grünes Gewölbe) und A.
Canova (1817–22, Terrakotta, Possagno, G.). Badende, spielen-
de und tanzende Nymphen tauchen z. B. auf einer Zeichnung
von Parmigianino (um 1524, Florenz, Uffizien), auf Gemälden
von J. Liss (um 1625, Schweinfurt, Slg. Schäfer), F. Boucher
(1746, Stockholm, Nationalm.), C. Corot (um 1850 und 1857,
Paris, M. d'Orsay sowie um 1855–60, Chicago, Art I.), A. Feuerbach (1855, Berlin, Nationalg.) und A. Böcklin (1881, Darmstadt, Landesm.) sowie als Marmorskulptur von A. Rodin (vor
1910, Paris, M. Rodin) auf. Auf dem sog. Osthaus-Triptychon
von H. Matisse (1907/08, Hagen, Haus Hohenhof) flankieren
zwei tanzende Nymphen eine schlafende Nymphe und einen Satyr. Weitere Nymphendarstellungen schufen u. a. B. Cellini
(1542/43, Bronzerelief, Paris, Louvre), A. de Vries (1600–10,
Bronzeskulptur, Braunschweig, M.) und N. Poussin (um 1624–
26, Gemälde, St. Petersburg, Eremitage; Nymphe auf einer Ziege sitzend). Außerdem werden die Nymphen häufig mit Artemis
abgebildet, zu deren Gefolge sie gehören, z. B. auf einem Gemälde von H. van Balen/J. Brueghel d. Ä./F. Snyders (um 1621,
München, AP). J. H. W. Tischbein stellte in seinen ›Oldenbur-
ger Idyllen‹ mehrere Nymphen und Satyrn dar (1817–20), Landesm. Oldenburg). Zu den Nymphen, die heimlich von Satyrn
betrachtet werden: → Satyrn.

ND Mit der bukolischen Dichtung der Neuzeit verbinden sich die
Nymphen seit G. Boccaccios Schäferdichtungen *Comedia delle
ninfe fiorentine* (1341/42) und *Ninfale Fiesolano* (1344–46). Mit
dem Goldenen Zeitalter oder dem paradiesischen Arkadien werden sie bei T. Heywood (*The Golden Age*, Drama, 1609–11) und
B. Jonson (*Pan's Anniversary*, Masque, 1620) assoziiert. M. Opitz
schuf einen Prototyp barocker deutscher Schäferdichtung mit
der *Schäferey von der Nymfen Hercynia* (1630). Im 18. Jahrhundert
wandte sich J. G. Herder mit einem Gedicht *An die Nymphen*
(1797). J.-M. de Heredia verfaßte die beiden Sonette *Nymphée*
(1877) und *Le bain des nymphes* (1890). Das Fortleben der Nymphen beschwört M. Saponaro in seinem Roman *L'ultima ninfa non
é morta* (1948). J. L. Borges nahm in sein *Buch imaginärer Wesen*
(1967, span.) das Gedicht *Las ninfas* auf. Naiaden und Quellnym-
phen fanden besondere Aufmerksamkeit in der Lyrik: z. B. M.
Arkenside (1746), J. G. Herder (1787), G. D'Annunzio (1893),
R. W. Buchanan (1901), P. Huchel (1967).

NM Im 17. Jahrhundert entstanden einige Kompositionen zu den
Nymphen, darunter Madrigale von T. Morley (London, 1595),
eine ›canzone‹ von C. Monteverdi (Text von O. Rinuccini, entst.
1622, Druck 1638), eine ›masque‹ für Tasteninstrument von O.
Gibbons (vor 1625) und eine Oper von B. Ferrari (Libr. vom
Komponisten, 1641/42, Venedig). *Il ballo delle ninfe* ist Motiv für
eine Serenata von A. Scarlatti (Text von S. Stampiglia, 1706,
Rom), während bei M. Haydn die Nymphen im Krieg dargestellt
werden (Kantate, 1765). Im 19. Jahrhundert war das Sujet v. a.
im Genre des Balletts sehr beliebt, wie die Werke von L. Delibes
(Libr. von J. Barbier/Baron de Reinach, 1876, Paris), A. Haring
(1895) und G. Michiels (1900) nahelegen. Eine symphonische
Dichtung stammt von V. S. Kalinnikov (nach einem Gedicht
von I. Turgenev, 1889). Text und Musik für die musikalische
Komödie *Nymphe Errant* schrieb C. Porter (1933, Manchester).
Den Dryaden sind Werke gewidmet wie die Konzertouvertüre
von W. Sterndale Bennett (1838, London), die Ballette von C.
Pugni (1845, London), H. Justament (1864, Brüssel) und D.
Bright (1907, London), die Chorwerke von J. P. E. Hartmann
(Text von F. Paludan-Müller, 1858) und L. Delibes (Text von
C.-L.-E. Nuitter, vor 1891) sowie die Instrumentalstücke von J.
Sibelius (1894 und 1910) und K. Szymanowski (1915).
Die Naiaden stehen im Mittelpunkt z. B. bei G. Liverati/A. Lee
(Oper, Libr. von W. Dimond, 1829, London), W. Sterndale
Bennett (Ouvertüre, 1836, London) und G. Whitefield Chad-

wick (Kantate, 1895, New York). Lieder zu diesem Thema komponierten C. Debussy (nach dem Gedicht von P. Louÿjs, 1897/98), E. Rofe (1930), R. Moevs (Paris, 1952) und C. Ore (1981). Neuere Adaptionen dieser ›Wasserfrauen‹ sind auch zu finden bei P. Wissmer (Komposition für Erzähler, Soli, Chor und Orchester, 1942, Genf) und W. Alwyn (Sonate für Flöte und Harfe, 1971).

Nereïden und Okeaniden als Meerestöchter wurden aufgegriffen von A. Dvořak (Ballade, Breslau, 1883), M. Brusselmans (Ballett, 1911), R. Gipps (Ballett, 1941), M. Castelnuovo-Tedesco (Komposition für zwei Frauenchöre, zwei Flöten und Harfe, 1954) und D. Terzakis (Kompositon für Sopran, Mezzosopran und Orchester, 1967).

Becatti 1971; Ling 1974; Muthmann 1975

Octavia, Tochter der → Messalina und erste Gemahlin des → Nero

Octavian → Augustus

Odysseus (lat. Ulixes), listiger Held des Trojanischen Krieges, mußte auf der Rückreise von Troja viele Abenteuer bestehen; König von Ithaka, einer Insel vor der Westküste Griechenlands, Sohn des Königs Laertes von Ithaka und der Antikleia ⟨Hom. Il.; Hom. Od.⟩.

Zwei Erlebnisse des jungen Odysseus sind für das Geschehen nach seiner Rückkehr aus Troja von Bedeutung: Auf einer Jagd mit den Söhnen seines Großvaters Autolykos zog er sich eine Wunde zu, deren Narbe er sein Leben lang behielt. Als er einst Gast am Hof von Messene war, bekam er von Eurytos einen großen Bogen geschenkt, der ihm später hilfreich sein sollte.

Odysseus gehörte neben vielen Fürstensöhnen zu den Freiern der → Helena und schlug deren Vater Tyndareus vor, alle Freier demjenigen Beistand schwören zu lassen, auf den die Wahl fallen würde. Als Helena später von Paris geraubt wurde, konnte Helenas Gatte → Menelaos dank dieser Abmachung mit der Hilfe der griechischen Fürsten rechnen.

Odysseus heiratete die spartanische Königstochter Penelope, die ihm Telemachos als einzigen Sohn schenkte.

Bereits bei den Vorbereitungen zum Trojanischen Krieg versuchte Odysseus, schwierige Situationen durch scharfsinnige

Tricks zu meistern, was zum Teil auch bei Vergil und den Tragikern überliefert ist. Als sich die griechischen Fürsten zum Trojanischen Krieg rüsteten, täuschte Odysseus Wahnsinn vor, um an dem Zug nicht teilnehmen zu müssen, aber → Palamedes durchschaute seine List. Bei den Vorbereitungen zum Krieg übernahm Odysseus die Aufgabe, → Achilleus ausfindig zu machen, der sich auf Skyros versteckt hielt. Außerdem lockte er → Iphigenie nach Aulis, die geopfert werden sollte, um Artemis günstig zu stimmen.

In Troja angekommen, versuchten Menelaos und Odysseus vergeblich, Helena durch Verhandlungen zurückzugewinnen, so daß ein Krieg unvermeidbar wurde. Odysseus stellte in diesem Krieg nur zwölf Schiffe zur Verfügung und bewährte sich weniger als herausragender Kämpfer als vielmehr durch Scharfsinn, Ideenreichtum und Beredsamkeit. Aber nicht immer war er mit seiner Überredungskunst erfolgreich. So gelang es ihm nicht, Achilleus nach dessen Streit mit → Agamemnon zum Weiterkämpfen zu bewegen. Bei einer nächtlichen Erkundung des trojanischen Lagers mit → Diomedes tötete Odysseus den trojanischen Spion Dolon und den thrakischen König Rhesos. Nach dem Tod des Achilleus konnte Odysseus den Streit mit → Aias um die Rüstung des gefallenen Helden durch seine Redekunst für sich entscheiden, worauf sich Aias das Leben nahm. → Philoktetes und → Neoptolemos ließen sich von Odysseus zur Teilnahme am Trojanischen Krieg bewegen. Mit Diomedes raubte er das heilige Standbild der Athena, das Palladion. Von ihm stammte auch die Idee, einige griechische Helden in einem großen, hölzernen Pferd zu verstecken, und die Trojaner dazu zu bringen, dieses Pferd in ihre Stadt zu ziehen in dem Glauben, es handele sich um ein glückbringendes Standbild zu Ehren der Athena. Diese List des Odysseus führte schließlich zum Fall Trojas.

Sein Schicksal während der zehnjährigen Rückreise nach Ithaka wird von Homers *Odyssee* überliefert. Odysseus verlor einen Teil seiner Mannschaft, als er auf der Insel der Kikoner nach erfolgreichen Raubzügen von den Inselbewohnern überfallen wurde. Danach gelangte er mit seiner Flotte zur Insel der Lotophagen (Lotosesser) und sandte Kundschafter aus. Diese aßen jedoch von den Lotosblüten, vergaßen ihre Aufgabe vollständig und sagten, auf der Insel bleiben zu wollen, als Odysseus sie wiederfand. Mit Gewalt mußte er sie wieder an Bord bringen.

Auf einer anderen Insel lebten die riesigen, einäugigen → Kyklopen, zu denen auch der Viehhirte Polyphemos gehörte, der Sohn

Poseidons. Als Odysseus mit seinen Männern zu der Höhle des Kyklopen kam, stellte er sich unter dem Namen Outis (›Niemand‹) vor. Polyphemos verschlang einige der Männer und schloß die übrigen in der Höhle ein, während er seine Herde hütete. Odysseus ersann einen Fluchtplan: Er spitzte einen Baumpfahl an, machte den Riesen betrunken und stieß ihm dann den Pfahl in sein Auge. Polyphemos rief die anderen Kyklopen vergeblich um Hilfe, da er immer schrie, ›Niemand‹ habe ihn überfallen. Schließlich konnten die Männer aus der Höhle entfliehen, indem sie sich unter die buschigen Bäuche der Widder hängten, wo sie der blinde Polyphemos nicht ertasten konnte, als er die Tiere am Morgen hinaustrieb.

Poseidon konnte Odysseus die Blendung seines Sohnes nicht verzeihen und versuchte immer wieder, ihn auf der weiteren Fahrt nach Ithaka in Gefahr zu bringen. Doch auch die Neugierde von Odysseus' Männern verhinderte eine schnelle Rückkehr. Als sie bei Aiolos, dem Herrscher der Winde, zu Gast waren, bekam Odysseus als Geschenk einen Sack mit den ungünstigen Winden, so daß ihn die günstigen ungestört vorantreiben konnten. Die Männer aber glaubten, Odysseus habe Schätze erhalten und öffneten kurz vor Ithaka den Sack, worauf die Winde entwichen und die Schiffe zurücktrieben.

So kamen sie ins Land der riesigen menschenfressenden Laistrygonen. Eine Tochter des Königs Antiphates wies den ahnungslosen Kundschaftern den Weg zum Palast. Doch als einer von ihnen ergriffen und zum Mahl vorbereitet wurde, flohen die anderen. Die Riesen verfolgten sie jedoch, verschlangen sie und bewarfen die Schiffe mit Felsblöcken. Nur Odysseus konnte mit seinem Schiff und der restlichen Mannschaft entkommen.

Ein Jahr lang blieb der Held bei der Zauberin → Kirke, bevor er seine Rückreise fortsetzte. Dazu mußte er den Schatten des Sehers → Teiresias aus dem Totenreich holen und über die Zukunft befragen. Am Eingang zum Hades wurde Odysseus mit vielen traurigen Schicksalen konfrontiert: seine Mutter Antikleia; Agamemnon, der ihm seine Ermordung durch Klytämnestra erzählte; Achilleus; Aias, der über Odysseus noch immer verbittert war; Tityos, Tantalos und Sisyphos, die ihre ewige Strafe erdulden mußten; der Schatten des → Herakles, der selbst unter den Göttern weiterlebte. Von Teiresias erfuhr Odysseus, daß er trotz des vielen Unglücks, das Poseidon ihm noch bringen werde, schließlich wohlbehalten nach Ithaka gelangen werde, wo Freier seine Frau Penelope umwarben und den Besitz aufzehrten.

Dank der Hinweise Kirkes bestanden Odysseus und seine Mannschaft einige gefährliche Situationen. So passierten sie die Insel der Sirenen, die mit ihrem Gesang die Seeleute in ihren Bann zogen und in den Untergang führten. Aber Odysseus stopfte seinen Männern Wachs in die Ohren und ließ sich selbst an den Mast binden.

Odysseus konnte zwar die ständig zusammenschlagenden Felsinseln, die Symplegaden (→ Argonauten) umgehen, mußte aber die Meerenge passieren, die von zwei Meeresungeheuern bewacht wurde: Auf der einen Klippe saß die sechsköpfige Skylla, die jedes Schiff packte und an dem gegenüberliegenden Felsen zerschmetterte. Charybdis verursachte gefährliche Strudel, indem sie das Meerwasser einsog und wieder ausspuckte. Odysseus gelang es mit geringem Verlust, auf der Seite Skyllas die Meerenge zu passieren.

Nach diesen Prüfungen ging die Mannschaft auf einer Insel an Land, wo die Rinder des Sonnengottes Helios weideten. Die schlechte Wetterlage hinderte sie an der Weiterfahrt, so daß ihr Proviant nach einem Monat knapp wurde. Die Männer handelten dem Befehl des von Teiresias und Kirke gewarnten Odysseus zuwider und schlachteten einige Rinder des Helios. Als sie wieder auf dem Meer waren, sandten die Götter zur Strafe heftige Stürme. Bis auf Odysseus, der sich auf die Insel der Nymphe Kalypso rettete, gingen sie alle unter.

Auf dieser Insel mußte Odysseus viele Jahre bleiben. Hier hätte er an der Seite der schönen und verliebten Nymphe glücklich leben können, doch sehnte er sich nach Ithaka und Penelope. Schließlich sandte Zeus nach Athenas Fürsprache Hermes mit dem Befehl zu Kalypso, Odysseus gehen zu lassen. Die Nymphe gehorchte, half Odysseus beim Bau eines Schiffes und gab ihm Vorräte für die Weiterfahrt. Wieder auf dem Meer geriet Odysseus erneut in einen Sturm des erzürnten Poseidon und erlitt vor der Küste der Phaiaken Schiffbruch. Am Strand traf er auf Nausikaa, die Tochter des Phaiakenkönigs Alkinoos, die den Schiffbrüchigen mit Kleidung und Nahrung versorgte und zu ihrem Vater brachte. Als Alkinoos und seine Frau Arete von seinem Schicksal erfuhren, stellten sie ihm Schiff und Mannschaft zur Verfügung, damit er endlich nach Ithaka heimkehren konnte.

Auf Ithaka lebte Penelope schon seit Jahren umringt von hartnäckigen Freiern, ohne zu wissen, ob Odysseus noch lebte. In ihrer Treue hielt sie die Freier damit hin, daß sie sich erst dann für einen von ihnen entscheiden wollte, wenn das Totenhemd des Laertes, das sie webte, vollendet sei. Nachts aber löste sie alles, was sie tagsüber gewebt hatte, wieder auf. Der jugendliche Sohn Telemachos war den Freiern gegenüber machtlos und beschloß auf den Ratschlag Athenas hin, die sich ihm in Gestalt seines Freundes Mentor gezeigt hatte, ein Schiff auszurüsten und seinen Vater zu suchen. Er besuchte Nestor in Pylos und Menelaos und Helena in Sparta, konnte aber nichts über den Vater erfahren. Als er zurückkehrte, war Odysseus gerade auf Ithaka angekommen.

Odysseus hatte sich als Bettler verkleidet, um unerkannt die Situation zu erforschen. Der alte Schweinehirt Eumaios bot ihm Unterkunft und klagte über die Zustände im Palast. In der Hütte des Eumaios sah Odysseus seinen Sohn wieder und gab sich ihm zu erkennen, ohne die anderen miteinzubeziehen. Am nächsten Tag ging er als Bettler zum Palast. Der alte Hund Argos starb, nachdem er seinen Herrn erkannt hatte. Odysseus mußte einige Beleidigungen der Freier über sich ergehen lassen, die nicht ahnten, wen sie vor sich hatten. Die alte Amme Eurykleia dagegen erkannte ihn an der Narbe, die er sich als Junge zugezogen hatte, mußte aber schwören, ihn nicht zu verraten.

Am nächsten Tag gab Penelope bekannt, den Freier zu heiraten, der den Bogen des Odysseus spannen könne. Als es niemandem gelang, ergriff Odysseus den Bogen, spannte ihn und erschoß nun nacheinander die Freier, die sich nicht wehren konnten, da Telemachos ihre Waffen versteckt und die Ausgänge des Palastes verschlossen hatte. Endlich sah Odysseus nun Penelope und den alten Vater Laertes wieder.

Über seinen Tod gibt es verschiedene Überlieferungen (Soph. Eur., bekannt durch Nacherzählungen; Prokl. nach der verschollenen Telegonie; Hyg. fab. 127). Er soll von Telegonos, seinem Sohn von Kirke, versehentlich getötet worden sein (Strab.; Theop. Fragm. 1,296) oder er wanderte nach Italien aus und versöhnte sich dort mit dem Trojaner Aeneas, der nach dem Fall Trojas nach Italien geflüchtet war (Dion. Hal. 1,72; Lykophr. Alex. 1242–1243).

In der antiken Literatur wird Odysseus v. a. als überzeugender Redner (Ov. met. 13,92; Stat. Ach. 1,911–912; Cic. de or. 1,196) und listenreicher Kämpfer (Hyg. fab. 113; Ov. met. 13,256–257) charakterisiert, wobei die Bewertung schwankt: milde Weisheit, zynische Arglist, vernünftiges Überzeugen oder scharfzüngiges Anfeuern seiner Kameraden werden hervorgehoben. Die römische Literatur, v. a. Vergil (Aen.), kommt zu einer negativen Bewertung; die griechischen Tragiker zeigen unterschiedliche

Aspekte. In Sophokles' *Aias* hält er gegen die Atriden Agamemnon und Menelaos ein Plädoyer für den Selbstmörder Aias, mit dem er sich um die Verteilung von Achilleus' Waffen gestritten hatte. Im *Philoktetes* von Sophokles versucht er, die Waffen des Philoktetes zu bekommen, um den Kampf erfolgreich weiterführen zu können, wobei er jenen hilflos ohne Waffen zurückläßt. Euripides führt Odysseus in *Iphigeneia he en Aulidi* nicht selbst sprechend ein, es wird aber erwähnt, daß die Atriden die Opferung Iphigenies planen, da sie sich vor dem beim Volk beliebten Odysseus fürchten, der die Mannschaften gegen die Anführer aufwiegeln könnte. In seinem Stück *Hekabe* zeigt Euripides ihn als rationalen Befürworter der von Achilleus' Geist geforderten Opferung → Polyxenas (diese Rolle spielt Odysseus auch später bei Seneca, wo es darum geht, den kleinen Sohn Hektors, Astyanax, zu töten).

Schon aus dem Beginn des 7. Jahrhunderts v. Chr., kurz nach der Entstehung von Homers *Ilias* und *Odyssee*, sind Darstellungen der Sirenen und des Polyphemos auf griechischen Vasen erhalten, wobei Odysseus in Szenen aus der *Ilias* nur selten im Vordergrund steht. Später dominieren Szenen aus der *Odyssee*, in denen er als Hauptperson (mit Kirke, Polyphemos und den Sirenen) und auch als Nebenfigur (mit Achilleus auf Skyros, Philoktetes und Iphigenie) auftritt. Odysseus wird dabei als Seefahrer mit konischem Hut, gedrungener Gestalt und Bart gezeigt. In der römischen Wandmalerei und auf Mosaiken werden die genannten Themen bis in die Kaiserzeit abgebildet. Auf den ›Odyssee-Landschaften‹ (Wandgemälde, um 40 v. Chr., heute Rom, Vat. M.) sind die Abenteuer mit den Laistrygonen, mit Kirke, mit den Sirenen und in der Unterwelt in landschaftlicher Umgebung zu sehen. Die Marmorgruppen mit der Blendung des Polyphemos sowie mit Skylla in der Villa des Tiberius in Sperlonga und in Ephesos sind vermutlich Kopien von Statuen aus der rhodischen Werkstatt von Athanadoros, Hagesandros und Polydoros (Mitte/2. Hälfte des 1. Jh. v. Chr. oder Anfang des 1. Jh. n. Chr.) und sind wohl als ›tableaux vivants‹ gemeint, die auf realistische Weise die grausamen Szenen wiedergeben. Die ursprüngliche Form der fragmentarischen, meist überlebensgroßen Figuren konnte anhand von Reliefs rekonstruiert werden. Auch an anderen Orten müssen solche Gruppen zur Gestaltung der Wasseranlagen reicher Villen gehört haben, wie z. B. in Baiae und auf Capri. Auf Bronzereliefs und Mosaiken (u. a. Rom, Domus Aurea) kommt Polyphemos auch als Dekorationsmotiv vor.

Karolingische Wandmalereien in der Kirche von Corvey aus NK
dem späten 9. Jahrhundert enthalten die Abenteuer mit den Sirenen und Skylla. Während das letztere sonst im Mittelalter nicht
vorkommt, sieht man die Sirenen auch auf der einzigen bewahrten Holzdecke des Mittelalters in der Dorfkirche von Zillis
(Schweiz) aus dem 12. Jahrhundert und in dem *Hortus Deliciarum*
der Herrad von Landsperg (1175/90). In dem Dom von Pesaro
sind Reste eines Mosaikbodens aus dem 12. Jahrhundert mit der
Sirenengeschichte gefunden worden. Beide Themen werden in
christlichem Sinne interpretiert. Schon Hieronymus (Kommentar zu Jesaia 12–43) sah die Ungeheuer als Beispiele der Libido.
Odysseus am Masten steht für Christus am Kreuz.

In der Neuzeit stehen die Abenteuer des Odysseus im Mittelpunkt der Darstellungen. Größere Freskenzyklen schufen u. a.
Primaticcio (1533–35) und N. dell'Abbate (1550–1560) im
Schloß Fontainebleau (beide zerstört), P. Tibaldi (1554–56) im
Palazzo Poggi in Bologna, A. Allori (um 1580) im Palazzo Ce-
parello und im Palazzo Salviati (1617) in Florenz, Annibale Carracci (1597–1600) im Palazzo Farnese in Rom und Guercino für
die Casa Pannini in Cento (1615–17, 7 Fresken in Cento, P.).
J. Jordaens fertigte Entwürfe (um 1630–35) für eine Teppichreihe mit der Geschichte des Odysseus an als Ausdruck der Tugend, die das Übel überwindet; die Entwürfe wurden um
1665/1666 durch G. van der Strecken und J. van Leefdahl in
Brüssel für den Herzog von Savoyen ausgeführt (Teile in Rom,
Pal. del Quirinal und Turin, Pal. Reale; Kopie der Nausikaa-
Geschichte in Ptuj, Pokrajinski M.). Die gesamte *Odyssee* wurde
in 34 Stichen nach Zeichnungen von J. Flaxman (1792 und 1804,
London, Royal Acad. und British M. u. a.) illustriert. O. Ko-
koschka hielt auf 44 Lithographien (1963–65) zu Homers Werk
die Geschichte fest. Der Bildhauer G. Manzù ließ sich von der
Odyssee zu Zeichnungen (1977, New York, Guggenheim M.) und
einer Skulpturengruppe (Bronze, 1977) inspirieren, M. Chagall
zu einem Mosaik (1968) in der Faculté de Droit in Nizza.
Odysseus auf der Insel des Kyklopen Polyphemos zeigen auf
Gemälden z. B. J. Jordaens (um 1630–35, Moskau, Puschkin M.;
Streit mit Polyphemos), C. W. E. Dietrich (o. J., 18. Jh., Dessau,
Anhaltische Gemäldeg.), J. Barry (1776, Cork, Art G.; Flucht
von der Insel), H. Füssli (1803, Zürich, Slg. C. Ulrich), J. M. W.
Turner (1829, London, Nat. G.; Odysseus flieht mit seinen Schiffen) und A. Wiertz (1860, Brüssel, Wiertz-M.; Polyphemos ver-
schlingt einige Männer von Odysseus). B. Spranger (um 1580–

90, Wien, Kunsth. M.) und G. B. Castiglione (um 1653, Florenz, Uffizien) stellten auf Gemälden Odysseus und Kirke dar. Die Episode mit den Sirenen bildeten beispielsweise auf einem Dekkenfresko G. Camassei (1678, Rom, Pal. Barberini), auf Gemälden W. Etty (1837, Manchester, G.), H. Makart (um 1865, Wien, Albertina), A. Böcklin (1875, Berlin, Staatl. M.), H. Thoma (1881, Warschau, M.), G. Moreau (1882, Cambridge/Mass., M.), H. J. Draper (1909, Hull, M.) und P. Picasso (1947, Antibes, M. Grimaldi) sowie in der Bildhauerei A. Rodin (1889, Steinskulptur, Paris, M. Rodin) ab. Skylla und Charybdis sind u. a. auf einem Gemälde von H. Füssli (1794–96, Aarau, Kunsth.) zu finden. Mit dem Aufenthalt des Königs auf der Insel der Nymphe Kalypso beschäftigten sich auf Gemälden z. B. J. Brueghel d. Ä. /H. van Balen /J. de Momper (um 1616, Wien, Akad.), G. de Lairesse (um 1682, Amsterdam, M.), A. Böcklin (1882, Basel, Kunstm.), H. J. Draper (1897, Manchester, G.), P. Klee (1938, Bern, Klee-Stiftung) und M. Beckmann (1943, Hamburg, Kunsth.). Das Treffen mit Nausikaa, manchmal Symbol für Gastfreundschaft und Hilfsbereitschaft, wurde v. a. im 17. Jahrhundert gemalt, z. B. auf Gemälden von P. Lastman (1609, Braunschweig, M. und 1619, München, AP), Rubens (um 1630–35, Florenz, Pal. Pitti), J. von Sandrart (1638, Amsterdam, M.), B. Breenbergh (1640, St. Petersburg, Eremitage), C. Lorrain (1646, Paris, Louvre), von T. de Keyser für das Amsterdamer Rathaus (1657, heute Amsterdam, Königliches Pal.) und S. Rosa (um 1663, Los Angeles, M.).

Darstellungen der Penelope bzw. die Rückkehr des Odysseus mit der Tötung der Freier finden sich z. B. auf Fresken von Pinturicchio für den Palazzo del Magnifico in Siena (um 1509, heute London, Nat. G.; Penelope bei der Webarbeit), von D. Beccafumi (1519) im Palazzo Bindi Sergardi in Siena und von L. Cambiaso (um 1565, Genua, Pal. della Meridiana), auf Gemälden von D. Beccafumi (um 1519, Venedig, G. del Seminario), A. Kauffmann (1769, Devon, Saltram Park; Penelope nimmt Odysseus den Bogen ab), H. Füssli (um 1803–05, Zürich, Slg. H. Röttinger; Penelope mit dem Bogen), C. W. Eckersberg (1812, Kopenhagen, M.; Odysseus mit Eurykleia), W. Bouguereau (1849, La Rochelle, M.) und L. Corinth (1903, Prag, Nationalg.) sowie in der Bildhauerei bei É.-A. Bourdelle (1912, Bronzestatue, Otterlo, M.; nachsinnende Penelope).

Im Zusammenhang mit dem Trojanischen Krieg wird Odysseus einige Male abgebildet: → Achilles, → Helena, → Neoptolemos und → Philoktetes.

In der mittelalterlichen Epik, die auf der Seite Trojas steht und ND
meist auf Vergil, Dares und Diktys zurückgeht, überwiegt das
Bild des durchtriebenen und niederträchtigen Odysseus. In Dantes *Divina Commedia* (1307?–21?) ist er ein betrügerischer Ratgeber. In Theater und Literatur der Neuzeit schwankt die Beurteilung zwischen Listigkeit und Verständigkeit: eher positiv in
W. Shakespeares *Troilus und Cressida* (ca. 1602), F. de S. Fénelons
Aventures de Télémaque (1699), die die eigene Zeit kritisch bespiegeln, in den vielen Skyros-Opern und in J. Giraudoux' *La guerre
de Troie n'aura pas lieu* (1935); negativ hingegen erscheint Odysseus in den Bearbeitungen des Philoktetes- und Palamedes-Themas und des Schicksals der trojanischen Frauen nach dem
Fall der Stadt (dazu: → Kassandra und → Hekabe).

Im Zusammenhang mit seiner jahrelangen ›Odyssee‹ ergibt sich
ein anderes Bild seiner Person. Schon bei den griechischen Stoikern galt er wegen seines unermüdlichen Strebens bei der Rückkehr als Beispiel für Tugendhaftigkeit und Standfestigkeit, Eigenschaften, welche in der christlichen Tradition der Constantia
der Kirchenväter entsprechen. Diese Deutung machte die Allegorien möglich, die in Odysseus' Irrfahrt den Weg der Seele zum
ewigen Heil sehen und in den Verlockungen der Sirenen, Kirkes,
Kalypsos und den Lotosblüten die Verlockungen des Fleisches,
denen sich der Mensch widersetzen muß, um sein Heil zu finden.
In der Literatur der Neuzeit seit den Gedichten von J. Du Bellay
im 16. Jahrhundert bis zu H. de Régnier im 19. Jahrhundert und
K. Kavafis und G. Seferis im 20. Jahrhundert findet sich dieser
Gedanke wieder.

Eine andere Tradition ist die, daß Odysseus nicht heimkehren
will bzw. nach seiner Rückkehr wieder ausfährt. Bei Dante kehrt
er nicht nach Hause zurück und bekennt, daß sein Wissensdrang
und seine Lust umherzuschweifen ihn in den Untergang geführt
hätten. Auch in Gedichten von A. Tennyson (1833 und 1842)
und G. Pascoli (*Ultimo viaggio*, 1904) spricht er von diesem Verlangen. In N. Kazantzakis' Epos *Odysseia* (1938) ist Odysseus ein
getriebener Reisender zwischen den Kontinenten.

Einzelne Geschichten der *Odyssee* liegen den Gedichten *The Lotos-eaters* (1833) und *Ulysses* (1842) von Tennyson zugrunde, der
in letzterem, angeregt durch Dante, die Visionen des Teiresias
aufgreift, ferner einigen *Cantos* (1955) von E. Pound, in denen
der Abstieg in das Totenreich den Hintergrund bildet. In *Der
Bogen des Odysseus* (1914) führt Hauptmann das kühle Abrechnen
mit den Freiern auf. Der Plan Goethes zu einem *Nausikaa*-Stück
(1787), auf den ihn sein Sizilienerlebnis während der italieni-

schen Reise gebracht hatte, wurde nur fragmentarisch ausgeführt. Die gesamte erzählerische Anlage von Homers *Odyssee* liegt dem *Ulysses* (1922) von J. Joyce zugrunde, wie z. B. die gegenläufigen ›Reise‹-Bewegungen von Bloom/Odysseus und Dedalus/Telemachos zeigen. In der *Dialektik der Aufklärung* (1944) von M. Horkheimer und T. W. Adorno steht Odysseus für den ersten Aufklärer, der ohne Mitleid seinen eigenen Vorteil sucht und die Ratio über das Empfinden setzt. Kulturkritik im Zeichen des Odysseus übt auch L. Feuchtwanger in seiner Erzählung *Odysseus und die Schweine oder das Unbehagen an der Kultur* (1948).

Die Heimkehr des Odysseus wurde von Mario Camerini in dem Film *Ulisse* (1954) mit Kirk Douglas als Titelhelden und Silvia Mangano als Penelope verfilmt.

NM In der Musikgeschichte war die Figur des Odysseus sehr beliebt. Bis Ende des 18. Jahrhunderts entstanden zahlreiche Werke wie die Opern von F. Sacrati (Libr. von F. Badoaro, 1644, Venedig), H. von Biber (1687, Salzburg), R. Keiser (Libr. von F. M. Lersner nach J. Guichard, 1722, Kopenhagen), G. Porta (Libr. von D. Lalli, 1725, Venedig) und G. Sciroli (Libr. von F. Badoaro, 1749, Palermo), die Bühnenmusik von J. Eccles zu N. Rowes Drama (1706, London), die Kantaten von E.-C. Jacquet de la Guerre (Paris, 1710) und J.-B. Morin (Paris, 1712), die Serenata von M. T. d'Agnesi-Pinottini (vor 1795) und das Ballett von C. Cannabich (1765, Kassel).

Aus dem 19. Jahrhundert finden sich u. a. die *Szenen aus der Odyssee* für Soli, Chor und Orchester von M. Bruch (Text von W. P. Graff, Berlin, 1872), ein Marsch von N. Gade (1884, Kopenhagen), eine symphonische Dichtung von J. R. Rozkosny (1884) und die Opern-Tetralogie von A. Bungert (*Odysseus Heimkehr*, 1896; *Kirke*, 1898; *Nausikaä*, 1901; *Odysseus Tod*, 1903; alle Dresden).

Von der Jahrhundertwende bis in die Gegenwart sind zahlreiche Werke der musikalischen Rezeption zu nennen, z. B. die Kantaten von N. Rimskij-Korsakow (Libr. nach Homer, Leipzig, 1905) und M. Seiner (Libr. nach J. Joyce, 1949, London), die Musik B. Brittens zu einem Radio-Melodram von E. Sackville-West (1943, BBC London), die musikalischen Komödien von K. Weill (Libr. von M. Anderson nach einer Novelle von H. Stillwell Edwards, 1945) und J. Moross (Libr. von J. Latouche, 1954, New York), das Opernoratorium von T. Szeligowski (Libr. von R. Brandstaetter, vor 1963), die Komposition für Mezzosopran,

Erzähler und sechs Instrumente von T. Antoniou (Text nach Homer, 1964, München), eine Symphonie für Kammerorchester von A. Hovhaness (1974, London) und die Ballette von A. Logothetis (1963), H. Eder (1965, Bregenz) und R. Haubenstock-Ramati (1979, Wien). Opern schrieben H. Tomasi (Libr. von J. Giono, 1961), L. Dallapiccola (Libr. nach Homer, 1968, Berlin), H. Eder (1969) und A. Shields (Libr. von der Komponistin, Ann Arbor, 1976). Ein Rockmusical stammt von K. R. Cole (Libr. von K. Pickering, 1979).

Einzelne Episoden aus der Odyssee wurden ebenfalls in Musik gesetzt, darunter die ›Lotophagoi‹ in einer Komposition für Sopran, Chor und Orchester von C. H. Parry (nach dem Gedicht von A. Tennyson, London, 1892).

Die Begegnung mit dem Kyklopen Polyphem ist Thema der Opern von N. Porpora (Libr. von P. A. Rolli, 1735, London) und F. Corselli/F. Corradini/F. B. Mele (Libr. von Rolli, 1748, Madrid) sowie der Ouvertüre zur Oper *Kirke* von A. Bungert (1898, Dresden). A. Schibler vertonte hierzu einen Text von S. Zweig (1952).

Die Geschichte von Kirke fand ihren musikalischen Niederschlag in Opern von M. Scacchi (Libr. von V. Puccitelli, 1648, Warschau), G. Zamponi (1650, Brüssel), P. A. Ziani (1665, Wien), B. Sabadini (Libr. von A. Aureli, 1692, Piacenza), H. Desmarets (Libr. von L.-G. Mme Gillot de Sainctonge, 1694, Paris), C. F. Pollarolo (Libr. von A. Aureli, 1697, Venedig), R. Keiser (zwei Werke: Libr. von C. F. Bressand, 1696, Braunschweig; Libr. von J. P. Praetorius/J. J. van Mauritius, 1734, Hamburg), C. A. Badia (Libr. von G. B. Ancioni, 1709, Dresden), A. Orefice (Libr. von F. A. Falier, 1713, Neapel), J. E. Galliard (Libr. von C. Davenant, 1719, London), D. Cimarosa (Libr. von D. Perelli, 1783, Mailand), P. von Winter (Libr. von D. Perelli, 1788, München) und B. H. Romberg (Libr. nach Calderón, 1807, Berlin). R. Strauss wollte einen Operntext von H. Bahr vertonen (vermutl. 1936). W. Egk schuf zuerst eine Oper nach Calderón in den Jahren 1941 bis 1944 (1948, Berlin), später folgte ein zweites Werk, die ›opera semibuffa‹ *Siebzehn Tage und vier Minuten* (1966, Stuttgart). Daneben gibt es zur Kirke-Episode die Bühnenmusik zu C. d'Avenants Drama von H. Purcell (um 1690, London), Kantaten von F. Collin de Blamont (*Cantates françoises I*, Paris, 1723), F. Seydelmann (1787, Dresden) und L. Cherubini (1789, Paris) sowie das Pasticcio von J. Haydn/J. G. Naumann (1789). Die symphonische Ode von G. Bizet blieb Fragment (1859).

Odysseus in der Unterwelt ist Thema der Radiokomposition von A. Roussel (Libr. von J. Weterings, 1947, Paris).
Der Gesang der Sirenen inspirierte ebenfalls zu einigen Werken, z. B. die Ouvertüre zur Oper von A. Bungert (1901, Dresden), die Kantate von P. Puget (Text von F. E. Weatherly nach P. Collin, Paris/London, 1909), der Klavierzyklus *Metopy* von K. Szymanowski (op. 29, 1915) und die Instrumentalkomposition von I. Lang-Beck (1972).
Die Beziehung zu Kalypso steht im Mittelpunkt der Kantaten von H.-C. Guédon de Presles (um 1724), F. Bertoni (1769, Venedig) und G. Sarti (1779, Padua) sowie der Opern von G. P. Telemann (1727, Hamburg), M. Stabinger (um 1777, Mailand), T. Giordani (Libr. von R. Houlton, 1785, Dublin) und P. von Winter (Libr. von L. da Ponte, 1803, London). Kalypso kommt in dem bereits erwähnten Klavierzyklus *Metopy* von K. Szymanowski (op. 29, 1915) ebenso vor wie Nausikaa. Zu dieser Königstochter existieren auch die Opern von R. Hahn (Libr. von R. Fauchois, 1919, Monte Carlo) und P. Glanville-Hicks (Libr. nach R. Graves, 1961, Athen), außerdem die Kammeroper *Castaway* von L. Berkeley (Libr. von P. E. Dehn, 1967), ein Ballett von S. Michaelides (1950), eine Kantate von W. Mellers (Text von R. F. Willetts, 1951) und ein Vokalsatz von M. Flothuis (1960).
Die Heimkehr des Odysseus wurde zuerst von C. Monteverdi in Zusammenarbeit mit F. Manelli vertont (1630), bevor zehn Jahre später die bekannte, von Monteverdi allein komponierte Oper zur Aufführung kam (Libr. von F. Badoaro, 1640, Venedig). Dieser Vorlage folgten Komponisten wie J. Melani (Libr. von G. A. Moniglia, 1669, Pisa), C. F. Pollarolo (1698, Reggio Emilia) und G. Porsile (Libr. von G. A. Moniglia, 1707, Neapel). In der zweiten Hälfte des 18. Jahrhunderts entstanden weitere Opern von D. Perez (Libr. von B. Mortelli, 1774, Lissabon), G. Gazzaniga (Libr. von G. A. Moniglia, 1779, Rom), G. Giordani (1782, Mantua), F. Alessandri (Libr. von A. Filistri, 1790, Potsdam) und F. Basili (Libr. von G. A. Moniglia, 1798, Florenz). An späteren Werken sind zu nennen: die Opern von R. Pugno (Libr. von F. Carré, 1889, Paris) und R. Heger (1932, München), die symphonische Dichtung von R. Zandonai (1902), ein Lied von L. Boulanger (Paris, 1913), die Komposition für Bariton, Erzähler, Chor und Orchester von B. Phillips (1956), die Kammeroper von J. Berg (1967, Brno), die Kantate von M. Arnold (Text von P. Dickinson, 1976/77) und schließlich ein Ballett von J. Harbison (1984, Pittsburgh). *Ulysses at the Edge of the World* ist der Titel eines Instrumentalstücks von H. Partch (1955).

Andreae 1984 und 1994; Benuell/Waugh 1962; Boitani 1993; Brommer 1983; Derksen 1983; D'Hulst 1978; Fellmann 1972; Felson-Rubin 1994; Frenzel 1992a; Kolsteren 1982; Krueger 1971; Matzig 1949; Stanford 1954; Stanford/Luce 1974; Touchefeu-Meynier 1968

Oedipus → Oidipus

Oidipus (lat. Oedipus), eine der Hauptfiguren des thebanischen Sagenkreises, Sohn des Königs Laios von Theben und der Iokaste (oder bei Homer: Epikaste), Enkel des Labdakos ⟨Soph. Oid. K.; Soph. Oid. T.; Sen. Oed.; Apollod. 3,5,7–9⟩.

Bereits vor der Zeugung oder Geburt des Oidipus wurde Laios von einem Orakel gewarnt, daß sein Sohn ihn töten und die Nachfahren ins Unglück stürzen werde. Als Iokaste ihm kurz darauf einen Sohn gebar, durchbohrte er die Füße des Kindes und setzte es dann auf dem Berg Kithairon aus. Ein Hirte brachte den Findling jedoch zu Polybos, dem kinderlosen König von Korinth. Er und seine Frau Merope (oder bei Apollodoros: Periboia) zogen ihn als eigenen Sohn auf und nannten ihn nach seinen zerschundenen Füßen Oidipus (›Schwellfuß‹).

Eines Tages wurde Oidipus von einem Betrunkenen verspottet, der behauptete, er sei nicht der leibliche Sohn von Polybos und Merope. Trotz der Versicherungen seiner Pflegeeltern ließ Oidipus sich nicht mehr beruhigen und ging nach Delphi, um das Orakel zu befragen. Dort erfuhr er, daß er seinen Vater töten und seine Mutter heiraten werde. Im Glauben, er sei der Sohn von Polybos und Merope, ging er nicht nach Korinth zurück und hoffte, so der Weissagung zu entkommen. Nicht weit entfernt von Theben geriet er auf einem schmalen Weg mit dem ihm unbekannten Laios in Streit darüber, wer von ihnen den Vorrang habe. Oidipus tötete Laios und dessen Gefolge bis auf einen, der die Nachricht von der Ermordung des Königs durch Räuber nach Theben brachte.

In der Nähe von Theben stieß Oidipus auf die Sphinx, ein geflügeltes Ungeheuer mit einem Frauenkopf und dem Körper eines Löwen. Sie versetzte die Thebaner immer wieder in Schrekken, indem sie jedem, den sie traf, ein Rätsel aufgab. Fand man nicht die richtige Antwort – was bis dahin noch niemandem gelungen war –, wurde man von der Bestie verschlungen. Ihr Rätsel lautete: ›Welches Wesen läuft morgens auf vier, mittags auf zwei und abends auf drei Füßen und ist schwächer, je mehr Füße es hat?‹ Die richtige Antwort war: der Mensch, der als Kind

auf allen Vieren, als Erwachsener auf beiden Füßen und als Greis
mit Stock geht. Ein anderes überliefertes Rätsel fragt: ›Wer sind
die beiden Schwestern, die sich stets gegenseitig erzeugen?‹ Als
Antwort galten der Tag und die Nacht, die als weibliche Gestalten personifiziert wurden. Oidipus fand die richtige Antwort,
worauf sich die Sphinx von ihrem Felsen stürzte; in älteren
Überlieferungen tötete Oidipus sie. So zog er als Held nach Theben, bekam von Kreon dessen Schwester, Laios' Witwe Iokaste,
zur Frau und herrschte mit ihr über das Land.

In Sophokles' *Oidipus Tyrannos* wird das weitere Schicksal des
Oidipus in Theben überliefert. Nach einigen Jahren – inzwischen
waren die Söhne Eteokles und Polyneikes und die Töchter
→ Antigone und Ismene geboren – wurde Theben von einer
schlimmen Pest heimgesucht. Iokastes Bruder Kreon wurde
nach Delphi geschickt, um das Orakel nach der Ursache der Pest
zu befragen. Er erhielt die Antwort, daß sich der Mörder des
Laios in Theben aufhalte, worauf Oidipus den blinden Seher
→ Teiresias befragte, wer der Täter sei. Teiresias weigerte sich
zuerst, die grausame Wahrheit zu offenbaren, wurde aber zum
Reden gezwungen. Als Oidipus hörte, er sei der Mörder und
lebe in einem sündigen Verhältnis mit seiner Mutter, beschuldigte er Teiresias und Kreon eines Komplotts. Iokaste bestärkte
ihren Mann in dem Urteil, Teiresias sei ein unfähiger Seher, da er
Laios vorausgesagt habe, von seinem Sohn getötet zu werden,
obwohl er doch von Räubern überfallen wurde. Trotzdem konnte Oidipus sich böser Ahnungen nicht erwehren; er beruhigte
sich jedoch wieder, als ein Bote den natürlichen Tod des Polybos
meldete, dessen Sohn er noch immer zu sein glaubte. Dann aber
erwähnte der Bote, daß Oidipus nur ein angenommener Sohn
des Polybos sei. Als auch noch der Hirte, der das Kind damals
aussetzen sollte, die thebanische Herkunft des Oidipus bestätigte, mußte dieser erkennen, daß er seinen wirklichen Vater ermordet hatte und in Inzest mit der Mutter lebte. Iokaste nahm
sich das Leben; Oidipus stach sich die Augen aus und ging in die
Verbannung.

Nach Sophokles' *Oidipus epi Kolono* verließ Oidipus Theben un-
freiwillig. Seine Söhne hatten ihn und Antigone in die Verbannung geschickt, so daß er auf Kolonos bei Athen Zuflucht suchte. Dort berichtete ihm Ismene, daß Eteokles und → Polyneikes
in Streit über die thebanische Herrschaft geraten waren. Da ein
Orakel geweissagt hatte, daß Theben nur vor dem Untergang
bewahrt werden könne, wenn Oidipus dort bis zu seinem Tod
bliebe, versuchte Kreon, ihn gewaltsam zurückzuholen. Aber

der athenische König Theseus vereitelte seinen Plan. Als Polyneikes seinen Vater um Unterstützung gegen Eteokles bat, schickte Oidipus ihn fort und überließ seine Söhne mit dem Fluch, sie sollten sich gegenseitig umbringen, ihrem Schicksal. Schließlich führte der blinde Oidipus Theseus an die Stelle, wo er sterben wollte, und prophezeite ihm die schützende Funktion seines Grabes für Attika. Nach seinem Tod wurde Oidipus in die Gesellschaft der Götter aufgenommen.

Nach einer anderen Überlieferung – in Euripides' *Phoinissai* – war Oidipus in Theben geblieben und trauerte um seine beiden Söhne, die durch seinen Fluch einen gewaltsamen Tod gefunden hatten. Kurz darauf wurde er von Kreon, der nun Herrscher war, aus Theben verbannt.

Der Oidipus-Stoff wird von zahlreichen Schriftstellern erwähnt (Apollod. 3,5,7–9; Hom. Od. 1,271–280; Hyg. fab. 66; 67; Aischyl. Hept. 742–1089; Pind. O. 2,38–42). Die literarische Tradition der Antike und Neuzeit wird von Sophokles' Drama *Oidipus Tyrannos* bestimmt, in dem die Unumkehrbarkeit des Orakels und die Tragik des Oidipus, der als mächtiger Herrscher umso tiefer fällt, im Zentrum stehen. Seneca folgt in seinem *Oedipus* der sophokleischen Vorlage, fügt aber eine effektheischende Unterweltszene mit der Beschwörung von Laios' Schatten hinzu und akzentuiert Ödipus als einen eigensüchtigen und machtbewußten Charakter, der sich seinem Schicksal nicht ergeben will. Auch P. P. Statius greift in seinem epischen Gedicht *Thebais* aus dem 1. Jahrhundert n. Chr. den Mythos auf.

In der bildenden Kunst der Antike werden meist Oidipus und die Sphinx abgebildet, z. B. auf griechischen Vasen aus dem 6. Jahrhundert v. Chr. Die Sphinx sitzt auf Säulen, die als Weihegeschenke für Delphi bestimmt waren. In der etruskischen und römischen Kunst ist der Mythos v. a. auf Urnen, Sarkophagen und Grabgemälden zu finden: Die Furcht vor dem Tod (die Sphinx) kann überwunden werden. Häufig wird Oidipus als Reisender mit Stiefeln, großem Hut, Mantel und Stab gezeigt, während er mit seiner rechten Hand eine Sprechgebärde ausführt. Das Leben des Oidipus ist auch auf römischen Sarkophagen dargestellt (u. a. Rom, Vat. M.).

Im Mittelalter lebt der Mythos im *Roman de Thèbes* (12. Jh.) weiter, wo auch auf das epische Gedicht *Thebais* von Statius zurückgegriffen wird. Senecas Tragödie liegt einigen dramatischen Bearbeitungen des 16. und frühen 17. Jahrhunderts zugrunde, u. a. ND von A. Pazzi (ca. 1520), G. A. dell'Anguillara (1645) und J. Prévost (1605). J. van den Vondel übersetzte den sophokleischen *Oidipus Tyrannos* (1660). Mehrere Dramen aus der 2. Hälfte des 17. Jahrhunderts übernehmen Elemente sowohl von Sophokles als auch von Seneca und fügen zusätzliche Liebesverwicklungen ein: z. B. P. Corneille (1659) und N. Lee und J. Dryden (1679). Voltaires Stück (1718) hält sich enger an Sophokles. F. Hölderlin schuf in sehr freier Übersetzung die bedeutendste deutsche Version von Sophokles' *Oidipus Tyrannus* (1804). P. B. Shelley griff das Thema für eine politische Satire (1820) gegen George IV. auf.

Die Literatur des 20. Jahrhunderts gewann dem Stoff nach Sophokles psychologische Tiefendimensionen ab. S. Freud beschrieb mit dem Begriff des Ödipus-Komplexes das krankhafte Verhaftetsein an eine frühkindliche Entwicklungsphase, die durch libidinöse Bindung an den gegengeschlechtlichen Elternteil und Rivalität zum anderen Teil geprägt ist. Direkten Bezug auf die Lehre Freuds nimmt L. Durrell in seiner *Ballad of the Oidipus Complex* (1960). Daneben entstanden mehrere bedeutende Dramatisierungen: H. von Hofmannsthal (1906 und 1907), J. Cocteau (1925 und 1934, *La machine infernale*, 1934), A. Gide (1930), T. S. Eliot (1958, *The Elder Statesman*, nach Sophokles' *Oidipus epi Kolono*), H. Müller (1967), H. Claus (1971, nach Seneca) und H. Mulisch (1972).

In Pasolinis Film *Edipo Re* (1967) wird das Sophokles-Drama von Szenen über Pasolinis eigene Jugend – Mutterbindung und abwesender Vater – und Bildern eines blinden, suchenden Mannes (gespielt von Pasolini) eingerahmt.

NM Für die Eröffnung des nach Palladio-Entwürfen gebauten Teatro Olimpico in Vicenza komponierte A. Gabrieli die erste erhaltene Schauspielmusik zu einem antiken Drama, dem *Oidipus* von Sophokles (1585, Vicenza). Für eine spätere Aufführung schrieb L. Leoni die Musik (1612, Vicenza). Bühnenmusiken schufen auch J.-B. Lully, und zwar für eine Aufführung der Tragödie von Corneille (1664, Fontainebleau), und H. Purcell für das Versdrama von J. Dryden/N. Lee (1692, London). Eine der ersten Oidipus-Opern dürfte von P. Torri stammen (Libr. von D. Lalli, 1729, München), gefolgt von der Vertonung des Dryden/Lee-Dramas von T. A. Arne (1740, London). Erst sehr viel später entstand wieder eine Reihe von Schauspielmusiken zum Drama des Sophokles, u. a. von J. Knowles Paine (1881, Cambridge), C. Villiers Stanford (1887, Cambridge), I. Pizzetti

(1903), F. Martin (1923, Genf), H. Rosenberg (1926 und 1951, Stockholm), G. Antheil (1928) und A. Honegger (1948, Paris). Eine Oper von R. Leoncavallo vollendete G. Pennacchio (Libr. von G. Forzano nach Sophokles, 1920, Chicago). Für die Oper I. Strawinskys wurde das Drama Cocteaus ins Lateinische übersetzt (Libr. und Übersetzung von J. Daniélou, konzertant 1927, Paris; szenisch 1928, Wien). Weitere Bühnenwerke schufen G. Enescu (Libr. von E. Fleg, 1936, Paris), H. Partch (Libr. nach W. B. Yeats, 1951, Oakland), R. Still (Libr. nach Sophokles, 1954–1956), C. Orff (Text F. Hölderlins Sophokles-Übersetzung, 1959, Stuttgart), J. Zimmer (1967) und J. Soler (1974, Barcelona). Ein Ballett von B. Maderna wurde zum Jahreswechsel 1970/71 uraufgeführt (Monte Carlo).

Die Vertonung des Hofmannsthal-Dramas *Ödipus und die Sphinx* von E. Varèse blieb Fragment (1909–1913); eine moderne Adaption dieses Stoffes ist die Komposition für Flöte, Klavier und Tonband von G. Quincy (1983, South Hadley, Mass.).

Einige Opern schildern das Schicksal von Oidipus auf Kolonnos, z. B. von A. Sacchini (Libr. von N. F. Guillard, 1786, Paris) und N. Zingarelli (Libr. von S. A. Sografi, 1802, Venedig). Die Opern von A. Hüttenbrenner (1836) und M. Mussorgskij (1858–60) blieben Fragment. Schauspielmusiken zum Drama von Sophokles schufen G. Rossini (vor 1817), F. Mendelssohn (1845, Potsdam), F. Martin (1924, Genf), I. Pizzetti (1936, Syrakus) u. a.; die Vertonung dieses Dramas unternahm T. Antoniou (1975, Epidaurus). – Ein Lied von F. Schubert geht auf die Beziehung von Antigone und Oidipus ein (Text von J. Mayrhofer, Wien, 1821). Kantaten zu dieser Geschichte stammen von K. Berkeley (1949) und P. Angerer (1956).

In der bildenden Kunst der Neuzeit wird das Thema v. a. im 19. und 20. Jahrhundert aufgegriffen, z. B. auf Gemälden von J. Ingres (u. a. 1808, Paris, Louvre; um 1826/27, London, Nat. G.; 1864, Baltimore, Walters Art G.; als Gegenüberstellung des Oidipus mit der düsteren Sphinx), G. Moreau (1864, New York, Metrop. M.; die Sphinx setzt ihre Klauen auf den schwachen Oidipus) und F. Bacon (1983, Kalifornien, Privatbesitz; nach Ingres). NK

Oidipus auf Kolonos hielten H. Füssli auf einem Gemälde (1784, Liverpool, G.) und in der Bildhauerkunst J.-B. Hugues (1882–85, Marmorskulptur, Paris, M. d'Orsay) fest. Den ›Oedipus Rex‹ zeigt M. Ernst auf einem Gemälde (1922, Paris, Privatbesitz).

Constans 1881; Demisch 1977; Frenzel 1992a; Jördens 1933; Moret 1984; Rubin 1973; Scheiner 1964

Oinione, Gattin des → Paris

Oinomaos → Pelops

Oinopion → Orion

Olympias, Gemahlin von Philipp II. → Alexander III.

Omphale, Geliebte des → Herakles

Onnes, auch Menones genannt, Gatte der → Semiramis

Orcus → Hades

Oreaden → Nymphen

Orestes, Sohn des Königs → Agamemnon von Mykene oder Argos und der Klytämnestra, Bruder von → Elektra und → Iphigenie ⟨Aischyl. Choeph.; Aischyl. Eum.; Soph. El.; Eur. El.; Eur. Or.; Eur. Iph. T.; Eur. Andr.; Hyg. fab. 117–123⟩.
Als Agamemnon aus dem Trojanischen Krieg nach Argos heimkehrte, ermordeten ihn seine Frau Klytämnestra und ihr Liebhaber Aigisthos. Elektra brachte daraufhin ihren kleinen Bruder Orestes bei ihrem Onkel, dem König Strophios von Phokis, in Sicherheit. Einige Jahre später erhielt der erwachsene Orestes vom delphischen Orakel den Befehl, die Mörder seines Vaters zu töten. Gemeinsam mit seinem Freund Pylades ging er nach Argos (Hom. Od. 11,452 ff.). Er traf Elektra, die auf seine Rückkehr gewartet hatte, und mit ihrer Hilfe tötete er Klytämnestra und Aigisthos. Obwohl Orestes auf den Befehl des Orakels hin gehandelt hatte, wurde er nach seinem Muttermord von den → Erinyen gejagt und in den Wahnsinn getrieben. Er suchte Zuflucht beim Omphalos in Delphi, dem heiligen Stein des Orakels, fand aber erst seine Ruhe wieder, als Apollon ihn von seiner Schuld befreite oder ihn vor die Areopag schickte, wo die athenischen Richter ihn durch die Verteidigung Apollons und die entscheidende Stimme Athenas freisprachen.

In Euripides' *Iphigeneia he en Taurois* und *Andromache* muß Orestes zur Buße seiner Tat das Standbild der Artemis aus Taurien holen. Dort trifft er auf seine Schwester →͏ Iphigenie, die ihm bei dem Raub des Standbildes hilft. Einige Jahre später begibt er sich zum Hof von Phthia, wo Achilleus' Sohn →͏ Neoptolemos mit seiner Frau Hermione und der Mätresse Andromache lebt. Hermione, die Tochter von Menelaos und Helena, war einst Orestes versprochen worden. Deshalb tötet Orestes nun Neoptolemos in Delphi und herrscht den Rest seines Lebens mit Hermione über Argos, nach einer anderen Überlieferung auch über Sparta. Der Mord an Klytämnestra und der Freispruch des Areopag bilden das Thema des zweiten und dritten Teils von Aischylos' Oresteia-Trilogie: die *Choephoroi* (›Opfernde Frauen‹: Elektra und ihre Dienerinnen opfern zu Anfang des Stückes an Agamemnons Grab) und die *Eumenides*. In den *Choephoroi* handelt Orestes im Auftrag Apollons und kann seine inneren Zweifel überwinden. Er gibt sich Elektra zu erkennen und dringt als Bote mit der Nachricht von Orestes' Tod in den Palast ein. Kaum hat er Klytämnestra und Aigisthos umgebracht, wird er von den Erinyen gejagt. In den *Eumenides* wird Orestes mitleidslos von den Erinyen gequält, die vom Schatten Klytämnestras aufgescheucht wurden. Apollon und Athena bewirken Orestes' Freispruch durch den Areopag. Die Erinyen werden mit einem ihnen geweihten Heiligtum beruhigt und leben als Eumeniden, ›friedvolle Wesen‹, weiter. In den Elektra-Tragödien von Sophokles und Euripides wird Elektra als treibende Kraft hinter dem Mordanschlag dargestellt.

In seiner Tragödie *Orestes* zeigt Euripides die geistige Zerrüttung des Muttermörders, der die Bewohner von Argos für sich gewinnen will, indem er einen Mord an Helena plant, die als Ursache für den Trojanischen Krieg angesehen wird. In Euripides' *Andromache* ist Orestes der gewissenlose Mörder von Neoptolemos.

In der bildenden Kunst kommt der Muttermord seit dem 3. Jahrhundert v. Chr. vor. Die Darstellungen gehen meist auf Aischylos' Stück zurück und sind auf etruskischen Urnen und römischen Sarkophagen aus der Kaiserzeit zu finden. Die Verfolgung durch die Erinyen wird seit dem 5. Jahrhundert v. Chr. auf attischen Vasen und etruskischen Spiegeln dargestellt. Der endgültige Freispruch durch den Areopag ist selten abgebildet.

In der Literatur der Neuzeit kommt Orestes in Bearbeitungen ND des Andromache- und Iphigenie-Stoffes, im Zusammenhang mit

dem Muttermord und in Bearbeitungen von Sophokles' *Elektra*
vor. Im 18. Jahrhundert richtet sich die Aufmerksamkeit mehr
auf die Ermordung des Aigisthos, der Muttermord bleibt im
Hintergrund: z. B. bei P. J. de Crébillon (1708) und Voltaire
(1750), die Einfluß auf die Dramen von J. J. Bodmer (1760) und
V. Alfieri (1786) hatten.
Erst im 19. und 20. Jahrhundert wird auf Aischylos' *Oresteia*
zurückgegriffen: in einem Gedicht von W. S. Landor (1837),
Dramen von A. Dumas père (1856) und von C.-M.-R. Leconte
de Lisle (*Les Érinnyes*, 1872), in dem Gedicht *The Tower beyond
Tragedy* von Jeffers (1924), das zu einem Drama umgearbeitet
wurde (1950/51), in T. S. Eliots Stück *The Family Reunion* (1939),
in *Les Mouches* von Sartre (1943) und in *L'Orestie* (1945) von G.
Bataille. J.-P. Sartres Orestes begeht seine Schandtat ohne persönliche Betroffenheit und versucht, sich einer heuchlerischen
Schuldvorstellung zu entziehen. H. Claus (1976) bearbeitete Euripides' Stück auf sehr freie Weise mit komischen Elementen, so
daß nur noch die ursprüngliche Intrige wiederzufinden ist.

NK   In der bildenden Kunst der Neuzeit spielt Orestes nur eine untergeordnete Rolle. Auf einem Gemälde stellte u. a. P. Lastman
(1614, Amsterdam, M.) Orestes und Pylades im edlen Wettkampf um die Selbstopferung dar. Die Verfolgung durch die
Erinyen thematisierten H. Füssli (1762–64, Zeichnung, Dresden, Staatl. Kunstslg.), W. Bouguereau (1862, Gemälde, Nor-
folk/Va., Chrysler M.), G. Moreau (1891, Gemälde, Turin, Ag-
nelli C.) und F. von Stuck (1896–1905, Gemälde, Rom, G. Naz.
Mod.).

NM   Orestes als Titelfigur findet sich in Opern von G. A. Perti (Libr.
von F. A. Bergamori, 1685, Modena), J. A. Kobelius (Libr. vermutl. vom Komponisten, 1716, Weissenfels), B. Micheli (1723,
Rom), A. Caldara/G. von Reutter d. J. (Libr. von G. C. Pasqui-
ni, 1728, Graz), G. F. Händel (Libr. nach F. Barlocci, 1734, Lon-
don), C. Monza (1766, Turin), D. Cimarosa (Libr. von L. Serio,
1783, Neapel), F. Morlacchi (Libr. von L. Bottoni, 1808, Parma),
A. Thys (Libr. von E. Scribe, 1844, Paris), O. Goldschmidt
(Libr. von F. C. Winter Warr, 1886, London) und E. Křenek
(Libr. vom Komponisten, 1930, Leipzig). Ferner gibt es eine
Serenata von F. Feo (1738, Madrid) und eine Kantate von N.
Zingarelli (um 1793, Mailand). Eine Arie des Orestes von J.
Haydn (1786) diente als Einlage in T. Traettas *Ifigenia in Tauride*.
F. Schubert vertonte den Text *Der entsühnte Orest* von J. Mayr-
hofer (1820).

Die *Oresteia* von Aischylos wurde in der Musikgeschichte zahlreich aufgegriffen, z. B. in der symphonischen Trilogie von M. M. de Lara (1890), in den Fragment gebliebenen Opern von A. Boito (1892) und C. Debussy (1909), in den Opern-Trilogien von S. I. Tanejew (1895, St. Petersburg), F. Weingartner (1902, Leipzig) und D. Milhaud (nach P. Claudels Übersetzung; 1919, Paris und 1927, Paris/Antwerpen), in den Opern von C. A. Gibbs (1921, Cambridge), F. Testi (1956, Bergamo) und T. Antoniou (1976, Palo Alto, Calif.) sowie in der Radio-Oper von H. Badings (1954). Bühnenmusik zu Aischylos' Dramen schrieben M. von Schillings (1901), P. Boulez (zu Claudels Übersetzung, 1955, Bordeaux), D. Argento (1967, Minneapolis), J. Berg (1967) und H. Birtwistle (zur Adaption von T. Harrison, 1981, London). Die Komposition von I. Xenakis kam 1966 als Ballettmusik zur Aufführung (Ypsilanti, Michigan).

Burian 1950; Busch 1951; Davies 1971; Frenzel 1992a; Friedrich 1967; Fuhrmann 1950; Knoepfler 1992

Orion, schöner und riesenhafter Jäger, Sohn von Poseidon und der Minostochter Euryale.
Einst versprach Oinopion, der König von Chios, Orion seine Tochter Merope zur Frau zu geben, wenn er dafür die Insel von wilden Tieren befreien würde (Hom. Od. 11,572–575). Als er sein Versprechen jedoch nicht hielt, vergewaltigte Orion Merope, worauf Oinopion ihn im Schlaf blendete. Nach der Überlieferung bei Apollodoros (1,4,3–5) ging Orion auf den Rat eines Orakels hin in den Osten. Geführt von Kedalion, einem Gesellen aus der Schmiede des Hephaistos, den er sich auf die Schultern setzte, schritt er über Länder und Seen. Im Osten erhielt er durch die heilende Wirkung der Strahlen des Sonnengottes Helios sein Augenlicht wieder.
Seinen Tod fand Orion durch die Pfeile der Artemis, wonach er als Sternbild in den Himmel aufgenommen wurde. Nach Homers *Odyssee* (5,121–124; Hyg. astr. 2,21; 2,26; 2,33–34; Hyg. fab. 195) verübelten ihm die Götter ein Liebesverhältnis mit Eos, der Göttin der Morgenröte. Nach Apollodoros (1,4,3–5) soll er versucht haben, ein Mädchen aus dem Gefolge der Artemis zu vergewaltigen.

Der Mythos von Orion fand weder in der Antike noch in der Neuzeit weite Verbreitung. In der Antike wird er meist als Sternbild gezeigt. Als Jäger ist er in der berühmten Aratea-Handschrift (Leiden, Universitätsbibliothek) aus dem 9. Jahrhundert zu sehen.

N Zu den wenigen Darstellungen in der Neuzeit zählen Gemälde aus der Werkstatt von G. Romano (1540–50, Budapest, M.), von N. Poussin (1658, New York, Metrop. M.) und G. F. Watts (1895, Liverpool, G.) sowie eine Bronzeskulptur von G. Marcks (1948, u. a. Bremen, Bauverwaltung, und Kassel, Stadtverwaltung).

Seit der Mitte des 19. Jahrhunderts fand Orion gelegentlich literarische Beachtung, z. B. in einem Epos von R. H. Horne (1843), in Gedichten von G. Meredith (1851), H. Doolittle (1914, mit Artemis am Leichnam des Orion) und A. N. Tolstoi (1916), ferner in einem Drama von E. L. Morselli (1910).

In der Musikgeschichte entstanden Opern von P. F. Cavalli (Libr. von F. Melósio, 1653, Mailand), G. H. Stölzel (1713, Naumburg), L. de Lacoste (Libr. von S.-J. Pellegrin/J. de Lafont, 1728, Paris) und J. C. Bach (Libr. von G. G. Bottarelli, 1763, London). In einem Ballett mit der Musik von L. Delibes erscheint Orion als Geliebter der Nymphe Sylvia (1876, Paris). J. Sibelius schuf ein Lied nach dem Text von Z. Topelius (in *Six Songs*, 1914). Neuere Adaptionen des Stoffes sind die Instrumentalkomposition von D. Bedford (1970) und die Multimediakomposition von M. Payne (1973).

Gombrich 1972

Oroites → Polykrates

Orpheus, berühmter Dichter und Sänger, möglicherweise der Begründer der Orphik, einer mythisch-religiösen Bewegung, Sohn des thrakischen Königs oder Flußgottes Oiagros (oder des Apollon) und der Kalliope, der ersten der neun → Musen ⟨Apollod. 1,3,2; Hyg. fab. 14; Ov. met. 10,1–805; 11,1–84; Verg. georg. 4,453–527⟩.

Von Pindar bis zu Horaz und Ovid verehrten die Poeten die magische Dicht- und Gesangskunst des Orpheus und sein Spiel auf der Lyra und der Kithara. Wilde Tiere folgten ihm, Bäume und Pflanzen neigten sich ihm zu, um seiner Musik zu lauschen; er zähmte die Natur und rührte selbst hartherzige Menschen (Hor. c. 1,12,7; 3,11).

Orpheus soll einer der → Argonauten gewesen sein (Pind. P. 4,77; Apoll. Rhod. Arg.); in dieser Tradition kam ihm eine immer bedeutendere Rolle zu, deren Höhepunkt ein kaiserzeitliches Werk in griechischer Sprache, *Argonautica Orphica,* darstellt, worin Orpheus eine persönliche Schilderung des Argonautenzuges gibt. Mit seinem Saitenspiel hielt er die Ruderer im Rhythmus, er beruhigte das Meer, übertönte den Lockruf der Sirenen und wiegte das Ungeheuer, das das Goldene Vlies bewachte, in den Schlaf.

Orpheus soll auch die *Hieroi logoi* (die Heiligen Worte) verfaßt haben, ein 24 Bücher umfassendes Werk über die Entstehung des Kosmos: Aus dem sog. Ur-Ei (Aristoph. Av. 695) wurde Phanes, der Schöpfer der Götter und Lebewesen, geboren. Über die weitere Entstehungsgeschichte werden verschiedene Versionen überliefert (einige davon bei Apoll. Rhod.). Der Mensch soll aus den durch Blitze des Zeus getöteten → Titanen entstanden sein, nachdem diese dessen Sohn Dionysos (in diesem Zusammenhang auch Zagreus genannt) verschlungen hatten. Deshalb trägt die menschliche Natur sowohl grausame als auch göttliche Züge. Aus diesen Geschehnissen muß sich wohl die orphische Lehre vom Seelenheil entwickelt haben (z. B. Plat. Phaidr. 246 ff.; Plat. Phaid. 113d ff.; Plat. Gorg. 523a ff.), die dem Menschen durch die Einweihung in ihre Mysterien und durch Buße eine Möglichkeit verspricht, sich von den negativen Seiten seiner Natur zu befreien und im Leben nach dem Tod erlöst zu werden. Die orphischen Mysterien waren mit dem Dionysos-Kult eng verbunden (z. B. Aristoph. ran. 1033; Paus. 9,30,5). Die Orpheus zugeschriebenen ›Orphischen Hymnen‹, die vermutlich aus dem 2.–3. Jahrhundert n. Chr. stammen, waren als liturgisches Kultbuch fester Bestandteil des Gottesdienstes einer kleinasiatischen orphischen Gemeinde.

Der Mythos von Orpheus und der Nymphe Eurydike wird von Ovid (met. 10,1 ff.) und in Vergils *Georgica* (4,453–527) überliefert (außerdem: Sen. Herc. Oet. 1061–1099; Sen. Herc. f. 571–591; Hor. c. 3,11; Lukian. Dial. mort. 23). Als Eurydike, die Geliebte des Orpheus, eines Tages von dem verliebten Aristaios verfolgt wurde, trat sie auf ihrer Flucht auf eine Schlange, die ihr einen tödlichen Biß zufügte. Orpheus war über ihren Tod völlig untröstlich und beschloß, Eurydike aus dem Totenreich in die Welt der Lebenden zurückzuholen. Er stieg hinab in die Unterwelt und konnte sogar den Fährmann Charon und den Wachhund Kerberos durch sein Leierspiel milde stimmen, so daß sie ihm Zutritt gewährten. Die → Erinyen rührte er mit seiner Musik zu Tränen. Von →⁺ Hades und →⁺ Persephone, den Herrschern des Totenreiches, erhielt er die Zustimmung, Eurydike unter der Bedingung zurückzuführen, daß er seine Geliebte nicht eher anschauen werde, bis sie in der Oberwelt angekommen seien. Orpheus konnte seinem Verlangen allerdings nicht widerstehen; er drehte sich nach Eurydike um, bevor sie die Unterwelt ganz verlassen hatten, wodurch er sie für immer verlor.

Die meisten Überlieferungen erwähnen Orpheus' Tod im Zusammenhang mit dem Verlust Eurydikes. In seiner Trauer zog er sich von den Menschen, besonders von den Frauen, völlig zurück oder ging Liebesverhältnisse mit Männern ein (Phan. Er. 4; Paus. 9,30,5). Die Mänaden, mit denen er früher an den Dionysos geweihten Orgien teilgenommen hatte, fühlten sich vernachlässigt und zerrissen ihn in ihrer Raserei. Sein Kopf und sein Musikinstrument wurden auf der Insel Lesbos an Land gespült. Seither galt Lesbos als die Insel der lyrischen Poesie. Der Kopf soll noch jahrhundertelang Orakel gesprochen haben.

Es wird auch überliefert, daß Aphrodite Orpheus aus Rache getötet haben soll, weil dessen Mutter Kalliope im Streit zwischen Aphrodite und Persephone um den schönen →⁺ Adonis als Schiedsrichterin aufgetreten war und Adonis aufgrund ihres Urteils nur einen Teil des Jahres bei Aphrodite verbringen durfte (Hyg. astr. 2,7). Eine andere Überlieferung lautet, daß Orpheus von den Blitzen des Zeus getötet wurde, weil er als Dichter in die göttlichen Mysterien eingeweiht war und den Menschen zu viele Geheimnisse preisgegeben hatte (Diog. Laert.; Paus. 9,30,5).

Eine Metope des sog. Monopteros von Sikyon (um 560 v. Chr., Delphi, M.) mit Orpheus und den Dioskuren auf der Argo ist die älteste gesicherte Darstellung des Sängers. Von einem aus Athen stammenden Weihrelief (um 420 v. Chr.) sind römische Marmorkopien bekannt (Paris, Louvre, und Neapel, M. Naz.): Orpheus lüftet Eurydikes Schleier und schaut sie an, während Hermes sie an die Hand nimmt und ins Totenreich zurückführt. Auf Mosaiken und Gemälden der römischen Zeit dient das Thema zu Darstellungen von (phantasievollen) Tieren. Unklar ist bis heute, ob die römischen Sarkophage mit Orpheus-Darstellungen für Eingeweihte der Mysterien bestimmt waren. Da die wilden Tiere hier häufig durch Schafe und Lämmer ersetzt sind und Orpheus selbst ein Schaf oder Lamm auf den Schultern trägt, wird vermutet, daß es sich um christliche Darstellungen handle, wobei Orpheus auf Christus verweise. Die Vorstellung vom guten Hirten ist mit einiger Wahrscheinlichkeit durch die Orpheus-Figur beeinflußt worden.

Die Orpheus-Geschichte wird in der bildenden Kunst der Neu- NK
zeit u. a. auf Fresken von A. Mantegna (1468–74, Mantua, Pal.
Ducale) und L. Giordano (um 1700, El Pardo, Landhaus der
spanischen Könige) sowie auf einem Aquarellzyklus von W.
Gilles (1947, Hamburg, Kunsth.) abgebildet. Die Künstler wid-
men sich meist der Bezauberung der Pflanzen und Tiere und der
Orpheus/Eurydike-Geschichte. Das erstgenannte Thema findet
sich schon früh in der italienischen Renaissance, z. B. auf einem
Relief von L. della Robbia (1431–38) auf dem Campanile des
Doms von Florenz und auf einem möglicherweise von F. di
Giorgio Martini stammenden Bodenmosaik in San Domenico in
Siena (um 1500). In den Niederlanden beschäftigen sich v. a.
Tiermaler mit dem Mythos, auf Gemälden beispielsweise J.
Brueghel d. Ä. (1594, Florenz, Pal. Pitti), R. Savery (zahlreiche
Werke zwischen 1610 und 1628, u. a. Frankfurt, Städel; Berlin,
Gemäldeg.; Den Haag, Mauritsh.), G. d'Hondecoeter (1624,
Utrecht, M.), A. Cuyp (um 1640, Dessau, Amalienstift) und P.
Potter (1650, Amsterdam, M.). Im 19. und 20. Jahrhundert ent-
stehen Arbeiten von P. Cornelius (1819–31, Fresken, München,
Glyptothek), F. Marc (1907, Gemälde, München, Lenbach-
haus), L. Corinth (1908, Gemälde, Dresden, Gemäldeg.), O.
Zadkine (u. a. 1930, Holzskulptur und 1948, Bronzeskulptur,
Paris, M. Nat. Mod.), H. Antes (1959, Gemälde, Köln, Wallr.-
Rich.-M.) und G. Marcks (1959, Bronzeskulptur, u. a. Gießen,
Universität). Orpheus als Vorbild bzw. Überbringer der Kultur
stellten auf Wand- und Deckengemälden J. Barry (1777–84) im
Gebäude der Royal Society for the Encouragement of Arts in
London und E. Delacroix (1838–47) im Palais Bourbon in Paris
sowie G. Moreau auf einem Gemälde (1879–86, Paris, M. Moreau) dar.
In der italienischen Renaissance und im Barock wurden eine oder
mehrere Szenen der Eurydike-Geschichte dargestellt, u. a. von J.
del Sellaio auf einem Cassone (um 1460–70, Rotterdam, M. Boymans) und auf einem Gemäldezyklus (um 1480–90, u. a. Rotterdam, M. Boymans), auf Gemälden von Tizian (um 1510–15,
Bergamo, G.), J. Tintoretto (um 1541, Modena, G. Estense)
sowie auf Wandgemälden von L. Signorelli (um 1499–1504) im
Dom zu Orvieto, von B. Peruzzi (1511/12) in der Villa Farnesina
in Rom, von Annibale Carracci (1597–1600) im Palazzo Farnese
in Rom und von G. B. Tiepolo (um 1725) im Palazzo Sandi in
Venedig. Nördlich der Alpen finden sich Eurydike-Szenen u. a.
auf Bronzemedaillen von P. Vischer d. J. (um 1514, Berlin,
Staatl. M.), auf denen Orpheus eine Violine spielt, und als Bron-

zeskulptur (1515–20, Hamburg, M. für Kunst und Gewerbe), auf Ölskizzen von Rubens (um 1636–38, u. a. Rotterdam, M. Boymans), auf Gemälden von R. Savery (um 1610–15, Wien, Kunsth. M.), E. Quellinus (um 1636/37, Madrid, Prado), N. Poussin (um 1648–50, Paris, Louvre), P. Cornelius (1820–26, Fresken, München, Glyptothek), C. Corot (1861, Houston, M.), A. Feuerbach (1869, Wien, Stallburg) und O. Kokoschka (1917/18, New York, Privatbesitz) sowie in der Bildhauerei bei A. Canova (1773–76, Steinstatuen, Venedig, M. Correr), A. Rodin (1893, New York, Metrop. M.) und J. Lipchitz (1945, Bronzeskulptur, Washington, Hirschhorn M.; die Komposition mit einer Frau und einem Mann formt eine Harfe).

Mit dem Tod des Orpheus setzen sich die Künstler vom 15. bis zum 19. Jahrhundert auseinander, z. B. auf einer Zeichnung Dürer (1494, Hamburg, Kunsth.), auf einem Fresko B. Peruzzi (1511/12) in der Villa Farnesina in Rom, auf Gemälden R. Savery (um 1628, Wien, Kunsth. M.), G. Lazzarini (1698, Venedig, Pal. Rezzonico), G. Moreau (1865, Paris, M. d'Orsay) und O. Redon (1881, Otterlo, M., und um 1904, Cambridge/Mass., M.), weiterhin A. Rodin (vor 1889, Marmorskulptur, Paris, M. Rodin).

ND Im Mittelalter lebt Orpheus in verschiedenen Schriften weiter, angefangen mit der *Consolatio Philosophiae* (um 524) des Boethius, der Orpheus als abschreckendes Beispiel eines der Wollust verfallenen Menschen zitiert. In der Literatur des ausgehenden Mittelalters und der italienischen Renaissance steht er in erster Linie für den Dichter an sich oder die Macht der Poesie. Auch symbolisiert er in manchen Versionen die Dichtung, die den Tod überwindet, wenn es ihm gelingt, Eurydike zurückzuführen. Das Thema liegt ebenfalls den Betrachtungen über den Tod, der die Liebe besiegt, zugrunde, wobei es Orpheus nicht gelingt, seine Geliebte ins Leben zu retten: z. B. in dem einflußreichen Drama *Favola d'Orfeo* (1480) von A. Poliziano.

In der nicht zur Vertonung bestimmten Dichtung des 17. und 18. Jahrhunderts kommt der Stoff nur vereinzelt vor, z. B. in Dramen von Lope de Vega (1620/21), wo Orpheus als getreuer Gatte gepriesen wird, und von P. Calderón (ca. 1634). Beliebt ist das Thema im Philhellenismus des 19. Jahrhunderts, wo Mythos und Mystizismus verschmelzen, z. B. in einem Gedicht von P. B. Shelley (1820), in dem Orpheus als Befrieder der Natur besungen wird. Vor allem im und nach dem Symbolismus gewann das Thema erhebliche literarische Bedeutung. Zahlreiche Autoren deuteten die Rolle des Dichters und seiner Kunst im Bild der

Orpheus-Gestalt, die vielfach auch im Spannungsfeld des von Nietzsche akzentuierten Gegensatzes zwischen Apollinischem und Dionysischem (*Geburt der Tragödie*, 1872) begriffen wurde: Der Dichter ist in die göttlichen Geheimnisse eingeweiht; er bietet den Zugang zum Religiösen; er ist keusch und fällt der Sinnlichkeit zum Opfer; er ist der untröstliche Liebhaber; oder er kann mit Hilfe seines Gesanges und der Dichtkunst die Liebe überwinden. So finden wir Orpheus regelmäßig in Gedichten und Prosa von C.-M.-R. Leconte de Lisle, A. Gide, P. Valéry, R.-M. Rilke, P. Emmanuel, P.-J. Jouve und K. van de Woestijne (*Orpheus*, ca. 1910). Rilkes *Sonette an Orpheus* (1923) richten sich an einen Orpheus, der – jenseits aller egoistischen Wünsche auf eine Rückführung Eurydikes ins Leben – durch seine Kunst die Grenzen zwischen Leben und Tod aufhebt. In Deutschland hat das Orpheus-Thema besonders bei den Autoren des Expressionismus großen Anklang gefunden, z. B. bei K. Edschmid, 1916; Y. Goll, 1918; F. Werfel, 1919; G. Benn, 1927 und 1946. O. Kokoschka (1910–18) schrieb eine Geschichte unter dem Einfluß der aufkommenden Psychoanalyse und illustrierte sie. Das Element des Frauenhasses wird in einem Stück von V. Segalen betont (1921). J. Anouilh (1942) versetzte die Geschichte von Orpheus und Eurydike in die düsteren Kriegsjahre; T. Williams (1957) schilderte eine kleine Stadt und eine unerträgliche Familie als den Hades, woraus Orpheus Eurydike befreit. *Orpheus en Ahasverus* (1945) des jüdischen Historikers J. Presser ist ein in Versen geschriebenes Kriegstagebuch: Eurydike ist Pressers Ehefrau, die in ein Konzentrationslager gebracht wurde.

J. Cocteau griff 1926 das Orpheus-Thema auf, um seinen Bruch mit dem Dadaismus zu formulieren, später verwendete er es erneut für zwei Filme (1950 und 1960). Eine andere Filmadaption ist *Orfeu Negro* (1960) von M. Camus, in der die Geliebte in einem südamerikanischen Karnevalszug verlorengeht.

Angesichts der intensiven Rezeption des Orpheus-Mythos in der NM Musikgeschichte werden zuerst diejenigen Werke angeführt, die sich mit dem Schicksal der Gestalt im allgemeinen auseinandersetzen, z. B. eine Kantate von J. Staden (vor 1634), gefolgt von einer Vertonung des Orpheus-Liedes aus Shakespeares *Henry VIII.* von M. Locke (vor 1677). In der Operngeschichte steht in diesem Zusammenhang anfangs das Werk von A. Draghi (Libr. von N. Minato, 1638, Laxenburg); im deutschsprachigen Raum wurde das zweiteilige Singspiel von R. Keiser (Libr. von F. C. Bressand, 1702 und 1709, Hamburg) aufgeführt, in England ein komisches Stück von T. A. Arne (Libr. von T. Phillips, 1734/35, London). Ein ›tragédie en musique‹ komponierte F.-J. de Lagrange-Chancel für Fontainebleau (1725). Auftritte des Orpheus finden sich in Balletten von P. Beauchamps (*Ballet des arts*, 1685, Paris), F. L. Grenet (*Le triomphe de l'harmonie*, 1737, Paris) und F. Barthélemon (1784, London). Gegen Ende des 18. Jahrhunderts entstanden weitere Opern von C. Ditters von Dittersdorf (Libr. von J. G. Stephanie d. J., 1788, Hamburg), V. Trento (1789, Verona) und P.-D. Deshayes (Libr. von J. Roubier-Deschamps, 1792, Paris). Aus dem 19. Jahrhundert sind eine Kantate von D. Bortnjanskij (1811, St. Petersburg) und die symphonische Dichtung von F. Liszt (1854, Weimar) zu nennen. A. MacKenzie (1885) und R. V. Williams (1901) komponieren zwei weitere Lieder. Eine Opern-Trilogie schuf 1918–22 G. F. Malipiero nach seinem eigenen Libretto (1925, Düsseldorf); ebenfalls aus dieser Zeit stammen die Kantate von K. Weill (nach dem Text von Y. Goll, 1927, Berlin) und die Kammeroper von A. Casella (Libr. von C. Pavolini, 1932, Venedig). An neueren Adaptionen des Stoffes finden sich z. B. die Kompositionen von W. Schuman (Lied nach Shakespeare, 1944; Fantasie für Cello und Orchester, 1962, Indianapolis), die symphonische Dichtung von J.-L. Martinet (1944/45), die Kantate von R. Lupi (1950), die *Sonette an Orpheus* nach R. M. Rilke von R. Palester (1951), die Orchestersuite *Orphée 53* von P. Henry (mit P. Schaeffer, 1953, Donaueschingen), die *Meditation on Orpheus* für Orchester von A. Hovhaness (1957/58), die Liederzyklen nach Rilkes Sonetten von C. J. Hawley (1959) und E. Rautavaara (1959), die Ballette von W. Killmayer (1961, München) und H. W. Henze (1979, Stuttgart), die Vokalkompositionen von K. Hashagen (1962) und B. Mather (1963), die Orchesterstücke von J. Soler (1964 und 1965), das Ballett *Beat für Orpheus* von T. Kessler (1967, Berlin), die *Symphonie d'Orphée* von K. Meyer (Text nach P. Valéry, 1972, Warschau), zwei Gesangszyklen von J. Lambert (1969 und 1970) sowie die beiden Opernarbeiten von H. Birtwistle (*Orpheus*, Libr. von P. Zinovieff, 1974–1977; *The Mask of Orpheus*, 1986, London). Seit den 70er Jahren standen auch Instrumentalkompositionen im Mittelpunkt der Rezeption, u. a. von G. Samuel (1971), M. L. Wilkins (1973), L. Foss (1974), Z. Jeney (1974), R. Zechlin (1975), G. Klebe (1976); daneben entstanden Vokalsätze, zum Teil basierend auf den Rilke-Texten, von M. Dalby (1972), G. Perle (1974), H. Hallnäs (1975) und S. M. Blaustein (1982).

Handelte es sich bisher um die Rezeption des Orpheus-Mythos im allgemeinen, d. h. um die Geschichte des Sängers, um seinen Gesang, seine Lyra etc., so wurden dabei noch nicht die musikalischen Werke genannt, die besonders die Beziehung zu Eurydike behandeln bzw. beide Gestalten im Titel führen. Zuerst ist hier das Madrigal von W. Byrd anzuführen (in *Psalmes, Sonets, and Songs*, London, 1588). In der Frühgeschichte der Oper entstanden zwei bedeutende Werke: von J. Peri (mit einigen Arien und Chören von G. Caccini) nach dem *Euridice*-Libretto von O. Rinuccini (1600, Florenz), das von A. Striggio d. J. bearbeitet und von C. Monteverdi erneut vertont wurde (1607, Mantua). Nur wenig später folgten D. Belli, der auf die Tragödie G. Chiabreras zurückgriff (1616, Florenz), und L. Rossi (Libr. von F. Buti, 1647, Paris). Von H. Schütz stammt eine frühe Ballettmusik nach dem Libretto von A. Buchner (1638, Dresden). Weitere Werke des Barock sind die Opern von A. Sartorio (Libr. von A. Aureli nach Rinuccini, 1672, Venedig), J. Lully/J.-L. Lully (Libr. von M. DuBoullay, 1690, Paris), G. A. Pollarolo (Libr. von G. C. Corradi, 1700, Venedig), J. J. Fux (Libr. von P. Pariati, 1715, Wien), G. A. Ristori (Libr. von G. C. Pasquini, 1749, Dresden), G. C. Wagenseil (1750) und C. H. Graun (Libr. von L. di Villati, 1752, Berlin) sowie die Kantaten von M.-A. Charpentier (1683), L.-N. Clérambault (*Cantates françoises I*, Paris, 1710), P. Courbois (1710, Paris) und J.-P. Rameau (um 1721). Besonders ein Libretto von R. Calzabigi wurde in der zweiten Hälfte des 18. Jahrhunderts häufig vertont, zuerst von C. W. Gluck (1762, Wien) und in der Folge von F. A. B. Uttini (1773, Stockholm), A. Tozzi (1775, München), F. Bertoni (1776, Venedig), J. G. Naumann (1786, Kopenhagen), J. F. Reichardt/F. G. Bertoni (1788, Berlin) und C. Cannabich (1802, München). Die für London komponierte Oper von J. Haydn *L'anima del filosofo* war lange Zeit in Vergessenheit geraten (Libr. von C. F. Badini, 1791). Ein russisches Melodram stammt von E. I. Fomin (Libr. von J. B. Knjažnin, 1792, St. Petersburg); im gleichen Jahr entstand eine Ballett-Pantomime von P. von Winter (Szenarium von P. Crux, 1792, vermutl. München). Ein Libretto von J. G. Jacobi vertonten G. Bachmann (1798, Braunschweig) und ein einzelnes Lied daraus F. Schubert (zwei Fassungen, 1816).

Daneben entstanden zahlreiche Werke der heiteren Art, z. B. eine Posse von F.-H. Barthélémon (Libr. von D. Garrick, 1767, London), eine Burleske von T. Giordani (Libr. von R. Houlton, 1784, Dublin) und ein Singspiel von F. W. H. Benda (Libretto von Lindemann, 1785, Berlin). Dieser Tradition folgten F. A. Kanne (Libr. vom Komponisten, 1807, Wien), F. Kauer (Text von K. Meisl, 1813, Wien) und schließlich J. Offenbach (Libr. von L. Halévy/J. Crémieux, 1858, Paris). Erst in den 20er Jahren entstanden weitere Bühnenwerke von E. Křenek (Libr. von O. Kokoschka, 1926, Kassel) und D. Milhaud (Libretto von A. Lunel, 1926, Brüssel). Die lyrische Oper von G. Charpentier (Libr. vom Komponisten) wurde 1931 von M. Delmas vollendet. Für das Ballett waren v. a. die Kompositionen von J.-J. Roger-Ducasse (1914, St. Petersburg) und I. Strawinsky (1948, New York) von Bedeutung. Seit den 50er Jahren versuchten sich zahlreiche Opernkomponisten wieder an diesem Stoff, teilweise auch unter Einbeziehung der Nachkriegsgeschichte, z. B. A. Savinio (Libr. vom Komponisten, 1950, Rom), R. Lupi (Libr. von M. Della Quercia, 1957, Bergamo), A. Lualdi (Libr. vom Komponisten, 1962), B. Lorentzen (Radio-Oper, 1965), Y. Akutagawa (1967, Tokyo) und J.-M. Damase (Libr. von J. Anouilh, 1972, Bordeaux). Mit einem Orchesterstück (1971) und einem Lied (nach Virgil, 1971) nahm sich J. Novák des Themas an. Zudem sind hier einige Bearbeitungen anzuführen, die im Zuge der ›Monteverdi-Renaissance‹ seit Anfang des 20. Jahrhunderts entstanden sind und sich auf die Oper *Orfeo* aus dem Jahr 1607 beziehen, z. B. von V. d'Indy (1904, Paris), G. Orefice (1909, Mailand), H. Erdmann-Guckel (1913, Breslau), C. Orff (drei Fassungen: 1925, Mannheim; 1929, München; 1940, Dresden; als 2. Teil der *Lamenti:* Mainz, 1958), G. F. Malipiero (1928, Leningrad), G. Benvenuti (1934, Rom), O. Respighi (1935, Mailand), P. Hindemith (1954, Wien), B. Maderna (1967, Amsterdam), D. Stevens (1967, Lissabon) und E. H. Tarr (Paris, 1974). Einige Werke der Musikgeschichte behandeln besonders die Geschichten über den Tod des Orpheus: zu nennen sind die Opern von S. Landi (Venedig, 1619), R. Keiser/G. C. Schürmann (Libr. von F. C. Bressand, 1727, Braunschweig) und G. Bachmann (Libr. von J. G. Jacobi, 1790), das Intermedium von P. F. Valentini (1654), das Singspiel von J. J. Löwe von Eisenach (Libr. von A. Ulrich, 1659, Lüneburg), die Kantaten von G. Rossini (1808, Bologna) und H. Berlioz (Prix de Rome, 1827), die lyrische Szene von L. Delibes (1877), eine Instrumentalkomposition von M. Flothuis (1950), die zwölf Stücke für Klavier von A. Koerppen (Wiesbaden, 1950) und schließlich die Kompositionen für Sopran, Klarinette und Schlagwerk von H. Birtwistle (1970) und für Sologesang, Chor und Orchester von J. Leleu (vor 1980).

Albouy 1969; Buck 1961; Frenzel 1992a; Friedmann 1956 und 1970; Kushner 1961; de Laet 1978; Schoeller 1969; Walker 1953; Warden 1982

Otanes → Kambyses

Otos und Ephialtes → Ares

Paetus, Gatte der → Arria

Palamedes, kluger Erfinder einiger Buchstaben, Maße und Gewichte, wegen seiner Schlauheit der Gegenspieler des Odysseus; Sohn des Königs Nauplios von Euboia und der kretischen Königstochter Klymene oder der Philyra ⟨Ov. met. 13,34–62; 13, 308–312; Kypr. 1; 19⟩.
Palamedes nahm – was nicht von Homer, sondern später von Apollodoros (2,1,5; epit. 3,7–8; 6,8–7) und Hyginus (fab. 95; 105; 116) überliefert wird – am Trojanischen Krieg auf der Seite der Griechen teil und gehörte zu den Unterhändlern, die den Krieg noch rechtzeitig verhindern wollten.
→ Odysseus, der sich wie die anderen griechischen Fürsten verpflichtet hatte, die Rechte des zukünftigen Gatten der → Helena zu verteidigen, wollte nicht am Zug gegen Troja teilnehmen und gab vor, wahnsinnig zu sein. Er spannte einen Ochsen und ein Pferd vor den Pflug, pflügte den Strand und streute Salz in die Furchen. Palamedes durchschaute die List und legte Odysseus' kleinen Sohn Telemachos vor den Pflug, worauf dieser geistesgegenwärtig reagierte und seine Verstellung aufgeben mußte.
Nach dem verlorengegangenen Epos *Kypria* aus dem 7. Jahrhundert rächte sich Odysseus Jahre später mit Diomedes auf intrigante Weise an Palamedes. Er zwang einen Gefangenen, einen Brief zu schreiben, der den Eindruck erwecken sollte, daß der trojanische König Priamos Palamedes Geld als Gegenleistung für den Verrat der Griechen angeboten hatte. Gleichzeitig versteckte Odysseus Gold unter Palamedes' Bett und ließ Agamemnon als obersten Anführer und Richter den Brief und das Gold finden. Palamedes wurde daraufhin zu Tode gesteinigt.
Nach Euripides' *Helena* rächte sich dessen Vater Nauplios, indem er an der Küste Euboias irreführende Lichter aufstellte, so daß ein Teil der griechischen Flotte auf ihrer Rückfahrt an den Klippen zerschellte.

Die Überlieferung in der *Kypria* wird v. a. von den Autoren aufgenommen, die die mitleidslose Verschlagenheit des Odysseus betonen wollen (z. B. Verg. Aen. 2,81 ff.; Hyg. fab. 105). Sie zeigen Palamedes als das Opfer einer Intrige und loben ihn als weisen Ratgeber der Griechen, die ihm sogar die Schrift, die Arithmetik und die Geometrie zu verdanken hätten, wie es in einer Verteidigungsrede des Palamedes aus der Feder des Sophisten Gorgias (ca. 425 v. Chr.) heißt. Vermutlich wird eine solche Position auch in verlorengegangenen Tragödien von Aischylos, Sophokles und Euripides vertreten. Auch in Vergils *Aeneis* kommt diese Intrige vor. Diktys und Dares schrieben in der frühen Kaiserzeit einen Roman *Troike* als ›Augenzeugenbericht‹ vom Untergang Trojas, in denen die Intrige gegen Palamedes einen breiten Platz einnimmt.

In der bildenden Kunst der Antike ist Palamedes nur auf etruskischen Spiegeln zu finden. Polygnot (Paus. 10,31,1) soll ihn im 5. Jahrhundert v. Chr. auf einem Wandgemälde in der Lesche der Knidier in Delphi mit Aias bei einem von ihm erfundenen Würfelspiel dargestellt haben.

N Die mittelalterliche Literatur, die auf der Seite Trojas stand, wurde von lateinischen Übersetzungen der antiken Werke von Vergil, Diktys und Dares stark beeinflußt: z. B. Benoît de Sainte-Maure, Konrad von Würzburg und Herbort von Fritzlar. Auch J. W. von Goethes *Achilleis* (1799) geht darauf zurück. Nach dem Mord durch Gerichtsbeschluß an dem niederländischen Staatsmann Oldenbarneveldt schrieb J. van den Vondel die Tragödie *Palamedes oder die gemordete Unschuld* (1625): Palamedes steht für Oldenbarneveldt, Agamemnon für dessen Gegner Maurits. Eine weitere Palamedes-Tragödie verfaßte G. V. Gravina (1707).

Auch in der Neuzeit gibt es nur wenige Abbildungen, u. a. auf einem Gemälde von G. B. Tiepolo (um 1755–60, Mailand, Borletti C.) und in Form einer Marmorskulptur von A. Canova (1796–1804, Tremezzo, Villa Carlotta).

Stanford 1954

Pallas Athene → Athena

Pan, Wald- und Weidegott, Beschützer der Hirten, nach den homerischen Hymnen der Gott der Berge, Felder und des Landlebens; Sohn des Hermes (u. a. Hdt. 2,145–146; Nonn. Dion. 14,87) oder des Apollon (Pind., zitiert von Servius zu Verg. georg. 1,16) und der Nymphe Penelope oder auch des Zeus und der Kallisto (Scholien bei Eur. Rhes. 36 und Theokr. eid. 1,3), von den Römern mit dem Waldgott Farnus gleichgesetzt.

Pan war von menschlicher Gestalt, hatte aber die Füße eines Ziegenbocks, einen Kopf mit Hörnern und einen Bocksbart. Außerdem trug er einen Hirtenstab. Die Athener weihten Pan eine Kultstätte, weil er ihnen 490 v. Chr. in der Schlacht gegen die Perser bei Marathon zum Sieg verholfen hatte (Hdt. 6,105; Paus. 1,28,4). Er gehörte zum Thiasos, dem Gefolge des Dionysos, oder lebte mit den Nymphen, denen er oft nachstellte. Die Syrinx oder Pan-Flöte, auf der er häufig spielte, bestand aus Schilfrohr und war nach einer Nymphe benannt, die sich in Schilf verwandelt hatte, um dem lüsternen Pan zu entkommen. Häufig tauchte er plötzlich irgendwo auf und versetzte die Menschen mit seinem Schrei in Angst und Schrecken (›Panik‹).

In der Literatur und den Mythen des Altertums spielt Pan keine besondere Rolle. In der bildenden Kunst wird er seit dem Ende des 6. Jahrhunderts v. Chr. oft dargestellt. Auf Vasen ist er meistens im Thiasos des Dionysos zu sehen. Auf einer Vase des ›Pan-Malers‹ (um 470 v. Chr., Boston, M.) verfolgt er einen von ihm begehrten Jungen, während auf der anderen Seite → Aktaion von Artemis erschossen wird. In der hellenistischen Zeit entstehen in der Bildhauerkunst Genredarstellungen, die durch römische Kopien bekannt sind: Pan als Lehrer von Daphnis; Pan, der einem Silen einen Dorn aus dem Fuß zieht; Pan, der von Aphrodite mit einem Pantoffel abgewehrt wird (›Pantoffelgruppe‹ aus Delos, um 100 v. Chr., Marmor, heute Athen, M.); Pan mit einer Nymphe (Terrakottagruppe aus Centuripe, spätes 2. Jh. v. Chr., Syrakus, M. Arch.). In der pompejanischen Malerei ist er inmitten von Nymphen zu finden, auf Sarkophagen im Thiasos des Dionysos.

Elemente der Pan-Figur lebten in der mittelalterlichen Kunst in Teufelsdarstellungen weiter. In der Malerei der Neuzeit wird Pan häufig in idyllischer Umgebung gezeigt, v. a. mit Syrinx, z. B. auf Gemälden von Rubens/J. Brueghel d. Ä. (um 1617, London, Nat. G., und London, Buck. Pal.; o. J., Schwerin, Staatl. M.), J. Jordaens (1620, Brüssel, Kon. M.), N. Poussin (um 1635, Dresden, Gemäldeg.), D. Vertangen (um 1648, Mainz, NK

Landesm.), S. Rosa (um 1650, Caldero, Pal. Enzelberg a Campan), G. F. Romanelli (1651, St. Petersburg, Eremitage), P. Mignard (vor 1690, Paris, Louvre), G. Schalcken (1691, Pommersfelden, G.), S. Ricci (1707/08, Fresko, Florenz, Pal. Pitti), J.-F. de Troy (1720, Cleveland, M.), F. Boucher (1759, London, Nat. G.), A. Böcklin (u. a. 1854, Dresden, Gemäldeg.; ruhender Pan, und um 1858, Basel, Kunstm.; Pan als Ursache für den ›Panischen Schrecken‹), F. von Stuck (1908, Schweinfurt, Slg. Schäfer) und O. Kokoschka (1931, Hannover, Landesm.). Den Flöte spielenden Pan vor Nymphen und Satyrn schildern z. B. auf Gemälden D. Teniers d. Ä. (1638, Wien, Kunsth. M.), A. F. Callet (1774, Paris, Louvre) und A. Wiertz (1835, Brüssel, Kon. M.) sowie in der Bildhauerei B. Thorvaldsen (1831, Marmorrelief, Kopenhagen, Thorvaldsen M.), A. Rodin (1889, Marmorskulptur, Paris, M. Rodin) und G. Marcks (1928, Bronzeskulptur, Bremen, G.-Marcks-Stiftung). Pan mit Artemis oder Demeter zeigen auf Fresken Annibale Carracci (1597–1600) im Palazzo Farnese in Rom und Domenichino (1609) im Palazzo Giustiniani-Odescalchi in Bassano di Sutri sowie Rubens/F. Snyders auf einem Gemälde (um 1617, Madrid, Prado).

ND   Als Gott der Hirten hat Pan in der Schäferdichtung der Neuzeit seit Lionardo detto Mescolino (*Trionfo di Pan, dio de' pastori*, 1546) einen festen Platz. F. Bacons Zuordnung Pans zur Natur überhaupt (*De sapientia Veterum*, 1609) setzt sich in Goethes früher Verssatire auf die Naturverehrung Rousseaus und Herders fort (*Satyros oder Der vergötterte Waldteufel*, 1773). Zahlreiche literarische Bearbeitungen und Anspielungen, v. a. in der Lyrik, fand Pan im 19. und in der ersten Hälfte des 20. Jahrhunderts: z. B. P. B. Shelley (1824), V. Hugo (1831), C. M. R. Leconte de Lisle (1852 und 1895), A. C. Swinburne (1887), O. Wilde (zwischen 1876 und 1893). Vielfach spielte dabei auch das Motiv vom Tod des Pan eine Rolle, der nach einer Überlieferung bei Plutarch (*De defectu oraculorum* 17) zur Zeit des Kaisers Tiberius Seereisenden von einer mächtigen Stimme verkündet worden war und in der christlichen Tradition als Untergang der heidnischen Welt angesichts von Tod und Auferstehung Christi gedeutet wurde. Auf den Tod des Pan nehmen u. a. Gedichte von E. B. Browning (1844), G. D'Annunzio (*Il gran Pan non è morto!*, 1904) und E. Pound (1912) Bezug. Die Verbindung des Pan mit ekstatischer Sonnenhitze, insbesondere der Mittagshitze, in der der Gott mit seinem Schrei Mensch und Tier aufschreckt, fand literarischen Nachhall u. a. bei W. Wordsworth (als durchgängiges Motiv in seinen Werken, z. B. im Sonett *Composed by the Side of Crasmere Lake*, 1819) und R. Schickele (*Pan. Sonnenopfer der Jugend*, 1902). In K. Hamsuns Roman *Pan* (1894) verschmelzt die vor der modernen Welt in die Natur flüchtende Hauptgestalt mit dem antiken Gott; K. Faldbakken replizierte darauf mit dem Roman *Pan in Oslo* (1985), der auf die Entmystifizierung des patriarchalischen Männerbildes Hamsuns abzielt. Der niederländische Autor H. Gorter stellt in seinem rund 12 000 Verse umfassenden, marxistisch geprägten Epos (1912) den Naturgott der von einer Frau repräsentierten Menschheit gegenüber: Die ungleichen Besitzverhältnisse zwischen den beiden stehen einer Vereinigung entgegen.

Die Pan-Gestalt ist für die Musikgeschichte erstmals mit einem Lied von M. Locke (1667) und einer Oper von T. d'Urfay (1696, London) überliefert, des weiteren in einer Ode zum Begräbnis von G. Schott von J. Mattheson (1702, Hamburg) und einer weltlichen Kantate von J. S. Bach zum *Streit zwischen Phoebus und Pan* (1731). Erst sehr viel später wird dieser Stoff wieder aufgenommen, z. B. im Duett für Sopran und Bariton von N. Rimskij-Korsakow (Leipzig, 1898), in einem Lied (nach dem Gedicht von P. Louÿjs, 1897/98) und einem Klavierstück zu vier Händen (1914) von C. Debussy sowie in den Orchesterstücken von Ö. P. J. de Mihalovich (Text nach G. Reviczky, 1897/98) und F. Converse (Text nach J. Keats, 1899). Ein weiteres Lied stammt von E. Elgar (Text von A. Ross, 1899/1900). Die Schauspielmusik zum Drama von O. J. Bierbaum (Leipzig, 1900) schrieb F. Mottl. In der neueren Operngeschichte sind Werke von C. Lecoq (Libr. von S. Bordèse, 1911, Aix-les-Bains) und W. von Bausznern (Libr. nach J. W. Goethe, 1922, Basel) zu finden. Für das Tanztheater komponierten G. Bantock (1915), C. Venth (1923, Asheville) und J. Sibelius (1906). Zahlreiche Instrumentalkompositionen beziehen sich ebenfalls auf den Pan-Mythos, z. B. für Chor, Orchester und Orgel von J. Marx (1912), für Violine und Klavier von K. Szymanowski (Teil der *Mity*, 1915), für Solo-Oboe von B. Britten (in *Six Metamorphoses after Ovid*, 1951, Thorpeness), für Flöte von R. Moevs (1951) sowie für Bläserquintett von S. Sciarrino (1976). Vokalwerke schrieben H. Studer (1950), N. Demuth (1952), J. Joubert (1955) und K. Baranović (1958). R. Dembo vertonte die Texte von J. Joyce (1979). NM

Borgeaud 1979; Herbig 1949; Pochat 1967; Walter 1980

Pandora, galt als die erste Frau; sie wurde von Hephaistos auf Befehl des Zeus aus Lehm erschaffen, um den Menschen Unheil zu bringen.

Nach der Überlieferung in Hesiodos' *Theogonia* (570–612) und *Erga kai hemerai* (47–105) hatte → Prometheus den Menschen gegen den Willen des Zeus das Feuer gebracht. Mit der Erschaffung der Pandora wollte sich Zeus rächen. Die Götter beschenkten sie mit unheilvollen Eigenschaften: Von Athena, Aphrodite, den Horen und den Chariten erhielt sie ihre verführerische Schönheit. Hermes gab ihr Verlogenheit und brachte sie als Geschenk der Götter zu Epimetheus, dem einfältigen Bruder des Prometheus. Dieser beging den Fehler, Pandora trotz der Warnungen seines Bruders zur Frau zu nehmen. Pandora hatte von den Göttern einen Krug, ›Pithos‹ (später eine Kiste oder eine Büchse) mitbekommen, der mit allen Plagen gefüllt war. Da Pandora ihre weibliche Neugier nicht bezwingen konnte, öffnete sie den Krug, worauf der Inhalt entwich und die Plagen das bis dahin glückliche Dasein der Menschen beendeten (daher auch der Name Pandora, die ›Allesgebende‹). Als der Krug wieder geschlossen wurde, blieb nur die Hoffnung auf dem Boden des Gefäßes zurück, so daß sie den Menschen nicht verfügbar war. In späteren Versionen befand sich im Krug alles Gute, das nach dem Öffnen verschwand; einzig die Hoffnung blieb den Menschen.

Neben Hesiodos finden wir die Geschichte gelegentlich bei späteren Mythographen erwähnt. Von Sophokles' Satyrspiel *Pandora* ist nur der Titel bekannt.

In der bildenden Kunst sind Abbildungen fast ausschließlich auf Vasen des 5. Jahrhunderts zu finden. Eine Schale (heute Oxford, Ashmolean M.) zeigt, wie Athena und Hephaistos Pandora aus Lehm formen. Epimetheus kommt in Szenen vor, die auf das Pandora-Stück von Sophokles zurückgehen. Pheidias soll ihre Geburt auf der Basis des Athena-Standbildes im Parthenon (447–438 v. Chr.) gestaltet haben (Paus. 1,24,7; Plin. nat. 6,19).

NK Seit dem frühen Christentum bis in die Neuzeit gilt der Mythos als Pendant zum biblischen Sündenfall. Diesen Vergleich hielt z. B. J. Cousin d. Ä. (1538–50, Paris, Louvre) auf einem Gemälde mit der Aufschrift ›Eva Prima Pandora‹ fest.

In der Malerei des 16. Jahrhunderts ist Pandora u. a. auf einer Zeichnung von R. Fiorentino (um 1534–36, Paris, École des Beaux-Arts) und auf einem Wandgemälde von P. Tibaldi (um

1550–60) im Palazzo Malvezzi in Bologna zu sehen. Im Neoklassizismus wird sie v. a. in England und Frankreich thematisiert: beispielsweise auf Gemälden von J. Barry (um 1791–1804, Manchester, G.; Geburt), W. Etty (1824, Leeds, G.; Krönung der Pandora durch die vier Jahreszeiten), A. Cabanel (1873, Baltimore, Walters Art G.), O. Redon (um 1910, New York, Metrop. M. und 1910–12, Washington, Nat. G.), auf Zeichnungen von J. Flaxman (1816 veröffentlicht) und D. G. Rossetti (u. a. 1879, Cambridge/Mass., M.; Pandora als unheilbringende Schönheit) sowie als Bronzeskulptur von A. Rodin (um 1889, Boston, M.). M. Beckmann beschwor auf einer 1947 vollendeten Gouache (USA, Privatbesitz) die Gefahr der Atombombe: Aus der Büchse der Pandora tritt ein Atomblitz hervor.

In der Tradition des mittelalterlichen Vergleichs zwischen Pandora und Eva behandeln den Stoff J. Lyly (*The Woman in the Moone*, 1597), A.-R. Lesage (1721), P. Brumoy (mit den Untertitel ›Die bestrafte Neugierde‹, 1741) und C. M. Wieland (Lustspiel, 1721), der darin angeschlagene frauenkritische Ton setzt sich bis zu F. Wedekinds Drama *Die Büchse der Pandora* (1904) fort, wo der Name der Pandora nur noch für eine zerstörerische weibliche Elementargewalt steht. An die Tradition, nach der Pandora Bringerin von guten, kulturstiftenden Gaben ist, knüpft J. W. von Goethes Fragment gebliebenes Festspiel *Pandorens Wiederkunft* (1807) an. Vorgänger in dieser Tradition waren u. a. P. Calderón de la Barca mit seinem Drama *La estatua de Prometeo* (1671) – in dem Pandora ein Geschöpf des Prometheus ist, das den Neid der Götter hervorruft, der jedoch durch die Liebe zwischen Prometheus und Pandora besiegt wird – und Voltaire (1748, Drama).

Zu diesem Mythos der Weiblichkeit gibt es Opern von A. R. Lesage/L. Fuzelier (1721, Paris), J. Fusz (1818, Wien), H. Litolff (Libr. von T. Barrière, 1871, Paris) und A. Cellier (Libr. von B. Row, 1881, Boston). J.-N.-P. Royer (1752, Paris) und J.-B. de La Borde (1767, Paris) vertonten das Drama Voltaires. Ferner entstanden eine Burleske von J. Barnett (Libr. von J. R. Plaché/C. Dance, 1831, London) sowie die Ballette von G. B. Locatelli (1757–59) und J. Starzer (1761, St. Petersburg). Eine Bühnenmusik zu Goethes Drama schrieben E. Lassen (1886, Weimar) und A. Mendelssohn (Berlin, 1908); (Teil-)Vertonungen liegen von K. Gerstberger (vor 1949), G. Strecke (vor 1949), O. Gerster (1949), H. Reutter (1949) und J. Kenessey (1960) vor.

A. Bergs Oper *Lulu* (1937, Zürich) basiert auf den beiden Dramen F. Wedekinds, *Erdgeist* und *Die Büchse der Pandora*. Neuere Instrumentalkompositionen stammen von R. Gerhard (1944, Cambridge und 1945, London), M. Kagel (1964, München) und L. Segerstam (1966).

Frenzel 1992a; Panofsky/Panofsky 1956; Vogel 1972

Pantheia, Gemahlin des Abradatas → Kyros II.

Pantheia, Gemahlin des → Empedokles

Parca → Moiren

Paris (auch Alexandros), Jüngling von außergewöhnlicher Schönheit, löste mit dem Raub der Helena den Trojanischen Krieg aus; Sohn des Königs Priamos von Troja und dessen Frau Hekabe ⟨Hom. Il.; Apollod. 3,12,5–6; Apollod. epit. 3,1–5; 5,8⟩. Kurz vor der Geburt des Paris träumte seine Mutter, sie werde eine Fackel gebären, deren Feuer die Stadt in Brand stecken werde (u. a. Eur. Tro. 920–932; Hyg. fab. 91–92; 110). Priamos ließ den Traum deuten: Man sagte ihm, daß dies ein schlechtes Vorzeichen sei und er das Kind töten müsse. Paris wurde aber als Findling auf dem Berg Ida ausgesetzt und von einem Hirten großgezogen. Später, als er bereits zu einem schönen Jüngling herangereift war, erkannte ihn seine Schwester Kassandra, worauf er wieder in die Familie aufgenommen wurde. Er hütete auf dem Berg Ida das Vieh seines Vaters und lebte mit der Nymphe Oinone zusammen.
Als einst die Götter die Hochzeit von Peleus und Thetis feierten, warf die Göttin Eris (Zwietracht) aus Rache, weil sie nicht eingeladen war, einen goldenen Apfel mit der Aufschrift ›für die Schönste‹ in die Versammlung. Als sich nun Hera, Athena und Aphrodite darum stritten, wem der Apfel gebühre, wurde Paris zum Schiedsrichter berufen. Die drei Göttinnen versuchten, ihn zu bestechen: Hera versprach ihm Macht, Athena Kriegsruhm und Aphrodite die Liebe der schönsten sterblichen Frau. Paris entschied sich für Aphrodite.
Dann verließ er Oinone und ging nach Sparta, wo er → Helena, die für ihre Schönheit berühmte Gemahlin des → Menelaos, entführte. Im anschließenden Zug der Griechen gegen Troja spielte Paris keine herausragende Rolle. Bei Homer wird überliefert,

daß sich die Griechen und Trojaner erst im zehnten Kriegsjahr
darauf einigten, die Auseinandersetzung durch einen Zwei-
kampf zwischen Paris und Menelaos zu beenden und dem Sieger
Helena zu geben. Paris konnte sich mit der Hilfe Aphrodites
einige Zeit halten, dann aber drohte er zu verlieren, worauf
Aphrodite ihn in eine Nebelwolke hüllte und zu Helena brachte.
Sein Bruder Hektor ermahnte ihn, an dem neu aufflammenden
Kampf wieder teilzunehmen.

Mit seinen Lieblingswaffen, Pfeil und Bogen, war Paris recht
geschickt. Wie es bei Homer (Il. 22,359–360) von dem sterbenden Hektor vorausgesagt und bei Vergil (Aen. 6,57) beschrieben
wird, tötete er mit Hilfe Apollons sogar Achilleus, als dieser das
trojanische Tor stürmte. Es wird auch berichtet, daß er ihn aus
dem Hinterhalt niederschoß (→ Polyxena). Seinen Tod fand Paris nach Apollodoros durch Philoktetes' Giftpfeil. Oinone besaß
das nötige Gegengift, weigerte sich aber, es ihrem früheren Geliebten zu geben. Später brachte sich die von Gewissensbissen
geplagte Nymphe selbst um (Smyrn. 3).

Die Jugend des Paris und der Schönheitswettbewerb waren Thema verlorengegangener Tragödien von Euripides und Sophokles; namentlich Apollodoros verdanken wir die Überlieferung.
Der einzige Text, in dem Paris selbst sprechend vorkommt, ist
das satirische Totengespräch zwischen ihm, Menelaos und Protesilaos von Lukianos aus dem 2. Jahrhundert n. Chr. In diesem
Werk sagt Paris zu seiner Verteidigung, daß er ein willenloses
Werkzeug in den Händen der Götter gewesen sei, die ihm die
Liebe eingaben. Dieses Argument wird ansonsten im Hinblick
auf Helena angeführt, die meistens als diejenige gilt, die das Unglück über Trojaner und Griechen brachte. Auch Apuleius (met.
10,33) beschreibt das Urteil des Paris. Das Verhältnis zwischen
Paris und Oinone wird von Ovid in den *Heroides* (5) in der Form
eines Klagebriefs Oinones an den Prinzen beleuchtet.

In der bildenden Kunst der Antike ist meist das Paris-Urteil mit
Hermes und den drei Göttinnen abgebildet, angefangen mit
griechischen Vasen aus dem 7. Jahrhundert v. Chr. bis zu römischen Sarkophagen. In frühen Darstellungen erscheint Paris ver-
unsichert, als er von Hermes zum Schiedsrichter benannt wird;
auf späteren Abbildungen ändert sich seine zögerliche Haltung,
er zeigt einen freundlichen Gesichtsausdruck. Seit dem 5. Jahrhundert v. Chr. wird auch die Entführung Helenas dargestellt.
In der hellenistischen Kunst ist Paris zusammen mit Oinone zu
finden. Der Tod des Achilleus durch Paris wird wiederholt in der
römischen Kunst gezeigt.

NK Seit dem 15. Jahrhundert dient das Paris-Urteil in der Malerei als moralisches Lehrbeispiel und gleichzeitig auch als Aktstudie dreier Frauen in verschiedenen Posen. In der italienischen Renaissance taucht es zum ersten Mal auf einem Werk aus der Schule von D. Veneziano (um 1461/62, Glasgow, Art G.) auf; danach folgen u. a. ein Stich von M. Raimondi (um 1512, nach einem nicht erhaltenen Gemälde von Raffael), Fresken von G. Romano (1527/28, Mantua, Pal. del Tè) und B. Peruzzi (um 1535, bei Siena, Villa Belcaro) sowie ein Gemälde von J. Tintoretto (1543/44, Padua, M.). Die ersten Darstellungen nördlich der Alpen stammen von L. Cranach d. Ä. und seiner Werkstatt (1512–39, u. a. in Köln, Wallr.-Rich.-M.; Kopenhagen, Staatl. Kunstm.; New York, Metrop. M.), wobei Cranach von Della Colonna angeregt wurde. Weiterhin entstanden im Norden in der Zeit der Renaissance und des Manierismus u. a. Gemälde von N. M. Deutsch (um 1517/18, Basel, Kunstm.), M. Gerung (1536, Chicago, Art I., und 1540, Paris, Louvre; bei letzterem zweigen wie bei einem Stammbaum Darstellungen der Trojasage vom Paris-Urteil ab), H. von Aachen (1588, Douai, M. und 1590, Birmingham/Alab., M.), C. van Haarlem (1593, Haarlem, Hals-M.; im Hintergrund die Hochzeit von Peleus und Thetis), H. van Balen (1600, Berlin, Gemäldeg.), H. Rottenhammer (1600, Berlin, Staatl. M.) und J. Wtewael (1602, Cleveland, M. und 1615, London, Nat. G.). J. H. Ewoutsz glorifiziert auf seinem Gemälde (1569, London, Hampton Court), ähnlich wie Peele, Elizabeth I., die, als Paris personifiziert, neben den drei Göttinnen zu sehen ist. In Barock und Rokoko folgen u. a. Gemälde von Rubens (um 1600/01, London, Nat. G.; um 1632–35, London, Nat. G.; 1638/39, Madrid, Prado), J. Jordaens (um 1620–25, Coral Gables/Fa., Art M.), M. van Uyttenbroeck (1626, Kassel, Gemäldeg.), C. Lorrain (um 1645/46, Washington, Nat. G.), L. Giordano (um 1670, Wien, Akad.), A. van der Werff (1712, Dresden, Gemäldeg., und London, Dulwich Coll.), A. Watteau (um 1720, Paris, Louvre), F. Boucher (1754, London, Wallace C.) und J.-H. Fragonard (1773–76, Los Angeles, M.). Über klassizistische Werke von A. R. Mengs (um 1757, Gemälde, St. Petersburg, Eremitage), J. H. W. Tischbein (1810–20, Schloß Eutin) und B. Thorvaldsen (um 1816–28, Marmorskulptur, Kopenhagen, Thorvaldsen M.) bleibt das Thema bis ins 20. Jahrhundert greifbar, u. a. auf Gemälden von H. Fantin-Latour (1863–65, London, Tate G.), A. Feuerbach (1870, Hamburg, Kunsth.), H. von Marées (1880/81, Triptychon, verloren), M. Klinger (1885–87, Wien, Kunsth. M.), P. Gauguin (1903,

Prag, Nationalg.), L. Corinth (1907, Dresden, Gemäldeg.), A. Renoir (1908, Oslo, Halvorsen C.), H. Giersing (1909, Kopenhagen, M.) und O. Müller (um 1910/11, Berlin, G. des 20. Jh.) sowie auf einem Gipsrelief von A. Renoir (1914–16, Paris, M. d'Orsay).

Einzeldarstellungen des Paris finden sich in der Malerei z. B. auf Gemälden von A. van Dyck (um 1632–34, London, Wallace C.) und P. Moreelse (1638, Brüssel, Kon. M.) sowie in der Bildhauerei bei A. Canova, der den nackten Heros mehrfach porträtierte (1807–16, u. a. 1807–12, Marmorskulptur, St. Petersburg, Eremitage, und 1811–16, Marmorskulptur, München, NP).

Paris und Helena als Liebespaar werden selten gezeigt, z. B. auf Gemälden von J.-L. David (1788, Paris, Louvre) und A. Kauffmann (1790, St. Petersburg, Eremitage); Paris mit Oinone u. a. auf Gemälden von Tizian (um 1570–75, Wien, Kunsth. M.; in der Gestalt von Nymphe und Schafhirt, die wohl als Paris und Oinone identifiziert werden können) und W. van Mieris (1698, London, Wallace C.) sowie auf Zeichnungen von T. Géricault (1816, u. a. Rouen, M. des Beaux-Arts). Den Tod des Paris schildert G. Hamilton (1794) auf einem Deckengemälde in der Villa Borghese in Rom.

Das Paris-Urteil und der Raub der Helena sind über lateinische ND Übersetzungen der *Troike* von Dares und Diktys in mittelalterliche Troja-Romane eingegangen, z. B. *Le Roman de Troie* von Benoît de St. Maure (ca. 1160), Konrad von Würzburg und Herbort von Fritzlar, ferner in Werken der Niederländer Jacob van Maerlant und Segher Diergodgaf (13. Jh.). In der *Historia Destructionis Troiae* (1287) von Guido delle Colonne werden Paris und Helena und ihre Verursachung des Trojanischen Kriegs zum Thema. Obwohl Ovid das Paris-Urteil nicht aufgriff, findet es sich im *Ovide Moralisé* (ca. 1316–28) wieder. Hier und in der Neuzeit gilt die Geschichte als moralische Parabel: Paris ist der leichtsinnige Jüngling oder bestechliche Richter, der sich den sinnlichen Reizen (Aphrodite) hingibt und Weisheit und Tugend (Athena) bzw. Macht und Reichtum (Hera) vernachlässigt. In diesem Sinne können das Schauspiel von H. Sachs (Mitte 16. Jh.), die *Wtleggingh* von C. van Mander (1604) und ein Stück von J. Krul (1637) verstanden werden.

Das Thema diente auch dazu, eine bestimmte Frau als die Schönste zu preisen. So wurden auf den Brüsseler Hoffesten anläßlich der Hochzeit Johannas von Castilien mit Philipp von Österreich (1496) Theateraufführungen des Paris-Urteils mit Verweisen auf die Braut gegeben. Außerdem sind Schalen als Hochzeitsgeschenke aus dem 16. Jahrhundert aus Urbino und Faenza bekannt. Der Dramatiker G. Peele richtete in *The Arraignment of Paris* (1584) sein Lob an Königin Elizabeth I., die am Ende des Stückes den goldenen Apfel erhält.

In der Literatur widmet sich eine der *Komischen Erzählungen* (1762) C. M. Wielands dem Paris. A. Tennyson (1832) läßt in einem von Theokritos angeregten Trauergesang Oinone um den davonziehenden Paris klagen, in einem späten Gedicht (1892) thematisiert er den Tod der Oinone. In einem Gedicht von W. Morris (1870) stirbt Paris im Beisein der Nymphe. Unter dem Titel *Spielball der Götter* schilderte R. Hagelstange die Kriegsgreuel in Troja in Form einer fiktiven Autobiographie des Paris (1959).

NM Die Geschichte des Paris schildern die Oper von G. M. Orlandini (Libr. von F. Muazzo, 1720, Venedig) und die Kantate von G. B. Sammartini (1750, Mailand).

Besonders auf seine Beziehung mit Oinone gehen einige Werke ein, z. B. der musikalische Dialog von R. Ramsey (zwischen 1612 und 1644), die Opern von B. Ferrari (Bologna, 1651), A. Caldara/A. Quintavalle (Libr. von F. Mazzari, 1704, Mantua), C. A. Monza/A. B. Coletti (Libr. von F. Mazzari, 1706, Venedig), J. A. Kobelius (1729, Weissenfels) und C. Kalkbrenner (1812, Paris), die Kantaten von A. Cardinal Destouches (Paris, 1716) und F. Benoist (1815, Paris) und schließlich die Pastorale von P. Torri (1705, Brüssel). Eine moderne Adaption ist das Multimediastück von J. M. Gilbert (1975).

Das Urteil des Paris ist Thema der Opern von A. F. Tenaglia (Libr. von G. Lotti, 1656, Rom), P. A. Cesti (*Il pomo d'oro*, einige Arien komponierte Leopold I. von Österreich, Libr. von F. Sbarra/N. Minato, 1668, Wien), G. B. Bassani (1688, Ferrara) und M.-A. Charpentier (um 1690). W. C. Briegel (1674, Darmstadt) und R. Schwartzkopff (1686, Stuttgart) komponierten nach deutschen Textvorlagen. Im 18. Jahrhundert kamen die Oper von T. B. de La Doué (Libr. von M. A. Barbier/N. Pellegrin, 1718, Paris) und die Kantate von N. Renier (1729, Paris) zur Aufführung. Eine ›masque‹ von W. Congreve wurde u. a. auch mit der Musik von T. A. Arne (1740, London) und G. Sammartini (um 1740, Cliveden) gespielt. C. H. Graun vertonte die Pastorale von L. di Villati (eine Arie stammt von Friedrich II. von Preußen, 1752, Charlottenburg). Burlesken schrieben F.-H. Barthélemon (Libr. von R. Schomberg, 1768, London) und K.

O'Hara (1773, London). In Rußland nahm sich E. I. Fomin des Stoffes an (Libr. von I. Iwanow, 1803, St. Petersburg). Ballette komponierten J. Starzer (1761, St. Petersburg) und D. G. Steibelt (1804, London). Erst sehr viel später entstanden wieder eine Reihe von Kompositionen für das Tanztheater, z. B. von L. Berkeley (1938, London), K. Weill (1938, London) und G. Wuensch (1958), sowie die musikalischen Komödien von C. Bresgen (Libr. von O. Reuther, 1941/42) und J. Moross (Libr. von J. Latouche, 1954, New York).

Der Raub der Helena war schon in der frühen Oper des 17. Jahrhunderts beliebt, z. B. von M. Scacchi (Libr. von V. Puccitelli, 1638, vermutl. Warschau), S. Olivo (Libr. von B. Morando, 1646, Piacenza), P. F. Cavalli (Libr. von G. Badoaro, 1653, Venedig), F. Cirillo (Libr. von G. Paolella, 1655, Neapel), V. Tozzi (1657, Messina) und G. D. Freschi (Libr. von A. Aureli, 1677, Venedig). Im 18. Jahrhundert folgten die Werke von R. Keiser (Libr. vom Komponisten, 1709, Hamburg), J. D. Heinichen (1701, Naumburg), B. Galuppi (1756, Venedig) und C. W. Gluck (Libr. von R. Calzabigi, 1770, Wien). Später entstanden des weiteren die Ballettmusik von J. N. Hummel (1807, Wien), das lyrische Drama für Frauenchor und Klavier von E. Chausson (Text nach C. M. R. Leconte de Lisle, 1883/84) sowie die Opern von O. Goldschmidt (Libr. von G. C. Winter Warr, 1886, London) und C. Saint-Saëns (1904, Monte Carlo).

Backès 1984; Clairmont 1951; El-Hinoud-Sperlich 1977; Frenzel 1992a; Ghali-Kalil 1955; Raab 1972; Rodney 1952/53

Parzen, andere Bezeichnung für die → Moiren

Pasiphae, Gattin des → Minos

Patroklos, Freund des → Achilleus

Paulina, Gemahlin des → Seneca

Pegasos, geflügeltes Pferd des → Bellerophon, → Gorgonen

Peirithoos, Gefährte des → Theseus

Peleus, König von Phthia in Thessalien, Sohn des Königs Aiakos von Aigina und der Endeïs; Vater des Achilleus ⟨Apollod. 3,12,6–3,13,8⟩.

Aiakos verbannte seine Söhne Peleus und Telamon (bei Homer
ist Telamon der Freund des Peleus) aus seinem Reich, weil sie
ihren Halbbruder Phokos aus Eifersucht auf dessen athletisches
Können getötet hatten. Peleus floh an den Hof des Königs Eurytion von Phthia: Eurytion wusch ihn von seiner Schuld rein,
gab ihm seine Tochter Antigone zur Frau und überließ ihm ein
Drittel seines Reiches.

Zusammen mit Eurytion nahm er an der Jagd auf den kalydonischen Eber teil (→ Meleagros). Durch ein Unglück tötete Peleus seinen Schwiegervater mit dem Speer und mußte erneut
fliehen. In Iolkos befreite ihn König Akastos von seiner Schuld.
Dessen Frau Astydameia verliebte sich in Peleus, wurde aber
von ihm zurückgewiesen. Aus Rache trieb sie daraufhin Antigone in den Selbstmord, indem sie ihr sagte, Peleus wolle Ste-
rope, eine Tochter des Akastos, heiraten. Diesem log sie vor,
Peleus habe sie verführen wollen. Da Akastos Peleus von seiner
Schuld befreit und als Gast aufgenommen hatte, wollte er sich
nicht persönlich rächen und versuchte, ihn auf eine andere Weise
ums Leben kommen zu lassen. Auf dem Berg Pelion forderte er
Peleus auf, ebensoviel Wild zu erbeuten wie er, um ihn zu er-
müden. Peleus erlegte zahlreiche Tiere, nahm aber nur ihre Zun-
gen als Beweis für Akastos mit. Deshalb verhöhnte dieser ihn
zunächst, als er ihn mit scheinbar leeren Händen kommen sah.
Anschließend legte sich Peleus zur Ruhe. Akastos versteckte
dessen Schwert in der Hoffnung, die benachbarten → Kentauren
würden Peleus überfallen. Doch der Kentaur Chiron warnte Peleus rechtzeitig und brachte ihm das Schwert zurück. Später
rächte sich Peleus mit der Hilfe Iasons und der Dioskuren; er
nahm Iolkos ein und tötete Akastos und Astydameia. Dann zog
er sich nach Phthia zurück.

Zeus gab ihm als Belohnung für seine Standfestigkeit Astydameia gegenüber die Seegöttin Thetis, eine Tochter des → Nereus, zur Frau. Vielleicht auch wollte Zeus Thetis durch diese
Heirat mit einem Sterblichen bestrafen, da sie sich ihm aus Respekt vor ihrer Erzieherin Hera verweigert hatte. Häufiger wird
überliefert, daß Zeus Thetis begehrte, doch nach einer Warnung
von → Prometheus, der Sohn der Thetis werde stärker als sein
Vater sein, von einem Verhältnis absah.

Thetis versuchte jedoch zunächst, Peleus zu entkommen, indem
sie sich ständig verwandelte und als Feuer, Wasser, Wind, Baum,
Vogel, Tiger, Löwe, Schlange und Tintenfisch erschien. Peleus
hielt sie so lange im Griff, bis sie sich schließlich geschlagen gab.
An dem großen Hochzeitsfest nahmen alle Götter teil bis auf

Eris (Zwietracht), die nicht eingeladen worden war. Sie rächte sich dafür, indem sie einen goldenen Apfel in die Festgesellschaft warf, der der Schönsten gehören sollte, so daß einige Göttinnen um den Apfel zu streiten begannen (→ Paris).

Die Ehe zwischen den beiden war nicht glücklich. Als Thetis versuchte, ihrem Sohn → Achilleus Unsterblichkeit zu verleihen, geriet sie mit Peleus in heftigen Streit und zog sich in ihr Element, das Meer, zurück. Die Erziehung ihres Sohnes überließ sie dem Kentauren Chiron.

In Euripides' Tragödie *Andromache* wird überliefert, daß der alte Peleus → Andromache, die Konkubine seines Enkels Neoptolemos, gegen Menelaos und Hermione in Schutz nahm, die ihr nach dem Leben trachteten. Außerdem kommt Peleus in Geschichten mit → Herakles (er soll an dessen Zug gegen Troja beteiligt gewesen sein) und den → Argonauten vor. Bei den Begräbnisspielen der Argonauten für Pelias verlor Peleus in einem Ringkampf gegen die einzige Teilnehmerin → Atalante.

Der Ringkampf und die Teilnahme am Zug der Argonauten wurden seit dem 6. Jahrhundert v. Chr. auf griechischen Vasen dargestellt. Daneben entstanden Schilderungen von der Hochzeit mit Thetis – z. B. auf der François-Vase (um 570 v. Chr., Florenz, M. Arch.) –, von Peleus' Übergabe des kleinen Achilleus an Chiron und v. a. vom Kampf mit Thetis, die dabei meistens als Schlange gezeigt wird.

Die Hochzeit und die Ankunft der Eris kommen, wie das Paris- ND Urteil, seit dem *Ovide Moralisé* (ca. 1316–28) in Kommentaren zu Ovids *Metamorphosen* vor, obwohl Ovid selbst den Mythos nicht aufgenommen hatte. Möglicherweise hat ein Gedicht von Catullus (64) als Basis gedient.

C. van Mander interpretierte in seiner *Wtlegghingh* (1604) den Mythos als Mahnung an die Mächtigen, Streit zu vermeiden. Die Hochzeit von Peleus und Thetis wurde auch später mehrfach in der Dichtung thematisiert, z. B. in Gedichten von T. Puccini (1785), F. von Schiller (1790, nach Euripides) und U. Betti (1910, nach Catull).

Die frühen Kommentare zu Ovids *Metamorphosen* trugen zur NK Verbreitung des Götterfest-Motivs in der bildenden Kunst von der Renaissance bis ins 19. Jahrhundert bei: z. B. auf einem Gemälde von Fra Bartolommeo (um 1511, Paris, Louvre; Kentauren bereiten das Festmahl vor), auf Fresken von G. Romano (1531, Mantua, Pal. del Tè) und Primaticcio (1551–56, Schloß

Fontainebleau) sowie auf einem Gemälde von C. C. van Haarlem (1593, Haarlem, Hals-M.), das für den Prinsenhof in Haarlem bestimmt war und als Warnung vor Streit interpretiert werden kann, auf Gemälden von H. Rottenhammer (1600, St. Petersburg, Eremitage), J. Brueghel d. Ä./H. van Balen (1608, Dresden, Gemäldeg.), Rubens (1636–38, Madrid, Prado), J. M. W. Turner (1806, London, Tate G.) und E. Burne-Jones (um 1878, Birmingham, G.). Bei den holländischen Manieristen wurde auf dekorativen Gemälden das Festmahl meist mit der Eris-Szene oder dem Paris-Urteil gezeigt: z. B. von J. Wtewael (1592–1610, München, AP und 1602, Braunschweig, M.) und A. Bloemaert (um 1595, München, AP; 1598 und 1638, Den Haag, Mauritsh.).

NM Die Hochzeit von Peleus und Thetis bot reichlich Gelegenheit für eine ›festa teatrale‹ in der Oper des 17. Jahrhunderts, z. B. bei C. Monteverdi (1616, Fragment), P. F. Cavalli (Libr. von O. Persiani, 1639, Venedig), C. Caproli (die erste in Frankreich gespielte italienische Oper, Libr. von F. Buti, 1654, Paris) und P. A. Cesti (Libr. von F. Sbarra/N. Minato, 1668, Wien). Im Genre der ›tragédie lyrique‹ entstanden Werke von P. Collasse (Libr. von B. le Bovier de Fontenelle, 1689, Paris) und J.-B. de la Borde, der auf das Libretto von Fontenelle zurückgriff (1765, Fontainebleau). Kantaten anläßlich fürstlicher Hochzeiten stammen von K. F. Rieck (1700, Oranienburg), G. F. Händel (1734, London) und G. B. Basso Bassi (um 1796, Wien). An der Oper von F. A. B. Uttini komponierte auch Gustav III. von Schweden mit (Libr. von J. Wellander, 1773, Stockholm); die Parodie dieses Werks schrieb einige Jahre später C. Stenborg (Libr. von C. I. Hallman, 1779, Stockholm). Zu einer Ballettaufführung in der Choreographie von J.-G. Noverre erklangen die Musik von J. P. Salomon mit einer Ouvertüre von J. Haydn (1795, London).

Aus dem 19. Jahrhundert sind besonders die Kantaten von G. Rossini (Libr. von A. M. Ricci, 1816, Neapel) und C. Loewe (nach F. Schiller, Berlin, 1851) zu nennen.

Müller 1994; Sluijter 1986

Pelias → Iason

Pelopidas, enger Freund des → Epameinondas

Pelops, König von Pisa in Elis, Sohn des lydischen Königs Tantalos und der Dione oder einer Pleiade ⟨Pind. O. 1; Paus. 5,13,1–7; Apollod. epit. 2,3–10⟩.

Tantalos, der bereits bei einer Einladung zu einem Mahl der Olympier Nektar und Ambrosia gestohlen und ihre Vertraulichkeiten ausgeplaudert hatte, wollte die Allwissenheit der von ihm zu einem Gastmahl eingeladenen Götter auf die Probe stellen. Er ließ Pelops töten und servierte den Göttern sein Fleisch. Die Götter durchschauten seinen Plan und rührten das Fleisch nicht an bis auf Demeter, die unaufmerksam ein Schulterstück aß.

Tantalos wurde für seine Vergehen mit den sogenannten Tantalusqualen im Hades bestraft: Er stand bis zum Kinn im Wasser, das zurückwich, wenn er davon trinken wollte, reife Früchte hingen unmittelbar außerhalb seiner Reichweite.

Pelops wurde von den Göttern wieder zum Leben erweckt und seine Schulter durch ein Elfenbeinstück ersetzt.

Später verliebte sich Poseidon in Pelops und holte ihn als Mundschenk auf den Olymp. Der Meeresgott beschützte ihn auch, als er auf die Erde zurückkehrte, und schenkte ihm zwei geflügelte Pferde.

Im Krieg mit Ilos, dem Gründer Trojas, wurde Pelops aus Kleinasien vertrieben. Er zog nach Griechenland und warb um die Hand der Hippodameia, der Tochter des Oinomaos, des Königs von Pisa in Elis. Doch der König wollte seine Tochter nicht verheiraten, möglicherweise weil er selbst in sie verliebt oder von einem Orakelspruch gewarnt war, daß sein Schwiegersohn ihn töten werde. Er lud die Freier zu einem Wagenrennen ein und ließ ihnen dabei sogar einen Vorsprung, während er in aller Ruhe den Göttern opferte. Dann holte er sie ein und schlug ihnen den Kopf ab. So hatte er schon zwölf Freier getötet, Pelops aber konnte ihn mit seinen schnellen Pferden schlagen. Eine andere Überlieferung lautet, daß Hippodameia sich in Pelops verliebt hatte und Oinomaos' Wagenlenker Myrtilos dazu brachte, an seinem Wagen eine Achse aus Wachs anzubringen, die im Rennen schmolz. Oinomaos wurde von den Pferden zu Tode geschleift oder von Pelops getötet, wie auch später Myrtilos.

Pelops wurde ein mächtiger Fürst auf der Halbinsel, die nach ihm Peloponnesos genannt wird. Von Hippodameia hatte er die Söhne Atreus und Thyestes. Mit der Nymphe Axioche zeugte er Chrysippos, seinen Lieblingssohn, der von Atreus und Thyestes umgebracht wurde.

Pelops wird in der Mythologie mit den Olympischen Spielen verbunden (dokumentiert ab 776 v. Chr.), die ursprünglich als Leichenspiele zu seinen Ehren gefeiert wurden (z. B. Bakchyl. 7,53; Pind. O. 10,25; Paus. 5,8,2; Hyg. fab. 273). Sein Grab befand sich im Heiligtum von Olympia. Pindar griff als erster den Wettlauf in der *Olympischen Ode I* (476 v. Chr.) auf. Ausführlich finden wir die Szene in Apollodoros' *Epitome* beschrieben. Oinomaos-Tragödien von Sophokles und Euripides sind verloren.

Seit dem Ende des 6. Jahrhunderts v. Chr. wurde das Wettrennen zwischen Oinomaos und Pelops z. B. auf Vasen und auf dem östlichen Giebeldreieck des Zeus-Tempels in Olympia als Figurengruppe (465–460 v. Chr., ebenda, M.) abgebildet.

N In der Neuzeit wurden Szenen mit Hippodameia und Pelops nur selten gestaltet: z. B. auf einer Ölskizze von P. P. Rubens (um 1635, Brüssel, Kon. M.).
Der bestrafte Tantalos fand hingegen mehrere Darstellungen, z. B. auf einem Fresko von B. Peruzzi (1511, Rom, Villa Farnesina), auf Gemäldezyklen mit den vier Verdammten (vgl. → Ixion) von Tizian (1553, nur durch einen Stich von G. Sanuto überliefert) und C. C. van Haarlem (um 1588, nur durch einen Stich von H. Goltzius überliefert), auf Gemälden von J. de Ribera (um 1632, Kopie, Madrid, Prado) und L. Giordano (um 1632, Madrid, Prado), auf einer Radierung von F. Goya (1797/98, Teil der ›Caprices‹) und einer Zeichnung von E. Burne-Jones (Datierung unklar, London, Tate G.).
Auch in der Literatur der Neuzeit steht Tantalus im Vordergrund, z. B. bei J. M. R. Lenz (1776, Drama), C. M. R. Leconte de Lisle (1846, Gedicht) und F. Braun (1917, Drama). Daneben sind zwei Pelops-Gedichte zu erwähnen: R. G. Bagorre (1912), W. R. Benét (1947).

Opern über Hippodameia und Pelops gibt es u. a. von A. Campra (Libr. von P.-C. Roy, 1708, Paris) und N. Jommelli (Libr. von M. Verazi, 1755, Stuttgart). Der Vater des Pelops, Tantalos, steht im Mittelpunkt weiterer Werke, z. B. in einer Kantate von T. G. Albinoni (Amsterdam, 1702), in der Ouvertüre von F. von Suppé (1868) sowie in der Opern-Trilogie von Z. Fibich (Libr. von J. Vrchlichy nach Sophokles und Euripides, 1891, Prag).

Penelope, Gattin des → Odysseus

Penthesilea → Amazonen

Pentheus → Dionysos

Periandros von Korinth → Arion, einer der Sieben Weisen
→ Solon

Perikles (ca. 495–429), athenischer Politiker ⟨Thuk. 1–2,66;
Plut. Per.; Diod. 11–12⟩.
Der Sohn des Xanthippos und seiner Frau aus dem Geschlecht
der Alkmaioniden widersetzte sich der Herrschaft von → Kimon
und strebte mit Ephialtes weitgehende Neuerungen der Demokratie an. Nach der Ermordung des Ephialtes und der Verbannung Kimons 461 fiel ihm die politische Führung in Athen
zu. Demokratische Gesinnung zeigte sich in der Ausbreitung der
Rechte für die niederen Klassen, der Verteilung von Tagesgel-
dern (Diäten) an diejenigen, die an den Volksversammlungen
teilnehmen wollten, aber nicht auf ihren Lohn verzichten konnten, und der Ausbreitung der Macht des ›demos‹ (Volkswahlen)
und der ›bule‹ (Rat der 500, aus der Bürgerschaft ausgelost). Das
Bürgerrecht wurde beschränkt auf Kinder, die einen athenischen
Vater und eine athenische Mutter hatten. Seit 442 fungierte Perikles als Stratege und konnte unter zehn weiteren Strategen die
führende Rolle übernehmen. Dies geschah im Hinblick auf die
Erweiterung der athenischen Macht innerhalb des attisch-
delischen Seebundes, den Kampf gegen die Perser und die Er-
neuerung der politischen Beziehungen zu Sparta. Mit den Persern wurde im Jahre 449 ein Friedensvertrag geschlossen (Kal-
liasfriede), drei Jahre später mit den Spartanern (›Dreißigjähri-
ger Friede‹). Widerstand gegen Perikles kam v. a. aus den Reihen
der Aristokraten.
Perikles strebte mit seiner Politik nach Einheit auf politischer
und kultureller Ebene und wollte Athen zu einer dominanten
Stellung führen, wie sie die Stadt zur Zeit der Peisistratiden (560–
511/10) besessen hatte. Er verstärkte das von → Themistokles
begonnene Befestigungswerk und sprach sich für den Bau der
dritten ›langen Mauer‹ aus, die die Hafenstadt Peiraieus mit
Athen verband. Der attisch-delische Seebund geriet ganz unter
die Leitung Athens, und auch seine Reichtümer kamen zum großen Teil dorthin, wo sie zum Auf- und Ausbau der Stadt verwendet wurden. Man begann mit dem Bau des Demeter-

Tempels in Eleusis und des Parthenon (447–438) auf der Akropolis, die wegen der andauernden Kriegsanstrengungen Athens seit der Verwüstung durch die Perser im Jahre 480 in Trümmern lag. Die Kreise um Perikles mit dem Philosoph Anaxagoras, den Autoren Sophokles und Herodot sowie dem Architekt und Bildhauer Pheidias führten Athen zu kultureller Blüte. Es wurden Musikwettbewerbe im neuen Odeion am Fuße der Akropolis veranstaltet, ebenso wurden Theateraufführungen angeregt.
Der wachsenden Macht konnte Sparta nicht sorglos zusehen. Streitigkeiten zwischen Athen und dem spartanischen Bundesgenossen Korinth führten schließlich 432/31 zum Peloponnesischen Krieg. Perikles holte die Landbevölkerung hinter die langen Mauern und überließ Attika den spartanischen Truppen. Dies führte zu Irritationen und der Hungersnot, möglicherweise haben auch die beiden Pestepidemien (429 und 428) mit den unhygienischen Verhältnissen zu tun gehabt, die nun in der Stadt herrschten. Perikles mußte sich in dieser Zeit viele persönliche Angriffe gefallen lassen: In Komödien wurde er des Machtmißbrauchs angeklagt; seine Frau, die aus Milet stammende, einflußreiche Aspasia, war vielen ein Dorn im Auge. Pheidias, persönlicher Freund des Perikles, hatte sich nach Anschuldigungen, Gold aus der Baukasse des Parthenon gestohlen zu haben, im Jahre 438 zurückziehen müssen. Perikles selbst erlag vermutlich im Jahre 429 der Pest. Der Krieg mit Sparta sollte erst im Jahre 404 mit einem für Athen ungünstigen Friedensvertrag enden.

Plutarch nennt Perikles den besten Redner seiner Zeit; er sei unbestechlich, im Umgang zurückhaltend und nie auf persönlichen Gewinn aus gewesen. Er stellt ihn in seiner Biographie neben → Fabius Maximus, u. a. deshalb, weil beide entgegen den politischen Wirren an ihrer Führungslinie festhielten. Auch Thukydides, der selbst als Stratege an Politik und Krieg teilgenommen hatte, gibt ein positives Bild, das die Redner Isokrates und → Demosthenes im 4. Jahrhundert übernahmen, als sie Perikles' Baupolitik lobten. Kritik kam im 5. Jahrhundert von den Komödienschreibern Eupolis und Kratinos, deren Schriften leider nur fragmentarisch überliefert sind, und kurz nach dem Tod des Perikles von Aristophanes in seinen Komödien *Archarnes* und *Eirene*. Kritische Äußerungen in Platons *Gorgias* (515) und Aristoteles' *Athenaion politeia* (54) wurden unbekannten Personen in den Mund gelegt und müssen daher nicht die Meinung der Autoren vertreten.
Meistens wird jedoch ein positives Bild von Perikles gegeben, wobei auch die Treue zu seiner Frau Aspasia betont wird. Seine

strenge Keuschheit wird von Valerius Maximus (4,3 ext.1) und Cicero (off. 1,44) mit der Geschichte illustriert, daß Perikles seinen Freund Sophokles einmal, als dieser enthusiastisch die Schönheit eines vorbeigehenden Jungen bewunderte, ermahnte, sich nicht nur körperlich, sondern auch im Blick keusch zu halten. Sein taktisches Vermögen erhellt die Entscheidung, das Land dem Feind zu überlassen und statt dessen Seegefechte zu führen. Seine rhetorischen Gaben sind nicht aus eigenhändigen Reden bekannt, sondern durch die beeindruckenden Ansprachen, die ihm Thukydides in seinem Geschichtswerk zuschreibt: die Rede, die den Krieg mit Sparta beschließt; die für die Gefallenen des ersten Kriegsjahres und die zur eigenen Verteidigung und Ermunterung im zweiten Jahr.

In der Antike wurde Perikles trotzdem eher selten porträtiert. Plutarch beschrieb seine äußere Erscheinung: Sein Kopf soll asymmetrisch und außergewöhnlich groß gewesen sein. Das hatte schon in den Komödien zu dem Namen ›Zwiebelkopf‹ geführt. Die Porträts zeigen ihn mit Helm, Plutarch zufolge aus dem genannten Grund, tatsächlich aber um seine militärische Rolle als Stratege zu betonen (z. B. Marmorkopie nach der Bronzestatue des Kresilas von 429–25, Rom, Vat. M.). Pheidias soll ihn und sich selbst auf dem Schild des Kultbildes der Athena für den Parthenon dargestellt haben, was als unerlaubte Personenverherrlichung kritisiert wurde.

Perikles galt seit der Aufklärung als moderner, kritischer Politiker, bei dem die Rhetorik eine wichtige Funktion innehatte. Die genannte Grabrede für die Gefallenen wurde so berühmt, daß man sie im 18. und 19. Jahrhundert häufig imitierte. Ausschnitte daraus wurden 1915 auf Londoner Busse geschrieben, um die Engländer zu ermutigen, gegen die Deutschen zu Felde zu ziehen. Natürlich wurde Perikles, der Athen zu kultureller Blüte führte und dem sie die Stellung als Hauptstadt Griechenlands verdankte, in der seit dem Ende des 18. Jahrhunderts stetig wachsenden Begeisterung für Hellas zum Repräsentanten dieses Höhepunkts. Das große Kunst- und Literaturinteresse führte häufig zur Verherrlichung dieses Mannes, der dies ermöglicht hatte.

W. S. Landor nahm in seine *Imaginary Conversations* (1824–29) ein N Gespräch zwischen Sophokles und Perikles auf. Sein *Pericles and Aspasia* (1836) ist ein fiktiver Briefwechsel über die ideale Kultur Griechenlands.

Aus der Musikgeschichte ist eine Oper von F. Lucio (Libr. von G. Castoreo, 1653, Venedig) bekannt. Eine musikalische Bearbeitung des Shakespeareschen Textes unternahm L. von Rózycki (1920, Berlin).

Auf Peruginos Fresken (um 1500) im Collegio del Cambio in Perugia repräsentiert Perikles zusammen mit → Cincinnatus und → Scipio Maior, der von einem verführerischen Mädchen Abstand hält, die ›Temperanza‹ (Mäßigung). Ein Gemälde von M. Sweerts (um 1650, Richmond, Cook C.; früher Poussin zugeschrieben) schildert die Pestepidemie in Athen. Ein Gobelin aus Brüssel (1730) nach einer Vorlage von V. H. Janssens im Audienzzimmer von Schloß Charlottenburg in Berlin zeigt Perikles in einer Feldschlacht; als Pendant sind die durch Plutarch bekannten Feldherren und Politiker → Lykurgos, → Theseus und Aristeides zu sehen. Auf einem anonymen Gemälde aus der zweiten Hälfte des 19. Jahrhunderts in Athen hält Perikles eine Ansprache an die Athener; im Hintergrund ist die jedoch erst um 410 v. Chr. vollendete Akropolis zu sehen. Auch der griechische Künstler Theophilos veränderte die Szene, indem er sie auf dem Areopag statt auf dem Pnyx ansiedelte. Perikles am Todesbett eines seiner Söhne – er verlor beide Söhne durch die Pest – war das Thema des Prix de Rome 1851.

Hölscher in: Fittschen 1988; Perikles 1974/75

Perillos oder Perilaos (6 Jh. v. Chr.), griechischer Bildhauer 〈Pind. Myth. Od. 1,185; Lukian. Phal.; Prop. 2,25,12; Ov. Ib. 435; ars 1,635; Plin. nat. 34,89; Val. Max. 9,2 ext. 9; Sil. 14, 211–17; Oros. ad. pag. 1,20,1–4〉.

Perillos stand um 560 v. Chr. bei Phalaris im Dienst, dem Herrscher von Akragas (dem heutigen Agrigento) auf Sizilien. Dieser Tyrann, der von verschiedenen Autoren als äußerst grausam geschildert wird, gab Perillos den Auftrag, einen eisernen Stier anzufertigen, der hohl sein sollte, um seine Feinde darin zu rösten. Das Geschrei der Opfer, das über Rohre nach außen drang, klang eher wie das Gebrüll eines echten Stieres, auf jeden Fall aber so verzerrt, daß es kaum Mitleid hervorrufen konnte. Perillos selbst soll zur Probe in seinem Kunstwerk umgekommen sein. Im Jahre 405 ließ Hamilkar das Tier nach Karthago transportieren. → Scipio Maior brachte es nach der Eroberung Karthagos wieder zurück nach Akragas.

Lukian läßt Phalaris in zwei ›Briefen‹ den Delphiern mitteilen, daß er den eisernen Stier dem Apollo in Delphi geweiht habe.

Phalaris erscheint in diesen Briefen als humaner Herrscher, der feststellt, daß sein Bildhauer Perillos den hohlen Stier aus eigenem Antrieb hergestellt hat, weshalb er zur Strafe selbst den Tod in diesem grausamen Folterwerkzeug finden muß. Diodoros spricht von dem Auftrag des Tyrannen und führt den Tod des Perillos auf dessen Grausamkeit zurück. Valerius Maximus hält Perillos für grausam, Cicero (Verr. 2,4,73) den Phalaris. In Ovids *Tristia* (3,39 ff.) und *Ars amatoria* (1,635) sehen wir Perillos als Sadisten, der deshalb vom Tyrannen mit seiner eigenen Kunst bestraft wird. Plinius Maior beschreibt ihn grausamer als den Auftraggeber und als einen Mann, der seine Fähigkeiten mißbraucht. Dante reiht die Geschichte in seiner *Divina Commedia* (Inf. 27,7–10) in eine Folge von Greuelerzählungen ein.

Aus der bildenden Kunst der Antike sind keine Darstellungen N bekannt. In der Emblematik der Neuzeit wird die Geschichte nur selten aufgegriffen, und zwar, um zum Ausdruck zu bringen, daß ein abscheulicher Rat den Ratgeber selber treffen wird – eine Lehre, die auch in den *Gesta Romanorum* (ca. 1330) zu finden ist. In der bildenden Kunst der Neuzeit taucht das Motiv z. B. auf einem Relief von G. B. Caccini (um 1600) auf.

Avery 1971

Pero, Vater der → Mykon

Persephone, auch Kore genannt, Göttin der Unterwelt, Tochter von Zeus und Demeter, Gattin des Hades, den Römern als Proserpina bekannt ⟨Hom. h. 2; 13; Apollod. 1,5,1–3; 2,5,12; Hyg. fab. 141; 146; 147⟩.
→ Hades, der Gott der Unterwelt, entführte Persephone mit Zustimmung des Zeus in sein Reich. Demeter erfuhr davon erst, nachdem sie ihre Tochter lange gesucht hatte. Weil Persephone im Totenreich von einem Granatapfel gegessen hatte, mußte sie für einen Teil des Jahres in der Unterwelt bleiben, denn wer dort etwas zu sich nimmt, bleibt diesem Reich verbunden. Die übrige Zeit konnte sie bei ihrer Mutter verweilen, was zum Wechsel der Jahreszeiten führte (→ Adonis).
Persephone war nicht nur die Göttin der Unterwelt, sondern galt durch ihre Verbindung mit Demeter auch als Vegetationsgöttin. In der Magna Graeca (Sizilien und Süditalien) wurden ihr in beiden Funktionen Kultstätten errichtet.

Die Ikonographie der Persephone umfaßt vier Themen. Das erste, Persephone im Zusammenhang mit dem attischen Eleusis-Kult zu Ehren der Demeter, findet sich seit der archaischen Zeit auf Vasen, im 5. Jahrhundert auf einem Relief (um 440–430 v. Chr., Athen, M.) mit Triptolemos, der von Demeter und Persephone Getreide erhält. Der Raub durch Hades, das zweite Thema, wurde vielfältig dargestellt, z. B. auf einem nicht mehr erhaltenen Relief im Tempelgiebel in Eleusis, auf einem Fresko in der Grabkammer König Philippos' von Makedonien in Vergina (um 330 v. Chr.) sowie in den griechischen Kolonien in Süditalien und Etrurien auf Tempelreliefs (Selinus, Lokri), Urnen und Vasen (etruskisch). In der römischen Zeit diente das Motiv der Entführung v. a. als dekoratives Element auf Sarkophagen, u. a. auf einem später für Karl den Großen verwendeten Sarkophag im Aachener Münster. Ein weiteres Thema zeigt Persephone als Göttin der Unterwelt. Auf Vasen nimmt sie zusammen mit ihrem Gemahl Hades an einem Bankett teil; auf Reliefs und freistehenden Skulpturen ist Persephone als Matrone, allein auf einem Thron sitzend, zu sehen. Schließlich bildet die Reise in die Unterwelt bzw. die Rückkehr zur Erde das vierte Thema, wobei die verschleierte Persephone von Hermes begleitet wird, wie z. B. auf Vasen des 5. Jahrhunderts v. Chr.

In Süditalien wurden unzählige Terrakotten gefunden, die Persephone nicht im mythologischen Zusammenhang zeigen. Die Göttin sitzt oder steht, trägt einen hohen Hut und hält in ihrer Hand ein Schwein oder eine Taube, oder es befindet sich ein Falke neben ihr. Manche Terrakotta-Büsten weisen darauf hin, daß sie auch als Fruchtbarkeitsgöttin angesehen wurde.

NK Seit dem 15. Jahrhundert wird die Entführung in der bildenden Kunst häufig gestaltet, z. B. auf Reliefs einer Bronzetür von St. Peter in Rom von Filarete (1433–45), auf Stuckreliefs von G. Romano im Palazzo del Tè in Mantua (1527–30), auf Fresken von T. Zuccari im Palazzo Farnese in Caprarola (1560/61), von L. Giordano im Palazzo Medici-Riccardi in Florenz (1682/83) und von G. B. Tiepolo im Palazzo Labia in Venedig (um 1745–50) sowie auf Gemälden von N. dell'Abate (um 1560–70, Paris, Louvre), J. Heintz d. Ä. (um 1595–1600, Dresden, Gemäldeg.), Vicentino (um 1600, Rotterdam, M. Boymans), F. Francken II. (um 1615, Heidelberg, M.), Rembrandt (um 1631, Berlin, Gemäldeg.), Rubens (1636–38, Madrid, Prado), C. de La Fosse (um 1673, Paris, École des Beaux-Arts) und J. M. W. Turner (1839, Washington, Nat. G.). In der Bildhauerkunst war die Skulptur

von G. L. Bernini (1621/22, Rom, G. Borghese) richtungswei-
send für spätere Arbeiten, u. a. von F. Girardon (1677–87, Marmor, Versailler Park).
Die Suche Demeters nach Persephone hielten beispielsweise G.
Vasari und C. Gherardi auf einem Deckengemälde im Palazzo
Vecchio in Florenz (1556) fest. F. Leighton beschäftigte sich auf
einem Gemälde (um 1891, Leeds, G.) mit Persephones Rückkehr auf die Erde.

Die Entführung der Persephone, überliefert von Ovid (met. ND
5,391–408) und Claudius Claudianus (rapt. Pros.), hat in Literatur, Theater und Musik zahlreiche Werke angeregt. Sie ist
Allegorie einer tragischen Entjungferung mit folgender Apotheose (durch die Aufnahme bei einem Gott) v. a. in einigen
Libretti sowie in einem Drama von A. Hardy (1605–15). In Goethes Monodrama (1778) irrt Proserpina verzweifelt durch die
›Trauergefilde‹ des Hades, denen sie nach dem Genuß des Gra-
natapfels endgültig verfallen ist. Ferner steht die Geschichte der
Proserpina für die Verbindung von Liebe und Tod oder für den
Verlust des normalen Lebens durch die Liebe in Gedichten von
P. B. Shelley (1839), A. C. Swinburne (1866), D. G. Rossetti
(1881; Gemälde 1873–82, u. a. London, Tate G., und Birmingham, G.) sowie in einem epischen Gedicht von A. Verwey
(1885), der die Naturen der Göttin, Leben und Tod, als die beiden Pole eines einzigen Wesens beschreibt. Das Thema des
Wechsels von Leben und Tod im Namen der Persephone griff E.
Pound in einigen *Cantos* (1930 und 1948) auf. Daneben gibt es
eine burleske Tradition, in der u. a. die Nacherzählung von B.
Disraeli (1833, *The infernal marriage*) und H. Heines Gedichtzyklus *Die Unterwelt* (1844) stehen.

Der Raub der Persephone/Proserpina war v. a. in der Oper ein NM
häufig bearbeiteter Stoff, z. B. mit den Werken der Brüder G. C.
Monteverdi (Libr. von E. Marigliani, 1611, Matua) und C.
Monteverdi (Libr. von G. Strozzi, 1630, Venedig), des weiteren
von G. Giacobbi (Intermedium, Libr. von R. Campeggi, 1613,
Bologna), P. F. Valentini (Intermedium für *La trasformazione di
Dafne*, 1623, Rom) und F. Sacrati (Libr. von G. Strozzi, 1644,
Venedig). Drama und Bühnenmusik lieferte B. Ferrari für ein
Intermedium (1641/42, Venedig). Die französische Bearbeitung
des Stoffes als ›tragédie lyrique‹ stammt von J.-B. Lully (Libr.
von P. Quinault, 1680, Paris). In England kamen zwei Pantomimen von L. Theobald jeweils mit der Musik von J. E. Galliard
zur Aufführung (1725 und 1727, London). Um 1800 entstand

eine Reihe von Opern in den Musikstädten Europas, z. B. von
J. M. Kraus (Libr. von J. H. Kellgren nach Gustav III. von
Schweden, 1781, Ulriksdal), G. Cimador (Libr. von M. Bottu-
rini, 1791, Venedig), G. Paisiello (Libr. von M. Guillard nach
Quinault, 1803, Paris) und P. von Winter (Libr. von L. da Ponte,
1804, London). Eine Bühnenmusik zu Goethes Monodrama
schrieben zuerst K. von Seckendorff (1778, Weimar), später C.
Eberwein (vor 1868) und E. Lassen (vor 1904). T. Dubois komponierte eine Szene für Soli, Chor und Orchester (Text von P.
Collin, 1879). Eine Oper nach dem Libretto von L. Gallet
stammt von C. Saint-Saëns (1887, Paris). Im 20. Jahrhundert
wird die Rezeptionsgeschichte fortgeführt mit Liedern von G.
Holst (*Twelve Songs by H. Wolfe*, London, 1929) und A. Hovha-
ness (1957), dem Melodrama von I. Strawinsky (Libr. von A.
Gide nach Homer, 1934, Paris), einem Ballett von R. van der
Velden (1947), der Oper von R. Lupi (1970, Florenz) sowie der
symphonischen Dichtung von J. Harvey (1972).
Einige Werke sind besonders der Suche Demeters nach ihrer
Tochter gewidmet, z. B. die Oper von A. A. Caroli (Libr. von
P. F. Donadi, 1735, Bologna) und das J. Haydn zugeschriebene
Singspiel *Die reisende Ceres* (Libr. von P. M. Lindemayer, um
1780).
Die Rückkehr der Persephone, eine Allegorie für den Wechsel
der Jahreszeiten, wurde in einer Serenata von N. Jommelli auf-
gegriffen (Libr. von M. Sarcone, 1772, Neapel).

Anton 1967; Frenzel 1992a; Hinds 1987; Kolsteren 1984; Lindner 1984; Peschlow-Bindokat 1972

Perseus, Sohn von Zeus und Danaë, der Tochter des Königs
Akrisios von Argos; Vorfahre des Herakles ⟨Apollod. 2,4; Ov.
met. 4,611–5,249⟩.
Da ein Orakel Akrisios geweissagt hatte, er werde durch einen
Sohn seiner Tochter → Danaë sterben, schloß er sie in einen
Bronzeturm ein. Aber Zeus drang in Form eines Goldregens in
den Turm ein und zeugte mit ihr Perseus. Akrisios sperrte seine
Tochter und ihr Kind daraufhin in eine Holzkiste und übergab
sie dem Meer; der Fischer Diktys rettete sie jedoch bei der Insel
Seriphos. Perseus wuchs in dessen Haus heran. Polydektes, der
Bruder des sanftmütigen Diktys und König der Insel, wollte
Perseus loswerden, da der junge Mann seine Mutter gegen die
Aufdringlichkeiten des Königs verteidigte. Um nicht selbst
Hand an ihn legen zu müssen, forderte er Perseus auf, ihm das

Haupt der Medusa (→ Gorgonen) als Geschenk zu bringen; dieser Auftrag war lebensgefährlich.

Athena und Hermes rieten Perseus, sich zuerst zu den drei alten Graien, den Töchtern des Meeresgottes Phorkis, zu begeben: Enyo, Pephredo und Dino. Sie hatten zusammen bloß ein Auge, das sie abwechselnd trugen. Als Perseus zu ihnen kam, nahm er ihnen das Auge weg und gab es erst wieder zurück, nachdem sie ihm den Weg zu den Nymphen gewiesen hatten, die ihn mit einigen Dingen ausrüsten sollten: geflügelte Sandalen, mit denen er in das ferne Land der Medusa fliegen konnte, die Tarnkappe des Hades, die den Träger unsichtbar machte, und den Sack, in dem das Haupt der Medusa aufbewahrt werden sollte. Hermes gab ihm noch ein Sichelschwert (die ›harpe‹) und Athena einen glänzenden, spiegelnden Schild. Auf diese Weise ausgerüstet überraschte Perseus die schlafende Medusa. Da von ihrem Anblick jeder versteinert wurde, benutzte Perseus seinen spiegelnden Schild, um sich ihr zu nähern. Er schlug ihr den Kopf ab, steckte ihn in den Sack und entkam mit Hilfe der Tarnkappe den verfolgenden Gorgonen.

Auf dem Rückweg geriet er in einen Streit mit dem Titanen Atlas und verwandelte ihn mit dem Haupt der Medusa, das von seiner Wirkung nichts eingebüßt hatte, in ein Gebirge.

Dann kam er nach Äthiopien, wo Kepheus und Kassiopeia herrschten. Deren Tochter Andromeda fand er an einen Felsen gekettet. Er erfuhr, daß Kassiopeia behauptet hatte, schöner als die Nereïden (→ Nereus) zu sein; deshalb hatte Poseidon auf die Bitte der Nereïden hin eine verwüstende Sturmflut und eine riesige, Mensch und Tier verschlingende Meeresschlange geschickt, die sich erst dann zurückziehen wollte, wenn Andromeda ihr geopfert werde. Perseus verliebte sich in das schöne Opfer und war bereit, gegen das Ungeheuer zu kämpfen, wenn er sie zur Frau bekommen würde. Mit den geflügelten Sandalen flog er auf den Rücken der Bestie, tötete sie und befreite Andromeda. Vor der Heirat erhob jedoch Phineus, ein Onkel Andromedas, Anspruch auf seine Nichte. Perseus versteinerte ihn mit dem Blick der Medusa.

Diese Waffe gebrauchte er auch gegen Polydektes, der inzwischen versucht hatte, Danaë zur Hochzeit zu zwingen. Perseus erhob Diktys zum König über Seriphos und kehrte dann in sein Vaterland Argos zurück. Das Haupt der Medusa übergab er Athena, die es seither auf ihrem Schild trug. Akrisios, der noch immer fürchtete, von Perseus ermordet zu werden, floh ins Land der Pelasger. Doch der Orakelspruch erfüllte sich, als Perseus dort an Begräbnisspielen teilnahm und ihn mit seinem Diskus tödlich traf. Da Perseus den Thron von Argos deswegen nicht übernehmen wollte, tauschte er die Herrschaft über Argos mit Megapenthes, dem Herrscher von Tiryns.

Den Perseus-Mythos finden wir bei Hesiodos (theog. 276 ff.; Hes. asp.) und Pindar (P. 12). Andromeda-Tragödien von Sophokles und Euripides sind verlorengegangen, wie auch bis auf einige Fragmente ein Satyrspiel von Aischylos, das Danaë und Perseus in der Kiste auf dem Meer zum Thema hat. Als Fragment ist ein Klagelied (›threnos‹) der Danaë auf dem Meer von Simonides von Keos (556 bis nach 476 v. Chr.) überliefert. Ausführliche Schilderungen stammen von Ovid und Apollodoros.

Schon im 7. Jahrhundert v. Chr. wird Perseus auf Keramik als Bezwinger der Medusa abgebildet (→ Gorgonen). Bis in die römische Zeit bleibt dieses Thema auch auf Wandgemälden und etruskischen Spiegeln gegenwärtig. Athena (manchmal Hermes oder die Nymphen) bei der Überreichung der Waffen kommt seit ca. 430 v. Chr. vor. Im 4. Jahrhundert v. Chr. sind Perseus und Athena zu sehen, wie sie das Haupt der Medusa in einer spiegelnden Wasserpfütze betrachten. Andere Szenen, z. B. Danaë auf Seriphos, sind selten.

NK In der bildenden Kunst der Neuzeit steht meist die Befreiung der Andromeda im Mittelpunkt, wobei beim Kampf mit dem Meeresungeheuer Perseus manchmal auf dem geflügelten Pferd Pegasos sitzt, wie es schon der *Ovide Moralisé* und G. Boccaccios *De genealogiis deorum gentilium* beschrieben. Zu diesem Thema entstanden zahlreiche Gemälde: u. a. von B. Peruzzi (1510/11, Fresko, Rom, Villa Farnesina), P. di Cosimo (1510–15, Florenz, Uffizien), L. Cambiaso (1544, Genua, Fresko, Pal. della Prefettura), Tizian (1554–56, London, Wallace C.), P. Giovane (um 1610, Kassel, Gemäldeg.), D. Fetti (um 1610–12, Wien, Kunsth. M.), J. Wtewael (1611, Paris, Louvre), F. Francken II. (um 1615, Antwerpen, Rubenshuis), Rubens (um 1622, Berlin, Gemäldeg., und um 1638–40, Madrid, Prado; vollendet von J. Jordaens), S. Bourdon (1637–47, München, AP), Guercino (1648, Genua, Pal. Balbi Senarega), F. Lemoyne (1723, London, Wallace C.), C.-A. Coypel (1727, Paris, Louvre), A. R. Mengs (1774–77, St. Petersburg, Eremitage), G. Moreau (u. a. um 1870, Bristol, G.), F. Leighton (um 1891, Liverpool, G. und um 1895/96, Leicester, M.) und M. Beckmann (1940/41, Essen, M.; Triptychon). Rembrandt (um 1627–39, Gemälde, Den Haag, Mauritsh.), A. Ca-

nova (1817–22, Tonplastik, Possagno, G.) und T. Chassériau
(1849, Gemälde, Paris, Louvre) zeigen die gefesselte Andromeda. In einer anderen Szene befreit Perseus Andromeda aus ihren
Ketten, beispielsweise auf Gemälden von G. Vasari (1570, Florenz, Pal. Vecchio), Rubens (um 1622, Berlin, Gemäldeg., und
St. Petersburg, Eremitage; Pendant-Gemälde mit der Befreiung
und der Krönung Perseus') und J.-B. Regnault (um 1782/83, St.
Petersburg, Eremitage; Pendant-Gemälde mit der Befreiung
und der Hochzeit von Perseus und Andromeda). Von P. Puget
stammt eine Perseus/Andromeda-Gruppe für den Versailler
Park (um 1678–84, Marmorskulptur, heute Paris, Louvre). Die
Bewaffnung von Perseus durch Athena und Hermes ist auf Gemälden von P. Bordone (um 1545–55, Birmingham/Alab., M.)
und G. de Lairesse (um 1680–90, Leipzig, M.) sowie bei einer
Bronzestatuette von A. Gilbert (1882, u. a. London, Vict. and
Alb. M. und Leeds, G.) zu sehen.

In den Niederlanden verbreitet sich das Thema von Perseus und
Andromeda durch Kupferstiche, u. a. von H. Goltzius (1583)
und J. Saenredam (1601), als Hinweis auf die spanische Bedrohung und die Befreiung, wie es auch in einem Gedicht (1606)
von J. Duym auf den Prinzen Maurits deutlich wird: *Een Nas-
sausche Perseus, verlosser van Andromeda ofte de Nederlantsche Maeght.*
Auf dem Zierwappen der Haarlemer Bürgerwehr (Anfang 17.
Jh., Haarlem, Hals-M.) symbolisiert Andromeda die niederländische Jungfrau, die durch Friedrich Heinrich, den Prinzen von
Oranien, von den Spaniern befreit wird. P. S. Potter benutzt das
Motiv auf einem Gemälde (um 1642, Amsterdam, M.) in ähnlichem Sinne.

Ein anderer Motivbereich umfaßt die Szene mit Perseus und
Medusa. Bekannt ist das Standbild des Perseus mit dem Haupt
der Medusa an einem Bronzerelief am Sockel einer Statue von
B. Cellini (1546–54); diese überlebensgroße Bronzestatue in der
Loggia dei Lanzi in Florenz (Original in Florenz, M. Naz.) stellt
möglicherweise eine Anspielung auf Cosimo I. als Retter des
Volkes dar. Weitere Werke mit Perseus und Medusa schufen Annibale Carracci (1595–97, Fresko, Rom, Pal. Farnese), A. Canova
(1797–1801, Marmorstatue, Rom, Vat. M.; triumphierender Perseus) und A. Gilbert (1882, Bronzestatue, u. a. London, Vict.
and Alb. M.). Die Versteinerung des Phineus findet sich z. B. auf
Fresken von L. Signorelli (um 1499–1504) im Dom zu Orvieto
und von Annibale Carracci (um 1603/04) im Palazzo Farnese in
Rom sowie auf Gemälden von L. Giordano (u. a. um 1678, Genua, Pal. Reale und um 1680, London, Nat. G.) und J.-M. Nat-

tier (1718, Tours, M.). Einen Gemälde-Zyklus des ganzen Mythos von Perseus und Andromeda schuf Burne-Jones (1877–97,
Stuttgart, Staatsg.).

ND Bereits im *Ovide Moralisé* (ca. 1316–28) und in G. Boccaccios *De
genealogiis deorum gentilium* (1350–60) wird der Kampf mit dem
Meeresungeheuer beschrieben. In der Literatur der Neuzeit
taucht der edle Perseus, der das Übel bekämpft und den Unter-
drückten hilft, v. a. in Bearbeitungen des Andromeda-Stoffes
auf: in Schauspielen von H. Sachs (1558), P. Calderón (1653), P.
Corneille (1650) und C. Kingsley (1859).

NM Das Schicksal des Perseus schildern zahlreiche Opern, u. a. von
A. Mattioli (Libr. von A. Aureli, 1665, Venedig), A. Draghi
(zwei Werke: Libr. von A. Amalteo, 1669; Libr. von N. Minato,
1691, Wien) und A. Sacchini (Libr. von A. Aureli, 1774, London). Eine symphonische Dichtung komponierte E. Goos-
sens III. (1914), ein Ballett von S. Bate folgte 1938.
Einige Werke der Musikgeschichte befassen sich mit der Enthauptung der Medusa, z. B. die Opern von C.-H. Gervais (Libr.
von C. Boyer, 1697, Paris), J. Massenet (Libr. von M. Carré,
1870, Fragment), B. Barilli (Libr. von O. Schanzer, 1910, Bergamo) und L. Różycki (Libr. von C. Jellenta, 1912, Warschau)
sowie die Ballette von R. Hahn (1911, Monte Carlo) und P.
Dukas (1912, Fragment).
Sehr häufig aufgegriffen wurde die Geschichte von der Befreiung Andromedas durch Perseus, wie zahlreiche Werke des 17.
Jahrhunderts belegen, u. a. die Opern von G. Giacobbi (Libr.
von R. Campeggi, 1610, Bologna), D. Belli (Libr. von J. Cicognini, 1618, Florenz), C. Monteverdi (Libr. von E. Marigliani,
1618–20, Fragment), F. Manelli (Libr. von B. Ferrari, 1637, Venedig), M. Rossi (Libr. von A. Pio, 1638, Ferrara), M. Scacchi
(Libr. von V. Puccitelli, 1641, vermutl. Warschau), M.-A. Char-
pentier (Libr. von P. Corneille, 1682) und J.-B. Lully (Libr. von
P. Quinault, 1682, Paris). Deutsche Singspiele stammen von
J. V. Meder (1688, Weissenfels) und J. S. Küsser (1692, Braun-
schweig). Im 18. Jahrhundert war v. a. ein Libretto von V. A.
Cigna-Santi populär und wurde einige Male vertont, z. B. von G.
Cocchi (1755, Turin), G. Colla (1771, Turin), I. Fiorillo (1771,
Kassel), G. Paisiello (1774, Mailand) und G. Gazzaniga (1775,
Florenz). Daneben entstanden eine Oper (›azione drammatica da
cantarsi‹) von G. M. Orlandini (Libr. von D. Marchi, 1738, Flo-
renz), ein Pasticcio von A. Bernasconi (mit Arien von G. C.
Wagenseil, J. A. Hasse, G. F. Händel u. a., 1750, Wien) und ein

Melodram von A. Zimmermann (Libr. von A. Cremery, 1781, Wien). Eine Oper von J. Haydn kam um 1780 zur Aufführung, eine Oper seines Bruders M. Haydn im Jahr 1787. Um 1800 folgten weitere Werke der Ballettgeschichte, z. B. von C. Cannabich (1784, Kassel) und G. Gioia (1803, Neapel), und im Genre der Oper, u. a. von J. F. Reichardt (Libr. von A. Filistri, 1788, Berlin), N. Zingarelli (Libr. von G. Bertati, 1796, Venedig), G. Sarti (Libr. von F. Moretti, 1798, St. Petersburg), A. N. Titow (Libr. von Y. B. Knjažnin, 1802, St. Petersburg) und J. A. F. Elsner (Libr. von L. Osiński, 1807, Warschau). Gegen Ende des 19. Jahrhunderts fand die Geschichte erneut Beachtung, z. B. mit der Kantate von C. H. Lloyd (1886, Gloucester Festival), der Oper von P. Maurice (Libr. von M. Maurice, 1899, Genf) und der symphonischen Dichtung von A. Holmès (1901). Adaptionen des 20. Jahrhunderts sind die Oper von J. Ibert (Libr. nach J. Laforgue, 1929, Paris), das Orchesterstück von G. Gutchë (1976, Cincinnati) und die Symphonie Nr. 48 von A. Hovhannes (1982, Miami).

Gould 1963; Hartlaub 1951; Phillips 1968; Schauenburg 1960; Schefold 1987; Woodward 1937

Petronius, Schriftsteller → Nero

Phaedra → Phaidra und Hippolytos

Phaethon, Sohn des Sonnengottes Helios und der Klymene, einer Tochter des Okeanos ⟨Ov. met. 1,750–2,400; Nonn. Dion. 38; Val. Fl. Arg. 5,429 ff.; Hyg. fab. 152–154; Hyg. astr. 2,42⟩. Als Jüngling erfuhr Phaeton von seiner Mutter, daß er ein Sohn des Helios sei, worauf er zu dessen Palast im äußersten Osten ging. Er bat seinen Vater, ihm zum Zeichen seiner väterlichen Liebe einen Wunsch zu erfüllen. Der stimmte zu, worauf Phaeton einen Tag lang den Sonnenwagen zu lenken wünschte. Helios bereute seine Zusage, hielt sich aber, nicht ohne Mahnungen und Ratschläge, an sein Wort. Als die Pferde losliefen, geriet Phaethon in Panik und ließ die Zügel schießen, so daß ihm die Tiere durchgingen. Der Wagen verließ den vorgeschriebenen Weg und fuhr bald zu hoch, so daß er die Sterne gefährdete, bald zu tief, so daß Teile der Erde auszutrocknen drohten und sich die Haut der am Äquator lebenden Menschen bräunte. Schließlich mußte Zeus das Gefährt mit seinem Blitz zerschmettern. Phae-

thon stürzte in den Fluß Eridanos. Seine Schwestern, die Helia-
den (›Töchter der Sonne‹), verwandelten sich in ihrer Trauer zu
Pappeln, ihre Tränen wurden zu Bernstein.
In manchen Quellen rechtfertigte Zeus die Sintflut des →Deu-
kalion damit, die Erde von den Bränden, die Phaeton verursacht
hatte, löschen zu müssen (z. B. Eus. chron. 2,26).

Der Mythos bildet das Thema der fragmentarisch überlieferten
Tragödie *Phaethon* von Euripides. Ausführlich wird er von Ovid
erzählt. Lukianos (2. Jh. n. Chr.) beschreibt in seinen *Theon dialogoi* (12) auf satirische Weise ein Gespräch zwischen Zeus und
Helios nach der Zerstörung des Sonnengespanns.

Darstellungen in der bildenden Kunst der Antike sind nur aus
römischer Zeit bekannt. Ein Stuckrelief aus der römischen Villa
unterhalb der Villa Farnesina (um 20 v. Chr., Rom, Thermenm.)
sowie Sarkophage aus dem 2. und 3. Jahrhundert n. Chr. zeigen
Phaeton, wie er seinen Vater bittet, den Sonnenwagen lenken zu
dürfen, und seine Fahrt.

NK   Seit dem 15. Jahrhundert wird in der Kunst v. a. der Fall Phae-
thons aufgegriffen: in der Renaissance und im Barock in Italien
z. B. auf Gemälden von Il Sodoma (um 1511, Worcester/Mass.,
M.) und J. Tintoretto (um 1541, Modena, G. Estense), auf Fresken von S. del Piombo (um 1511, Rom, Villa Farnesina), G.
Romano (1527/28, Mantua, Pal. del Tè), T. Zuccari (1560/61,
Caprarola, Villa Farnese), G. Reni (um 1596–98, Bologna, Pal.
Rossi) und S. Ricci (1703, Belluno, Pal. Fulcis-Bertoldi), auf
einem Stuckrelief von P. da Cortona (1642–44, Florenz, Pal.
Pitti) sowie auf Zeichnungen von Michelangelo nach Ovid
(1533, London, British M.; Venedig, Acc.; Windsor Castle,
Royal Library), die vermutlich Einfluß auf die weitere Behand-
lung des Themas ausgeübt haben; in Deutschland und den Nie-
derlanden u. a. auf einem Deckengemälde von G. Pencz (1534,
Nürnberg, Hirschvogelhaus), auf Gemälden von J. Heintz d. Ä.
(um 1590–1600, Leipzig, M.), H. Rottenhammer/P. Bril (1604,
Den Haag, Mauritsh.), J. Liss (um 1624, London, Denis Mahon
C.) und Rubens (1636–38, Madrid, Prado). Im 19. und 20. Jahrhundert entstanden zu diesem Thema z. B. Gemälde von O. Redon (u. a. um 1905/06, New York, Josten C. und Simon C.) und
G. de Chirico (u. a. 1943, Arezzo, Gelli C.) sowie ein Aquarell
von G. Moreau (1878, Paris, Louvre). Auf einem Gemälde von
H. Rottenhammer (1604, Kassel, Gemäldeg.) leiden die Menschen unter der sengenden Hitze des Sonnenwagens. C. C. van

Haarlem schildert auf einem Gemälde (1594, Madrid, Prado), wie Zeus den Sonnengott nach dem Sturz Phaetons tröstet. Mit der Bitte Phaethons an Helios/Apollon beschäftigten sich auf Gemälden z. B. N. Poussin (um 1630–40, Berlin, Gemäldeg.), E. Le Sueur (1652–55, Paris, Louvre) und G. B. Tiepolo (um 1716–20, Venedig, Sonino C.).

Auf einem Freskenzyklus stellte G. B. Pittoni (um 1730–32, Padua, Villa Baglioni) den Mythos Phaetons dar.

Im *Ovide Moralisé* (ca. 1316–28) wird das Schicksal Phaethons mit dem Luzifers verglichen, der aus dem Himmel auf die Erde stürzte. In der Literatur der Neuzeit kommt Phaethon als Symbol für Mut, Übermut und Leichtsinnigkeit vor: z. B. in einem Drama von P. Calderón (1661) und in einem Gedicht von G. Meredith (1886). J. W. von Goethe versuchte sich an einer Bearbeitung der Euripides-Tragödie (1823). F. Hölderlin übersetzte die Phaeton-Geschichte aus den *Metamorphoses* (um 1795) und wurde selbst zum Thema des zweibändigen Briefromans *Phaeton* (1823) von W. Waiblinger. J. van den Vondel schrieb das Trauerspiel *Faëton of reuckeloze stoutheit* (1663). Das Stück vermittelt die Botschaft, daß ›die Herrschaft über große Staaten nur den Weisen und Vorsichtigen, nicht den Unbesonnenen und unentwickelten Gemütern anzuvertrauen ist‹. ND

In Literatur, Theater und bildender Kunst wird Helios, anknüpfend an eine seit dem 5. Jahrhundert bestehende Tradition, häufig mit dem Sonnengott Apollon gleichgesetzt.

Im 17. und 18. Jahrhundert liefert die Phaethon-Geschichte den Stoff für einige Opern, z. B. von J. H. Kapsberger (Libr. von O. Tronsarelli, 1630–32), J.-B. Lully (Libr. von P. Quinault, 1683, Versailles), D. Paradies (Libr. von F. Vanneschi, 1747, London), C. H. Graun (Libr. von L. di Villati, 1750, Berlin) und N. Jommelli (Libr. von L. di Villati, 1753, Stuttgart). Ferner entstanden Kantaten von P. Torri (1689, München) und A. Campra (1717, Paris). Aus dem 19. Jahrhundert ist das Orchesterstück von C. Saint-Saëns zu nennen (1873), des weiteren aus jüngster Zeit das Stück für Oboe solo von B. Britten (*Six Metamorphoses after Ovid*, 1951, Thorpeness) und die Radio-Oper von A. Ridout (Libr. von P. Dickinson, 1975). NM

Jacoby 1971; Vivier 1962

Phaidra und Hippolytos. Hippolytos war der Sohn des Königs
Theseus von Athen und der Amazone Antiope oder Hippolyte.
Phaidra war die Tochter des kretischen Königspaars Minos und
Pasiphae und die Schwester von Ariadne und Deukalion ⟨Eurip.
Hipp.; Sen. Phaedr.; Apollod. epit. 1,18–19; Hyg. fab. 47; Ov.
met. 15,497–546; Verg. Aen. 7,761–782⟩.

Als Minos gestorben war, gab Deukalion seine Schwester
Phaidra dem athenischen Herrscher Theseus zur Gattin, der dafür seine Amazonenfrau verstieß. Seitdem lebte Phaidra zusammen mit Theseus und dessen Sohn Hippolytos.

Hippolytos hatte sich als leidenschaftlicher Jäger der Artemis
geweiht und lebte in Keuschheit. Phaidra verliebte sich in den
Jüngling, wurde von ihm aber zurückgewiesen. Sie beschuldigte
Hippolytos bei Theseus, er habe sich an ihr vergreifen wollen,
und brachte sich dann selbst um, worauf Theseus seinen Sohn
verfluchte und verbannte. Poseidon schenkte der Bitte des Theseus Gehör und ließ Hippolytos auf der Flucht umkommen.

Die Geschichte, die Ähnlichkeit mit der biblischen Erzählung
von Joseph und der Frau des Potiphar (*Genesis* 39) hat, bildet das
Thema einer verlorengegangenen Tragödie von Sophokles und
einer auch verlorenen *Hippolytos Kalyptomenos* von Euripides.
Derselbe rückt in seinem *Hippolytos* die antagonistischen Mächte
der Göttin der Liebe, Aphrodite, und der Göttin der Jungfräulichkeit, Artemis, in den Vordergrund. Hippolytos beleidigt
Aphrodite, indem er sich geringschätzig über die Liebe ausläßt,
weshalb sie ihn in sein tragisches Schicksal stürzt. Phaidra wird
während einer längeren Abwesenheit des Theseus von ihrer Liebe zu Hippolytos verzehrt. Ihr altes Kindermädchen will ihr
helfen und erzählt Hippolytos von dem Verlangen seiner Stiefmutter, der sich aber erschreckt abwendet. Phaidra schreibt Theseus einen Abschiedsbrief, in dem sie Hippolytos beschuldigt,
und setzt dann ihrem Leben ein Ende. Hippolytos wird nach der
Verfluchung und Verbannung auf seiner Flucht entlang dem
Isthmos, der Landenge von Korinth, von einer Flutwelle Poseidons überrascht; seine Pferde gehen durch und schleifen ihn zu
Tode. Artemis erzählt Theseus dann den wahren Zusammenhang.

Die tragische Kette von göttlichen Absichten, Liebesverlangen,
Beleidigungen und Racheakten wird in Senecas *Phaedra* behandelt. Neben einigen dramatischen Veränderungen – Phaidra ge-
steht Hippolytos persönlich ihre Leidenschaft – ist der Gegensatz von den Interessen von Aphrodite und Artemis auch hier

von zentraler Bedeutung, obwohl die Göttinnen selbst nicht sprechend vorkommen.

Alle Darstellungen der Phaidra in der bildenden Kunst der Antike folgen der Vorlage von Euripides' *Hippolytos*. Phaidra sitzt trauernd mit einem Brief in der Hand in Gesellschaft der Erzieherin. Der junge Hippolytos wird daneben jagend oder auf einem Wagen sitzend gezeigt. Die ältesten, aus Etrurien stammenden Abbildungen finden sich auf Urnen und Spiegeln. In der Kaiserzeit entwickelt sich der frühe Tod des Hippolytos zum wichtigsten Motiv, z. B. auf Mosaiken und Wandgemälden aus Antiochia und Pompeii und v. a. – dem Thema entsprechend – auf Sarkophagen. Die über Jahrhunderte als Hochzeitsszene gedeutete Wandmalerei in den Vatikanischen Museen ›Nozze Aldobrandini‹ aus dem späten 1. Jahrhundert v. Chr. stellt die Hauptpersonen des Dramas in einer Frieskomposition dar.

Senecas Drama liegt einigen Stücken aus dem 16. und 17. Jahrhundert zugrunde: u. a. R. Garnier (1573), J. van den Vondel (*Hippolytus of rampsalige kuyscheyd*, 1628) und in J. B. Racines *Phèdre* (1677), wo der Gegensatz von Liebe und Keuschheit weniger im Vordergrund steht – Hippolytos hat eine Verlobte, wodurch Phaidras Eifersucht erregt wird – , der aber in späteren Bearbeitungen von S. T. Moore (1901) und H. Doolittle (1927) wieder betont wird. In der romantischen Literatur bekommt Phaidra unheilvolle Züge, wie in dem Drama von A. C. Swinburne (1866), oder dämonische, z. B. in dem Drama von G. D'Annunzio (1909). Die Einakter *(M)oratorium* und *Mena, kijk zonder handen* (beide 1966) von H. Claus spielen auf die Stücke von Euripides und Seneca an. **ND**

In der Neuzeit wird der Mythos selten dargestellt: der Tod des Hippolytos auf einem Gemälde von Rubens (1610/11, Cambridge, Fitzwilliam M.), auf einer Zeichnung von N. Poussin (um 1640, New York, Pierpont Morgan Library) und als Marmorskulptur von J.-B. Lemoyne (1715, Paris, Louvre); Phaidra mit Hippolytos ist auf einem Gemälde von P.-N. Guérin (1802, Paris, Louvre) zu sehen. **NK**

Die Geschichte wird auch in zahlreichen Opern geschildert, u. a. von P. A. Ziani (Libr. von F. Piccoli, 1658, Venedig), P. Torri (Libr. von D. Lalli, 1731, München), J.-P. Rameau (Libr. von S.-J. Pellegrin nach Racine, 1733, Paris), C. W. Gluck (Libr. von G. G. Corio, ›1745, Mailand), I. Holzbauer (Libr. von C. I. Frugoni nach Pellegrin, 1759, Mannheim), T. Traetta (Libr. von **NM**

Frugoni, 1759, Parma), J.-B. Lemoyne (Libr. von F.-B. Hoffman, 1786, Fontainebleau), G. Paisiello (Libr. von L. B. Salvioni, 1788), P. A. Guglielmi (1798, Neapel), S. Mayr (Libr. von F. Romanelli, 1820, Mailand) und W. Taubert (Libr. von Prinz Georg von Preußen, 1868, Leipzig). Von F. Schubert gibt es ein Lied nach dem Text von H. W. von Gerstenberg (1826). J. Massenet schrieb eine Konzertouvertüre (1873, Paris) und eine Bühnenmusik zu Racines Drama (1900, Paris). Im 20. Jahrhundert schrieben L. Drysdale (1905, Glasgow), G. Bantock (1908), M. N. Osborne Baily (1921) sowie H. Rosenberg (1950, Stockholm) die Schauspielmusik zum Drama von Euripides oder dessen Übersetzungen. Eine Bühnenmusik zum Drama von G. D'Annunzio stammt von A. Honegger (1926). Neuere Opern komponierten I. Pizzetti (Libr. von G. D'Annunzio, 1915, Mailand), V. Senilov (Libr. nach Euripides, 1915), M. Mihalovici (Libr. von Y. Goll nach Racine, 1949, Stuttgart) und M. Ohana (Kammeroper, 1968, Paris). Ein Monodrama für Mezzosopran und Orchester lieferte G. Rochberg (Libr. von G. Rochberg, 1976, Syracuse, NY); eine Kantate schrieb B. Britten (1975, Snape). Auf dem Festival der Gesellschaft für zeitgenössische Musik wurde ein Klavierstück von S. Bussotti uraufgeführt (1984, Toronto).

Lefèvre 1972 und 1978; Müller 1994b; Newton 1939; Tschiedel 1969

Phalaris, Dienstherr des → Perillos

Phaon, ein Schiffer und Geliebter der → Sappho

Pharnabazos, Mörder des → Alkibiades

Pharnakes, Sohn des → Mithridates VI.

Phegeus → Alkmaion

Pheidias, persönlicher Freund des → Perikles

Philemon und Baukis, altes, in Armut lebendes Ehepaar in Phrygien ⟨Ov. met. 8,618–724⟩.
Zeus und Hermes waren einst als Reisende auf die Erde gekommen, um die Gastfreundschaft der Menschen auf die Probe zu stellen. Niemand nahm sie bei sich auf, bis sie an die Hütte von

Philemon und Baukis kamen, wo sie freundlich empfangen und verpflegt wurden. Um die Menschheit zu strafen, sandten sie eine Flut über das Land, von der nur die Hütte der beiden verschont blieb; sie verwandelte sich in einen prächtigen Tempel, in dem das Ehepaar für den Rest seines Lebens diente. Auf ihre Bitte hin starben sie zur selben Zeit und wurden nach ihrem Tod in zwei Bäume verwandelt, die Seite an Seite vor dem Tempel wuchsen.

Aus der Antike sind keine figurativen Darstellungen bekannt. In **NK** der bildenden Kunst der Neuzeit taucht Zeus' Besuch bei Philemon und Baukis zuerst auf einem Gemälde von Bramantino (um 1500, Köln, Wallr.-Rich.-M.) auf. In der Graphik und Malerei des Barock nördlich der Alpen hielten das Thema auf Gemälden u. a. A. Elsheimer (um 1608/09, Dresden, Gemäldeg.), J. Jordaens (um 1642–51, u. a. Helsinki, Ath.), J. C. Loth (um 1650, Wien, Kunsth. M.), Rembrandt (1658, Washington, Nat. G.) und J. E. Hummel (1795, Kassel, Gemäldeg.) fest, wobei die Künstler vermutlich den Empfang Christi durch die Emmausjünger vor Augen hatten. Rubens zeigt auf einem Gemälde (um 1625, Wien, Kunsth. M.) die Rettung der Alten durch die Götter in einer von Blitzen und Wolkenbrüchen durchzogenen Landschaft.

Die von Ovid überlieferte Geschichte galt in der mittelalterli- **ND** chen Literatur häufig als heidnisches Pendant zu der vom Besuch Gottes bei Abraham und der Engel bei Lot oder von Christi Aufenthalt auf der Erde, um die Gottesfürchtigen zu belohnen und die Sünder zu bestrafen. In der späteren Literatur wird der Mythos auf verschiedene Weise aufgegriffen: satirische Gedichte von J. Swift (1706 und 1708), in denen der niedere englische Klerus angegriffen wird; moralische Gedichte von J. de La Fontaine (1685) und J. Dryden (1700); ein Theaterstück von L. Ahlsen (1956), der die Geschehnisse in die Nachkriegszeit und die Widerstandszeit in Griechenland von 1944 versetzt. In J. W. von Goethes *Faust II* (1832) wird das gottesfürchtige, gastfreundliche Paar auf eine Düne versetzt, wo es als Opfer von Fausts Verfügunganspruch auf die Hütte der beiden Alten gewaltsam zu Tode kommt.

Das Paar erscheint in Werken wie z. B. *Le ballet de la paix*, einer **NM** ›pastorale en musique‹ von F. Rebel/F. Francoeur (Libr. von P.-C. Roy, 1738, Paris), und in dem Festspiel *Le feste d'Apollo* von C. W. Gluck (Libr. von G. M. Pagnini, 1769, Parma). Daneben entstanden Opern von P. Prelleur (1740, London), P.-A. Monsigny (Libr. von M.-J. Sedaine, 1766, Bagnolet), F.-J. Gossec (Libr. von N. J. Chabanon de Maugris, 1775, Paris) und A. Schweitzer (Libr. von G. K. Pfeffel, 1772, vermutl. Weimar). Ebenfalls das Pfeffelsche Drama lag der Marionettenoper von J. Haydn zugrunde (1773, Esterházy). Beliebt war der Stoff auch im Genre des Singspiels, z. B. bei C. D. Stegmann (1777, Gotha) oder J. C. Kaffka (Augsburg, 1792). Des weiteren ist ein Oratorium des Mozart-Freundes und Vorgängers im Amt, A. C. Adlgasser (1768, Salzburg), zu nennen. Lieder nach Goethes Episode in *Faust II* schufen C. Loewe (op. 9.8, Leipzig, 1834) und R. Schumann (op. 79, Leipzig, 1849). Ferner gibt es eine ›opéra comique‹ von C. Gounod (Libr. von J. Barbier/M. Carré, 1860, Paris).

Beller 1967; Frenzel 1992a; Stechow 1940–41

Philipp II., Gatte von Olympias → Alexander III.

Philoktetes, ausgezeichneter Bogenschütze, Sohn des Poias, des Königs von Meliboia in Thessalien, und der Demonassa ⟨Soph. Phil.; Hom. Il. 2,716–718; Apollod. epit. 3,14; 3,27; 5,8; Hyg. fab. 102⟩.
Philoktetes (oder sein Vater) half → Herakles auf dem Oita beim Anzünden seines Scheiterhaufens und erhielt dafür den berühmten Bogen und die Giftpfeile des Helden. Am Zug gegen Troja nahm Philoktetes mit sieben Schiffen teil. Bei einem Zwischenaufenthalt auf Tenedos oder Chryse wurde er von einer giftigen Schlange in den Fuß gebissen, was manchen zufolge die Strafe für den Verrat von Herakles' Sterbeort war. Weil die schlecht heilende Wunde entsetzlich roch und Philoktetes die Opferrituale der Griechen durch seine Schmerzenslaute störte, wurde er auf Veranlassung des Odysseus auf der unbewohnten Insel Lemnos zurückgelassen. Von der Wunde gequält, lebte er dort jahrelang und beschaffte sich mit Hilfe von Herakles' Bogen Nahrung.
Als die Erfolge bei der Eroberung Trojas ausblieben, hörten die Griechen von dem trojanischen Seher Helenos, daß sie die Stadt nur mit dem Bogen des Herakles einnehmen könnten. In den meisten Überlieferungen sind es Odysseus und Diomedes, die daraufhin nach Lemnos gingen und Philoktetes mit dem Bogen und den Pfeilen nach Troja brachten. Dort wurde er von Podalirios oder Machaon geheilt. Mit einem der Giftpfeile tötete er

→ Paris. Nach Homer war er einer der wenigen Griechen, die nach dem Fall Trojas nach Griechenland zurückkehrten.

Das Schicksal des Philoktetes behandelten die drei großen altgriechischen Tragiker; bewahrt geblieben ist allein der *Philoktetes* von Sophokles. Hier ist Odysseus in Begleitung des jungen Sohnes des Achilleus, → Neoptolemos. Odysseus bringt Neoptolemos dazu, sich in Philoktetes' Vertrauen einzuschleichen, um so an die Waffe zu kommen. Danach wollten sie wieder in den Krieg ziehen und Philoktetes hilflos zurücklassen. Neoptolemos erfüllt seine Aufgabe, bekommt die Waffe und schlägt sich dann, als er der Schmerzen seines Opfers gewahr wird, auf dessen Seite gegen Odysseus. Herakles erscheint als deus ex machina und bringt schließlich alle drei nach Troja.

Aus der Antike sind nur wenige Darstellungen von Philoktetes und Herakles vor dessen Tod bekannt, z. B. auf Vasen aus dem 5. und 4. Jahrhundert. Der Schlangenbiß ist auf Vasen aus dem 4./3. Jahrhundert v. Chr. und auf einem Silberbecher aus Hoby (um Christi Geburt, Kopenhagen, Staatl. Kunstm.) zu sehen. Häufiger wurde sein schmerzhafter Aufenthalt auf Lemnos abgebildet: auf Keramik, Spiegeln und Wandgemälden sowie in der Bildhauerkunst (kleine Skulpturen des Philoktetes als leidender Mann). Oft stellten die Künstler auch den Besuch des Odysseus dar: Dieser untersucht die Wunde des sitzenden Prinzen, während Diomedes den Bogen stiehlt, z. B. auf Vasen, Lampen, Sarkophagen oder bei Bronzefiguren. Seine Genesung und der Kampf mit Paris taucht nur auf etruskischen Spiegeln und Urnen auf.

In der neuzeitlichen Kunst kommt Philoktetes auf Lemnos, nach seltenen Arbeiten z. B. von G. van Kuijl (1647, Gemälde, Privatbesitz), v. a. im Neoklassizismus und in der Romantik vor, u. a. auf Gemälden von J. Barry (1770, Bologna, P. Naz.), N. Abildgaard (1774/75, Kopenhagen, Staatl. Kunstm.), J.-G. Drouais (1787, Chartres, M.), A.-J. Gros (um 1830, Marseille, M.) sowie in der Bildhauerei bei J. Pradier (1813, Relief, Genf, M.) und J.-B. Carpeaux (1852, Gipsskulptur, Valenciennes, M.). Die Entwendung des Bogens durch Odysseus und Neoptolemos hielt auf einem Gemälde J.-J. Taillasson (1784, Blaye, M.) fest. Porträts von Philoktetes schufen u. a. P.-P. Prud'hon (1807, Gemälde, Ponce, M.) und A. von Hildebrand (1886, Gipsskulptur, Florenz, San Francesco). Die dreipolige Situation, das Leiden des Philoktetes und sein Haß gegen die Griechen, die amoralische Arglist des Odysseus und die Gewissensnöte des Neoptolemos, kehrt in literarischen Bearbeitungen des Stoffes der Neuzeit wieder, u. a. in einer ›Szene mit Gesang‹ von J. G. Herder (1774–75) und in Dramen von A. Gide (1890–91), R. Pannwitz (1913) und H. Müller (1968). Eine lyrische Szene komponierte É. Méhul nach einem Libretto von A. Renou (1788, vermutl. Paris). Die Vertonung des Herderschen Textes von J. C. Bach ging verloren (entst. vor 1795), ebenso die Oper von A. Reicha nach dem Drama von Sophokles (vor 1822). F. Schubert schrieb die Musik zu einem Text von J. Mayrhofer (1817). Zum Drama des Sophokles entstanden später zahlreiche Schauspielmusiken, u. a. von A. Coquard (1897, Paris), H. Rüter (1922), E. Carter (1936) und H. Rosenberg (1947, Stockholm). In Epidaurus wurde 1967 die Oper von T. Antoniou (nach Sophokles) uraufgeführt.

Frenzel 1992a; Mandel 1981; Milani 1879

Philomela → Prokne und Philomela

Philotas, Sohn des Parmenion → Alexander III.

Phineus → Argonauten

Phoibos, Beiname des → Apollon

Phokion (402–318), athenischer Feldherr ⟨Diod. 16–18; Plut. Phok.; Nep. Phoc.⟩.
Der langjährige Stratege erwarb sich Ruhm und Ehre in seiner Vaterstadt, obwohl er nur wenige militärische Aktionen durchführte. Er war schon im fortgeschrittenem Alter, als er sich 355 bei den Volkswahlen gegen → Demosthenes durchsetzen konnte. Phokion strebte friedliche Lösungen in den Konflikten an, die durch Philipp von Makedonien, dem Vater → Alexanders d. Gr., bei dem Versuch, Griechenland mit politischen und militärischen Mitteln unter seiner Herrschaft zu vereinigen, entstanden waren. Demosthenes sprach sich in seinen berühmt gewordenen *Philippikai* gegen diese Bestrebungen aus und vermochte die Athener zu militärischen Einsätzen zu bewegen.
Als die Athener bei Chaironeia gegen die makedonischen Truppen unter Alexander unterlagen (338), soll dieser, nach Plutarch, einzig aus Respekt vor Phokion auf die Zerstörung der Stadt verzichtet und moderate Friedensbedingungen gestellt haben.

Die Versuche, Phokion mit Geschenken an Makedonien zu binden, waren schon unter Philipp erfolglos verlaufen und scheiterten auch nun. Seine Integrität und der einfache Lebenswandel bewahrten diesen Staatsmann vor Bestechung.

Als einige athenische Festungen in die Hände der Makedonier fielen, wurde Phokion von den Kriegstreibern beschuldigt, Verrat begangen zu haben. Er wurde als Gefangener nach Athen geführt und von der wütenden Volksversammlung dazu verurteilt, im Gefängnis den Giftbecher zu leeren. Ohne zu protestieren, gehorchte er und wunderte sich einzig darüber, das Gift selbst bezahlen zu müssen: Sogar sterben könne man in Athen nicht umsonst. Seine Leiche wurde aus dem Stadtgebiet gebracht. Gegen das ausdrückliche Verbot erwiesen ihm ein Mann und eine Frau aus dem Volk die letzte Ehre und verbrannten seine Überreste, die Asche bedeckten sie mit Erde.

Nach den Biographien von Nepos und Plutarch und den Anekdoten bei Valerius Maximus (3,8 ext. 2) und Aelianus (var. 2,43, 3,47, 7,9, 11,9, 12,43) zu schließen, hinterließ Phokion großen Eindruck. Nepos zieht als erster den Vergleich zwischen Phokion und → Sokrates: Beide sterben in Weisheit und ohne Groll gegen Athen durch den Schierlingsbecher. Plutarch richtet in seiner Phokion-Biographie den Blick auf die Undankbarkeit der Athener gegen den Mann, der in stolzer Haltung dem Tod entgegensah. Valerius Maximus nennt neben Phokion noch zwei andere große Athener, die ein Opfer der Verhältnisse wurden: → Themistokles, den ein Scherbengericht verurteilte, und den Sieger von Marathon, Miltiades, der im Gefängnis starb (→ Kimon).

Unter dem Namen Phokion sind einige ›apophthegmata‹, Aphorismen, überliefert, die alle die stoische Weisheit des Politikers bezeugen. Er soll Schüler von Platon gewesen sein. Aufgrund der teils zuverlässigen, teils apokryphen Aussprüche, die bei Plutarch komplett und in anderen Quellen fragmentarisch überliefert sind, wird er in der Kaiserzeit als Philosoph betrachtet. Marcus Aurelius nennt ihn als Vorbild eines Menschen, der bei Kränkungen seinen Gleichmut bewahrt, sogar nicht einmal auf diese reagiert. Solche Gedanken finden wir auch bei seinem Zeitgenossen Musonius. In Lukianos *Alethes historia* (2,17) wohnt Phokion in der Unterwelt mit → Lykurgos und anderen auf der Insel der Glückseligen.

Porträts oder sonstige Bildnisse aus der Antike sind nicht bekannt. Auch in der bildenden Kunst der Neuzeit wird die Pho-   NK kion-Überlieferung nur selten thematisiert. G. Assereto schildert auf einem Gemälde (um 1640, Genua, Pal. Bianco), wie Phokion die Geschenke der Makedonier ablehnt. N. Poussin zeigt auf zwei zusammengehörigen Gemälden (1648, Shropshire, Oakly Park, und Lancashire, Knowsley Hall) die Szenen, in denen Phokions Leiche aus der Stadt gebracht und seine Asche bedeckt wird. Der belgische Maler J.-D. Odevaëre gewann mit seinem ›Tod des Phokion‹ 1804 den französischen Prix de Rome (heute Paris, École des Beaux-Arts).

ND Als selbstloser Mensch und stoisches Opfer taucht Phokion wiederholt in der Literatur des 16. und 17. Jahrhunderts auf, u. a. bei M. E. de Montaigne. Auch in theoretischen Schriften aus dem 18. Jahrhundert nimmt er einen wichtigen Platz als Verteidiger eines großen Staates (Makedonien und der Bund der griechischen Stadtstaaten) ein, im Gegensatz zu Demosthenes, der für die eigenständige Polis plädierte. So steht er als Symbol für die königliche Macht gegen den Demokraten und Republikaner Demosthenes. Seine Tugenden sind ein weiterer beliebter Aspekt: so z. B. in den *Entretiens de Phocion sur le rapport de la morale avec la politique* des A. de Mably (1763), die häufig übersetzt wurden. B. G. Lyttelton in seinen *Dialogues of the Dead* (1760) und C. A. Clodius (1780) stellen ihn Demosthenes gegenüber.

Gehrke 1976

Pholos → Herakles

Phryne aus Thespiai (4. Jh. v. Chr.), athenische Hetäre ⟨Athen. 13,585 ff.; Alkiphr. 4,4 ff.; Plin nat. 34,70; Anth. Pal. 6,260, 16, 203–06⟩.
Phryne war eine reiz- und geistvolle Hetäre, die zu großem Ruhm und Reichtum kam. Sie war kurz nach der Verwüstung ihrer Heimatstadt 371 nach Athen geflüchtet. Ihre Schönheit soll einige berühmte Künstler, wozu auch ihr Liebhaber, der Bildhauer Praxiteles, gehörte, inspiriert haben. Nur der Philosoph Xenokrates blieb, wie es Diogenes Laertios (4,2,3 u. 4,7) und Valerius Maximus (4,3 ext. 3) berichten, von ihren Verführungskünsten völlig ungerührt, ebensowenig ließ er sich auch von einer anderen Frau, der schönen Lais (Athen. 13,583b), beeindrucken.

Quintilian (1,5,61, 10,5,2) und Athenaios (13,590 f.) erzählen von der Gerichtsverhandlung gegen Phrynes im Jahre 340: Sie war der Schamlosigkeit angeklagt und vor den fünfhundertköpfigen Areopag geführt worden. Der Rhetor Hyperides konnte sie mit Erfolg verteidigen, wozu beitrug, daß er während seines Plädoyers ihre Brust enthüllte, um die Achtung ihrer Schönheit zu erlangen.

Als Phryne einmal Praxiteles bat, ihr sein schönstes Werk zu geben, zögerte der Bildhauer, da er sich nicht entscheiden konnte. Sie ließ einen Sklaven schreien, daß das Haus in Flammen stehen würde; Praxiteles rief, daß man seine Werke Satyr und Eros retten müsse. Phryne wählte sich daraufhin den Eros. Pausanias erzählt diese Geschichte bei der Beschreibung eines durch zahlreiche Kopien bekannten Bildes mit dieser Szene, das er im Dionysos-Theater in Athen gesehen hatte. Strabo (9,410) schreibt, daß der Eros von einer anderen bildschönen Frau, Glykera, die auch aus Thespiai geflohen war, für das Theater gekauft wurde.

In der Antike inspirierte Phryne, sofern wir Pausanias und Athenaios (13,585 f.) Glauben schenken, Praxiteles und → Apelles zu einigen für die Kunstentwicklung sehr wichtigen Werken. Die berühmte marmorne Aphrodite von Knidos (zahlreiche Marmorkopien, u. a. Rom, Vat. M.), das erste nackte Frauenbildnis, soll Praxiteles, wie auch Apelles seine Aphrodite Anadyomene (zahlreiche Kopien in Plastik und Malerei), nach ihr geschaffen haben. Ein Bronzebild der Phryne von Praxiteles wurde in Delphoi aufgestellt, möglicherweise kurz nach der Verwüstung Thespiais (Paus. 9,27,5).

In der Malerei des 17. Jahrhunderts entstanden Gemälde mit NK dem Versuch der Verführung des Xenokrates, z. B. von S. Rosa (um 1663) und G. van Honthorst (1623, Den Haag, Slg. Hertz). Phryne wird v. a. seit dem 18. Jahrhundert dargestellt. P.-A. Baudoin hielt auf einem Gemälde (1763, Paris, Louvre) als erster die Areopag-Szene fest. D. Diderot lobt, daß Baudoin dem Schönheitsbegriff der griechischen Kultur Ausdruck verliehen habe, doch kritisiert er, daß Phryne sich verschämt und nicht stolz zeige. Die Areopag-Szene findet sich weiterhin auf Gemälden aus der Schule von J.-L. David (Ende 18. Jh., Nantes, M. Dobrée) sowie von J.-L. Gérôme, dem ›Néo-Grec‹, das dieser auf dem Pariser Salon 1861 (heute Hamburg, Kunsth.) präsentierte und das von vielen sehr gelobt, von E. E. Zola jedoch verspottet wurde. A. Kauffmann schildert auf einem Gemälde

(1794, Rhode Island, School for Design), wie Praxiteles das
Eros-Bildnis seiner Geliebten überreicht.
Bei Skulpturen von J. Pradier (1845, Grenoble, M. und Troyes,
M.), A. Falguière (1884, New York, Privatbesitz) und F. von
Stuck (um 1906, Privatbesitz) sowie auf einem Gemälde von P.
Delvaux (1963, New York, Privatbesitz) verkörpert Phryne die
Schönheit. Abweichend von der Überlieferung der meisten klas-
sischen Quellen, wonach Phryne in der Öffentlichkeit sehr zu-
rückhaltend auftrat, zeigt J. M. W. Turner auf einem Gemälde
(1838, London, Tate G.), wie sie sich in all ihrer verführerischen
Schönheit ins athenische Badehaus begibt. Der Künstler bezog
sich dabei wohl auf die Anklage der Phryne vor dem Areopag
wegen Schamlosigkeit.

ND In der Literatur gilt Phryne seit der Renaissance als Beispiel für
eine verführerische Frau, ebenso wie Kampaspe und Lais, die
vielbegehrte Hetären gewesen sein und unter anderem im Kreis
um → Alkibiades verkehrt haben sollen. B. de Fontenelle läßt in
seinen *Dialogues des morts* (1683) Phryne in einem Gespräch mit
→ Alexander sagen, daß sie mehr Eroberungen zu verzeichnen
habe als er und die seinen ihm nichts einbringen würden. L.
Couperus fügte die Anekdoten zu einer kunstvollen Erzählung
(1910) zusammen.

NM Komische Opern bzw. Operetten schrieben C. Saint-Saëns
(Libr. von A. de Lassus, 1893, Paris), J. Decker-Schenk (Libr.
von Osetroff, 1893, St. Petersburg), B. Triebel (Libr. vom Kom-
ponisten, 1893, Wiesbaden) und E. S. Eysler (Libr. von F.
Grünbaum/R. Bodanzky, 1906, Wien). Ein Ballett stammt von
L. G. Ganne (Szenarium von A. Germain, 1896, Royan).
Heusinger von Waldegg 1972; Seznec 1950

Phyleus → Herakles

Piso → Germanicus

Pittakos von Mytilene, einer der Sieben Weisen → Solon

Plancina, Gemahlin des → Germanicus

Pluto → Hades

Pollux, einer der → Dioskuren

Polybos, Stiefvater des → Oidipus

Polydektes → Perseus

Polydeukes, einer der → Dioskuren

Polydoros, Sohn der → Hekabe

Polyhymnia, auch Polymnia, eine der → Musen

Polykrates (reg. ca. 538–522), Alleinherrscher über die Insel Samos ⟨Hdt. 3,39–60 u. 120 f.; Athen. 12,540⟩.
Polykrates hatte großen Erfolg bei militärischen Unternehmungen, die seine Macht im Ägäischen Meer vergrößern sollten. Nachdem er kurze Zeit mit zwei Brüdern regiert hatte, übernahm er während eines Festes für Hera die Alleinherrschaft. Mit seinen Raubzügen zur See konnte er große Reichtümer erbeuten, die für kulturelle Zwecke verwendet wurden. An seinem Hof lebten die Dichter Ibykos und Anakreon. Die Insel wurde berühmt wegen eines großen Hera-Tempels und einer (erhaltenen) Wasserleitung, die quer durchs Gebirge führt, erbaut von Eupalinos. Diese riesigen Werke führten die Bewohner selbst aus; Polykrates initiierte Maßnahmen zur Arbeitsbeschaffung, um die wirtschaftliche Lage zu verbessern. Sein Gastfreund, der ägyptische König Amasis, war um Polykrates wegen seines andauernden Glücks besorgt, da jemand, der ständig Glück habe, schließlich doch vom Unglück getroffen werde. Er riet Polykrates, sich von etwas zu trennen, woran er sehr hänge. Polykrates nahm diesen Rat ernst und beschloß, sich von einem kostbaren Siegelring mit geschliffenem Smaragd zu trennen: Er fuhr aufs Meer hinaus und warf den Ring über Bord. Dann kehrte er traurig zurück. Einige Tage später bot ein Fischer dem König einen großen Fisch an. In dem Fisch fand der Koch den Ring wieder. Polykrates berichtete dies dem Amasis, der sich nun dessen sicher war, daß es mit Polykrates schlecht ausgehen würde, und ihm deshalb die Freundschaft aufkündigte: Er wollte nicht den Schmerz über ein unglückliches Ende des Freundes ertragen.
Herodot beschreibt das tatsächlich unglückliche Ende des Polykrates. Er wurde aus unbekanntem Grund von dem Perser Oroites, Gouverneur der Stadt Sardes, gehaßt. Auf die Einladung des Oroites zog er mit einem kleinen Gefolge in diese Stadt, um die Schätze zu besichtigen, die er im Tausch gegen den Schutz vor den persischen Truppen unter → Kambyses erhalten

sollte. Kaum in Sardes angekommen, wurde Polykrates auf grauenhafte Weise getötet, seine Leiche an ein Kreuz geschlagen. Herodot zufolge machte dieses Ende größten Eindruck auf die Zeitgenossen und späteren Generationen.

Polykrates ist v. a. durch die ausführlichen Beschreibungen bei Herodot bekannt. Leider vermitteln die wenigen überlieferten Fragmente von Anakreon kein genaues Bild von seinen Lobgedichten auf den Fürsten. Nach Aristoteles' *Athenaion politeia* (1,313b, 24) war die Arbeitsbeschaffung zur Belebung der Wirtschaft die Maßnahme eines verständigen Politikers. Einer der führenden Kämpfer in der Französischen Revolution, Marat, stützte sich auf dieses Prinzip, um Zwangsarbeit und Enteignungen von Gütern zu legitimieren. Bei anderen Autoren, z. B. in Platons *Menon* (90a), fungiert Polykrates als Beispiel eines Reichen. Plinius Maior erzählt die Ringepisode in seiner *Naturalis historia* (37,2) im Buch über kostbare Steine.

N In der modernen Literatur spricht das Dilemma von Glück und Unglück einige Autoren an. Zu nennen sind die Ballade *Der Ring des Polykrates* von F. von Schiller (1797), ein Gespräch in den *Imaginary Conversations* von W. S. Landor (1824–29) zwischen Polykrates und Anakreon und Theaterstücke von H. Hensen (1946) und J. Blokker (1975).

Der gerade 19jährige E. W. Korngold erregte Aufsehen mit seiner heiteren einaktigen Oper *Der Ring des Polykrates* (Libr. vom Komponisten nach H. Teweles, 1916, München), die ein Jahr später auch zum 50jährigen Jubiläum der Wiener Hofoper gegeben wurde.

In der bildenden Kunst wurden nur einige Szenen aus den Beschreibungen des Herodot verarbeitet. Den Fund des Ringes zeigt G. Fedini auf einem Gemälde (1570–72) im Studiolo von Francesco I. im Palazzo Vecchio in Florenz dort, wo der Fürst seine Ringe aufbewahrte. S. Rosa hielt auf zwei Gemälden (um 1662, Chicago, Art I.) die Übergabe des Fisches und den Tod am Kreuz fest.

Polymestor → Hekabe

Polymnia, auch Polyhymnia, eine der → Musen

Polyneikes und Eteokles, verfeindete Brüder im Streit um den thebanischen Thron, Söhne von → Oidipus und Iokaste ⟨Aischyl. Hept.; Soph. Ant.; Soph. Oid. K.; Eur. Phoen.; Hyg. fab. 68–71; Stat. Theb.⟩.

Nachdem ihr Vater in die Verbannung gegangen war, einigten sich Polyneikes und Eteokles darauf, in jährlichem Wechsel über Theben zu regieren. Eteokles übernahm als erster die Herrschaft, hielt sich nach einem Jahr aber nicht an die Vereinbarung und verbannte Polyneikes. Dieser ging an den Hof des Adrastos, des Königs von Argos, und traf dort Tydeus, den Sohn des kalydonischen Königs Oineus, der ebenfalls verbannt worden war. Die beiden gerieten aneinander, worauf Adrastos zwischen sie trat.

Adrastos hatte von Apollon beim delphischen Orakel den Rat erhalten, seine beiden Töchter an einen Löwen und einen Eber zu verheiraten. Er sah, daß Polyneikes eine Löwenhaut und Tydeus ein Eberfell trug oder die Stadtwappen auf ihren Schilden das jeweilige Tier zeigten, das Wappen für Theben den Löwen, das für Kalydon den Eber. Gemäß dem Orakelspruch gab Adrastos seine Tochter Argeia dem Polyneikes und Deipyle dem Tydeus zur Frau. Außerdem versprach er ihnen seine Unterstützung bei der Eroberung von Theben bzw. Kalydon.

Adrastos rief also die Bewohner von Argos zum Krieg gegen Theben auf. Sein Schwager Amphiaraos sah Unheil voraus und verweigerte seine Teilnahme. Nach einem früheren heftigen Streit zwischen Adrastos und Amphiaraos hatten die beiden geschworen, die Entscheidung bei einer erneuten Auseinandersetzung der Eriphyle, der Frau des Adrastos und Schwester des Amphiaraos, zu überlassen. Diese ließ sich nun von Polyneikes mit dem Halsband der Harmonia (der Frau des → Kadmos) bestechen und zwang Amphiaraos zur Teilnahme.

So zogen die ›Sieben gegen Theben‹ aus: Adrastos, Polyneikes, Tydeus, Amphiaraos und drei weitere Krieger. Jeder von ihnen marschierte mit seinen Kriegern auf ein thebanisches Stadttor zu. Dort hatte der Wahrsager Teiresias prophezeit, daß Theben nur dann siegen werde, wenn sich ein Mitglied der königlichen Familie opfere, worauf sich Menoikeus, ein Sohn Kreons, tötete. Die Kampfhandlungen verliefen tatsächlich günstig für Theben, und von den Angreifern fiel einer nach dem anderen. Auch Tydeus wurde durch den Thebaner Melanippos tödlich verwundet. Athena wollte ihrem Schützling Tydeus Unsterblichkeit verleihen, wurde aber von Amphiaraos aus Haß, weil man ihn zur Teilnahme an dem Kampf gezwungen hatte, daran gehindert: Er

tötete Melanippos, schlug dessen Kopf ab und warf ihn Tydeus
zu, der das Gehirn seines Feindes zu essen begann. Voll Ekel
wandte sich Athena ab, und Tydeus starb.
Eteokles und Polyneikes brachten sich in einem Zweikampf gegenseitig um. Kreon übernahm den Oberbefehl über Theben
und schlug die Truppen aus Argos in die Flucht. Amphiaraos
überlebte mit Hilfe des Zeus, der in einer lebensgefährlichen
Situation die Erde öffnete und den Krieger mit seinem Wagen
darin verschwinden ließ, so daß dieser unter den Toten weiterlebte. Nur Adrastos konnte mit seinem geflügelten Pferd Areion
wohlbehalten nach Argos zurückkehren. Zehn Jahre später lebte
der Krieg gegen Theben wieder auf in dem Feldzug der Söhne
der Sieben, den Epigonen (→ Alkmaion).

Der unheilvolle Streit zwischen Eteokles und Polyneikes, in dem
sich der Fluch erfüllt, der auf dem Geschlecht von Laios ruhte
und alle Nachfahren traf (→ Oidipus), wurde vermutlich in dem
verlorenen epischen Gedicht *Thebais* aus dem 7. Jahrhundert
über das Schicksal des thebanischen Königshauses behandelt.
Von der Auseinandersetzung der beiden Brüder erfahren wir
durch den Römer Statius, der im 1. Jahrhundert n. Chr. ein Epos
mit demselben Titel dichtete. Ferner entstanden Tragödien, in
denen der Bruderstreit erwähnt wird oder im Mittelpunkt steht.
In Sophokles' *Oidipus epi Kolonoi* erbittet sich Polyneikes von
seinem Vater den Segen für den Angriff auf Theben; der blinde
und verbannte Oidipus aber verflucht seine beiden Söhne. Polyneikes zieht gegen die Stadt trotz des Fluches und der Bitten
seiner Schwester Antigone. Im Mittelpunkt steht der Streit in
Aischylos' *Hepta epi Thebas*, dem letzten Teil seiner thebanischen
Trilogie, von der die anderen Teile (*Laios* und *Oidipus*) verlorengegangen sind. Eteokles weiß um den Fluch und glaubt, seinem
Schicksal nicht entfliehen zu können; er zieht in den tödlichen
Zweikampf mit Polyneikes. In Euripides' *Phoinissai* (nach den
Chorfrauen benannt) streiten sich die beiden Brüder im Beisein
von Iokaste und bereiten danach ihre Kampfhandlungen vor. In
den letztgenannten Stücken (bei Aischylos handelt es sich wahrscheinlich um eine spätere Hinzufügung) wird schon auf den
Streit um die Leiche des Polyneikes hingewiesen, welcher in Sophokles' *Antigone* (→ Antigone) zentrale Bedeutung erlangt.
Eine Variation stellen Euripides' *Hiketides* dar: Der athenische
Herrscher Theseus fordert auf die Bitten der Mütter der gefallenen Angreifer und des verstorbenen Adrastos hin von Kreon,
den toten Polyneikes zu begraben, was er schließlich mit Waf-

fengewalt erreicht. Nach Euripides' *Phoinissai* schrieb Seneca seine gleichnamige Tragödie.

In der bildenden Kunst der Antike steht meist der Zweikampf zwischen Polyneikes und Eteokles im Mittelpunkt, z. B. auf etruskischen Urnen, Grabgemälden und Spiegeln sowie auf römischen Sarkophagen. Auf griechischen Vasen ist die Bestechung der Eriphyle durch Polyneikes zu sehen.

In der Literatur der Neuzeit behandeln die meisten Autoren un- N abhängig von Senecas Stück diesen Bruderzwist – nach J. B. Racine das ›tragischste Thema der Antike‹ – in der Nachfolge von Euripides' Drama: u. a. J. B. Racine in *La Thébaïde ou les frères ennemis* (1664) und G. M.-J.-B. Legouvé (1799). V. Alfieri (1782) hält sich in den Grundzügen an Euripides, macht daraus aber ein Tyrannendrama: Kreon facht den Haß zwischen den Brüdern an, um selbst an die Macht zu kommen. F. von Schiller übersetzte den Euripides-Text (1789). H. Grotius veröffentlichte während seines Pariser Exils eine lateinische Übersetzung (1630) der Euripides-Tragödie. Seine Wertschätzung dieses Schauspiels als Höhepunkt der griechischen Literatur veranlaßte J. van den Vondel zu einer niederländischen Übersetzung (1668).

In der neuzeitlichen Kunst wird der Stoff nur selten aufgegriffen, der Zweikampf z. B. auf Gemälden von F. Francken II. (1. Hälfte 17. Jh., Antwerpen, Kon. M.) und G. B. Tiepolo (um 1725–30, Wien, Kunsth. M.).

Zu diesem Mythos entstanden auch einige Opern, z. B. von P. A. Cesti (Libr. von G. F. Apolloni, 1655, Innsbruck), G. Legrenzi (Libr. von T. Fattorini, 1675, Venedig), A. M. Bononcini (1708, Wien), F. Alessandri (Libr. von G. Boggio, 1773, Turin), I. Raimondi (um 1825, Mailand) sowie eine Serenata von F. Feo (1738, Madrid). Von L. Fourestier gibt es eine symphonische Dichtung (1927). Neuere Adaptionen für die Opernbühne sind die Werke von R. Kelterborn (Libr. vom Komponisten, 1963, Zürich) und T. Antoniou (Libr. nach Aischylos, 1975, Athen).

Frenzel 1992a; Krauskopf 1974; Schefold/Jung 1989; Small 1981

Polyphemos, einer der Kyklopen → Galateia, → Odysseus

Polyphontes, Gatte der → Merope

Polyxena, Tochter des trojanischen Königspaars Priamos und Hekabe ⟨Eur. Hec.; Apollod. 3,12,5; Hyg. fab. 90, 110; Dikt. 3,2 ff.⟩.

Polyxena sah, wie Achilleus ihren Bruder → Troilos aus dem Hinterhalt überfiel und tötete. Nach Hyginus verliebte sich Achilleus so sehr in Polyxena, daß er bereit war, die Griechen zu verraten. Die Trojaner sollen das Liebesverhältnis genutzt haben, um Achilleus in eine Falle zu locken und zu töten.

Als die griechischen Anführer nach dem Fall Trojas die trojanischen Frauen untereinander verteilten, erschien der Geist des Achilleus und verlangte, daß die Kriegsgefangene Polyxena ihm zu Ehren auf seinem Grab geopfert werde, damit ihr Geist bei ihm in der Unterwelt sein könne. → Neoptolemos, Achilleus' Sohn, erfüllte diesen Wunsch und tötete Polyxena.

Die Geschichte der Polyxena taucht bei Homer noch nicht auf. Polyxenas Ende war Thema einer nicht erhaltenen Tragödie von Sophokles. In Euripides' *Hekabe* wird die Opferung Polyxenas ausführlich geschildert: Das tapfere Mädchen wird von dem hartherzigen Odysseus abgeholt, der sich gegen die Bitten der Mutter Hekabe verschließt. Auch bei Ovid (met. 13,429–571) wird Polyxenas Mut angesichts des Todes betont.

Seneca nimmt in seine Tragödie *Troades*, die auf Euripides' *Troades* fußt, die von Achilleus geforderte Opferung Polyxenas auf und zeigt einen heftigen Streit zwischen Agamemnon, der der Forderung nicht nachkommen will, und Neoptolemos, der den Wunsch des Vaters erfüllen will.

Aus der Antike sind nur wenige Darstellungen auf Vasen des 6. und 5. Jahrhunderts v. Chr. bekannt.

N   In der Neuzeit kommt die Opferung in der Malerei gelegentlich vor, z. B. auf Gemälden von P. da Cortona (vor 1625, Rom, Kapitol. M.) und G. B. Pittoni (1730–32, u. a. Baltimore, Walters Art G.; Stuttgart, Staatsg.; St. Petersburg, Eremitage). Die Geschichte der Polyxena war im Mittelalter durch den *Roman de Troie* (1150–70) des Benoît de Sainte-Maure gegenwärtig und fand auch bei G. Boccaccio (*De claris mulieribus*, 1356–64) und Christine de Pizan (*L'epistre d'Othéa à Hector*, um 1400) Berücksichtigung. Nach einer Tragödie von H. Sachs (1554) bildete P. C. Hoofts Drama (1598) um Achills Konflikt zwischen Liebe und patriotischer Pflicht den Auftakt zu mehreren klassizistischen Dramatisierungen des Todes von Achill, z. B. A. Hardy (1607) und T. Corneille (1673), und des Opfers der Polyxena,

z. B. C. Billard (1612), S. Coster (1619), A. de La Fosse (1696) und A. Marchese (1715). Die Opferung der Polyxena ist Thema der ›tragédie lyrique‹ von J.-B. Lully/P. Collasse (Libr. von J.-G. de Campistron nach I. de Bensérade, 1687, Paris). P. Collasse griff die Geschichte für eine weitere Komposition nochmals auf (Libr. von J.-L.-I. de la Serre, 1706, Paris). Es folgten Opern von A. Dauvergne (Libr. von N.-R. Joliveau, 1763, Paris), A. Schweitzer (Libr. von F. J. Bertuch, 1775, Gotha), G. de Fontenelle (Libr. von C. L. M. Milcent, 1800, Paris) sowie eine Kantate nach dem Text Bertuchs von E. W. Wolf (Leipzig/Weimar, 1776). P. von Winter schuf ein Ballett (1781). In neuerer Zeit entstanden die Bühnenmusik von D. Milhaud zu einer französischen Bearbeitung des Euripides-Dramas *Hécube* (1937) sowie die Vertonungen dieses Dramas von G. F. Malipiero (Libr. vom Komponisten nach Euripides, 1941, Rom) und J. Martinon (Libr. von S. Moreux nach Euripides, 1956, Strasbourg).

Frenzel 1992a

Pomona und Vertumnus. Pomona war eine römische Nymphe und Göttin der Obstbäume (Plin. nat. 23,2); Vertumnus war etruskischer Herkunft und wurde als Vegetationsgott ebenfalls mit den Obstbäumen in Verbindung gebracht (Varro 5,46; Prop. 4,2; Ov. fast. 6,409–410) ⟨Ov. met. 14,623–771⟩.
Pomona widmete sich ganz der Sorge um die Pflanzen und wollte von Männern nichts wissen. Der verliebte Vertumnus versuchte vergeblich, ihre Neigung zu erwecken, indem er ständig seine Gestalt veränderte. Er verwandelte sich schließlich in eine alte Jungfer und sprach schwärmerisch von der Liebe und von Vertumnus. Als er sich dann in seine ursprüngliche Gestalt zurückverwandelte, konnte er Pomona für sich gewinnen.

Die Geschichte Ovids von Pomona in ihrem Garten und der NK alten Jungfer kommt in der bildenden Kunst der Antike nicht vor; häufig ist sie dagegen in der Malerei der Neuzeit zu finden. In der niederländischen Kunst symbolisiert Pomona die fruchtbare Liebe; gleichzeitig dient das Motiv aber auch als Genrebild: Eine alte Frau mit einem jungen Mädchen wird von Blumen und Früchten umringt. Es entstanden beispielsweise Gemälde von H. Goltzius (1613, Amsterdam, M.), J. Tengnagel (1617, Amsterdam, M.), P. Moreelse (um 1630, Rotterdam, M. Boymans), D. Teniers d. Ä. (1638, Wien, Kunsth. M.), E. de Witte (1644,

Rotterdam, M. Boymans), F. Bol (1648, Cincinnati, M.), C. Berchem (um 1650, Braunschweig, M.), C. B. van Everdingen (um 1650, Madrid, Slg. Thyssen-Bornemisza), G. J. van den Eeckhout (1669, Budapest, M.), A. van den Velde (1670, Wien, Kunsth. M.), N. Maes (1673, Dublin, Nat. G.) und C. Netscher (1681, Berlin, Gemäldeg.). In Italien und Frankreich sind Pomona und Vertumnus z. B. auf Fresken von Pontormo (1521, Poggio a Caiano, Villa Medici) und von L. Giordano (1682/83, Florenz, Pal. Medici-Riccardi), auf Gemälden von A. Watteau (um 1715, Paris, Wildenstein C.) und F. Boucher (1763, Paris, Louvre) sowie in der Bildhauerkunst von J.-B. Lemoyne (1760, Marmorgruppe, Paris, Louvre) und C. Claudel (1905, Marmorstatue, Paris, M. Rodin) dargestellt worden. ›Porträts‹ von Pomona schufen in der Malerei z. B. J. Jordaens (um 1623, Brüssel, Kon. M. und 1625, Madrid, Prado), H. Bloemaert (um 1635, Utrecht, M.), C. Netscher (1678, Amsterdam, M.) und später P. Klee (1938, Bern, Kunstm.), in der Bildhauerei u. a. P. Egell (um 1716/17, Sandsteinstatue, Dresden, Zwinger), A. Maillol (1910, Bronzestatue, Moskau, Puschkin M., und 1922, Zementguß, Dresden, Staatl. Kunstslg.), O. Zadkine (1926, Kupferskulptur, u. a. Anvers, M.), G. Marcks (1932, Marmorskulptur, Boston, M.) und M. Marini (u. a. 1945, Bronzeskulptur, Bochum, G. und 1949, Bronzeskulptur, Kopenhagen, Staatl. Kunstm.). Bei Rubens personifiziert Pomona die Erde (um 1615, Gemälde, Kiew, Kunstm.) und neben Demeter die Früchte der Erde (vor 1628, Gemälde, Madrid, Prado).

ND In der Literatur der Neuzeit kommt Pomona nur vereinzelt vor, z. B. in einem Gedicht von W. Morris (1891) und einem Roman von J. Péladan (1913).

NM In der Musikgeschichte finden sich einige Werke zur Gestalt der Pomona, z. B. eine ›Masquerade‹ von J. P. Krieger (1688), ein Singspiel von R. Keiser (Libr. von C. H. Postel, 1702, Hamburg), eine Kantate von C.-H. Gervais (Paris, 1720) und ein Vokalsatz von J. Barnett (London, 1820).

Sluijter 1986

Pompeia, zweite Gattin des → Caesar

Pompeius, Gnaeus Magnus (106–48), römischer Staatsmann ⟨Plut. Pomp.; Vell. 2,53; Dio Cass. 33–42 passim; App. civ. 1–4; Caes. civ.⟩.

Pompeius war Sohn des vornehmen Gnaeus Pompeius Strabo, unter dem er in seiner Jugend im Heer diente. Sehr schnell wurde er in Rom zu einer beliebten Persönlichkeit. Plutarch schreibt in seiner Pompeius-Biographie, daß der einnehmende Pompeius während seiner Laufbahn vom Volk auf Händen getragen wurde: ein wichtiger Faktor, der sein lebenslanges Haß-Liebe-Verhältnis zum Senat beeinflußte.

Als Sulla nach Rom zog, um Marius (→ Sulla) auszuschalten, fiel Pompeius eine wichtige politische Rolle zu. In Picenum, wo seine Familie Besitzungen hatte, hob er drei Legionen aus, die er Sulla zur Verfügung stellte. Dieser nahm ihn in Dienst und beauftragte ihn, auf Sizilien und in Afrika mit den letzten Anhängern des Marius abzurechnen. Sulla gab ihm nach Plutarch den Beinamen Magnus, doch wahrscheinlicher ist, daß sich Pompeius fünfundzwanzigjährig diesen Namen selbst in der Nachfolgeschaft → Alexanders zulegte.

Zur Entfremdung zwischen Sulla und dem jugendlichen Pompeius kam es, als Sulla ihm nach seinen Erfolgen einen Triumphzug nach Rom versagen wollte, weil er noch nicht im Rang eines Senators stand. Pompeius erhielt jedoch seinen Triumphzug mit der Bemerkung, daß das Volk sich lieber der aufgehenden als der untergehenden Sonne zuwende: eine Anspielung darauf, daß sich Sullas Karriere dem Ende näherte. Nach dessen Tod im Jahre 78 wurde Pompeius einer der mächtigsten Männer Roms. Er schlug die letzten Anhänger des Marius und auch des Sertorius, der Befehlshaber in Spanien war und sich auf Marius' Seite geschlagen hatte, sich aber nach dessen Niederlage von Rom losmachte. Einen wichtigen Erfolg konnte Pompeius mit der Ausrottung der Piraten im Jahre 66 verbuchen, die sich der Meere um Italien bemächtigt hatten und auch ins italienische Festland einfielen.

Im folgenden wurde ihm die große Aufgabe übertragen, die Macht des → Mithridates von Pontos zu brechen – durch seine Erfolge verdrängte er den dafür bestimmten Consul Lucullus. Durch die Bewältigung dieser Aufgabe festigte Pompeius die Herrschaft Roms im Osten bis an die Grenzen der bekannten Welt. Bei seiner Rückkehr reagierte er geschickt auf die Befürchtung, er könne sich als absoluter Herrscher gebärden: Er betrat die Stadt nur mit dem kleinen Gefolge eines Privatmannes (Plutarch zufolge betrat er die Stadt überhaupt nicht). Später folgte der größte Triumphzug, den Rom je sah. Pompeius glaubte, sich nun mit Alexander auf eine Ebene stellen zu können, dessen Verhalten und äußere Erscheinung er als ›Alexander Romanus‹ imitierte.

Sein Verhältnis zum Senat blieb gespannt, zumal er vergeblich Land für seine Veteranen bekommen wollte. Er verband sich im Jahre 60 mit dem reichen Crassus und → Caesar, dessen Tochter Iulia er heiratete. Zusammen konnten sie den Widerstand des Senats gegen die Landverteilung brechen und ein Consulat für Caesar erreichen. Auch hatten sie großen Einfluß bei den Wahlen des ihnen genehmen zweiten Consuls M. Calpurnius Bibulus. Schließlich drangen Pompeius und Crassus darauf, daß Caesar in Norditalien und Gallien außergewöhnliche Vollmachten erhielt. Nach einiger Zeit begann das Triumvirat zu zerbrechen. Das Band mit Caesar löste sich unter anderem deshalb, weil Iulia starb. Pompeius mußte sich Provokationen von Clodius Pulcher gefallen lassen, der den Triumvirn einen Dienst erwiesen hatte, indem er → Cicero in die Verbannung getrieben hatte, doch nun in seinen Angriffen von Caesar beschützt oder sogar motiviert zu sein schien. Crassus unterlag 53 in Carrhae im Krieg gegen die Parther, die ihn einigen Autoren zufolge auf grausame Weise für seine Habsucht bestraften: Sie gossen ihm flüssiges Gold in den Mund. Durch diese Vorgänge standen sich nun Caesar und Pompeius direkt gegenüber. Pompeius versöhnte sich mit dem einflußreichen → Cato Uticensis und ließ Caesar nach Rom zurückkehren.

Das Band zwischen Caesar und Pompeius riß endgültig, als ersterer sich im Jahre 49 weigerte, den Befehl über seine Truppen niederzulegen. Als er daraufhin gegen Rom zog, war Pompeius nicht imstande, ein Heer aufzustellen. Er floh mit einem Teil des Senats nach Brindisi, wo sie rechtzeitig in See stechen konnten. Im August 49 kam es zu dem entscheidenden Treffen bei Pharsalos, bei dem Pompeius eine Niederlage erlitt. Er fand Zuflucht auf einem Handelsschiff und beschloß, sich zu Ptolemaios XIII. nach Ägypten zu begeben. Dieser hatte Berater, die dem Römer nicht wohlgesonnen waren. Der nichtsahnende Pompeius wurde vom Schiff geholt und repetierte auf dem Weg zur Küste noch einmal seine griechische Rede, die er vortragen wollte, als er am Strand vor den Augen seiner entsetzten Frau Cornelia ermordet wurde. Er wurde von seinem Sklaven und einem Unbekannten begraben. Sein Kopf wurde später Caesar gezeigt, der sich schaudernd abwandte. Dio Cassius zufolge wollte er damit Mitleid vortäuschen.

Pompeius war die dominierende Figur in den Jahrzehnten nach der Diktatur Sullas; eine Zeit, in der die Macht des Senats Heerführern wie Caesar, Reichen wie Crassus und Führern politischer Gruppen wie Clodius Pulcher weichen mußte. Pompeius stützte sich auf seinen Ruhm als Feldherr und seine Popularität beim Volk. Der Senat konnte, als es um die Frage ging, wem die großen Aufgaben zu übertragen seien, Pompeius nicht übergehen, der sich allerdings nach Dio Cassius lieber so zeigte, als ob er diese Aufträge nur mit Widerwillen übernommen hätte. Tatsächlich genoß er seine Popularität, hatte eine hohe Meinung von sich und neigte zur Selbstverherrlichung. Er propagierte den Vergleich mit Alexander und regte Künste und Wissenschaften an. Der Bau des ersten steinernen Theaters in Rom, zum ewigen Gedenken an seine Person, konnte nur durch die Kombination des Theaters mit einem Venus-Tempel gerechtfertigt werden. Die Historiographen hielten nicht viel von seiner politischen Intelligenz: Er war dem schnellen und rigorosem Caesar nicht gewachsen.

Pompeius ist einer der ersten römischen Politiker, die die Kunst als Propagandamittel zu nutzen wußten. Er ließ sich als Alexander Romanus mit dem Haarwirbel und dem Backenbart abbilden (1. Jh. n. Chr., Marmorkopie, Kopenhagen, Ny Carlsberg Glyptothek). Auch Herakles dient als Modell. Die Bewunderung von seiten Hadrians führte zur Anfertigung zahlreicher Kopien dieser Porträts im 2. Jahrhundert n. Chr.

Lucanus' gegen Caesar gerichtetes Epos *Pharsalia* über den Bürgerkrieg hat dazu beigetragen, daß Pompeius in den anonymen Texten des 13. Jahrhunderts wie *Les faits des Romains* oder *I fatti di Cesare* als positiv akzentuierter Gegenpol Caesars erscheint. In der Tragödie *Sertorius* (1662) von P. Corneille steht Pompeius als Bundesgenosse Sullas in Spanien dem edlen Sertorius gegenüber, der die Seite des Marius gewählt hat. Corneilles *La mort de Pompée* aus dem Jahre 1643 behandelt, zum Teil nach Lucanus, die Geschehnisse nach dem Tod des Pompeius. Seine Frau Cornelia ist die Hauptperson der nach ihr benannten Tragödie von R. Garnier (1574). Sie ist das Opfer eines verheerenden Bürgerkriegs, vergleichbar dem zeitgenössischen in Frankreich, der 1572 zu der sogenannten Bartholomäusnacht führte: eine Parallele, die Garnier zwar nicht in diesem Werk, doch in anderen Stücken zieht, z. B. in seiner Porcia-Tragödie. Auch *La guerre civile* von H. de Montherlant (1965), ebenfalls auf dem Epos des Lucanus basierend, spielt mit dem altrömischen Stoff auf Spannungen der eigenen Zeit an, nämlich die Algerienkrise von 1962.

ND

NM In der Musikgeschichte entstanden Opern von P. F. Cavalli
(Libr. von N. Minato, 1666, Venedig), G. D. Freschi (Libr. von
A. Aureli, 1681, Venedig), A. Scarlatti (Libr. von N. Minato,
1683, Rom), F. S. Garcia (Libr. von A. Guidi, 1755, Rom), V.
Rauzzini (1773, München), G. Scarlatti (Libr. von B. Vitturi,
1747, Venedig), G. Sarti (Libr. von B. Vitturi, 1752, Faenza) und
M. F. Sampieri (Libr. von G. Schmidt, 1825, Mailand).

NK In der holländischen Malerei wird Pompeius seit dem 17. Jahrhundert als edle Person abgebildet. H. Heerschop schuf für den
Ratsaal von Montfoort (1649) ein Gemälde mit einem Gespräch
zwischen Poseidonios und Pompeius, in dem sich dieser emp-
fänglich für das ›sittlich Gute‹ zeigt, wie es einem Magistraten
gebührt. Die Darstellung verweist auf einen Besuch des Pompeius bei dem alten, an Gicht leidenden Philosophen Poseidonios auf Rhodos 62 v. Chr., von dem Cicero in den *Tusculanae
Disputationes* und Plutarch berichten. G. de Lairesse schildert auf
einem Gemälde (1684, Den Haag, Binnenhof; → Scipio Maior)
nach der Überlieferung in Plutarchs Sertorius-Biographie die
Szene, in der Pompeius die Briefe von Sertorius verbrennt, um
neue politische Unruhen zu vermeiden. Bezugnehmend auf Lucanus entstand z. B. ein Gemälde von D. Tintoretto (2. Hälfte 16.
Jh., Braunschweig, M.) mit Pompeius' Rückkehr nach der
Schlacht bei Pharsalos und einer in Ohnmacht fallenden Cornelia.
Auf einem Gemälde von J. H. Mortimer (1776) berät sich Pompeius vor der Schlacht von Dyrrhachium (Durazzo) 48 v. Chr.
mit Erichtho, einer mit den Hexen aus W. Shakespeares *Macbeth*
vergleichbaren Frauenfigur, die in ihrer ganzen Gräßlichkeit
von Lucanus beschrieben wurde. Gemälde aus dem Atelier von
J. Palma Vecchio (um 1510–12, London, Kunsthandel) mit dem
Tod des Pompeius und der Überbringung seines Kopfes gehörten wahrscheinlich zu einem Zyklus über das Leben Caesars. G.
Zoboli stellte Pompeius' und Caesars Tod auf Pendant-Bildern
(1724, Kopien in Modena, Istituto Salesiano) dar. A. Kauffmann
schildert auf einem Gemälde (1785, Weimar, Kunstsammlungen), wie die Gattin des Pompeius beim Anblick des blutbefleck-
ten Kleider ihres Mannes in Ohnmacht fällt. Eine undatierte
Zeichnung von T. Géricault zeigt den Tod des Pompeius
(→ Caesar).

Duvoisin 1987; Giuliani 1986; Greenhalgh 1981; Herzog 1963; Michel 1967

Poppaea Sabina, zunächst Geliebte, dann zweite Gemahlin des → Nero

Porcia (ca. 95–42), Tochter des → Cato Uticensis und Gattin des Caesarmörders → Brutus ⟨Dio Cass. 47,13 u. 49; Val. Max. 3,2,15 u. 4,6,5; Plut. Brut. u. Cato min.; Plut. virt. mul.; App. civ. 4,136,574; Cic. Att. 12, 15 u. 18⟩.

Die Tochter eines unerschrockenen Gegners → Caesars war bereit, ihren Mann zu unterstützen, als er im Jahr 44 den Sturz Caesars plante. Doch wollte sie, so Plutarch, in die Geheimnisse der Verschwörung erst eingeweiht werden, nachdem sie sich auf die Probe gestellt hatte. Sie fügte sich mit einem Messer eine große, schmerzhafte Wunde zu und hielt sich erst dann für würdig, dem Vater und ihrem Gemahl beizustehen.

Als Brutus in dem Machtstreit nach Caesars Ermordung gegen Octavianus und Marcus Antonius unterlag und sich ins Schwert stürzte, sehnte auch Porcia den Tod herbei. Plutarch schreibt, wobei er sich auf Valerius Maximus stützt, daß sie von ihrer Umgebung eine Zeitlang gehindert werden konnte, Selbstmord zu begehen, es ihr schließlich aber gelang, indem sie den Dampf von glühenden Kohlen einatmete.

Der Heldenmut Porcias ist von Plutarch beschrieben worden. In seinem Traktat *Virtutes mulierum* stellt er sie neben berühmte Frauen wie → Semiramis, Timokleia (→ Alexander), die Frauen aus der Stadt Argos, die in der Not selbst zu den Waffen griffen, und Kamma (sie wurde von Sinorix, dem Mörder ihres Mannes, zur Heirat gezwungen und brachte ihn um, indem sie Gift in den Hochzeitstrank mischte). Dieser in späterer Zeit vielgelesene Text, der die Gleichwertigkeit von Mann und Frau beweisen wollte, hat zum Ruhm Porcias erheblich beigetragen, ebenso die beiden Abschnitte, die ihr Valerius Maximus widmet, sowie eine Stelle bei Hieronymus (adv. Ivovin. 1,46).

In G. Boccaccios *De claris mulieribus* (1356–64) demonstriert Porcia Brutus durch ihre Wunde ihre Entschlossenheit, ihm im Falle seines Scheiterns in den Tod zu folgen.

In der Literatur der Neuzeit zeigt sie ihren außergewöhnlichen Charakter in W. Shakespeares *Julius Caesar* (1599). Porcia beruft sich auf ihre Rechte als Brutus' Gemahlin und spornt ihn zu Taten an. Stark und edel präsentiert sie sich auch in Dramen, in denen sie die Hauptperson ist, z. B. bei R. Garnier (1568) und bei C. Boyer (1645).

Auf Cassoni aus dem 15. Jahrhundert, z. B. von J. del Sellaio und M. da Verona (u. a. Paris, M. des Arts décoratifs), erscheint Porcia als Vorbild für unerschrockene eheliche Treue.

Poros, indischer König → Alexander III.

Porsenna, König der Etrusker → Mucius Cordus Scaevola, → Cloelia

Poseidon, Gott des Meeres und ursprünglich auch der Erde, Sohn von → Kronos und Rheia, den Römern als Neptunus bekannt.

Nach Homer war Poseidon jünger als sein Bruder Zeus, in den meisten anderen Quellen jedoch älter. Bei Hesiodos (theog. 278–281; 453–503) wird überliefert, wie Kronos seine Kinder aus Angst, von ihnen entmachtet zu werden, verschlang und von → Zeus gezwungen wurde, sie wieder auszuspeien.

Nachdem die olympischen Götter unter der Führung des Zeus die → Titanen (das Göttergeschlecht aus der Verbindung zwischen Uranos und Gaia) besiegt hatten, half Poseidon, sie im Tartaros einzuschließen. Bei der Aufteilung der Macht über die Welt erhielt er die Herrschaft über die Meere. Mit seinem Dreizack konnte er das Meer aufwühlen oder beruhigen, Felsen sprengen und die Erde erbeben lassen. Er war ungestüm, meistens schlecht gelaunt und in seiner Rache gefährlich. Ursprünglich war Poseidon der Gott der Erde bzw. der Erdtiefe und des Wassers. Ihm wurden nicht nur an der Küste, sondern auch im Landesinnern (zum Teil nach Erdbeben) Heiligtümer errichtet. Normalerweise galt die Nereïde Amphitrite als Poseidons Frau, in Arkadien jedoch verehrte man Poseidon gemeinsam mit Demeter.

Amphitrite floh zunächst vor dem Gott, wurde dann aber von einem Delphin zurückgebracht. Sie gebar Poseidon einen Sohn, → Triton. Poseidon hatte außerdem viele Kinder aus anderen Liebesverhältnissen: Gaia gebar den Riesen Antaios; Iphimedeia die beiden Riesen Otos und Ephialtes (die Aloaden), die es wagten, den Olympos zu stürmen; die Nymphe Thoosa brachte den → Kyklopen Polyphemos zur Welt, der von → Odysseus geblendet wurde; die Nymphe Bithynis gebar den Faustkämpfer Amykos, der von Polydeukes, einem der → Dioskuren, ge-

schlagen wurde. Ein Sohn des Meergottes, Busiris, wurde von
→ Herakles erschlagen. Einige andere seiner Söhne wurden von
→ Theseus, selbst ein heldenhafter Sohn Poseidons, auf dem
Küstenweg von Troizen nach Athen getötet. Auch Pelias ge-
hörte zu seinen Söhnen.

Einst liebte Poseidon Medusa, eine der → Gorgonen, im Heiligtum der Athena. Die beleidigte Göttin bestrafte Medusa mit
gräßlichem Aussehen und einem Blick, der jeden versteinerte.
Medusa gebar Chrysaor und das geflügelte Pferd Pegasos
(→ Bellerophon). Die Göttin → Demeter wollte sich dem Lie-
beswerben Poseidons entziehen und verwandelte sich in eine
Stute; doch schließlich überwältigte er sie und zeugte das geflügelte Pferd Areion.

Wie diese Geschichten zeigen, wurde Poseidon häufig mit Pferden in Verbindung gebracht. Mit seinem Roßgespann stieg er
aus seinem Unterwasserpalast auf und flog mit ihm so schnell
wie der Blitz. Seinem Freund → Pelops schenkte er geflügelte
Pferde, so daß dieser die Hand Hippodameias gewann; → Peleus
erhielt als Hochzeitsgeschenk zwei sprechende Pferde, Xanthos
und Balios, die später dessen Sohn Achilleus bekam.

Poseidon spielte auch in der trojanischen Geschichte eine Rolle.
Mit Apollon baute er die Stadtmauern, doch als der König Lao-
medon den versprochenen Lohn nicht bezahlen wollte, schickte
er der Stadt ein Meeresungeheuer, das Tod und Verderben
brachte. Im Trojanischen Krieg stand er auf der Seite der Grie-
chen, wurde aber zornig, weil sie bei der Stadt ein Lager mit
Mauern bauten, die sich mit seinem Bauwerk zu messen wagten.
In Homers *Ilias* wird überliefert, daß Poseidon wegen seiner
Unterstützung der Griechen im Trojanischen Krieg mit Zeus in
Streit geriet. Auf trojanischer Seite beschützte Poseidon nur
→ Aeneas. In Vergils *Aeneis* (1,124–156) geriet Poseidon über
die Windgötter in Zorn, die in seinen Herrschaftsbereich ein-
drangen, indem sie auf Befehl Heras das Meer aufwühlten, um
Aeneas' Flotte in Gefahr zu bringen. Die Rückkehr des Odys-
seus wollte Poseidon verhindern, da dieser seinen Sohn Poly-
phemos geblendet hatte.

Im Streit der Götter um die Schutzherrschaft über die Städte
verlor Poseidon: Korinth ging an Helios, Aigina an Zeus und
Delphi an Apollon. Athena wurde die Göttin Athens, da sie der
Stadt einen Ölbaum schenkte, während Poseidon eine Quelle
entspringen ließ, die nur Salz- oder Brackwasser führte.

Bei späteren Mythographen wie z. B. Hyginus wird Poseidon,
möglicherweise nach einem verschollenen Satyrspiel von Euri-

pides, im Zusammenhang mit der Danaos-Tochter Amymone
genannt, die er aus den Händen eines Satyrn rettete.

In der bildenden Kunst der Antike ist Poseidon seit dem 7. Jahrhundert v. Chr. als bärtiger, zornig blickender Riese, der Zeus
ähnelt, zu sehen, wobei er häufig seinen Dreizack schleudert. In
Isthmia, dem Hafen von Korinth, wurden Tausende Lehmtafeln
mit Poseidon und Amphitrite gefunden (heute Berlin, Pergamon-M.), die von Töpfern und Händlern stammen. Letztere
hofften für den Handel und die Konkurrenz mit Athen auf Poseidons Hilfe, denn Athen galt im 6. Jahrhundert v. Chr. aufgrund der Keramikherstellung als führende Handelsstadt. Abbildungen von Poseidon sind bis in die römische Zeit in allen
Formen bekannt. Über die Identität (Poseidon oder Zeus) der
bronzenen Statue von Kap Artemision (Mitte 5. Jh. v. Chr.,
Athen, M.) wird noch immer diskutiert. In der ›Götterversammlung‹ auf dem Parthenon-Fries des Pheidias (um 442–438 v.
Chr., Athen, Akropolis-M.) sitzt Poseidon neben Apollon. Der
Streit mit Athene war im Westgiebel dargestellt (Teile erhalten in
London, British M.). Lysippos schuf zwei Standbilder (um 350–
340 v. Chr.) mit einem stehenden Poseidon, der in der einen
Hand den Dreizack, in der anderen einen Delphin hält und einen
Fuß auf einen Schiffsrumpf stützt (Kopie z. B. in Rom, Vat. M.).
Der Meereszug mit Amphitrite findet sich auf dem sog. Altar des
Domitius Ahenobarbus (um 100 v. Chr., München, Glypto-
thek). Auf Mosaiken und Sarkophagreliefs wird Poseidon in-
mitten von Meerestieren dargestellt.

NK   Auch in der neuzeitlichen Kunst ist Poseidon am Dreizack und
an seinem zornigen Blick zu erkennen. In einem sehr gebräuch-
lichen Triumphmotiv der späten Renaissance und des Barock
lenkt er einen Wagen, der von Seepferden über die Wellen gezogen wird, wobei neben ihm manchmal sein hornblasender
Sohn Triton, Meerkentauren, Nereïden oder Amphitrite zu sehen sind: z. B. auf Gemälden von F. Francken II. (u. a. um 1610–
20, Florenz, Pal. Pitti, und um 1627–29, Braunschweig, M.), A.
Bloemaert (um 1625, Utrecht, M.; um 1630, Hartford, Wadsw.
Ath., und 1635, Stockholm, Nationalm.), N. Poussin (um 1635,
Philadelphia, M.), J. Jordaens (1644, Antwerpen, Rubenshuis),
F. Bol (um 1661/62, Berlin, Staatl. M.), L. Giordano (um 1684–
86, Seattle, M.) und S. Ricci (1700–10, Genua, Wax C.). Eine
Aktstudie von Poseidon und Amphitrite fertigte J. Gossaert an
(1516/17, Berlin, Staatl. M.). Poseidon und Amymone hielten
u. a. auf Gemälden N.-N. Coypel (1720, Schloß Compiègne) und

F. Boucher (um 1764, Schloß Versailles) fest. P. Cornelius zeigt auf Fresken in der Glyptothek in München (1820–26) das Meeresreich Poseidons. Eine erzählende Szene nach Vergil, in der Poseidon die Wellen beschwichtigt, gestaltete J. Rottmayr auf einem Fresko in der Salzburger Residenz (1689).

Der Meergott findet sich auch häufig an Brunnen: z. B. am Neptunus-Brunnen von B. Ammannati (um 1560–75, Marmor) auf der Piazza della Signoria in Florenz und am Brunnen Giambolognas (um 1566, Bronze) auf der Piazza del Nettuno in Bologna; ebenso an Wasserbecken: z. b. die Figurengruppe mit Poseidon, Amphitrite, Tritonen und Nereïden des ›Bassin de Neptune‹ im Versailler Park von L.-S. Adam (1733–40, Bronze). In allegorischen Darstellungen personifiziert Poseidon eines der vier Elemente, das Wasser bzw. das Meer, z. B. auf Ölskizzen von F. A. Maulbertsch (um 1750, Frankfurt, Städel, und Wien, Öster. G.). Als Personifikation einer militärischen Seemacht (auf Werken italienischer Künstler v. a. Venedig) figuriert er z. B. als Standbild von J. Sansovino (1554–1567, Marmor), das 1567 auf der ›Scala dei Giganti‹ im Palazzo Ducale in Venedig gegenüber dem Ares (ebenfalls von Sansovino, als Ausdruck der Landmacht) aufgestellt wurde; ebenso auf Gemälden von Garofalo (1512, Dresden, Gemäldeg.), P. Batoni (1737, Raleigh, M.) und G. B. Tiepolo (um 1745–50, Venedig, Pal. Ducale). A. Bronzino porträtierte den Seehelden Andrea Doria als Poseidon (um 1533, Mailand, Brera).

Von G. C. Coppola ist ein Libretto überliefert, in dem die Hochzeiten der Götter vorgeführt werden, darunter auch die Vermählung von Neptun mit Amphitrite (Florenz, 1637). Ein Libretto von J. Dryden, zu dem u. a. L. Grabu die Musik schrieb, schildert die Geschichte von Albion, einem Sohn Neptuns und Stammvater Britanniens (1685, London). Von A. Scarlatti gibt es eine Serenata über *Partenope, Nettuno, Proteo, e Glauco* (1716, Neapel). In der zweiten Hälfte des 18. Jahrhunderts entstanden einige Kantaten, u. a. von T. Carter (Paris, 1779), F. H. Graf (1784, London) und J. Haydn (vermutl. 1794). Für ein Preislied auf Neptun griff E. German auf das Gedicht von T. Campion (1602) zurück (1885–99).

Einige Liebesepisoden des Poseidon, z. B. mit Amymone, wurden auch in musikalischen Werken dargestellt, u. a. in den Kantaten von G. Hayden (London, 1717) und J. E. Schlegel (Text von J.-B. Rousseau, vor 1749), in dem ›opéra-ballet‹ *Les amours des dieux* (Libr. von L. Fuzelier, 1727, Paris) sowie in der Oper von J.

NM

de Sousa Carvalho (Libr. von G. Sertor, 1785, Ajuda oder Queluz).

Heimberg 1968; Schachermeyer 1950

Praxiteles, Bildhauer → Phryne

Prexaspes → Kambyses

Priapos, Fruchtbarkeitsgott, Sohn des → Dionysos

Proitos und Akrisios, verfeindete Brüder im Streit um die Herrschaft über Argolis, Zwillingssöhne des Königs Abas von Argolis und der Aglaia ⟨Hyg. fab. 170; 273⟩.

Von Apollodoros (2,2,1) wird überliefert, daß Proitos und Akrisios sich von klein auf haßten und schon im Bauch der Mutter miteinander stritten. Von Pausanias (2,16,2) erfahren wir, daß Proitos den Streit um den Thron von Argolis verlor und an den Hof des kleinasiatischen Königs Iobates floh, wo er dessen Tochter Stheneboia (bei Homer Anteia) heiratete.

Mit der Unterstützung des Iobates zog er erneut gegen Akrisios in den Kampf und erreichte, daß das väterliche Reich aufgeteilt wurde: Proitos regierte über Tiryns, Akrisios über Argos (Paus. 2,16,2).

Einst verliebte sich Stheneboia in → Bellerophon, einen Gast des Proitos. Als der jedoch auf ihr Verlangen nicht einging, beschuldigte sie ihn bei Proitos, er habe sie verführen wollen. Proitos schickte Bellerophon an den Hof des Iobates und bat diesen, Bellerophon zu töten. Iobates erteilte Bellerophon statt dessen gefährliche Aufträge in der Hoffnung, er werde dabei umkommen. Bellerophon überstand jedoch alle Gefahren und rächte sich später an Stheneboia.

Akrisios war der Vater der → Danaë und Großvater des → Perseus. Nach Ovid (met. 5,236–241) unterstützte Perseus Akrisios, als dieser von seinem Bruder belagert wurde, indem er Proitos mit dem Haupt der Medusa (→ Gorgonen) versteinerte. Später tötete Perseus seinen Großvater unabsichtlich und erfüllte damit einen Orakelspruch.

Proitos hatte drei Töchter, die Proitiden, von denen Bakchylides (ep. 10), Herodot (9,34) und Apollodoros (2,2,2) berichten, daß sie als Strafe, weil sie sich schöner als Hera glaubten oder weil sie sich gegen die Einführung des Dionysos-Kultes in Argos gewehrt hatten, wahnsinnig geworden seien, sich für Kühe hielten und ihre eigenen Kinder verschlangen.

Der Stoff wurde in der Kunst und Literatur der Antike und Neuzeit kaum gestaltet, zumal er fest verbunden ist mit Bellerophon, Danaë und Perseus. Nur W. Morris nimmt ihn in einem Teil des großen epischen Gedichts *The Earthly Paradise* (1868–70) auf.

Prokne und Philomela, Töchter des athenischen Königs Pandion und der Zeuxippe ⟨Ov. met. 6,424–674; Apollod. 3,14,8⟩. Pandion hatte in einem Streit mit dem thebanischen König Labdakos die Unterstützung des Thrakiers Tereus, eines Sohnes des Ares, erhalten und gab ihm zur Belohnung seine Tochter Prokne. Sie gebar Tereus den Sohn Itys.
Eines Tages besuchte Philomela ihre Schwester in Thrakien. Tereus vergewaltigte seine Schwägerin und schnitt ihr die Zunge ab, als diese androhte, ihrer Schwester davon zu berichten. Philomela wob nun ein Kleid, auf dem sie das Geschehene darstellte, und zeigte es Prokne. Die Schwestern rächten sich, indem sie Itys töteten, kochten und dann dem nichtsahnenden Tereus als Mahl vorsetzten. Als dieser erfuhr, was er gegessen hatte, flohen Prokne und Philomela, riefen die Götter um Hilfe an und wurden in Vögel verwandelt, bevor Tereus sie einholen konnte.

In der griechischen Literatur verwandelte sich Prokne in eine Nachtigall mit dem Namen Aedon (›Sänger‹), Philomela in eine Schwalbe mit dem Namen Chelidon; in der römischen Literatur ist es umgekehrt. Der Mythos kommt in einer fragmentarisch erhaltenen Tragödie von Sophokles vor und wird ausführlich von Ovid erzählt.

Aus der bildenden Kunst der Antike sind kaum Darstellungen bekannt. In der Neuzeit hielt S. del Piombo auf einem Fresko (um 1511, Rom, Villa Farnesina) den Mythos von Prokne und Philomela fest. Das Mahl des Tereus zeigt Rubens auf einem Gemälde (1636–38, Madrid, Prado).
Der Mythos war auch im Mittelalter bekannt. Von Chrétien de Troyes ist eine Ovid-Bearbeitung überliefert (entst. um 1162, aufgenommen in *Ovid Moralisé*, ca. 1316–28), eine anglolateinische *Philomela* wird John of Peckham zugeschrieben (13. Jh). In der Neuzeit liefert er den Stoff für einige Dramen, u. a. von G. Correr (1464) und S. Coster (*Ithys*, 1615), beide nach

Ovid. Daneben fand er zahlreiche lyrische Bearbeitungen: z. B.
G. Gascoigne (1576), J. Balde (1668, neulateinisch, übersetzt
von J. G. Herder, 1795), J. W. von Goethe (1782), E. Mörike
(1832), A. C. Swinburne (1866, über Itys), G. D'Annunzio
(1880), O. Wilde (1881, über Itys) und Y. Ritsos (1968).
In der Musikgeschichte ist ein Madrigal von T. Morley (Lon-
don, 1593) zu finden, ferner eine Arie von R. Keiser aus der Oper
Masogniello furioso (1706, Hamburg). Französische Opern des 18.
Jahrhunderts komponierten u. a. P. d'Orleans (1694, Paris),
M.-A. Charpentier (vor 1704), L. de Lacoste (Libr. von P.-C.
Roy, 1705, Paris) und A. Piron (1723, Paris). Zu Beginn des 20.
Jahrhunderts entstanden einige Lieder, z. B. von A. Nepomu-
ceno (Text von T. Correia, 1903), C. A. Gibbs (Text von P.
Sidney, 1914), G. W. Chadwick (Text von W. Stevens, 1924,
Boston) und H. Distler (Text von E. Mörike, Kassel, 1938/39).
G. F. Malipiero schrieb eine Oper mit seinem eigenen Libretto
(1928, Prag); H. Andriessen vertonte ein Libretto von J. Engel-
man (nach Ovid, 1950, Amsterdam). Für ein Monodrama von J.
Hollander schrieb M. Babbitt eine Vokalkomposition für Sopran
und Tape (1979, Athen).

Prokris → Kephalos und Prokris

Prokrustes → Theseus

Prometheus, ›der zuvor Wissende‹, Helfer der Menschheit gegen die Götter, später sogar Schöpfer der Menschen, brachte
ihnen viele Fertigkeiten bei; Sohn des Titanen Iapetos und der
Göttin Themis oder der Okeanide Klymene ⟨Hes. theog. 507–
616; Hes. erg. 47–105; Aischyl. Prom.; Apollod. 1,2,3; 1,3,6;
1,7,1 f.; 2,5,4; 2,5,11; 3,13,5; Hyg. fab. 54; 144; Hyg. astr. 2,6;
2,15; 2,42⟩.
Wie sein Name besagt, war Prometheus ein kluger, voraus-
schauender Mensch im Gegensatz zu seinem einfältigen Bruder
Epimetheus, der meistens zu spät zur Einsicht kam. Zu seinen
Brüdern gehörten außerdem Menoitios und Atlas.
Im Kampf der → Titanen gegen Zeus und die olympischen Götter schlug sich Prometheus, der die rohe Gewalt der Titanen
ablehnte, auf die Seite des Zeus und verhalf ihm zur Herrschaft
über die Götter und Menschen. Als sich Zeus aber als Tyrann

zeigte, wählte Prometheus die Seite der Menschen und gab ihnen Verstand und andere Fertigkeiten.

Als festgelegt werden sollte, welche Teile eines Tieres den Göttern geopfert werden mußten und welche die Menschen als Nahrung für sich behalten durften, konnte Prometheus, der als Schiedsrichter eingesetzt wurde, Zeus überlisten. Er umhüllte das beste Fleischstück mit dem schlechtesten und wickelte den Abfall in ein üppiges Fettstück. Zeus ließ sich täuschen und wählte das schlechte Fleisch. Wütend verweigerte er den Menschen das Feuer. Prometheus jedoch stahl es vom Sonnenrad oder aus der Werkstatt des göttlichen Schmieds → Hephaistos und brachte es den Menschen. Zeus strafte diese damit, daß er ihnen die erste Frau → Pandora schickte. Prometheus wurde auf ewig am Schwarzen Meer an einen Felsen gekettet, wo jeden Tag ein Adler seine nachts nachwachsende Leber fraß.

Schließlich wurde Prometheus von Zeus' Sohn Herakles gerettet, der den Adler erschoß und Prometheus befreite. Zeus duldete diese Tat voller Stolz auf seinen heldenhaften Sohn. Möglicherweise war Zeus auch selbst an der Befreiung beteiligt, da Prometheus ihn vor einer Verbindung mit Thetis gewarnt hatte, deren Sohn es vorbestimmt war, mächtiger als sein Vater zu werden (→ Achilleus).

Prometheus erhielt seine Unsterblichkeit von dem Kentauren Chiron, der sich verletzt hatte und von quälenden Schmerzen gepeinigt seine Unsterblichkeit abgeben wollte, um sein Leiden beenden zu können.

In der späteren griechischen und römischen Literatur (z. B. Ov. met. 1,76–88; Lukian. dial. deor. 1) wurde Prometheus als der Schöpfer der ersten Menschen angesehen, die er aus Lehm formte und mit himmlischem Feuer beseelte.

Hesiodos (erg.) betont, daß Prometheus die Partei der Menschen gegen Zeus ergriff. In Aischylos' Tragödie *Prometheus Desmotes* wird Prometheus auf Zeus' Befehl von Hephaistos angekettet. Okeanos und seine Töchter (der Chor) beklagen ihn wegen der harten Strafe, werfen ihm aber auch vor, daß er Zeus gegenüber hochmütig sei. Diese erhaltene Tragödie aus einer verlorengegangenen Prometheus-Trilogie verweist auf den folgenden Teil, *Prometheus Lyomenos*, in dem Prometheus um das Geheimnis des Sohnes der Thetis weiß, was ihm schließlich die Freiheit bringt.

In der griechischen bildenden Kunst werden aus dem 7. Jahrhundert v. Chr. zwei Themen dargestellt: Die Überbringung des Feuers findet man v. a. auf Vasen, der angekettete Prometheus,

manchmal mit seinem Befreier Herakles, ist auf verschiedenen
Medien abgebildet: Wandgemälde, Gemmen, Vasen, Reliefs in
Bein und Bronze (die ältesten Beispiele). Eine hellenistische Statuengruppe aus Pergamon (jetzt Berlin, Pergamonm.) stellt die
Befreiung dar. Auf römischen Sarkophagen (drei im Louvre),
wird dargestellt, wie Prometheus den ersten Menschen formt
und beseelt. Dieses Thema findet man auch auf einem Mosaik
aus Philippopolis (jetzt Damaskus, Arch. M.) aus dem Ende des
3. Jahrhunderts n. Chr. Es fehlt in der griechischen Zeit, wie
auch das Stehlen des Feuers, das, kombiniert mit der Schöpfung,
auf einem Sarkophagrelief um 220 n. Chr. (Paris, Louvre) verewigt worden ist.

NK   In der Malerei der Neuzeit dominiert der gefesselte Prometheus:
z. B. auf Gemälden von Tizian (1550, Madrid, Prado), Ru-
bens/F. Snyders (1610/11, Philadelphia, M.), D. van Baburen
(1623, Amsterdam, M.), J. de Ribera (1632, Madrid, Prado), J.
Jordaens (um 1640, Köln, Wallr.-Rich.-M.), S. Rosa (um
1651/52, Rom, G. Naz.), G. Moreau (1868, Paris, M. Moreau),
A. Feuerbach (1875, Fresko, Wien, Akad.), A. Böcklin (1885,
Darmstadt, Landesm.), auf Zeichnungen von H. Füssli (um
1770/71, Basel, Kunstm.) und J. Flaxman (1792–94, London,
British M.) sowie auf Radierungen von M. Klinger (um 1894).
Im 20. Jahrhundert entsteht u. a. ein Triptychon von O. Kokoschka (1950, London, Privatbesitz) mit Prometheus, Hades,
Persephone und der Apokalypse, wobei Prometheus für den
selbstvernichtenden Hochmut steht. In der Bildhauerkunst
taucht der gefesselte Prometheus erst seit dem 18. Jahrhundert
auf: u. a. bei N.-S. Adam (1738, Marmorstatue, Paris, Louvre),
L.-S. Adam (1767, Marmorskulptur, Paris, Louvre), J. Pradier
(1827, Skulptur, Paris, Tuileriengarten), C. Brancusi (1911, Marmorskulptur, Philadelphia, M.), G. Marcks (1948, Bronzestatue,
u. a. Köln, Wallr.-Rich.-M. und Baltimore, M.) und O. Zadkine
(1964, Bronzeskulptur, Frankfurt, Universitätsbibliothek). J.
Lipchitz entwickelte in einer Skulpturenreihe (1931–53, u. a.
Bronzeskulptur, Philadelphia, M., und Minneapolis, Walker Art
C.) ein eigenes Motiv: Prometheus würgt den quälenden Adler.
Das Motiv der Schöpfung des ersten Menschen zeigen auf Gemälden P. di Cosimo (1510–20, München, AP, und Straßburg,
M.), Rubens (1610/11, Philadelphia, M.) und Guercino (um
1616, Cento, Cassa di Risparmio) sowie auf Fresken D. Becca-
fumi (um 1530, Siena, Pal. Bindi Sergardi), F. Pacheco (1603,
Sevilla, Casa de Pilatos) und P. Cornelius (1829/30, München,

Glyptothek). Prometheus als Bringer des Wissens wurde von R. Tamayo (1958) im Pariser Unesco-Gebäude gemalt.

In der Literatur des Mittelalters ist Prometheus als Feuerbringer ND das Pendant zum biblischen Schöpfer oder, in negativer Wertung, ein ehrgeiziger Astronom. Im Neoplatonismus der Renaissance gilt er als Personifikation des Verstandes. In der barocken Literatur kommt er nur selten vor: z. B. in einem Drama von P. Calderón (1669), in dem der Gegensatz zwischen Prometheus und Epimetheus thematisiert wird.

Im 18. Jahrhundert taucht sein Name häufiger auf, z. B. im Werk von A. Earl of Shaftesbury und Voltaire. J.-J. Rousseau nennt Prometheus in seinem *Discours sur les Sciences et les Arts* (1750) den Erfinder der Wissenschaften und, in seiner kritischen Haltung gegen den Fortschrittsglauben der Aufklärung, den göttlichen Feind des Ruhezustands, in dem die Menschen einst gelebt haben. Zivilisationskritik anhand der Gestalt des Prometheus, der seine Taten bereut, übten auch G. C. Tobler (1792, Drama), M. W. Shelley in ihrem Roman *Frankenstein or the Modern Prometheus* (1818) und G. Leopardi (1824, Dialog). Die Schrift Rousseaus beantwortete C. M. Wieland mit dem *Traumgespräch mit Prometheus* (1770), die für die notwendige Überwindung des Urzustandes plädiert. Im Sturm und Drang und in der deutschen und englischen Romantik galt Prometheus als Symbolfigur für die Furchtlosigkeit und verweigerte Unterwürfigkeit unter eine göttliche, kirchliche oder weltliche Herrschaft; daneben stand er für den Kampf gegen Obskurantismus und die Ketten, die die Kreativität des Menschen hindern, ferner wurde er als Inbegriff des duldenden Menschen aufgefaßt: z. B. in J. W. von Goethes Dramenfragment (1773) und seinem Gedicht auf Prometheus (1774), in J. G. Herders Drama (1802), in Dichtungen von A. W. von Schlegel (1797), G. N. G. Byron (1816) und H. W. Longfellow (1858). P. B. Shelley zeigt in seinem lyrischen Drama *Prometheus Unbound* (1820), abweichend von dem wahrscheinlichen Verlauf der Aischylos-Trilogie, Prometheus ungebrochen in rebellischer Haltung.

Im 19. und 20. Jahrhundert wurde Prometheus zum Symbol des Menschen schlechthin und fand entsprechend zahlreiche, teils einander widersprechende Deutungen im einzelnen. Zunächst brachte man ihn mit dem auf St. Helena gefangenen Napoleon (1815–21) in Verbindung. Als Repräsentant des Fortschritts kommt er in Werken von L. Ménard (1843) und W. V. Moody (*The Fire Bringer*, 1904) bis A. Camus (1946) vor; als Präfiguration Christi bei J.-M. de Maistre (*Soirées de St. Petersbourg*, 1821) und E. Quinet (1838); im Gegensatz dazu als warnendes Beispiel für antireligiösen Fortschrittsglauben erscheint er in einer holländischen Übersetzung des Aischylos-Dramas von I. da Costa (1818), der zwischen seiner jüdischen Herkunft und dem christlichen Glauben schwankte. Bei A. Gide (1909) ist er der Freigeist. In S. Freuds *Zur Gewinnung des Feuers* (1932) steht Prometheus in psychoanalytischer Deutung für die Unterdrückung der Triebe. C. F. G. Spitteler (1880–81) betont den Gegensatz zwischen dem fortschrittlichen, leidenden Prometheus und dem selbstsüchtigen, in den Tag hineinlebenden Epimetheus. C. van Bruggen (1919) nimmt Prometheus als Ausgangspunkt für eine Studie über dogmatisches und undogmatisches Denken, über Kollektivität und Individualität.

NM　Die musikalische Rezeption des Prometheus weist eine reiche Tradition auf und setzt mit dem Auftritt des Prometheus im *Ballet des arts* von P. Beauchamps (1685, Paris) ein. Im 18. Jahrhundert entstanden ein Libretto von I. Zanelli für eine Kantate zum Geburtstag der Prinzessinnen des Hauses d'Este (Modena, 1728) und eine Pantomime mit der Musik von J. A. Fisher (1776, London). In die Tanzmusik des 19. Jahrhundert fand die Gestalt Eingang mit dem Walzer von J. Lanner (1837). Ferner gibt es ein Oratorium von P. Benoît (Antwerpen, 1867), eine Chorkomposition von H. Hofmann (Text von H. Richter, Leipzig, 1892), eine symphonische Ode von J. P. Selmer (1898, Oslo) und eine Oper von G. Fauré (Libr. von J. Lorrain/A. F. Hérold, 1900, Béziers). Eine geplante Oper von R. Leoncavallo (vor 1919) blieb Fragment. Noch im Jahr der Machtergreifung A. Hitlers wurde ein – der nationalsozialistischen Ästhetik und Ideologie verhaftetes –›chorisches Spiel vom Licht‹ von K. Bertling und J. Menge mit der Musik von H. A. Mattausch (1933, Leipzig) aufgeführt.

Für die Musikgeschichte war auch der Topos des mächtigen Schöpfers bedeutsam, z. B. in den Ballettkompositionen von G.-F. Poullain de Saint Foix (1753, Paris), L. van Beethoven (1801, Wien) oder M. Ohana (1956, Lyon) sowie in dem Orchesterstück mit Klavier von A. Skrjabin (1911, Moskau). Vertonungen des Goethe-Textes gibt es von J. F. Reichardt (1809), F. Schubert (1819), A. B. Marx (1841), H. Wolf (1889), J. Röntgen (vor 1932), H. Jelinek (1936) und E. Sehlbach (1943). Von Schubert existiert des weiteren eine Kantate nach dem Text von P. Dräxler von Carin (1816, vermutl. Wien). Ein Oratorium zu

diesem Aspekt des Mythos schuf A. Koerppen (1955); die symphonische Dichtung *Epimetheus USA* stammt von G. Gutchë (1969, Detroit).
Der gefesselte Prometheus steht hauptsächlich seit Mitte des 19. Jahrhunderts im Mittelpunkt weiterer Kompositionen, die sich meist auf Aischylos beziehen. Zu nennen sind in diesem Zusammenhang die Komposition für Soli, Chor und Orchester von J. F. Halévy (1849, Paris), die Kantaten von A. Messager (1877, Paris), G. Mathias (1883, Paris), L. Lambert (Prix Rossini, 1885) und C. Chávez (1956), die symphonischen Werke von K. Goldmark (1890, Leipzig) und L. Miguez (1892), die Orchesterstücke von J. Fitelberg (1929), L. Cortese (1947) und I. Hamilton (1963), die Oratorien von F. Wohlfahrt (Wiesbaden, 1955) und R. Wagner-Régeny (1959, Kassel), die Opern von M. Emmanuel (Libr. vom Komponisten nach Aischylos, 1920, Paris), L. Cortese (Libr. vom Komponisten nach Aischylos, 1951, Bergamo), J. Hanuš (Libr. von J. Pokorny nach Aischylos, 1961–63), C. Orff (1968, Stuttgart), L. Nikolov (1974, Ruse) und B. Matuszczak (1981) sowie zwei Vokalkompositionen von J. M. Hauer (beide 1919). Ferner entstanden zahlreiche Bühnenmusiken zu Aischylos' Drama und dessen Bearbeitungen, u. a. von M. E. Bauer (1930), A. Honegger (1946, Paris), W. Mellers (1947), A. Jolivet (1954), J. Christou (1963, Epidaurus) und C. Tautu (1972).
Einige Werke beziehen sich auf eine Befreiung des Prometheus, darunter eine Serenata von G. C. Wagenseil (1762, Wien), die Ouvertüre und Chöre von F. Liszt nach J. G. Herders ›entfesseltem Prometheus‹ (1850, Weimar) und die Kantaten von C. Saint-Saëns (Text von R. Cornut d. J., Paris, 1867) und C. H. Parry (Text nach P. B. Shelley, 1880, Gloucester Festival). Chorwerke des 20. Jahrhunderts schrieben R. Hahn (Text von P. Reboux, 1908/09, Aix-la-Chapelle), G. Bantock (Text nach P. B. Shelley, 1936, London) und H. Brian (Text nach P. B. Shelley, 1937–44).

Duchemin 1974; Frenzel 1992a; Janzen 1987; Raggio 1958; Trousson 1964

Proserpina → Persephone

Protesilaos und Laodameia, Protesilaos war einer der Anführer der Griechen im Trojanischen Krieg; Sohn des Königs Iphiklos von Phylake; Laodameia war die Tochter des Königs Akastos von Iolkos und der Astydameia ⟨Apollod. epit. 3,30; Philostr. her. 299k; Hyg. fab. 103–104⟩.

Protesilaos fiel als erster der Griechen im Kampf gegen Hektor (Hom. Il. 2,695–710). Seine junge Frau Laodameia war über seinen Tod so verzweifelt, daß Protesilaos mit der Zustimmung der Unterweltgötter Hades und Persephone von Hermes für einen Tag zu seiner Frau zurückgebracht wurde. Als er sie wieder verlassen mußte, folgte sie ihm in den Tod.
Nach der Überlieferung bei Hyginus ließ sich Laodameia in ihrer Trauer ein Wachsporträt des Protesilaos fertigen. Als ihr Vater es verbrannte, stürzte sie sich in die Flammen.

Die Vereinigung der beiden an dem einen Tag und dann im Tod kommt in einer nur fragmentarisch überlieferten Tragödie von Euripides vor. Bei Ovid (her. 13) schreibt die beunruhigte Laodameia ihrem Mann nach Troja in einem Brief, sie werde bis zu seiner Rückkehr sein Wachsporträt betrachten.

In der bildenden Kunst der Antike finden sich Protesilaos- und Laodameia-Szenen auf römischen Sarkophagen.

N　In der Neuzeit ist der Stoff kaum aufgegriffen worden: in einem Gedicht von W. Wordsworth (1815) und in einigen Dramen, z. B. von M. Nijhoff (*Een Idylle*, 1940).
Zu dieser Geschichte über die ›wahre Liebe‹ entstanden einige Opern von I. P. Verazi (Libr. von M. Verazi, 1780), J. G. Naumann/J. F. Reichardt (Libr. von G. Sertor, 1789, Berlin) und sehr viel später von H. Melcer-Szczawinski (entst. 1902; Fragmente aufgeführt 1925, Paris). Für eine Kantate griff G. Kósa auf die Tragödie von M. Babits zurück (1924).

Psyche, Königstochter von außergewöhnlicher Schönheit ⟨Apul. met. 4,28–6,26⟩.
Psyche war so schön, daß jeder sie bewunderte und dabei die Verehrung der Schönheits- und Liebesgöttin Aphrodite vernachlässigte. Wütend befahl Aphrodite ihrem Sohn Eros, das Mädchen in einen häßlichen Mann verliebt zu machen. Doch Eros verliebte sich selbst in Psyche und ließ deren Eltern durch einen Orakelspruch Apollons weissagen, sie müßten ihre Tochter für eine Hochzeit kleiden und sie zu einer einsamen Bergspitze bringen, wo sie von einem Ungeheuer entführt würde. Von der Bergspitze trug sie aber Zephyros, der sanfte Westwind, in einen prächtigen Palast. In der folgenden Nacht gesellte sich Eros unerkannt als Bettgenosse zu ihr, verbot ihr aber, ihn anzusehen. Psyche erlebte glückliche Stunden, doch wollte sie nach

einiger Zeit ihren Schwestern davon erzählen. Eros erlaubte den Besuch; sie wurden von Zephyros zu ihr gebracht und sagten Psyche aus Eifersucht auf dieses Glück, daß ihr Liebhaber möglicherweise ein Ungeheuer sei. Psyche konnte nun ihre Neugier und Angst nicht länger zügeln und nahm eines Nachts eine Öllampe und ein Messer mit sich, um gegebenenfalls das Ungeheuer zu töten. Doch als sie das Licht entzündete, sah sie den wunderschönen Eros in ihrem Bett. Durch einen heißen Öltropfen wurde er geweckt und entfloh. Die verzweifelte Psyche suchte ihn vergeblich, niemand half ihr – aus Furcht vor der eifersüchtigen Aphrodite. Schließlich kam Psyche zu der Liebesgöttin selbst, die ihr nahezu unerfüllbare Aufgaben stellte. So mußte Psyche zu Persephone, der Göttin des Totenreichs, gehen, um dort ein Fläschchen mit Schönheitssalbe zu holen. Auf dem Rückweg öffnete Psyche das versiegelte Fläschchen und fiel von dem betäubenden Geruch in einen Schlaf, aus dem sie nicht mehr erwachte.

Inzwischen war der verliebte Eros auf der Suche nach ihr und fand die Schlafende. Es gelang ihm, sie mit seinen Flügeln aufzuwecken. Auf dem Olympos bewirkte Zeus auf Eros' Bitte hin, daß Aphrodite sich mit Psyche versöhnte und diese Unsterblichkeit erlangte. An der festlichen Hochzeit von Eros und Psyche nahmen alle Götter teil.

Diese Geschichte einer glücklichen Liebe nach vielen Verwirrungen und Prüfungen ist in der antiken Literatur Thema von Apuleius' *Metamorphoses* (oder *Asinus aureus*, ›Der goldene Esel‹, 2. Jh. n. Chr.) und geht vermutlich auf eine griechische Vorlage zurück.

Das Motiv dürfte ältere Wurzeln haben: Die frühesten bekannten Darstellungen der Psyche finden sich auf Wandgemälden in Pompeii (1. Jh. n. Chr.), wobei sie an bunten Schmetterlingsflügeln zu erkennen ist. Außerdem wird sie, ähnlich wie Eros, als Dekorationsfigur verwendet. Mehrere Psychen sind z. B. als Blumenbinderinnen in einer Darstellung im Haus der Vettii oder als Verehrerinnen des Dionysos auf einem Gemälde in der Villa der Ariadne in Stabiae zu sehen. Aus Ostia und anderen Orten sind Figurengruppen mit der Umarmung von Eros und Psyche bekannt, die auf ein hellenistisches Vorbild zurückgehen. Darstellungen auf römischen Sarkophagen aus dem 2. und 3. Jahrhundert n. Chr. sollen das Glück nach dem Tod, das man nach den Prüfungen des Lebens erreicht, symbolisieren.

NK   Im 15. Jahrhundert taucht Psyche in der Malerei zum ersten Mal auf Cassoni auf. Vom 15. bis ins 20. Jahrhundert entstehen zahlreiche Gemäldezyklen, die ihre Geschichte behandeln: z. B. Fresken von Raffael (1517/18) in der Villa Farnesina in Rom und von G. Romano (1528) im Palazzo del Tè in Mantua, bei denen die Hochzeit von Psyche und Eros im Mittelpunkt steht, weiterhin Zyklen von P. del Vaga (um 1545, Fresken) in der Engelsburg in Rom, von J. Jordaens (1640/41) für das Queen's House in Greenwich, von C. Le Brun (1652/53, Deckengemälde, Paris, M. Carnavalet), von L. Giordano (um 1697) im Hampton Court in London, von C.-J. Natoire (1737–39) im Hôtel de Soubise in Paris, von M. von Schwind (1838, nach Raffael) in einem Landhaus im sächsischen Rüdigsdorf und von M. Denis für ein Haus von I. Morozov in Moskau (1908/09, 7 Gemälde in St. Petersburg, Eremitage). E. Burne-Jones illustrierte W. Morris' ›Cupid and Psyche‹ mit Zeichnungen (um 1865, Oxford, Ashmolean M.). M. Klinger fertigte eine Serie mit 46 Radierungen (1880) für eine Luxusausgabe des Apuleius-Textes an.

Zu Psyches Entführung durch Zephyros schuf A. de Vries eine Bronzeskulpturengruppe (um 1593, Paris, Louvre). Psyche mit der Lampe, den schlafenden Eros betrachtend, zeigen auf Gemälden u. a. L. Cambiaso (um 1548/49, Fresko, Genua, Pal. Grillo), J. Zucchi (1589, Rom, G. Borghese), Rubens (um 1636–38, Madrid, Prado), A. van Dyck (um 1639/40, London, Buck. Pal.) und G. M. Crespi (1707–09, Florenz, Uffizien). Im Übergang zur Romantik werden Eros und Psyche bevorzugt als jugendliches Liebespaar dargestellt: z. B. auf Gemälden von F. Gérard (1798, Paris, Louvre), J.-L. David (1817, Cleveland, M.) und F.-E. Picot (1817, Paris, Louvre). In der Bildhauerei sind die Liebenden z. B. bei klassizistischen Werken von A. Canova (1787–93, Marmorskulptur, Paris, Louvre, und 1794–96, St. Petersburg, Eremitage; der Kuß des Todes bzw. des Lebens), J. H. Dannecker (1789, Gipsmodell, Stuttgart, Staatsg.) und B. Thorvaldsen (u. a. um 1807, Marmorskulptur, Kopenhagen, Thorvaldsen M.) sowie bei Arbeiten von W. von Hoyer (1842, Bronzeskulptur, München, NP) und A. Rodin (u. a. 1893, Marmorskulptur, Paris, Louvre, und 1905, Marmorskulptur, Paris, M. Rodin) zu sehen. Die Hochzeit der beiden wird z. B. auf einem Stich von H. Goltzius (1587) nach einem Gemälde von B. Spranger (Zeichnung von 1586 in Amsterdam, Rijksprentenkabinet) und auf einem Gemälde von J. Wtewael (1602, Braunschweig, M.) abgebildet.

Darstellungen der Psyche gibt es u. a. von Giambologna (um 1570–72, Marmorskulptur, Malibu, Getty M.) sowie in der Malerei von G. F. Watts (1880, London, Tate G.) und F. Leighton (1890, London, Leighton H.: die Schauspielerin Dorothy Dene als badende Psyche).

Diese Mädchenfigur mit dem Namen ›Seele‹ erhielt im Laufe der ND Jahrhunderte verschiedene symbolische Bedeutungen. Die allegorische Behandlung des Stoffes durch Fulgentius (myth. 3,6; 5. Jh. n. Chr.) spielte dabei eine bedeutende Rolle. Im Mittelalter bis ins 14. Jahrhundert sind von der Geschichte nur Auszüge bekannt. Fulgentius vergleicht sie in seinen *Mythologiae* mit dem biblischen Sündenfall: Psyche wird für ihre sündige Neugier und den Ungehorsam gegen den Liebhaber bestraft. Auch bei Boccaccio, der die wiedergefundene Erzählung von Apuleius in *De genealogiis deorum gentilium* (1350–60) nacherzählt, steht die christlich-allegorische Deutung im Vordergrund. In der humanistischen Literatur der italienischen Renaissance, u. a. bei Ficino, und in der Emblematik des 16. und 17. Jahrhunderts wird die Geschichte v. a. als Versinnbildlichung des ›amor divinus‹ verstanden: die zur Vereinigung führende Liebe zwischen Gott und den Sterblichen (der Gedanke taucht bereits im *Phaidros* Platons auf). Im Zusammenhang damit steht der göttliche Kuß des Todes, mit dem die Sterblichen ins Jenseits aufgenommen werden. Die Prüfungen der Aphrodite, die Psyche bestehen muß, sind die Prüfungen im Diesseits des Lebens. Ferner bietet sich der Stoff für burleske Darstellungen des Liebesgottes an, der sich selbst verliebt, und im Hinblick auf die festliche Hochzeit für eine ›festa teatrale‹.

Diese Verschiedenartigkeit der Symbolik macht die Geschichte zu einem beliebten Motiv in der Literatur und dem (Musik-)Theater des 16. und v. a. 17. Jahrhunderts: z. B. in Dramen von G. del Carretto (1519) und F. Lope de Vega (verloren, ca. 1608), in Gedichten von S. Marmion (1637) und J. de La Fontaine (1669), in drei, teils geistlichen Bühnenbearbeitungen von P. Calderón (1640, 1662 und 1665), einem ›tragédie ballet‹ von P. Corneille/J. B. Molière/P. Quinault (1671) und einer ›masque‹ von T. Heywood (1636), später in der englischen Poesie bei W. Morris (1868), R. Bridges (1894) und T. S. Moore (1904), der auch ein Drama über Psyche im Hades schrieb (1930), sowie in der amerikanischen Lyrik bei E. Pound (1909), H. Doolittle (1927) und J. C. Oates (1969). Auch V. Hugo verfaßte ein Gedicht über Psyche (1865), L. Couperus schrieb einen Roman frei nach Apuleius.

In der deutschen Literatur gibt es zu dem Thema u. a. einen Zyklus anakreontischer Lieder von J. W. L. Gleim (1744), *Bruchstücke von Psyche* von C. M. Wieland (1767, gedacht als ›allegorische Naturgeschichte der Seele‹), Gedichte von J. W. von Goethe (*Der neue Amor* und *Den Einzigen, Lida*, 1792), J. G. Herder (1796) und H. Heine (1844, über Psyche mit der Öllampe) sowie Erzählungen von T. Storm (1876) und R. Pannwitz (1905), ein Versepos von R. Hamerling (1882) und eine dramatische Szene von H. von Hofmannsthal (1911).

NM Aus der Musikgeschichte des 17. Jahrhunderts sind Opern zu nennen von P. F. Cavalli (Libr. von G. B. Fusconi, 1642, Venedig), T. Breni (Libr. von F. di Poggio, 1645, Lucca), M. Scacchi (Libr. von V. Puccitelli, 1646, Warschau), A. Leardini (Libr. von D. Gabrielli, 1649, Mantua), J.-B. Lully (Libr. von P. Corneille/B. de Fontenelle, 1678, Paris), A. Scarlatti (Libr. von G. D. de Totis nach Calderón, 1683, Neapel), M.-A. Charpentier (Libr. nach P. Corneille und Molière, 1684, Paris), A. Draghi (Libr. von N. Minato, 1688, Wien) und T. d'Urfay (1697, London).

Unter dem Titel *Psyche, or, The English Opera* ging 1675 in London eine englische Bearbeitung des Stoffes von T. Shadwell über die Bühne; die Instrumentalmusik hatte G. B. Draghi geschrieben, die Vokalpartien M. Locke.

Die v. a. in der Oper beliebte Rezeption des Stoffes wird in den Musikstädten Europas fortgeführt, u. a. von C. A. Badia (Libr. von P. A. Bernardoni, 1703, Wien), A. Caldara/J. J. Fux (Libr. von A. Zeno, 1720, Wien), B. C. Fagan (Libr. von C.-F. Panard, 1731, Paris), L. Leo (Libr. von G. Baldassare, 1738, Neapel), F. A. B. Uttini (Libr. von P. Quinault, 1766, Drottningholm), J. F. Agricola (1767), F. L. Gassmann (Libr. von M. Coltellini, 1767, Wien), T. Traetta (Libr. von M. Coltellini, 1773, St. Petersburg), É. Méhul (Libr. von C.-H. Fuzée de Voisenon, 1756), G. Liverati (Libr. von S. E. Petroni, 1831, London), A. Thomas (Libr. von J. Barbier/M. Carré, 1857, Paris), E. Reyer (Libr. von G. Lamey, 1898, Paris), M. Zenger (Libr. von W. Schriefer, 1901, München), E. N. von Rezniček (Libr. vom Komponisten, 1917, Breslau) und L. Różycki (Libr. von J. Zulawski, 1917, Breslau).

Singspiele komponierten nach C. H. Postels Libretto R. Keiser (1701, Hamburg) und G. C. Schürmann (1708, Braunschweig) sowie gegen Ende des 18. Jahrhunderts P. von Winter (Libr. von C. Mühler, 1790, München) und L. Abeille (Stuttgart, 1800).

Im Genre des Balletts entstanden Werke von J.-B. Boësset (1656, Paris), J.-B. Lully (u. a. Komponisten, 1656, Paris), J.-J. Cassanéa de Mondonville (1762, Paris), J.-J. Rodolphe (1762, Stuttgart), V. Manfredini (1762, Moskau), E. L. Müller (1790, Paris) und sehr viel später von P. Hindemith (1943, Philadelphia) und M. Thiriet (1950).

F. Zelter komponierte ein Lied nach dem Text von J. W. Goethe (*Neue Liedersammlung*, Berlin, 1821); von C. Franck stammt eine symphonische Dichtung mit Chören (1888, Paris). Die Komposition für Flöte von C. Debussy war ursprünglich als Bühnenmusik für die dramatische Dichtung von G. Mourey gedacht (1913), wurde aber später unter dem Titel *Syrinx* veröffentlicht (1927). Weitere Instrumentalkompositionen schrieben A. Jolivet (1947, Paris) und R. Zechlin (1966).

de Jong 1987; de Maria 1899; Frenzel 1992a; Schneider 1912; Vertova 1979

Ptolemaios III., Gatte der → Berenike

Ptolemaios XII., Vater der → Kleopatra VII.

Ptolemaios XIII., Bruder der → Kleopatra VII., → Pompeius

Ptolemaios XIV., Gatte der → Kleopatra VII.

Pygmalion, König von Zypern, berühmter Bildhauer ⟨Apollod. 3,14,3; Ov. met. 10,243–297; Clem. Al. 57,3⟩.
Da Pygmalion nach Ovid keine lebende Frau gefiel, schuf er sich aus schneeweißem Elfenbein eine ideale und verliebte sich in sie. Aphrodite erfüllte seinen Wunsch und erweckte die Figur zum Leben. Mit seiner Gattin, die erst in der Neuzeit den Namen Galatea erhielt, hatte Pygmalion einen Sohn namens Paphos.

Aus der bildenden Kunst der Antike sind keine Darstellungen NK bekannt. In der Neuzeit wird Pygmalion v. a. mit Galatea gezeigt: z. B. auf einem Gemälde von A. Bronzino (1529/30, Florenz, Pal. Vecchio, und um 1530, Rom, G. Barberini) und einem Stich von H. Goltzius (1593) und v. a. im 18. und 19. Jahrhundert u. a. auf Gemälden von F. Lemoyne (1729, Tours, M.), F. Boucher (um 1742, St. Petersburg, Eremitage), A. Pesner (1747, Potsdam, Sanssouci), A.-L. Girodet (1819, Schloß Dampierre) und J.-L. Gérôme (1890, New York, Metrop. M.) bzw. in der

Bildhauerei von É.-M. Falconet (1761–63, Marmorskulptur, Paris, Louvre, und Baltimore, Walters Art G.) und A. Rodin (u. a. um 1889, Marmorskulptur, New York, Metrop. M.). E. Burne-Jones schuf 1864–68 eine Serie mit zwölf Zeichnungen (Birmingham, G.), die für eine Ausgabe der Pygmalion-Gedichte von William Morris bestimmt war, aber nicht aufgenommen wurde.

In der Renaissance und im Barock wird Pygmalion auch als Repräsentant der Bildhauerkunst oder der Malerei dargestellt, z. B. auf einem Gemälde von J.-B. Regnault (1785, Schloß Versailles).

ND In der Literatur des Mittelalters wurde die Geschichte im *Roman de la Rose* (ca. 1275) von Guillaume de Lorris und Jean de Meung, in den *Cent Histoires* von Christine de Pizan (um 1400) und im *Ovide Moralisé* (ca. 1316–28) nacherzählt. Seit dem 18. Jahrhundert entstanden zahlreiche literarische Bearbeitungen. Sie betonten wie z. B. J. J. Rousseau (1762, Monodrama) die belebende Macht, die der Künstler durch seine Empfindungskraft ausübt, schilderten die ersten Empfindungen und Erfahrungen der ins Leben getretenen jungen Frau (u. a. J. J. Bodmer, Erzählung, 1747; und A. W. von Schlegel, Romanze, 1796) oder die mehr oder minder erfolgreichen Versuche des Künstlers, sein Geschöpf für den gesellschaftlichen Umgang zu erziehen (u. a. P. Smollett, *Peregrine Pickle*, 1751; J. W. Gleim, Gedicht, 1756; K. Immermann, Novelle, 1825; G. B. Shaw, Drama 1912). Die weltberühmte komische Wendung des Stoffs bei Shaw hatte Vorläufer bereits im 18. Jahrhundert, z. B. die Romanze von J. W. von Goethe (1766/67), in der ein Frauenfeind bestraft wird. Die Unvereinbarkeit von Kunst und Liebe, Ideal und Wirklichkeit ist die Quintessenz von G. Kaisers Pygmalion-Drama (1948), in dem die Geliebte wieder in Stein zurückverwandelt wird.

NM Der Stoff bot reichlich Gelegenheit zu musikalisch-dramatischer Darstellung, v. a. in den Opern von A. Draghi (Libr. von N. Minato, 1689, Wien), J. G. Conradi (Libr. von C. H. Postel, 1694, Hamburg), C.-F. Panard/T. L'Affichard (1735, Paris) und A. Grétry (1776, Fragment). Im Genre des ›opéra-ballet‹ komponierten M. de la Barre (*Le triomphe des arts*, Libr. von A. H. de la Motte, 1700, Paris) und J.-P. Rameau (Libr. nach de la Motte, 1748, Paris). Hauptsächlich im 18. Jahrhundert entstanden einige Ballette, u. a. von J.-J. Mouret (1734, London), C. H. Graun (1745, Berlin), J. Starzer (1763, St. Petersburg), K. Hanke (1777,

Rosswald), P. von Winter (1785, München) und F. C. Lefebvre, 1800, Paris).

Musik und Text für eine lyrische Szene von J.-J. Rousseau (1762, Paris), die den Triumph der Natur über die Kunst thematisiert, wurde Grundlage zahlreicher weiterer musikalischer Bühnenwerke: Bearbeitungen bzw. Neuvertonungen unternahmen F. Asplmayr (Übersetzung von J. G. Laudes, Wien, 1772), A. Schweitzer (Übersetzung von J. F. Schmidt, 1772, Weimar), G. Benda (Übersetzung vermutl. von F. W. Gotter, 1779, Gotha), A. B. Bruni (Libr. von F. Poultier nach Rousseau, 1795, Paris), K. K. Kurpinski (nach einer anonymen polnischen Übersetzung, 1808, Warschau), L. Cherubini (Libr. nach A. Sografis Übersetzung, 1809, Paris) und J. N. Hummel (um 1805–15).

Auch im Genre der Kantate war der Stoff beliebt, z. B. bei den Komponisten C. G. Krause (Libr. von K. W. Ramler, 1768), A. Bailleux (Paris, 1770), N. Zingarelli (1779, Neapel), T. A. Kunz (Prag, 1781), F. Benda (Leipzig/Dessau, 1784), J. C. F. Bach (vor 1795) sowie B. Asioli (1796, Turin).

Im 19. Jahrhundert entstanden Werke von G. Donizetti (musikalische Szene, entst. 1816; 1960, Bergamo), V. Massé (komische Oper, Libr. von J. Barbier/M. Carré, 1852, Paris), F.-É. Barbier (›operétta-bouffe‹, Libr. von J. Adenis/F. Tourte, 1863, Paris), F. von Suppé (Operette, Libr. von P. Henrion/L. K. Kohl von Kohlenegg, 1865, Wien), C. de Saint-Croix (Libr. von E. Hugot, 1875, Paris) und J. Edward (musikalische Komödie, Libr. von S. Stange, 1896, New York). Das Musical *My fair Lady* von F. Loewe geht zurück auf G. B. Shaws Komödie (Libr. von A. J. Lerner, 1956, New York).

Blühm 1988; Carr 1960; Dörrie 1974; Frenzel 1992a; Schneider 1987; Sckommodan 1970

Pygmalion, Bruder der → Dido

Pyramos und Thisbe, babylonisches Liebespaar ⟨Ov. met. 4,55–166; Hyg. fab. 242–243⟩.

Die Eltern von Pyramos und Thisbe wollten eine Heirat verhindern und verboten den beiden den Umgang miteinander. Diese blieben jedoch heimlich durch einen Mauerriß ihrer benachbarten Häuser in Kontakt und verabredeten sich nach Sonnenuntergang an einem Maulbeerbaum außerhalb der Stadt. Das Mädchen Thisbe kam als erste an, mußte aber vor einer Löwin mit blutigem Maul fliehen, die dort ihre Tränke hatte. Dabei verlor Thisbe ihren Schleier, den die Löwin mit Blut befleckte. Als ihn Pyramos fand, hielt er Thisbe für tot und stürzte sich in sein Schwert. Sein Blut färbte die bis dahin weißen Früchte des Maulbeerbaums rot. Als Thisbe kurz darauf zurückkam und den toten Geliebten erblickte, stürzte auch sie sich in sein Schwert.

NK In der bildenden Kunst der Antike ist der Selbstmord Thisbes auf Wandgemälden in Pompeii (1. Jh. n. Chr.) zu sehen. In der Romanik wurde er mehrfach moralisch ausgedeutet, u. a. auf einem Kapitell des Basler Münsters (12. Jh.). Auch die gotischen Handschriften illuminierter Ovid-Texte zeigen die Szene. In der Neuzeit werden Pyramos und Thisbe anfangs v. a. in der deutschen Renaissancemalerei dargestellt: z. B. auf Gemälden von N. M. Deutsch (um 1520, Basel, Kunstm.), L. Cranach d. Ä. (um 1520–25, Bamberg, Staatsg.) und H. Baldung Grien (1530/31, Berlin, Gemäldeg.), außerdem auf Gemälden von J. Tintoretto (um 1541, Modena, G. Estense) und L. Giordano (1692–1702, El Escorial, Casita del Principe), auf einem Triptychon von E. Burne-Jones (1872–76, Birkenhead, Art G.; Mitteltafel mit Eros) sowie auf einer Zeichnung von P. Moreelse (um 1610–16, Amsterdam, Rijksprentenkabinet). Rembrandt hielt auf einer Zeichnung die trauernde Thisbe fest (um 1652/53, Berlin, Kupferstichkabinett); N. Poussin zeigt auf einem Landschaftsgemälde (1650/51, Frankfurt, Städel) Thisbe kurz vor dem Selbstmord. L. van Leyden (1514, Stich), L. Bramer (um 1630–40, Berlin, Gemäldeg.), B. Breenbergh (1645, Gemälde, St. Petersburg, Eremitage) und A. Hondius (1660–65, Gemälde, Rotterdam, M. Boymans) schildern den eigentlichen Selbstmord. C. van Mander gewinnt in seiner *Wtleggingh* (1604) aus der Geschichte die zweifache Moral, daß Kinder sich nicht zu schnell verlieben und Eltern der Liebe ihrer Kinder nicht im Weg stehen sollten.

ND Die Geschichte Ovids von Pyramos und Thisbe wurde im Mittelalter häufig nacherzählt oder bearbeitet, u. a. von Chrétien de Troyes (2. Hälfte 12. Jh.), G. Boccaccio in der *Amorosa Visione* (1342) und G. Chaucer in seiner *The Legend of Good Women* (ca. 1385–86; zuvor separat ca. 1382–85). Chaucer ist die Quelle für W. Shakespeares burleske Schilderung im *Midsummer Night's Dream* (1595). Dramen gibt es von A. Gryphius (*Peter Squenz*, 1663) und C. Mathews (1833).

NM Die musikalische Rezeption der Geschichte setzte mit der Oper von J. S. Küsser (Libr. von C. Schröder, 1694) ein; die Szene aus

Shakespeares *A Midsummer Night's Dream* vertonte R. Leveridge (1716, London). Bis ins 20. Jahrhundert entstanden in der Folge Opern von F. Francoeur/F. Rebel (Libr. von J.-L.-I. de la Serre, 1726, Paris), J. F. Lampe (Libr. von O. Malone nach Shakespeare, 1745, London), C. W. Gluck (Pasticcio, 1746, London), J. A. Hasse (Libr. von M. Coltellini, 1768, Wien), V. Rauzzini (Libr. von R. Calzabigi, 1769, München), F. Bianchi (Libr. von G. Sertor, 1783, Venedig), F. X. Süssmayr (Libr. von M. Coltellini, um 1793, Fragment), A. Eberl (Libr. vom Komponisten, 1794, Wien), G. Andreozzi (Libr. von G. Schmidt, 1803, Neapel), L. Gellert (Libr. von H. Oswalt, 1872), E. Tremisot (Libr. vom Komponisten, 1904, Paris), K. Zorlig (Libr. von J. Blumenthal, 1912), K. T. Eisrich (Libr. von R. Berge, 1916) und F. Ghisi (›cantare di piazza‹, Libr. nach Shakespeare, 1941–43). Kantaten sind von L.-N. Clérambault (*Cantates françoises II*, Paris, 1713), M. Pignolet de Montéclair (Paris, um 1716) und G. Donizetti (1824) zu verzeichnen.

Frenzel 1992a; Schmitt-von Mühlenfels 1972; Scholte 1941–42

Pyrrha → Deukalion und Pyrrha

Pyrrhos (319/18–273), König von Epirus, der die unteritalischen Städte gegen Rom unterstützte 〈Plut. Pyrrh.; Diod. 19 ff.; Iust. 17 f.; Dion. Hal. 19 ff.; Liv. 28 ff.; App. Hann.〉.
Als kurz nach der Geburt des Pyrrhos sein Vater Aikides, König von Epirus, gestürzt wurde, konnten einige Diener des Königs den Jungen aus diesen Wirren retten. An einen reißenden Fluß gelangt, baten sie Bewohner vom gegenüberliegenden Ufer, Illyrer, um Hilfe, indem sie eine an einen Stein (oder Speer) gebundene Nachricht auf die andere Seite warfen. Die Illyrer halfen ihnen, so daß sie mit dem Kind ihren Verfolgern entkommen konnten, und ihr König Glaukias nahm den Jungen wie einen eigenen Sohn an.
Den herangewachsenen Pyrrhos setzte Glaukias 306 mit Gewalt in Epirus als König ein, doch vier Jahre später kam es zu einem Aufstand der Epiroten gegen Pyrrhos. Er floh zu seinem Schwager Demetrios I. von Phaleron, Tyrann in Athen, und nahm auf dessen Seite an der Schlacht bei Ipsos (301) teil, in der ihr Gegner Ptolemaios I. von Ägypten siegreich blieb. Zur Sicherung des Friedensvertrages ging Pyrrhos als Geisel nach Ägypten. Er heiratete eine Tochter des Ptolemaios, Antigone, und erreichte eine

so einflußreiche Position, daß er für die Rückeroberung von Epirus ägyptische Unterstützung erhielt.

Nach der Machtübernahme suchte er seine Herrschaft weiter auszudehnen, geriet dabei aber in den verwickelten Machtstreit um Makedonien, zuerst mit Demetrios, dann mit Lysimachos. Erfolglos mußte er sich wieder nach Epiros zurückziehen.

Eine neue Möglichkeit der Machterweiterung bot sich 281, als ihn Tarent und andere unteritalische Städte im Kampf gegen Rom um Hilfe baten. Trotz der Mahnung des Weisen Kineas, das eigentliche Ziel all dieser Kriege, ein Leben in Frieden, sei für ihn doch auch ohne Krieg bereits erreicht, ging er begierig auf dieses Ersuchen ein. In Italien konnte Pyrrhos zunächst den römischen Consul Laevinus schlagen, unter anderem durch den Einsatz der für die Römer fremden Elefanten, doch nur mit großen Verlusten. Als eine heftige Rede des blinden Appius Claudius im Senat den Friedensschluß verhinderte, wurde die Leitung des römischen Heeres → Fabricius übertragen, der für seine Tapferkeit und Unbestechlichkeit bekannt war. Pyrrhos gelang zwar erneut der Sieg, doch nur unter so schweren Verlusten, daß ein weiterer Kampf ihm, wie er sagte, den Untergang gebracht hätte (der sog. Pyrrhussieg). Daraufhin nahm er die Aufforderung einiger sizilischer Städte an, unter ihnen Syrakus und Gela, sie im Kampf gegen die Karthager zu unterstützen. Doch ebensowenig wie in Italien konnte er hier eine Entscheidung herbeiführen und war schließlich gezwungen, nach Epiros zurückzukehren. Auch später immer wieder in Kriegshandlungen verwickelt, u. a. gegen Sparta, fand er sein Ende bei Straßenkämpfen in Argos, wo er von einem Dachziegel, den eine argivische Frau geworfen hatte, getroffen und getötet wurde.

Pyrrhos wird immer wieder als gefürchteter Heerführer beschrieben. Laut Plutarch (Flam. 21,4), Appian (Syr. 38 f.) und Livius (30,14, 5–12) nannten ihn z. B. Antigonos Gonatas und → Hannibal sogar den besten Feldherrn aller Zeiten. Zudem wird aber auch das kulturelle Interesse des Pyrrhos, insbesondere von hellenistischen und römischen Schriftstellern, betont. Er soll selbst Traktate verfaßt und an seinem Hof Dichter und Künstler versammelt haben, doch fehlen genauere Angaben hierüber.

Pyrrhos ließ sich schon zu Lebzeiten als → Alexander porträtieren, mit dem er laut Plutarch Ähnlichkeit gehabt haben soll. Auf einer Büste aus der Villa dei papiri in Herculaneum aus dem 1. Jahrhundert v. Chr. (Neapel, M. Naz.) trägt er einen mit Eichenlaub umkränzten Helm. Auf einer süditalischen Schale aus dem 3. Jahrhundert v. Chr. (Rom, M. di Villa Giulia) sind die Elefanten des Pyrrhos dargestellt.

In der Neuzeit schrieb F. M. Klinger ein Drama *Pyrrhus' Leben und Tod* (1790). In einem Essay von S. de Beauvoir aus dem Jahre 1944 dient das Gespräch zwischen Pyrrhos und Kineas zur Illustration der Wahlfreiheit des Menschen.

In der Oper begegnen wir Pyrrhos in der Konfrontation mit Lysimachos, u. a. bei B. Pasquini (*Il Lisimaco*, Libr. von G. Sinibaldi, 1681, Rom), und mit Demetrios, z. B. bei A. Scarlatti (Libr. von A. Morselli, 1694, Neapel; als *La forza della fedeltà* 1712, Florenz), J. A. Hasse (Libr. von P. Metastasio, 1732, Venedig; als *Cleonice* 1734, Wien) und G. Rossini (Libr. von V. Viganò-Mombelli, 1812, Rom). Ferner gibt es *Pirro*-Opern von G. A. V. Aldrovandini (1704, Venedig) und F. Gasparini (Libr. von A. Zeno, 1717, Rom und Parma).

In der bildenden Kunst der Neuzeit ist Pyrrhos fast ausschließlich im Kontext mit → Fabricius zu finden. Auf einem Gemälde von N. Poussin (um 1637, Paris, Louvre) stehen die Diener des Aikides am reißenden Fluß. Dieses Bild, das für Richelieu bestimmt war, gehörte zu einem biblischen Pendant aus dessen Sammlung: die Rettung des Moses aus dem Nil. Ein Gemälde von B. West für König George III. (1769, London, Hampton Court), auf dem der junge Pyrrhos dem Glaukias vorgeführt wird, bezieht sich möglicherweise auf das Schicksal des Großvaters des Königs, der seine Jugend außerhalb Englands zubringen mußte.

Pyrrhos → Neoptolemos

Pythia → Apollon

Pythias → Damon

Quintus Fabius Maximus Rullianus → Decius Mus

Quirinus → Romulus und Remus

Rea Silvia, Mutter von → Romulus und Remus

Regulus, Marcus Atilius (gest. 251 oder 250 v. Chr.), römischer Consul in den Jahren 267 und 256 ⟨Diod. 23,12–15; Pol. 1,25,5–28 u. 1,29,1–10; Zon. 8,9 u. 13; Liv. Perioch. 18; Val. Max. 1,8 ext. 19 u. 3,4,6⟩.

Im Jahr seiner zweiten Amtsführung konnte Regulus in Afrika einige Siege über die Karthager erlangen. Bei den Friedensverhandlungen stellte er so harte Bedingungen, daß Karthago die Unabhängigkeit verloren hätte. In einem neuen Kampf wurde er vernichtend geschlagen, wodurch Rom im Ersten Punischen Krieg die Niederlage drohte. Regulus geriet in karthagische Gefangenschaft, doch sollte er im Tausch gegen andere römische Gefangene nach Hause zurückkehren dürfen. Er gelobte, in die Gefangenschaft zurückzugehen, falls seine Mission nicht gelingen sollte und den Karthagern keine Gefangenen im Austausch gegen ihn geschickt würden. Die Gesandtschaft schien sich also nur auf die Frage des Gefangenentauschs zu beziehen, doch meint Livius, daß auch über Friedensbedingungen gesprochen worden sei. In Rom plädierte Regulus gegen den Tausch, ohne über Friedenspläne zu reden, und begab sich in die Gefangenschaft zurück, wo er zu Tode gefoltert wurde. Grausame Details überliefert Cicero (off. 3,99 f.), wohl um dem Patriotismus des Regulus noch größeren Glanz zu verleihen. Er soll den Martertod in einer mit Nägeln durchbohrten Tonne gestorben sein.

Die zahlreichen Erwähnungen in den lateinischen Quellen zeugen von der großen Beliebtheit dieses Vorbilds für eine kompromißlose Haltung gegenüber den Karthagern. Schon Naevius und Ennius, später dann Polybios und Livius, rühmen ihn dafür. Cicero, der Regulus in seinen moralischen Schriften häufig nennt, gibt in *De officiis* als Grund für Regulus' Widerstand gegen den Tausch an, daß dem Staatsinteresse nicht damit gedient sei, einen alten Mann gegen in der Mitte ihres Lebens stehende Römer einzutauschen. Angesichts der Rückkehr nach Karthago lobt Cicero die unverbrüchliche Treue seines Wortes. Auch Valerius Maximus (1,1,14) sieht ihn in seinem Kapitel über die Pflicht als ein Vorbild für die Treue dem geleisteten Eid gegenüber an, während in dem Kapitel über die Grausamkeit (10,2 ext.1) sein Martertod erwähnt wird. Horaz schließt in einem langen Gedicht im 3. Buch seiner *Oden* an Ciceros Überlegungen an, zwischen persönlichen und nationalen Belangen abzuwägen, und verweist damit auf diejenigen Soldaten seiner Zeit, die sich ohne Widerstand von den Feinden gefangennehmen lassen.

Augustinus (civ. 1,19,33 und 67) lobt in Anlehnung an Cicero Regulus als einen, der seinem Wort, welches er den Göttern gab, die Treue gehalten hat, auch wenn es die falschen Götter waren.

Durch Florus (1,18), Eutropius (2,2), Orosius (4,8) und die anonyme Schrift *De viris illustribus* (40) bleibt Regulus' Name bis ins Mittelalter hinein bekannt. Er ist zu finden u. a. bei Otto von Freising, Vincenz von Beauvais und in den *Flores historiarum* von Matthaeus Parisiensis (1235). Der Consul ist stets ein Vorbild für Beherrschung und Prinzipientreue. Der Ansicht des Augustinus folgen G. Boccaccio in *De casibus virorum illustrium* (1355–73) und J. Lydgate in *The Fall of Princes* (1430–38). ND
In der englischen Literatur gibt es eine Erwähnung in J. Miltons *Paradise Regained* (1671) und ein Regulus-Drama von W. Havard (1744), in der französischen Literatur Stücke von J. Pradon (1688) und A.-V. Arnault (1822), in der deutschen eine Tragödie von F. C. Bressand (1695; nach Pradon) und ein Stück von H. J. von Collin, das im Jahre 1802 unter der Regie J. W. von Goethes Premiere in Weimar feierte.

In der bildenden Kunst der Antike kommt Regulus nicht vor. Um 1330 malte ihn Simone Martini in einem verlorenen Zyklus ›uomini famosi‹ im Palazzo Pubblico in Siena. In der wahrscheinlich von R. Mantovano nach einem Entwurf von G. Romano dekorierten Sala d'Atilio Regolo des Palazzo del Tè in Mantua (1525–35) befindet sich Regulus im Faß mit den Nägeln neben einer Personifikation der Iustitia (Gerechtigkeit), die sich darin zeigt, auch einem Feind gegenüber das Wort zu halten. In Szenen des Punischen Krieges ist er ebenfalls zu finden, z. B. auf einem Fresko von J. Ripanda (Anfang 16. Jh.) im Konservatorenpalast in Rom. D. Beccafumi stellt Regulus auf seinem Fresko (um 1525) im Palazzo Bindi Sergardi in Siena in den Bereich ›Religione‹, der absoluten Treue des gegebenen Wortes, bezugnehmend auf Valerius Maximus. S. Rosa schildert auf einem Gemälde (um 1652, Richmond, M.) den Martertod. Im 18. Jahrhundert richtet sich das Interesse auf den zum Selbstmord fest entschlossenen Regulus, umringt von klagenden Römern und Römerinnen: z. B. auf Gemälden von B. West (1769, London, Hampton Court; sein erster Auftrag für König George III.), N.-B. Lépicié (1779, Carcassonne, M.), P. J. Verhaghen (1788, Brüssel, Kon. M.) und J. Pajou (1793, Pariser Salon). Der Abschied des Regulus war auch Thema des Prix de Rome im Jahre 1791. Ein großes Gemälde des belgischen Neoklassizisten M. van Brée von 1804 ging verloren (Skizze in Brüssel, Kon. M.). NK

NM P. Metastasio schrieb im Jahre 1740 ein Textbuch, das u. a. von
J. A. Hasse (entst. 1740 für Wien; 1750, Dresden) und N. Jommelli (1753, Rom) vertont wurde. Regulus, der zur Familie zurückgekehrt ist, leidet unter der schmerzlichen Pflicht, doch
schenkt er den flehentlichen Bitten der Seinen, in Rom zu bleiben, kein Gehör. Schließlich zeigen die Familienmitglieder und
das Volk Verständnis für seinen Entschluß und lassen ihn gehen.
Eine frühere Oper gibt es von A. Scarlatti (Libr. von M. Noris,
1719, Rom). H. Purcell schrieb die Musik zu einem Theaterstück
von J. Crowne (1692).

Mix 1970; Rosenberg 1965; Southard 1979a; Wallace 1967

Remus, Bruder des → Romulus

Rhadamanthys → Minos

Rhadamistos, Gatte der → Zenobia

Rheia, Schwester und Gemahlin des → Kronos

Rhesos → Diomedes

Rhodogune (2. Jh. v. Chr.), Tochter des parthischen Königs
Mithridates I. ⟨App. Syr. 67; Iust. 36,1,2 ff. u. 38,9,2 ff.; Ios. ant.
Iud. 13,184 ff.⟩.
Im Jahre 140 v. Chr. wurde Rhodogune die Frau von Demetrios II. Nikator, einem Kriegsgefangenen ihres Vaters. Dieser Fürst hatte lange Kriege mit den Ägyptern und den Juden
geführt und war dann in den Kampf gegen die Parther gezogen:
Angeblich wollte er seinen griechischen Bundesgenossen beistehen, doch lag es ihm wohl eher daran, sich selbst Ruhm zu erwerben. Demetrios wurde unter dem Vorwand von Friedensverhandlungen nach Parthia gelockt und geriet dort in Gefangenschaft, aus der er mehrmals zu flüchten versuchte. Trotz an-
fänglicher Demütigungen stieg er jedoch in der Gunst des Königs Mithridates, und das Ehebündnis mit dessen Tochter Rhodogune festigte dieses Verhältnis.
Demetrios war allerdings schon mit der ägyptischen Prinzessin
Kleopatra verheiratet, die sich nun auf die Seite der Feinde stellte, um Rache zu nehmen. In dem folgenden Krieg sahen sich
Demetrios und Rhodogune mit Kleopatra und ihrem neuen

Mann Hiochos Sidetes, einem Bruder des Demetrios, konfrontiert. Nach einer Niederlage im Jahre 132 bemühte sich Demetrios vergeblich um eine Versöhnung mit seiner früheren Frau, worauf er seinem Leben ein Ende setzte. Die zwei Frauen sollen sich in den Kriegshandlungen wie Löwinnen bekämpft haben.

Rhodogune wird in Texten von Appianos, Iustinus und in den *Büchern der Makkabäer*, die von den genannten jüdischen Kriegen handeln, wegen ihrer Heldenhaftigkeit gerühmt. Sie wird als ergebene Gattin ihrer Rivalin Kleopatra gegenübergestellt. Für Dion Chrysostomos dagegen ist sie in seinem um 100 n. Chr. geschriebenen Dialog über die Schönheit bloß Symbol für äußerliche Schönheit.

Wegen ihres heldenhaften Auftretens auf dem Schlachtfeld figuriert Rhodogune in den Bilderzyklen mit tapferen Frauen: z. B. auf einem Gemälde von C.-F. Vignon (1673) im Versailler Schloß in der sogenannten Antichambre de la Reine, die als Aufenthaltsraum der Leibwache der Königin diente. Die anderen Frauen in dieser Reihe malte A. Paillet: → Artemisia, die als Flottenführerin Xerxes beisteht, → Zenobia in der Schlacht mit Aurelianus, Hypsikrateia an der Seite von → Mithridates und → Cloelia zu Pferd.

P. Corneille schrieb über Rhodogune eine äußerst verwickelte Tragödie um Liebe und Treue (1644).

A. Draghi komponierte eine Oper nach dem Libretto von N. Minato (1677, Wien, mit Ballettmusik von J. H. Schmelzer). Die Oper eines unbekannten Komponisten wurde 1703 in Mailand gegeben (Libr. von A. Minelli).

Romulus und **Remus** (sollen im 8. Jh. v. Chr. gelebt haben), die legendären Gründer Roms, Zwillingssöhne der Rea Silvia ⟨Liv. 1,3,10–16,8; Plut. Rom.; Verg. Aen. 8,630 ff.; Iust. 43,2; Dion. Hal. 1; Ov. fast. 2,38 ff.; 3,11 ff.; Diod. 8,3 ff.⟩.

Wie Naevius (Fragmente) und Ennius (ann. 1,35 ff.) im 3. Jahrhundert v. Chr. schreiben, war der Vater Rea Silvias (die manchmal auch Ilia in Anlehnung an Ilion/Troja genannt wird) Ascanius, der Sohn des Trojaners Aeneas. Eine andere Überlieferung lautet, ihr Vater sei Numitor gewesen, König von Alba Longa, und über diesen stamme sie in der Folge vieler Generationen von Aeneas ab. Die gängigste Geschichte, wie sie auch Livius und

Ovid erzählen, besagt, daß der Königssohn Amulius seinen älteren Bruder Numitor verjagte und dessen Tochter zwang, Vestalin zu werden. So sollte der konkurrierende Familienzweig aussterben. Trotzdem wurde das Mädchen schwanger – nach eigener Aussage überwältigte sie der Kriegsgott Mars – und gebar Romulus und Remus. Amulius befahl, die beiden im Tiber auszusetzen. Als sich der Fluß, der über die Ufer getreten war, wieder zurückzog, strandete der Korb mit den Kindern (ähnlich der Geschichte des Moses). Der Hirte Faustulus fand die Säuglinge bei einer Wölfin, die die beiden nährte. Er zog die Kinder mit seiner Frau Acca Larentia groß.

Als Romulus und Remus herangewachsen waren, stürzten sie Amulius vom Thron, töteten ihn und setzten ihren Großvater Numitor als König Alba Longas ein. Sie selber hegten den Wunsch, eine Stadt an dem Ort zu gründen, wo sie aufgewachsen waren. Die Zwillinge spähten nach Vorzeichen, die einem der beiden die Herrschaft zusprechen würden: Remus stand auf dem Aventin, Romulus auf dem Palatin. Remus sah als erster sechs Ziegen, Romulus kurz darauf zwölf, so daß beide glaubten, ein günstiges Omen empfangen zu haben. Als Romulus mit der Ummauerung des Palatin begann, sprang Remus geringschätzig über die losen Steine. Ein Streit entstand, in dem Romulus Remus tötete, womit er zum Herrscher der nun gegründeten Stadt Rom wurde. Zuerst wurde der Palatin bebaut, später die anderen Hügel besiedelt und die dazwischenliegenden Täler (u. a. mit dem Forum Romanum) dem Gebiet eingegliedert.

Romulus erwies sich als geschickter Krieger in den Kämpfen mit den umliegenden Stämmen, unter denen sich auch die Sabiner befanden, denen er einige Töchter raubte, da es in Rom an Frauen mangelte (→ Sabinerinnen). Romulus soll die Sabinerin Hersilia zur Frau genommen haben. Als daraufhin die Sabiner gegen Rom zogen, kam es auf Drängen der Frauen unter der Führung Hersilias zu einem Frieden zwischen beiden Völkern. Romulus und der sabinische König Titus Tatius regierten gemeinsam, bis letzterer von den Laurentinern heimtückisch ermordet wurde. Vom Ende des Romulus erzählte man sich, daß er plötzlich auf dem Forum unter Donner und Blitz von einer Wolke umhüllt worden und von der Erde aufgestiegen sei.

Diese Sage überliefert Livius, dem Ovid in seinen *Fasti* folgt. Die Erzählungen anderer Geschichtsschreiber, wie Dionysios von Halikarnassos, stimmen in den Grundzügen mit dieser Version überein. Plutarch erwähnt auch die griechische Tradition, nach der Rom von einem Sohn des Odysseus und der Kirke namens Telegonos (›der weit weg Geborene‹) gegründet und benannt worden sei. Von den Tragödien *Romulus* und *Lupus* (Wolf) des Naevius und von den *Annalen* des Ennius ist wenig bzw. nichts überliefert. Als Gründungsdatum Roms gilt in der Tradition der 21. April 753 (sog. Palilien). Dem griechischen Historiker Timaios zufolge soll Rom in den Jahren 814–13 gegründet worden sein, Fabius Pictor nimmt die Jahre 748–47 an. Auch wenn die Geschichten um Romulus und Remus Legenden sind, so ist doch durch Ausgrabungen gesichert, daß der Palatin das am frühesten besiedelte Gebiet der Stadt ist. Auch die traditionelle Chronologie stimmt teilweise mit archäologischen Funden überein; so gilt es als sicher, daß Rom in der ›Königszeit‹ (ca. 750–500) bewohnt war.

Viele Bräuche und Einrichtungen, z. B. auch der Senat, werden Romulus und seinen Zeitgenossen zugeschrieben. Ebenso sollen viele Feste auf sie zurückgehen, wie die Lupercalia, die am 15. Februar beim ›Lupercal‹ gefeiert werden, einer Höhle am Fuße des Palatin, in der die Wölfin (›Lupa‹) die Jungen gesäugt haben soll. Dieses vermutlich als Fruchtbarkeitsritual zu verstehende Fest wurde im Jahre 494 n. Chr. zum Marienfest.

In der römischen Literatur wird Romulus als Kriegsfürst gesehen, der nur mit dem Schwert und einer harten Regierung die Fundamente seines Staates legen konnte. Zu einer friedlichen Entfaltung kam es unter ihm nicht; erst unter seinem Nachfolger → Numa Pompilius, der die Früchte der schwierigen Regierungszeit des Romulus erntete, konnte Friede einkehren und der römische Staat weiter gefestigt werden.

Die Geschichten um Romulus waren schon früh Stoff künstlerischer Gestaltung. Rea Silvia wurde auf Gemälden in einem Grab auf dem Esquilin dargestellt (3. Jh. v. Chr., jetzt Rom, Antiquarium Comunale); ferner ist sie in der Domus Aurea (dem Palast → Neros) und in Pompeii, auf Terra-Sigillata-Geschirr aus dem 1. Jahrhundert v. und n. Chr. sowie auf Gemmen dieser Zeit zu finden. Ein schöner Reliefzyklus findet sich auf einem Altar aus Ostia (1. Jh. n. Chr., Rom, Thermenm.). → Augustus gab ihr einen Platz auf dem Sockel des Tempels für Mars Ultor (16 v. Chr.) auf dem Forum Augustum. Außerdem stand dort ein Standbild von Romulus mit der Beute aus dem Krieg gegen Acro, König von Caenia, das durch ein Wandgemälde in Pompeii und Münzen bekannt ist; das Pendant dazu bildete eine Gruppe mit Aeneas, Ascanius und Anchises. Die Entdeckung

von Romulus und Remus durch Faustulus findet sich auf der Ara
Pacis (12–9 v. Chr.), einem anderen Monument der Selbstverherrlichung des Augustus. Der Fries der Basilica Aemilia auf
dem Forum Romanum, dessen Datierung zwischen der 2. Hälfte
des 1. Jahrhunderts v. Chr. und der Zeit Tiberius' schwankt,
schildert Szenen aus dem gesamten Leben des Romulus (heute
Rom, Antiquario Forense, nur fragmentarisch erhalten).
Von der Mitte des 1. Jahrhunderts an wird Romulus mit dem
archaischen römischen Stadtgott Quirinus gleichgesetzt – ein
wichtiger Aspekt für die auf Aeneas zurückreichende Genealogie der Iulier. Ein Relief aus der Zeit Hadrians zeigt den Quiri-
nus-Tempel und Romulus' Gleichstellung mit dem Gott Quirinus (Rom, Thermenm.).
Die Wölfin tritt ebenfalls schon früh als Motiv auf. Livius berichtet, daß im Jahre 296 v. Chr. ein Standbild der Wölfin mit den
beiden Zwillingen von den Ogulniern beim Lupercal aufgestellt
wurde. Die ältesten bekannten Abbildungen dieser verlorenen
Statue sind auf Münzen aus dem Jahre 269 zu sehen; das Motiv
bleibt auf Geldstücken bis in die Zeit Theoderichs (490–526) im
Gebrauch. Die berühmte bronzene Wölfin eines unbekannten
Künstlers aus Veii (Rom, Konservatorenpal.) entstand um 400
v. Chr., vielleicht nach dem Einfall der Gallier im Jahre 387 v.
Chr. (→ Camillus), und könnte ursprünglich als Unheil abweh-
rende Schutzfigur für ein Grab bestimmt gewesen sein. Die Brüder wurden Ende des 15. Jahrhunderts vermutlich von A. Pollaiuolo hinzugefügt; erst in dieser Zeit wurde das Tier Symbol
der Romulus-Geschichte. Auf Gemmen, Kameen, Reliefs und
Grabmonumenten (v. a. in den römischen Provinzen des Bal-
kans und Galliens) symbolisiert die Wölfin das Glück im Zusammenhang mit der Unvergänglichkeit Roms.

ND Nach Augustinus liegt das Unmoralische des Brudermords in
der Gleichgültigkeit der römischen Götter begründet, die diesen
Mord zugelassen haben. N. Machiavelli hingegen verteidigt in *Il
principe* (1532) den Mord und Romulus' Handeln im Interesse
des Staates. *Amulius et Numitor* von Voltaire (um 1725) ist ein
Dramenfragment aus seiner Schulzeit nach Livius über die Rettung der Zwillinge. Voltaires spätere Freundschaft mit Friedrich
dem Großen begann in der Zeit, als der Preußenkönig in Schloß
Rheinsberg in Neuruppin residierte (1734–39). Die von
Friedrich zur Rokokoresidenz umgebaute Burg liegt am Rheins-
berger See; die sogenannte Remus-Insel ist seit der Bronzezeit als
Siedlungs- und Herrschaftsplatz ausgewiesen. Der Rostocker

Professor E. Lubin ›erforschte‹ ca. 1608–10 ein Remus-Grab auf der Insel. Remus soll auf der Flucht vor Romulus in den Norden geflüchtet sein, um dort ein neues Reich zu gründen. Ein Film von S. Corbucci über den Bruderstreit (1962, *Duell of the Titans*) hält sich streng an die historischen Angaben von Livius und Plutarch.

Aus der Musikgeschichte sind u. a. die Opern von P. F. Cavalli (Libr. von G. Strozzi, 1645, Venedig), M. A. Ziani (Libr. von D. Cupeda, 1702, Wien), J. P. Kunzen (nach P. A. Rollis *Numitore*, 1724, Hamburg), N. Corselli (1735, Madrid) sowie das Pasticcio von G. Latilla/D. Terradellas (1739, Rom) überliefert. Ferner komponierte J. A. Hasse anläßlich der Hochzeit des Erzherzogs Leopold von Österreich eine Oper zum Libretto von P. Metastasio über Romulus und Hersilia (1765, Innsbruck); den Text vertonte später auch J. Mysliweczek (1773, Neapel). J. Offenbach schrieb die Bühnenmusik für ein Drama von A. Dumas (1854, Paris). NM

In der bildenden Kunst des Mittelalters erscheint das Thema Romulus und Remus nur selten. Ein Elfenbeinrelief aus dem 9. Jahrhundert (Rom, Vat. M.) zeigt die säugende Wölfin mit Christus am Kreuz darüber: Das Heilige Römische Reich gründet sich auf das Imperium Romanum und führt es zeitlich und symbolisch auf einer höheren Ebene fort. Seit der Renaissance sind die Zwillinge und auch Romulus allein in zahlreichen Zyklen zur römischen Frühgeschichte zu sehen: meist um die Kontinuität der Geschichte des alten wie des bestehenden Rom und Italiens, und die traditionsreiche Herkunft des Auftraggebers und seiner Familie zu betonen. Beispiele hierfür sind der möglicherweise von L. Romano stammende Freskenzyklus (Mitte 16. Jh.) im Palazzo Angelo Massimo in Rom und eine Arbeit eines Unbekannten (um 1555) im Palazzo Ricci-Saccheti in Rom. C. d'Arpino schuf vier Gemälde (1595–99) mit Szenen der Frühgeschichte Roms für die Sala Maggiore des Konservatorenpalastes, unter denen sich zwei Darstellungen aus dem Leben des Romulus befinden: der Kampf zwischen den →ʼ Horatiern und Curiatiern, der Raub der →ʼ Sabinerinnen und schließlich als frommes Gegenstück zu diesen kriegerischen Szenen die Einsetzung der Vestalinnen durch →ʼ Numa Pompilius. Weiterhin entstanden im 16. Jahrhundert Freskenzyklen mit Romulus und Remus u. a. von L. Cambiaso (um 1565) in der Villa Imperiale in Terralba bei Genua und von den Brüdern Carracci (um 1589) im Palazzo Magnani in Bologna. In Siena, das von Senes, einem NK

Sohn des Romulus, gegründet worden sein soll, befinden sich Darstellungen der Zwillinge nach römischem Vorbild, u. a. ein bronzener Wolf von Turino di Sano (1429/30), der Vorbild für zahlreiche spätere Bearbeitungen war, sowie eine Folge von acht Teppichen von A. Leyniers aus Brüssel nach Kartons von P. Coecke (1540, New York, Metrop. M.).

P. da Cortonas Gemälde (um 1643, Paris, Louvre), auf dem Faustulus seiner Frau Acca Larentia die Findelkinder Romulus und Remus überreicht, zählt zu einem von drei Bildern, die der Maler zu einer Reihe von zehn Gemälden für die Galerie des Hôtel de La Vrillière in Paris beitrug. Mit Ausnahme von G. Reni, der auf seinem Gemälde die Entführung der Helena schildert, nehmen alle Bilder Bezug auf die römische Geschichte, z. B. auch das Gemälde von N. Poussin, das → Camillus mit dem verräterischen Schulmeister von Falerii zeigt.

A. Houbraken (Ende 17. Jh., Amsterdam, M.) malte den Fund des Kindes durch Faustulus, Rubens (1617/18, Madrid, Prado) die Säugung durch die Wölfin. Im Audienzzimmer der Würzburger Residenz sind Romulus und Remus auf einem Deckengemälde von A. Belluci (1715) zu sehen. Ein Gemälde von Ingres mit Romulus und seiner Beute aus dem Krieg gegen Acro (1812, Rom, Quirinal) war für die Residenz von Napoleon I. und seinen Sohn, der den Königstitel von Rom anstrebte, bestimmt.

Binder 1964; Dulière 1979; Ebert-Schifferer 1988; Schauenburg 1966; Zanker 1987

Roxane, Gemahlin des → Alexander III.

Sabinerinnen (sollen im 8. Jh. v. Chr. gelebt haben), von den Römern geraubte Frauen ⟨Liv. 1,9; Dion. Hal. 2,30; Plut. Rom. 14; Varro 6,20; Ov. fast. 3,187⟩.
Die Töchter der Sabiner spielten eine bedeutende Rolle im Konflikt zwischen dem aufsteigenden Rom unter → Romulus und dem Nachbarvolk der Sabiner. Rom fürchtete um den Nachwuchs, da es an Frauen mangelte. Die Nachbarstämme verhinderten Hochzeiten mit Römern und anderen Männern, die aus der Umgebung in die Stadt kamen. Romulus gab ein großes Fest zu Ehren von Neptun und lud dazu auch die Sabiner und andere Stämme ein, die mit ihren Frauen und Töchtern zum Fest strömten. Auf ein bestimmtes Zeichen hin stürzten sich die Römer während des Festes, das auf dem Platz des späteren Circus Ma-

ximus stattgefunden haben soll, auf die jungen Frauen. Die Männer der Nachbarstämme zogen sich verbittert zurück, die geraubten Mädchen jedoch fühlten sich, wie Livius versichert, sehr
schnell bei ihren Entführern wohl, die der (römischen!) Überlieferung nach hervorragende Liebhaber und Ehegatten waren.
Einige Zeit darauf kam es zu heftigen Kämpfen zwischen den
Römern und den Sabinern, denen es durch den Verrat von
→ Tarpeia gelungen war, das Kapitol zu besetzen. Als sich der
entscheidende Kampf anbahnte, warfen sich die ehemals geraubten Sabinerinnen unter der Führung von Romulus' Frau Hersilia
mit ihren römisch-sabinischen Kindern zwischen die streitenden
Gegner. Die Feinde waren durch diese Tat so gerührt, daß es
zum Frieden und sogar zu einer gemeinsamen Regierung der
beiden Völker unter Romulus und dem sabinischen Fürsten Titus Tatius kam.

Diese Geschehnisse lesen wir knapp bei Livius und ausführlicher
bei Plutarch in seiner Romulus-Biographie. Dio Cassius (56,5)
schildert auf dramatische Weise, wie die Frauen sich klagend und
mit zerrissenen Kleidern in den Kampf stürzen. Der Raub war
nach Livius die Folge des Festes, nach Plutarch notwendige
Maßnahme; der Brauch, daß ein Römer seine Braut über die
Hausschwelle tragen mußte, mag eine Reminiszenz an die Entführung sein. Auch Appianos (Samn. 1,5) sagt, die sabinischen
Männer seien durch das Flehen der Frauen davon überzeugt
worden, daß sie die Römer nicht aus bloßer Begierde, sondern
aus der Not heraus geraubt hätten. Augustinus treibt in *De civitate Dei* (2,17) seinen Spott mit der römischen Auffassung von
›ius et bonum‹, da in der Praxis das Recht auf das ›bonum‹ (Eigentum), wofür die Frauen angesehen wurden, mißachtet wurde.

In der späteren Literatur und in der Musikgeschichte spielt das   NM
Motiv kaum eine Rolle. Eine frühe Oper gibt es von A. Draghi:
Il ratto delle Sabine (Libr. von N. Minato, 1674). Daneben entstanden Ballette von P. Wranitzky (1804, Wien) und P. Lichtenthal (1820, Mailand) sowie Opern bzw. Operetten von L. Rossi
(Libr. von G. Peruzzini, 1852, Mailand), C. Hubans (1890, Nancy) und E. Krones (Libr. von T. von Binder, 1891, Troppau).

Die Geschichte vom Raub der Sabinerinnen, berühmtes Ele   NK
ment der Gründungslegende Roms, findet sich auf dem Fries der
Basilica Aemilia (→ Romulus und Remus).
In der bildenden Kunst der Neuzeit wird die Entführung häufig
aufgegriffen. Auf Cassoni (z. B. in Leeds, Marewood C. und Ko

penhagen, Staatl. Kunstm.) kann die Szene als Verweis auf Lie-
bessehnsucht, die Herkunft des Geschlechts oder auch auf die
Verantwortung der Eheleute, für Nachwuchs zu sorgen, verstanden werden. Im 16. Jahrhundert kommt das Motiv des ›rap-
tus‹ (Raubes) im Zusammenhang mit Darstellungen von
→ Hades und → Persephone vor. Die Statue von Giambologna
aus dem Jahre 1582, die in der Loggia dei Lanzi in Florenz einen
Ehrenplatz erhielt, soll v. a. als kunstvolle ›figura serpentinata‹
konzipiert gewesen sein und hat erst später den Titel ›Raub der
Sabinerinnen‹ erhalten. Das Werk von Giambologna taucht auf
dem Gemälde ›Atelier eines Bildhauers‹ von B. van den Bossche
(um 1700, Stockholm, Nationalm.) wieder auf. Zur Raptus-
Tradition gehörte auch ein nicht erhaltenes Wachsbildnis (1593)
von A. de Vries, das von J. Muller in drei Stichen festgehalten
wurde (um 1594).

In der italienischen Malerei beschäftigten sich zahlreiche Künstler mit dem Frauenraub: auf Gemälden u. a. B. di Giovanni
(1488, Rom, G. Colonna; mit der Versöhnung als Pendant), G.
Genga (um 1500–03, Straßburg, M.), Il Sodoma (um 1511, Rom,
G. Naz.), P. da Cortona (um 1629, Rom, Kapitol. M.), L. Giordano (um 1680–90, u. a. Neapel, M. Martino und El Escorial), S.
Ricci (1702/03, Wien, Palais Liechtenstein und 1706/07, Venedig, Pal. Barbaro-Curtis) und G. B. Tiepolo (um 1722, St. Petersburg, Eremitage). In den Freskenreihen von L. Cambiaso in
der Villa Imperiale in Terralba (um 1565), von den Brüdern Carracci im Palazzo Magnani in Bologna (1589) und von C. d'Arpino im Konservatorenpalast in Rom (1595–99) bildet die Entführung einen Teil einer Reihe von Szenen aus der Frühgeschichte Roms. In den Niederlanden entstanden u. a. Gemälde
von Rubens (um 1635, London, Nat. G.) und J. Steen (um 1665,
Sarasota, M.), in Frankreich Gemälde von N. Poussin (um 1635,
New York, Metrop. M. und Paris, Louvre), C. Deruet (1650,
München, AP) und G. F. Doyen (um 1759, Cambrai, M.), in
Deutschland Gemälde von H. Rottenhammer (1597, Manchester, G.) und J. H. Schönfeld (1640–70, St. Petersburg, Eremitage und Rom, Privatbesitz) sowie in England ein Gemälde
von J. Thornhill (1706, Chatsworth, ›Sabine Room‹). Skulptu-
rengruppen schufen beispielsweise J. Xavery für den ›Oude Hof‹
in Den Haag (Anfang 18. Jh.) sowie J. D. Räntz und J. Schnegg
im Schloß Fantasie in Eckersdorf bei Bayreuth (1750–52; auf
dem Sockel sind Taten von Herakles zu sehen). Bemerkenswert
ist ein Terrakottarelief von G. della Porta (um 1530, London,
Vict. and Alb. M.), das als Vorlage für einen Bronzeguß diente;
Schauplatz des Raubes ist hier der Circus Maximus.

Selten wird die Szene thematisiert, wie die Frauen dazwischen-
treten und Frieden stiften: nach Abbildungen auf Cassoni und
auf Gemälden u. a. von Guercino (1645, für La Vrillière, heute
Paris, Louvre; → Romulus und Remus) und F.-A. Vincent
(1781, Angers, M.) findet diese Tradition ihren Höhepunkt in
einem Gemälde von J.-L. David (1799, Paris, Louvre).

Enlèvement 1979; Germer/Kahle 1986; Tomasi Vell 1991

Salmakis → Hermaphroditos

Sappho (6. Jh. v. Chr.), berühmteste griechische Dichterin
〈Hdt. 2,135; Ail. var. 12,19; Ov. her. 15; Max. Tyr. 18; Strab. 13,
617〉.
Aus adliger Familie stammend, lebte Sappho (auch: Psappho,
z. B. bei Alkaios) in Mytilene auf der Insel Lesbos. Ihre Gedichte
lassen darauf schließen, daß sie auf Lesbos einen Kreis junger
Mädchen um sich versammelt hatte, die bis zu ihrer Verheira-
tung in einer Gemeinschaft unter der Obhut einer adeligen Frau
lebten. Mit diesen Mädchen war sie, wie es ihre sehr offenen
Gedichte und andere Quellen bezeugen, intim befreundet. Seit
der Antike wurden daher immer wieder Vermutungen ange-
stellt, ob die Dichterin mit den besungenen Mädchen auch Liebesverhältnisse unterhielt. Sappho hatte eine Tochter mit dem
Namen Kleis – sie spricht sie in Fragmenten ihrer Gedichte als
›liebe Tochter‹ an. Die attische Komödie, der Sappho als Witz-
figur diente, dichtete ihr Kerkylas als Ehemann an. Sie schrieb
ihr auch eine Liebe zu dem jungen, von Aphrodite mit besonderer Schönheit begabten Schiffer Phaon zu. Als dieser ihre Liebe nicht erwiderte, soll sie sich vom Leukadischen Felsen ins
Meer gestürzt haben.

Sapphos Werk bestand v. a. aus *Epithalamia* (Hochzeitsliedern
für Mädchenchöre) und lyrischen Versen und kreiste um das
Thema der Vergänglichkeit der Jugend. Nach ihr ist die metri-
sche Form der sapphischen Strophe benannt. Von Alkaios, einem Dichter, mit dem die Poetin vermutlich befreundet war,
stammt Lyrik in ähnlichem Stil. Das Werk Sapphos ist leider nur
fragmentarisch oder in Paraphrasen und Übersetzungen überliefert. In einem Platon zugeschriebenen Epigramm sowie von Cicero und Catull wird sie als zehnte Muse bezeichnet. Sie beeinflußte die Dichtung von Anakreon, Horaz und Catull, der Les-

bia-Lieder verfaßte und einen von Sapphos Gesängen ins Lateinische übertrug (51).

Das Thema der Liebesbeziehung Sapphos zu Phaon, von dem
Menandros' *Leukadia* (4. Jh. v. Chr.) handelt, wird bei Strabo,
aber auch im 15. Brief von Ovids *Heroides* und in einem der
Totengespräche von Lukianos wieder aufgegriffen. Sapphos Lebensweise behandelt u. a. Seneca in einer seiner *Epistolae*. Maximus von Tyros (2. Jh. n. Chr.) sah eine Parallele zum Kreis der
Männer um → Sokrates.

In der bildenden Kunst der Antike entstanden fiktive Porträts
auf Vasen (z. B. um 480 v. Chr., München, Glyptothek; mit Alkaios). In der sogenannten Basilica Sotterranea – einem Gebäude
bei der Porta Maggiore in Rom, dessen Funktion in der For-
schung noch umstritten ist, das aber vermutlich als Grabmal
diente – ist die Phaon-Episode auf einem Stuckrelief dargestellt:
Sapphos Sprung vom Felsen symbolisiert hier die Befreiung der
Seele.

ND Im Mittelalter war Sapphos Werk kaum bekannt. In der byzantinischen *Suda*, der Enzyklopädie aus dem 10. Jahrhundert,
werden zwei Dichterinnen mit dem Namen Sappho erwähnt. In
G. Boccaccios *De claris mulieribus* (1356–64) ist sie eine herausragende, positive Figur. Darauf greift Christine de Pizan zurück,
die Sappho wegen ihrer hohen Bildung einen bedeutenden Platz
in ihrem *Livre de la cité des dames* (1404/05) einräumte. Die erste
Buchausgabe von Sapphos Gedichten (Paris, 1546) führte zu
einer Vielzahl von Übersetzungen, Bearbeitungen und poetischen Werken u. a. von J. Du Bellay, P. de Ronsard, J. Donne
und N. Boileau-Despréaux.

Die Liebe zu Phaon regte J. Lyly in der Tradition von Ovid und
Catull zu einem Drama mit glücklichem Ausgang an (1584). In
der Nachfolge der *Heroides* von Ovid, die im Frankreich des 17.
Jahrhunderts sehr beliebt waren, veröffentlichte M. de Scudéry
ihre *Lettres amoureuses* (1641): fiktive Briefe über die unglückliche Liebe zu Phaon. In B. Fontenelles *Dialogues des morts* (1683)
diskutiert Sappho mit Petrarcas Laura, ob man den Männern in
der Liebe die Initiative überlassen solle. Einen vielgelesenen Roman über Sappho schrieb A. Verri (1782). Mme de Staël zeichnet
in ihrem Drama *Sapho* (1810) das Porträt einer eigenständigen
Frau ihrer Zeit. F. Grillparzer deutet Sappho in seinem Trauerspiel (1818) als Vertreterin der Kunst im Gegensatz zu Phaon,
der das gesellschaftliche Leben personifiziert; als Repräsentanten
widerstreitender Prinzipien können sie nicht zueinandergelan-

gen. Lyrische Bearbeitungen des Stoffes stammen von A. von Platen (1812), A. de Lamartine (1816) und G. Leopardi (1822). Die Unvereinbarkeit von ungehemmter Erotik und bürgerlichem Leben bestimmt den Roman von E. Daudet (1884). Der Streit um ihren Ruf lebt in der Neuzeit mit einer Schrift von P. Bayle (1695) wieder auf. Bis ins 20. Jahrhundert gibt es kontroverse Deutungen, die aus den Gedichten einerseits sogar ein Verhältnis des Vaters mit der Tochter herauslesen, andererseits aber auch nur eine rein pädagogische Beziehung Sapphos zu den Mädchen sehen. Die Vorstellung von Sappho als lesbischer Dichterin wird u. a. in einem Gedicht in C. Baudelaires *Les fleurs du mal* (1857), ursprünglich mit dem Titel *Les lesbiennes*, und in *A Pilgrimage of Pleasure* (1863/64) von A. C. Swinburne verarbeitet, der später mit *On the cliffs* (1879) ein anderes Bild von ihr schuf. Eine laszive Sappho finden wir in Gedichten von P. Verlaine (1867 und 1886) und J. Lorrain (1892). Die *Chansons de Bilitis* von P. Louÿjs (1894) vertonte C. Debussy (1897). Die Pariser Dichterin R. Vivien, deren Sappho-Übersetzung und eigene sapphische Strophen breite Nachahmung fanden, sammelte um 1900 einen Kreis von Frauen um sich. R. M. Rilke schrieb einige Gedichte auf Sappho (1905 und 1907). Dramatische Bearbeitungen des Stoffes stammen im 20. Jahrhundert von P. Mackaye (1908), L. Durrell (1950), der die gefeierte Dichterin und verehrte Gattin und Mutter als kämpfende und irrende Person zeichnet, die an ihrem Auserwähltsein leidet, und R. Bayr (*Sappho und Alkaios*, 1952), dessen Sappho in einem politisch-künstlerischen Frauenbund die Rolle der Führerin übernimmt. In dem Roman von J. Germain (*Sappho de Lesbos*, 1954) wird die unglückliche Liebe zu Phaon thematisiert.

In der Musikgeschichte entstanden u. a. Opern von A. Salieri NM (›tragédie lyrique‹, entst. 1790), J. B. van Bree (Libr. von J. van Lennep, 1834, Amsterdam), G. Pacini (Libr. von S. Cammarano, 1840, Neapel), C. Gounod (Libr. von E. Augier, 1851, Paris), J. Massenet (Libr. nach Daudets Roman, 1897, Paris) und C. Cuvillier (Libr. von A. Barde/M. Carré, 1912, Paris). Zum Trauerspiel Grillparzers gibt es eine Musik von C. M. von Weber (1818, Dresden); ein Vertonung dieses Dramas unternahm H. Kaun (1917, Leipzig).

In der Kunst des Mittelalters kommt Sappho nur in Illustratio- NK nen von Boccaccio-Ausgaben vor. Als Vertreterin der künstlerischen und intellektuellen Fähigkeiten der Frau ist Sappho mit ihrer Lyra – neben Penelope an ihrem Webstuhl (→ Odysseus)

und Aspasia inmitten der griechischen Philosophen (→ Perikles)
– auf einem Deckengemälde von M. Corneille (Ende 17. Jh.) in
der Antichambre der Königin in Versailles zu sehen. N. A.
Abildgaard malte eine Gruppe von Mädchen um Sappho (1809,
Kopenhagen, M.). H. Tesham veröffentlichte 1783 einen Zyklus
von zwanzig Stichen mit der Lebensgeschichte Sapphos. F.-J.
Duret schuf für den Pariser Salon 1806 eine Statue mit Sappho,
die einen Brief an Phaon schreibt. Auf einem Gemälde von J.-L.
David (1809, St. Petersburg, Eremitage) ist Sappho zusammen
mit Phaon abgebildet. Den Tod der Dichterin hielten auf Gemälden u. a. G. Moreau (1872, London, Vict. and Alb. M., und
1884, Paris, M. Moreau, wovon Jean Lorrain inspiriert wurde),
A. Renan (1893, Paris, M. d'Orsay) und F. Khnopff (1912, Antwerpen, Privatsammlung) fest. In der Bildhauerei entstanden
Werke mit einer wegen ihrer unglücklichen Liebe zu Phaon
trauernden Sappho, z. B. von J. H. Dannecker (1791–1802, liegende und stehende Gips- und Marmorstatuen, u. a. Ludwigsburg, Monrepos, und Stuttgart, Staatsg.), E.-A. Bourdelle
(1887–1925, u. a. Bronzeskulptur, Paris, M. Bourdelle) und J.
Pradier (1848, ausgestellt auf dem Pariser Salon 1852, heute Paris, Louvre). Eine Statue von E.-A. Bourdelle (1925, Paris, Louvre) zeigt Sappho als triumphierende Dichterin. Mit Sappho, die
Alkaios abweist, beschäftigen sich Werke von T. Chassériau
(1840, Paris, Privatsammlung; 1849, Paris, Louvre) und L. Alma
Tadema (1881, Baltimore, Walters Art Gallery). A. C. Swinbur-
nes erste Sappho-Gedichte regten den später wegen seiner Homosexualität verurteilten Maler Solomon zu einem Gemälde
(1864, Sotheby's, London, 1980) mit Sappho und Erinna an,
einer spätantiken Dichterin, die mit Sappho in Verbindung gebracht wird.

van Erp Taalman Kip 1988; Frenzel 1992a; von Heintze 1966; de Jean 1989;
Kolsteren 1981; Mora 1966; Robinson 1924; Rüdiger 1933

Sardanapal(l)os (7. Jh. v. Chr.), König von Assyrien ⟨Hdt.
2,150; Diod. 2; Athen. 12,528 ff.; Ov. Ib. 311 f.; Sidon. carm
9,16 ff.⟩.
Der historische und biblische Assurbanipal, einer der letzten assyrischen Herrscher, soll im 7. Jahrhundert v. Chr. gelebt haben.
Nach einer griechischen Legende war sein Leben dadurch bestimmt, inmitten seiner Eunuchen und Frauen zu schwelgen. In
seinen Harem ging er häufig als Frau verkleidet und amüsierte
sich auch mit dem Spinnen von Wolle. Wegen seiner Vorliebe für

weibliche Kleidung und Schminke soll er kaum noch als Mann erkannt worden sein. Auch liebte er Männer und Frauen. Dieser außergewöhnliche Lebenswandel trieb die Anführer seiner Leibwache, Belesys und Arbakes, dazu, sich mit den Persern und Medern gegen ihn zu verbünden. Sardanapallos wurde im Kampf gegen die Aufständischen in die Enge getrieben und schließlich lange in der Stadt Ninos belagert. Als er die aussichtslose Situation einsah, errichtete er in seinem Palast einen riesigen Scheiterhaufen und kam mit seinen Eunuchen, Frauen und Schätzen in den Flammen um.

Der Name Sardanapallos stand in der Antike für Verweichlichung, von der die Griechen und Römer ihre Kultur bedroht sahen: Diodoros und Ovid in seiner *Ibis* lassen sich aus einer solchen Haltung heraus scharf gegen ihn aus. Ebenso nennt ihn Aristoteles in seiner *Ethika Nikomachia* (1095b) als den Inbegriff des Widerlichen. Eine Dionysos-Statue aus der Zeit um 360 v. Chr. ist nach ihm benannt: Der Gott wird als Mann mit langem Bart in feierlicher Haltung dargestellt, gehüllt in einen dünnen Mantel, der den ganzen Körper bedeckt. Die Bezeichnung ergibt sich aus einer Inschrift auf einer Kopie (Rom, Vat. M.) und soll einen Zusammenhang mit dem Charakter und Lebenswandel des Dionysos herstellen.

Der Überlieferung zufolge – zu nennen ist Diodoros, der sich auf einen verlorengegangenen Traktat von Ktesias beruft – wurde Sardanapallos bei Babylon ein großes Grabmonument errichtet, das Alexander im Jahre 333 besucht haben soll. Die von vielen Autoren, u. a. Cicero (fin. 2,32,106 u. Tusc. 5,101) und Augustinus (civ. 2,20), zitierte Inschrift auf dem Grabmal soll von der Vergänglichkeit des Reichtums gesprochen haben.

Neben wenigen Erwähnungen des Sardanapallos als Beispiel für ND Verweichlichung oder weibisches Verhalten in der mittelalterlichen Literatur – z. B. in einer slavischen Version der byzantinischen *Manasse-Chronik* aus dem 12. Jahrhundert und der *Confessio amantis* J. Gowers (ca. 1390) – sowie in der Emblematik konnte das Thema erst seit dem 19. Jahrhundert Interesse wecken. Bedeutend für diese Entwicklung war ein Drama von G. N. G. Byron (1821), in dem der menschenfreundliche König epikureischen Idealen wie Friede und Genuß Geltung verschafft; sein Ende vor Augen haltend, billigt Sardanapallos nur die Nähe der ihm in einer Haßliebe verbundenen Konkubine, die ihm in den Tod folgen will. Diesen Stoff finden wir in einigen Theater- und Musikadaptionen wieder, u. a. in einer Kantate von H. Berlioz

(Grand Prix de Rome, 1830). In dieser Tradition galt Sardanapallos neben → Elagabal für Autoren wie T. Gautier, G. Flaubert, O. Wilde und J.-K. Huysmans als das Vorbild eines Dan-
dys, sowohl im positiven wie im negativen Sinn, und als männliches Pendant zu → Semiramis und → Kleopatra.

NM In der Operngeschichte des 17. Jahrhunderts sind die Werke von
G. D. Freschi (Libr. von C. Maderni, 1679, Venedig) und C. L.
Boxberg (1698, Ansbach) zu finden. Im 19. Jahrhundert entstanden v. a. Vertonungen von Byrons Drama in verschiedenen
Librettobearbeitungen, darunter von G. A. Litta (1844, Mailand), G. E. A. Alary (1852, St. Petersburg), O. Bach (1862,
nicht aufgeführt), V. Joncières (1867, Paris), A. S. Famitsin
(1875, St. Petersburg), G. Libani (1880, Rom) und V. A. Du-
vernoy (1882, Paris).

NK Das berühmte, von Byron und P. P. Rubens inspirierte Gemälde
von E. Delacroix (1827, Paris, Louvre; kleinere Version 1844,
Paris, Louvre), das auf der Pariser Salonausstellung 1828 einen
Skandal hervorrief, zeigt Sardanapallos, wie er seine Konkubinen und Pferde niederstechen läßt.

Alazard 1963; Farwell 1958; Goedegebuure 1987; Johnson 1960; Spector 1974

Saturnus → Kronos

Satyrn und Silenen, übermütige, lüsterne Waldgeister aus dem
Gefolge des Dionysos; nach Euripides' *Kyklops* die Kinder von
Silenos und fünf Bergnymphen, die von Phoroneus abstamm-
ten, von den Römern wurden die Satyrn mit den Faunen, dem
Gefolge des Faunus (→ Pan) gleichgesetzt.
Die Satyrn und Silenen waren Mischwesen mit dem Schwanz,
den Hufen und den Ohren eines Bockes oder eines Pferdes und
wurden meistens miteinander gleichgestellt, wobei die Silenen
als älter und weiser als die Satyrn galten. Auch ihre Gesichter
trugen tierische Züge. Sie stellten häufig den Nymphen nach
und waren auch mit anderen Naturgeistern verbunden. Im Thiasos, dem festlichen Gefolge des Dionysos, aus dem später das
Satyrspiel und möglicherweise auch die Tragödie hervorging,
bildeten die Satyrn den Chor (im Griechischen meint ›Tragödie‹
eigentlich ›Bocksgesang‹). Mythische Szenen sind nur von einzelnen Satyrn bekannt, z. B. → Marsyas. Silenos war einer der
Erzieher des Dionysos. Als er eines Tages gierig nach dem Ho-

nig in einem Bienennest griff, wurde er von den Tieren als Strafe für seine Gefräßigkeit zerstochen.

In der griechischen Keramik (7.–4. Jh. v. Chr.) werden Satyrn und Silenen tanzend mit Bart und Phallos dargestellt. Sie begleiten → Hephaistos zum Olympos oder befinden sich in Dionysos' Gefolge. In der Bildhauerkunst entstanden römische Kopien von Figurengruppen aus dem 4. Jahrhundert v. Chr. und der hellenistischen Zeit: der weinschenkende Satyr von Praxiteles; Silenos mit dem kleinen Dionysos von Lysippos; betrunken und schlafend als der sog. ›Faun Barberini‹ (um 220 v. Chr., Marmor, München, Glyptothek). Es gibt auch zahlreiche Skulpturen mit Nymphen oder Hermaphroditen und nachstellenden Satyrn, die in Gärten und Parks ursprünglich (so Plinius d. Ä.) das Böse abwehren sollten. Im Laufe der Zeit erhalten sie mehr dekorative Funktionen, um den landschaftlichen oder natürlichen Charakter des Gartens oder Parks zu betonen. Manchmal werden sie auch als Familie im Wald gezeigt, wie beispielsweise auf Silberbechern. In der Kaiserzeit sind sie auf zahlreichen Sarkophagen mit Dionysos-Darstellungen, auf Mosaiken und in der Malerei zu sehen.

Züge dieser Wesen gingen im Mittelalter in die Teufelsikono- NK
graphie ein. Schilderungen von Satyrfamilien in der deutschen Renaissance, z. B. bei Dürer (1505, Kupferstich) und A. Altdorfer (1507, Gemälde, Berlin, Gemäldeg.), können dagegen als Idealisierung des unverdorbenen, reinen Naturwesens verstanden werden. Bei zwei Holzschnitten von J. de' Barbari (um 1500) werden die Satyrn in negativem Sinne gezeigt: Die Menschen besiegen die Satyrn – Tugend und Bildung überwinden das Laster und die Unordnung.
Die Satyrn mit den Nymphen, Mänaden und dem betrunkenen Silenos im Gefolge des Dionysos sind z. B. auf einer Zeichnung von J. Bellini (um 1430, Paris, Louvre), auf einem Fresko von G. Romano (1527/28, Mantua, Pal. del Tè) sowie auf Gemälden von C. C. van Haarlem (1608, Rotterdam, M. Boymans) und Rubens (um 1616/17, u. a. Dresden, Gemäldeg., und Den Haag, Mauritsh.) zu finden. Auf Gemälden schildern A. van Dyck (um 1615/16, Brüssel, Kon. M.), Rubens (1616/17, München, AP), J. de Ribera (1626, Neapel, G.) und H. Daumier (um 1851, Calais, M.) den betrunkenen Silenos. Den maßlosen Silenos, der nach dem Honig greift und von den Bienen gestochen wird, zeigt auf zwei Gemälden P. di Cosimo (um 1490–1510, Worcester/Mass., M., und Cambridge/Mass., M.), der dabei auf die *Fasti* Ovids zurückgreift.

Ein häufig wiederkehrendes Motiv seit dem Anfang des 16. Jahrhunderts bis ins 19. Jahrhundert ist ein Satyr, der heimlich eine nackte Schlafende betrachtet. Derartige Abbildungen sind nicht immer eindeutig zu erklären. Es kann sich um die von F. Colonna in der *Hypnerotomachia Poliphili* (1499) beschriebene männliche Lust und die weibliche Empfänglichkeit/Fruchtbarkeit handeln. Die Belauerung einer Artemis-Nymphe kann auf die von der Wollust gefährdete Keuschheit hinweisen. Wird Aphrodite dargestellt, kann damit das Vorspiel zum Liebesakt gemeint sein, z. B. auf Gemälden von A. Bronzino (um 1550–55, Rom, G. Colonna), L. Cambiaso (um 1565, Genua, Pal. dei Marchesi Negrotto Cambiaso) und Annibale Carracci (um 1588, Florenz, Uffizien). Zeus, der sich in Satyr-Gestalt der schlafenden Antiope (→ Amphion und Zethos) nähert, ist z. B. auf Gemälden von Tizian (um 1535–40, Paris, Louvre; sog. ›Pardo-Venus‹), J. Tintoretto (um 1541, Modena, G. Estense), B. Spranger (um 1590–1600, Wien, Kunsth. M.), H. Goltzius (1616, Paris, Louvre), A. van Dyck (um 1616/17, Gent, Kon. M.), J.-L. David (1768, Sens, M. Mun.) und J. Ingres (1851, Paris, Louvre) zu sehen. Unterschiedlich gedeutet werden können u. a. Gemälde von D. Dossi (um 1520, Florenz, Pal. Pitti), Rubens (um 1617, London, Buck. Pal.), J. Jordaens (1650, Grenoble, M.) und A. Watteau (um 1715, Paris, Louvre), Stiche von Rembrandt (um 1631 und 1659) sowie eine Steinskulptur von T. Géricault (um 1815/16, Rouen, M.). Bei Gemälden von N. Poussin (um 1625, u. a. Dublin, Nat. G., und Moskau, Puschkin M.) sitzen ein Satyr und eine Nymphe friedlich beim Mahl. A. Wiertz malte Satyrn, die badenden Nymphen auflauern (1841, Brüssel, Wiertz-M.).
In der bildenden Kunst der Niederlande wird im 17. Jahrhundert nach einer Fabel des Aisopos das Motiv des Bauern, der an einem kalten Abend von einem Satyrn eingeladen wird, häufig aufgegriffen: z. B. auf Gemälden von J. Jordaens (um 1616/17, Budapest, M.), G. J. van den Eeckhout (1653, Oldenburg, Landesm., und Stockholm, Nationalm.) und B. Fabritius (1662, Bergamo, G.).

ND In der Literatur der Neuzeit sind die Satyrn eng mit den Faunen, als Gefolgschaft des Faunus bzw. des → Pan, und den → Nymphen assoziiert. Mehrere Faun-Gedichte entstanden im Symbolismus: z. B. von P. Verlaine (1869; mit einer Replik von R. Darío, 1896), S. Mallarmé (1876), A. Rimbaud (1891, entst. um 1870), H. de Régnier (1895), E. Pound (1914). H. Bahr schrieb eine ›Groteske‹ (1907).

Im 18. Jahrhundert entstanden einige Opern zu den *Satyrn in* NM
Arkadien, z. B. von F. B. Conti (Libr. von P. Pariati, 1714, Wien)
und G. P. Telemann (1719, Leipzig). Von I. Strawinsky existiert
eine Suite für Mezzosopran und Orchester (Text von A. Pushkin, um 1906); Faune und Satyrn bevölkern auch die *Pagan Sym-*
phonie von G. Bantock (1923–28).
Neben einem Lied nach dem Text von P. Verlaine (vor 1918)
komponierte C. Debussy das *Prélude à l'apres-midi d'un faune* für
Orchester nach dem Text von S. Mallarmé (beendet 1895; Fassung für zwei Klaviere aus dem gleichen Jahr). Als Ballettmusik
für S. Diaghilevs ›Ballets russes‹ löste dieses Stück in der laszi-
ven, sehr eindeutigen Choreographie und tänzerischen Darstellung von V. Nijinskij einen der größten Skandale der Theatergeschichte aus (1912, Paris). Ein weiteres Ballett schrieb B. Sek-
les (1921, Wiesbaden); von P. Dukas stammt ein Klavierstück
(1918).

Brommer 1937; van Dorst 1984; Kaufmann 1979; Kieser 1938–39; Niccoli 1989;
Schöne 1987; Vermeule 1964a

Scipio Maior, Publius Cornelius Africanus (235–183), römischer Feldherr ⟨Pol. 3,6 ff., 10,34–40, 14,1–10, 15,1–19; Liv.
21–38 passim; App. Lib u. Syr. 40; Diod. 25–37 passim⟩.
Scipio tat sich zuerst in der Schlacht bei Pavia gegen → Hannibal
während des Zweiten Punischen Krieges hervor, als er seinem
Vater Publius Cornelius Scipio das Leben rettete. Als nach der
für die Römer katastrophalen Niederlage bei Cannae im Jahre
216 einige junge Patrizier Italien verlassen wollten, zwang Scipio
sie unter Androhung des Todes, Rom ihre Treue zu schwören.
Nach der Niederlage und dem Tod seines Vaters und Onkels in
Spanien im Kampf gegen die Karthager wurde Scipio trotz seiner Jugend 210 zum Oberbefehlshaber über Spanien ernannt,
wogegen nur einige ältere Senatoren stimmten. In einem Zeitraum von vier Jahren konnte er den Feind aus Spanien vertreiben. Nach der Einnahme von Carthago Nova (dem heutigen
Cartagena), der Hauptstadt der punischen Provinz in Spanien,
übte er Verzicht, als ihm ein Mädchen aus dieser Stadt als Beute
zugeteilt wurde. Bei seiner Rückkehr nach Rom vertrat Scipio
den Standpunkt, daß man die Karthager nicht länger nur in Italien bekämpfen, sondern den Kriegsschauplatz nach Afrika ver-
legen müsse. Sein Plan wurde trotz des Widerstands von → Fabius Maximus durchgeführt. Versehen mit den Befugnissen eines
Konsuls landete Scipio im Jahre 204 in Afrika und konnte dort

auf die Unterstützung des numidischen Königs Masinissa
(→ Sophoniba und Masinissa) rechnen. Seine Erfolge verunsi-
cherten die Karthager so sehr, daß sie Hannibal aus Italien zu-
rückriefen. Ein Gespräch zwischen den beiden Anführern,
›wörtlich‹ von Polybios und Livius wiedergegeben, verlief ohne
Resultat. So kam es 202 zu der großen Schlacht bei Zama, in der
beide Feldherren ihr strategisches Geschick zeigten und Scipio
schließlich den Sieg davontrug. Er erlegte den Karthagern äußerst strenge Friedensbedingungen auf und kehrte in einem großen Triumphzug nach Rom zurück, wie es Livius und Appianos
ausführlich beschreiben. Zu dieser Zeit erhielt er wohl auch den
Beinamen Africanus. Im Osten kämpfte er dann an der Seite
seines Bruders Lucius Cornelius Scipio, der wegen seiner Triumphe im Krieg gegen Antiochos III. den Beinamen Asiaticus erhielt. Die Geschichtsschreiber nennen für diese Zeit ein Treffen
mit Hannibal, der an den Hof des Antiochos gekommen war.
Ferner schreiben sie, daß sich Scipio prinzipientreu zeigte, als
Antiochos ihn mit dem Leben seines Sohnes erpressen wollte,
den der König gefangengenommen hatte. Voller Bewunderung
für Scipios Standhaftigkeit ließ er dessen Sohn ohne Bedingungen wieder frei. Nach Scipios Rückkehr nach Rom war nicht
alles zum Besten bestellt: Kandidaten für das Konsulat, die er
vorgeschlagen hatte, erlitten eine Niederlage; seinem Plädoyer
für eine Stärkung der Macht des Senats widersetzte man sich. Er
und sein Bruder mußten sich sogar in Gerichtsverhandlungen
gegen den Vorwurf wehren, sie hätten sich in den eroberten
Gebieten unrechtmäßig bereichert und wären durch Antiochos
bestochen worden. Überliefert wird, wie Scipio sich einzig damit
verteidigte, daß er auf seine Verdienste und seinen Lebenswandel
verwies und sogar angeblich belastende Dokumente öffentlich
zerriß. Verbittert ging er freiwillig in die Verbannung und zog
sich auf sein Landgut in Liternum zurück, wo er vier Jahre später
starb.

Die Scipionen gehörten zu den vornehmsten Familien der römischen Republik. Sie hatten viele hohe Magistrate inne und
förderten die kulturelle Entwicklung. Schon früh regten sie eine
intensive Rezeption der griechischen Kultur an, was manchen
mißfiel, wie z. B. → Cato Censorius. In diese neue Strömung
paßt auch die Verherrlichung der verstorbenen Familienmitglieder: Scipio Africanus Maior entwickelte sich in der Tradition zu
einem sagenhaften Helden, wofür der von seinem Sohn Scipio
Minor in die Familie aufgenommene griechische Historiker Polybios einen wichtigen Anstoß gab. Andere Historiker, die aus-

führlich über Scipio schrieben, sind Livius, Appianos, Diodoros Sikulos und Silius Italicus. Zusammen mit verherrlichenden Anekdoten, die seine Taten und Tugenden illustrieren, kamen auch Mythologisierungen auf. So schrieb Gellius (12,8) von der Zeugung Scipios durch eine Schlange, was göttliche Herkunft bedeutet; die gleiche Geschichte gab es auch über → Augustus. Zu den in der Historiographie wiederkehrenden Motiven gehören Scipios Auftreten vor den desertierenden jungen Römern und die Rettung seines Vaters auf dem Schlachtfeld. Auch das freiwillige Exil in Liternum wird zu einem Topos. Von Valerius Maximus (u. a. 2,7,12; 5,3,2h) wird er stets lobend als Vorbild erwähnt. Doch findet sich in der Geschichtsschreibung auch der Widerklang des Ärgers der Zeitgenossen über die Arroganz Scipios. Polybios hält es für nötig zu betonen, daß Scipio nicht hochmütig, sondern selbstbewußt war. Entgegen dem Spott über die behauptete göttliche Herkunft Scipios – eine Mystifikation, die dieser sich gern gefallen ließ – lobt er die Berufung auf die Götter als verständige Tat zur Festigung seiner Macht und vergleicht sie mit der Berufung des Lykurgos auf die göttliche Inspiration bei der Gesetzgebung. Die in der Antike und der späteren Zeit bekannteste Anekdote betrifft die Haltung des jungen Scipio gegenüber dem Mädchen, auf das er nach der Einnahme von Carthago Nova Anspruch hatte. Livius (26, 50) überlieferte die Geschichte: Das schöne Mädchen kam als Kriegsgefangene zu Scipio. Die von den Eltern angebotenen Geschenke wurden alle zurückgewiesen und das Mädchen selbst ohne Schaden ihrem Verlobten Allucius wiedergegeben. Mit dieser Tat konnte Scipio die Bewohner der Stadt für sich gewinnen. Das edelmütige Auftreten – nachzulesen bei Silius Italicus, Appianos und Dio Cassius – wird in moralischen Schriften und in der Dichtung der Antike häufig als Beispiel des beherrschten Umgangs mit der Macht genannt, der ›magnanimitas‹ (Hochherzigkeit), womit man die Besiegten besser an sich bindet als mit Gewalt. Ferner gilt Scipio als Vorbild für ›continentia‹ (Selbstbeherrschung) und ›abstinentia‹ (Enthaltsamkeit).

Petrarca ist der erste nachantike Autor, der Scipio einen bedeutenden Platz einräumt. Er arbeitete von 1338 bis in die fünfziger Jahre des 14. Jahrhunderts an seinem patriotisch gestimmten lateinischen Epos *Africa*, das sich dem Leben des Scipio Africanus Maior widmet. Allein schon der Umstand, daß er dieses Werk im Stil von Vergils *Aeneis* schreiben wollte, führte dazu, daß er im Jahre 1341 auf dem Capitol als Dichter bekränzt wurde. Das

ND

Werk entsprach allerdings nicht dem Geschmack der Zeitgenossen, blieb unvollendet und geriet in Vergessenheit. Petrarca besingt darin die Taten Scipios seit der Eroberung Spaniens bis zur
Schlacht bei Zama und die Rückkehr nach Rom mit der Geschichte um Sophoniba. Petrarca hält sich, Livius folgend, deutlich an die Struktur der *Aeneis*: Vergleichbar mit der Erscheinung
des Geistes von Anchises vor seinem Sohn Aeneas hat Scipio
einen Traum, in dem ihm sein Vater begegnet. Dieser prophezeit
die Weltherrschaft der Römer, wenn sie Hannibal überwunden
haben werden, und spricht von den großen Eroberungen des
Marius, Pompeius, Caesar, Augustus, Vespasianus und Titus.
Während der Rückreise nach Rom kündigt der Dichter Ennius
Scipio einen neuen Homer an, der seine Taten besingen werde:
Petrarca. In seinem erfolgreichen Gedichtzyklus *Trionfi* (begonnen 1352) kontrastiert Petrarca Scipio als Beispiel für Keuschheit
mit Caesar, der sich von Kleopatra verführen läßt: ein Verweis
auf Scipios Continentia. Diese Vorstellung finden wir auch in
seinem Werk *De viris illustribus* (1338–53). 1558 erschien ein heute verschollenes niederländisches Theaterstück von W. van
Haecht in Antwerpen. Ein Drama von J. Desmarets de Saint-
Sorlin (1639) wurde um 1649 von J. Lemmens übersetzt und
genoß in den Niederlanden angesichts einiger Neudrucke viel
Erfolg.

NM In der Musikgeschichte entstanden zahlreiche Opern zu dieser
Figur, z. B. von P. F. Cavalli (Libr. von N. Minato, 1664, Venedig), A. Ariosti (Libr. von Copeda, 1704), A. Scarlatti (Libr.
von A. Zeno, 1714, Neapel), A. Caldara (Libr. von A. Zeno,
1722, Wien), G. Giacomelli (Libr. von C. I. Frugoni, 1728, Parma), C. H. Graun (Libr. von G. Fideler oder C. H. Postel, 1732,
Wolfenbüttel) und B. Galuppi (zwei Werke: Libr. von F. Vanneschi, 1742, London; Libr. von A. Piovene, 1746, Venedig).
Ein Film von C. Gallone (1937) gehörte zur Propaganda des
Mussolini-Regimes im Krieg gegen Abbessinien.

In der bildenden Kunst der Antike kommt Scipio, abgesehen
von imaginären Porträts, nicht vor.

NK In der Malerei der Neuzeit wird die Darstellung der Continentia
sehr oft aufgegriffen, wie mehr als hundert Kunstwerke beweisen. Das Continentia-Motiv bildet vom 16. bis zum 18. Jahrhundert einen festen Bestandteil im Repertoire der Historienmaler.
In Italien entstehen u. a. Gemälde von P. Veronese (um 1565,
London, Nat. G.), F. Maffei (um 1650–60, Trento, Castello del

Buon-Consiglio), S. Ricci (1700–13, u. a. Chicago, Art I.; Kopenhagen, Staatl. Kunstm.; Parma, G. Naz., und London, Hampton Court), S. Conca (um 1720, Köln, Wallr.-Rich.-M.), G. M. Crespi (um 1725, New York, Chrysler C.), C. Carlone (um 1725–30, Wien, Öster. G.), G. B. Pittoni (um 1730–37, München, AP, und Paris, Louvre), G. B. Tiepolo (u. a. um 1743, Fresko, Villa Cordellina bei Vicenza; zusammen mit Dareios' Familie bei → Alexander) und von V. Camuccini (1808–11, Rom, Camuccini C.); in den Niederlanden Gemälde von C. van Mander (1600, Amsterdam, M.), J. Brueghel d. Ä. (1609, München, AP; integriert in eine Landschaft), F. Francken II. (u. a. 1617–20, München, AP, und 1630–40, Köln, Wallr.-Rich.-M.), A. van Dyck (um 1620, Oxford, Christ Church College), T. van Thulden (um 1638, Antwerpen, Kon. M.), J. Victors (1640, St. Petersburg, Eremitage), J. Jordaens (Mitte 17. Jh., Rotterdam, M. Boymans), G. J. van den Eeckhout (1650–70, u. a. Dijon, M., und Toledo/Ohio, M.), J. Steen (u. a. um 1670, Kapstadt, G.), J. van Noordt (1672, Amsterdam, M.), G. Hoet (um 1700, Utrecht, M.) und P. J. Verhaghen (1805, Löwen, M.); in Frankreich Gemälde von N. Poussin (1643–45, Moskau, Puschkin M.), J. B. Lemoyne (1727, Nancy, M.), J.-F. de Troy (1728, bekannt durch Stiche von E. Fessard) und N.-G. Brenet (1789, Straßburg, M.); außerdem Gemälde von D. Allan (1774, London, Royal Acad.), B. West (um 1776, Cambridge, Fitzwilliam M.) und J. Reynolds (1789, St. Petersburg, Eremitage). Brenet zeigt auf einem Gemälde (1787, Nantes, M.), wie Scipios Sohn von Antiochos seinem Vater zurückgegeben wird.

Auch in Zyklen kommt Scipio häufig vor, den Inschriften oder dem Kontext zufolge meistens als Vorbild für Selbstbeherrschung und Hochherzigkeit: z. B. in Padua im Liviano (14. Jh.), in der Anticapella in Siena (Anfang 15. Jh.), von Perugino im Collegio del Cambio in Perugia (um 1500), in der Saletta di Cesare im Palazzo Tè in Mantua (1531/32) aus dem Umkreis von G. Romano, in Petrarcas Sterbehaus in Arquá (anonym, 16. Jh.), von P. da Cortona im Palazzo Barberini in Rom (1633–39; → Fabius Maximus), in der Sala di Venere im Palazzo Pitti in Florenz (1641/42), in der Wahlstube im Römer in Frankfurt von A. de la Rue (1632), im Römerzimmer in der steiermärkischen Riegersburg (1589), in den Räumen Annas von Österreich im Louvre von G. F. Romanelli (1655–59) und im Palazzo Marucelli in Florenz von S. Ricci (1706; → Fabricius). Weiterhin findet sich das Motiv auf einem Holzschnitzwerk von A. von Soest im Ratsaal in Lüneburg (1566–78) und auf einem vom polnischen König Poniatowski in Auftrag gegebenen Gemälde (1767, Warschau, M.; → Skiluros). In der Villa Emo bei Padua malte G. Zelotti (um 1550, Fresko) die Continentia zusammen mit dem Tod der → Verginia; im Haus von Samuel Bernard in Paris kombinierte J.-F. de Troy auf einem Gemälde (1728, durch Stich von E. Fessard bekannt) dieses Motiv mit → Coriolanus. Die Szene war auch Teil einer geplanten Reihe von vier Gemälden (1765) für den Palast in Choisy – bei den anderen handelt es sich um → Traianus, Augustus und Marcus Aurelius –, doch führte L. J. F. Lagrenée seine Scipio-Darstellung nicht aus. Die Verknüpfung von Scipio mit einem Bild, auf dem Alexander dem Apelles Kampaspe schenkt, unterstreicht die Bedeutung der Continentia, die wohl auch dieser Szene zukommt: z. B. auf Werken von Dürer im Nürnberger Rathaus (nach 1521, verloren) und G. Genga in der Villa Imperiale in Pesaro (um 1530). Auf Fresken u. a. von J. Bocksberger d. Ä. und L. Refinger (1542/43) in der Residenz Ludwigs X. in Landshut ist Scipio mit Caesar und Kleopatra zu sehen: Sie wendet sich von Scipio ab und Caesar zu. Es handelt sich um eine Illustration von Kontrasten, wie sie auch in Petrarcas *Trionfi* vorkommen.

Auch in den nördlichen Niederlanden trifft man auf die Continentia Scipios in öffentlichen Gebäuden: z. B. schuf D. Hardenstein ein Kaminstück (1653) für das Bürgermeisterzimmer in Deventer und ein unbekannter Künstler ein Gemälde für den Wahlraum des Zehnerrats in Breda (um 1770). G. de Lairesse hielt auf einem Gemälde (1684) im Auftrag des Gerichtshofes von Holland, Zeeland und West-Friesland die Continentia-Szene für den nach ihm benannten Lairesse-Saal im Binnenhof in Den Haag fest und setzte noch – wie auch D. Beccafumi (um 1525) im Palazzo Bindi Sergardi in Siena – eine andere Szene dazu: die Erzwingung des Treueschwurs der abtrünnigen Römer. Der Ratsherr, der das Programm entwarf, ließ Lairesse auch die Heldentat des → Horatius Cocles und weitere eher selten vorkommende Szenen ausführen: → Pompeius, der die Briefe des Sertorius verbrennt, und Lucius Papirius Cursor, der Quintus Fabius (Maximus Rullianus), der im Jahr 325 erfolgreich, aber eigenmächtig in eine Schlacht gegen die Samniten gezogen war, zur Verantwortung zieht und über ihn die Todesstrafe verhängt, ihn schließlich aber begnadigt: eine Geschichte, die für Strenge und Gnade steht (nach Livius 8,30–35). Schließlich thematisierte auch A. Appiani auf einem von zwei ausgeführten Freskos (das andere betrifft → Mucius Scaevola; geplant war eine Reihe von acht antiken Geschichten) in der Residenz des napoleonischen

Statthalters in Mailand, Eugène de Beauharnais, Scipios Continentia.

Bei Triumphdekorationen zum Einzug von Herrschern in ihren Residenzen, die schon seit dem 16. Jahrhundert in zunehmendem Maße nach den klassischen Überlieferungen der Triumphzüge gestaltet wurden, findet sich neben den großen Helden der Antike, wie Alexander und Caesar, häufig auch Scipio Maior: u. a. auf Triumphbögen in Neapel und Rom (1535 und 1536), in Auftrag gegeben von Karl V., der nach seinen Siegen in der Türkei als der ›dritte Africanus‹ gepriesen wurde. Auch auf Teppichen wird Scipio oft abgebildet, wobei zahlreiche Arbeiten auf zwei Serienentwürfe von G. Romano (Anfang 16. Jh.) zurückgehen und vorwiegend in Brüsseler Ateliers zwischen den Jahren 1520 und 1670 gewebt wurden. Die Neue Residenz in Bamberg besitzt solche Teppiche (um 1650) mit einer Anzahl von Darstellungen des Königs Syphax und des Triumphzugs Scipios. Die acht Fresken mit Szenen aus Scipios Leben (dazu gehört auch die Zeugung durch die Schlange) im Konservatorenpalast in Rom (1. Hälfte 16. Jh.) von Malern aus dem Kreis um D. da Volterra und P. del Vaga beziehen sich zum Teil auf Teppichentwürfe (Scipio zusammen mit → Hannibal und → Sophoniba).

Bernardo 1962; Bulst 1975; D'Astier de la Vigerie 1907; Hunter 1916; McCann 1931; de Mirimonde 1948; Snoep 1970; van Thiel/Miedema 1978

Scipio Minor, Publius Cornelius Aemilianus Africanus (186–129), römischer Feldherr ⟨Pol. passim, v. a. 32; App. 1b.; Liv. 44 u. perioch. 48; Diod. 30–31; Val. Max. 3,2,6⟩.

Der Sohn des Aemilius Paullus wurde von der Familie der Scipionen adoptiert, wodurch er ein Enkel von → Scipio Africanus Maior wurde. Auch er tat sich im Krieg gegen die Karthager in Spanien hervor; danach diente er als Militärtribun in Afrika. Er zeigte sich nicht nur seit Beginn des Dritten Punischen Krieges als mutiger und geschickter Feldherr, sondern auch als guter Diplomat, als es ihm gelang, das Reich des verstorbenen römischen Bundesgenossen Masinissa (→ Sophoniba und Masinissa) im Jahre 149/8 unter dessen Söhne zu verteilen. Trotz seiner Jugend bekam er die Aufgabe übertragen, als Befehlshaber der römischen Truppen gegen Karthago zu ziehen. Er schwächte die Stadt, indem er sie auf der Landseite umschloß und den Hafen blockierte. Das Graben eines neuen Hafens und der Bau neuer Schiffe nützte den Karthagern nichts mehr, als es Scipio im Jahre

146 gelang, in die Stadt einzufallen. Den Befehlen aus Rom ge-
horchend, machte er die große Stadt dem Erdboden gleich, obwohl er bittere Tränen über ihre Verwüstung geweint haben soll.
Nach einer diplomatischen Reise in den Osten wurde er nach
Spanien gesandt, um den unglücklich verlaufenden Streit mit der
Stadt Numantia zu beenden. Er stellte die Ordnung unter den
demoralisierten Truppen wieder her und hungerte die immer
unabhängig gebliebene Stadt aus. Erst nach neun Monaten, im
Sommer 133, kapitulierte sie; es ereilte sie das gleiche Schicksal
wie Karthago. Zurück in Rom, trotzte er der im Volk herr-
schenden Stimmung und erklärte die Ermordung des Tiberius
Gracchus (→ Gracchi), seines Schwagers, für gerechtfertigt.
Ruhmbeladen zog er sich aus dem öffentlichen Leben auf sein
Landgut bei Gaeta zurück, wo er häufig in Gesellschaft seines
Freundes Gaius Laelius war, mit dem er sich dem Studium der
Philosophie und der Staatseinrichtungen widmete. Auch der ar-
kadische Edelmann und Geschichtsschreiber Polybios und der
Stoiker Panaitios verkehrten in seinem Haus. Bei seinen politi-
schen Interventionen stand der Widerstand gegen die Reform-
bestrebungen des Gaius Gracchus im Vordergrund. Als Scipio
im Jahre 129 tot in seinem Bett aufgefunden wurde, fiel der
Verdacht auf Gracchus und seine Anhänger, sie hätten Scipio
erwürgen lassen.
Die ausführlichsten Berichte über Scipio geben Polybios und
Appianos. Die spätere Literatur hat von Scipio Minor – wie auch
von Scipio Maior – ein Idealbild geschaffen: ein intelligenter, in
militärischen und politischen Dingen unerschrockener, freigebiger, von der griechischen Kultur geprägter Aristokrat. Wichtig ist die Freundschaft zu Polybios, dem ersten Griechen, der
eine Geschichte Roms schrieb. Lebenslange Freundschaft verband Scipio auch mit Laelius, der einige literarische Kreise leitete. Valerius Maximus sieht in Scipio ein großes Vorbild, wie er
u. a. in dem Kapitel *De disciplina militari* (2,7,1) anläßlich der
Säuberung des Lagers von Händlern und Prostituierten und der
Bestrafung von Deserteuren schreibt, und stellt ihn in die Reihe
anderer Vorbilder für Selbstvertrauen (der junge und erfolgreiche Scipio im Kampf gegen Karthago in Spanien); ferner nennt
er ihn in einem Kapitel (3,7,2) über freimütiges und sicheres
Auftreten (Scipio, der trotz der Stimmung im Volk den Mord an
Tiberius Gracchus für gerechtfertigt hält). Auch Cicero zeigt in
seinem ganzen Werk eine große Verehrung für Scipio – den Bewunderer der griechischen Kultur, den äußerst selbstbewußten
und aristokratischen Politiker und den großen Feldherrn – und

läßt ihn in einigen Dialogen zu Wort kommen. Er entwickelt
seine Abhandlung über die Freundschaft *De amicitia* anhand der
tiefen Verbindung zwischen Scipio und Laelius, der ihm jahrelang als politischer und militärischer Berater zur Seite stand. Im
6. Buch von *De re publica* (54–52) läßt er Scipio erzählen, wie ihm
sein Großvater Scipio Maior im Traum erschien und ihm seine
Bestimmung vorhersagte. Das Gespräch der beiden Scipionen,
bekannt als *Somnium Scipionis*, handelt u. a. (nach dem Vorbild
von Platons *Politeia* 10) von der Einteilung des Kosmos, von
Körper und Seele und dem glückseligen Jenseits, in das der junge Scipio eingehen wird, wenn er all den Verpflichtungen der
Familie und dem Staat gegenüber gerecht geworden ist.

Das *Somnium Scipionis* war im Mittelalter sehr bekannt. Vor allem   ND
fand der neuplatonische Kommentar des Macrobius (ca. 400)
große Verbreitung. Im *Roman de la rose* (ca. 1275) wird wiederholt auf die Vision Scipios verwiesen; G. Chaucer beschreibt in
The House of Fame (1379–80), wie er in einem Traum in weite
Höhen geführt wurde und höher stieg als Scipio, der in seiner
Vision noch Hölle, Himmel und Erde gut hatte wahrnehmen
können. Eine Ausnahme der Bewertung Scipios in der Literatur
der Neuzeit ist die Tragödie *La Numancia* von M. de Cervantes
Saavedra (1584). In diesem Stück sehen wir den Römer, der nur
eine Nebenrolle spielt, hart und unerbittlich gegen die lang be-
lagerten Numantiner vorgehen, die sich dem kollektiven Selbstmord hingeben. In einer Vision Scipios erscheint Philipp II., der
über ein größeres Reich als das römische Imperium herrschen
wird.
Karthagos Vernichtung wurde im Jahre 1960 von C. Gallone
verfilmt.

W. A. Mozart komponierte *Il sogno di Scipione* nach einem Libret-   NM
to von P. Metastasio, das der Überlieferung Ciceros folgt und
eigentlich für den Geburtstag der Kaiserin Elisabeth 1735 geplant war, aber erst 1743 in der Vertonung von A. Predieri aufgeführt wurde. Mozarts ›serenata drammatica‹ war ein Auftragswerk für die Festlichkeiten zur Wahl des Salzburger Fürst-
erzbischofs Colloredo (1772). Eine ›azione teatrae‹ zum selben
Text stammt von J. A. Hasse (1758, Warschau).

In der bildenden Kunst der Antike wie der späteren Zeit taucht   NK
Scipio nur selten auf: z. B. in den Illustrationen zu Ciceros *Som-*
nium Scipionis. Ein Gemälde von Raffael (um 1500/01, London,
Nat. G.) mit einem träumenden Jüngling wurde lange Zeit für

eine Darstellung des Scipio Minor gehalten, doch betrachtet man
es mittlerweile als ein Bild des Scipio Maior.

van Lohuizen-Mulder 1977

Scipio Nasica → Claudia Quinta

Scipio Nasica Serapio → Gracchen

Seianus, Vertrauter des → Tiberius

Selene, Mondgöttin, Geliebte des → Endymion

Seleukos, Vater des → Antiochos I.

Semele, Tochter des thebanischen Königspaars Kadmos und
Harmonia (Hes. theog. 940; 975); Geliebte des Zeus und Mutter
des Dionysos ⟨Apollod. 3,4,4; Hyg. fab. 167; 179⟩.
Bei Ovid (met. 3,256–315) und Lukianos (salt. 39; 80; dial. deor.
9) wird überliefert, wie Hera, die eifersüchtige Gattin des Zeus,
die Gestalt von Semeles Amme Beroë annahm und Semele dazu
überredete, von ihrem Liebhaber einen Beweis seiner außergewöhnlichen Macht zu verlangen. Da Zeus Semele die Erfüllung
eines Wunsches versprochen hatte, mußte er ihr nun in seiner
göttlichen Gestalt erscheinen, wobei Semele durch seine Blitze
verbrannte. Das sechsmonatige Kind nahm Zeus aus dem Mut-
terleib und nähte es sich in sein Bein, aus dem nach drei Monaten
→ Dionysos geboren wurde.
Später verbreiteten die Schwestern Semeles, Ino, Agaue und
Autonoe, das Gerücht, Semele habe mit ihrer Behauptung, die
Geliebte des Zeus zu sein, nur angeben wollen und in Wirklichkeit nur ein Verhältnis mit einem Sterblichen gehabt. In Euripides' *Bakchai* ist dies der Grund, weshalb Dionysos Agaue zu
der grausamen Tat verleitete, ihren Sohn Pentheus in einem Anfall von Wahnsinn zu zerreißen.
Nachdem Dionysos mächtig geworden war, stieg er ins Totenreich hinab und brachte seine Mutter auf den Olympos, wo sie
unter dem Namen Thyone weiterlebte.

In der attischen Keramik aus dem 5. Jahrhundert v. Chr. und auf
etruskischem Geschirr und Spiegeln aus dem 4. bis 2. Jahrhundert v. Chr. ist Semele neben ihrem Sohn abgebildet. Es ist häu-

fig unklar, ob die Begleiterin von Dionysos in Triumphzügen oder im Thiasos Ariadne oder Semele ist. Ihr Tod taucht nur auf wenigen römischen Sarkophagen und Wandgemälden in Pompeii auf.

In der Neuzeit ist Semele v. a. mit Zeus, der sich in seinem ganzen, für sie tödlichen Glanz zeigt oder einen Blitz schleudert, dargestellt worden: z. B. auf einem Fresko von B. Peruzzi (1511/12, Rom, Villa Farnesina) sowie auf Gemälden von J. Tintoretto (um 1541, Modena, G. Estense; 1543/44, London, Nat. G., und Padua, M.), F. Bol (um 1660–65, Meiningen, Schloß Elisabethenberg) und G. Moreau (1894/95, Paris, M. Moreau).

Die Geschichte als Symbol für die das Menschliche übersteigende Begegnung mit dem Göttlichen kommt in Literatur und Musik sporadisch vor: in einem Drama von C. Boyer mit Musik von L. de Mollier (1666) und in Gedichten von F. von Schiller (1805), A. Tennyson (ca. 1835), C. Patmore (veröffentl. 1949), T. S. Moore (1899) und S. Phillips (1915). Von H. von Hofmannsthal gibt es einen dramatischen Entwurf (1901).

In der Operngeschichte entstanden Werke von J. W. Franck (Libr. von J. P. Förtsch, 1681, Hamburg), J. Eccles (Libr. von W. Congreve, entst. 1796/97; 1972, London), M. Marais (Libr. von A. H. de la Motte, 1709, Paris) und G. P. Telemann (1716, Hamburg). Daneben gibt es Kantaten von E.-C. Jaquet de la Guerre (1710), A. Cardinal Destouches (1719), N. Renier (1719) und P. Dukas (1889), eine Serenata von J. A. Hasse (Libr. von F. Ricciardi, 1726, Neapel) sowie ein Opernoratorium von G. F. Händel (Libr. nach W. Congreve und A. Pope, 1744, London).

Semiramis (2. Hälfte 9. Jh. v. Chr.), assyrische Königin ⟨Diod. 2,4–20; Hdt. 1,184; Lukian. Syr. dea 14; Iust. 1,1,10–2,13⟩. Nach Herodot war Sermiramis eine Tochter der Göttin Derketo und wurde in der Wüste ausgesetzt, wo Tauben sie nährten. Der Hirte Simmas fand sie und zog sie als sein eigenes Kind auf. Später wurde sie die Frau des Onnes (auch Menones genannt), der Statthalter des assyrischen Königs Ninos von Ninive war. Ihre Schönheit und die klugen Ratschläge, die den Assyrern bei der Eroberung der Stadt Baktra halfen, lenkten die Aufmerksamkeit des Ninos auf sie, der ganz in ihren Bann geriet und sie heiraten wollte. Onnes, der sich trotz der Drohungen des

Königs nicht von ihr trennen wollte, beging schließlich Selbstmord, worauf Semiramis die Frau des Königs wurde und ihm den Sohn Ninyas gebar. So überliefert es Diodoros Sikulos, der sich auf die verlorene Schrift *Persika* von Ktesias stützt. Nach einer anderen Überlieferung, die Diodoros dem Athenaios zuschreibt, war Semiramis zunächst eine Konkubine im Palast des Ninos.

Auch der weitere Verlauf ihres Lebens wird in verschiedenen Versionen erzählt. Ailianos zufolge, dem Plutarch in *De amore* folgt, überließ Ninos seiner Frau die Königsherrschaft für fünf Tage, die ihr ausreichten, um ihren Mann zu entmachten und zu töten oder gefangen zu nehmen. Iustinus berichtet hingegen, Semiramis habe nach dem Tod des Königs befürchtet, sich als Frau nicht behaupten zu können. Daher habe sie sich, bis ihre Stellung gesichert war, als ihr Sohn Ninyas verkleidet. Sie führte die Eroberungen des Ninos fort und baute eine ihrer Residenzen, Babylon, zu einer legendär gewordenen Stadt aus. Strabo schreibt ihr auch den Bau der Hängenden Gärten zu, eines der Sieben Weltwunder. Durch die Anlage von Straßen und Kanälen blühte das Reich unter ihrer Herrschaft auf.

Ihren Mut illustriert Valerius Maximus (9,3 ext. 4): Als sie von einem drohenden Aufstand in Babylon hörte, unterbrach sie sofort ihre aufwendige Toilette und setzte sie erst fort, als der Aufstand niedergeschlagen war. Semiramis wurde nicht nur wegen ihrer für eine Frau ungewöhnlichen Machtstellung berühmt, sondern auch wegen ihres ausschweifenden Lebens. So soll sie stattliche Männer ihres Heeres als Liebhaber ausgewählt haben, die sie im Morgengrauen nach der Liebesnacht umbringen ließ. Zu dieser Charakterisierung passend, soll ihr Tod mit ihrer Leidenschaft für ihren Sohn zusammenhängen. Als dieser ihre Liebe nicht länger ertrug, ermordete er seine Mutter am Grab des Ninos. Nach einer anderen Version, ohne das Inzestmotiv, hatte sich Ninyas gegen sie verschworen, sie vergab ihm aber und überließ ihm die Krone, worauf sie als Taube in göttliche Sphären aufstieg: eine Vorstellung, die sich in Ovids *Metamorphoses* wiederfindet und in dem lange Zeit Lukianos zugeschriebenen Text *De Dea Syria*.

ND　Die historisch-mythische Figur der Semiramis geht auf Sammuramat, die Gemahlin des assyrischen Königs Rammannirari III. (811–782) zurück, die großen Einfluß auf die babylonischen Fürsten ausübte. In der östlichen Literatur lebte sie als Prinzessin fort, u. a. in der Gestalt der Sheherazade in den *Ge-*

schichten aus 1001 Nacht. Der Inzest und ihr zügelloses Geschlechtsleben finden in der frühchristlichen Tradition bei Orosius und Augustinus eine solche Beachtung, daß Semiramis in Dantes *Divina Commedia* (1307?–21?) in der Hölle (Inferno 5,52–60) und in F. Petrarcas *Familiarum Rerum Libri* (1350–66) als große Sünderin wiederkehrt. Brutal und widernatürlich erscheint sie auch in einem Drama von M. Manfredi (1593): Boten laufen umher und berichten, wie Semiramis nach der Ermordung ihres Gatten aus Begierde nach ihrem Sohn auch Ninyas' Frau und Kinder tötet, bis Ninyas sich selbst und seine Mutter umbringt. Das Inzestmotiv und die Ermordung durch Ninyas, die C. de Virués noch 1609 aufgreift, fehlen in dem zweiteiligen Werk *La Hija del Aire* (Die Tochter der Luft; 1653) von P. Calderón: Semiramis stirbt auf dem Schlachtfeld, gequält von Erinnerungen an ihre Mordtaten. Edler tritt Semiramis bei N.-M. Desfontaines (1647) auf: Das Verhältnis mit Ninyas, von dem sie zuerst nicht weiß, daß er ihr Sohn ist, endet mit ihrem Selbstmord, die Ermordung des Ninos ist die Rache für eine erzwungene Ehe. Dieses Element findet sich auch bei G. Gilbert (1647) und in der Oper von G. A. V. Aldrovandini (1701, Genua). Der unwissentliche Inzest mit dem darauffolgenden Selbstmord ist auch das Thema von P. J. de Crébillons Tragödie (1717). Bei Voltaire (1748) zeigt sich Semiramis dem totgeglaubten und zurückgekehrten Ninyas voller Reue über den Mord an Ninos; trotzdem wird sie später im Halbdunkel des Grabkellers des Ninos von Ninyas getötet, der nicht seine Mutter, sondern einen ihrer früheren Handlanger vor sich zu haben glaubt. Semiramis kommt danach v. a. bei den symbolistischen oder dekadenten Autoren um 1900 vor. J. Péladan schrieb ein Bühnenstück (1897) und P. A. Valéry ein Melodrama (1934), für das A. Honegger die Musik schrieb (Ballett-Melodram, 1934, Paris). Ein 1933 postum publiziertes Fragment von H. von Hofmannsthal folgt Calderóns Schauspiel.

Im 17. Jahrhundert entstanden Opern von P. Cesti (Libr. von G. A. Monigila, 1667, Wien) und von P. A. Ziani (Libr. von Monigila/M. Noris, 1670, Venedig). In den Opern des 18. Jahrhunderts ist das Thema v. a. durch ein von etwa 45 Komponisten vertontes Libretto von P. Metastasio weit verbreitet, in dem Semiramis sich für ihren Sohn ausgibt und diese Maske wieder ablegt, als sie ihre Macht gefestigt sieht: U. a. von L. Vinci (1729, Rom), N. A. Porpora (1729, Venedig), N. Jommelli (1741, Turin), J. A. Hasse (1744, Venedig), C. W. Gluck (1748, Wien), B.

NM

Galuppi (1749, Mailand), A. M. G. Sacchini (1764, Rom), A. Salieri (1782, München) und etwas später G. Meyerbeer (1819, Turin). Weitere Opern stammen z. B. von N. A. Porpora (Libr. von T. S. Bartolomeo, 1724, Neapel) und A. Caldara (Libr. von A. Zeno, 1725, Wien). Das ›melodramma tragico‹ von G. Rossini (Libr. von L. Rossi, 1823, Venedig) folgt der Vorlage von Voltaire, zu dessen Stück schon früher C. W. Gluck eine Ballett-Pantomime komponierte (Libr. von G. Angiolini nach Voltaire, 1765, Wien). Der Oper von J. A. Hasse liegt ebenfalls das Drama Voltaires zugrunde (Libr. von G. P. Tagliazucchi, 1754, Berlin).

NK In der bildenden Kunst der Neuzeit wird Semiramis v. a. als fabelhafte und kriegerische Fürstin dargestellt. Die Abbildungen auf Fresken- oder Teppichreihen, v. a. im 15. Jahrhundert, beziehen sich auf ihre Darstellung als eine der ›Neuf Preuses‹ oder der ›Nine Worthy Women‹ (→ Tomyris). Einige Male wird die Szene, meistens nach Valerius Maximus, festgehalten, in der sich Semiramis für die Schlacht vorbereitet: z. B. auf Gemälden von P. da Cortona (um 1620–24, D. Mahon C.), Guercino (1624–45, u. a. Brüssel, Kon. M., und Dresden, Gemäldeg.), J. A. Bakker (1669, Haarlem, Hals-M.) und A. R. Mengs (1755, für die Markgräfin von Bayreuth). L. Giordano malte 1689 für die Gattin des spanischen Königs Karl II. eine kriegerische Semiramis zu Pferd (El Escorial und München, AP). G. Reni zeigt auf einem Gemälde (um 1631, Dresden, Gemäldeg.) Semiramis, die von Ninos gekrönt wird. Verschiedene Episoden aus ihrem Leben finden sich auf Teppichreihen (Mitte 17. Jh., Rom, Konservatorenpalast) aus dem Brüsseler Atelier von M. Wauters. E. Degas schildert auf einem Gemälde (um 1861, Paris, M. d'Orsay), wie Semiramis die Bauarbeiten in Babylon verfolgt. Die der Semiramis zugeschriebenen Hängenden Gärten wurden im 18. Jahrhundert in Parks ›rekonstruiert‹, wie z. B. im Lustschloß Sanspareil bei Bayreuth (um 1745), wo auch einige Odysseus-Episoden zu finden sind, und im ehemaligen kurfürstlichen Schloß in Berlin von J. S. Elsholtz (um 1657). Das Motiv taucht bereits seit dem Mittelalter in der Literatur und bildenden Kunst auf, da u. a. im *Speculum humanae salvationis* (→ Kyros) Semiramis, die von ihren Gärten herab ihr Königreich überschaut, als Präfiguration Marias gedeutet wird, die das Reich Gottes betrachtet.

Binder 1964; Ehrmann 1964; Eilers 1971; Frenzel 1992a; Haun 1949; Pettinato 1985

Seneca, Lucius Annaeus (ca. 4 v. Chr.–65 n. Chr.), römischer Philosoph und Dichter ⟨eigene Schriften; Tac. ann. 12–13 u. 15,60–65; Dio Cass. 60–61; Suet. Tib. u. Nero⟩.

Der (wie der Dichter Lucanus) in Cordoba geborene Seneca war der Sohn des Lucius Annaeus Seneca und der Helvia. Er bildete sich wie sein strenger Vater in der Rhetorik aus. Nachdem Caligula, der Dio Cassius (LX 8) zufolge auf seine rhetorischen Fähigkeiten eifersüchtig war, ihn in die Verbannung geschickt hatte, wurde er von Agrippina Minor wieder zurückgeholt, um für die Erziehung des jungen Nero zu sorgen. In den ersten Jahren von Neros Kaisertum erreichte der Rhetor, Philosoph und Schriftsteller – er hat eine Anzahl von Tragödien und den Traktat *De clementia*, den man als ›Fürstenspiegel‹ für Nero verstehen kann, geschrieben – eine führende Position in Rom und erwarb sich ein großes Vermögen. Nach dem Tod Agrippinas und seines politischen Freundes Burrus begann sein Stern zu sinken. Im Jahre 62 zog er sich auf sein Landgut zurück, um sich seinen philosophischen und literarischen Schriften zu widmen, zu denen auch die *Epistulae morales* gehören. Wegen des Verdachtes der Mittäterschaft bei der Verschwörung des Piso, Dio Cassius zufolge zu Recht, Tacitus (ann. 15,65) zufolge unbewiesen, mußte er sich auf den Befehl Neros hin das Leben nehmen. Tacitus beschreibt dramatisch den Ablauf der Geschehnisse; Dio Cassius bleibt gemäßigter. Ein Zenturio überbrachte Seneca den kaiserlichen Befehl; dieser ermahnte seine klagenden Freunde und erinnerte sie an seine Lehre, das Schicksal anzunehmen. Seine Frau Paulina wollte mit ihm sterben (Tac. ann. 15,63,2); beide schnitten sich die Pulsadern auf. Doch überredete er sie, damit nicht der Schmerz des einen dem anderen den Mut rauben solle, von ihm Abschied zu nehmen und sich zum Sterben in ein anderes Zimmer zurückzuziehen. Seneca verlor allerdings zu langsam Blut, auch ein Giftbecher führte nicht zum Ende, so daß er ein heißes Bad nahm, um den Tod zu beschleunigen. Nero ließ aus Furcht vor zu großer Volkswut den Selbstmord Paulinas verhindern. Sie sollte ihren Gatten noch um einige Jahre überleben.

Tacitus und Sueton stellen Seneca als edlen Mann dem Nero gegenüber, Dio Cassius hingegen bleibt sehr zurückhaltend. Er beschuldigt Seneca, ein ehebrecherisches Verhältnis mit Germanicus' Tochter Iulia Agrippina gehabt zu haben und schildert ihn als einen geld- und machtgierigen Intriganten, dessen Charakter nicht im Einklang mit der Lehre seiner Schriften stand und der sogar der Anstifter von Neros Mordversuch an Agrippina gewesen sein soll.

N   Seit dem späten Mittelalter bis in die Barockzeit hat Seneca einen
D/M guten Ruf. Die Tradition vom ›Seneca christianus‹ besagt, daß er mit dem Apostel Paulus im Briefverkehr gestanden haben soll; sein Tod wird mit dem Leidensweg Christi verglichen. Es gibt eine apokryphe Korrespondenz der beiden aus dem 3. oder 4. Jahrhundert n. Chr. Der Gedanke findet sich u. a. bei Rubens' Freund J. Lipsius (1604) und in anonymen Jesuitendramen aus dem 18. Jahrhundert in Süddeutschland. Der Ruf des Stoikers beruht bis ins 18. Jahrhundert auf seinen sehr einflußreichen Tragödien, auf seinen moralischen Schriften und auf Tacitus' Beschreibung seines Sterbens. Senecas Tod wurde in einigen Dramen zum Hauptthema: u. a. bei Tristan l'Hermite (1643), in D. C. von Lohensteins *Epicharis* (1665), bei G. P. Creutz (1754) und E. C. Kleist (Entwurf 1758). Das ›rechte und gute Sterben‹ Senecas wurde in der 2. Hälfte des 20. Jahrhunderts in einem Schauspiel P. Hacks (1980) nicht aufgegriffen. Paulinas Haltung würdigt M. E. de Montaigne in seinen *Essays* (1580). Für D. Diderot und andere Autoren aus dem 18. Jahrhundert hat Seneca wegen der Nähe zu Nero nicht den unumstrittenen Charakter eines → Sokrates.
Ebenfalls mit zweifelhaftem Charakter kommt er in der Oper *L'incoronazione di Poppea* von C. Monteverdi vor (Libr. von G. Busenello, 1642, Venedig).

NK Aus der bildenden Kunst der Antike sind mit Ausnahme eines Porträts keine Darstellungen bekannt.
Die älteste Abbildung seines Selbstmords ist wahrscheinlich eine Miniatur aus der Zeit um 1200. Ein Porträt im Holzschnitzwerk des Chorgestühls im Ulmer Münster aus dem Atelier von J. Syrlin d. Ä. (um 1469–74) gehört zu einer Reihe u. a. mit → Cicero und → Empedokles. In der Ausgabe von G. Boccaccios *De claris mulieribus* (1356–64) aus dem Jahre 1473 findet sich auch Senecas Gattin Paulina.
Der Tod Senecas wird im italienischen Barock wiederholt gezeigt: z. B. auf Gemälden von Guercino (u. a. 1643, Rom, G. Barberini), L. Giordano (1645–95, u. a. Dresden, Gemäldeg; München, AP, und Paris, Louvre), S. Ricci (um 1706, Trieste, Tomaro C.; als Pendant → Alexander mit → Diogenes) und S. Conca, auf dessen Gemälde (1735, Braunschweig, M.) im Hintergrund Paulina zu sehen ist (Pendant dazu der Selbstmord des → Cato Uticensis). 1611 malte Rubens (München, AP) nach ei-

ner hellenistischen Statue eines alten Fischers, die man für eine Seneca-Darstellung hielt (Paris, Louvre), den sterbenden Seneca in einer Wanne. Eine dem ›Schmerzensmann‹ verwandte Ikonographie wurde häufig aufgegriffen, u. a. in Illustrationen der Seneca-Ausgaben und auf einem Gemälde von J. A. de Peters (1780–90, Köln, Wallr.-Rich.-M.) sowie auf einem Biskuitrelief von J. Wedgwood (1779). Die Gemälde für den Prix de Rome des Jahres 1773 von J.-F. Peyron und J.-L. David folgen einem Werk von N. Hallé (1750, Paris, Louvre), in dem die Abschied nehmende Paulina eine wichtige Rolle spielt. Senecas stoischer Tod, Vorbild für das im 17. und 18. Jahrhundert verbreitete Thema des Selbstmords weiser Männer (→ Cato Uticensis und → Sokrates), kommt u. a. auf Gemälden von G. van Honthorst (um 1627, u. a. Utrecht, M., und New York, Chrysler C.) und J. von Sandrart (um 1630, Berlin, Staatl. M.) vor. Die Theorie, Honthorst hätte mit seinem Bild auf den Tod des niederländischen Politikers Oldenbarneveldt im Jahre 1619 angespielt, scheint angesichts seiner Werke für das Herrscherhaus Oranien unwahrscheinlich. In der deutschen Malerei wird Seneca v. a. im 18. Jahrhundert thematisiert. Neben dem genannten Werk von De Peters entstanden u. a. Gemälde von F. J. Geiger (1745, Schweinfurt, M.) und J. Zick (2. Hälfte 18. Jh., Karlsruhe, Kunsth.). Im Garten der Eremitage in Bayreuth befand sich eine inzwischen verlorene Skulptur von J. Schnegg (1755–58) mit Seneca im Bad und als Pendant Sokrates. G. B. Pittoni schildert auf einem Gemälde, wie die Leiche Senecas Nero gezeigt wird und auf dem Pendant den Tod Agrippinas (beide um 1715, Dresden, Gemäldeg.). J.-J. Taillasson zeigt auf einem Gemälde (1793, Paris, Louvre), wie Paulina auf Befehl Neros vom Selbstmord abgehalten wird.

Derks 1982; Frenzel 1992a; Hess 1981; Oberreuter-Kronabel 1986; Saunier 1905

Septimius Odaenathus, Statthalter von Syrakus → Zenobia, Iulia Aurelia

Sertorius → Mithridates VI.

Servilia, vermutlich Mutter des → Brutus, Marcus Iunius

Servilius Ahala, wichtigster Helfer des → Cincinnatus

Servius Tullius → Tarquinius, → Tullia

Sibyllen (gr. Sibyllai, lat. Sibyllae), Priesterinnen, die im Zustand der Ekstase meist bedrohliche Weissagungen verkündeten. Die Sibyllen kamen wohl ursprünglich aus Kleinasien, wie es von Heraklit (Fragm. 92) und den römischen Autoren Varro (zitiert Lact. inst. 1,6–9), Ovid (met. 14,101–153) und Vergil (Aen. 6,1–235 u. a.) überliefert wird. Die erste Sibylle, deren Name später zur Bezeichnung der anderen Wahrsagerinnen wurde, war eine Tochter des Troerkönigs Dardanos. Die zweite war Herophile, die vorhersagte, daß Troja durch eine spartanische Frau untergehen werde (→ Helena). Im lydischen Erythrai (später im äthiopischen Erythrea; Paus. 10,2) lebte eine Sibylle, die neun Menschenleben alt wurde, von denen jedes 110 Jahre dauerte. Sie erreichte das gleiche Alter wie eine Sibylle aus einer Höhle in der Nähe des italienischen Cumae (Verg. Aen. 6,10 ff.); diese beiden Sibyllen verschmolzen in der Überlieferung zu einer Figur. Sie wies → Aeneas den Weg in die Unterwelt. Nach Ovid verliebte sich Apollon in sie und erfüllte ihren Wunsch, so viele Jahre leben zu dürfen, wie sie Sandkörner in ihrer Hand fassen könne. Da sie sich ihm aber auch weiterhin verweigerte und vergessen hatte, ihn um ewige Jugend zu bitten, alterte sie tausend Jahre lang, schrumpfte auf die Größe einer Grille und erhoffte sich nur noch den Tod. Von der sog. jüdischen Sibylle sollen die *Sibyllinischen Bücher* (*Oracula Sibyllina*), stammen, die religiöse Vorschriften und Sprüche versammelten und im Tempel auf dem Kapitol bewahrt wurden. Wichtige Sibyllen gab es außerdem in Delphi, Samos, Libyen und Tibur (Tivoli).

Der römische Schriftsteller Varro aus dem 1. Jahrhundert v. Chr. nennt als erster zehn Sibyllen (vgl. Lact. inst. 1,6–8). In die christliche Tradition ging die Sibylle von Tibur (Tivoli) ein, die dem Kaiser Augustus die Geburt Christi vorhersagte (Lact. inst.). Augustinus verglich im 4. Jahrhundert die Sibyllen mit den Propheten (civ. 18,23). Die zu den biblischen Apokryphen zählenden *Oracula Sibyllina* aus dem 2. bis 7. Jahrhundert haben mit den römischen Schriften kaum etwas gemein. Sie gehen auf jüdische Traditionen zurück, nach denen die Sibylle von Erythrea eine Tochter Noahs war (3).

In der Antike wurden die Sibyllen kaum abgebildet, z. B. auf einem Marmoraltar aus der Zeit des Augustus in Sorrento und auf Wandgemälden in Pompeii, wo auch die Sibylle von Cumae zu sehen ist. Eine Sibylle sitzt neben der Krippe Jesu während des Besuches der drei Könige auf dem Mosaik des Triumphbogens in der S. Maria Maggiore in Rom (1. Hälfte 5. Jh. n. Chr.).

Seit dem 14. Jahrhundert werden die Sibyllen in unterschiedlicher Anzahl oder allein dargestellt. G. Pisano gestaltete sie an der Kanzel des Doms von Pisa und Pistoia (um 1300). Die Frauen sind jung und tragen meist eines der Sibyllinischen Bücher. Im Zusammenhang mit den Propheten kommen sie z. B. auf Fresken von Perugino (1496–1500) im Collegio di Cambio in Perugia, von Ghirlandaio (1483–86) in der Sassetti-Kapelle der Santa Trinità in Florenz, von Pinturicchio im Appartamento Borgia im Vatikan (1492–95) und in Santa Maria Maggiore in Spello (1501), von Raffael in Santa Maria della Pace in Rom (1514), von G. Romanino (1525) in der Kathedrale von Asolo und von C. d'Arpino (um 1592) in der Santa Prassede in Rom und im Dom von Piacenza (1626) von Guercino sowie auf Bodenmosaiken im Dom von Siena (1482/83) vor. Die wohl bekanntesten Darstellungen der Sibyllen schuf Michelangelo 1508–12 in der Sixtinischen Kapelle im Vatikan. Die Chorbänke aus der Werkstatt Jörg Syrlins d. Ä. (1469–74) im Ulmer Münster sind mit jeweils 18 Wangenbüsten, auf der einen Seite mit Sibyllen, auf der anderen mit Philosophen und Propheten, ausgestaltet. Ludger tom Ring fertigte eine Reihe von Holztafeln mit der abwechselnden Darstellung von Sibyllen und Propheten für den Dom von Münster (2. Viertel des 16. Jh., Münster, Westfälisches Landesm.; einige der Figuren, z. B. → Vergil und Thales von Milet, sind jedoch verloren).

Auf dem Genter Altar der Brüder H. und J. van Eyck (1432, Gent, St. Bavo) wird die Ankunft Christi durch die Sibyllen von Erythrai und Cumae verkündet. Die Tiburtinische Sibylle, die Augustus die Geburt Christi vorhersagt, zeigen auf Gemälden u. a. Rogier van der Weyden (linker Flügel des Bladelin-Altars, um 1450, Berlin, Staatl. M.), der Meister der Tiburtinischen Sibylle (um 1480, Frankfurt, Städel), J. Tintoretto (um 1550–55, Venedig, ehem. St. Anna) und A. Caron (um 1580, Paris, Louvre). Aeneas und die Sibylle von Cumae sind z. B. auf Gemälden von D. Dossi (1525–30, Ottawa, Nat. G.), J. Brueghel d. Ä. (1600, Budapest, M., und nach 1600, Wien, Kunsth. M.), G. M. Crespi (um 1700, Wien, Kunsth. M.) und J. M. W. Turner (um 1798, London, Tate G.) zu sehen. Als Einzelfigur wird die Sibylle von Erythrai auf einem Gemälde von M. van Heemskerck (1564, Amsterdam, M.) dargestellt. Apollon mit der Sibylle von Cumae hielten auf Gemälden z. B. C. Lorrain (um 1646/47, St. Petersburg, Eremitage), S. Rosa (um 1655, London, Wallace C.) und Turner (1823, London, Tate G.) fest.

ND   Die *Oracula Sibyllina* inspirierten Dante und andere Dichter zu Beschreibungen der Schrecken in der Hölle. Die Sibylle kommt in diesem Sinne im *Dies Irae* des Thomas von Celano (13. Jh.), in Dantes *Divina Commedia* (1307?–21?) und in den *Tiburtina Analecta* aus dem 15. Jahrhundert vor; verbreitet war ein mittelhochdeutsches Gedicht *Sibyllenweissagung* (nach 1321).

NM   Während seines Aufenthalts in Neapel komponierte der junge O. di Lasso nach lateinischen Vatizinientexten die chromatischen *Prophetiae Sybyllarum* (entst. um 1550; München, 1600). C. Orff entwarf mit seinem Spiel vom Ende der Zeiten (*De temporum fine comoedia*) eine düstere Endzeitvision; die Sibyllen im ersten Bild preisen einen Gott, der über die Menschen richten wird (Text in griechischer, deutscher und lateinischer Sprache vom Komponisten, 1973, Salzburg).

Freund 1936; Kinter/Keller 1967; Mâle 1894

Sieben gegen Theben → Polyneikes und Eteokles

Silenen → Satyrn und Silenen

Silenos → Satyrn und Silenen, → Midas

Silius, Geliebter der → Messalina

Simmas, Pflegevater der → Semiramis

Sinis → Theseus

Sirenen → Argonauten, → Musen, → Odysseus

Sisamnes → Kambyses

Skeiron → Theseus

Skiluros (2. Jh. v. Chr.), legendärer Fürst der Skythen ⟨Stob. 84,16; Strab. 7,306 ff.; Plut. de garrul. 17; Apoph. s. v.⟩.
Als Skiluros im Sterben lag, rief er seine zehn Söhne zu sich. Zuerst gab er seinem jüngsten Sohn auf, einen einzelnen Pfeil zu zerbrechen; dann sagte er den anderen, sie sollten gemeinsam einen Bund Pfeile zerbrechen. Als ihnen dies nicht gelang, er-

klärte er ihnen, daß sie nur zusammen mit vereinten Kräften dem
Feind widerstehen könnten, allein aber dessen Beute würden.
Strabo überliefert eine Anzahl von 50 oder 80 Söhnen.

Dieses Gleichnis zu dem Motto ›Einheit macht stark‹ findet sich   N
in den *Moralia* des Plutarch und wurde danach in der Literatur
nur einige Male verwendet, z. B. von J. de La Fontaine in seinen
Fables (1668–94).
Die erste bekannte Darstellung von Skiluros ist ein burgundi-
scher Wandteppich aus dem 15. Jahrhundert; im 16. und 17.
Jahrhundert entstehen Zeichnungen u. a. von T. Stimmer (1561,
Berlin, Staatsbibliothek) und P. da Cortona. H. Mareschet schuf
für die Bürgerstube im Rathaus von Bern zwei Gemälde mit
Salomo und Skiluros (1586, heute Bern, Hist. M.), die im Hin-
blick auf die Uneinigkeit des schweizer Stadtbundes zu Weisheit
in der Lokalpolitik anhalten sollten. Der letzte polnische König
Poniatowski gab um 1767 in Paris eine Reihe von Bildern in
Auftrag, die sein Streben und seine Macht betonen sollten. N.
Hallé schuf ein Gemälde mit Skiluros und seinen Söhnen, die die
Eintracht symbolisieren. Zu der Reihe gehörten ferner Caesar
vor dem Standbild des Alexander (Ausdruck der Nachfolge großer Vorbilder) von J.-M. Vien, Caesar mit dem Kopf des Pompeius (Mitleid mit dem besiegten Gegner) von L. J. F. Lagrenée
und die Selbstbeherrschung des → Scipio Maior von J.-M. Vien
(alle Bilder Warschau, M.).

Sokrates (469–399), Philosoph, Sohn des Bildhauers Sophro-
niskos und der Hebamme Phainarete ⟨Platons Dialoge; Xen.
mem.; Xen. apol.; Diog. Laert. 2,19 ff.⟩.
Sokrates lernte wie sein Vater das Bildhauerhandwerk: Laut Pausanias (1,22,8 u. 9,15,7) stand eine von ihm geschaffene Plastik
der drei Grazien am Eingang der Agora in Athen. In der Politik
und im Krieg zeigte er sich als loyaler athenischer Bürger: Er
kämpfte zwischen 432 und 429 bei Poteidaia, Delion und Am-
phipolis; seinem Freund → Alkibiades soll er in der Schlacht bei
Poteidaia oder Delion das Leben gerettet haben. Durch die Teilnahme an den Kriegen schwand sein bescheidenes Vermögen.
Die wichtigsten Tätigkeiten für Sokrates waren die Philosophie
und der Unterricht der aristokratischen Jugend; das Gespräch,
der Dialog mit Freunden und Fremden sollten zu einer Annäherung an die Wahrheit führen. Seine philosophischen Auffas-

sungen sind nicht durch eigene Schriften überliefert. Nur durch
seine Schüler Platon und Xenophon, dann auch Aristoteles, sind
uns viele seiner Gedanken bekannt, auch wenn die Autoren, v. a.
Platon, Sokrates zum Sprachrohr ihrer eigenen Meinungen
machten. In einer ironischen Anspielung auf den Beruf seiner
Mutter nannte Sokrates seine Tätigkeit einen Hebammendienst:
Er selbst hat keine Wahrheit zu lehren oder zu verkünden, doch
will er als Geburtshelfer die Wahrheit in den anderen heraufbe-
fördern. Seine Methode wird in den platonischen Dialogen und
der Biographie von Diogenes Laertios beschrieben. Sokrates
mystifiziert manchmal bewußt seine eigenen Kenntnisse und deren Herkunft. So ist es im *Symposion* Diotima, eine Priesterin des
Apollo mit prophetischen Gaben, die ihm seine Ideen eingibt.
Aufgrund seiner äußeren Erscheinung wird Sokrates zur Ziel-
scheibe des allgemeinen Spottes. Er soll mit seinem dicken, kah-
len Kopf, den hervortretenden Augen und einer knubbeligen
Nase wie ein Silen ausgesehen haben. Sein Äußeres griff der
Denker regelmäßig auf, um seinen Ansatz zu illustrieren: Der
Silen ist bloß ein Schein, denn innen waltet ein göttliches Element, das Wahre, die Seele. Auch zog er den Vergleich mit seinem gelernten Beruf: Der Gußmantel für eine Bronzestatue ist
rauh und häßlich, das Resultat hingegen ein ebenmäßiges Bildnis. Daß Sokrates die Jugend zu gedanklicher Freimütigkeit erzog und auf diese und andere Weise die Wahrheiten und Werte
der athenischen Gesellschaft untergrub, hat ihm schon früh Proteste gegen sein Handeln und Auftreten eingetragen. Aristophanes machte Sokrates in seinen *Nephelai* (›Die Wolken‹) lächerlich. Im Jahre 399 kam es auf dem Areopag zu einem Prozeß
gegen Sokrates wegen ›Gefährdung der Jugend‹ und Gottlosig-
keit (Asebie). Trotz einer unklaren Anklage und seiner beeindruckenden Verteidigungsrede, in der sich Sokrates keineswegs
eingeschüchtert zeigte – die *Apologie* kennen wir in zwei Versionen von Platon und Xenophon –, wurde der Siebzigjährige zum
Tode verurteilt. Im Gefängnis versammelte er seine Freunde um
sich und sprach mit ihnen über die Unsterblichkeit der Seele, bis
die Wirkung des Schierlingsbechers einsetzte. Platon beschrieb
das Ende in seinem *Phaidon.*
In recht hohem Alter hatte Sokrates Xanthippe geheiratet, mit
der er drei Kinder zeugte. Über diese Frau ist kaum etwas bekannt (Suda s. v.). Platon zeichnet im *Phaidon* ihren Besuch zusammen mit dem ältesten Sohn im Gefängnis nach: Sie wird von
Kriton weggeschickt; Sokrates gibt dem philosophischen Gespräch den Vorzug und will angesichts des Todes seine Uner-

schütterlichkeit bewahren. Aufgrund einiger Abschnitte in Xenophons *Symposion* hat Xanthippe ihren sprichwörtlich schlechten Ruf erhalten. Als Sokrates auf eine Frage des Antisthenes über die Ehe sagt, daß ein Mann seiner Frau alles erlauben solle, sofern sie einander gut verstünden, entgegnet Antisthenes, daß er sie erziehen müsse. ›Aber sie ist sehr schwierig‹, lautet Sokrates' Antwort, die vermutlich scherzhaft gemeint war, doch das Bild Xanthippes in der Nachwelt bestimmt. Die spätere Literatur weist zahlreiche Stellen auf – bei Diogenes Laertios, in den *Moralia* des Plutarch, bei Aelianus (var. 11,12) und bei Gellius (8,11) –, in denen Xanthippe als ein Drache im Gegensatz zum aufrechten und vergeistigten Sokrates dargestellt wird. So wird erzählt, daß sie in ihrer Eifersucht die Gespräche des Sokrates mit seinen Freunden störte und einmal, nach einer donnernden Ermahnung, den Spülbottich über das Haupt des Philosophen ausleerte; Sokrates sagte daraufhin, daß er nach dem Donner mit Regen zu rechnen habe. Gellius läßt Sokrates auf die Frage von Alkibiades, warum er seine keifende Frau nicht vor die Tür setze, sagen, daß er sich mit Xanthippe im Ertragen von Unrecht und Unverschämtheiten üben könne. Aus späteren antisokratischen Quellen stammt die Idee, Sokrates habe eine zweite Frau Myrto gehabt. Diese von Diogenes Laertios (2,26) überlieferte Geschichte fand ein breites Echo. In der zu Unrecht Lukianos zugeschriebenen Nachahmung eines platonischen Dialogs, *Halkyon* (8), nennt Sokrates Myrto und Xanthippe seine beiden Ehefrauen. Christliche Autoren wie Tertullian (apologet. 39) und Porphyrios (bei Kyrillos, contra Iulianum 6,186 und Theodorekos, opusc. p. 11,8) nutzten diesen schlechten Ruf aus.

Porträts von Sokrates wurden vermutlich einige Jahrzehnte nach seinem Tod angefertigt. Die Athener beauftragten Lysippos um 330 v. Chr. mit einem Bronzeporträt eines sitzenden Sokrates (vermutliche Kopien: ein marmorner Torso in Kopenhagen und ein römisches Wandgemälde in Ephesos). Die Porträts gliedern sich in drei Gruppen: ein silenenhafter Kopf ohne persönliche Züge mit Betonung der besonderen Physiognomie von Silanion oder dem Bildhauer Platon (um 390–80 v. Chr.); eine individuelle Wiedergabe mit hoher Stirn und edlem Blick nach dem Vorbild von Lysippos (um 330 v. Chr.) und eine ›barocke‹ Fassung der beiden aus hellenistischer Zeit. Ein Relief in Athen soll angeblich Sokrates im Gespräch mit Diotima zeigen: Die Priesterin hält eine Leber in der Hand, wie sie für Weissagungen gebraucht wurde, und ein Eros steht zwischen beiden.

Ein Mosaik in Mytilene auf Lesbos aus dem 3. Jahrhundert n. Chr. stellt den Philosophen zwischen Simmias und Kebes, seinen beiden Gesprächspartnern im *Phaidon*, dar. Auf solchen Fußbodenmosaiken zählt Sokrates, manchmal neben → Solon, zu den ›Sieben Weisen‹.

NK　Nachdem Sokrates in der bildenden Kunst des Mittelalters mehrfach als Personifikation der Philosophie bzw. Klugheit abgebildet wurde, z. B. auf dem ›Schönen Brunnen‹ in Nürnberg (14. Jh.), mit Aristoteles, → Cicero, Eukleides, Ptolemaios, den Propheten und Kirchenvätern, kommt er in der Neuzeit zum ersten Mal auf dem Fußbodenmosaik nach Pinturicchio im Dom von Siena (um 1505) vor, auf dem er und Krates neben der Personifikation der Sapientia (Weisheit) auf dem Berg der Erkenntnis stehen: Krates, ein Schüler des → Diogenes, leert aus Verachtung für irdischen Reichtum Schmuckstücke aus einem Korb, wobei Sokrates zustimmend zusieht. Auch auf Raffaels Fresko mit den Philosophen in der Stanza della Segnatura (1508–12) im Vatikan befindet sich Sokrates.

Zu den erzählenden Darstellungen gehört die von Diogenes Laertios beschriebene Szene, wie Sokrates mit einem Spiegel einem Schüler beibringt, was Selbsterkenntnis ist, z. B. auf einem Gemälde von P. Bor (2. Hälfte 17. Jh.): Der äußerlich schöne Mensch muß sich darum bemühen, auch seinem Inneren eine nicht minder schöne Gestalt zu geben, während der äußerlich häßliche Mensch sein Aussehen durch Vorbildlichkeit ausgleichen kann. Als Beispiel für Patientia (Geduld) steht Sokrates in der Szene, in der Xanthippe ihm das Spülwasser über den Kopf gießt, wie z. B. auf einem Stich von O. van Veen (1607) und auf einer Zeichnung von M. F. Dandré-Bardon (1754, Stuttgart, Staatsg.). J. Zucchi dekorierte 1766 die Bibliothek des Osterley Park House in England mit entsprechenden antiken Figuren: Apollo und die Musen; Sokrates und Perikles, die Aspasia zuhören; Anakreon, der den Grazien opfert; Platon und seine Schüler; Horaz und Cicero; Sappho, der Eros etwas eingibt; Vergil, der Augustus vorliest; Caecilius Metellus läßt eine marmorne Krähe auf das Grab seines Lehrers Diodoros stellen; Pythagoras schenkt Fischen und Vögeln die Freiheit; Catull und Homer. Auch in der Bibliothek des Klosters Waldsassen tritt Sokrates auf einem Porträt von K. Stilp (1724, Holzskulptur) auf. Bei seiner großen Statue für den Garten der Eremitage in Bayreuth orientierte sich J. Schnegg (1755–58) an einer antiken Büste aus dem Besitz der Auftraggeberin Wilhelmine, der Schwester

Friedrichs des Großen. Auf Gipsreliefs schildert A. Canova (um 1790–92, Possagno, G.), die Errettung des Alkibiades in der Schlacht durch Sokrates, und auf vier weiteren Reliefs desselben Künstlers (1787–92, Gips und Marmor, Possagno, G.) sind Szenen nach dem *Phaidon* um den Gerichtsprozeß und das Sterben des Sokrates zu sehen. Der Tod des Philosophen dient – u. a. nach einem Gemälde von C.-A. Dufresnoy (um 1690, Florenz, Uffizien) – in dieser Zeit oft als Motiv für Darstellungen in der bildenden Kunst: z. B. auf Gemälden von N. Abildgaard (1784, Kopenhagen, Staatl. Kunstm.; Sokrates sinnend im Kerker), J. H. Tischbein d. Ä. (1785, Kassel, Gemäldeg.; Sokrates im Kerker in der Gesellschaft von Platon und Xenophon), J.-L. David (1787, Paris, Louvre), P. Peyron (1787, Kopenhagen, Staatl. Kunstm.; Sokrates nimmt den Giftbecher) und E. Wächter (1806/07, Karlsruhe, Kunsth.; Sokrates und Kriton im Gefängnis). Nach einer Radierung von C. B. Rode (1774) wurde das Thema auch in Deutschland aufgegriffen: u. a. auf Gemälden von J. Zick (1794, Düsseldorf, Kunstm.; Verabschiedung der Familie; als Pendant ist → Diogenes mit der Laterne auf der Suche nach einem wahren Menschen zu sehen) und – im 20. Jahrhundert – von J. Grützke (1975, Aachen, Neue Gal. Slg. Ludwig).

Origenes, D. Erasmus und M. E. de Montaigne haben Sokrates als weisen Philosophen gelobt. C. Hofmann von Hofmannswaldau verfaßte ein Drama 1679 über den Tod des Sokrates. Die große Anzahl an Werken der bildenden Kunst, die während der Aufklärung zum Thema Sokrates entstehen, ist letztlich auch auf die Bewunderung, die die ›philosophes‹ für ihn hegten, zurückzuführen: Er ist der Verteidiger der freien Rede, das Opfer von Fanatismus und Heuchelei. Vor allem C. Rollin prägte dieses Bild für das 18. Jahrhundert. Die Bewunderung spricht aus Sokrates-Stücken von Voltaire (1759), dem mehrere Autoren folgten. J.-M. Collot d'Herbois zeigt Sokrates, der von den demokratischen Kräften Athens verurteilt wurde, als ein Opfer der Aristokratie (1790). In der Französischen Revolution galt er auch als ein Beispiel für den edlen Widerstand gegen den revolutionären Wahn jener Tage, z. B. bei Mme J. M. Roland und M. J. Condorcet (um 1790). In dieser Tradition steht auch das große dreiteilige Gedicht von J. F. Helmers (1790). F. Hölderlin verfaßte 1797 eine Ode *Sokrates und Alkibiades*. Als Diotima, die als Frau den Mann in das Göttliche einführt, feierte er die Mutter seiner Schüler S. Gontard in seinem Roman *Hyperion* (1800). In

ND

dem Roman *Pericles and Aspasia* (1836) von W. S. Landor wird die sokratische Zeit behandelt; der Autor läßt Philosophen, Künstler und Politiker immer wieder neue Gesichtspunkte aufwerfen. F. Nietzsche übte in der *Geburt der Tragödie* (1872) Kritik an Sokrates, der das Ethische über das Ästhetische, den Verstand und die Begründung über den Instinkt, Rausch und Triebe gestellt hatte, womit er, in den Augen Nietzsches, die Dekadenz des griechischen Lebens repräsentierte. Auch das Stück *Aspasia* (1876) von R. Hamerling atmet diesen Geist: Sokrates, der von der schönen Aspasia abgewiesen wurde, wendet sich von der Schönheit ab und flüchtet sich in Resignation. Um den Gegensatz von körperlicher Schönheit in Gestalt des Alkibiades und geistiger Schönheit in Gestalt des Sokrates geht es in G. Kaisers zwischen Ernst und Satire wechselndem Stück *Der gerettete Alkibiades* (1920). Der Gerichtsprozeß wurde 1988 von I. F. Stone bearbeitet.

Komische Seiten gewann man dem Stoff im Anschluß an Diogenes Laertios ab. Nach einer Beschreibung von J. Gower in den *Confessio amantis* (ca. 1390) über die Geduld des Sokrates im Gegensatz zu der keifenden Xanthippe wird das Verhältnis zur Frau meistens mit Bewunderung für den unerschütterlichen Athener geschildert: u. a. in Dramen von J. U. von König (von G. P. Telemann vertont, Hamburg, 1721), P. Langendijk (1756), L.-S. Mercier (1809) und T. de Banville (1885). F. Mauthner stellt in seinem Roman (1884) die Ehre der Frau wieder her: Sokrates ist ein unerträglicher Besserwisser und gleichgültiger Vater und Ehemann.

Die Rettung des Alkibiades wird in B. Brechts Erzählung *Der verwundete Sokrates* ironisiert (1949): Sokrates konnte nicht vom Schlachtfeld fliehen, weil ein Dorn in seinem Fuß steckte; also mußte er sich tapfer zeigen, wie er es ehrlicherweise später dem Alkibiades verrät.

NM Ein ›scherzo drammatico‹ von N. Minato wurde von A. Draghi (1680) und A. Caldara (3. Akt von G. Reutter d. J., 1731, Wien) vertont. In der komischen Oper *Il Socrate immaginario* von G. Paisiello wird Sokrates zu einer Karikatur zeitgenössischer Erforscher der Antike (Libr. von G. B. Lorenzi/F. Galiani, 1775, Neapel). Ein Drama des dänischen Dichters A. G. Oehlenschläger bearbeiteten musikalisch A. P. Berggreen (1836, Kopenhagen) und sein Schüler N. W. Gade (vor 1838). E. Satie komponierte nach dem *Phaidon* und anderen platonischen Dialogen *Socrate, drame symphonique avec voix* für Gesang und Orchester (Paris, 1918).

Abma 1949; Edmunds 1987; Frenzel 1992a; Fresco 1983; Gigon 1947; Hertel 1921; Montuori 1981; Nash 1978; Oberreuter-Kronabel 1986; Peters 1976; Pigler 1938; Trousson 1967

Solon (ca. 640–560), Gesetzgeber und Dichter aus Athen ⟨Sol.; Aristot. Ath. pol.; Plut. Sol.; Hdt. 1,29–33, 2,177 u. 5,113; Diod. 9; Diog. Laert. 1⟩.

Solon war schon als Dichter, Diplomat, Soldat und Kaufmann hervorgetreten, als er in den Jahren 594/593, zu einer Zeit, in der sich Athen in einer wirtschaftlichen und sozialen Krise befand, zum Schlichter zwischen den Ständen (diallaktes) gewählt wurde und weitreichende Vollmachten erhielt. Er sollte zum einen die enorme Schuldenlast senken, die viele Athener zu Sklaven ihrer Gläubiger machte, zum andern eine Neuverteilung des Bodens durchsetzen. Nach Aristoteles' *Athenaion Politeia* gelang es ihm, die Verschuldung zu beheben, wodurch viele Bürger ihre Freiheit zurückgewannen, und den Landbesitz zu beschränken. Er soll auch eine Reform der Maße, Gewichte und der Währung durchgeführt haben. Durch die neue Verfassung des Solon in Athen wurde wirtschaftlichen Aufsteigern auch der soziale Aufstieg in die Führungsschicht ermöglicht: Fortan waren militärischer Rang und Wählbarkeit in die verschiedenen politischen Ämter vom Einkommen abhängig (Timokratie).

Trotz dieser Erfolge waren Besitzende wie auch Arme in Athen von den Reformen enttäuscht. Dies zeigen Solons eigene Gedichte, in denen er seine Gesetzgebung verteidigt. Um nicht weiterhin mit Änderungswünschen bedrängt zu werden, ließ Solon die Athener schwören, die neue Gesetzgebung mindestens 10 Jahre zu ehren, und ging, wie Plutarch berichtet, für einige Jahre auf Reisen, u. a. nach Ägypten. Der politische Kompromiß hielt sich allerdings nicht lange; die sozialen und politischen Gegensätze brachen wieder auf, bis schließlich 561/560 Peisistratos die Tyrannis errichtete. Solons Geburts- und Sterbejahr sind unbekannt, doch soll er die Tyrannis noch miterlebt haben und um 560 gestorben sein.

Solon war schon in klassischer Zeit berühmt für seine Weisheit, über die viele Geschichten erzählt wurden, so auch die bekannteste Episode über seine Begegnung mit →' Kroisos, die von Plutarch, Herodot und Diodoros Sikulos überliefert ist. Solon wurde zu den legendären Sieben Weisen gezählt, Staatsmänner aus verschiedenen griechischen Stadtstaaten, die hin und wieder in Delphi oder Korinth bei Gastmählern zu einem Austausch zusammengekommen sein sollen. Sie sind erstmals in Platons *Protagoras* erwähnt, später dann u. a. bei Plutarch und Diogenes Laertios. Neben Solon gehörten zu dieser Gesellschaft Bias von Priene, Pittakos von Mytilene und Thales von Milet; außerdem werden Chilon von Sparta, Kleobulos von Lindos und Periandros von Korinth häufig genannt. Plutarch erzählt eine Anekdote über die gegenseitige Zurechtweisung der Weisen: Solon, bei Thales zu Gast, wunderte sich, daß sein Gastgeber keine Familie gründen wolle. Am nächsten Tag tat Thales so, als hätte er die Nachricht erhalten, ein Sohn Solons sei gestorben. Dem trauernden Solon erwiderte Thales dann, er habe sich solches ersparen und keine Familie gründen wollen. Auch andere Gespräche sind überliefert: Solon diskutierte mit Anacharsis, einem skythischen Fürsten, über Nutzen und Dauer einer für alle Parteien zufriedenstellenden Gesetzgebung. Plutarch meint hierzu, dem skeptischen Anacharsis sei durch die Geschichte rechtgegeben worden.

Die Sprüche der Weisen wurden um 300 v. Chr. von Demetrios von Phaleron, dem damaligen Herrscher in Athen, gesammelt.

Plutarch und andere antike Autoren schrieben Solon wahrscheinlich aufgrund seiner Liebesgedichte an Knaben die Einführung der Päderastie in Athen zu.

Beeindruckend ist seine sogenannte *Musen-Elegie*, in der er seine politischen Vorstellungen aus der göttlichen Ordnung herleitet. Bakchylides nennt Solon in einem Loblied auf einen Sieger bei den Olympischen Spielen (1. Hälfte 5. Jh. v. Chr.) einen vorbildlichen Mann. Plutarch schrieb über Solon nicht nur in seiner Biographie, sondern auch im *Bankett der Sieben Weisen*, einem Traktat aus den *Moralia*.

In der bildenden Kunst der Spätantike wird Solon als einer der Sieben Weisen dargestellt, u. a. auf Mosaiken mit Porträts von Dichtern und Staatsmännern: in Argos (3. Jh. n. Chr.), Apameia (4. Jh. n. Chr.), Rom (2. Jh. n. Chr., heute Rom, Villa Albani), möglicherweise auch ein Mosaik aus Pompeii (2. Jh. v. Chr., heute Neapel, M. Naz.). In den nach den Sieben Weisen benannten Thermen in Ostia befindet sich ein Gemälde aus dem 2. Jahrhundert mit ihren Porträts mit Sprüchen, die an die Notwendigkeit eines guten Stoffwechsels erinnern. Die merkwürdig erscheinende Wahl des Ortes in Ostia und z. B. auch bei der Darstellung in der Toilette eines Privathauses in Ephesos kann mit einer Anmerkung bei Plutarch erklärt werden, der schreibt, daß für Solon derjenige Mensch vollkommen sei, der überhaupt keine Nahrung zu sich nehme.

Solons Bekanntheit im Mittelalter – wiederum als einer der Sie- NK
ben Weisen – geht v. a. auf Aristoteles und Valerius Maximus
(7,2 ext. 2, 8,7 ext. 14 u. 8,9 ext. 1) zurück. In der Französischen
Revolution wird Solon u. a. von C. Desmoulins Vorbild für einen weisen Gesetzgeber zitiert. Im Gegensatz dazu betonte
L. A. L. Saint-Just die Bedeutung des Lykurgos, über den er
1794 einen Traktat veröffentlichte.

Vom 14. bis ins 18. Jahrhundert werden Solon und andere Weise
und Gelehrte im Balkanraum oft als Motiv verwendet, wie z. B.
bei Kirchendekorationen, wo er zusammen mit → Sokrates, Sophokles und Pythagoras zu sehen ist: Sie erscheinen christianisiert, wie in der Westkirche → Vergil und Seneca, und vergegen-
wärtigen die heidnischen Zweige der ›Wurzel Jesse‹. Die zahlreichen Schreibfehler bei den Namen belegen, daß diese Weisen
und Gelehrten v. a. durch das Kopieren älterer Vorlagen bekannt geblieben sind. Auch in der westeuropäischen Kunst des
16. und 17. Jahrhunderts erscheint Solon in der Reihe der Sieben
Weisen: z. B. in Graphiken von C. Floris II., J. de Gheyn d. J.
(Mitte 17. Jh.) und G. C. Testa. P. del Vaga zeigt auf einem
Fresko (um 1541) in der Stanza della Segnatura im Vatikan Solon, der den Athenern seine Gesetze schenkt. In einer Deckendekoration von N. Coypel (um 1673) in Versailles kommt Solon,
der den Athenern seine Gesetze darlegt, neben → Traianus vor.
Die Darstellung versteht sich als Lob auf Ludwig XIV. und
dessen Minister Colbert. 1793 wurden lebensgroße Bildnisse von
Solon und Lykurgos im Saal der Assemblée in den Tuilerien
aufgestellt: Solon symbolisiert hier die gemäßigte, Lykurgos die
radikale Gesetzgebung. Außerdem standen dort als Vorbilder
u. a. → Cincinnatus, → Camillus, M. I. → Brutus und Platon.
R. N. Roland Holst (um 1910) malte Solon in dem inzwischen
abgebrochenen Sitzungssaal des Hohen Rates in Den Haag neben anderen Gesetzgebern, nämlich Moses, Iustinianus und Napoleon.

Für die Musikgeschichte sind die Oper *Il Solone* von A. Steffani NM
(Libr. von V. Terzago, 1685, München) und das dreitägige Festspiel anläßlich der ›Funzione delle Tasche‹ in Lucca 1741 (je ein
Tag komponiert von P. V. Chiocchetti, D. Pierotti und G. Puccini) zu verzeichnen.

Calza 1939; Edmunds 1987; Gaiser 1980; de Greeve 1983; von Heintze 1977;
Oliva 1987

Somnus → Hypnos und Thanatos

Sophoniba und Masinissa (3. Jh. v. Chr.), karthagisches Liebespaar ⟨Liv. 29,23,3 ff., 30,12,11 ff.; App. Lib. 10 u. 27–28; Dio Cass. 17,57,51; Diod. 27,7; Pol. 14,1,4, 7,6; Zon. 9,11 ff.⟩.
Ihrer Liebe war ein tragisches Ende beschieden: Sophoniba (auch: Sophonisba/e, bei Dio Cassius: Sophonis) wurde, wie einige Autoren überliefern, von ihrem Vater, dem karthagischen Oberbefehlshaber Hasdrubal, dem Feldherrn Masinissa versprochen, mußte dann jedoch den numidischen König Syphax heiraten. Als dieser gegen die Römer unter → Scipio Maior aufrüstete und damit auch gegen Masinissa – seit einiger Zeit römischer Bundesgenosse, nachdem Scipio einen seiner Neffen freigelassen hatte –, wurde er im Jahre 203 von Masinissa geschlagen und an Scipio ausgeliefert. Sophoniba wandte sich nun an Masinissa, der sich in die schöne Flehende verliebte, sie noch am selben Tag heiratete und ihr versprach, sie vor den Römern zu beschützen. Scipio hielt es für unerträglich, daß sein Bundesgenosse mit der Tochter Hasdrubals und der ehemaligen Frau von Syphax zusammenleben wollte, und befahl ihm, das Verhältnis mit Sophoniba zu beenden. Masinissa ließ Sophoniba einen Giftbecher bringen (nach Appianos bringt er ihn ihr selbst) und bat sie, diesen als eine wahre Tochter Hasdrubals zu trinken, um nicht in die Hände der Römer zu fallen. In großer Ruhe beendete Sophoniba ihr Leben mit den Worten, daß ihr Mann ihr kein größeres Geschenk habe machen können, doch wäre ihr der Tod ohne die Heirat leichter gefallen.
Das unterschiedlich zu deutende Verhältnis zwischen Sophoniba und Masinissa, das nur den Selbstmord als Lösung sieht, ist aus kurzen Beschreibungen von Polybios, Livius und Dio Cassius bekannt.
Aus der bildenden Kunst der Antike sind keine gesicherten Darstellungen tradiert. Ein Wandgemälde in Pompeii (1. Jh. n. Chr., heute Neapel, M. Naz.) wurde lange für eine Abbildung von Sophoniba und Masinissa gehalten, stellt aber wahrscheinlich – wie eine Kopie im Haus des Schmiedes in Pompeii – eine allgemeine Gelageszene dar.

ND Das Motiv wurde in der Literatur des Spätmittelalters sehr beliebt und fand bis ins 19. Jahrhundert in den auf Livius fußenden Nacherzählungen und Adaptionen Anklang. G. Boccaccio nahm die tragische Geschichte in sein Werk *De claris mulieribus* (1356–64) auf. F. Petrarca erzählt die Geschichte im *Trionfo d'Amore* (nach 1352) und im Buch V seines Epos *Africa* (zw. 1338 und 1343; → Scipio Maior). Nach frühen Dramatisierungen von J.

Castellino und G. del Carretto (ca. 1500) wird ein Stück von
G. G. Trissino recht berühmt (1524), in dem eine mehr rührende
als heroische Sophoniba auftritt; es folgen französische Bearbeitungen von Mellin de Saint-Gelais (1559) und C. Mermet (1584).
Von M. Bandello stammen einige Novellen (1554–73) und von
A. Barclay ein Roman (1520). Hielten sich A. de Montchrestien
(1596) und N. de Montreux (1601) in ihrer Schilderung der Gewissensnöte Masinissas noch an Livius, so folgen W. Painter in
seinem *Palace of Pleasure* (1566) und J. Marston (1606) der freien
Bearbeitung Bandellos. Der spanische Theaterdichter G. de
Aguilar läßt in seinem Stück *Los amantes de Cartago* (1614; geschrieben anläßlich der Hochzeit Philipps III. mit Margaretha
von Österreich) Scipio in Liebe zu Sophoniba entflammen.
Noch freier ist die Bearbeitung von J. de Mairet von 1634, der
auch Masinissa den edlen Liebestod sterben läßt; dieses Werk
wird das Vorbild für N. Lee (1676) und Voltaire (1770). P. Corneille stellt in seinem Drama (1663) der affektgesteuerten Sophoniba eine beherrschte Nebenbuhlerin an die Seite. Auf Niederländisch entstanden Tragödien von G. van den Eembd (1620)
und G. van Nieuwelandt (1631), ferner ein Gedicht von J. Cats
über dieses ›traurige Treuebekenntnis‹ im *Trouwring* (1637). Dieses Gedicht wurde von C. C. Dedekind ins Deutsche übersetzt
(1654). In der deutschen Literatur des Barock erschienen Romane von P. von Zesen (*Die afrikanische Sophonisbe*, 1647) und G.
Neumark (1651) sowie ein Trauerspiel von D. C. von Lohenstein (Uraufführung 1669, Erstausgabe 1680). In dem Corneille
verpflichteten Stück ist alle innere Ruhe gewichen; im Kampf
gegen den unausweichlichen Untergang Karthagos wird Sophoniba zwischen Macht und Liebesgier zerrieben. In J.
Thomsons Stück (1729) ist Sophoniba v. a. eine Patriotin, und
V. Alfieri (1789) betont die Heldenhaftigkeit und den Edelmut
der Beteiligten. Auch im 19. und 20. Jahrhundert kam es noch zu
einigen Bearbeitungen des Stoffes, von denen in Deutschland
v. a. das Stück von E. Geibel (1868) und in Frankreich die Dramen von A. Poizat (1913) und Y. Péneaus (*Les Barbares*, 1952)
bekannt sind.

Für eine Oper von C. W. Gluck verfaßte F. Silvani die Rezita- NM
tive, während die Arientexte aus verschiedenen Libretti P. Metastasios zusammengestellt wurden (1744, Mailand). Nach dem
Libretto von F. Silvani komponierten schon früher A. Caldara
(1708, Venedig), L. Leo (1718, Neapel) und L. A. Predieri (1722,
Rom); das Textbuch von M. Verazi vertonten B. Galuppi (1764,

Turin), T. Traetta (1763, Mannheim) und A. Boroni (1764, Venedig). Ferner gibt es Opern von N. Jommelli (Libr. von A. und G. Zanetti, 1746, Venedig), M. T. Agnesi (Libr. von A. und G. Zanetti, vermutl. 1771, Neapel) und F. Paer (Libr. von D. Rossetti, 1805, Bologna).
Die Bühnenmusik von H. Purcell für das Stück von N. Lee wurde vermutlich 1685 in London aufgeführt.

G. Pastrones Monumentalfilm *Cabiria* (1914) zeigt das Leben eines gleichnamigen Mädchens, die als Vertraute der Sophoniba Zeugin des Freitods ihrer Gebieterin wird. G. D'Annunzio lieferte einen Beitrag zu dem Szenario des Films.

NK Sophoniba mit dem Giftbecher thematisierten in der bildenden Kunst der Neuzeit u. a. auf einem Gemälde A. Mantegna (um 1500, London, Nat. G.; zugeschrieben), auf Stichen G. Pencz (1539) und H. Aldegrever (1553) sowie G. Zelotti (um 1570, Fresko) in einer Sophoniba-Reihe in der Villa Nordera in Caldogno. In der Villa Porto-Colleoni in Thiene zeigt Fasolo auf einem Fresko (um 1560), wie der verliebte Masinissa von Sophoniba bezaubert wird; daneben eine andere verführerische Frau: → Kleopatra bei einem Bankett mit Marcus Antonius. P. da Cortona schilderte den Selbstmord der Sophoniba auf einem Fresko (1641/42) in der Sala di Venere im Florentinischen Palazzo Pitti, um, wie der Beitext sagt, die Tugendhaftigkeit zu verdeutlichen. Auch G. B. Tiepolo hielt den Selbstmord innerhalb einer Freskenreihe (1731) mit Scipio-Darstellungen im Palazzo Dugnani in Mailand fest und schuf 1760 eine weitere Version des Themas (Paris, Patino C.). Mit demselben Motiv beschäftigten sich weiterhin auf Gemälden u. a. R. Manetti (1624/25, Florenz, Uffizien), M. Preti (u. a. um 1680, Rom, Pallavicini C.), G. A. Pellegrini (1700–10, u. a. München, Residenz, und Pommersfelden, G.) und G. B. Pittoni (1716–20, Moskau, Puschkin M.). Außerhalb Italiens entstanden Gemälde z. B. von S. Vouet (um 1623, Kassel, Gemäldeg., und Potsdam, Neues Palais), N. Regnier (1. Hälfte 17. Jh., u. a. Kassel, Gemäldeg., und Piazzola, Villa Camerini), G. van Honthorst (um 1630–35, Madrid, Prado; lange als Darstellung der → Artemisia gedeutet, die einen Trank mit der Asche ihres Mannes zu sich nimmt), Rembrandt (1634, Madrid, Prado), G. J. van den Eeckhout (1664, Braunschweig, M.).

Andrae 1890; Axelrad 1956; Chapeaurouge 1960; Frenzel 1992a; Ricci 1904

Sophonis → Sophoniba

Spargapises, Sohn der → Tomyris

Spartacus (1. Jh. v. Chr.), Sklavenführer aus Thrakien ⟨App. civ. 1,539–559; Flor. 2,8,1–14; Plut. Crass. 8; Eutr. 6,7,2; Oros. 5,24,1–8⟩.
Spartacus, der einigen Autoren zufolge von königlicher Abstammung war, lebte als Sklave in der Palaestra eines gewissen Lentulus in Capua. Mit anderen Gladiatoren führte er im Jahre 73 v. Chr. einen Aufstand an. Diese Bewegung griff schnell um sich, da sie den Beifall der Sklaven hatte, die sehr hart behandelt wurden. Spartacus zog mit einer stetig anwachsenden Zahl von Mitstreitern durch Campanien und schlug die von Rom geschickten Truppen unter der Leitung der beiden Konsuln Lentulus und Gellius. Das Sklavenheer zog durch ganz Italien und verbündete sich sogar mit den aufständischen Galliern in der Poebene. Die großen Erfolge führten, ungeachtet der Warnungen des Spartacus vor Beutegier und Disziplinlosigkeit, zu einer Schwächung. Schließlich konnte der Praetor Crassus (der später mit Caesar und Pompeius das Triumvirat bildete) im Jahre 71 bei Petelia in Süditalien den Sieg davontragen. Spartacus soll den meisten Autoren zufolge in der Schlacht umgekommen sein; die überlebenden Mitstreiter wurden entlang der Straße von Brindisi nach Rom gekreuzigt.

Manche Autoren der Antike, darunter Plutarch in seiner Crassus-Biographie, zeigen Bewunderung für den Mut des Spartacus, für seine Warnung vor Raubzügen und seine Kriegskunst und vergleichen ihn mit Hannibal, dem es ja auch nach der Schlacht bei Cannae gelungen war, das Land in Aufruhr zu bringen. Cicero (Verr. 5,5) und ein Jahrhundert später Lucanus (Phars. 2,554) schreiben nur von der Schlechtigkeit des Spartacus.

Seit dem Ende des 18. Jahrhunderts spielt Spartacus v. a. in ND Deutschland eine wichtige Rolle in politischen und literarischen Diskussionen. G. E. Lessing nennt ihn in einem Tragödienentwurf aus dem Jahre 1770 einen ›Verfechter der Menschenrechte‹. Aus der Zeit vor 1810 stammt ein Dramenfragment von F. Grillparzer. H. von Lingg behandelte ihn in Gedichten, und R. Voss schrieb 1881 das Stück *Die Patricierin.* Großen Erfolg hatte der Roman *Prusias* von E. Eckstein (1884). ›Spartacus‹ war nicht zufällig das Pseudonym K. Liebknechts; der Sklavenführer stand auch Pate für den von Liebknecht und R. Luxemburg im

Jahre 1916 gegründeten Spartakusbund. Schon K. Marx hatte ihn in Briefen an Engels als den Repräsentanten des antiken Proletariats gezeichnet. W. I. Lenin feierte ihn 1930 in einer postum erschienenen Schrift über den Staat als den großen Anführer der Sklavenaufstände, die das römische Herrschaftssystem in seinen Grundfesten erschütterten. Im Jahre 1932 und den darauffolgenden Jahren verkündete J. Stalin, daß die Sklavenaufstände einen Schritt zur Aufhebung der antiken Produktionsverhältnisse bedeutet hätten. In der kommunistischen Hemisphäre blieb Spartacus eine beliebte Symbolfigur für den Aufstand gegen die herrschenden Klassen: Der Prager Fußballklub trägt seinen Namen; in den fünfziger Jahren erschienen in der DDR mindestens drei Werke über den Freiheitshelden: ein Roman von H. M. Fast (1952), eine Erzählung von E. Günther (1956) und der Roman *Stern aus der Tiefe* von W. Schumann (1959).

Auch während des Risorgimentos in Italien (des Einigungsbestrebens seit dem Anfang des 19. Jahrhunderts) genoß Spartacus großes Ansehen, wovon ein damals beliebter Roman von R. Giovagnoli (1874) zeugt. A. Koestler publizierte als politischer Exilant im Jahre 1939 den antirevolutionären Roman *The Gladiators*.

S. Kubrick verfilmte den Spartacus-Aufstand 1959/60 mit Kirk Douglas in der Titelrolle, wobei Spartacus gegenüber der durch Crassus repräsentierten, verdorbenen römischen Elite als nobler Charakter erscheint.

NK In der bildenden Kunst spielt Spartacus kaum eine Rolle. In den Tuilerien in Paris steht eine Bronzeskulptur von E.-L. Barrias (1871, eine Replik von 1890 in Kopenhagen, Ny Carlsberg Glyptotek).

NM Aus der Musikgeschichte sind einige Opern von G. Porsile (Libr. von C. Pasquini, 1726, Wien), J. J. B. Monsigu (Libr. von C. Rollo, 1880, Marseille) und P. Platania (Libr. von A. Ghislanzoni, 1891, Neapel) zu verzeichnen. Die Oper *Spartaco* von D. Foroni mußte wegen Eingreifen der Zensur unter dem Titel *I Gladiatori* gespielt werden (Libr. von G. Peruzzini, 1851, Mailand). A. I. Chatschaturjan komponierte die Musik zu einem Spartacus-Ballett (1956, Leningrad).

Frenzel 1992a; Guarino 1979; Günther 1979; van Hooff 1993; Müller 1905; Riedel 1984; Rubensohn 1983

Spurius Cassius → Camillus, → Cincinnatus

Spurius Maelius → Camillus, → Cincinnatus

Stateira, Tochter des Dareios, zweite Gemahlin des → Alexander III.

Statilia Messalina, dritte Gemahlin des → Nero

Steropes, einer der → Kyklopen

Stesilaos → Themistokles

Stheneboia → Bellerophon

Stheno, eine der → Gorgonen

Stratonike → Antiochos I.

Stratonike, Gattin des → Mithridates VI.

Sulla, Lucius Cornelius (138–78), Anführer der Optimaten und größter Gegenspieler von → Marius in den politischen Konflikten des ersten Jahrzehnts des 1. Jahrhunderts v. Chr. ⟨Plut. Sull.; App. civ 1; Sall. Iug. 95; Vell. 2⟩.
Seit den Unruhen um die → Gracchi standen sich im Senat zwei Parteien gegenüber: die Optimaten (Mitglieder der gefestigten Aristokratie) und die Popularen (verarmte Aristokraten und Neureiche), die versuchten, mit Teilen der Bevölkerung und mit Volkstribunen eine stärkere Machtposition zu erreichen.
Sulla tat sich schon im Krieg gegen Iugurtha in Nordafrika hervor. Auch wenn sich Marius für den Sieg feiern ließ, so war es doch der junge Offizier Sulla, der Bocchus, den König von Mauretanien, mit List und Diplomatie dazu gebracht hatte, Iugurtha an die Römer auszuliefern.
In den neunziger Jahren kam es zu schweren Auseinandersetzungen zwischen den Römern und ihren italischen Bundesgenossen, die sich erhoben hatten, nachdem ihnen die Römer wiederholt das Bürgerrecht versagt hatten. Selbst nach der Zusage des Bürgerrechts verharrten einige Völker im Aufstand. Sulla, der inzwischen Anführer der Optimaten geworden war, konnte große Erfolge bei der Bezwingung dieser Aufständischen verbuchen, was ihm im Jahre 88 das Konsulat eintrug. Als

er in der Folgezeit auch den Oberbefehl im Krieg gegen → Mithridates erhielt, erreichte Marius, daß ihm dieser wieder entzogen wurde. Sulla marschierte gegen Rom, um dies rückgängig zu machen, so daß Marius nach Minturnae weichen mußte.

Im ›Parteienkrieg‹ seit dem Jahre 83 kam es zum Streit zwischen Sulla und den ›Marianen‹, die von den italischen Völkern unterstützt wurden, v. a. von den Samniten. Nachdem Sulla, auf dessen Seite unter anderem Pompeius und Crassus standen, die militärische Oberhand gewonnen hatte, setzte er die Herrschaft der Optimaten mit harter Hand wieder ein. Die aufständischen Samniten wurden liquidiert, das Grab von Marius geschändet und Tausende wirkliche oder vermeintliche Anhänger der Marius-Partei das Opfer der berüchtigten ›Proskription‹: Ihre Namen wurden öffentlich auf dem Forum bekannt gemacht, womit sie fortan als vogelfrei galten; ihre Mörder erhielten eine Belohnung, während ihr Vermögen eingezogen wurde und die Verwandten von politischen Funktionen ausgeschlossen blieben. Der Senat wurde um 300 Mitglieder aus den eigenen Reihen erweitert, die Befugnisse der Volksversammlung und der Volkstribunen drastisch beschränkt. Die früher freien samnitischen Städte, zu denen auch Pompeii gehörte, wurden zu Kolonien und erhielten Veteranen als Einwohner. Im Jahre 80 legte Sulla zur Überraschung vieler aus unbekannten Gründen freiwillig die Diktatur nieder und zog sich auf sein Landgut zurück, wo er zwei Jahre später starb.

Sulla ist die Jahrhunderte hindurch eine rätselhafte Persönlichkeit geblieben: ein äußerst geschickter, aber auch kalter, arroganter und sehr harter Führer; der erste Römer, der es wagt, mit seinen Truppen gegen Rom zu ziehen; der erste, der das Mittel der Proskription einsetzt; der erste auch, der ohne Ernennung die Diktatur ergreift, welche er dann zur allgemeinen Überraschung selbst wieder niederlegt. Proskription und Gewalt bleiben die Steine des Anstoßes. Caesar und seine Anhänger, die sich zu den Populares zählen, kritisierten den Racheakt Sullas und verwiesen damit zugleich auf die Milde Caesars. In der Literatur der Kaiserzeit wird Augustus der ernste Vorwurf gemacht, daß auch er während des Triumvirats, das sich nach dem Tod Caesars gebildet hatte, die Proskription eingesetzt hatte. Alle Autoren – z. B. Plutarch in seiner Sulla-Biographie und Appianos in seinem Bericht von den Bürgerkriegen – erwähnen die Selbstverherrlichung Sullas, der sich mit den Beinamen ›Felix‹ (der Glückliche) und ›Epaphroditos‹ (der von Aphrodite Begünstigte) schmückte.

Sulla gehörte zu den ersten, die ihre Herrschaft gezielt durch Abbildungen von Schlachtensiegen auf Münzen – jedoch nicht durch Porträts – verherrlichten. Antike Bildnisse von Marius und Sulla sind nicht mit Sicherheit zu identifizieren. Die beiden überlebensgroßen Köpfe aus dem 1. Jahrhundert v. Chr. (München, Glyptothek), die im 18. Jahrhundert unzählige Male imitiert wurden, stellen wahrscheinlich nicht die beiden Kontrahenten dar. Szenische Darstellungen der beiden Römer sind nicht bekannt.

In späterer Zeit wird Sulla überwiegend negativ gesehen, z. B. in N C.-L. Montesquieus *Considérations sur les causes de la grandeur des Romains et de leur décadence* (1734) und in der Sertorius-Tragödie von P. Corneille (1662), in der der edle Sertorius, Oberbefehlshaber in Spanien, die Diktatur Sullas tadelt.

Neben dieser politischen Überlieferung steht das kuriose *Lucio Silla*-Libretto von G. de Gamerra, das auf Wunsch des Autors von P. Metastasio erst begutachtet wurde. Der 16jährige W. A. Mozart vertonte diesen Text für den Mailänder Hof (1772), später folgten seinem Beispiel P. Anfossi (1774, Venedig), J. C. Bach (1776, Mannheim) und M. Mortellari (1779, Turin): Sulla liebt eine Tochter des Marius, während Cinna um die Hand einer Schwester Sullas wirbt. Die Verwicklungen führen zu einer Verschwörung, doch schließlich zeigt sich der harte, aber hochherzige Sulla bei der Aufdeckung des Komplotts gütig. Opern zu anderen Libretti gibt es z. B. von G. F. Händel (für eine Privataufführung, 1714, London) und C. H. Graun, der das in französischen Versen verfaßte Libretto von Friedrich II. in der italienischen Übersetzung von G. P. Tagliazucchi vertonte (1753, Berlin).

Ein Angriff auf die Herrschsucht ist das von V.-J. E. de Jouy nach dem Tod Napoleons I. geschriebene Sulla-Drama, in dem der freiwillige Rücktritt Sullas gelobt wird (1824).

In der späteren bildenden Kunst kommt Sulla kaum vor. Ein Gemälde von P.-N. Guérin für die Salonausstellung des Jahres 1799 bezieht sich auf die Proskription: Marcus Sextus kehrt nach Hause zurück und findet seine Frau, die Opfer der Proskription geworden war, ermordet vor. Das Bild spielte auf die Schreckensherrschaft Robespierres an.

Béranger 1956; Hinard 1985; Wünsche 1982

Syleus → Herakles

Syphax, numidischer König und Gatte der → Sophoniba

Talos → Argonauten

Tanaquil, Gattin des → Tarquinius

Tantalos, Vater des → Pelops

Tarpeia (8. Jh. v. Chr.), Verräterin Roms an die Sabiner ⟨Liv. 1,11,6–9; Plut. Rom. 17; Val. Max. 9,6,1; Dion. Hal. 2,38,1–40,2; Prop. 4,4; Flor. 1,1,12⟩.
Während des Sabinerkrieges in der Regierungszeit des → Romulus war der Vater Tarpeias, Spurius Tarpeius, Wächter des Kapitols. Als Tarpeia einmal außerhalb der Zitadelle Wasser für einen Opferdienst schöpfte, verriet sie den Sabinern einen geheimen Weg in die Festung; als Gegenleistung verlangte sie, die goldenen Armbänder der Sabiner begehrend, alles, was diese am linken Arm trugen. Nachdem die Sabiner dank dieses Verrats das Kapitol eingenommen hatten, erschlugen sie Tarpeia aus Verachtung über ihre ehrlose Tat, indem sie alles, was sie am linken Arm trugen, Armbänder und Schilde, auf sie warfen.

Die Geschichte dient bei Livius und Valerius Maximus als Beispiel für Habsucht, Verrat und ihre gerechte Strafe. Plutarch gibt in seiner Romulus-Biographie eine Erklärung für die Tötung Tarpeias: Augustus habe gesagt, er liebe den Verrat, den Verräter aber hasse er. Plutarch verwirft andere Versionen der Geschichte, z. B. die, Tarpeia sei die Tochter des Sabiners Titus Tatius und unfreiwillige Konkubine des Romulus gewesen und habe den geheimen Zugang aus Rache verraten. Nach einer anderen Darstellung bei Livius hatte es das Mädchen auf die Schilde abgesehen und wollte die Feinde auf diese Weise entwaffnen; aus Mißtrauen sei sie getötet worden. Tarpeias Grab gab dem Tarpeischen Felsen seinen Namen, einer steilen Felswand des Kapitols, von der die Meineidigen und Verräter hinabgestürzt wurden.

In der bildenden Kunst der Antike wird die Bestrafung nur selten abgebildet. Sie ist auf Münzen von 88 v. Chr. und 50 Jahren später zu sehen sowie auf dem Fries der Basilica Aemilia, vermutlich aus der Zeit um 54/53 (→ Romulus und Remus). In der Sala della Biblioteca der Engelsburg in Rom ist das Thema von einem Künstler aus dem Atelier von L. Romano dargestellt worden (ca. 1540).

Tarquinius, Lucius Priscus, und **Tanaquil** (um 600 v. Chr.), etruskisches Königspaar in Rom ⟨Liv. 1,34–41; Diod. 8,31; Dion. Hal. 2,37; Pol. 6,11a7 (Exzerpte); Cic. rep. 2,19–20, 34– 36⟩.

Tarquinius, dessen eigentlicher Name Lucumo war, soll um 600 als fünfter König in Rom geherrscht haben. Er stammte aus einer reichen, von Korinth in das etruskische Tarquinia übersiedelten Familie. In der Überzeugung, für Größeres bestimmt zu sein, als es einem Immigranten in Tarquinia möglich war, zog er mit seiner Gemahlin Tanaquil, die ihn in seinen Absichten unterstützte, in das aufstrebende Rom. Kurz vor der Stadt, auf dem Ianiculum, ergriff ein Adler die Kopfbedeckung des Tarquinius, stieg damit empor und setzte sie schließlich wieder auf seinem Haupt ab, was Tanaquil als gutes Vorzeichen für eine große Zukunft deutete.

In Rom machte sich Tarquinius mit seiner Freigiebigkeit und seinen Ratschlägen in breiten Kreisen und auch bei dem regierenden König Ancus Martius beliebt. Nach dessen Tod konnte sich Tarquinius, der als Vormund der beiden Söhne des Königs bestellt war, der Herrschaft bemächtigen. Er soll ein kraftvoller und guter Herrscher geworden sein. Ein einziges Mal allerdings zeigte er gegenüber religiösen Vorstellungen wenig Respekt: Er spottete über den Wahrsager Attius Navius, dieser solle seine Vögel befragen, was er gerade denke, und dies dann ausführen. Der Seher gehorchte und löste die Aufgabe erfolgreich: Er hatte einen Wetzstein mit dem Schermesser zu durchschneiden.

Im königlichen Palast wohnte ein Kind namens Servius Tullius, nach einigen Autoren der Sohn eines Sklaven, nach Livius aus einem von den Römern besiegten königlichen Geschlecht. Als beobachtet wurde, wie um den Kopf des schlafenden Jungen Flammen spielten, sah Tanaquil darin ein Vorzeichen für eine besondere Zukunft des Jungen, woraufhin ihn das Königspaar adoptierte. Da die Söhne des Ancus Martius nun ihren Thronanspruch gefährdet sahen, ermordeten sie Tarquinius. Doch ihre Machtübernahme scheiterte, da Tanaquil den Tod des Königs einige Tage geheimhalten und Servius Tullius als rechtmäßigen Nachfolger durchsetzen konnte.

Die Geschichte von Tarquinius und Tanaquil, wie sie im ersten Buch von Livius zu finden ist, bezieht sich möglicherweise auf die zeitweilige Herrschaft der Etrusker in Rom. Der König soll etruskische Bräuche wie die Gladiatoren- und Zirkusspiele, Triumphzüge und die Wahrsagekunst in Rom eingeführt haben;

ferner soll er die cloaca maxima und den circus maximus angelegt und die Ummauerung der Stadt begonnen haben, die dann von seinem Nachfolger vollendet wurde (der sogenannte Servius-wall aus dem 4. Jahrhundert, von dem noch an einigen Stellen Reste zu sehen sind). Auf dem Kapitol begann er mit dem Bau des Jupiter-Tempels.

Während die meisten Autoren, u. a. Dionysios von Halikarnassos, Plinius Maior (nat. 13,88) und Gellius (1,19) den Kauf der *Sibyllinischen Bücher* dem späteren König Tarquinius Superbus zuschreiben, berichtet Lactantius (inst. 1,6,10–11), Tarquinius Priscus habe sie erworben, entweder von einer unbekannten Frau oder von der Sibylle von Cumae selbst. Zunächst habe der König den geforderten Preis nicht zahlen wollen. Als die Frau daraufhin drei Bücher verbrannte und den Rest erneut zum selben Preis anbot, weigerte sich Tarquinius wiederum, so daß drei weitere Bücher verbrannt wurden. Letztlich mußte er für die verbliebenen Bände denselben Preis zahlen, wie er anfänglich für alle zusammen gefordert worden war. Diese Sammlung von Orakelsprüchen und geheimnisvollen Texten wurde im Jupiter-Tempel aufbewahrt und soll bis in die Kaiserzeit eine Norm für das Verhalten in Notsituationen gewesen sein. Sie stammte vermutlich aus Kleinasien und war angeblich von der Sibylle von Erythrai geschrieben worden. Für die Befragung der Bücher setzte Tarquinius ein Kollegium von 15 Männern ein.

Tarquinius Priscus wurde in der Reihe der ›viri illustres‹ auf dem Forum des Kaisers → Augustus dargestellt, doch sind keine Abbildungen mehr erhalten.

N　P. del Vaga malte im Palazzo Baldassini in Rom zwei Tarquinius-Fresken (um 1520, heute Florenz, Uffizien): die Szene mit dem Königspaar und dem Adler und das Spalten des Steins durch Attius Navius. Der Adler, der die Kopfbedeckung emporhebt, ist auf einem J. del Sellaio zugeschriebenen Cassonebild aus dem 15. Jahrhundert zu sehen. D. Beccafumi stellte Tarquinius in einer Gemäldereihe (um 1519, Siena, Pal. Bindi Sergardi) mit → Cornelia, Penelope (→ Odysseus) und Marcia (der Frau von → Cato Censorius) als Vorbild für Tugendhaftigkeit und Vernunft dar. S. Ricci zeigt auf einem Gemälde (um 1690, Malibu, Getty M.) das Zerschneiden des Steins, der die Form einer Säule hat und vermutlich eine Anspielung auf den Namen der Familie Colonna (›die Säule‹) als Auftraggeberin des Gemäldes ist. Die Szene, in der Tanaquil die Zukunft des Servius Tullius voraussagt, hielten auf einem Gemälde A. Kauffmann (1785, bekannt

durch einen Stich von T. Kirk, 1793) für die Kaiserin von Rußland und J.-D. Odevaëre auf einem Entwurf (1811–13, nicht ausgeführt) für den Königspalast ›Quirinal‹ in Rom als Teil einer Dekoration fest, die auf Napoleons Sohn als zukünftigen König von Rom verweisen sollte.
In der Musik und auf dem Theater wird das Thema nur selten bearbeitet. Es entstand z. B. eine Servius-Tullius-Oper von A. Steffani, die anläßlich der Hochzeit von Kurfürst Max Emanuel von Bayern mit Maria Antonia von Österreich gegeben wurde (Libr. von V. Terzago, 1685, München). H. Hensen schrieb im Jahre 1953 ein Bühnenstück über Tarquinius und Tanaquil, in dem die weise Vorkenntnis als tödlich für den menschlichen Geist dargestellt wird.

Eving 1933

Tarquinius Collatinus → Brutus, Lucius Iunius

Tarquinius Superbus, König von Rom → Brutus, Lucius Iunius

Teiresias, berühmter blinder Seher in Theben, Sohn des thebanischen Adligen Eueres und der Nymphe Chariklo ⟨Soph. Oid. T.; Soph. Ant.; Eur. Bacch.; Eur. Phoen.; Apollod. 2,48; 3,6,7; 3,7,3–4; Ov. met. 3,322–350⟩.
Nach Kallimachos wurde Teiresias mit Blindheit bestraft, weil er die Göttin Athena beim Baden nackt gesehen hatte. Zum Ausgleich erhielt er die Gabe der Weissagung. Nach Ovid schlug Teiresias einst zwei Schlangen bei der Paarung. Daraufhin wurde er in eine Frau verwandelt, bis er sieben Jahre später das gleiche Mittel anwandte, wieder ein Schlangenpaar schlug und zum Mann wurde. Da er beiden Geschlechtern angehört hatte, wurde er von Hera und Zeus gefragt, ob der Mann oder die Frau den Liebesakt mehr genießen würde. Hera behauptete, daß die Frau an der Liebe keinen Genuß hätte, Teiresias aber antwortete, daß der Genuß der Frau neunmal größer sei als der des Mannes. Die Göttin sah das Geheimnis ihres Geschlechts entdeckt und bestrafte Teiresias wütend mit Blindheit. Von Zeus erhielt er als Entschädigung die Seherkraft und ein langes Leben von sieben Menschenaltern.
Seine lange Lebensdauer erklärt, warum Teiresias in der thebanischen Geschichte von Laios und → Oidipus bis zu dem Krieg

der Epigonen gegen Theben (→ Alkmaion) und in anderen Zusammenhängen (→ Amphitryon und Alkmene, Pentheus und → Dionysos, → Narkissos) auftrat. Nach dem Sieg der → Epigonen starb er, bewies aber noch nach seinem Tod seine Prophetengabe, als → Odysseus ins Totenreich hinabstieg und ihn um Rat fragte.

Aus der bildenden Kunst der Antike sind kaum Darstellungen von Teiresias bekannt. Als Schatten ist er in einem etruskischen Grab in Tarquinia zu sehen. Neben Odysseus, der ihn um Rat fragt, kommt er auf einer der ›Odyssee-Landschaften‹ (um 40 v. Chr., Rom, Vat. M.) vor.

N Außer in den antiken Tragödien und deren Bearbeitungen (Sophokles' *Oidipus Tyrannos* und *Antigone*, Euripides' *Bakchai* und *Phoinissai*) tritt Teiresias v. a. in der Literatur des 19. und 20. Jahrhunderts auf. A. C. Swinburne (1871) und A. Tennyson (1885) behandeln in Gedichten seine Erblindung, nachdem er Athena erblickt hatte, T. S. Eliot in *The Waste Land* (1922) und G. Apollinaire in *Les Mamelles de Tirésias* (1903; dazu von F. Poulenc eine ›opéra bouffe‹, 1947) die Änderung seines Geschlechts. Die Prophezeiungen des Teiresias sind Thema einer Oper von A. Draghi (Libr. von N. Minato, 1680).

Brisson 1976

Teisiphone, eine der → Erinyen

Telamon → Herakles

Telegonos, Sohn der → Kirke und des → Odysseus

Telemachos, Sohn des → Odysseus

Telephos, Sohn des Herakles und der Auge, der Tochter des Königs Aleos von Alea (Arkadien) ⟨Apollod. 2,74; 3,9,1; Apollod. epit. 3,17–20; Hyg. fab. 99–101⟩.
Als bekannt wurde, daß Herakles Auge während eines Besuchs verführt hatte, setzte Aleos Mutter und Kind auf dem Meer aus, da ihm ein Orakel verkündet hatte, daß einer seiner Söhne durch einen Sohn Auges sterben werde. Nach einer anderen Überlieferung wurde der Junge in den Bergen ausgesetzt und von einem Reh gesäugt, während Auge nach Mysien in Kleinasien gelangte. Später reiste Telephos dorthin und traf seine Mutter wieder.

Als Telephos erwachsen war, kämpfte er im Trojanischen Krieg gegen die Griechen. Als diese vor der Belagerung Trojas in dem Glauben, trojanisches Gebiet vor sich zu haben, in Mysien landeten, konnte Telephos sie abwehren, wurde dabei aber von Achilleus mit dem Speer verwundet. Diese Wunde konnte laut Orakelspruch nur von dem, der sie verursacht hatte, geheilt werden. Auf den Rat Klytämnestras hin setzte Telephos nun Agamemnon unter Druck, indem er dessen Sohn Orestes entführte. Achilleus heilte die Wunde schließlich mit Spänen seines Speeres. Als Dank wies Telephos den Griechen den Weg nach Troja.

Die Geschichte kommt in Tragödien von Sophokles und Euripides vor, von denen leider nur die Titel und der grobe Handlungsverlauf bekannt sind. Aufgrund des Orakels wird Telephos aus Alea weggebracht, er kehrt aber zurück und tötet einen Sohn seines Großvaters Aleos, wie es geweissagt wurde (Fragm.; Hyg.; Apollod.). Als Telephos in Argos von Achilleus nicht schnell genug geholfen wird, nimmt er nach Euripides den jungen Orestes als Geisel; bei Sophokles droht er sogar damit, ihn zu töten. Erst dann ist Achilleus bereit, mit dem Rost seines Speers die Wunde zu versorgen.

Die Darstellungen in der bildenden Kunst der Antike folgen dem Inhalt der Tragödien. Auf Vasen aus dem 5. Jahrhundert v. Chr. ist Telephos mit dem kleinen Orestes zu sehen, einige Male auch droht er, mit dem Schwert das Kind zu töten. Seine Heilung findet sich seit dem 4. Jahrhundert v. Chr., vermutlich in der Nachfolge eines nicht mehr erhaltenen Gemäldes von Parrhasios, u. a. auf etruskischen Spiegeln (3.–2. Jh. v. Chr.) und auf einem Relief aus Herculaneum (um Christi Geburt). Abbildungen von Telephos' Lebensweg entstehen in Städten, die mit Herakles verbunden sind: Skopas schuf ein Giebelfeld mit dem Streit zwischen Achilleus und Telephos für den Athena-Alaia-Tempel in Tegea (370–360 v. Chr., Athen, M.). In diesem Heiligtum soll Auge Priesterin gewesen sein. Der sog. ›kleine Fries‹ vom Zeus-Altar aus Pergamon (Mitte 2. Jh. v. Chr., heute Berlin, Pergamon-M.) erzählt Telephos' Leben; der Auftraggeber des Altars, König Eumenes II. von Pergamon, betrachtete Telephos und Auge als seine Ahnen. So ist auch die Wandmalerei mit der Auffindung des Telephos durch Herakles aus einem öffentlichen Gebäude in Herculaneum (heute Neapel, M. Arch. Naz.) zu verstehen, der Stadt, die von Herakles gegründet worden sein soll.

N In der bildenden Kunst der Neuzeit scheint Telephos nicht dargestellt worden zu sein. Eine ›tragédie lyrique‹ komponierte A. Campra nach dem Libretto von A. Danchet (1713, Paris).
Bauchhenss-Thüriedl 1971

Tellos, der glücklichste Mensch der Welt → Kroisos

Tenes → Achilleus

Tereus, Gatte der Prokne → Prokne und Philomela

Terpsichore, eine der → Musen

Teukros, Halbbruder des → Aias

Thaleia, eine der → Chariten

Thaleia, eine der → Musen

Thales von Milet, einer der Sieben Weisen → Solon

Thalestris, Amazonenkönig → Alexander III.

Thamyris → Musen

Thanatos → Hypnos und Thanatos

Theias, Vater und Großvater des → Adonis

Themistokles (ca. 524–459), athenischer Politiker ⟨Nep. Them.; Plut. Them.; Hdt. 6–9; Thuk. 1; Diod. 11⟩.
Der aus vornehmer Familie stammende Themistokles hatte seinem Biographen Plutarch zufolge schon in jungen Jahren den unbezähmbaren Drang nach einer großen Karriere, die ihn in Athen an die führende Position bringen sollte. Als Archon mußte er sich 493/92 gegen Aristeides durchsetzen; ihre politische Rivalität soll nach einigen Autoren mit dem Werben beider um die Gunst des Jünglings Stesilaos in Zusammenhang gestanden haben.
Seinen politischen Durchbruch erreichte Themistokles, als die Hellenen zum dritten Mal mit den Persern Krieg führten. Er sah

voraus, daß nach dem griechischen Sieg bei Marathon ein erneutes Kräftemessen zu erwarten war, und plädierte erfolgreich dafür, daß Athen eine große Flotte bauen müsse – ein Orakel hatte verkündet, daß sich die Stadt mit ›hölzernen Mauern‹ umgeben müsse. Als die Perser bei den Thermopylen den Widerstand des → Leonidas gebrochen hatten und die Bundesgenossen dabei waren, sich auf den Peloponnesos zurückzuziehen, um den Persern Attika zu überlassen, organisierte Themistokles die Evakuierung Athens, das nun völlig auf seine Flotte angewiesen war. Er lockte mit einem doppeldeutigen Bericht, nämlich daß die Bundesgenossen in ihre Städte zurückgekehrt seien und Athen nun alleine stehe, den Nachfolger des → Dareios, Xerxes, in die Meerenge zwischen Attika und Salamis. Hier konnten die schweren Schiffe der Perser nur langsam manövriert werden. Xerxes mußte von seinem Thron aus, der auf dem Festland stand, zusehen, wie seine Flotte eine schwere Niederlage von den Athenern erlitt. Dann trieb ihn Themistokles nach Asien zurück, indem er androhte, die Hellenen würden die über den Hellespont gebaute Schiffsbrücke der Perser vernichten und so ihren Rückzug nach Asien vereiteln.

Nach diesem Sieg zeigte sich Themistokles in seiner gestärkten Position in Athen unbeherrscht. Er entwarf den geheimen Plan, die Schiffe der Bundesgenossen in Brand zu stecken, um Athen die Vorherrschaft auf dem Meer zu sichern. Diesen Plan legte er Aristeides vor, mit dem er sich inzwischen ausgesöhnt hatte. Dieser erklärte in der Volksversammlung, daß ein von Themistokles entworfener, noch geheimzuhaltender Plan für Athen äußerst vorteilhaft, zugleich aber äußerst schändlich sein würde, worauf die Athener dem Themistokles untersagten, diesen ihnen unbekannten Plan auszuführen. Themistokles war jedoch so sehr von ihm überzeugt, daß er viel Eifersucht und Ärgernis erregte, bis er schließlich 474 vom Ostrakismos, dem Scherbengericht, verurteilt und in die Verbannung geschickt wurde.

Eine Irrfahrt führte ihn an den Hof des Königs von Molossos, Admetos, der ihm Schutz gegen die verfolgenden Athener und Spartaner bot. Thukydides überliefert, wie Themistokles, um sich des Wohlwollens des Admetos zu versichern, auf Anraten von dessen Frau bei seiner Bitte das Kind des Königs in die Arme nahm. Die nächste Station seiner Reise war der Hof des Artaxerxes, des Sohns und Nachfolgers des Xerxes (Diodoros zufolge traf er noch auf Xerxes). In einer selbstbewußten Rede bot er Artaxerxes seine Dienste an und erinnerte ihn daran, daß er die Hellenen davon abgehalten hätte, die persische Streitmacht bei ihrem Rückzug über den Hellespont zu verfolgen. Artaxerxes ging auf sein Angebot ein.

Einige Jahre später drohte eine direkte Konfrontation der Perser mit den Athenern. Themistokles wurde aufgefordert, die Führung des persischen Heeres zu übernehmen. Thukydides berichtet, daß Themistokles, nach Meinung einiger Autoren, den Tod aus Furcht vor einer Niederlage gegen die Athener gesucht hätte; doch er selbst hält einen natürlichen Tod für wahrscheinlicher, ebenso auch Nepos. Seit einer Anspielung in Aristophanes' *Hippeis* (424 v. Chr.) setzte sich die Vorstellung durch, Themistokles hätte durch Trinken von Stierblut, das als tödlich galt, seinem Leben selbst ein Ende gesetzt, um nicht auf der anderen Seite mitkämpfen zu müssen. Diese Ansicht findet sich u. a. bei Diodoros und Plutarch.

Herodot urteilt streng über den athenischen Feldherrn: Er sei ein genialer Taktiker, der sich allerdings von persönlichen Motiven wie Geldgier habe leiten lassen. Plutarch und Thukydides loben die von Freund und Feind bewunderte politische und militärisch-taktische Intelligenz des Atheners. Wegen der behaupteten patriotischen Gründe für den Selbstmord verglich ihn Cicero in mehreren Texten mit → Coriolanus, der auch in letzter Minute davon absah, gegen den eigenen Staat zu kämpfen. Die Frage der Flottenverbrennung bespricht er in *De officiis* (3,49) im Hinblick auf den Konflikt zwischen öffentlichem Nutzen und Moral. Auch Valerius Maximus (5,3 ext. 3; 5,6 ext. 3) sieht diesen Aspekt und nennt mehrere Vorbilder für die iustitia dem Feind gegenüber, darunter → Fabricius, der das Angebot von Pyrrhos' Leibarzt, diesen zu vergiften, ablehnte.

In der Literatur wurde die persische Invasion direkt nach dem Friedensschluß Thema von Tragödien und Lyrik. Einem verlorenen Schauspiel von Phrynichos folgen die *Persai* von Aischylos (472), die die einzige erhaltene Tragödie aus dem 5. Jahrhundert mit einem historischen Thema ist. Der Dichter, der selbst mitgekämpft hatte, stellt Xerxes als jemanden dar, der in seiner Hybris die Torheit seiner Unternehmung nicht einsieht. Timotheos von Milet beschreibt die Schlacht bei Salamis im Lied (›nomos‹) *Persai* (410).

Aus der bildenden Kunst der Antike ist durch Pausanias' Beschreibungen (1,15,1) eine Reihe von Gemälden in der Stoa Poikile (›Bunte Säulenhalle‹) auf der Agora in Athen bekannt, auf denen die Schlachten der Athener gegen die Perser abgebildet waren. Sie stammen aus der Zeit kurz vor 460 v. Chr., vermutlich von Polygnotos und Mikon. Der Südfries des Nike-Tempels auf der Akropolis (um 420 v. Chr.) zeigt die Schlacht bei Plataiai und ist damit die älteste erhaltene historische Darstellung Griechenlands. Pausanias (1,25,3) beschreibt weiter ein Gedenkmonument, das der König von Pergamon, Attalos I., Anfang des 2. Jahrhunderts errichten ließ: eine Skulpturengruppe, die die Schlacht bei Marathon mit den heroischen Kämpfen zwischen Göttern und Giganten sowie dem Kampf Pergamons mit den Kelten verbindet. Von diesen Figuren sind einige durch Kopien bekannt. Eine Porträttherme in Ostia mit der Inschrift ›Themistokles‹ scheint eine Kopie aus dem 1. Jahrhundert v. Chr. eines nicht idealisierten Porträts aus dem 5. Jahrhundert v. Chr. zu sein; es soll sich um das früheste bekannte griechische Porträt handeln.

Den Selbstmord des Themistokles durch das Trinken von Stier- NK
blut schildern in der bildenden Kunst der Neuzeit auf Fresken u. a. Pinturicchio (2. Hälfte 15. Jh.) in der Palazzina Della Rovere-Colonna in Rom und G. Angeli (Mitte 18. Jh.) in der Villa Giovanelli in Noventa Padovana sowie ein Gemälde von L. de' Ferrari (18. Jh., Rom, Galleria di Palazzo Bianco). W. E. Wunders Deckengestaltung des Audienzzimmers in der Eremitage in Bayreuth (um 1740) mit dem Empfang bei Artaxerxes steht für die Milde eines Fürsten gegenüber dem Feind. Das Bittgesuch des Themistokles bei Admetos war 1819 Thema des französischen Prix de Rome (u. a. mit einem Gemälde von F. Dubois, Paris, École des Beaux-Arts). Die Einschiffung nach Salamis zeigt J.-D. Odevaëre auf einem Gemälde (1825, Rathaus St. Niklaas). Im Treppenhaus des Neuen Museums in Berlin brachte W. von Kaulbach ein Fresko (1846–63) an, die ›Blütezeit Griechenlands‹, auf dem Themistokles die dominierende Rolle spielt.

L. Couperus folgte in seinem Roman *Xerxes of De hoogmoed* ND
(1919) der Tragödie des Aischylos, während J. A. Dèr Mouw in einem Gedicht aus dem ersten Band *Brahman* (1919) den persischen König vor der Überquerung des Hellespont nachdenklich zeigt. Die Trilogie *De oude waereld* (1918–21) von I. Querido behandelt Aufstieg und Untergang des Persischen Reichs; in dem Kapitel *Zonsondergang* wird die heillose Unternehmung des Xerxes beschrieben. Die von T. Mann gelobte Novelle *Aeschylos bei Salamis* (1952) von H. Reisiger zeigt die Perspektive des Tragödiendichters.

In der Musikgeschichte steht Themistokles im Mittelpunkt eines NM
Librettos von P. Metastasio, das u. a. von A. Caldara (1736,

Wien) und N. Jommelli (1757, Neapel) vertont wurde. N. Porpora komponierte zuerst nach dem Libretto von A. Zeno (1718,
Wien), später griff er ebenfalls auf den Text von Metastasio zurück (1743, London). Von Xerxes' Hybris handelt die *Serse*-Oper
von F. Cavalli (1654) mit einem Libretto von N. Minato anläßlich der Hochzeit von Ludwig XIV. G. F. Händel/C. H. Postel
zeigten Xerxes in einer komischen Oper (1738).

Fittschen 1988

Thersandros → Alkmaion

Thersites → Achilleus

Theseus, galt nach Herakles als der größte griechische Heros
der Generation vor dem Trojanischen Krieg; Sohn des Königs
Aigeus von Athen oder des Poseidon und der Aithra, der Tochter des Königs Pittheus von Troizen ⟨Plut. Thes.; Apollod.
3,15 ff.; Hyg. fab. 38; 43⟩.
Theseus galt in der Mythographie als etwas jünger als Herakles
und soll wie dieser vom Peloponnesos kommen. Für die Athener
war er der Gründer ihres Stadtstaates und des attischen Staaten-
bundes. So wurde sein Leben nicht nur von dem Mythographen
Apollodoros aufgezeichnet, sondern auch von dem Historiographen Plutarch.
Aigeus ging eines Tages nach Delphi, um das Orakel wegen
seiner Kinderlosigkeit zu befragen. Es riet ihm, seinen
Weinschlauch nicht vor seiner Rückkehr nach Athen zu öffnen.
Auf dem Rückweg besuchte Aigeus seinen Freund Pittheus und
fragte ihn nach der Bedeutung des Orakelspruchs. Dieser verstand ihn als Andeutung, daß Aigeus nicht mehr lange kinderlos
bleiben würde, machte ihn betrunken und legte ihn dann ins Bett
seiner Tochter Aithra. Bei manchen Autoren wird überliefert,
daß in dieser Nacht auch der Meeresgott Poseidon mit Aithra das
Lager teilte und Theseus zeugte.
Aigeus erfuhr noch vor seiner Rückkehr nach Athen, daß Aithra
schwanger war. Er legte sein Schwert und seine Sandalen unter
einen Felsen und ließ Aithra versprechen, falls sie einen Sohn
gebären sollte, diesen nach Athen zu schicken, wenn er stark
genug sei, den Felsen beiseite zu rollen. Als Erkennungszeichen
müsse er das Schwert und die Sandalen mitbringen.

Theseus wuchs am Hof des Pittheus auf und zeigte schon bald die Anlagen eines tapferen Helden. So soll er siebenjährig als einziger unter den Kindern keine Angst vor dem Löwenfell des Herakles gehabt haben, als dieser bei Pittheus zum Gastmahl geladen war, sondern sich zum Kampf gegen das Tier gerüstet haben.

Schließlich war Theseus kräftig genug, um den Felsblock beiseite zu rollen. Seine Mutter klärte ihn über seine Herkunft auf, und Theseus bereitete sich auf seine Reise nach Athen vor. Um seinen Mut zu beweisen, wollte er nicht den direkten Seeweg wählen, sondern wie Herakles den gefährlichen Weg entlang der Küste über den Isthmos nehmen.

An der Küste hielten sich Räuber und Ungeheuer auf. Theseus besiegte sie, indem er ihnen dasselbe Schicksal bescherte, das sie den Reisenden zugedacht hatten. Periphetes erschlug er mit dessen Bronzekeule. Sinis, der seine Opfer an einem zur Erde gebogenen Baumwipfel festband und den Baum dann hochschnellen ließ, wurde auf diese Weise von ihm getötet. In Krommyon befreite er die Bevölkerung von dem Wildschwein Phaia, das das Land verwüstete. Ferner rechnete er mit Skeiron ab, der auf einem Felsen am Meer saß und die Reisenden zwang, seine Füße zu waschen, um sie dann ins Meer zu stoßen. Im Ringkampf, als dessen Erfinder Theseus galt, schlug er Kerkyon, der die Fremden dabei zu erdrücken pflegte. Auch mit Prokrustes, der die Vorbeiziehenden an ein Bett fesselte und sie durch Strecken oder Amputation an die Größe des Bettes anpaßte, verfuhr er auf dessen eigene Weise.

Schließlich kam Theseus nach Athen, wo Aigeus, der nicht wußte, daß Aithra ihm einen Sohn geschenkt hatte, inzwischen mit → Medeia verheiratet war und einen Sohn namens Medos mit ihr hatte. Theseus wurde nach seinen großen Taten als Held in die Stadt geführt, verheimlichte aber seine Herkunft. Nur Medea erriet, wer er war. Besorgt um Medos' Recht auf die Thronfolge weckte sie bei Aigeus Furcht vor dem Fremden, und zusammen planten sie einen Giftmord an Theseus. Kurz bevor Theseus den Giftbecher hob, erkannte Aigeus seinen Sohn an dem Schwert, das dieser als Messer gebraucht hatte, und stieß den Becher weg. Vater und Sohn umarmten einander, Medeia wurde mit ihrem Kind verstoßen.

Kurze Zeit später besiegte Theseus den berüchtigten Stier, der die Umgebung von Marathon verwüstete. Dann ging er nach Kreta, um den Minotauros zu töten, das Ungeheuer mit menschlichem Leib und Stierkopf, das Minos' Frau Pasiphae geboren hatte. Der mächtige König → Minos von Kreta hatte Athen eine schwere Last auferlegt: Jährlich mußte die Stadt sieben Jungen und sieben Mädchen nach Kreta senden, die in dem von → Daidalos gebauten Labyrinth eingeschlossen und von Minotauros verschlungen wurden. Auf Kreta verliebte sich → Ariadne, eine Tochter des Minos, in Theseus und versprach ihm zu helfen, wenn er sie mit nach Athen nehmen und heiraten würde. Theseus drang in das Labyrinth ein, tötete den Minotauros, fand mit Hilfe eines Garns, das Ariadne ihm verschafft hatte, den Ausgang und konnte mit Ariadne und seinen Gefährten von Kreta entkommen. Auf der Insel Dia (oder Naxos) trennten sich die Wege von Theseus und Ariadne wieder (Hom. Od. 11,321–325). Theseus' Rückkehr wurde durch ein tragisches Mißverständnis überschattet. Es war abgesprochen worden, daß das Schiff bei glücklichem Ausgang des Abenteuers mit weißen Segeln einlaufen würde. Doch Theseus vergaß, die schwarzen Segel gegen weiße auszutauschen, worauf Aigeus den Tod seines Sohnes vermuten mußte und sich ins Meer stürzte, welches seither nach ihm Aigeisches Meer genannt wird (u. a. Paus. 2,31,1; 10,29,4).

Als Nachfolger seines Vaters konnte König Theseus einen Angriff der Amazonen abwehren. Der Grund für diesen Angriff ist unklar: Theseus soll an einem Kampf des Herakles gegen die Amazonen beteiligt gewesen sein und die Amazone Antiope (oder Hippolyte) als Kriegsbeute genommen haben. Nach einer anderen Überlieferung zog Theseus selbst gegen die Amazonen und entführte Antiope, als sie als Abgesandte sein Schiff betrat. Vielleicht verliebte sich Antiope auch in ihn, und die Amazonen wollten sich rächen, als er Antiope verstieß, um Phaidra zu heiraten, eine Tochter des Minos (dazu → Phaidra).

Theseus war mit Peirithoos, dem König der Lapithen, befreundet. Gemeinsam hatten die beiden gegen die → Kentauren gekämpft (Ov. met. 12,210–535). Als Phaidra starb, schlug Peirithoos vor, jeder von ihnen solle eine Zeus-Tochter erobern. Beide verliebten sich in → Helena, die junge Schwester der Dioskuren Kastor und Polydeukes, und trafen daraufhin die Abmachung, daß derjenige, der Helena gewinnen sollte, dem anderen bei der Eroberung der Zeus-Tochter Persephone, der Gemahlin des Unterweltgottes Hades, helfen würde. Theseus gewann Helena und ging mit Peirithoos ins Totenreich, um Persephone zu holen. Hades schien die beiden wohlwollend aufzunehmen, lud sie ein, Platz zu nehmen, ließ sie dann aber auf ihren Stühlen festwachsen und das Bewußtsein verlieren. Als Herakles ins Totenreich kam, um den Wachhund Kerberos zu fangen, konnte er Theseus befreien. Peirithoos muß als Anstifter der gottlosen Tat ewig auf seinem Stuhl festsitzen.

Inzwischen hatten die Dioskuren ihre Schwester Helena zurückgeholt und den Erechtheus-Sohn Menestheus auf den Thron von Athen gesetzt. Theseus suchte Zuflucht bei Lykomedes, dem König der Insel Skyros. Dort fand er einen ruhmlosen Tod: Nach einem Streit mit Lykomedes über ein Gebiet, das Theseus erbrechtlich zustand, stieß ihn Lykomedes von einem Felsen ins Meer.

Die antike Literatur charakterisiert Theseus unterschiedlich. In der Historiographie gilt er als weiser Staatsmann. In der Geschichte um Hippolytos und → Phaidra ist er bloß ein Werkzeug in der Hand des tragischen Schicksals (Eur. Hipp.). Aufgrund seiner Heldentaten stellt er das attische Pendant zu Herakles dar. Die Geschichten mit Ariadne, Antiope, Helena und Persephone zeigen Theseus als treulosen Abenteurer. In einigen Tragödien steht er für die athenischen Tugenden: Er bietet Flüchtlingen Gastfreundschaft, hilft den Bittenden und erfüllt seine heiligen Pflichten. So fühlt er in Sophokles' *Oidipus epi Kolonoi* Mitleid mit dem von Kreon bedrohten Oidipus und in Euripides' *Herakles* mit Herakles, der in seinem Wahnsinn fast seine ganze Familie umbringt. In Euripides' *Hiketides* (Die Schutzflehenden) führt er sogar einen Krieg gegen den thebanischen Kreon, um das Begräbnis der ›Sieben gegen Theben‹ (→ Polyneikes und Eteokles) zu erzwingen, die bei dem Kampf umgekommen sind. Die aus Korinth verbannte Medea nimmt er auf und heiratet sie.

In der bildenden Kunst der Antike wird auf Vasen seit dem 7. Jahrhundert v. Chr. v. a. das Kreta-Abenteuer abgebildet: das Treffen mit Ariadne und der Kampf mit Minotauros, der im Laufe der Jahrhunderte in den Darstellungen vorherrschend bleibt. Seit dem 6. Jahrhundert v. Chr. werden auch andere Szenen aufgegriffen: der Raub Antiopes und Helenas, die Heldentaten auf dem Weg nach Athen, der Kampf mit dem Stier von Marathon und der Abstieg ins Totenreich.

Aufgrund einer Legende, nach der Theseus den Griechen in der Schlacht von Marathon (490 v. Chr.) erschien und sie zum Sieg gegen die Perser führte (Plut. Thes. 35; Paus. 1,15,3), nimmt die Häufigkeit der Darstellungen zu. Seine Heldentaten werden wiederholt auf Reliefs festgehalten: z. B. auf einem Fries des Schatzhauses der Athener in Delphi (um 500 v. Chr.) und auf Metopen des Hephaistos-Tempels in Athen (um 440 v. Chr.). Auf einem Fries des Nike-Tempels auf der Akropolis (409–406 v. Chr.) ist die Einführung Theseus' auf dem Olympos zu sehen. In der hellenistischen und römischen Kunst, z. B. auf Wandgemälden in Pompeii, wird Theseus als junger Held gezeigt, der die Merkmale jugendlich-männlicher Schönheit trägt. Das Minotauros-Motiv, das auf großflächigen italischen Bodenmosaiken zu finden ist, diente als Symbol der Befreiung der Römer von den italischen Völkern oder allgemein von allem Bösen.

NK Das Mittelalter sieht in Theseus im Labyrinth oft allegorisch Christus, der den Teufel (Minotaurus) besiegt. Auch in der bildenden Kunst der Neuzeit steht das Kreta-Abenteuer mit dem Kampf zwischen Theseus und dem Minotauros im Vordergrund: z. B. in der Bildhauerei bei A. Canova (1781–83, Marmorskulptur, London, Vict. and Alb. M.), auf Gemälden von H. Füssli (1788, Zürich, Kunsth.; der Faden der Ariadne) und G. Moreau (1855, Bourg-en-Bresse, M.) sowie auf Zeichnungen von Picasso (1933, u. a. Chicago, Art I., und Paris, M. Picasso). In der Nachfolge Boccaccios werden die Amazonen bzw. der Kampf mit ihnen einige Male gezeigt, u. a. auf einem Gemälde aus der Schule von P. Uccello (um 1460, Seattle, Art M.), auf Gemälden von V. Carpaccio (um 1500, Paris, M. Jacquemart-André), Rubens (um 1615, München, AP) und J. Jordaens (1650, Grenoble, M.). Die Geschichte von Theseus schildert z. B. L. Cambiaso auf einem Freskenzyklus (um 1565) im Palazzo della Meridiana in Genua. Theseus, der das Schwert seines Vaters findet, hielten auf Gemälden z. B. N. Poussin (um 1630–35, Chantilly, M., und Florenz, Uffizien) und N.-G. Brenet (1769, Paris, École des Beaux-Arts) fest. F. de Mura schuf eine ›Jugend des Theseus‹ und ›Theseus reist von Athen nach Kreta‹ (1741–42) für den Palazzo Reale in Turin. Seit der napoleonischen Zeit galt Theseus als Befreier von Tyrannei und als Kämpfer gegen das Unrecht, wie die Skulptur A. Canovas und ein Gemäldezyklus von P. Palagi im Palazzo Torlonia in Rom (um 1813–15) zeigen.

ND In der Literatur nach der Antike ist Theseus v. a. bekannt im Zusammenhang mit dem Krieg der Sieben gegen Theben, der eines der Themen in Statius' Epos *Thebais* aus dem 1. Jahrhundert n. Chr. bildet. Dieses Epos liefert den Stoff zu dem *Roman de Thèbes* (12. Jh.) und zu G. Boccaccios epischem Gedicht *Teseida* (1340–42), in dem an Theseus' Hof einige der Kriegsgefangenen aus dem thebanischen Krieg in eine Liebesgeschichte verwickelt werden. G. Chaucer übernimmt die Erzählung für eine seiner *Canterbury Tales* (1388–95); in F. Colonnas *Hypnerotomachia Poliphili* (1499) begegnen wir Theseus und Ariadne.

Seit dem 16. Jahrhundert leben in der Literatur und auf dem Theater Theseus' Abenteuer mit Ariadne, mit Hippolytos und Phaidra, mit Antiope und Minotauros wieder auf. Es entstehen Dramen von J. P. de La Serre (1644), P. Quenault (1675), C. de La Fosse (1700) und F. L. von Stolberg (1787). Bis ins 20. Jahrhundert wird Theseus in verschiedener Weise charakterisiert. In einer fingierten Autobiographie von A. Gide (1946) verläßt er die auf ihren Vorteil bedachte Ariadne und kehrt zu seinem Leben als Held und Staatsmann zurück.

Die Geschichte von Theseus und Antiope findet einen Widerhall in W. Shakespeares *A Midsummer Night's Dream* (1595/96), wo das Hochzeitsfest des klugen Herrschers von Athen mit Hippolyte den Rahmen und zentralen Zielpunkt der Handlung abgibt. Sie wird ferner thematisiert von W. S. Landor (in den *Heroic Idylls*, 1863), J.-M. de Heredia (1904, Sonett) und H. Doolittle (1925, Gedichte zu Hippolyte und Phädra). In S. Schütz' *Die Amazonen* (1976) opfert Theseus die Liebe zu Antiope der Staatsräson.

In der Musikgeschichte finden sich einige Werke, die Theseus in NM den Mittelpunkt der Handlung rücken. Ein Libretto von A. Aureli wurde zuerst von G. D. Freschi (1685, Venedig) und wenig später von J. Löhner (1688, Nürnberg) vertont. Die Tragödie von P. Quinault diente in der Folge etwa sechs Komponisten als Textgrundlage für ihre Opern, darunter J.-B. Lully (1675, Versailles), N. A. Strungk (Libr. von L. von Bostel nach Quinault, 1683, Hamburg), G. F. Händel (Libr. von N. Haym nach Quinault, 1713, London), J.-J. Cassanéa de Mondonville (1765, Paris) und F.-J. Gossec (Libr. von E. Morel de Chefdeville nach Quinault, 1782, Paris).

Die Episode von Medea in Athen behandelt ebenfalls ein Libretto von A. Aureli, für das A. Giannettini (1675, Venedig) und B. Sabadini (1688, Parma) die Musik schrieben. Die Oper von G. L. Spontini (Libr. von C. Giotti, 1798, Florenz) bezieht sich auf die gleiche Geschichte.

Einige Werke widmen sich besonders den Erlebnissen von Theseus bei den Amazonen, u. a. die Opern von P. A. Ziani/L. Busca/P. S. Agostini (Libr. von C. M. Maggi, 1670, Mailand), L. Fuzelier (Opernparodie für Marionetten, 1701, Paris), N. Conti (Libr. von G. A. Federico, 1733, Neapel), F. Bianchi (Libr. von P. L. Moline/A.-A. Firmin Pillon, 1806, Paris) und schließlich das Musical von R. Rodgers (*By Jupiter!*, Libr. von L. Hart, 1942, Boston).

Die Geschichte von der Eroberung Helenas wurde in den Opern von P. F. Cavalli (Libr. von G. Badoaro, 1652/53, Venedig) und J. A. Kobelius (1729, Weissenfels) dargestellt.

Brommer 1982; Connor 1970; Kerényi 1950; Kern 1981; Neils 1987; Schefold 1987; Ward 1970

Thespios → Herakles

Thetis, → Mutter des → Achilleus, Gattin des → Peleus

Thettalos → Harmodios

Thisbe → Pyramos und Thisbe

Thumelic, Sohn der Thusnelda → Arminius

Thusnelda, Gattin des → Arminius

Thyestes → Atreus und Thyestes

Tiberius, Claudius Nero (42 v. Chr.–37 n. Chr.), römischer Kaiser ⟨Vell. 2,124 ff.; Tac. ann. 1–5; Suet. Tib.; Dio Cass. 57 ff.⟩. Tiberius war der Sohn von Tiberius Claudius und der Livia. Im Jahre 38 v. Chr., kurz vor der Geburt von Tiberius' Bruder Drusus, ließ sich Livia von ihrem Mann scheiden, um → Augustus zu heiraten. Tiberius erhielt den Namen Tiberius Iulius Caesar. Er machte sich verdient auf Feldzügen in Spanien, Armenien und Gallien. Als Agrippa, der Gatte von Augustus' Tochter Iulia und designierte Nachfolger des Princeps, im Jahre 12 v. Chr. starb, erreichte es Livia, daß ihr Sohn Tiberius den Platz Agrippas als Thronfolger einnahm und ebenfalls Iulia heiratete. Tiberius ließ sich widerwillig von seiner Frau Vipsania Agrippina scheiden, um die Witwe zu heiraten, die der Überlieferung nach zügellos und launisch war. 6 v. Chr. ließ er sich auf Rhodos nieder, vermutlich um dem Intrigenspiel zu entfliehen, das im Nachfolgestreit von Lucius und Gaius inszeniert wurde, Iulias Söhnen aus der Ehe mit Agrippina. Livia, die es erreichte, daß Iulia wegen Unzucht lebenslang auf die Insel Pandataria verbannt wurde, übte ihren Einfluß auf Augustus aus, so daß er Tiberius von Rhodos zurückrief. Nach dem Tod von Iulias Söhnen wurde Tiberius von Augustus adoptiert. Ihm wurde erneut die Leitung von Feldzügen übertragen, nun in Germanien. Als Augustus 14 n. Chr. starb, wurde Tiberius sein Nachfolger. Er zeigte sich als geschickter Beherrscher des inzwischen riesigen Römischen Reiches, doch auch als zynischer, unberechenbarer und unzugänglicher Autokrat, der mit der Hilfe vieler Spione und neuer Gesetze gegen Majestätsbeleidigung wirkliche oder vermeintliche Gegner ohne Mitleid ausschaltete. In diesem Klima fiel auf ihn der Verdacht, er habe den allseits beliebten → Germanicus, seinen Neffen, den er auf Anordnung des Augustus 4 n. Chr. adoptiert hatte, vergiften lassen. Im Jahre 27 zog sich der Kaiser endgültig auf die Insel Capri zurück, unzugänglich für die römischen Regierungsbeamten und die Familie, eingeschlossen die herrschsüchtige Mutter Livia. Er soll sich dort einem ausschweifenden Liebesleben hingegeben haben. Die Regierung überließ er seinem Vertrauten Seianus. Dieser Führer der kaiserlichen Garde hatte sich schon früh als rechte Hand des Tiberius eine starke Machtposition verschafft. Er soll auch ein ehebrecherisches Verhältnis mit Livilla, der Frau von Tiberius' Sohn Drusus, gehabt haben. Nachdem Drusus von Livilla ermordet worden war, bat Seianus Tiberius darum, sie heiraten zu dürfen, was ihm jedoch nicht erlaubt wurde. Als Tiberius auf Capri die Warnung erhielt, Seianus würde die Alleinherrschaft anstreben, leitete er entsprechende Schritte ein: Seianus wurde mit der Nachricht, daß ein Brief des Tiberius verlesen werde, in dem ihm besondere Auszeichnungen zugesprochen würden, in den Senat gelockt; seine Leibwache wurde hinausgeschickt. Der Brief aber beinhaltete eine Reihe von Anklagen gegen ihn, worauf Seianus von Macro, einem ins Vertrauen gezogenen Offizier der kaiserlichen Garde, gefangengenommen wurde. Noch am selben Tag wurde er mit seinen Anhängern exekutiert. Tiberius, der seinen Enkel Gemellus und seinen Neffen → Caligula angewiesen hatte, als gemeinsame Nachfolger abwechselnd zu regieren, starb im Jahre 37. Verschiedenen Quellen zufolge soll Caligula das Ende des kranken Tiberius beschleunigt haben, indem er ihn mit einem Kissen erstickte.

Dio Cassius berichtet über die erste Regierungsphase des Kaisers nicht negativ, das Abgleiten in die zügellose Machtausübung sieht er erst nach dem Tode des Germanicus. Dieser bedeutete wegen seiner großen Beliebtheit eine Gefahr für Tiberius, so daß er sich bis zum Tod des Germanicus zurückhalten mußte. Sueton und Tacitus, die in ihrem gesamten Werk den Machtverlust des Senats bedauern, der von Augustus noch mit Respekt behandelt worden war, äußern sich mit scharfen Worten über den von Haß und Mißtrauen getriebenen Tiberius. Sueton beschreibt, wie er die Frau und Kinder des Germanicus in den Tod treibt, und hält sich lange bei den sexuellen Perversitäten und Folterungen auf Capri auf.

Aus der Antike sind v. a. zahlreiche offizielle Porträts bekannt. In der mittelalterlichen und neuzeitlichen Kunst entstanden nur wenige Abbildungen des Tiberius.

ND In der Literatur der Neuzeit kommt er einige Male vor. B. Jonson gibt in seiner Tragödie (ca. 1605) über das Ende des Seianus ein düsteres Bild der durch einen grilligen Tyrannen und korrupte Höflinge geplagten Ewigen Stadt. Die Schreckensherrschaft ist auch der schwarze Hintergrund einer Drusus-Tragödie von A. Conti (1747) über den Mord an Tiberius' einzigem Sohn. Im weiteren kommt Tiberius erst wieder in der Literatur des 19. Jahrhunderts vor. In den bei → Germanicus genannten Dramen wird er als Schurke dem edlen Germanicus gegenübergestellt. Im Drama A.-V. Arnaults (1828) über sein Ende stößt Tiberius einen kräftigen Fluch aus, einen noch schrecklicheren Nachfolger in Caligula zu haben. In der deutschen Literatur wird eine gewisse Ehrenrettung versucht, die im Zeichen der wachsenden Begeisterung für Caesar steht. Es gibt ein Drama von F. Gregorovius (1851), in dem die Tyrannei des Tiberius aus der Not der Zeit und seiner begreiflichen Abkehr von den Menschen geboren wird. In E. Geibels Ballade (1857) ist die Tyrannei weniger auf die Person des Tiberius zurückzuführen als auf den Verfallzustand der römischen Kultur bei dem Aufkommen des Christentums. In Anlehnung an Geibel schreibt W. Henzen ein Theaterstück (1895), in dem der Kaiser Visionen von dem unter seiner Regierung gekreuzigten Christus und dessen Religion hat, die den Untergang der römischen Kultur herbeiführen wird. G. Flaubert sieht in seinem Jugendwerk *Rome et les Césars* (ca. 1840) den Kaiser als ersten ›Romantiker‹. R. Graves stützt sich in seinem Roman *I, Claudius* (1934), der zum großen Teil zur Zeit des Tiberius spielt, auf Dio Cassius, Sueton und Tacitus. Auch A. Burgess' *The Kingdom of the Wicked* (1985) folgt in seiner facettenreichen Schilderung des Kaisers Sueton.

NM In der Musikgeschichte entstanden *Tiberio*-Opern u. a. von F. Gasparini (1702, Venedig) und A. Scarlatti (Libr. von D. Pallavicino, 1702, Neapel). Die Oper *L'esule di Roma* von G. Donizetti spielt zur Zeit der Schreckensherrschaft des Tiberius (Libr. von D. Gilardoni, 1828, Neapel).

Andreae 1994; Breitenstein 1976; Frenzel 1992a; Jucker 1976

Tiberius Claudius, Vater des → Tiberius

Tigranes, König von Armenien und Schwiegersohn des → Mithridates VI.

Timandra, Lebensgefährtin des → Alkibiades

Timoleon (4. Jh. v. Chr.), Brudermörder aus Korinth ⟨Nep. Timol.; Plut. Timol.; Diod. 16,65–70, 72–73, 77–83, 90⟩.
Auf Drängen seiner freiheitsliebenden Freunde nahm Timoleon an der Ermordung seines Bruders Timophanes teil, der in Korinth eine Tyrannei anstrebte. Timoleon wurde so als Tyrannenmörder gepriesen, aber als Brudermörder getadelt; seine Mutter verbannte ihn aus ihrer Umgebung. Timoleon, der mehr und mehr in Verzweiflung geriet, zog sich aus dem öffentlichen Leben zurück. Im Jahre 344 übernahm er jedoch, davon überzeugt, daß es ihm bei der immer noch umstrittenen Ermordung seines Bruders tatsächlich um die Abwehr der Tyrannei gegangen sei, das ihm angetragene Schiedsrichteramt in einem Konflikt in Syrakus, das sich als alte Kolonie an die Mutterstadt Korinth gewandt hatte. Die Anhänger des verjagten Tyrannen Dionysios II. standen der restlichen Bevölkerung unter Hiketas gegenüber, die für die Vertreibung des Tyrannen die Hilfe der Karthager erbeten hatten. Timoleon schlug die Karthager, konnte die Parteien versöhnen und in Syrakus eine Demokratie errichten. Auch in anderen sizilianischen Städten wurden die Tyrannen durch demokratische Regierungen ersetzt. Timoleon konnte sich zurückziehen und blieb bis zu seinem Lebensende ein allseits respektierter Bürger von Syrakus.

So überliefert uns Plutarch die Geschichte, der in seiner Biographie ein deutlich idealisiertes Bild von Timoleon zeichnet. Nüchterner ist Diodoros Sikulos, der weder bei dem Brudermord noch dem Schiedsrichteramt davon spricht, daß die Umgebung Timoleon darum gebeten hätte. Wohl legt er diesem die Sätze in den Mund, daß eine weise Herrschaft über Sizilien den damaligen Mord rechtfertigen, der Anschein von Herrschsucht aber die Tat als Brudermord aufdecken würde. Auch er spricht Timoleon das Verdienst zu, Sizilien Wohlstand und Demokratie gebracht zu haben. Ausschließlich lobend äußert sich Nepos in seiner Timoleon-Biographie.

N In den moralischen Schriften der Antike und der Neuzeit ist der Brudermord ein wiederholt auftauchendes Beispiel für Konflikte zwischen Familienbanden und dem Streben nach Freiheit. So kommt M. E. de Montaigne in seinen *Essais* (1580) zweimal auf diese Frage zurück. Es überwiegt bei ihm die Bewunderung, ebenso wie in den Tragödien von B. Martyn (1729), La Harpe (1764) und entschieden in V. Alfieris *Timoleon* (1784): eine seiner ›tragedie di libertà‹. Eine Tragödie von M.-J. Chénier mit einer Ouvertüre und Chören von E.-N. Méhul wurde von Robespierre verboten, da Timoleon darin freiwillig zurücktritt (1794, Paris).

Ein Gemälde von J.-J. Taillasson (1796, Paris, Louvre) mit dem alten und beliebten Timoleon, ein Werk mit pazifistischem Einschlag, wurde wahrscheinlich von Chéniers Stück inspiriert. Den Tod des Timophanes hielten u. a. auf einer Ölskizze C. Meynier (1791, Montpellier, M.), auf einer Zeichnung A.-E. Fragonard (1793) und auf einem Gemälde C. N. R. Lafond (1796, u. a. Dijon, M. und Rouen, M.) fest.

Timon (Ende 5. Jh. v. Chr.), athenischer Bürger und legendärer Menschenhasser ⟨Lukian. Tim.; Diog. Laert. 3,1,3⟩.

Einige Geschichten über diese berüchtigte Gestalt, die sich von allen Mitbürgern möglichst fernhielt, sind bekannt geworden durch Plutarchs Biographie des Marcus Antonius (70–71), der sich nach der verlorenen Schlacht bei Actium gegen Octavianus (dem späteren → Augustus) ein abgelegenes Haus auf Pharos an der ägyptischen Küste bauen ließ und dort zurückgezogen als verbitterter, zweiter Timon lebte. Eine der Geschichten über Timon findet sich auch in Plutarchs Alkibiades-Biographie (16). Der Misanthrop zeigte nämlich zur Überraschung vieler eine Neigung zu → Alkibiades. Darüber befragt, erklärte er, daß dieser Alkibiades noch großes Unheil über Athen bringen werde. Eine andere Anekdote erzählt, daß er, als er in der Volksversammlung endlich einmal das Wort ergriff, verkündete, er wolle sich ein Haus bauen, wozu er den Feigenbaum kappen ließe, an dem sich viele Athener aufgehängt hatten (Plut. Ant. 70); wer sich noch aufknüpfen wolle, solle sich also damit beeilen. Als die einzige, nicht näher bekannte Person, die es noch mit ihm aushielt, bei einer gemeinsamen Mahlzeit das gute Essen lobte, antwortete Timon, es hätte ihm besser geschmeckt, wenn er alleine gespeist hätte. Timon blieb bis zuletzt in seiner Abkehr von den Menschen konsequent: Er starb an einer Krankheit, die er von keinem Arzt behandeln lassen wollte. Plutarch (Ant. 70) überliefert die Grabinschrift von Kallimachos: ›An allen Seiten meines Grabes sind Dornen und Stacheln. Du wirst dir beim Näherkommen die Füße verwunden. Ich, Timon der Misanthrop, wohne hier. Geh vorbei und sprich viele Verwünschungen aus! Doch geh vorbei!‹

Aristophanes machte in seinen Komödien *Lysistrate* (411 v. Chr., v. 809) und *Ornithes* (414 v. Chr., v. 1547) höhnische Bemerkungen über Timon. Lukian beschreibt in einem Dialog, wie Timon völlig verarmt die Götter anruft, daß sie härter gegen die Menschen auftreten sollten, weil er mit vollen Händen seinen Mitbürgern ausgeteilt habe, die ihn dann in seiner Armut wie die Pest mieden. Zeus beschließt, ihn wieder reich werden zu lassen, und erneut umschwärmen ihn die Athener. Der Misanthrop, durch den Schaden klug geworden, vertreibt sie mit Stockschlägen und Schimpfkanonaden. Strabon (17,1,9) beschreibt das ›Timonium‹ von Marcus Antonius. Cicero erörtert in den *Tusculanae disputationes* (4,11) Timons Misanthropie als krankhafte Folge eines unbeherrschten Strebens der Seele.

Lukianos' Dialog, der möglicherweise auf Fragmente der verlorenen Komödie des Antiphanes aus dem 4. Jahrhundert v. Chr. zurückgeht, liegt in späterer Zeit einer Anzahl von Dramen zugrunde: zuerst eines von M. M. Boiardo (1487) im Auftrag von Ercole di Ferrara, dann G. del Carretto (1497) für Isabella d'Este. Auch W. Shakespeare stützt sich in den Hauptlinien des zweiten Teils seines Timon-Stückes (ca. 1607) auf Lukianos. Er schildert, wie ein gutmütiger und freigebiger Timon der Schmeichelei und dem Schwindel zum Opfer fällt und sich dann nach seinem finanziellen Ruin in eine Grotte zurückzieht. Timon, der inzwischen zu einem maßlosen Menschenhasser geworden ist, findet einen Schatz und zieht erneut Schmeichler an, die er mit groben Worten aus seinem Haus verweist. Alkibiades hingegen, der sich mit einem Heer auf den Kampf gegen Athen vorbereitet, wird von ihm mit ermuntert und erhält finanzielle Unterstützung. Die vielen Anekdoten, mit denen die Handlung angereichert ist, schöpfte Shakespeare aus den genannten Biographien von Plutarch. Der Spanier P. Méxia entlehnte denselben Quellen das Charakterbild, das v. a. Timons Rohheit betont, für sein Stück *La silva de varia lección* (1540), das wiederum einer Ge-

ND

schichte von W. Painter in seinem *Palace of Pleasure* (1566) zu-
grunde lag. Lukianos ist auch die Quelle für eine niederländische
Tragödie mit dem griechischen Titel *Timon misanthropos* von P.
Meulewels (1636).

Timon wurde so sehr zum Inbegriff eines Menschenhassers, daß
literarische Werke häufig seinen Namen tragen, ohne von ihm zu
handeln: z. B. die Komödie *Der neue Timon* von J. Graf von Soden (1789), das epische Gedicht *The New Timon* von E. G. Bulwer-Lytton (1846) und das Drama *Timon von Athen* von F.
Dümmler (1917). F. Bruckner paraphrasiert in seiner Tragödie
(1932) das Stück von Shakespeare.

Dieser inspirierte auch eine kleine Timon-Tradition in der
bildenden Kunst, in die sich z. B. ein Gemälde von N. Dance
(1767, London, Buck. Pal.) einreiht.

NM　Die Shakespeare-Bearbeitung von T. Shadwell vertonte H. Purcell (1694), ein Bühnenmusik zu diesem Stück stammt von L.
Grabu (1678). Kaiser Leopold I. komponierte eine Oper nach
der Shakespearschen Vorlage (*Timone misantropo*, 1696, Wien).

Bertram 1906; Bullough 1966

Timophanes, Bruder des → Timoleon

Titanen, die sechs Söhne und sechs Töchter von Uranos (dem
Himmel) und Gaia (der Erde) ⟨Hes. theog. 132–138; 207–210;
389–396; 617–735; 807–814; Emp. 38D; Hyg. fab. 150⟩.

Bei Hesiodos wird überliefert, daß die Titanen ihre Nachkommenschaft miteinander zeugten: Okeanos mit Tethys die zahlreichen Okeaniden, die über die Meere, Seen und Flüsse herrschten; Koios mit Phoibe Leto und Asteria; Kreios mit Eurybia
(einer Tochter von Gaia und Pontos) Astraios, Pallas und Perses;
Hyperion mit Theia Helios (die Sonne), Selene (den Mond) und
Eos (die Morgenröte); Iapetos mit Klymene (einer Okeanos-
tochter) → Prometheus, Epimetheus und Atlas; Kronos schließlich mit Rheia die späteren olympischen Götter: Hera, Hestia,
Demeter, Hades, Poseidon und Zeus. Einige Titanen-Kinder,
z. B. Helios, Prometheus, Epimetheus und Atlas, wurden auch
selbst als Titanen angesehen.

→ Kronos, der jüngste Titan, entmannte seinen Vater Uranos,
weil dieser die Brüder der Titanen, die Kyklopen und Hekatoncheiren (die drei Riesen Kottos, Briareus und Gyges, jeder mit

hundert Armen und fünfzig Köpfen) gefangen hielt. Nach einem Aufstand gegen Uranos gemeinsam mit den anderen Titanen befreite Kronos seine Brüder zunächst, wurde aber bald genauso tyrannisch wie sein Vater und sperrte sie wieder ein.

Später mußten sich die Titanen unter Kronos' Herrschaft ihrerseits gegen den aufständischen → Zeus und seine Geschwister wehren. Es kam zu einem zehnjährigen Kampf, der ›Titanomachie‹. Zeus befreite die Kyklopen und Hekatoncheiren und wurde dafür von diesen unterstützt. Auch einige Titanen-Kinder, unter ihnen Prometheus (Aischyl. Prom. Des. 201–223), stellten sich auf Zeus' Seite. Die Titanen Helios und Okeanos mit den Okeaniden hielten sich aus dem Kampf heraus. Zeus besiegte die Titanen und legte den Grundstein für die Herrschaft der dritten und letzten Göttergeneration, der olympischen Götter.

Aus dem Blut, das bei der Entmannung des Uranos auf die Erde tropfte, entstanden die → Giganten, riesige Wesen mit Schlangenleibern, die sich mit den Olympiern eine Gigantomachie lieferten, da sie auf der Seite der Titanen standen. Die Titanen sollen nach der orphischen Tradition (→ Orpheus) Dionysos zerrissen haben und dafür von Zeus mit dem Tod bestraft worden sein. Aus ihren Überresten soll der Mensch entstanden sein.

In der griechischen Mythologie bedeutet die Titanomachie das Ende des Urzustands, der bald als barbarische Zeit, dann wieder als Goldenes Zeitalter gewertet wird (Pind. P. 4,291; Pind. O. 2,68 ff.). Die Titanomachie (vgl. auch die Gigantomachie, → Giganten) wurde in der antiken bildenden Kunst nicht behandelt.

Zu den wenigen Darstellungen der Neuzeit, die sich mit dem N Kampf zwischen Göttern und Titanen bzw. deren Sturz beschäftigen, gehören u. a. Gemälde von C. C. van Haarlem (um 1588, Kopenhagen, Staatl. Kunstm.), J. Wtewael (um 1599–1605, Chicago, Art I.), J. Jordaens (1636–38, Madrid, Prado), W. Trübner (1877, Karlsruhe, Kunsth.) und von A. Feuerbach (1874, Freiburg, Augustiner-M., und 1879, Deckengemälde, Wien, Akad.) sowie eine Ölskizze von Rubens (um 1635, Brüssel, Kon. M.).

Der Kampf zwischen den Olympiern und den Titanen wurde in der Dichtung der Neuzeit besungen u. a. von P. de Ronsard (*Au roi*, 1550), G. Turberville (*A Myrrour of the Fall of Pride*, 1567), C. M. Wieland (1775) und J. M. de Heredia (1890–93). W. von Molo schrieb den Roman *Im Titanenkampf* (1913). Ferner sind anzuführen ein hymnischer Entwurf von F. Hölderlin über die

Titanen (nach 1800) sowie Gedichte von C. M. Doughty (1916)
und A. Lernet-Holenia (1945).
Anläßlich der Hochzeit des Dauphins wurde ein ›ballet héroïque‹
mit der Musik von F. C. de Blamont und B. de Bury aufgeführt
(Libr. von M. de Bonneval, 1745, Versailles). Ein weiteres Ballett komponierte G. Rossini nach dem Szenarium und der Choreographie von S. Viganò (1819, Mailand); darauf griff der
Komponist später für eine Kantate zurück (1867). Von F. Liszt
stammt ein Chorwerk für Bariton, Männerchor und Piano nach
dem Text von F. von Schober (1842).

Dörig/Gigon 1961; Mayer 1887

Tithonos, Liebhaber der → Eos

Titus, Flavius Vespasianus (39–81), römischer Kaiser, Sohn der
Domitilla und des Vespasianus ⟨Tac. hist. 1–5 passim; Ios. bell.
Iud. 3–4; Dio Cass. 66; Suet. Vesp.; Suet. Tit.; Aur. Vict. Caes.⟩.
Unter den rasch welchselnden Regierungen, die 69 n. Chr. (Drei-
kaiserjahr: Galba, Otho und Vitellius) auf Neros Tod folgten,
wünschten sich immer mehr römische Legionen den in Judäa
erfolgreichen Feldherrn Vespasianus als Herrscher. Dieser zog
gegen Rom, wo Vitellius einen schmachvollen Tod fand, und
wurde vom Senat zum Imperator ausgerufen. Titus, der Sohn
des Vespasian, blieb in Judäa und übernahm dessen Aufgaben,
nämlich die Niederschlagung des jüdischen Aufstands. Nach
langer Belagerung konnte er im Jahre 70 Jerusalem einnehmen.
Gegen seinen ausdrücklichen Befehl steckten plündernde Soldaten den Tempel in Brand; der Aufstand wurde blutig niedergeschlagen. Der Triumphbogen des Titus auf der Via Sacra in Rom
erinnert an diesen Sieg.
Titus als Nachfolger des Vespasianus auf dem Kaiserthron (79)
wurde mit Furcht entgegengesehen. Sueton schreibt, daß man in
Titus einen neuen Nero sah: Er hatte sich Orgien hingegeben,
zeigte sich korrupt und brutal. Außerdem war er schon seit Jahren einer Jüdin verfallen, die aus dem Geschlecht des Königs
Herodes stammte: Berenike (nicht zu verwechseln mit → Berenike, Tochter des Magas), die ebenso wie ihr Bruder Herodes
Agrippa die Partei der Römer ergriffen hatte. Titus erwies sich
aber als guter Kaiser. Er zügelte seine Leidenschaften und trenn-
te sich von Berenike. In Staatsangelegenheiten zeigte er sich als
würdiger Nachfolger seines Vaters. Beide vertraten eine auf Si-

cherheit und wirtschaftliches Wachstum gerichtete Politik. Das Amphitheatrum Flavium wurde an der Stelle des Teiches von Neros Domus Aurea gebaut; den Namen Kolosseum bekam es von dem danebenstehenden, riesigen Bildnis Neros, dessen Kopf man nun in den des Sonnengottes Sol/Helios umwandelte. Bei Katastrophen, wie dem Ausbruch des Vesuvs am 24. August 79, der Pompeii, Herculaneum und kleinere Orte in Campanien völlig unter Lava und Asche verschwinden ließ, zeigte Titus große Fürsorge. Seine Regierung dauerte allerdings nur kurz; der plötzliche Tod im Jahre 81 stürzte das Volk in Trauer. Sein Bruder Domitianus wurde zum Nachfolger bestimmt.

Die meisten Angaben über Titus finden wir bei Dio Cassius und in Suetons Biographie. Titus' Auftreten in Judäa ist ausführlich von Flavius Iosephus beschrieben worden.

In der bildenden Kunst der Antike erscheint Titus häufig in den Kaiserreihen (→ Nero). Die Darstellungen am Triumphbogen auf dem Forum Romanum, der unter Domitianus fertiggestellt wurde, zeigen den Raub der Schätze aus dem Tempel von Jerusalem, den triumphalen Einzug in Rom und, im Gewölbe des Bogens, die Apotheose des Titus, der von einem Adler in den Himmel getragen wird.

Zahlreiche Übersetzungen des Iosephus machten im 17. und 18. ND Jahrhundert in den Niederlanden den jüdischen Freiheitskampf bekannt, der mit der Auflehnung gegen die Spanier (ca. 1572–1648) verglichen wurde. Bis ins 19. Jahrhundert erschienen Ausgaben und Übersetzungen. J. van den Vondel schrieb das Trauerspiel *Hierusalem verwoest* (1620). In der französischen Literatur ist das Liebesverhältnis zwischen Titus und Berenike, wovon Sueton und Dio Cassius berichten, ein wiederkehrendes Thema. Nach einigen Bearbeitungen, z. B. der Tragikomödie von J. Magnon (1660), griffen es bei J. B. Racine und P. Corneille auf; die *Bérénice*-Stücke der beiden kamen 1670 mit einwöchigem Abstand zur Uraufführung. Racine, der in seinem Vorwort auf → Dido und → Aeneas verweist, zeigt eine leidenschaftliche Berenike, die nicht akzeptieren kann, daß er sich als Kaiser von der innig Geliebten trennen muß. Bei Corneille bricht die edle und beherrschte Berenike mit Titus: möglicherweise eine Anspielung auf das für König Ludwig XIV. unhaltbare Liebesverhältnis mit Henriette d'Angleterre, die den ganzen Hof in Aufruhr gebracht hatte. T. Otway schrieb ein Drama nach Racine (1676). Das Berenike-Thema bleibt in der französischen Literatur bis ins

20. Jahrhundert präsent, z. B. in Stücken von A. Du Bois und A. Magnard (beide 1911) und in einem Roman von C. Lelouche (1988).

NM In der Musikgeschichte entstanden Opern zu einem Libretto von A. Salvi, z. B. von N. Porpora (*Berenice, regina d'Egitto*, 1710 oder 1718, Rom) und G. F. Händel (*Berenice*, 1737, London). Weitere *Berenice*-Opern schrieben G. A. Perti (1695, Venedig), C. Graupner (1710, Darmstadt), G. M. Orlandini (Libr. von B. Pasqualigo, 1725, Venedig) und G. Ferrandini (Libr. von L. di Villati, 1730, München).

Das weit verbreitete Libretto *La Clemenza di Tito* von P. Metastasio vertonten u. a. A. Caldara (1734, Wien), C. W. Gluck (1752, Neapel), N. Jommelli (1753, Stuttgart), G. Scarlatti (1757, Venedig), B. Galuppi (1760, Turin), J. A. Hasse u. a. (Pasticcio, 1765, London) und P. Anfossi (1772, Rom). W. A. Mozart hatte für die Komposition seiner ›opera seria‹ gerade vier Wochen Zeit, ehe sie bei den Krönungsfeierlichkeiten von Leopold II. zum böhmischen König erklang (1791, Prag). Obwohl C. Mazzolà das veraltete Libretto Metastatios überarbeitet hatte, war der Oper bei der Uraufführung kein großer Erfolg beschieden.

NK Die Zerstörung Pompeiis regte v. a. die Kunst des 19. Jahrhunderts an, z. B. in Gemälden von J. Martin (o. J., Knutsford, Tabley House) und K. Bryollov (1833, St. Petersburg, Eremitage). Das Aufkommen des Christentums spielte dabei eine Rolle, da Pompeii den Untergang des Heidentums symbolisierte. Zu nennen sind eine in ihrer Zeit berühmte Oper von G. Pacini (Libr. von A. L. Tottola, 1825, Neapel), Gedichte von Mme D. de Girardin (1828) sowie Romane und Erzählungen von E. G. Bulwer-Lytton (1834), C. Baudelaire (1846; über ein entdecktes Manuskript) und T. Gautier (1852).

Deutsch 1986; Mireaux 1951

Titus Tatius → Romulus und Remus, → Sabinerinnen

Tityos → Leto

Tomyris (6. Jh. v. Chr.), Königin der Massageten ⟨Hdt. 204–215; Diod. 2,44,1;Val. Max. 9,10 ext. 1; Lukian. Char. 13; Polyain. 8,28; Frontin. 2,5,5; Iust. 1,8⟩.

Tomyris war nach dem Tod ihres Mannes Herrscherin über das gefürchtete Kriegervolk der Massageten am Kaspischen Meer. Als sie einen Heiratsantrag des Perserkönigs → Kyros ablehnte, versuchte er, ihr Reich mit Gewalt zu erlangen. Hierzu bediente er sich einer von → Kroisos vorgeschlagenen List. Er ließ einen schwachen Teil seines Heeres ausrüsten und gab ihm Speise und Trank im Überfluß mit. Als die Massageten diese Truppen ohne Mühe geschlagen hatten, fielen sie erwartungsgemäß über die reichen Vorräte her, betranken sich und konnten von den Persern mühelos überwältigt werden. Tomyris verlor auf diese Weise einen Großteil ihrer Krieger. Zudem wurde auch ihr betrunkener Sohn Spargapises gefangengenommen. Die Fürstin forderte ihn zurück und warnte Kyros, sie werde bei nächster Gelegenheit seine Blutrünstigkeit stillen, doch Kyros ließ ihre Forderung unbeachtet. Als Spargapises aus seinem Rausch erwachte, überfiel ihn die Scham. Er bat Kyros, ihn von seinen Fesseln zu befreien, und brachte sich um. Da Tomyris keine Antwort erhalten hatte, nahm sie den Kampf wieder auf, in dem sie schließlich nach langen und erbitterten Gefechten siegte. Nach der letzten Schlacht suchte sie die Leiche des Kyros und tauchte, ihre Drohung wahrmachend, seinen Kopf in einen Schlauch voller Menschenblut.

Diese Geschichte war im Mittelalter v. a. durch Valerius Maximus bekannt. G. Boccaccio erzählt sie in *De claris mulieribus* (1356–64), Christine de Pisan in der *Epître d'Othéa* (1402). Im *Speculum humanae salvationis* (1324) (→ Kyros) wird Tomyris in einer Reihe von Frauen erwähnt, die jede auf ihre Weise Rache nahmen: Maria zerschmettert Satan, Judith schneidet Holofernes den Kopf ab, die ebenfalls biblische Jael durchbohrt den schlafenden Sisara, und Tomyris taucht den Kopf des Kyros in Blut. Tomyris kommt u. a. zusammen mit fünf → Amazonen und → Semiramis in Dichtungen des 14. Jahrhunderts vor, in denen parallel zu den ›Neuf Preux‹ (→ Caesar) neun tapfere Frauen aufgeführt werden: im Französischen die ›Neuf Preuses‹ und im Englischen ›The Nine Worthy Women‹. Diese Tradition geht auf Werke von J. Le Fèvre (1373) und E. Deschamps (ca. 1390) zurück und steht neben einer anderen, v. a. in Deutschland vorkommenden Neunergruppe herausragender Frauen (→ Lucretia). In der Tragödie *Morte de Cyrus* von P. Quinault (1656) verliebt sich Tomyris in Kyros; als dieser ermordet wird, begeht sie Selbstmord. Diese Liebe finden wir auch in dem Kyros-Roman von M. de Scudéry (1649–53).

NM *Tomiri*-Opern gibt es von A. Vitali (Libr. von A. Medolago, 1680, Venedig), G. B. Bononcini (Libr. von A. Medolago, 1704, Wien) und J. de Sousa Carvalho (Libr. von G. Martinelli, 1783, Lissabon). R. Keiser griff für seine Hamburger Version 1717 auf *L'amor di figlio non cognosciuto* von T. Albinoni zurück (Libr. von D. Lalli, 1715, Venedig).

NK Kopien eines verlorenen Gemäldes von R. Campin (1. Hälfte 15. Jh.) mit dem abgeschlagenen Haupt wahrscheinlich nach dem *Speculum* entstanden um 1500 (früher Gent, Gerichtssaal des bischöflichen Palastes, heute Berlin, Staatl. M.) und Mitte des 16. Jahrhunderts von W. Key (Venedig, Acc.).
Die ›Neuf Preuses‹ sind im 15. und 16. Jahrhundert auf Freskenreihen zu finden, z. B. im Kastell La Manta bei Saluzzo in Piemont (um 1420–30) und auf Teppichreihen aus Brüsseler Ateliers (z. B. 1. Hälfte 16. Jh., Boston, Gardner-M.; fünf Teppiche). Der Tod des Kyros und die Rache der Tomyris ist Thema eines Teppichs aus der königlich-spanischen Sammlung (Madrid, Königl. Pal.).
Eine Ausnahme bildet die Darstellung der Tomyris außerhalb des Kontextes des *Speculum* oder der ›Neuf Preuses‹ in einer Kirche: G. da Pordenone zeigt sie auf einem Fresko in der Kuppel der Kirche Madonna di Campagna in Piacenza (1528–31) in Gesellschaft von Frauen, die auf ihre Weise stark und keusch waren: die friedenstiftenden → Sabinerinnen, → Verginia und Chiomara. Die letzte, Gattin des Galliers Orgiago, geriet in römische Gefangenschaft und wurde, wie es u. a. Valerius Maximus erzählt, von einem Centurio vergewaltigt, dem sie später den Kopf abschneiden ließ.
Auf einer Freskenreihe von A. del Castagno in der Villa Pandolfini in Legnaia (um 1450, heute Florenz, Uffizien) steht Tomyris mit der Sibylle von Cumae an der Seite der biblischen Heldin Esther. Im 17. Jahrhundert beschäftigten sich mit dem Thema ›Tomyris mit dem Kopf des Kyros‹ auf Gemälden u. a. F. Francken II. (um 1620, Dijon, M.) sowie ein Künstler aus dem Atelier von Rubens (1622/23, Paris, Louvre) nach einer Zeichnung des Meisters, die durch einen Stich von Pontius (1630) bekannt wurde und im Kunsthandwerk Verwendung fand: auf einem Amelander Eckschrank und einer Tischplatte im Zuiderzee-Museum in Enkhuizen.
In einer Gemäldereihe mit Frauen im Empfangsraum des Klosters Sankt Georgen in Stein am Rhein von A. Holbein und T. Schmid (um 1515) ist neben Verginia, Artemisia, Lucretia und

möglicherweise Dido und Kandake (→ Alexander) eine Frau mit
einem abgeschlagenen Kopf in der Hand zu sehen; sie wird entweder als Tomyris oder, da die Krone und der Schlauch mit dem
Blut fehlen, als die biblische Judith mit dem Kopf des Holofernes
interpretiert. Vieles spricht dafür, daß es sich um die Frau des
Orgiagos mit dem Kopf des Centurios handelt.

Berger 1979; de Bruin 1965; Joost-Gaugier 1980; Kruissink 1977–78; Schroeder
1971; Siple 1930; Wilson/Lancaster Wilson 1984

Traianus, Marcus Ulpius (53–117), römischer Kaiser ⟨Dio Cass.
68; App. 1b. 38,153; Aur. Vict. 13; Eutr. 8; Plin. paneg.⟩.
Der aus Itálica in Spanien stammende Traianus diente unter den
Kaisern Domitianus (81–96) und Nerva (96–98) v. a. an den
Nordgrenzen des Römischen Reiches, die durch den Rhein und
die Donau gebildet wurden. Wegen seiner Tüchtigkeit und
Treue wurde er von Nerva adoptiert und erhielt einen Teil der
kaiserlichen Befugnisse. Im Jahre 98 wurde er Nachfolger des
verstorbenen Nerva; damit war er der erste Kaiser, der aus Spanien stammte. Er zeigte sich als humaner Herrscher, zugänglich
für seine Soldaten und Untertanen und von großem Gerechtig-
keitsgefühl. Um das Jahr 100 sprach ihm der Senat als erstem
Kaiser das Prädikat ›Optimus‹ (der Beste) zu. Traianus mußte
sich trotz seiner Friedenspolitik in großem Maße notwendigen
militärischen Aufgaben zuwenden. Im Norden, entlang des
Rheins, verstärkte er die Grenzen durch die Gründung neuer
Legionslager und Städte an Plätzen, an denen schon Römer sta-
tioniert waren: u. a. Ulpia Noviomagus (Nimwegen) und Colo-
nia Ulpia Traiana (Xanten). Die Kriege im Osten gegen die Daker (101–106) und die Parther (113–117) hielten den Kaiser lange Zeit aus Rom fern. Die Unterwerfung Mesopotamiens führte
ihn weit in den Mittelosten, brachte aber nicht die erhoffte Ge-
bietserweiterung. In Syrien und Arabia (wie die Römer das heu-
tige Israel und Jordanien nannten) wurden wichtige Niederlas-
sungen gegründet oder ausgeweitet (Damaskus, Bosra, Petra).
Schließlich kam es zu einem harten Auftreten gegen aufständische Juden in Palästina. Der Kaiser engagierte sich auch in Fragen der Gesetzgebung und Organisation. Das Straßennetz wurde ausgebaut – es finden sich überall Meilensteine mit seinem
Namen – und die Verwaltung der Provinzen geordnet. Mit den
großen Schätzen, deren sich Traianus beim Feldzug gegen die
Daker bemächtigte, wurde Rom verschönert und mit zahlreichen Aquädukten versorgt. Der Kaiser starb 117 an der Küste

des Schwarzen Meeres. Seinem Neffen und Berater → Hadrianus hinterließ er ein Reich, das seine größte Ausdehnung erreicht hatte. Seine Asche wurde in einer Urne beigesetzt und unter der Traianssäule auf dem nach ihm benannten Forum Traiani in Rom verwahrt, das erst unter seinem Nachfolger fertiggestellt werden sollte.

Seit der Antike und bis weit in die Neuzeit (Montaigne) wurde Traianus als der hervorragendste und beste römische Kaiser angesehen. In den meisten Schriften kommt er als außerordentlicher Friedensfürst vor, wie z. B. bei Plinius Minor in seinem sehr schmeichelhaften *Panegyricus in Traianum*, in dem der Herrscher iupitergleich die Erde vor dem Übel errettet. Auch der Zeitgenosse Dion Chrysostomos (1–4) läßt sich auf ähnliche Weise aus. Von den übrigen Autoren ist Dio Cassius der wichtigste, während die Briefe des Plinius Minor von Fragen der Verwaltung in den Provinzen handeln. Die Memoiren (Commentarii) des Traianus gingen verloren.

Seine zahlreichen Feldzüge sind ausführlich auf Münzen und Reliefs dokumentiert: Der Bogen von Beneventum (109) und die Traianssäule (107–117), eingeweiht im Jahre 113, sind wichtige Zeugnisse. Das erste Monument ist den Partherkriegen gewidmet; es steht am Ende der neuen Straße nach Brindisi, die als Verlängerung der alten Via Appia angelegt wurde. Die hohe Berufung des Fürsten wird durch die Anwesenheit der olympischen Götter und des Herakles verdeutlicht. Die Säule beschreibt die Kriege gegen die Daker in den Jahren 101–102 und 105–106 in der Form eines fortlaufenden Reliefs, das insgesamt 200 Meter lang ist und auf dem weniger eine historische Beschreibung als eine epische Bearbeitung der Kriegszüge zu sehen ist. Der Kaiser ist rund sechzigmal abgebildet, doch nie in einer Schlachtszene. Die Säule inspirierte vergleichbare Monumente mit fortlaufenden Reliefszenen: An erster Stelle ist die Säule des Marcus Aurelius in Rom zu nennen (180–193), die ebenfalls ein Relief mit Kriegsdarstellungen hat. Weitere nachantike Beispiele sind die Bronzesäule des Bischofs Bernward (ca. 1020) im Hildesheimer Dom, Triumphsäulen des Architekten J. B. Fischer von Erlach vor der Wiener Karlskirche (1716–39) und die Säule auf der Place Vendôme in Paris (1806–10).

In Adamklissi (Rumänien) wurde 109 das Tropaeum Traiani errichtet, ebenfalls um den Sieg über die Dacier zu verewigen. Von dem zylinderförmigen Monument mit einer Reliefverzierung ist ein großer Teil erhalten, ebenso von dem davorstehenden Altar

für Mars Ultor. Ein ähnliches Monument, das Tropaeum Al-
pium, war in La Turbie (bei Menton) durch Augustus errichtet
worden (25–14 v. Chr.), um an die Befriedung der Alpen zu
erinnern.

Ein Relief des nicht erhaltenen Traianus-Bogens in Rom (nun   N
Teil des Constantin-Bogens) zeigt den Kaiser mit einem um Gnade bittenden dakischen Krieger. Möglicherweise war es dieses
Relief, das eine im Mittelalter weit verbreitete Legende um
Traianus begründete, da die Kleidung eines dakischen Soldaten
wahrscheinlich für Frauenkleidung gehalten wurde. Traianus
soll auf einem Feldzug auf die Bitte einer Witwe von seinem
Pferd gestiegen sein, um sich um die Verurteilung und Exekution eines Soldaten zu kümmern, der ihren Sohn umgebracht
hatte. Papst Gregorius der Große (570–604), angetan von der
Rechtschaffenheit dieses Römers, soll bedauert haben, daß er als
Heide unter der ewigen Verdammnis leiden müsse, und erreichte
mit seinen Gebeten seine Befreiung aus der Hölle. Doch wurde
ihm von Gott gesagt, daß er sich fortan nur für Christen einsetzen solle. Von dieser Geschichte sind seit etwa 700 verschiedene
Versionen entstanden, bei Johannes Diaconus (875), Honorius
Augustodunensis (12. Jh.), Johannes von Salisbury in seinem
Polycratus (Mitte 12. Jh.) und in der *Kaiserchronik* aus derselben
Zeit. In letzterer ist der Mörder Traianus' Sohn. Auch Dante
erzählt die Geschichte anhand einer Beschreibung des Reliefs
(Div. Comm., Purgatorio 10,73–93). Eine Beurteilung des Mo-
tivs ohne die Gregorius-Episode finden wir bei H. Sachs (1532).

In den zahlreichen Darstellungen des Kaisers und der Witwe in   NK
der bildenden Kunst gilt Traianus seit dem Mittelalter bis ins 18.
Jahrhundert als Vorbild für Gerechtigkeit, z. B. auf einem Kapitell aus dem 15. Jahrhundert im Palazzo Ducale in Venedig und
auf einem Gemälde von R. van der Weyden für das Brüsseler
Rathaus (um 1430) mit Graf Erkinbald, der seinen verbrecheri-
schen Neffen tötet, als Pendant. Das Gemälde diente u. a. als
Vorlage für einen Wandteppich im Gerichtssaal des Bischofs von
Lausanne (um 1450, heute Bern, Hist. M.). Den ›Goldenen Saal‹
in der Alten Residenz in München dekorierte J. H. Schönfeld
1667 u. a. mit Traianus als gerechtem Richter neben Bocchoris,
einem ägyptischen Fürsten, der ein salomonisches Urteil gesprochen hatte. Perugino zeigt auf Fresken (um 1500) im Collegio di Cambio in Perugia Traianus zusammen mit drei Figuren,
die auch Valerius Maximus im Kapitel über die ›iustitia‹ nennt:
→ Numa Pompilius, → Camillus und der Grieche Pittakos, der

nach dem Sieg über seine Feinde trotz des Drängens seiner Mit-
bürger auf die Alleinherrschaft über Mytilene verzichtete. N.
Hallé integrierte den Kaiser und die Witwe auf einem Gemälde
(1765, heute Marseille, M.) in eine Historienreihe für den königlichen Landsitz in Choisy. Dieser Zyklus, für den u. a. noch J.-M.
Vien (Amiens, M.) Marcus Aurelius malte, der Getreide austeilt,
traf allerdings nicht den Geschmack des französischen Königs.
E. Delacroix schildert das Thema auf einem großen Gemälde
(1840, Rouen, M.) mit dem Kaiser auf einem Pferd sitzend.
Traianus als zugänglichen Fürsten bei einer öffentlichen Audienz
stellte N. Coypel (1672) auf einem Deckengemälde in einem
Zimmer des Versailler Schlosses dar, wo der Maler auch → Solon
abbildete, der seine Gesetzgebung erklärt.

NM Zu Traianus entstanden Opern von G. F. Tosi (Libr. von M.
Noris, 1684, Venedig), J. C. Pe(t)z (Libr. von H. T. Jansen,
1696, Bonn), R. Keiser (Libr. von J. J. Hoe, 1717, Hamburg), F.
Mancini (Libr. von M. Noris, 1723, Neapel), G. Nicolini (Libr.
von M. A. Prunetti, 1807, Rom), J.-F. Le Sueur (Libr. von J. A.
Esméraud, 1808) und F. Blangini (Libr. von G. Rossi, 1814,
München). Eine Serenata stammt von J. Bonno (Libr. von C.
Pasquini, 1736, Wien), ein Intermezzo von R. N. C. Bochsa
(Libr. von S. A. Despréaux, 1807, Lyon).

Bartelink 1980; Boesch 1951; Muntz 1891; Ridder 1989; Seznec 1957b; Traeger
1985; Walterko 1927

Tria Fata → Moiren

Triptolemos → Demeter

Triton, Meeresgottheit, nach Hesiodos der Sohn des Poseidon
und der Amphitrite ⟨Hes. theog. 930–933⟩.
Triton wurde mit einem männlichen Oberkörper und einem
Fischschwanz dargestellt. Er war meist freundlich und beruhigte
das Meer, indem er auf einer Trompete oder einer trompetenar-
tigen Muschel spielte. In manchen Überlieferungen wurde nicht
→ Nereus, sondern Triton von → Herakles gezwungen, den
Weg zum Garten der Hesperiden zu nennen.
Nach Apollonius (4,1550–1622; 4,1741–1754) wohnte Triton in
dem nach ihm benannten Triton-See in Nordafrika und wies den
→ Argonauten den Ausweg zum Meer. Nach Vergil (Aen. 3,239;

6,166 ff.) zog Triton Misenos, einen Gefährten des Aeneas, ins Wasser, weil dieser behauptet hatte, besser auf der Trompete spielen zu können als der Gott.

In der hellenistischen und römischen Kultur wird Triton zu einem Gattungsnamen und hat ein weibliches Pendant: die Tritonin. Beide werden als fröhliche Wesen – manchmal halb Mann bzw. Frau und halb Fisch oder in der Gestalt von Meer-Kentauren – gezeigt. Sie tummeln sich, oft in Gesellschaft der Nereïden, in den Wellen im Gefolge Poseidons, Galateias oder in anderen Meerszenen, z. B. auf Wandgemälden, Mosaiken (v. a. in Badehäusern) und Sarkophagreliefs.

In der bildenden Kunst der Neuzeit kehren sie in Darstellungen NK von → Galateia, → Poseidon und der → Nereïden wieder. Eigenständigere Darstellungen, häufig mit Nereiden als ihren weiblichen Gegenstücken, finden sie als ungezwungene, muntere und spielfreudige Meerwesen in der Renaissance, u. a. auf Gemälden von Piero di Cosimo (um 1504, mit Nereiden als Pendant, Cambridge/Mass., Rabinowitz C.) und A. Mantegna (um 1500, früher Carpi, Foresti C., mit Sartyrn als ihren Gegenstükken zu Land). Einiger Beachtung erfreuten sie sich dann wieder in der Malerei des 19. Jahrhunderts, z. B. bei A. Böcklin (u. a. 1873/73, München, Staatsgemäldeslg.; 1887, Wien, Kunsth. M.). Besonders beliebt waren die Tritonen in der Bildhauerei, v. a. – wiederum zusammen mit den Nereiden – als Brunnenschmuck: u. a. Triton-Brunnen von G. L. Bernini auf der Piazza Barberini in Rom (1642/43), Pyramiden-Brunnen von F. Giradon im Park von Versailles (1668–70), Brunnenfigur von J.-J.-M.-C.-V. Elshoecht (um 1850, Paris, Place de la Concorde).
Ein Prelude für Orchester schuf J. Ireland (um 1905).

Benuell/Waugh 1962; Lattimore 1976; Rumpf 1939; Shepard 1940

Troilos, Sohn des trojanischen Königspaars Priamos und Hekabe oder des Apollon ⟨Verg. Aen. 1,474–478; Apollod. 3,12,5; Apollod. epit. 3,32⟩.
Nach Vergil und Apollodoros wurde Troilos von Achilleus aus dem Hinterhalt getötet, als er an einer Quelle seine Pferde tränkte. Hier verliebte sich Achilleus in → Polyxena, die Schwester des Troilos. Es wird auch überliefert, daß Achilleus in Troilos verliebt war und ihn tötete, als dieser weglaufen wollte.

In der bildenden Kunst ist Troilos nur auf archaischen Vasen zu finden, die meist seinen Tod zeigen, z. B. auf der François-Vase (um 570 v. Chr., Florenz, M. Arch.).

N Im *Roman de Troie* (um 1170) führt Benoît de St.-Maure eine Liebesgeschichte von Troilos mit einer neuen Figur ein, Cressida, einer Tochter von Kalchas. G. Boccaccio greift das Thema für seinen *Filostrato* (um 1338) auf, von dem G. Chaucer (14. Jh.) und W. Shakespeare (ca. 1602), der eine mondsüchtige, untreue Cressida zeigt, inspiriert wurden. J. Dryden schrieb eine Tragikomödie nach Shakespeare (1679). Seit Shakespeare war auch der zynische Spötter Thersites Teil der Geschichte um Troilos und Cressida. S. Zweig bearbeitete den Stoff in dem Drama *Tersites* (1907), A. Suarès in dem Drama *Cressida* (1913). J. Eccles schrieb für die Tragödie von J. Dryden (1674) eine Bühnenmusik (um 1694, London). In 20. Jahrhundert entstanden u. a. die Komposition für Sprecher, Soli, Chor und Orchester von R. Aubin (1935), die auch als Ballettmusik erklang, und die Oper von W. Walton (Libr. von C. Hassall nach G. Chaucer, 1954, London).

Boitani 1989; Frenzel 1992a; Heidenreich 1951; Stanford 1954

Tuccia (um 230 v. Chr.), Vestalin, die der Verletzung des Keuschheitsgebots verdächtigt wurde ⟨Liv. perioch. 20; Val. Max. 8,1 ext. 5; Plin. nat. 28,12; Dion. Hal. 2,69,1–3⟩.
Tuccia war eine der hochgeachteten Priesterinnen der Vesta, der römischen Göttin des Feuers, die zu Jungfräulichkeit verpflichtet waren. Im Jahre 230 wurde sie beschuldigt, dieses Gebot übertreten zu haben; ein Vergehen, auf das als Todesstrafe stand, lebendig begraben zu werden. Die – stets sehr vornehme – Familie der Frau galt für ewig als entehrt. Um sich zu retten und ihre Unschuld zu beweisen, wandte sich Tuccia betend an Vesta um Hilfe. Als Beweis ihrer Unschuld gelang ihr daraufhin ein Wunder: Sie trug in einem Sieb Wasser, ohne daß es auslief.
Die Geschichte wird kurz von Livius, Valerius Maximus, Dionysios von Halikarnassos und Plinius Maior erzählt. Für diese Autoren ist die Vestalin ein herausragendes Beispiel für einen Menschen, der sich von einer ungerechtfertigten Anklage befreien kann.
In der bildenden Kunst der Antike ist Tuccia auf geschnittenen Steinen für Ringe zu sehen.

Im Mittelalter gilt sie, die von Augustinus (civ. X 16) gepriesen N und ebenso wie → Claudia Quinta im *Defensorium inviolatae virginitatis beatae Mariae* von F. von Retz (Anfang 15. Jh.) erwähnt wird, als das heidnische Pendant zur Jungfrau Maria. In F. Petrarcas *Trionfo della Castità* (1352) nimmt sie einen bedeutenden Platz ein.

In der neuzeitlichen Kunst wird Tuccia auf florentinischen Cassoni (15. Jh.), auf einem Cassone von M. Balducci (16. Jh., Rouen, M.) und auf Filaretes Bronzetür der Peterskirche in Rom (1433–45; → Cloelia) abgebildet. Weiterhin entstanden im 16. Jahrhundert in Italien Gemälde von A. Mantegna (um 1500, London, Nat. G.; mit dem Pendant → Sophoniba), A. Riccio (1520–30, London, Vict. and Alb. M.; mit Claudia Quinta als Pendant), A. Moretto (um 1540, Rom, Pal. Taverna), J. Tintoretto (um 1545, Glasgow, Art G.), G. B. Moroni (um 1665, London, Nat. P. G.) sowie ein Fresko von B. Caliari (um 1575) im Palazzo Mocenigo in Venedig. Ein anonymes Porträt von Elisabeth I. von England als Tuccia (o. J., heute Siena, P.) zeigt ebenfalls die Keuschheit. Im 18. Jahrhundert beschäftigten sich mit Tuccia auf Gemälden u. a. S. Conca (1751, Rohrau, Slg. Harrach), J.-B. Suvée (1777, Paris, Louvre), I. R. Byß (o. J., Nürnberg, Nationalm.) und J. Reynolds (um 1760, Dublin, Nat. G.).

Vannugli 1988

Tullia (2. Hälfte 6. Jh. v. Chr.), jüngere Tochter des Servius Tullius und Frau des Tarquinius Superbus ⟨Liv. 1,42 u. 46; Ov. fast. 6,585–636; Dion. Hal. 4,6–7⟩.

Der römische König Tarquinius Priscus hatte Servius Tullius zum Nachfolger bestimmt und dabei seine Söhne Arruns und Lucius Tarquinius übergangen. Als Versöhnungsgeste gab der weise Servius Tullius seine beiden Töchter den Königssöhnen zur Frau, die jüngere dem Arruns, die ältere dem Lucius Tarquinius. Da der jüngeren Tullia ihr Mann Arruns nicht ehrgeizig genug war, verband sie sich mit Lucius. Sie stiftete ihn zum Mord an seiner Frau, der älteren Tullia, und seinem Bruder Aruns sowie zur Rache an dem alten König Tullius an. Lucius gelang es, Tullius im Senat zu isolieren und zu stürzen. Tullius, nun ohne jegliche Unterstützung, wurde schließlich in den Straßen Roms ermordet. Tullia ging in ihrer Rachsucht so weit, die Leiche ihres Vaters mit ihrem Wagen zu überfahren. Lucius Tarquinius übte unter dem passenden Namen Superbus (›der Stolze‹) eine Schreckensherrschaft aus, die schließlich wegen des Skandals um → Lucretia ihr Ende fand.

Livius hält sich lange bei dem ungezügelten Machtstreben Tul-
lias auf und beschließt seine Erzählung mit ihrem abstoßenden
Verhalten gegenüber ihrem Vater, welches von Ovid in seinen
Fasti in ebenso schrecklichen Worten wiedergegeben wird. Va-
lerius Maximus (9,11,1) erwähnt ihre Missetat in einer Reihe von
Beispielen für Rachsucht.

N In der Neuzeit nahm u. a. W. Painter diese Geschichte auf (1566).
Eine Tullia-Oper ist von G. D. Freschi überliefert (Libr. von A.
Medolago, 1678, Venedig).
In der bildenden Kunst wird Tullia v. a. im 18. Jahrhundert thematisiert: u. a. auf Gemälden von G. B. Tiepolo (um 1718, verloren), M.-F. Dandré-Bardon (1735, Montpellier, M.), J. Bardin
(1765, Orléans, M.) und P. F. Hetsch (1783, Stuttgart, Staatsg.).

Tullus Hostilius → Horatier

Turnus → Aeneas

Tydeus → Polyneikes und Eteokles

Tyndareos → Agamemnon

Typhon → Giganten

Ulysses → Odysseus

Urania, eine der → Musen

Uranos → Aphrodite, Kronos

Valerius Flaccus → Cato Censorius

Varus → Arminius

Venus → Aphrodite

Vercingetorix, Anführer der Gallier gegen → Caesar

Vergil (Publius Vergilius Maro, 70–19), größter römischer
Dichter ⟨Suet. Vita Verg.; Serv. Aen.; Philarg. Verg. ecl.; Don.;
Prob. Verg. ecl.; eigene Werke Vergils⟩.

Der Sohn des Vergilius Maro und der Polla Magia wurde in Andes bei Mantua geboren. Trotz der bescheidenen Verhältnisse, aus denen er stammte, bekam Vergil die Gelegenheit, in Rom Rhetorik zu studieren. Als er bei seinem ersten Auftreten als Anwalt keinen Erfolg hatte, wandte er sich der Dichtung zu. Er gehörte bald zu den tonangebenden Kreisen in Kultur und Politik, zu denen Maecenas, Asinius Pollio und Octavianus, der spätere Kaiser → Augustus, zählten, und war mit dem Dichter Horaz befreundet, der sich seit der Mitte des 1. Jahrhunderts v. Chr. einen Namen gemacht hatte. Über Vergils Leben ist wenig bekannt. Wir wissen, daß er nicht verheiratet und auch nicht in die zahlreichen Affären im Rom seiner Zeit verwickelt war. Nach einigen frühen Gedichten, die nur zum Teil erhalten sind bzw. ihm zugeschrieben werden können, begann er im Jahre 42 mit den *Bucolica*, den Hirtenliedern (ein Genus, das in hellenistischer Zeit aufgekommen war), und vollendete sie drei Jahre später. In den *Bucolica*, auch *Eclogae* genannt, wird vordergründig ein pastoraler, idyllischer Friede gestaltet, doch beleuchten die Lieder auch die politische Situation. So spielt Vergil auf die Bodenreform des Augustus im Jahre 41 an, die den Veteranen Land verschaffen sollte und wodurch Vergils Eltern viel Grundbesitz verloren, ferner auf die Vergöttlichung Caesars und den jungen Nachfolger Octavianus. Die vierte Ekloge ist wegen der Vision von der Ankunft eines Kindes und damit eines neuen Goldenen Zeitalters berühmt; man kann vermuten, daß es sich um eine Reverenz vor dem aufsteigenden Augustus handelt. In den Jahren 37 bis 29 entstanden die *Georgica*, ein Lehrgedicht über den Landbau und zugleich ein Lobgesang auf die alte Agrargesellschaft. Auch hier finden wir Verweise auf die zeitgenössische Politik der neuen Machthaber. Vergil hofft, daß Augustus den Frieden wiederherstellen und den Wohlstand fördern werde. Auftraggeber dieses Werks war Maecenas. Vergils Hauptwerk ist die *Aeneis*, ein Epos, das den troianischen Fürstensohn Aeneas zum Helden hat. Vergil begann die Arbeit im Jahre 29, konnte sein Werk aber nicht vollenden. Kurz vor seinem Tod in Brindisi im Jahre 19 während seiner Rückreise von einem dreijährigen Aufenthalt in Griechenland verfügte er, den Text zu verbrennen. Varius Rufus und Plotius Tucca, die seinen Nachlaß verwalteten, hielten sich nicht daran; kurze Zeit darauf erschien das Epos, von Varius auf Befehl des Augustus herausgegeben. Aus fragmentarisch erhaltenen Briefen ist bekannt, daß Augustus das Entstehen des Werkes aus der Nähe verfolgt hatte. Vergil soll ihm und der kaiserlichen Familie persönlich Teile des

Epos vorgelesen haben. Durch die typologische Verwandtschaft von Aeneas mit Augustus und die Bezüge auf die Herrschaft des römischen Kaisers hebt sich das Werk deutlich von Homers *Ilias* ab, die Vergil als stilistisches und kompositorisches Vorbild benutzte.

Schon seinen Zeitgenossen (u. a. Prop. 3,34,85; Hor. s. 1,10,44) galt Vergil als der größte lateinische Dichter, was bis heute fortwirkt. Häufig wird Vergil mit dem Vorbild Homer verglichen, was seit der Antike zu heftigen Auseinandersetzungen führte. Für Velleius Paterculus (1. Jh. n. Chr.) ist Vergil der ›princeps poetarum‹ (Dichterfürst), weil er in einem Gedicht das zu sagen vermag, wozu Homer zwei Dichtungen benötigte. Vergil wurde auch als Schulautor viel gelesen, wie es u. a. die zahlreichen Kommentare aus Antike und Mittelalter belegen. Vor allem wurden die Kommentare des Donatus und des Servius aus dem 5. Jahrhundert berühmt; Donatus schrieb auch eine Biographie des Dichters. Auch in Form von Cento-Gedichten (Flickgedichte aus Verszitaten) leben Vergils Werke weiter, wie sie Hosidius Geta mit seiner *Medea* (3. Jh.?) und Ausonius mit seinem *Cento nuptialis* (5. Jh.) verfertigten.

ND₁   Im Mittelalter bestand die Gattung der Cento-Gedichte u. a. in der *Anthologia latina* (8. Jh.) fort. In diese Tradition gehört wohl das Vergil zugeschriebene Gedicht *Ciris*. Mitte des 12. Jahrhunderts interpretiert Bernardus Silvestris die *Aeneis* allegorisch. Da im Mittelalter der authentische Homer nicht bekannt war, galt Vergil als Inbegriff der wertvollen Elemente der antiken Kultur, die auch in der christlichen Welt bewahrt werden konnten. Deshalb ist er in Dantes *Divina commedia* (1307?–21?) der Führer durch die Hölle und das Fegefeuer: Vergil kann über die guten Heiden Auskunft geben, die zwar nicht von Christus erlöst wurden, aber doch bedeutende Menschen waren. Der Einfluß der *Aeneis* auf die spätere Zeit ist im Hinblick auf den Stoff (→ Aeneas, Dido) und die Form enorm: Formprägend ist das Werk für mittelalterliche und barocke Epen von Ekkehart von Sankt Gallen (*Waltharius*, 10. Jh.), G. Boccaccio (*La Teseìda*, 1336–40), F. Petrarca (*Africa*, zw. 1338 und 1343), G. Chaucer (in *The House of Fame*, 1381, kommt Vergil auf einer Metallsäule vor), J. de Nema (*El laberinto de la fortuna*, 1499), P. Ronsard (*La Franciade*, 1572), T. Tasso (*La Gerusalemme liberata*, 1581) und J. Milton (*Paradise Lost*, 1667). Es gibt auch Versuche, zu den zwölf Büchern des Vergilschen Epos ein dreizehntes zu schreiben, in dem die Irrfahrt des Aeneas mit einer allegorischen Darstellung des Menschen auf der Suche nach Gott endet. Die Fassung von M. Vegio (1427) wurde die Basis weiterer Bearbeitungen und Übersetzungen. In England schrieb G. Douglas ein dreizehntes Buch (1513), in Deutschland T. Murner (1515). Der ›sächsische Vergil‹ J. U. von König beschrieb in Vergilschem Stil in *August im Lager* (1731) ein militärisches Übungslager König Augusts des Starken, dessen Name mit dem römischen Kaiser und Vergils Gönner Augustus verbunden werden kann.

Auch die *Eklogen* bilden eine reiche Inspirationsquelle. Petrarca schrieb ein *Bucolicum carmen* (1346–48), 1503–09 entstanden die *Églogas* J. Del Encina, in denen die spanischen Könige in die Idylle einbezogen werden. Das Hirtengedicht der Renaissance geht auch auf Vergil zurück. Im deutschen Barock finden wir es u. a. bei J. H. Schein (1624), M. Opitz (1623 und 1630) und in der Klassik bei J. H. Voss (1797–1800). J. Milton schrieb das Maskenspiel *Comus* (1634). In Italien griffen die Dichter G. Leopardi (*Canti*, 1831), G. Pascoli (*Myricae*, 1891) und S. Quasimodo (*Il fiore delle georgiche*, 1942) auf diese Tradition zurück, wie auch in England A. Lord Tennyson (*Idylls of the King*, 1859–85).

Die vierte *Ekloge* wurde in der christlichen Tradition des Mittelalters als Schilderung der Ankunft des Erlösers gedeutet. Dadurch wurde der Dichter zum ›Vergilius christianus‹, der das christliche Zeitalter prophezeite.

Das Leben des Dichters bietet kaum Stoff für Anekdoten, doch N tritt Vergil im Mittelalter als Magier auf, was auf die Vorstellung von seiner prophetischen Begabung (Vision der Ankunft Christi) zurückgeht. So beschützt er Neapel vor Insektenplagen, indem er Bronzefiguren der Insekten macht. Eine bronzene Fliege wird von Gervasius von Tilbury in den *Otia imperialia* (1212) für Otto IV. beschrieben. Auch im *Speculum* des Vincentius von Beauvais kommt Vergil vor. Die Geschichten ähneln dabei denen über → Apollonios von Tyana. In Wolframs von Eschenbach *Parzival* (um 1200–10) stammt der Zauberer Klingsor von Vergil ab. In Neapel beschützen die Überreste des Dichters die Stadt, solange sie sich unangetastet im Castel dell'Ovo befinden. In Rom gab es die Legende von einer gewissen Febilla, in die der Dichter in hohem Alter verliebt gewesen sein soll. Die Frau lockte ihn in der Nacht vor ihr Haus, zog ihn in einem Korb hinauf und ließ ihn dann draußen hängen, so daß ihn die Römer am nächsten Tag verspotten konnten. Der Dichter rächte sich, indem er ihnen das Feuer wegnahm und es ihnen erst wieder gab, als sich Febilla nackt vor den Römern zeigte und diese ihre Fak-

keln an ihrer glühenden Haut bzw. zwischen ihren Beinen anzündeten. Einer Variante zufolge verliebt sich die Frau in Vergil
und verfolgt ihn. Diese Legende ist u. a. von J. d'Outremeuse
überliefert. Die Geschichte wurde auf zahlreichen Stichen, Stein-
und Metallreliefs, v. a. in Frankreich, den Niederlanden und
Deutschland, dargestellt: z. B. auf Stichen von G. Pencz (um
1520) und L. von Leyden (um 1520).

ND₂   In der Literatur ist die Legende von Febilla aus J. Wickrams
Weiberlist (1543) bekannt. Vergil wird in dem Zusammenhang als
Symbol für Sodomie angesehen, da er Febilla ablehnt. Von J. G.
Herder gibt es eine ironische Allegorie auf diese mittelalterliche
Tradition.

Im *Dolopathos* (ca. 1184) des Johannes de Alta Silva ist Vergil der
Astronomielehrmeister des fiktiven Königs von Sizilien, Dolopathos. Der Dichter durchschaut, daß dessen Frau einen gewissen Lucinianus verführen will, sie wird aber, anders als in der
Geschichte von → Phaidra und Hippolytos, bestraft. Die fiktive
Biographie *Les faictz merveilleux de Virgille* (15./16. Jh.) wurde
außerhalb Italiens, wo es kaum fiktive Biographien zu Vergil
gab, in England, Deutschland und den Niederlanden als Volksbuch häufig gedruckt. Hier ist der Dichter Prophet und Magier
und wird von Febilla verführt. Sein Tod ist sonderbar und vergleichbar mit dem des → Pelias: Vergil läßt sich in Stücke schneiden und einsalzen, um jung wiedergeboren zu werden. D'Outremeuse hatte diese Geschichte in seinen *Mireur des histores* aufgenommen (M. 14. Jh.), vermutlich in Nachfolge der anonymen
Cronaca di Partenope (ca. 1326).

Als vorbildlicher Dichter gilt Vergil T. Sir Elyot (*The boke named
the Gouvernour*, 1531) und B. Jonson (*The Poetaster*, 1602). Luther
hielt Vergil für den einzigen bewundernswerten heidnischen
Schriftsteller.

Es gibt in der Renaissance und im Barock auch zahlreiche Parodien auf den Dichter: P. Scarrons *Le Virgile travesti* (1648–59),
wo Vergil als Schwächling gezeigt wird und darauf verwiesen
wird, daß Homer der eigentliche Dichter sei; J. Swift läßt den
Poeten in seinem *Battle of the Book* (1704) die einflußreiche
Übersetzung der *Aeneis* von J. Dryden (1697) kritisieren.

Im 20. Jahrhundert schrieb H. Broch den Roman *Der Tod des
Vergil*, der 1945 in New York erschien. Der Krieg veranlaßt ihn,
in seinen letzten Stunden über das Leben und die Menschheit
nachzudenken; der Roman versucht den Tod dichterisch zu gestalten.

Von C. Monteverdis ›favola pastorale‹ *La Finta Pazza Licori*, die   NM
um 1627 entstand und auf der Bearbeitung G. Strozzis von Ver-
gils *Bucolica* basiert, ist weder Text noch Musik erhalten. Die
Komponisten der Renaissance hatten häufig auf die Dichtung
Vergils zurückgegriffen und in zahlreichen Madrigalen vertont,
u. a. Josquin Deprez, P. de La Rue, O. di Lasso, J. Mouton und
A. Willaert. In der letzten Ausgabe des metrisch-musikalischen
Lehrwerks *Melopoiae* (1551) finden sich neben den Horaz-
Vertonungen auch Beispiele für die Metrik Vergils. Aus der neu-
eren Zeit sind z. B. die *Cantata secularis* von M. G. Seiber (1953,
Frankfurt am Main) und die *Vier Chorstudien* von A. Mellnäs
(1973) zu nennen.

In der bildenden Kunst der Antike entstanden einige Porträts in   NK
Form von Mosaiken (Sousse, Trier) bzw. Illuminationen im ältesten Vergil-Kodex (4. Jh., Rom, Vat. M.). Nach Donatus soll
der Dichter wie ein Bauer – groß, mit sonnenverbrannter Haut –
ausgesehen haben. Im Mittelalter tauchen Vergil-Darstellungen
in Dante-Handschriften auf. Mit Dante erscheint er auf einem
Fresko im Malteserschloß in Rom (15. Jh.) und im Kastell von
Torrechiara bei Parma (Mitte 15. Jh.).
Vergil wird weiterhin als Repräsentant der Dichtkunst abgebildet, wobei häufig Cicero das Pendant der Prosa bildet. In einer
der Stanzen von Raffael (1509–11) befindet sich Vergil auf dem
Parnassus zwischen Homer und Dante. Auch in den Freskenreihen in der Sala virorum illustrium in Padua (um 1370–80), im
Palazzo Pubblico in Siena (Anfang 15. Jh.), im Palazzo Vecchio
in Florenz (von Ghirlandaio, 1481/82), im Dom von Orvieto
(von L. Signorelli, 1499/1500) und im Palazzo Trinci in Foligno
(um 1500) wird er als Dichter abgebildet. In Mantua, das von
dem legendären Manto gegründet worden sein soll, wird er als
Sohn der Stadt im Palazzo Pubblico (1215) und auf dem Broletto
(1227) als Fürst auf dem Thron dargestellt. Im Palazzo Ducale ist
die Manto-Geschichte nach dem Vorbild der *Aeneis* zu sehen, die
F. Primaticcio zugeschrieben wird (16. Jh.).
In der Aufklärung wandte man sich nach den Studien von G. E.
Lessing (*Laokoon*, 1766) und F. A. Wolff (1795) mehr Homer zu;
es wurden Debatten über den Einfluß von Homer auf Vergil
geführt. Niederschlag fand dies in der bildenden Kunst u. a. auf
zwei Gemälden von Ingres: In einer ersten Fassung (1827, Paris,
Louvre), der Apotheose Homers, verehren Vergil, Apelles,
Sappho und andere antike Künstler den ersten griechischen
Dichter; in der zweiten Fassung (1840, Paris, Louvre) kommen
noch moderne Künstler, z. B. J.-L. David, hinzu.

Comparetti 1896; Enciclopedia Virgiliana 1984–90; Fagiolo 1981; Spargo 1934; Virgilio 1981

Vergilia → Coriolanus

Verginia (auch Virginia, 5. Jh. v. Chr.), von ihrem Vater der Keuschheit wegen getötete Römerin ⟨Liv. 3; Cic. rep. 2,63; Cic. fin. 2,66; Diod. 12,24; Dion. Hal. 11,28–32⟩.

Das Mädchen bildet den Mittelpunkt im dritten Buch der römischen Geschichte des Livius, wo die Geschehnisse um Verginia auf die Jahre 305/304 nach der Gründung Roms datiert werden (d. h. 448/447). Die politischen Spannungen zwischen den Patriziern und Plebeiern hatten, so Livius, in eine Sackgasse geführt, aus der erst die Decemviri mit einer Gesetzgebung zum Schutz der Volkspartei wieder hinausführen sollten. Diese zehn Männer, die für ein Jahr gewählt wurden, ersetzten alle anderen politischen Funktionen: sowohl die patrizischen Konsuln als auch die Vertreter des Volks, die Tribunen. Die Gesetzgebung konnte nicht ganz vollendet werden, so daß ein zweites Decemvirat nötig wurde. Appius Claudius, der schon dem ersten Decemvirat angehört hatte, kandidierte nun zum zweiten Mal und entpuppte sich nach seiner Wiederwahl als Feind des Volkes. Nach Ablauf der Amtszeit verfolgte er den Plan, nicht mehr zu den alten Institutionen zurückzukehren; das hieß, daß das Volk nicht mehr wie früher gegen die Beschlüsse des Senats und der Konsuln Einspruch bei den Volkstribunen einlegen konnte: Es gab keine Tribunen mehr. Der Machtmißbrauch der Decemviri zeigte sich auch in der Ermordung eines gewissen Lucius Siccius, der es gewagt hatte, die Wahlen der Volkstribunen zu erwähnen.

In dieser Zeit trug sich die Geschichte der Verginia zu. Appius Claudius begehrte dieses Mädchen, das die Tochter des angesehenen Centurios Verginius und die Verlobte des ehemaligen Tribunen Lucius Icilius war. Aus diesem Grunde ließ er einen seiner Anhänger, Marcus Claudius, behaupten, Verginia sei die Tochter einer seiner Sklavinnen, weshalb sie ihm, Marcus Claudius, gehöre. Die Angelegenheit wurde dem Decemvirn mit richterlichen Funktionen vorgetragen, also Appius Claudius; die Gerichtsverhandlung erregte großes Aufsehen. Verginias Verlobter hatte schleunigst ihren Vater aus dem Heerlager in die Stadt geholt. Als nach dem Richterspruch die Trabanten des Appius

Claudius Verginia wegführen wollten, stürzte sich der Vater mitten auf dem vollbesetzten Forum auf seine Tochter und erstach sie; er wollte sie damit den Händen des Appius Claudius entreißen.

Dies sollte noch schwerwiegende Folgen nach sich ziehen. Verginius kehrte in sein Lager zurück und bewog die Soldaten, den Kampf gegen die Sabiner zu beenden; daraufhin zogen sie sich auf einen der sieben römischen Hügel zurück, den Aventin. Mit dieser ›secessio plebis‹ (Auszug der Plebs), die eine Auflösung des Staatsverbandes mit den Patriziern bedeutete, konnte die Abdankung der Decemviri erzwungen werden. Schließlich nahm sich Appius, dem eine Verurteilung zum Tode drohte, das Leben.

Livius beginnt seine Erzählung mit dem Verweis auf eine ähnliche Geschichte um → Lucretia. In beiden Fällen haben die sexuellen Begierden eines hochgestellten Römers erhebliche politische Folgen: Wie die Vergewaltigung und der Selbstmord der Lucretia zur Vertreibung der Tarquinier führte, so zog die Ungerechtigkeit an Verginia den Fall der Decemviri nach sich. Nach Livius sieht auch Valerius Maximus (6,1,1–2) diese Parallele.
Die Figuren dieser Legende erhielten erst seit der Zeitenwende Namen. Bei Diodoros sind sie noch anonym. Dionysios nennt in seiner breiten Schilderung wohl Verginius, erwähnt aber nicht Verginia, die diesen Namen dann in den Berichten bei Iuvenalis (10,294–5, Florus (1,17,24), Eutropius (1,18) und Aurelius Victor (21,2), ferner bei den christlichen Autoren Orosius (2,13) und Zonaras (7,18) trägt. Cicero geht einige Male auf den Prozeß ein.

G. Boccaccio hält sich in seinem Werk *De claris mulieribus* (1356– ND 64) an Livius. G. Chaucer besingt im *Physician's Tale* der *Canterbury Tales* (1385–1400), von der Verginia-Passage im *Roman de la Rose* (ca. 1275) inspiriert, die Schönheit der Tochter des Verginius. Sein Freund J. Gower schildert in seiner *Confessio amantis* (ca. 1390) die Lucretia- und die Verginia-Geschichte im Zusammenhang mit der Frage, welche Qualitäten ein Fürst oder Machthaber besitzen muß. Auch W. Painter widmet sich im *Palace of Pleasure* (1566–67) der Schönheit des Mädchens.
Im 16. Jahrhundert erscheinen in verschiedenen Sprachen Bühnenstücke nach Livius: B. Accolti (1513), H. Sachs (1530), J. de La Cueva (1588) und A. van Mildert (1618). In Frankreich folgt einem Gedicht von sieur de La Barte (*La mort de Lucrèce et de Virginie*, 1567) erst im Jahre 1628 eine Theaterbearbeitung von J.

de Mairet, der sich genau an Livius hält. In späteren französischen Bearbeitungen entfernt man sich von ihm: Sowohl die Dramen von M. Le Clerc (1645) und J. de Campistron (1683) als auch die von L.-S. Mercier (1767) und V. Leblanc de Guilett (1786) schildern die Drohung Appius Claudius', den von ihm gefangengenommenen Icilius zu töten, falls Verginia sich ihm nicht hingeben werde, und daß er diese Drohung mit dem Tod bezahlen muß. G. E. Lessing hinterließ Fragmente (1757/58) einer auf die Tragödie von H. S. Crisp (1754) zurückgehenden Verginia-Dramas, in dem das Schicksal der Tochter, deren Tugend dem Vater wichtiger ist als ihr Leben, im Vordergrund steht; der Plan wurde unter Änderung der Namen und Verlegung des Geschehens ins 18. Jahrhundert in der *Emilia Galotti* (1772) ausgeführt. J.-F. de La Harpe legte in seinem Drama (1786) die Betonung auf das politische Freiheitsstreben, das in den früheren französischen Stücken im Hintergrund blieb, worin ihm der Spanier A. de Montiano y Luyando (1750) und der Italiener V. Alfieri (1777) vorangegangen waren. Das Freiheitsstreben der Revolution findet sich bis ins 19. Jahrhundert: C. H. von Ayrenhoff (1790), J.-J. Sanchamau (1795; gegen Robespierre) und A. Guiraud (1827). Aus England kommen zahlreiche Stücke von J. Webster (1609) über J. Moncrieff (1755) bis J. H. Payne (1820) und J. S. Knowles (1820). Auf der italienischen Bühne waren bis auf das Drama von Alfieri kaum bedeutsame Werke zu sehen, ebensowenig wie im neoklassizistischen oder romantischen Theater des 19. Jahrhunderts. In der englischen Literatur dieser Zeit wurde die Verginia-Ballade von T. B. Macaulay in seinen *Lays of Ancient Rome* (1842) sehr bekannt. Hier konzentriert sich die Handlung auf die Konfrontation zwischen Plebeiern und den Aristokraten.

NM In der Oper kommt Verginia nur selten vor, u. a. bei N. Piccinni (*I Decemviri*, vermutl. 1755) und G. S. R. Mercadante (Libr. von S. Cammarano, 1866, Neapel).

NK In der bildenden Kunst der Neuzeit erscheint Verginia, abgesehen von Illustrationen zu den Werken von Livius und Boccaccio, zuerst auf Cassoni aus dem 15. Jahrhundert: z. B. von S. Botticelli (um 1499, Bergamo, G.; ein Lucretia-Pendant befindet sich in Boston, M.) und von A. di Sandro (Paris, Louvre). Ebenso wie die Lucretia-Cassoni sind sie möglicherweise vom republikanischen Geist im Florenz dieser Zeit geprägt. In der Carafakapelle in S. Maria sopra Minerva ist von R. del Garbo 1489–94 die Decke mit Sybillen, die der angrenzenden Grabnische mit

Verginia- und Lucretia-Szenen ausgestattet worden. Pinturicchio (um 1490) stellt Verginius, der seine Tochter tötet, in eine
Reihe mit heldenhaften Römern auf einem Deckengemälde für
den Palazzo Della Rovere-Colonna in Rom. Verginia findet sich
auch auf einem von Pinturicchio und Werkstatt ausgeführten
Fresko (1494/95, Vatikan, Sala delle Sibille, Appartamento Borgia). A. Holbein und T. Schmid schildern Verginia auf Gemälden (um 1515) im Empfangsraum des Klosters Sankt Georgen in
Stein am Rhein, wo auch Lucretia abgebildet ist. Ein Gemälde
von J. Elsheimer (1632) in der Wahlstube im Frankfurter Römer
(→ Kambyses) dient als Warnung vor Machtmißbrauch. Die um
1540 entstandenen Sgrafitti eines Renaissancehauses in Weitra in
Niederösterreich umfassen acht Livius-Szenen, die jedoch zum
Teil nicht mehr zu erkennen sind. Oben: → Horatius Cocles,
→ Curtius, → Tarquinius Priscus, → Brutus, L. I. und Cassius
oder → Manlius Torquatus, der vom Kapitol gestürzt wird. Darunter: die Ermordung des Königs Hieronymus, der Schulmeister der Falerier (→ Fabricius), die Vierteilung des Mettius und
der Tod der Verginia. Graphische Beispiele sind Illustrationen
von J. Bocksberger d. J. und J. Amman für Livius-Ausgaben
(eine deutsche und eine lateinische) aus dem Jahre 1568, die in
gekürzten Fassungen in gereimter Form mit Illustrationen herausgegeben wurden. Weiterhin ist Verginia auf einer Kassetten-
decke im Kaisersaal des Schlosses Dobrovice bei Jungbunzlau
(Mlada Boleslav, Böhmen, 1578–81, heute Burg Svihov bei Kla-
tovy) und bei einer Stuckdekoration im Schloß Kurzweil bei
Netolitz (Kratochvilee u Netolic) von A. Melana (um 1589) zu
finden.
In der holländischen Malerei entstanden u. a. Gemälde von C. C.
van Haarlem (Anfang 17. Jh.) und A. Houbraken (Ende 17. Jh.,
Schloß Schleißheim); in Italien Gemälde von F. da Mura (um
1725, Manchester, G.) und V. Camuccini (1804, Neapel, G.; als
Pendant die Ermordung Caesars); in Frankreich Gemälde von
G.-F. Doyen (1759, Parma, G. Naz.), N.-G. Brenet (1783, Nantes, M.) und G. G. Lethière (1828, Paris, Louvre); in Deutschland eine Zeichnung von A. R. Mengs (um 1760, Wien, Albertina) sowie ein Gemälde von H. F. Füger (1800, Stuttgart,
Staatsg.). M. von Schwind zeigt Verginia in einem Rom-Zyklus
in einem Saal des Museums in Karlsruhe (1843).

Frenzel 1992a; Lejsková-Matyásová 1967 und 1970; Röttenbacher 1908

Vertumnus → Pomona und Vertumnus

Vespasianus, Vater des → Titus

Victoria → Nike

Vipsania Agrippina Maior, Nichte des → Augustus, Gattin des → Germanicus

Volumnia, Gattin des → Coriolanus

Vulcanus → Hephaistos

Wahlballât, Sohn der → Zenobia, Julia Aurelia

Xanthippe, Gattin des → Sokrates

Xanthippos, Vater des → Perikles

Xerxes → Artemisia I., → Leonidas, → Themistokles

Xiphares, Sohn des → Mithridates VI.

Xuthos → Ion

Zagreus → Orpheus

Zaleukos (soll im 7. Jh. v. Chr. gelebt haben), einer der legendären griechischen Gesetzgeber neben Lykurgos und Solon ⟨Aristot. Ath. pol. 2,12,1274a; Suda s. v.; Ail. var. 13,24 u. 2,37; Val. Max. 6,5 ext. 3⟩.
Zaleukos führte im 7. Jahrhundert v. Chr. bei den Lokrern eine strenge Rechtsordnung ein, die auch das neue Gesetz enthielt, daß derjenige, der sich des Ehebruchs schuldig mache, mit Blendung bestraft werden solle. Die Ausführung des Gesetzes wurde auf die Probe gestellt, als der Sohn des Zaleukos bei dieser Tat ertappt wurde. Der Vater ließ dem Jungen ein Auge ausstechen und opferte, damit er nicht völlig erblinde, eines seiner eigenen Augen.

Diodoros nennt Zaleukos nur einen strengen Gesetzgeber, v. a. im Hinblick auf die Sittlichkeit. Die Geschichte um den Sohn kennen wir durch Ailianos' Bericht in seiner *Varia Historia* (ca. 200 n. Chr.) und durch Valerius Maximus, der in dem Kapitel über die ›iustitia‹ die Angelegenheit als Beispiel einer strikten Einhaltung der eigenen Gesetze kurz erwähnt (wie auch die Geschichte von → Charondas).

Das Thema diente in Italien, den Niederlanden und Deutschland namentlich dazu, Machthaber zu ermahnen. Meistens wird die Blendung des Sohnes dargestellt: u. a. in Freskenzyklen von D. Beccafumi im Palazzo Bindi Sergardi (um 1525) und im Palazzo Pubblico in Siena (1529–35). Raffael kombinierte in der Stanza della Segnatura (1508–12) im Vatikan eine Zaleukos-Schilderung mit der Verurteilung und Steinigung der wollüstigen Greise, die Susanna im Bade beobachtet hatten, H. Holbein d. J. verband den Stoff in seiner verlorengegangenen Rathausdekoration in Basel (1521/22) mit einer Charondas-Darstellung. In der Sala d'Atilio Regolo des Palazzo del Tè in Mantua (1525–35; → Regulus) steht Zaleukos auf einem Fresko von G. Romano zwischen Personifikationen der Iustitia und der Caritas (Betonung seines edelmütigen Opfers). Ein unbekannter Künstler schuf im Artushof in Danzig (1568) einen Fries, auf dem Zaleukos mit dem Urteil des Salomo und dem des → Kambyses zu sehen ist. Im Gerichtssaal des Amsterdamer Rathauses befinden sich drei Reliefs von A. Quellinus (1650–64) mit dem Urteil des Salomo, der Blendung des Zaleukos und der Tötung der Söhne des → Brutus, L. I. Auf seinem Gemälde (1676) für das Schöffenzimmer des Haarlemer Rathauses ließ sich J. de Bray von Quellinus' Reliefs inspirieren.

In der Literatur spielt das Thema kaum eine Rolle. Im *Spieghelboeck* (1600) von J. Duym werden u. a. Zaleukos, Miltiades und → Kimon mit seiner Tochter Kimnoa als Beispiele für Gerechtigkeit und Liebe aufgeführt.

Zenobia (um 50 n. Chr.), armenische Königin ⟨Tac. ann 12,44,1 f. u. 51; Dio Cass. 58,26,3–4⟩.

Zenobia war die Frau des Rhadamistos, der in der Mitte des 1. Jahrhunderts n. Chr. seinen Onkel Mithridates, den armenischen König und Bundesgenossen der Römer, vom Thron vertrieb und ihn im Jahre 68 auf Befehl Kaiser Galbas ermordete. Rhadamistos seinerseits wurde von den Parthern vertrieben, die Tiridates auf den Thron setzten. Rhadamistos mußte 51 zusammen mit der schwangeren Zenobia fliehen. Tacitus erzählt in den *Annalen*, daß Zenobia mit den Fliehenden nicht mithalten konnte.

Weil sie nicht in die Hände der Verfolger fallen wollte, bat sie
ihren Mann, sie zu töten. Er erfüllte in der Not ihre Bitte, stach
sie nieder und warf sie in einen Fluß. Doch die Wunde war nicht
tödlich; Zenobia wurde ans Ufer gespült, wo sie von Hirten
gefunden wurde. Tacitus beendet seinen Bericht damit, daß sie
an den Hof des Tiridates geführt und dort wie eine Königin
behandelt worden sei.

N Die Auffindung der Zenobia am Flußufer kommt in der bildenden Kunst einige Male vor, z. B. auf Gemälden von N. Poussin
(1657–60, verschollen; Kopie in St. Petersburg, Eremitage) und
von W. Bouguereau (1850, Paris, École des Beaux-Arts).
Der Bericht des Tacitus wurde von W. Painter nacherzählt (*Palace of Pleasure*, 1567) und danach in der Theatergeschichte adaptiert, z. B. von Montauban (1653) und P. J. de Crébillon (1711).
Die Geschichte der Zenobia findet ihren musikalischen Niederschlag hauptsächlich in Opern von G. Legrenzi (Libr. von I.
Bentivoglio, 1665, Ferrara), T. Albinoni (Libr. von A. Marchi,
1694, Venedig), N. A. Strungk (1697, Leipzig), F. Feo (Libr.
von D. Lalli, 1713, Neapel), G. Reutter d. J. (Libr. von C. Pasquini, 1732, Wien) und P. Anfossi (Libr. von G. Sertor, 1789,
Venedig). Besonders populär war das Libretto von P. Metastasio
in den Vertonungen z. B. von L. A. Predieri (1740, Wien), D.
Perez (1751, Mailand), N. Piccinni (1756, Neapel), J. A. Hasse
(1761, Warschau), R. Traetta (1762, Rom), A. Tozzi (1773, München) und F. Bianchi (1797, London).

Zenobia, Iulia Aurelia, die spätere Septimia (3. Jh. n. Chr., reg.
267–271/2), Königin von Palmyra 〈H. A., vita Aureliani 22 ff.;
Zon. 12,27; Hier. chron. 274; Eutr. 9,13,2; Zos. 1,50–53, 55 u.
59〉.
Iulia war die Frau des Septimius Odaenathus aus Palmyra, der
auf Anweisung des römischen Kaisers Valerianus (253–260) als
Statthalter von Syrakus einen Puffer gegen die unter Sapor I.
vordringenden Sassaniden bilden sollte. Als ihr Mann im Jahre
269 oder 270 starb, übernahm Zenobia für ihren kleinen Sohn
Wahballât als Regentin die Macht. Während ihrer Herrschaft
konnte sie die Krisen, die das Römische Reich erschütterten,
ausnutzen und ihre Macht über einen großen Teil des Mittleren
Ostens einschließlich Ägyptens ausbreiten. Palmyra war nun die
schillernde Hauptstadt eines von Zenobia machtvoll beherrsch-

ten Reiches von Ankara bis weit nach Arabien. Die Römer ließen anfangs noch die Waffen ruhen, doch als Zenobia die Unabhängigkeit ihrer eroberten Gebiete proklamierte, zog der neue Kaiser Aurelianus (270–275) gegen sie zu Felde. Die Truppen der Zenobia unter der persönlichen Führung der Fürstin wurden 272 bei Antiochia geschlagen, und auch die Stadt Palmyra fiel. Zenobia soll auf einem Kamel in Richtung Euphrat geflohen sein. Die meisten Autoren berichten, daß Aurelianus der Königin, nachdem er sie 274 in seinem Triumphzug in Rom gekettet mitgeführt hatte, zugestand, auf einem Landgut bei Tivoli ein angemessenes, aufwendiges Leben weiterzuführen. Andere Quellen überliefern, daß sie und ihr Sohn den Tod fanden. Palmyra wurde nicht verwüstet, doch war die glorreiche Zeit vorbei.

Die wichtigste Quelle ist die nicht immer zuverlässige *Historia Augusta* aus dem 4. Jahrhundert, die Kaiser-Biographien aus dem 3. Jahrhundert von verschiedenen Autoren zusammenfaßt. Auch bei Eusebios und anderen Verfassern von Kompendien, wie Zonaras und Eutropius, finden wir wertvolle Angaben.

Seit dem Mittelalter steht Zenobia für eine Frau von besonderer ND Persönlichkeit, z. B. in F. Petrarcas *Trionfi* (1352 ff.), in G. Boccaccios *De claris mulieribus* (1356–64) und in W. Painters *Palace of Pleasure* (1566/67), wo wir einen fiktiven Briefwechsel zwischen ihr und Aurelianus vor der entscheidenden Schlacht lesen. G. Chaucer läßt in seinen *Canterbury Tales* (1386–1400) einen Mönch von ihr berichten, wobei sie neben anderen großen Helden und Fürsten steht, die ein schlechtes Ende ereilte: → Alexander, → Caesar und → Nero wurden ermordet, → Herakles und Samson fielen einer Frauenlist zum Opfer, Zenobia wird die Gefangene des Aurelianus. In späterer Zeit ist Zenobia ausschließlich eine gefürchtete Frau oder Repräsentantin einer dem Untergang bestimmten heidnischen Kultur, wie in den Dramen von u. a. P. Calderón (1635), Abbé d'Aubignac (1647), A. Bogaert (1743) und A. von Wilbrandt (1879).

In der Musikgeschichte kommt Zenobia einige Male im 18. und NM 19. Jahrhundert vor: Ein Textbuch von A. Zeno/P. Pariati vertonten F. Chelleri (1711, Mailand) und L. Leo (1725, Neapel). Später folgte die Oper von G. Rossini (*Aureliano in Palmira*, Libr. von F. Romani, 1813, Mailand).

In der bildenden Kunst der Neuzeit ist sie auf Brüsseler Teppi- NK chen (16./17. Jh.) zu sehen, manchmal in Reihen berühmter

Frauen. In diesem Kontext kommt sie auch auf einem Gemälde von A. Paillet (1673, Versailles; → Rhodogune) vor, das sie während der Schlacht mit Aurelianus zeigt. Den Triumph des römischen Herrschers mit der gefangenen Zenobia schildern J. Ripanda auf einem Fresko für den Konservatorenpalast in Rom (1503–13) und A. Celesti auf einem Fresko in der Villa Rinaldi Barbini in Asolo (um 1707). Zwei Gemälde von G. B. Tiepolo (um 1730; Zenobia ermuntert ihre Truppen und Zenobia wird von Aurelianus gefangen genommen) gehörten wohl zur Ausstattung der Ca' Zenobia in Venedig.

Englische Kaufleute entdeckten Mitte des 17. Jahrhunderts das geheimnisvolle Palmyra, das eine günstig gelegene Oase zwischen Damaskus und dem Euphrat war. Infolgedessen entstanden u. a. eine Vedute von G. Hofstede (1693, Amsterdam, Pierson M.) und die wichtigen Bücher mit Illustrationen von J. Wood und Dawkins (*The Ruins of Palmyra* 1753). Der Besuch dieser beiden wurde von G. Hamilton auf einem Gemälde (1758, London, Royal Acad.) festgehalten. Lady Hester Stanford Hope besuchte im Jahre 1813 Palmyra und träumte von der Gründung eines neuen Reiches, das sie als neue Zenobia beherrschen würde.

Shapley 1974

Zephyros → Apollon, Flora

Zetes und Kalais → Harpyien

Zethos → Amphion und Zethos

Zeus, Herrscher der olympischen Götter, Sohn von Kronos und Rheia, von den Römern Iupiter genannt.

Ursprünglich soll Zeus ein Wettergott gewesen sein, der v. a. für Regen, Sturm, Blitz und Donner verantwortlich war.

Da → Kronos alle seine Kinder aus Angst, von ihnen entmachtet zu werden, verschlungen hatte, brachte Gaia Zeus gleich nach dessen Geburt durch eine List in Sicherheit und ließ ihn auf dem Berg Ida (Kreta) unter der Obhut von Nymphen und Kureten aufwachsen. Die Kureten, Halbgötter aus Aitolien, tanzten und verursachten mit ihren Waffen Lärm, damit Zeus das Geschrei des Kindes nicht hören konnte. Genährt wurde es von der Ziege (oder Nymphe) Amaltheia. Zeus brach ihr nach Ovids *Fasti* ein

Horn ab, aus dem wunderbarer Nektar, Ambrosia und nach Belieben die Früchte der Erde flossen: das ›cornu copiae‹, Füllhorn des Überflusses. Als die Ziege starb, spannte Zeus ihr Fell auf seinen Schild.

Später empfing der Gott von Metis ein Mittel, mit dem er Kronos dazu bringen konnte, seine Geschwister wieder auszuspukken. Im folgenden Kampf, der Titanomachie (→ Titanen), erhielt er von den → Kyklopen Unterstützung und konnte Kronos nach zehn Jahren besiegen. Anschließend verteilten Zeus, Poseidon und Hades die Macht unter sich. Zeus, der auf dem Olympos thronte, war der Gott des Lichts (seine Blitze waren ein Geschenk der Kyklopen), des Himmels und der Berggipfel. Homer nannte ihn den ›Vater der Götter und Menschen‹. Obwohl Zeus als der mächtigste Gott galt, war auch er manchmal den Bestimmungen des Schicksals unterworfen. In der *Ilias* konnte er das Geschick von → Hektor und Achilleus nicht entscheiden, sondern nur abwägen. In diesem Epos blieb Zeus im Streit zwischen Griechen und Trojanern unparteiisch und beaufsichtigte das Eingreifen der anderen olympischen Götter.

Im Gegensatz zu den meisten von ihnen wurde er nicht mit einer bestimmten Landschaft oder Stadt verbunden, obwohl ihm wichtige Heiligtümer in Olympia, Dodona und Kreta geweiht waren. Die zahlreichen Beinamen zeugen von seinen weitläufigen Aufgaben. Er wurde außerdem mit fremden Göttern assoziiert, z. B. mit dem ägyptischen Ammon, mit Sabazios und Sarapis.

Zeus hatte viele Liebesbeziehungen und Kinder. Mit Metis zeugte er seine älteste Tochter → Athena. Erst nach einiger Zeit schloß er mit seiner Schwester Hera auf dem Berg Ida eine heilige Ehe (›hieros gamos‹). Aus dieser Ehe wurden Ares, Eileithyia und in manchen Überlieferungen auch Hephaistos geboren. Themis gebar ihm die Horen und Moiren, mit Leto zeugte er Apollon und Artemis und mit Demeter Persephone. Zu den sterblichen Frauen, mit denen er ein Verhältnis hatte, gehörten u. a. die Nykteus-Tochter Antiope, Kallisto, Danaë, Alkmene (die Mutter von Herakles), Io, Leda (die Mutter der Dioskuren und Helenas) und Semele (die Mutter von Dionysos). Diese häufigen Liebesbeziehungen galten ursprünglich nicht als sittenlos, sondern waren ein Zeichen von Zeus' großer Naturkraft, die in seinen sterblichen und unsterblichen Kindern weiterlebte. Die zahlreichen Verwandlungen seiner Gestalt (z. B. als Stier bei Europa, als Schwan bei Leda, als Satyr bei Antiope) verweisen auf ein archaisches Naturverständnis bzw. auf Kultformen (z. B. der

Stierkult auf Kreta). In späterer Zeit wurden die Verwandlungen in allegorischer Weise gedeutet (z. B. der goldene Regen, von dem → Danaë geschwängert wurde, als himmlischer Reichtum) oder allzu menschlich ironisiert, so daß Zeus zu einem Wüstling wurde und Hera zur eifersüchtigen Gattin. Mit dem Hirten → Ganymedes hatte Zeus ein homoerotisches Verhältnis.

In allen literarischen Werken der Antike mit mythologischem Inhalt wird Zeus erwähnt, wobei er aber selten eine Hauptrolle spielt. Ist er bei Hesiodos und → Solon der Garant für Ordnung und wird er im *Agamemnon* des Aischylos als oberster Gott angebetet, so kommen bei Euripides schon Zweifel an seiner Macht auf. Von dem Stoiker Kleanthes (ca. 300 v. Chr.) stammt ein Hymnos an Zeus, etwas später wird er von Kallimachos in einer Hymnensammlung besungen. Im 2. Jahrhundert n. Chr. wird von Lukianos in komischen Schilderungen gezeigt, wie Zeus seine Herrschaft auf dem Olympos und der Erde nur mit knapper Not ausübt.

Schon in den ältesten Darstellungen der Antike wird Zeus als Krieger mit Lanze und Blitz stehend oder gehend, mit Vollbart und dichtem Haar gezeigt. Dieses Erscheinungsbild bleibt lange üblich, wie zahlreiche Votivtafeln in Olympia aus dem 5. Jahrhundert v. Chr., das überlebensgroße, bronzene Zeus-Standbild von Kap Artemision (um 460 v. Chr., Athen, M.), das auch als Poseidon gedeutet wurde, und die Bronzestatuette des Zeus von Dodona (um 460 v. Chr., Berlin, Antikenslg.) belegen. Der Gott ist außerdem als Fürst in reichem Gewand, auf einem Thron sitzend, in Gottesdarstellungen und bei der Hochzeit von Peleus und Thetis auf der François-Vase (um 570 v. Chr., Florenz, M. Arch.) zu sehen. Fast immer trägt er einen Bart und hält ein Zepter oder den Blitz in der Hand. Der ihm geweihte Vogel, der Adler, sitzt ihm häufig zu Füßen. In mythologischen Szenen tritt er selten als Helfer der Helden auf.

Im 7. Jahrhundert v. Chr. werden sein Verhältnis mit Europa und die Hierogameia abgebildet, im 6. Jahrhundert v. Chr. die Geburt der Athena und die Gigantomachie. Der berühmte Zeus des Pheidias, das Kultstandbild aus Elfenbein und Gold im Tempel von Olympia (Mitte 5. Jh. v. Chr.), ist nur durch Abbildungen auf Münzen und durch kleine Repliken bekannt. Zahlreiche Statuen mit einem sitzenden Zeus aus dem 4. Jahrhundert v. Chr. folgen diesem Typus.

NK In der bildenden Kunst der Neuzeit ist Zeus in eigener oder verwandelter Gestalt im Zusammenhang mit seinen Liebesverhältnissen, v. a. mit → Leda, → Danaë, → Europa, → Kallisto und → Ganymedes, zu finden, z. B. auf einem Gemäldezyklus von C.-J. Natoire (um 1721, Troyes, M.). Angebliche Abbildungen von Zeus und Antiope beinhalten häufig ein anderes Thema (→ Satyrn und Silenen). Die Liebesszenen werden seit dem 16. Jahrhundert ausgesprochen erotisch dargestellt: z. B. auf einem Fresko von B. Peruzzi (1511/12) in der Villa Farnesina in Rom, auf einem Gemälde von P. Veronese (um 1561–63, Boston, M.; mit Aphrodite) und in einigen Werken von B. Spranger (Ende 16. Jh.) für den Hof König Rudolfs II. in Prag. Ebenfalls für die Familie Gonzaga schuf G. Romano eine Gemäldereihe (um 1533, heute zum Teil in London, Hampton Court und Nat. G.), in der als Versinnbildlichung der Herrschaft der Gonzaga-Dynastien Zeus' Kindheit und die seiner göttlichen Nachkommen gezeigt wird. Von Altichiero stammt eine Kaiserserie für die Loggia von Cansignorio im Palazzo Scaligero (um 1364, Verona; jetzt Verona, M. degli affreschi). Sie geht auf Giovanni de Matociis (ca. 1320, *Historiae Imperiales*) zurück und gilt als älteste Serie mit Themen, die ein antiquarisches Interesse in Italien zeigen (eine weitere schuf D. Ghirlandaio, 1482, Florenz, Sala dei gigli im Pal. Vecchio). Als Vorlagen wurden antike Münzen benutzt. Die Kindheit des Himmelsherrschers hielten z. B. auch C. Berchem (1648, Den Haag, Mauritsh.; um 1650, London, Wallace C. und Atlanta, M.), J. Jordaens (um 1630–35, Paris, Louvre), J. von Sandrart (o. J., Nürnberg, Nationalm.) und L. Corinth (1905–06, Gemälde und Skizze, Bremen, Kunsth.) auf Gemälden fest. Als Personifikation der Oberherrschaft ist Zeus in Dekorationen zahlreicher öffentlicher Gebäude und Paläste zu finden: z. B. auf einem Deckengemälde von P. Veronese für den Dogenpalast in Venedig (um 1553/54, heute Paris, Louvre), auf einem Fresko von R. Fiorentino (1535–40) im Schloß Fontainebleau, auf dem die Erleuchtung von König François I. beim Betreten des Zeustempels dargestellt ist, sowie auf einem Fresko von P. da Cortona (1642–46) im Palazzo Pitti in Florenz, auf dem Cosimo I. de' Medici von Nike und Herkules Zeus vorgeführt wird. Weiterhin erscheint er in Szenen der Vergöttlichung des → Herakles, der Hochzeit von → Peleus und Thetis und der von → Psyche und Eros.

Zeus porträtierten in der Malerei z. B. T. di Bartolo (um 1414, Fresko, Siena, Pal. Pubblico; mit Blitzen), Primaticcio (1551–56, Fresko, Schloß Fontainebleau; mit Blitzen), Guercino (1614, Fresko, Cento, Casa Provenzale), G. B. Tiepolo (1757, Fresko, Vicenza, Villa Valmarana) und H. Thoma (1907, Gemälde,

Karlsruhe, Kunsth.) sowie in der Bildhauerei u. a. A. di Duccio (1454–57, Marmorrelief, Rimini, Tempio Malatestiano), B. Cellini (1546–53, Bronzestatuette, Florenz, M. Naz.), B. Ammanati (um 1550, Skulptur, Padua, Pal. Mantova Benavides), Giambologna (nach 1560, Marmorbüste, Florenz, Boboli Garten) und B. Permoser (um 1690–95, Elfenbeinskulptur, Dresden, Grünes Gewölbe; auf einem Adler sitzend).

ND Im Theater des Barock ist Zeus eine Standardfigur, die auf einer Gewitterwolke reitet oder auf einem Adler sitzt. Er wird nur in den genannten Liebesbeziehungen als Hauptperson eingeführt. Überlegungen über die Befreiung der Menschen von seiner Herrschaft kommen im Zusammenhang mit dem aufständischen → Prometheus zum Ausdruck. In Hölderlins Ode *Natur und Kunst oder Saturn und Iupiter* (vor 1801) steht Zeus/Iupiter als Prinzip von Kunst, von Ordnung und Gesetz seinem Vater Kronos/Saturn als dem verborgenen Urgrund gegenüber.

NM Am Beginn der musikalischen Rezeption stehen Madrigale von A. und G. Gabrieli (vor 1586 und 1587). In einigen Balletten des Barock hatte Iupiter immer wieder seine Auftritte, z. B. bei P. Beauchamps (*Ballet des arts*, 1685, Paris) oder J.-J. Mouret (*Les amours des dieux*, 1727, Paris). Später sind die Bühnenwerke über Zeus/Iupiter meist der komischen Sparte zuzuordnen, z. B. von J.-P. Rameau (›comédie lyrique‹, Libr. von J. Autreau/A. J. Le Valois d'Orville, 1745, Versailles), T. N. Nidecki (1833, Wien), I. Schuster (1835, Wien), A. Sullivan (Libr. von W. S. Gilbert, 1881, London) und A. Franchetti/U. Giordano (Libr. von L. Illica/Æ. Romagnoli, 1921, Rom). Eine Serenade stammt von C. Ditters von Dittersdorf (1774, Johannesburg); Kantaten schrieben G. Sarti (vor 1802) und G. Puccini (Mailand, 1897). Hymnen an Zeus komponierten E. Istel (vor 1948) und E. G. Klussmann (1954).

Die Geburt des Iupiter war Thema eines Librettos von P. Metastasio, das mehrmals vertont wurde, darunter von G. Bonno (1740, Wien), J. A. Hasse (1749, Hubertusburg), J. Friebert (um 1764, Passau) und A. Lucchesi (1772, Bonn).

Die Opern von L. Vinci (1726, Neapel) und J. A. Hasse (Libr. von S. B. Pallavicino, 1737, Dresden) schildern die Geschichte von der Werbung des Zeus um Asteria, einer Schwester der → Leto.

Arafat 1990; Cook 1914–40; Godfrey 1951–52; Knell 1965; Krause 1983; Verheyen 1966

Bibliographie

Abma, E., 1949. Sokrates in der deutschen Literatur. Nijmegen

Abrams, A. U., 1985. The Valiant Hero. Benjamin West and Grand-Style History Painting. Washington

Adhémar, J., 1939. Influences antiques dans l'art du Moyen Age français. Recherches sur les sources et les thèmes de l'inspiration. (Studies of the Warburg Institute 7) London

Adler, H. (Hg.), 1930. Handbuch der Musikgeschichte. 2. Aufl., 3 Bde. Berlin (Reprint München 1975)

Aichholzer, P., 1983. Darstellungen römischer Sagen. Diss. Wien

Alazard, J., 1963. Engouement pour les sujets historiques et pour les thèmes exotiques. Eugène Delacroix après la Mort de Sardanapalos. In: Scritti di storia dell'arte in onore di Mario Salmi III, Rom, S. 457–65

Albert, W.-D., 1979. Darstellungen des Eros in Unteritalien. Amsterdam

Albouy, P., 1969. Mythes et mythologies dans la littérature française. Paris

Alewyn, R./K. Sälzle, 1959. Das große Welttheater. Die Epoche der höfischen Feste in Dokument und Deutung. Hamburg

Alexander 1976. Alexandre le Grand. Image et réalité. Genf

Alexander 1978. Alexander the Great in the Middle Ages. Ten Studies on the last days of Alexander in Literary and Historical Writing. Nijmegen

Allégorie 1986. L'Allégorie dans la peinture. La représentation de la charité au XVIIe siècle. Cat. Musée des Beaux-Arts, Caen

Allen, D. C., 1970. Mysteriously Meant. The Rediscovery of Pagan Symbolism and Allegorical Interpretation in the Renaisance. Baltimore/London

Alpers, S., 1967. Manner and Meaning in some Rubens Mythologies. In: Journal of the Warburg and Courtauld Institutes 30, S. 272–95

Althaus, H., 1968. Laokoon. Stoff und Form. Bern/München

Andrae, A., 1890. Sophonisbe in der französischen Tragödie mit Berücksichtigung der Sophonisbebearbeitungen in anderen Literaturen. Opeln

Andreae, B., 1984. Odysseus. Archäologie des europäischen Menschenbildes. Frankfurt/M.

Andreae, B., 1987. Plinius und der Laokoon. Mainz

Andreae, B., 1988. Laokoon und die Gründung Roms. Mainz

Andreae, B., 1994. Praetorium Speluncae. Tiberius und Ovid in Sperlonga. Mainz/Stuttgart

Antal, F., 1966. Classicism and Romanticism with other Studies in Art History. London

Anton, H., 1967. Der Raub der Proserpina. Literarische Traditionen eines erotischen Sinnbildes und mythischen Symbols. Heidelberg

Arafat, K. W., 1990. Classical Zeus. Oxford

Aske, M., 1985. Keats and Hellenism. An Essay. Cambridge

Askew, P., 1956. Perino del Vaga's decorations for the Palazzo Doria. In: Burlington Magazine 98, S. 46–53

Atallah, W., 1966. Adonis dans la littérature et l'art grecs. Paris

Athanassoglou, N.-M., 1981. Under the Sign of Leonidas: The Political and Ideological Fortune of David's Leonidas and the Thermopylae under the Restoration. In: Art Bulletin 63, S. 633–49

Augustus 1988. Kaiser Augustus und die verlorene Republik. Kat. Martin-Gropius-Bau, Berlin 1986

Aulotte, R., 1965. Amyot et Plutarque. La tradition des ›Moralia‹ au XVIe siècle. Genf/Paris

Avery, C., 1971. The Bull of Perillus – a Relief attributed to Giovanni Caccini. In: Museum Studies – The Art Institute of Chicago 6, S. 22–33

Axelrad, A. J., 1956. Le thème de Sophonisbe dans les Principales Tragédies de la Littérature Occidentale. Lille

Backès, J.-L., 1984. Le Mythe d'Hélène. Clermont-Ferrand

Bätschmann, O., 1986. Das Historienbild als ›Tableau‹ des Konflikts: Jacques-Louis Davids ›Brutus‹ von 1789. In: Wiener Jahrbuch für Kunstgeschichte 39, S. 145–62

Baldini, A., u.a., 1950. Dizionario letterario Bompiani delle opere e dei personaggi di tutti i tempi e di tutte le letterature. Bd. 8: Personaggi. Mailand

Balet, L., 1936. Die Verbürgerlichung der deutschen Kunst, Literatur und Musik im 18. Jahrhundert. Straßburg

Bardon, F., 1963. Diane de Poitiers et le mythe de Diane. Paris

Bardon, F., 1974. Le portrait mythologique à la cour de France sous Henri IV et Louis XIII. Mythologie et politique. Paris

Bardon, H., 1950. L'Enéide et l'art, 16ième–18ième. In: Gazette des Beaux-Arts 37.2, S. 77–98

Bardon, H., 1960. Le Festin des Dieux. Essai sur l'humanisme dans lesarts plastiques. Paris

Bardon, H., 1963. Les peintures à sujets antiques au XVIIIe siècle d'après les livrets de Salons. In: Gazette des Beaux-Arts 61, S. 217–50

Barnard, L., 1986. The Gods Made Flesh. Metamorphosis and the Pursuit of Paganism. New Haven/London

Barnard, M. E., 1975. The Myth of Apollo and Daphne: some Medieval and Renaissance Versions of the Ovidian Tale. Diss. Michigan

Baron, H., 1966. The Crisis of the Early Italian Renaissance. Civic Humanism and Republican Liberty in an Age of Classicism and Tyranny. Princeton

Bartelink, G. J. M., 1980. Een middeleeuwse Trajanuslegende. In: Kleio 10, S. 36–46

Bartels, K., 1989. Veni Vidi Vici. Geflügelte Worte aus dem griechischen und lateinischen. Zürich/München

Bauchhenss-Thüriedl, C., 1971. Der Mythos von Telephos in der antiken bildenden Kunst. Würzburg

Baudoin, F., 1977. Rubens en de antieke kunst. In: Hermeneus 49, S. 158–75

Becatti, G., 1971. Ninfe e divinità marine. Rom

Becher, I., 1966. Das Bild der Kleopatra in der griechischen und lateinischen Literatur. Berlin

Beck, A. C. M., 1936. Genien und Niken als Engel in der altchristlichen Kunst. Diss. Gießen

Beck, J., 1984. Ares in Vasenmalerei, Relief und Rundplastik. Frankfurt/M.

Beckel, G., 1961. Götterbeistand in der Bildüberlieferung griechischer Heldensagen. Waldsassen

Bedocchi Melucci, A., 1988. I ritratti ‹all’antica‹ nei portali genovesi del XV e XVI secolo. In: Rivista di archeologia 12, 63–88

Bell, R. E., 1982. Dictionary of Classical Mythology. Symbols, Attributes & Associations. Santa Barbara/London

Beller, M., 1967. Philemon und Baucis in der europäischen Literatur. Heidelberg

Bellonzi, F., 1967. La pittura di storia dell'800 italiano. Mailand

Benuell, G./A. Waugh, 1962. Töchter des Meeres. Von Nixen, Nereiden, Sirenen und Tritonen. Hamburg

Béranger, J., 1956. De Sénèque à Corneille. Lueurs sur Cinna. In: Hommages à Max Niedermann, Brüssel, S. 52–70

Bérard, C., 1974. Anodoi. Essai sur l'imagerie des passages chthoniennes. Rom

Berger, R. W., 1979. Rubens' ›Queen Tomyris with the head of Cyrus‹. In: Bulletin of the Museum of Fine Arts Boston 77, S. 4–35

Bernardo, A. S., 1962. Petrarca, Scipio and the ›Africa‹. The Birth of Humanism's Dream. Baltimore

Bertram, F., 1906. Die Timonlegende. Eine Entwicklungsgeschichte des Misanthropentypus in der antiken Literatur. Diss. Heidelberg

Bezold, F. von, 1922. Das Fortleben der antiken Götter im mittelalterlichen Humanismus. Bonn

Bieber, M., 1961. History of the Greek and Roman Theatre. 2. Aufl. Princeton

Bieber, M., 1967. Laocoon. The Influence of the Group since its Rediscovery. Detroit

Binder, G., 1964. Die Aussetzung der Königskinder. Kyros und Romulus. Meisenheim am Glan

Biscontin, J., 1980. Il fregio del Pordenone in Santa Maria di Campagna a Piacenza. In: Prospettiva 20, S. 58–69

Blanckenhagen, P. H. von, 1968. Daedalus and Icarus on Pompeian Walls. In: Mitteilungen des Deutschen Archäologischen Instituts, Römische Abteilung, 75, S. 106–43

Blankert, A., 1967. Heraclitus en Democritus. In: Nederlands Kunst-historisch Jaarboek 18, S. 31–124

Blankert, A., 1975. Kunst als regeringszaak in Amsterdam in de 17e eeuw. Rondom schilderijen van Ferdinand Bol. Lochem

Blok, J. H., 1994. The Early Amazons: Modern and Ancient Perspectives on a Persistent Myth. Leiden

Blühm, A., 1988. Die Ikonographie eines Künstlermythos zwischen 1500 und 1900. Frankfurt/M./Bern/New York/Paris

Blum, I., 1936. Die Bedeutung der Antike für das Werk des Andrea Mantegna. Straßburg

Bober, P. P./R. O. Rubinstein, 1986. Renaissance Artists and Antique Sculpture. London

Böcker-Dursch, H., 1973. Zyklen berühmter Männer in der bildenden Kunst Italiens – ›Neuf Preux‹ und ›Uomini illustri‹. Diss. München

Börsch-Supan, H. (Hg.), 1971. Die Kataloge der Berliner Akademie-Ausstellungen 1786–1850. 3 Bde. Berlin

Boesch, P., 1951. ›Kaiser Trajan und die Witwe‹ auf schweizerischen Glasgemälden. In: Zeitschrift für schweizerische Archäologie und Kunstgeschichte 12, S. 218–20

Boime, A., 1980. Marmontel's Belisaire and the prerevolutionary progressivism of David. In: Art History 3, S. 81–101

Boitani, P. (Hg.), 1989. The European Tragedy of Troilus. Oxford

Boitani, P., 1993. The Shadow of Ulysses. Figures of a Myth. Oxford

Bolgar, R. R., 1954. The Classical Heritage and its Benificiaries. Cambridge

Bonnefoy, Y. (Hg.), 1981. Dictionnaire des mythologies et des religions des sociétés traditionelles et du monde antique. 2 Bde. Paris

Bono, B. J., 1984. Literary Transvaluation. From Vergilian Epic to Shakespearean Tragicomedy. Berkely LA/London

Borgeaud, P., 1979. Recherches sur le Dieu Pan. Rom

Borst, J., 1927. Hannibal in der deutschen Dichtung. In: Wiener Blätter für die Freunde der Antike 4

Boschloo, A. W. A., 1982. De Aeneïs in de Italiaanse wandschilderkunst van de 16e eeuw: drie frescocycli in Emilia. In: Hermeneus 54, S. 180–87

Bossuyt, I., 1981–85. Recente opnamen van muzikale werken die gebaseerd zijn op onderwerpen uit de klassieke oudheid. In: Kleio 10 (1980), S. 142–44; 11 (1981), S. 139–42; 12 (1982), S. 134–38; 15 (1985), S. 87–97

Bothmer, D. von, 1957. Amazons in Greek Art. Oxford

Brandt, H., 1988. König Numa in der Spätantike. In: Museum Helveticum 45, S. 98–110

Breitenbach, E., 1930. Speculum humanae salvationis, eine typengeschichtliche Untersuchung. Straßburg

Breitenstein, J., 1976. Le Tiberius de Carsten Hauch. Sources anciennes d'un drame danois. In: Studia romana in honorem P. Krarup Septagenarii, Odense, S. 226–34

Bremmer, J., 1987. Adonis en de Adonia. In: Hermeneus 59, S. 180–87

Bremond, C./J. Le Goff/J.-C. Schmitt, 1982. L'›Exemplum‹. In: Typologie des sources du Moyen Age 40, Löwen, S. 1–161

Brisson, L., 1976. Le mythe de Tirésias. Essai d'analyse structurale. Leiden

Brommer, F., 1937. Satyroi. München

Brommer, F., 1953. Herakles. Die zwölf Taten des Helden in antiker Kunst und Literatur. Münster/Köln

Brommer, F., 1971–76. Denkmälerlisten zur griechischen Heldensage. 4 Bde. Marburg

Brommer, F., 1973a. Vasenlisten zur griechischen Heldensage. Marburg

Brommer, F., 1973b. Der Gott Vulkan auf provinzialrömischen Reliefs. Köln/Wien

Brommer, F., 1978. Hephaistos, der Schmiedegott in der antiken Kunst. Mainz

Brommer, F., 1982. Theseus. Die Taten des griechischen Helden in der antiken Kunst und Literatur. Darmstadt

Brommer, F., 1983. Odysseus. Die Taten und Leiden des Helden in antiker Kunst und Literatur. Darmstadt

Brommer, F., 1984. Herakles. II. Die unkanonischen Taten des Helden. Darmstadt

Broos, B. P. J., 1975/76. Rembrandt and Lastman's Coriolanus: the history piece in 17th-century theory and practice. In: Simiolus 8, S. 199–228

Brower, R. A., 1947. Seven Agamemnons. In: Journal of the History of Ideas 8

Bruener, G., 1984. Der Dezius-Mus-Gemäldezyklus von Peter Paul Rubens. Graz

Bruin, T. L. de, 1965. Die Rache Tomyris'. In: Das Münster 18, S. 187–91

Brummer, H. H./T. Janson, 1976. Art, Literature and Politics. An Episode in the Roman Renaissance. In: Konsthistorisk Tidskrift 45, S. 79–93

Brunnsåker, S., 1971. The Tyrant-Slayers of Kritias and Nesiotes. 2. Aufl. Stockholm

Bruns, G., 1929. Die Jägerin Artemis. Studien über den Ursprung ihrer Darstellung. München

Bryson, N., 1984. Tradition and Desire. From David to Delacroix. Cambridge

Buchbinder-Green, B., 1976. The Painted Decorations of the Town Hall of Amsterdam. Ann Arbor

Buchthal, H., 1971. Historia Troiana. Studies in the History of Mediaeval Secular Illustration. London/Leiden

Buck, A., 1961. Der Orpheus-Mythos in der italienischen Renaissance. (Schriften und Vorträge des Petrarca-Instituts Köln XV) Krefeld

Buck, A., 1976. Die Rezeption der Antike in den romanischen Literaturen der Renaissance. Berlin

Büttner, F., 1980. Peter Cornelius. Fresken und Freskenprojekte, I. Wiesbaden

Bullen, J. B. (Hg.), 1989. The Sun is God. Painting, Literature and Mythology in the Nineteenth Century. Oxford

Bullough, G., 1964. Narrative and Dramatic Sources of Shakespeare, 5. The Roman Plays: Julius Caesar, Antony and Cleopatra, Coriolanus. London/New York

Bullough, G., 1966. Narrative and Dramatic Sources of Shakespeare, 6. Titus Andronicus, Troilus and Cressida, Timon of Athens, Pericles, Prince of Tyre. London/New York

Bulst, W. A., 1975. Der ›Italienische Saal‹ der Landshüter Stadtresidenz und sein Darstellungsprogramm. In: Münchener Jahrbuch der bildenden Kunst 3. Reihe 26, S. 123–76

Burian, J. M., 1950. A Study of Twentieth-Century Adaptations of the Greek Atreidae Dramas. Diss. Cornell Univ.

Busch, J., 1951. Das Geschlecht der Atriden in Mykene. Eine Stoffgeschichte der dramatischen Bearbeitungen in der Weltliteratur. Diss. Göttingen

Bush, D., 1937. Mythology and the Romantic Tradition in English Poetry. Cambridge, Mass.

Bush, D., 1957. Mythology and the Renaissance Tradition in English Poetry. New York

Bush, D., 1968. Pagan Myth and Christian Tradition in English Poetry. Philadelphia 1968

Butler, E. M., 1938. Alkestis in modern dress. In: Journal of the Warburg Institute 1, S. 46–60

Cairola, A./E. Carli, 1962. Il Palazzo Pubblico di Siena. Siena

Calza, G., 1939. Die Taverne der Sieben Weisen in Ostia. In: Die Antike 15, S. 99–115

Carpenter, T. H., 1990. Dionysian Imagery in Archaic Greek Art. Oxford

Carr, J. L., 1960. Pygmalion and the ›Philosophes‹. The Animated Statue in 18th-century France. In: Journal of the Warburg and Courtauld Institutes 23, S. 239–55

Carrara, E., 1992. Mitologia antica in un trattato didatticoallegorico della fine dal Medioevo: l'›Epistre d'Othéa‹ di Christine de Pizan, Prospettiva 66, S. 67–86

Cary, G., 1956. The medieval Alexander. Cambridge

Cast, D., 1973. Lucianic and pseudo-Lucianic themes in the Renaissance: a study in Renaissance Humanism. Ann Arbor (Diss. Columbia University 1970)

Cast, D., 1981. The Calumny of Apelles. A Study in the Humanist Tradition. New Haven/London

Castores 1994. L'immagine dei Dioscuri a Roma, hg. von L. Neista. Rom

Chapeaurouge, D. de, 1960a. Selbstmorddarstellungen des Mittelalters. In: Zeitschrift des Deutschen Vereins für Kunstwissenschaft 14, S. 135–46

Chapeaurouge, D. de, 1960b. Die deutsche Geschichtsmalerei von 1800 bis 1850 und ihre politische Signifikanz. In: Zeitschrift des Deutschen Vereins für Kunstwissenschaft 31, S. 115–42

Chapouthier, R., 1935. Les Dioscures au service d'une déesse. Paris

Chastel, A., 1946. Le mythe de Saturne dans la renaissance italienne. In: Phoebus 1, S. 125–34

Chastel, A., 1959. Art et humanisme à Florence au temps de Laurent le Magnifique. Paris

Chastel, A., 1975. Marsile Ficin et l'art. Genf

Chenault, J., 1971. Ribera, Ovid and Marino: Death of Adonis. In: Paragone 22, Nr. 259, S. 68–77

Chevallier, R. (Hg.), 1985. Présence de César. Paris

Christopolis-Mortoia, H., 1964. Darstellungen des Dionysos in der schwarzfigurigen Vasenmalerei. Berlin

Clairmont, C. W., 1951. Das Parisurteil in der antiken Kunst. Zürich

Clairmont, C. W., 1966. Die Bildnisse des Antinous. Ein Beitrag zur Porträtplastik unter Kaiser Hadrian. Rom

Clark, K., 1955. Transformations of Nereids in the Renaissance. In: Burlington Magazine 97, S. 214–17

Clark, K., 1956. The Nude. A study of ideal art. London

Clark, K., 1973. The Romantic Rebellion. Romantic versus Classical Art. London

Clarke, M. L., 1981. The Noblest Roman. Marcus Brutus and His Reputation. London

Cohen, A. E., 1941. De visie op Troje van de westerse middeleeuwse geschiedschrijvers tot 1160. Assen

Combert-Farnoux, B., 1980. Mercure Romain. Le culte public de Mercure et la fonction mercantile à Rome de la république archaïque à l'époque augustéenne. Rom

Comparetti, D., 1896. Virgilio nel Medioevo. Florenz

Conisbee, P., 1981. Painting in Eighteenth-Century France. Ithaca NY/Oxford

Connoly jr., J. L., 1974. Ingres Studies: Antiochus and Stratonice. Diss. Pennsylvania University

Constans, L., 1881. La légende d'Oedipe, etudiée dans l'antiquité, au moyen âge et dans les temps modernes. Paris

Cook, A. B., 1914–40. Zeus. 3 Bde. Cambridge

Crick-Kuntzinger, M., 1938. Notes sur les tapisseries de l'Historie d'Alexandre du Palais Doria. In: Bulletin de l'Institut Historique Belge de Rome 19, 273–76

Crow, T. E., 1978. The Oath of the Horatii in 1785. Painting and Pre-Revolutionary Radicalism in France. In: Art History I, 425–71

Crow, T. E., 1985. Painters and Public Life in Eighteenth-Century Paris. New Haven/London

Cumont, F., 1942. Recherches sur le symbolisme funéraire des Romains. Paris

Czobor, A., 1967. An oil sketch by Cornelis de Vos. In: Burlington Magazine 109, S. 351–55

720 Bibliographie

Dacos, N., 1962. Ghirlandaio et l'antique. In: Bulletin de l'Institut Historique Belge de Rome 34, S. 419–49

Dacos, N., 1969. La découverte de la Domus Aurea et la formation des grotesques à la Renaissance. London/Leiden

Dacos, N., 1979. Arte italiana e arte antica. In: Storia dell'arte italiana I.3, Turin, S. 3–68

Daltrop, G., 1966. Die Kalydonische Jagd in der Antike. Hamburg/ München

D'Ambra, E., 1993. Private Lives, Imperial Virtues. The Frieze of the Forum Transitorium in Rome. Princeton

D'Ancona, P., 1923. L'uomo e le sue opere nelle figurazioni italiane del medioevo (miti, allegorie, leggende). Florenz

D'Andria, F./T. Ritti, 1985. Hierapolis. II. Le sculture del teatro: i rilievi con i cicli di Apollo e Artemide. Rom

D'Astier de la Vigerie, E. R., 1907. La belle tapisserie du roy (1532–1797) et les tentures de Scipion l'Africain. Paris

David 1974/75. De David à Delacroix. La peinture française de 1774 à 1830. Cat. Grand Palais Paris (= Engl. Ausg. Detroit/New York)

Davidson Reid, J., 1993. The Oxford Guide to Classical Mythology in the Arts 1300–1990s. Oxford

Davies, M. I., 1971. Studies in the Early Tradition of the Oresteia Legend in Art and Literature with Related Studies of the Suicide of Ajax. Diss. Princeton

Davreux, J., 1942. La légende de la prophétesse Cassandre. Paris

Deel, T. van, 1982. Poëzie en beeldende kunst, I. De val van Icarus'. In: De Revisor, Nr. 1, S. 50–58; Nr. 2, S. 49

Delmas, C., 1985. Mythologie et mythe dans le théâtre français (1650–76). Genf

Demerson, G., 1972. La mythologie classique dans l'œuvre lyrique de la ›Pléiade‹. Genf

Demisch, H., 1977. Die Sphinx. Stuttgart

Deonna, W., 1918. Le noeud gordien. In: Revue des études grecques 31, S. 39–82 und 141–84

Deonna, W., 1954. La légende de Pero et de Micon et l'allaitement symbolique. In: Latomus 13, S. 140–66 und 356–75

Derks, L., u. a., 1982. De dood van Seneca door Gerard van Honthorst? Utrecht

Derksen, J. J. V. M., 1983. Polyphemus in de antieke kunst. In: Hermeneus 55, S. 20–41

Deutsch, G. N., 1986. Iconographie de l'illustration de Flavius Josèphe au temps de Jean Fouquet. Leiden

D'Hulst, R.-A., 1960. Vlaamse wandtapijten. Brüssel

D'Hulst, R. A., 1978. Jordaens en de Odyssea. In: Hermeneus 50, S. 406–18

Diderot 1984/85. Diderot et l'art de Boucher à David. Les Salons 1759–1781. Cat. Hôtel de la Monnaie, Paris

Dörig, J./O. Gigon, 1961. Der Kampf der Götter und Titanen. Olten/ Lausanne

Dörrie, H., 1974. Pygmalion. Ein Impuls Ovids und seine Wirkungen bis in die Gegenwart. Opladen

Donaldson, I., 1982. The Rapes of Lucretia. A Myth and its Transformations. Oxford

Donato, M. M., 1984–86. Gli eroi romani tra storia ed exemplum. I primi cicli umanistici di Uomini Famosi. In: Settis II, S. 971–52

Dorst, M. van (Hg.), 1984. Drank, Drama, Dood, Dionysos. In: Mededelingenblad Vereiniging van Vrienden Allard Pierson Museum Amsterdam, 30

Dowd, D. L., 1948. J. L. David: Pageant-Master of the Republic. Lincoln Nebraska

Dowd, D. L., 1960. Art and the Theater during the French Revolution. In: Art Quarterly 23, S. 5–22

Dowley, F. H., 1968. French Baroque Representations of the ›Sacrifice of Iphigenia‹. In: Journal of the Warburg and Courtauld Institutes 36, S. 305–18

Dowley, F. H., 1973. The Iconography of Poussin's Painting Representing Diana and Endymion. In: Journal of the Warburg and Courtauld Institutes 36, S. 305–18

Drerup, E., 1923. Demosthenes im Urteil des Altertums. Würzburg

Droulers, E., 1949. Dictionnaire des attributs, allégories, emblèmes et symboles. Turnhout

Duchemin, J., 1974. Prométhée. Histoire du mythe, de ses origines orientales à ses incarnations modernes. Paris

Dulière, C., 1979. Lupa Romana. Recherches d'iconographie et essai d'interprétation. Brüssel/Rom

Duncan, C., 1981. Fallen Fathers: Images of Authority in Pre-Revolutionary French Art. In: Art History 4, S. 186–202

Dutertre, E., 1988. Scudéry dramaturge. Genf/Paris

Duverger, J., 1959/60. Aantekeningen betreffende laatmiddeleeuwse tapijten met de geschiedenis van Alexander de Grote. In: Artes textiles 5, S. 31–43

Duvivier, M., 1852/53. Sujets des morceaux de réception des membres de l'ancienne Académie de Peinture, Sculpture et Gravure. In: Archives de l'art français, S. 353–91

Duvoisin, P., 1987. Montherlant et l'Antiquité. Paris

Dzielska, M., 1986. Apollonios of Tyana in Legend and History. Rom

Ebert-Schifferer, S., 1988. Ripandas kapitolinischer Freskenzyklus und die Selbstdarstellung der Konservatoren um 1500. In: Römisches Jahrbuch für Kunstgeschichte 23/34, S. 75–218

Edmunds, L., 1987. Il Socrate aristofaneo e l'ironia pratica. In: Quaderni Urbinati di Cultura Classica 26, S. 7–21

Eger, J. C., 1966. Le sommeil et la mort dans la Grèce antique. Paris

Ehrmann, J., 1964. Antoine Caron. Tapisserie et tableau, inédits dans le série de la reine Artémise. In: Bulletin de la Société historique de l'art français, S. 25–34

Ehrmann, J., 1986. Antoine Caron, Peintre des fêtes et des massacres. Paris

722   Bibliographie

Eilers, W., 1971. Semiramis. Entstehung und Nachhall einer altori-
    entalischen Sage. Wien
El-Hinoud-Sperlich, I., 1977. Das Urteil des Paris. Studien zur Bild-
    tradition des Themas im 16. Jahrhundert. Diss. München
Elderkin, G. W., 1941. A Note on Aphrodite in the Renaissance. In:
    Art in Amerika, 29, S. 139–44
Elley, D., 1984. The Epic Film. Myth and History. London
Emmerling-Skala, A., 1994. Bacchus in der Renaissance. Hildesheim
Enciclopedia Virgiliana, 1984–1990. 5 Bde. Rom
Engelmann, R., 1903. Die Io-Sage. In: Jahrbuch des Deutschen Ar-
    chäologischen Instituts 18, S. 37–58
Enlèvement 1979. L'enlèvement des Sabines de Poussin. Cat. Musée
    du Louvre, Paris
Enzinger, M., 1962. Der Stoff von Schillers ›Bürgschaft‹ in einem
    Jesuitendrama. In: Stoffe, Formen, Strukturen – H. H. Borcherdt
    zum 75. Geburtstag, München
Erftemeijer, J., 1985. Danaë en de gouden regen. In: Hermeneus 57, S.
    286–94
Erp Taalman Kip, M. van, 1988. Sappho. In: Bzzlletin 154, S. 10–18
Es, W. A. van, 1964. Mercurius at Dalfsen. In: Bulletin Antieke Be-
    schaving 39, S. 167–73
Età 1959. L'età neoclassica in Lombardia. Cat. Villa Olmo, Como
Etter, E., 1966. Tacitus in der Geistesgeschichte des 16. und 17. Jahr-
    hunderts. Basel/Stuttgart
Eving, L., 1933. Der Sage von Tanaquil. Frankfurt/M.
Faedo, L., 1984–86. L'impronta delle parole. Due momenti della pit-
    tura di ricostruzione. In: Settis II, S. 1–42
Fagiolo, M. (Hg.), 1985. Roma e l'antico nell'arte e nella cultura del
    Cinquecento. Rom
Fahy, E., 1971. Tiepolo's Meeting of Antony and Cleopatra. In: Bur-
    lington Magazine 113, S. 737–38
Faldi, I., 1977. Gli inizi del neoclassicismo in pittura nella prima metà
    del Settecento. In: Atti dei convegni Lincei 26, Rom, S. 495–523
Farwell, B., 1958. Sources for Delacroix ›Death of Sardanapalus‹. In:
    Art Bulletin 40, S. 66–71
Fazio, S., 1932. Ifigenia nella poesia e nell'arte figurata. Palermo
Feder, L., 1971. Ancient Myth in Modern Poetry. Princeton
Fehl, P., 1974. The Worship of Bacchus and Venus in Bellini's and
    Titian's Bacchanali for Alfonso d'Este. In: Studies in the History of
    Art 6, S. 41–51 und 58–61
Fehr, B., 1984. Die Tyrannentöter. Oder: kann man der Demokratie
    ein Denkmal setzen? Frankfurt/M.
Fehrle, R., 1983. Cato Uticensis. Darmstadt
Fellmann, B., 1972. Die antiken Darstellungen des Polyphem-
    abenteuers. München
Felson-Rubin, N., 1994. Regarding Penelope. From Character to Po-
    etics. Princeton

Felten, W., 1975. Attische Unterweltdarstellungen des VI. und V. Jahrhunderts v. Chr. München

Fittschen, K., 1975. Der Meleagersarkophag. (Liebighaus-Monographie I) Frankfurt/M.

Fittschen, K. (Hg.), 1988. Griechische Porträts. Darmstadt

Flashar, H., 1991. Inszenierung der Antike. Das griechische Drama auf der Bühne der Neuzeit 1585–1990. München

Fleck, M., 1974. Untersuchungen zu den Exempla des Valerius Maximus. Marburg

Fleischer, R., 1978. Artemis von Ephesos. Leiden

Floren, J., 1977. Studien zur Typologie des Gorgoneion. München

Fluch, J. F. F., 1924. Nero-Darstellungen, insbesondere in der deutschen Literatur. Diss. Gießen

Focillon, H., 1927. La peinture au XIXe siècle. Le retour à l'antique. Le Romanticisme. Paris

Förster, R., 1894. Die Hochzeit des Alexander und der Roxane in der Renaissance. In: Jahrbuch der Königlichen Preußischen Kunstsammlungen 15, S. 182–207

Förster, R., 1922. Wiederherstellung antiker Gemälde durch Künstler der Renaissance. In: Jahrbuch der Preußischen Kunstsammlungen 43, S. 126–36

Franke, O., 1929. Euripides bei den deutschen Dramatikern des achtzehnten Jahrhunderts. Leipzig

Freeman, E./H. Mason/M. O'Regan/S. W. Taylor (Hgg.), 1988. Myth and its Making in the French Theatre.

Fremantle, K., 1959. The Baroque Town Hall of Amsterdam. Utrecht

Frenzel, E., 1992a. Stoffe der Weltliteratur. Ein Lexikon dichtungsgeschichtlicher Längsschnitte. 8. Aufl. Stuttgart

Frenzel, E., 1992b. Motive der Weltliteratur. Ein Lexikon dichtungsgeschichtlicher Längsschnitte. 4. Aufl. Stuttgart

Frerichs, L. C. J., 1969. De grootmoedigheid van Alexander. In: Miscellanea I. Q. van Regteren Altena. Amsterdam, S. 183–89

Fresco, M. F., 1983. Sokrates. Zijn wijsgerige betekenis. Assen

Freund, L., 1936. Studien zur Bildgeschichte der Sibyllen in der neueren Kunst. Diss. Hamburg

Freyer-Schauenburg, B., 1983. Io in Alexandria. In: Mitteilungen des Deutschen Archäologischen Instituts, Römische Abteilung 90, S. 35–49

Friedmann, J. B., 1956. Orpheus in the Middle Ages. Cambridge, Mass.

Friedrich, P., 1978. The Meaning of Aphrodite. Chicago/London

Friedrich, W. H., 1967. Schuld-Reue und Sühne der Klytämnestra. In: Friedrich, Vorbild und Neugestaltung

Friis Johansen, K., 1967. The Iliad in Early Greek Art. Kopenhagen

Fritz, K. von, 1962. Antike und moderne Tragödie. Neun Abhandlungen. Berlin

Fuhrmann, G., 1950. Der Atriden-Mythos im modernen Drama. Diss. Würzburg

Funk, F., 1912. Die englischen Hannibaldramatisierungen mit Berücksichtigung der Bearbeitung des Stoffes in den übrigen Literaturen. Diss. München

Fyler, J. M., 1979. Chaucer and Ovid. New Haven

Gaehtgens, T. W., 1984. Jacques-Louis David: Leonidas bei den Thermopylen. In: Ideal und Wirklichkeit der bildenden Kunst im späten 18. Jahrhundert, hg. von H. Beck, P. C. Bol und E. Maek-Gérard. Berlin, S. 211–51

Gagé, J., 1955. Apollon Romain. Paris

Gaiser, K., 1980. Das Philosophenmosaik in Neapel. Heidelberg

Galinsky, G. K., 1972. The Herakles Theme. The Adaptations of the Hero in Literature from Homer to the Twentieth Century. Oxford

Galinsky, H., 1932. Der Lukretia-Stoff in der Weltliteratur. Breslau

Gareis, O., 1925. Die dramatischen Bearbeitungen des Coriolan-Stoffes in Frankreich. Diss. Erlangen

Gasse, H., 1911. Die Novelle von der Bürgschaft im Altertum. In: Rheinisches Museum für Philologie NF 60

Gavazza, E., 1974. La grande decorazione a Genova. Genua

Gayley, C. M., 1911. The Classical Myth in English Literature and in Art. New York

Gehrke, H.-J., 1976. Phokion. Studien zur Erfassung seiner historischen Gestalt. München

Gelder, J. G. van, 1950/51. Rubens in Holland in de 17e eeuw. In: Nederlands Kunsthistorisch Jaarboek 3, S. 103–50

Gentili, A., 1980. Da Tiziano a Tiziano. Miti e allegoria nella cultura veneziana del Cinquecento. Mailand

Geominy, W., 1984. Die Florentiner Niobiden. Bonn

Germer, S./H. Kahle, 1986. From the theatrical to theaesthetic hero: on the privatisation of the idea of virtue in David's ›Brutus‹ and ›Sabines‹. In: Art History 9, S. 168–84

Gesing, M., 1988. Triumph des Bacchus. Triumphidee und bacchische Darstellungen in der italienischen Renaissance im Spiegel der Antikenrezeption. Frankfurt/M.

Ghali-Kahil, L. B., 1955. Les enlèvements et le retour d'Hélène dans les textes et les documents figurés. 2 Bde. Paris

Gigon, O., 1947. Sokrates. Sein Bild in Dichtung und Geschichte. Bern

Giraud, Y. F. A., 1968. La fable de Daphne. Essai sur un type de métamorphose végétale dans la littérature et dans les arts jusqu'à la fin du XVIIe siècle. Genf

Giuliani, L., 1977. Alexander in Ruvo, Eretria und Sidon. In: Antike Kunst 20, S. 26–42

Giuliani, L., 1986. Bildnis und Botschaft. Hermeneutische Untersuchungen zur Bildniskunst der Römischen Republik. Frankfurt/M.

God en de Goden 1981. Verhalen uit de bijbelse en klassieke oudheid door Rembrandt en zijn tijdgenoten. Kat. Rijksmuseum, Amsterdam

Godenne, R., 1983. Les Romans de Mademoiselle de Scudéry. Genf/ Paris

Godfrey, F. M., 1951/52. Paintings of the Legends of Jove. In: Apollo, 54, S. 122–27; 55, S. 9–13 und 128–32

Göbel, H., 1923–34. Wandteppiche. 3 Bde. Leipzig

Götter 1989. Götter, Helden und Könige. Historienmalerei in der französischen Barockgraphik. Kat. Kunsthalle, Karlsruhe

Goldberg, G., 1983. Die Alexanderschlacht und die Historienbilder des bayrischen Herzogs Wilhelm IV. und seiner Gemahlin Jacobaea für die Münchner Residenz. München

Goldin, F., 1967. The Mirror of Narcissus in the Courtly Love Lyric. Ithaca, NY

Goldstein, C., 1970. Observations on the role of Rome in the formation of the French Rococo. In: The Art Quarterly 33, S. 227–45

Gombrich, E. H., 1966. Norm and Form. Studies in the Art of the Renaissance. London

Gombrich, E. H., 1972. Symbolic Images. Studies in the Art of the Renaissance, II. Oxford

Gordon, D. J., 1957. Giannotti, Michelangelo and the cult of Brutus. In: Fritz Saxl 1890–1948. Volume of Memorial Essays from his friends in England. London, S. 281–96

Goukowsky, P., 1978. Essai sur les origines du mythe d'Alexandre, I. Les origines politiques. Nancy

Goukowsky, P., 1981. Essai sur les origines du mythe d'Alexandre, II. Alexandre et Dionysus. Nancy

Gould, C., 1963. The ›Perseus and Andromede‹ and Titiaris Poesy. In: Burlington Magazine 105, S. 112–17

Gould, C., 1978. ›The Family of Darius before Alexander‹ by Paolo Veronese. London

Grabar, A., 1968. Images de l'ascension d'Alexandre en Italie et en Russie. In: L'art de la fin de l'antiquité et du moyen age 1, Paris, S. 291–96

Grass, G., 1964. Vor- und Nachgeschichte der Tragödie des Coriolanus von Livius und Plutarch bis zu Brecht und mir. In: Akzente 11, S. 194–221

Graves, R., 1955. The Greek Myths. 2 Bde. Harmondsworth

Greene, D. M., 1963. The Identity of the Emblematic Nemesis. In: Studies in the Renaissance 10, S. 25–43

Greenhalgh, M., 1978. The Classical Tradition in Art. London

Greenhalgh, M., 1984–86. Iconografia antica e le sue trasformazioni durante il Medioevo. In: Settis II, S. 153–97

Greenhalgh, P., 1981. Pompey, the Republican Prince. London

Greenhaus Lord, C., 1968. Some Ovidian Themes in Italian Renaisance Art. New York

Greeve, H. de, 1983. Heidense wijzen in kerken en kloosters op de Balkan. In: Hermeneus 55, S. 81–91

Greifenhagen, A., 1935. Zum Saturnglauben der Renaissance. In: Die Antike II, S. 67–84

Grell, C./C. Michel, 1988. L'école des princes ou Alexandre disgracié. Essai sur la mythologie monarchique de la France absolutiste. Paris

Griffin, J., 1986. The Mirror of Myth. Classical Themes and Variations. London

Grimal, P., 1951. Dictionnaire de la Mythologie Grècque et Romaine. Paris

Grunchec, P., 1983. Le Grand Prix de Peinture. Les concours du prix de Rome de 1797 à 1863. Paris

Guarino, A., 1979. Spartaco. Analisi di un mito. Neapel

Gudlaugsson, S. J., 1938. Ikonographische Studien über die holländische Malerei und das Theater des 17. Jahrhunderts. Würzburg

Günther, R., 1979. Der Aufstand des Spartacus. Die großen sozialen Bewegungen der Sklaven und Freien am Ende der römischen Republik. Berlin

Guerrini, R., 1981. Studi su Valerio Massimo. Pisa

Guerrini, R., 1984–86. Dal testo all'immagine. La ›pittura di storia‹ nel Rinascimento. In: Settis II, S. 45–93

Guerrini, R., 1985. Plutarco e l'iconografia umanistica a Roma nel Cinquecento. In: Fagiolo 1985, S. 87–110

Gundolf, F., 1926. Cäsar im 19. Jahrhundert. Berlin

Guthmüller, B., 1981. Ovidio Metamorphoseos vulgare. Formen und Funktionen der volkssprachlichen Wiedergabe klassischer Dichtung in der italienischen Renaissance. Boppard am Rhein 1981

Guthmüller, B., 1986. Studien zur antiken Mythologie in der italienischen Renaissance. Weinheim

Hadzisteliou Price, T., 1978. Kourotrophos. Leiden

Hafner, G., 1978. Sieg und Frieden. Zur Deutung des Reiterreliefs vom Forum Romanum. In: Jahrbuch des Deutschen Archäologischen Instituts 93, S. 228–51

Hager, H./H.von Heintze, 1961. Athene-Minerva. Ihr Bild im Wandel der Zeiten. In: Jahrbuch der Max Planck Gesellschaft I, S. 36–127

Hagstrum, J. H., 1958. The Sister Arts. The Tradition of Literary Pictorialism and English Poetry from Dryden to Gray. Chicago/London

Hall, J., 1974. Dictionary of Subjects and Symbols in Art. New York

Hamburger, K., 1962. Von Sophokles zu Sartre. Griechische Dramenfiguren antik und modern. Stuttgart

Hampe, R., 1936. Frühe griechische Sagenbilder in Böotien. Athen

Hampe, R./E. Simon, 1964. Griechische Sagen in der frühen etruskischen Kunst. Mainz

Hanfmann, G. M. A., 1951. The Season-Sarcophagus in Dumbarton Oaks. 2 Bde. Cambridge, Mass.

Harding, J., 1979. Artistes Pompiers: French Academic Art in the Nineteenth Century. New York

Harprath, R., 1978. Papst Paul III. als Alexander der Große. Das Freskenprogramm der Sala Paolina in der Engelsburg. Berlin/New York

Harprath, R., 1985. La formazione umanistica di Papa Paolo III e le sue conseguenze nell'arte romana della metà del Cinquecento. In: Fagiolo 1985, S. 63–85

Harris, J. R., 1903. The Dioscuri in the Christian Legends. London

Harris, J. R., 1906. The Cult of the Heavenly Twins. Cambridge

Hartlaub, G. F., 1951. Zauber des Spiegels. Geschichte und Bedeutung des Spiegels in der Kunst. München

Hartmann, J. B., 1969. Die Genien des Lebens und des Todes. Zur Sepulkralikonographie des Klassizismus. In: Römisches Jahrbuch für Kunstgeschichte 12, S. 11–38

Hartmann, J. B., 1980. Antike Motive bei Thorvaldsen. Mainz

Haskel, F., 1963. Patrons and Painters. A Study in the Relations between Italian Art and Society in the Age of the Baroque. London

Haskell, F./N. Penny, 1981. Taste and the Antique. The Lure of Classical Sculpture 1500–1900. New Haven/London

Hatfield, H., 1964. Aesthetic Paganism in German Literature. From Winckelmann to the Death of Goethe. Cambridge, Mass.

Haun, H., 1949. Semiramis in den romanischen Literaturen. Diss. Wien

Hauptmann, W., 1978. Couture's Damocles and the Subjective/Objective Icon. In: Art Quarterly N. S. 1, S. 318–37

Hautecoeur, L., 1912. Rome et la renaissance de l'Antiquité à la fin du XVIIIe siècle. Paris

Hawley, H., 1964. Neo-Classicism. Style and Motif. Cat. Cleveland Museum of Art, New York

Heidenreich, M., 1951. Zu den frühen Troilosdarstellungen. In: Mitteilungen des Deutschen Archäologischen Instituts 4, S. 103–119

Heimberg, U., 1968. Das Bild des Poseidon in der griechischen Vasenmalerei. Freiburg

Heinemann, K., 1920. Die tragischen Gestalten der Griechen in der Weltliteratur. Leipzig

Heintze, H. von, 1966. Das Bildnis der Sappho. Mainz

Heintze, H. von, 1977. Zu den Bildnissen der Sieben Weisen. In: Festschrift für Frank Brommer. Mainz, S. 163–73

Heinzel, E., 1956. Lexikon historischer Ereignisse und Personen in Kunst, Literatur und Musik. Wien

Helliesen, S., 1977. Thronus Iustitiae: A Series of Pictures of Justice by Joachim Wtewael. In: Oud Holland 91, S. 232–66

Helsdingen, H. W. van, 1968–69. Aantekeningen bij de ikonografie van Poussin. In: Simiolus 3, S. 153–79

Helsdingen, H. W. van, 1971. ›Historier‹ en ›peindre‹. Poussin's opvattingen over kunst in het licht van de discussies in de Franse kunstlitteratuur in de tweede helft van de zeventiende eeuw. Diss. Rotterdam

Hemelrijk, J. M. (Hg.), 1985. Venus te lijf. Liefde en verleiding in de oudheid. Ausstellungskatalog Allard Pierson Museum, Amsterdam

Henkel, A./A. Schöne (Hg.), 1976. Emblemata. Handbuch zur Sinnbildkunst des 16. und 17. Jahrhunderts. 2. Aufl. Stuttgart

Herbert, R. L., 1972. David, Voltaire, ›Brutus‹ and the French Revolution: An Essay in Art and Politics. London

Herbig, R., 1949. Pan, der griechische Bocksgott. Versuch einer Monographie. Frankfurt/M.

Herbig, R., 1965. Götter und Dämonen der Etrusker. Mainz

Herington, C. J., 1955. Athena Parthenos and Athena Polias. Manchester

Hersey, G. L., 1968. Delacroix' imagery in the Palais Bourbon library. In: Journal of the Warburg and Courtauld Institutes 31, S. 383–403

Hertel, W., 1921. Sokrates in der deutschen Dichtung der Aufklärung. Diss. München

Herzog, E., 1963. Tintoretto und ›I fatti di Cesare‹. In: Festschrift für H. Keller, Darmstadt, S. 269–79

Hess, G., 1981. Der Tod des Seneca. Ikonographie – Biographie – Tragödientheorie. In: Jahrbuch der deutschen Schillergesellschaft 25, S. 196–228

Heusinger von Waldegg, J., 1972. Jean-Léon Gérômes ›Phryne vor den Richtern‹. In: Jahrbuch der Hamburger Kunstsammlungen 17, S. 122–42

Highet, G., 1951. The Classical Tradition. Greek and Roman Influences in Western Literature. Oxford

Hildebrandt, H., 1952. Carlo Carlone: ›Alexander der Große übergibt Pankaste an Apelles‹. In: Neue Beiträge zur Archäologie und Kunstgeschichte Schwabens. Festschrift für J. Baum. Stuttgart, S. 205–09

Hiller, S., 1970. Bellerophon. Ein griechischer Mythos in der römischen Kunst. München

Himmelmann, N., 1985. Antike Götter im Mittelalter. (Trierer Winckelmanns Programm 7) Mainz

Hinard, F., 1985. Sylla. Paris

Hinds, S., 1987. The Metamorphosis of Persephone. Ovid and the Self-conscious Muse. Cambridge

Hirzel, R., 1912. Plutarch. Leipzig

Hölscher, T., 1967. Victoria Romana. Mainz

Hölscher, T., 1971. Ideal und Wirklichkeit in den Bildnissen Alexanders des Großen. Heidelberg

Hölscher, T., 1973. Griechische Historienbilder des 5. und 4. Jahrhunderts v. Chr. Würzburg

Hölscher, T., 1979–88. Beobachtungen zu römischen historischen Denkmälern. In: Archäologischer Anzeiger 1979, S. 337–48; 1984, S. 283–94; 1988, S. 523–41

Hoenn, K., 1946. Artemis. Gestaltwandlung einer Göttin. Zürich

Hofmann, W., 1973. Marsyas und Apoll. München

Homeyer, H., 1977. Die spartanische Helena und der trojanische Krieg. Wandlungen und Wanderungen eines Sages-Kreises vom Altertum bis zur Gegenwart. Wiesbaden

Honour, H., 1968. Neo-Classicism. Harmondsworth

Hooff, A. J. L. van, 1993. De vonk van Spartacus: het voortleven van een antieke rebel. Nijmegen

Horster, M., 1955. Castagnos Fresken 1450–57. In: Wallraf-Richartz Jahrbuch 17, S. 79–100

Horster, M., 1968. Antike Vorstufen zum Florentiner Renaissance-Bacchus. In: Festschrift U. Middeldorf. Berlin, S. 218–24

Hunger, H., 1988. Lexikon der griechischen und römischen Mythologie – mit Hinweisen auf das Fortwirken antiker Stoffe und Motive in der bildenden Kunst, Literatur und Musik des Abendlandes bis zur Gegenwart. 8. Aufl. Wien

Hunter, G. L., 1916. Scipio tapestries now in America. In: Burlington Magazine 29, S. 59–66

Hunter, S., 1959. Poussin's Death of Germanicus. In: Bulletin of the Minneapolis Institute of Arts 48, S. 1–13

Huskinson, J., 1974. Some Pagan Mythological Figures and their Significance in Early Christian Art. In: Papers of the British School at Rome 42, S. 68–97

Ingersoll-Smouse, F., 1926. Une œuvre de la vieillesse de Titien. ›Lucrèce et Tarquin‹ e ses deux repliques. In: Gazette des Beaux-Arts 13, S. 88–92

Iñiguez, D. A., 1963. Mythology and seventeenth-century Spanish painters. In: Studies in Western Art. Acts of the Twentieth International Congress of the History of Art. Princeton, N. J., Bd. 3, S. 36–40

Irwin, D., 1962. Gavin Hamilton, Archaeologist, Painter, and Dealer. In: Art Bulletin 44, S. 87–102

Irwin, D., 1963. English Neoclassicism and Some Patrons. In: Apollo 78, S. 360–67

Irwin, D., 1966. English Neoclassical Art. Studies in Inspiration and Taste. London

Isard, A., 1939. Le centaure dans la légende et dans l'art. Lyon

Isler, H. P., 1970. Acheloos. Eine Monographie. Bern

Jackson, J. L., 1949. An Edition of Richard Edwardes' ›Damon and Pithias‹ 1571. Diss. Univ. of Illinois

Jacobi, H., 1952. Amphitryon in Frankreich und Deutschland. Ein Beitrag zur vergleichenden Literaturgeschichte. Zürich

Jacobi, L., 1920. Die dramatische Behandlung des Arminiusstoffes von den Befreiungskriegen bis 1880. Diss. Gießen

Jacoby, B., 1971. Studien zur Ikonographie des Phaetonmythos. Diss. Bonn

Jacquot, J. (Hg.), 1964. Les tragédies de Sénèque et le théatre de la Renaissance. Paris

Jakob-Sonnabend, W., 1990. Untersuchungen zum Nero-Bild der Spätantike. Hildesheim/Zürich/New York.

Janzen, G., 1987. De lotgevallen van Prometheus in de Lage Landen. In: Hermeneus 59, S. 146–58

Jean, J. de, 1989. Fictions of Sappho, 1846–1937. Chicago

Jeanmaire, H., 1951. Dionysos. Histoire du culte de Bacchus. Paris

Jellinek, M. H., 1890. Die Sage von Hero und Leander in der deutschen Dichtung. Berlin

Jenkins, M., 1972. The iconography of the hall of the consistory in the Palazzo Pubblico, Siena. In: Art Bulletin 54, S. 430–51

Jenkyns, R., 1980. The Victorians and Ancient Greece. Oxford

Jördens, W., 1933. Die französischen Ödipus-Dramen. Bochum

Johnson, D., 1989. Corporality and Communication. The Gestural Revolution of Diderot, David and The Oath of the Horatii. In: Art Bulletin 71, S. 92–113

Johnson, J. W., 1966. The Formation of English Neoclassical Thought. Princeton

Johnson, L., 1960. The Etruscan Sources of Delacroix's Death of Sardanapalus. In: Art Bulletin 42, S. 296–300

Jondorf, G., 1969. Robert Garnier and the Theme of Political Tragedy in the Sixteenth Century. London

Jong, E. de, 1980. Een schilderij centraal. De slapende Mars van Hendrick ter Brugghen. Ausstellungskatalog Centraal Museum. Utrecht

Jong, J. L. de, 1982. ›Sub falso tegmine vera‹. Dido en Aeneas in de Italiaanse kunst der Renaissance. In: Hermeneus 54, S. 279–88

Jong, J. L. de, 1987. De Oudheid in fresco. De interpretatie van klassieke onderwerpen in de Italiaanse wandschilderkunst, inzonderheid in Rome, ca. 1370–1555. Diss. Leiden

Jongh, E. de (Hg.), 1976. Tot Lering en Vermaak. Betekenissen van Hollandse genre-voorstellingen uit de zeventiende eeuw. Ausstellungskatalog Rijksmuseum, Amsterdam

Joost-Gaugier, C. L., 1980. Giotto's Hero Cycle in Naples. A Prototyp of Donne Illustri and a Possible Literary Connection. In: Zeitschrift für Kunstgeschichte 43, S. 311–18

Joost-Gaugier, C. L., 1982. The Early Beginnings of the Notion of ›Uomini Famosi‹. In: Artibus et historiae 3, Nr. 6, S. 97–115

Jucker, H., 1976. Der Große Pariser Kameo. Eine Huldigung an Agrippina, Claudius und Nero. In: Jahrbuch des Deutschen Archäologischen Instituts 91, S. 211–50

Jung, M.-R., 1966. Hercule dans la littérature française du XXVIe siècle. De l'Hercule courtois à l'Hercule baroque. Genf

Junge, M., 1983. Untersuchungen zur Ikonographie der Erinys in der griechischen Kunst. Kiel

Kaspar-Butz, I., 1990. Die Göttin Athena im klassischen Athen. Frankfurt/M.

Kaufmann, L. T., 1979. The Noble Savage. Satyrs and Satyr Families in Renaissance Art. Diss. Philadelphia

Kazis, I. J., 1962. The Book of the Gests of Alexander of Macedon. A Mediaeval Hebrew Version of the Alexander Romance by Immanuel Ben Jacob Bonfils. Cambridge, Mass.

Keller, H., 1970. Das Nachleben des antiken Bildnisses von der Karolingerzeit bis zur Gegenwart. Freiburg

Kemp, M., 1969. J.-L. David and the Prelude to a moral victory for Sparta. In: Art Bulletin 51, S. 178–83

Kempers, B., 1985. Staatssymboliek in Rafaëls Stanza della Segnatura. In: Incontri 2, S. 3–48

Kempers, B., 1987. Kunst, macht en mecenaat. Het beroep van schilder in sociale verhoudingen 1250–1600. Amsterdam

Kemp-Lindemann, D., 1975. Darstellungen des Achilleus in griechischer und römischer Kunst. Bern/Frankfurt/M.

Kempter, G., 1980. Ganymed. Studien zur Typologie, Ikonographie und Ikonologie. Köln/Wien

Kenkel, K., 1979. Medeadramen. Entmythisierung und Remythisierung. Euripides, Klinger, Grillparzer, Jahnn, Anouilh. Bonn

Kerényi, K., 1950. Labyrinth-Studien. Labyrinthos als Linienreflex einer mythologischen Idee. 2. Aufl. Zürich

Kerényi, K., 1961. Der frühe Dionysos. Oslo

Kern, H., 1981. Labyrinthe, Erscheinungsformen und Deutungen. 5000 Jahre Gegenwart eines Urbildes. 2. Aufl. München

Kieser, E., 1938/39. ›Rubens‹ Münchner Silen und seine Vorstufen. In: Münchner Jahrbuch 13, S. 185–202

King, K. C., Achilles. Paradigms of the War Hero from Homer to the Middle Ages. Berkeley

Kinter, W. L./J. R. Keller, 1967. The Sibyl: Prophetess and Medieval Fay. Philadelphia

Kitto, H. D. F., 1939. Greek Tragedy. A Literary Study. London

Kleopatra 1989. Kleopatra. Ägypten um die Zeitenwende. Kat. Hypo-Stiftung, München

Klibansky, R./Æ. Panofsky/F. Saxl, 1964. Saturn and Melancholy. Studies in the History of Natural Philosophy, Religion and Art. London

Kluwe, E., 1966. Die Tyrannis der Peisistratiden und ihr Niederschlag in der Kunst. Diss. Jena

Knauer, E. R., 1964. Caritas Romana. In: Jahrbuch der Berliner Museen 6, S. 2–23

Knauer, E. R., 1969. Leda. In: Jahrbuch der Berliner Museen 11, S. 5–35

Knell, H., 1965. Die Darstellungen der Götterversammlung in der attischen Kunst des 6. und 5. Jahrhunderts v. Chr. Freiburg

Knoepfler, D., 1992. Les images de l'Oreste. Milles ans d'art antique autour d'un mythe grec. Kilchberg

Koch, G., 1975. Die mythologischen Sarkophage. Meleager. Berlin

Koch, G./H. Sichtermann, 1975. Griechische Mythen auf römischen Sarkophagen. Tübingen

Koch, G./H. Sichtermann, 1982. Römische Sarkophage. München

Koch, K.-D., 1990. Die Aeneis als Opernsujet. Konstanz

Kocken, E., 1935. De theorie van de vier wereldrijken en de overdracht der wereldheerschappij tot op Innocentius III. Nijmegen

Kolsteren, S., 1981. Sappho in de negentiende eeuw. In: Hermeneus 53, S. 249–69

Kolsteren, S., 1982. Medusa in de negentiende eeuw. In: Hermeneus 54, S. 11–26

Kolsteren, S., 1984. Einige aspecten van Penelope in de 19e eeuw. In: Hermeneus 56, S. 60–73

Kossoff, F. S., 1979. Parmigianino and Diogenes. In: Sixteenth Century Journal 10, S. 85–96

Kragelund, P., 1987. Abildgaard around 1800: his Tragedy and Comedy. In: Analecta Romana Instituti Danici 16, S. 137–85

Kranz, P., 1984. Jahreszeitsarkophage. Berlin

Kraus, T., 1960. Hekate. Studien zu Wesen und Bild der Göttin in Kleinasien und Griechenland. Heidelberg

Krause, B. H., 1983. Iupiter Optimus Maximus. Ein Beitrag zur ikonographischen Darstellung Saturns. (Trierer Winckelmanns Programm 5), Mainz

Krauskopf, I., 1974. Der thebanische Sagenkreis und andere griechische Sagen in der etruskischen Kunst. Mainz

Kray, R./S. Oettermann (Hg.), 1994a. Herakles/Herkules II. Medienhistorischer Aufriß. Repetitorium zur intermedialen Stoff- und Motivgeschichte. Basel

Kray, R./S. Oettermann (Hg.), 1994b. Herakles/Herkules I. Metamorphosen des Heros in ihrer medialen Vielfalt. Basel

Krönjäger, J., 1973. Berühmte Griechen und Römer als Begleiter der Musen und der Artes Liberales in Bildzyklen des 12. bis 14. Jahrhunderts. Diss. Marburg

Krueger, I., 1971. Illustrierte Ausgaben von Homers Ilias und Odyssee vom 16. bis ins 20. Jahrhundert. Diss. Tübingen

Kruissink, G. R., 1977–78. Tomyris en het hoofd van Cyrus, van Rubens via Pontius tot volkskunst. In: Antiek 123, S. 165–72

Kruszynski, A., 1985. Der Ganymed-Mythos in Emblematik und mythographischer Literatur des 16. Jahrhunderts. Worms

Kultzen, R., 1963. La serie dei dodici Cesari dipinta da Baldassare Peruzzi. In: Bollettino d'Arte 48, S. 50–53

Kunstmann, J., 1964. The Transformation of Eros. Edinburg

Kunze, S., 1987. Die Antike in der Musik des 20. Jahrhunderts. Bamberg

Kushner, E., 1961. Le mythe d'Orphée dans la littérature française contemporaine. Quebec

Laet, E. de, 1978. Het Orpheus-thema in de Nederlandse letterkunde van deze eeuw. In: Hermeneus 50, S. 315–21

Lambert, R., 1984. Beloved and God. The Story of Hadrian and Antinous. New York

Landais, H., 1958. Arie et Pétus ou le Gaulois se poignardant. In: Revue des arts 8, S. 43–44

Lankheit, K., 1980. Rokoko und Antike: ›Teste dei Cesari‹ in Porzellan. In: Forschungen und Funde. Festschrift B. Neutsch, Innsbruck, S. 273–78

Lattimore, S., 1976. The Marine Thiasos in Greek Sculpture. Los Angeles

Lavin, I., 1954. Cephalus and Procris. Transformations of an Ovidian Myth. In: Journal of the Warburg and Courtauld Institutes 17, S. 260–87

Leach, E. W., 1981. Metamorphoses of the Actaeon Myth in Campanian Painting. In: Mitteilungen des Deutschen Archäologischen Instituts, Römische Abteilung, 88, S. 307–27

Ledergerber, K., 1950. Kassandra. Das Bild der Prophetin in der antiken und insbesondere in der älteren abendländischen Dichtung. Diss. Freiburg

Lederle-Grieger, U., 1937. Gerechtigkeitsdarstellungen in deutschen und niederländischen Rathäusern. Philippsburg

Lefèvre, E. (Hg.), 1972. Seneca's Tragödien. Darmstadt

Lefèvre, E., 1978. Der Einfluß Senecas auf das europäische Drama. Darmstadt

Legrand, F. C., Variations sur le thème ›Diane et Callisto‹. In: Bulletin des Musées Royaux des Beaux-Arts 3, S. 25–32

Leith, J. A., 1965. The Idea of Art as Propaganda in France 1750–1799. Toronto

Lejsková-Matyásová, M., 1967. ›Livische Figuren‹ am Sgraffito-Haus zu Weitra und ihre graphischen Vorlagen. In: Oesterreichische Zeitschrift für Kunst und Denkmalpflege 21, S. 105–10

Lejsková-Matyásová, M., 1970. Decken-Ausstattungen nach graphischen Vorlagen an der Wende der Renaissance zum Barock. In: Oesterreichische Zeitschrift für Kunst und Denkmalpflege 24, S. 135–44

Lesky, A., 1953. Das hellenistische Gyges-Drama. In: Hermes 81

Leube, E., 1969. Fortuna in Karthago. Die Aeneas-Dido-Mythen in den romanischen Literaturen vom 14. bis zum 16. Jahrhundert. Heidelberg

Lexicon Iconographicum Mythologiae Classicae (LIMC). Zürich/ München 1981 ff. (in 1994 7 Bde.: A bis Theseus)

Levey, M., 1965. Tiepolo. The Banquet of Cleopatra. Newcastle-upon-Tyne

Lichtfield, H. W., 1914. National Exempla Virtutis in Roman Literature. In: Harvard Studies in Classical Philology 25, S. 1–71

Lindner, R., 1984. Der Raub der Persephone in der antiken Kunst. Würzburg

Lindsay, J., 1960. The Death of the Hero. French Painting from David to Delacroix. London

Ling, R., 1974. Hylas in Pompeian Art. In: Mélanges de l'Ecole Française de Rome. Antiquité 91, S. 773–816

Lippa, V., 1931. A. W. Schlegels ›Ion‹ und seine Nachfolger. Diss. Wien

Locquin, J., 1922. Le retour à l'antique dans l'école anglaise et dans l'école française avant David. In: La Renaissance de l'art français et des industries de luxe 5, S. 473–91

Lohuizen-Mulder, W. E. van, 1977. Raphael's Images of Justice, Humanity, Friendship. A mirror of princes for Scipione Borghese. Wassenaar

López Torrijos, R., 1982. La mitología en la pintura española de los siglos XVI y XVII. Madrid

Lord, C. G., 1968. Some Ovidian Themes in Italian Renaissance Art. New York

Losemann, V., 1977. Nationalsozialismus und Antike. Hamburg

Lunsingh Scheurleer, D. F., 1936/37. De koopvrouw met liefdegodjes in de antieke en in de 18de-eeuwsche kunst. In: Bulletin Antieke Beschaving 11, S. 17–22; 12, S. 4–9

Mainardi, P., 1982. The death of history painting in France, 1867. In: Gazette des Beaux-Arts 124, S. 219–26

Mâle, E., 1894. Quomodo Sibyllas recentiores artifices repraesentaverint. Diss. Paris

Mandel, O., 1981. Philoctetes and the Fall of Troy. Iconography, Interpretations, including Versions by Sophocles, André Gide, Oscar Mandel and Heiner Müller. Lincoln/London

Maravall, J. A., 1975. La cultura del Barroco. Análisis de una estructura histórica. Barcelona

Marek, M. J., 1985. Ekphrasis und Herrscherallegorie. Antike Bildbeschreibungen im Werk Tizians und Leonardos. Worms

Maria, U. de, 1899. La Favola di Amore e Psiche nella letteratura e nell'arte italiana. Bologna

Marillier, H. C., 1937. The ›Alexander of Scotland‹ Tapestry. In: Burlington Magazine 71, S. 228–33

Markx-Veldman, I., 1973. Het ›Vulcanus-triptiek‹ van Maarten van Heemskerck. In: Oud-Holland 87, S. 95–123

Martin, P. M., 1988. Tuer César. Brüssel

Martindale, A., 1979. The Triumphs of Caesar by Andrea Mantegna in the Collection of Her Majesty the Queen at Hampton Court. London

Martindale, A. (Hg.), 1988. Ovid Renewed. Ovidian Influences on Literature and Art from the Middle Ages to the Twentieth Century. Cambridge

Marx, H., 1969. Augustus am Grabe Alexanders. In: Dresdener Kunstblätter 13, S. 22–30

Massner, A.-K., 1982. Bildnisangleichung. Untersuchungen zur Entstehung und Wirkungsgeschichte des Augustusporträts (43 v. Chr.–68 n. Chr.). Berlin

Matz, F., 1968–1975. Die dionysischen Sarkophage. 3 Bde. Berlin

Matzig, R. B., 1949. Odysseus. Studien zu antiken Stoffen in der modernen Literatur, besonders im Drama. St. Gallen

Mayer, M., 1887. Die Giganten und Titanen in der antiken Sage und Kunst. Berlin

Mayo, P. C., 1967. Amor Spiritualis et Carnalis. Aspects of the Myth of Ganymede in Art. Diss. New York

Maza, F. de la, 1966. Antinoo. El ultimo dios del mundo clasico. Mexiko

McCann, G. L., 1931. The Scipio Africanus Tapestry. In: Bulletin of the Cincinnati Art Museum I, S. 73–84

McGrath, E., 1983. ›The drunken Alcibiades‹; Rubens' picture of Plato's Symposium. In: Journal of the Warburg and Courtauld Institutes 46, S. 228–35

Meerdink, J., 1939. Ariadne. Wageningen

Meeuws, H., 1983. Repertorium van het ernstige drama in de Nederlanden 1600–1650. Leuven

Mehmel, F., 1948. Machiavelli und die Antike. In: Antike und Abendland 3, S. 152–86

The Mellen Opera Reference Index 1986–93. Compiled by C. H. Parsons. (Bd. 1–16) New York u. a.

Mellink, M. J., 1943. Hyacinthus. Utrecht

Merkelbach, R., 1988. Die Hirten des Dionysos. Die Dionysos-Mysterien der römischen Kaiserzeit und der bukolische Roman des Longus. Stuttgart

Meusel, H., 1988. Horatier und Curiatier. Ein Livius-Motiv und seine Rezeption. In: Der altsprachliche Unterricht 31/5, S. 66–90

Meyboom, P. G. P., 1982. De illustraties van de Vergilius Vaticanus. In: Hermeneus 54, S. 266–78

Meyer, H., 1980. Medeia und die Peliaden. Eine attische Novelle und ihre Entstehung. Rom

Meyer, H., 1987. Der weiße und der rote Marsyas. München

Meyer, D., 1991. Antinoos. München

Michel, D., 1967. Alexander als Vorbild für Pompeius, Caesar und Marcus Antonius. Brüssel

Miedema, H., 1968. De Tiber en de zwemmende maagden. Een afknapper. In: Nederlands Kunsthistorisch Jaarboek 19, S. 133–55

Miegroet, H. J. van, 1988. Gerard David's Justice of Cambyses: exemplum iustitiae or political allegory? In: Simiolus 18, S. 116–33

Milani, M. L., 1879. Il mito di Filottete nella letteratura e nell'arte figurata. Studio monografico. Florenz

Mildenberger, H., 1994. Die neue Energie unter David. In: Goethe und die Kunst, hg. von S. Schulze. Ostfildern, S. 280–91

Miller, D., 1993. Cyrus and Actyages: An Ancient Prototype for ›Dei Gratia‹ Rule. In: Zeitschrift für Kunstgeschichte 60, S. 545–53

Miller, L. B., 1966. Patrons and Patriotism. The Encouragement of the Fine Arts in the United States 1790–1860. Chicago/London

Millet, G., 1923. L'ascension d'Alexandre. In: Syria 4, S. 85–133

Miola, R. S., 1983. Shakespeare's Rome. Cambridge

Mireaux, E., 1951. La reine Bérénice. Paris

Mirimonde, A. P. de, 1948. ›La continence de Scipion‹ de P.-J. Verhaghen au Musée de Valenciennes. In: Musées de France 13, S. 270–75

Mirimonde, A. P. de, 1964. Les Concerts des Muses chez les Maîtres du Nord. In: Gazette des Beaux-Arts 63, S. 129–58

Mirimonde, A. P. de, 1969. Les allégories de la musique. II: Le retour de Mercure et les allégories des beaux arts. In: Gazette des Beaux-Arts 73, S. 343–62

Mix, E. R., 1970. Marcus Atilius Regulus: Exemplum historiarum. 's-Gravenhage/Paris

Mode, R. L., 1974. Ancient Paragons in a Piccolomini Scheme. In: R. Enggass/M. Stokstad, Hortus imaginum. Essay in Western Art Lawrence Kansas, S. 73–83

Möller, G. H., 1888. Die Auffassung der Kleopatra in der Tragödienliteratur der Romanischen und Germanischen Nationen. Ulm

Mommsen, T. E., 1952. Petrarch and the decoration of the Sala Virorum Illustrium in Padua. In: Art Bulletin 34, S. 95–116

Montuori, M., 1981. Socrates. Physiology of a myth. Amsterdam

Moret, J.-M., 1975. L'Ilioupersis dans la céramique italiote. Les mythes et leur expressions figurées au IVe siècle. Rom

Moret, J.-M., 1984. Oedipe, la sphinx et les Thébains. Essai de mythologie iconographique. Rom

Morpurgo, S., 1930. Bruto, ›il buon giudice‹, nell'Udienza dell'Artedella Lana in Firenze. In: Miscellanea in onore di I. B. Supino, Florenz, S. 141–63

Mossé, C., 1989. L'antiquité dans la Révolution française. Paris

Mrazek, W., 1953. Ikonologie der barocken Deckenmalerei. 2 Bde. Wien

Mühlbach, E., 1910. Die englischen Nero-Dramen des 17. Jahrhunderts, insonderheit Lees Nero. Diss. Leipzig

Müller, E., 1905. Spartakus und der Sklavenkrieg in Geschichte und Dichtung. Salzburg

Müller, F. G. J. M., 1994. The So-Called Peleus and Thetis Sarcophagus in the Villa Albani. Amsterdam

Müller, F. G. J. M., 1994a. The Wall Paintings from the Oecus of the Villa of Publius Fannius Synistor in Boscoreale. Amsterdam

Müller, F. G. J. M., 1994b. The Aldobrandini Wedding. Amsterdam

Muntz, E., 1891. Les légendes du Moyen Age dans l'art de la Renaissance. In: Revue des traditions populaires 6, S. 705–15

Die Musik in Geschichte und Gegenwart. Allgemeine Enzyklopädie der Musik, unter Mitarbeit zahlreicher Musikforscher des In- und Auslandes hg. von F. Blume, Bd. 1–14, Kassel/Basel 1949–68, 2 Supplementbde., Kassel 1973–79, Registerbd., Kassel 1986

Muthmann, F., 1951. Alkibiades und Agathon. Über die antiken Grundlagen von Anselm Feuerbachs ›Gastmahl des Plato‹. In: Zeitschrift für Kunstwissenschaft 14, S. 97–112

Muthmann, F., 1975. Mutter und Quelle. Studien zur Quellenverehrung im Altertum und Mittelalter. Basel/Mainz

Nash, S. A., 1978. David, Socrates and Caravaggism. A Source for David's ›Death of Socrates‹. In: Gazette des Beaux-Arts 91, S. 202–06

Neas, L., 1991. A Tainted Mantle. Hercules and the Classical Tradition at the Carolingian Court. Philadelphia

Neils, J., 1987. The Youthful Deads of Theseus. Rom

Neis, E., 1967. Interpretationen motivgleicher Werke der Weltliteratur. Von Aischylos bis Anouilh – von Shakespeare bis Brecht. Hollfeld

Néo-classicisme 1985. 1770–1830. Autour du néo-classicisme en Belgique. Cat. Musée d'Ixelles, Brüssel

Néraudau, J. P., 1986. L'Olympe du Roi-Soleil. Mythologie et idéologie royale au Grand Siècle. Paris

Neumann, G., 1986. Alkibiades. In: Archäologischer Anzeiger, S. 103–12

Neumeister, S., 1978. Mythos und Repräsentation. Die mythologischen Festspiele Calderóns. München

New Grove Dictionary of Music and Musicians, hg. von S. Sadie, 6. Aufl. (Bd. 1–20) London 1980

Newton, W., 1939. Le thème de Phèdre et d'Hippolyte dans la littérature française. Genf

Niccoli, G., 1989. Cupid, Satyr and the Golden Age: Pastoral Dramatic Scenes of the Late Renaissance. New York

Nicolai, P., 1919. Der Ariadne-Stoff in der Entwicklungsgeschichte der deutschen Oper. Eine musikkritische Betrachtung nebst einer Zusammenstellung von sämtlichen musikalischen Ariadnewerken der Welt. Diss. Rostock

Niemeyer, H. G., 1960. Promachos. Untersuchungen zur Darstellung der bewaffneten Athena in archaischer Zeit. Waldsassen

Nijstad, S., 1977. Het leven van Achilles door P. P. Rubens. In: Hermeneus 49, S. 176–85

Nilsson, M. P., 1957. The Dionysiac Mysteries of the Hellenistic and Roman Ages. Lund

Noble, P. (Hg.), 1982. The Medieval Alexander Legend and Romance Epic. Essay in Honour of David J. E. Ross. Milwood/London/Nadeln

Norton, D. S./P. Rushton, 1952. Classical Myths in English Literature. New York

Oberreuter-Kronabel, G., 1986. Der Tod des Philosophen. Untersuchungen zum Sinngehalt eines Sterbebildtypus der französischen Malerei in der zweiten Hälfte des 18. Jahrhunderts. München

Oliva, P., 1987. Solon – Legende und Wirklichkeit. Konstanz

Oppermann, H. (Hg.), 1983. Römische Wertbegriffe. Darmstadt

Ottani Cavina, A., 1982. Il Settecento e l'antico. In: Storia dell'arte italiana II.2. Turin, S. 599–660

Ottino della Chiesa, A., 1968. Il neoclassicismo nella pittura italiana dell'800. Mailand

Ottmer, H.-M., 1979. Die Rubikon-Legende. Boppard am Rhein

Otto, W. F., 1933. Dionysos. Mythos und Kultus. Frankfurt/M.

Otto, W. F., 1939. Der griechische Göttermythos bei Goethe und Hölderlin. Berlin

Otto, W. F., 1947. Die Götter Griechenlands. Das Bild des Göttlichen im Spiegel des griechischen Geistes. Frankfurt/M.

Overbeck, J., 1887–1889. Griechische Kunstmythologie. 3 Bde. Leipzig

Paardt, R. van der, 1979. Over de Griekse romans van Simon Vestdijk. Amsterdam

Paardt, R. van der, 1982. Antieke motieven in de Nederlandse letterkunde. Een eigentijdse Odyssee. Amsterdam

Panofsky, D., 1949. Narcissus and Echo. Notes on Poussin's Birth of Bacchus in the Fogg Museum of Art. In: Art Bulletin 31, S. 112–20

Panofsky, D./E. Panofsky, 1956. Pandoras Box. The Changing Aspects of a Mythical Symbol. London

Panofsky, E., 1930. Hercules am Scheidewege und andere antike Bildstoffe in der neueren Kunst. Leipzig

Panofsky, E., 1933. Der gefesselte Eros. Zur Genealogie von Rembrandts Danaë. In: Oud-Holland 50, S. 193–217

Panofsky, E., 1955. Meaning in the Visual Arts. New York

Panofsky, E. und D., 1958. The Iconography of the Galerie François Ier at Fontainebleau. In: Gazette des Beaux-Arts 52, S. 113–90

Panofsky, E., 1960. Renaissance and Renascences in Western Art. Stockholm

Panofsky, E., 1962. Studies in Iconology. Humanistic themes in the Art of Renaissance. 2. Aufl. New York.

Panofsky, E., 1969a. Problems in Titian, Mostly Iconographic. New York

Panofsky, E., 1969b. Tomb Sculpture. London/New York

Panofsky, E./F. Saxl, 1933. Classical Mythology in Medieval Art. In: Metropolitan Museum Studies IV, 2, S. 228–79

Parker, H. T., 1937. The Cult of Antiquity and the French Revolutionaries. Chicago

Pascal, C., 1923. Nerone nella storia aneddotica e nella leggenda. Mailand

Patzak, B., 1908. Die Renaissance und Barockvilla in Italien, III. Die Villa Imperiale in Pesaro. Pesaro

Peinture 1982. La peinture dans la peinture. Cat. Musée des Beaux-Arts, Dijon

Perikles 1974/75. H. Verdin u. a., Perikles-Sonderheft. In: Hermeneus 46, S. 189–292

Perret, J., 1942. Les origines de la légende troyenne de Rome. Paris

Peschlow-Bindokat, A., 1972. Demeter und Persephone in der attischen Kunst des 6. bis 4. Jahrhundert. In: Jahrbuch des Deutschen Archäologischen Instituts 87, S. 60–157

Peter, F., 1915. Der Hannibal-Stoff in der deutschen Literatur. Sternberg

Peters, W. J. T., 1976. The Sileni of Alcibiades. An Archaeological Commentary on Plato, Symposium 215 A–B. In: Festoen, opgedragen aan A. N. Zadoks-Josephus Jitta bij haar zeventigste verjaardag, Groningen/Bussum, S. 475–85

Pettinato, G., 1985. Semiramide. Mailand

Peyre, H., 1932. Bibliographie critique de l'hellenisme en France, de 1843 à 1870. New Haven

Pfeiff, K. A., 1943. Apollon. Frankfurt/M.

Pfeiff, R., 1990. Minerva in der Sphäre des Herrscherbildes. Von der Antike bis zur Französischen Revolution. Bonn

Pfister, F., 1976. Kleine Schriften zum Alexanderroman. Meisenheim am Glan

Philips, K. M., 1968. Perseus and Andromeda. In: American Journal of Archaeology 72, S. 1–23

Pichelt, M., 1949. Dionysos in der griechischen Vasenmalerei. Willbach/Heidelberg

Pigler, A., 1934. Valère Maxime et l'iconographie des temps modernes. In: Hommage à Alexis Petrovics, Budapest, S. 213–16

Pigler, A., 1938. Sokrates in der Kunst der Neuzeit. In: Die Antike 14, S. 281–94

Pigler, A., 1974. Barockthemen. Eine Auswahl von Verzeichnissen zur Ikonographie des 17. und 18. Jahrhunderts. 3 Bde. Budapest

Pinelli, A., 1984–86. Feste e Trionfi. Continuità e metamorfosi di un tema. In: Settis II, S. 281–350

Pinkwart, D., 1965. Das Relief des Archelaos von Priene und die ›Musen des Philiskos‹. Kallmünz

Pipers Enzyklopädie des Musiktheaters. Oper, Operette, Musical, Ballett, hg. von C. Dahlhaus und S. Döhring. München 1986 ff.

Pochat, G., 1967. Luca Signorelli's ›Pan‹ and the socalled ›Tarocchi de Mantegna‹. In: Kunsthistorisk Tidskrift 36, S. 92–105

Pochmarski, E., 1974. Das Bild des Dionysos in der Rundplastik der klassischen Zeit Griechenlands. Wien

Pocock, J. G. A., 1975. The Machiavellian Moment: Florentine Political Thought and the Atlantic Republican Tradition. Princeton

Poeschel, S., 1988. Alexander Magnus Maximus. Neue Aspekte zur Ikonographie Alexanders des Großen im Quattrocento. In: Römisches Jahrbuch für Kunstgeschichte 23–34, S. 61–74

Pötscher, W., 1987. Hera. Eine Strukturanalyse im Vergleich mit Athena. Darmstadt

Polak, B. H., 1948/49. De invloed van enige monumenten der oudheid op het classicisme van David, Ingres en Delacroix. In: Nederlands Kunsthistorisch Jaarboek I, S. 287–315

Posner, D., 1959. Charles Lebrun's ›Triumphs of Alexander‹. In: Art Bulletin 41, S. 237–48

Praz, M., 1930. La carne, la morte e il diavolo nella letteratura romantica. Florenz. (Engl. Übers.: The Romantic Agony. Oxford 1970)

Praz, M., 1964. Studies in Seventeenth-Century Imagery. Rom

Praz, M., 1970. Mnemosyne. The Parallel between Literature and the Visual Arts. London

Praz, M., 1974. Il gusto neoclassico. 3. Aufl. Mailand

Preiß, B., 1990. Laokoon im 18. Jahrhundert. Münster/Hamburg

Pressly, W. L., 1980/81. ›Antiochus and Stratonice‹. A copy after a lost painting by James Barry. In: Worcester Art Museum Journal 4, S. 12–27

Prigent, M., 1986. Le héros et l'Etat dans la tragédie de Pierre Corneille. Paris

Prins, N., 1931. De oorspronkelijke beteekenis van de Aegis. Amsterdam

Raab, I., 1972. Zu den Darstellungen des Parisurteils in der griechischen Kunst. Bern

Raeck, W., 1992. Modernisierte Mythen. Zum Umgang der Spätantike mit klassischen Bildthemen. Stuttgart

Raehs, A., 1990. Zur Ikonographie des Hermaphroditos. Begriff und Problem von Hermaphroditismus und Androgynie in der Kunst. Frankfurt/M.

Raggio, O., 1958. The Myth of Prometheus. Its Survival and Metamorphoses up to the Eighteenth Century. In: Journal of the Warburg and Courtauld Institutes 21, S. 44–62

Raschen, J. F. L., 1919/20. Earlier and Later Versions of the Friendship theme, I., Damon and Pythias. In: Modern Philology 17

Rawson, E., 1969. The Spartan Tradition in European Thought. Oxford

Rawson, P. B., 1987. The Myth of Marsyas in the Roman Visual Arts. An Iconographical Study. Oxford

Reinach, S., 1915a. Hippô. In: Comptes Rendus de l'Académie des inscriptions et des belles-lettres, S. 439–52

Reinach, S., 1915b. Essai sur la mythologie figurée et l'histoire profane dans la peinture italienne de la renaissance. In: Revuearchéologique 1, S. 94–171 (addendum R. C. Witt, ibid., 9 (1919) S. 173–78)

Reinhardt, K., 1939. Gyges und sein Ring. In: Europäische Revue 15/2, S. 384–91

Rens, L., 1979. Vondel en de klassieke mythologie. In: Hermeneus 51, S. 321–28

Rhétorique 1980. Rhétorique et histoire. L'›Exemplum‹ et le modèle de comportement dans le discours antique et mediéval. Rom

Ricci, C., 1904. Sophonisbe dans la tragédie classique italienne et française. Diss. Grenoble

Richter, J. P., 1933. ›The Family of Darius‹ by Paolo Veronese. In: Burlington Magazine 42, S. 181–83

Ridder, J. H. A., 1989. Gerechtigheidstaferelen voor Schepenhuizen in de Zuidelijke Nederlanden in de 14e, 15e en 16e eeuw. Brüssel

Riedel, V., 1984. Antikenrezeption in der Literatur der Deutschen Demokratischen Republik. Berlin

Riikonen, H., 1978. Die Antike im historischen Roman des 19. Jahrhunderts. Helsinki

Ristić, S., 1984. Mit i Umetnost. Leksikon. Belgrad

Rizzo, G. E., 1925/26. La ›Battaglia di Alessandro‹ nell'arte italica e romana. In: Bollettino d'arte 2e serie 5, S. 529–46

Robertson, J. G., 1924. The Gods of Greece in German Poetry. Oxford

Robinson, D., 1924. Sappho and her influence. Boston

Robinson, P., 1985. Opera & Ideas. New York

Roblot-Delondre, L., 1917–19. Les sujets antiques dans la tapisserie de la renaissance. In: Revue archéologique 5 (1917), S. 296–309; 7 (1918), S. 131–50; 9 (1919), S. 48–63; 10 (1919), S. 294–332

Rocca, E. La, 1985. Amazzonomachia. Le sculture frontonali del tempio di Apollo Sosiano. Rom

Rodney, N. B., 1952/53. The Judgment of Paris. In: Metropolitan Museum of Art Bulletin 11, S. 57–67

Röhrich, L., 1962. Die mittelalterlichen Redaktionen des Polyphem-Märchens und ihr Verhältnis zur außerhomerischen Tradition. In: Fabula 5, S. 48–71

Röttenbacher, L., 1908. Die französischen Virginiadramen, mit Einschluß derjenigen des Montiano, Alfieri und v. Ayrendorff. Diss. München

Ronen, A., 1974. Storie de ›fatti de romani‹: Christofano Gherardi and Polidoro da Caravaggio. In: Storia dell'arte 20, S. 5–17

Roscher, W. M. (Hg.), 1884–1937. Ausführliches Lexikon der griechischen und römischen Mythologie. 10 Bde. Leipzig

Rose, H. J., 1959. A Handbook of Greek Mythology. New York

Rosenberg, P., 1965. Le Départ de Régulus pour Carthage par J.-A. Pajou. In: La Revue du Louvre et des Musées de France 15, S. 81–84

Rosenberg P./N. Butor, 1973. La ›Mort de Germanicus‹ de Poussin du Musée de Minneapolis. Cat. Musée du Louvre, Paris

Rosenblum, R., 1957. The origin of painting, a problem in the iconography of romantic classicism. In: Art Bulletin 39, S. 279–90

Rosenblum, R., 1965. On a painting of Milon of Crotona. In: Essays in honour of W. Friedlaender. New York, S. 147–51

Rosenblum, R., 1970. A source for David's Horatii. In: Burlington Magazine 112, S. 269–73

Rosenblum, R., 1974. Transformations in Late Eigtheenth Century Art. Princeton

Rosenblum, S., 1961. Gavin Hamilton's Brutus and its aftermath. In: Burlington Magazine 103, S. 8–16

Ross, D. J. A., 1963. Alexander Historiatus. A Guide to Medieval Illustrated Alexander Literature. London (= Frankfurt/M. 1988)

Ross, D. J. A., 1971. Illustrated Medieval Alexander-Books in Germany and the Netherlands. A Study in Comparative Iconography. Cambridge

Ross, D. J. A., 1985. Studies in the Alexander Romance. London

Ross, W., 1938. Das Bild der römischen Kaiserzeit in der französischen Literatur des 19. Jahrhunderts. Bochum-Langendreer

Rowland jr., B., 1963. The Classical Tradition in Western Art. Cambridge, Mass.

Rubensohn, W. Z., 1983. Der Spartakus-Aufstand und die sowjetische Geschichtsschreibung. Konstanz

Rubin, J. H., 1973. Oidipus, Antigone and Exiles in Post-Revolutionary French Painting. In: Art Quarterly 36, S. 141–71

Rubinstein, N., 1958. Political Ideas in Sienese Art: The Frescos by Ambrogio Lorenzetti and Taddeo di Bartolo in the Palazzo Pubblico. In: Journal of the Warburg and Courtauld Institutes 21, S. 179–207

Rubinstein, N., 1987. Classical themes in the decoration of the Palazzo Vecchio in Florence. In: Journal of the Warburg and Courtauld Institutes 50, S. 29–43

Rüdiger, H., 1933. Sappho. Ihr Ruf und Ruhm bei der Nachwelt. Leipzig

Rütten, T., 1992. Demokrit – Lachender Philosoph und sanguinischer Melancholiker. Leiden

Rumpf, A., 1939. Die Meerwesen auf den antiken Sarkophagreliefs. Berlin

Saccio, P., 1969. The Court Comedies of John Lyly. A Study in Allegorical Dramaturgy. Princeton

Salmi, M., 1919. Gli affreschi del Palazzo Trinci a Foligno. In: Bollettino d'Arte 13, S. 139–80

Sanford, E. M., 1944. The Study of Ancient History in the Middle Ages. In: Journal of the History of Ideas 5, S. 21–43

Saslow, J. M., 1986. Ganymede in the Renaissance. Homosexuality in Art and Society. New Haven/London

Saunier, C., 1905. La ›Mort de Sénèque‹ par Louis David. In: Gazette des Beaux-Arts 23, S. 233–36

Saxl, F., 1927. Antike Götter in der Spätrenaissance. Ein Freskenzyklus und ein Discorso des Jacopo Zucchi. Leipzig

Saxl, F., 1970. A Heritage of Images. A Selection of Lectures by Fritz Saxl. Harmondsworth

Schachermeyer, F., 1950. Poseidon und die Entstehung des griechischen Götterglaubens, Bern

Schaefer, S. J., 1979. The Studiolo of Francesco I De'Medici in the Palazzo Vecchio in Florence. Ann Arbor (Diss. Bryn Mawr 1976)

Schamp, J., 1976. Sous le signe d'Arion. In: L'Antiquité Classique 45, S. 95–120

Schauenburg, K., 1957. Zu Darstellungen aus der Sage des Admet und des Kadmos. In: Gymnasium 64, S. 210–30

Schauenburg, K., 1960. Perseus in der Kunst der Antike. Diss. Bonn

Schauenburg, K., 1966. Die Lupa Romana als sepulkrales Motiv. In: Jahrbuch des deutschen Archäologischen Institutes 81, S. 261–309

Schefold, K., 1964. Frühgriechische Sagenbilder. München

Schefold, K., 1978. Götter- und Heldensagen der Griechen in der spätarchaischen Kunst. München

Schefold, K., 1981. Die Göttersage in der klassischen und hellenistischen Kunst. München

Schefold, K., 1987. Die Urkönige Perseus, Bellerophon, Herakles und Theseus in der klassischen und hellenistischen Kunst. München

Schefold, K./F. Jung, 1989. Die klassischen und hellenistischen Bilder der Sagen von den Argonauten, von Theben und Troja. München

Scheiner, P. W., 1964. Oedipusstoff und Oedipusmotive in der deutschen Literatur. Diss. Wien

Scheller, R. W., 1962. ›Uomini Famosi‹. In: Bulletin van het Rijksmuseum 10, S. 56–67

Schenkeveld-van der Dussen, M. A., 1975. Cupido in de Nederlandse letterkunde van de Renaissance. In: Hermeneus 47, S. 82–93

Scherer, M., 1963. The Legends of Troy in Art and Literature. New York/London 1963

Scherer, M., 1966–67. Helen of Troy. In: Metropolitan Museum of Art. Bulletin 25, S. 367–83

Schevenhels, L., 1951. Rubricering van Noord- en Zuid-Nederlandse historische romans en novellen naar periodes en figuren. Antwerpen

Schiffler, B., 1976. Die Typologie des Kentauren in der antiken Kunst vom 10. bis zum Ende des 4. Jahrhunderts v. Chr. Frankfurt/M.

Schilling, R., 1982. La réligion romaine de Vénus depuis les origines jusqu'au temps d'Auguste. Paris

Schindel, U., 1963. Demosthenes im 18. Jahrhundert. München

Schlosser, J. von, 1895. Ein Veronesisches Bilderbuch und die höfische Kunst des XIV. Jahrhunderts. In: Jahrbuch der kunsthistorischen Sammlungen des Allerhöchsten Kaiserhauses 16, S. 144–230

Schmid, H. A., 1896. Die Gemälde von Hans Holbein d. J. im Basler Großratsaale. In: Jahrbuch der Königlichen Preußischen Kunstsammlungen 17, S. 73–96

Schmidt, H. A., 1936. Die Wandgemälde im Festsaal des Klosters St. Georgen in Stein am Rhein. Frauenfeld

Schmidt, M., 1968. Der Basler Medeasarkophag. Tübingen

Schmidt, V. M., 1995. A Legend and its Image: The Aerial Flight of Alexander the Great in Medieval Art. Groningen

Schmitt, A., 1974. Zur Wiederbelebung der Antike im Trecento: Petrarcas Rom-Idee und ihre Wirkung auf die Paduaner Malerei. Eine methodische Einbeziehung des römischen Münzbildnisses in die Ikonographie ›Berühmter Männer‹. In: Mitteilungen des Kunsthistorischen Institutes in Florenz 18, S. 199–218

Schmitt, S., 1993. Diogenes: Studien zu seiner Ikonographie in der niederländischen Emblematik und Malerei des 16. und 17. Jahrhunderts. Hildesheim

Schmitt-von Mühlenfels, F., 1972. Pyramos und Thisbe. Rezeptionstypen eines Ovidischen Stoffes. Heidelberg

Schneider, H., 1925. Govert Flinck en Jurriaen Ovens in het Stadhuis te Amsterdam. In: Oud-Holland 42, S. 214–23

Schneider, H., 1926. Ferdinand Bol als Monumentalmaler im Amsterdamer Stadthaus. In: Jahrbuch der Preußischen Kunstsammlungen 47, S. 73–86

Schneider, M., 1987. Pygmalion-Mythos des schöpferischen Künstlers. Zur Aktualität eines Themas in der französischen Kunst von Falconet bis Rodin. In: Pantheon 45, S. 111–23

Schneider, R., 1912. Le mythe de Psyché dans l'art français depuis la Revolution. In: Revue de l'art ancien et moderne 32, S. 241–54 und 363–78

Schoeller, F. M., 1969. Darstellungen des Orpheus in der Antike. Diss. Freiburg

Schöne, A., 1987. Der Thiasos. Eine ikonographische Untersuchung über das Gefolge des Dionysos in der attischen Vasenmalerei des 6. und 5. Jahrhunderts v. Chr. Göteborg

Scholte, A., 1941–42. Pyramus en Thisbe in poëzie en beeldende kunst van later eeuwen. In: Hermeneus 14, S. 203–08

Scholtze, J., 1949. Der Charakter des Agamemnon von Homer bis Euripides. Oxford

Schouten, J., 1967. The Rod and Serpent of Asklepios. Symbol of medicine. Amsterdam/London/New York

Schreiber, U., 1988. Die Kunst der Oper. Geschichte des Musiktheaters. 2 Bde. Frankfurt/M.

Schrijvers, P. H., 1985. Lucretia. 2000 jaar verkrachting – zelfmoord – revolutie. In: Revisor 12, S. 26–30

Schroeder, H., 1971. Der Topos der Nine Worthies in Literatur und bildender Kunst. Göttingen

Schröter, E., 1977. Die Ikonographie des Thema Parnass vor Raffael. Die Schrift- und Bildtraditionen von der Spätantike bis zum 15. Jahrhundert. Hildesheim/New York

Schubert, D., 1971. Halbfigurige Luctretia-Tafeln der 1. Hälfte des 16. Jahrhunderts in den Niederlanden. In: Jahrbuch des Kunsthistorischen Instituts der Universität Graz 6, S. 99–110

Schubring, P., 1915–23. Truhen und Truhenbilder der italienischen Frührenaissance. Ein Beitrag zur Profanmalerei im Quattrocento. 3 Bde. Leipzig

Schuchhardt, C., 1897. Sodomas Lukrezia im Kestner Museum zu Hannover. In: Jahrbuch der Königlichen Preußischen Kunstsammlungen 18, S. 205–16

Schuckert, L., 1989. Citoyen Brutus. Aktualisierungen der Antike in der Französischen Revolution. In: Der Altsprachliche Unterricht 4, S. 5–21

Schürmann, W., 1985. Untersuchungen zu Typologie und Bedeutung der stadtrömischen Minerva-Kultbilder. Rom

Schulte van Kessel, E., 1992. Image and Blindfold. ›Roman Charity‹ and the Piety of Christine de Pizan. In: The Power of Imagery, hg. von P. van Kessel. Rom, S. 175–82

Schwarz, G., 1987. Triptolemos. Ikonographie einer Agrar- und Mysteriengottheit. Graz

Schwarzenberg, E., 1966. Die Grazien. Bonn

Schwarzenberg, E., 1975. Zum Alexander Rondanini oder Winckelmann und Alexander. In: Wandlungen. Studien zur antiken und neueren Kunst. (Festschrift E. Homann-Wedekind) Waldsassen, S. 163–88

Sckommodan, H., 1970. Pygmalion bei Franzosen und Deutschen im 18. Jahrhundert. Wiesbaden

Scott, J. B., 1982. Allegories of Divine Wisdom in Italian Baroque Art. Diss. New Brunswick

Search 1980. The Search for Alexander the Great. Cat. National Gallery of Art, Washington

Séchan, L., 1967. Etudes sur la tragédie grècque dans ses rapports avec la céramique. Paris

Seicento 1988. Seicento. Le siècle de Caravage dans les collections françaises. Cat. Grand Palais, Paris

Seiterle, G., 1973. Artemis, die Große Göttin von Ephesos. In: Antike Welt 10, Nr. 3, S. 3–16

Settis, S. (Hg.), 1984–86. Memoria dell'antico nell'arte italiana. 3 Bde. Turin

Settis Frugoni, C., 1970. An ›Ascent of Alexander‹. In: Journal of the Warburg and Courtauld Institutes 33, S. 305–07

Settis Frugoni, C., 1973. Historia Alexandri elevati per griphos ad aerem. Origine iconografica e fortuna di un tema. Rom

Seznec, J., 1940. La survivance des dieux antiques Essai sur le rôle de la mythologie dans l'humanisme et l'art de la Renaissance. (Studies of the Warburg Institute 11) London

Seznec, J., 1950. Diderot et Phryné. In: Gazette des Beaux-Arts 37, S. 325–30

Seznec, J., 1957a. Essays sur Diderot et l'Antiquité. Oxford

Seznec, J., 1957b. Diderot and ›The Justice of Trajan‹. In: Journal of the Warburg and Courtauld Institutes 20, S. 106–11

Seznec, J., 1965. Falconet, Diderot et le bas-relief. In: Walter Friedländer zum 90. Geburtstag. Berlin, S. 151–57

Shapley, F. R., 1974. Tiepolo's Zenobia Cycle. In: Hortus imaginum. Essays in Western Art, hg. von R. Enggass und M. Stokstad. Lawrence Kansas, S. 193–98

Sheard, W. S., 1979. Antiquity in the Renaissance. Ausstellungskatalog, Northampton, Mass.

Shepard, K., 1940. The Fish-Tailed Monster in Greek and Etruscan Art. New York

Sichtermann, H., 1953. Ganymed. Mythos und Gestalt in der antiken Kunst. Berlin

Sichtermann, H., 1976. Der schlafende Ganymed. In: Gymnasium 83, S. 534–50

Siefert, H., 1988. Themen aus Homers Ilias in der französischen Kunst (1750–1831). München

Simon, E., 1953. Opfernde Götter, Berlin

Simon, E., 1957. Die Geburt der Aphrodite. Berlin

Simon, E., 1985. Die Götter der Griechen. 3. Aufl. Frankfurt/M.

Simon, E., 1986. Augustus. Kunst und Leben in Rom um die Zeitenwende. München

Simon, E., 1990. Die Götter der Römer. München

Simon, K., 1948. Abendländische Gerechtigkeitsbilder. Frankfurt/M.

Simon, M., 1955. Hercule et le Christianisme. Straßburg

Simson, O. von, 1977. Gerard Davids Gerechtigkeitbild und der spätmittelalterliche Humanismus. In: Festschrift W. Braunfels, Tübingen, S. 349–56

Siple, E. S., 1930. Some recently identified tapestries in the Gardner Museum in Boston. In: Burlington Magazine 57, S. 236–42

Sizoo, A., 1957–58. Een antieke Maria van Reigersberch. In: Hermeneus 29, S. 182–84

Skinner, B., 1959. Some Aspects of the Works of Nathaniel Dance in Rome. In: Burlington Magazine 101, S. 346–49

Slothouwer, D. F., (um 1945). De paleizen van Frederik Hendrik. Leiden o. J.

Sluijter, E. J., 1980. Een zaalbeschildering van Gerard Hoet in ›De Slangenburg‹. De liefdesgeschiedenis van Aeneas en Dido. In: Nederlands Kunsthistorisch Jaarboek 31, S. 299–316

Sluijter, E. J., 1982. Onderwerpen uit de Aeneis in de Noord-Nederlandse schilderkunst van de zeventiende en eerste helft achttiende eeuw. In: Hermeneus 54, S. 314–29

Sluijter, E. J., 1986. De Heydensche Fabulen in de Noordnederlandse schilderkunst circa 1590–1670. Een proeve van beschrijving en interpretatie van schilderijen met verhalende onderwerpen uit de klassieke mythologie. Diss. Leiden

Small, J. P., 1981. Studies Related to the Theban Cycle on Late Etruscan Urns. Rom

Small, J. P., 1982. Cacus and Marsyas in Etrusco-Roman Legend. Rom

Smit, W. A. P., 1975. Kalliope in de Nederlanden. Het renaissancistisch-klassicistische epos van 1550 tot 1850. 2 Bde. Assen

Smith, A. D., 1979. The ›historical revival‹ in late 18th-century England and France. In: Art History 2, S. 156–79

Snoep, D. P., 1970. Gérard Lairesse als plafond- en kamerschilder. In: Bulletin van het Rijksmuseum 18, S. 159–220

Snoep, D. P., 1975. Praal en propaganda. Triumphalia in de noordelijke Nederlanden in de 16e en 17e eeuw. Alphen aan den Rijn

Söldner, M., 1986. Untersuchungen zu liegenden Eroten in der hellenistischen und römischen Kunst. Frankfurt/M.

Solomon, J., 1978. The Ancient World in the Cinema. South Brunswick

Southard, E. C., 1979a. Simone Martini's Lost Marcus Regulus. A Document Rediscovered and a Subject Clarified. In: Zeitschrift für Kunstgeschichte 42, S. 217–19

Southard, E. C., 1979b. The Frescoes in Siena's Palazzo Pubblico 1289–1539. New York/London

Speck, H., 1906. Katilina im Drama der Weltliteratur. Ein Beitrag zur vergleichenden Stoffgeschichte des Römerdramas. Leipzig

Spector, J. J., 1974. Delacroix: The Death of Sardanapalus. London

Spotorno, I., 1930. Andromaca nella letteratura e nell'arte greca e latina. Palermo

Sprigath, G., 1968. Themen aus der Geschichte der römischen Republik in der französischen Malerei des 18. Jahrhunderts. Ein Beitrag zur Ikonographie des 18. Jahrhunderts. München

Stachel, P., 1907. Seneca und das deutsche Renaissancedrama. Studien zur Literatur- und Stilgeschichte des 16. und 17. Jahrhunderts. (Palaestra 46) Berlin

Stackelberg, J. von, 1960. Tacitus und die Bühnendichtung der französischen Klassik. In: Germanisch-Romanische Monatsschrift 41 (= Neue Folge 10), S. 386–400

Stackmann, K., 1949/50. Senecas Agamemnon. Untersuchungen des Agamemnon-Stoffes nach Aischylos. In: Classica et Medievalia II. Kopenhagen

Stanford, W. B., 1954. The Ulysses Theme. A Study in the Adaptability of a Traditional Hero. Oxford

Stanford, W. B./J. V. Luce, 1974. The Quest for Ulysses. London

Starobinski, J., 1979. 1789. Les emblèmes de la Raison. Paris

Stechow, W., 1929. Römische Gerichtsdarstellungen von Rembrandt und Bol. In: Oud Holland 46, S. 134–39

Stechow, W., 1932. Apollo und Daphne. Leipzig/Berlin

Stechow, W., 1940–41. The Myth of Philemon and Baucis in Art. In: Journal of the Warburg and Courtauld Institutes 4, S. 103–13

Stechow, W., 1945. ›The Love of Antiochus with Faire Stratonica‹. In: Art Bulletin 27, S. 221–37

Stechow, W., 1951. ›Lucretiae Statua‹. In: Festschrift G. Swarzenski, Berlin, S. 114–24

Stechow, W., 1963. The Finding of Erichthonius. In: Studies in Western Art. Acts of the Twentieth International Congress of the History of Art. Princeton, N. J., Bd. 3, S. 27–35

Steiner, G., 1984. Antigones. Oxford

Stieger, F., 1975–83. Opernlexikon, Teil I–IV. Tutzing

Stierle, K., 1972. L'Histoire comme Exemple. L'Exemple comme Histoire. In: Poétique 3, S. 176–98

Storost, J., 1935. Studien zur Alexandersage in der älteren italienischen Literatur. Untersuchungen und Texte. Halle

Strich, F., 1910. Die Mythologie in der deutschen Literatur von Klopstock bis Wagner. 2 Bde. Halle

Strong, R., 1984. Art and Power. Renaissance Festivals 1450–1650. Woodbridge

Stuveras, R., 1969. Le putto dans l'art romain. Brüssel

Suter, P., 1975. Das Harmodiosmotiv. Diss. Basel

Tervarent, G. de, 1958. Attributs et symboles dans l'art profane, 1450–1600. Dictionnaire d'un langage perdu. Genf

Thiel, J. H., 1950–51. Robert Graves en de historische Claudius. In: Hermeneus 21, S. 141–69

Thiel, P. P. J. van/H. Miedema, 1978. De grootmoedigheid van Scipio, een schilderij van Karel van Mander uit 1600. In: Bulletin van het Rijksmuseum 26, S. 51–59

Thoenes, C., 1977. Zu Raffaels Galatea. In: Festschrift Otto von Simson. Frankfurt/M., S. 220–72

Tomasi Vell, S., 1991. L'iconografia del ›Ratto delle Sabine‹. In: Prospettiva 63, S. 17–39

Toro 1991. Il Toro Farnese. La ›montagna di marmo‹ tra Roma e Napoli. Neapel

Touchefeu-Meynier, O., 1968. Thèmes odysséens dans l'antiquité. Paris

Tournoy, G. (Hg.), 1977. Boccaccio in Europe. Proceedings of the Boccaccio Conference. Leuven

Traeger, J., 1985. Napoleon, Trajan, Heine. Imperiale Staatsmalerei in Frankreich. In: Das antike Rom in Europa. Die Kaiserzeit und ihre Nachwirkungen, hg. von H. Bunger. Regensburg, S. 141–206

Traub, W., 1938. Auffassung und Gestaltung der Cleopatra in der englischen Literatur. Würzburg

Triumph 1987–88. Triumph und Tod des Helden. Europäische Historienmalerei von Rubens bis Manet. Kat. Wallraf-Richartz Museum, Köln

Trousson, R., 1964. Le thème de Prométhée dans la littérature européenne. 2 Bde. Genf

Trousson, R., 1967. Socrate devant Voltaire, Diderot et Rousseau: la conscience en face du mythe. Paris.

Tschiedel, H. J., 1969. Phaedra und Hippolytus. Variationen eines tragischen Konfliktes. Diss. Erlangen/Neurenberg

Tümpel, C., 1974. The Iconography of the Pre-Rembrandtists. In: The Pre-Rembrandtists. Ausstellungskatalog, Sacramento

Türr, K., 1979. Zur Antikenrezeption in der französischen Skulptur des 19. und 20. Jahrhunderts. Berlin

Turner, J. H., 1977. The Myth of Icarus in Spanish Renaissance Poetry. London

Tyrell, W. B., 1984. Amazons: A Study in Athenian Mythmaking. Baltimore/London

Vannugli, A., 1988. Una ›Vestale Tuccia‹. ›Pudicitiae Testimonium‹ del Moretto in Palazzo Taverna a Roma. In: Bollettino d'Arte 47, S. 85–89

Velden, H. van der, 1995a. Cambyses for Example: The Origins and Functions of an ›examplum iustitiae‹ in Netherlandish Art of the fifteenth, sixteenth and seventeenth Centuries, Simiolus 23, S. 5–39

Velden, H. van der, 1995b. Cambyses Reconsidered: Gerard David's ›exemplum iustitiae‹ for Bruges Town Hall, Simiolus 23, S. 40–62

Veldman, I. M., 1977. Maarten van Heemskerck and Dutch Humanism in the Sixteenth Century. Maarssen

Verbrugge, F., 1978. Eros gestoken. In: Hermeneus 50, S. 361–72; 422–31

Die Verführung der Europa. Ausstellungskatalog Berlin 1988. Frankfurt/M.

Verheyen, E., 1966. Correggio's ›Amori di Giove‹. In: Journal of the Warburg and Courtauld Institutes 29, S. 160–92

Verheyen, T. E., 1977. The Palazzo del Te in Mantua. Images of Love and Politics. Baltimore/London

Verhoeven, P., 1986. Civilis en de Bataven: symbool van Hollands patriottisme. In: Hermeneus 58, S. 32–40

Vermeule, C. C., 1964. European Art and the Classical Past. Cambridge, Mass.

Vermeule, C. C., 1964a, Aphrodisiaca: Satyr, Maenad and Eros. In: Festschrift Karl Lehmann. New York, S. 359–74

Vermeule, C. C., 1964b. European Art and the Classical Past. Cambridge, Mass.

Vernant, J.-P., 1974. Mythe et société en Grèce ancienne. Paris

Vernant, J.-P./P. Vidal-Nacquet, 1972. Mythe et tragédie en Grèce ancienne. Paris

Versyp, J., 1974. De Alexander- en Aeneas-tapijten te Fabriano. In: Artes textiles 8, S. 71–86

Vertova, L., 1972. La visita del medico. Osservazioni su alcuni dipinti di Bonifazio de' Pitati. In: Mitteilungen des Kunsthistorischen Institus in Florenz 16, S. 175–84, 336

Vertova, L., 1979. The Tale of Cupid and Psyche in Renaissance Painting before Raphael. In: Journal of the Warburg and Courtauld Institutes 42, S. 104–21

Vian, F., 1951. Répertoire des Gigantomachies figurées dans l'art grec et romain. Paris

Villey, P., 1933. Les Sources et l'Evolution des Essais de Montaigne, Paris

Vinge, L., 1967. The Narcissus Theme in Western European Literature up to the Early 19th Century. Lund

Virgilio 1981. Virgilio nell'arte e nella cultura europea. Ausstellungskatalog, Rom.

Vitzthum, W., 1966. La Galerie de l'Hôtel de la Vrillière. In: L'oeil 144, S. 24–30

Vivier, R., 1962. Frères du ciel. Quelques aventures poétiques d'Icare et de Phaéton. Brüssel

Vogel, G., 1972. Der Mythos von Pandora. Die Rezeption eines griechischen Sinnbildes in der deutschen Literatur. Hamburg

Vogel, M., 1978. Chiron der Kentaur mit der Kithara. 2 Bde. Bonn

Vojatzi, M., 1982. Frühe Argonautenbilder. Würzburg

Vollkommer, R., 1988. Herakles in the Art of Classical Greece. Oxford

Volpilhac-Auger, C., 1985. Tacite et Montesquieu. Oxford

Vossen, C., 1961. Der Wandel des Aeneasbildes im Spiegel der englischen Literatur. Diss. Bonn

Waal, H. van de, 1973–85. ICONCLASS. An iconographic classification system. Edited by L. D. Couprie e. a. 17 Bde. Amsterdam

Waele, F. J. M. de, 1927. The Magic Staff or Rod in Graeco-Italian Antiquity. Genf

Walch, P. S., 1967. Charles Rollin and early neoclassicism. In: Art Bulletin 49, S. 123–26

Walch, P. S., 1968. Cleopatra before August. In: Register of the Museum of Art. University of Kansas Lawrence, Kansas III, 10, S. 20–27

Walker, D. P., 1953. Orpheus the Theologian and Renaissance Platonists. In: Journal of the Warburg and Courtauld Institutes 16, S. 100–20

Wallace, R. W., 1967. Salvator Rosa's Death of Atilius Regulus. In: Burlington Magazine 109, S. 395–97

Wallace, R. W., 1968. Salvator Rosa's ›Democritus‹ and ›L'umana fragilità‹. In: Art Bulletin 50, S. 21–32

Walter, H., 1971. Griechische Götter. Ihr Gestaltwandel aus den Bewußtseinsstufen des Menschen dargestellt an den Bildwerken. München

Walter, H., 1980. Wiederkehr. Der Gott der griechischen Wildnis. München/Zürich

Walterko, J. T., 1927. L'exemplum dans la littérature réligieuse et didactique du Moyen-Age. Paris

Walton, G., 1965. The Lucretia panel in the Isabella Stuart Gardner Museum in Boston. In: Essays in Honour of Walter Friedlaender. New York, S. 177–86

Warburg, A., 1932. Luftschiff und Tauchboot in der mittelalterlichen Vorstellungswelt. In: Gesammelte Schriften I. Leipzig, S. 241–49

Ward, A. G., u. a., 1970. The Quest for Theseus. London

Warden, J. (Hg.), 1982. Orpheus. The Metamorphoses of a Myth. Toronto/Buffalo/London

Warners, J. D. P./L. P. Rank, 1968. Bacchus. Zijn leven verteld en verklaard door dichters, mythografen en geleerden. Amsterdam

Warners, J. D. P./L. P. Rank, 1971. Bacchus. Lyrisch leesboek over de god Bacchus. Amsterdam

Waterhouse, E. K., 1954. The British Contribution to the Neo-Classical Style in Painting. In: Proceedings of the British Academy 40, S. 57–74

Weber, I., 1975. Deutsche, niederländische und französische Renaissanceplaketten, 1500–1650. Modelle für Reliefs an Kult-, Prunk- und Gebrauchsgegenständen. 2 Bde. München

Webster, T. B. L., 1966. The Myth of Ariadne from Homer to Catullus. In: Greece and Rome 13, S. 22–31

Webster, T. B. L., 1967. Monuments Illustrating Tragedy and Satyr Play. 2. Aufl. London

Webster, T. B. L., 1978. Monuments Illustrating Old and Middle Comedy. 3. Aufl. London

Weese, A., 1911. Die Caesarteppiche im Historischen Museum zu Bern. Bern

Wegner, M., 1966. Die Musensarkophage. Berlin

Weis, A., 1992. The Hanging Marsyas and its Copies. Rom

Weisbach, W., 1928. Der sogenannte Geograph von Velazquez und die Darstellungen des Demokrit und Heraklit. In: Jahrbuch der Preußischen Kunstsammlungen 49, S. 141–58

Weiss, R., 1969. The Renaissance Discovery of Classical Antiquity. Oxford

Weitzmann, K., 1951. Greek Mythology in Byzantine Art. Princeton

Welles, M. L., 1986. Arachne's Tapestry. The transformation of myth in seventeenth-century Spain. San Antonio

Wickhoff, F., 1902. Venezianische Bilder. In: Jahrbuch der Königlichen Preußischen Kunstsammlungen 23, S. 118–23

Wiebenson, D., 1964. Subjects from Homer's Iliad. In: Art Bulletin 46, S. 23–37

Wiegel, R./W. Woesler (Hg.), 1995. Arminius und die Varusschlacht. Geschichte – Mythos – Literatur. Paderborn/München/Wien/Zürich

Wiemann, E., 1986. Der Mythos von Niobe und ihren Kindern. Worms

Willemsen, F., 1956. Aktaionbilder. In: Jahrbuch des Deutschen Archäologischen Instituts 71, S. 29–58

Willers, D., 1987. Antike in der Belletristik des 20. Jahrhunderts. Eine Dokumentation. In: Hefte des Archäologischen Seminars der Universität Bern 12, S. 21–39

Wilson, A./J. Lancaster Wilson, 1984. A Medieval Mirror. Speculum humanae salvationis 1324–1500. Berkeley/Los Angeles/London

Wind, E., 1937–38. The Christian Democritus. In: Journal of the Warburg Institute 1, S. 180–82

Wind, E., 1938–39. The Revolution of History Painting. In: Journal of the Warburg Institute 2, S. 116–27

Wind, E., 1946. Bellini's Feast of the Gods. A Study in Venetian Humanism. Cambridge, Mass.

Wind, E., 1958. Pagan Mysteries in the Renaissance. London

Winner, M., 1970. Cosimo il Vecchio als Cicero. Humanistisches in Franciabigios Fresko zu Poggio a Caiano. In: Zeitschrift für Kunstgeschichte 33, S. 261–97

Winner, M., 1974. Zum Nachleben des Laokoon in der Renaissance. In: Jahrbuch der Berliner Museen 16, S. 83–121

Winternitz, E., 1979. Musical Instruments and their Symbolism in Western Art. Studies in Musical Iconology. New Haven/London

Witt, R., 1971. The Rebirth of the Concept of Republican Liberty. In: Renaissance. Studies in Honour of Hans Baron. Illinois, S. 175–99

Wittkower, R., 1977. Allegory and the Migration of Symbols. Boulder/London

Witzmann, P., 1964. Antike Tradition im Werk Bertolt Brechts. Berlin

Woodford, S., 1993. The Trojan War in Ancient Art. London

Woodward, J. M., 1937. Perseus. A Study in Greek Art and Legend. Cambridge

Wünsch, W., 1949. Das Bild des Cato von Utica in der Literatur der neronischen Zeit. Diss. Marburg

Wünsche, R., 1982. ›Marius‹ und ›Sulla‹. Untersuchungen zu republikanischen Porträts und deren neuzeitlichen Nachahmungen. Münchener Jahrbuch der bildenden Kunst 33, S. 7–38

Wyss, R. L., 1957a. Die Caesarteppiche und ihr ikonographisches Verhältnis zur Illustration der ›Faits des Romains‹ im 14. und 15. Jahrhundert. Diss. Bern

Wyss, R. L., 1957b. Die Neun Helden. Eine ikonographische Studie. In: Zeitschrift für Schweizerische Archäologie und Kunstgeschichte 17, S. 73–106

Yalouris, N., 1977. Pegasus. The Art of the Legend. Athen (Frankfurt/M. 1987)

Yates, F. A., 1975. Astraea. The Imperial Theme in the Sixteenth Century. London

Yavetz, Z., 1983. Julius Caesar and his Public Image. London

Ysselsteyn, G. T. van, 1969. The most expensive industry of the 15th and 16th centuries. A renewed research into technique, origin and iconography. Den Haag

Zahn, E., 1983. Europa und der Stier. Würzburg

Zanker, P., 1965. Die Wandlung der Hermesgestalt in der attischen Vasenmalerei. Bonn

Zanker, P., 1968. Forum Augustum. Tübingen

Zanker, P., 1987. Augustus und die Macht der Bilder. München

Zeitler, R., 1954. Klassizismus und Utopia. Interpretationen zu Werken von David, Canova, Carstens, Thorwaldsen, Koch. Stockholm

Zeitler, R., 1963. Französische Historienmalerei um 1800. Uppsala

Zielinski, T., 1912. Cicero im Wandel der Jahrhunderte. 3. Aufl. Leipzig/Berlin

Zilliacus, E., 1908/09, Die Sage von Gyges und Kandaules bei einigen modernen Dichtern (Öfversigt af Finska Vetenskapssocietetens förhandlingar 51). Helsingfors

Zimmermann, C., 1993. Der Antigone-Mythos in der antiken Literatur und Kunst. Tübingen

Wörterbuch der Antike
Begründet von Hans Lamer. Fortgeführt von Paul Kroh
In rund 3000 Stichwortartikeln mit Literaturangaben vermittelt dieses bewährte Wörterbuch ein umfassendes Bild der antiken Kultur und ihres Fortwirkens bis zur Gegenwart.
Kröners Taschenausgabe 96
10. Auflage 1995. XII, 832 Seiten. Leinen
ISBN 3-520-09610-2

Elisabeth Frenzel · Stoffe der Weltliteratur
Dieses Standardwerk verfolgt die immer wieder von Dichtern behandelten literarischen Stoffe wie Hamlet, Faust, Amphitryon, Antigone oder Don Juan an ihren dichterischen Verwirklichungen und untersucht den jedem Stoff eigenen poetischen Gehalt.
Kröners Taschenausgabe 300
9., überarb. und erw. Auflage 1998. XVI, 933 Seiten. Leinen
ISBN 3-520-30009-5

Martin Bocian · Lexikon der biblischen Personen
Mit ihrem Fortleben in jüdischer, christlicher und islamischer Tradition sowie in Dichtung, Musik und Kunst
Unter Mitarbeit von Ursula Kraut und Iris Lenz
Die etwa 200 wichtigsten Personen aus Altem und Neuem Testament werden hier mit ihrer biblischen Legende und mit ihrem weitgefächerten Nachleben vorgestellt.
Kröners Taschenausgabe 460
1989. X, 510 Seiten. Leinen
ISBN 3-520-46001-7

J. Jahn, W. Haubenreißer · Wörterbuch der Kunst
Über 3000 Stichwortartikel geben Auskunft zu Fragen aus dem Gebiet der bildenden Kunst von der Steinzeit bis zur Gegenwart.
Kröners Taschenausgabe 165
12. Auflage 1995. X, 937 Seiten, 219 Abbildungen. Leinen
ISBN 3-520-16512-0

Herodot · Historien

Deutsche Gesamtausgabe. Übersetzt von A. Horneffer. Neu hrsg. und erläutert von H.-W. Haussig. Einleitung von W. F. Otto

Vollständige Übertragung mit Erläuterungen und Kommentaren.

Kröners Taschenausgabe 224
4. Auflage 1971. XXVIII, 792 Seiten, 2 Karten. Leinen
ISBN 3-520-22404-6

Sueton · Cäsarenleben

Übertragen und erläutert von M. Heinemann. Einleitung von R. Till. Im Rahmenteil bearbeitet von R. Häußler

Ein Zeitgenosse der Cäsaren schildert hier die römischen Weltherrscher von Cäsar bis Domitian in der ganzen Lebensnähe, der Furchtbarkeit, aber auch der Tragik ihrer Existenz.

Kröners Taschenausgabe 130
7. Aufl. 1986. XLIII, 532 Seiten, Bildtafeln und Stammtafel. Leinen
ISBN 3-520-13007-6

Tacitus · Agricola, Germania, Dialogus

Die historischen Versuche. Übersetzt und hrsg. von K. Büchner. Bearbeitet von R. Häußler

Die anerkannte Übersetzung und Erläuterung wird hier in revidierter Fassung mit aktualisierten Anmerkungen vorgelegt.

Kröners Taschenausgabe 225
3. Auflage 1985. 357 Seiten, 2 Karten. Leinen
ISBN 3-520-22503-4

Erich Bayer · Griechische Geschichte

Mit Auswahlbibliographie und Forschungsüberblick von M. Clauss

Die bewährte Darstellung reicht von den Anfängen des Griechentums bis zur Auflösung der griechisch-hellenistischen Staatenwelt.

Kröners Taschenausgabe 362
3. Auflage 1987. XII, 841 Seiten. Leinen
ISBN 3-520-36203-1

Aus dem Verlagsprogramm

Albin Lesky · Die griechische Tragödie

Albin Leskys einschlägige Darstellung wird hier mit aktualisierter Bibliographie wieder zugänglich gemacht.

Kröners Taschenausgabe 143
5. Auflage 1984. 295 Seiten. Leinen
ISBN 3-520-14305-4

Karl Büchner · Römische Literaturgeschichte

Lateinische Literaturgeschichte wird hier von einem ihrer ganz großen Kenner nicht nur nach Daten mitgeteilt, sondern auch verständlich gemacht vor dem Hintergrund der sprachlichen Entfaltung und der Krisen der römischen Kulturentwicklung.

Kröners Taschenausgabe 247
6. Auflage 1994. 584 Seiten. Leinen
ISBN 3-520-24706-2

Sarah B. Pomeroy · Frauenleben im klassischen Altertum
Übersetzt von N. F. Mattheis

Eine wissenschaftlich fundierte und zugleich gut lesbare Darstellung des öffentlichen wie privaten Lebens der Frauen aller sozialen Schichten in der Antike von 1200 v. bis 300 n. Chr.

Kröners Taschenausgabe 461
1985. XIX, 416 Seiten. Leinen
ISBN 3-520-46101-3

Georg Luck · Magie und andere Geheimlehren in der Antike

Das Werk präsentiert die wichtigsten Quellen vom 8. Jh. v. bis zum 4. Jh. n. Chr. mit informativen Zwischentexten des Verfassers. Der Leser erhält Einblick in den Wunder- und Dämonenglauben, in Techniken der Weissagung, Astrologie und Alchemie.

Kröners Taschenausgabe 489
1990. XVII, 499 Seiten. Leinen
ISBN 3-520-48901-5

Stand Herbst 1998
Gerne senden wir Ihnen unser Gesamtverzeichnis zu